Psicofarmacologia Prática

O GEN | Grupo Editorial Nacional – maior plataforma editorial brasileira no segmento científico, técnico e profissional – publica conteúdos nas áreas de ciências da saúde, exatas, humanas, jurídicas e sociais aplicadas, além de prover serviços direcionados à educação continuada e à preparação para concursos.

As editoras que integram o GEN, das mais respeitadas no mercado editorial, construíram catálogos inigualáveis, com obras decisivas para a formação acadêmica e o aperfeiçoamento de várias gerações de profissionais e estudantes, tendo se tornado sinônimo de qualidade e seriedade.

A missão do GEN e dos núcleos de conteúdo que o compõem é prover a melhor informação científica e distribuí-la de maneira flexível e conveniente, a preços justos, gerando benefícios e servindo a autores, docentes, livreiros, funcionários, colaboradores e acionistas.

Nosso comportamento ético incondicional e nossa responsabilidade social e ambiental são reforçados pela natureza educacional de nossa atividade e dão sustentabilidade ao crescimento contínuo e à rentabilidade do grupo.

Psicofarmacologia Prática

Joseph F. Goldberg, M.D., M.S.
Clinical Professor of Psychiatry, Icahn School of Medicine at Mount Sinai, New York

Stephen M. Stahl, M.D., Ph.D., D.Sc. (Hon)
Professor of Psychiatry and Neuroscience, University of California Riverside and University of California San Diego

Apresentação de Alan F. Schatzberg, M.D.

Revisão Técnica
Prof. Dr. Eduardo Pondé de Sena (Capítulos 5 a 10, 14, 16 a 19)
Médico e Professor Universitário. Especialista em Psiquiatria pelo Hospital Psiquiátrico Juliano Moreira da Secretaria de Saúde do Estado da Bahia. Mestre em Medicina e Saúde pela Universidade Federal da Bahia (UFBA). Doutor em Medicina e Saúde pela UFBA. Professor Associado de Farmacologia do Departamento de Biorregulação do Instituto de Ciências da Saúde da UFBA. Coordenador do Programa de Pós-Graduação em Processos Interativos dos Órgãos e Sistemas da UFBA. Membro da Associação Brasileira de Psiquiatria.

Prof. Dr. Fabio Gomes de Matos e Souza (Capítulos 1 a 4, 11 a 13, 15, 20 a 22)
Médico pela Universidade Federal do Ceará (UFC). Especialista em Psiquiatria pela Associação Brasileira de Psiquiatria. Mestre em Farmacologia pela UFC. Doutor em Psiquiatria pela Universidade de Edimburgo. Professor Titular de Psiquiatria da UFC. Presidente da Associação de Psiquiatria do Estado do Ceará.

Tradução
Carlos Henrique Cosendey

- Os autores deste livro e a editora empenharam seus melhores esforços para assegurar que as informações e os procedimentos apresentados no texto estejam em acordo com os padrões aceitos à época da publicação. Entretanto, tendo em conta a evolução das ciências, as atualizações legislativas, as mudanças regulamentares governamentais e o constante fluxo de novas informações sobre os temas que constam do livro, recomendamos enfaticamente que os leitores consultem sempre outras fontes fidedignas, de modo a se certificarem de que as informações contidas no texto estão corretas e de que não houve alterações nas recomendações ou na legislação regulamentadora.

- Data do fechamento do livro: 30/08/2022

- Os autores e a editora se empenharam para citar adequadamente e dar o devido crédito a todos os detentores de direitos autorais de qualquer material utilizado neste livro, dispondo-se a possíveis acertos posteriores caso, inadvertida e involuntariamente, a identificação de algum deles tenha sido omitida.

- **Atendimento ao cliente: (11) 5080-0751 | faleconosco@grupogen.com.br**

- Traduzido de:
  PSYCHOPHARMACOLOGY: TRANSLATING FINDINGS FROM EVIDENCE-BASED TRIALS INTO REAL-WORLD CLINICAL PRACTICE , FIRST EDITION
  Copyright © Joseph F. Goldberg and Stephen M. Stahl 2021
  All rights reserved.
  This translation of *Practical Psychopharmacology: Translating Findings from Evidence-Based Trials into Real-World Clinical Practice* is published by arrangement with Cambridge University Press.
  ISBN: 978-1-108-45074-4

- Direitos exclusivos para a língua portuguesa
  Copyright © 2022 by
  EDITORA GUANABARA KOOGAN LTDA.
  Uma editora integrante do GEN | Grupo Editorial Nacional
  Travessa do Ouvidor, 11
  Rio de Janeiro – RJ – CEP 20040-040
  www.grupogen.com.br

- Reservados todos os direitos. É proibida a duplicação ou reprodução deste volume, no todo ou em parte, em quaisquer formas ou por quaisquer meios (eletrônico, mecânico, gravação, fotocópia, distribuição pela Internet ou outros), sem permissão, por escrito, da Editora Guanabara Koogan Ltda.

- Capa: Bruno Sales

- Imagem da capa: iStock (©Fahroni; ©Olga Ubirailo)

- Editoração eletrônica: Anthares

- Ficha catalográfica

CIP-BRASIL. CATALOGAÇÃO NA PUBLICAÇÃO
SINDICATO NACIONAL DOS EDITORES DE LIVROS, RJ

G564p

Goldberg, Joseph F.
Psicofarmacologia prática / Joseph F. Goldberg, Stephen M. Stahl ; apresentação Alan F. Schatzberg ; revisão técnica Eduardo Ponde de Sena, Fabio Gomes de Matos e Souza ; tradução Carlos Henrique Cosendey. - 1. ed. - [Reimpr.]. - Rio de Janeiro : Guanabara Koogan, 2023.
584 p. ; 24 cm.

Tradução de: Practical psychopharmacology
Inclui bibliografia e índice
ISBN 9788527738910

1. Psicofarmacologia. 2. Psicotrópicos. I. Stahl, Stephen M. II. Schatzberg, Alan F. III. Sena, Eduardo Ponde de. IV. Souza, Fabio Gomes de Matos e. V. Cosendey, Carlos Henrique. VI. Título.

22-79042 CDD: 615.78
CDU: 615.214

Meri Gleice Rodrigues de Souza - Bibliotecária - CRB-7/6439

À minha esposa Carrie, melhor amiga, fonte confiável e crítica mais querida; e a Joshua, Brian, Hannah e Jonah, pelo apoio ilimitado, pela paciência e pelo encorajamento durante todas as fases de concepção, gestação e nascimento desta obra.

J. F. G.

À memória do Dr. Daniel X. Freedman, mentor, colega e líder científico; e à Shakila Marie.

S. M. S.

Apresentação

Ao longo das últimas quatro décadas, a psico-farmacologia tornou-se uma ferramenta importante do arsenal terapêutico usado em pacientes com transtornos mentais. Antigamente, tudo girava em torno dos antipsicóticos de primeira geração e dos antidepressivos. A partir daí, presenciamos a introdução de alguns fármacos com mecanismos de ação diferentes, de modo que atualmente dispomos de alguns recursos a mais em nossa caixa de ferramentas. Apesar disso, encontramos alguns pacientes com os chamados transtornos resistentes ao tratamento convencional, que necessitam de fármacos com mecanismos de ação singulares. Tais esforços por desenvolver novos medicamentos proporcionam grande esperança para esses pacientes e seus médicos. Contudo, à medida que desenvolvemos novos fármacos, devemos ser capazes de avaliar os dados que foram usados para embasar sua aprovação. Isso é ainda mais importante atualmente, quando vemos fármacos serem aprovados antes de alcançarem o padrão aceito no passado, de dois estudos conclusivos de fase III. Acadêmicos e clínicos precisam ter base de conhecimentos para avaliar esses novos dados de modo a orientar seu processo de decisão. Onde vamos conseguir isso? Agora dispomos de um livro didático – *Psicofarmacologia Prática* – que pode ajudar a orientar os leitores nessa área e, possivelmente, em outros domínios de conhecimento que afetam pesquisas e tratamentos. O livro de Goldberg e Stahl é um recurso de valor inestimável para ampliar a prática da psicofarmacologia baseada em evidências.

Este livro reúne brilhantemente aspectos fundamentais de farmacologia pré-clínica e clínica, bioestatística, farmacogenética e prática clínica, o que possibilita ao leitor compreender questões essenciais das áreas de pesquisa e avaliação de fármacos, que determinam se um composto (ou teste laboratorial específico) será aceito na prática clínica e, por fim, se poderá ser utilizado na prática cotidiana. A obra consiste em duas partes principais ("Princípios Gerais" e "Farmacoterapia Clínica"). A primeira parte abrange 12 capítulos, como: "Metas Terapêuticas: Categorias *versus* Dimensões de Psicopatologia";

"Efeito Placebo e Efeito Nocebo"; "Ajustes Finais: Moderadores e Mediadores do Resultado Terapêutico"; e "Farmacogenética: Quando É Relevante ou Não?"; entre outros. A segunda parte reúne 10 capítulos e é mais tradicional em sua abrangência, com capítulos sobre transtornos de humor e afeto, psicoses, cognição etc.

A parte "Princípios Gerais" é o que torna este livro singular. Ela "constrói pontes" entre áreas de pesquisa e prática. Os capítulos incluídos nessa parte elucidam questões pertinentes a cada uma dessas áreas básicas e as explicam de modo claro para que o leitor possa absorvê-las. O texto deixa evidente por que essas áreas são importantes para o médico. Essa não é uma tarefa fácil e, com sua leitura, acabei fazendo um excelente curso de atualização em áreas de pesquisa básica relacionadas com psicofarmacologia e aprendendo muito sobre algumas áreas nas quais provavelmente eu deveria saber mais.

Vejamos alguns exemplos de áreas fundamentais cobertas neste livro. Goldberg e Stahl vão além de usar simples valores p para avaliar eficácia e oferecem-nos um resumo sobre tamanhos de efeito. Tamanhos de efeito são medidas da relevância clínica de uma diferença entre fármaco e placebo, que independem do valor p e da amplitude do estudo. Este livro explica de modo compreensível o que é tamanho de efeito, como é calculado e sua relevância no efeito clínico. Em seguida, os autores oferecem exemplos de tamanhos de efeitos de fármacos conhecidos, como memantina para depressão, escetamina etc. De certo modo, o leitor ficará surpreso ao saber que fármacos que sempre prescrevemos (p. ex., alguns antidepressivos), na verdade, produzem efeitos modestos. Levados ao extremo na avaliação de alguns fármacos em grupos específicos de pacientes (p. ex., alguns antidepressivos para formas mais brandas de depressão), os pesquisadores chegam a afirmar que alguns fármacos não são efetivos. Goldberg e Stahl revisam essa literatura com detalhes e clareza suficiente, de maneira que o leitor seja então capaz de avaliar o significado clínico de determinados estudos clínicos. E esse é o ponto principal desta obra. Ela oferece ao médico informações publicadas na literatura científica, de modo que possa escolher com mais segurança tratamentos específicos para cada paciente, tornando possível a medicina personalizada.

Outro exemplo de facilitação da ligação entre pesquisa e prática é o capítulo sobre mediadores e moderadores. Esse trabalho foi iniciado por Helena Kraemer, minha colega de Stanford, que desenvolveu um método de análise que vai além de comparações entre fármacos *versus* placebo e busca investigar moderadores da resposta a determinado fármaco, como idade, sexo ou outra característica biológica ou clínica. Isso ajuda o médico a determinar quais pacientes mais se beneficiariam com determinado fármaco. Os mediadores são variáveis que mudam com determinado tratamento e indicam parâmetros fundamentais alterados positiva ou negativamente no processo de resposta a determinado fármaco. Por exemplo, a alteração dos níveis de catecolaminas plasmáticas pode mediar uma resposta à clozapina; ou a alteração de peso incomum pode mediar o desenvolvimento de resistência insulínica ou diabetes. Também nesse caso, os autores fazem um excelente trabalho ensinando-nos como aplicar esses tipos de análise.

Um último exemplo é a aplicação da farmacogenética para prever eficácia ou efeitos colaterais. De certo modo, variantes genéticas específicas são moderadores de reação. Cada vez mais são utilizados testes farmacogenéticos por médicos, embora existam alguns pesquisadores que questionam a utilidade clínica. Goldberg e Stahl fazem um excelente trabalho quando explicam o que é gene, o que é alelo, o que são SNPs (polimorfismo de nucleotídeo único), como são realizados estudos farmacogenéticos e como devemos interpretar os resultados disponíveis atualmente. O capítulo é claro e revisa alguns marcadores importantes e potencialmente úteis da resposta aos fármacos e seus efeitos colaterais. E também há muitos outros exemplos nos nove capítulos seguintes desta parte.

Na segunda parte do livro, que descreve tipos específicos de fármacos e transtornos mentais, os autores apresentam dados relativos a fármacos específicos no contexto que eles brilhantemente fundamentaram na Parte 1 sobre princípios gerais. Assim, podemos entender quais são os problemas com os fármacos disponíveis e outros em processo de desenvolvimento, de modo a orientar nossa prática atual e futura.

Portanto, este é um livro que todos os médicos e estudantes de psicofarmacologia clínica devem ter. Parabéns a Goldberg e Stahl por ampliarem a literatura dessa importante área!

Dr. Alan F. Schatzberg
Kenneth T. Norris, Jr. Professor of Psychiatry
and Behavioral Sciences
Stanford University School of Medicine
Stanford, CA

Prefácio

O incentivo para escrever este livro provém de nossa percepção de uma necessidade desatendida, bem definida no campo da psicofarmacologia clínica: a de um "casamento" entre neurociência clínica e estudos baseados em evidências, que hoje é intermediado pelo pragmatismo. Por um lado, há um número sempre crescente de estudos publicados na literatura – como ensaios controlados randomizados, ensaios clínicos cruzados (*crossover trials*), séries de casos, estudos de prova de conceitos e relatos de casos – que trazem graus variados de apoio às estratégias terapêuticas inovadoras. Por outro lado, temos a prática clínica real, na qual pacientes frequentemente começam e param de usar fármacos – nem sempre por motivos convincentes – e médicos, em sua prática cotidiana, tratam pacientes com esquemas farmacológicos complexos que, em muitos casos, parecem ser combinações aleatórias e nem sempre têm bases farmacodinâmicas racionais. Dessa maneira, alguns mecanismos de ação podem ser imperceptivelmente redundantes ou contraditórios e tratamentos ineficazes podem ser mantidos sem razão (às vezes, talvez até mesmo acumulados sem perceber), em vez de serem descontinuados.

Ao mesmo tempo, muitas vezes, há discrepância entre as definições diagnósticas incluídas em estudos randomizados de ampla escala patrocinados pela indústria e as manifestações clínicas mais mal definidas de pacientes que alguns médicos atendem em contextos terapêuticos gerais (fora do campo da especialidade psiquiátrica) mais pertinentes à vida real. Enquanto pesquisadores clínicos se dedicam obstinadamente por assegurar que cada um e todos os indivíduos de estudos prospectivos atendam plenamente às definições de sintomas diagnósticos e sua duração incluídos no DSM-5 ou CID-10 com base em entrevistas clínicas estruturadas e detalhadas – que frequentemente levam em consideração a coexistência de outros transtornos –, médicos que trabalham no dia a dia geralmente não dispõem de tempo, recursos e, muitas vezes, treinamento para aplicar critérios diagnósticos rigorosos de modo a confirmar ou excluir transtornos mentais de categorias bem definidas.

Para dificultar ainda mais as coisas, o National Institute of Mental Health (NIMH) decidiu, em 2013, descartar completamente as categorias diagnósticas do DSM-5 e seus critérios de inclusão ou exclusão, favorecendo um sistema mais dimensional que categorial, destinado a refletir supostos processos neurobiológicos subjacentes. Nunca foi tão difícil fazer diagnósticos "exatos", conforme essa área de conhecimento evolui em sua maneira de entender o que constitui uma condição clínica real e, consequentemente, seus alvos de tratamento. Em um processo paralelo, a nomenclatura tradicional usada para classificar fármacos psicotrópicos tem sido submetida a críticas cada vez mais acirradas com base nos resultados de estudos terapêuticos observacionais e controlados (inclusive STAR*D e CATIE). Além disso, hipóteses mais recentes sobre processos patológicos e mecanismos de ação dos fármacos tornam arcaicas e obsoletas teorias simplistas sobre "desequilíbrios" de neurotransmissores. Fármacos que antes eram conhecidos como antidepressivos parecem não tratar depressão eficaz e confiavelmente; os chamados fármacos antipsicóticos tratam mais que psicoses; alguns anti-hipertensivos adquiriram vida nova no tratamento de sintomas de ansiedade e transtorno de estresse pós-traumático; e ao menos alguns anticonvulsivantes têm propriedades psicotrópicas variadas, que não estão relacionadas com sua eficácia no controle de convulsões. Novas propriedades psicotrópicas foram descobertas em fármacos antigos (p. ex., prazosina, cetamina, isradipino, escopolamina, anti-inflamatórios e imunomoduladores). Enquanto isso, abordagens terapêuticas novas têm gerado cada vez mais interesse por possíveis mecanismos de ação inéditos (inclusive modulação de receptores opioides para tratar depressão [p. ex., buprenorfina], bloqueio de receptores $5HT_{2A}$ para tratar psicose [p. ex., pimavanserina], modulação do sistema GABA e neuroesteroides de segunda geração para tratar depressão pós-parto [p. ex., brexanolona] e inibição do receptor VMAT2 para controlar distúrbios do movimento [p. ex., valbenazina, deutetrabenazina], entre outras estratégias terapêuticas inovadoras).

Médicos atarefados frequentemente acham difícil manter-se atualizados com a literatura. Eles podem estar menos familiarizados com dados que sustentam ou refutam determinadas opções farmacológicas em condições específicas e podem escolher fármacos por seus efeitos supostos ou esperados em sintomas específicos (p. ex., déficit de atenção, agressividade impulsiva, ansiedade ou insônia), em vez de um conjunto coerente de sinais e sintomas que caracterizam um transtorno confiavelmente definido. Quando as manifestações clínicas levam a diagnósticos ambíguos, alguns médicos frequentemente sentem o impulso irresistível de usar uma "calçadeira" ou "forçar o encaixe" de um rótulo diagnóstico abrangente aos pacientes, cujos problemas podem simplesmente não estar bem enquadrados na nomenclatura existente. Enquanto isso, neurocientistas clínicos preocupam-se com supostos mecanismos de ação farmacológica, circuitos cerebrais relevantes aos fenótipos clínicos e possíveis considerações farmacogenéticas que possam – um dia – ajudar significativamente a refinar a "medicina de precisão" aplicada individualmente.

Este livro busca preencher algumas falhas que existem atualmente entre atividades da prática clínica corrente e descobertas de estudos baseados em evidências; entre linguagem de neurofarmacologia e linguagem de intervenções baseadas em sintomas-alvo; entre abordagens sistemáticas e interativas; e entre farmacoterapias sinergísticas e aumento de polifarmácias irracionais e exageradamente amplas. Ao longo de todas as páginas subsequentes desta obra, nosso objetivo é articular uma abordagem cientificamente embasada à psicofarmacologia clínica, proporcionando informações generalizáveis a partir de ensaios clínicos, de modo a facilitar o processo de extrapolação dos dados desses estudos à prática cotidiana. De certa maneira, essa fusão conceitual convida os médicos a assumirem o papel de pesquisadores clínicos, considerando cada paciente individualmente, cujos sintomas-alvo devem ser identificados, tratados, e os resultados, acompanhados para que o raciocínio clínico forme a base do processo de decisão pertinente ao tratamento farmacológico.

Também esperamos redirecionar a atenção dos médicos de modo a afastar-se do conceito não científico de definir se um fármaco foi ou não aprovado pela FDA norte-americana para determinado transtorno como princípio organizador do processo de decisão terapêutica. Embora o processo de aprovação pela agência reguladora de um fármaco preste um serviço ao público no sentido de garantir a qualidade da fabricação e a segurança dos fármacos, tal processo é essencialmente um empreendimento impulsionado mais por interesses comerciais que neurociência. Na melhor das hipóteses, ele aplica conceitos neurocientíficos com a finalidade de confirmar uma hipótese farmacodinâmica ou farmacocinética quanto à relevância de determinado composto para uma indicação específica. A aprovação de um órgão regulador significa que os fabricantes de fármacos têm permissão legal para divulgar um composto de marca em suas propagandas; ela não tem como objetivo promover conhecimentos para entender como o cérebro funciona. Inúmeros fármacos genéricos de denominação comum têm razões plausíveis para a utilização em determinadas condições clínicas, mas essa condição *off-label* (indicação que diverge do que consta na bula) não diz coisa alguma a mais quanto a se existem dados científicos ou não. O carbonato de lítio e o hormônio tireóideo são dois exemplos de abordagens adjuvantes firmemente baseadas em evidências para tratar depressão resistente a outras modalidades terapêuticas, mas nenhum deles tem ou provavelmente jamais receberá aprovação do órgão regulador para o uso com tal finalidade, a menos que algum interesse comercial "invente" uma nova marca registrada ou um mecanismo de liberação farmacológica que possa justificar o retorno de investimentos consideráveis necessários ao desenvolvimento desse produto. As indústrias focam em compostos patenteados, para os quais esperam ter um mercado lucrativo; por outro lado, espera-se que os médicos procurem estudar se uma molécula exerce ou não algum efeito farmacocinético ou farmacodinâmico importante em um conjunto definível de sinais e sintomas.

Em alguns círculos, há uma noção popular de que decisões na área de farmacoterapia são basicamente um processo de tentativa e erro, com pouca ou nenhuma informação fornecida por parâmetros cientificamente significativos para orientar escolhas terapêuticas. Esses "cínicos" frequentemente citam a inexistência relativa de parâmetros laboratoriais para aquilatar o sucesso de determinado tratamento; não existe um equivalente a carga viral, contagem de leucócitos, volume tumoral ou fração de ejeção para avaliar o impacto de determinado tratamento na evolução de um transtorno mental. Contudo, os parâmetros clínicos para avaliar o sucesso de um fármaco não são diferentes dos utilizados em outras especialidades para tratar doenças que não têm biomarcadores para aferir alterações ao longo do tempo, como ocorre quando neurologistas julgam se houve melhora de cefaleias crônicas (ou atenuação da dor em geral) ou especialistas da área de medicina do sono julgam a eficácia do tratamento da narcolepsia ou otorrinolaringologistas tentam atenuar a queixa de zumbido. Mesmo oftalmologistas baseiam-se no relato pessoal de seus pacientes de que houve melhora da acuidade visual quando usaram lentes de correção da refração. Saúde mental não é menos "palpável" que outras funções cerebrais.

Quando alguém insiste em dizer que a psicofarmacologia iterativa é uma atividade de tentativa e erro, poderíamos contestar afirmando que a noção de "adivinhação instruída" se aproxima da real natureza do processo de decisão informada (em vez de aleatória). Como acontece no jogo "batalha naval", no qual movimentos sucessivos contra o oponente se fundamentam nas informações obtidas com base nos resultados das manobras anteriores, decisões quanto a "qual fármaco deve ser experimentado em seguida" depois de uma resposta insatisfatória a determinada intervenção devem incluir análises bayesianas – ou seja, refletir o conhecimento obtido pelos esforços anteriores e pelas razões prováveis dos resultados insatisfatórios (p. ex., intolerância aos fármacos, falta de adesão ao tratamento, sintomas tratáveis mal definidos ou amplitude de espectro muito reduzida etc.). Além disso, como um bom jogador de xadrez, sempre devemos pensar sobre as implicações da jogada presente com relação à próxima.

Este livro está dividido em duas partes principais. A primeira aborda conceitos fundamentais gerais que embasam e informam o processo de decisão na área de psicofarmacologia, como:

- Definir princípios com base em evidências
- Ler e interpretar a literatura de ensaios clínicos, inclusive como entender desenhos de estudos, tamanhos de efeito, efeitos placebo e formas de extrapolar resultados de ensaios clínicos à prática corrente
- Compreender dimensões *versus* categorias de psicopatologia como metas "reais" da psicofarmacologia, conforme estão descritas no Research Domain Criteria (RDoC) ou Critérios de Domínio de Pesquisa (em tradução livre) do National Institute of Mental Health (NIMH)
- Entender o que são efeitos farmacodinâmicos conforme estão descritos na nomenclatura baseada em neurociência (NbN) em constante transformação
- Explicar interações farmacológicas e estratégias de troca simultânea (*cross-tapering*, ou troca cruzada – a redução gradativa de um fármaco, enquanto a dose de outro é aumentada simultaneamente)
- Reconhecer quando o monitoramento de exames laboratoriais ou funções de órgãos-alvo é clinicamente relevante ou não
- Identificar individualmente em cada paciente moderadores e mediadores do resultado terapêutico, que possam ajudar a ajustar esquemas farmacológicos individualizados
- Elaborar esquemas farmacológicos combinados lógicos e estratégicos
- Entender pontos fortes e limitações dos testes farmacogenéticos.

Quando se trata de farmacoterapia, nossa sensação é que muitas vezes há uma tendência na prática clínica excessivamente atarefada de "atirar primeiro e fazer perguntas depois" – ou seja, sentimos ímpeto de formular hipóteses diagnósticas rápidas e depois embarcar em quaisquer estratégias farmacoterapêuticas que pareçam controlar mais rapidamente os sintomas mais desagradáveis ou prejudiciais. Em nossa opinião, preferimos uma abordagem mais calculada e lenta quando "entramos na batalha" da psicopatologia, ou seja, aquela na qual o caçador examina mais furtivamente sua presa; adquire familiaridade com seus hábitos, comportamentos e características relevantes; assegura-se de que o alvo pretendido tenha sido corretamente identificado; escolhe a arma apropriada para a tarefa em questão; ajusta cuidadosamente a mira dentro de seu campo de visão antes de puxar qualquer gatilho; e então executa um ataque cirúrgico preciso com menor grau possível de danos colaterais. O adágio de Sir Francis Bacon "cure a doença e (de passagem) mate o paciente" não é aceitável em nosso conceito de psicofarmacologia sofisticada. Embora nossos conhecimentos sobre mecanismos das doenças e efeitos terapêuticos ainda sejam primitivos em alguns aspectos, a máxima *primum non nocere* ainda é fundamental.

É impossível para qualquer psiquiatra, independentemente de o quão dedicado e astuto seja, abarcar o volume sempre crescente de resultados de estudos relevantes. Com centenas ou talvez milhares de artigos clinicamente relevantes revisados por especialistas (*peer-reviewed*) publicados na literatura diariamente, somados aos desafios de avaliar qualidade, relevância e credibilidade e diferenciar entre dados convincentes e espúrios, o volume de informação é esmagador. Em nossa opinião, é mais recomendável saber onde encontrar informações e como aplicar novos conhecimentos à medida que apareçam, do que imaginar que o grande volume de informações relevantes possa ser encontrado em um único repositório. Este livro não pretende de modo algum abranger todos os fragmentos de conhecimento disponível atualmente (cuja meia-vida é intrinsecamente uma proposição duvidosa), mas se esforça por fomentar no leitor a noção de como se manter atualizado e colocar diariamente em prática princípios básicos de medicina baseada em evidências. A frase "eu não sei, mas posso pesquisar" é uma das afirmações favoritas e animadoras ditas a pacientes, alunos e principalmente a nós próprios; mais que transmitir humildade, tal frase comunica rejeição à adivinhação. Saber quando e como encontrar e aplicar informações exatas é um dos muitos segredos hoje revelados da psicofarmacologia, que tentamos compartilhar nas páginas seguintes.

A segunda parte desta obra apresenta informações e detalhes sobre bases de evidências e razões para realizar intervenções específicas. Nosso objetivo é focar em alvos terapêuticos descritos na primeira parte do livro fundamentada em bases neurocientíficas e clínicas, entendendo dimensões de psicopatologia (p. ex., desatenção, controle de impulsos, humor, motivação, percepção, ansiedade e automutilação) como fenômenos que transcendem diagnósticos. Ao longo de todo o livro, nosso objetivo é ter como base a literatura de ensaios clínicos baseados em evidências e traduzir seus resultados em "dicas pragmáticas" para médicos ocupados em sua prática cotidiana. Muitas vezes, isso se mostrou mais difícil do que gostaríamos especialmente quando as características de nossos pacientes apenas se assemelham de longe às apresentadas pelos sujeitos das pesquisas. Da mesma maneira que geneticistas ao tentar reconstruir o genoma de uma espécie extinta precisam, às

vezes, "preencher" trechos ausentes do seu DNA com dados obtidos de uma espécie mais próxima, tentamos usar lógica e extrapolação para ampliar nosso alcance no domínio clínico, aplicando informações do que é conhecido para o desconhecido, de modo a tomar decisões criteriosas no tratamento de manifestações psiquiátricas complexas.

Qual é a melhor abordagem para apresentar todas as informações neste livro de modo clinicamente pragmático de fácil leitura? Não há como evitar detalhamento quando se discute uma base de evidências de determinado transtorno mental. Nossa estratégia é tornar o processo mais envolvente e indolor quanto possível para o leitor por meio de textos animados, casos clínicos, tabelas com resumos de informações importantes, figuras, inúmeros boxes com dicas e fatos curiosos distribuídos ao longo do caminho. Como autores, nós dois estamos profundamente comprometidos com a maneira como os médicos aprendem e também com o *que* eles aprendem. Esperamos que nossa abordagem seja bem-sucedida em estimular o circuito paralímbico de "raciocínio clínico" existente em todos os leitores.

Tivemos a sorte de conhecer e trabalhar com muitos colegas, mentores, alunos e pacientes que, de diversas formas, proporcionaram a nós dois curiosidade, inspiração e encorajamento para concretizar este projeto. Somos especialmente gratos aos muitos colegas que gentilmente leram fragmentos deste livro no processo de sua elaboração e ofereceram *feedback* útil e aplicável. Por fim, não poderíamos sequer expressar o devido apreço às nossas famílias, que tão gentil e desinteressadamente deram apoio aos nossos esforços profissionais e ímpeto inerente para educar, ampliar conhecimentos e prestar os melhores cuidados possíveis aos nossos pacientes.

Abreviaturas

5HT = serotonina
5HTP = 5-hidroxitriptofano
α_7 nAChR = receptor nicotínico α_7 de acetilcolina
AA = Alcoólicos Anônimos
AAN = anticorpo antinuclear
ACh = acetilcolina
ACN = ajuste clínico necessário
ADRO/DORA = antagonista duplo de receptores de orexina
ADT = antidepressivo tricíclico
AIDS = síndrome de imunodeficiência adquirida
AIMS = *Abnormal Involuntary Movement Scale* (ou Escala de Movimentos Involuntários Anormais)
AINE = anti-inflamatório não esteroide
AIRS = antagonista e inibidor de recaptação de serotonina
ALNS = autolesão não suicida
ALT/TGP = alanina-aminotransferase, ou transaminase pirúvica
AMPA = ácido α-amino-3-hidroxi-5-metil-4-isoxazolepropiônico
ANOVA = análise de variância
APG = antipsicóticos de primeira geração
ASG = antipsicóticos de segunda geração
ASHP = American Society of Hospital Pharmacists
asp = aspartato
ATP = adenosina trifosfato
ATV/VTA = área tegmentar ventral
AUC = *area under the curve* (área sob a curva, em português)
BDNF = *brain-derived neurotrophic factor* (fator neurotrófico derivado do cérebro)
BHE = barreira hematencefálica
BMJ = *British Medical Journal*
BPDSI = *Borderline Personality Disorder Severity Index* (índice de gravidade do transtorno de personalidade *borderline*)
BPRS = *Brief Psychiatric Rating Scale* (escala breve de avaliação psiquiátrica)
BSPS = *Brief Social Phobia Scale* (escala breve de fobia social)
CAA = comportamento autoagressivo
CAN = contagem absoluta de neutrófilos

CANMAT = Canadian Network for Mood and Anxiety Treatments
CAPS = *Clinician-Administered PTSD Scale* (escala de TEPT aplicada pelo clínico)
CATIE = *Clinical Antipsychotics Treatment Intervention Effectiveness*
CATIE-AD = *Clinical Antipsychotics Treatment Intervention Effectiveness-Alzheimer's Disease*
CBD = canabidiol
CCA = córtex cingulado anterior
CCK = colecistocinina
CCPGQ = *Criteria for Control of Pathological Gambling Questionnaire*
CDP = citidina-5'-difosfato
CDP = critérios diagnósticos para pesquisa
CE = componentes de excitação
CETC = corticoestriatal-talamocortical
CGI = *Clinical Global Impressions*
CID = Classificação Internacional de Doenças
CIWA-Ar = *Clinical Institute Withdrawal Assessment for Alcohol Revised*
CK = creatinocinase
C-L = *consultation-liaison*
Cl_{int} = *clearance* intrínseco
COMT = catecol-*O*-metiltransferase
CONSORT = *Consolidated Standards of Reporting Trials*
CoQ = coenzima Q
COWS = *Clinical Opiate Withdrawal Scale*
CPF = córtex pré-frontal
CPFDL/DLPFC = córtex pré-frontal dorsolateral
CPFDM/DMPFC = córtex pré-frontal dorsomedial
CPFVL/VLPFC = córtex pré-frontal ventrolateral
CPFVM/VMPFC = córtex pré-frontal ventromedial
CPIC = Clinical Pharmacogenetics Implementation Consortium
CQN = composto químico novo
CRD = Centre for Reviews and Dissemination
CRF = fator de liberação de corticotrofina
CrI = intervalo credível
CSI = *crime scene investigation*
CV = coeficiente de variação
CVP = contrações ventriculares prematuras

cys = cisteína
DA = dopamina
DAAA = descarboxilase de aminoácidos aromáticos
DAAO = *D*-aminoácido-oxidase
DARE = *Database of Abstracts of Reviews of Effects*
DAT = transportador de dopamina
DBT = terapia comportamental dialética
DCVA = doença cardiovascular aterosclerótica
DDNT = duração da doença não tratada
DHA = ácido docosaexaenoico
DHEA = de-hidroepiandrosterona
DIN = diabetes insípido nefrogênico
DLG = desequilíbrio de ligação genética (*linkage*)
DNA = ácido desoxirribonucleico
DOPAC = ácido 3,4-di-hidrofenilacético
DPOC = doença pulmonar obstrutiva crônica
DPP = depressão pós-parto ou puerperal
DRC = doença renal crônica
DRESS = *drug rash with eosinophilia and systemic symptoms*
DRL = dose relativa do lactente
DRT = doença renal terminal
DSHEA = *Dietary Supplement Health and Education Act*
DSM = Manual Diagnóstico e Estatístico de Transtornos Mentais
DSM-IVTR = Manual Diagnóstico e Estatístico de Transtornos Mentais, 4ª edição revisada
DSST = *Digit Symbol Substitution Task*
DT = discinesia tardia
DTI = imagem por tensor de difusão (ressonância magnética)
DTs = *delirium tremens*
EAGA = estudos de associação genômica ampla
ECA = *epidemiologic catchment area* (área de captação epidemiológica)
ECG = eletrocardiograma
ECNP = European College of Neuropsychopharmacology
ECR = ensaio controlado randomizado
ECT = eletroconvulsoterapia
EDM = episódio depressivo maior
EE = emoção expressa
EEG = eletroencefalograma
EEGq = eletroencefalograma quantitativo
EHW = equilíbrio de Hardy-Weinberg
EMDR = *eye movement desensitization and reprocessing*
EMTr = estimulação magnética transcraniana repetitiva
ENV/VNS = estimulação do nervo vago
EPA = ácido eicosopentanoico
EPS = efeitos colaterais extrapiramidais

EQZ = esquizofrenia
ERGD = esquema de redução gradual de doses
ES = tamanho de efeito
FA/AF = anisotropia fracionada
FDA = US Food and Drug Administration
fe = fração de excreção inalterada
FEWP = Free and Easy Wanderer Plus® (marca comercial nos EUA)
FOSHU = *food for special health use*
FpM = feminino para masculino
FWER = *family-wise error rate*
GABA = ácido gama-aminobutírico
GC = gestão de contingências
G-CSF = fator de estimulação de colônias de granulócitos
GEE = *generalized estimating equations* (equações de estimativas generalizadas)
GENDEP = *Genome-Based Therapeutic Drugs for Depression Project*
GGT = gamaglutamiltransferase
GH = hormônio de crescimento humano
GI = gastrintestinal
GLP-1 = peptídio 1 semelhante ao glucagon
glu = glutamato
gly = glicina
GSAS = *Gambling Symptom Assessment Scale*
GSH = glutationa
GUIDED = *Genomics Used to Improve Depression Decisions*
HAART = *highly active antiretroviral therapy* (tratamento antirretroviral altamente ativo)
HAM-A = escala de avaliação de ansiedade de Hamilton
HAM-D = escala de avaliação de depressão de Hamilton
HAM-D$_{17}$ = escala de avaliação de depressão de Hamilton de 17 itens
HC = hemograma completo
HIV = vírus da imunodeficiência humana
HPPRN = hipertensão pulmonar persistente do recém-nascido
HR = razão de risco
HVA = ácido homovanílico
IACh = inibidor de acetilcolinesterase
IAM = infarto agudo do miocárdio
IAP/LAI = injetável de ação prolongada
IC = intervalo de confiança
ICC = insuficiência cardíaca congestiva
ICCo = intervenção comportamental combinada
ICGDA = International Consensus Group on Depression and Anxiety
IES = *Impact of Events Scale*
IF = interação farmacológica
IL = interleucina
IM = intramuscular

IMAO = inibidor de monoamina oxidase
IMC = índice de massa corporal
IN = intranasal
IRMA = inibidor reversível de MAO-A
IRNE = inibidor de recaptação de norepinefrina
IRSN = inibidor de recaptação de serotonina e norepinefrina
ISBD-IGSLi = Bipolar Disorders-International Group for the Study of Lithium Treated Patients
i-SPOT-D = International Study for Predict Optimised Treatment in Depression
ISRS = inibidor seletivo de recaptação de serotonina
ITT = intenção de tratar
LCR = líquido cefalorraquidiano
LHH = *likelihood to be helped or harmed* (probabilidade de ser auxiliado ou prejudicado)
LI = liberação imediata
LOCF = *last observation carried forward* (última observação realizada)
LSAS = *Liebowitz Social Anxiety Scale*
LSD = dietilamida do ácido D-lisérgico
MA = mecanismo de ação
MADRS = *Montgomery-Åsberg Depression Rating Scale*
MAO = monoamina oxidase
MAO-A = monoamina oxidase A
MAO-B = monoamina oxidase B
MAR = *missing at random* (perda na randomização)
MBC = *measurement-based care* (cuidado baseado em mensuração)
MBE = medicina baseada em evidência
MCAR = *missing completely at random* (perda completa na randomização)
MCT-1 = monocarboxilase de transporte tipo 1
MDMA = 3,4-metilenodioximetanfetamina
ME = metabolizador extensivo
met = metionina
MFQ = *Marks fear questionnaire*
MGH = Massachusetts General Hospital
mGluR = receptores metabotrópicos de glutamato
MHC = complexo maior de histocompatibilidade
ML = metabolizador lento
MMMR = modelos mistos de medidas repetidas
MMSE = *Mini-Mental Status Exam* (Miniexame do Estado Mental)
MoCA = *Montreal Cognitive Assessment* (Avaliação Cognitiva de Montreal)
MPI = medicamento potencialmente inapropriado

MSRE = modulador seletivo de receptor estrogênico
MT = monitoramento terapêutico
MtF = masculino para feminino
MTHFR = metilenotetra-hidrofolato-redutase
MUR = metabolizador ultrarrápido
NAC = *N*-acetilcisteína
NAc = núcleo *accumbens*
NADH = dinucleotídeo de nicotinamida-adenina
NaSSA = antidepressivo noradrenérgico e serotoninérgico específico
NbN = nomenclatura baseada em neurociências
NE = norepinefrina
NEB = neutropenia étnica benigna
NEE/LEE = nível de emoção expressa
NET = necrólise epidérmica tóxica
NET/TNE = transportador de norepinefrina
NIAAA = National Institute on Alcohol Abuse and Alcoholism
NIMH = National Institute of Mental Health
NMDA = *N*-metil-D-aspartato
NNH = *number needed to harm* (número necessário para causar dano)
NNT = *number needed to treat* (número necessário para tratar)
NO = óxido nítrico
NPOVL/VLPO = núcleo pré-óptico ventrolateral
NPP = núcleo pedunculopontino
NSA = nível sanguíneo de álcool (ou alcoolemia)
NSDUH = *National Survey on Drug Use and Health*
NSE = nível socioeconômico
NTLD = núcleo tegmentar laterodorsal
OFC/COF = córtex orbitofrontal ou combinação olanzapina/fluoxetina
OGT = triéster glicerol oxigenado
OR = *odds ratio* (razão de probabilidades)
ORA = orexina A
ORB = orexina B
OROS = sistema de administração oral por liberação osmótica
PAD = pressão arterial diastólica
pANCA = anticorpos citoplasmáticos antineutrófilos perinucleares
PANSS = *Positive and Negative Syndrome Scale*
PAPS = 3'-fosfoadenosina-5'-fosfossulfato
PAS = *Panic and Agoraphobia Scale*
PAS = pressão arterial sistólica
Pb = par de bases
PBA/APB = afeto pseudobulbar
PCL-C = *checklist* para TEPT – versão civil
PCL-M = *checklist* para TEP – versão militar
PCP = fenciclidina

PC-R = proteína C-reativa
PC-R-as = proteína C-reativa de alta sensibilidade
PDE = fosfodiesterase
PDRS = *Panic Disorder Rating Scale*
PEP = pareamento por escore de propensão
PET = tomografia por emissão de pósitrons
PG-CGI = escala de impressão clínica global para jogo patológico
PGx = farmacogenética
PG-YBOCS = modificação da escala obsessivo-compulsivo de Yale-Brown para jogo patológico
PK = farmacocinética
PKC = proteinoquinase C
PMR = plano de minimização de riscos
PRE/ERP = potencial relacionado com eventos
PRISMA = *Prefered Reporting Items for Systematic Reviews and Meta-analyses*
pro = prolina
PROSPERO = International Prospective Register of Systematic Reviews
p-SAPK = proteinoquinase fosforilada ativada por estresse
PTH = paratormônio ou hormônio da paratireoide
QTc = intervalo QT corrigido
Razão M/P = razão leite/plasma
RBC = eritrócito ou hemácia
RDoC = Research Domain Criteria
RE = receptor de estrogênio
RM = ressonância magnética
RMf (fMRI)= ressonância magnética funcional
RNA = ácido ribonucleico
ROC = *receiver operating characteristic*
RR = risco relativo
RSCa = receptor sensível ao cálcio
SAH = S-adenosil-L-homocisteína
SAMe = S-adenosilmetionina
SAMSHA = Substance Abuse and Mental Health Services Administration
SANS = *Schedule for the Assessment of Negative Symptoms*
SAPK = proteinoquinase ativada por estresse
SCIP = *Screen for Cognitive Impairment for Psychiatry*
ser = serina
SERT = transportador de recaptação de serotonina
SHI = *Self-Harm Inventory*
SIADH = síndrome de secreção inapropriada de hormônio antidiurético
SII = síndrome do intestino irritável
SMD/DMP = diferença média padronizada
SMI = sintomas medicamente inexplicáveis
SNC = sistema nervoso central

SNM = síndrome neuroléptica maligna
SNP = polimorfismo de nucleotídio único
SOP = síndrome do ovário policístico
SPAI = *Social Phobia and Anxiety Inventory*
SPECT = tomografia computadorizada por emissão de fóton único
SPIN = *Social Phobia Inventory*
STAI = *State-Trait Anxiety Inventory*
STAX = *State-Trait Anger Expression Inventory*
sTNF-R2 = receptor 2 de fator de necrose tumoral solúvel
SUCRA = *surface under the cumulative ranking curve* (superfície sob a curva de classificação cumulativa)
T_3 = tri-iodotironina
T_4 = tiroxina
TAAR1 = receptor associado a traços de aminas do tipo 1
TAG = transtorno de ansiedade generalizada
TAS = transtorno de ansiedade social
TB = transtorno bipolar
TCC = terapia cognitivo-comportamental
TCE = traumatismo cranioencefálico
TCI = *Temperament and Character Inventory*
TDA = transtorno de déficit de atenção
TDAH = transtorno de déficit de atenção e hiperatividade
TDC = transferrina deficiente de carboidratos
TDC = transtorno dismórfico corporal
TDF = taxa de descoberta falsa
TDM = transtorno depressivo maior
TDM-MM = transtorno depressivo maior com sintomas mistos
TDPM = transtorno disfórico pré-menstrual
TEA = transtorno do espectro de autismo
TEAS = *treatment-emergent affective switch*
TEI = transtorno explosivo intermitente
TEPT = transtorno de estresse pós-traumático
TEPT-c = transtorno de estresse pós-traumático complexo
TFG = taxa de filtração glomerular
TFGe = taxa de filtração glomerular estimada
TGO = aspartato-aminotransferase ou transaminase oxalacética
THC = tetraidrocanabinol
THF = ácido tetra-hidrofólico
TID = transtorno de identidade dissociativa
TiME = *Time until the Need for Intervention for an emerging Mood Episode*
TLC = tratamento do luto complicado
TMVDS = transportador de multivitaminas dependente de sódio
TNF = fator de necrose tumoral
TOC = transtorno obsessivo-compulsivo
TOD = transtorno opositivo desafiador

ToM = teoria da mente
TPB = transtorno de personalidade *borderline*
TPF = transtorno do pensamento formal
TPN = transtorno de personalidade narcisista
TPO = tireoperoxidase
TPQ = *Tridimensional Personality Questionnaire*
TRD/DRT = depressão resistente ao tratamento
TSA = tratamento de sintomas-alvo
TSD (DST) = teste de supressão com dexametasona
TSH = hormônio tireoestimulante
TUS = transtorno de uso de substâncias
UDP = uridina difosfato

UGT = UDP-glicuronil-transferase
UI = unidade internacional
UTI = unidade de tratamento intensivo
VA = US Department of Veterans Affairs
VCM = volume corpuscular médio
Vd = volume de distribuição
VHS = velocidade de hemossedimentação
VMAT2 = transportador vesicular de monoamina tipo 2
VNTR = *variable number of tandem repeat*
VO = via oral
VPN = valor preditivo negativo
VPP = valor preditivo positivo

Academia de Medicina
GUANABARA KOOGAN
www.academiademedicina.com.br

Atualize-se com o melhor conteúdo da área.

Conheça a **Academia de Medicina Guanabara Koogan**, portal online, que oferece conteúdo científico exclusivo, elaborado pelo GEN | Grupo Editorial Nacional, com a colaboração de renomados médicos do Brasil.

O portal conta com material diversificado, incluindo artigos, *podcasts*, vídeos e aulas, gravadas e ao vivo (*webinar*), tudo pensado com o objetivo de contribuir para a atualização profissional de médicos nas suas respectivas áreas de atuação.

Sumário

Parte 1 Princípios Gerais, 1

1 Conceitos Básicos de uma Boa Psicofarmacologia, 3

2 Metas Terapêuticas: Categorias *versus* Dimensões de Psicopatologia, 24

3 Interpretação e Uso de Literatura Científica: Como Integrar Ensaios Clínicos Baseados em Evidências à Prática no Mundo Real, 46

4 Efeito Placebo e Efeito Nocebo, 74

5 Ajustes Finais: Moderadores e Mediadores do Resultado Terapêutico, 90

6 Esquemas Terapêuticos Complexos e Farmacoterapias Combinadas em Bases Racionais, 110

7 Valores Laboratoriais e Sintomas Psiquiátricos: o que Dosar, o que Não Dosar e o que Fazer com os Resultados, 131

8 Farmacogenética: Quando É Relevante ou Não?, 149

9 Substituição Cruzada (*Cross-Tapering*) e Logística de Descontinuação de Fármacos, 169

10 Controle de Efeitos Farmacológicos Adversos Significativos: Quando Evitar, Trocar ou Manter o Tratamento, 191

11 Tratamentos Farmacológicos Novos: Nutracêuticos, Esteroides, Probióticos e Outros Suplementos Dietéticos, 219

12 Diversidade Humana e Considerações sobre Populações Especiais, 239

Parte 2 Farmacoterapia Clínica, 273

13 Transtornos de Humor e Afeto, 275

14 Transtornos de Impulsividade, Compulsividade e Agressividade, 326

15 Psicoses, 345

16 Estados de Deficiência e Sintomas Negativos, 380

17 Ansiedade, 391

18 Dependência e Circuito de Recompensa, 414

19 Trauma Psíquico e Transtorno de Estresse Pós-Traumático, 435

20 Traços e Transtornos de Personalidade, 453

21 Cognição, 470

22 Junção de Todas as Peças, 487

Bibliografia, 495

Índice Alfabético, 549

PARTE 1 Princípios Gerais

1 Conceitos Básicos de uma Boa Psicofarmacologia

⊙ Objetivos de aprendizagem

- □ Reconhecer relações de causa e efeito em psicofarmacologia
- □ Adotar uma mentalidade investigativa "forense" para avaliar a psicopatologia e fazer correspondência entre conjuntos de sinais e sintomas e tratamentos mais apropriados
- □ Reconhecer níveis de evidência empírica que embasem qualquer intervenção farmacoterápica específica, antes de tirar conclusões quanto à possibilidade de fazer generalizações ou à probabilidade de obter efeito significativo
- □ Conhecer padrões de referência (*benchmarks*) e marcos temporais (*timepoints*) para determinar se e quando é necessário alterar doses dos fármacos ou, de outro modo, ajustar um esquema terapêutico
- □ Focar em supostos mecanismos de ação dos fármacos, disfunção subjacente de redes neurais e resultados de estudos empíricos, em vez de simplesmente se basear no fato de que um fármaco foi ou não aprovado pelo órgão regulador ou tem indicação *off-label*
- □ Sempre envidar esforços para definir tão claramente quanto possível sintomas que se pretenda tratar com determinado esquema terapêutico.

É um erro grave formular teorias antes de conhecer todos os fatos.
Isso prejudica o raciocínio.

Sir Arthur Conan Doyle

CAUSA E EFEITO

Quando alguém usa um fármaco para tratar depressão, ansiedade ou qualquer outro transtorno mental, como ele ou o médico que prescreveu sabem com certeza se realmente houve melhora ou piora? E, em qualquer dos casos, pode-se dar crédito (ou culpar) esse fármaco? Quando a depressão melhora em 4 a 6 semanas depois de começar a usar um antidepressivo, com que grau de segurança se deve atribuir essa melhora ao fármaco ou simplesmente ao acaso? E se o paciente melhorar apenas depois de 14 a 16 semanas – ou seja, um intervalo de tempo muito longo para diferenciar entre efeito farmacológico possível e remissão espontânea? Ou, quando podemos supor que o resultado ainda assim, provavelmente, foi um efeito farmacológico, pois um tratamento adequado pode levar mais tempo em alguns indivíduos que em outros? Se o paciente se sentiu melhor depois de apenas alguns dias, isso é evidência de que houve efeito placebo? Ou, se o paciente tentou suicídio ou ficou agitado, como saber se isso pode ser um efeito adverso do fármaco ou simplesmente houve agravação atribuível à progressão natural da doença?

Em muitos casos, relações de causa e efeito são presumidas em todos os campos da medicina, ainda que fármacos possam ter efeitos imprevisíveis e apesar do fato de que diversos fatores biológicos, psicológicos e ambientais contribuem para os resultados do tratamento. É ainda mais difícil inferir causalidade quando o paciente faz mais de um tipo de tratamento (como ocorre comumente na prática do mundo real) ou outros fatores psicoativos complicam o quadro (p. ex., uso abusivo de álcool ou drogas ilícitas, privação de sono ou eventos catastróficos na vida do indivíduo). Como podemos valorizar sinais subjetivos *versus* objetivos de melhora e, simultaneamente, levar em consideração efeitos atribuíveis apenas ao tempo, efeitos placebo e nocebo, aliança terapêutica, efeitos farmacodinâmicos variáveis de um fármaco, interações farmacocinéticas, comorbidades, efeitos posológicos e – não menos importante – se o tratamento prescrito é sequer apropriado para a condição atual do paciente?

Os efeitos produzidos por fármacos usados em psiquiatria são amplamente variáveis e imprevisíveis. Vamos comparar o resultado pouco previsível de dar ao paciente um inibidor seletivo de recaptação de serotonina (ISRS) para tratar depressão com a certeza relativa de administrar anestésico geral antes de um procedimento cirúrgico. Nenhum anesthesiologista jamais diria que o paciente tem 6 chances em 10 de que os fármacos que estão prestes a serem administrados o colocarão para dormir. Sem dúvida, os efeitos indutores de sono do halotano produzem resultado mais seguro e confiável que colocar o paciente para inalar um pedaço de pano embebido em éter (e o halotano não é isento de riscos, quando o paciente tem suscetibilidade até então desconhecida à hipertermia maligna). No entanto, os fármacos psicotrópicos podem oferecer o mesmo tipo de precisão causal e confiabilidade quanto à produção do efeito pretendido, em comparação com os fármacos usados em indução anestésica?

Inferências causais são suscetíveis ao chamado fenômeno de falácia lógica (ou *post hoc ergo propter hoc*), segundo o qual se conclui que qualquer coisa que aconteça depois de uma sequência de eventos temporais (p. ex., tomar um fármaco e depois se sentir melhor ou pior) necessariamente reflete uma relação de causa e efeito. São vários os riscos de associação espúria ou indevida e superstições descabidas em psicofarmacologia – uma área na qual as percepções de médicos e pacientes quanto ao processamento cognitivo-emocional são "coloridas" por crenças

> **Dica**
> Só porque um efeito ocorre após uma intervenção, isso não significa que exista relação de causa e efeito.

e expectativas preexistentes. Em termos científicos, às vezes as relações causais em medicina são avaliadas com base em critérios como os descritos por Hill (1965). Eles estão resumidos no Boxe 1.1.

Além disso, é preciso considerar a existência de fatores que possam causar confusão ou possíveis vieses (p. ex., graus diferentes de suscetibilidade ou reatividade/falta de reatividade entre indivíduos – como no caso dos antibióticos, que podem ser menos eficazes em alguns pacientes imunossuprimidos, ou que têm menos chances de aderir ao tratamento, ou têm superinfecção) e o impacto de outras intervenções simultâneas, que poderiam interagir e alterar eficácia ou tolerabilidade.

Resultados observados

Os médicos que prescrevem e os pacientes não buscam necessariamente os mesmos resultados quando avaliam os efeitos de um tratamento farmacológico. Por exemplo, as pesquisas demonstraram que os objetivos terapêuticos principais de pacientes deprimidos são sentir que a vida é prazerosa e tem significado e sentir-se satisfeitos consigo próprios. Por outro lado, os médicos procuram eliminar sentimentos negativos como depressão, abatimento ou desesperança e ajudar seus pacientes a readquirir interesse ou prazer quando realizam alguma coisa. Essas diferenças podem parecer nuances e poderiam ser apenas uma questão de semântica, mas elas definem o contexto no qual o sucesso do tratamento é avaliado e que tipos de expectativas todos os

Boxe 1.1 Critérios de Bradford Hill para avaliar causa e efeito.

Critérios	Relevância ou significado
Força da associação aparente	Associações mais fortes = efeitos maiores
Consistência (reprodutibilidade)	Alterações consistentes em diversas circunstâncias = maior probabilidade de associação real
Especificidade	População específica com doença bem definida; outras explicações são improváveis
Temporalidade	Exposição ocorre antes do resultado
Efeito de dose	Exposição maior acarreta risco maior (contudo, também poderia ser necessário um limiar de exposição)
Plausibilidade	Existe algum mecanismo farmacológico plausível?
Coerência	Considerando os conhecimentos disponíveis, uma explicação para a associação provável faz sentido
Experimento	Intervenções experimentais podem alterar condições
Explicações alternativas	Existem outras explicações prováveis para a associação observada?

Capítulo 1 • Conceitos Básicos de uma Boa Psicofarmacologia

envolvidos trazem quando fazem tratamento psicofarmacológico.

Conscientemente ou não, os médicos que prescrevem fármacos psicotrópicos precisam levar em consideração inúmeros fatores (biológicos e não biológicos) quando avaliam efeitos farmacológicos; e, antes disso, decidir o que, quando, como e para quem prescrever determinado fármaco. Uma boa psicofarmacologia depende dessa percepção e, na melhor das hipóteses, tem como pré-requisitos: avaliação diagnóstica sistemática; consideração das dimensões relevantes à psicopatologia; "correspondência adequada" entre perfis de sintomas e propriedades farmacodinâmicas; economia de escala (p. ex., quando um fármaco alcança mais de um objetivo); evitar uso de fármacos redundantes, desnecessários ou ineficazes; e, por fim, assegurar a satisfação do paciente.

Com base no Caso Clínico 1.1, consideremos a correspondência entre fármacos prescritos e fenomenologia clínica.

O caso de James ilustra o tipo de ladainha de problemas que frequentemente afetam pacientes da vida real. Primeiramente, precisamos filtrar os diversos fenômenos psiquiátricos do paciente, desde problemas de humor, ansiedade e uso de substâncias ilícitas, até queixas cognitivas – todos tingidos pelos traços de personalidade suspeitos; em seguida, é preciso elucidar mais claramente a vasta farmacopeia utilizada no passado – quais fármacos, em que doses, por quanto tempo, quais sintomas se pretendia tratar e quais efeitos observados? Além disso, qual é o grau de precisão das memórias subjetivas desses parâmetros? Pacientes com diagnósticos múltiplos simultâneos (comorbidades) trazem desafios especialmente difíceis, não simplesmente em razão da necessidade de analisar sintomas sobrepostos de vários diagnósticos (p. ex., déficit de atenção atribuível ao transtorno bipolar *versus* TDAH, ou apatia por causa da depressão *versus* uso de maconha), mas também porque, para que haja melhora inicial, pode ser necessária uma abordagem hierárquica ao tratamento (p. ex., desintoxicação e abstinência como pré-requisitos para definir sintomas principais de humor e orientar seu tratamento). Por fim, alguns casos complexos requerem a estratégia utilizada no caso de James, ou seja, filtrar com base na história dos fármacos já utilizados para simplesmente descobrir uma substância que não foi experimentada antes e que seja remotamente aplicável a qualquer uma das queixas principais e/ou diagnósticos presumidos – seguida pela decepção de mais uma tentativa malsucedida.

CASO CLÍNICO 1.1

James, 24 anos, trabalha na área de TI (tecnologia de informação) e tem diagnósticos de transtorno bipolar, transtorno de déficit de atenção (TDA), transtorno por uso de estimulantes (cocaína), transtorno por uso de *cannabis*, transtorno de aprendizagem não verbal, transtorno de ansiedade generalizada e transtorno de personalidade misto com traços narcisista e histriônico. Sua história extensiva de fármacos utilizados inclui diversos compostos, desde praticamente todas as classes principais a combinações ao longo dos anos, como anticonvulsivantes, antidepressivos, antipsicóticos, benzodiazepínicos e psicoestimulantes. Durante sua consulta mais recente, o psiquiatra que o atendeu revisou sua longa história de fármacos usados, buscou descobrir quais ele nunca havia usado e escolheu lítio – em grande parte, porque era uma das poucas substâncias que James ainda não havia experimentado. Então, o paciente comparece a uma consulta de acompanhamento dizendo que o "lítio não teve qualquer efeito".

Nesse caso, assim como em qualquer outro, uma abordagem lógica e sistemática à farmacoterapia apropriada começa com a reavaliação cuidadosa e, às vezes, trabalhosa dos fenômenos clínicos presentes e seu contexto, inclusive cronologia de sintomas, evolução longitudinal ao longo do tempo, anamnese cuidadosa para definir presença ou ausência de conjuntos de sintomas bem definidos, episódios *versus* estados "habituais" e critérios por meio dos quais possam ser formuladas categorias diagnósticas. Em muitos casos, fontes de informação complementares e confiáveis são úteis para conseguir dados corroborativos, embora suas contribuições também possam exigir filtragem e seu "valor nominal" não possa ser necessariamente levado em consideração (p. ex., quando se trata de preconceitos de um pai ou familiar ressentido, distante ou contrariado por alguma razão). No caso de James, dizer que o lítio foi um "fracasso" pressupõe que seu problema (condição a ser tratada) esteja em conformidade com um quadro sintomatológico para o qual o lítio traz benefício conhecido (p. ex., transtorno bipolar responsivo ao lítio ou, no mínimo, agressão impulsiva ou comportamento suicida) – de modo que sua escolha não se baseie simplesmente na seleção aleatória fundamentada em boatos acerca dos diagnósticos preexistentes, que podem ou não ser verdadeiros.

5

AVALIAÇÃO CLÍNICA – PSIQUIATRIA DE CSI

Bons diagnosticadores entrelaçam sinais e sintomas em uma narrativa coerente, que constitua um padrão reconhecível. Quando desempenhamos o papel de psiquiatra detetive, indícios diagnósticos são como possíveis envolvidos na investigação da cena do crime (CSI, *crime scene investigation*), levando-nos a elaborar hipóteses quanto a um ou mais culpados mais prováveis. Nenhum médico que se preze pode negar a emoção da descoberta quando uma investigação clínica leva à elaboração de um conjunto de sinais e sintomas definidores de uma doença. Contudo, quando não há um padrão bem definido evidente, psiquiatras detetives perspicazes percebem tal falha e formulam uma impressão baseada em possíveis apresentações com *forma frustra*, ou dimensões de psicopatologia que mais se aproximem de um perfil sintomatológico definido por categorias. De qualquer maneira, tratamentos apropriados devem estar associados a avaliações clínicas rigorosas – do mesmo modo que um júri poderia considerar se existe ou não preponderância de provas ou, seguindo critérios ainda mais convincentes, certamente aquém de uma dúvida razoável.

Definição
As condições em *forma frustra* consistem em apresentações clínicas nas quais apenas alguns dos elementos definidores da doença estão presentes. (Ver explicação mais detalhada no Capítulo 2.)

Considerações clínicas

As habilidades clínicas de observação são tão fundamentais em psicofarmacologia quanto em qualquer outra área da medicina. Seria negligência não notar exoftalmia e abaulamento na região inferior do pescoço de um indivíduo que se queixasse de humor deprimido e fadiga ou pensamento empobrecido ou concreto (esquizofrenia?; traumatismo cranioencefálico?; baixo nível intelectual?; ausência de bagagem cultural?) ou escassez de contato visual, estereotipias, loquacidade, afeto incompatível com humor, perseveração ou dificuldade de alterar metas e discrepâncias entre funções objetivas e queixas subjetivas. Esses indícios detectáveis são "instrumentos de trabalho" da psiquiatria de CSI e devem ser justapostos ao relato pessoal subjetivo do paciente. Apenas depois de elaborar uma impressão clara da real natureza do problema podemos falar em escolher alguma opção de tratamento mais apropriado e depois avaliar a probabilidade de que a intervenção "certa" alcance o resultado desejado.

Dica
Incongruência entre sinais objetivos e sintomas subjetivos indicam complexidade diagnóstica.

QUANDO A FARMACOTERAPIA ESTÁ INDICADA

Simplesmente chegar a um diagnóstico psiquiátrico não significa necessária ou automaticamente que haja indicação para usar psicofármacos em seu tratamento. Nos casos típicos, julgamentos nessa área não dependem apenas da gravidade dos sintomas, mas também do grau com que sintomas causam sofrimento ou comprometem o funcionamento normal do indivíduo, ou da existência de alguns sintomas fundamentais (p. ex., psicose inequívoca ou agitação grave). Um dos pressupostos implícitos é que farmacoterapia efetiva tenha efeito mais acentuado que um placebo. Assim como não faz sentido iniciar ou manter um fármaco que não traga benefícios perceptíveis, da mesma maneira a farmacoterapia proposta deve ter como objetivo sintomas bem definidos, com expectativas razoáveis de atenuar sua intensidade, senão erradicá-los por completo. E o único modo de escolher tratamentos apropriados que mais confiavelmente "fechem a conta" – fugir da sorte ao acaso – é fundamentar as decisões terapêuticas em resultados conhecidos obtidos de estudos clínicos bem planejados e executados com grupos de pacientes bem caracterizados – ou seja, recorrer a uma base de evidências empíricas.

PSICOFARMACOLOGIA BASEADA EM EVIDÊNCIAS

Adotar a medicina baseada em evidências (MBE) significa simplesmente ter fundamentos para escolher entre opções terapêuticas razoáveis apoiadas em algum grau de comprovação empírica. Em geral, os grandes ensaios clínicos randomizados controlados por placebo são considerados como "padrão de referência" para avaliar o rigor subjacente à base de evidências, porque tal modalidade de estudo tem força estatística suficiente para diferenciar entre efeito real (ou falta de efeito) e acaso aleatório, além de realçar diferenças estatística e clinicamente significativas, mesmo quando a magnitude destas é pequena. Entretanto, conforme assinalado por Sackett et al. (1996, p. 72) em um editorial antigo descrevendo MBE: "A medicina baseada em evidências não se limita a ensaios randomizados e metanálises. Também inclui rastrear cuidadosamente as melhores evidências externas com as quais se possa responder às nossas questões clínicas." Em outras palavras, ainda que apenas um paciente tenha melhora extremamente favorável e duradoura com um fármaco, sem qualquer prova confirmatória originada de outras fontes ou estudos de terceiros, essa única observação constitui evidência de eficácia – *para esse único paciente*. O problema começa quando se tenta generalizar esse resultado singular para outros pacientes em geral.

Escassez de estudos puramente observacionais

Certa vez, uma famosa revisão publicada no British Medical Journal (BMJ) ressaltou que não havia ensaios controlados randomizados (ECRs) realizados para comprovar que paraquedas impeçam morte ou traumatismo grave durante queda de um avião. Na opinião dos autores, "todos seriam beneficiados" se críticos fervorosos de estudos unicamente observacionais planejassem e participassem de um desses ensaios clínicos cruzados randomizados duplos-cegos (Smith e Pell, 2003).

Tradicionalmente, os níveis de evidência são descritos hierarquicamente como está ilustrado na Figura 1.1.

> **Dica**
> Metanálises e ECRs de grande porte são exemplos de níveis de evidência mais rigorosos.

Nesse contexto, é necessário determinar o grau de rigor e potencial de generalização (ou sua impossibilidade) dos estudos realizados – assim como até que ponto uma base de dados existente é mais provisória ou definitiva. Por exemplo, séries de casos abertas de pequeno porte ou mesmo ECRs pequenos podem ser realizados mais como estudos de *prova de conceitos* (*proof-of-concept*) com a finalidade de demonstrar exequibilidade ou antecipar prováveis tamanhos de efeito intragrupo (conforme explicado no Capítulo 3), a partir das quais podem ser planejados e executados estudos subsequentes mais definitivos. Um estudo provisório de pequena escala com um composto novo que mostre melhora significativa em comparação com o nível basal de determinado parâmetro de psicopatologia pode ter como objetivo principal ajudar a estruturar a logística de um ECR mais amplo, em vez de inspirar sua incorporação imediata à prática clínica de rotina. Da mesma maneira, estudos pequenos que não foram planejados intencionalmente

> **Dica**
> Os relatos de casos e ensaios clínicos abertos servem mais como geradores de hipóteses que componentes da testagem de hipóteses de um banco de dados de tratamento. Isso significa que eles sugerem ideias quanto a tratamentos viáveis, em vez de demonstrar que referidos tratamentos sejam válidos ou confiáveis.

para testar alguma hipótese são, em alguns casos, referidos como *geradores de hipótese* – pensemos em uma indústria realizando betatestes com vários protótipos antes de dedicar maiores recursos ao desenvolvimento do produto ou um produtor cinematográfico exibindo prévias que destacam diferentes finais para avaliar a resposta da audiência antes de decidir quanto à versão definitiva.

Comparativamente, os pesquisadores de ECRs de grande porte às vezes realizam análises intermediárias planejadas para avaliar progressos de um estudo em andamento – mais ou menos como "espiar" um bolo no meio do processo de cozimento ou tirar uma amostra de um prato culinário antes que esteja totalmente cozido, simplesmente para verificar se os ingredientes estão misturando-se conforme se pretendia. Seria uma enorme gafe servir uma refeição parcialmente cozida a um hóspede simplesmente porque uma primeira amostra parecia promissora.

CURSO DO TRATAMENTO

Depois de escolher e iniciar um fármaco que se encaixe em determinado perfil clínico, como se pode decidir o que fazer em seguida? Em que escala de tempo razoável deve-se acompanhar progressos e como isso pode ser quantificado? Excluindo a intuição, quais parâmetros ajudam a orientar decisões quanto à necessidade de fazer ajustes posológicos e quando isso deve ser feito? Em que ponto seria recomendável acrescentar outros compostos farmacológicos? E quando poderiam ser tiradas conclusões significativas quanto à probabilidade de observar outros efeitos do fármaco – ou seja, quando decidir se um fármaco experimental é ineficaz ou parcialmente

Psicofarmacologia Prática

Figura 1.1 Níveis de evidência em ensaios clínicos.

eficaz e se ele deve ser interrompido, substituído ou conservado e aumentado em dose?

As condições que influenciam as considerações apresentadas anteriormente variam com a doença específica e também com o fármaco utilizado. Alguns fármacos têm doses-alvo ou faixas posológicas bem definidas e podem necessitar de esquemas de titulação, que frequentemente são limitados por questões de segurança ou tolerabilidade. Outros fármacos podem ser essencialmente "saturados" ou ter suas doses aumentadas rapidamente desde o início sem risco de comprometer a tolerabilidade e, possivelmente, têm eficácia de início mais rápido.

Como regra de memorização, as experiências adequadas com fármacos costumam ser mais demoradas e podem frequentemente envolver doses mais altas para tratar condições crônicas, altamente recorrentes ou complexas por alguma outra razão, em comparação com apresentações clínicas relativamente "mais simples" com sinais menos persistentes e intrincados do transtorno subjacente. Os sintomas egodistônicos (*ego-alien*, em inglês) podem ser mais fáceis de eliminar que aqueles que se tornam mais enraizados ou são fundamentalmente coerentes com o autoconceito básico e a cosmovisão do paciente. Nesse caso, conforme está descrito no Capítulo 2, conceitos como traços de personalidade, crenças centrais e autoimagem podem "colorir" a forma como determinado paciente apresenta singularmente um transtorno "genérico" de humor, ansiedade, comportamento ou cognição; tais nuances afetam a evolução e o prognóstico, assim como ajudam a diferenciar entre alvos variáveis *mais prováveis* da farmacoterapia (p. ex., sinais vegetativos, dificuldade de controlar impulsos ou crises de pânico) e alvos que são *menos prováveis* (p. ex., baixa tolerabilidade ao estresse ou pouca habilidade de enfrentamento, desconfiança generalizada dos outros, sentimentos persistentes de injustiça ou inveja ou desequilíbrio emocional relacionado com sensibilidades interpessoais).

REGRA DE 2 SEMANAS OU 20%

Embora diversos transtornos de saúde mental variem acentuadamente quanto às suas manifestações e respostas ao tratamento e a trajetória dos resultados alcançados com farmacoterapia possa variar conforme os fatores específicos de cada paciente (como gravidade, cronicidade, farmacocinética [fenótipos metabolizadores ultrarrápidos] e grau de resistência aos tratamentos anteriores), ainda assim é razoável considerar o marco de 2 semanas como talvez o primeiro parâmetro do processo de decisão ao longo

 Dica
Uma considerável melhora de, no mínimo, 20% em comparação com o nível basal após 2 semanas de tratamento pode prever uma resposta efetiva depois de decorrido um período adequado de uso experimental do fármaco.

da evolução temporal para avaliar o efeito de determinado fármaco em um transtorno mental significativo. Respostas que ocorrem dentro de 1 semana ou menos geralmente levantam suspeitas quanto à possibilidade de efeitos placebo transitórios, mesmo com algumas exceções (especialmente resposta antidepressiva rápida à cetamina intravenosa); o estado de equilíbrio farmacocinético geralmente não é alcançado antes de 5 a 14 dias de uso de muitos fármacos psicotrópicos de várias classes, e tal fato torna menos confiáveis suposições feitas antes disso.

Várias linhas de evidência sugerem que, com 2 semanas, ao menos uma *melhora mínima* – perceptível como a germinação de uma semente e quantificável por melhora de, no mínimo, 20% na gravidade dos sintomas em comparação com o estado basal – prevê resposta estável ou remissão subsequente, ao menos nos pacientes com depressão maior (Papakostas et al., 2006; Szegedi et al., 2009), transtorno bipolar (Kemp et al., 2011), esquizofrenia (Leucht et al., 2007; Samara et al., 2015), transtorno de pânico (Pollack et al., 2002) e transtorno de ansiedade generalizada (Rynn et al., 2006). Existem dados conflitantes quanto a se sinais de melhora antes de completar a *primeira* semana têm mais chances de refletir efeito placebo que efeitos farmacodinâmicos, principalmente em vista das preocupações de que efeitos placebo iniciais possam ser transitórios. (Essa é a razão dos períodos indutores simples-cegos com placebo administrado por 1 semana em ensaios clínicos, que têm como propósito minimizar a responsividade a placebo.) Outro fator que complica os debates quanto à possível transitoriedade dos efeitos placebo nos indivíduos que respondem rapidamente é a noção de efeito aditivo entre responsividade inicial ao placebo e eficácia farmacodinâmica subsequente; em outras palavras, as respostas ao placebo e ao fármaco podem não ser fenômenos mutuamente excludentes durante o tratamento com um psicofármaco ativo e, ao menos em algumas situações, é possível que mesmo a melhora inicial de curta duração seja atribuível a um mecanismo placebo e que tal fenômeno não impeça eficácia farmacodinâmica subsequente mais duradoura do fármaco propriamente dito. Dito de outra maneira, em vários transtornos há um *valor preditivo negativo* para a falta de resposta mínima nas duas primeiras semanas; por essa razão, a inexistência de sinais detectáveis de melhora nesse período torna recomendável alterar de algum modo o esquema terapêutico vigente (por meio de alterações, aumentos ou substituições de doses).

 Ajuste

Até hoje, existem pouquíssimos estudos realizados para investigar quando e como médicos decidem alterar um esquema terapêutico vigente. Em ensaios clínicos formais, às vezes, os pontos de decisão são algorítmicos: quando um marco de melhora não é alcançado dentro de determinado tempo, podem ser realizados ajustes com base em protocolos (em geral, aumentos de dose; às vezes, dosagens dos níveis séricos dos fármacos ou reavaliação de fatores que causam confusão, como falta de adesão ao tratamento ou uso de substâncias ilícitas). Na prática do mundo real, as regras são mais flexíveis, raramente se baseiam em evidências e frequentemente não há normas para decidir se e quando alterar a dose de um fármaco ou suspender ou iniciar tratamento com outro fármaco. Em alguns casos, esquemas de titulação de doses são recomendados pelo fabricante do fármaco (senão por motivos científicos) para determinado tratamento. Por exemplo:

- Aumento progressivo da dose de lamotrigina para tratar transtorno bipolar (ver Capítulo 13)
- A dose de ataque com valproato de sódio oral (20 a 30 mg/kg) para tratar mania aguda pode assegurar o início mais rápido da atenuação dos sintomas que aumentos mais gradativos de dose, levando-se em conta a tolerabilidade (especialmente, sintomas gastrintestinais [GI])
- Exceto por efeitos tóxicos, há pouca razão para alterar as doses de lítio com base nos níveis séricos do fármaco antes que tenham decorrido 5 dias desde a última alteração da dose (ou seja, cinco meias-vidas para alcançar o estado de equilíbrio)
- A carbamazepina pode exigir aumentos da dose depois de algumas semanas de sua introdução, pela autoindução de seu metabolismo
- As alterações rápidas de dose dos fármacos antipsicóticos, sobretudo dos que têm forte afinidade por ligação aos receptores D_2, aumentam o risco de reações distônicas e outras respostas motoras adversas graves

 Dica

Atenção: os ajustes excessivos de um esquema farmacoterápico podem indicar intrinsecamente um desfecho desfavorável de prognóstico.

Psicofarmacologia Prática

- As doses "almejadas" (alvo) esperadas podem variar individualmente por inúmeras razões, e isso limita até que ponto aumentos inevitáveis de dose podem ser necessários ou recomendáveis.

Não surpreende que, em um ensaio clínico de grande porte sobre cuidados especializados para transtorno bipolar, os pacientes que por fim responderam ao tratamento tiveram menos *ajustes clínicos necessários* (ACNs) efetuados em seus esquemas terapêuticos que os indivíduos que não responderam ao tratamento. Estatisticamente, cada ACN reduzia o índice de resposta final em 30% (Reilly-Harrington et al., 2016). Do mesmo modo, cada aumento unitário (ou seja, agravação) do escore de gravidade global com base em CGI (Clinical Global Impressions; ou Impressões Clínicas Globais) estava associado a um aumento de 13% na probabilidade de ocorrer ACN (Reilly-Harrington et al., 2013). Evidentemente, as correlações entre ACNs repetidos e resultado terapêutico insatisfatório podem simplesmente ser indicadores substitutos de complexidade da doença, tolerabilidade do fármaco ou prognóstico desfavorável em geral, enquanto quadros clínicos mais bem definidos podem simplesmente impor ajustes do esquema terapêutico com menos frequência.

Psicofarmacologia newtoniana

Parafraseando a primeira lei de Newton (lei da inércia), a trajetória de resposta a um psicofármaco provavelmente se manterá em movimento constante, a menos que uma força externa atue nessa trajetória. (As forças externas podem ser falta de adesão ao tratamento, uso de substâncias, comorbidades clínicas ou piora como parte da evolução natural da doença.) Em termos gerais, a melhora de um episódio de depressão, mania ou psicose tem evolução temporal no sentido da recuperação que, embora não seja totalmente previsível, segue uma progressão praticamente constante. Quando o paciente alcança uma dose apropriada e sinais de melhora são inequívocos, geralmente não há qualquer motivo para ajustar a dose, contanto que sinais de melhora não se estabilizem e problemas de tolerabilidade sejam mínimos. Regar excessivamente uma planta não faz com que ela cresça mais rápido. Administrar doses farmacológicas acima da faixa terapêutica antes que tenha decorrido um período adequado de experiência geralmente também é pouco razoável e pode ser desnecessário ou contraproducente (como ocorre nos casos de neuroleptização rápida com antipsicóticos de primeira geração [APGs], que causam distonia aguda), exceto em algumas situações especiais:

- Administrar dose de ataque oral (20 a 30 mg/kg em doses fracionadas) de valproato de sódio pode acelerar a resposta de pacientes em crise maníaca (ver Capítulo 13)
- Aumentar rapidamente a dose inicial de olanzapina garante um tratamento mais rápido e efetivo de agitação aguda, em comparação com um esquema posológico habitual de aumentos mais progressivos, ainda que com a mesma tolerabilidade
- Conforme seria esperado, pacientes com genótipo conhecido de metabolizador ultrarrápido de uma enzima catabólica pertinente (ver Capítulo 8) podem necessitar de doses mais altas que as habituais (embora geralmente sem ajuste compensatório exato).

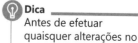
Dica
Antes de efetuar quaisquer alterações no esquema terapêutico do paciente, deve-se ter uma razão clara em mente.

Quando os ajustes de dosagem devem ser feitos de forma lógica, fora dos esquemas de titulação de dose predeterminados? Para responder a essa pergunta, nem sempre há "necessidade", considerando-se que as respostas a determinado fármaco variam caso a caso. Um princípio norteador consiste em reagir às tendências em vez de às oscilações transitórias do quadro sintomatológico, algo parecido com acompanhar a bolsa de valores. Sem dúvida, quando ocorrem quedas ou platôs evidentes e persistentes e efeitos adversos são mínimos e toleráveis, é razoável considerar alterações posológicas. Ao mesmo tempo, deve-se estar consciente de que alguns fármacos provavelmente têm janelas terapêuticas, acima ou abaixo das quais a eficácia pode diminuir. Um exemplo disso são antidepressivos tricíclicos, cujos níveis séricos terapêuticos distribuem-se ao longo de uma curva com configuração de sino; a bupropiona é outro exemplo. Com alguns fármacos (p. ex., alguns antipsicóticos de segunda geração [ASGs]), doses mais baixas em vez de mais altas podem produzir resultados mais satisfatórios em alguns subgrupos específicos (p. ex., pacientes deprimidos ansiosos, conforme descrito no Capítulo 13).

Doses habituais, homeopáticas e supraterapêuticas

Surpreendentemente, há poucos estudos formais realizados para avaliar alguns pressupostos que médicos fazem quanto às relações de dose-resposta no que se refere aos efeitos farmacodinâmicos favoráveis e aos efeitos adversos. Nessa área, algumas das questões pertinentes para as quais dados empíricos são indiretos ou escassos são:

- Quando um paciente parece melhorar com um fármaco em dose menor que a habitual, seria insensato manter tal dose em vez de tentar chegar à faixa posológica habitual, independentemente da melhora aparente dos sintomas basais?
- Quando se utilizam duas (ou mais) modalidades de tratamento farmacológico, a otimização das doses do fármaco principal e/ou adjuvante é mais útil ou desnecessária?
- Com fármacos que têm níveis séricos terapêuticos bem definidos (ver Capítulo 7), os aumentos das doses devem ser realizados rotineiramente até chegar à faixa terapêutica quando o paciente melhora acentuadamente com uma dose menor que isso?

O uso de doses supraterapêuticas (definidas como doses máximas acima das que são preconizadas pelo fabricante e aprovadas pelo órgão regulador, inclusive a Food and Drug Administration [FDA] norte-americana) é pragmaticamente limitado pelos fármacos com índices terapêuticos estreitos (p. ex., lítio ou antidepressivos tricíclicos), efeitos adversos dose-dependentes ou questões como tolerabilidade fisiológica ou dependência. Embora administrar doses *otimizadas* (definidas como alcançar dose máxima tolerável de um fármaco, mas ainda dentro dos parâmetros propostos por seu fabricante) seja prática corrente quando pacientes têm respostas parciais ou perda de eficácia apesar da continuidade do tratamento farmacológico, a maioria das evidências a favor de eficácia maior das doses *supraterapêuticas* nesses casos não tem bases claras (evidência anedótica), conforme descrito com mais detalhes na Parte 2 deste livro.

COMO AVALIAR EFEITOS TERAPÊUTICOS: O PACIENTE *REALMENTE* ESTÁ MELHOR?

As listas de verificação (*checklists*) e escalas de gravidade dos sintomas são úteis para avaliar a existência e a gravidade de uma doença em determinado momento, mas não são dinamicamente informativas quando se pretende aferir o impacto dos sintomas na forma como o paciente vivencia situações de estresse em seu cotidiano. A vida propriamente dita é um teste de estresse

psiquiátrico, semelhante à esteira ergométrica usada para avaliar função miocárdica. Ou, recorrendo a uma analogia automobilística, independentemente de quanto atraente e impecável um veículo pareça ser no salão

> 💡 **Dica**
> A melhora significativa não pode ser avaliada simplesmente por atenuação dos sintomas, mas, acima de tudo, pela capacidade de enfrentar estresses da vida sem apresentar recaídas ou piora da psicopatologia.

de automóveis, não se pode *realmente* saber como será seu desempenho até que ele seja colocado à prova nas estradas. No domínio da saúde mental, eventos estressantes da vida são comparáveis a buracos na estrada e manobras que automóveis enfrentam diariamente quando são testados na prática. Quando um psicofármaco é eficaz para atenuar sintomas característicos de determinado transtorno mental, aprendemos mais sobre amplitude e durabilidade de seus efeitos perguntando como ele ajuda a melhorar o desempenho cotidiano e a resiliência dos pacientes quando estão sob pressão – ou seja, sua capacidade de manter um senso de equilíbrio e liberdade relativa dos sintomas apesar das adversidades.

A capacidade de manter um senso de equilíbrio mental sob estresse assemelha-se muito à função de um giroscópio, que mantém a aeronave nivelada durante o voo, independentemente das condições climáticas que poderiam, de outro modo, colocar em risco a integridade da aeronave. Ver uma discussão mais detalhada desse conceito no Boxe 1.2.

Por certo, outra maneira de determinar empiricamente se o paciente "realmente está melhor" depois de decorrido um período adequado de experimentação com um fármaco é interromper o tratamento para tentar descobrir se os sintomas clínicos reaparecem ou pioram em seguida. A evidente desvantagem dessa abordagem é seu risco de causar deterioração clínica, sem quaisquer garantias de que não ocorrerão outras pioras quando o tratamento interrompido for reiniciado. Às vezes, essa abordagem pode ser útil para permitir aos pacientes (ou seus médicos) uma avaliação mais conclusiva quanto aos efeitos dos fármacos, cuja eficácia e finalidade podem ter gerado dúvidas até então.

SE FUNCIONOU ANTES, FUNCIONARÁ NOVAMENTE?

Há mais conjecturas que evidências quanto aos pressupostos de que, se um psicofármaco

Boxe 1.2 Giroscópios psiquiátricos.

Em saúde mental, o conceito de resiliência é muito semelhante à função do giroscópio na manutenção do nível da aeronave, sem desvios da rota de voo, apesar de qualquer turbulência encontrada. Quaisquer que sejam os estresses que as forças do destino imponham, podemos confiar em um "sistema de orientação interno" para manter a calma e um senso de avanço sem nos desviarmos muito de nossa rota. Os tratamentos psiquiátricos eficazes não devem simplesmente atenuar sintomas atuais ou impedir recaídas mas, sobretudo, ajudar a assegurar plena capacidade de compensar mentalmente estresses da vida cotidiana normal.

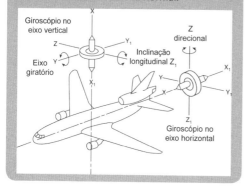

foi eficaz em alguma época passada, ele deverá previsivelmente causar a mesma resposta clínica quando for reintroduzido depois de um período de descontinuação. O problema em questões como essa consiste em presumir que o perfil clínico de um transtorno mental que ocorreu no passado remoto terá reapresentação com as mesmas características muitos anos depois ou ignorar o impacto de novas comorbidades, condições clínicas gerais, uso simultâneo de outros fármacos ou alterações da função hepática ou renal ao longo do tempo. No entanto, existem ao menos alguns dados demonstrando que, nos casos de depressão crônica, reiniciar tratamento com antidepressivo tricíclico depois de uma resposta inicial novamente terá efeitos benéficos significativos em pouco mais de 90% dos casos (Friedman et al., 1995). No transtorno bipolar, alguns autores relataram casos de refratariedade induzida por descontinuação do uso de lítio, principalmente quando a interrupção tiver sido abrupta (menos de 2 semanas), enquanto outros questionaram essas observações, que foram consideradas puramente especulativas. Metanálise publicada em 2013 de cinco estudos, com 212 pacientes, não observou qualquer redução estatisticamente significativa da eficácia profilática do lítio com sua reintrodução depois de um período de descontinuação (de Vries et al., 2013).

Nossa impressão sobre esses estudos, principalmente porque não existem ensaios adequadamente desenhados com poder estatístico suficiente para avaliar perda real de eficácia (ou taquifilaxia), é que, como alguns fatores do mundo real interferem em períodos de pausas e retomadas (*stops and starts*) dos fármacos, se mostra difícil fazer generalizações confiáveis quanto à menor eficácia dos psicotrópicos reintroduzidos novamente. Conforme as circunstâncias clínicas tenham semelhança suficiente entre duas apresentações no mesmo paciente, a história conhecida de resposta favorável no passado a determinado fármaco provavelmente é um bom indício de que ele seja eficaz se for reintroduzido depois.

MECANISMOS DE AÇÃO SÃO IMPORTANTES?

Em suas respectivas bulas dos fabricantes (geralmente encontradas na seção "Como este medicamento funciona"), todos os fármacos psicotrópicos – com lítio, ISRSs, antipsicóticos, psicoestimulantes e hipnótico-sedativos – trazem textos afirmando que o mecanismo exato de ação terapêutica para tratar [a condição clínica de interesse] não é conhecido (ou "não está claro" ou "não está totalmente esclarecido", dependendo da bula de cada produto). Esses alertas representam simplesmente uma proteção médico-legal? Em parte, sim. Embora experiências realizadas com animais ou outros estudos pré-clínicos possibilitem algum entendimento quanto às estruturas encefálicas e sistemas de neurotransmissores afetados por determinado fármaco, frequentemente é necessário dar um salto inferencial considerável para extrapolar esses resultados aos efeitos farmacodinâmicos observados em seres humanos. Conclusões farmacodinâmicas amplas baseadas unicamente em um mecanismo de ação também acarretam risco de supor efeitos de classe, quando eles não existem. Por exemplo, nem todos os anticonvulsivantes gabaérgicos (que atuam nos receptores de GABA) têm ação estabilizadora do humor ou propriedades ansiolíticas ou antinociceptivas – alguns sim, outros não – e raramente um fármaco "dentro de uma classe" é intercambiável por outro do mesmo grupo.

Os sistemas de neurotransmissores também podem ter efeitos diferentes em diversas regiões do encéfalo (p. ex., a ação agonista de dopamina pode estimular o processamento atencional no córtex pré-frontal, mas ter efeitos psicomiméticos na via mesolímbica). Por fim, teorias modernas sobre circuitos neurais apontam para a arquitetura de vias e circuitos que interagem entre si nas diversas regiões do encéfalo, mais que em regiões "únicas" como focos isolados de função cerebral ou atividade farmacodinâmica.

Alguns compostos psicotrópicos ativos têm mecanismos de ação (MAs) extremamente diferentes. Nesses casos, especialmente quando o suposto MA usado para explicar determinado efeito psicotrópico poderia ser um entre vários, fica impraticável ou sem sentido tentar formular um termo descritivo classificável com base nos perfis de receptores, enzimas ou neurotransmissores. Por exemplo, vejamos o caso da cetamina – um fármaco usado com diversas finalidades –, cujo antagonismo no receptor de NMDA (*N*-metil-D-aspartato) parece mediar seus efeitos anestésicos dissociativos, mas não necessariamente suas propriedades antidepressivas. (Conforme está descrito com mais detalhes no Capítulo 13, além da cetamina, alguns antagonistas do receptor de NMDA não têm qualquer ação significativa a mais que um placebo no tratamento da depressão.) Seria o mecanismo de ação exatamente descrito, mas é terrivelmente complicado, e nada esclarecedor, falar da cetamina como um fármaco exemplar que antagoniza receptores NMDA, opioides μ, nicotínicos α_7 e muscarínicos M_1, M_2 e M_3 e que, ao mesmo tempo, tem ação agonista nos receptores D_2, σ_1, σ_2, além de inibir transportador de recaptação de serotonina (TRS), transportador de norepinefrina (TNE), transportador de dopamina (DAT) e acetilcolinesterase.

Nesse sentido, na medida em que todo antipsicótico atípico tem uma "assinatura" molecular singular no que se refere a suas afinidade de ligação e razão de proporção entre os diversos sistemas neurotransmissores envolvidos (p. ex., $5HT_{2A}$:D_2), classificações mecanicistas amplas podem não fornecer informações suficientes para explicar efeitos psicotrópicos relevantes ou mesmo designações como "melhor da classe" (p. ex., clozapina em comparação com outros antipsicóticos atípicos). No contexto de um mecanismo de ação classificável, os fármacos também podem variar quanto à penetração no sistema nervoso central (SNC) (p. ex., betabloqueadores que atravessam a barreira hematencefálica), à potência (p. ex., tramadol e ziprasidona são inibidores de recaptação de serotonina e norepinefrina [IRSN], ainda que sua ação seja fraca), seletividade/falta de seletividade para subtipos de receptores (p. ex., alfa-agonistas, inibidores de monoamina oxidase [MAO] ou à ativação dose-dependente de um sistema em vez de outro (p. ex., em doses baixas, a venlafaxina atua predominantemente como ISRS, em vez de IRSN; a ziprasidona em doses baixas [< 120 a 160 mg/dia] atua preferencialmente como antagonista do receptor $5HT_{2C}$ em vez de antagonista D_2 [Mattei et al., 2011]).

CHEGA DE SIMPLIFICAÇÕES EXCESSIVAS COMO "DESEQUILÍBRIO QUÍMICO"

Na década de 1960, a chamada "hipótese das catecolaminas" proposta para explicar transtornos do humor sustentava que o excesso ou a deficiência de monoaminas eram responsáveis por estados de externalização (p. ex., mania ou psicose) ou internalização (p. ex., depressão ou sintomas negativos/déficits), respectivamente. Esses conceitos simplistas não levavam em consideração efeitos diferentes de determinado sistema neurotransmissor em diversas regiões do encéfalo (p. ex., a hipoatividade dopaminérgica está associada a desatenção e falta de motivação no circuito pré-frontal, mas parkinsonismo no núcleo estriado) ou interações de vias neurais que poderiam operar por meio de diferentes sistemas neurotransmissores (p. ex., papel dos interneurônios que usam ácido gama-aminobutírico [GABA] como neurotransmissor e servem para "ligar" ou "desligar" outros circuitos).

Outra área de incerteza envolve generalizações quanto aos efeitos farmacodinâmicos esperados com base no mecanismo de ação de um fármaco. Aqui, as coisas podem ficar complicadas. Por exemplo, é provável que todos os antagonistas D_2 tenham propriedades antipsicóticas, mas nem todos os fármacos antipsicóticos tratam depressão e alguns deles podem até desencadear ou agravar sintomas de depressão. Do mesmo modo, os anticonvulsivantes variam consideravelmente quanto a seus efeitos psicotrópicos. Na década de 1990, acreditava-se que alguns fármacos anticonvulsivantes tivessem efeitos estabilizadores do humor porque mostravam atividade gabaérgica (supostamente antimaníaca) ou antiglutamatérgica (supostamente antidepressiva). Essa teoria encaixava-se perfeitamente na relação bioquímica entre glutamato e GABA nos neurônios pré-sinápticos e seus respectivos efeitos na excitação ou na inibição neuronal, mas depois não conseguiu explicar numerosos ensaios clínicos negativos ou fracassados subsequentes com anticonvulsivantes mais modernos (p. ex., gabapentina, topiramato, tiagabina e outros) em estudos de tratamento de sintomas de humor do transtorno bipolar. Esse modelo ajuda a explicar a falta relativa de eficácia antimaníaca da lamotrigina (que é um composto antiglutamatérgico, mas não gabaérgico) e a eficácia antidepressiva apenas modesta do valproato de sódio (que é um composto gabaérgico). Entretanto, como conceito geral, essa teoria não conseguiu explicar a ausência relativa de efeitos estabilizadores do humor observados com alguns outros compostos gabaérgicos ou antiglutamatérgicos que se seguiram.

A Tabela 1.8 apresentada a seguir descreve exemplos de discrepância de relações entre psicotrópicos, seus efeitos farmacodinâmicos conhecidos e evidências acerca de seus supostos mecanismos de ação.

Usos *on-label* e *off-label* de fármacos

A aprovação por órgãos reguladores de fármacos (p. ex., FDA norte-americana) não é necessariamente sinônimo de medicina baseada em evidência ou bases científicas por trás do uso de determinado fármaco em um paciente específico. A indústria farmacêutica busca a aprovação dos órgãos reguladores para suas formulações próprias ou compostos moleculares para os quais não existem versões genéricas; e a duração da patente ainda é válida para o fármaco envolvido, geralmente, quando há uma fatia de mercado suficientemente grande para justificar gastos enormes de tempo e recursos financeiros necessários para obter a aprovação do órgão regulador.

A busca de aprovação dos órgãos reguladores para um composto químico novo (CQN) é um processo demorado dividido em fases, conforme está descrito na Tabela 1.9. É importante que médicos e pacientes entendam que as diferenças entre usos *on-label* e *off-label*, de acordo com órgãos reguladores como a FDA norte-americana, refletem basicamente os desfechos dos esforços da indústria farmacêutica com interesses adquiridos na comercialização de produtos de marca. Na verdade, os compostos genéricos ou fármacos cujas patentes expiraram podem ter eficácia e segurança demonstráveis com base em estudos de evidência de Nível 2 ou mesmo Nível 1 (ver Figura 1.1), porém, sem recursos substanciais necessários para obter aprovação de uma indicação pelo órgão regulador, muitos tratamentos com base em evidências continuam a ser *off-label*. Considerando que 95% dos fármacos testados em ensaios de Fase 0 e Fase I não conseguem demonstrar segurança e eficácia suficientes para justificar seu desenvolvimento subsequente e que o custo de introduzir um fármaco novo no mercado pode chegar a US$ 5 bilhões, deve-se compreender que as bases econômicas *versus* científicas da designação de um fármaco como *on-label* e sua comercialização são totalmente independentes do rigor com que se pode exigir evidência de eficácia farmacodinâmica para outro *off-label*. Em psicofarmacologia clínica, existem inúmeros exemplos desses usos de fármacos baseados em evidência, embora *off-label*, inclusive:

- **Gabapentina como ansiolítico:** um ensaio clínico randomizado controlado de 14 semanas (ECR) sobre transtorno de ansiedade social detectou taxa de resposta de 38%; existem dados menos robustos quanto à sua utilização para tratar transtorno de ansiedade generalizada (TAG) (Mula et al., 2007)
- **Lamotrigina para depressão bipolar aguda:** cinco ECRs demonstraram conjuntamente que a probabilidade de resposta à lamotrigina era significativamente maior que a um placebo, especialmente em pacientes com maior gravidade basal (Geddes et al., 2009)
- **Lurasidona para transtorno depressivo maior com sintomas mistos (TDM-SM):** nenhum psicotrópico tem aprovação da FDA para tratar esse título diagnóstico recém-incluído no DSM-5 (*Manual diagnóstico e estatístico de transtornos mentais*, 5ª ed.); contudo, um ECR de 6 semanas demonstrou redução significativa dos sintomas maníacos e depressivos com amplo efeito e baixo índice de descontinuação do tratamento em razão de intolerância (Suppes et al., 2016)
- **Modafinila para transtorno de hiperatividade e déficit de atenção (TDAH):** cinco ECRs realizados em diferentes centros demonstraram redução significativamente maior dos escores de gravidade do TDAH quando comparados com o grupo placebo, com tamanho de efeito médio a grande, redução de apetite em cinco vezes, atenuação da insônia em seis vezes, sem efeitos adversos cardiovasculares e índices de descontinuação em razão de efeitos adversos comparáveis aos de um placebo (metanálise publicada por Wang et al., 2017a)
- **Pregabalina para TAG:** oito ensaios clínicos controlados com placebo demonstraram eficácia significativa, embora com efeito apenas pequeno a médio, taxas de resposta comparáveis às obtidas com benzodiazepínicos e nenhuma diferença quanto à taxa de descontinuação em razão de efeitos adversos quando comparada com o placebo (Generoso et al., 2017)

Capítulo 1 • Conceitos Básicos de uma Boa Psicofarmacologia

- **Quetiapina para TAG:** três ensaios controlados com placebo demonstraram resposta e índices de remissão mais satisfatórios em comparação com placebo para quetiapina XR (50 ou 150 mg/dia) e eficácia e taxas de descontinuação em razão de efeitos adversos comparáveis aos dos ISRSs (metanálise publicada por Maneeton et al., 2016)
- **Quetiapina para TDM:** três ECRs demonstraram índices mais favoráveis de resposta e remissão com quetiapina XR (50 ou 150 mg/dia) em comparação com placebo, eficácia e índice de descontinuação em razão de efeitos adversos comparáveis aos dos ISRSs (metanálise publicada por Maneeton et al., 2016)
- **Topiramato para transtorno por consumo de álcool:** sete ensaios controlados com placebo demonstraram melhora significativa com efeito médio quanto aos dias de ingesta pesada e abstinência e efeito menor/não significativo quanto ao desejo incontrolável de ingerir álcool (fissura ou *craving*) (metanálise de Blodgett et al., 2014).

O QUE HÁ EM UM NOME?

A nomenclatura que usamos para classificar fármacos psicotrópicos (e muitos fármacos não psicotrópicos) é comumente antiquada e aumenta a desinformação com respeito aos efeitos farmacodinâmicos específicos reais de determinado fármaco. Nem todos os anticonvulsivantes tratam todos os tipos de epilepsia, nem todos os antineoplásicos tratam todas as neoplasias e nem todos os antidepressivos tratam todos os tipos de depressão. As mudanças de paradigma certamente estão longe de ser novas em psiquiatria e a classificação de fármacos com base na indicação original rapidamente pode tornar-se desinformativa – os IMAOs não são mais conhecidos como tuberculostáticos, a clorpromazina não é mais o sedativo pré-anestésico que era na década de 1950 e alguns anticonvulsivantes são prescritos hoje em dia para tratar transtorno bipolar, enxaqueca ou dor neuropática, independentemente de sua origem como anticonvulsivante. Entretanto, alguns fármacos que antes não eram antidepressivos têm bases de evidência a favor de seu uso em alguns tipos de depressão, para consternação de alguns médicos atrelados a uma nomenclatura antiga e cada vez mais arcaica. Ver Caso clínico 1.2.

A Tabela 1.10 oferece exemplos de fármacos cujos efeitos psicotrópicos fundamentados em evidências têm pouca ou nenhuma correspondência com "classificações" mais gerais, com base

> **CASO CLÍNICO 1.2**
>
> Arthur tem 34 anos, foi diagnosticado com transtorno bipolar tipo I e está em tratamento com lamotrigina (400 mg/dia), lurasidona (40 mg/dia), armodafinila (250 mg/dia) e *N*-acetilcisteína (1.800 mg/dia). Apesar disso, ele se queixava de depressão persistente, e seu psicoterapeuta ligou para seu psiquiatra para perguntar por que ele não usava um antidepressivo. O psiquiatra, que estava plenamente familiarizado com o teor do Capítulo 13 deste livro, precisou explicar que nenhum antidepressivo "tradicional" jamais demonstrou eficácia maior que a de um estabilizador de humor usado isoladamente, mas que todos os quatro fármacos usados por Arthur tinham ao menos um (ou mais) ensaios randomizados duplos-cegos controlados por placebo a favor de sua eficácia no tratamento do transtorno bipolar, com tamanho de efeito no mínimo moderado e inexistência de redundância (e possível sinergia farmacodinâmica) em seus supostos mecanismos de ação. No entanto, o psicoterapeuta achou que o psiquiatra ainda era negligente por não prescrever um "antidepressivo".

nas quais eles são conhecidos popularmente. Os fármacos com vários efeitos farmacodinâmicos com base em evidências têm especial importância para os psicofarmacologistas. Assim como canivetes suíços que fazem muito mais que o simplesmente esperado destes instrumentos, ou celulares cuja utilidade funcional pode ter pouca ou nenhuma relevância com os recursos de um telefone, nossa nomenclatura está em expansão de modo a incluir diversas propriedades psicotrópicas reais, considerando-se seus supostos mecanismos de ação. Nem todos os fármacos tuberculostáticos tratam depressão (como iproniazida), nem todos os anti-hipertensivos tratam tremores (como o propranolol).

NOMENCLATURA BASEADA EM NEUROCIÊNCIAS

Em 2010, o European College of Neuropsychopharmacology (ECNP) criou uma força-tarefa para reavaliar e revisar a terminologia usada para classificar fármacos psicotrópicos. O resultado foi uma nomenclatura baseada em neurociências (NbN) que procura classificar esses fármacos fundamentando-se em sua farmacologia e seu suposto mecanismo de ação, além de suas indicações clínicas (ver www.nbn2.com). A Tabela 1.11 apresenta exemplos representativos

15

Psicofarmacologia Prática

desse sistema de classificação. (Observe que alguns fármacos têm vários mecanismos de ação e, por essa razão, podem ser classificados em mais de um grupo.)

Em alguns casos, a incerteza ou a ambiguidade quanto ao mecanismo de ação de um fármaco podem resultar em classificações que talvez não sejam tão úteis na prática (p. ex., a NbN descreve o mecanismo de ação do lítio como "interações enzimáticas"), ou um suposto mecanismo de ação pode envolver tantos receptores que não se prestam a uma classificação *geral* (p. ex., vortioxetina). Outros fármacos podem ter supostos mecanismos de ação tão complexos que tornam indevidamente difícil ou simplesmente especulativo elaborar uma categorização ampla com base em seu mecanismo de ação. Um exemplo desse tipo é o topiramato (cujo mecanismo de ação pode ser descrito como "facilitação da transmissão GABAérgica e antagonismo de receptor de AMPA ou cainato"). O mecanismo de ação da cetamina pode variar com suas diversas propriedades farmacodinâmicas – seus efeitos anestésicos podem provir de seu antagonismo nos receptores de NMDA, enquanto seus efeitos analgésicos podem estar relacionados com ambos e antagonismo nos receptores de NMDA, além de seu bloqueio dos receptores opioides μ. Atualmente, seus aparentes efeitos antidepressivos são atribuídos hipoteticamente à ativação dos receptores de AMPA (ácido α-amino-3-hidroxi-5-metil-4-isoxazol) ou receptores σ_1 e σ_2, mais provavelmente que a seus efeitos bloqueadores dos receptores de NMDA; isso dificulta a "classificação exata" de tal fármaco com base em seus vários mecanismos de ação, que podem originar-se de efeitos farmacodinâmicos diferentes (p. ex., propriedades analgésicas *versus* antidepressivas).

DEFINIÇÃO DOS OBJETIVOS TERAPÊUTICOS

Com muita frequência, pacientes e médicos iniciam um esquema terapêutico com pouca ou nenhuma discussão explícita quanto aos objetivos e expectativas realísticos. Apenas em casos raros a psicofarmacologia transforma magicamente todos os problemas de saúde mental, sobretudo quando eles têm duração longa e são complexos; por essa razão, é importante definir alvos específicos do tratamento, conhecer suas limitações, concordar quanto aos objetivos e prioridades práticas e esclarecer o que é e o que provavelmente não é farmacologicamente remediável. A recusa

inabalável em aceitar ou tolerar efeitos farmacológicos adversos incômodos, embora medicamente inofensivos, frequentemente significa renunciar a esquemas terapêuticos agressivos. Uma história de resistência terapêutica extrema (ou seja, inexistência de resposta a várias experiências adequadas e satisfatórias com diversos fármacos) implica probabilidade baixa (embora não necessariamente nula) de obter melhora significativa, em contraste com fazer incursões menos substanciais e mais modestas possíveis para determinados sintomas durante o tratamento de uma condição crônica. Atitudes ou crenças negativas de longa duração ou profundamente arraigadas, opções de estilo de vida pouco saudáveis, dificuldade de adaptação ou habilidades de enfrentamento precárias, baixa tolerabilidade ao sofrimento ou insatisfação com as circunstâncias de vida podem exigir outras intervenções além de psicofarmacoterapia.

Em medicina de cuidados paliativos, o conceito de "definir objetivos de cuidado" oferece um exemplo útil de como estabelecer expectativas claras e prioridades bem definidas quanto aos desfechos esperados do tratamento. É um fato que, mesmo com opções farmacológicas excelentes, os índices de resposta e remissão de alguns transtornos mentais graves ficam muito aquém de 100%, enquanto em alguns casos recaídas e recidivas são imprevisíveis e inevitáveis, apesar dos cuidados adequados prestados. Principalmente com condições crônicas que não melhoraram com vários tratamentos biológicos apropriados, adotar uma abordagem de "manejo da doença" em vez de "modificar a doença" frequente se torna uma necessidade implícita.

Definir explicitamente objetivos terapêuticos desde o início pode ajudar a corrigir expectativas não realistas e "ajustar adequadamente a barra" em nível suficientemente baixo, de modo que *quaisquer* melhoras tenham mais chances de ser bem recebidas em vez de desconsideradas. São exemplos de metas fundamentais que podem ser usadas como objetivos terapêuticos propriamente ditos:

- Restaurar sono ou apetite interrompidos
- Evitar atendimentos de emergência, internações hospitalares ou tentativas de suicídio

> **Dica**
> É preciso saber exatamente quais sintomas são os alvos almejados de qualquer intervenção propositiva.

Capítulo 1 • Conceitos Básicos de uma Boa Psicofarmacologia

- Manter capacidade de trabalho e minimizar absenteísmo/presenteísmo
- Manter estilo de vida independente
- Atenuar sobrecarga cumulativa de efeitos farmacológicos adversos eliminando fármacos ineficazes
- Reforçar habilidades de enfrentamento e direcionar esforços para melhorar a qualidade de vida, apesar da resolução incompleta dos sintomas

Nas páginas seguintes, recomendamos enfaticamente que o leitor tenha em mente os objetivos particulares para o tratamento específico de cada paciente que ele atende, em vez de simplesmente adotar a prática de tentar "melhorar" um diagnóstico como se o processo fosse genérico e independente das características específicas de cada indivíduo que definem o resultado terapêutico, conforme está amplamente descrito nos capítulos subsequentes.

⌂ Pontos importantes e tarefas para casa

- Examinar criticamente evidências que embasam supostas relações de causa e efeito antes de prescrever fármacos e avaliar eficácia presuntiva, falta de eficácia ou efeitos adversos em comparação com o curso natural da doença. Aplicar critérios de causalidade de Hill
- Reconhecer grau de rigor e base de evidências que sustentam a utilidade de intervenções terapêuticas. Randomização é o "grande equalizador", que leva em consideração fatores confundidores que podem influenciar diferentemente o desfecho obtido em cada subgrupo clínico
- Embora ensaios clínicos adequados com psicofármacos frequentemente demorem muitas semanas para que sejam avaliados, diferenças ligeiramente perceptíveis devem ser aparentes comumente em 2 semanas; sua ausência nesse marco temporal pode indicar necessidade de alterar doses dos fármacos ou, de outro modo, modificar um esquema terapêutico de modo a otimizar a resposta ou a remissão. Pela mesma razão, deve-se ter uma razão específica em mente, que justifique decisões de efetuar alterações em um esquema terapêutico
- Para avaliar a eficácia do tratamento, considerar não apenas melhoras dos sintomas, mas também sinais de que o paciente melhorou sua capacidade de resistir aos estresses normais do cotidiano
- Preferir mecanismos de ação farmacológica complementares em vez de redundantes ao combinar farmacoterapias ou escolher razões plausíveis que embasem decisões terapêuticas
- Ter em mente objetivos terapêuticos claros e específicos ao efetuar quaisquer alterações no esquema terapêutico.

Tabela 1.1 Distribuição encefálica dos neurotransmissores-alvo e seus efeitos farmacodinâmicos: sistema colinérgico.

Neurotransmissores-alvo	Regiões do encéfalo	Supostos efeitos farmacodinâmicos
ACh (subtipos: muscarínicos: M_1 a M_5; nicotínicos)	Prosencéfalo basal (ou seja, núcleos septais e núcleo basal de Meynert), projeções ao CPF, hipocampo e amígdala; núcleos tegmentares laterodorsais e pedunculopontinos, que se projetam ao tálamo, ponte, bulbo, cerebelo e núcleos dos nervos cranianos; e projeções colinérgicas originadas do núcleo caudado	Os *agonistas* M_1 (p. ex., xanomelina) podem melhorar atenção, raciocínio verbal e memória, enquanto *antagonistas* (p. ex., benzatropina, difenidramina, oxibutinina, tricíclicos) podem causar "entorpecimento" cognitivo Os *agonistas* M_3 estimulam secreções das glândulas salivares e outras glândulas; os *antagonistas* (p. ex., oxibutinina) podem causar retenção urinária Alguns *agonistas* nicotínicos podem melhorar a cognição (p. ex., galantamina), sobretudo os que se ligam à subunidade α_7, ao menos teoricamente, ou facilitar abstinência de nicotina (p. ex., vareniclina); *antagonistas* também podem ajudar a parar de fumar (p. ex., bupropiona) ou atuar como bloqueadores neuromusculares não despolarizantes (p. ex., atracúrio e pancurônio)

ACh, acetilcolina; *CPF*, córtex pré-frontal.

Psicofarmacologia Prática

Tabela 1.2 Distribuição encefálica dos neurotransmissores-alvo e seus efeitos farmacodinâmicos: sistema dopaminérgico.

Neurotransmissores-alvo	Regiões do encéfalo	Supostos efeitos farmacodinâmicos
D_1	Núcleo estriado dorsal (caudado, putame), estriado ventral (NAc, tubérculo olfatório), CPF e córtex temporal	A *ação agonista* no CPF pode melhorar memória operacional e cognição social e, no núcleo estriado, pode causar efeitos antiparkinsonianos (p. ex., pergolida, rotigotina); *antagonismo* pode causar efeitos antipsicóticos (a maioria dos APGs e ASGs) e, em alguns casos, efeitos antidepressivos
D_2	Receptores *pós-sinápticos* presentes nos tratos nigroestriatal (parte compacta da substância negra → caudado e putame), mesocortical (tegmento ventral → CPF) mesolímbico (tegmento ventral → estriado ventral [NAc, tubérculo olfatório]), tuberoinfundibular (núcleo arqueado do hipotálamo → hipófise). Receptores D_2 pós-sinápticos também estão presentes como heterorreceptores em neurônios não dopaminérgicos. Autorreceptores D_2 *pré-sinápticos* estão concentrados mais densamente na área tegmental ventral e parte compacta da substância negra	*Ação agonista* nos receptores pós-sinápticos pode melhorar atenção (CPF) e recompensa (mesolímbico), atenuar movimentos parkinsonianos (nigroestriatal) e tratar hiperprolactinemia (tuberoinfundibular); *antagonismo pós-sináptico* causa efeitos antipsicóticos e antiparkinsonianos, hiperprolactinemia; *ação agonista pré-sináptica* causa hiporregulação da secreção de DA e produz efeitos semelhantes aos que são observados com antagonismo pós-sináptico
D_3 (D_2-*like*)	*Pré-sinápticos*. Concentrações altas no estriado ventral (NAc, tubérculo olfatório), tálamo, hipocampo, áreas motoras (p. ex., putame)	*Agonistas* (p. ex., bromocriptina, pramipexol, rotigotina) podem aumentar motivação ou agravar psicose; *ação agonista parcial* (p. ex., aripiprazol, brexpiprazol, cariprazina) pode contribuir para seus efeitos antidepressivos; *antagonismo seletivo* pode ter eficácia antipsicótica e supressora de desejo incontrolável (embora com menos afinidade que os receptores D_2; por exemplo, nemonaprida),[a] embora possa evitar efeitos motores e cognitivos adversos associados ao bloqueio D_2
D_4 (D_2-*like*)	Córtex frontal, bulbo, hipotálamo, estriado, NAc	Pode desempenhar um papel em comportamento de busca de novidades, memória operacional, memória baseada em medo; clozapina pode antagonizar receptores D_4
D_5 (D_1-*like*)	Presentes em CPF, amígdala, hipocampo, tálamo, estriado, cerebelo e prosencéfalo basal	Não existem fármacos seletivos; podem estar associados à memória baseada em medo, iniciação do tabagismo

[a] Fármaco indisponível nos EUA. *APGs*, antipsicóticos de primeira geração; *ASGs*, antipsicóticos de segunda geração; *CPF*, córtex pré-frontal; *DA*, dopamina; *NAc*, núcleo *accumbens*. Nota: As concentrações de DA descrevem uma curva em forma de U invertido (∩) com relação à memória operacional; os níveis basais muito altos ou baixos de DA parecem deprimir a função cognitiva; e as funções ideais ocorrem na zona intermediária "habitável".

Capítulo 1 • Conceitos Básicos de uma Boa Psicofarmacologia

Tabela 1.3 Distribuição encefálica dos neurotransmissores-alvo e seus efeitos farmacodinâmicos: sistema serotoninérgico.

Neurotransmissores-alvo	Regiões do encéfalo	Supostos efeitos farmacodinâmicos
$5HT_{1A}$	Autorreceptores somatodendríticos pré-sinápticos do núcleo da rafe; receptores pós-sinápticos do sistema límbico, hipotálamo, córtex e corno dorsal	A *ação agonista pré-sináptica* causa hiporregulação (enquanto *antagonismo* causa hiper-regulação) da atividade serotoninérgica; a *ação agonista pós-sináptica* está associada a efeitos antidepressivos e ansiolíticos
$5HT_{1B}$	CPF, núcleos da base, estriado, hipocampo	O *antagonismo* está associado a efeitos antidepressivos
$5HT_{2A}$	CPF, córtex somatossensorial parietal, tubérculo olfatório, hipocampo	O *antagonismo* aumenta secreção de DA no córtex pré-frontal e pode melhorar atenção e memória operacional; a *ação agonista* está associada a efeitos psicodélicos dos alucinógenos serotoninérgicos (p. ex., LSD), melhora aprendizagem associativa e aumenta secreção de ocitocina e prolactina
$5HT_3$	Córtex, hipocampo, NAc, área tegmentar ventral, substância negra, tronco encefálico (área postrema e núcleo do trato solitário)	*Ação agonista* aumenta liberação de DA, GABA e CCK; afeta reflexo do vômito, cognição e ansiedade, enquanto os *antagonistas* (p. ex., ondansetrona, granisetrona, zacoprida, fenotiazinas) causam efeitos antieméticos, supressores de desejo intenso e, possivelmente, antipsicóticos
$5HT_7$	Tálamo, hipotálamo, amígdala, hipocampo, rafe dorsal, caudado, putame e substância negra	A *ação agonista* acentua inibição da 5HT mediada por GABA no núcleo da rafe (reduz efetivamente liberação de 5HT), aumenta a inibição GABAérgica e promove a estimulação glutamatérgica no hipocampo; pode afetar o humor, a aprendizagem e a memória, o ciclo de sono-vigília, a termorregulação e a nocicepção

CCK, colecistocinina; *CPF*, córtex pré-frontal; *DA*, dopamina; *GABA*, ácido gama-aminobutírico; *5HT*, serotonina; *LSD*, dietilamida do ácido D-lisérgico; *NAc*, núcleo *accumbens*.

Tabela 1.4 Distribuição encefálica dos neurotransmissores-alvo e seus efeitos farmacodinâmicos: sistema noradrenérgico.

Neurotransmissores-alvo	Regiões do encéfalo	Supostos efeitos farmacodinâmicos
NE	Ponte (*locus ceruleus*)	Os *agonistas* α_1 (p. ex., fenilefrina) causam vasoconstrição; *antagonistas* podem causar hipotensão ortostática, reduzir pesadelos associados ao TEPT (p. ex., prazosina)
		Os *agonistas* α_2 (p. ex., clonidina) causam sedação e atenuam hiperatividade do sistema nervoso autônomo (p. ex., durante abstinência de opioides)
		Os *antagonistas* α_2 (p. ex., ioimbina) podem atenuar a disfunção erétil, mas elevam a pressão arterial e causam ansiedade
		Os *agonistas* β_1 (p. ex., dobutamina) aumentam a frequência cardíaca e a contratilidade cardíaca (p. ex., para tratar insuficiência cardíaca congestiva); os *antagonistas*[a] são cardiosseletivos para tratar hipertensão e taquicardia
		Os *agonistas* β_2 (p. ex., albuterol) causam broncodilatação e retardam o trabalho de parto prematuro (p. ex., terbutalina); os *antagonistas* não têm qualquer indicação clínica conhecida

[a]São exemplos de antagonistas β_1 e β_2 não seletivos o propranolol, o pindolol, o nadolol, o labetalol e o carvedilol. *NE*, norepinefrina; *TEPT*, transtorno de estresse pós-traumático.

Psicofarmacologia Prática

Tabela 1.5 Distribuição encefálica dos neurotransmissores-alvo e seus efeitos farmacodinâmicos: sistema de GABA/glutamato.

Neurotransmissores-alvo	Regiões do encéfalo	Supostos efeitos farmacodinâmicos
GABA	Neurotransmissor inibitório principal, amplamente distribuído por todas as áreas corticais e subcorticais (p. ex., núcleos da base) do encéfalo	A *ação agonista* nos receptores de GABA causa efeitos sedativos, ansiolíticos e anticonvulsivantes. Os interneurônios que usam GABA frequentemente atuam como disjuntores de "avançar" e "retroceder" (ou seja, funcionam como interruptores) inibindo outros circuitos dentro de uma rede neural
Glutamato	Tratos corticotruncal, corticostriatal (CPF → estriado e NAc), talamocortical, corticotalâmico, corticocortical (neurônios piramidais intracorticais)	A ativação regional pode afetar a atenção, a aprendizagem e a memória e gerar problemas quanto a psicose, percepção de dor e parkinsonismo

CPF, córtex pré-frontal; *NAc*, núcleo *accumbens*.

Tabela 1.6 Distribuição encefálica dos neurotransmissores-alvo e seus efeitos farmacodinâmicos: sistema histaminérgico.

Neurotransmissores-alvo	Regiões do encéfalo	Supostos efeitos farmacodinâmicos
H_1	Densidades mais altas nos córtices frontal, temporal e occipital, giro cingulado, estriado e tálamo	*Antagonismo* está associado a sedação, "entorpecimento" cognitivo, aumento do peso, atenuação de reações alérgicas
H_2	Distribuídos por todo o córtex, caudado, putame e hipocampo	O *antagonismo* pode prejudicar a memória e a cognição
H_3	Abundantes nos núcleos da base, globo pálido, hipocampo e córtex	Heterorreceptor inibitório pré-sináptico. O *antagonismo* pode afetar amplamente a cognição aumentando liberação de histamina, ACh, NE e DA, entre outros sistemas neurotransmissores. Pitolisanto (antagonista/agonista reverso de H_3 recém-aprovado [2019] pela FDA) para o tratamento farmacológico de narcolepsia

ACh, acetilcolina; *DA*, dopamina; *NE*, norepinefrina.

Tabela 1.7 Distribuição encefálica dos neurotransmissores-alvo e seus efeitos farmacodinâmicos: sistemas de melatonina e orexinas.

Neurotransmissores-alvo	Regiões do encéfalo	Supostos efeitos farmacodinâmicos
Melatonina	Glândula pineal	Os *agonistas* (p. ex., ramelteona) podem estimular o sono por sincronização dos ritmos circadianos
Orexinas	Área perifornicial e hipotálamo lateral	Os *antagonistas* dos receptores de orexina A (ORA) e orexina B (ORB) podem estimular o sono por hiporregulação da atividade da via de ativação ascendente e hiper-regulação dos núcleos encefálicos de promoção do sono (especialmente núcleo pré-óptico ventrolateral [NPOVL] do hipotálamo anterior)

Capítulo 1 • Conceitos Básicos de uma Boa Psicofarmacologia

Tabela 1.8 Relações discrepantes entre efeitos dos fármacos psicotrópicos e seus supostos mecanismos de ação.

Fármaco	Doenças clínicas principais	Mecanismo(s) de ação proposto(s)	Evidências conflitantes
Anfetamina	TDA/TDAH, depressão	↓ nível de DA extracelular por: (a) redução da captação pré-sináptica de DA por inibição competitiva da captação no transportador de DA, (b) facilitação da liberação de vesículas de DA no citoplasma por meio da ligação ao VMAT2 e (c) aumento das concentrações intrassinápticas de DA e NE por reversão da direção do transporte por proteínas transportadoras de DA e NE para dentro da fenda sináptica	Nenhuma
Anticonvulsivantes	Transtorno bipolar, epilepsia, transtornos de ansiedade	Efeitos gabaérgicos e antiglutamatérgico	Com exceção de valproato de sódio, carbamazepina e lamotrigina, a maioria dos anticonvulsivantes não tem efeito benéfico nos transtornos de humor
Cetamina	Depressão; depressão com ideação suicida	Antagonismo do receptor de NMDA; bloqueio de receptores sigma; bloqueio de receptores opioides μ	Outros fármacos antiglutamatérgicos (p. ex., riluzol, memantina e lanicemina) não têm eficácia antidepressiva demonstrada
Lítio	Transtorno bipolar, impulsividade, suicídio	Vários mecanismos propostos envolvendo vias com segundo mensageiro intracelular e transdução de sinal, além de efeitos neurotrófico e antiapoptótico	Nem todos os mecanismos propostos afetam globalmente o humor (p. ex., alguns, mas nem todos os inibidores de PKC [ver Capítulo 13])
IRSNs	Depressão, ansiedade, dor	Aumentam disponibilidade pré-sináptica de 5HT e NE por inibição da recaptação	Nenhuma
ISRSs	Depressão, ansiedade	Aumentam disponibilidade pré-sináptica de 5HT por inibição da recaptação	Nenhuma
ADROs (DORAs)	Insônia	Suvorexanto e lemborexante são antagonistas duplos de receptores de orexina	Nenhuma

5HT, serotonina; ADRO (DORA), antagonista duplo de receptores de orexina; DA, dopamina; GABA, ácido gama-aminobutírico; IRSN, inibidor de recaptação de serotonina e norepinefrina; ISRS, inibidor seletivo de recaptação de serotonina; TDA, transtorno de déficit de atenção; NE, norepinefrina; NMDA, N-metil-D-aspartato; PKC, proteinoquinase C; TDAH, transtorno de déficit de atenção e hiperatividade; VMAT2, transportador 2 de monoaminas vesiculares.

Psicofarmacologia Prática

Tabela 1.9 Fases de desenvolvimento de fármacos.

Pré-clínica	Fase 0	Fase I	Fase II	Fase III	Fase IV
Estudos em animais ou *in vitro* conduzidos para definir propriedades farmacocinéticas (posologia, metabolismo) e determinar se um fármaco proposto é seguro para uso humano	Administração de microdoses a um número pequeno de seres humanos saudáveis para obter mais informações quanto à farmacocinética (p. ex., bio-disponibilidade, meia-vida) e segurança do fármaco	Ensaios um pouco mais amplos em seres humanos saudáveis para esclarecer dose e segurança	Ensaios mais amplos com uma população de pacientes para determinar eficácia e efeitos adversos prováveis	Ensaios de escala ampla com populações de pacientes para reali-zar avaliação mais definitiva de eficácia e segurança do fármaco	Coleção de dados de vigilância pós-comercialização (também conhecida como farmacovigilância) para determinar efeitos a longo prazo durante tratamento de rotina
			Fase IIa: Estudos-piloto em populações selecionadas **Fase IIb:** Ensaios clínicos "pivôs" rigorosos e bem controlados	**Fase IIIa:** Dados adicionais sobre segurança e eficácia depois da demonstração de eficácia inicial, mas antes da submissão ao órgão regulador **Fase IIIb:** Ensaios reali-zados depois da submissão ao órgão regulador, mas antes da aprovação e do lançamento	

Tabela 1.10 Diferenças entre "classificações" farmacológicas comuns e seus usos com base em evidências.

Classificação	Exemplos	Usos com base em evidência, independentemente de classificação
Anticonvulsivantes	Carbamazepina Gabapentina Lamotrigina Topiramato	Transtorno bipolar; neuralgia do trigêmeo Dor neuropática; ansiedade; insônia Transtorno bipolar Enxaqueca; perda de peso; alcoolismo
Antidepressivos	Bupropiona Duloxetina Nortriptilina	Cessação de tabagismo; perda de peso Incontinência de esforço; dor lombar crônica Enxaqueca; dor neuropática
Anti-histamínicos	Difenidramina Hidroxizina Trimetobenzamida	Insônia Ansiedade Náusea
Anti-hipertensivos	Propranolol Clonidina Guanfacina	Tremor; ansiedade de desempenho; enxaqueca TDAH; abstinência de opioides; tiques TDAH; tiques
Antipsicóticos	Aripiprazol Brexpiprazol Cariprazina Lurasidona Quetiapina	Depressão maior; mania Depressão maior; mania Mania; depressão bipolar Depressão bipolar Depressão; mania/depressão bipolar; ansiedade

Capítulo 1 • Conceitos Básicos de uma Boa Psicofarmacologia

Tabela 1.11 Exemplos de nomenclatura baseada em neurociências (NbN).[a]

Mecanismo de ação suposto	Exemplos
Agonista de receptor	Clonidina, guanfacina (α_2); melatonina, ramelteona (M_1, M_2); prazosina (α_1); vareniclina (nicotínico α_7)
Agonista parcial	Buprenorfina (μ); buspirona, cariprazina, vilazodona ($5HT_{1A}$); vareniclina ($\alpha_4\beta_2$ e $\alpha_6\beta_2$)
Agonista parcial/antagonista de receptor	Aripiprazol, brexpiprazol, cariprazina (D_2, $5HT_{1A}$, $5HT_{2A}$)
Antagonista de receptor	Buprenorfina (κ, δ); olanzapina, ziprasidona (D_2, $5HT_{2A}$); clozapina, paliperidona, risperidona (D_2, $5HT_{2A}$, α_1); difenidramina, hidroxizina (H_1); cetamina, memantina (NMDA); prazosina, quetiapina, risperidona, trazodona (α_1); mirtazapina[†] ($NE_{\alpha2}$, $5HT_{2A}$, $5HT_3$); nefazodona, pimavanserina, trazodona ($5HT_{2A}$); vortioxetina ($5HT_{1D}$, $5HT_3$, $5HT_7$)
Bloqueador de canal de Ca^{++} regulado por voltagem	Carbamazepina, gabapentina, oxcarbazepina, pregabalina
Bloqueador de canal de Na$^+$ regulado por voltagem	Acamprosato, valproato de sódio
Indutor enzimático	Carbonato de lítio (monofosfato de inositol, proteinoquinase C, glicogênio sintase quinase-3)
Inibidor de ACh	Donepezila
Inibidor de recaptação	Atomoxetina, desipramina, maprotilina, nortriptilina, reboxetina (TNE); bupropiona (TNE, DAT); fluoxetina, sertralina, vilazodona, vortioxetina (TRS); clomipramina, duloxetina, imipramina, levomilnaciprano, venlafaxina, desvenlafaxina (TRS, TNE); suvorexanto (OR1, OR2)
Inibidor de recaptação de DA	Modafinila
Inibidor de recaptação/liberador de DA/NE	Anfetamina, lisdexanfetamina, metilfenidato
Inibidor enzimático	Selegilina (MAO-A, MAO-B)
Inibidor enzimático irreversível	Isocarboxazida, fenelzina (MAO-A, MAO-B)
Modulador alostérico positivo	Acamprosato, alprazolam, clonazepam ($GABA_A$)

[a]Adaptada com base em www.nbn.com.
[†]Às vezes, cita-se a mirtazapina como antidepressivo noradrenérgico e serotoninérgico específico (NaSSA). *5HT*, serotonina; *DA*, dopamina; *DAT*, transportador de dopamina; *GABA*, ácido gama-aminobutírico; *MAO*, monoamina oxidase; *NE*, norepinefrina; *NMDA*, N-metil-D-aspartato; *OR*, orexina; *TNE*, transportador de norepinefrina; *TRS*, transportador de recaptação de serotonina.

2 Metas Terapêuticas: Categorias *versus* Dimensões de Psicopatologia

> ### ⏱ Objetivos de aprendizagem
>
> ☐ Identificar *dimensões* e *categorias* de psicopatologia relacionadas com humor, pensamento, percepção e comportamento, que possam abranger diagnósticos e corresponder mais diretamente ao circuito neural disfuncional subjacente; ao mesmo tempo, sempre que for possível, procurar por conjuntos reconhecíveis de sintomas que possam ser reunidos em condições clínicas coerentes
> ☐ Reconhecer apresentações de *forma frustra* (ou parcial) das principais síndromes clínicas; a evolução ao longo do tempo pode ajudar a validar hipóteses diagnósticas e sua estabilidade longitudinal
> ☐ Usar conhecimentos de comorbidades comuns para corroborar impressões diagnósticas prováveis
> ☐ Entender que as manifestações transdiagnósticas (p. ex., hiperatividade do sistema nervoso autônomo, intolerância ao sofrimento psíquico, disfunção executiva e labilidade emocional) podem ser alvos intrínsecos relevantes de tratamento farmacológico.

> Nesses dias, estamos por demais inclinados a dividir pessoas em categorias permanentes, esquecendo que uma categoria existe apenas por sua finalidade específica e deve ser esquecida tão logo tal propósito seja alcançado.
>
> *Dorothy L. Sayers*

Existe um longo debate quanto a se sistemas diagnósticos como o DSM (*Manual diagnóstico e estatístico de transtornos mentais*, em português) devem organizar transtornos mentais em *categorias* bem definidas ("preto no branco") com base em critérios operacionais (nos quais a "pertinência de um caso" está claramente presente ou ausente) ou *dimensões* de psicopatologia (nas quais certos elementos clínicos estão presentes, mas são insuficientes em número ou duração para atender aos critérios mínimos que definem determinado transtorno mental). Por outro lado, os médicos frequentemente tendem a diagnosticar e tratar sintomas proeminentes com graus variáveis de consciência e interesse por seu contexto mais amplo para definir existência ou inexistência de uma síndrome bem definida. Neste capítulo, veremos quando os alvos terapêuticos farmacológicos podem ou devem ser entendidos como categorias patológicas bem demarcadas, em contraste com dimensões de psicopatologia que nem sempre podem ser tão nítidas.

Os diagnósticos são grupos de sinais e sintomas que devem formar um conjunto coerente fundamentado em suas inter-relações. Em muitos casos, isoladamente nenhum sintoma propriamente dito define um ou outro diagnóstico,

embora algumas manifestações essenciais sejam mais convincentes de um diagnóstico específico (p. ex., o potencial suicida é mais sugestivo do diagnóstico de depressão que insônia). A validade diagnóstica torna-se especialmente difícil quando não há manifestações patognomônicas e os sintomas fundamentais são encontrados em diversos transtornos. Com parcimônia, sempre se pressupõe encontrar um diagnóstico abrangente, em vez de lidar com fragmentos de sintomas específicos, ao menos quando é possível reconhecer um processo fisiopatológico unificador – contudo, mostra-se especialmente difícil descrever categorias diagnósticas válidas quando a etiologia da maioria dos transtornos mentais ainda se revela desconhecida.

Em alguns casos, os conjuntos de sinais e sintomas combinam-se perfeita e naturalmente, como ocorre com epônimos patológicos definidos por conjuntos sintomatológicos singulares (p. ex., tríade de ptose + miose + anidrose = síndrome de Horner; ou oftalmoplegia + ataxia + confusão = encefalopatia de Wernicke). Outros exemplos de condições categóricas definidas por conjuntos sintomatológicos reconhecíveis são hidrocefalia de pressão normal (tríade de alterações da marcha + incontinência urinária + alterações do estado mental), síndrome nefrótica (definida

Capítulo 2 • Metas Terapêuticas: Categorias *versus* Dimensões de Psicopatologia

por proteinúria + albuminúria + hiperlipidemia + edema periférico) ou esclerose múltipla (evidenciada por coexistência de fraqueza, mudanças visuais, parestesias e déficits cognitivos).

Os médicos diagnosticistas baseiam-se em sinais e sintomas anatômicos e fisiológicos corroborativos para confirmar uma explicação unificadora suspeita – por exemplo, quando há edema dos membros inferiores *com* hepatomegalia e estertores pulmonares (sugestivos de insuficiência cardíaca congestiva) ou quando o edema está associado a linfadenopatia femoral (indicativo de possível neoplasia maligna). Do mesmo modo, a base de um diagnóstico categórico em psiquiatria frequentemente pode ser deduzida por reunião de indícios e dados corroborativos, que finalmente sugerem um diagnóstico suspeito identificável.

O trabalho do psiquiatra "detetive" exige curiosidade clínica para saber quais sinais e sintomas podem ser agrupados e quais parecem deslocados ou não podem ser acrescentados para formar um todo coerente. Os perfis sintomatológicos devem seguir um padrão lógico (não aleatório) e devem ser coextensivos às funções ou disfunções exteriores. Em alguns casos, os diagnósticos categóricos surgem com muita clareza quando as peças do quebra-cabeças se encaixam perfeitamente para contar uma história coerente e confirmar uma hipótese de trabalho. Vejamos exemplos disso nos Casos clínicos 2.1 a 2.3.

SOBREPOSIÇÃO DE SINTOMAS: QUANDO CATEGORIAS NÃO SE APLICAM

Os diagnósticos dos transtornos mentais incluídos no DSM fundamentam-se em fenomenologia e

CASO CLÍNICO 2.1

Em um homem adulto jovem com alucinações auditivas, a coexistência de pensamento concreto e relacionamentos interpessoais difíceis ajuda a corroborar a hipótese de esquizofrenia, enquanto uma versão do mesmo paciente com relacionamentos interpessoais mais saudáveis e pensamento claramente abstrato teria menos probabilidade de evocar tal suspeita. Por outro lado, a regressão rápida dos sintomas psicóticos pode levar o médico a especular o uso indevido de fármacos psicoativos. Em vez disso, a hemiparesia coexistente com aura e borramento visual pode sugerir enxaqueca hemiplégica.

CASO CLÍNICO 2.2

As preocupações com o fato de pular de uma janela de um andar elevado de um prédio alto encaixam-se conceitualmente com depressão quando estão acompanhadas de anedonia, desespero/desânimo e sinais vegetativos; com transtorno obsessivo-compulsivo quando tais pensamentos são claramente intrusivos, ego-distônicos, amedrontadores e incompatíveis com estado emocional de tristeza e desespero; esquizofrenia quando a intenção é responder ou fugir de alucinações de comando; ou, quando não há uma síndrome afetiva, com estilo de apego ansioso-inseguro e baixa tolerância ao sofrimento depois de uma rejeição amorosa.

CASO CLÍNICO 2.3

Um adulto jovem com queixa de ansiedade constante não aliviada por inibidor seletivo de recaptação de serotonina (ISRS) pode suscitar desconfiança quanto à legitimidade dos seus sintomas quando também há história de uso abusivo de hipnótico-sedativos, especialmente quando o paciente afirma enfaticamente que apenas os benzodiazepínicos são eficazes ou expressa absoluta falta de interesse em explorar farmacoterapias sem substâncias controladas ou considerar opções terapêuticas não farmacológicas.

não têm qualquer pretensão de saber a causa real de quaisquer transtornos. Com todos os correlativos biológicos adotados para descrever estados patológicos e seus possíveis fármacos – desde sistemas neurotransmissores, circuitos cerebrais anômalos a genética ou processos endócrinos ou inflamatórios –, a nosologia moderna ainda se mantém ateorética com respeito à etiologia dos transtornos mentais. Em alguns casos, os marcadores biológicos ou laboratoriais ajudam a confirmar diagnósticos suspeitos em outras áreas da medicina, enquanto a inexistência de biomarcadores usados para ajudar a validar condições diagnósticas bem definidas não é singular à psiquiatria – não existem medidas laboratoriais ou outros indicadores biológicos que ajudem a diferenciar entre enxaqueca e cefaleias em salva ou tensional; ou doença de Ménière e disfunção labiríntica vestibular; ou fenômeno de Raynaud e síndrome de dor regional complexa. A busca por biomarcadores de transtornos mentais tem sido longamente infrutífera e tende a ignorar as dimensões psicológicas e o contexto das apresentações sintomatológicas. Alguns médicos

25

2 Psicofarmacologia Prática

e pesquisadores acreditam que, até que sejam identificados biomarcadores válidos, a busca por uma medicina personalizada e farmacodinâmica previsível continuará a ser prejudicada por suposições incontornáveis. Acreditamos que a psicofarmacologia clínica não precise e não deva ser fundamentada em suposições e possa ser praticada usando uma abordagem sistemática baseada em avaliações clínicas iniciais suficientemente detalhadas.

É mais difícil pensar em categorias diagnósticas como claramente separáveis se e quando seus critérios definidores compartilham alguns elementos coincidentes, como "psicose" ou "ansiedade", "desatenção" ou "falta de motivação" ou "instabilidade de humor". Os conjuntos de sintomas que apresentam padrões irreconhecíveis ou fortuitos frequentemente impedem a categorização diagnóstica durante entrevistas clínicas estruturadas. Na prática, esse mosaicismo frequentemente leva os médicos a pensarem em alvos terapêuticos como dimensões de psicopatologia ao longo de espectros, em vez de tentar focar a atenção para saber se determinada categoria está claramente presente ou não. Além disso, ao contrário dos antibióticos, dos antineoplásicos ou dos antianginosos, os fármacos psicotrópicos eficazes não corrigem necessariamente processos fisiopatológicos subjacentes, tanto quando podem compensá-los, da mesma maneira que a guaifenesina atenua sintomas de tosse, mas não trata fundamentalmente sua causa.

A Tabela 2.1 contém exemplos representativos de domínios sintomatológicos coexistentes – desde alterações do ciclo de sono/vigília até fenômenos afetivos, cognitivos e comportamentais – em diversas categorias diagnósticas de psiquiatria.

Os critérios diagnósticos psiquiátricos podem ser instáveis e nem sempre se encaixam tão perfeitamente. Em geral, esses critérios são desenvolvidos por consenso entre grupos de trabalho de especialistas, em vez de "descobertos" como apresentação natural de um estado patológico na natureza. Em alguns casos, os diagnósticos são votados por comissões para que sejam incluídos ou excluídos (p. ex., transtorno disruptivo da desregulação do humor e síndrome de Asperger, respectivamente). Para sermos justos, contudo, os critérios definidores de algumas doenças clínicas não psiquiátricas também podem evoluir à medida que os elementos fundamentais parecem adquirir maior ou menor importância nosológica. Seriam exemplos disso incluir critérios da American Diabetes Association para definir

diabetes tipo II; ou critérios de excesso de androgênio da PCOS Society para definir síndrome do ovário policístico; ou critérios de classificação da síndrome de Sjögren com base no Consenso Americano-Europeu. Em transtornos mentais e doenças clínicas não psiquiátricas, os critérios com base em consenso para determinado diagnóstico categórico frequentemente passam por revisões periódicas à medida que se ampliam conhecimentos quanto à importância relativa de certas manifestações fundamentais. (Por exemplo, em 2010, os critérios padronizados para diagnosticar síndrome de Marfan deram uma nova ênfase à existência de certos sinais cardiovasculares e oftalmológicos; na esquizofrenia, as ilusões bizarras foram por algum tempo consideradas de especial importância nosológica.) Às vezes, os critérios diagnósticos também são revisados de modo a refletir alterações de limiares para definir quando é recomendável alguma intervenção (p. ex., no caso das diretrizes revisadas para detecção, profilaxia e tratamento de hipertensão com base no American College of Cardiologists/American Heart Association).

> **Dica**
>
> Os diagnósticos em psiquiatria são definidos por conjuntos de sintomas de acordo com consenso de especialistas, e isso torna sua "precisão" mais relativa que absoluta.

Como também ocorre com outras doenças clínicas não psiquiátricas, os sintomas abrangentes são apenas uma das partes da fundamentação diagnóstica, além de manifestações corroborativas como:

- *Idade de início* (p. ex., primeiros episódios de psicose ou mania bipolar são raros depois da meia-idade)
- *Evolução longitudinal* (a esquizofrenia tende mais comumente a envolver sintomas persistentes e limitações funcionais crônicas; o TDAH infantil regride em cerca de um terço à metade dos casos até a vida adulta ([Kessler et al., 2005a])
- *História familiar* (que também pode refletir grupos de sinais e sintomas [como comportamento suicida, impulsividade ou aversão social] com mais precisão que síndromes categoricamente presentes ou ausentes).

O diagnóstico psiquiátrico categórico tende a ser mais confiável (ou seja, os observadores podem concordar razoavelmente quanto à sua existência ou inexistência) que válido (ou seja, diferenciam precisamente entre dois processos

26

Capítulo 2 • Metas Terapêuticas: Categorias *versus* Dimensões de Psicopatologia

Tabela 2.1 Exemplos de sintomas e domínios sintomatológicos encontrados em diversos transtornos psiquiátricos.

Sintoma/dimensão	TDM	TP	TB	EQZ	TDAH	TEPT	TUSs	TPB	TPN	TCE	Demência
Euforia			✓				✓				
Depressão	✓		✓		✓	✓	✓		✓		
Instabilidade ou labilidade afetiva	±	±	✓		✓	✓	✓		✓	✓	
Irritabilidade ou agressividade ou acessos de raiva	✓		✓		✓	✓	✓	✓	✓	✓	✓
Fraco controle dos impulsos											
Desatenção	✓		✓	✓	✓					✓	✓
Disfunção executiva	✓		✓	✓	✓					✓	✓
Paranoia			✓	✓		✓			✓		✓
Psicose ou distorções de percepção	±		✓	✓		✓	✓				
Pensamento desorganizado			✓	✓						✓	✓
Grandiosidade			✓						✓		
Hiperatividade autonômica		✓			✓						
Transtornos do sono	✓		✓		✓						✓
Comportamentos de risco ou hedonistas			✓					✓	✓		
Comportamentos autolesivos não suicidas								✓			
Pensamentos ou comportamentos suicidas	✓	✓	✓	✓				✓	✓		

TDM, transtorno depressivo maior; *TP*, transtorno do pânico; *TB*, transtorno bipolar; *ESQ*, esquizofrenia; *TDAH*, transtorno de déficit de atenção e hiperatividade; *TEPT*, transtorno de estresse pós-traumático; *TUSs*, transtornos por uso de substâncias; *TPB*, transtorno de personalidade *borderline*; *TPN*, transtorno de personalidade narcisista; *TCE*, traumatismo cranioencefálico.

subjacentes genuínos). Mesmo quando há um sintoma específico *sine qua non* definindo determinada condição, os conjuntos que abrangem outros sinais e sintomas frequentemente também são importantes. Quando desatenção significa TDAH ou é simplesmente um sintoma mais amplo? Assim como o vistoso vocalista de uma banda, ou o solista de um coral, um sintoma altamente proeminente pode facilmente obscurecer indevidamente outros aspectos de um conjunto sintomatológico. Nesse caso, corre-se o risco de generalizar exageradamente a importância de determinada manifestação clínica e, em seguida, agir precipitadamente na escolha do tratamento farmacológico apropriado e negligenciar por completo o conceito de diagnóstico diferencial. São exemplos:

- Comportamento de autolesão ou automutilação é igual a transtorno de personalidade *borderline*
- Oscilações de humor são o mesmo que transtorno bipolar
- Desatenção ou dificuldade de concentração significa TDAH

> **Dica**
> Um único sintoma, independentemente de quão proeminente seja, não é o mesmo que um diagnóstico psiquiátrico.

2 Psicofarmacologia Prática

- Ilusões bizarras ou sintomas de primeira ordem são iguais a esquizofrenia
- História de trauma sempre significa transtorno de estresse pós-traumático (TEPT).

OS DIAGNÓSTICOS REALMENTE IMPORTAM?

Os diagnósticos categóricos são mais importantes quando existe determinada doença que é definida não apenas por seus sintomas evidentes, mas também por manifestações adicionais que a tornam um construto coerente e válido. Isso inclui:

- Prognóstico e evolução temporal esperados
- Epidemiologia previsível com grupos de risco reconhecíveis
- Fisiopatologia básica singular
- Tratamento específico (especialmente quando a interrupção do tratamento "certo" piora prognóstico e evolução).

No caso de diagnósticos de transtornos mentais, costuma ser mais fácil estabelecer confiabilidade que validade (ou fundamentação), porque isso diz respeito apenas à reprodutibilidade e à consistência de uma conclusão (diagnóstico), independentemente de sua precisão. Alguns construtos diagnósticos são reconhecíveis mais confiavelmente que outros. A Tabela 2.2 ilustra exemplos de fidedignidade diagnóstica retirados das experiências de campo do DSM-5 (que compararam impressões diagnósticas entre avaliadores de entrevistas de 11 centros acadêmicos). Os diagnósticos situados mais perto do fim da tabela, sombreados em tonalidade mais escura, representam condições com menos fidedignidade entre avaliadores em meio a todas as condições estudadas – especialmente, ansiedade-depressão mista como condição separada, transtorno de ansiedade generalizada e até mesmo transtorno depressivo maior.

Ansiedade e depressão são diagnósticos válidos? Isso não diz respeito à sua validade, mas à sua fidedignidade – pode ser difícil diferenciar claramente entre esses quadros clínicos de outros transtornos aparentemente semelhantes.

As abordagens terapêuticas baseadas em sintomas (em vez de diagnósticos) podem ser iniciativas razoavelmente isentas de risco

> **Dica**
> *Confiabilidade* diz respeito à *consistência* com que uma observação é realizada de um ponto da avaliação até outro, sem grande variação. *Validade* refere-se ao fato de uma observação refletir ou não exatamente uma conclusão bem fundamentada e objetivamente real.

Tabela 2.2 Fidedignidade teste-reteste de diagnósticos-alvo dos ensaios de campo com adultos do DSM-5.[a]

Diagnóstico-alvo	Valor de kappa intraclasse	Interpretação
Transtorno neurocognitivo maior	0,78	Muito boa
Transtorno de estresse pós-traumático	0,67	Muito boa
Transtorno de sintomas somáticos complexos	0,61	Muito boa
Transtorno de compulsão alimentar	0,56	Boa
Transtorno bipolar tipo I	0,56	Boa
Transtorno de personalidade *borderline*	0,54	Boa
Transtorno esquizoafetivo	0,50	Boa
Transtorno neurocognitivo leve	0,48	Boa
Esquizofrenia	0,46	Boa
Transtorno por uso de álcool	0,40	Boa
Traumatismo cranioencefálico leve	0,36	Questionável
Transtorno depressivo maior	0,28	Questionável
Transtorno de personalidade antissocial	0,21	Questionável
Transtorno de ansiedade generalizada	0,20	Questionável
Transtorno misto de ansiedade e depressão	− 0,004	Inaceitável

[a]Com base em resultados publicados por Regier et al. (2013).

quando um tratamento apropriado não está relacionado com algum processo patológico causal – por exemplo, diuréticos frequentemente causam resultados equivalentes no tratamento de edema periférico, independentemente de sua causa, enquanto o paracetamol trata vários tipos de desconforto e dores leves com pouco risco de agravar ou obscurecer a fisiopatologia do processo. As semelhanças superficiais entre alguns transtornos mentais importam menos quando é possível obter alívio dos sintomas de forma genérica e relativamente segura (p. ex., os benzodiazepínicos podem tratar insônia ou ansiedade causada por uma grande variedade de problemas; os antipsicóticos podem ajudar a controlar agitação, que pode ter uma entre várias causas; os estimulantes podem melhorar o nível de atenção em quase todas as pessoas). Contudo, as abordagens terapêuticas baseadas em sintomas são proposições mais perigosas quando mecanismos fisiopatológicos subjacentes diferem entre os transtornos que têm apenas semelhanças superficiais e seu tratamento depende de um processo subjacente singular. O aumento da cintura abdominal causado por obesidade, gravidez ou ascite certamente requer abordagens terapêuticas muito diferentes. Trata-se dispneia de modo diferente quando é causada por obstrução mecânica, processos cardiogênicos ou broncospasmo ou infecções ou reações anafiláticas. Da mesma maneira, existem tratamentos amplamente diversificados para dor torácica causada por angina, doença ulcerosa péptica, refluxo gastresofágico ou embolia pulmonar. A ansiedade causada por feocromocitoma requer tratamento do tumor primário da medula adrenal, enquanto a depressão causada por hipotireoidismo não terá muita melhora com antidepressivos em vez de reposição de hormônio tireóideo exógeno.

Quando não há um diagnóstico psiquiátrico claro e bem definido, é igualmente importante ter uma hipótese de trabalho quanto à causa provável do perfil sintomatológico, antes de iniciar algum tratamento, mesmo quando se adota abordagem empírica em vez de definitiva.

Dica
O médico deve ter ao menos uma hipótese de trabalho quanto à causa provável de um quadro sintomatológico e uma razão para adotar esta hipótese em vez de outras.

"O TRANSTORNO MENTAL NÃO É MAIS BEM EXPLICADO POR OUTRA CONDIÇÃO..."

Quando propõem um diagnóstico categórico, todas as edições do DSM assinalam que "o transtorno não é mais bem explicado por algum outra condição mental...". Isso significa que os médicos devem estar cientes de que certos sinais e sintomas são epifenômenos relacionados com o diagnóstico principal, em vez de pensar em outros transtornos independentes para explicar a totalidade dos sintomas presentes. (Provavelmente, um paciente com dores musculares e fraqueza, como sintomas de gripe, não desenvolveu também, coincidentemente, fibromialgia ou síndrome da fadiga crônica.) Consideremos os seguintes exemplos em psiquiatria:

- Na esquizofrenia, a aversão a interações sociais e a dificuldade de relacionamento interpessoal são manifestações mais prováveis de paranoia e/ou sintomas negativos que realmente fobia social como comorbidade
- Os pacientes com transtorno depressivo maior podem ter dificuldade de concentração e atenção sustentada como sinais de depressão, sem que seja necessário especular coexistência de TDA como problema coexistente
- A perda de apetite é comum durante episódios de depressão, sem que seja necessário sugerir o diagnóstico de anorexia nervosa como comorbidade
- A paranoia no contexto de hipervigilância associada ao TEPT pode não alcançar a magnitude de ilusão; em geral, faz pouco sentido rotular essas manifestações como psicose inespecífica "comórbida".

Alucinações em psicose são diferentes de alucinações em *delirium* ou intoxicação ou epilepsia. Isolamento social é diferente em um paciente paranoide e outro fóbico.

Déficit de atenção é diferente em um paciente com TDAH e outro com AVE ou demência.

APRESENTAÇÕES DE *FORMA FRUSTRA* E DIAGNÓSTICOS DE "ESPECTRO"

Considerando que quadros psiquiátricos reais podem e realmente se apresentam com número ou duração menor de sintomas que a exigida nas especificações do DSM ou sistemas nosológicos semelhantes, pode ser difícil formular a melhor

2 Psicofarmacologia Prática

(ou mesmo apropriada) abordagem farmacoterápica para uma condição que não possa ser definida operacionalmente. Evidentemente, é preferível não atribuir de maneira indevida algum sintoma a uma doença quando ele pode ser mais bem explicado por outra (p. ex., transtorno de humor induzido por fármacos *versus* transtorno depressivo maior ou pensamentos desorganizados desencadeados por pensamento obsessivo *versus* delirante). Além disso, a maioria dos estudos clínicos randomizados de escala ampla reflete resultados de uma intervenção usada para determinado grupo de pacientes específicos e bem definidos. Tal fato leva à imprevisibilidade e à invalidação da base de evidências quando esses resultados são extrapolados para grupos clínicos mais "nebulosos", pequenos ou mal definidos. No DSM-IV, o diagnóstico "sem outras especificações" (SOE ou NOS, em inglês, *not otherwise specified*) tinha como objetivo abranger casos, ao menos como tema mental em "espaço reservado" para a revisão futura de pacientes que apresentavam algumas, mas não todas as manifestações de um transtorno mental diagnosticável (ou seja, apresentações de *forma frustra*). O DSM-5 e a CID-10 substituíram essa terminologia, mas não seu objetivo nosológico, acrescentando a designação "não especificado" para transtornos de humor, ansiedade, manifestações psicóticas ou outros transtornos significativos semelhantes.

Quanto ao tratamento das apresentações ambíguas ou *formas frustras* de qualquer tipo de transtorno mental, não há muita base de evidências formal. (Em parte, isso pode vir da impraticabilidade de identificar e incluir eventuais sujeitos, cujo problema exato é difícil de especificar.) Contudo, considerando que alguns médicos atarefados provavelmente firmam diagnósticos com menos rigor formal que é comum em ensaios experimentais, essa lacuna talvez seja um dos maiores impedimentos à aplicação da literatura empírica baseada em evidências.

Alguns autores ressaltaram que submeter determinado paciente a um tratamento

> **Dica**
> Os diagnósticos ambíguos costumam ser esclarecidos ao longo do tempo.

> **Dica**
> Tratar apresentações de *formas frustras* requer extrapolação significativa de estudos sobre doenças mais bem definidas, possivelmente o que leva a resultados diferentes.

de longa duração ou possivelmente por tempo indefinido (p. ex., lítio para transtorno bipolar ou antipsicóticos de ação prolongada para esquizofrenia) desestimula os médicos a reavaliarem ou reconsiderarem um diagnóstico operacional inicial. Isso pode trazer pressupostos quanto à evolução e aos resultados de longo prazo, que nem sempre são verdadeiros. Os efeitos adversos também podem não se encaixar perfeitamente entre diferentes subtipos de um transtorno (p. ex., a mania associada ao uso de antidepressivos pode ser mais provável nos pacientes com transtorno bipolar tipo I que tipo II ou transtorno bipolar não especificado [antes designados como pacientes portadores de transtorno bipolar SOE). Considerando o equilíbrio inevitável de riscos e benefícios de todos os fármacos, a clareza diagnóstica é especialmente importante quando se considera usar fármacos por tempo indefinido, cujo uso prolongado pode causar efeitos adversos mais graves (p. ex., disfunção hepática ou renal, discinesia tardia, síndrome metabólica ou leucopenia).

Nos casos típicos, a falta de resposta a várias experiências adequadas com fármacos psicotrópicos para determinado transtorno mental leva às designações dos supostos transtornos como formas "farmacologicamente refratárias" ou "resistentes a tratamento" ou, até mesmo, à reconsideração básica do diagnóstico inicial. A busca exageradamente cuidadosa por uma abordagem farmacoterápica específica pode igualmente levar o médico a ignorar a possibilidade de um diagnóstico equivocado desde o início (especialmente quando os sinais e sintomas iniciais não se conformam bem a um transtorno conhecido e o diagnóstico original pode ter sido "forçado"); ou incapacidade de reconhecer manifestações colaterais importantes que exijam atenção independente. Vejamos alguns exemplos dessa última situação:

- Depressão que não melhora em razão do uso persistente de álcool ou substâncias, hipotireoidismo não diagnosticado ou ansiedade significativa
- Pressupostos de que o uso indevido de fármacos represente "automedicação" para outro transtorno mental, em vez de uma necessidade acrescida de seu próprio tratamento independente
- Paranoia e desconfiança entendidas erroneamente como "ansiedade" e tratadas unicamente com ISRSs, betabloqueadores e benzodiazepínicos, em vez de antipsicóticos
- Sintomas negativos/déficits (evidenciados por embotamento afetivo e inexistência de processos cognitivos ou emocionais esperados) interpretados incorretamente como

Capítulo 2 • Metas Terapêuticas: Categorias *versus* Dimensões de Psicopatologia

depressão (na qual se espera "sentimentalidade", além de presença detectável de pensamentos e emoções negativos)

- Preocupações íntimas e pouca percepção de sinais sociais atribuíveis a uma falha de desenvolvimento, que são interpretadas indevidamente como esquizofrenia
- Ansiedade e rejeição de interações sociais rotuladas como fobia social, mas que na verdade podem ser desencadeadas por psicose
- Acatisia interpretada indevidamente como ansiedade ou hipomania
- Hábito compulsivo de jogar qualificado erroneamente como mania
- Pseudoconvulsões (crises não epileptiformes psicogênicas) confundidas com epilepsia.

CONCEITOS NÃO CATEGÓRICOS EM PSICOPATOLOGIA

Conforme está descrito adiante, existem alguns sistemas disponíveis para conceituar as

> **Comorbidade homotípica**
>
> Os transtornos externalizantes tendem a ocorrer simultaneamente com outros transtornos desta classe, enquanto os transtornos internalizantes tendem a acompanhar outros transtornos da mesma classe (estas comorbidades são referidas como "homotípicas"); as comorbidades externalizantes + internalizantes ("heterotípicas") são raras.

dimensões de psicopatologia. Em um primeiro nível, pode-se diferenciar os transtornos mentais que se manifestam claramente como *externalizantes* ou *internalizantes*. A Tabela 2.3 esclarece as características dessa dicotomia.

ESTABILIDADE LONGITUDINAL DOS DIAGNÓSTICOS PSIQUIÁTRICOS

A validade de um diagnóstico psiquiátrico é confirmada ou corroborada parcialmente por sua coexistência ao longo do tempo como construto diagnóstico estável. Na medida em que alguns, senão a maioria, dos transtornos mentais estão associados a recidivas, os episódios sucessivos oferecem uma oportunidade de reconhecer semelhanças e diferenças entre apresentações agudas. Contudo, pode ser difícil acompanhar com precisão a estabilidade de um diagnóstico psiquiátrico ao longo do tempo, em parte devido à lembrança retrospectiva imprecisa, às durações variáveis de seguimento, ao impacto do tratamento e à sua adesão e à evolução natural de um transtorno e de suas comorbidades (p. ex., parte dos pacientes com depressão unipolar pode não ter um primeiro episódio de mania ou hipomania, a não ser alguns anos depois do primeiro episódio de depressão; os pacientes esquizofreniformes podem desenvolver ou não esquizofrenia).

Tabela 2.3 Diferenças entre formas externalizantes e internalizantes de psicopatologias.

	Manifestações externalizantes	Manifestações internalizantes
Categorias diagnósticas tradicionais	TOD, transtorno de conduta, TDAH, transtorno de personalidade antissocial, transtorno de personalidade *borderline*, transtornos por uso de substâncias, cleptomania, transtorno explosivo intermitente	Depressão maior, TOC, transtornos de ansiedade, transtornos do espectro autista, transtorno de personalidade esquizoide, transtorno de personalidade esquiva
Componentes clínicos	Agressividade, impulsividade, comportamento desafiador, exploração interpessoal	Afeto negativo, ansiedade, humor deprimido, autoestima baixa, anedonia, ruminação, traço de impulsividade baixo, inibição, obsessividade, solidão, retração/isolamento social
Estabilidade ao longo do tempo	Tende a persistir ao longo do tempo em cerca de 40% das crianças pequenas (Verhulst e Van der Ende, 1995)	Tende a persistir ao longo do tempo em cerca de 40% das crianças pequenas (Briggs-Gowan et al., 2006)
Implicações potenciais em farmacoterapia	Pode ser preferível usar antipsicóticos, sedativo-hipnóticos, antimaníacos ou estimulantes quando parecerem úteis, não provocarem exacerbação e não forem usados abusivamente	Pode ser preferível usar antidepressivos, ansiolíticos não sedativos, estimulantes ou outros fármacos pró-dopaminérgicos
Prognóstico	Mais desfavorável	Mais favorável

TDAH, transtorno de déficit de atenção e hiperatividade; *TOC*, transtorno obsessivo-compulsivo; *TOD*, transtorno opositivo-desafiador.

O QUE PODEMOS SABER COM BASE NOS ESTUDOS DE SEGUIMENTO DOS PRIMEIROS EPISÓDIOS?

Metanálise de 42 estudos com pacientes em seu primeiro episódio de psicose (Fusar-Poli et al., 2016) investigou a estabilidade longitudinal dos diagnósticos psiquiátricos iniciais de 14.484 casos reavaliados ao longo de um intervalo médio de 4,5 anos. Índices de concordância de estimativas pontuais entre o primeiro episódio e outros subsequentes estão resumidos em ordem decrescente na Tabela 2.4. Observe a variação ampla desde esquizofrenia e transtornos afetivos (correlações diagnósticas > 0,80) até transtornos esquizofreniformes e formas não especificadas de psicose (correlações diagnósticas < 0,40), nas quais a evolução longitudinal pode ser especialmente importante para sua validação diagnóstica.

Além disso, os primeiros episódios de psicose raramente se transformam em diagnósticos de transtornos afetivos primários e vice-versa. Nos casos de psicose induzida por fármacos, estudos publicados em outras áreas (Starzer et al., 2018) demonstraram que cerca de um terço desses pacientes converteu seu diagnóstico para transtorno bipolar ou esquizofrenia, geralmente dentro dos primeiros 3 a 5 anos depois da apresentação inicial. Vale ressaltar que essas tendências eram reconhecidas antes da época do DSM-III, porque os psiquiatras americanos diagnosticavam esquizofrenia em entrevistas diagnósticas com pacientes psicóticos, enquanto os psiquiatras ingleses caracterizavam mais comumente esses mesmos indivíduos como portadores de transtorno bipolar (Kendell et al., 1971). Isso sugere vieses geográficos ou culturais em sua percepção diagnóstica.

SEMELHANÇAS SUPERFICIAIS, PROCESSOS SUBJACENTES DIFERENTES

Instabilidade afetiva *versus* transtornos de humor bipolares

As oscilações de humor de um momento para outro, principalmente com raiva desproporcional súbita (e raramente euforia) desencadeada por hipersensibilidade exacerbada em relacionamentos interpessoais, tendem a ser marcas mais características de transtorno de personalidade *borderline* que de transtorno afetivo como transtorno bipolar. O termo "estabilizador de humor" é intrinsecamente incorreto até certo ponto, pois praticamente nenhum estudo formal com fármacos como lítio ou valproato de sódio foi realizado especificamente para avaliar seu impacto na labilidade afetiva propriamente dita (ou seja, oscilações súbitas de humor ou variações emocionais de um momento para outro, que podem ocorrer em resposta a condições de estresse ambiental, frustrações ou conflitos interpessoais). Na verdade, os estabilizadores de humor podem ser mais eficazes para tratar sinais motores de mania (p. ex., vigor exacerbado ou fala ou pensamento rápido),

> **Dica**
> Os "estabilizadores de humor" atuam mais eficazmente em sinais psicomotores de mania que em vicissitudes de humor.

Tabela 2.4 Correlações diagnósticas entre primeiro episódio de psicose e outros episódios subsequentes.

Diagnóstico inicial	Concordância diagnóstica no seguimento	IC de 95%
Esquizofrenia	0,90	0,85 a 0,95
Psicoses do espectro afetivo	0,84	0,79 a 0,89
Transtorno esquizoafetivo	0,72	0,61 a 0,83
Transtorno psicótico induzido por substâncias	0,66	0,51 a 0,81
Transtorno delirante	0,59	0,47 a 0,71
Transtorno psicótico agudo/transitório ou transtorno psicótico breve	0,56	0,52 a 0,60
Psicose sem outra especificação	0,36	0,27 a 0,45
Transtorno esquizofreniforme	0,29	0,22 a 0,38

que tendências aos episódios de humor disruptivo – praticamente da mesma maneira que os antidepressivos podem ser notavelmente mais eficazes para controlar sintomas vegetativos ou psicomotores de depressão, com impacto geralmente menos evidente no autovalor depreciativo ou humor triste).

> **Dica**
> As "oscilações" de humor associadas ao transtorno de personalidade *borderline* consistem mais comumente em raiva ou fúria repentina desencadeada nas relações interpessoais que por euforia.

Sintomas negativos *versus* depressão

De modo a diferenciar entre depressão e sintomas negativos típicos de pacientes com esquizofrenia, devemos considerar que, embora a "depressão" ou a insatisfação possam ser queixas expressas em qualquer situação, a depressão caracteriza-se pela presença "exacerbada" de emoções fortemente desagradáveis focadas em temas como desespero, tristeza, melancolia, baixa autoestima e frequentemente perdas. Por outro lado, os sintomas negativos consistem em ausência relativa de emoções propriamente ditas com expressão embotada (em vez de triste) ou entorpecida (em vez de emotiva) do estado interior. Os temas depressivos têm conteúdo triste, enquanto os sintomas negativos podem não incluir temas de qualquer tipo; ou refletir um "vazio" mais que desespero; ou empobrecimento global mais que abatimento ou desânimo. Os antidepressivos tendem a produzir efeitos relativamente modestos nos sintomas negativos, em contraste do que se observa na depressão propriamente dita (Helfer et al., 2016).

> **Dica**
> A depressão consiste em *presença e expressão* de sentimento de tristeza, enquanto os sintomas negativos se caracterizam por *ausência e falta de expressão* de emoções.

Desorganização cognitiva: psicose, *delirium* ou demência?

A forma de pensamento (independentemente de seu conteúdo) pode estar desorganizada em diversos transtornos mentais. Antes considerada marca característica de esquizofrenia (definida classicamente como "separação das fibras do pensamento", o transtorno de pensamento formal (TPF) hoje pode incluir afrouxamento de associações, circunstancialidade, tangencialidade, descarrilhamento, perseveração, falta de lógica, bloqueio de pensamentos e empobrecimento do conteúdo dos pensamentos. Tradicionalmente, o pensamento é inferido com base na linguagem que, às vezes, o torna difícil ou mesmo circular quando se pretende diferenciar entre TPF e um transtorno da fala. Como indicador de disfunção cognitiva global (ou seja, dificuldade de formular, conceituar, organizar e expressar ideias lógicas), a ocorrência de TPF imediatamente chama a atenção do médico como domínio importante e foco potencial de tratamento. Sua ocorrência também pode ajudar a excluir outros transtornos mentais significativos, nos quais o TPF geralmente está ausente (p. ex., transtornos de personalidade e a maioria dos transtornos de ansiedade, com exceção de estados extremamente agitados ou regressivos).

Além dos transtornos psicóticos primários como esquizofrenia/transtorno esquizofreniforme ou esquizoafetivo, o TPF também pode ser encontrado em pacientes com outros transtornos mentais, como:

- *Delirium* ou psicose secundários a doenças clínicas sistêmicas (p. ex., encefalite do lúpus eritematoso sistêmico, encefalopatia límbica, doença de Lyme com acometimento do SNC)
- Intoxicação aguda/estados de abstinência
- Demência frontotemporal e outros tipos de demência
- Epilepsia
- Acidente vascular encefálico (AVE)
- Depressão psicótica
- Mania psicótica
- Estados dissociativos
- Espectro de autismo (p. ex., pensamento ilógico (mágico) e afrouxamento de associações relacionados com a disfunção cognitiva) (Solomon et al., 2008).

> **Dica**
> O pensamento desorganizado exige a avaliação especialmente cuidadosa para determinar a provável causa subjacente.

As manifestações transitórias ou variáveis do TPF tendem mais a refletir fenômenos estado-dependentes que traço-dependentes (p. ex., intoxicações em vez de demências) que, por fim, regridem espontaneamente ou com tratamento da causa clínica subjacente. Por essa razão, as intervenções psicofarmacológicas voltadas unicamente para o tratamento sintomático do TPF exigem a avaliação cuidadosa de possíveis causas clínicas subjacentes reversíveis.

COMORBIDADES: ALGUNS TRANSTORNOS DIFERENTES SIMULTÂNEOS OU HETEROGENEIDADE PLEOMÓRFICA?

Ter diagnóstico de algum transtorno mental aumenta bastante as chances de ter outras condições diagnosticáveis.

 Dica
A comorbidade não é aleatória; alguns transtornos psiquiátricos têm mais probabilidade de ocorrer como transtornos coexistentes.

Boxe 2.1 Comorbidade psiquiátrica é algo comum.

> No estudo *National Comorbidity Survey Replication* (NCS-R), cerca de 50% dos adultos com transtorno mental teriam ao menos uma outra condição comórbida (Kessler et al., 2005). Na verdade, de acordo com estudos epidemiológicos, *três ou mais* diagnósticos de transtornos mentais adicionais eram evidentes em:
> - 70% dos pacientes com transtorno bipolar (Merikangas et al., 2007)
> - 47% dos adultos com transtornos psicóticos não afetivos (Kessler et al., 2005)
> - 34% dos adultos com anorexia nervosa (Hudson et al., 2007)
> - 64% dos adultos com bulimia nervosa (Hudson et al., 2007)
> - 49% dos adultos com transtorno de compulsão alimentar (Hudson et al., 2007).

Os subgrupos diagnósticos também diferem quanto às suas comorbidades – por exemplo, os transtornos relacionados com o uso de álcool ou outras substâncias são consideravelmente mais prováveis (cerca de 20%) entre pacientes com transtorno bipolar tipo I que tipo II (Merikangas et al., 2007). As Figuras 2.1 a 2.4 ilustram exemplos de índices de prevalência durante a vida de comorbidades associadas a vários transtornos mentais com base nos resultados do estudo *National Comorbidity Survey Replication*.

GENÉTICA DAS COMORBIDADES

O conceito de que dois transtornos que frequentemente coexistem origina-se da hipótese de que um processo subjacente comum seja reforçado por fatores genéticos e familiares.

Do ponto de vista da genética molecular, o Cross-Disorder Group of the Psychiatric Genomics Consortium (2013) estimou variação genética dentro de grupos de diagnósticos psiquiátricos e entre estes grupos e demonstrou associações significativas fortes ou moderadas entre polimorfismos de substituição de nucleotídio único (SNPs, *single nucleotide polymorphisms*, em inglês) em *esquizofrenia e transtorno bipolar, esquizofrenia e transtorno depressivo maior, transtorno bipolar e transtorno depressivo maior* ou *TDAH e transtorno depressivo maior* (ver Figura 2.5). Outros pares de transtornos mentais tiveram correlações fracas não significativas.

Os geneticistas falam de heterogeneidade pleomórfica quando se referem a alterações genéticas subjacentes, que podem dar origem a diferentes fenótipos. Outros indícios de que as comorbidades realmente poderiam ser

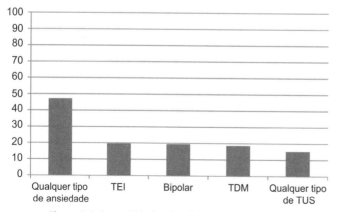

Figura 2.1 Comorbidades de adultos com TDAH. Dados com base em Kessler et al., 2006.

Capítulo 2 • Metas Terapêuticas: Categorias versus Dimensões de Psicopatologia

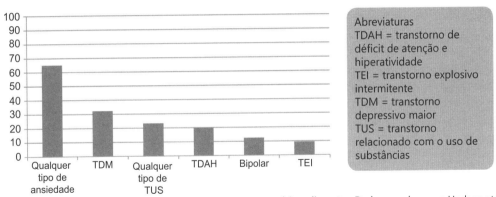

Figura 2.2 Comorbidades de adultos com transtorno compulsivo alimentar. Dados com base em Hudson et al., 2007.

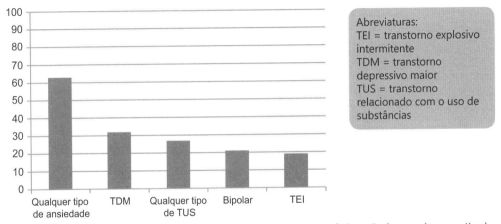

Figura 2.3 Comorbidades de adultos com transtornos psicóticos não afetivos. Dados com base em Kessler et al., 2005b.

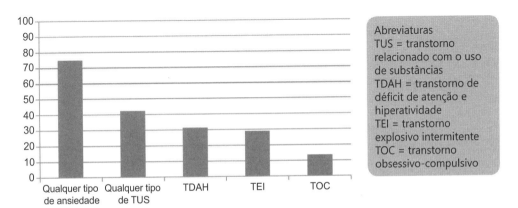

Figura 2.4 Prevalência de comorbidades em pacientes com transtorno bipolar. Dados com base em Kessler et al., 2005b.

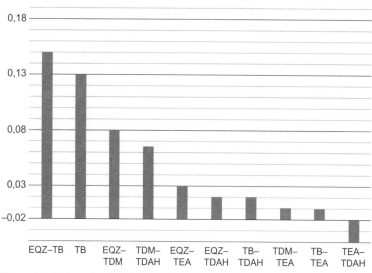

Figura 2.5 Co-hereditariedade baseada em SNPs ($r_{g\,SNP}$) entre transtornos psiquiátricos. Dados com base em resultados do Cross-Disorder Group of the Psychiatric Genomics Consortium (2013).

Boxe 2.2 Fatos sobre comorbidade.

- Probandos (*probands*, em inglês) com transtorno bipolar têm maior risco de transtorno do pânico em seus familiares de primeiro grau (MacKinnon et al., 2002)
- A história familiar de transtorno relacionado com o uso de álcool é mais comum em probandos com transtorno bipolar (OR, ou razão de probabilidade = 14,5) que probandos com depressão unipolar (OR = 1,7) (Preisig et al., 2001)
- Probandos com TDAH têm mais probabilidade de ter familiares de primeiro grau com transtornos relacionados com o uso de substâncias
- O alcoolismo dos pais pode aumentar em 2 a 3 vezes o risco de TDAH nos filhos (Sundquist et al., 2014).

manifestações pleomórficas de um único transtorno provêm de estudos sobre transtornos mentais familiares. Por exemplo, os pacientes com TDAH têm índices altos não apenas de TDAH familiar, mas também transtornos relacionados com o uso de substâncias (razão de probabilidade [OR, *odds ratio*, em inglês] de cerca de 2,2; Skoglund et al., 2015; Biederman et al., 2008a), esquizofrenia (OR = 1,7 a 2,2; Larsson et al., 2013) ou transtornos de humor (transtorno bipolar: OR = 1,8 a 2,5; Larsson et al., 2013), mas apresentam índices muito baixos de transtornos de ansiedade na família (Biederman et al., 1991a, 1991b).

SUBCOMPONENTES DE SINTOMAS DENTRO DE UM TRANSTORNO CATEGÓRICO

Tendências comuns em psicopatologia também podem ser encontradas em um diagnóstico abrangente. Nos casos de depressão, é importante considerar o papel de seus componentes cognitivos, comportamentais e somáticos. Tratamentos farmacológicos tratam igualmente todos esses domínios? Por exemplo, se sono e apetite melhorarem com determinado tratamento, mas a concentração e a motivação não se alterarem, quando isso deve levar simplesmente a um aumento de dose por resposta parcial em vez de acrescentar outro fármaco que possa atuar mais eficazmente nos sintomas restantes específicos (p. ex., se as enzimas monoaminoxidases [MAOs] explicam parcialmente os processos subjacentes – estaria indicado um fármaco anti-histamínico para insônia, outro composto gabaérgico para ansiedade, lítio ou valproato de sódio para a falta de controle dos impulsos ou um estimulante ou outro fármaco pró-dopaminérgico para melhorar nível de vigília e atenção)? Embora não haja uma resposta para todas as perguntas, estas ao menos devem entrar no processo mental quanto a modificar um esquema farmacológico.

Usar escalas de avaliação psicométricas para acompanhar alterações da gravidade geral dos sintomas e seus subcomponentes específicos (o chamado "cuidado com base em medidas") é uma abordagem empírica para discernir mudanças com o tempo em elementos relevantes de um transtorno mental. Em alguns casos, abordagens estatísticas como análise fatorial, análise de componentes principais, modelos de regressão ou análises de classes latentes podem "simplificar" um conjunto complexo de domínios sintomatológicos e são usadas para descobrir padrões de comorbidades comuns entre vários transtornos diferentes, além de fornecer outros indícios quanto aos processos psicopatológicos comuns – por exemplo, aspectos cognitivos *versus* físicos da depressão, aspectos físicos *versus* somáticos da ansiedade ou aspectos positivos *versus* negativos *versus* cognitivos da esquizofrenia.

USO ABUSIVO DE SUBSTÂNCIAS COMO "CORINGA" DIAGNÓSTICO

Os transtornos relacionados com o uso de substâncias ocorrem simultaneamente com outros transtornos mentais e impõem desafios singulares à classificação diagnóstica e seu tratamento. Na prática, costuma ser difícil ou impossível dizer quando o uso abusivo de substâncias (ou dependência comportamental) é consequência direta ou manifestação de um transtorno mental mais abrangente (p. ex., uso abusivo de estimulantes iniciado depois de um episódio de mania recente), simulacro de um diagnóstico duplo suspeito (p. ex., intoxicação com cocaína resultando claramente em hábito compulsivo de jogar e sinais psicomotores semelhantes à mania, seguidos de crise depressiva quando o efeito da substância termina) ou um fenômeno realmente independente. Em alguns casos, definir a cronologia ajuda, mas isto nem sempre é possível. A história familiar pode ajudar a corroborar a "independência" de um conjunto de sinais e sintomas em relação com outro, mas também nem sempre é reveladora.

No estudo *National Comorbidity Survey Replication* em domicílios americanos, os transtornos relacionados com uso de substâncias começaram *depois* do início de transtornos de ansiedade ou externalizantes em mais de 50% dos casos, embora no caso dos transtornos de humor houvesse mais variabilidade quanto à cronologia do uso indevido de substâncias, ou seja, o uso de álcool ou substâncias começou mais comumente antes do início do transtorno unipolar ou bipolar (ver Figura 2.6).

DIAGNÓSTICOS PSIQUIÁTRICOS BASEADOS EM NEUROCIÊNCIAS: JÁ CHEGAMOS LÁ?

O pensamento contemporâneo sobre psicopatologia em geral tende cada vez mais a considerar domínios sintomatológicos ao longo de um *continuum*, buscando descobrir tendências fenomenológicas comuns a vários transtornos mentais conhecidos. Essas tendências não são patognomônicas de um diagnóstico (p. ex., febre), mas podem ajudar a diferenciar mecanismos neurobiológicos subjacentes (p. ex., causas infecciosas *versus* autoimunes). Na verdade, reconhecer tendências marcantes pode ser muito semelhante à forma como alguns médicos realmente tomam

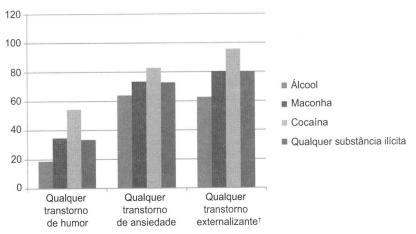

Figura 2.6 Índices de prevalência de transtornos psiquiátricos preexistentes em adultos com comorbidade de transtornos relacionados com uso de substâncias. Dados com base em *National Comorbidity Survey Replication* (Glantz et al., 2009). †Transtornos externalizantes incluem transtorno explosivo intermitente, transtorno de conduta, transtorno opositivo-desafiador e transtorno de déficit de atenção e hiperatividade.

decisões terapêuticas – conscientemente ou não – quando analisam os tipos de resultados que esperam que suas intervenções produzam.

Dimensões de psicopatologia são pensadas para estar em conformidade com (ou "mapear") circuitos neurais de maneira mais precisa que as classificações categóricas que definimos por consenso como diagnósticos. Os trabalhos como os Critérios de Domínio de Pesquisa (*Research Domain Criteria*, ou RDoC em inglês) do NIMH representam uma tentativa de descrever dimensões do comportamento e mentalidade humanos, que abarcam vários construtos diagnósticos possíveis e podem mais bem se aproximar dos substratos neurobiológicos de psicofarmacologia – e alvos potenciais da psicofarmacologia. A matriz original descrita no sistema RDoC inclui cinco componentes, conforme estão descritos na Tabela 2.5.

As características de temperamento podem "colorir" ou mesmo simular manifestações dos transtornos de humor, psicoses, transtornos de ansiedade ou outros transtornos mentais. O Modelo dos Cinco Fatores da personalidade proposto por Costa e McCrae ou o Modelo Psicobiológico de Personalidade elaborado por Cloninger et al. (1991) fornecem um sistema que permite considerar o impacto dos traços de temperamento nos diagnósticos de transtornos mentais e na psicofarmacologia. Esse sistema enfatiza componentes como "abertura a experiências", "conscienciosidade", "extroversão", "socialização" e "neuroticismo", conforme está elaborado com mais detalhes na Tabela 2.6.

Mais tarde, outras dimensões da personalidade e temperamento foram incluídas no Questionário de Personalidade Tridimensional (TPQ, *Tridimensional Personality Questionnaire* em inglês; Cloninger et al., 1991) e no Inventário de Temperamento e Caráter (TCI, *Temperament and Character Inventory*, em inglês; Cloninger, 1994). Esse sistema captura elementos como "evitação de danos", "busca por novidades", "dependência de gratificação" e "persistência" (como está descrito com mais detalhes na Tabela 2.7), que podem trazer mais clareza ao entendimento de como a psicopatologia se manifesta em determinado indivíduo e podem ajudar a reconhecer substratos apropriados ao tratamento farmacológico. Por exemplo, em alguns ensaios clínicos, as análises secundárias demonstraram que a medicalização extensiva de pacientes com transtorno bipolar pode estar associada a níveis relativamente baixos de abertura, extroversão e conscienciosidade (Sachs et al., 2014).

No Capítulo 20, discute-se detalhadamente a base de evidências disponíveis contra a utilização de psicofarmacologia para modificar características de temperamento e/ou personalidade como as que foram descritas antes.

Por fim, a seguir, convidamos o leitor a considerar algumas dimensões adicionais de psicopatologia, que ultrapassam limites diagnósticos tradicionais e frequentemente formam uma base para planejar e realizar intervenções em psicofarmacologia.

INSTABILIDADE OU LABILIDADE AFETIVA

Conforme mencionado, desregulação do humor, instabilidade afetiva ou amplas variações de humor ou afeto momento a momento não são sinônimos do mesmo transtorno.

PROCESSAMENTO ATENCIONAL

A desatenção é um dos sintomas mais comuns em diversos transtornos mentais. Esse sintoma pode ser originado de vários processos subjacentes – desde distração associada ao TDAH e preocupação com pensamentos intrusivos associados ao TOC ou transtornos de ansiedade até um fenômeno conhecido como "cervo ofuscado por faróis" em razão de hiperatividade do sistema nervoso autônomo (SNA) ou intoxicação por álcool ou outras substâncias depressoras do SNC. Por exemplo, seria incorreto dizer que toda desatenção faz parte do "espectro do TDA" ou pensar reflexamente que uma experiência com psicoestimulantes esteja automaticamente justificada para tratar um "componente do TDA", quaisquer que sejam as manifestações subjetivas ou objetivas de desatenção observadas. O Capítulo 21 revisa sistematicamente alvos farmacoterápicos em problemas de atenção e função cognitiva.

DISFUNÇÃO EXECUTIVA

Como bases para o planejamento, a organização e o raciocínio lógico, as regiões encefálicas associadas às funções executivas exercem controle fundamental sobre funções corticais superiores. "Cognição fria" refere-se ao processo de informações minimamente influenciado por emoções realizado, principalmente, pelo circuito pré-frontal (em contraste com "cognição quente", que envolve experiências emocionais imediatas e é realizada no nível subcortical por estruturas límbicas). Podem ser evidenciadas alterações em

Capítulo 2 • Metas Terapêuticas: Categorias *versus* Dimensões de Psicopatologia

Tabela 2.5 Critérios de domínio de pesquisa (*Research Domain Criteria*, ou RDoC em inglês).

Domínio	Fenomenologia	Exemplos diagnósticos	Neurotransmissores	Circuito neural
Sistemas de valência negativa	Medo/ameaça, ansiedade, perda, frustração não gratificada (ou seja, incapacidade de obter gratificações positivas depois de esforços repetidos)	Depressão	Dopamina, GABA, glutamato, serotonina, esteroides, vasopressina	Amígdala, hipotálamo, *locus ceruleus*, COF, substância cinzenta periaquedutal, sistema parassimpático, septo estriado
Sistemas de valência positiva	Situações motivacionais positivas (p. ex., buscar gratificação, disposição para trabalhar, expectativa de recompensa por esforço)	Mania, jogo patológico	Dopamina, serotonina	COF medial anterior, circuito corticolímbico, estriado límbico ventral, área tegmentar ventral/substância negra
Sistemas cognitivos	Atenção, percepção, sensibilidade, memória, linguagem, seleção de metas	TDAH, autismo, narcisismo	GABA, glutamato, acetilcolina, dopamina, histamina, serotonina	Sistemas límbicos do prosencéfalo basal, redes de atenção ventrais e dorsais, pulvinar, núcleo reticular talâmico
Processos sociais	Afiliação e apego, autoconhecimento, percepção e compreensão das outras pessoas	Autismo, processo de luto	Dopamina, receptores opioides κ e μ, ocitocina, vasopressina	Amígdala e sistema de fibras de vasopressina das estrias terminais, área facial fusiforme, núcleo *accumbens*, COF, CPF ventromedial, núcleo paraventricular do hipotálamo
Vigília e sistemas reguladores	Ritmos circadianos, ciclo de sono-vigília	Narcolepsia, anorexia, transtorno de compulsão alimentar	Acetilcolina, CRF, citocinas, dopamina, GABA, grelina, glutamato, histamina, leptina, orexina, neuropeptídio Y, norepinefrina, opioides, ocitocina, serotonina, vasopressina	Núcleos prosencefálicos basais aos circuitos corticais; projeções monoaminérgicas e colinérgicas do tronco encefálico ao prosencéfalo basal; amígdala central aos núcleos colinérgicos basais e prosencefálicos; projeções dos núcleos colinérgicos e monoaminérgicos ao tálamo e córtex; circuitos de regulação do ritmo circadiano e sono; giros cingulados frontoinsular e anterior dorsal; circuitos do hipotálamo ao tálamo e córtex; núcleos centrais da amígdala, núcleo da rafe dorsal, hipotálamo lateral/perifornicial e dorsomedial; NTLD; *locus ceruleus*, NPP, núcleo tuberomamilar, área tegmentar ventral

COF, córtex orbitofrontal; *CPF*, córtex pré-frontal; *CRF*, fator de regulação das corticotrofinas; *GABA*, ácido gama-aminobutírico; *NPP*, núcleos pedunculopontinos; *NTLD*, núcleos tegmentares laterodorsais; *TDAH*, transtorno de déficit de atenção e hiperatividade.

Psicofarmacologia Prática

Tabela 2.6 Modelo de personalidade de cinco fatores.

Característica	Descrição	Bases neurobiológicas presumidas	Manifestações em construtos diagnósticos psiquiátricos
Abertura a experiências	Reflete curiosidade, interesse por novidades e aceitação de risco potencial	Associada ao tônus dopaminérgico *adequado* (ou seja, nem muito, nem pouco)[a] no CPFDL (ou seja, regulação da flexibilidade cognitiva, fluência ideativa e memória operacional) e CCA (monitoramento de conflito)	Mania, esquizofrenia (Lo et al., 2017); inflexibilidade cognitiva com relação a "mudar metas", combinada com perfeccionismo, pode predispor à anorexia nervosa
Conscienciosidade	Reflete confiabilidade e busca planejada e organizada de metas	Associada a função do CPFDL/planejamento executivo e controle dos impulsos; giro frontal médio, giro fusiforme (DeYoung et al., 2010)	Pode ajudar a atenuar risco de desenvolver depressão ou transtornos de ansiedade
Extroversão	Reflete extroversão social, nível alto de energia, modo de interação por busca de atenção	Associada à função do COF medial/ processamento de gratificação; regiões paralímbicas laterais	Mania, TDAH; associada negativamente à depressão, transtornos de ansiedade e fobia social (Kotov et al., 2010), bem como à adesão ao tratamento com antidepressivos (Cohen et al., 2004)
Amabilidade	Reflete atitude colaborativa não confrontativa, confiança (ou preocupação) com outras pessoas	Sulco temporal superior, giro cingulado posterior, giro fusiforme (DeYoung et al., 2010)	
Neuroticismo	Reflete instabilidade emocional e tendência a estados emocionais desagradáveis	Função do CPFDM, giro frontal medial, giro cingulado medial, giro temporal medial, giro pré-central, cerebelo (DeYoung et al., 2010)	Associado a depressão e transtorno de ansiedade generalizada

[a]Para determinada função cognitiva, o tônus dopaminérgico ideal parece descrever uma curva com forma de "U", de modo que deficiências ou excessos podem alterar a função normal (Cools e Robbins, 2004).
CCA, córtex cingulado anterior; *COF*, córtex orbitofrontal; *CPFDL*, córtex pré-frontal dorsolateral; *CPFDM*, córtex pré-frontal dorsomedial.

diversos transtornos mentais, inclusive transtornos cognitivos primários (p. ex., TDAH), transtornos de controle dos impulsos, transtornos do humor e da aprendizagem, fenômenos pós-traumáticos, TOC e transtornos de ansiedade (p. ex., incapacidade de ignorar informações intrusivas ou indesejáveis, consequentemente, levando à intensificação do transtorno e impactando reciprocamente humor, comportamento e controle dos impulsos). As abordagens farmacológicas que têm como alvos específicos disfunção cognitiva (em contraste com processamento atencional) ainda não foram bem descritas.

IMPULSIVIDADE

O controle dos impulsos é um componente específico da função executiva, embora suas relações potenciais com humor, agressividade e outros domínios justifiquem sua elaboração em separado. Ocorre falta de controle dos impulsos em faixas de intensidade. Em uma extremidade, isso pode incluir incapacidade de reconhecer e suprimir um comentário claramente ingênuo ou socialmente inadequado ou tomar uma decisão apressada de pouco risco que tenha potencial de consequências negativas mínimas ou nenhuma

Capítulo 2 • Metas Terapêuticas: Categorias *versus* Dimensões de Psicopatologia

Tabela 2.7 Temperamentos descritos no Questionário Tridimensional de Personalidade.

Característica	Descrição	Bases neurobiológicas presumidas	Manifestações em construtos diagnósticos psiquiátricos
Evitação de danos (*harm avoidance*)	Preocupação, medo de incerteza, timidez e fadiga	Tônus dopaminérgico reduzido e tônus serotoninérgico alto; ↑ transmissão gabaérgica e ↓ transmissão glutamatérgica no córtex cingulado anterior (Kim et al., 2009); possível ↓ de volume do COF e occipital (Gardini et al., 2009)	*Evitação de danos + baixo autodirecionamento* podem predispor à **depressão**; *Evitação de danos + baixa busca por novidades* podem predispor a **manifestações obsessivo-compulsivas**; *Evitação de danos e dependência de gratificação* podem predispor à **ansiedade social**; *Evitação de danos + persistência* podem predispor à **anorexia nervosa**
Busca por novidades (*novelty seeking*)	Excitação em resposta a estímulos incomuns ou possivelmente muito gratificantes ("excitabilidade exploratória" e "extravagância" ao abordar uma gratificação), relacionada com decisões impulsivas, perda rápida de equilíbrio e aversão à frustração ("desordem ou bagunça")	Tônus noradrenérgico ↑ e tônus dopaminérgico ↓; ↑ volume das regiões frontais e giro cingulado posterior (Gardini et al., 2009)	Adicções; transtorno de personalidade *borderline*; associação mínima aos transtornos psicóticos (Peritogiannis, 2015)
Dependência de gratificação (*reward dependence*)	Alta sensibilidade às gratificações sociais e apegos	Tônus noradrenérgico ↓; ↓ volume do CPF e caudado (Gardini et al., 2009)	Transtornos de personalidade dependente e histriônica, adicções; *pouca* dependência de gratificação está associada aos transtornos do espectro autista, transtornos de personalidade paranoide, esquizoide, esquizotípica e antissocial; falta de apego social
Persistência (*persistence*)	Avidez, trabalho árduo, ambição, perfeccionismo; associado à conscienciosidade	↑ volume do pré-cúneo, lóbulo paracentral e giro hipocampal (Gardini et al., 2009)	Transtornos de ansiedade; TOC; pode proteger contra transtornos de humor (Cloninger et al., 2012)

COF, córtex orbitofrontal; *CPF*, córtex pré-frontal; *TOC*, transtorno obsessivo-compulsivo.

(p. ex., não se preocupar em verificar os horários de um trem, em vez de confiar em horários aleatórios), progredindo para gafes em escala mais ampla ou transgressões de julgamento mais flagrantes.

Em geral, o comportamento impulsivo reflete incapacidade de executar "regulação cognitiva fria" "de cima para baixo" pelo circuito de controle executivo pré-frontal e atividade "cognitiva quente" "de baixo para cima" pelo sistema límbico, conforme estão descritas em mais detalhes nos Capítulos 13 e 14. Pode ocorrer impulsividade no contexto de emoções exacerbadas (p. ex., situação de fugir de uma luta/lutar/congelar) ou, em alguns casos, pode ocorrer com menos emoções – por exemplo, quando o indivíduo não reconhece riscos que podem não ser muito evidentes (ou seja, clicar em uma página com programas maliciosos [*malwares*, em inglês], cuja natureza suspeita pode ser apenas aparente no título principal), erros de cálculo da magnitude e grau de risco ou suas consequências. Também pode implicar ignorar conscientemente um risco conhecido (às vezes por

Boxe 2.3 Componentes estruturais da personalidade: a perspectiva do DSM-5.

O Grupo de Trabalho sobre Personalidade e Transtornos de Personalidade do DSM-5 elaborou um "modelo alternativo" para "disposições" de personalidade, que engloba cinco domínios destinados a serem amálgamas dos construtos dimensionais e categóricos descritos antes. Isso inclui:

- *Afetividade negativa*: reflete níveis frequentemente altos de emoções negativas intensas (p. ex., depressão, ansiedade, raiva) possivelmente associados a comportamentos autodestrutivos
- *Distanciamento*: consiste em evitar interações sociais e conexões emocionais e limitar expressões de afeto
- *Antagonismo*: reflete hostilidade ou oposição; pode envolver sentimento exagerado de importância pessoal e expectativas de tratamento especial, com falta relativa de empatia pelas necessidades e sentimentos alheios
- *Desinibição*: reflete perda de controle dos impulsos e falta de limites nos processos de decisão e outros comportamentos; o foco pode estar em gratificação imediata sem consideração das consequências
- *Psicoticismo*: reflete elementos excêntricos, estranhos e peculiares na forma ou no conteúdo do pensamento, que não são congruentes com normas culturais.

motivos convincentes – como dirigir acima do limite de velocidade em razão de alguma emergência médica e, outras vezes, por pura imprudência, busca de emoções ou rebeldia social ou, nos demais casos, sem absolutamente qualquer causa compreensível ou explicável [como no caso de disfunção cognitiva]).

COGNIÇÃO SOCIAL E TEORIA DA MENTE

Em conjunto, a cognição social e seu construto diretamente relacionado conhecido como "teoria da mente" (ToM) envolvem a percepção de sinais sociais, a comunicação não verbal e a capacidade de atribuir estados mentais a outras pessoas (p. ex., compreender o que alguém pensa de outra pessoa). A rede neural da ToM parece incluir a junção dos lobos temporoparietais direito e esquerdo, o córtex parietal medial (inclusive précúneo e giro do cíngulo posterior), o giro do cíngulo anterior rostral e o CPF medial. Por outro lado, déficits (como pode ocorrer no autismo, na esquizofrenia e no traumatismo cranioencefálico) podem agravar problemas de comportamento social, humor, empatia, pensamento inferencial e comportamentos relacionados.

PSICOSE

A capacidade de discernir entre realidade e irrealidade talvez seja um dos melhores exemplos de construto dimensional. Estudos de análise fatorial sobre psicoses como construto dimensional identificaram vários domínios fundamentais, como sintomas positivos (ilusões, alucinações, distorções da realidade), sintomas negativos (embotamento afetivo, alogia, empobrecimento do pensamento), desorganização (incoerência, pensamento tangencial ou ilógico, circunstancialidade, comportamento bizarro) e sintomas afetivos (ansiedade, depressão, hostilidade, impulsividade e incapacidade de cooperar) (revisados por Potuzak et al., 2012). Superficialmente, seria absolutamente óbvio saber se uma experiência perceptiva ou ideacional é ou não real. No entanto, alguém que foi acordado de um sonho lúcido, assustado por uma ilusão de óptica, ludibriado por um passe de mágica, ou que tentou sentir um membro que ficou adormecido, sabe que nossa capacidade de julgar a realidade está à mercê de nossos sentidos. Os sentidos pregam peças; e a única forma pela qual podemos realmente julgar sua exatidão é colocálos em dúvida. Nos casos de psicose avançada, as percepções são convicções imutáveis e *não há* dúvida, nem muita capacidade de sequer considerar a *possibilidade* de que as coisas sejam diferentes do que parecem ser. A rigidez cognitiva torna-se essencial às experiências psicóticas, à medida que os limites entre plausível e implausível se tornam nebulosos quando o indivíduo não tem percepção de si próprio. Pressentimentos vagos e suspeitas dão lugar às distorções de percepção arraigadas que, por definição, questionam os desafios do raciocínio lógico ou consideração de explicações alternativas.

Às vezes, a psicose é entendida como um fenômeno com base mais em medo abjeto que preocupação – o primeiro reflete hiperatividade do sistema límbico, enquanto o segundo envolve um tipo mais contido e equilibrado de ansiedade ou apreensão. Em geral, a habilidade de testar a realidade está mais preservada na preocupação que na psicose, com uma capacidade de antecipar consequências de uma ideia ou percepção com menos convicção imutável (p. ex., "e se isso for um tumor?" *versus* "eu sei que é um tumor e o médico está mentindo para mim").

Frequentemente, considera-se a falta de *insight* um elemento fundamental das psicoses; quando o teste de realidade está prejudicado, quase sempre se entende automaticamente que o indivíduo não tem consciência de sua percepção distorcida. Na verdade, se alguém tivesse discernimento o suficiente para reconhecer uma crença ou percepção falsa como realmente é, tal capacidade isoladamente poderia essencialmente "rebaixar" a experiência de ilusão ou alucinação para preocupação. Durante algum tempo, o conteúdo de pensamento *bizarro* foi considerado altamente sugestivo de um processo relacionado com esquizofrenia, mas controvérsias quanto à especificidade diagnóstica baixa desse sinal resultaram em atenuação de sua importância nos sistemas nosológicos modernos relativos aos transtornos psicóticos.

Em um modelo dimensional ou contínuo, podemos considerar aspectos como os que estão descritos no Boxe 2.4.

Com base no que foi dito antes, podemos classificar um fenômeno claramente psicótico como brando, moderado ou grave quanto à sua intensidade; por outro lado, poderíamos aferir até que ponto alguém consegue imaginar que uma ideia ou percepção é sequer *possivelmente* imprecisa e compartilhar do desejo do médico de examinar a base do fenômeno.

PSICOSE *VERSUS* OBSESSÕES

Alguém poderia argumentar que obsessões são diferentes de delírios com base em um grau menos intenso de autoconvicção ("Não posso evitar, mas sinto como se alguma coisa estivesse errada...") e capacidade preservada de reconhecer a peculiaridade ou implausibilidade de um pensamento obsessivo (p. ex., "Sei que isso não tem sentido, mas..."). O grau de sofrimento associado a um sintoma psicótico ou obsessivo pode variar em intensidade; algumas manifestações psicóticas podem incluir um sentimento relativamente indiferente de resignação fatídica, enquanto os pensamentos obsessivos costumam ser – por definição – indesejáveis, intrusivos e perturbadores para o indivíduo que os vivencia. Consequentemente, o termo "esquizo-obsessivo" tem atraído interesse dos médicos e pesquisadores, mas ainda não foi incluído em qualquer edição do DSM.

HIPERATIVIDADE AUTONÔMICA

Presente em construtos diagnósticos como TEPT, fobias e psicose paranoide ou persecutória, a hiperatividade autonômica representa um estado geral no qual o indivíduo tem consciência exacerbada do ambiente e seus riscos potenciais.

INTOLERÂNCIA AO SOFRIMENTO

Talvez um dos problemas mais comuns que levam pessoas a buscar tratamento de saúde mental, embora raramente seja reconhecido como problema a ser tratado especificamente, é a capacidade de tolerar o sofrimento psíquico ou emocional. Todos têm seu limiar próprio de tolerância à dor física ou emocional ou ao desconforto gerado por ambiguidade e incerteza. Essa variabilidade interpessoal torna difícil julgar se e quando a intensidade da reação ao sofrimento psíquico é exagerada ou "razoável" e proporcional a determinada condição de estresse. Possivelmente, até mesmo se é compreensível quando há pouco entendimento sobre a experiência pregressa do paciente. Os padrões podem variar, por exemplo, entre vítimas de *bullying* ou privação emocional crônica em comparação com vítimas de agressão física ou sexual repetida na infância, ou entre combatentes militares e pacientes que sofrem de fobia e fazem terapia de exposição para supressão de reações. As ferramentas psicológicas e comportamentais com as quais se procura lidar com adversidades tendem a ser fundamentais no manejo da intolerância ao sofrimento psíquico, geralmente mais que intervenções farmacológicas.

Ligada conceitualmente à definição de resiliência – capacidade de resistir às adversidades sem desencadear psicopatologia –, a intolerância ao sofrimento psíquico evidencia-se por vários comportamentos observáveis e queixas subjetivas. Tipicamente, esses comportamentos e queixas giram em torno de desconforto intenso,

---

Boxe 2.4 Considerações quanto a um modelo dimensional de psicose.

- Pode ser difícil para o indivíduo reconhecer que a experiência é anormal ou pode parecer estranha para outras pessoas
- O grau com que uma ideia ou percepção bizarra é invariável ou fixo (pensamento rígido); há pouca curiosidade quanto às bases da experiência ou capacidade de submeter seu conteúdo à dúvida ou análise cuidadosa
- É difícil para o indivíduo gerar ou, ao menos, considerar explicações alternativas para a base de sua ideia ou percepção
- O fenômeno causa sofrimento.

sensação de desamparo e – em alguns casos – demandas claras que o ambiente reconhece e "faz alguma coisa" para atenuar, não simplesmente uma causa percebida de sofrimento, mas, em termos mais específicos, incapacidade emocional do paciente de tolerar e manejar reações emocionais negativas às experiências pelas quais ele passa. Para alguns indivíduos, as experiências de vida cotidianas podem parecer incomumente repletas de injustiças e aborrecimentos infligidos a eles por fatores fora de seu controle. (Isso pode ser descrito como "*locus* de controle externo".) Outros podem se sentir menos subjugados por forças da natureza e, provavelmente, têm um sentimento mais forte de controle pessoal de acontecimentos e reações emocionais que cruzam seu caminho. (Ou seja, têm "*locus* de controle mais interno".) São compensações do sofrimento emocional elementos que dizem respeito aos construtos desenvolvimentais-psicológicos (p. ex., capacidade de acalmar-se ou usar mecanismos de defesa maduros), temperamento (p. ex., preferência por abertura *versus* evitação de risco/danos e perdas), processos cognitivos (p. ex., capacidade de antecipar soluções futuras e soluções para problemas atuais, atividades executivas relacionadas com solução de problemas, capacidade de compartimentalizar, capacidade de perceber e avaliar pontos de vista alternativos) e processos unicamente neurobiológicos (p. ex., o sofrimento emocional intenso provavelmente reflete a hiperatividade do sistema límbico, enquanto as reações mais estoicas a estímulos intensos podem relacionar-se com hipoatividade deste sistema).

INTOLERÂNCIA AO SOFRIMENTO PSÍQUICO APÓS EXPERIÊNCIAS TRAUMÁTICAS

Com exceção do diagnóstico de TEPT, a intolerância ao sofrimento emocional após traumas repetidos pode ser especialmente difícil de "encaixar" em um modelo diagnóstico, pois as exposições repetidas a estímulos nocivos representam essencialmente paradigmas de condicionamento operante. Interpretadas com base no modelo da teoria de aprendizagem, as expectativas de uma experiência agradável (p. ex., estimulação sexual, ou salivação quando o indivíduo sente o cheiro de pão recém-assado) ou estímulos aversivos (p. ex., desespero e raiva quando é humilhado, náusea antecipada antes de sessões repetidas de quimioterapia antineoplásica) desencadeiam um conjunto altamente previsível e normal de reações emocionais e fisiológicas. Quando um paciente demonstra desregulação emocional (p. ex., acessos de raiva, agressividade impulsiva, autolesão ou sofrimento psíquico extremo) ou mesmo insegurança e desconfiança dos próprios instintos desencadeados por paradigmas de aprendizagem deletérios e condicionamento aversivo repetitivo (p. ex., fenômeno de manipulação psíquica), frequentemente se observa uma "zona conceitualmente nebulosa" de diagnósticos entre normalidade e patologia – assim como resultados do condicionamento clássico não são estados patológicos bem definidos (os cães de Pavlov não tinham sialorreia patológica). Nesses casos, o substrato terapêutico pode tornar-se ambíguo – ou seja, há indicação para farmacoterapia basicamente para atenuar sintomas de reação intensa ao sofrimento psíquico; ou o paciente tem um núcleo patológico para o qual abordagens psicoterápicas podem fazer mais que trazer alívio sintomático? A abordagem preferencial ao condicionamento operante é a extinção do que foi aprendido ou terapia de exposição e prevenção de resposta – essencialmente, "desaprender" uma reação emocional-fisiológica normal, embora inadaptativa, a um estímulo aversivo.

Se e quando o psicofarmacologista for chamado a administrar fármacos para tratar intolerância ao sofrimento emocional contextualmente relacionado, ele deve ser cauteloso quanto à tentação de forçar o "encaixe" desse fenômeno em uma categoria diagnóstica necessariamente mais ampla, se houver alguma. O médico pode, com razão, investigar história pregressa de qualquer transtorno mental definível e reconhecer o potencial de que tal problema seja exacerbado por um catalisador ambiental. Contudo, reveses da vida e infelicidade pessoal nem sempre causam depressão maior, nem estados bipolares mistos surgem repentinamente do nada simplesmente porque um "cuidador" emocional ou financeiro abandonou seu beneficiário. Quando não há um conjunto de sinais e sintomas discerníveis coincidentes com o sofrimento emocional, a intolerância ao sofrimento propriamente dita geralmente requer intervenção psicossocial específica com o objetivo de reforçar habilidades de enfrentamento e fortalecer estratégias de controle comportamental. Quando não há um transtorno mental evidente, a farmacoterapia como intervenção *suplementar* pode ser relevante em *alguns casos*, geralmente por períodos curtos para trazer alívio sintomático das queixas associadas, como insônia ou ansiedade acentuada.

SUICIDALIDADE

A ideação e os comportamentos suicidas provavelmente constituem um processo final comum de várias condições psicopatológicas. Em certo sentido, a suicidalidade tem uma interface ampla e complexa, que liga depressão a desmoralização e desesperança, desespero, agressividade declarada e passiva, diminuição da capacidade cognitiva de resolução de problemas e "ver além" das circunstâncias atuais, perda de controle dos impulsos, perda do instinto de sobrevivência, circuito do medo, obsessividade (p. ex., no caso de ideação suicida crônica), intolerância ao sofrimento emocional e, às vezes, um tipo enviesado de comunicação interpessoal. Nos casos típicos, a ideação suicida precede um comportamento suicida, mas seus fundamentos podem ter origens diferentes. Sob o ponto de vista da neurobiologia, acredita-se que atos suicidas envolvam hipoatividade pré-frontal e, possivelmente, redução da atividade e função serotoninérgicas no circuito cortical pré-frontal. A premeditação e a perda de controle dos impulsos podem contribuir para o potencial suicida, assim como a disfunção executiva (pouca capacidade de resolver problemas, inflexibilidade cognitiva, dificuldade de ponderar prós e contras) e a hiperatividade do sistema límbico.

Ainda que a suicidalidade frequentemente esteja relacionada conceitualmente com a depressão, é importante que os médicos não pressuponham que qualquer característica suicida se mostre necessariamente *apenas* um elemento da depressão, sem investigar outras dimensões psicopatológicas que contribuiriam para um potencial suicida além de depressão. Por exemplo, embora o transtorno do pânico certamente aumente o risco de tentativas de suicídio entre pacientes deprimidos, os modelos de regressão de múltiplas variáveis demonstraram que, mesmo depois de controlar sintomas depressivos agravantes, a ideação ou os comportamentos suicidas podem estar relacionados independentemente com outros elementos do transtorno do pânico propriamente dito, como palpitações e medo de perder o controle (Lim et al., 2015).

A suicidalidade também deve ser considerada no contexto de raiva, drama e dificuldade de autorregulação de reações emocionais intensas a frustrações, conflitos interpessoais ou reveses econômicos. Embora alguns médicos sejam muito apressados em associar declarações suicidas à existência de depressão, o tratamento farmacológico (ou qualquer outra abordagem terapêutica) não pode ser administrado razoavelmente sem primeiro investigar quaisquer indícios suspeitos de um diagnóstico de um transtorno mental mais abrangente. As ameaças de suicídio feitas durante períodos de intoxicação aguda frequentemente são infundadas e, provavelmente, sequer são lembradas depois que o efeito da substância regride. No caso de um indivíduo que apresenta dificuldade de enfrentar adversidades mas é persistente, dependente de gratificação e extremamente consciencioso em termos profissionais que declara que preferiria literalmente cometer suicídio que encarar a mortificação por uma redução de salário ou prestígio ou concordar com uma grande dívida que lhe parece injusta, pode não haver necessariamente a indicação para um tratamento farmacológico voltado para depressão ou qualquer outro transtorno mental significativo. Isso apesar de uma afirmação categórica de suicídio, dependendo do contexto mais amplo dos sintomas e circunstâncias ambientais da qual se originou a "ideação suicida".

⌂ Pontos importantes e tarefas para casa

- As abordagens terapêuticas "transdiagnósticas" incentivam a pensar em dimensões em vez de categorias de psicopatologia e modos com que os domínios sintomatológicos podem ocorrer em constelações definíveis de vários transtornos mentais. Convém tentar relacionar sintomas-alvo dentro de um conjunto de sintomas (p. ex., insônia com depressão *versus* insônia com pesadelos, ou desatenção no contexto de mania *versus* demência ou intoxicação alcoólica) para ajudar a compreender processos subjacentes e orientar abordagens lógicas de farmacoterapia
- Procurar conjuntos de sinais e sintomas reconhecíveis, que possam formar uma condição diagnóstica coerente. A maioria dos ensaios clínicos com base em evidências tem como pressupostos síndromes clínicas bem definidas, mas os pacientes do "mundo real" podem exigir extrapolação com base em grupos de indivíduos cuja evolução e cujos prognósticos diferem de maneiras nem sempre previsíveis
- Deve-se reconhecer comorbidades psiquiátricas comuns e modos com que elas podem delinear um quadro clínico e sua resposta ao tratamento.

3 Interpretação e Uso de Literatura Científica: Como Integrar Ensaios Clínicos Baseados em Evidências à Prática no Mundo Real

Objetivos de aprendizagem

- Ao ler um ensaio clínico, o leitor deve ser capaz de descrever as características do grupo a ser estudado e reconhecer até que ponto elas podem ser semelhantes ou diferentes de outros tipos de pacientes (p. ex., aqueles que ele trata), antes de generalizar resultados a um grupo mais amplo de possíveis beneficiários desse tratamento
- Determinar se um estudo foi propositalmente destinado desde o início para avaliar os resultados que foram publicados; ou se os resultados divulgados são secundários e, desse modo, apenas provisórios e geradores de hipóteses, em vez de testes de hipóteses
- Entender a importância de conceitos como tamanhos de amostras e adequação do poder estatístico, delineamento prospectivo *versus* retrospectivo, análises *post hoc*, ajuste de níveis de significância estatística para comparações múltiplas, ensaios de não inferioridade, como interpretar intervalos de confiança, enriquecimento de amostra, discordância, ensaios falhos *versus* negativos e diferença entre valores *p* (significância estatística) e tamanhos de efeito (diferenças clinicamente significativas)
- Reconhecer por que o conceito de randomização é frequentemente citado como "grande equalizador" na metodologia de estudos clínicos (e por que os ensaios não randomizados fornecem dados muito menos convincentes que randomizados).

> Todas as coisas estão sujeitas a interpretação. Qualquer interpretação que prevaleça em determinado momento é em função do poder, e não da verdade.
>
> *Friedrich Nietzsche*

> Muitos dos grupos (...) são pequenos demais para permitir que qualquer opinião definitiva seja formada, tendo em conta a magnitude do provável erro envolvido.
>
> *Karl Pearson*

Quando os pesquisadores publicam resultados de um ensaio clínico, seus dados precisam ser interpretados. *Revisão de pares* é o processo pelo qual a estrutura e a execução de um ensaio clínico são julgadas coerentes, lineares e lógicas. Esse procedimento é como realizar um exame do estado mental: o avaliador discernirá se o conteúdo é confiável por seu valor nominal, se foram considerados todos os fatores subjacentes que poderiam ter influenciado os resultados, se os fenômenos observados são interpretados com precisão e se as conclusões tiradas são válidas.

Com graus variáveis de provisoriedade ou certeza, os ensaios clínicos fornecem informações sobre o impacto exato de (em geral) uma intervenção *versus* um grupo comparativo (placebo; um controle; ou tratamento como de costume [TAU]) por determinado período, com esforços para manter constantes outras variáveis relevantes (p. ex., nenhum *outro* tratamento foi iniciado ou alterado; a adesão precisa ser praticamente absoluta; o uso de substâncias é razão para exclusão; e estressores podem invalidar resultados).

Os médicos que buscam interpretar literatura científica[1] baseiam-se no rigor das revisões de pares e filtros editoriais quando avaliam se um resultado está pronto para "aplicação imediata" ou não passa de uma ideia ou observação interessante, que necessita de elaboração e outros testes-beta, antes que possa ser incorporado à prática diária. Além disso, precisam saber como os resultados obtidos em um ambiente cuidadosamente controlado usando indivíduos selecionados podem ser aplicados em contextos terapêuticos estruturados com menos rigor.

No mercado, não há escassez de resumos simples, boletins informativos e "pinçados" da literatura atual, que prometem reduzir esforços experimentais detalhados em apenas uma manchete – útil para conseguir resultados por meio de resumos rápidos, embora se sofra o risco de equiparar uma versão das "resenhas" de um romance à efetiva leitura e ao entendimento da obra propriamente dita.[2] Para obter conhecimentos atualizados e verdadeira *expertise*, não existem atalhos para pesquisa, interpretação e aplicação da literatura básica. Por essa razão, nosso objetivo neste capítulo é equipar os médicos-leitores com recursos necessários para avaliar por si próprios as alegações feitas por um ensaio clínico usando o mesmo tipo de mentalidade crítica forense que aplicariam à história autorrelatada por um paciente potencialmente complexo durante uma consulta clínica.

MOSTRE A EVIDÊNCIA A SI PRÓPRIO

Conforme foi mencionado no Capítulo 1, níveis variáveis de rigor definem a força das evidências em que cada intervenção está apoiada, refutada

---

[1]Diferenciamos entre literatura científica publicada e revisada por pares e a chamada "literatura cinzenta", que abrange trabalhos científicos que não foram formalmente publicados em revistas revisadas por pares, inclusive dissertações, atas de conferências, relatórios técnicos e publicações governamentais (descritas com mais detalhes na página www.opengrey.edu).

[2]Para os leitores que buscam equilíbrio entre relatos de fontes originais e comentários críticos de outros profissionais, recomendamos consultar uma página patrocinada pelo National Institute of Health conhecida como Database of Abstracts of Reviews of Effects: Quality-assessed Reviews (DARE). Desenvolvida e mantida pelo Centre for Reviews and Dissemination (CRD) da University of York, UK, a página DARE fornece não apenas resumos coerentes de estudos publicados, como também avalia sua qualidade, ressaltando aspectos metodológicos fortes e fracos (www.crd.york.ac.uk/CRDWeb/).

ou indefinida. Estudos clínicos randomizados (ECRs), controlados por placebo, prospectivos, de grande porte e com poder estatístico suficiente – e que foram suficientemente replicados – constituem informações mais confiáveis quanto aos resultados prováveis quando se realiza determinado tratamento para alguma doença específica. Estudos não randomizados abertos de menor alcance e sem poder estatístico suficiente, séries de casos e observações de evidência anedótica fornecem dados acerca de comprovação de conceitos, que podem gerar hipóteses experimentais que, em seguida, precisam ser testadas mais extensivamente em ensaios de escala ampla projetados a *priori*. Em seguida, este último tipo de estudo pode permitir conclusões mais definitivas quanto à adequação e aos efeitos esperados de uma intervenção, reforçando as evidências para sua incorporação à prática clínica.

Pesquisar diretamente na literatura empírica é o método mais científico disponível para o médico determinar por si próprio se um tratamento experimental para determinada doença tem base de evidência e até que ponto estas evidências podem ser aplicadas a um grupo de pacientes específicos (em contraste com apenas um diagnóstico, sem qualquer informação contextual). Os mecanismos de pesquisa em banco de dados eletrônicos (p. ex., MEDLINE, Ovid, Cochrane Library, Web of Science, Embase, CINAHL, PsycINFO, PsyLIT e Science Citation Index Expanded) possibilitam o acesso à literatura empírica praticamente na ponta dos dedos. As pesquisas *on-line* efetuadas pelo próprio leitor não apenas permitem que qualquer um encontre informações mais atualizadas, mas talvez – ainda mais importante – possibilitam pesquisas altamente individualizadas e tipos de estudos com especificação de termos de busca relevantes (p. ex., "acidente vascular encefálico" + "depressão" + "câncer" + "estimulante" + "ensaio randomizado").

Para compreender completamente qualquer base de evidências, vamos agora considerar com mais detalhes os fatores que podem tornar interpretáveis e compreensíveis delineamentos de ensaios clínicos e seus resultados.

QUEM ESTÁ SENDO ESTUDADO?

Se você pinçar a consideração mais importante durante a leitura de um ensaio clínico, ela seria provavelmente a descrição do grupo estudado. Leia cuidadosamente e, em seguida, leia novamente. Quem exatamente está sendo estudado? De que modo diagnósticos foram estabelecidos e como os pacientes foram incluídos (amostra por conveniência, admissões consecutivas, indivíduos que buscaram tratamento?) Quais características adicionais do grupo estudado foram incluídas na descrição da amostra? Fazer comparações razoáveis é impossível quando os grupos estudados variam quanto a gravidade, cronicidade, comorbidade, atipicidade e grau de resistência terapêutica prévia. Para o leitor médico, a importância especial desse elemento consiste em reconhecer até que ponto os pacientes estudados se assemelham ou diferem da população de sua própria clínica. Além disso, a única forma possível de elaborar inferências confiáveis com base nos resultados de estudos para sua própria clientela é aplicar critérios diagnósticos formais a seus próprios pacientes, para validar sua comparabilidade ao tipo de pacientes dos quais foram realizadas inferências terapêuticas no ensaio clínico. Isso significa que, ao aplicar critérios diagnósticos fundamentados no DSM-5 a seus próprios pacientes, deve ser assegurado que os sintomas atuais não sejam mais bem explicados por outro transtorno (p. ex., outra condição clínica, uso de substâncias ou outro transtorno psiquiátrico) e, em seguida, obtendo-se uma impressão quanto aos pontos de convergência e divergência entre a população estudada e seus próprios pacientes. Caso contrário, pode haver pouca ou nenhuma validade em extrapolar resultados com base, digamos, em um grupo bem definido de pacientes hospitalizados em episódio maníaco de transtorno bipolar a uma categoria definida mais flexivelmente de pacientes ambulatoriais com humor instável, que não tenham sinais psicomotores de um episódio maníaco bem definido; ou transpor resultados obtidos de uma população de psicóticos com delírios persecutórios e alucinações claras a um grupo mais heterogêneo com desconfiança persistente e pensamento paranoide, mas sem psicose franca.

CONSIDERAÇÕES QUANTO AO DELINEAMENTO DO ESTUDO

Em ensaios clínicos, as variáveis de interesse são tradicionalmente definidas como *independentes* (ou seja, evidentes no início do estudo e invariáveis – como grupo tratado, idade ou duração da doença) ou *dependentes* (ou seja, evidentes ao fim do estudo, modificáveis em grandeza e que refletem um resultado ou parâmetro que parece ser influenciado pelos efeitos de uma ou mais variáveis independentes – por exemplo, tamanho da alteração na gravidade dos sintomas).

Os ensaios clínicos bem-sucedidos começam com a formulação e a testagem apropriada de uma hipótese convincente, compatibilizada com populações clínicas bem definidas. Deve-se entender de que modo o tema e a hipótese de pesquisa são articulados; o propósito de um estudo publicado nunca deve ser enigmático ou misterioso. Uma questão inicial igualmente importante, que frequentemente tem pouquíssimos detalhes, é a descrição clara de *qual foi exatamente o grupo estudado*. Os indivíduos da pesquisa estão bem descritos? Em quais aspectos esse grupo é demográfica e clinicamente semelhante ou heterogêneo? Os indivíduos foram triados sucessivamente ou fazem parte de uma amostra de conveniência? Até que ponto eles são representativos dos pacientes do mundo real? Nos casos típicos, ensaios clínicos atuais apresentam um fluxograma (conhecido como diagrama CONSORT [*CON*solidated *S*tandards *o*f *R*eporting *T*rials, ou Padrões Consolidados de Relatos de Ensaios Clínicos, em tradução livre), que descreve exatamente como os futuros indivíduos da pesquisa foram rastreados e avaliados e qual porcentagem destes por sua elegibilidade para participar do estudo foi realmente incluída – e para os que não foram, uma explicação das razões da exclusão (p. ex., recusa em dar consentimento informado, impossibilidade de atender aos critérios de inclusão ou exclusão ou outras razões). Os fluxogramas CONSORT revelam rapidamente aspectos fundamentais quanto a se um estudo é grande ou pequeno, quantos indivíduos em potencial precisaram ser triados para ser incluídos (em alguns transtornos psiquiátricos, as razões entre recrutamento e seleção podem ser de 10 a 20:1 ou mais), quantos saíram do estudo antes que terminasse e por quais motivos. Ver descrição na Tabela 3.3.

A Figura 3.1 representa um fluxograma CONSORT típico.

Para avaliar o rigor com que se realizou um ensaio clínico, alguns aspectos fundamentais devem ser considerados.

> **Dica**
>
> Na parte de Metodologia de um estudo científico, procure uma impressão clara de qual foi o grupo de estudo, como eles foram confirmados e quais características tornavam os participantes mais representativos em vez de incomuns.

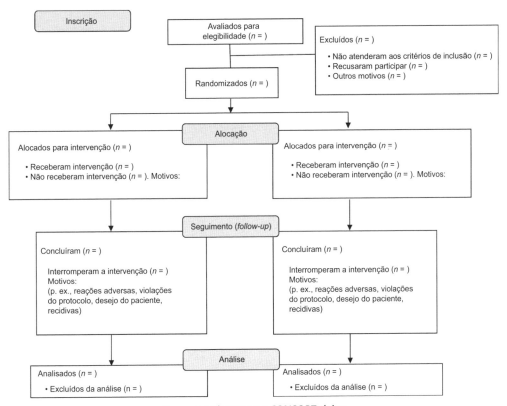

Figura 3.1 Fluxograma CONSORT típico.

Delineamento de estudo prospectivo *versus* retrospectivo

Os estudos prospectivos realizam observações diretas e planejadas antes que ocorram, com maior chance de captar eventos antecipados e seus detalhes relevantes. Os estudos retrospectivos (p. ex., revisões de prontuários) baseiam-se apenas na rememoração histórica de fenômenos clínicos prévios (p. ex., gravidade dos episódios de transtorno de humor, frequência dos ataques de pânico, duração da psicose, delimitação entre recuperação completa e respostas parciais ou falta de resposta), que podem não ter sido formalmente detectados ou registrados com detalhes suficientes para que não sejam ambíguos. Assim, por exemplo, em um estudo retrospectivo, os pacientes podem autorrelatar que tiveram, em média, cinco episódios prévios – mas não sabemos se foram atendidos critérios operacionais formais para definir cada episódio; se os "episódios" foram eventos reais ou apenas oscilações de sintomas; se o fenômeno foi secundário ao uso de substâncias psicoativas ou alguma outra condição clínica; ou se a lembrança subjetiva dos sintomas do paciente e sua duração é mesmo remotamente precisa. Os resultados (p. ex., "recuperação") podem ser difíceis de quantificar ou julgar com segurança quando não há observação em primeira mão, escalas de avaliação formais ou avaliações sistemáticas dos sintomas.

Estudos observacionais *versus* naturalísticos

Quando as intervenções terapêuticas e seus parâmetros não são escolhidos por pesquisadores ou de acordo com um protocolo específico, mas apenas são observados sob condições normais ou naturais, os resultados do estudo nessas circunstâncias são relatados como observacionais ou naturalísticos. Nesses casos, inferências sobre a relação causa e efeito com tratamentos podem ser impossíveis, porque a "atribuição" do tratamento pode tornar-se resultado.

Testes paramétricos *versus* não paramétricos

Os testes estatísticos dependem de pressupostos quanto aos grupos a serem analisados. Um desses pressupostos consiste em saber se os valores ou escores obtidos de uma variável de interesse (p. ex., horas de sono) na amostra estudada (p. ex., um grupo de pacientes com insônia inscritos em determinado ensaio clínico) refletem um padrão de distribuições de escores suficientemente semelhante ao que se observa na população de interesse mais ampla (ou seja, a totalidade dos pacientes insones). A distribuição normal descreve uma curva em forma de sino (ver Figura 3.2) simetricamente distribuída em torno de um escore médio, com um desvio padrão da média que descreve 68% dos dados e três desvios padrões que englobam 99,7% dos dados.

Os testes *paramétricos* supõem que, na população da qual uma amostra foi extraída, a variável de interesse tem distribuição normal e a variância é homogênea. Esses testes são aplicados quando os parâmetros da população (p. ex., valor médio populacional da variável de interesse) são conhecidos e uma distribuição normal pode ser pressuposta com segurança. Os testes *não paramétricos* são usados quando não se pode supor que os dados populacionais tenham distribuição normal. Tais testes são aplicados quando as variáveis de interesse são parâmetros ranqueados ou são conhecidos por seguir distribuição assimétrica; quando a variância não é homogênea; ou quando os tamanhos das amostras são relativamente pequenos. A Tabela 3.1 descreve exemplos de testes paramétricos e não paramétricos.

> **Dica**
> O termo "teste omnibus" refere-se a um teste estatístico geral de significância, que diz se a variância explicada é maior que a variância inexplicada – por exemplo, os resultados observados não são aleatórios.

Boxe 3.1 Exemplo: Confundidores por indicação.

Vejamos um estudo observacional de grande porte sobre tentativas de suicídio entre pacientes com transtorno bipolar selecionados de uma grande base de dados de um plano de saúde, realizado para comparar pacientes que tiveram prescrição de lítio ou divalproato (Goodwin et al., 2003). Imagine que você observou um índice praticamente três vezes maior de tentativas de suicídio entre os que usaram divalproato, e não lítio, ao longo de um período de 8 anos. Parece que o lítio é a melhor aposta para evitar suicídio? Não necessariamente. Se a prescrição de lítio não foi uma decisão randomizada, fica difícil saber se há relação de causa e efeito. É *possível* que pacientes que usaram lítio tiveram, por esse motivo, três vezes menos tentativas de suicídio, mas em razão de fatores confundidores (p. ex., tentativas prévias de suicídio) poderem ter influenciado as decisões dos médicos quanto aos medicamentos prescritos. Também é possível que eles possam ter sido mais relutantes em prescrever lítio aos pacientes que lhes pareciam em maior risco de suicídio e, por esse motivo, ter favorecido a prescrição de um fármaco com menos risco de morte em caso de superdosagem (divalproato) por pacientes de alto risco e, em simultâneo, selecionado usuários em menor risco de suicídio para usar lítio. Isso torna o "grupo terapêutico" mais que um marcador de risco no início do tratamento, em vez de uma causa provável *versus* protetora contra tentativas subsequentes.

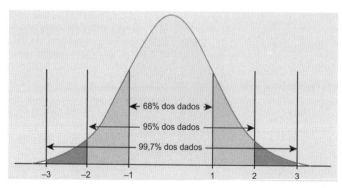

Figura 3.2 Curva de distribuição normal.

Capítulo 3 • Interpretação e Uso de Literatura Científica...

Tabela 3.1 Testes paramétricos e não paramétricos.

O que é estudado?	Testes paramétricos	Testes não paramétricos
Comparação de diferenças médias entre dois grupos independentes	Teste *t* independente	Teste de Wilcoxon *rank-sum* (também conhecido por teste U de Mann-Whitney)
Comparação de diferenças médias de uma variável contínua dos mesmos indivíduos ao longo do tempo	Testes *t* dependentes	Teste de Wilcoxon *signed-rank*
Comparação de diferenças médias de uma variável contínua ao longo do tempo entre três ou mais grupos	Análise de variância (ANOVA); o tamanho de efeito pode ser expresso como eta-quadrado (η^2)	Teste de Kruskal-Wallis
Comparação de proporções em uma tabela 2 × 2 ou outra tabela de contingência semelhante (p. ex., comparação de diagnósticos por sexo ou condição de tabagismo)	Nenhum	Teste do qui-quadrado Teste exato de Fisher (recomendado em alguns casos quando o tamanho da célula é < 5) Teste de McNemar (mede consistência de respostas entre duas variáveis) Q de Cochran (usado para resultados binários com ≥ 3 grupos de tamanhos comparáveis)
Grau de associação entre duas variáveis graduadas como variáveis *contínuas* (p. ex., idade, estatura, peso)	Correlação de Pearson	Correlação de Spearman (ρ)
Comparação de variáveis *ordinais* ranqueadas (correlação ranqueada) (p. ex., 1º, 2º, 3º graus...)	Nenhum	Tau (τ) de Kendall Correlação de Spearman (ρ)

Quando a estatística geral de uma comparação de três ou mais grupos se mostra significativa, são às vezes necessárias comparações *post hoc* entre grupos para determinar "quais" diferenças entre conjuntos são ou não significativas. Por exemplo, quando uma Análise de Variância (ANOVA) compara médias (p. ex., horas de sono) de três grupos (p. ex., pacientes com diagnósticos de insônia, narcolepsia e depressão) produz um valor de significância global (teste F), isoladamente isso não diz se cada um e todos os grupos são significativamente diferentes um do outro; ou se apenas alguns agrupamentos podem diferir significativamente de outro. O Boxe 3.2 descreve alguns testes *post hoc* usados comumente para discernir diferenças de pares semelhantes entre grupos, quando um teste estatístico geral é significativo.

 Dica
Os *testes post hoc* são testes estatísticos realizados após um estudo ser concluído e seus resultados principais já serem conhecidos.

Odds ratio e intervalos de confiança

As razões de probabilidade (*odds ratio*, OR) e seus intervalos de confiança (ICs) correspondentes

Boxe 3.2 Testes *post hoc* comuns para diferenças significativas de pares semelhantes entre vários grupos quando um teste estatístico geral é significativo.

Teste geral	Teste comparativo *post hoc*
ANOVA	Teste de Scheffé
Kruskal-Wallis	Teste de Tukey
Qui-quadrado (envolve ≥ 3 grupos, por exemplo, > 1 grau de liberdade)	"Cálculo de resíduos" (diferenças entre valores observados e esperados de uma célula da tabela de contingência), ou "esquadrinhar" ou "particionamento"

51

Psicofarmacologia Prática

referem-se à faixa de valores de um parâmetro de interesse (p. ex., probabilidade de resposta), que define certa probabilidade (em geral, 95%) de que o valor real de interesse esteja dentro desta faixa. Digamos que a probabilidade de resposta antidepressiva ao acréscimo de lítio ao tratamento com inibidor seletivo de recaptação de serotonina (ISRS) seja praticamente três vezes maior que usar apenas ISRS; a OR de 3,06 com IC de 95% de 1,4 a 5,6 significa que a chance real esteja entre 1,4 e 5,6 vezes. Quanto mais amplo for o intervalo de confiança (p. ex., quando IC = 1,4 a 68,6), mais difícil fica afirmar se a OR relatada é uma estimativa confiável: neste caso, tal valor estaria em algum ponto entre 1,4 e 68,6 – uma diferença de magnitude de quase 50 vezes. Por essa razão, os resultados que incluam ICs "estreitos" são considerados particularmente convincentes, porque a probabilidade real de que ocorra o evento de interesse está praticamente circunscrita a uma faixa estritamente definida.

Os intervalos de confiança que não cruzam o "zero" são considerados estatisticamente significativos, enquanto os que incluem o valor zero dentro do IC não são significativos. Esses valores são facilmente representados nos chamados *forest plots* (gráficos em floresta) incluídos em metanálises (p. ex., ver Figura 10.1). Os intervalos de confiança que se sobrepõem (como ocorre no caso de dois grupos de tratamento) não diferem estatisticamente um do outro (novamente, ver Figura 10.1).

🕐 Randomização

Em termos estatísticos, considera-se a randomização o grande equalizador de grupos terapêuticos de um estudo. A randomização é o processo por meio do qual diferenças clinicamente importantes e potencialmente despercebidas entre dois ou mais grupos terapêuticos são igualmente distribuídas entre todos os grupos. Uma randomização bem-sucedida significa que fontes possivelmente importantes de viés sistemático (que poderiam afetar o resultado do estudo) não estão exageradamente representadas em determinado grupo em comparação com outro. Essas variáveis são conhecidas como *fatores de confusão*. Quando não são detectados, esses fatores podem levar a conclusões equivocadas, como está ilustrado no exemplo descrito no Boxe 3.3.

Quando fatores como esse são conhecidos antes de iniciar o estudo, indivíduos que apresentam uma característica de interesse podem

Boxe 3.3 Exemplo.

> No transtorno bipolar, o grau de resposta ao lítio é influenciado por alguns fatores conhecidos como número de episódios prévios, história de ciclagens rápidas no último ano, função renal normal e ausência de características mistas durante um episódio de humor. Em um estudo hipotético com lítio em relação ao placebo para o tratamento de mania em pacientes idosos, a presença excessiva de alguns desses fatores relevantes conhecidos em determinado grupo pode desequilibrar os grupos do estudo e gerar um efeito de confusão no resultado terapêutico (p. ex., o lítio pode parecer menos eficaz em comparação com o placebo se um número maior de cicladores rápidos for designado ao grupo tratado com lítio em comparação com grupo placebo, ou o grupo placebo tiver um número médio de episódios ao longo da vida menor que a média).

ser intencionalmente randomizados em números iguais para cada grupo do estudo. Isso é conhecido como *estratificação*. Contudo, mostra-se impraticável estratificar grupos terapêuticos por uma randomização que considere cada um e todos os possíveis fatores de confusão. Por esse motivo, os ensaios randomizados normalmente comparam grupos terapêuticos com base em variáveis demográficas ou clínicas (geralmente descritas na primeira tabela do artigo). A randomização é considerada "bem-sucedida" quando os grupos de tratamento não diferem significativamente quanto a quaisquer características iniciais, que afetam reconhecidamente resultados. Depois que o estudo é concluído, quando se observa que algumas características dignas de nota diferem entre os grupos terapêuticos, nem tudo está perdido, porque é possível controlar estatisticamente este fato (ou seja, *post hoc*) quanto a um possível efeito de confusão da variável relevante que difere entre os grupos de tratamento (p. ex., idade no início do estudo, gravidade basal ou cronicidade da doença). Quando uma diferença observada nos resultados entre grupos terapêuticos persiste após controlar as possíveis

> 💡 **Dica**
>
> Em um ensaio randomizado "bem-sucedido", os grupos terapêuticos não diferem significativamente entre si no início do estudo quanto a variáveis conhecidas, antes que possam afetar os resultados do tratamento.

variáveis de confusão, considera-se o efeito mais robusto e real (p. ex., assegurar que um índice mais baixo de recidiva observado com lítio em comparação com placebo não é simplesmente um artefato do grupo tratado com tal medicamento, que tinha risco intrinsecamente menor de recidiva desde o início porque os indivíduos tinham doença menos crônica, mais branda ou menos confundida por marcadores como resposta insatisfatória ao lítio, que se observou no grupo-controle).

Às vezes, existem duas ou mais opções terapêuticas viáveis conhecidas para determinada doença, mas não há certeza entre especialistas quanto a se alguma difere significativamente da outra no que se refere ao benefício ou ao dano. Esses casos são conhecidos como "equilíbrio clínico" – uma condição que deve ser estabelecida em bases éticas, antes de realizar um ensaio randomizado. Quando existem várias opções terapêuticas viáveis competitivas entre si, o termo "randomização equilibrada" significa que os indivíduos podem ser randomizados para um dos diversos grupos terapêuticos ativos possíveis.

Delineamentos paralelo *versus* cruzado

Quando dois grupos separados – pareados com base em variáveis clínicas demográficas ou clínicas no início do estudo – são randomizados para fazer tratamento com uma intervenção ativa, controle ou placebo, deduções podem ser realizadas quanto aos efeitos relativos de um grupo terapêutico em comparação com outro. Isso é conhecido como *delineamento paralelo*. Contudo, quando se expõe o mesmo grupo estudado a um braço do estudo e depois se transfere por meio de randomização a outro grupo, descreve-se isso como *delineamento cruzado*. Entre as vantagens desta última modalidade estão a economia (é necessário metade do número de indivíduos, em comparação com um estudo de delineamento paralelo) e homogeneidade de variáveis de confusão entre os grupos terapêuticos (cada indivíduo funciona como seu próprio controle). Suas principais desvantagens são atribuídas aos *efeitos de carryover* (carreamento); ou seja, o impacto do grupo terapêutico anterior ao cruzamento pode explicar algum ou grande parte do efeito observado depois (ver Figura 3.3). O efeito de carreamento de um grupo terapêutico também pode diferir do outro grupo (p. ex., no que se refere aos efeitos adversos), possivelmente causando quebra acidental do cegamento de um ensaio randomizado (ver Capítulo 4). Períodos de *wash out* (desmame) entre a primeira e a segunda fases (p. ex., a rigor com duração de cinco meias-vidas do fármaco ativo com ação mais longa) podem ajudar parcialmente a atenuar efeitos de carreamento, embora os delineamentos paralelos forneçam geralmente resultados mais confiáveis, sobretudo quando os efeitos de carreamento podem ser significativos.

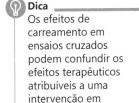

Dica
Os efeitos de carreamento em ensaios cruzados podem confundir os efeitos terapêuticos atribuíveis a uma intervenção em comparação com outra.

Estudos abertos de grupo único

Quando todos os indivíduos recebem apenas uma intervenção e não há grupo-controle ou outro braço de tratamento, as alterações são avaliadas nos mesmos indivíduos (em vez de comparar dois deles) desde o início até o fim do estudo. Podem ser realizadas análises estatísticas inferenciais usando medidas dependentes (em vez de independentes) (p. ex., testes *t* dependentes para variáveis contínuas [p. ex., escores em uma escala de gravidade dos sintomas] ou número de eventos [p. ex., quantidade de ataques de pânico ou tentativas de suicídio]) para

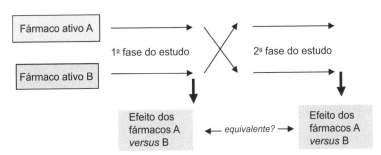

Figura 3.3 Desenho de estudo cruzado.

dizer se houve alguma alteração significativa desde que o tratamento foi iniciado. Os ensaios abertos são um pouco mais informativos quando usam um desenho em imagem espelhada, ou seja, quando o período de observação de uma intervenção é comparado retrospectivamente com outro tempo semelhante antes de iniciar outra intervenção.

Às vezes, a suficiência de rigor de um ensaio clínico é avaliada quantitativamente usando-se uma medida conhecida como escala de Jadad, que está descrita no Boxe 3.4.

Expressa-se o significado clínico de uma intervenção com apenas um grupo "antes e depois" do tratamento (ou seja, sem grupo-controle) como *tamanho do efeito intragrupo* – uma medida que pode ser usada posteriormente para estimar quanta *força* (ou seja, número de indivíduos) é necessária para calcular o tamanho da amostra exigida para detectar um efeito terapêutico significativo em comparações futuras dos grupos de tratamento (p. ex., fármaco ativo *versus* placebo). Quando o tamanho de efeito intragrupo é moderado a grande, após considerar os abandonos esperados, menos indivíduos serão necessários para demonstrar um efeito significativo entre os grupos. Quando o tamanho de efeito intragrupo é muito pequeno, o impacto esperado da intervenção pode ser considerado sutil e uma amostra maior (mais potente) se mostra necessária para detectar alguma diferença significativa entre os grupos em comparação com placebo. Agora, podemos efetuar uma descrição apropriada de poder estatístico e tamanho de amostras.

Dica

Os estudos abertos de grupo único possibilitam estimar o tamanho de efeito intragrupo de uma intervenção.

SIGNIFICÂNCIA ESTATÍSTICA E PODER ESTATÍSTICO

Quando um estudo demonstra diferença de efeitos entre um fármaco e um placebo, ou um fármaco e outra substância ativa, até que ponto podemos estar seguros de que esses resultados não reflitam o acaso? Nessa situação, se nenhuma diferença for demonstrada, até que ponto podemos ter certeza de que a inexistência de diferença seja real e não possa ser atribuída a uma ocorrência aleatória? Nesse caso, precisamos considerar não apenas o conceito de diferenças estatísticas, mas também de diferenças clinicamente significativas, conforme estão descritas no Boxe 3.5.

Considera-se um resultado *estatisticamente significativo* quando a probabilidade de que a diferença observada entre um fármaco e seu controle ocorra simplesmente por acaso é muito pequena. O valor de *p* (probabilidade) diz se uma diferença observada entre dois ou mais grupos é provavelmente devida, ou não, à chance aleatória. Valores de *p* de 0,05 ou menos significam que a probabilidade de obter o mesmo resultado é de 95 em 100.

Suponha que um estudo demonstrou que um medicamento melhorou significativamente os escores de sintomas depressivos de pacientes com depressão maior, em comparação com placebo (p. ex., a probabilidade baixa do resultado é atribuída ao acaso), porém a magnitude do significado clínico dessa diferença foi pequena. Uma amostra relativamente grande pode ser necessária para detectar essa diferença. Por outro lado, geralmente é necessária uma amostra menor para proporcionar uma diferença significativa que afete um efeito clínico amplo. Quando se observa um resultado estatisticamente significativo com amostras pequenas (ou seja, o poder para detectar uma diferença pequena é reduzido em razão do número), corre-se o risco de ter o chamado *erro do tipo I* ("*falso-positivo*") – ou seja, um resultado aparentemente significativo, na verdade, é fictício em razão apenas de chances aleatórias. Esse

Boxe 3.4 Escala de Jadad.

> Às vezes, a qualidade metodológica de um ensaio clínico é quantificada usando-se a escala de Jadad (desenvolvida pelo médico-pesquisador colombiano Alejandro Jadad-Bechara), graduada de 0 (pouco) a 5 (rigoroso) pontos com base em respostas de sim/não, a três questões:
> 1. O estudo foi descrito como randomizado? Ele foi adequado? (2 pontos)
> 2. O estudo foi descrito como duplo-cego? O cegamento foi descrito e adequado? (2 pontos)
> 3. Foram descritas as perdas e exclusões? (1 ponto)
>
> Uma crítica a este sistema de graduação é que ele não leva plenamente em consideração outros aspectos pertinentes do rigor de ensaios clínicos, como intenção de tratar (IT) e controle de abandonos, critérios diagnósticos, adesão terapêutica, medidas de avaliação e duração do estudo, entre outros.

Boxe 3.5 O fator "e então": quando tamanho importa?

Quando o tamanho de efeito entre grupos (intergrupos) é pequeno, será necessária uma amostra maior para detectar diferença em comparação com placebo – contudo, quando um efeito se mostra estatisticamente *significativo* (não aleatório), *mas de tamanho pequeno*, talvez porque o estudo tenha tido força estatística excessiva, isso importa? Por exemplo, o Empire State Building é mais alto (embora não muito) que o Chrysler Building; e ambos parecem anões diante do Taipei 101 em Taipei que, no que lhe concerne, também é superado pelo prédio Burj Dubai em Dubai. Todas essas construções são muito mais altas que o prédio Home Insurance Building de Chicago (42 m) que, em 1885, era o maior prédio do mundo.

Tudo é relativo. Quando uma intervenção reduz significativamente o escore de gravidade dos sintomas em apenas 1 ou 2 pontos a mais que outra intervenção, tal fato é significativo? Poderia ser, caso a escala representasse mortes por unidade de tempo, ou anos de vida ajustados por incapacidade, ou anos de vida.

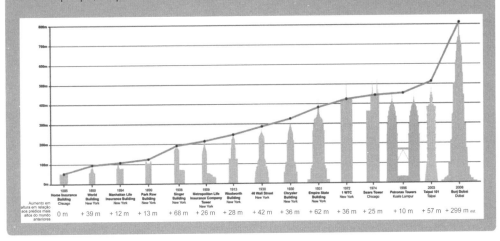

problema ocorre mais comumente quando um pequeno estudo de teste de hipóteses detecta relação significativa entre intervenção e resultado, mas ainda não está claro se a intervenção teve muito efeito (p. ex., penicilina para tratar faringite estreptocócica gram-positiva), para o qual se espera que o número de indivíduos seja pequeno. Os *erros do tipo II* ("*falso-negativos*") representam o fenômeno oposto, em que não é possível detectar uma diferença real entre intervenção e controle (em outras palavras, um efeito real passa despercebido).

O índice de erros do tipo I é conhecido como *nível alfa* (α) e sinônimo de valor p relatado em estudos (ou seja, probabilidade de rejeitar erroneamente a hipótese nula). Chama-se o índice de erros do tipo II de *nível beta* (β), enquanto o *poder estatístico* de um teste (ou seja, sua capacidade de detectar ao menos uma diferença mínima clinicamente importante) é descrito como *1 menos β (1-β)*. Erros do tipo I são considerados quatro vezes mais graves que erros do tipo II e, por essa razão, quando os níveis α são estabelecidos em 0,05, os níveis β são ajustados em 0,20 e o poder do teste é então estabelecido em 0,80.

As coisas ficam ligeiramente complicadas. E, se, em vez de apenas uma, muitas variáveis estiverem sendo estudadas com relação ao resultado de interesse? Surge então o dilema de comparações múltiplas ou inferência simultânea (também conhecida como multiplicidade), em que valores de p que refletem significância estatística em um teste repentinamente perdem seu rigor. Suponha que as associações univariadas entre resposta terapêutica e 10 variáveis fossem analisadas separadamente e o valor de p resultante para cada análise fosse < 0,05. Como foram realizadas várias comparações, cada um desses resultados poderia ser considerado valores de p *nominais* (ou seja, pressupostos quanto à probabilidade de que a hipótese nula seja verdadeira [p. ex., não existe nenhuma diferença] podem não ser válidos) – de modo que o índice de resultados falso-positivos (erro do tipo I) pode ser alto. O valor de p "real" deve considerar as diversas comparações efetuadas – um dilema também conhecido como inferência simultânea (ou multiplicidade). Quando dois ou mais testes estatísticos são realizados com a mesma base de dados, às vezes a probabilidade ajustada de um erro do tipo I (falso-positivo) é citada como nível de significância conjunta – ou *taxa de erro da família dos testes* (FWER).

Existem diferentes métodos usados para corrigir um valor de *p* em comparações múltiplas usando graus variados de rigor. Provavelmente, muitos médicos já estão familiarizados com a correção de Bonferroni, em que um nível α é simplesmente dividido pelo número total de testes estatísticos realizados – em muitos casos, isso reduz o valor de *p* corrigido a um patamar praticamente minúsculo. A Tabela 3.2 descreve esse e outros métodos de correção para comparações múltiplas.

Quando diversas variáveis ordenadas hierarquicamente são avaliadas em um ensaio clínico (p. ex., comparação de várias doses fixas de um medicamento *versus* placebo), várias hipóteses nulas são testadas novamente, o que aumenta as chances de ocorrer um erro do tipo I. Para ajudar a controlar a probabilidade global de erro do tipo I, alguns pesquisadores descreveram uma técnica conhecida como "procedimento de manutenção de portão estruturado em árvore". Com a técnica conhecida como *procedimento de Hommel*, as hipóteses nulas são hierarquicamente ordenadas em famílias, que depois são testadas sequencialmente quanto à aceitação ou à rejeição de uma hipótese nula.

> **Dica**
> Quando são realizados vários testes estatísticos, os valores de *p* não corrigidos (nominais) podem elevar as chances de ter um resultado falso-positivo.

> **Dilema**
> Quando vários testes estatísticos geram resultados positivamente correlacionados, a correção de Bonferroni para multiplicidade pode ser excessivamente conservadora. Por essa razão, alguns autores sugeriram fatores de correção mais simples (p. ex., com base em correlações intraclasse), mas esse tema ainda está em debate (ver, por exemplo, Shi et al., 2012).

> **Dica**
> As variáveis *independentes* (causa) são estudadas para determinar se podem prever uma variável *dependente* (resultado).

Não inferioridade, superioridade e sensibilidade do ensaio

Os médicos frequentemente expressam desejo de ver estudos de comparação direta (*head to head*) de um medicamento com outro, mas um importante fator limitante desse tipo de ensaio diz respeito ao tamanho esperado do efeito de um tratamento comparado com outro. Quando duas intervenções diferentes têm impacto significativo, seria necessário muito poder estatístico para detectar alguma diferença significativa (ver

Tabela 3.2 Métodos usados comumente para correção alfa de comparações múltiplas.

Bonferroni	Esse método consiste em dividir o nível alfa inicial pelo número de testes realizados para obter um novo índice alfa corrigido de Bonferroni. Por exemplo, quando o nível alfa inicial é de 0,05 e oito variáveis independentes são testadas quanto às suas associações com uma variável dependente interessante, o nível alfa corrigido de Bonferroni seria 0,5/8 testes realizados = 0,00625. O método de Bonferroni é considerado conservador, mas está associado a ampla redução do poder estatístico (possivelmente elevando a chance de ocorrer um erro do tipo II [rejeição de um resultado verdadeiro])
Holm-Bonferroni	A adaptação do método de Bonferroni é um procedimento sequencial ou ranqueado usado para lidar com FWER, que conserva mais poder estatístico que a correção de Bonferroni. Primeiramente, deve-se ordenar os valores de *p* observados desde o mais baixo até o mais alto para todos os testes realizados. Em seguida, divide-se o nível alfa desejado (p. ex., 0,05) pelo número de testes realizados subtraído do número de ordem (ou seja, "1") + 1. Seguidamente, deve-se comparar o menor valor de *p* ordenado da série com o nível de Holm-Bonferroni recém-calculado. Quando o valor *p* é menor, o teste deve ser rejeitado. A seguir, deve-se repetir esse cálculo sucessivamente para cada número de ordem do denominador (2, 3, 4 etc.), aceitando-se valores de *p* que são menores e rejeitando-se os que são maiores que cada alfa calculado
Taxa de descoberta falsa (FDR, *false discovery rate*)	Esse teste estatístico diz qual porcentagem das hipóteses nulas rejeitas realmente é verdadeira; por exemplo, razão entre hipóteses falsamente rejeitadas *versus* todas as hipóteses rejeitadas. Esse método tem o risco de elevar as chances de ocorrer um erro do tipo I

Boxe 3.5). Aumentar o poder de um ECR para detectar *superioridade* de um tratamento eficaz conhecido sobre outro tem limitações práticas, porque o tamanho da amostra necessária seria muito maior que se o objetivo fosse demonstrar que os efeitos dos medicamentos são praticamente iguais. Geralmente, para tornar esses estudos viáveis, os ensaios controle diretos conseguem detectar *não inferioridade*, ou seja, não pretendem demonstrar se um tratamento eficaz é melhor que outro, mas, sim, que *nenhum é pior que outro*. Esses delineamentos também não devem ser confundidos com situações nas quais se usa um fármaco controle com a finalidade de determinar *sensibilidade do ensaio*; ou seja, sua função é unicamente assegurar que o impacto do grupo placebo não seja indevido e inesperadamente alto (ver seção *Estudos controlados com placebo e controle ativo*). As decisões quanto ao tamanho mínimo da amostra necessária para demonstrar superioridade ou não inferioridade (ou equivalência) são tomadas com base na sobreposição dos intervalos de confiança em relação com limites superiores e inferiores (margens) do efeito de um medicamento, como está ilustrado na Figura 3.4.

Caudas estatísticas

Os testes estatísticos de significância podem focar intencionalmente a possibilidade de que uma diferença "real" (não aleatória) entre grupos de tratamento seja esperada quando o grupo de tratamento ativo não tem efeito ou tem efeito apenas em *uma direção* (p. ex., administrar paracetamol provavelmente não *aumenta* a temperatura corporal de um paciente febril mais que seria esperado apenas por chance aleatória). Esse teste para detectar alteração apenas em uma direção pode ser descrito como unicaudal. Por outro lado, quando existe possibilidade de que um tratamento ativo tenha melhor ou pior desempenho que placebo ou outro controle (que frequentemente termina sendo uma possibilidade plausível), realizam-se testes bicaudais para medir uma possível alteração bidirecional em uma variável dependente avaliada.

> **Dica**
> Os valores de *p* unicaudais avaliam alterações em apenas uma direção; os testes bicaudais avaliam aumentos ou reduções potenciais de uma variável de interesse.

Quando um efeito observado é clinicamente significativo?

Existem várias maneiras de quantificar qual é a amplitude, ou o impacto clínico, de um tratamento, independentemente de sua significância estatística. Tamanhos de efeito são medidas estatísticas usadas comumente para expressar a intensidade de um efeito clínico. O *d de Cohen* (às vezes também conhecido como diferença

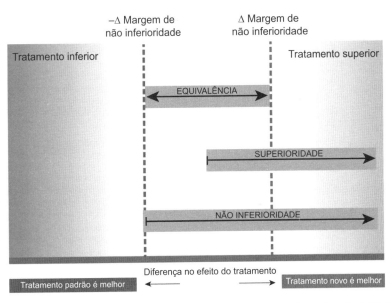

Figura 3.4 Sobreposição dos intervalos de confiança para determinar não inferioridade.

3 Psicofarmacologia Prática

da média padronizada ou DMP) é uma medida do tamanho de efeito, calculada dividindo-se a diferença entre as médias dos grupos pela média de seus desvios padrões, obtendo-se uma decimal para efeitos pequenos, médios e grandes. Quando os grupos estudados diferem significativamente em tamanho, o desvio padrão de cada grupo é às vezes ponderado com base no tamanho de sua amostra; isso gera uma medida de tamanho do efeito análoga ao d de Cohen, conhecida como g *de Hedges*.

> **Dica**
> Os tamanhos do efeito descrevem até que ponto o impacto de um tratamento é clinicamente significativo.

Os tamanhos de efeito podem ser calculados para apenas um tratamento específico (comparando escores de resultados finais com escores iniciais), quando são conhecidos como tamanho de efeito intragrupo. Por outro lado, o chamado tamanho de efeito "intergrupos" pode ser calculado para comparar a magnitude de diferença entre um tratamento avaliado e um grupo-controle (p. ex., placebo). Um tamanho de efeito intragrupo obtido por estudo aberto com um fármaco pode fornecer uma estimativa de seu valor para estudo com um delineamento mais amplo e rigoroso. O tamanho de efeito intragrupo de tratamentos experimentais pode dar uma estimativa de qual tamanho de amostra seria necessário para detectar uma diferença significativa clinicamente importante, em comparação com placebo (ou outra intervenção comparativa) – ou seja, tamanho de efeito intergrupos.

Outra maneira de expressar a significância clínica de um efeito é o conceito de

> **Dica**
> "Para avaliar significância clínica, cada valor de p (seja significativo ou não) deve ser acompanhando de um tamanho de efeito indicativo da importância clínica e um intervalo de confiança indicativo da precisão da estimativa." (Kraemer, 2016, p. 674.)

> **Dica**
> Kraemer (2016) afirmou que o tamanho de efeito pequeno corresponde a um NNT (*number needed to treat*, ou número necessário para tratar) de cerca de 9; o tamanho de efeito médio corresponde a um NNT em torno de 4; e o tamanho de efeito grande seria igual a um NNT próximo de 2.

número necessário para tratar (NNT) que diz quantos casos adicionais precisam

> **Dica**
> O NNT não leva em consideração risco pessoal inicial.

receber determinada intervenção antes que seja observado outro resultado benéfico. Calcula-se o NNT subtraindo-se o inverso do risco no grupo-controle pelo risco do grupo tratamento. NNTs de um único dígito são ideais; NNT de 1 significa que todos os que receberem tratamento avaliado serão beneficiados. Quanto maior é o valor de NNT, menor é o impacto clínico do efeito real do medicamento.

Por exemplo:

	Resposta	Remissão
Medicamento X	54%	35%
Placebo	21%	25%

NNT de resposta = 1/(0,54 − 0,21) = 3,03 ou cerca de 3. NNT de remissão = 1/(0,35 − 0,25) = 10.

Podem ser encontrados exemplos de NNTs relativos às diferentes áreas da medicina na página www.thennt.com. Os leitores interessados nesse tipo de literatura também podem calcular tamanhos de efeito por si próprios, caso eles não tenham sido fornecidos em um artigo publicado, com base em testes t, ANOVAs ou alguns outros dados estatísticos apresentados comumente em uma das diversas páginas *on-line* disponíveis (p. ex., www.psychometrica.de/effect_size.html) (Lenhard e Lenhard, 2016).

> **Dica**
> NNT diz respeito aos efeitos terapêuticos *ao longo de um período de estudo especificado.* O mesmo tratamento pode ter diferentes NNTs, por exemplo, 3 semanas *versus* 8 semanas *versus* 24 semanas.

> **Dica**
> Os tamanhos de efeito (p. ex., d de Cohen) são calculados para uma variável contínua (p. ex., alteração dos escores de gravidade); os NNTs são calculados com base em resultados categóricos (p. ex., índices de resposta ou remissão).

O Boxe 3.6 contém um resumo dos tamanhos de efeitos conforme foram relatados em ensaios randomizados com grande variedade de medicamentos psicotrópicos utilizados em diversos transtornos psiquiátricos. Os leitores podem

Capítulo 3 • Interpretação e Uso de Literatura Científica... **3**

Boxe 3.6 Tamanhos de efeitos expressos como *d* de *Cohen* ou *g* de *Hedges*.[a]

Valor de *d*	Descrição	Exemplos clínicos
0,20	Pequeno	Lamotrigina para depressão bipolar: *d* = **0,13** (Selle et al., 2014)
		Buspirona para TAG: *d* = **0,17** (Hidalgo et al., 2007)
		ISRSs combinados com antipsicóticos para sintomas negativos da esquizofrenia: *g* = **0,18** (Sepehry et al., 2007)
		Memantina para sintomas cognitivos da doença de Alzheimer: *d* = **0,27** (Matsunaga et al., 2015)
		Antidepressivos para depressão maior: *d* = **0,31 a 0,41** (Turner et al., 2008)
		ISRSs para TAG: *d* = **0,33** (Gomez et al., 2018)
		Pregabalina para TAG: *g* = **0,37** (Generoso et al., 2017)
		Lítio para mania: *g* = **0,39** (Yildiz et al., 2011a)
		ISRSs para tratamento de TOC em crianças: *g* = **0,39** (Locher et al., 2017)
		Buprenorfina para abstinência de opioides: *d* = **0,43** (Gowing et al., 2017)
		Combinação de olanzapina-fluoxetina para depressão bipolar: *d* = **0,45** (Selle et al., 2014)
		Antipsicóticos atípicos para agitação em demência: *d* = **0,45** (Yury e Fisher, 2007)
		Antidepressivos para sintomas negativos da esquizofrenia: *d* = **0,48** (Singh et al., 2010)
		Metilfenidato para TDAH em adultos: *d* = **0,49** (Cortese et al., 2018)
0,50	Médio	Bupropiona para TDA em adultos: *d* = **0,50** (Verbeeck et al., 2017)
		ISRSs para transtorno do pânico: *d* = **0,55** (Otto et al., 2001)
		Carbamazepina para mania: *g* = **0,61** (Yildiz et al., 2011a)
		Acréscimo de antipsicótico ao tratamento do TOC com ISRSs: *g* = **0,64** (Dold et al., 2015a)
		Escetamina para TDM (24 h): *d* = **0,65** (Canuso et al., 2018)
		Clomipramina para tricotilomania: *d* = **0,68** (Bloch et al., 2007)
		Modafinila para TDAH: *d* = **0,71** (Wang et al., 2017a)
		Anfetamina para TDAH dos adultos: *d* = **0,79** (Cortese et al., 2018)
0,80	Grande	Benzodiazepínicos para insônia (qualidade do sono): *g* = **0,81** (Winkler et al., 2014)
		Clozapina para esquizofrenia: *d* = **0,88** (Leucht et al., 2013a)
		Cetamina intravenosa para depressão maior: *d* = **1,01** (Lee et al., 2015)
1,10	Muito grande	Lisdexanfetamina para TDAH: *d* = **1,21 a 1,60** (Biederman et al., 2007)
≥ 1,40	Extremamente grande	

[a]Com base nos resultados de metanálises publicadas.

calcular tamanhos de efeitos de alguns compostos relatados e chegar a valores surpreendentemente menores que poderiam esperar.

POR QUE OS PSICOFARMACOLOGISTAS PRECISAM ENTENDER ANÁLISE BAYESIANA?

Thomas Bayes foi um estatístico inglês do século XVIII cujo trabalho sobre a teoria da probabilidade enfatizou a ideia de que a probabilidade de um evento acontecer era influenciada pelo conhecimento das condições que poderiam lhe predispor. Quanto mais entendemos sobre fatores associados a um evento, maiores as chances de que ele ocorra – mas também maior é a probabilidade de que alguém, consciente ou inconscientemente, influencie uma situação a favor do resultado esperado. As abordagens bayesianas para fazer inferências quanto a um fenômeno contrastam com a *estatística frequentista*, que simplesmente descreve as chances de que um evento ocorra (p. ex., remissão da depressão durante tratamento com um ISRS), independentemente de quantas vezes um experimento seja realizado (p. ex., usar um ISRS) e sem ser privado de outras informações que poderiam influenciar o resultado (p. ex., quantas tentativas de tratamento com ISRS já foram realizadas?). Uma abordagem estatística frequentista à farmacologia não faz nenhuma distinção entre Ensaio nº 1 e Ensaio nº 6 ou Ensaio nº 60.

> 💡 **Dica**
>
> O teorema de Bayes sustenta que as decisões são influenciadas pelo conhecimento atual quanto às chances de que um evento ocorra, com base nas informações fornecidas por experiências prévias.

No domínio da psicofarmacologia bayesiana, as decisões terapêuticas costumam ser fundamentadas em experiências anteriores (respostas favoráveis, intolerâncias) que influenciam expectativas e introduzem vieses da parte do médico ou paciente – por exemplo, a ideia de suspender um tratamento quando determinado resultado desejável não acontece com rapidez suficiente; ou ocorre hesitação em aumentar a dose do medicamento porque um efeito colateral indesejável parece estar relacionado com sua dose; ou usar uma dose diferente em pacientes jovens em comparação com idosos; ou tentar chegar a superdosagens

com base na experiência prévia de que doses elevadas apresentam eficácia superior em casos resistentes ao tratamento. Experiências anteriores podem atualizar nosso conhecimento quanto a julgar probabilidades (em linguagem bayesiana, isto é conhecido como *probabilidades a posteriori*) e, evidentemente, são mais valiosas quando são exatas e baseadas em resultados empiricamente observados, em vez de *inferências errôneas* obtidas de experiências prévias (p. ex., os ISRSs são mais eficazes quando são iniciados na segunda-feira). Uma faixa de valores prováveis para determinado parâmetro que incide na curva de distribuição de uma probabilidade posterior é conhecida como *intervalo de credibilidade* (C; semelhante ao intervalo de confiança descrito antes em estatística frequentista).

A probabilidade de que um evento aconteça (p. ex., resposta ao tratamento) *sem informações obtidas das experiências prévias* (p. ex., a resposta difere quando se aumenta a dose lentamente, em vez de com titulação rápida?) é conhecida como *probabilidade prévia* ou simplesmente *prévia*. Quando a probabilidade prévia de que um evento aconteça é modificada pela experiência, a prévia agora se torna probabilidade *a posteriori* nova ou revisada. Probabilidades *a posteriori* precisas podem estabelecer os fundamentos de ajustes terapêuticos para determinado paciente com base em suas características singulares (ver Capítulo 5) – mas, antes que essas impressões possam ser aceitas como conclusões empiricamente válidas (p. ex., o divalproato é melhor que o lítio para episódios de mania com características mistas ou "antidepressivos tricíclicos" funcionam melhor que os ISRSs na depressão melancólica"), elas precisam ser testadas como hipóteses *a priori*.

O teorema de Bayes depende de probabilidades *a posteriori* para atualizar e informar processos de decisão iterativos. Conforme está descrito com mais detalhes adiante neste capítulo, isto se parece com o conceito de "enriquecer" uma amostra de estudo com elementos que aumentem as chances de que ocorra um resultado desejável (p. ex., qual é a chance de que um medicamento melhore sintomas negativos de esquizofrenia, considerando mais que um certo número de faltas de resposta anteriores ao tratamento, determinadas duração e gravidade da doença e uso comórbido de maconha). **Percepção acurada e uso de probabilidades *a posteriori* talvez sejam os *segredos* da psicofarmacologia bem-sucedida.**

Taxa de abandono e perda de dados

Um problema significativo quando realizamos e interpretamos ensaios clínicos é a exclusão de pacientes que iniciaram no estudo, mas não concluíram, ou pacientes sobre os quais faltam dados relativos a momentos de avaliação ao longo de sua participação. Na prática, é difícil manter pessoas em estudos terapêuticos de longa duração, especialmente quando é um ensaio randomizado com grupo-controle e placebo.

A exclusão de indivíduos de ensaios randomizados de longa duração é comum (geralmente inevitável), causa perda de poder estatístico e frequentemente dificulta saber o que realizar com raros pacientes que ainda permanecem até o fim. As pessoas interrompem prematuramente sua participação em estudos de longa duração por fatores como: agravação dos sintomas clínicos, intolerância ao tratamento, dificuldade de seguir o tratamento, violações dos protocolos de estudo, suspensão de consentimento para continuar, mudança de local ou simplesmente abandonar sem qualquer razão expressa.

Uma amostra de *intenção de tratar* (*ITT*) refere-se a todos os pacientes que foram randomizados (para os quais a intenção era fazer tratamento usado no estudo). Desse modo, a amostra de "ITT" inclui todos os indivíduos randomizados, independentemente de quanto tempo eles continuam no protocolo de estudo. Alguns indivíduos deixam prematuramente em intervalos aleatórios por motivos diversos (p. ex., insatisfação com resultados pessoais até o momento, rejeição dos efeitos adversos, inconveniência das consultas necessárias ao estudo, sentir-se melhor e não perceber necessidade de continuar com o tratamento), enquanto outros podem abandonar prematuramente um estudo de modo a refletir um viés sistemático (p. ex., desenvolvimento de eventos adversos graves ou agravação significativa da doença subjacente). A exclusão prematura de indivíduos do estudo reduz o poder estatístico ao longo deste, porém ainda mais importante é que, se os conflitos não forem aleatórios, isto introduz uma fonte de viés sistemático que pode comprometer a integridade dos resultados da pesquisa. Em outras palavras, quando os resultados do estudo dizem respeito principal ou unicamente àqueles que o concluíram, eles podem não ser generalizáveis aos pacientes que saíram antes; e suas características (p. ex., gravidade, complexidade) podem diferir das que existem nos indivíduos que permaneceram na investigação por mais tempo. Quando não há viés sistemático resultando em falta de dados, supõe-se que sejam *perdas ao acaso* (*MAR*) ou *perdas completamente ao acaso* (*MCAR*; ou seja, as exclusões não estão *absolutamente relacionadas* com fatores como gravidade da doença, agravação dos sintomas ou efeitos adversos). Em geral, a MAR tem mais probabilidade de ser um pressuposto válido, enquanto a MCAR pode não ser.

> **Dica**
>
> As análises dos pacientes que concluíram o estudo também são conhecidas como análises "por protocolo" e contam apenas os indivíduos que concluíram o tratamento do grupo ao qual foram designados. Elas podem ser apropriadas para análises de não inferioridade, mas introduzem viés contra exclusões em ensaios de superioridade.

A Tabela 3.3 cita exemplos de índices de conclusão e abandono por outras razões, além de chegar ao resultado primário (p. ex., recidiva), em ECRs recentes de longa duração sobre transtornos de humor.

Uma abordagem utilizada para contornar o problema de dados faltantes é contar apenas os pacientes que realmente concluíram o estudo (os chamados *casos observados* ou "análises completas"), que tem a vantagem de fornecer informações completas sobre todos os indivíduos, mas a importante desvantagem de omitir informações quanto a abandonos prematuros e suas condições na época em que saíram do estudo. Uma maneira de controlar essas discrepâncias em ensaios clínicos é usar escores de sintomas obtidos na última avaliação e efetuar reavaliações "a partir daí" até o fim do estudo, atribuindo escores mais baixos e mantendo-se o valor atribuído na última avaliação do paciente, independentemente se ele concluiu o estudo por completo (condição conhecida como *última observação realizada* ou LOCF – ou seja, a avaliação realizada quando o indivíduo foi visto pela última vez é aplicada ou realizada daí em diante e contada como se fosse sua última avaliação planejada). Ao longo dos primeiros anos da década de 2000, a Food and Drug Administration (FDA) norte-americana tendia a preferir análises de LOCF em vez de casos observados como método mais conservador de modo a obter mais informações sobre todos os indivíduos. A partir de 2009 em diante, modelos fundamentados em probabilidades – ou *métodos de imputação múltipla (em vez de única)* – passaram a ser a modalidade

3 Psicofarmacologia Prática

Tabela 3.3 Abandono prematuro em ensaios clínicos de longa duração publicados recentemente na área de transtornos de humor.

Condição	Alteração entre tamanho da amostra de ITT e tamanho da amostra ao final do estudo	Duração do estudo	Porcentagem dos que chegaram ao final do estudo	Porcentagem de abandonos prematuros por outras razões exceto alcançar o resultado primário
Recaída de transtorno bipolar	Aripiprazol: N = 78 → 71 vs. Placebo: N = 83 → 5 (Keck et al., 2007)	100 semanas	9% 6%	72% 91%
	Divalproato: N = 187 → 71 vs. Lítio: N = 91 → 22 vs. Placebo: N = 94 → 23 (Bowden et al., 2000)	52 semanas	38% 24% 25%	38% 45% 37%
	Lamotrigina: N = 59 → 18 vs. Lítio: N = 46 → 10 Placebo: N = 70 → 11 (Bowden et al., 2003)	18 meses	31%[a] 22%[a] 16%[a]	22% 39% 14%
	Lamotrigina: N = 221 → 38 vs. Lítio: N = 121 → 20 Placebo: N = 121 → 12 (Calabrese et al., 2003)	18 semanas	17% 28% 10%	31% 37% 36%
	Olanzapina: N = 225 → 48 vs. Placebo: N = 136 → 9 (Tohen et al., 2006)	48 semanas	21% 7%	32% 13%
	Lítio/valproato + olanzapina: N = 51 → 16 vs. Lítio/valproato + placebo: N = 48 → 5 (Tohen et al., 2004)	18 meses	31% 10%	43% 54%
Depressão maior	Fluoxetina: N = 70 → 49 vs. Placebo: N = 70 → 29 (Gilaberte et al., 2001)	48 semanas	70% 41%	24% 10%
	Sertralina (50 mg/dia): N = 95 → 58 vs. Sertralina (100 mg/dia): N = 94 → 57 Placebo: N = 99 → 50 (Lépine et al., 2004)	18 meses	61% 61% 51%	39% 39% 49%
	Escitalopram: N = 74 → 37 vs. Placebo: N = 65 → 12 (Kornstein et al., 2006)	12 meses	51% 18%	32% 46%
	Venlafaxina LP: N = 160 → 66 vs. Placebo: N = 164 → 37 (Kocsis et al., 2007)	12 meses	41% 23%	41% 60%
	Vortioxetina: N = 204 → 105 vs. Placebo: N = 192 → 104 (Boulenger et al., 2012)	64 semanas	61% 54%	39% 46%

[a] Esse estudo foi interrompido prematuramente antes que todos os indivíduos tivessem finalizado. Por essa razão, o resultado de tal estudo reflete as condições de término dos participantes na época em que o protocolo foi descontinuado.

preferida para analisar bancos de dados incompletos. São exemplos desses métodos os *modelos mistos de medidas repetidas* (*MMMR*) ou *equações de estimativa generalizada* (*GEE*), nas quais são utilizados dados de todos os indivíduos e pontos de avaliação.

Em resumo, os ensaios clínicos podem publicar resultados que levam em consideração ou resolvem de algum outro modo a situação de dados omissos com uma entre várias abordagens:

Capítulo 3 • Interpretação e Uso de Literatura Científica...

1. Os pesquisadores podem examinar a *última observação realizada (LOCF)*. Isso significa que o último grupo pontual de dados disponíveis sobre cada paciente é aquele usado para realizar análises comparativas ao se chegar a um resultado final do estudo – ou seja, o valor da última avaliação é *imputado* ou mantido daí para frente como se fosse igual ao resultado da avaliação da última visita planejada no estudo. Uma *vantagem* é que esse método é conservador e os efeitos terapêuticos – caso existam – são subestimados. Entre as *desvantagens*, esse método aumenta o risco de erro do tipo I (pode subestimar alterações médias intragrupo); pode deixar passar resultados precisos quando, por exemplo, a evolução de uma doença inclui deterioração rápida (p. ex., depressão aguda com evolução ao suicídio); e também pode subnotificar efeitos adversos que ocorrem tardia ou precocemente durante o andamento de um ensaio clínico.

2. *Casos observados*. Isso significa que apenas os indivíduos que concluíram todo o estudo são analisados (nenhum abandono precoce). A *vantagem* principal é que fica conveniente resolver o problema de dados faltantes ignorando-os por completo. A *desvantagem* é que o método dos "casos observados" supõe que dados sejam perdas completamente ao acaso (MCAR, ou seja, nenhum abandono pode ser atribuído à falta de eficácia); tal fato tende a superestimar alterações intragrupo.

3. Os pesquisadores podem realizar análises com um *modelo misto de medidas repetidas (MMMR)* ou *equações de estimativa generalizada (análise de GEE)*. Com essas abordagens estatísticas à situação de dados faltantes, realizam-se várias imputações com base em todos os dados disponíveis. A *vantagem* é que esses modelos consideram todos os grupos de dados pontuais disponíveis. No entanto, a *desvantagem* é que os pressupostos quanto às perdas ao acaso (MAR) precisam ser verdadeiros.

MEDIDAS DE RESULTADO

Análises univariadas e multivariadas

Uma primeira análise dos resultados publicados de um conjunto de dados geralmente usa métodos estatísticos univariados, que podem ser *descritivos* (p. ex., medidas contínuas como média de idade, duração média da doença, número médio de episódios anteriores; ou medidas categóricas como porcentagem de mulheres, porcentagem de indivíduos da raça branca, percentual de empregados) ou *inferenciais* (p. ex., fazer comparações entre dois ou mais grupos quanto a determinada variável de interesse – como avaliar diferenças entre grupos diagnósticos no que se refere à média de idade por ocasião do início da doença). Os métodos "univariados" focam apenas uma variável sem consideração por suas relações com quaisquer outras variáveis. Comparações de características demográficas ou clínicas observadas no início do estudo dentro do grupo geralmente são realizadas por testes univariados (testes t para diferenças médias entre dois grupos, qui-quadrados para comparar categorias, ou análises de variância [ANOVAs] para comparar três ou mais grupos). Ilustramos essa questão com o exemplo descrito no Boxe 3.7.

Análise de variância

Enquanto os testes t medem diferenças entre dois grupos categóricos quanto a uma variável dependente a ser estudada, realiza-se a

Boxe 3.7 Exemplo.

> Um grupo de pacientes com transtorno do pânico recebeu ISRS ou placebo por 6 semanas. A alteração média dos escores da Escala de Classificação de Transtorno do Pânico (PDRS) foi significativamente maior nos indivíduos que usaram o medicamento em vez de placebo. Contudo, se ficasse demonstrado que os indivíduos tratados com ISRSs tinham média de idade maior que a do grupo placebo no início do estudo, então tal fator deveria ser levado em consideração ("covariado" ou controlado) usando um modelo estatístico multivariado (p. ex., análise de regressão) para determinar se a associação univariada significativa observada entre os grupos tratados e a redução do escore da PDRS foi mantida depois de se levar em conta o possível impacto moderador da idade no começo. Se a diferença não fosse mais significativa, os resultados seriam provisórios e a próxima etapa seria realizar outro estudo, no qual os grupos terapêuticos seriam estratificados (igualmente distribuídos) desde o início em suas porcentagens de indivíduos com menos idade por ocasião da inclusão no estudo, de modo a esclarecer mais definitivamente se o ISRS é ineficaz ou simplesmente atua mais eficazmente em pacientes com transtorno do pânico e idade de início tardio.

comparação das medidas de três ou mais grupos independentes usando análise de variância (ANOVA; um teste estatístico paramétrico apropriado quando pressupostos de distribuição populacional normal são válidos) ou teste de Kruskal-Wallis (correspondente não paramétrico da ANOVA). A ANOVA unidirecional realizada com três (ou mais) variáveis independentes compara-se com realizar testes *t* separados para cada uma das três variáveis, mas sem inflar o índice de erros do tipo I que, de outro modo, poderiam ocorrer em razão de comparações múltiplas. Com a ANOVA bidirecional, duas variáveis independentes ("fatores", cada qual com dois ou mais níveis; por exemplo, "grupo terapêutico" = fármaco × placebo; "consulta" = cada ponto de avaliação) são testadas quanto a seu efeito em uma variável (resultado) dependente. Testes de significância para cada fator são expressos como estatística F. O *efeito principal* considera o impacto intrínseco de cada fator sobre a variável dependente, enquanto o *efeito de interação* (p. ex., grupo terapêutico por consulta) diz se um fator influenciou outro. A *ANOVA de medidas repetidas* seria a técnica recomendável para medir diferenças médias em uma variável dependente de interesse (p. ex., escore de gravidade da depressão) para três ou mais grupos em diversos pontos temporais (p. ex., início, fim da fase I ou fim da fase II) ou quando se utiliza um delineamento cruzado (ver Figura 3.3) para comparar escores médios do mesmo grupo de pacientes em três ou mais condições (p. ex., início, fim do ensaio 1 ou fim do ensaio 2).

MODELOS DE REGRESSÃO

Se a randomização equilibra as diferenças entre grupos de tratamento, a regressão é o "grande contabilista" que assegura o controle e a repartição apropriados de algumas variáveis independentes capazes de impactar os resultados do tratamento. Os modelos de regressão avaliam a força de associações ou correlações entre cada variável independente de interesse e variável dependente/resultado, embora considerem as contribuições relativas de cada uma das outras variáveis independentes incluídas no modelo. Em outras palavras, os modelos de regressão controlam o impacto relativo de cada variável interessante no contexto de todas as variáveis consideradas. *UAU!*

Em *regressão linear* ou *múltipla*, a medida de resultado é uma variável contínua (p. ex., escores de gravidade do sintoma); e a "força"

> **Regra de 1 em 10**
> Como regra de memorização, são necessários ao menos 10 indivíduos para cada variável independente acrescentada a um modelo de regressão. Também conhecida como regra de "1 em 10" (Peduzzi et al., 1996).

da associação entre ela e cada variável independente específica é expressa como coeficiente de correlação parcial (β) com nível de significância (valor de *p*) correspondente.

O "poder" de um modelo em geral para explicar ou representar a variabilidade observada na variável dependente é conhecido como *proporção de variância explicada*, expressa como valor decimal descrito como R^2. Os modelos potentes que podem prever fortemente um resultado interessante têm R^2 alto.

Quando a variável dependente/resultado almejado é dicotômico em vez de contínuo (p. ex., "resposta" graduada em sim/não), são usados modelos de regressão logística. Nesse caso, o "poder" da associação entre cada variável independente e a variável de resultado designado é expresso como razão de probabilidade (*odds ratio*, em inglês); e seu intervalo de confiança corresponde a 95%. Também nesse caso, o modelo possibilita medir "forças" de associação entre variáveis e, simultaneamente, controla as contribuições relativas efetuadas por outras variáveis independentes incluídas no modelo. *UAU, novamente!*

ANÁLISES *POST HOC* E ANÁLISES MODERADORAS

O que acontece quando possíveis contribuições atribuíveis a outras variáveis para uma medida de resultado não são consideradas *a priori*? Suponhamos que um fármaco X melhorou significativamente os sintomas de ansiedade em comparação com um placebo em um grupo de pacientes com TAG, mas logo imaginamos se ele foi especialmente eficaz em determinados subgrupos – digamos, mulheres *versus* homens; pacientes com doença crônica *versus* aguda; democratas *versus* republicanos. Poderíamos responder a essas perguntas mesmo depois do estudo concluído usando *análises post hoc*. No lado positivo, quando um teste de hipótese global demonstra efeito terapêutico significativo, ele pode ser útil para identificar mais claramente e refinar subgrupos nos quais a resposta possa ser especialmente forte ou determinar se existem

Capítulo 3 • Interpretação e Uso de Literatura Científica...

subgrupos clinicamente importantes nos quais a reatividade ao tratamento justifica uma atenção especial. Vejamos um exemplo no Boxe 3.8.

As análises *post hoc* são estratégias legítimas para saber se uma relação entre variáveis independente e dependente é influenciada por uma terceira variável interveniente – a chamada variável *moderadora*. Por exemplo, suponhamos que o lítio seja mais eficaz que o placebo para tratar mania aguda, mas apenas em pacientes com menos de três episódios em sua vida. O médico pode examinar a relação entre o tratamento (lítio ou placebo) e a condição de respondente e, ao mesmo tempo, controlar *post hoc* o número de episódios como possível variável moderadora.

Os pesquisadores frequentemente "mineram dados" de um banco de dados após concluir análises dos resultados principais, planejando e realizando análises *post hoc* para buscar possíveis associações interessantes, que podem gerar hipóteses para estudos prospectivos subsequentes. Às vezes, a "mineração" excessiva é chamada de "drenagem de dados" ou "expedição de pesca", em que nenhuma hipótese rege a conceituação e a execução de esforços de testagem. Embora seja desaprovada por puristas metodológicos (em razão do risco de ocorrerem erros do tipo I), outros membros da comunidade científica enfatizam carinhosamente que: sem expedições de pesca, como se pode esperar pescar algum peixe?

Suponhamos que alguém imagine que um resultado observado no ensaio clínico seja simplesmente advindo de ter tratado uma condição abrangente, em contraste com alcançar um efeito específico em um sintoma-alvo independente, que se enquadra no quadro sintomatológico mais amplo a ser analisado. Para solucionar esse dilema, precisamos considerar o conceito de pseudoespecificidade, descrito no Boxe 3.9.

METANÁLISES

Embora as metanálises sejam frequentemente consideradas como nível mais alto de evidência (ver Capítulo 1), elas não são infalíveis e estão sujeitas a vieses intrínsecos quando são realizadas de maneira inadequada. Tradicionalmente, as metanálises são efetuadas de acordo

Boxe 3.8 Exemplo.

Em um ECR estatisticamente significativo sobre quetiapina para depressão bipolar, publicaram-se análises *post hoc* favoráveis para "demonstrar" que foi observada uma relativa eficácia ao placebo no subgrupo de pacientes com depressão bipolar tipo II (Suppes et al., 2008) e no subgrupo com história de ciclagem rápida no último ano (Vieta et al., 2007). Embora essas análises *post hoc* gerem otimismo quanto à utilidade particularmente especial da quetiapina no próximo episódio de ciclagem rápida de pacientes deprimidos com transtorno bipolar do tipo II que sejam atendidos, tal fato não significa exatamente que se realizou um ECR prospectivo com quetiapina para tratar pacientes deprimidos com transtorno bipolar do tipo II ou um grupo de pacientes bipolares deprimidos com ciclagem rápida. Por essa razão, os resultados de análises *post hoc* são mais provisórios que definitivos, porque têm risco mais alto de erros do tipo II em razão da multiplicidade dos pressupostos adotados quanto à testagem de hipótese.

Boxe 3.9 O que é pseudoespecificidade?

O termo "pseudoespecificidade" foi criado pela FDA norte-americana em 2001 para descrever situações nas quais o efeito de um fármaco em determinado sintoma que faz parte de uma síndrome diagnóstica mais ampla poderia ser interpretado como tendo efeito diferente neste sintoma, independentemente de sua ocorrência em outras síndromes. Seriam exemplos as alegações de que um fármaco trata sintomas cognitivos de depressão (independentemente de suprimir outros sintomas do episódio de depressão maior [EDM]) ou trata agitação ou alucinações da esquizofrenia (sem esclarecer se ele trata estes sintomas quando se desenvolvem em outras doenças além da esquizofrenia), ou mesmo dizer que o tratamento de determinado transtorno (p. ex., um antidepressivo para depressão maior) exerce seu efeito singularmente em determinada população (p. ex., depressão pós-AVE). Ou a amoxicilina poderia ter efeito antitussígeno porque trata bronquite ou pneumonia, mas seu efeito antitussígeno é específico (para a doença infecciosa) em vez de pseudoespecífico, pois ela não trata todos os tipos de tosse. Os laboratórios farmacêuticos têm interesse financeiro inequívoco em diferenciar seus produtos dos demais existentes no mercado. Além disso, preocupações quanto a alegações de "pseudoespecificidade" exigem análises cuidadosas dos médicos que os prescrevem para entender a probabilidade de que um alvo terapêutico alardeado para determinada população seja verdadeiramente singular a tal subgrupo ou simplesmente um artefato por tratar de uma condição clínica mais ampla, em que o sintoma-alvo não é *específico*.

com diretrizes (descritas no PRISMA – *Preferred Reporting Items for Systematic Reviews and Meta-analyses*) e devem ser registradas no PROSPERO (*International Prospective Register of Systematic Reviews*; www.crd.york.ac.uk/Prospero/) para evitar a duplicação de esforços por várias equipes, assim como atenuar o risco de resultados contraditórios obtidos por pesquisadores diferentes analisando o mesmo tema.

As metanálises fornecem uma estimativa agregada ou acumulada do efeito de uma intervenção e envolvem a média ponderada (com seu erro padrão) dos estudos específicos incluídos. *Heterogeneidade* é o termo usado para descrever até que ponto os tamanhos de efeitos observados em uma metanálise variam entre diferentes subgrupos incluídos. Estatisticamente, expressa-se a heterogeneidade como teste Q *de Cochran*, um parâmetro dependente do número de estudos incluídos na metanálise. Outro teste estatístico – I^2 (com seu intervalo de confiança correspondente) – descreve até que ponto a variação observada entre estudos deve-se à heterogeneidade, em vez de ao acaso. Os modelos de metanálises envolvem *efeitos fixos* (apropriados quando o I^2 é baixo, ou seja, metodologias, condições e características dos indivíduos originados de todos os estudos incluídos são muito semelhantes) ou, mais comumente, *efeitos aleatórios* (nos quais são feitos pressupostos quanto à variabilidade de metodologias dos diversos estudos). Os *modelos de efeitos mistos* contêm efeitos fixos e aleatórios; por exemplo, os efeitos fixos podem envolver o grupo de tratamento, as faixas etárias e a gravidade inicial, enquanto os efeitos aleatórios seriam a dose do fármaco, a adesão ao tratamento e o uso de medicamentos adjuvantes de "resgate".

A Tabela 3.4 resume algumas considerações preventivas referentes às metanálises e à sua interpretação.

Metanálises de redes

Enquanto as metanálises tradicionais fazem comparações pareadas de uma intervenção (p. ex., uma a uma *versus* placebo), as metanálises de rede realizam comparações entre um grupo numeroso de ECRs disponíveis e, nos casos típicos, apresentam *rankings* de desempenho das intervenções da melhor para a pior. Esses *rankings* são apresentados na forma de uma curva de classificação cumulativa, em que a "*Superfície sob a Curva de Classificação Cumulativa*" (a chamada "*SUCRA*", ou *surface under the cumulative ranking curve*", em inglês) representa uma série de números simples variando de 0 a 100%, na qual as porcentagens mais altas estão no topo da classificação. As diferenças médias entre estudos costumam ser apresentadas em intervalos credíveis (CrIs) de 95%.

> **Lembrete**
> Os intervalos de credibilidade são o correspondente bayesiano dos intervalos de confiança utilizados em estatística frequentista.

Entretanto, as classificações com base no método SUCRA podem ter algumas limitações importantes:

- Elas não levam necessariamente em consideração a qualidade das evidências que fundamentam cada estudo (que pode variar, dependendo de fatores como tamanho das amostras, cegamento bem-sucedido do medicamento estudado, amplitude dos intervalos de confiança, durações do estudo e conflitos)
- Elas não consideram possíveis efeitos adversos de uma intervenção em comparação com outra
- O grau (ou magnitude) da diferença entre uma classificação e outra não é determinado, e tal fato pode dificultar saber se a classificação mais alta de um tratamento *versus* outro reflete uma diferença significativa ou apenas limítrofe.

ESTUDOS COM DOSES FIXAS *VERSUS* FLEXÍVEIS

Nos estudos com doses flexíveis, o clínico prescreve o medicamento experimental em uma dosagem mínima eficaz e, posteriormente, deve usar seu discernimento ou seguir um protocolo específico (com base em se foram alcançados ou não padrões de melhora) para continuar o processo de titulação crescente da dose, calcando-se em critérios de resposta. É difícil deduzir relações de dose-efeito fundamentando-se em estudos com doses flexíveis devido à possibilidade de viés de seleção com base em observações prévias (probabilidades *a posteriori*); especificamente, as dosagens podem ser escolhidas de acordo com as expectativas do prescritor quanto às doses mínimas necessárias para ter eficácia, assim como na antecipação de possíveis efeitos adversos dose-dependentes. Uma técnica estatística conhecida como modelagem estrutural marginal inclui análises de medidas repetidas cumulativas e ponderadas e considera os efeitos

Capítulo 3 • Interpretação e Uso de Literatura Científica... **3**

Tabela 3.4 Armadilhas potenciais das metanálises.

Área problemática	O que isto significa	Estratégia para solucionar
Heterogeneidade	Estudos diferentes podem usar metodologias e medidas diversas, que podem não capturar homogeneamente o mesmo resultado almejado; os resultados de diferentes estudos podem variar consideravelmente quanto à direção, e vieses de confusão não são mais controlados por randomização	Verificar Q de Cochran e I^2 (citados habitualmente nas metanálises) para avaliar o grau de heterogeneidade. Metarregressão é uma técnica que amplia uma metanálise, oferecendo um método para controlar possíveis variáveis de confusão, que poderiam afetar a magnitude dos estudos incluídos. Essa técnica examina possíveis diferenças metodológicas entre estudos ("diversidade metodológica") ou populações estudadas combinadas ("diversidade clínica")
Âmbito restrito dos estudos incluídos	Pode não incluir todos os estudos disponíveis (p. ex., limitados ao idioma inglês, omissão de dados não publicados)	A metarregressão pode ajudar a detectar vieses de linguagem, viés de citação ou outras causas de vieses de publicação
Distribuição significativamente heterogênea dos indivíduos entre os estudos incluídos	Quando a maioria dos dados de uma metanálise provém de um número desproporcionalmente pequeno de estudos (p. ex., um ou apenas alguns), os resultados podem não ser tão significativos e a própria metanálise pode ser inválida	Difícil de "resolver". Quando uma proporção incomum de dados incluídos em uma metanálise provém de apenas um ou poucos estudos incluídos, os resultados podem ser simplesmente menos válidos e generalizáveis
Efeitos de estudos pequenos	Estudos menores tendem a relatar efeitos mais significativos que estudos maiores (p. ex., estudos menores requerem efeitos superiores de forma que sejam estatisticamente significativos)	Métodos de regressão ponderada podem detectar vieses originados de estudos pequenos nos quais efeitos terapêuticos são pequenos, mas não moderados ou grandes (Sterne et al., 2000)
Viés de publicação	Estudos positivos e estudos de grande porte têm mais chances de ser publicados que estudos negativos ou de pequeno porte	*Gráfico de funil* é uma representação gráfica dos tamanhos de efeitos, ou razões de probabilidade (*odds ratios*) ou diferenças percentuais (no eixo x) comparadas com uma medida de precisão como tamanho da amostra ou recíproca de seus erros padrões (no eixo y). Quando o gráfico resultante é simétrico ou "afunilado", a probabilidade de que haja viés de publicação é pequena (ver Figura 3.5). Contudo, um gráfico em funil assimétrico pode não necessariamente indicar viés quando efeitos terapêuticos superiores observados estão fundamentados em estudos menores (Sterne et al., 2000)

das doses com base em doses padrão adotadas antes do início da avaliação (Lipkovich et al., 2012).

INFERÊNCIAS DE ENSAIOS CLÍNICOS: RESULTADOS PRIMÁRIOS E SECUNDÁRIOS

A medicina baseada em evidências utiliza resultados sistemáticos de ensaios clínicos, nos quais resultados *a priori* ajudam os profissionais a saber que tipo de achados podem esperar. Voltando à nossa analogia do carro de testes (Capítulo 1), os resultados podem ser tempo de aceleração de 0 a 100 km/hora, velocidade na chegada, condução suave em curvas fechadas e amortecimento adequado de choques em terrenos acidentados, desgaste por uso dos chassis, consistência de desempenho, oscilação e desvio na pista e satisfação geral do cliente. Do mesmo modo, os tratamentos farmacológicos podem diferir quanto

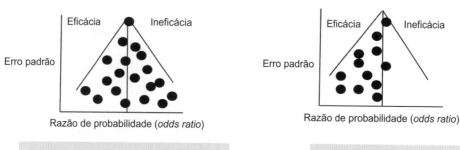

Figura 3.5 Ilustração de gráficos de funil.

a velocidade de início, necessidade de titulação, eficácia em diferentes subgrupos clínicos, confiabilidade, efeitos adversos, especificidade para determinados sintomas-alvo e melhora em geral. Coletivamente, todas essas características levam a conclusões quanto a se um tratamento é considerado apropriado, desejável e preferível em comparação com outras opções.

Os resultados "primários" são o foco principal de interesse em ensaios clínicos, que utilizam uma designada medida (p. ex., gravidade dos sintomas ou melhora geral). Ocasionalmente, os tratamentos são mais eficazes que um placebo ou outros agentes ativos em outras medidas além de um resultado primário, sendo isso muitas vezes muito interessante para o médico. No entanto, infelizmente tal fato não conta na hora de se declarar se um estudo foi bem-sucedido ou falho, conforme definido antes de se iniciar o estudo. Um exemplo famoso é o primeiro de cinco ECRs com lamotrigina, cujo propósito era conseguir registro regulatório para o tratamento agudo da depressão bipolar. A distinção entre fármaco e placebo não ficou evidente ao fim do estudo com base na escala de avaliação de depressão de Hamilton (HAM-D), o instrumento escolhido *a priori* como resultado primário. Isso fez com que o estudo tenha sido negativo. Contudo, alguns autores observaram uma diferença significativa quando usaram uma ferramenta de resultado secundário para depressão (escala de avaliação de depressão de Montgomery-Åsberg, ou MADRS em inglês; Montgomery e Åsberg, 1979). Esse fato levou pesquisadores a redefinir o primeiro estudo (negativo) como "exploratório" (supondo que a escala MADRS deva ser mais sensível que a HAM-D para demonstrar eficácia da lamotrigina) e planejar quatro estudos subsequentes para utilizar a escala MADRS como seu resultado primário. Infelizmente, todos esses estudos também não demonstraram diferenças entre lamotrigina e placebo.

Os ensaios clínicos definem resultados primários como "resposta" ou "remissão" ou "recuperação" (frequentemente apresentadas como porcentagens), além de relatar alterações gerais no escore de uma escala de classificação em comparação com o estado basal ou relatar tamanhos de efeito. A Tabela 3.5 define todos esses conceitos e descreve suas vantagens e desvantagens relativas.

Os resultados "secundários" podem pertencer a uma entre várias construções. Um resultado secundário pode significar que, além da escala de avaliação específica ou resultados operacionais escolhidos a *priori* como foco principal de um estudo, os pesquisadores também podem ter incluído outras escalas ou medidas do fenômeno estudado (p. ex., sintomas ou desempenho na realização de tarefas como um teste cognitivo) ou um fenômeno relacionado (p. ex., melhora global ou avaliação funcional global). (Ocorre um irritante problema quando um resultado primário escolhido não consegue separar entre fármaco e placebo, mas um resultado secundário mostra que o primeiro é significativo – isso significa que o estudo foi negativo simplesmente porque "nosso cavalo preferido perdeu a corrida" ou significa que "nosso cavalo foi uma opção ruim desde o início e havia um candidato melhor capaz de demonstrar nossa capacidade de equitação?").[3] Os resultados secundários também podem significar fenômenos incidentais interessantes no tratamento de uma doença

---

[3]Para ter uma descrição mais detalhada do que acontece quando um resultado secundário, mas não um resultado primário, é eficaz em determinado ensaio clínico, ver seção *Por que lamotrigina não é considerada um antidepressivo?*, no Capítulo 13. Indivíduos que nunca alcançam um resultado almejado são classificados como casos "censurados".

Tabela 3.5 Resultados descritos em ensaios clínicos.

Resultado	Definição	Prós	Contras
Resposta	Nos transtornos de humor e de ansiedade, geralmente reduções ≥ 50% nos níveis iniciais da escala de avaliação de sintomas. Em geral, limiares mais baixos são usados em outros transtornos (p. ex., esquizofrenia ou TEPT podem exigir redução de 20 a 30% no nível basal, respectivamente)	Métrica comum para melhora clinicamente significativa	Pode ficar aquém de um resultado desejado; pode ocorrer melhora substancial, mas os pacientes ainda se mantêm acentuadamente sintomáticos
Remissão	Resolução ou redução suficiente dos sintomas, de modo que quaisquer manifestações restantes sejam consideradas dentro da normalidade ou sem importância clínica; em geral, é definida operacionalmente por convenção como redução na escala de avaliação de sintomas abaixo de um nível máximo especificado por período mínimo (p. ex., escore de depressão de MADRS ≤ 10 em duas consultas consecutivas, escore de gravidade CGI ≤ 2, escore de BPRS ≤ 30, ou escore de YMRS ≤ 12	É uma medida mais rigorosa de melhora que "resposta"; implica melhora *sustentada*	Mais difícil de alcançar, pode ser irrealista em transtornos mais crônicos ou resistentes ao tratamento
Recuperação	Termo abrangente que inclui sintomas clinicamente significativos mínimos a inexistentes associados com aquisição de funções psicossociais adequadas por um período mínimo especificado	É uma medida "da vida real" mais abrangente de melhora global, que simplesmente graduar gravidade dos sintomas	É um parâmetro rigoroso que pode ser difícil de alcançar; pode representar um tratamento eficaz como menos valioso que poderia realmente ser
Redução média do escore de sintomas em comparação com o nível inicial	Alteração média dos escores da escala de avaliação na comparação entre nível inicial/ admissão ao estudo até sua conclusão	Resultado primário usado comumente em ensaios para obtenção de registro na FDA norte-americana; possibilita aferir tamanho de efeito	Menos tangível que índices de "resposta" ou "remissão"; menos informativo quanto ao nível absoluto de bem-estar ou grau de melhora
Tamanhos de efeito (TEs) e número necessário para tratar (NNT)	Fornecem uma descrição quantificável da magnitude de uma alteração clinicamente significativa associada a determinado tratamento, seja em comparação com o nível inicial ("ME intragrupo") ou um placebo ou controle ("ME intergrupos")	TE pode ser calculada com base na alteração média da gravidade dos escores sintomáticos no grupo terapêutico *versus* controle; o NNT pode ser derivado pelo inverso dos índices de resposta (ou remissão)	Não há métrica perfeita para expressar tamanho de efeito clínico

BPRS, escala breve de avaliação psiquiátrica; *CGI*, escala de impressão clínica geral; *MADRS*, escala de depressão de Montgomery-Åsberg; *NNT*, número necessário para tratar; *TE*, tamanho de efeito; *YMRS*, escala de mania de Young.

em estudo (p. ex., qualidade de vida, ou funções social e ocupacional ou utilização de serviços).

EFICÁCIA *VERSUS* EFETIVIDADE

Eficácia consiste em um termo usado para descrever se uma intervenção é ou não melhor que um placebo em condições bem controladas. *Efetividade* é outro termo que descreve quão bem um tratamento considerado eficaz em outras situações funciona em condições clínicas comuns (nas quais convém considerar outros fatores como tolerabilidade, custo, facilidade de administração e outros possíveis problemas do paciente). Em geral, a efetividade é medida como "descontinuação" ou tempo decorrido até um abandono no estudo (p. ex., resultado primário do estudo CATIE do NIMH; ver Capítulo 15).

ANÁLISES DE TEMPO ATÉ A OCORRÊNCIA DE UM EVENTO

A análise de sobrevivência é um método estatístico usado para comparar diferenças entre dois ou mais grupos categóricos (p. ex., grupos terapêuticos ou diagnósticos) em seu intervalo até um evento, gerando um gráfico conhecido como curva de Kaplan-Meier e seu *log-rank* estatístico correspondente. Dois grupos pareados podem ser comparados quanto ao intervalo até a recuperação ou o tempo decorrido até uma recaída. Os indivíduos que nunca alcançam um evento-resultado de interesse são classificados como casos "censurados".

Os *modelos de risco proporcional de Cox* constituem um caso especial de análise de sobrevivência, em que o intervalo decorrido até a ocorrência de um evento (p. ex., recaída) é previsto pelo número de variáveis independentes não categóricas (graduadas continuamente, também conhecidas como "covariáveis" como idade, gravidade inicial, dose do medicamento ou número de episódios em toda a vida), explicando simultaneamente o impacto relativo de cada covariável na variável/resultado almejado.

ESTUDOS CONTROLADOS COM PLACEBO E CONTROLE ATIVO

Nos EUA, a aprovação dos órgãos reguladores geralmente requer dois ensaios controlados com placebo, que forneçam resultados positivos quanto ao resultado primário escolhido antes do início do estudo. As comparações diretas entre medicamentos psicotrópicos são realizadas menos comumente nos EUA. Às vezes, um princípio ativo é incluído como terceiro braço de um ensaio controlado com placebo para "avaliar sensibilidade" – ou seja, assegurar que os resultados do estudo sejam interpretáveis, caso o tratamento experimental não se mostre diferente de um placebo. Nesse caso, quando outro tratamento estabelecido para determinado transtorno a ser tratado foi eficaz, enquanto o placebo não, podemos concluir que o *ensaio foi negativo*. Contudo, quando o medicamento experimental e seu controle não diferem de um placebo, o *ensaio falhou* e não se pode fazer muitas inferências quanto à utilidade de um desses fármacos, em razão do efeito placebo forte.

> **Dica**
> Ensaio *negativo* significa que um tratamento não foi melhor que placebo. Ensaio *falho* significa que um índice elevado de reação a um placebo pode ter obscurecido a eficácia real potencial do tratamento controle.

 Delineamentos complexos

Avaliar o grau de resposta inicial a determinado medicamento antes de iniciar seu uso prolongado para o uso na prevenção recidivas é parecido com namorar antes de casar-se. Imaginem iniciar um compromisso sem primeiro avaliar se há compatibilidades. Em um relacionamento duradouro (fase de manutenção), as chances de sucesso são maiores quando é primeiramente realizada uma exposição inicial (fase aguda, período de namoro) antes de assumir um compromisso a longo prazo. Casar-se com alguém que você pouco conhece pode resultar em uma união de curta duração.

> **Dica**
> Estudos com delineamento complexo são aqueles nos quais um tratamento é mantido apenas nos indivíduos que tiveram resposta imediata. Eles dizem mais sobre eficácia ideal que generalização.

Os ensaios clínicos que primeiramente avaliam se um paciente tem resposta inicial a determinado tratamento utilizam *delineamentos complexos*. Por exemplo, se um medicamento funciona mais eficazmente em mulheres que homens, ou em pacientes com história familiar ou subtipo específico de uma doença, então a "seta" fica inclinada na direção do medicamento experimental quando um número desproporcional desses indivíduos está representado predominantemente no grupo ativo de um estudo terapêutico. Consideremos o exemplo ilustrado no Boxe 3.10.

Alguns pesquisadores criticam a metodologia de "delineamento complexo", pois ela fornece menos informações generalizáveis quanto à eficácia com que um medicamento pode evitar novos episódios, que seria possível se "todos os participantes que entrassem no estudo" fossem incluídos desde o início no estudo sobre profilaxia de recidivas. Contudo, o problema desse

Capítulo 3 • Interpretação e Uso de Literatura Científica...

Boxe 3.10 Exemplo.

O fabricante do divalproato desenhou um estudo no qual a profilaxia de episódios maníacos ou depressivos do transtorno bipolar foi avaliada com tal medicamento ou placebo (usando lítio como controle) em todos os indivíduos com transtorno bipolar recuperados recentemente de um episódio de mania. Os resultados não mostraram diferenças entre os três grupos (Bowden et al., 2000). Contudo, quando os pesquisadores reavaliaram os resultados e selecionaram apenas pacientes que melhoraram inicialmente com divalproato, estes eram realmente os que tinham mais chances de continuar estáveis a longo prazo com continuação do tratamento que havia melhorado seu estado inicial (McElroy et al., 2008). Se o financiador do estudo tivesse optado por valorizar seu protocolo de prevenção de recaídas incluindo apenas aqueles que melhoraram imediatamente com divalproato, seria muito provável que o medicamento tivesse superado o grupo placebo com folga, o que resultaria em sua indicação pela FDA norte-americana para manutenção do tratamento de transtorno bipolar.

Boxe 3.11 Valorização: caso em questão.

O aripiprazol injetável de ação prolongada (IAP) foi estudado em comparação com o placebo em um ECR de 52 semanas para evitar recaídas depois de um episódio inicial de mania aguda (Calabrese et al., 2017b). O intervalo decorrido até a recaída de um episódio maníaco ou misto foi significativamente mais longo com aripiprazol IAP que placebo, mas o intervalo até um episódio de depressão, não. Alguém poderia concluir que aripiprazol IAP é mais eficaz para evitar episódios de mania que depressão, mas o delineamento desse estudo realmente não possibilita tal inferência, porque a inclusão de pacientes com episódios maníacos iniciais (não deprimidos) enriqueceu o delineamento do estudo no sentido de maior proclividade para recidivas dos episódios maníacos que depressivos nos meses seguintes. Como podemos saber se isso é verdade? Analisando o grupo placebo para entender sua evolução natural. O índice de recidivas de mania foi de 30% com placebo, porém houve recidivas de depressão em apenas 14% desse grupo – uma porcentagem que não era significativamente diferente da que se observou no grupo do fármaco ativo. Uma avaliação mais acurada do valor do aripiprazol IAP como profilaxia para depressão teria exigido uma randomização equivalente dos indivíduos admitidos ao estudo em fase depressiva inicial.

tipo de crítica é que faz todo o sentido estudar profilaxia de recidivas especificamente em pacientes nos quais uma resposta inicial já foi demonstrada, em vez de incluir pessoas sobre as quais não há necessariamente qualquer razão para pensar que o medicamento estudado terá efeito contínuo. Os delineamentos complexos servem para aquilo em que atuam bem. Conhecer os "sinais de identificação" de um perfil que provavelmente responderá (não apenas um diagnóstico isoladamente) com determinado medicamento pode abrir espaço para a psicofarmacologia visionária. Iniciar um esquema terapêutico de longa duração sem ter inicialmente alguma ideia de quão útil e aceitável ele poderia ser é confiar exageradamente no acaso. Consideremos o exemplo ilustrado no Boxe 3.11.

SENSIBILIDADE, ESPECIFICIDADE, VPP E VPN

Quando se realizam testes para triar um diagnóstico ou condição relacionada com determinado diagnóstico, parâmetros conhecidos como "funções de classificação" são calculados frequentemente para obter uma estimativa da probabilidade de que o fenômeno a ser estudado esteja presente ou ausente com base no resultado dos testes. Sensibilidade alta significa essencialmente que a maioria dos indivíduos portadores da condição a ser estudada será identificada – embora lançar uma rede a esmo também signifique aumentar o risco de incluir indivíduos que realmente não têm a manifestação estudada (falso-positivos). Especificidade alta significa que, quando o teste se mostra positivo, ele é muito específico para detectar apenas o aspecto que se pretende estudar (falso-positivos são poucos ou não ocorrem). No entanto, isso não significa que todos os portadores dessa condição serão detectados (falso-negativos podem ser altos). Os valores preditivos positivo e negativo (VPP e VPN) refinam ainda mais esses parâmetros. Um teste com VPP alto significa que ele é ótimo para detectar o fenômeno a ser estudado e apenas este fenômeno. Um VPN alto significa que, quando o teste é negativo, então é extremamente improvável que a condição esteja presente. Esses conceitos estão ilustrados com mais detalhes no Boxe 3.12.

Convém lembrar que um teste de rastreamento para determinada doença é apenas isto

71

Psicofarmacologia Prática

Boxe 3.12 Funções de classificação dos testes de rastreamento diagnóstico.

Teste	Definição	Significado clínico
Sensibilidade	Verdadeiros-positivos/ (verdadeiros-positivos + falso-negativos)	Quando alguém tem uma doença, com que frequência esse teste será positivo?
Especificidade	Verdadeiros-negativos/ (falso-negativos + falsos-positivos)	Quando alguém não tem uma doença, com que frequência esse teste será negativo?
Valor preditivo positivo (VPP)	Verdadeiros-positivos/ (verdadeiros-positivos + falso-positivos)	Quando um paciente tem resultado positivo nesse teste de rastreamento, qual é a probabilidade de ele realmente ter a doença para a qual foi rastreado?
Valor preditivo negativo (VPN)	Verdadeiros-negativos/ (verdadeiros-negativos + falso-negativos)	Quando um paciente tem resultado negativo nesse teste de rastreamento, qual é a probabilidade de ele não ter a doença para a qual foi rastreado?

– uma triagem – e que não é sinônimo de "caso provável" ou confirmação inequívoca de um diagnóstico. Da mesma maneira, um teste de Papanicolaou positivo não é sinônimo de carcinoma cervical – embora exija investigação mais detalhada e vigilância. Lembre-se de que os estudos científicos podem usar triagens diagnósticas como substitutos para entrevistas diagnósticas formais – elas podem discriminar mal entre casos verdadeiros e "quase sósias".

CURVA DE CARACTERÍSTICA DE OPERAÇÃO DO RECEPTOR

E se você quisesse estimar quanto uma variável independente contínua (digamos, níveis séricos de antidepressivos) consegue discriminar uma variável de resultado "sim/não" (p. ex., resposta aos antidepressivos)? Você pode perguntar como saber se existe um limiar ou escore bem definido que pudesse diferenciar entre "sim" (p. ex., paciente que melhorou) *versus* "não" (p. ex., paciente que não melhorou). Uma abordagem estatística usada frequentemente nesses casos é representar graficamente sensibilidade (verdadeiros-positivos) no eixo y e especificidade (verdadeiros-negativos) no eixo x, para gerar um gráfico conhecido como curva de *característica de operação do receptor* (ROC). A área sob a curva (AUC) reflete quão bem a variável independente prevê ou discrimina entre pacientes que responderam ou não, em que uma relação perfeita seria igual a 1,0 (sensibilidade de 100% e especificidade de 100%). O equilíbrio ideal entre sensibilidade e especificidade ocorreria em torno do ponto mais alto onde se encontram as partes vertical e horizontal da curva, como está ilustrado na Figura 3.6. Em geral, as AUCs > 0,75 são consideradas com valor discriminatório clinicamente significativo. No Capítulo 7, voltaremos a falar sobre as curvas ROC como recurso para avaliar se e quando medicamentos específicos alcançam níveis sanguíneos terapeuticamente significativos.

Etimologia

As curvas de "característica de operação do receptor" foram assim denominadas durante a II Guerra Mundial, quando se referiam ao grau de precisão com que os operadores de radares conseguiam discriminar entre sinais verdadeiro-positivos *versus* falsos nas telas de radar.

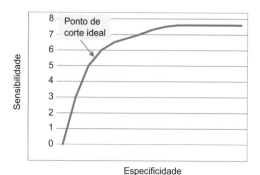

Figura 3.6 Curva de característica de operação do receptor.

Capítulo 3 • Interpretação e Uso de Literatura Científica...

🏠 Pontos importantes e tarefas para casa

Resumo simples e rápido: *checklist* de como ler um estudo científico

- Os objetivos do estudo estão descritos com clareza e há uma hipótese explícita? Isso faz sentido na prática clínica?
- Quem são os indivíduos e como eles foram selecionados? Os indivíduos são pessoas que buscaram tratamento, constituem uma amostra de conveniência ou foram recrutados ativamente? Até que ponto suas características clínicas são semelhantes ou diferentes de seus próprios pacientes?
- A amostra estudada é generalizável e representativa? Os indivíduos são "virgens de tratamento" ou "resistentes a tratamento"?
- Quais são os tamanhos das amostras? Se for um estudo comparativo, ele teve poder adequado (tópico "Metodologia ou métodos") ou é um estudo preliminar para comprovar conceito? Os valores de *p* são nominais ou foram ajustados para comparações múltiplas?
- Os diagnósticos estão bem definidos e foram firmados por entrevistas sistemáticas formais?
- Verificar o diagrama CONSORT; quantos indivíduos do grupo ITT concluíram ou saíram prematuramente do estudo?
- Se for um ECR, o processo de randomização foi bem-sucedido? Em caso negativo, os autores explicaram possíveis fatores de confusão nas análises *post hoc*? Como os grupos de comparação/grupos-controle saudáveis foram escolhidos?
- Se for um ensaio de farmacoterapia, as doses foram adequadas e apropriadas? Se aceitos tratamentos concomitantes, eles se equilibraram entre os grupos terapêuticos e se consideraram interações farmacocinéticas relevantes (p. ex., indutores ou inibidores de CYP450)?
- Se for um ensaio de intervenção, os tratamentos concomitantes usados antes da admissão ao estudo mantiveram-se constantes?
- Se foi usado delineamento cruzado, como se controlaram possíveis efeitos de transferência?
- Como foi monitorada a adesão ao tratamento?
- Como foi controlado o abandono prematuro do estudo? Os dados eram MAR/MCAR? As análises foram baseadas em casos observados ou LCOF ou foram usados modelos mistos?
- Se foram usados testes estatísticos paramétricos, pressupostos de normalidade eram justificáveis?
- Se for uma metanálise, fontes potenciais de viés e heterogeneidade do estudo foram controladas adequadamente?

Efeito Placebo e Efeito Nocebo

> **Objetivos de aprendizagem**
> - Entender o tamanho e a importância clínica do efeito placebo e conhecer os determinantes clínicos e neurobiológicos (p. ex., farmacogenética) envolvidos nos transtornos psiquiátricos; e como tal efeito difere de "ausência de tratamento"
> - Diferenciar os tipos de psicopatologia com graus de responsividade relativamente alta *versus* baixa ao placebo
> - Reconhecer a controvérsia existente na literatura em torno da elevação dos índices de resposta ao placebo em ensaios clínicos e como isso pode influenciar resultados "falhos" ou "negativos" nos estudos
> - Compreender o papel da gravidade inicial como fator influenciador dos índices de resposta ao placebo em diversos transtornos psiquiátricos
> - Descrever o efeito nocebo e seus determinantes clínicos conhecidos
> - Descrever estratégias para reduzir os índices de resposta ao placebo em ensaios clínicos de psicofarmacologia.

A arte da medicina consiste em distrair o doente enquanto a natureza cura a doença.

Voltaire

Quando uma pessoa (a) está mal, (b) recebe tratamento objetivando fazê-la sentir-se melhor e (c) consegue melhorar, então nenhum poder de argumentação conhecido pela ciência médica pode convencê-lo de que pode não ter sido o tratamento que recuperou sua saúde.

Sir Peter Medawar

Se o efeito placebo não é uma desgraça na vida de todo psicofarmacologista, provavelmente deveria ser. Em grande parte, as reações a um placebo quebram todas as regras de farmacodinâmica; minam teorias sobre os mecanismos de ação dos fármacos; arruínam ensaios clínicos quando provocam resultados falhos (em vez de negativos), que obscurecem o verdadeiro potencial de compostos que, de outro modo, poderiam ser promissores; inflam custos de pesquisa e desenvolvimento de fármacos; e geralmente põem abaixo as explicações de psicopatologias com base em neurociências. Além disso, os efeitos placebo trazem humildade ao pressuposto médico de que a psicofarmacologia tem vantagens inequívocas para todas as doenças mentais. Neste capítulo, revisaremos as manifestações clínicas conhecidas e os fatores correlacionados (ou preditores reais) com a reação placebo em diversos transtornos psiquiátricos e ensinaremos como os médicos podem antecipar, reconhecer e controlar efeitos placebo – em vez de ignorar, descartar ou lutar contra eles de alguma maneira.

"Placebo" significa literalmente "eu devo agradar" em latim e, historicamente, é um termo descritivo para qualquer tratamento aplicado com finalidade principal de trazer benefícios psicológicos em vez de eficácia fisiológica. No âmbito de nossa argumentação neste texto, usamos tal termo para definir uma substância farmacodinamicamente inerte ou psicotropicamente inativa. Com isso em mente, devemos questionar a afirmação frequente de que placebo é uma substância que não tem qualquer valor terapêutico pretendido; pelo contrário, é exatamente porque os efeitos placebo são responsáveis por uma porcentagem perturbadoramente alta de variabilidade dos resultados terapêuticos em psiquiatria, que os médicos precisam entender seu papel terapêutico. Isso significa reconhecer características de um placebo em contraste com reações mediadas farmacodinamicamente, antecipando os fatores que poderiam predispor aos efeitos placebo e – no caso dos médicos, mas não de pesquisadores científicos – aproveitar sua contribuição potencial para o resultado geral, quando e sempre que houver alguma oportunidade disso. *Estranhamente, os pesquisadores esforçam-se intencionalmente para minimizar os efeitos placebo em ensaios clínicos randomizados (ECR), enquanto os médicos tentam inconscientemente maximizar esses efeitos na prática do mundo real.* Principalmente em pacientes altamente resistentes a tratamento, a capacidade de o médico infundir vida a uma substância que, de outro modo, seria inerte – em grande parte com base na aliança terapêutica – pode ser a verdadeira "cola" que mantém pacientes frágeis engajados e capazes de perseverar, apesar da forte tendência à desmoralização e à derrota.

> **Dica**
> "Regressão à média" significa que medidas repetidas de uma variável dentro da amostra estudada por fim voltarão ("retornarão") ao valor médio da população da qual se originou tal amostra.

EFEITOS PLACEBO *VERSUS* REGRESSÃO À MÉDIA

Talvez a crítica mais evidente e importante que se possa fazer contra o efeito placebo é a afirmação de que ele não existe – ou, mais especificamente, que não é mais que um artefato de um fenômeno conhecido como *regressão à média*. Esse fenômeno baseia-se na observação estatística de que, quando valores de uma medida complexa (p. ex., gravidade dos sintomas) são estudados em uma amostra, as avaliações subsequentes ou repetidas provavelmente serão menos extremas e mais próximas do valor médio real, sendo simplesmente atribuíveis à variação aleatória. A regressão à média é especialmente atuante quando se comparam duas variáveis pouco correlacionadas. O risco é especialmente grande no caso de amostras pequenas, que aumentam as chances de ocorrerem erros do tipo II (falso-negativos). Isso tem mais chances de ocorrer quando a alocação ao grupo terapêutico não se dá por randomização (p. ex., a regressão à média é mais preocupante em estudos observacionais, como comparação do risco de suicídio entre pacientes bipolares distribuídos não randomicamente para usar lítio ou valproato, como está descrito no Boxe 3.1). O risco de regressão é maior em estados patológicos com evolução intrinsecamente variável, quando sintomas têm mais tendência de ir e vir, ou melhorar e piorar (p. ex., transtorno bipolar com ciclagem rápida, transtorno do pânico ou ingestão alcoólica excessiva e recorrente) que nas doenças mais persistentes, contínuas e invariáveis em sua evolução (p. ex., depressão crônica/persistente, transtorno obsessivo-compulsivo ou transtorno de ansiedade generalizada).

> **Dica**
> Um jogador de beisebol em início de temporada que marca três pontos em suas primeiras quatro rebatidas teria a média impressionante de 0,750. A regressão à média quase sempre trará esse número de volta à realidade à medida que ele fizer mais jogadas.

Por isso, é mais fácil obter efeito potente aparentemente inflado com amostra pequena, já que não houve rebatidas suficientes.

Pode ser difícil saber com certeza se um índice alto de reação a um placebo realmente reflete o efeito benéfico atribuído a ele ou à variação aleatória ou natural da evolução da doença. A única maneira de diferenciar essas duas possibilidades é comparar o placebo com nenhum tratamento. O grupo da Københavns Universitet (Universidade de Copenhagen) realizou metanálise desse tipo envolvendo 114 ECRs, o que totalizou 40 doenças clínicas ou psiquiátricas diferentes (como depressão, ansiedade, TDAH, esquizofrenia, fobias e insônia – entre outras) (Hrøbjartsson e Gøtzsche, 2001). Os autores não encontraram qualquer diferença significativa entre os grupos placebo e a ausência de intervenção em todos os transtornos psiquiátricos estudados. A inexistência de diferenças significativas também não foi um artefato gerado por índices mais altos de abandono de um grupo em comparação com outro ou atribuível a um não cegamento do estudo.

> **Dica**
> A força da aliança terapêutica pode influenciar mais poderosamente resultados do tratamento quando se utiliza um placebo do que com um psicofármaco ativo.

Entretanto – conforme o que aprendemos no Capítulo 3 –, esses pesquisadores observaram heterogeneidade significativa nos ensaios cruzados e a metanálise em questão pode não ter adquirido força ou sensibilidade suficiente para detectar efeitos pequenos (embora significativos) de um placebo, ao menos em algumas condições de estudo. Essa metanálise também não levou em consideração aspectos qualitativos da aliança terapêutica que, segundo os próprios autores, "podem ser independentes em grande parte de qualquer intervenção placebo" (p. 1599). Em outro artigo, ao menos no caso da depressão, os autores demonstraram que a força da aliança terapêutica exerceu efeito moderador mais acentuado quando se utilizou placebo, em vez de tratamento farmacológico ativo (Zilcha-Mano et al., 2015). Na verdade, os "efeitos placebo" nos transtornos psiquiátricos tratados no contexto de saúde mental podem muito bem diferir fundamentalmente de todas as outras condições clínicas nas quais se utiliza placebo.

No Capítulo 1, analisamos possíveis obstáculos quanto a fazer inferências precisas ao longo de um tratamento farmacológico. Além das informações obtidas com a análise bayesiana (ou seja, como experiências interativas levam-nos a revisar nossas estimativas da probabilidade de que um evento aconteça), podemos complicar ainda mais as coisas quando tentamos inferir causa e efeito a partir do conceito de regressão à média. Quando duas variáveis não se correlacionam bem (p. ex., tratamento e alterações da gravidade de um sintoma), os escores basais insatisfatórios podem melhorar (avançar para mais perto da média populacional) ao longo do tempo simplesmente em razão de variações aleatórias. Do mesmo modo, quando um efeito adverso (especialmente se for raro ou inesperado) ocorre temporalmente após a exposição a um fármaco ou placebo, deve-se considerar a possibilidade de que sua ocorrência seja aleatória, sem qualquer indício de causalidade. Quando resultados satisfatórios ocorrem em eventos improváveis (e, especialmente, quando são ressaltados em relatos de casos), o mesmo risco de inferência causal é inevitável. Contudo, ao contrário de um ECR, na prática do mundo real esse dilema metodológico frequentemente é *irrelevante* para as metas terapêuticas; em contraste com um pesquisador clínico, o médico e o paciente – para melhor ou pior – geralmente se interessam menos com *por que* a melhora ocorreu, contanto que tenha ocorrido. Essa é uma diferença fundamental entre a abordagem experimental básica e a prática terapêutica não baseada em pesquisa.

Principalmente em psiquiatria, a menos que o médico prescritor seja uma "máquina" desligada, a dispensação de substâncias inertes *nunca* é destituída de um efeito placebo significativo. Consciente ou inconscientemente, os médicos habilidosos aproveitam-se do que pesquisadores da área de psicoterapia às vezes chamam de fatores "inespecíficos" atuantes neste campo; eles ouvem atentamente, tranquilizam seus pacientes, validam a legitimidade de suas preocupações, reformulam perguntas e (intencionalmente ou não) frequentemente incorporam técnicas psicoterápicas como ab-reação, clarificação e sugestão – e, desse modo, impõem um sentido de ordem e controle sobre o sofrimento geralmente associado à maioria dos tipos de psicopatologia. Os estudos de psicoterapia demonstraram que a existência de uma aliança terapêutica favorável tem tamanho de efeito de 0,26 (Horvath e Symonds, 1991). Outros estudos demonstraram que o simples ato de fazer perguntas de entrevista estruturada quanto aos problemas do paciente atenua o sofrimento subjetivo, a ansiedade e a depressão em mais da metade dos deprimidos (Scarvalone et al., 1996). O ato corriqueiro de conduzir uma entrevista de avaliação é tão impactante que alguns protocolos de estudo restringem propositalmente a duração das sessões de avaliação e proíbem afirmações empáticas (p. ex., "isso deve ter sido muito difícil para você..."), de modo que interações psicoterápicas inadvertidamente apoiadoras contaminem a avaliação à moda do "efeito do observador" (simplesmente *avaliar* o paciente pode alterar a expressão de seus sintomas), além do efeito Hawthorne (ou seja, simplesmente *saber* que estão sendo avaliados também pode alterar a forma como pacientes se apresentam).

> **Dica**
> Em física, "efeito do observador" significa que o ato de estudar um fenômeno, por si mesmo, inevitavelmente o modifica.

> **Dica**
> O efeito Hawthorne descreve uma situação na qual indivíduos comportam-se de modo diferente quando sabem que estão sendo observados.

> **Fato curioso**
> O termo "efeito Hawthorne" foi criado em 1958 para descrever o fenômeno no qual se observou que empregados da fábrica da Western Electric, em Hawthorne, Illinois, trabalhavam com mais afinco e tinham melhor desempenho quando sabiam que estavam sendo observados.

CARACTERÍSTICAS DA RESPONSIVIDADE A UM PLACEBO

Os índices de resposta a um placebo variam nos diversos transtornos psiquiátricos e são influenciados por alguns fatores clínicos. No entanto, algumas características específicas do paciente são dignas de nota e podem ajudar médicos a calcular a probabilidade de que alguém possa responder favoravelmente a uma substância farmacodinamicamente inerte – ou, igualmente importante, as chances de que ele experimente *efeitos adversos* quando utiliza um placebo (o chamado efeito *nocebo*, descrito com mais detalhes adiante). Na literatura publicada, não há consenso quanto a se determinado paciente que responde uma vez a placebo mantém um padrão de resposta favorável nas recidivas subsequentes de sintomas de um transtorno psiquiátrico específico ou quando acometido por outro transtorno psiquiátrico (ou não psiquiátrico) que possa surgir com o tempo. Contudo, a maioria dos especialistas acredita que fatores circunstanciais sejam importantes; desse modo, fatores específicos do paciente provavelmente não explicam efeitos placebo duradouros ao longo de determinado intervalo de tempo. (Em parte, a responsividade a placebo envolve um paradigma de aprendizagem ou condicionamento comportamental; de acordo com a análise bayesiana, as experiências terapêuticas pregressas influenciam os resultados [ou seja, revisão da probabilidade posterior de resposta], assim como experiências novas servem para atualizar probabilidades anteriores.)

Em psiquiatria, os estudos formais dos fatores psicológicos que influenciam a responsividade a placebo tendem a descrever contribuições simultâneas de variáveis da personalidade, fatores circunstanciais e expectativas (não apenas se os pacientes acreditam que ficarão ou não melhor, ou que uma intervenção seja "poderosa", mas também impacto no comportamento do paciente atribuível ao ato de serem observados e monitorados – ou seja, efeito Hawthorne). A Figura 4.1 ilustra as inter-relações de fatores psicológicos e neurobiológicos aparentemente responsáveis pela responsividade a placebo.

Um exemplo vívido de expectativa é ilustrado por estudos sobre depressão maior, que demonstraram que o tamanho do efeito antidepressivo de um ISRS *open-label* foi significativamente maior que nos pacientes que receberam o mesmo fármaco sem saber que

> **Dica**
> Em determinado paciente, "uma vez" respondente a placebo não significa que ele "sempre" responderá ao placebo.

> **Dica**
> As expectativas de determinado paciente quanto à forma como seus sintomas provavelmente serão alteradas ao longo do tempo e quão efetivamente poderá lidar com seus sintomas estão entre os determinantes individuais mais fortes da responsividade a um placebo.

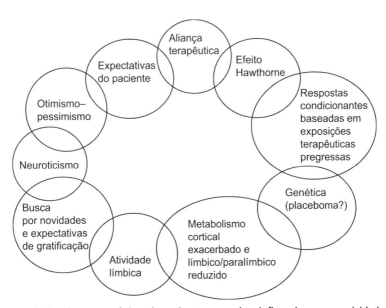

Figura 4.1 Inter-relações das características do paciente que podem influenciar a responsividade ao placebo.

era um composto ativo ou placebo, sobretudo nos mais jovens. Isso sugere que as expectativas do paciente ("indução de esperança" ou "viés de expectativa" (Kasper e Dold, 2015) sejam mediadoras do efeito placebo (Rutherford et al., 2017). Por outro lado, os pacientes que tiveram resposta favorável no passado a um fármaco ativo podem ser menos propensos a um efeito placebo, conforme ficou demonstrado no caso de estudos cruzados (Rickels et al., 1966).

Frequência de dose

Você alguma vez alterou a dose de um psicofármaco com meia-vida de eliminação longa (p. ex., olanzapina) para frequência maior que 1 vez/dia e, ao mesmo tempo, pensou por que você fazia isso? Às vezes, fracionamos as doses de fármacos com meia-vida longa na esperança de atenuar seus efeitos adversos (p. ex., valproato de liberação sustentada quando se utilizam doses orais de impregnação entre 20 e 30 mg/kg para evitar sedação e náuseas; ou iloperidona para evitar sedação e hipotensão ortostática). Quando não há questões de tolerabilidade, o estímulo para que os médicos *prefiram* esquemas de múltiplas doses diárias que, de outro modo, não seriam necessários pode estar relacionado com a expectativa de otimizar a contribuição do efeito placebo para o resultado. Por exemplo, em estudos com o acamprosato fictício para o transtorno por uso de álcool, as doses administradas 3 vezes/dia não reduziram a adesão ao tratamento e alcançaram resultados melhores que intervenções comportamentais sem placebo fictício – talvez, um "lembrete tangível da razão para tomar o comprimido", conforme foi assinalado pelos autores do estudo (Weiss et al., 2008). Na literatura, a quantidade e a cor dos comprimidos, assim como frequências das doses, foram reconhecidas como fatores contribuintes potenciais da responsividade a um placebo.

Correlativos psicológicos e traços de personalidade

Não existem "tipos de personalidade" bem definidos ou comprovadamente associados à responsividade a um placebo. É intuitivamente tentador imaginar que traços como sugestionabilidade, abertura a novas experiências, introversão ou necessidade de aprovação social poderiam prever responsividade a um placebo, mas nenhum estudo demonstrou claramente que características de personalidade determinam resposta ou não a um placebo usado como analgesia ou outras situações clínicas. No entanto, alguns desses construtos receberam atenção especial como possivelmente correlacionados com a resposta ao tratamento com placebo e nocebo, conforme resumido no Boxe 4.1.

A *injunção paradoxal* é um fenômeno semelhante, que pode influenciar psicologicamente a responsividade a um fármaco no contexto das expectativas do paciente e da aliança terapêutica. Essencialmente, como está descrito no Boxe 4.2, as injunções paradoxais consistem em "prescrever" para o(s) próprio(s) sintoma(s) que o paciente procura aliviar, estruturando o

Boxe 4.1 Fatores correlacionados com as respostas a placebo e nocebo.

- *Disposição otimista* – definida por uma expectativa geral de resultado favorável. Os otimistas tendem a ter mais responsividade a um placebo que falta de responsividade; do mesmo modo, os indivíduos com disposição pessimista têm mais probabilidade que os otimistas de experimentar efeitos desagradáveis (nocebo) com placebo, quando são informados de que o desconforto é uma consequência provável (Geers et al., 2005)
- *Autoconfiança baixa* – refere-se à confiança reduzida de um indivíduo em sua capacidade de adotar comportamentos que possam alcançar suas metas almejadas
- *Locus de controle externo* – indivíduos que têm *locus* de controle *externo* percebem suas experiências e ações, em grande parte, como *reações* desencadeadas por influência do mundo ao redor (em contraste com *locus* de controle *interno*, quando o indivíduo acredita fundamentalmente que suas decisões pessoais e ações moldam essencialmente o modo como os eventos da sua vida acontecem). Os "externalizantes", como são descritos pelos psicólogos, podem estar inclinados a confiar mais em estímulos externos que internos para direcionar suas experiências interiores. Alguns autores também sugeriram que a baixa autoestima pode moderar o impacto do *locus* de controle externo na responsividade a um placebo (Horing et al., 2014)
- *Busca por novidades* – componente da personalidade que envolve predileção por buscar experiências incomuns, complexas e intensas
- *Neuroticismo* – definido como parte do modelo de personalidade de cinco fatores (ver Tabela 2.6), o neuroticismo é um traço que inclui instabilidade emocional, ansiedade e depressão.

Capítulo 4 • Efeito Placebo e Efeito Nocebo

Boxe 4.2 Caso clínico.

Mark, 27 anos, tem depressão crônica (persistente), que mostrou resposta mínima ou nula a várias experiências com antidepressivos que foram cuidadosa e sequencialmente recomendados por seu psiquiatra. O paciente não apresentava psicose e uso indevido de substâncias ou outras comorbidades, e a adesão ao tratamento era ótima. Contudo, a disposição pessimista era bem clara, assim como as crenças de que ninguém realmente cuidava dele, inclusive seu terapeuta, levando-o a declarar muitas vezes que seu destino de vida era, sem dúvida, sofrer interminavelmente sem esperança de alívio. Um dia, Mark mencionou espontaneamente que tinha visto o anúncio de um novo antidepressivo na TV e pensou se valeria a pena experimentá-lo. Em vez de elogiar e mostrar otimismo com o novo fármaco na esperança de que isso gerasse expectativa de sucesso, o médico expressou um nível muito baixo de expectativa dizendo, francamente, que ele não acreditava que o novo medicamento fosse "algo especial" e que provavelmente também não funcionaria bem, mas Mark poderia experimentar se quisesse. Diante dessa contestação, Mark aceitou o desafio de provar que o médico estava errado. Quando começou a relatar sinais de que se sentia melhor depois de 1 semana, o médico zombou e previu que a "reação placebo" evidente não poderia durar muito. Como a melhora do paciente persistia, o médico continuou a expressar perplexidade e derrotismo com sua profecia de que mais um fracasso farmacológico seria inevitável. Em outras palavras, o psiquiatra possibilitou que Mark readquirisse controle psicológico sobre seu sofrimento fatídico por meio da recuperação de seu *locus* de controle interno.

paradigma terapêutico de modo que ele tenha mais probabilidade de aceitar que recusar a explicação ou a instrução do médico.

🕐 Correlatos fatores neurobiológicos

Os correlatos neurobiológicos da responsividade a um placebo provavelmente variam nos diferentes transtornos psiquiátricos. Na depressão, os estudos de neuroanatomia funcional sugeriram que a responsividade a um placebo esteja aparentemente associada a:

- Metabolismo acelerado nas regiões corticais (giros cingulados pré-frontais anterior e posterior, área pré-motora, lobo parietal e ínsula posterior) e

- Metabolismo regional reduzido no giro cingulado subgenual, giro para-hipocampal e tálamo (Mayberg et al., 2002).

Os estudos clássicos de resposta analgésica a um placebo sugeriram a participação dos opioides endógenos (e seu bloqueio com naloxona), assim como dos tratos dopaminérgicos envolvidos no sistema de recompensa (expectativa de benefício). Alguns estudos investigaram possíveis associações entre a responsividade a um placebo psicotrópico e variantes genéticas conhecidas de genes possivelmente envolvidos no metabolismo das catecolaminas. São correlatos genômicos possíveis da resposta a um placebo (mencionados por alguns como "placeboma") os marcadores dopaminérgicos, serotonérgicos, opioides e endocanabinoides potenciais (revisados por Hall et al., 2015). O Boxe 4.3 descreve alguns exemplos.

> 💡 **Dica**
>
> Sistemas neurotransmissores implicados na responsividade ao placebo incluem os sistemas serotoninérgico, catecolaminérgico, opioide e endocanabinoide.

Boxe 4.3 Fatores farmacogenéticos correlatos à responsividade a um placebo.

- Os estudos preliminares relacionaram um polimorfismo funcional conhecido envolvido no metabolismo das catecolaminas (variante alélica de atividade alta ["G"] do gene da enzima *monoamina oxidase A*) com responsividade reduzida a um placebo na depressão (Leuchter et al., 2009)
- Um estado homozigótico da variante "G" no polimorfismo G-703T do gene promotor da *triptofano-hidroxilase* foi relacionado com uma responsividade mais acentuada a um placebo em ansiedade social com homozigóticos "T" ou heterozigóticos (Furmark et al., 2008)
- O polimorfismo Val[158]Met do *gene da catecol-O-metiltransferase (COMT)* afeta a decomposição de dopamina; a substituição G→A no códon 158 resulta em substituição Val→Met que, por sua vez, predispõe à expressão de variantes hipoativas da enzima COMT. Por sua vez, a hipoatividade dessa enzima significa que menos dopamina é degradada e, consequentemente, aumenta o tônus dopaminérgico nas regiões de processamento cognitivo pré-frontais. Essa variante polimórfica foi relacionada com uma responsividade mais acentuada a um placebo na síndrome do intestino irritável e algumas outras doenças (Hall et al., 2012).

Armadilha

Conforme descrito com mais detalhes no Capítulo 8, a utilização de testes farmacogenéticos para ajudar a prever resposta a um psicofármaco é limitada e, hoje em dia – assim como ocorre com exames de neuroimagem –, representa mais um recurso experimental que prático para aplicação na prática diária de tratamento dos pacientes.

OS ÍNDICES DE EFEITO PLACEBO ESTÃO AUMENTANDO?

Existe uma controvérsia quanto à questão se as diferenças nos índices de resposta entre antidepressivos e placebo são menos robustas do que se pensava tradicionalmente. Um aspecto metodológico fundamentalmente importante é que as reações a um placebo podem aumentar com o tempo, à medida que cada vez mais ensaios clínicos patrocinados pelas indústrias farmacêuticas se esforçam para ampliar os critérios de inclusão em estudos e correm o risco de incluir pacientes que poderiam atender apenas aos critérios mínimos de admissão no que se refere à gravidade dos sintomas de depressão. Resultados conflitantes foram publicados quanto a essa questão em metanálises; ver alguns exemplos no Boxe 4.4.

Boxe 4.4 Exemplos de índices crescentes de responsividade a um placebo em experiências clínicas publicadas.

- Rief et al. (2009) avaliaram 96 ECRs, envolvendo 9.566 pacientes deprimidos estudados entre 1980 e 2005, e encontraram correlação fortemente significativa entre o ano de publicação e o tamanho do efeito placebo entre grupos avaliados por observadores de ECRs sobre depressão ($r = 0,41$; $p < 0,001$)
- Khan et al. (2017) avaliaram 16 antidepressivos incluídos em 85 estudos da FDA entre 1987 e 2013 e demonstraram que o tamanho do efeito placebo, mas não o índice de resposta aos fármacos ativos, aumentou continuamente em torno de 6% a partir de 2000; a magnitude global das diferenças entre antidepressivos e placebos manteve-se inalterada ao longo dos anos
- Metanálise ainda mais ampla incluiu 250 ECRs publicados entre 1978 e 2015 e observou que os índices médios de resposta a um placebo, na verdade, se mantiveram praticamente constantes ao longo desse período de várias décadas (Furukawa et al., 2016).

Por que essas discrepâncias? Furukawa et al. (2018a) demonstraram que aumentos ano a ano de redução percentual dos sintomas em consequência de um placebo não eram mais significativos, depois que foram controlados fatores de confusão como durações variáveis dos estudos, número de locais de estudo, esquemas posológicos e comparação apenas com estudos realizados depois de 1991. Em outras palavras, as diferenças metodológicas no desenho dos estudos ao longo do tempo podem ter inflado artificial e proporcionalmente os índices de resposta a placebo e antidepressivos usados para tratar depressão.

No caso de ECRs com antipsicóticos usados para tratar esquizofrenia e transtorno esquizoafetivo, também foram observados aumentos significativos dos índices de resposta a um placebo entre 1960 e 2013, apesar das reduções globais da dose efetiva dos fármacos avaliados (Rutherford et al., 2014). Em uma revisão dos ECRs que compararam placebo com antipsicóticos entre 1970 e 2010, Agid et al. (2013) demonstraram que os índices de responsividade a um placebo aumentaram ao longo do período de 40 anos estudados. Em sua metanálise de grande porte, os autores detectaram heterogeneidade ampla entre os estudos – um fenômeno que análises de metarregressão reconheceram como resultantes do *número de locais de estudo por ensaio* e *redução do número de locais acadêmicos*. Leucht et al. (2013b) enfatizaram um ciclo vicioso em ensaios terapêuticos multicêntricos patrocinados pela indústria farmacêutica. Como estudos menores tendem a relatar tamanhos de efeito maiores (ver Boxe 3.6), os ensaios multicêntricos que se esforçam para recrutar números maiores de pessoas (para otimizar as chances de significância estatística por força suficiente para detectar efeitos pequenos ou médios) essencialmente ampliam a variabilidade (heterogeneidade) que, por sua vez, reduz os tamanhos de efeito intergrupos – e, desse modo, infla os índices de resposta a um placebo. Além disso, os indivíduos recrutados para participar de ensaios clínicos, ainda que pontualmente, precisam ter capacidade crítica suficiente para compreender os procedimentos detalhados no termo de consentimento (mesmo que sejam psicóticos); não podem ser expostos a risco iminente à vida ou de autolesão (mesmo que possam ter sido hospitalizados originalmente em razão desses riscos); e frequentemente precisam ter estabilidade suficiente para suportar a suspensão de tratamentos anteriores sem que sofram descompensação grave. Em conjunto, esses fatores enriquecem as amostras no sentido de produzir uma gravidade suficientemente menor e, ao mesmo tempo, aumentam a responsividade a um placebo.

DURAÇÃO DO ENSAIO CLÍNICO E EFEITO PLACEBO

A relação possível entre duração do ensaio clínico e responsividade a um placebo varia nos diversos transtornos psiquiátricos. Por exemplo, na depressão bipolar, a metanálise e a metarregressão de 17 ECRs demonstraram que uma duração mais longa do ensaio clínico e uma gravidade inicial menor eram fortes preditores de efeito placebo. Por outro lado, na esquizofrenia, uma metarregressão de 32 ECRs com antipsicóticos para tratar transtornos psicóticos primários (ou seja, esquizofrenia, transtorno esquizoafetivo, transtorno esquizofreniforme) detectou efeito *contrário*: os índices de efeito placebo eram maiores quando os ensaios clínicos duraram *menos* que 6 a 8 semanas, conforme está ilustrado na relação linear apresentada na Figura 4.2 (Welge e Keck, 2003). O índice médio de resposta a um placebo *diminuía* em cerca de um ponto na Brief Psychiatric Rating Scale (BPRS) por semana. No transtorno depressivo maior, uma revisão de 182 ECRs publicada por Papakostas e Fava (2009) não demonstrou associação entre a duração do estudo e a magnitude das diferenças entre fármaco e placebo.

Nos estudos sobre transtornos do humor, a separação inequívoca entre fármaco estudado e placebo costuma ser evidenciada na terceira ou na quarta semana de estudo pós-randomização, lançando dúvidas quanto à necessidade de preferir ensaios clínicos de duração mais longa simplesmente para atenuar o tamanho do efeito placebo. Além disso, como os indivíduos que não respondem tendem a abandonar prematuramente ao longo das semanas subsequentes, aqueles que permanecem no grupo placebo (ou fármaco ativo) até o fim de um ensaio clínico podem, na verdade, ser um grupo mais representativo dos pacientes com prognóstico favorável. Ao menos alguns dos ECRs que demonstraram benefícios iniciais inequívocos finalmente falharam em razão da impossibilidade de diferenciar entre fármaco ativo e placebo na última consulta do estudo (p. ex., como ocorreu com aripiprazol para tratar depressão bipolar aguda).

PREVALÊNCIA NOS DIVERSOS TRANSTORNOS PSIQUIÁTRICOS

Os índices de prevalência de responsividade a um placebo variam consideravelmente entre diferentes ensaios clínicos na maioria dos transtornos psiquiátricos. Também pode ser difícil avaliar índices de resposta comparativa entre diferentes ensaios, em parte porque a "resposta" frequentemente é definida por convenção de diferentes formas em cada transtorno psiquiátrico. Por exemplo, conforme mencionado no Capítulo 3, os índices de resposta no TEPT são comumente definidos operacionalmente com base em uma escala de graduação (p. ex., *Clinician-Administered PTSD Scale*, ou *CAPS*; Escala de Avaliação de TEPT Aplicada pelo Médico, em tradução livre) quando há melhora ≥ 30% em comparação com a condição basal, enquanto resposta no TOC pode significar melhora ≥ 25% (Montgomery et al., 1993) ou melhora ≥ 35% em comparação com o estado inicial (Tollefson et al., 1994b) ou com base no escore CGI (*Clinical Global Impresssions* ou Impressões Clínicas Gerais em tradução livre) de 1 ("melhorou muitíssimo") ou 2 ("melhorou muito"), independentemente do escore da escala de avaliação dos sintomas (p. ex., Hollander et al., 2003a). Intervalos de tempo variáveis para avaliar resposta também afetam as comparações entre ensaios realizados.

Resultados categóricos como "resposta" ou "remissão" nem sempre são apresentados para todos os tipos de transtorno psiquiátrico – nesses casos, é difícil quantificar o tamanho relativo dos efeitos produzidos por placebo *versus* fármaco ativo. Por exemplo, nos ECRs sobre dependências, a "resposta" comumente é definida com base em parâmetros de tempo ou duração relativa à abstinência (p. ex., nenhum uso no último mês, porcentagem de dias em abstinência no

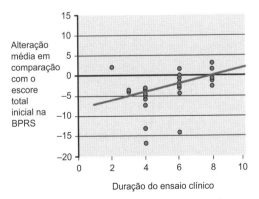

Figura 4.2 Relação entre duração do ensaio clínico e efeito placebo em esquizofrenia, transtorno esquizoafetivo e transtorno esquizofreniforme. A curva positiva da linha de regressão indica menos melhora com placebo ao logo das semanas que sucedem. Adaptada de Welge e Kech (2003).

Psicofarmacologia Prática

último mês). No tratamento dos transtornos do sono, as medidas de resultado geralmente são diferenças médias não categóricas entre grupos (p. ex., tempo de latência do sono, eficiência total do sono, número de despertares depois de começar a dormir). Quanto à anorexia nervosa, não conseguimos localizar qualquer ECR publicado sobre farmacoterapia relatando resultados como índices de "resposta" ou "remissão"; todos apresentaram diferenças médias não categóricas em ingestão calórica, ou tempo médio relativo até alcançar um peso desejável.

Como princípio básico, algumas características específicas de cada paciente foram associadas tradicionalmente à probabilidade mais alta de responsividade a um placebo nos diversos transtornos psiquiátricos, sobretudo gravidade inicial baixa no início do tratamento. Entre os fatores relativos ao desenho do estudo relacionados com a resposta a um placebo, estão os ensaios clínicos realizados em anos mais recentes e número maior de centros envolvidos nos estudos de ECRs (p. ex., Yildiz et al., 2015). A randomização desequilibrada (ou seja, um número proporcionalmente maior de indivíduos atribuídos ao grupo de fármaco ativo em comparação com placebo) foi associada à responsividade maior a um placebo na maioria dos transtornos psiquiátricos (Mallinckrodt et al., 2010; Weimer et al., 2015).

A Tabela 4.1 ilustra um exemplo de índices de resposta ou remissão com placebo em ECRs realizados para estudar diversos transtornos psiquiátricos, além de fatores correlacionados ou preditores conhecidos de efeito placebo. Atente às diferenças observadas entre transtornos associados a índices de efeito placebo relativamente pequenos (p. ex., bulimia, TOC) e grandes (p. ex., depressão maior, TEPT, transtornos associados ao uso de álcool). Nessa tabela, observe também que o transtorno de ansiedade social parece ser o transtorno de ansiedade menos reativo a um placebo.

Em toda a literatura publicada, a gravidade inicial alta aparece como moderador potente das diferenças entre fármaco e placebo, embora com poucas exceções. Furukawa et al. (2018b) conduziram metanálise de dados dos níveis individuais de participantes usando ensaios com antidepressivos realizados no Japão e não encontraram interação significativa entre gravidade inicial e resultado

> **Dica**
> A alta gravidade de sintomas iniciais tende a suprimir responsividade a um placebo.

terapêutico (isso sugere efeitos antidepressivos benéficos comparáveis em depressão branda, moderada ou grave). Os autores argumentaram que as relações baseadas em dados de nível dos grupos impõem uma "falácia ecológica", que pode não refletir precisamente as relações reais nos níveis de cada participante.

Se a depressão pode ter efeito placebo tão grande, por que é tão difícil encontrar novos tratamentos efetivos? Exatamente por essa razão – os fármacos podem ser intrinsecamente muito efetivos, mas, quando o efeito de um placebo é substancial, mesmo um fármaco efetivo pode não se diferenciar do placebo. Isso nos leva à diferença entre ensaios clínicos falhos e negativos, conforme descrito no Capítulo 3.

> **Definição**
> *Falácia ecológica* significa que inferências acerca de indivíduos não podem ser necessária ou confiavelmente retiradas de observações acerca dos grupos aos quais tais pessoas pertencem.

Observações efetuadas por outros autores indicando que diferenças mais acentuadas entre fármaco e placebo em pacientes deprimidos com níveis mais altos de gravidade inicial poderiam ser "manipuladas" como se sugerissem que determinado fármaco atua "especialmente bem" nos casos mais graves da doença, quando a realidade estatística é simplesmente que níveis mais altos de gravidade inicial suprimem efeito placebo e, desse modo, inflam tamanhos de efeito intergrupo do fármaco e do placebo (em contraste com o aumento do tamanho de efeito intragrupo inerente ao próprio fármaco).

Consideremos o exemplo prático de uma série de ensaios clínicos falhos, que se mostraram falhos em vez de negativos graças às análises cuidadosas dos efeitos moderadores da gravidade inicial (Boxe 4.5).

OS EFEITOS PLACEBO SÃO PERSISTENTES OU TRANSITÓRIOS?

Apesar do conhecimento de que as respostas ao placebo tendem a ser transitórias, a literatura limitada que examinou empiricamente a longevidade das respostas ao placebo (principalmente na depressão) foi inconclusiva. Os primeiros trabalhos de Quitkin et al. (1984), examinando os padrões de resposta semana a semana, descobriram que, quando a resposta antidepressiva aguda ocorria antes de duas semanas, os

Capítulo 4 • Efeito Placebo e Efeito Nocebo

Tabela 4.1 Índices de efeitos placebo relatados em ensaios clínicos de vários transtornos psiquiátricos.

Mais baixo

Transtorno	Índices de efeitos placebo relatados	Previsores descritos
Bulimia nervosa	Acumulados = 8% (variação: 0 a 11,8%)[1]	Nenhum
TOC	Variação: 8,5[2] a 26%[3] Média ponderada do TE (*g*) = 0,49[4]	Gravidade inicial menor[5]
Transtorno de ansiedade social	Variação: 26[6] a 46,6%[7] Média ponderada do TE (*g*) = 0,70[4]	Gravidade inicial menor[8] Duração do transtorno *não* é preditiva[8]
Transtorno do pânico	Índice de efeito placebo cerca de 34%[9] Média ponderada do TE (*g*) = 0,94[4]	Menos episódios de pânico no início do estudo Menos sofrimento, sensibilidade inter-relacional e paranoia no início do estudo[9] Gravidade inicial *não* é preditiva[8]
TAG	Índices de resposta: 33,7 a 54,8[8] Média ponderada do TE (*g*) = 1,10[4]	Duração do transtorno e gravidade inicial *não* são preditivos[8]
Transtorno de compulsão alimentar	Abstinência acumulada = 28,5%[10] Resposta acumulada = 38%[11]	Gravidade inicial baixa[5,12] Frequência menor de ingestão compulsiva no início do estudo[11] Participação por mais tempo no estudo[11] Índice de massa corporal mais alto[5]
Mania bipolar	Índice de resposta acumulada = 31%[13]	Gravidade inicial menor[13] Inexistência de psicose[14] Sexo feminino[13,14] Idade mais avançada[13]
Depressão bipolar	Índice de resposta acumulada = 39%[15]	Gravidade inicial menor (para cada ponto do escore basal de HAM-D, efeitos placebo diminuíram em 13,3%)[15] Duração *mais longa* do tratamento[15]
TDAH	Variação de resposta: 17 a 40%[16] TE do placebo: *g* = 0,32[16]	Gravidade inicial (*menor* em alguns estudos,[16] *maior* em outros)[17] Faixa etária menor[5] Duração mais curta da doença[5]
Esquizofrenia	30% por PANSS ≥ 20%; 14% por PANSS ≥ 50%[18] Alteração média do PANSS em comparação com nível basal = 6,25 (IC de 95% = 4,64 a 7,85)[19]	Faixa etária menor[19] Gravidade inicial (*menor* em alguns estudos,[20] *maior* em outros)[21] Duração mais curta da doença[20] Duração *mais curta* no estudo[20,22] Sexo feminino[23]
TDM	Resposta acumulada: 35 a 40%;[24] 22% se crônico[25] TE acumulado do placebo: *d* = 1,69 (se autoclassificado: *d* = 0,67),[27] maior no TDM (*d* = 1,83) do que na distimia (*d* = 1,11)[26]	Gravidade inicial menor[27] Menor duração da doença Início precoce (depressão crônica)[25]
TEPT	Índices de resposta: 38[28] a 43%[29] Média ponderada do TE (*g*) = 0,97[4]	História de trauma sexual[30] Mais alto em civis que militares[31]
Abuso/ dependência de álcool	Índice médio de resposta: 77,5% *versus* naltrexona; 39,1% *versus* acamprosato[32]	O efeito placebo correlacionou-se negativamente com idade ou tamanho de efeito do fármaco ativo[32]

Mais alto

IC, intervalo de confiança; *TE*, tamanho de efeito; *TAG*, transtorno de ansiedade generalizada; *TDAH*, transtorno de hiperatividade e déficit de atenção; *TDM*, transtorno depressivo maior; *TEPT*, transtorno do estresse pós-traumático; *TOC*, transtorno obsessivo-compulsivo. Fontes: [1]Bacaltchuk et al., 2000; [2]Tollefson et al., 1994a; [3]Montgomery et al., 1993; [4]Sugarman et al., 2017; [5]Weimer et al., 2015; [6]Careri et al., 2015; [7]Stein et al., 2010; [8]Stein et al., 2006; [9]Rosenberg et al., 1991; [10]Reas e Grilo, 2008; [11]Blom et al., 2014; [12]Jacobs-Pilipski et al., 2007; [13]Yildiz et al., 2011b; [14]Welten et al., 2015; [15]Nierenberg et al., 2015; [16]Waxmonsky et al., 2011; [17]Buitelaar et al., 2012; [18]Leucht et al., 2017; [19]Leucht et al., 2018; [20]Agid et al., 2010; [21]Chen et al., 2010; [22]Rutherford et al., 2014; [23]Mallinckrodt et al., 2010; [24]Furukawa et al., 2016; [25]Meister et al., 2017; [26]Rief et al., 2009; [27]Kirsch et al., 2008; [28]Davidson et al., 2001b; [29]Firedman et al., 2007; [30]Connor et al., 2001; [31]Davidson et al., 1997b; [32]Litten et al., 2013.

83

4 Psicofarmacologia Prática

Boxe 4.5 Exemplo.

Em uma análise cumulativa de cinco ECRs patro-cinados pela indústria farmacêutica sobre lamo-trigina para depressão bipolar aguda usando dados de nível de cada paciente, Geddes et al. (2009) descreveram um efeito interativo entre gravidade inicial dos sintomas depressivos e resposta à lamotrigina *versus* placebo (ou seja, a lamotrigina foi superior ao placebo em pacientes com gravidade inicial alta, mas não moderada).

Conforme reconhecido pelos próprios autores, o índice de resposta mais alto não foi atribuído ao fato de que a lamotrigina teve *efeito intrinseca-mente maior* entre pacientes com doença grave (como se isso sugerisse que a lamotrigina atua especialmente bem em pacientes mais graves), mas, sim, que os índices de resposta ao placebo foram menores quando a gravidade inicial era maior (escores iniciais de HAMD-D $\geq$ 24):

	Gravidade inicial *moderada*	Gravidade inicial *alta*
Índice de resposta à lamotrigina	47,5%	45,4%
Índice de resposta ao placebo	44,6%	**30,1%**

efeitos tendiam a não durar, enquanto as respostas observadas apenas após duas semanas tendiam a persistir – argumentando que resposta nas primeiras duas semanas sugeriu um efeito placebo. Subsequentemente, ao estudar a recaída após aparente resposta inicial à fluoxetina, Stewart et al. (1998) observaram que pacientes deprimidos que responderam *somente após duas semanas* eram mais propensos a manter os benefícios por até 50 semanas ("tardio e persistente", ou "resposta farmacológica verdadeira"), enquanto aqueles que pareciam "perder" sua resposta inicial eram mais propensos a apresentar resposta precoce/não persistente ("placebo") ao medicamento ativo.

Por outro lado, em uma revisão de oito ECRs com 3.063 pacientes deprimidos randomizados coletivamente para receber tratamento com anti-depressivos (cerca de dois terços) ou placebo (cerca de um terço), Khan et al. (2008) demonstraram que cerca de quatro em cinco indivíduos que responderam ao placebo *sustentaram* sua resposta por até 12 meses.

No transtorno do pânico, pesquisadores observaram que houve efeito placebo na primeira semana, que persistiu durante a fase de redução progressiva do tratamento e, em seguida, na consulta de reavaliação realizada 1 mês depois da conclusão do estudo (Dager et al., 1990).

PLACEBO ATIVO *VERSUS* INATIVO

Em ensaios clínicos, o cegamento torna-se questionável quando um fármaco causa efeitos adversos marcantes ou inconfundíveis em comparação com um placebo inativo. Efeitos como sedação, estimulação do apetite, embotamento cognitivo ou náuseas podem muito rapidamente

violar o cegamento sem que isso seja pretendido; por sua vez, indivíduos de ensaios clínicos que desde o início percebem efeitos adversos e nenhuma melhora evidente podem estar mais inclinados a interromper prematuramente sua participação no estudo. Este, por sua vez, pode provocar conflito sistemático no grupo placebo e perda de força estatística, à medida que os indivíduos que decidem continuar são mais provavelmente os que se beneficiam. Por exemplo, nos estudos com ácido graxo ômega-3 retirado de óleo de peixe para tratar transtornos do humor, uma simples "cheirada" no fármaco estudado provavelmente acabaria com qualquer dúvida quanto se o conteúdo das cápsulas foi retirado de uma salmoura. Cetamina usada para tratar depressão maior frequentemente causa dissociação inconfundível, enquanto a sedação associada aos efeitos anti-histamínicos da quetiapina também é difícil de não ser percebida.

Em ECRs, é comum pedir aos participantes que imaginem se estavam usando placebo ou fármaco ativo enquanto participavam do estudo. Embora as respostas variem em cada transtorno psiquiátrico e formulações farmacêuticas estudadas, mais da metade dos pacientes frequentemente acerta quando dizem que usavam placebo, frequentemente com base na percepção da falta de efeitos colaterais.

🕐 Placebos abertos (*open-label*)

Mais uma curiosidade envolve resultados de pacientes que usam placebos conhecidos (*open-label placebos*) – ou seja, eles sabem desde o início que estão usando uma substância far-macodinamicamente inerte. Por exemplo, nos pacientes com depressão maior, um estudo piloto randomizado com placebo aberto – em comparação com lista de espera – observou, depois de 4 semanas, melhora significativa dos escores de gravidade dos sintomas depressivos com tamanho de efeito médio ($d = 0,54$) (Kelley et al., 2012). Contornando o problema do engano e aproveitando a força potencial da sugestão, os pesquisadores diziam aos indivíduos explicitamente que os comprimidos que estavam usando não continham "qualquer medicamento", mas que poderiam ajudar o organismo a recuperar-se, desde que fossem usados regularmente para que produzissem efeito. Alguns autores defenderam que, em razão de sua segurança e seu tamanho de efeito aparentes, placebos administrados por 4 a 6 semanas devem ser considerados entre as opções terapêuticas de primeira linha para tratar formas brandas a moderadas de depressão (Brown, 1994).

EFEITO NOCEBO

Os efeitos nocebo são *consequências ruins* causadas por substâncias farmacologicamente inertes. Em ECRs sobre depressão maior, até praticamente dois terços dos pacientes distribuídos ao grupo placebo relataram ao menos um efeito adverso do "fármaco"; e cerca de 1 em 20 interrompeu o uso em consequência de um efeito colateral significativo enquanto usava placebo (Mitsikostas et al., 2014; Dodd et al., 2015). Poucos estudos sistemáticos avaliaram seus fatores correlacionados e seus preditores. No transtorno bipolar, metanálise de nove ECRs com olanzapina demonstrou que eventos adversos ocorreram entre 68% dos indivíduos distribuídos randomicamente para o grupo placebo, na maioria dos casos associados ao fato de o paciente não ser virgem de tratamento, idade mais jovem, participação anterior em outros ECRs, localização geográfica nos EUA e ser classificado como obeso (Dodd et al., 2019).

> **Dica**
> Os efeitos nocebo são experiências desagradáveis (em vez de benéficas) atribuídas a um placebo.

Embora as características do efeito nocebo tenham sido pouco estudadas e seus determinantes ainda sejam mais especulativos que os que estão associados aos benefícios subjetivos dos placebos, a própria existência desse fenômeno convida à especulação teórica e prática quanto a seu impacto nos resultados obtidos com psicofarmacoterapia. Tomando emprestado do Capítulo 10, vejamos ao menos a relação psicológica entre efeitos terapêuticos benéficos e adversos, invocando o que chamaremos de *Terceira Lei de Newton da Psicofarmacologia*:

> Para todo efeito farmacológico pretendido, há um efeito indesejável contrário de igual intensidade.

O conceito anterior – mais um postulado que uma lei – sugere que benefícios clínicos frequentemente sejam difíceis de obter sem incorrer ao menos em algum grau de adversidade. Que seja de nosso conhecimento, nenhum estudo empírico examinou até hoje a correlação entre efeitos nocebo e resposta clínica ou sua inexistência, mas observações pontuais indicam ao menos alguns casos nos quais participantes de ECR mostraram inter-relações dos mesmos:

- Os indivíduos com efeito nocebo podem *interpretar* efeitos adversos como sinal de que *prova* que eles foram designados para usar um fármaco ativo (fenômeno conhecido como "sugestão de efeito colateral"). Com base nessa expectativa (ou indução de expectativa), na verdade os efeitos nocebo podem representar uma afirmação bem-vinda de que a ajuda farmacodinâmica real deve estar a caminho. Do mesmo modo, a inexistência de efeitos adversos pode levar esses pacientes a colocar em dúvida quaisquer expectativas terapêuticas anteriormente mais otimistas *ou*
- Às vezes, os efeitos nocebo poderiam comprovar para o paciente uma expectativa exatamente oposta de que a ajuda esteja a caminho – ou seja, como pacientes, eles são "inescapavelmente objetos de tortura e perseguição", quase sempre à mercê de um ambiente ameaçador. Essa postura paranoide frente ao mundo pode facilmente imbuir placebos com tanto poder de causar estragos quanto a imaginação do sofredor permite *ou*
- Até certo ponto menos nociva, mas não menos potente, é a projeção de medo e ansiedade do paciente a um placebo, como um tipo de *tabula rasa*. Indivíduos com forte *locus* de controle interno, ou estilo de apego ambivalente, podem apenas relutantemente ceder o controle sobre seu funcionamento corporal a um agente exterior (um médico, fármaco ou protocolo de estudo) e as reações nocebo podem então funcionar como expressões psicossomáticas de sofrimento desprezível *ou*
- O contrato terapêutico pode ser um mediador de efeitos nocebo, assim como placebo,

4 Psicofarmacologia Prática

conforme foi demonstrado por Dodd et al. (2017); esses autores assinalaram que o risco percebido de um tratamento pode ser especialmente provável dentro de uma relação terapêutica de hostilidade-dependência quando pacientes com estilo de apego inseguro são forçados a confiar na benevolência e na competência do médico encarregado de cuidar deles. Psicologicamente, esses pacientes poderiam ter efeitos adversos com placebos, um tipo de teste para o prescritor: os efeitos nocebo oferecem uma maneira de aferir se o médico tem empatia e habilidades suficientes como cuidador para notar e validar (e certamente não negar) o sofrimento do sofredor, pedir desculpas por isso em seu nome (o médico que prescreveu causou isso, seja intencionalmente ou inadvertidamente) e propor algum tipo de garantia confiável de que a vítima sobreviverá e continuará a melhorar, apesar do risco percebido *ou*

- O conceito de *amplificação somatossensorial* refere-se ao fenômeno de vivenciar sensações corporais normais como excessivamente intensas e perturbadoras, que influenciam a expectativa de sintomas físicos, sobretudo no contexto de risco percebido à integridade e ao bem-estar das funções físicas do indivíduo.

Embora não existam estudos sistemáticos formais realizados para explorar os mecanismos psicológicos e neurobiológicos responsáveis pelos efeitos nocebo, alguns estudos psiquiátricos preliminares ao estilo CSI (investigação na cena do crime) permitem-nos fazer algumas inferências preliminares.

A Tabela 4.2 apresenta um resumo dos efeitos adversos associados mais comumente aos grupos de tratamento com placebo em diversos ensaios clínicos psiquiátricos de registro na FDA. Com base nessa tabela, ressaltamos no Boxe 4.6 alguns pontos fundamentais e resumimos efeitos nocebo relatados com taxas de incidência ≥ 10% em indivíduos que usaram placebo em ensaios clínicos de registro de fármacos psicotrópicos ativos na FDA.

Em ensaios clínicos de registro junto à FDA, a descrição pelo fabricante de efeitos adversos do tipo descrito na Tabela 4.2 reflete em grande parte relatos espontâneos dos indivíduos estudados, em vez da vigilância prospectiva sistemática. Desse modo, esses efeitos estão sujeitos à subnotificação – que, de acordo com nossos propósitos, significa que sejam subestimativas conservadoras na melhor das hipóteses. Com isso em mente, é digno de nota que *nenhum* evento adverso relatado espontaneamente tenha ocorrido em ≥ 10% com placebo durante ensaios farmacológicos de registro junto à FDA

para o tratamento de TDM com escitalopram, fluoxetina ou lisdexanfetamina ou ECRs sobre esquizofrenia em comparação com ziprasidona, brexipiprazol ou lurasidona.

EFEITOS DA DESCONTINUAÇÃO DO FÁRMACO

Em ECRs, os períodos de suspensão (*washout*) dos fármacos usados consistem frequentemente em interromper fármacos que estavam sendo usados antes da inclusão no estudo, de modo que os efeitos de sua descontinuação poderiam influenciar efeitos placebo depois da randomização. Por exemplo, alguns autores argumentaram que, no transtorno bipolar, a interrupção repentina (em menos de 2 semanas) de lítio poderia reduzir o tempo até uma recaída em indivíduos depois distribuídos randomicamente ao grupo placebo, em comparação com os que fizeram interrupção mais gradativa do lítio antes da distribuição ao grupo placebo, aumentando artificialmente a probabilidade de deterioração clínica em consequência de um efeito rebote. Do mesmo modo, antidepressivos serotoninérgicos com meias-vidas curtas interrompidos repentinamente foram associados a síndromes de descontinuação, que consistem em diversas queixas somáticas. Esses fenômenos poderiam ser confundidos com efeitos adversos do próximo fármaco iniciado, seja um composto ativo ou placebo, inflando artificialmente observações de efeitos adversos que, de outro modo, seriam atribuídos ao fármaco estudado.

COMO MINIMIZAR EFEITOS PLACEBO: IMPLICAÇÕES PARA O DESENHO DOS ESTUDOS

Embora os ensaios clínicos patrocinados pela indústria farmacêutica envolvendo vários locais de pesquisa se esforcem para minimizar índices de efeitos placebo, nenhuma estratégia foi adotada universalmente, ainda que alguns elementos tenham sido descritos e frequentemente incorporados. Esses elementos estão resumidos na Tabela 4.3.

Com essa abordagem, realizam-se análises apenas com grupos de indivíduos incluídos nas quadrículas escuras.

Isso traz a vantagem de minimizar efeitos placebo e controlar reações "iniciais" a um placebo, que poderiam refletir fatores inespecíficos relacionados com a participação no estudo, em vez de utilização propriamente dita de um placebo. Indivíduos também podem ter até duas oportunidades de usar o fármaco ativo.

Tabela 4.2 Efeitos adversos causados mais comumente por placebos em ensaios de registro junto à FDA em diversas indicações de fármacos psicotrópicos.[a]

	Ocorrências em ≥ 10% dos indivíduos que usaram placebo										
Indicação da FDA	Cefaleia	Tontura	Náuseas	Boca seca	Diarreia	Anorexia	Insônia	Sonolência	Fadiga	Disfunção sexual	EEP
TDAH de adultos	16 a 19%										
Mania-TB	13 a 23%	12%	10 a 13%				11%	12 a 19%			12%
Depressão-TB	19%	11 a 13%	10%	13%				11 a 15%			
Bulimia			11%				10 a 13%				
TAG	11 a 18%	11%	11 a 17%	11%	12%		10%			25%	
TDM	15 a 26%		10 a 12%	12%	10%		11 a 16%	18%		14 a 20%	
TOC	20%		10 a 14%	10%	10 a 13%	10%	10 a 22%		10%		
Transtorno do pânico		10%	12 a 18%	10 a 11%			10%	11%			
TEPT	14%		11 a 22%		15%		11%				
Esquizofrenia	12 a 23%		11%				11 a 21%				15 a 23%
TAS	16 a 33%	16%					10 a 16%	16%			

EEP, efeitos colaterais extrapiramidais; *FDA*, US Food and Drug Administration; *TAG*, transtorno de ansiedade generalizada; *TAS*, transtorno de ansiedade social; *TB*, transtorno bipolar; *TEPT*, transtorno de estresse pós-traumático; *TOC*, transtorno obsessivo-compulsivo. [a]Baseada em dados publicados nas bulas com informações dos produtos do fabricante.

Capítulo 4 • Efeito Placebo e Efeito Nocebo

4

4 Psicofarmacologia Prática

Boxe 4.6 Efeitos nocebo.

- *Cefaleia, náusea* e *insônia* são efeitos adversos associados mais comumente a placebos em ensaios clínicos com vários fármacos avaliados para registro na FDA
- Cerca de um terço dos pacientes com transtorno de ansiedade social relata cefaleia enquanto usa placebo – mesma porcentagem dos que usam venlafaxina XR (fármaco ativo); do mesmo modo, em ensaios acumulados sobre TOC e TDM com fluvoxamina, as taxas de incidência relatadas de cefaleia eram desproporcional e comparavelmente altas entre indivíduos que usaram fluvoxamina (22%) ou placebo (20%)
- TDM e TOC estão entre as doenças que parecem acarretar mais efeitos adversos com placebo, enquanto TDAH e bulimia parecem ser os menos suscetíveis a efeito nocebo
- Aumento de peso não foi relatado frequentemente (incidência ≤ 10%) com placebo (ou seja, simplesmente é um artefato atribuível à doença básica tratada) em quaisquer ensaios clínicos de registro na FDA
- Uma porcentagem acentuadamente alta de pacientes em fase maníaca de transtorno bipolar ou esquizofrenia tratados com placebo teve aumentos ≥ 50% dos níveis basais de triglicerídios em jejum, enquanto os níveis basais de LDL-colesterol aumentaram ≥ 30%

- em 14% dos indivíduos que usaram placebo, apesar da perda média de peso de 0,3 kg (com base em dados acumulados de ensaios de curto prazo [6 semanas] para o registro de olanzapina; tais dados não estão incluídos na Tabela 4.2)
- Surpreendentemente, efeitos adversos atribuíveis a um placebo entre pacientes com TAG foram relativamente incomuns (com base em ensaios comparativos com paroxetina, escitalopram, duloxetina, venlafaxina e buspirona). Na verdade, "ansiedade" e "nervosismo" comumente ocorreram em menos de 1% – talvez sugerindo um efeito benéfico do placebo na doença subjacente. Interrupções prematuras do ensaio em razão de eventos adversos foram homogeneamente menores que 1% entre pacientes com TAG ou transtornos do pânico em tratamento com placebo
- No TEPT, os transtornos do sono durante o tratamento com placebo não foram desproporcionalmente frequentes quanto seriam de outra forma esperados
- Detectou-se acatisia em praticamente um quarto dos pacientes esquizofrênicos tratados com placebo, tendo como base graduações sistemáticas prospectivas de movimentos anormais.

Tabela 4.3 Estratégias de desenho do estudo para minimizar responsividade a um placebo.

Estratégia	Descrição/justificativa	Prós	Contras
Período de preparação com placebo conhecido (*single-blind*)	Inicialmente, todos os indivíduos recebem um placebo conhecido (nos casos típicos, por 1 a 2 semanas); em seguida, os indivíduos que não responderam são randomizados para iniciar fármaco ativo ou continuar com placebo	Teoricamente, enriquece o desenho do estudo para evitar indivíduos que mais provavelmente responderiam a um placebo	Em ensaios com TDM, não resultou em diferenças maiores entre fármaco e placebo; pode levar os médicos a subestimar melhora inicial
Uso de escalas de graduação diferentes para avaliar alteração de gravidade inicial dos sintomas durante o andamento do estudo	Rastrear gravidade inicial e melhora com as mesmas escalas de risco incluindo indivíduos que "apenas dificilmente" atenderiam aos critérios de inclusão ou resposta	Separa medidas de elegibilidade à admissão e melhora subsequente para detectar estado duvidoso	Casos de gravidade mínima limítrofe para elegibilidade de inclusão podem ainda contribuir para inflar efeitos placebo
Uso de avaliadores externos nas consultas de seguimento para medição dos sintomas	Examinadores independentes, diferentes do entrevistador do estudo fazendo perguntas de avaliação, realizam classificações reais dos indivíduos com base em suas observações da entrevista de avaliação	Possivelmente reforça classificações mais neutras ou imparciais que seriam conseguidas com um examinador que tenha contato terapêutico com o indivíduo	Um examinador que conhece o indivíduo pode perfeitamente graduar os sintomas com base em um contexto basal mais bem informado

(continua)

88

Capítulo 4 • Efeito Placebo e Efeito Nocebo

Tabela 4.3 Estratégias de desenho do estudo para minimizar responsividade a um placebo. *(Continuação)*

Estratégia	Descrição/justificativa	Prós	Contras
Minimizar o número de locais de estudo	Mais locais de estudo foram associados a índices mais altos de efeitos placebo em diversos estudos	Usar menos locais de pesquisa cuidadosamente selecionados melhora a homogeneidade do estudo	Limitações práticas para encontrar locais de alta qualidade suficientes para manter inclusão exequível e oportuna
Desenho comparativo paralelo sequencial (Fava et al., 2003)	Na abordagem de duas etapas, indivíduos que inicialmente foram randomizados ao grupo placebo e não responderam são depois randomizados para grupo do fármaco ativo ou placebo novamente (Figura 4.3)	Exclui pacientes que responderam com efeitos iniciais ao placebo, aliança terapêutica e outros fatores inespecíficos no início do tratamento; permite "reutilizar" eficientemente alguns indivíduos; pode reduzir o tamanho da amostra necessária em 20 a 50%	O estudo pode demorar mais tempo; médicos e pesquisadores podem não estar familiarizados com a metodologia; pode dificultar comparações de "maçãs com maçãs" com ensaios mais antigos

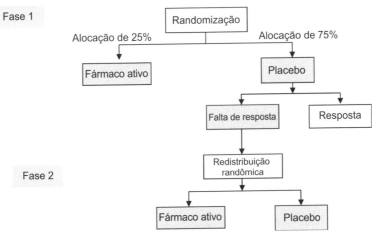

Figura 4.3 Desenho comparativo paralelo sequencial.

🏠 Pontos importantes e tarefas para casa

- Em psiquiatria, os efeitos placebo frequentemente são fenômenos marcantes, que podem ser substanciais e variar consideravelmente nos diversos transtornos psiquiátricos
- Esses efeitos provavelmente se devem a uma combinação de fatores inespecíficos no paradigma terapêutico, como aliança terapêutica, expectativas, reações condicionadas às experiências anteriores e disposição otimista/pessimista
- Seus efeitos não são necessariamente transitórios e podem persistir, dependendo da condição clínica em questão.

5 Ajustes Finais: Moderadores e Mediadores do Resultado Terapêutico

> **Objetivos de aprendizagem**
> - Definir e entender o papel dos moderadores e mediadores nos ensaios de psicofarmacologia clínica
> - Debater efeitos moderadores no resultado do tratamento farmacológico com relação a fatores fundamentais como gravidade clínica inicial, fatores demográficos, idade de início, cronicidade, número de episódios, duração da doença sem tratamento e história de trauma psíquico
> - Reconhecer efeitos mediadores do resultado terapêutico, como falta de adesão ao tratamento, interações farmacocinéticas, fatores interpessoais e comorbidades.

Muitas vezes me pergunto por qual motivo o mundo inteiro tem tendência tão grande a generalizar. Generalizações raramente ou quase nunca são verdadeiras e geralmente são absolutamente imprecisas.

Agatha Christie

É muito mais importante saber que tipo de paciente tem uma doença do que o tipo de doença que um paciente tem.

Sir William Osler

ABORDAGEM INDIVIDUALIZADA

Nos capítulos anteriores, descrevemos como os pacientes do "mundo real" geralmente se apresentam com diversas manifestações psiquiátricas, clínicas, psicossociais e outros elementos, o que torna problemático adotar uma abordagem terapêutica do tipo "todas as medidas se aplicam à mesma pessoa". Nos casos típicos, os ensaios clínicos randomizados de escala ampla facilitam a uniformização de diagnósticos, de modo que todos os indivíduos inscritos demonstram mais ou menos os mesmos tipos de sintomas estudados. Por essa razão, os ensaios clínicos controlados publicados na literatura sobre prática baseada em evidências provêm basicamente de grupos de estudo homogêneos rarefeitos (ou exclusivos) com critérios diagnósticos rigidamente definidos. Consequentemente, esses estudos trocam resultados ideais ("eficácia") por generalização ("efetividade") sob condições mais ordinárias. Isso explica por que os chamados estudos de "efetividade" (p. ex., *Clinical Antipsychotics Treatment Intervention Effectiveness* – CATIE; ver Capítulo 15) esforçam-se por incluir pacientes representativos com comorbidades, adesão parcial ao tratamento e problemas de tolerabilidade aos fármacos, adotando medidas de resultado primário "essenciais" como "abandono por todas as causas". Independentemente de quão bem um tratamento *possa atuar*, ainda resta a preocupação pragmática de quão bem ele realmente *funciona* em condições do mundo real.

Em contextos terapêuticos comuns, os resultados podem variar amplamente quando os médicos extrapolam os tipos de pacientes idealizados a grupos mais heterogêneos, cujos problemas reais podem apenas de longe se assemelhar aos que foram observados nos indivíduos do estudo. Evidentemente, por várias razões, nem todos os pacientes com o mesmo diagnóstico abrangente reagem ao mesmo tratamento. Por esse motivo, veremos a seguir como "dissecar" os diversos elementos clínicos que definem e tornam cada indivíduo singular e

Dica
Eficácia terapêutica refere-se a quão bem um tratamento pode atuar em condições otimizadas; *efetividade* diz respeito a quão bem um tratamento eficaz realmente funciona em condições clínicas comuns.

usaremos tais características para prever resultados prováveis e instruir decisões mais sensatas em farmacoterapia.

Assim como impressões digitais, a maioria dos pacientes tem elementos singulares reconhecíveis, que os diferenciam das outras pessoas com a mesma condição geral. Esses atributos singulares criam uma "bioassinatura" que diferencia o indivíduo de um grupo e, desse modo, podem influenciar (e, em alguns casos, até reger) a utilidade de determinado tratamento. O reconhecimento das características clínicas diferenciadoras de um indivíduo é fundamental ao conceito de medicina personalizada. Isso inclui não apenas biomarcadores potenciais (p. ex., farmacogenética, conforme está descrito com mais detalhes no Capítulo 8), mas também grande variedade de características clínicas e demográficas. Com a elaboração de um perfil individualizado desses elementos próprios de cada paciente, que afetam o resultado do tratamento – os chamados moderadores e mediadores –, pode-se refinar ainda mais a qualidade de ajuste entre pacientes específicos (em vez de um diagnóstico geral) e determinados tratamentos possíveis.

> **Psicofarmacologia sob medida**
> Assim como um terno feito sob medida é ajustado especificamente às medidas de um único indivíduo, a psicofarmacologia "sob medida" leva em consideração características definidoras de cada paciente de modo a elaborar o esquema terapêutico que melhor se adapte *a ele*.

MODERADORES E MEDIADORES DA RESPOSTA TERAPÊUTICA

Os *moderadores* são fatores que influenciam estatisticamente a força de uma relação entre duas variáveis. Em ensaios clínicos, os moderadores são essencialmente covariáveis que decifram as características de *quem tem mais probabilidade de ser beneficiado por determinado tipo de tratamento*. Já os *mediadores* são fatores que determinam *como obter melhores resultados terapêuticos*. Em termos gerais, os mediadores descrevem eventos ou manifestações clínicas que podem impactar *como determinado tratamento é administrado depois de ser iniciado*. Eles também ajudam a reconhecer possíveis mecanismos que podem explicar como determinado tratamento produz o efeito desejado. (Por exemplo, um fármaco útil para perder peso poderia mediar este efeito suprimindo o apetite [como a anfetamina] ou controlando o desejo compulsivo de comer [como o topiramato] ou aumentando a sensibilidade à insulina [como a metformina]. Ou um estimulante pode reduzir eficazmente a ansiedade se ela fosse mediada por desatenção.) Como foi ressaltado por Kraemer (2016), os moderadores e os mediadores são maneiras de se fazerem inferências populacionais quanto ao "que poderia ser aprendido de ensaios clínicos publicados, o que se aplicaria aos pacientes do próprio médico" (p. 672). Desse modo, esse conceito é fundamental à tese de todo este livro – como transferir resultados de ensaios clínicos com base em evidências para a prática clínica real.

 Dica
Um moderador *relevante* para o resultado terapêutico é chamado de *preditor*.

> **Terminologia**
> Os *moderadores* são características *iniciais* (pré-tratamento) dos pacientes, que afetam seus resultados (ou seja, quem deve ser tratado).
> Os *mediadores* são fatores que afetam os resultados depois de iniciar o tratamento (como falta de adesão, interações farmacológicas ou efeitos adversos).

Os moderadores podem ser clínicos, demográficos ou outras características iniciais do paciente antes de iniciar o tratamento (p. ex., peso corporal, história familiar ou genótipo), que podem aumentar ou reduzir as chances de obter resposta ao tratamento de uma doença definida em termos amplos. Por exemplo, a idade de início da doença pode moderar os efeitos de um antidepressivo na melhora dos sintomas de depressão, ou um genótipo de metabolizador fraco pode aumentar as chances de ter efeitos adversos com determinado fármaco em subgrupos de pacientes bem definidos. Curiosamente, em uma análise de modelagem hierárquica *post hoc* de dados do nível 1 de STAR*D referentes ao TDM, variáveis socioeconômicas (especialmente renda e nível educacional) foram preditores mais robustos de resposta antidepressiva ao citalopram do que sintomas ou outros fatores clínicos (Jain et al., 2013). Outros moderadores demográficos conhecidos de resposta terapêutica insatisfatória no TDM são viver sozinho e ter nível educacional mais baixo (Hirschfeld et al., 1998). O nível socioeconômico (NSE) pode ser uma hipotética covariável de outros fatores moderadores ou mediadores de "prognóstico favorável", como acesso ao sistema de saúde, condições de vida acolhedoras, nível funcional mais alto por estar empregado e melhores condições de saúde física e nutrição.

> ### Citação recomendável
> "Os moderadores ignorados podem ser uma das explicações por que tantos tratamentos psiquiátricos parecem ter uma efetividade tão pequena" (Kraemer, 2016).

Biomarcadores como moderadores terapêuticos

Em psicofarmacologia, há muito se anseia por identificar marcadores laboratoriais ou biológicos que possam predizer respostas terapêuticas e, talvez, validar diferentes subtipos de transtorno psiquiátrico. Na década de 1970, esses esforços enfatizavam basicamente correlatos endócrinos da depressão (p. ex., níveis séricos matutinos de cortisol; ou teste de supressão com dexametasona) ou metabólitos de monoamina oxidase no líquido cefalorraquidiano (LCR). Na década de 1990 e no início da década seguinte, as atenções foram voltadas para exames de imagem neurológicos funcionais e estruturais, potenciais relacionados com eventos (PREs, que são ondas eletroencefalográficas [EEG] mensuráveis em resposta a estímulos auditivos ou sensoriais) e parâmetros do traçado de EEG quantitativo (EEGq). Mais recentemente, os estudos de biomarcadores incorporaram farmacogenômica e proteômica (esta última refere-se à totalidade de proteínas sintetizadas por um indivíduo e esforços para compatibilizar tratamentos ideais com seus efeitos em marcadores proteicos).

Um exemplo de empreendimento sistemático dedicado a investigar possíveis biomarcadores de res-

> ### Dica
> Os *estudos geradores de hipóteses* são investigações exploratórias destinadas a reunir dados preliminares, a partir dos quais hipóteses formais possam ser então formuladas e testadas *a priori*. Por definição, os resultados desses estudos são provisórios e destinados a suscitar estudos adicionais, em vez de fornecer evidência definitiva a ser incorporada à prática clínica.

posta aos fármacos antidepressivos é o estudo iSPOT-D (*International Study to Predict Optimised Treatment in Depression*) envolvendo 17 centros de pesquisa. Realizado entre 2008 e 2012, esse estudo incluiu 1.008 pacientes deprimidos com o objetivo principal de reunir dados prospectivos sobre biomarcadores potenciais como farmacogenética, estilos de cognição, resiliência emocional, eletrofisiologia (EEG e PREs) e neuroimagem para determinar seus efeitos moderadores nos resultados terapêuticos durante ensaios randomizados abertos padronizados com antidepressivos.

Em outras áreas da medicina, alguns biomarcadores estão inquestionavelmente bem estabelecidos (p. ex., características à coloração por Gram de uma cultura de bactérias para orientar a escolha do antibiótico; marcadores tumorais para escolher um antineoplásico). Até que a validade de um suposto biomarcador seja confirmada por estudos de replicação, seu valor potencial assemelha-se ao resultado preliminar de um estudo de "prova de conceito". Por mais excitante ou interessante que possa ser uma relação com suposto biomarcador, é importante que os médicos não aceitem prematuramente um resultado provisório como dogma – recapitulando a advertência de Sherlock Holmes apresentada no início do Capítulo 1, de que conclusões prematuras antes que se disponha de dados suficientes podem distorcer o raciocínio. Na linguagem da MBE, os estudos que fornecem resultados provisórios podem ser chamados de "geradores de hipóteses" em vez de "testadores de hipóteses". Por enquanto, na melhor das hipóteses, os biomarcadores ainda são moderadores potenciais (preditores) "experimentais" da resposta terapêutica. Por essa razão, apresentamos informações sobre biomarcadores mais para dar aos profissionais um contexto mais amplo para que compreendam possíveis correlatos de farmacodinâmica e farmacocinética, do que como ferramenta prática pronta para uso à beira do leito – pelo menos, ainda não.

Alguns exemplos de biomarcadores provisórios representativos de resultados farmacoterápicos estão descritos na Tabela 5.1. Em particular, os exames de neuroimagem como possíveis biomarcadores de resposta aos fármacos psicotrópicos frequentemente se baseiam em uma técnica conhecida como imagem por tensor de difusão (DTI), explicada no Boxe 5.1.

Quando um biomarcador de determinada doença também se mostra moderador do resultado terapêutico, isso é o mesmo que dizer que ele é uma propriedade intrínseca que contribui para definir a própria doença (p. ex., *Staphylococcus aureus* resistente à meticilina)? Não

Capítulo 5 • Ajustes Finais: Moderadores e Mediadores do Resultado Terapêutico

Tabela 5.1 Relações provisórias de biomarcadores que podem moderar efeitos de fármacos psicotrópicos na depressão.

Biomarcador potencial	Exemplos de resultados
Marcadores inflamatórios	
Proteína C reativa de alta sensibilidade (PC-R-as)	• (PC-R-as) > 2,25 mg/dℓ pode prever resposta mais favorável ao L-metilfolato no TDM (Papakostas et al., 2014) • Níveis baixos de (PC-R-as) estão associados a efeito antidepressivo mais favorável ao escitalopram, enquanto níveis mais altos sugerem melhor resposta à nortriptilina (Uher et al., 2014)
Interleucina-6 (IL-6) Fator de necrose tumoral alfa (TNF-α) Receptor 2 de TNF solúvel (sTNF-R2)	• Níveis séricos de IL-6, TNF-α e sTNF-R2 são mais altos em pacientes com TDM com três ou mais experiências terapêuticas infrutíferas com antidepressivos (*versus* pacientes com uma ou menos falhas) (Haroon et al., 2018) • Em pacientes com TDM, os níveis basais altos de TNF e sTNF-R2 estão associados à resposta antidepressiva ao antagonista de TNF infliximabe (Raison et al., 2013)
Neurofisiologia	
EEG	• Pacientes que respondem aos ISRSs têm potência alfa mais alta (menos atividade) nas áreas occipitais e hemisférios D >E (Bruder et al., 2008)
EEGq frontal	• O índice de resposta ao tratamento antidepressivo na 1ª semana (uma medida fisiológica) prevê a remissão em 7 semanas com valor preditivo positivo de 76% (Cook et al., 2013)
Atividade do sistema nervoso autônomo	• Pacientes que respondem aos ISRSs ou entram em remissão têm declínio mais rápido da atividade do SNC em repouso (avaliada por EEG no estado desperto); pacientes que melhoram com IRSN têm hiperatividade do sistema nervoso autônomo (Olbrich et al., 2016)
Desempenho cognitivo	• O pior desempenho inicial em uma avaliação computadorizada de funções psicomotoras, executivas, memória-atenção, velocidade de processamento e funções inibitória e emocional prevê resposta mais desfavorável aos antidepressivos (Etkin et al., 2015)
Exames de imagem neurológicos	
PET ou fMRI	• A hiperatividade metabólica no giro cingulado anterior pré-genual (Pizzagalli, 2011) foi associada à resposta favorável aos ISRSs na depressão • Em pacientes com TDM que ainda não foram tratados, o índice de resposta terapêutica foi associado a um *coeficiente de variação* mais alto do sinal global de fMRI em comparação com indivíduos que apresentam depressão resistente ao tratamento (Zhu et al., 2018) • As diferenças individuais na conectividade funcional estriatal podem prever a resposta aos antipsicóticos em pacientes com primeiro episódio de psicose (Sarpal et al., 2016) • Volumes maiores da cauda hipocampal estavam correlacionados positivamente com resposta antidepressiva aos ISRSs ou IRSN (Maller et al., 2018) • Volumes do hipocampo esquerdo, giros cingulados posteriores bilaterais e substância cinzenta da área temporolateral inferior direita estavam associados à resposta antidepressiva (Sämann et al., 2013) • Com o uso de tratografia em tensor de difusão (ver Boxe 5.1), a "eficiência global mais alta em conectomas estruturais" foi associada à resposta antipsicótica de pacientes com primeiro episódio de psicose (Crossley et al., 2017) • A conectividade alterada no giro cingulado e estria terminal com base em imagens de DTI previa resposta aos ISRSs em pacientes com TDM (Korgaonkar et al., 2014; Grieve et al., 2016) • A ativação do CPFDL durante atividades de inibição de reposta pode prever a remissão da depressão com uso de ISRS (Gyurak et al., 2016)

> **Dica**
> Em estudos com fMRI em repouso, o *sinal global* é usado como medida do "ruído não neuronal". Variância exagerada do sinal global foi sugerida como biomarcador de determinados transtornos psiquiátricos (p. ex., esquizofrenia).

(continua)

Psicofarmacologia Prática

Tabela 5.1 Relações provisórias de biomarcadores que podem moderar efeitos de fármacos psicotrópicos na depressão. *(continuação)*

Biomarcador potencial	Exemplos de resultados
Farmacogenética	
Relações entre SNP e resposta terapêutica	Ver exemplos nas Tabelas 8.4 e 8.5

CPFDL, córtex pré-frontal dorsolateral; *DTI*, imagens em tensor de difusão; *EEG*, eletroencefalograma; *EEGq*, EEG qualitativo; *fMRI*, ressonância magnética funcional; *IRSN*, inibidor de recaptação de serotonina-norepinefrina; *ISRS*, inibidor seletivo de recaptação de serotonina; *SNC*, sistema nervoso central; *SNP*, polimorfismo de nucleotídio único; *TDM*, transtorno depressivo maior.

Boxe 5.1 Resumo rápido sobre imagem por tensor de difusão.

Imagem por tensor de difusão (DTI) é uma técnica de neuroimagem baseada em ressonância magnética funcional (fMRI), que utiliza difusão das moléculas de água para detectar tratos de substância branca (também conhecida como tratografia da substância branca), gerando imagens bidimensionais e tridimensionais das redes neurais corticais e subcorticais. O termo *isotropia* significa que uma estrutura tem formato homogêneo em todas as direções (como uma esfera); nos exames em DTI, *anisotropia* refere-se à difusão desigual da água, como pode ocorrer em consequência de desorganização estrutural da mielinização axonal. *Anisotropia fracionada* (AF) é uma medida de DTI, que descreve o grau de preservação dos tratos de substância branca graduada na forma de uma razão, que vai de 0 (perfeitamente esférica) a 1 (perfeitamente linear). Em geral, os tratos de fibras bem definidos têm AF maior que 0,20. Ao menos teoricamente, os aumentos da AF do pré para o pós-tratamento parecem refletir a melhora da integridade estrutural da substância branca. A tratografia do cérebro inteiro por DTI é usada para modelar redes cerebrais estruturais. O termo *conectoma* foi criado para descrever esse mapa neural abrangente dos circuitos cerebrais e alterações conectômicas antes e depois do tratamento, que representam um possível correlato biológico de resposta farmacoterápica.

necessariamente. A leucometria elevada pode ser um biomarcador de infecção, mas também pode ser um sinal de muitas coisas além de infecção. Além disso, a inexistência de leucometria elevada não exclui a possibilidade de infecção, mas pode ser um indício de que o paciente esteja imunossuprimido. Determinada doença também pode não ter biomarcadores mensuráveis – por exemplo, enxaqueca ou tinido – e,

nesses casos, os tratamentos "personalizados" dependem mais de características clínicas do que de exames laboratoriais ou complementares.

FATORES DE CONFUSÃO E SUAS INTERAÇÕES

Para complicar ainda mais a situação, um moderador pode interagir com outros de modo a confundir ou obscurecer uma relação "real" – por exemplo, os ISRSs podem reduzir mais eficazmente a ingestão compulsiva de álcool no alcoolismo de início tardio do que no alcoolismo de início precoce. No entanto, tal relação, por sua vez, pode ser moderada pelo genótipo do polimorfismo do gene transportador de serotonina (*5HTTLPR*) (Kranzler et al., 2011). Um grande estudo multicêntrico usou o EEG inicial para predizer a resposta aos antidepressivos e demonstrou que a assimetria alfa frontal direita moderava a resposta ao ISRS (mas não ao IRSN), porém apenas em mulheres (Arns et al., 2016), enquanto alguns autores demonstraram que a amplitude de N1 maior era um moderador da resposta à venlafaxina, mas apenas nos homens (van Dinteren et al., 2015). A atividade funcional mais intensa no CPFDL durante uma tarefa de desempenho contínuo foi associada à melhora com antidepressivos, mas apenas quando não havia maus-tratos na infância (Miller et al., 2015).

Com relação aos moderadores clínicos, por exemplo, consideremos o seguinte:

- Às vezes, a sensibilidade à rejeição (que faz parte da síndrome de manifestações afetivas "atípicas") é considerada um preditor possível de resposta mais favorável a um IMAO do que a um antidepressivo tricíclico (p. ex., Quitkin et al., 1993), mas a sensibilidade à rejeição propriamente dita também se correlaciona com idade precoce do início da doença (Benazzi, 2001). Qual desses dois fatores é um preditor mais robusto de resposta – ou ambos são complementares? Ou colineares?

- Suponhamos que o escore de gravidade inicial de uma doença prediga resposta/falta de resposta ao tratamento farmacológico, mas a história de trauma psíquico na infância e a idade por ocasião do início da doença predigam gravidade inicial. Então, qual dessas variáveis independentes determina mais diretamente o resultado terapêutico ou qual colinearidade entre variáveis preditivas pode interferir com a demonstração de significância estatística?

> **Dica**
> O termo estatístico *colinearidade* é usado para descrever condições nas quais duas ou mais variáveis independentes/preditivas estão intrinsecamente muito correlacionadas e, consequentemente, diminuem a significância da explicação da variação observada em uma variável dependente.

Os tipos de variáveis moderadoras potenciais que consideramos em psiquiatria frequentemente estão inter-relacionados e podem ser organizados em grandes aglomerados de dados, que se sobrepõem ao menos parcialmente quanto aos processos cognitivos, comportamentais e emocionais que abarcam. O mosaico ilustrado na Figura 5.1 demonstra sobreposições de vários construtos mentais conceitualmente relacionados e, portanto, possivelmente colineares como variáveis independentes.

RELAÇÕES VERDADEIRAS OU FALSAS?

Quando se realiza mais de um estudo para replicar um resultado inicial, reforça-se a credibilidade da suposta relação moderadora. Uma primeira evidência a favor de uma suposta relação moderadora provém não apenas de estudos científicos preliminares, mas também de observações efetuadas por clínicos sagazes. Médicos que suspeitam de que haja uma relação de causalidade entre resposta terapêutica e um possível fator moderador podem vantajosamente fazer perguntas a si próprios, que se baseiem nos critérios de causalidade de Bradford Hill (ver Capítulo 1). Por exemplo, um mecanismo de causa e efeito plausível identificável ou uma relação temporal nítida entre o suposto moderador e a exposição a tratamento.

Na tentativa de elaborar um tratamento ideal para um único paciente com base em suas características clínicas, alguém pode reunir mais coisas além de possíveis moderadores terapêuticos potenciais, levando a abordagem "sob medida" a extremos absurdos, quando a relevância de qualquer correlato terapêutico específico não está clara (p. ex., quando se levam em consideração afiliações políticas e religiosas, times de esporte favoritos e signo astrológico; ver mais detalhes sobre esta última situação no Boxe 5.8). Depois

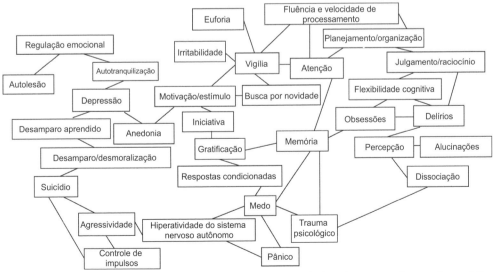

Figura 5.1 Modelo teórico: grupos de fenômenos mentais inter-relacionados, que podem moderar efeitos terapêuticos.

de excluir absurdos, vamos então considerar sistematicamente moderadores estabelecidos do resultado terapêutico na medida em que podem ser aplicados individual e coletivamente a determinado paciente.

EXEMPLOS ESPECÍFICOS DE MODERADORES TERAPÊUTICOS

1. Gravidade inicial

Conforme foi mencionado no Capítulo 4, altos níveis de gravidade inicial suprimem a resposta ao placebo que, por sua vez, fazem com que a gravidade inicial dos sintomas seja um moderador comum das diferenças entre fármaco ativo e placebo. Um problema relacionado com a baixa gravidade inicial como preditor de resposta consiste no "efeito chão" estabelecido por não haver variância suficiente na faixa dos escores. É mais difícil encontrar um escore de 8 (definidor de resposta) na Escala de Classificação de Depressão de Hamilton, do que um escore de 28. A gravidade inicial mais alta traz a possibilidade de mais variância, de acordo com a chamada "lei do valor inicial" (às vezes também conhecida como lei de Wilder). Desse modo, ainda não está claro se os níveis iniciais de gravidade *diminuem*, *aumentam* ou não têm *qualquer consequência* no tamanho de efeito intragrupo de *fármacos ativos* em determinados transtornos psiquiátricos.

> **Lei de Wilder**
> A "lei do valor inicial" de Wilder sustenta que, quanto maior é o valor inicial em uma escala clínica, mais alta é a possibilidade de se observar maior magnitude de mudança.

Existe ao menos alguma evidência a favor dos dois lados dessa questão. Vejamos alguns exemplos no Boxe 5.2.

Na verdade, de acordo com a lei de Wilder, um nível alto de gravidade inicial em ECRs frequentemente pode ser preditor de resposta *mais favorável* a um fármaco ativo, não simplesmente porque suprime a resposta ao placebo, mas também porque confere variância mais ampla ao grupo em tratamento ativo, com a qual se pode detectar uma alteração clinicamente significativa. Esse aspecto da MBE pode gerar uma preocupação para os médicos, que se importam menos com a lei de Wilder que em saber que tipo de paciente pode evoluir mais favoravelmente

> **Boxe 5.2** Nível alto de gravidade inicial reduz o efeito placebo, mas *não* o efeito do fármaco ativo.
>
> - Metanálise de 35 ensaios clínicos com antidepressivos (como fluoxetina, sertralina, paroxetina e nefazodona) para tratar TDM submetidos à FDA (Kirsch et al., 2008)
> - Metanálise de cinco ensaios clínicos com olanzapina para tratar mania bipolar (Samara et al., 2017)
> - Metanálise de dados de pacientes individuais envolvendo seis ECRs com antidepressivos para tratar TDM; pequenos efeitos intergrupo foram observados nos casos brandos, moderados ou graves de depressão, mas maiores foram detectados em pacientes com sintomas iniciais muito graves (Fournier et al., 2010)
> - Metanálise de dados de pacientes individuais envolvendo cinco ECRs com lamotrigina para depressão bipolar (índice de resposta comparável entre pacientes de gravidade alta e baixa tratados com fármaco ativo) (Geddes et al., 2009)
> - Metanálise de dados de pacientes individuais envolvendo seis ECRs com antipsicóticos para tratar esquizofrenia demonstrou eficácia comparável dos fármacos ativos, independentemente da gravidade inicial (Furukawa et al., 2015).

> **Nível baixo de gravidade inicial reduz efeito placebo e efeito do fármaco ativo**
>
> - Metanálise envolvendo 19 ensaios clínicos com antidepressivos para tratar depressão geriátrica; a gravidade inicial teve efeito moderador no grau de melhora com placebo e fármaco ativo (Locher et al., 2015).

com determinado fármaco. Fundamentalmente, o nível de gravidade inicial alto não é o mesmo que prognóstico intrinsecamente mais favorável com determinado fármaco. Pelo contrário, significa simplesmente que há mais espaço para ocorrer melhora perceptível, em comparação com cenários nos quais a gravidade inicial dos sintomas pode ser mais sutil. É importante não confundir gravidade inicial como moderador terapêutico potencial de um fármaco que tem tamanho de efeito grande ou muito grande. As intervenções altamente potentes ("arma pesada") como a clozapina para esquizofrenia resistente, ou combinação de olanzapina/fluoxetina para tratar depressão resistente ao tratamento (TRD), ou mesmo eletroconvulsoterapia para a depressão melancólica grave, frequentemente se tornam "nichos", em parte porque cada uma delas pode funcionar mais eficaz e confiavelmente do que a maioria das outras opções em casos mais graves ou resistentes ao tratamento.

2. Idade

Por si só, a idade é um fator difícil de tirar conclusões acerca de efeitos terapêuticos. Às vezes, extremos etários alteram resultados terapêuticos em razão de efeitos farmacocinéticos em vez de farmacodinâmicos (p. ex., metabolismo hepático ou excreção renal reduzida em indivíduos idosos, ou imaturidade das enzimas de fase I ou II do metabolismo hepático em crianças muito pequenas); outras vezes, por motivos nem sempre evidentes, determinadas faixas etárias podem demonstrar efeitos paradoxais intrínsecos com fármacos psicotrópicos (como aumento em vez de redução do risco de ideação ou comportamento suicida em crianças e adolescentes deprimidos que usam antidepressivo). Na perspectiva da MBE, também é importante reconhecer que, se um fármaco não foi bem estudado em determinada faixa etária, as limitações de extrapolação podem tornar impossível saber com certeza se os efeitos farmacodinâmicos serão ou não semelhantes aos observados em adultos.

O aumento da idade também impõe fatores de confusão com outros aspectos que influenciam o resultado terapêutico. Por exemplo, pacientes idosos tiveram mais tempo para avançar com sucesso ao longo de seus marcos de desenvolvimento e, por esta razão, sustentam suas aquisições em termos de recursos profissionais, psicossociais e financeiros. Em geral, tais indivíduos passam por eventos estressantes "mais normais", que ampliam sua resiliência. A idade também é um parâmetro para aferir se determinada apresentação psiquiátrica está em uma variação epidemiológica esperada; a psicose de início recente depois da 5ª década de vida é incomum, assim como a mania antes da idade de 10 anos. As deflexões significam desvio e extrapolação de generalizações mais previsíveis associadas a quadros clínicos mais comuns.

Os estudos demonstraram que a idade é um moderador significativo da resposta à farmacoterapia ao menos em alguns casos. Talvez o mais conhecido seja o banco de dados que levou a FDA a incluir um alerta em negrito sobre risco de suicídio na bula de todos os fármacos que tenham propriedades antidepressivas demonstradas: independentemente do diagnóstico, os indivíduos com idade ≤ 24 anos podem ter maior risco de desenvolver ideação ou comportamentos suicidas até então inaparentes depois de iniciar um fármaco usado para tratar depressão.

3. Idade precoce de início da doença

Sem dúvida, a idade precoce de início da doença pode ser o preditor negativo mais comum e robusto em qualquer tipo de doença imaginável. No nível biológico, a idade precoce inicial coloca em dúvida o conceito de antecipação genética e a possibilidade de ocorrência de uma forma especialmente grave da doença, que tem ao menos algum fator hereditário. Ao mesmo tempo, a idade precoce como variável é frequentemente colinear com diversas outras variáveis de prognóstico desfavorável em muitos senão todos os transtornos psiquiátricos. Tal fato dificulta aos médicos saber se a idade precoce no início da doença representa intrinsecamente um moderador negativo provável de resposta terapêutica ou, em vez disso, se atua mais como indício de provável existência de outros fatores moderadores (colineares) que exercem mais de perto um efeito desfavorável no resultado terapêutico (mais ou menos como dizer que pessoas que carregam isqueiros parecem mais propensas a desenvolver câncer de pulmão).

4. Cronicidade

Como princípio básico, os problemas enraizados de longa duração tendem a ser mais difíceis de melhorar. Em parte, isso pode refletir mecanismos patogênicos da doença (p. ex., provável neuroprogressão com destruição de neurônios nos pacientes com esquizofrenia, demência e talvez alguns transtornos de humor) e adaptações (bem ou malsucedidas) psicossociais e consequências resultantes da limitação persistente. Assim como hóspedes indesejáveis que forçam sua permanência, as doenças mentais crônicas frequentemente levam seus portadores ("anfitriões") a fazer adaptações no estilo de vida e cada vez mais a aceitar como imutável a realidade imposta por seus sintomas e circunstâncias subsequentes.

Por outro lado, nos pacientes geriátricos deprimidos, a doença de duração mais longa (mais de 10 anos) diferencia claramente entre efeito placebo e efeitos atribuíveis ao fármaco antidepressivo (Nelson et al., 2013). Em parte, isso poderia ter mais a ver com garantir que não há efeito placebo na depressão crônica, em vez de significar que os próprios antidepressivos "funcionam melhor" em pacientes com doença crônica. Nos pacientes com depressão psicótica, a duração do episódio-índice foi um preditor potente de recidiva depois de interromper o uso do antipsicótico de modo a manter o tratamento apenas com antidepressivo (Rothschild et al., 2003).

O TOC é outra doença na qual foi identificado que a cronicidade pode ser considerada preditora de resposta insatisfatória ao tratamento (conforme demonstrado em ensaios clínicos abertos com fluoxetina; Storch et al., 2006).

5. Número de episódios

Outros fatores relacionados com cronicidade são número e duração cumulativa de episódios de uma doença recidivante (às vezes chamados "carga da doença"). Quanto maior o número de "ataques cardíacos" ou episódios de AVE que um paciente tem, mais difícil geralmente se torna reverter a causa básica. Na epilepsia, um número crescente de crises é incluído no chamado paradigma do "abrasamento" (*kindling*), no qual as primeiras crises convulsivas de um paciente podem ser mais fáceis de tratar do que sua epilepsia recidivante de longa duração. (Comparável com a forma como finalmente ocorre um incêndio depois ter ocorrido atrito e fricção suficientes de gravetos.) O conceito neurológico de "abrasamento" (*kindling*) foi tomado emprestado como analogia para explicar dificuldades crescentes encontradas frequentemente no tratamento de transtornos de humor com episódios numerosos. Um conceito semelhante – a chamada sensibilização comportamental – também inclui a noção de que, qualquer que seja o papel potencialmente desempenhado por fatores ambientais no desencadeamento dos primeiros episódios de uma doença, tais fatores têm atuação progressivamente menos importante à medida que mais episódios acontecem, porque o processo patológico se torna cada vez mais automático.

Um exemplo comum é a observação frequente na literatura de que o carbonato de lítio parece funcionar melhor no tratamento ou na profilaxia de recidivas do transtorno bipolar quando seu uso é iniciado antes que tenham ocorrido alguns poucos episódios iniciais. Isso é uma razão específica para preferir lítio para tratar o primeiro episódio de mania, quando todo os demais fatores forem iguais, porque o primeiro episódio pode oferecer maiores chances de que esse fármaco atue eficazmente. Em contrapartida, alguns estudos demonstraram que o valproato de sódio é eficaz para tratar

mania, mesmo depois de terem ocorrido vários episódios (Swann et al., 1999). Por outro lado, na depressão maior, estudos comparativos com ISRSs e IRSNs demonstraram que o número de episódios anteriores *não* teve efeito moderador nas diferenças entre fármaco ativo e placebo (Dodd et al., 2013).

6. Duração da doença sem tratamento (DUI)

Outro fator relacionado conceitualmente com cronicidade refere-se à controvérsia persistente na literatura quanto a se a duração prolongada de um transtorno mental sem tratamento confere intrinsecamente prognóstico negativo quanto a um resultado terapêutico. Esse conceito é evidente na oncologia ou nas doenças infecciosas, nas quais a progressão da doença inexoravelmente acarreta seu próprio ônus, se não for controlada. Em psiquiatria, existem mais dúvidas quanto a se a progressão da doença (às vezes chamada de "neuroprogressão") é literalmente um processo comparativamente tão inexorável quanto, digamos, sepse. Alguns pesquisadores acreditam que os transtornos de humor e os transtornos psicóticos (p. ex., esquizofrenia) inquestionavelmente não são apenas doenças crônicas, mas também degenerativas, nas quais o entendimento é de que iniciar tardiamente tratamento adequado não causa simplesmente sofrimento prolongado e consequências psicossociais adversas, mas também agrava o prognóstico em consequência de real apoptose não evitada (morte neuronal) ou perda de neuroplasticidade.

Aqui, parte da dificuldade consiste na possibilidade ainda não demonstrada de que os fármacos psicotrópicos interrompam ou revertam um processo degenerativo inequívoco – em contraste com atuar mais como um tipo de "prótese química" para compensar uma função prejudicada. Quando alguém puder desenvolver hipertensão futuramente, os fármacos anti-hipertensivos administrados no presente provavelmente não conferem qualquer benefício fisiologicamente profilático. Do mesmo modo, usar óculos ajuda pessoas com "vista cansada" a enxergar objetos próximos com mais clareza, mas provavelmente não tem qualquer efeito no sentido de reverter a presbiopia inexorável. No caso dos fármacos psicotrópicos, isso se deve em grande parte às propriedades "neuroprotetoras" e "neurotróficas" intrínsecas; os fármacos que podem *in vitro* evitar morte celular ou aumentar ramificações sinápticas e contagens

Capítulo 5 • Ajustes Finais: Moderadores e Mediadores do Resultado Terapêutico

de neurópilos (p. ex., lítio) são considerados capazes de evitar devastação neuronal futura. Contudo, é muito especulativo dizer se isso realmente ocorre nos pacientes. Na verdade, alguns estudos realizados até agora com antipsicóticos atípicos em indivíduos jovens "em risco" de psicose (que podem ter predisposição genética forte, mas ainda não desenvolveram um episódio psicótico bem definido) não foram definitivamente conclusivos para demonstrar que a intervenção precoce evite por completo o *risco* de psicose.

A duração prolongada de transtornos de humor, psicose, ansiedade ou outros sintomas psiquiátricos sem tratamento provavelmente não faz qualquer bem a alguém, porém as complicações podem ser atribuídas mais às consequências psicossociais que neurobiológicas, pois os empregadores e os familiares se tornam menos tolerantes e as implicações ocupacionais e financeiras se agravam. A DUI também pode ser agravada por uma adaptação pré-mórbida, na medida em que esta última tem suas próprias implicações prognósticas negativas e, além disso, pode tornar os pacientes menos inclinados a buscar ou seguir tratamento. Psicologicamente, uma DUI de longa duração também pode levar pacientes a terminar por aceitar inconscientemente seu "novo normal", em vez de assumir uma postura proativa para reverter um conjunto de circunstâncias em deterioração.

A DUI foi considerada um moderador independente da resposta terapêutica (apesar do controle de outras variáveis preditivas iniciais) nas seguintes situações:

- Primeiro episódio de psicose (Conus et al., 2017; Marshall et al., 2005) e também prognóstico da esquizofrenia em longuíssimo prazo (Primavera et al., 2012)
- Primeiro episódio de TDM (em três estudos acumulados, risco relativo (RR) de resposta em DUI mais breve = 1,70) (Ghio et al., 2014).

🕐 7. Sexo

Talvez surpreendentemente, não há muitos estudos publicados na literatura sugerindo que as diferenças de sexo no índice de resposta aos fármacos psicotrópicos geralmente sejam robustas. Na verdade, resultados terapêuticos diferentes entre os dois sexos tendem a ser mais exceção do que regra. Por exemplo, a reposição de hormônio tireoidiano para tratar depressão bipolar pode ser mais eficaz em mulheres do que em homens (Stamm et al., 2014b). No entanto,

também nesses casos, o sexo pode ser uma associação hipotética, se ficasse demonstrado que as mulheres desse estudo em particular tinham representação excessiva de pacientes cicladores rápidos ou com transtorno bipolar II ou algum outro fator capaz de causar confusão. Em alguns casos, as diferenças de sexo contribuem artificialmente para as diferenças farmacodinâmicas, como ocorre quando as mulheres usam anticoncepcionais contendo estrogênio – ou estão entrando no terceiro trimestre de gestação –, o que poderia indicar metabolismo de fase I dos ISRSs e alguns anticonvulsivantes, entre outros fatores.

Como também ocorre com alguns moderadores demográficos, o valor preditivo demonstrado das diferenças de sexo nos resultados do tratamento com psicotrópicos é muito limitado e a maioria dos estudos que incluíram sexo entre variáveis independentes no desenvolvimento de modelos preditivos de resposta terapêutica chegou a resultados não significativos. A despeito disso, o Boxe 5.3 descreve alguns exemplos conhecidos.

Boxe 5.3 Exemplos nos quais sexo foi um moderador demográfico.

- *S*-adenosilmetionina (SAMe) para TDM (melhora mais acentuada em mulheres do que em homens; Sarris et al., 2015)
- As mulheres podem não responder tão bem quanto os homens à fluoxetina para tratar TAG (Simon et al., 2006b)
- As mulheres podem responder melhor do que os homens à sertralina para tratar transtorno do pânico (Clayton et al., 2006) e aos ISRSs em geral para tratar TDM (Khan et al., 2005)
- As mulheres na menopausa podem ter outras diferenças sexuais moderadoras na farmacoterapia para depressão crônica: alguns estudos demonstraram que as mulheres pré-menopausa respondem mais favoravelmente à sertralina do que à imipramina, enquanto as mulheres pós-menopausa tiveram índices de resposta equivalentes a esses dois antidepressivos (Kornstein et al., 2000)
- A levotiroxina em doses suprafisiológicas para tratar depressão bipolar não teve qualquer diferença em comparação com o placebo em geral, mas foi mais eficaz do que placebo apenas entre as mulheres (Stamm et al., 2014b).

8. Raça e etnia

Diferenças raciais e étnicas podem produzir efeitos genuínos na maneira como os indivíduos metabolizam um fármaco ou, de outro modo, podem estar predispostos a reações incomuns – por exemplo, os etíopes negros têm probabilidade muito maior do que outros grupos de serem metabolizadores ultrarrápidos do genótipo 2D6 no citocromo P450, levando-os a obter pouco ou nenhum efeito quando usam fármacos metabolizados por esse sistema enzimático. Alguns grupos asiáticos podem estar geneticamente mais predispostos do que outros grupos a desenvolver síndrome de Stevens-Johnson quando usam carbamazepina. Estudos demonstraram que efeitos adversos extrapiramidais de alguns fármacos antipsicóticos são mais comuns em latino-americanos do que em caucasoides, enquanto afro-americanos podem ser mais suscetíveis do que caucasoides a ter aumento de peso ou outros efeitos adversos metabólicos com antipsicóticos atípicos (p. ex., olanzapina). Contudo, a raça é outro fator complexo com muitos fatores intrínsecos capazes de causar confusão. Embora isso possa ser atribuído aos efeitos farmacocinéticos ou até farmacodinâmicos diferentes, as diferenças entre grupos raciais também podem refletir a estratificação de outras características importantes que afetam resultados terapêuticos, como acesso a serviços de saúde de qualidade, nutrição e saúde física em geral, ou fatores socioeconômicos que, por si próprios, podem ter efeito moderador nos resultados terapêuticos.

9. História de tentativas de suicídio

Às vezes, a ideação (ou comportamento) suicida é considerado indicador de gravidade da doença, mas intrinsecamente tem contribuição independente para resposta ao tratamento. Por exemplo, em pacientes com primeiro episódio de psicose, a remissão dos sintomas foi menos provável em pacientes com história pregressa de tentativa de suicídio (independentemente de e além de outros preditores estudados, como gravidade inicial e duração da doença sem tratamento) (Conus et al., 2017).

10. Nível de ansiedade na linha de base

Nos ensaios clínicos STAR*D sobre TDM, o alto nível de ansiedade na linha de base foi

Boxe 5.4 A bupropiona é realmente ansiogênica?

Em contraste com a tradição e a impressão popular, níveis basais altos de ansiedade ou insônia *não* foram reconhecidos como preditivos de ausência de efeitos antidepressivos com bupropiona (Rush et al., 2015). Seu efeito nos sintomas de ansiedade coexistentes com depressão parece ser comparável com o da sertralina (Trivedi et al., 2001). Em uma revisão de 10 ECRs sobre depressão com ansiedade, os autores não observaram quaisquer diferenças entre bupropiona e ISRSs para melhorar a depressão ou a ansiedade (Papakostas et al., 2008).

reconhecido claramente como preditor forte de resposta insatisfatória aos antidepressivos, assim como se demonstrou em vários outros ECRs de tratamento farmacológico para depressão (revisados por Bagby et al. (2002), que notaram que "há relativamente poucos estudos nos quais a existência de transtorno de ansiedade como comorbidade não se mostrou preditiva de ausência de resposta"). Ver no Boxe 5.4 uma discussão pertinente sobre uma possível associação entre bupropiona e ansiedade durante o tratamento para depressão.

11. Trauma psíquico na infância

O trauma psíquico na infância tem atraído atenção crescente da literatura como fator prognóstico desfavorável, covariável de comorbidades psiquiátricas e maior complexidade terapêutica em várias doenças. São razões prováveis dessa diversidade fatores neurobiológicos (p. ex., amígdala cerebral anormalmente pequena ou volumes de outras estruturas límbicas associadas a trauma psíquico nos primeiros anos de vida sugerem probabilidade de processamento emocional anormal) e fatores relacionados com desenvolvimento psicossocial (p. ex., ligações firmes com os primeiros cuidadores podem não se estabelecer, ameaçando o sentimento de confiança básica e, ao mesmo tempo, reduzindo a resiliência e tornando o indivíduo mais suscetível a depressão ou outras respostas psíquicas internalizantes às adversidades). Em vários estudos sobre depressão maior, a resposta antidepressiva a vários ISRSs e IRSN foi comprovadamente pior nos pacientes com histórias de abuso físico, emocional ou sexual na infância, sobretudo quando ocorre antes dos 7 anos (p. ex., Williams et al., 2016). Conforme mencionado no Capítulo 2, um ECR inovador na depressão bipolar tratada com infliximabe (anticorpo monoclonal/antifator de necrose tumoral alfa) não demonstrou diferença significativa em comparação com o placebo no grupo em geral. No entanto, uma análise secundária demonstrou efeito interativo entre tratamento × tempo × história de trauma psíquico na infância, o que sugere a possibilidade de uma vantagem singular do infliximabe nesse subgrupo específico de pacientes bipolares deprimidos com história de abuso físico ou sexual na infância (McIntyre et al., 2019).

12. Resiliência

A capacidade de demonstrar resiliência – introduzida no Capítulo 1 como medida de resultado e alvo potencial de tratamento farmacológico por si próprio – também pode ser facilmente conceituada como uma característica inicial do paciente que, por sua vez, pode moderar resultados terapêuticos. Por exemplo, Laird et al. (2018) estudaram quatro subcomponentes da resiliência (coragem, enfrentamento pessoal ativo, eficiência de enfrentamento acomodatício e espiritualidade) como moderadores do efeito antidepressivo obtido na depressão de pacientes idosos e detectaram valor preditivo significativo quanto à resposta e à remissão. Em termos mais específicos, esses autores notaram que o crescimento de 20% da resiliência na linha de base resultou em um aumento de quase duas vezes na probabilidade de remissão.

> **Dica**
> Resiliência refere-se à capacidade de resistir em face de adversidades e vivenciar situações de estresse existencial sem necessariamente desencadear ou agravar sintomas psiquiátricos.

O alto nível de resiliência na linha de base também foi reconhecido como moderador da resposta à venlafaxina XR em dados agrupados de ECRs no TEPT (Davidson et al., 2012).

13. Resposta pregressa ao tratamento

É muito interessante que a nomenclatura diagnóstica usada em psiquiatria raramente ou nunca inclua informações sobre resposta pregressa aos fármacos como parte da nosologia. Comparativamente, as doenças infecciosas frequentemente são identificadas ou caracterizadas com base nesse critério (p. ex., infecções estafilocócicas resistentes à meticilina ou vancomicina; ou síndrome de imunodeficiência adquirida [AIDS] resistente aos inibidores de protease). Alguns pesquisadores da psiquiatria falam de "transtorno bipolar responsivo ao lítio" ou "esquizofrenia responsiva à clozapina", mas imaginem a profundidade da informação clínica transmitida quando um médico de referência descreveu um "homem de 29 anos com terceiro episódio de depressão maior não psicótica resistente a vários ISRSs e ao tratamento adjuvante com bupropiona, aripiprazol e lítio, mas com resposta a um IMAO". Os sistemas de "estadiamento farmacológico" da depressão ou esquizofrenia tendem a realçar deméritos de experiências terapêuticas infrutíferas sucessivas (alguns até preveem sombriamente probabilidade zero de remissão depois de um número suficiente de falhas de resposta aos fármacos e à eletroconvulsoterapia [ECT]; Petersen et al., 2005). Entretanto, essa catalogação de tratamentos anteriores frequentemente não leva em consideração fatores agravantes como coexistência ou não de tratamentos adjuvantes e suas influências farmacocinéticas/farmacodinâmicas, possível necessidade de experiências terapêuticas mais longas para julgar "adequação" de uma resposta em populações com doença mais crônica (p. ex., ver Koran et al., 2001) ou, atualmente, se fármacos farmacocineticamente inadequados são injustamente incluídos na contagem (p. ex., profármacos como carbamazepina ou desvenlafaxina, que não podem ser decompostos a seus metabólitos ativos em pacientes com genótipos metabolizadores lentos para suas respectivas enzimas do citocromo P450).

14. Prevalência familiar

Os médicos frequentemente supõem que a resposta farmacológica seja hereditária, embora evidências a favor desse pressuposto sejam em grande parte infundadas, impressionistas ou simplesmente inexploradas – com pouquíssimas exceções notáveis:

- Os índices de resposta ao lítio parecem concordantes em cerca de dois terços dos casos entre parentes de primeiro grau com transtorno bipolar familiar (Grof et al., 2002)
- Os estudos empíricos demonstraram que os índices de resposta a alguns antidepressivos da classe de ISRS (p. ex., fluvoxamina) eram concordantes entre parentes de primeiro grau com história familiar de depressão (Franchini et al., 1998).

15. Preferências do paciente quanto ao tratamento

As preferências do paciente por determinada modalidade de tratamento foram examinadas como influências possíveis sobre o resultado terapêutico. Em pacientes com TDM, alguns estudos (p. ex., Dunlop et al., 2017) demonstraram que, quando a preferência do paciente quanto ao tratamento era concordante com a distribuição randômica para tratamento farmacológico *versus* terapia cognitivo-comportamental (TCC), a continuidade no estudo foi maior (menos abandono precoce) – sugerindo um possível efeito mediador indireto das preferências do paciente no resultado do estudo. Contudo, apesar do índice possivelmente mais alto de abandono precoce quando há discordância entre preferência e tratamento atribuído, nenhum estudo demonstrou que a preferência inicial exerce efeito moderador direto no resultado terapêutico alcançado por pacientes deprimidos.

16. Níveis altos de marcadores inflamatórios

Tem crescido o interesse em torno da relação entre marcadores inflamatórios periféricos (ver Tabela 5.1) não apenas nos transtornos do humor, mas também em esquizofrenia crônica, transtornos de ansiedade, transtorno obsessivo-compulsivo e transtorno de estresse pós-traumático, entre outros. Como se pode observar na Tabela 5.1, ao menos em estudos preliminares, alguns pesquisadores demonstraram que a elevação na linha de base dos níveis séricos de marcadores inflamatórios (como proteína C reativa [PC-R]) tinha efeito moderador na resposta a antidepressivos específicos (p. ex., nortriptilina *versus* escitalopram). Conforme mencionado antes, as inferências direcionais de causa e efeito entre inflamação e psicopatologia ainda são praticamente desconhecidas. Embora a utilização de marcadores inflamatórios periféricos para prever ou, de outro modo, avaliar resultados terapêuticos prováveis seja prematura, tais estudos precisam ser extensivamente replicados – porque os estudos iniciais sugeriram a possibilidade de que a presença ou a ausência de inflamação na linha de base seriam um potencial meio inovador de subclassificar certas doenças clínicas, como depressão e talvez outros transtornos psiquiátricos.

17. Contexto psicossocial

Fatores psicossociais podem catalisar o quadro clínico de algumas doenças (p. ex., trauma psíquico antes de TEPT, dependência de maconha como "porta de entrada" para revelar uma diátese esquizofrênica, privação do sono e indução de mania) que, por sua vez, pode ter implicações moderadoras nos efeitos terapêuticos (p. ex., estresses persistentes ou crônicos como litígios não resolvidos ou outros tipos de ganho secundário e incorporação do papel de paciente).

18. Subcaracterísticas da doença

Alguns transtornos psiquiátricos específicos frequentemente também têm características singulares, que representam moderadores possíveis do resultado terapêutico, conforme ilustrado com exemplos na Tabela 5.2.

Em ECRs, os pesquisadores às vezes tentam quantificar formalmente até que ponto determinado indivíduo ou grupo possa estar predisposto a um resultado específico (p. ex., resposta terapêutica) usando um método estatístico conhecido como *escore de propensão*. O pareamento entre escores de propensão (PSM) é uma técnica de modelagem estatística, que leva em consideração a diversidade de moderadores, fatores de confusão ou outras características individuais relevantes entre grupos terapêuticos, que reconhecidamente afetam a relação de outro modo simples entre diagnóstico do paciente e sua provável resposta terapêutica. Os conceitos usados em PSM podem ser aplicados de modo geral ao entendimento do impacto coletivo relativo de diversos moderadores entre vários pacientes que têm em comum o mesmo diagnóstico psiquiátrico abrangente.

Consideremos os dois cenários descritos a seguir:

Caso A

> **Bob, 47 anos, branco**
>
> Diagnóstico: transtorno do pânico, CID-10: F41.0
> Tratamento: sertralina, 150 mg/dia
> - Sintomático há mais de 30 anos
> - Duas tentativas de suicídio no passado
> - Nenhuma resposta à fluoxetina (20 mg/dia) por 5 anos
> - Divorciado
> - Renda anual acima de US$ 150 mil
> - Depressão maior como comorbidade
> - Genótipo para CYP450 2D6 normal
> - Episódios ocasionais de uso abusivo de álcool

Capítulo 5 • Ajustes Finais: Moderadores e Mediadores do Resultado Terapêutico

Tabela 5.2 Moderadores potenciais dos resultados terapêuticos específicos de determinados transtornos psiquiátricos.

Transtorno	Parâmetro	Relevância para o resultado terapêutico
Transtorno bipolar	Tendência à bipolaridade	O lítio parece ser mais eficaz em pacientes que têm mais episódios de mania do que depressão; a lamotrigina pode ser mais útil quando fases depressivas são mais frequentes do que períodos de mania (ver Capítulo 13)
	Ciclagem rápida	Antidepressivos podem agravar a evolução longitudinal quando há ciclagem rápida; a resposta imediata aos fármacos antimaníacos ou antidepressivos estabilizadores do humor tradicionais (p. ex., quetiapina) pode ser reduzida nos casos de ciclagem rápida no último ano (ver Capítulo 13)
	Transtorno bipolar tipo I *versus* II	Segurança e eficácia dos antidepressivos podem ser mais favoráveis no transtorno bipolar tipo II do que no tipo I (ver Capítulo 13)
	Manifestações mistas	Sintomas maníacos e depressivos coexistentes podem resultar em melhor resposta imediata ao valproato de sódio do que ao lítio, assim como resposta menos favorável aos antidepressivos adjuvantes, em comparação com o que se observa na depressão bipolar "pura" (ver Capítulo 13)
Esquizofrenia ou transtorno esquizoafetivo	Incongruência de humor dos sintomas psicóticos	Em geral, as manifestações incongruentes de humor são consideradas fatores prognósticos desfavoráveis com menos responsividade ao tratamento (ver Capítulo 15)
Depressão maior	Manifestações atípicas; manifestações melancólicas	Os sinais vegetativos negativos podem implicar prognóstico mais favorável com IMAOs que antidepressivos tricíclicos; anedonia e outras manifestações melancólicas podem prever resposta mais favorável aos antidepressivos tricíclicos que aos IMAOs (ver Capítulo 13)
	História de trauma psíquico	Embora não seja um subtipo de depressão, os estudos demonstraram que a história de trauma psíquico na infância era um grande moderador negativo de recuperação do TDM (ver Capítulo 13)
	Ansiedade	A coexistência de sintomas ou síndromes de ansiedade tende a ter implicações prognósticas desfavoráveis (ver Capítulo 13)
	Psicose	Episódios de depressão psicótica tendem a durar mais e, em geral, são mais difíceis de controlar que EDMs não psicóticos (ver Capítulo 13)

EDM, episódios de depressão maior; *IMAO*, inibidor de monoamina oxidase; *TDM*, transtorno depressivo maior.

Caso B

Angela, 23 anos, japonesa

Diagnóstico: transtorno do pânico, CID-10: F41.0

Tratamento: sertralina, 150 mg/dia

- Sintomática há 1 ano
- Nenhum tratamento farmacológico usado antes
- Nenhuma tentativa de suicídio
- Relação conjugal estável
- Desempregada; não concluiu o ensino médio
- Nenhuma comorbidade psiquiátrica
- Fenótipo de metabolizador lento para CYP450 2D6
- Uso abusivo esporádico de maconha

Se você estivesse apostando se Bob ou Angela teria mais chances de responder bem à sertralina, para onde seu dinheiro iria? Nenhum dos antecedentes clínicos convence em termos de possibilidade de resposta à sertralina, ainda que o diagnóstico propriamente dito seja claro e direto. Subjetivamente, como médico você preferiria descartar corajosamente a cronicidade, a história de suicídio e alcoolismo de Bob, estimulado em vez disto por sua renda (um indicativo de independência financeira e, talvez, resiliência)? Uma baixa dose de fluoxetina usada por muito tempo por ele despertaria seu interesse e o encorajaria a um tratamento mais agressivo? Ou, no caso de Angela, seus indicadores prognósticos favoráveis como juventude, inexistência de falha terapêutica anterior e ausência relativa de cronicidade atenuariam suas preocupações de que ela provavelmente não toleraria a dose habitual de sertralina ou que seu hábito de usar maconha poderia reduzir suas chances de obter resposta favorável a um ISRS? Vamos deixar essa situação como exercício para o leitor tirar suas próprias conclusões.

MEDIADORES DA RESPOSTA TERAPÊUTICA

Os mediadores são fatores que influenciam até que ponto um tratamento pode funcionar *depois de ser iniciado*. Tais fatores refletem tipos de eventos em contextos do mundo real, que poderiam inviabilizar ou contaminar uma modalidade terapêutica que, de outro modo, seria eficaz – ou, igualmente, aumentar a eficácia do tratamento eliminando obstáculos a um nível de cuidados ideal. Alguns desses fatores são mais psicológicos do que biológicos ou diretamente farmacológicos (p. ex., questões envolvendo finanças ou acesso aos serviços de saúde, apoio familiar, atitudes subsequentes do paciente quanto a continuar com seu tratamento depois da fase aguda).

Os próprios mediadores podem ter preditores ou moderadores, e algumas variáveis podem ser moderadores (na fase inicial) e mediadores (depois de iniciar o tratamento). Um exemplo desse último caso é a observação de que a disfunção executiva pode *moderar* uma resposta terapêutica desfavorável de pacientes com TDM (ver Tabela 5.1), enquanto um estudo aberto com venlafaxina (Cristancho et al., 2018) demonstrou que, nos adultos idosos deprimidos, a disfunção executiva (sobretudo, estabelecer metas e demonstrar fluência semântica) era um *mediador* de abandono do tratamento, mas não falta de remissão.

Alguns exemplos de mediadores farmacoterápicos bem conhecidos estão resumidos a seguir.

 1. Adesão ao tratamento

Falta de adesão a um esquema terapêutico provavelmente é o fator mediador mais evidente, senão o mais fundamental, que pode inviabilizar um tratamento que, de outro modo, poderia ser eficaz depois de iniciado. Por sua vez, alguns fatores impactam baixa adesão ao tratamento e podem ocorrer com diversos diagnósticos psiquiátricos. Alguns estudos observaram que o melhor preditor de falta de adesão futura a um tratamento farmacológico é a história de tal ocorrência. Coletivamente, outros fatores importantes que reconhecidamente contribuem para falta de adesão estão resumidos no Boxe 5.5.

Boxe 5.5

Fatores demográficos
- Baixa idade
- Sexo feminino
- Desemprego
- Níveis educacionais mais altos

Fatores clínicos
- Efeitos adversos (e impressões pessoais de que são incontroláveis)
- Disfunção cognitiva
- Gravidade dos sintomas depressivos
- Psicose
- Falta de apoio social
- Uso de substâncias como comorbidade
- Outras comorbidades psiquiátricas
- Pouca percepção da necessidade de tratar-se
- Atitudes negativas frente aos fármacos
- História de tentativas de suicídio
- Baixa idade por ocasião do início da doença
- Doença de curta duração

 2. Interações farmacocinéticas com outros fármacos

Por motivos óbvios, o uso simultâneo (ou subsequente) de um fármaco (ou produto farmacêutico) com outro composto que induza ou iniba significativamente seu metabolismo ou dificulte sua eliminação altera a farmacocinética e, possivelmente, a farmacodinâmica do primeiro fármaco que se pretende administrar. O Boxe 5.6 resume alguns exemplos desse tipo.

 3. Dificuldades de relacionamento interpessoal e problemas psicossociais

O que acontece quando alguém inicia um tratamento novo para depressão ou ansiedade e, pouco depois, perde seu emprego, cônjuge, saúde ou moradia... ou ganha na loteria? Pode ser difícil contabilizar fatores de confusão atribuíveis a reveses imprevistos do destino ou outros eventos existenciais repentinos (ou até mesmo mais insidiosos) ao avaliar efeitos terapêuticos em um transtorno psiquiátrico. Esses fatores devem ser considerados qualitativamente quando se avaliam alterações dos sintomas durante a evolução de um esquema terapêutico.

Boxe 5.6 Exemplos de interações farmacocinéticas adversas.

- Pacientes estáveis em uso de um fármaco psicotrópico que se liga amplamente (> 85%; ver Boxe 12.12) às proteínas plasmáticas (p. ex., carbamazepina, valproato de sódio, diazepam ou prazosina) e que, em seguida, começam a usar outro fármaco que faz e desfaz essa ligação às proteínas (p. ex., varfarina, ácido acetilsalicílico, naproxeno, ibuprofeno, indometacina ou furosemida) do primeiro fármaco usado têm aumentos das concentrações plasmáticas do fármaco livre e podem ter hiperatividade farmacodinâmica ou efeitos tóxicos causados pelo composto químico deslocado de sua ligação às proteínas[1]
- Pacientes estáveis em uso de um fármaco psicotrópico (p. ex., propranolol), que depois é deslocado competitivamente por outro composto (p. ex., furosemida), têm aceleração da eliminação do primeiro, o que resulta em redução de eficácia
- A introdução de anticoncepcionais orais pode interferir na oxidação e na depuração dos benzodiazepínicos (p. ex., alprazolam, clordiazepóxido e diazepam); eles também podem inibir efetivamente a depuração de betabloqueadores, antidepressivos tricíclicos e corticosteroides
- O acréscimo de AINHs ao tratamento com lítio pode aumentar os níveis séricos deste último fármaco em cerca de 20% e, por sua vez, acentuar seus efeitos adversos ou risco de toxicidade
- Pacientes que começam a usar clozapina e depois estabilizam quando ela é administrada em condições livres de tabaco e, mais tarde, começam (ou voltam) a fumar cigarros frequentemente têm "recaídas" em consequência da indução do metabolismo da clozapina pelo citocromo P450 1A2 pelo tabagismo. Outros fármacos não psicotrópicos e componentes da dieta, que nem sempre são responsáveis claramente por induzir ou inibir o citocromo P450, estão resumidos no Boxe 5.7.

[1]Alguns autores enfatizaram que as implicações clínicas do deslocamento de fármacos ligados às proteínas frequentemente são superestimadas; em termos práticos, nos casos em que o deslocamento da ligação às proteínas é potencialmente preocupante, o médico poderia dosar a fração sérica livre do fármaco de interesse, de forma a obter uma estimativa mais segura de sua biodisponibilidade farmacocinética (e possivelmente farmacodinâmica).

Boxe 5.7 Indutores do CYP450.

Brócolis (1A2)
Carbamazepina (1A2, 2C9, 2C19, 2D6)
Carne chamuscada (1A2)
Chá de camomila (1A2)
Couve-de-bruxelas (1A2)
Dexametasona (2D6)
Erva-de-são-joão (3A4)
Fenitoína (2C9)
Fenobarbital (1A2, 2C9, 2D6, 3A4)
Modafinila (1A2, 3A4/5)
Omeprazol (1A2)
Prednisona (3A4)
Primidona (3A4)
Rifampicina (2C9, 2C19)
Topiramato (3A4)

Inibidores de CYP450
Amiodarona (2C9, 3A4)
Ciclosporina (3A4)
Cimetidina (2C19)
Ciprofloxacino (1A2)
Claritromicina, eritromicina (1A2, 3A4)
Corticosteroides (3A4)
Diltiazem (3A4)
Fluconazol (2C9, 2C19, 3A4)
Inibidores de protease (3A4)
Omeprazol (2C19)
Suco de toranja (3A4)
Verapamil (3A4)

Outro fator relacionado com o impacto das relações interpessoais no resultado terapêutico é o construto de emoção expressa (EE). Originalmente descrito como fator de recaída de esquizofrenia e, mais tarde, depressão maior e transtorno bipolar, a EE refere-se a estilos de comunicação crítico, hostil ou emocionalmente envolvido em demasia em famílias que podem prejudicar moderadores e mediadores que, de outro modo, seriam favoráveis a um resultado terapêutico bem-sucedido (p. ex., doses e níveis terapêuticos de um fármaco, ou adesão adequada ao tratamento). Enquanto alguns estudos experimentais avaliam formalmente a EE por meio de entrevistas semiestruturadas, outros pesquisadores desenvolveram e validaram alguns questionários de autoadministração muito simples com a finalidade de avaliar estilos de relacionamento entre pacientes e familiares com EE baixa *versus* alta (os questionários foram revisados por Hooley e Parker, 2006). Médicos perspicazes também podem simplesmente se manter ligados aos dados claros que pacientes podem oferecer sobre níveis altos de crítica percebida, discussões, hostilidade, intromissões e envolvimento emocional exagerado no lar e considerar intervenções psicossociais apropriadas.

> **Um pequeno adendo sobre EE**
> Para realizar uma avaliação simples e rápida de EE, considere pedir aos pacientes que preencham o questionário NEE (nível de emoção expressa, em tradução livre) com 60 itens, que pode ser concluído em 10 a 15 min e tem valor preditivo comprovado para detectar recaídas em diversos transtornos psiquiátricos (Cole e Kazarian, 1988).

4. Alterações da função cognitiva

Os componentes cognitivos da depressão (processamento atencional, função executiva e tomada de decisões, apreciação de gratificação e processamento de informações com valência emocional alta) têm conquistado cada vez mais o interesse dos pesquisadores da área de transtornos do humor e representam um elemento bem definido do resultado terapêutico. Em uma revisão de sete estudos randomizados de farmacoterapia ou outras intervenções somáticas para depressão, Park et al. (2018) observaram que as *alterações precoces do processamento emocional* – ou cognição "quente" (avaliada pelo teste de reconhecimento emocional facial) – eram preditores significativos de resposta antidepressiva final. No estudo de alterações da cognição "fria" como mediador da resposta antidepressiva, houve melhora imediata da memória visuoespacial como preditor mais forte de resposta terapêutica final.

> **Dica**
> O termo cognição "quente" refere-se ao processamento de informações com conteúdo emocional predominantemente alto (que envolvem estruturas límbicas e subcorticais relacionadas). Cognição "fria" diz respeito ao processamento de material de conteúdo emocionalmente mais neutro (que ativa mais as redes neurais pré-frontais e corticais relacionadas). Ver mais informações sobre isso no Capítulo 14.

5. Alterações iniciais da capacidade hedônica

Entre os preditores de resposta antidepressiva, um estudo retrospectivo interessante usou um agonista do receptor de melatonina (agomelatina) e demonstrou que a *intensificação da alegria* depois de 2 semanas de tratamento tinha valor preditivo maior para eventual resposta terapêutica antidepressiva ou remissão que uma atenuação da tristeza do mesmo período (Gorwood et al., 2015).

6. Gravidez

Além das implicações psicológicas, psicossociais e hormonais, a gravidez também provoca alterações farmacocinéticas (p. ex., ampliação do volume de distribuição, indução das enzimas do CYP450) que, consequentemente, afetam metabolismo e eliminação de fármacos psicotrópicos usados.

7. Uso indevido de substâncias psicoativas

As substâncias ilícitas variam quanto à extensão com que causam ativação ou depressão do SNC, desregulação do sistema nervoso autônomo, alterações do humor e possíveis efeitos psicotóxicos (p. ex., álcool, maconha, cocaína e alucinógenos), assim como consequências farmacocinéticas e farmacodinâmicas (e metabólicas) hepatotóxicas potenciais.

O EFEITO INICIAL PREVÊ RESPOSTA DURADOURA?

Existem diversas correntes de pensamento quanto à relevância de alterações sintomatológicas durante a primeira ou as duas primeiras semanas de tratamento com fármacos psicotrópicos em diversos transtornos psiquiátricos. No caso da depressão maior, assim como depressão bipolar e esquizofrenia, há estudos publicados sugerindo que os pacientes que demonstram melhora de 20%, no mínimo, na gravidade de seus sintomas iniciais tenham mais chances de alcançar melhora final, senão remissão completa ao fim da experiência a curto prazo com um fármaco. Nesse sentido, os sinais iniciais de melhora podem moderar os resultados terapêuticos subsequentes. Na verdade, há evidências de que a resposta antidepressiva ou remissão alcançada na 6ª

> **Dica**
> Embora as respostas ao placebo não sejam necessariamente transitórias, a resposta inicial vívida a um fármaco que desaparece rapidamente pode indicar a perda do efeito placebo.

semana possa ser um dos preditores (mediadores) mais fortes de remissão da depressão em 12 meses (Ciudad et al., 2012). Contudo, outros fatores moderadores e mediadores podem, por sua vez, afetar a robustez dessa relação; por exemplo, a regra pode não se aplicar igualmente às doenças crônicas e agudas ou aos transtornos com muitas comorbidades.

O grau de variância estatística necessária para detectar alteração de 20% em comparação com o nível inicial também difere entre os casos de gravidade baixa ou alta. Alguém cujo escore inicial de 20 pontos na HAM-D caia para 14 depois de 2 semanas pode atender a esse critério, mas seus sintomas podem não parecer tão diferentes exteriormente. Outro paciente com escore inicial de 40 pontos na mesma escala, cujos sintomas caem para 35 depois de 2 semanas, pode perfeitamente estar a caminho da recuperação, mas ficaria fora desse parâmetro estatístico.

Outro ponto de vista é que melhoras observadas na primeira ou na segunda semanas de tratamento farmacológico podem, em alguns ou até muitos pacientes, refletir basicamente um efeito placebo, que tem *poucas chances* de persistir. Por essa mesma razão, alguns desenhos de ensaio clínico começam com uma fase de preparação de 1 semana com placebo simples-cego para eliminar do estudo pacientes que mostrem sinais claros de melhora na primeira semana de uso do placebo. Alguns estudos sobre perda de resposta aos ISRSs ou outros antidepressivos depois de um período inicial de melhora sugeriram que esse fenômeno possa refletir, em muitos casos, perda de resposta inicial ao placebo, em vez de taquifilaxia real. Entretanto, alguns estudos chegaram a resultados inconsistentes e não conseguiram definir se a resposta inicial propriamente dita confere mais chances de recidiva durante o tratamento de manutenção da depressão maior por períodos mais longos (McGrath et al., 2006b).

OUTRAS CONSIDERAÇÕES SOBRE QUANDO "AJUSTAR" DOSES

No Capítulo 1, mencionamos brevemente a questão de quando, como e por que os médicos ajustam doses de tratamento farmacológico. Depois de também levar em consideração o impacto dos efeitos placebo no paciente e no médico que o prescreveu

> **Dica**
>
> Em geral, os indivíduos que finalmente respondem ao tratamento requerem menos ajustes de doses do esquema terapêutico.

(Capítulo 4), vamos agora ampliar o papel dos ajustes de dose em vista de nossas considerações adicionais sobre moderadores e mediadores do resultado do tratamento farmacológico.

Não se incorre em qualquer crime científico quando se alteram prematuramente a dose ou a frequência de administração de um fármaco com o objetivo de atenuar a angústia do paciente (ou seu médico), contanto que isso seja efetuado conscientemente no que se refere às regras farmacodinâmicas e farmacocinéticas pertinentes. Na verdade, efetuar ajustes farmacodinâmicos ou farmacocinéticos desnecessários (p. ex., doses administradas 2 ou 3 vezes/dia de preparações farmacêuticas de liberação estendida que, de outro modo, poderiam ser administradas 1 vez/dia ou aumentar ou reduzir dose em níveis "homeopáticos") pode, em alguns casos, servir para atender à necessidade do paciente de perceber atividade e assegurar sua adesão a determinado tratamento para garantir que passe tempo suficiente para julgar que uma experiência teve duração suficiente.

São alguns fatores básicos que devem entrar nesses cálculos abrangentes:

- O estado de equilíbrio foi alcançado (ou seja, já decorreram cinco meias-vidas)?
- O fármaco em questão é conhecido por alcançar resultados melhores com tolerabilidade aceitável quando se titula sua dose mais rapidamente ou mesmo com uma estratégia de impregnação oral (p. ex., como ocorre com valproato de sódio para tratar mania ou olanzapina para agitação aguda)?
- A gravidade dos sintomas de determinado paciente corresponde a resultados melhores com doses mais altas? A abordagem de começar lentamente e aumentar lentamente não faz sentido em quadros clínicos fulminantes, como agitação psicótica ou mania bem definida
- Existe alguma razão para suspeitar que o paciente possa necessitar de doses maiores que as habituais (p. ex., com base em sua história pessoal pregressa com outros fármacos; ou suspeita de um fenótipo metabolizador ultrarrápido com base em evidências clínicas e/ou farmacogenéticas; ou alguma interação farmacocinética conhecida com outro indutor enzimático administrado simultaneamente)?
- Existe alguma dose almejada, limiar de dose ou janela terapêutica conhecida para determinado fármaco – abaixo da qual podem diminuir as chances de melhora, enquanto

Psicofarmacologia Prática

ultrapassar um nível máximo pode não trazer qualquer benefício adicional, mas predispor a mais efeitos adversos?

- O paciente está usando doses abaixo do limiar reconhecido convencionalmente ou dose almejada e, ainda assim, continua sintomático? Ele usou a dose atual por tempo suficiente para determinar se a dose é insuficiente para alcançar benefício máximo?

É CIENTIFICAMENTE VÁLIDO ANALISAR SUBGRUPOS QUE RESPONDERAM AO TRATAMENTO?

Vamos concluir reconhecendo os riscos de identificar perfis de resposta terapêutica com base nas características *post hoc*, que "apontam" para subgrupos de pacientes que podem ter candidatos especialmente aptos a determinado tratamento farmacológico. Realizar análises *post hoc* em um estudo de modo a subdividir grupos com níveis mais altos de resposta é um empreendimento gerador de hipóteses em vez de testador de hipóteses. Até que um resultado seja testado como hipótese *a priori* e replicado, é arriscado fazer generalizações. Isso é um problema cientificamente difícil, pois as análises de subgrupos são, em certo sentido, uma maneira legítima de descobrir possíveis características dos pacientes que prevejam resposta terapêutica pior ou melhor, enquanto, por outro, pode ser difícil saber se as características encontradas nas análises *post hoc* relacionadas com determinado resultado seriam apenas um erro do tipo II (p. ex., ver Boxe 5.8).

RECONSIDERAÇÕES SOBRE O ENRIQUECIMENTO DE AMOSTRAS

No Capítulo 3, consideramos o impacto de desenhos de estudo enriquecidos sobre resultados terapêuticos – ou seja, "pré-carregar" um estudo com indivíduos que demonstram características que reconhecidamente aumentam as chances de que alcancem um resultado desejável. Os leitores de artigos científicos podem fazer suas próprias apreciações quanto a se e até que ponto determinado ensaio clínico despertou conclusões sobre uma amostra de estudo enriquecida *versus* uma coorte mais generalizável com base na contagem de moderadores e mediadores de resultado identificados e avaliando se foram ou não envidados esforços para garantir sua distribuição homogênea entre os grupos de tratamento. Sob um aspecto mais literal e concreto, quando um ensaio clínico demonstrou que determinado fármaco alcançou benefícios máximos no primeiro episódio de pacientes sem comorbidades com anorexia nervosa, insônia do meio da noite, traço de impulsividade, IMC < 30 kg/m² e inexistência de manifestações suicidas, não deve restar qualquer dúvida quanto a para quem esse fármaco seria a primeira opção de tratamento. Usar tal fármaco em pacientes com obesidade mórbida ou ideação/comportamento suicida seria fazer uma extrapolação, mesmo que o diagnóstico abrangente (ou indicação da FDA norte-americana) fosse o mesmo. O grau com que médicos percebem que se desviam do arquétipo de indivíduos que responderam a determinado tratamento os coloca em um terreno muito menos firme quando se trata de conceber um tratamento farmacológico sob medida. Por outro lado, fármacos com espectro muito amplo que "abarcam tudo" em termos de moderadores e mediadores conhecidos tornam esse exercício de "manufatura sob medida" menos necessário ou relevante. Contudo, até que sejam descobertos fármacos como esses, os "artesãos" provavelmente continuarão a encontrar amplas oportunidades de tocar seu negócio.

Boxe 5.8 Os perigos das análises espúrias de subgrupos.

Um exemplo memorável dos perigos de análises *post hoc* diretas de subgrupos específicos e associações hipotéticas pode ser encontrado em um grande estudo hoje famoso (*n* = 17.000), que se estendeu por 1 mês e avaliou o ácido acetilsalicílico para casos suspeitos de infarto do miocárdio, no qual os autores – perturbados por incontáveis solicitações do revisor do fabricante para contabilizar o maior número de covariáveis possíveis – incluíram análises de subgrupos *post hoc* para estratificar resultados com base nos signos astrológicos dos pacientes. Pasmem: os indivíduos dos signos de Libra e Gêmeos que usavam ácido acetilsalicílico tiveram evolução pior do que outros grupos astrológicos de sobreviventes de um infarto agudo do miocárdio (IAM) (ISIS-2 Collaborative Study Group, 1988).

Capítulo 5 • Ajustes Finais: Moderadores e Mediadores do Resultado Terapêutico

Pontos importantes e tarefas para casa

- Os moderadores são características iniciais dos pacientes, que influenciam os resultados terapêuticos. Já os mediadores são fatores que afetam o resultado depois de iniciar um tratamento. Com ênfase nos fatores moderadores e mediadores que afetam resultados terapêuticos – em vez de simplesmente enfatizar se um diagnóstico está ou não presente em determinado paciente –, os médicos que prescrevem podem ampliar profundamente sua capacidade de intermediar e alcançar um ajuste ideal entre opções terapêuticas viáveis e perfil clínico singular de determinado paciente
- Reconhecer corretamente moderadores e mediadores de resultados prováveis também possibilita ampliar muito sua capacidade crítica de interpretar e generalizar validade e aplicabilidade de ensaios clínicos publicados na literatura.

6 Esquemas Terapêuticos Complexos e Farmacoterapias Combinadas em Bases Racionais

Objetivos de aprendizagem

- Entender os três pilares da polifarmácia racional
- Reconhecer sinais da síndrome serotoninérgica e seus riscos de plausibilidade baixa *versus* alta com diversos fármacos serotoninérgicos
- Saber quando desprescrever fármacos ineficazes, redundantes ou inapropriados por alguma outra razão e reconhecer obstáculos frequentes à prática de higiene farmacológica
- Reconhecer fármacos que podem ter várias propriedades psicotrópicas e facilitar o uso de polifarmácia parcimoniosa
- Estar ciente quanto aos riscos potenciais da polifarmácia e posologia muito agressivas.

> Das intensas complexidades emergem as intensas simplicidades.
>
> *Sir Winston Churchill*

Muitos pacientes com transtornos psiquiátricos complicados – que aqui definimos como transtornos que envolvem várias comorbidades, sintomas atípicos ou prolongados, limitações funcionais persistentes e baixa adesão ao tratamento – frequentemente se veem utilizando esquemas terapêuticos com vários fármacos. Às vezes, os esquemas terapêuticos combinados consistem em amálgamas sensatos, ponderados e até refinados e elaborados depois de cuidadosa ponderação. Esse "trabalho artesanal" pode aproveitar sinergias farmacodinâmicas e mecanismos de ação complementares e não redundantes ou incluir fármacos específicos que trazem contribuições singulares a um esquema completo (p. ex., fármacos que parecem produzir efeitos anti-impulsivos, antissuicidas, pró-cognitivos ou ansiolíticos). Em um plano terapêutico bem elaborado com vários fármacos, cada componente tem idealmente uma descrição de ação bem definida e desempenha um papel específico, muito parecido com o modo como cada jogador de uma equipe esportiva ocupa sua posição ou cada instrumento de uma orquestra traz sua própria contribuição para formar um todo coerente. Nesse sentido, cada fármaco incluído em um esquema psicofarmacoterápico deve desempenhar uma função reconhecível inequívoca. Embora às vezes os pacientes e também os médicos ironizem o grande *número* de fármacos que podem estar incluídos em um esquema terapêutico extensivo, como parceiros eles podem negligenciar a tarefa de inventariar

Boxe 6.1 Semântica.

O termo "polifarmácia" é usado às vezes com conotação pejorativa no sentido de designar o uso de fármacos que não sejam essenciais ou sejam redundantes ou ineficazes. Em alguns contextos, "esquemas terapêuticos complexos" é uma expressão preferível para descrever esquemas que combinam intencionalmente vários fármacos.

Podemos contrastar polifarmácia intencional com combinações mais fortuitas de vários fármacos. Considerando os tamanhos de efeitos nitidamente modestos de alguns fármacos psicotrópicos (ver Boxe 3.6), às vezes os médicos podem se sentir compelidos a "atirar tudo" que podem em sintomas significativos na esperança de alcançar resultados mais favoráveis, independentemente se tais abordagens são ou não baseadas em evidência.

periodicamente essa combinação caso a caso, de modo a reafirmar a relevância, a finalidade e o desempenho de cada componente.

POLIFARMÁCIA EXTENSIVA

De acordo com o estudo de corte transversal *National Ambulatory Medical Care Survey*, ocorre a prescrição de *três ou mais* fármacos psicotrópicos em um terço das consultas psiquiátricas ambulatoriais realizadas nos contextos de prática médica de consultórios nos EUA (Rojtabai e Olfson, 2010). As tendências observadas

Capítulo 6 • Esquemas Terapêuticos Complexos e Farmacoterapias Combinadas em Bases Racionais

entre meados das décadas de 1990 e 2000 incluíram duplicações de fármacos do mesmo grupo (p. ex., dois ou mais antidepressivos, antipsicóticos ou hipnótico-sedativos, mas não combinações de estabilizadores de humor) e aumento significativo do uso de tratamentos combinados com antidepressivos e antipsicóticos. Um estudo longitudinal com quase 3.000 pacientes portadores de transtorno bipolar demonstrou que 21% usavam quatro ou mais psicotrópicos – condição observada mais comumente entre pacientes com psicose, história de trauma psíquico ou ansiedade com comorbidade de transtornos de personalidade *borderline* (Golden et al., 2017). Dados obtidos de uma pesquisa nacional com crianças e adolescentes entre meados das décadas de 1990 e 2000 demonstram um aumento de quase duas vezes na prescrição de psicotrópicos de várias classes, principalmente prescrição simultânea de fármacos para TDAH e antipsicóticos, ou de antidepressivos com antipsicóticos (Comer et al., 2010).

> **Dica**
>
> Um em cinco pacientes bipolares usa quatro ou mais fármacos psicotrópicos.

Surpreendentemente, existem pouquíssimos estudos formais sobre esquemas de polifarmácia *muito extensivos* e praticamente nenhuma observação sistemática publicada sobre o uso de quatro ou mais fármacos psicotrópicos prescritos simultaneamente. Essa carência de estudos publicados na literatura contrasta com a prática estabelecida e comum de usar esquemas terapêuticos combinados em todas as outras áreas de medicina, como doenças infecciosas resistentes a tratamento, neoplasias malignas ou hipertensão arterial. É provável que os ensaios clínicos patrocinados pela indústria farmacêutica nunca tenham incentivo para demonstrar utilidade ou segurança de acrescentar fármacos que competem com os que elas produzem. Também não há incentivo comercial para estudar combinações complexas simplesmente porque elas refletem práticas correntes na comunidade médica. A utilização de esquemas farmacoterápicos extensivos e altamente complexos na prática rotineira ultrapassou em muito a base de evidências e está entre as necessidades desatendidas mais gritantes da prática psiquiátrica no mundo real.

PROBLEMAS FARMACOLÓGICOS ASSOCIADOS AOS ESQUEMAS TERAPÊUTICOS COMPLEXOS

Os esquemas com vários fármacos são preocupantes porque têm o potencial de gerar mais problemas que poderiam ocorrer se fossem utilizados esquemas mais parcimoniosos (ver Tabela 6.9, adiante). A American Society of Hospital Pharmacists (ASHP, 1993) classifica os problemas farmacológicos em algumas categorias, que estão resumidas a seguir:

- *Indicação sem necessidade de usar um ou mais fármacos*. O problema é que a psiquiatria está repleta de transtornos ou complexos sintomatológicos que não têm indicações formais da Food and Drug Administration (FDA) dos EUA – como transtorno de personalidade *borderline* e outros semelhantes, transtorno associado ao estresse agudo, transtornos associados ao uso de maconha ou cocaína, psicose associada à demência não parkinsoniana e até mesmo o mais comum entre todos os transtornos psiquiátricos: ou seja, fobias específicas. Alguns autores observaram que mais de 88% dos diagnósticos incluídos no DSM-IV-TR não tinham um fármaco indicado com aprovação dos órgãos reguladores (Devulapalli e Nasrallah, 2009)
- *Fármaco sem indicação/descontinuação do fármaco necessário*. De acordo com a terminologia usada na medicina baseada em evidências (MBE), podemos descrever essa categoria como "inexistência de evidência em favor do uso de determinado fármaco para um propósito pretendido específico"
- *Fármaco errado/inapropriado*. Opa!
- *Dose excessiva/duplicação terapêutica*. Podemos enfatizar a inconveniência de mecanismos de ação redundantes em contraste com efeitos aditivos ou sinérgicos
- *Dose subterapêutica*. Podemos enfatizar a conveniência *versus* inconveniência das doses subterapêuticas com base em seus efeitos farmacodinâmicos pretendidos. Em alguns esquemas complexos com vários fármacos, o uso simultâneo de vários compostos em doses menores que as habituais pode trazer

Boxe 6.2 Você sabia?

Os pacientes em cuidados paliativos usam, em média, 11,5 fármacos (McNeil et al., 2016); cerca de dois terços dos pacientes oncológicos utilizam ≥ 5 fármacos em um esquema de poliquimioterapia antineoplásica (Murphy et al., 2018). No tratamento da hipertensão arterial, o uso de apenas um fármaco é eficaz em apenas cerca de um terço dos casos, o que torna o uso de dois ou três fármacos anti-hipertensivos mais comum que raro (Frank, 2008).

6 Psicofarmacologia Prática

sinergia e, ao mesmo tempo, evitar possíveis efeitos adversos dose-dependentes
- *Impossibilidade de usar fármacos/falta de adesão.* Algumas razões contribuem para a falta de adesão ao tratamento, conforme descrito adiante
- *Reação adversa aos fármacos.* Por definição, sempre indesejáveis, embora os efeitos adversos variem quanto à gravidade e à importância clínica em contraste com um simples "aborrecimento"
- *Interações farmacológicas potenciais (IFPs).* As IFPs podem ocorrer acidentalmente ou por descuido ou ser intencionais e estratégicas (ver Tabelas 6.1 e 6.2).

Tabela 6.1 Exemplos de interações *farmacocinéticas* clinicamente relevantes e potencialmente vantajosas ou deletérias: combinações de antidepressivos.

Combinação	Enzima catabólica	Vantagem possível	Risco
Bupropiona + vortioxetina	A bupropiona prolonga o metabolismo da vortioxetina por inibição de CYP2D6 e aumenta seus níveis séricos	A dose de vortioxetina deve ser ≤ 10 mg/dia quando combinada com bupropiona; pode haver redução dos efeitos adversos da vortioxetina quando são usadas doses menores; nenhum benefício relatado com doses supraterapêuticas	As doses supraterapêuticas de vortioxetina (> 10 mg/dia com bupropiona) podem ↑ efeitos adversos GI ou outros; não há relatos de síndrome serotoninérgica
Bupropiona + ISRS ou IRSN ou ADT	A bupropiona inibe CYP2D6 e aumenta os níveis séricos de paroxetina, venlafaxina e alguns ADTs	Efeitos benéficos sinérgicos observados com o tratamento combinado podem ser mais farmacodinâmicos do que farmacocinéticos	Possível aumento do risco de crises convulsivas, ansiedade desencadeada pelo tratamento com bupropiona adjuvante (Mohamed et al., 2017)
ISRS + ADT	A fluoxetina, a fluvoxamina, a paroxetina e (em menor grau) a sertralina (Preskorn et al., 1994) podem ↑ níveis dos ADTs por inibição do CYP2D6 (Taylor, 1995); a fluvoxamina aumenta os níveis de imipramina por inibição do CYP1A2	Efeitos antidepressivos potencialmente melhores com tratamento combinado que com uso isolado de um deles (Nelson et al., 2004)	Possibilidade de níveis séricos tóxicos de ADT e mais efeitos adversos anticolinérgicos ou outros efeitos adversos generalizados
ISRS + clomipramina[a]	Níveis altos (clomipramina) podem resultar da combinação com fluvoxamina (por inibição de CYP1A2 e CYP2C19) ou fluoxetina (por inibição de CYPD6 e CYP2C19)	Relatos de casos (apenas) de resultados melhores em TOC refratário quando a clomipramina foi combinada com fluoxetina, fluvoxamina, sertralina ou paroxetina; menos risco de interações farmacocinéticas quando se acrescentam sertralina ou paroxetina; ver também Tabela 6.6	Níveis séricos altos de clomipramina podem causar efeitos adversos cardíacos e outros efeitos adversos anticolinérgicos; risco teórico (embora improvável) de síndrome serotoninérgica; assegurar que níveis séricos de (clomipramina) + (desmetilclomipramina) sejam < 500 ng/mℓ
Doxepina + antidepressivos ou antipsicóticos	A doxepina inibe CYP2D6	Indutor de sono popular; não causa dependência	Pode ↑ níveis séricos de alguns ADTs, fluoxetina, fluvoxamina, atomoxetina, venlafaxina, duloxetina, anfetamina, aripiprazol e risperidona

[a] O tratamento combinado com ISRS e clomipramina está descrito separadamente de outros ADTs porque seu uso é mais comum no TOC. *ADT*, antidepressivo tricíclico; *GI*, gastrintestinal; *IRSN*, inibidor de recaptação de serotonina-norepinefrina; *ISRS*, inibidor seletivo de recaptação de serotonina; *TOC*, transtorno obsessivo-compulsivo.

112

Capítulo 6 • Esquemas Terapêuticos Complexos e Farmacoterapias Combinadas em Bases Racionais

Tabela 6.2 Exemplos de interações *farmacocinéticas* clinicamente relevantes e potencialmente vantajosas ou deletérias: combinações de antidepressivos ou anticonvulsivantes + ASG ou anticonvulsivantes.

Combinação	Enzima catabólica	Vantagem possível	Risco
Clozapina + fluoxetina ou fluvoxamina	O metabolismo da clozapina é reduzido pela fluvoxamina (por inibição de CYP1A2 e CYP2C19) ou fluoxetina (por inibição de CYP2C19)	A fluvoxamina em dose baixa (50 mg/dia) combinada com clozapina em estado de equilíbrio (100 mg/dia) pode alcançar níveis séricos de clozapina ≥ 350 ng/dℓ sem efeitos tóxicos em pacientes esquizofrênicos não fumantes (Lu et al., 2000) e também pode reduzir ganho ponderal/efeitos metabólicos adversos (Lu et al., 2004)	Os níveis séricos de clozapina devem ser cuidadosamente monitorados porque seu aumento pode ser imprevisível; risco aumentado de crises convulsivas e efeitos sedativos
Olanzapina + fluvoxamina	A inibição de CYP1A2 pela fluvoxamina aumenta em até 112% os níveis de olanzapina (Hiemke et al., 2002)	Essa combinação pode permitir reduções das doses de olanzapina (em cerca de 25%, em média) (Albers et al., 2005)	Pode ser bem tolerada, mas deve ser usada com cautela
Valproato + sertralina ou paroxetina	A sertralina ou a paroxetina podem ↑ nível sérico de valproato por inibição de CYP2C9	Às vezes, os médicos podem tratar depressão bipolar com ISRS + valproato; os níveis séricos deste último podem aumentar	Monitorar aumento dos níveis séricos (valproato) e, consequentemente, efeitos adversos mais frequentes
Carbamazepina + qualquer outro fármaco	A carbamazepina é um dos indutores mais potentes das enzimas das fases I e II	Nenhuma vantagem *farmacocinética* conhecida	Menor eficácia de quaisquer outros fármacos metabolizados no fígado prescritos simultaneamente
Lamotrigina + valproato	O valproato prolonga metabolismo da fase II da lamotrigina e aumenta seus níveis séricos	Sintomas depressivos possivelmente mais brandos que se o valproato for usado isoladamente na fase de manutenção da depressão bipolar (Bowden et al., 2012)	Aumento do risco de reações cutâneas graves

ASG, antipsicóticos de segunda geração; *ISRS*, inibidor seletivo de recaptação de serotonina.

Interações farmacológicas: amigas ou inimigas?

As interações farmacocinéticas e farmacodinâmicas são um ponto de partida razoável quando se analisa a compatibilidade de combinar fármacos. A maioria dos médicos sabe que, quando um fármaco é metabolizado por determinada enzima catabólica, sua decomposição mostra-se dificultada por inibidores e acelerada por indutores de tal via enzimática – seja em razão de moderadores farmacogenéticos (ver Capítulo 8) ou propriedades intrínsecas de inibição ou indução enzimática por um fármaco em relação com outro. Os tratamentos combinados racionais ou rebuscados frequentemente se aproveitam dessas interações, enquanto as combinações menos ponderadas às vezes tropeçam em território traiçoeiro.

As Tabelas 6.1 a 6.3 descrevem exemplos comuns de combinações farmacêuticas que produzem efeitos *farmacocinéticos*, que podem ser vantajosos ou deletérios. A Tabela 6.4 descreve interações *farmacodinâmicas* potencialmente vantajosas ou deletérias.

A fluvoxamina pode elevar bastante os níveis de clozapina e, além disso, a própria clozapina pode às vezes desencadear ou agravar sintomas de TOC.

A venlafaxina inibe a recaptação de norepinefrina/serotonina, enquanto a mirtazapina bloqueia os autorreceptores α_2 pré-sinápticos

6 Psicofarmacologia Prática

Boxe 6.3 Polifarmacoterapia complexa e falha de adesão ao tratamento.

Muitas vezes, supõe-se que usar vários fármacos sempre contribui (se não leva diretamente) para a falta de adesão aos esquemas terapêuticos com psicotrópicos. Embora isso possa parecer intuitivo, não se levam em consideração as percepções do paciente quanto ao valor de um esquema terapêutico, independentemente de quão simples ou complexo ele possa ser. Como comparar prós e contras de um esquema terapêutico complexo quando se levam em conta, por um lado, os efeitos benéficos tangíveis (p. ex., redução da quantidade ou gravidade dos sintomas, melhora das funções psicossociais, melhor qualidade de vida, efeitos antissuicidas ou específicos em outros sintomas) e, por outro, os efeitos desfavoráveis (p. ex., custo, quantidade e intensidade de efeitos adversos, frequência de administração das doses, facilidade de administração)? A adesão provavelmente diminui quando os pacientes não conseguem perceber a eficácia ou a *necessidade* do tratamento, ou quando os esquemas terapêuticos são desnecessariamente complexos. Um esquema bem planejado e eficaz, embora complexo, rapidamente será abandonado se os riscos percebidos forem maiores que os benefícios. Em muitos casos, os pacientes podem subvalorizar (ou ignorar) efeitos terapêuticos benéficos significativos, a menos que o médico os explique explicitamente (p. ex., "Faz muito tempo que você não se queixa de pensamentos suicidas" ou "Desde que começou a usar o fármaco X, parece que você realmente está melhor no trabalho, fala frequentemente que está bastante satisfeito e seguro lá, com menos ansiedade que antes"). Outro fator que influencia a equação entre complexidade do esquema terapêutico e adesão são os pressupostos do médico e paciente quanto a se realmente existem opções de esquemas alternativos adequados e mais simples e como cada um deles (médico e paciente) avalia realisticamente sua viabilidade. "Simplificar" esquemas terapêuticos complexos de modo a reduzir número de comprimidos tomados faz sentido apenas quando esse novo esquema posológico não coloca em risco efeitos benéficos significativos alcançados. Recomendamos que os médicos façam essas análises de risco-benefício de modo tão explícito quanto possível quando aconselham seus pacientes sobre opções de tratamento, sobretudo porque eles podem subvalorizar avanços reais (e, às vezes, difíceis de perceber ou definir) realizados no sentido da recuperação.

Tabela 6.3 Exemplos de interações *farmacocinéticas* clinicamente relevantes e potencialmente vantajosas ou deletérias: outros substratos.

Combinação	Enzima catabólica	Vantagem possível	Risco
Tamoxifeno + qualquer inibidor de CYP2D6	A inibição de CYP2D6 dificulta a conversão do tamoxifeno em seu metabólito ativo endoxifeno	Nenhuma	O tamoxifeno ainda se mantém como profármaco biologicamente inativo em presença de inibidores de CYP2D6; evitar essas combinações
Dextrometorfano[a] + quinidina	Por ser um inibidor de CYP2D6, a quinidina diminui a decomposição do dextrometorfano em dextrorfano	Eficácia demonstrada no tratamento de afeto pseudobulbar	Risco de prolongamento dose-dependente do intervalo QTc
Dextrometorfano[a] + bupropiona (AXS-05)	Por ser um inibidor de CYP2D6, a bupropiona prolonga a atividade do dextrometorfano	Eficácia demonstrada em TDM	Risco de prolongamento dose-dependente do intervalo QTc
Clozapina + ciprofloxacino ou eritromicina	Ciprofloxacino e eritromicina podem inibir CYP1A2 consideravelmente, aumentando o nível sérico de clozapina	Nenhuma	Possível fatalidade secundária à toxicidade aguda da clozapina (Meyer et al., 2016; Cohen et al., 1996)

[a] Os supostos mecanismos farmacodinâmicos do dextrometorfano são complexos e parecem envolver bloqueio dos receptores de NMDA e também da recaptação de serotonina/norepinefrina, antagonismo dos receptores colinérgicos nicotínicos e agonismo do receptor sigma₁ (Taylor et al., 2016). *NMDA*, N-metil-D-aspartato; *QTc*, intervalo QT corrigido; *TDM*, transtorno depressivo maior.

Capítulo 6 • Esquemas Terapêuticos Complexos e Farmacoterapias Combinadas em Bases Racionais

Tabela 6.4 Exemplos de interações *farmacodinâmicas* potencialmente vantajosas ou deletérias.

Combinação	Fundamentação	Resultado
Clozapina + bupropiona	Nenhuma base de evidência e fundamentação fraca	Redução aditiva do limiar convulsivo
Fluvoxamina + clomipramina	Apesar da suposta redundância de mecanismos de ação na inibição de recaptação de serotonina, pode ser vantajosa em alguns tipos de TOC	Possibilidade teórica de causar síndrome serotoninérgica, embora improvável
Lítio + valproato de sódio	Mecanismos de ação complementares e não redundantes podem ser sinérgicos	Melhor prevenção de recaídas do transtorno bipolar que com tratamento apenas com valproato (pesquisadores e colaboradores do estudo BALANCE, 2010)
Mirtazapina + outro antidepressivo	Mecanismos de ação complementares e não redundantes; podem ser sinérgicos	A combinação de mirtazapina com fluoxetina ou bupropiona ou venlafaxina no início do tratamento alcançou índices mais altos de remissão do que os obtidos apenas com fluoxetina (Blier et al., 2010)
Bupropiona + outro antidepressivo	Os efeitos pró-catecolaminérgicos da bupropiona com ausência relativa de efeitos serotoninérgicos tornam essa combinação terapêutica mecanisticamente atraente em substituição a alguns outros antidepressivos	A metanálise de 13 ECRs sugeriu a eficácia de bupropiona + ISRSs, IRSN ou mirtazapina – embora a maioria desses estudos demonstrasse comparabilidade a um comparativo ativo em vez de placebo (Patel et al., 2016); no estudo CO-MED, a bupropiona e o escitalopram reduziram a ideação suicida com mais eficácia que este último fármaco isoladamente ou mirtazapina + venlafaxina (Zisook et al., 20122)
Pindolol + ISRS	O betabloqueador pindolol bloqueia os autorreceptores pré-sinápticos $5HT_{1A}$ e aumenta efetivamente a liberação pré-sináptica de serotonina	As metanálises sugeriram um possível início mais rápido dos efeitos antidepressivos dos ISRSs e chances maiores de alcançar remissão persistente com acréscimo de pindolol oral (5 mg, 3 vezes/dia) (Portella et al., 2011)
IRSN + ADT	Dados modestos demonstraram eficácia e segurança: um ensaio aberto pequeno (n = 11) demonstrou resposta (em 9/11 indivíduos) e segurança cardiovascular com a combinação de clomipramina ou imipramina depois que não houve resposta a um ADT (Gómez e Teixidó, 2000)	Redundância de mecanismos de ação, nenhuma razão para sinergia, riscos cardiovasculares teóricos; combinação pouco referendável. Vale lembrar que a duloxetina pode ↑ níveis de amitriptilina, desipramina, imipramina e clomipramina por inibição do CYP2D6
Suvorexanto ± benzodiazepínico ou agonista benzodiazepínico (p. ex., zolpidem, eszopiclona) ± indutor de sono anti-histamínico (p. ex., trazodona, doxepina)	O mecanismo de ação singular do suvorexanto (bloqueio dos receptores de orexina) torna seu uso lógico (embora não tenha sido estudado) como tratamento adjuvante para insônia difícil de tratar	Sedação aditiva

ADT, antidepressivo tricíclico; *ECR*, ensaio controlado randomizado; *IRSN*, inibidor de recaptação de serotonina-norepinefrina; *ISRS*, inibidor seletivo de recaptação de serotonina; *TOC*, transtorno obsessivo-compulsivo.

e aumenta a liberação de norepinefrina. Além disso, bloqueia os receptores $5HT_{2A}$ pós-sináptico, possivelmente desviando mais serotonina para os receptores $5HT_{1A}$.

Em teoria, parece bom, mas o estudo STAR*D mostrou que esse combo alcançou taxa de remissão de apenas 14%.

COMBINAÇÕES IMPROVÁVEIS

Algumas combinações possíveis de fármacos psicotrópicos são incomuns, seja em razão de redundâncias aparentes de seus mecanismos de ação ou considerações relativas à segurança. No entanto, apesar disso, são escolhidas às vezes por médicos, embora com níveis variados de evidência a favor de sua segurança, sua eficácia ou sua racionalidade (em alguns casos). Vejamos alguns exemplos a seguir:

- *Fluvoxamina + clomipramina.* Existem ensaios abertos publicados com essa combinação para pacientes com TOC resistente a outros tratamentos (Szegedi et al., 1996; Figueroa et al., 1998). A síndrome serotoninérgica é uma complicação teórica (embora não tenha sido relatada). A fluvoxamina aumenta acentuadamente os níveis de clomipramina, que precisam ser monitorados; os efeitos adversos são raros quando os níveis de clomipramina são < 450 ng/dℓ
- *IRSN + antidepressivo tricíclico.* Existem apenas algumas maneiras de bloquear a bomba de recaptação de norepinefrina, e misturar um IRSN com qualquer antidepressivo tricíclico é praticamente o mesmo que combinar dois inibidores de transportador de NE (TNE)
- *IRSN + ISRS.* Duplicar a inibição de recaptação do transportador de serotonina faz pouco sentido farmacologicamente e parece apenas predispor a risco mais alto de síndrome serotoninérgica. Existem alguns casos publicados de pacientes deprimidos que melhoraram apenas parcialmente com dose ideal de venlafaxina, mas depois demonstraram melhora adicional e tolerabilidade adequada com acréscimo de um ISRS (ou seja, paroxetina, sertralina ou citalopram) em doses baixas (Gonul et al., 2003). Também existem relatos publicados de síndrome serotoninérgica durante o tratamento simultâneo com fluoxetina e venlafaxina (Bhatara et al., 1998). Não podemos encontrar uma boa razão para experimentar essa combinação. Para os médicos que possam achar o contrário, vale

lembrar as interações *farmacocinéticas* adversas (p. ex., fluvoxamina aumenta os níveis de duloxetina por inibição de CYP1A2)

- *ISRS + ISRS.* Em termos gerais, há pouca razão em combinar dois fármacos com mecanismos de ação idênticos. Ensaios clínicos abertos pequenos ($n \sim 10$) avaliaram a combinação de fluvoxamina (50 mg/dia) (Bondolfi et al., 1996) ou fluoxetina (10 mg/dia) (Bondolfi et al., 2000) com citalopram (40 mg/dia) depois da falta de melhora com este último fármaco. Os dois primeiros aumentaram estereosseletivamente os níveis de S-citalopram (mas não de R-citalopram) e diminuíram a gravidade dos sintomas depressivos, às vezes com náuseas e tremor associados. A falta de um grupo placebo ou outro grupo comparativo dificulta a interpretação desses resultados como evidência de eficácia farmacodinâmica. *Vale ressaltar que a fluoxetina ou a fluvoxamina podem aumentar os níveis de citalopram por inibição de CYP2C19 (e, possivelmente, contribuir para o prolongamento do intervalo QTc no ECG)*
- *IRSN + IRSN.* Não encontramos qualquer razão lógica para combinar dois IRSNs. Nunca. Quem pensar o contrário deve lembrar que a duloxetina pode aumentar os níveis de venlafaxina por inibição de CYP2D6
- *Bupropiona + atomoxetina.* Esses dois fármacos inibem a recaptação de NE (atomoxetina com mais potência que bupropiona), enquanto a bupropiona também é um inibidor fraco de recaptação de DA (ou seja, um bloqueador do transportador de DA). Como inibidor potente de CYP2D6, a bupropiona também retarda o metabolismo da atomoxetina e aumenta sua exposição sistêmica em cinco vezes. Não existem estudos publicados indicando aumento da eficácia terapêutica em TDA ou depressão maior com essa combinação
- *Pregabalina + gabapentina.* A pregabalina e a gabapentina (conhecidas como *gabapentinoides*) têm como alvo a subunidade $\alpha 2\delta$ dos canais de Ca^{++} regulados por voltagem. Ambas têm ação gabaérgica indireta, mas nenhuma se liga diretamente aos receptores de GABA. Existem relatos de efeitos analgésicos sinérgicos em pacientes com dor neuropática (Senderovich e Jeyapragasan, 2018); desconhecemos qualquer informação sobre sua combinação como fármacos psicotrópicos (p. ex., efeito ansiolítico)
- *Psicoestimulante + antipsicótico.* A princípio, os estimulantes e os antipsicóticos produzem

Capítulo 6 • Esquemas Terapêuticos Complexos e Farmacoterapias Combinadas em Bases Racionais

efeitos diametralmente opostos: estimulantes liberam predominantemente dopamina, que tem ação antagonista nos receptores D_1 corticais e receptores D_2 límbicos, enquanto os antipsicóticos com ação D_1 fraca (p. ex., cariprazina, lurasidona, brexipiprazol e aripiprazol) bloqueiam as ações agonistas nos receptores D_2 límbicos, mas não nos receptores D_1 corticais. Qual é o resultado? Os agonistas D_1 podem ter efeitos pró-cognitivos no córtex, sem desencadear psicose no sistema mesolímbico. Alguns autores apresentaram teorias quanto ao chamado "modelo dopamínico complexo" de liberação fásica *versus* tônica de DA para conciliar o conflito mecanicista ostensivo de combinar agonistas com antagonistas de DA, conforme está descrito no Boxe 6.4.

Duas considerações igualmente importantes quando se combinam fármacos psicotrópicos são sua fundamentação mecanicista ou farmacodinâmica e a existência de evidência empírica demonstrando resultados reais. Às vezes, uma dessas condições pode ocorrer sem a outra. Uma ilustração útil disso é o exemplo descrito antes, no qual um estimulante foi combinado com um antipsicótico. Existe uma razoável literatura empírica demonstrando a utilidade e a segurança da combinação de estimulantes com antipsicóticos, mesmo que seus mecanismos de ação pareçam conflitantes. Ver vários exemplos no Boxe 6.5.

Além dos mecanismos de ação complementares e da demonstração empírica de resultados favoráveis, o terceiro pilar da polifarmacoterapia racional é a segurança. Algumas combinações farmacológicas possíveis acarretam riscos (p. ex., IMAO + meperidina) ou têm contraindicações *inequívocas* (p. ex., vários compostos simpaticomiméticos para pacientes com hipertensão mal controlada). Outras combinações têm contraindicações mais relativas que absolutas, ou podem ter bases unicamente teóricas ou embasadas em relatos de casos esporádicos, que são mais especulativos que definitivos para demonstrar causalidade por trás de um resultado desfavorável. A síndrome serotoninérgica é um desses resultados graves, nos quais os riscos potenciais de várias combinações farmacológicas são às vezes mais "lendas urbanas" que realidade comprovada (Boxe 6.6).

Dica
Define-se a síndrome serotoninérgica com base nos chamados critérios de Hunter, que são: clônus, agitação, sudorese, tremor e hiper-reflexia (Dunkley et al., 2003).

Boxe 6.4 Modelo dopaminérgico complexo.

> Grace (1991) propôs a hipótese de que a detecção de estímulos (durante períodos de atenção) envolva picos fásicos de ativação dopaminérgica frontal, enquanto a secreção tônica de DA estabelecia um nível basal de estimulação dos receptores de DA que, nos pacientes com psicose crônica (ou seja, esquizofrenia), estariam hiporregulados e, por fim, desencadeariam secreção fásica anormalmente alta de DA em resposta aos estímulos ambientais.

Boxe 6.5 Exemplos de combinações de psicoestimulantes com antipsicóticos.

- A lisdexanfetamina (20 a 70 mg/dia; dose média = 50 mg/dia) acrescentada a um esquema estável pré-utilizado de ASG (quetiapina, risperidona, olanzapina, paliperidona ou aripiprazol) por pacientes com esquizofrenia estável e sintomas predominantemente negativos conseguiu reduções mais expressivas dos sintomas negativos durante uma fase *open-label* de 10 semanas, seguidas de uma fase controlada por placebo de 4 semanas, sem qualquer agravação concomitante dos sintomas positivos (Lasser et al., 2013)
- A risperidona adjuvante foi mais eficaz que o placebo quando foi acrescentada ao metilfenidato para tratar crianças com TDAH e transtorno de conduta coexistentes, melhorando sintomas desses dois, sem agravar a psicopatologia básica (Jahangard et al., 2017)
- Estudos demonstraram que a modafinila – que aparentemente produz seus efeitos estimulantes no estado de vigília ao menos em parte por inibição da recaptação de DA – contrabalança os efeitos sedativos dos antipsicóticos anti-histamínicos com pouco risco de agravar psicose (Saavedra-Velez et al., 2009)
- Um estudo dinamarquês naturalístico com pacientes esquizofrênicos detectou internações hospitalares menos frequentes e mais curtas, além de redução das doses diárias totais de antipsicóticos usados por aqueles que usavam um estimulante (Rohde et al., 2018).

6 Psicofarmacologia Prática

Boxe 6.6 Síndrome serotoninérgica: qual é o risco real?

A síndrome serotoninérgica pode ser causada por doses muito altas de um único fármaco que aumente o tônus serotoninérgico ou, ao menos teoricamente, por combinações de fármacos que hiper-regulem a função serotoninérgica por meio de diversos mecanismos receptores. Dizemos "ao menos teoricamente" porque o fato de um fármaco "afetar" a função serotoninérgica não significa necessariamente que ele cause efeitos tóxicos atribuíveis ao "excesso" de serotonina. Um exemplo seriam os antidepressivos cujos efeitos serotoninérgicos envolvem unicamente sua ação bloqueadora dos receptores $5HT_{2A}$ pós-sinápticos, como a *mirtazapina* ou a *trazodona* (ou, sob tal aspecto, todos os ASGs). Estudos publicados alertam que a síndrome serotoninérgica pode ocorrer com a combinação de buspirona (um agonista pré-sináptico/agonista parcial pós-sináptico do receptor $5HT_{1A}$) com um ISRS, mas a base real de evidências consiste no relato de apenas um caso (Manos, 2000). O *lítio* aumenta a síntese de serotonina, embora tenha sido reconhecido em alguns relatos de casos como contribuinte possível para a síndrome serotoninérgica quando é combinado com um ISRS (p. ex., Sobanski et al., 1997) ou um IRSN (p. ex., Adan-Manes et al., 2006; Shahani, 2012). Em 2006, a FDA norte-americana publicou um alerta de que *triptanos* acrescentados aos ISRSs podem desencadear síndrome serotoninérgica com base em sua revisão de 29 casos relatados, embora um estudo subsequente de prontuários médicos eletrônicos com 19.017 pacientes tenha detectado taxa de incidência baixa de síndrome serotoninérgica "provável" ou "confirmada" (2,3 casos por 10.000 pacientes-ano de exposição) (Orlova et al., 2018). O que dizer do *tramadol*, um analgésico que atua como ISRS fraco? Existem evidências de que ele possa desencadear síndrome serotoninérgica quando é combinado com antidepressivo serotoninérgico? Park et al. (2014) encontraram apenas 10 relatos de casos publicados dessa ocorrência e concluíram que combinar tramadol com ISRS ou IRSN é relativamente seguro, embora as combinações com IMAOs possam ser mais perigosas. Em geral, os riscos de síndrome serotoninérgica durante tratamentos combinados com IMAOs constituem uma questão mais complexa e estão descritos separadamente mais adiante.

IMAOs + ADTs

Os relatos de casos isolados, principalmente na década de 1960, identificaram que a combinação de IMAO com antidepressivo tricíclico (frequentemente aminas terciárias serotoninérgicas como imipramina ou clomipramina por via oral [VO] ou IM [intramuscular]) causava sinais de síndrome serotoninérgica (p. ex., hipertermia e convulsões) ou crises hipertensivas resultantes do tônus noradrenérgico aumentado (artigos revisados por White e Simpson, 1981). Relataram-se efeitos tóxicos da combinação de ADT com IMAO, principalmente, no contexto de superdosagens intencionais, tratamento simultâneo com barbitúricos ou transgressões dietéticas com alimentos contendo tiramina. Acrescentar um IMAO ao tratamento prévio com ADT é preferível à sequência inversa porque, aparentemente, o bloqueio de TNE causado pelo ADT pode atenuar ou evitar risco de crise hipertensiva.

Como princípio básico:

> IMAO acrescentado ao tratamento com ADT:
> **Ok!**
> ADT acrescentado ao tratamento com IMAO:
> **Não tente!**

Um estudo de pequeno porte publicado na literatura apontou a recomendação de iniciar simultaneamente um ADT (amina secundária) e um IMAO em doses baixas, que podem ser aumentadas lentamente até chegar à metade da dose máxima habitual de cada fármaco (White et al., 1982). Como está descrito mais detalhadamente no Capítulo 13, os IMAOs constituem uma classe singular de antidepressivos com boa eficácia e frequentemente incomparável em casos de depressão difíceis de tratar. Contudo, as estratégias para elaborar esquemas farmacoterápicos combinados

> **Dica**
> Estudos-piloto abertos e relatos de casos descreveram a segurança e a eficácia do tratamento combinado com IMAO e trazodona para insônia (p. ex., Jacobsen, 1990; Nierenberg e Keck, 1989). Teoricamente, a mirtazapina também pode *tratar* a síndrome serotoninérgica (Hoes et al., 1996). Em estudos pré-clínicos, os pesquisadores demonstraram a atenuação da hipertermia induzida pelo uso de fluoxetina e tranilcipromina (Shioda et al., 2010).

Capítulo 6 • Esquemas Terapêuticos Complexos e Farmacoterapias Combinadas em Bases Racionais

"heroicos" com IMAOs não se prestam a novatos e requerem a compreensão clara de como tais fármacos funcionam e uma avaliação muito cuidadosa dos riscos *versus* benefícios prováveis. Menos de 1% dos psiquiatras americanos prescrevem IMAOs, e muitos dos que o fazem frequentemente estão apenas um pouco familiarizados com as complexidades de seu uso, como as que estão descritas no Boxe 6.7.

A Tabela 6.5 resume alguns aspectos fundamentais referentes à última questão descrita no Boxe 6.7, enquanto as primeiras questões estão descritas com mais detalhes no Capítulo 13. Existem alguns casos em que o risco alegado de determinado tratamento combinado se baseia em preocupações teóricas, mas empiricamente há pouco ou nenhum relato de casos isolados que confirmem um risco real (p. ex., buspirona ou pindolol adjuvante). É importante ressaltar que a ausência de evidência não é evidência de ausência de risco. O medo pode ser suficiente para dissuadir médicos ou pesquisadores a utilizar algumas das combinações descritas na Tabela 6.5 (sobretudo quando se sabe que pouquíssimos psiquiatras modernos se sentem sequer confortáveis em prescrever IMAOs, muito menos em combiná-los com outros fármacos). A ignorância e a inexperiência quanto ao uso seguro e eficaz de IMAOs promovem mais entrave e mais superstição que conhecimento empírico sobre o acréscimo destes fármacos a um esquema farmacoterápico. Ver uma descrição mais detalhada disso no Capítulo 13.

Boxe 6.7 Conhecimento essencial para usar IMAOs.

- Conhecer restrições dietéticas necessárias e desnecessárias com base no teor real de tiramina dos alimentos
- Medidas para tratar hipotensão ortostática relacionada com a dose (ver Capítulo 10)
- Uso seguro *versus* inseguro de doses altas
- Diferenças entre comparações de inibidores irreversíveis *versus* reversíveis de MAO-A (p. ex., moclobemida) e necessidade de contornar seletividade isoenzimática dos inibidores de MAO-A e MAO-B
- Diferenças entre selegilina oral *versus* transdérmica, com base nas evidências disponíveis, entre selegilina transdérmica e IMAOs irreversíveis orais
- Por fim, o uso seguro e racional ou a não utilização de esquemas farmacoterápicos relevantes.

POLIFARMÁCIA RACIONAL: AGONISTAS 5HT$_{1A}$ OU AGONISTAS PARCIAIS ADJUVANTES ACELERAM A RESPOSTA AOS ISRSs NA DEPRESSÃO?

Antes de terminar nossa discussão sobre vias serotoninérgicas combinadas complementares *versus* potencialmente tóxicas, vejamos resumidamente o papel singular do agonismo de receptores 5HT$_{1A}$ ou agonismo parcial. Uma teoria proposta para explicar o atraso comum de ao menos algumas semanas antes de observar os primeiros efeitos farmacodinâmicos de um ISRS consiste em propor que antes deva ocorrer hiporregulação dos autorreceptores présinápticos (somatodendríticos) de 5HT$_{1A}$ para facilitar a circulação mais ampla de serotonina pré-sináptica.

O autorreceptor pré-sináptico de 5HT$_{1A}$ é o *mesmo receptor* encontrado na área pós-sináptica, mas aqui ele funciona diferentemente como um tipo de controlador da saída de serotonina quando está bloqueado. A princípio, um antagonista pré-sináptico pleno de 5HT$_{1A}$ (como pindolol) ou um agonista pós-sináptico parcial (como buspirona) pode abreviar o intervalo decorrido até o início de ação de um antidepressivo serotoninérgico ou possivelmente conferir sinergia com um ISRS ou IRSN no tratamento dos casos resistentes de depressão. Por essa razão, os esquemas de tratamento combinado com inibidor de recaptação de serotonina e modulador dos receptores 5HT$_{1A}$ são bastante racionais. No Capítulo 13, veremos como essa estratégia realmente funciona.

FUNÇÃO DA POLIFARMÁCIA: ESQUEMAS FARMACOTERÁPICOS COMBINADOS USADOS COMO "ESCALAS DE PESSOAL"

Pode ser útil, tanto para o processo de decisão em farmacoterapia quanto para o contrato terapêutico entre médico e paciente, realizar conjuntamente uma "avaliação de desempenho" periódica de cada componente incluído em um esquema terapêutico, de modo a perguntar o que cada um deles está trazendo para a "organização". Isso significa definir metas terapêuticas (ver Capítulo 1); reconhecer necessidades desatendidas de nichos vazios (p. ex., o esquema atual trata adequada e satisfatoriamente humor,

119

Psicofarmacologia Prática

Tabela 6.5 Combinações terapêuticas com IMAOs: o que você precisa saber.

IMAOs +	Por você franziu a testa?	Realidade
Bupropiona	Possível efeito vasopressor/simpaticomimético pode causar crise hipertensiva	Relatos de casos de tratamento bem-sucedido de depressão resistente com combinação de tranilcipromina e bupropiona (p. ex., Quante e Zeugmann, 2012); a pressão arterial deve ser monitorada cuidadosamente
Buspirona	Como agonista pleno dos autorreceptores inibidores pré-sinápticos $5HT_{1A}$ e do agonista parcial pós-sináptico $5HT_{1A}$, a buspirona com IMAO pode teoricamente causar síndrome serotoninérgica	Temos conhecimento de apenas um relato de caso de síndrome serotoninérgica publicado na literatura (Manos, 2000)
Pindolol	Além dos efeitos betabloqueadores, o pindolol bloqueia seletivamente os autorreceptores pré-sinápticos $5HT_{1A}$; os aumentos subsequentes do tônus serotoninérgico + um IMAO podem provocar síndrome serotoninérgica	Relatos de casos sobre segurança e potencialização bem-sucedida com tranilcipromina (Kraus, 1997); desconhecemos qualquer estudo publicado sobre reações adversas ao pindolol combinado com IMAO (ver também Figura 6.1)
Carbamazepina	A semelhança estrutural com ADTs pode teoricamente aumentar o risco de síndrome serotoninérgica	Ensaios abertos sobre segurança e eficácia dessa combinação (p. ex., Ketter et al., 1995), embora não existam estudos de extensão prolongada
Anestésicos gerais	Alguns poucos relatos de casos de instabilidade hemodinâmica, hipertermia ou convulsões entre usuários de IMAOs nas décadas de 1960 e 1970 levaram à recomendação de que estes fármacos sejam interrompidos 2 semanas antes de cirurgia eletiva	Nenhum evento cardiovascular ou hemodinâmico adverso e nenhum sinal de síndrome serotoninérgica em estudos de caso-controle recentes (p. ex., van Haelst et al., 2012); administração intraoperatória de epinefrina acarreta riscos de reação simpaticomimética nos pacientes tratados com IMAOs, mas a anestesiologia moderna tende a não evitar rotineiramente uso destes fármacos
Lítio	Teoricamente, supostos efeitos serotoninérgicos do lítio (p. ex., por facilitação da transmissão de sinais nos receptores pós-sinápticos $5HT_{1A}$) podem causar síndrome serotoninérgica	Relatos de casos sobre segurança e eficácia do tratamento combinado com lítio e IMAO para depressão resistente (p. ex., Fein et al., 1988) e melhora rápida quando é acrescentado ao tratamento com fenelzina (Nelson e Byck, 1982)
Psicoestimulantes	Os efeitos simpaticométicos possíveis causariam crise hipertensiva e suas consequências (p. ex., AVE, isquemia miocárdica, morte)	Uma revisão publicada por Feinberg (2004) não encontrou relatos na literatura sobre crises hipertensivas ou mortes. Apesar disso, podemos dizer que acrescentar um psicoestimulante ao tratamento com IMAO seria uma intervenção muito agressiva, que deve ser realizada apenas com muito cuidado por médicos muito experientes
(Ar)modafinila	Teórica preocupação de que algum fármaco "estimulante-*like*" combinado com IMAO possa causar crise hipertensiva	A armodafinila não tem efeitos simpaticomiméticos e causou pouco ou nenhum efeito cardiovascular ou hemodinâmico em animais. Relatos de caso indicando segurança do tratamento combinado com tranilcipromina (Clemons et al., 2004); praticamente não foi estudada, mas é uma polifarmácia muito racional em nossa experiência
Ondansetrona ou granisetrona	Em 2014, depois da publicação de um boletim de notícias farmacêuticas da OMS, a FDA norte-americana publicou um alerta de que os antagonistas do receptor $5HT_3$ poderiam teoricamente causar síndrome serotoninérgica	O antagonismo do receptor $5HT_3$ não "aumenta" a disponibilidade de serotonina ou tem efeito agonista nos receptores $5HT_{2A}$ ou $5HT_{1A}$ ou, de outro modo, causa efeitos tóxicos (ver crítica sobre implausibilidade disso como mecanismo da síndrome serotoninérgica no relato de Rojas-Fernandez, 2014)

5HT, serotonina; *AVE*, acidente vascular encefálico; *FDA*, US Food and Drug Administration; *IMAO*, inibidor de monoamina oxidase; *OMS*, Organização Mundial da Saúde.

Capítulo 6 • Esquemas Terapêuticos Complexos e Farmacoterapias Combinadas em Bases Racionais

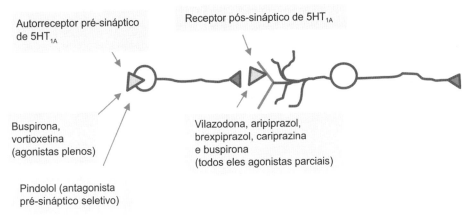

Figura 6.1 O mundo estranho dos receptores pré-sinápticos e pós-sinápticos de 5HT$_{1A}$.

ansiedade, sono, cognição, impulsividade, nível de energia e motivação?); perguntar se os fármacos usados atualmente estão em doses ideais para suas finalidades pretendidas; determinar se os fármacos usados se combinam satisfatoriamente sem conflitos farmacocinéticos ou farmacodinâmicos; avaliar se os efeitos benéficos dos fármacos superam seus riscos ou efeitos adversos; e se pode haver algum outro candidato mais apropriado para alcançar o objetivo descrito.

Sendo o mesmo receptor, a ação antagônica nos autorreceptores 5HT$_{1A}$ pré-sinápticos dos núcleos da rafe impede supressão da liberação de serotonina.

Já o agonismo parcial dos receptores 5HT$_{1A}$ pós-sinápticos causa efeitos ansiolíticos e antidepressivos.

HIGIENE FARMACOLÓGICA: A ARTE DE DESPRESCREVER

Apenas recentemente os pesquisadores da área de psicofarmacologia começaram a considerar abordagens formais para definir quando, como e por que interromper o uso de fármacos psicotrópicos incluídos em um esquema complexo. Alguns fatores podem levar os médicos a hesitar em interromper um fármaco, inclusive os que estão descritos no Boxe 6.8.

Desprescrever um fármaco de relevância questionável pode trazer benefícios consideráveis. Por exemplo, os efeitos adversos que podem ser confundidos com sintomas psiquiátricos primários (p. ex., perda de libido, hipersonolência, inquietude/agitação) são eliminados, e

Boxe 6.8 Fatores contrários à desprescrição.

- Impressões equivocadas de que a condição clínica do paciente parece melhor do que realmente é ("ele parecia muito bem quando o vi pela última vez")
- Medo de que um fármaco claramente ineficaz possa, na verdade, ter efeito benéfico parcial impedindo outra descompensação se for suspenso
- Expectativa de que os efeitos aditivos possam trazer efeitos benéficos mais acentuados em algum momento futuro
- Desconfiança de que um fármaco eficaz no passado possa não ser mais eficaz (falha em considerar tolerância ou taquifilaxia)
- Apego a um diagnóstico incorreto, para o qual determinado fármaco é apropriado a princípio
- Dúvida quanto ao diagnóstico, inspirando a noção de que haja indicação clínica racional "apenas nesse caso"
- Hábito de renovar prescrições automaticamente, sem perguntar sobre efeitos adversos, falha de adesão ao tratamento ou falta percebida de efeitos benéficos
- Falta de informações em primeira mão sobre o efeito real de um fármaco recém-introduzido ao esquema do paciente, que agora parece relativamente estável (p. ex., "o psiquiatra anterior achou que poderia ser transtorno bipolar, então vamos manter indefinidamente o estabilizador de humor")
- Noções exageradamente especulativas quanto à redução de riscos ("é melhor manter o uso de um benzodiazepínico porque, se eu suspender, o paciente pode começar a usar opioides e álcool...").

a carga total de efeitos adversos provavelmente diminui, desse modo proporcionando mais motivação e adesão ao tratamento do paciente. Além disso, indutores farmacocinéticos potencialmente despercebidos do metabolismo de outro fármaco podem trazer mais eficácia quando o indutor é interrompido. Por outro lado, quando os efeitos benéficos potenciais de um fármaco são uma dúvida, sua eliminação pode revelar repentinamente eficácia parcial até então desconsiderada. Em alguns casos, a desprescrição sistemática e cuidadosa de um fármaco por vez também pode ser uma maneira eficaz (embora não inteiramente isenta de riscos) de convencer o paciente e seu médico quanto a se determinado fármaco estava ou não produzindo algum efeito significativo (relembre a parte introdutória do Capítulo 1 sobre como avaliar relação de causa e efeito). Um construtor que esteja se perguntando se uma parede é resistente ao peso pode simplesmente derrubá-la e ver se a construção desmorona, porém uma abordagem mais cautelosa e progressiva frequentemente é a aposta mais segura.

 Dica
Durante o processo de desprescrição, avançar gradativa e cautelosamente; um fármaco que se supõe não ter qualquer efeito benéfico pode, em alguns casos, tornar rapidamente sua ausência perceptível de maneira indesejável.

Conforme está resumido no Boxe 6.9, os conceitos básicos de desprescrição são relativamente simples.

Boxe 6.9 Conceitos básicos de desprescrição.

- Reconhecer conjuntamente (médico e paciente) quando um componente do esquema terapêutico não teve bom resultado na avaliação de desempenho periódica
- Assim como ocorreu durante a formatação de um esquema terapêutico, tentar desconstruí-lo alterando apenas uma variável de cada vez
- Descartar lentamente os supostos "pesos mortos". Preferir titulações cruzadas (*cross-titrations*, em inglês) e reduções lentas em vez de interrupções abruptas, não apenas para atenuar possíveis efeitos da descontinuação, mas também detectar sinais iniciais de deterioração clínica progressiva quando o fármaco supostamente "desnecessário" está sendo retirado do esquema aos poucos
- Assegurar que tenha havido um período adequado de experiência (ou intolerância incontornável) antes de jogar um fármaco na lata de lixo.

PARCIMÔNIA FARMACOLÓGICA: UM FÁRMACO, MUITOS EFEITOS

Um aspecto evidente da elaboração de esquemas farmacoterápicos sensatos e refinados é, sempre que possível, tirar proveito do uso de apenas um fármaco que produza mais de um efeito desejado. Com essa finalidade, as Tabelas 6.6 a 6.8 resumem diversos efeitos psicotrópicos associados aos fármacos específicos classificados geralmente como anticonvulsivantes, antidepressivos ou antipsicóticos. Também aqui, é importante salientar que a ausência de evidências não significa necessariamente evidência de ausência. As decisões de pesquisadores e patrocinadores de pesquisas quanto a estudar (ou não estudar) determinado fármaco para um domínio específico almejado (p. ex., ISRSs para o déficit de atenção; IRSN para a impulsividade; ou lurasidona para a mania aguda) tendem a refletir interesses comerciais e prioridades da indústria farmacêutica ou outras fontes de financiamento. Por exemplo, vejamos o caso da mirtazapina para tratar ansiedade. Estudos pré-clínicos sugeriram possíveis efeitos ansiolíticos mediados por facilitação da transmissão extracelular de serotonina no hipocampo. Em seres humanos, alguns ECRs demonstraram a eficácia no tratamento de ansiedade social (Muehlbacher et al., 2005), mas outros estudos, não (Schutters et al., 2010); os ensaios abertos sugeriram eficácia em TAG (Gambi et al., 2005), mas não há estudos randomizados, e a literatura empírica restante sobre ansiedade limita-se a relatos de casos e ensaios abertos pequenos. Na perspectiva da medicina baseada em evidências, é justo considerar que a mirtazapina tenha propriedades ansiolíticas intrínsecas, ou alguma vantagem específica no tratamento de depressão com ansiedade, com base simplesmente em seu mecanismo de ação?

Também é necessário considerar o problema descrito como pseudoespecificidade de propriedades farmacológicas (descrita no Capítulo 3) – ou seja, decidir quando o efeito de um fármaco em determinada área (p. ex., insônia) é simplesmente um epifenômeno de seu efeito terapêutico em uma síndrome mais ampla (como depressão), em contraste com ter um efeito em determinado domínio (p. ex., cognição) independentemente de seu efeito potencial em uma síndrome mais ampla (como depressão, no caso da vortioxetina).

 Dica
Sem dúvida alguma, a quetiapina é o ASG mais extensiva e satisfatoriamente estudado para ansiedade.

Capítulo 6 • Esquemas Terapêuticos Complexos e Farmacoterapias Combinadas em Bases Racionais

Tabela 6.6 Exemplos de fármacos com vários efeitos farmacodinâmicos: anticonvulsivantes e lítio.

Fármaco	Depressão	Mania	Psicose	Ansiedade	Anti-impulsividade	Instabilidade afetiva[a]	Hostilidade/agressividade[b]	Dor neuropática	Trauma/hiperatividade autônoma	Enxaqueca[c]	Insônia	Compulsividade alimentar	Processamento atencional
Carbamazepina		✓				✓	?	✓					
Valproato		✓				✓	?	✓		✓			
Gabapentina				✓			?	✓		✓	✓		
Lamotrigina	✓					?	✓						
Oxcarbazepina				?			✓						
Pregabalina					✓		?	✓		✓			
Topiramato						✓				✓	✓	✓	
Lítio	✓	✓				✓	?	✓					

[a] Surpreendentemente, existem poucos ou nenhum estudo formal com fármacos desse grupo para avaliar variações momento a momento dos estados de humor subjetivos; ver Capítulo 13. [b] Ver Revisão Cochrane, Huband et al., 2010; e Capítulo 14. [c] Ver Revisão Cochrane, Linde et al., 2013. As células em branco representam casos em que os dados existentes são predominantemente (se não totalmente) negativos ou para os quais determinada indicação não seguiria uma lógica conhecida; "?" indica casos em que estudos pré-clínicos, mas não em humanos, sugerem um possível efeito, ou para os quais dados disponíveis em humanos são insuficientes para se chegar a uma conclusão sobre a eficácia.

POLIFARMÁCIA PARCIMONIOSA

Quando um fármaco pode atender a mais de uma finalidade, os esquemas terapêuticos farmacológicos podem ser racionalizados e simplificados. Os esquemas parcimoniosos são os que combinam fármacos com diversas finalidades em abordagem complementar, como ligações cruzadas em um projeto de engenharia. Pense em instrumentos de múltiplas finalidades como *smartphones*, relógios de pulso com cronógrafo ou canivetes suíços. Quando um fármaco pode alcançar várias metas, a eficiência aumenta, pois são necessários menos componentes diferentes no total.

A verdadeira parcimônia implica eficácia polivalente real e, desse modo, é diferente dos produtos que simplesmente combinam duas ou mais substâncias farmacológicas em apenas uma preparação (p. ex., um inibidor de ECA [enzima conversora de angiotensina] combinado com um diurético tiazídico no mesmo comprimido para tratar hipertensão; um comprimido antigripal que combine anti-histamínico com descongestionante, antitussígeno e analgésico). O bicarbonato de sódio pode ter outros efeitos além de fermentar pão (pense em queimadura solar, desodorante, desconforto estomacal e extintor de incêndio). O vinagre é bom para muitas outras coisas a mais que temperar saladas e servir de detergente lava-louças: também pode matar ervas daninhas e percevejos; e o WD-40® pode fazer muito mais do que remover ferrugem. Desse modo, reúna os diversos tópicos de dimensões da psicofarmacologia descritas no Capítulo 2 e imagine construir "soluções" parcimoniosas de polifarmácia que envolvam menos componentes – antes de encontrar seu próximo paciente deprimido, fumante e não asmático com queixas referentes ao domínio de atenção, cujas comorbidades de ansiedade social e tremor essencial não melhoram com ISRSs.[1]

> **Parcimônia**
>
> Tomamos emprestado da economia o termo "parcimônia", que significa frugalidade ou "avareza" no uso de recursos – no caso, fármacos.

A Tabela 6.9 descreve exemplos de fármacos psicotrópicos polivalentes que se prestam a atuar em "nichos", oferecendo elementos para esquemas farmacológicos combinados de alta eficiência.

---

[1] Em outras palavras, considere usar bupropiona com propranolol.

6 Psicofarmacologia Prática

Tabela 6.7 Exemplos de fármacos com vários efeitos farmacodinâmicos: antidepressivos monoaminérgicos.

Fármaco	Depressão	Mania	Psicose	Ansiedade[a]	Anti-impulsividade[b]	Instabilidade afetiva[c]	Hostilidade/agressividade[d]	Dor neuropática[e]	Trauma/hiperatividade autônoma[f]	Enxaqueca	Insônia	Compulsividade alimentar / perda de peso	Processamento atencional[g]
Bupropiona	✓											✓	✓
ISRS:	✓												
(Es)citalopram	✓			✓	✓	?	✓	?	✓			✓	
Fluoxetina	✓			✓	✓	?	✓	?	✓			✓	
Fluvoxamina	✓		✓[h]	✓	✓	?	?	?	✓			✓	
Paroxetina	✓			✓	✓	?	?	?	✓			?	
Sertralina	✓			✓	✓	?	✓	?	✓				
IRSN:	✓			✓									
Duloxetina	✓			✓	✓	?	?	✓	✓	✓		✓[i]	✓
Levomilnaciprano	✓			✓	?	?	?	✓		✓		?[i]	?
(Des)venlafaxina	✓			✓	?	✓	?	✓	✓	?[j]		?[i]	?
ADTs	✓			✓	?	?	?	✓	?	✓	✓		✓[g]
Mirtazapina	✓			?	?	?	?	?	✓	?			
Nefazodona	✓			?	?	?			✓	?	?		
Vilazodona	✓			✓		?				?	?		
Vortioxetina	✓			✓		?	?	?		?	?		✓

[a] Ver Capítulo 17. [b] Ver Capítulo 14. [c] Até onde sabemos, a "instabilidade afetiva" (ou "labilidade afetiva") não foi reconhecida como resultado secundário formal em ECRs publicados (contudo, ver discussão adicional no Capítulo 13). [d] Ver Capítulo 14; dados de ECRs sobre eficácia da fluvoxamina para agressividade limitam-se ao uso em adultos autistas, enquanto dados relativos à mirtazapina não são randomizados e derivam principalmente de estudos sobre demência. [e] Em geral, os ISRSs não foram extensivamente estudados para o tratamento de dor neuropática, embora existam dados limitados de efeitos globais modestos com base em resultados de metanálises. [f] Ver Capítulo 19. [g] Ver Capítulo 21. [h] Ensaios abertos relataram que o tratamento apenas com fluvoxamina para depressão alcançou índices de resposta de até 84% (Gatti et al., 1996); contudo, em geral, os ISRSs usados isoladamente não são considerados para o tratamento habitual de depressão psicótica. [i] Existem dados de ensaios randomizados com duloxetina, embora haja apenas ensaios abertos/séries de casos sobre levomilnaciprano ou venlafaxina. [j] Uma revisão Cochrane demonstrou que a venlafaxina não foi melhor que o placebo para tratar enxaqueca com base nos dados limitados disponíveis; outros IRSNs não foram estuados para essa indicação (Banzi et al., 2015). *ADT*, antidepressivo tricíclico; *IRSN*, inibidor de recaptação de serotonina-norepinefrina; *ISRS*, inibidor seletivo de recaptação de serotonina. As células em branco representam casos em que os dados existentes são predominantemente (se não totalmente) negativos ou para os quais determinada indicação não seguiria uma lógica conhecida; "?" indica casos em que estudos pré-clínicos, mas não em humanos, sugerem um possível efeito, ou para os quais dados disponíveis em humanos são insuficientes para se chegar a uma conclusão sobre a eficácia.

Capítulo 6 • Esquemas Terapêuticos Complexos e Farmacoterapias Combinadas em Bases Racionais

Tabela 6.8 Exemplos de fármacos com vários efeitos farmacodinâmicos: antipsicóticos.

Fármaco	Depressão[a]	Mania[b]	Psicose	Ansiedade[c]	Anti-impulsividade[d]	Instabilidade afetiva[e]	Hostilidade/agressividade[f]	Dor neuropática	Trauma/hiperatividade autônoma[g]	Enxaqueca[h]	Insônia[i]	Compulsividade alimentar / perda de peso	Processamento atencional[j]
Aripiprazol	✓	✓	✓	?		?	✓		✓	?			✓
Asenapina	✓	✓	✓	?	?	✓	✓		?				?
Brexpiprazol	✓	?	✓	?	?	?	✓						?
Cariprazina	✓	✓	✓	?	?	?	✓		?				?
Iloperidona			✓	?	?	?							
Lurasidona	✓	?	✓	✓	?	?	?						✓
Olanzapina	✓	✓	✓	✓	✓	✓	✓		✓	?		✓	✓
Paliperidona			✓	?	✓	?	?						?
Pimavanserina	✓		✓			?							?
Quetiapina	✓	✓	✓	✓	✓	?	✓			✓	?	✓	
Risperidona	✓	✓	✓	?	✓	?	✓		?				✓
Ziprasidona			✓	✓	?	?			?	?	✓		?

[a] Os estudos demonstraram que o aripiprazol melhorou sintomas depressivos quando foi acrescentado ao tratamento com antidepressivo convencional, mas não demonstrou propriedades antidepressivas quando utilizado isoladamente para tratar depressão unipolar ou bipolar; a asenapina e a lurasidona não melhoraram os sintomas depressivos mais que um placebo na depressão maior com manifestações mistas. Ver descrição detalhada das propriedades antidepressivas dos ASGs específicos no Capítulo 13. [b] Nenhum estudo formal avaliou a lurasidona para mania aguda, embora tenha sido demonstrado que tal fármaco reduz sintomas maníacos durante episódios de depressão bipolar (McIntyre et al., 2015). O brexpiprazol tem dois ECRs negativos não publicados sobre mania. A paliperidona não foi mais eficaz do que o placebo para tratar mania (dose de 3 ou 6 mg/dia; contudo, foi eficaz na dose de 12 mg/dia), de acordo com Chang et al (2017). [c] Uma revisão Cochrane sobre ASGs para transtornos de ansiedade específicos não detectou qualquer vantagem com a olanzapina ou a risperidona em comparação com o placebo (Depping et al., 2010). Contudo, ver descrição mais detalhada dos efeitos ansiolíticos dos ASGs no Capítulo 17. [d] No contexto de ECRs sobre esquizofrenia, os escores de sintomas impulsivos melhoraram com brexpiprazol, mas não com aripiprazol (Citrome et al., 2016b). Em ECRs sobre transtorno de personalidade *borderline*, os autores demonstraram que a ziprasidona não foi diferente do placebo para atenuar sintomas de impulsividade (Pascual et al., 2008), embora a agressividade impulsiva tenha melhorado mais com placebo do que com a risperidona (Rocca et al., 2002) ou paliperidona (Bellino et al., 2011). [e] Os resultados positivos em instabilidade afetiva referem-se, principalmente, a ECRs sobre transtorno de personalidade *borderline* (p. ex., Zanarini e Frankenburg, 2001 [olanzapina], Bozzatello et al., 2017 [asenapina]). [f] Na mania bipolar, a asenapina reduziu a hostilidade e a agressividade disruptiva com mais eficácia que o placebo (Citrome et al., 2017b). O brexpiprazol e a cariprazina reduziram a hostilidade com mais eficácia do que placebo com base em análises *post hoc* em esquizofrenia (Citrome et al., 2016a; 2016b). Análises *post hoc* do estudo CATIE sobre esquizofrenia demonstraram que a olanzapina foi especialmente útil para controlar a hostilidade (Volavka et al., 2014). Em sua metanálise sobre antipsicóticos para tratar transtorno de personalidade *borderline*, Mercer et al. (2009) observaram que o tamanho de efeito do aripiprazol no controle da raiva foi mais acentuado do que o da maioria dos outros antipsicóticos. Ver também Capítulo 14. [g] Ver Capítulo 19. [h] Dados preliminares (não randomizados) sugerem eficácia no tratamento de cefaleia e enxaqueca com aripiprazol (LaPorta, 2007), olanzapina (Silberstein et al., 2002), quetiapina (Krymchantowski et al., 2010) e ziprasidona (Boeker, 2002). [i] Relataram-se baixas taxas de incidência de sonolência (ou seja, "número necessário para causar danos" [NNHs]) em ensaios clínicos sobre esquizofrenia com aripiprazol (NNH = 34), asenapina (NNH = 21), brexpiprazol (NNH = 271), cariprazina (NNH = 65), lurasidona (NNH = 20), paliperidona (NNH = 117) e risperidona (NNH = 13) (Citrome et al., 2017a). [j] Ver Capítulo 21. Células em branco representam casos nos quais dados existentes são predominantemente (ou totalmente) negativos, ou nos quais determinada indicação não teria razão conhecida; "?" indica casos nos quais estudos pré-clínicos, mas não com seres humanos, sugeriram efeito possível, ou existem dados humanos insuficientes para formar opinião sobre eficácia.

6 Psicofarmacologia Prática

Tabela 6.9 Parcimônia farmacológica e funções em "nichos" de fármacos com propriedades farmacodinâmicas variadas.

Domínios clínicos					
Anfetamina	TDA/processamento atencional lento[a]	Depressão	Perda de peso/compulsividade alimentar	Neutraliza sedação iatrogênica	
Armodafinila	Fadiga/sonolência diurna	Depressão	TDA/processamento atencional lento[a]		
Bupropiona	Depressão	Supressão de tabagismo	Perda de peso	TDA/processamento atencional lento[a]	
Carbamazepina	Transtorno bipolar (mania >depressão, aguda > manutenção)	Neuralgia do trigêmeo	Epilepsia	Neuropatia periférica diabética	
Duloxetina (e outros IRSNs)	Depressão	Ansiedade	Dor neuropática ou musculosquelética ou óssea	Incontinência urinária	"Ondas de calor" (fogachos) no climatério
Valproato	Transtorno bipolar (mania >depressão, aguda > manutenção)	Alcoolismo com transtorno bipolar[b]	Profilaxia de enxaqueca	Agressividade impulsiva (demência, transtorno de personalidade *borderline*)	Epilepsia
Gabapentina	Ansiedade	Insônia (prolonga estágios de sono 3 a 4)	Dor neuropática, enxaqueca	Síndrome do túnel do carpo	"Ondas de calor" (fogachos) no climatério / Epilepsia
Lítio	Transtorno bipolar (mania >depressão)	Efeito antissuicida	Episódios de leucopenia (p. ex., tratamento combinado com clozapina)	Gota	Síndrome de vômitos cíclicos
Propranolol[c]	Tremor	Ansiedade social	Hipertensão	Acatisia	Agitação[d]
Topiramato	Enxaqueca	Compulsividade alimentar/perda de peso	Uso abusivo de álcool	Possivelmente sintomas de hiperexcitação com TEPT[e]	Epilepsia

[a] Ver Capítulo 21. [b] Salloum et al., 2005. [c] Os betabloqueadores não seletivos não devem ser usados em asmáticos para evitar risco de broncospasmo. [d] Revisado por Goedhard et al., 2006. *IRSN*, inibidor seletivo de recaptação de serotonina e norepinefrina; *TDA*, transtorno de déficit de atenção; *TEPT*, transtorno de estresse pós-traumático.

126

Capítulo 6 • Esquemas Terapêuticos Complexos e Farmacoterapias Combinadas em Bases Racionais

Os esquemas terapêuticos combinados que têm bases de evidência específicas estão descritos detalhadamente em capítulos independentes na Parte 2.

COMBINAÇÕES DE ANTIPSICÓTICOS

Embora seja verdade que "assinaturas" moleculares de perfis e afinidades de ligação aos receptores dos fármacos antipsicóticos não são idênticas para os diversos compostos dessa classe, existem problemas conceituais práticos com o uso simultâneo muito frequente de vários destes fármacos. A principal dessas preocupações é a inexistência de base de evidências a favor da utilidade ou da segurança de usar vários antipsicóticos combinados. No entanto, nos EUA médicos prescrevem um segundo antipsicótico para cerca de 10 a 50% dos pacientes que utilizam um antipsicótico há muito tempo. Os pacientes esquizofrênicos têm probabilidade cerca de sete vezes maior de usar dois ou mais fármacos antipsicóticos que aqueles com outros diagnósticos (Mojtabai e Olfson, 2010). O Boxe 6.10 enumera as razões mais citadas comumente, embora raramente elas tenham base de evidências.

No caso singular da clozapina – nenhum fármaco antipsicótico jamais se mostrou superior a ela como tratamento de transtornos psicóticos resistentes a outros fármacos –, existem alguns poucos ensaios controlados que demonstraram segurança e eficácia das estratégias de potencialização terapêutica com acréscimo de um ASG. Os resultados desses estudos estão resumidos no Capítulo 15.

Existem alguns exemplos nos quais as combinações de antipsicóticos podem ser consideradas racionais – e/ou baseadas em evidências – inclusive os que estão descritos no Boxe 6.11.

Conceitualmente, as possíveis vantagens e desvantagens de combinar antipsicóticos podem ser resumidas da seguinte maneira:

Vantagens:

- Possíveis perfis de receptores complementares desconsiderados
- Uso de vários antipsicóticos pode reduzir efeitos adversos em razão da administração de doses menores do que as convencionais de dois ou mais fármacos
- Efeitos de um fármaco podem anular efeitos adversos de outro.

Desvantagens:

- Competição pelos mesmos receptores; não há base de evidência empírica convincente

---

Boxe 6.10 Razões comuns para usar dois ou mais antipsicóticos.

- Pacientes estão no meio de uma substituição de um fármaco por outro e param de usar intencionalmente o primeiro porque têm melhora ou se preocupam com a possibilidade de ocorrer agravação clínica se reduzirem progressivamente as doses ainda mais
- Os sintomas residuais persistem durante o tratamento com o primeiro ASG (p. ex., insônia, ansiedade ou agitação) que, na opinião do médico, podem responder mais satisfatoriamente a um segundo ASG (frequentemente em dose baixa, comumente com mais ação anti-histamínica), em vez de otimizar ainda mais a dose do primeiro fármaco
- Existe uma razão para pensar que o acréscimo de um ASG específico possa atenuar determinados efeitos adversos do primeiro ASG – por exemplo, acrescentar aripiprazol para normalizar a hiperprolactinemia iatrogênica (Shim et al., 2007) ou ziprasidona para compensar aumento do peso associado ao ASG (Wang et al., 2011)
- Desconfiança na eficácia do primeiro antipsicótico, mas relutância em interromper seu uso porque existem dúvidas de que seus efeitos possam ter sido desvalorizados.

Boxe 6.11 Combinações racionais de antipsicóticos.

- Quando se avalia a tolerabilidade de um fármaco recém-introduzido que possa ter meia-vida curta em razão de seus possíveis efeitos adversos idiossincrásicos
- Quando se efetua redução gradativa de um psicótico, enquanto a dose de outro é aumentada simultaneamente (*cross-tapering*, em inglês) e busca-se ter "cobertura" durante os intervalos de cinco meias-vidas dos dois fármacos que estão sendo trocados (de modo a atenuar possíveis sintomas provocados pela descontinuação e pelo agravamento clínico atribuíveis à ausência de um fármaco que poderia ser mais eficaz do que se pensava antes)
- Quando se inicia tratamento com preparação injetável de ação prolongada (IAP) de um antipsicótico e é necessário ter "cobertura" até que seja alcançado seu nível sanguíneo terapêutico mínimo
- Quando se pretende tratar especificamente hostilidade e agressividade (Morrissett e Stahl, 2014).

6 Psicofarmacologia Prática

que indique eficácia maior que a de qualquer tratamento otimizado com apenas um fármaco
- Doses ainda que baixas de alguns antipsicóticos podem causar efeitos adversos (e, consequentemente, aditivos) como sedação e distúrbios metabólicos
- Risco mais alto de exacerbação de efeitos adversos metabólicos; efeitos motores aditivos (talvez atenuados quando se dá preferência aos chamados ligantes D_2 "fracos" (Ki alto) como quetiapina e clozapina em vez de ligantes D_2 "fortes" (Ki baixo) como risperidona e ziprasidona.

O Boxe 6.12 resume "regras de trânsito" da prescrição simultânea de vários antipsicóticos.

Que tal combinar um antagonista D_2 com um agonista parcial ou pleno?

O agonismo dopaminérgico parcial implica que uma molécula tem ação agonista ou antagonista, dependendo do nível de tônus dopaminérgico. Quando um agonista D_2 parcial (como aripiprazol, brexpiprazol ou cariprazina) é combinado

Boxe 6.12 Regras para prescrição simultânea de antipsicóticos.

- Determinar se e por que a otimização adicional das doses do primeiro antipsicótico – ou uma permuta razoável por outro antipsicótico – pode ser uma abordagem preferível
- Reconhecer claramente metas terapêuticas não alcançadas e finalidade pretendida com o segundo antipsicótico (p. ex., eficácia antipsicótica global? Um fármaco para insônia ou agitação? Anulação de um efeito adverso do primeiro antipsicótico?)
- Estar consciente da possibilidade de ocorrer acatisia dose-dependente e não a confundir com agitação psicótica ou ansiedade ainda não controlada pelo tratamento
- Monitorar ocorrência de distonia aguda ou sedação aditiva
- Evitar misturar antipsicóticos de alta potência com ligantes D_2 "fortes"; preferir ligantes D_2 "fracos" combinados (p. ex., quetiapina, olanzapina, clozapina) ou com um ligante D_2 "forte"
- Considerar interrupção progressiva do primeiro psicótico se e quando seus efeitos parecem desprezíveis ou redundantes com o segundo.

com um agonista D_2 pleno (como anfetamina ou metilfenidato), o primeiro atua como antagonista competitivo, produzindo a redução final de atividade dos receptores em razão de seu efeito agonista pleno. Os agonistas de dopamina foram estudados primeiramente como estratégias de potencialização dos efeitos de antagonistas D_2. Uma preocupação óbvia é a possibilidade de agravar a psicose quando se utilizam fármacos como o metilfenidato. A base de evidências é escassa e, em alguns casos, inclui relatos de casos ou ensaios abertos com pouquíssimos indivíduos, o que não possibilita tirar conclusões significativas se melhoram ou pioram (p. ex., tratamento adjuvante com bromocriptina ou ropinirol).

Podemos citar vários exemplos de efeitos robustos demonstrados empiricamente com a prescrição de um agonista combinado com um antagonista de dopamina:

- A *amantadina* é usada como alternativa aos fármacos anticolinérgicos (p. ex., benzatropina) para a preservação da função cognitiva de pacientes com parkinsonismo associado ao uso de antipsicóticos. Os estudos demonstraram uma eficácia antiparkinsoniana comparável com a benzatropina, mas com menos efeitos adversos (DiMascio et al., 1976)
- A *anfetamina* pode neutralizar a suposta hipoatividade das vias neurais de receptores D_1 mesocorticais e pré-frontais associada aos sintomas negativos da esquizofrenia. Em um ECR, a lisdexanfetamina (dose média = 50 mg/dia) foi significativamente mais eficaz do que o placebo para reduzir escores total e subtotal da PANSS sem agravar psicose (Lasser et al., 2013)
- O *pramipexol* é utilizado como adjuvante ao haloperidol para tratar sintomas negativos e positivos de esquizofrenia resistente ao tratamento; os escores totais de PANSS aumentaram em > 20% na maioria dos pacientes, sem qualquer agravação clínica detectável (Kasper et al., 1997).

Combinação de antipsicóticos com estabilizadores de humor

Existem ao menos razões teóricas para considerar o uso de estabilizadores de humor gabaérgicos (valproato de sódio) no tratamento de transtornos psicóticos, considerando-se os conhecimentos atuais sobre ação do GABA na esquizofrenia. Em termos mais específicos, acredita-se que, embora a hiperatividade das vias

Capítulo 6 • Esquemas Terapêuticos Complexos e Farmacoterapias Combinadas em Bases Racionais

dopaminérgicas mesolímbicas contribua para a patogenia dos sintomas positivos, tal fenômeno pode ser simplesmente uma consequência "posterior" da disfunção glutamatérgica corticolímbica. Como se pode observar na Figura 6.2, um circuito glutamatérgico corticolímbico intacto assegura ativação excitatória normal das estruturas límbicas que, por sua vez, regulam as vias neurais dopaminérgicas. De que maneira? Por meio de interneurônios gabaérgicos inibidores do grupo da parvalbumina que, quando são estimulados, suprimem disparos dopaminérgicos no sistema mesolímbico. A falha das vias glutamatérgicas corticolímbicas em estimular interneurônios gabaérgicos inibitórios mesolímbicos resulta na impossibilidade de hiporregular vias dopaminérgicas que, quando deixam de ser suprimidas (pelos interneurônios gabaérgicos inibitórios hipoativos), causam hiperatividade dopaminérgica e sintomas psicóticos positivos resultantes. Em termos mais simples, os interneurônios gabaérgicos funcionam como "interruptores" dos neurônios dopaminérgicos mesolímbicos, que deveriam ao menos teoricamente ajudar a atenuar sintomas psicóticos (ver Figura 6.2). Essa via neural está descrita com mais detalhes no Capítulo 15.

Os tratos glutamatérgicos excitatórios entre córtex e tronco encefálico regulam a transmissão dopaminérgica mesolímbica por estimulação dos interneurônios gabaérgicos inibitórios – que, por sua vez, suprimem a liberação de dopamina; a inibição dos interneurônios gabaérgicos pode potencializar sintomas psicóticos.

Polifarmácia de Ícaro e posologia agressiva

Como aconteceu com esse personagem da mitologia grega, cujas asas de cera e penas de pássaros derreteram quando ele teimosamente voou muito perto do sol, a aerodinâmica psicofarmacológica frequentemente funciona praticamente do mesmo modo: nem mais nem menos. Os médicos que buscam insistentemente resultados terapêuticos cada vez mais perfeitos usando doses supraterapêuticas e/ou esquemas de polifarmácia muito agressivos correm risco de "derreter" seus pacientes. Efeitos adversos modestos ou controláveis podem rapidamente tornar-se fatais quando caminhoneiros ficam sonolentos ou têm tempos de reação mais longos. O raciocínio confuso atribuído à psicopatologia coexistente pode facilmente ser atribuído a efeitos adversos anti-histamínicos ou anticolinérgicos; e o uso de psicoestimulantes em doses altas (lembre-se de seu tamanho de efeito sedutoramente alto, como está descrito no Boxe 3.6) literalmente não é para "corações fracos" (falando em termos inotrópicos) e pode desencadear quadro semelhante à hipomania ou desencadear psicose nos indivíduos predispostos. Além disso, "aglomerados" sem sentido de esquemas terapêuticos excessivamente numerosos construídos de maneira absurda ou aleatória apenas geram anarquia farmacológica (sem falar que inspiram pouca confiança quanto ao valor potencial de esquemas complexos mais sensatos elaborados com base em seus efeitos sinérgicos).

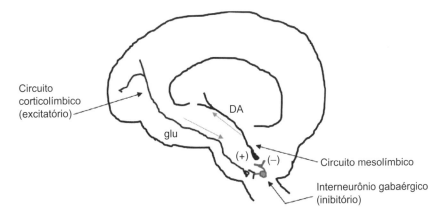

Figura 6.2 Circuito corticolímbico nas psicoses.

6 Psicofarmacologia Prática

> ## ⌂ Pontos importantes e tarefas para casa
>
> - Esforçar-se para combinar fármacos específicos ligados a efeitos farmacodinâmicos específicos almejados
> - Otimizar as doses do primeiro fármaco, antes de pensar em acrescentar um segundo da mesma classe, a menos que o objetivo seja potencializar um fármaco usado em doses abaixo da ideal, de modo a evitar efeitos adversos ou levar vantagem com um efeito farmacocinético ou farmacodinâmico conhecido
> - Elaborar esquemas terapêuticos fundamentados nos três pilares da polifarmácia racional: mecanismos complementares/não redundantes, precedente estabelecido por observação empírica e segurança
> - Economizar com escolhas parcimoniosas de fármacos, sempre que for possível
> - Desprescrever tratamentos farmacológicos "confusos" e fármacos ineficazes mantidos sem razão convincente; todos os componentes de um esquema terapêutico devem ter descrições bem definidas de efeitos desejados e passar periodicamente por avaliações de desempenho no mínimo sem dificuldade, se não com grande sucesso merecido.

7 Valores Laboratoriais e Sintomas Psiquiátricos: o que Dosar, o que Não Dosar e o que Fazer com os Resultados

Objetivos de aprendizagem

- ☐ Saber quais fármacos psicotrópicos têm ou não têm faixas estabelecidas definidas de níveis plasmáticos terapêuticos
- ☐ Reconhecer quais fármacos orais diferem quanto à absorção, à biodisponibilidade e aos níveis plasmáticos quando são ingeridos com ou sem alimento
- ☐ Entender as razões baseadas em evidências para solicitar dosagem do nível plasmático de um fármaco
- ☐ Saber quando e como solicitar e interpretar dosagens dos níveis plasmáticos dos fármacos com base em sua meia-vida e nas amostras obtidas em nível mínimo, aleatoriamente ou em outros períodos definidos por convenção.

Nem tudo que pode ser contado conta, e nem tudo que conta pode ser contado.

Albert Einstein

Provavelmente, os psiquiatras não são muito diferentes dos demais profissionais de saúde quanto ao desejo de medir coisas. Contudo, quando comparados com médicos que trabalham na maioria das outras áreas da medicina, eles podem ser os mais novatos a entrar no mundo das avaliações quantitativas *versus* qualitativas. Os cuidados baseados em medidas (CBM) e os exames laboratoriais tornaram-se aspectos específicos progressivamente mais importantes na prática clínica. Talvez isso venha como resposta às décadas (senão séculos) de uma abordagem qualitativa frequentemente impressionista e, às vezes, demorada de registrar observações clínicas; talvez seja uma reação à herança psicanalítica, que por muito tempo evitou medidas quantitativas e acompanhamento de resultados formais; isso também reflete a divulgação de instrumentos de pesquisa (entrevistas semiestrutura-

das, questionários, escalas de graduação) nos contextos clínicos não experimentais; e, sem dúvida, os CBM surgiram como resposta a um sistema de atenção à saúde que terminou por relacionar reembolso por serviços com parâmetros quantificáveis.

Neste capítulo, enfatizaremos as razões e a relevância (ou irrelevância) das medidas laboratoriais, do monitoramento de órgãos-alvo quanto à segurança e à eficácia dos fármacos e do papel do monitoramento sintomatológico quantitativo e dos CBM como adaptação e corolário do mundo científico dos ECRs. Vamos iniciar novamente com um caso clínico (Caso clínico 7.1).

> **Dica**
>
> "Monitoramento terapêutico de fármacos" (MTF) é a expressão usada para descrever a prática de dosar periodicamente níveis séricos dos fármacos para assegurar que suas concentrações sejam suficientes para obter eficácia terapêutica. Isso pressupõe que os níveis séricos se correlacionem com os efeitos clínicos.

CASO CLÍNICO 7.1

Mark, 34 anos, tem transtorno bipolar em remissão estável há mais de 3 anos. Seu psiquiatra, Dr. Abbott, prescreveu carbonato de lítio (600 mg/dia) e divalproato de sódio (1.000 mg/dia). Seus níveis séricos mais recentes dosados trimestralmente foram: [Li⁺] = 0,48 mEq/ℓ e [ácido valproico] = 42 µg/mℓ. Sua creatinina sérica naquela época era 0,89 mg/dℓ; e seu hemograma completo (HC), suas enzimas hepáticas e seu hormônio tireoestimulante (TSH) estavam perfeitamente dentro das faixas normais. Essas dosagens deveriam ser alteradas?

Mark manteve-se estável com um esquema farmacoterápico bastante simples com fármacos adequados ao diagnóstico, em doses moderadas, por um período significativo. Se os sintomas do paciente estão bem controlados há vários anos, seu esquema terapêutico e doses estão estáveis e seus marcadores bioquímicos não se alteraram significativamente, ele realmente precisa de exames laboratoriais a cada 3 meses? A resposta depende basicamente de a quem perguntamos. Por exemplo, algumas diretrizes práticas muito conservadoras recomendariam monitoramento por tempo indefinido dos níveis séricos de lítio a cada 3 meses. Nossa opinião é que essas recomendações "entre parênteses" devem ser interpretadas em cada contexto clínico específico. Existem diferenças óbvias entre pacientes com mais ou menos sintomas psiquiátricos; mais jovens ou adultos idosos; pacientes com doença renal, que usam diuréticos tiazídicos ou inibidores de ECA; que mostram adesão errática ao tratamento; que têm ou não efeitos adversos gastrintestinais ou neurológicos; e que têm sintomas mal controlados. O monitoramento laboratorial deve ser realizado com uma finalidade pretendida com base na condição clínica do paciente.

Quando não há sinais ou sintomas clínicos instáveis, provavelmente há espaço para mais liberdade e discernimento ao decidir quanto à frequência mais apropriada e à relevância do monitoramento laboratorial do paciente Mark. É importante ressaltar que, sob o ponto de vista da segurança, provavelmente deveríamos estar mais preocupados com a manutenção das funções renal e tireóidea normais do paciente do que com o nível sérico de lítio (desde que não haja sintomas ou alterações da dose) e mais com sua função hepática que seu nível de valproato. Nesse caso, a avaliação semestral com monitoramento laboratorial dos órgãos-alvo provavelmente seria mais que suficiente.

QUANDO FAZ SENTIDO DOSAR NÍVEIS SÉRICOS DE UM FÁRMACO?

Os níveis séricos de lítio e valproato do paciente Mark têm importância secundária em seu estado clínico. O médico poderia alterar suas doses para tentar fazer com que seus resultados mais se aproximassem das faixas terapêuticas descritas na Tabela 7.1, mas fazer isto seria ignorar a evidência clara de estabilidade clínica assegurada por seu esquema terapêutico atual. Além disso, ao contrário de um paciente idealizado em tratamento hipotético com um único fármaco, Mark usa dois fármacos que podem muito bem ter ações clinicamente sinérgicas. Nenhuma base de evidências possibilita presumir a necessidade de otimizar doses (ou níveis séricos dos fármacos) de um esquema terapêutico como esse. Também nesse caso, a ausência persistente de sinais ou sintomas do próprio paciente é evidência irrefutável de sua estabilidade clínica. Apenas quando for preciso melhorar a condição do paciente devemos acrescentar outras estratégias baseadas em evidências que possam melhorar sua condição.

Em geral, nenhum exame clínico deve ser solicitado sem razão. No caso dos níveis de fármacos psicotrópicos, podemos pensar em várias razões, conforme está resumido no Boxe 7.1.

Como princípio geral, o médico geralmente está interessado em valores extremos da faixa de referência laboratorial de um fármaco. Isso porque níveis especialmente baixos indicam falta de adesão ao tratamento ou metabolismo ultrarrápido, enquanto níveis excepcionalmente altos sugerem toxicidade/superdosagem, metabolismo lento (o que resulta em acúmulo do fármaco), ou então talvez captura acidental de um nível de pico ($C_{máx}$) em vez de um nível mínimo ou do estado de equilíbrio, quando se obtém a amostra logo depois da última dose. Embora os médicos frequentemente se refiram a níveis farmacológicos "plasmáticos" e "séricos" como sinônimos, ao menos no caso dos antidepressivos tricíclicos os níveis plasmáticos podem ser significativamente mais altos do que os níveis séricos correspondentes (Coccaro et al., 1987). Algumas condições clínicas específicas também alteram comprovadamente o metabolismo dos fármacos – por exemplo, conforme está descrito no Capítulo 12, níveis crescentes de estrogênio durante a gestação podem induzir as enzimas de CYP450 e, possivelmente, resultar em redução dos níveis séricos dos ISRSs ou outros substratos de tal sistema

> **Dica**
> No TDM, deve-se prestar atenção principalmente aos limites extremos da faixa de referência laboratorial; níveis mínimos ou indetectáveis refletem falta de adesão ao tratamento ou metabolismo ultrarrápido, enquanto níveis próximos ou acima do limite superior da faixa de referência são compatíveis com possível toxicidade (dependendo do índice terapêutico do fármaco em questão).

Capítulo 7 • Valores Laboratoriais e Sintomas Psiquiátricos...

Tabela 7.1 Monitoramento laboratorial dos níveis séricos de lítio e anticonvulsivantes estabilizadores de humor.

Fármaco	Dados empíricos sobre níveis séricos	Relevância dos níveis séricos do fármaco	Advertências
Carbamazepina	4 a 12 µg/ml na epilepsia	*Nenhuma correlação demonstrada* entre [carbamazepina] sérica e resposta clínica com tratamento agudo ou profilático de transtorno bipolar (Simhandl et al., 1993; Vasudev et al., 2000)	Autoindução da carbamazepina frequentemente produz níveis séricos mais baixos várias semanas depois de iniciar o tratamento
Divalproato	*Mania aguda*: faixa terapêutica bem estabelecida de 45 a 125 µg/ml (Bowden et al., 1996); *Manutenção em transtorno bipolar*: continuação ideal no estudo ou descontinuação atribuível à recidiva de mania ou depressão quando [valproato] sérica estava entre 75 e 99,9 µg/ml (Keck et al., 2005)	Eficácia antimaníaca ideal quando [valproato] > 71 µg/ml; tamanho de efeito máximo na mania com [valproato] > 94 µg/ml (Allen et al., 2006). Não há dados sobre depressão bipolar	Concentração de valproato livre (não ligado) deve ser medida (faixa habitual = 6 a 22 µg/ml) quando níveis de proteínas plasmáticas puderem estar baixos (p. ex., má absorção ou desnutrição/anorexia, ou doença hepática ou renal significativa)
Lamotrigina	2,5 a 15,0 µg/ml na epilepsia	Não há uma faixa de referência estabelecida de níveis séricos terapêuticos em outras indicações além de profilaxia de convulsões. Um estudo pequeno (*n* = 34) com pacientes com DRT unipolar e bipolar detectou índices de resposta significativamente maiores quando [lamotrigina] sérica era > 2,3 µg/ml (Kagawa et al., 2014)	Anticoncepcionais orais contendo estrogênio e gravidez podem reduzir os níveis séricos de lamotrigina em até 50%
Lítio	*Mania aguda*: define-se comumente a faixa de 0,6 a 1,2 mEq/l *Depressão bipolar*: não há dados *Tratamento de manutenção*: níveis séricos de 0,8 a 1,0 mEq/l conferem risco menor de recidiva que níveis entre 0,4 e 0,6 mEq/l (Gelenberg et al., 1989)	Os níveis "terapêuticos" na mania aguda tendem a ser mais altos (mais próximos de 1,0 mEq/l) que no tratamento de manutenção	Os níveis séricos ideais de lítio trazem benefícios terapêuticos satisfatórios com a menor dose possível, de forma a atenuar efeitos adversos referidos aos órgãos-alvo. Além disso, as próprias faixas terapêuticas "estabelecidas" estão sujeitas a moderadores (p. ex., cronicidade ausente [Gelenberg et al., 1989]) e mediadores (p. ex., evitar quedas súbitas dos níveis de Li⁺ [Perlis et al., 2002])

DRT, depressão resistente ao tratamento.

Boxe 7.1 Razões para solicitar dosagens dos níveis séricos dos fármacos.

- Adesão ao tratamento farmacológico: quando houver suspeita de falha de adesão ao tratamento, o nível sérico indetectável de um fármaco pode reforçar tal hipótese
- As manifestações tóxicas inequívocas, ou quando houver sinais clínicos sugestivos de possível toxicidade (tremor grosseiro, embotamento cognitivo ou sedação, ataxia), podem ser úteis para determinar se o nível sérico de um fármaco está no limite superior ou acima da faixa de referência laboratorial (Nota: alguns fármacos, como o lítio, podem causar tremor ou desconforto gastrintestinal, sem que estes sinais indiquem necessariamente doses excessivas ou níveis séricos supraterapêuticos)
- Quando um paciente continua sintomático e há uma faixa de referência terapêutica estabelecida para determinado fármaco, o médico pode determinar seu nível sérico se houver espaço para aumentar a dose em segurança até o limite superior da faixa de referência
- Quando for possível ocorrer interação farmacocinética, dosar o nível sérico de um fármaco (especialmente antes e depois da exposição a outro fármaco potencialmente indutor ou inibidor) pode ajudar a determinar a extensão e a magnitude desta interação
- Nos casos resistentes ao tratamento, as doses podem ser orientadas por níveis plasmáticos dos fármacos até o limite de tolerabilidade ou inutilidade.

enzimático. Contudo, as dosagens rotineiras dos níveis séricos de um fármaco com o propósito de registrar essa ocorrência durante a gravidez podem simplesmente ser um exercício acadêmico, que meramente confirmariam uma suspeita clínica.

Definições
Soro: parte líquida do sangue depois de retirados fatores de coagulação e leucócitos/eritrócitos.
Plasma: parte líquida do sangue contendo proteínas e elementos celulares em suspensão.

Em geral, se e quando for necessário dosar níveis séricos de um fármaco, faz sentido realizar as dosagens depois de transcorrerem cinco meias-vidas como reflexo da farmacocinética em estado de equilíbrio. Entretanto, efeitos clinicamente terapêuticos de um fármaco podem ser evidentes antes que tenham decorrido cinco meias-vidas, como é o caso daqueles com meias-vidas muito longas com metabólitos ativos também com meias-vidas longas (p. ex., fluoxetina, aripiprazol e cariprazina). A menos que regras convencionadas ditem o contrário, amostras significativamente interpretáveis geralmente são dosadas em concentrações mínimas (ou seja, pouco antes da dose seguinte).

No caso do lítio, as informações contidas na bula do fabricante recomendam que os níveis séricos do fármaco sejam dosados "logo antes da próxima dose, quando as concentrações de lítio estão relativamente estáveis (ou seja, 12 h depois da última dose)". Entretanto, isso pressupõe que o lítio seja administrado em duas doses diárias, que era a recomendação posológica original feita pelo fabricante décadas atrás, quando este fármaco foi introduzido no mercado. Estudos subsequentes demonstraram que a administração de uma dose diária de lítio, em vez de várias doses ao dia, parece conferir mais proteção contra efeitos nefrotóxicos (Castro et al., 2016). Por convenção, amostras significativamente interpretáveis de lítio costumam ser coletadas entre 10 e 14 h depois da última dose, embora se possa referir o nível "mínimo" real estritamente com base nas concentrações dosadas pouco antes da última dose (ou seja, C_{min}).

Entre os antidepressivos, nenhum estudo demonstrou que o peso corporal influencia seus níveis sanguíneos (Unterecker et al., 2011).

A biodisponibilidade e os níveis séricos são afetados pela administração de alimentos com alguns (embora nem todos) fármacos psicotrópicos. São fármacos mais bem absorvidos *com* alimentos (possivelmente resultando em níveis séricos mais altos) a deutetrabenazina, o lítio, a lumateperona, a lurasidona, a nefazodona, a paliperidona, a quetiapina (aumento modesto), a sertralina (aumento modesto), a vilazodona e a ziprasidona. Os fármacos mais bem absorvidos *sem* alimentos (possivelmente resultando em níveis séricos mais altos) são a asenapina, a valbenazina e o zolpidem (aumento modesto).

Existem algumas condições clínicas nas quais os níveis séricos de um fármaco são decididamente *pouco informativos* quanto à avaliação dos efeitos terapêuticos. Alguns exemplos:

- *Taquifilaxia*: depois da exposição prolongada aos fármacos que podem causar tolerância fisiológica (p. ex., benzodiazepínicos, anfetaminas e opioides), determinada concentração

do fármaco pode produzir efeito menor com o transcorrer do tempo
- *Fármacos que "batem e correm" e produzem efeito tudo ou nada, independentemente da dose:* são exemplos os antibióticos ou os inibidores enzimáticos não competitivos irreversíveis, como os IMAOs.

A seguir, faremos uma revisão das informações farmacocinéticas básicas nos Boxes 7.2 e 7.3.

ESTATÍSTICAS RELEVANTES

Quando se compara a consistência das doses de um fármaco com seus níveis séricos correspondentes, às vezes é útil saber identificar quão amplamente essa correlação varia ou parece ser homogênea. O *coeficiente de variação (CV)* é uma medida quantitativa da confiabilidade de um ensaio laboratorial definida pela razão entre desvio padrão e média populacional (geralmente expresso em porcentagem), na qual porcentagens mais altas refletem mais variabilidade (ou inconsistência) na relação (nesse caso, entre doses e níveis séricos de um fármaco).

As correlações de Pearson e Spearman são usadas frequentemente para determinar se existe ou não relação linear entre doses e níveis séricos de um fármaco específico. Para examinar a relação entre níveis séricos do fármaco e resposta terapêutica, os grupos que responderam e não responderam geralmente são comparados com escores médios de níveis séricos do fármaco usando testes de comparação de médias de grupos (p. ex., testes t, ou testes de Mann-Whitney). Conforme foi explicado antes no Capítulo 3, as curvas de características de operação do receptor (ROC) são examinadas comumente para detectar possíveis "pontos de corte" ou limiares de níveis sanguíneos possivelmente associados à resposta terapêutica.

Ninguém pode supor com precisão que, se e quando há uma faixa de referência de níveis sanguíneos terapêuticos de determinado fármaco para tratar um transtorno específico, e como essa mesma faixa pode ser aplicável a outros transtornos com tal fármaco. São exemplos a carbamazepina para a epilepsia *versus* a mania bipolar; a nortriptilina para a depressão maior *versus* a dor neuropática; a bupropiona para a depressão

Boxe 7.2 Introdução às farmacocinéticas linear e não linear.

Janela terapêutica: refere-se à faixa de doses de um fármaco que podem produzir efeito terapêutico sem causar efeitos adversos significativos. Em termos práticos, define-se isso pelas doses que ficam entre a concentração eficaz mínima e a concentração tóxica mínima, conforme ilustrado no seguinte gráfico:

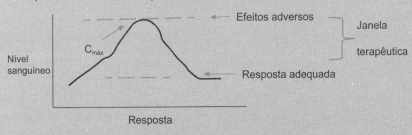

Faixa terapêutica: quando uma população clínica definida (p. ex., pacientes com epilepsia, enxaqueca ou transtorno do pânico) é exposta a determinado fármaco, a faixa de doses (ou níveis séricos) que corresponde aos efeitos benéficos observados empiricamente sem causar efeitos tóxicos define sua "faixa terapêutica". Observe que a faixa terapêutica das doses (ou níveis séricos) do fármaco para determinada doença podem não ter significado (além de evitar toxicidade) quando ele é usado para tratar outro problema.

Índice terapêutico: refere-se à razão entre dose letal mediana de um fármaco (DL_{50}) e sua dose eficaz mediana (DE_{50}), ou seja:

$$\frac{DL_{50}}{DE_{50}}$$

Índice terapêutico amplo significa que um fármaco é mais seguro, enquanto índice terapêutico exíguo significa que há pouco espaço para erros de dose (p. ex., lítio). Às vezes, os fármacos com índices terapêuticos amplos também podem produzir um efeito mais persistente, que possibilita administrar 1 ou 2 vezes/dia, ainda que sua meia-vida de eliminação seja relativamente curta (p. ex., betabloqueadores).

Boxe 7.3 Curvas de dose-resposta.

Curva de dose-resposta linear: os aumentos dos níveis séricos do fármaco são diretamente proporcionais à dose deste fármaco.

Curva de resposta curvilínea: consegue-se o efeito ideal com uma dose (ou nível sérico) que não seja muito grande ou muito pequena. São exemplos notáveis entre os fármacos psicotrópicos a nortriptilina, a imipramina e a amitriptilina.

Curva logarítmica: consiste em uma inclinação variável, que inicialmente mostra subida aguda seguida de platô ou efeito máximo. São exemplos os corticosteroides inalatórios para tratar asma.

Curva sigmoide: descreve um contorno praticamente linear entre as concentrações de 10 a 20% e 80 a 90%, delimitadas por limiares de inclinação mais planos com níveis posológicos mais baixos e mais altos. Alterações modestas da concentração ou dos níveis sanguíneos ao longo da parte linear aguda da curva podem causar alterações substanciais de efeito. São exemplos o fenobarbital, o lítio, a anfetamina e a morfina.

Cinética de ordem zero (não linear, também conhecida como cinética de saturação): uma quantidade constante do fármaco é eliminada por unidade de tempo, independentemente de seus níveis plasmáticos. A meia-vida e o *clearance* são menores com concentrações séricas mais baixas do fármaco. Poucos fármacos têm cinética de ordem zero. São exemplos o etanol, a fenitoína, a gabapentina e os salicilatos em doses altas.

Cinética de primeira ordem (linear): a eliminação do fármaco ocorre a uma *taxa percentual constante* por unidade de tempo (p. ex., ao longo de uma *curva de decomposição exponencial*) proporcional aos níveis plasmáticos do fármaco. O *clearance* e a meia-vida do fármaco permanecem constantes. A maioria dos psicotrópicos tem cinética de eliminação de primeira ordem, que costuma ser um fenômeno muito mais comum do que a cinética de ordem zero.

maior *versus* o tratamento antitabagismo; ou o valproato de sódio para a mania bipolar *versus* a enxaqueca. Os estudos preliminares podem sugerir respostas mais favoráveis à paroxetina quando seus níveis séricos estão baixos em pacientes com transtornos do pânico, mas altos nos casos de TDM (ver Tabela 7.2). Alguns estudos que tentaram avaliar as relações entre níveis séricos e respostas terapêuticas de um fármaco foram prejudicados por amostras pequenas e falta de replicação dos resultados, assim como escassez de estudos realizados para investigar se os níveis séricos permanecem estáveis ao longo do tempo em determinado paciente em relação com sua resposta clínica.

As Tabelas 7.2 a 7.6 descrevem faixas de referência laboratoriais publicadas na literatura em relação aos psicotrópicos principais, com exceções assinaladas para os casos em que as evidências apontam uma associação entre níveis séricos e resposta terapêutica a um fármaco. Nos casos do lítio e anticonvulsivantes estabilizadores de humor, deve-se notar que alguns fármacos têm base de evidência de níveis sanguíneos terapêuticos apenas em determinadas fases da doença, que não podem ser necessariamente extrapolados para outros transtornos (p. ex., valproato de sódio para mania, mas não para depressão bipolar; lítio para mania ou tratamento de manutenção, mas não para depressão bipolar). Nos casos típicos, os níveis mínimos de ácido valproico são dosados entre 21 e 24 h depois da última dose de valproato de liberação estendida; uma amostra obtida entre 18 e 21 h depois da última dose fornece nível sérico cerca de 3 a 13% maior do que a concentração

Capítulo 7 • Valores Laboratoriais e Sintomas Psiquiátricos...

Tabela 7.2 Monitoramento laboratorial dos níveis séricos dos ISRSs.

ISRS	Dados empíricos	Relevância e advertências
Citalopram	Os níveis séricos > 50 ng/mℓ estão associados à ocupação de mais de 80% dos receptores dos sítios de ligação do transportador de serotonina e efeito terapêutico mais acentuado (Haji et al., 2011; Hiemke et al., 2018). Há ampla variabilidade interindividual e intraindividual nos níveis séricos alcançados com diversas doses; nenhuma relação estabelecida com resposta terapêutica (Reis et al., 2003). Possível curva de resposta não linear (sigmoide) no TOC (Bareggi et al., 2004)	Em geral, considera-se que níveis terapêuticos não estão definidos, ainda que [citalopram] sérica > 220 ng/mℓ possa estar associada a efeitos tóxicos (Hiemke et al., 2018)
Escitalopram	Dados preliminares (um ensaio aberto pequeno, n = 70) sugeriram resposta antidepressiva quando [escitalopram] plasmática era > 20 ng/mℓ (Florio et al., 2017). A faixa de referência laboratorial é de 15 a 80 ng/mℓ (Hiemke et al., 2018)	Há variação intraindividual e interindividual ampla entre doses e níveis séricos dos compostos S-citalopram, S-desmetilcitalopram, S-didesmetilcitalopram; não há limiar bem definido de significância clínica (Reis et al., 2007)
Fluoxetina	Faixa de referência laboratorial de 125 a 500 ng/mℓ (Hiemke et al., 2018) ([fluoxetina] + [N-desmetilfluoxetina] somadas)	Nenhuma correlação entre [fluoxetina] sérica, [fluoxetina] + [norfluoxetina], ou razão [fluoxetina]:[norfluoxetina] e resposta no TDM (Amsterdam et al., 1997) ou TOC (Koran et al., 1996). Toxicidade potencial com [fluoxetina] + [N-desmetilfluoxetina] > 1.000 ng/mℓ (Hiemke et al., 2018). Parece não haver dúvidas de que não há relação entre níveis séricos e resposta terapêutica
Fluvoxamina	Um estudo-piloto aberto pequeno de 14 dias sobre TDM observou faixa de [fluvoxamina] sérica entre 23 e 227 ng/mℓ; análise ROC dos indivíduos que responderam mostraram níveis séricos < 85 ng/mℓ (Härtter et al., 1998). No transtorno do pânico, um ECR mostrou que os pacientes em remissão geralmente tinham [fluvoxamina] sérica entre 10 e 100 ng/mℓ (Sandmann et al., 1998). No TOC, havia correlação significativa entre [fluvoxamina] sérica e alteração dos escores de YBOCS de 20 pacientes ambulatoriais acompanhados por 6 meses (Marazziti et al., 2012b)	Os níveis séricos não estão bem estabelecidos quanto à resposta terapêutica; os efeitos tóxicos podem estar associados a [fluvoxamina] sérica > 500 ng/mℓ (Hiemke et al., 2018). As concentrações séricas observadas eram altamente variadas; os resultados de estudos-piloto foram inconclusivos
Paroxetina	Alguns estudos relataram uma faixa terapêutica entre 20 e 60 ng/mℓ (Tomita et al., 2014) e resposta melhor e/ou mais rápida com níveis séricos *mais altos* no transtorno do pânico e no TDM (Gilles et al., 2005; Gex-Fabry et al., 2007); outros observaram resposta antidepressiva mais favorável com [paroxetina] sérica *baixa* (Watanabe et al., 2007)	Não estão bem estabelecidas
Sertralina	Doses orais entre 50 e 200 ng/dia correspondem a níveis séricos na faixa de 30 a 200 ng/mℓ, mas não há uma faixa de referência terapêutica bem definida	Os efeitos tóxicos podem estar associados a níveis > 300 ng/mℓ (Hiemke et al., 2018)

ECR, estudo randomizado controlado; *ROC*, características de operação do receptor; *TDM*, transtorno depressivo maior; *TOC*, transtorno obsessivo-compulsivo; *YBOCS, Yale-Brown Obsessive Compulsive Scale* (Escala de Transtorno Obsessivo-Compulsivo de Yale-Brown).

7 Psicofarmacologia Prática

Tabela 7.3 Monitoramento laboratorial dos níveis séricos dos IRSNs.

IRSN	Dados empíricos	Relevância dos níveis séricos e advertências
Desvenlafaxina	A resposta terapêutica no TDM foi associada às concentrações séricas somadas de venlafaxina + o-desmetilvenlafaxina na faixa de 195 a 400 ng/ml (Veefkind et al., 2000). Outros relatos de remissão do TDM foram associados à [o-desmetilvenlafaxina] sérica > 222 ng/ml (Stamm et al., 2014a)	"Variabilidade interindividual ampla das concentrações séricas com cada nível de dose" (Reis et al., 2002). Efeitos tóxicos possivelmente associados a níveis combinados > 1.000 ng/ml (Hiemke et al., 2018)
Duloxetina	Faixa de referência laboratorial = 30 a 120 ng/ml (Hiemke et al., 2018). Em um estudo, as análises ROC de 103 pacientes deprimidos hospitalizados demonstraram melhora com [duloxetina] sérica > 58 ng/ml (Waldschmitt et al., 2009)	A correlação entre nível sérico e resposta terapêutica *não* está bem demonstrada. Os efeitos tóxicos são possivelmente associados a níveis > 230 ng/ml (Hiemke et al., 2008)
Levomilnaciprano	Faixa de referência laboratorial = 80 a 120 ng/ml (Hiemke et al., 2018)	Não há correlação confirmada entre níveis séricos e resposta terapêutica. Os níveis > 200 ng/ml podem estar associados a efeitos tóxicos (Hiemke et al., 2018)
Venlafaxina	Os mesmos da desvenlafaxina	A mesma da desvenlafaxina

ROC, características de operação do receptor; *TDM*, transtorno depressivo maior.

Tabela 7.4 Monitoramento laboratorial dos níveis séricos dos antidepressivos tricíclicos.

Tricíclicos	Dados empíricos	Relevância e advertências
Amitriptilina	Resposta terapêutica antidepressiva associada às concentrações séricas somadas de amitriptilina + nortriptilina entre 93 e 140 ng/ml (índice de resposta = 50% quando estava dentro da faixa *versus* 30% quando fora da faixa) (Perry et al., 1994)	Relação curvilínea. Podem ocorrer efeitos tóxicos com [amitriptilina] + [nortriptilina] séricas > 300 ng/ml (Hiemke et al., 2018)
Clomipramina	Faixa de referência laboratorial habitual de 230 a 450 ng/ml para concentrações somadas de clomipramina e N-desmetilclomipramina (Hiemke et al., 2018). A razão entre [clomipramina]:[N-desmetilclomipramina] séricas foi associada à melhora da YBOCS em homens (Marazziti et al., 2012a)	Efeitos tóxicos associados à [clomipramina] + [N-desmetilclomipramina] séricas somadas > 450 ng/ml (Hiemke et al., 2018)
Desipramina	Faixa de referência habitual entre 150 e 300 ng/ml. Resposta terapêutica acima do limiar de 116 ng/ml (índice de resposta acima do limiar = 51% *versus* 15% abaixo do limiar) (Perry et al., 1994)	Relação de dose-resposta linear. Podem ocorrer efeitos tóxicos com níveis > 300 ng/ml (Hiemke et al., 2018)
Imipramina	Resposta terapêutica associada às concentrações séricas somadas de imipramina + desipramina na faixa de 175 a 350 ng/ml (índice de resposta = 67% quando estava na faixa *versus* 39% quando fora da faixa) (Perry et al., 1994)	Relação curvilínea. Podem ocorrer efeitos tóxicos com [imipramina] + [desipramina] séricas > 300 ng/ml (Hiemke et al., 2018)
Nortriptilina	Resposta terapêutica associada à [nortriptilina] sérica entre 58 e 148 ng/ml (índice de resposta com valores dentro da faixa = 66% *versus* 26% fora da faixa) (Perry et al., 1994)	Relação curvilínea comumente descrita para janela terapêutica de 50 a 150 ng/ml. Podem ocorrer efeitos tóxicos com níveis > 300 ng/ml (Hiemke et al., 2018)

YBOCS, Yale-Brown Obsessive Compulsive Scale (Escala de Transtorno Obsessivo-Compulsivo de Yale-Brown).

Capítulo 7 • Valores Laboratoriais e Sintomas Psiquiátricos... 7

Tabela 7.5 Monitoramento laboratorial dos níveis séricos de outros antidepressivos monoaminérgicos.

Fármaco	Dados empíricos sobre níveis séricos	Relevância dos níveis séricos e advertências
Bupropiona	Em um estudo aberto preliminar com 23 pacientes portadores de TDM, a concentração sérica mínima de bupropiona entre 10 e 29 ng/mℓ foi associada a resposta terapêutica melhor *versus* níveis > 30 ng/mℓ (Goodnick, 1992). A concentração sérica de 4-hidroxibupropiona (metabólito ativo da bupropiona) > 860 ng/mℓ pode ser limite mínimo do nível sanguíneo associado à resposta terapêutica (Laib et al., 2014)	Relação curvilínea para [bupropiona] sérica. Os efeitos tóxicos podem estar associados à [bupropiona] + [4-hidroxibupropiona] séricas > 2.000 ng/mℓ (Hiemke et al., 2018). A instabilidade química da bupropiona pode favorecer dosagem de seu metabólito ativo (4-hidroxibupropiona)
IMAOs	Não estão bem estabelecidos	A resposta terapêutica depende da inibição da MAO; desse modo, os níveis séricos propriamente ditos não se correlacionam com a eficácia farmacodinâmica
Isocarboxazida	Não estão estabelecidos	Nenhuma
Moclobemida	Faixa de referência laboratorial = 300 a 1.000 ng/mℓ (Hiemke et al., 2018)	Nenhuma correlação significativa entre concentrações séricas e resposta terapêutica
Fenelzina	Não estão estabelecidos	Nenhuma
Selegilina	Não estão estabelecidos	Nenhuma
Tranilcipromina	< 50 ng/mℓ (Hiemke et al., 2018)	O limite superior da faixa de referência laboratorial possibilita reduzir efeitos tóxicos
Mirtazapina	As doses orais terapêuticas (15 a 45 mg/dia) correspondiam a níveis séricos de 5 a 100 ng/mℓ, mas não foi possível "estabelecer qualquer relação entre concentração-efeito" (Timmer et al., 2000). A concentração sérica média de mirtazapina foi de 19,5 ng/mℓ entre 100 pacientes ambulatoriais deprimidos (Shams et al., 2004)	"Variabilidade interindividual ampla das concentrações séricas com cada dose" (Shams et al., 2004). Podem ocorrer efeitos tóxicos com a [mirtazapina] sérica > 160 ng/mℓ (Hiemke et al., 2018). Razões de *N*-desmetilmirtazapina/mirtazapina > 4 foram associadas a mais efeitos adversos do fármaco (Shams et al., 2004)
Nefazodona	Não estão bem estabelecidos	Nenhuma
Vilazodona	Faixa de referência laboratorial = 30 a 70 ng/mℓ (Hiemke et al., 2018)	Nenhuma correlação estabelecida entre níveis séricos e resposta terapêutica. Podem ocorrer efeitos tóxicos com níveis > 140 ng/mℓ (Hiemke et al., 2018)
Vortioxetina	Faixa de referência laboratorial = 10 a 40 ng/mℓ (Hiemke et al., 2018)	Nenhuma correlação estabelecida entre níveis séricos e resposta terapêutica. Podem ocorrer efeitos tóxicos com níveis > 80 ng/mℓ (Hiemke et al., 2018)

IMAO, inibidor de monoaminoxidase; *MAO*, monoaminoxidase; *TDM*, transtorno depressivo maior.

Tabela 7.6 Monitoramento laboratorial dos níveis séricos de estimulantes e fármacos com ação semelhante.

Fármaco	Dados empíricos sobre níveis séricos	Relevância dos níveis séricos e advertências
Atomoxetina	200 a 1.000 ng/mℓ (Hiemke et al., 2018)	Desconhecidas
Metilfenidato	13 a 22 ng/mℓ (Hiemke et al., 2018)	Desconhecidas
Modafinila	1.000 a 1.700 ng/mℓ (Hiemke et al., 2018)	Desconhecidas

Psicofarmacologia Prática

mínima, enquanto amostras coletadas entre 12 e 15 h depois da última dose resultam em nível plasmático cerca de 18 a 25% maior do que a concentração mínima real (Reed e Dutta, 2006).

Quando deveria se dosar o nível de nortriptilina de um paciente em hemodiálise? Antidepressivos tricíclicos não são dialisáveis, por isso o nível deve ser dosado como os de pacientes que não fazem diálise. No caso de fármacos dialisáveis com níveis séricos relevantes (p. ex., lítio), deve-se dosar o nível sérico de um paciente em diálise pouco antes da sessão dialítica.

NOMOGRAMAS E ESQUEMAS DE IMPREGNAÇÃO ORAL PARA PREVER NÍVEIS FARMACOLÓGICOS IDEAIS

O nomograma é um método gráfico usado para extrapolar um valor desconhecido com base em parâmetros conhecidos. No início da década de 1970, alguns pesquisadores desenvolveram um nomograma para prever níveis ideais de lítio (0,6 a 1,2 mEq/ℓ) para o tratamento de manutenção de transtorno bipolar depois de uma dose única de teste de 600 mg, como se pode observar no Boxe 7.4 (Cooper et al., 1973).

Vários pesquisadores testaram empiricamente esse método e descobriram que 50% ou mais dos indivíduos não alcançaram níveis séricos terapêuticos de lítio (p. ex., Gengo et al., 1980; Kuruvilla e Shaji, 1989). Perry et al. (1986) refinaram essa abordagem propondo um método de dois pontos (dosagens de lítio sérico com 12 e 36 h), que pode calcular níveis de manutenção com mais precisão. Outros estudos sugeriram que fatores adicionais como idade, sexo e peso poderiam aumentar ainda mais a exatidão ao predizerem o nível terapêutico do lítio (Zetin et al., 1986). Na prática, esses métodos utilizados para alcançar rapidamente níveis séricos terapêuticos de lítio nunca conquistaram popularidade geral, talvez em parte devido às questões pendentes de segurança e tolerabilidade impostas pelo índice terapêutico exíguo desse fármaco.

Os esquemas de impregnação oral são outro método para alcançar rapidamente níveis séricos terapêuticos de fármacos com índice terapêutico suficientemente amplo para evitar toxicidade. Um estudo-piloto aberto de pequeno porte ($n = 15$) sobre impregnação oral de lítio (20 mg/kg) em pacientes hospitalizados com mania alcançou níveis séricos de lítio > 0,6 mEq/ℓ em 24 h em todos os casos, embora a maioria tivesse efeitos adversos gastrintestinais ou neurológicos, que foram considerados "brandos" na maioria dos casos (Keck et al., 2001). Talvez o exemplo mais conhecido de impregnação com psicotrópicos orais para obter eficácia rápida seja o valproato de sódio para tratar a mania aguda (doses entre 20 e 30 mg/kg de peso corporal para mania aguda e 15 mg/kg para mania branda/hipomania em doses fracionadas para aumentar a tolerabilidade). Essas intervenções podem seguramente produzir nível sérico terapêutico de ácido valproico dentro de 3 a 5 dias, com melhora rápida correspondente dos sintomas afetivos (Keck et al., 1993; McElroy et al., 2010a).

(QUANDO) OS NÍVEIS DE LAMOTRIGINA SÃO SIGNIFICATIVOS EM PSIQUIATRIA?

O fabricante comercial de lamotrigina não dosou os níveis séricos deste fármaco quando realizou ensaios para registro junto à FDA, tanto na fase aguda do transtorno bipolar quanto em sua fase de manutenção; tal fato torna difícil conjeturar se existe ou não uma faixa de referência terapêutica correlacionando efeitos da lamotrigina no humor e níveis séricos do fármaco. Na epilepsia, um estudo com 811 pacientes ambulatoriais detectou correlação entre níveis séricos e efeitos tóxicos (a maioria das reações tóxicas ocorreu com [lamotrigina] > 20 μg/mℓ) (Hirsch et al., 2004). Nos pacientes com transtornos de humor, os pesquisadores envidaram esforços preliminares para investigar possíveis ligações entre

Boxe 7.4 "Nomograma de Cooper" para prever níveis séricos de lítio no tratamento de manutenção.

[Li⁺] sérica 24 h depois da dose de teste inicial	Dose diária total
< 0,05 mEq/ℓ	3.600 mg/dia
0,05 a 0,09 mEq/ℓ	2.700 mg/dia
0,10 a 0,14 mEq/ℓ	1.800 mg/dia
0,15 a 0,19 mEq/ℓ	1.200 mg/dia
0,20 a 0,23 mEq/ℓ	900 mg/dia
0,24 a 0,30 mEq/ℓ	600 mg/dia
> 0,30 mEq/ℓ	600 mg/dia (cuidado com provável *clearance* reduzido)

Capítulo 7 • Valores Laboratoriais e Sintomas Psiquiátricos...

resposta terapêutica e níveis séricos de lamotrigina. Como se pode observar na Tabela 7.2, Kagawa et al. (2014) usaram análises ROC em um estudo com 34 pacientes unipolares e bipolares e descobriram que a resposta imediata (redução > 50% dos escores basais de gravidade dos sintomas depressivos) estava significativamente associada a alcançar concentração plasmática limítrofe $\geq$ 12,7 μmol/ℓ de lamotrigina. Em seguida, Nakamura et al. (2016) elaboraram um nomograma para prever o alcance dessa [lamotrigina] no limiar mínimo com base na concentração plasmática do fármaco na 2ª semana. Embora esses dois resultados fornecidos pelo mesmo grupo de estudo sejam intrigantes, os médicos devem reconhecer seu caráter provisório e a necessidade de replicação em amostras mais amplas de pacientes com transtornos de humor bem caracterizados, antes que possam tirar conclusões mais definitivas.

Atualmente, a única condição na qual os níveis séricos de lamotrigina têm relevância clínica conhecida é a gravidez e, possivelmente, também no ajuste de tratamento combinado com anticoncepcionais orais contendo estrogênio. Tal hormônio acelera o metabolismo da lamotrigina e, em alguns casos, as taxas de *clearance* podem chegar a níveis até 250% maiores do que antes do parto e, consequentemente, podem diminuir os níveis séricos deste fármaco; 5 semanas depois do parto, os níveis de lamotrigina podem aumentar em média 150% (Clark et al., 2013). Clark et al. (2013) recomendaram dosar *rotineiramente* os níveis séricos de lamotrigina antes de engravidar (ou tão logo seja possível depois de saber que está grávida), seguida de dosagens repetidas a cada 4 semanas com aumentos das doses em 20 a 25% com base nos sintomas e níveis séricos. No Capítulo 12, o leitor pode encontrar outras considerações terapêuticas relativas à lamotrigina na gravidez.

Anticoncepcionais orais (também conhecidos como contraceptivos orais combinados) contendo estrogênio podem reduzir os níveis séricos de lamotrigina em cerca de 50%. Durante a semana "sem pílula", as concentrações desse fármaco podem aumentar proporcionalmente. Alguns epileptologistas recomendam dosar níveis séricos de lamotrigina das mulheres epilépticas ao iniciar ou interromper o uso de anticoncepcional oral, mas aparentemente há ampla variação na prática clínica real e pouco consenso quanto à norma de conduta nessa área (Privitera et al., 2014). Sob o ponto de vista prático em mulheres que usam anticoncepcionais orais, mais importante que acompanhar os

níveis de lamotrigina é a percepção do médico de que os sintomas-alvo poderiam agravar-se dentro da primeira semana depois de iniciar o anticoncepcional e, por essa razão, podem ser necessários ajustes das doses. Do mesmo modo, efeitos adversos possivelmente causados por lamotrigina (que, em geral, não são muito diferentes de um placebo) podem teoricamente piorar quando o anticoncepcional é interrompido. Provavelmente, é muito complicado alterar as doses de lamotrigina durante a semana "sem pílula", contanto que não haja queixas significativas. Os médicos não devem supor automaticamente que um declínio provável de magnitude variável nos níveis séricos de lamotrigina necessariamente signifique deterioração clínica. Ajustes posológicos devem ser efetuados com base nos sintomas do paciente, possivelmente informados (mas não determinados) pelas expectativas quanto à inconstância dos níveis séricos.

QUANDO OS NÍVEIS SÉRICOS DE ANTIDEPRESSIVOS SÃO CLINICAMENTE RELEVANTES?

Como se pode observar nas Tabelas 7.2 a 7.6, no caso dos antidepressivos monoaminérgicos, evidências a favor de usar concentrações séricas mínimas para determinar doses estão mais bem estabelecidas para tricíclicos cujos níveis seguem relação dose-resposta curvilínea, o que sugere uma janela terapêutica (ou seja, nortriptilina, amitriptilina e imipramina). Às vezes, níveis dos fármacos (p. ex., clomipramina e desipramina) e/ou seus metabólitos também podem fornecer informações clinicamente úteis no que diz respeito às concentrações limítrofes (p. ex., pacientes que se mantêm sintomáticos e cujos níveis sanguíneos ficam abaixo da faixa terapêutica podem ter mais chances de obter efeitos benéficos com aumentos da dose, em comparação com aqueles cujos níveis estão acima das concentrações limítrofes descritas nas Tabelas 7.2 a 7.6). Em estudos com fluoxetina, Cain (1992) relatou quatro casos de pacientes ambulatoriais deprimidos, que inicialmente melhoraram com fluoxetina na dose de 20 mg/dia, mas depois tiveram recaídas e novamente voltaram a melhorar depois da interrupção e reintrodução do fármaco em dose mais baixa. Essa observação levou o autor a especular que a fluoxetina possa ter janela terapêutica, na qual níveis séricos acima ou abaixo podem causar perda de eficácia farmacodinâmica ideal. Embora essa hipótese seja intrigante e provavelmente deva ser mais bem

Psicofarmacologia Prática

estudada, não temos conhecimento de quaisquer outros dados empíricos que a referendem.

Pode ser útil dosar níveis séricos dos metabólitos da bupropiona (mais confiáveis que seus níveis propriamente ditos), embora isso não tenda a ser realizado rotineiramente na prática clínica. Entre os IRSN, existem evidências modestas a favor da utilidade de dosar níveis séricos de venlafaxina e desvenlafaxina e, possivelmente, duloxetina, mas usar níveis séricos para orientar decisões terapêuticas também não é uma prática padronizada ou costumeira adotada rotineiramente. Há pouca ou nenhuma evidência empírica a favor do monitoramento dos níveis terapêuticos como forma validada de orientar ajustes posológicos de citalopram, escitalopram, fluoxetina, fluvoxamina, levomilnaciprano, IMAOs, mirtazapina, nefazodona, paroxetina, sertralina, vilazodona ou vortioxetina.

EFEITOS FARMACOCINÉTICOS DE TRATAMENTOS COMBINADOS

Algumas interações farmacocinéticas aumentam comprovadamente os níveis séricos dos antidepressivos, cujo metabolismo pode ser inibido ou induzido por outro fármaco administrado simultaneamente (ou, no caso da carbamazepina, autoindução de seu próprio catabolismo dentro de aproximadamente 4 a 6 semanas depois de iniciar o tratamento, tornando mais prováveis eventuais reduções dos níveis séricos do fármaco). Nesses

---

CASO CLÍNICO 7.2

Teste surpresa

Ken, 43 anos, tem transtorno esquizoafetivo e começou recentemente a usar iloperidona, cuja dose foi aumentada até 12 mg 2 vezes/dia em acréscimo ao tratamento prévio com duloxetina (60 mg/dia). Ele se queixa de tontura e sedação. Qual dos seguintes exames complementares seria mais relevante de imediato?
(a) Nível sérico de iloperidona
(b) Nível sérico de duloxetina
(c) Eletrocardiograma (ECG) de 12 derivações
(d) Análise farmacogenética de CYP2D6

---

casos, a dosagem do nível sérico pode confirmar ou registrar um fenômeno farmacocinético suspeito – mas também nesse caso a questão clínica mais importante seria: "O tratamento clínico que escolhi para esse paciente seria diferente *com* ou *sem* um valor laboratorial?" A confirmação laboratorial de níveis sanguíneos altos ou potencialmente tóxicos é extremamente importante com fármacos que têm índice terapêutico exíguo ou para discriminar efeitos adversos causados por condições potencialmente benignas, em vez de efeitos tóxicos (p. ex., tremor).

As Tabelas 7.7 a 7.9 resumem os fármacos psicotrópicos que são substratos, indutores ou inibidores de CYP450 2D6, 2C19 ou 3A4, respectivamente.

A resposta certa do Caso clínico 7.2 é letra (c). A iloperidona é metabolizada por CYP2D6,

---

Tabela 7.7 Indutores e inibidores dos substratos psicotrópicos de CYP450 2D6.

Substratos	Indutores	Inibidores
Anfetamina	Dexametasona	Bupropiona
Dextroanfetamina	Rifampicina	Citalopram
Aripiprazol		Doxepina
Atomoxetina		Fluoxetina
Brexpiprazol		Fluvoxamina (fraco)
Clomipramina		Imipramina
Deutetrabenazina		Paroxetina
Dextrometorfano		Risperidona
Duloxetina		
Escitalopram		
Fluoxetina		
Fluvoxamina		
Haloperidol		
Iloperidona		
Levomilnaciprano		
Mirtazapina		
Nortriptilina		
Paroxetina		
Risperidona		
Valbenazina		
Venlafaxina		
Vortioxetina		

Capítulo 7 • Valores Laboratoriais e Sintomas Psiquiátricos... **7**

Tabela 7.8 Indutores e inibidores dos substratos psicotrópicos de CYP450 2C19.

Substratos	Indutores	Inibidores
Amitriptilina	Barbitúricos	Fluoxetina
Aripiprazol	Carbamazepina	Fluvoxamina
Citalopram	Primidona	Moclobemida
Clomipramina	Rifampicina	Modafinila
Clozapina		Oxcarbazepina
Desipramina		Topiramato
Diazepam		
Difenidramina		
Doxepina		
Escitalopram		
Fenobarbital		
Fluoxetina		
Imipramina		
Levomilnaciprano		
Metadona		
Moclobemida		
Nortriptilina		
Olanzapina		

Tabela 7.9 Indutores e inibidores dos substratos psicotrópicos de CYP450 3A4.

Substratos	Indutores	Inibidores
Amitriptilina	Carbamazepina	Fluvoxamina
Aripiprazol	Modafinila	Nefazodona
Armodafinila		
Brexpiprazol		
Buspirona		
Carbamazepina		
Cariprazina		
Citalopram		
Eszopiclona		
Iloperidona		
Levomilnaciprano		
Lumateperona		
Lurasidona		
Mirtazapina		
Nefazodona		
Nortriptilina		
Pimavanserina		
Quetiapina		
Suvorexanto		
Trazodona		
Valbenazina		
Vilazodona		
Ziprasidona		
Zolpidem		

a duloxetina inibe esta enzima e a bula da iloperidona contém um aviso de que tal fármaco "deve ser evitado em pacientes com suscetibilidade genética conhecida à síndrome congênita do QT longo e pacientes com história de arritmias cardíacas". O fabricante da iloperidona recomenda que as doses sejam reduzidas à metade para evitar o risco de prolongamento do QTc quando ela é administrada com fármacos que inibem CYP2D6.

Embora análises farmacogenéticas tenham evidente relevância para determinar se esse paciente tem fenótipo MP para CYP2D6, "o cavalo já está fora do celeiro"; ou seja, Ken já começou a usar iloperidona e agora em doses supraterapêuticas em razão da inibição de CYP2D6 pela duloxetina administrada simultaneamente. Ainda que suas queixas de tontura e sedação sejam efeitos adversos conhecidos e comuns com iloperidona,

Psicofarmacologia Prática

a dose máxima que ele utiliza com um inibidor de CYP2D6 justifica examinar o ECG e/ou interromper o uso de tal fármaco em definitivo (qualquer das opções que aconteça primeiro). A implicação farmacológica do esquema terapêutico perigoso desse paciente é cardiovascular; em vez de indicar que o nível sérico de iloperidona está alto (ou até que um nível potencialmente alto de duloxetina se Carlos tiver fenótipo MP de CYP2D6, porque este último fármaco é inibidor e substrato para esta enzima), a comprovação imediata de que o intervalo QTc do ECG está normal é mais convincente, considerando seus diversos riscos de ter uma arritmia específica desencadeada pela iloperidona.

No cenário complexo do Caso clínico 7.3 a opção (d) seria a mais convincente. Será que isso ocorreu simplesmente porque a paciente estava equilibrada com desvenlafaxina e suas queixas físicas depois de mudar para outro fármaco

---

CASO CLÍNICO 7.3

Outro teste surpresa

Andrea, 26 anos, estudante de graduação de Antropologia, com longa história de depressão e ansiedade, tem se mantido estável com tratamento com desvenlafaxina (50 mg/dia) há 3 anos. Uma alteração da cobertura de seu plano de saúde exigiu que seu médico substituísse desvenlafaxina por venlafaxina, que foi introduzida como transição direta na dose inicial de 75 mg/dia. Depois de alguns dias, Andrea começou a queixar-se de tontura, insônia e náuseas. Por suspeitar que os sintomas eram causados por efeitos da descontinuação da desvenlafaxina, seu médico *aumentou* a dose para 150 mg/dia e, em seguida, aumentou novamente 1 semana depois para 225 mg/dia, mas a tontura e as náuseas persistiram e pioraram. A paciente achou que esses sintomas eram semelhantes aos que teve quando experimentou fluoxetina e paroxetina no passado.

Qual seria seu próximo passo no tratamento dessa paciente?

(a) Tranquilizar a paciente de que ela ficará bem e recomendar que ela tolere esses sintomas até que seu organismo possa adaptar-se mais adequadamente à troca

(b) Alterar o tratamento para fluoxetina como medida para neutralizar supostos sintomas causados pela descontinuação

(c) Dosar a concentração sérica de *o*-desmetilvenlafaxina para assegurar que seja < 1.000 ng/mℓ

(d) Voltar a usar desvenlafaxina (50 mg/dia) com pedido urgente para que seu plano de saúde cubra esse fármaco que ela usava antes.

---

coberto pelo plano de saúde provocaram raiva em seu médico por essa intromissão arbitrária de terceiros em seu tratamento? Será porque um benefício placebo foi perdido e surgiram efeitos nocebo como consequências psicológicas (mais que farmacológicas) de Andrea ser coagida por uma terceira parte a aceitar a molécula precursora da desvenlafaxina (mais complexa e menos tolerável)? Talvez, mas consideremos os fatores farmacocinéticos envolvidos. A venlafaxina é metabolizada em *o*-desmetilvenlafaxina por CYP450 2D6 (ver Tabela 7.3), enquanto a desvenlafaxina, por sua vez, não consiste em um substrato de tal enzima (ela é metabolizada principalmente por isoenzimas de UGT da fase II e, em menor grau, *N*-desmetilada por CYP450 3A4). Se efeitos da descontinuação serotoninérgica fossem a causa dos sintomas da paciente, eles deveriam ter *melhorado* (não piorado) com aumentos da dose de venlafaxina com o transcorrer do tempo. Contudo, o que ocorreu foi exatamente o contrário. Os sintomas de Andrea eram compatíveis com efeitos adversos conhecidos da venlafaxina. Com base em sua história, somos alertados para a possibilidade de que ela possa ter fenótipo MP de CYP2D6, com base em suas experiências pregressas quando usou dois outros substratos desta enzima (fluoxetina e paroxetina). Se suas queixas fossem atribuíveis aos efeitos da descontinuação serotoninérgica, acrescentar fluoxetina, a princípio, poderia ser útil, porém, como efeitos de descontinuação provavelmente são uma explicação menos provável que conversão limitada de venlafaxina em desvenlafaxina, tal intervenção provavelmente seria inútil. Além disso, sabemos, com base em sua história, que a fluoxetina não foi bem tolerada (fato compatível com fenótipo MP de CYP2D6). Análises farmacogenéticas podem confirmar nossa suspeita mais adiante – ou, simplesmente, podemos aceitar o palpite de que a razão mais provável para ela se sentir melhor com a desvenlafaxina do que com a venlafaxina era que Andrea não conseguia converter satisfatoriamente o composto original em seu metabólito. Certamente, deveríamos dosar seu nível sanguíneo de *o*-desmetilvenlafaxina, mas se fizéssemos isto não estaríamos tão preocupados que estivéssemos próximos dos níveis tóxicos, mas, sim, próximos de zero. De qualquer modo, qualquer um desses exames laboratoriais serviria apenas para confirmar – em vez de orientar – os próximos passos em seu tratamento apropriado.

Há pacientes psicóticos resistentes a tratamento e, algumas vezes, os profissionais elevam seus níveis sanguíneos de clozapina para acima de 1.000 ng/mL. Qual seria o problema nisso,

144

contanto que se acrescente um anticonvulsivante para evitar crises convulsivas? Realmente isso não é indicado. Primeiramente, não há evidência de maior eficácia com níveis séricos acima de 1.000 ng/mL e, em segundo lugar, o risco de efeitos tóxicos da clozapina não se limita a crises convulsivas, mas também inclui possivelmente *delirium* anticolinérgico, hipertermia, arritmias, miose, pancreatite, hepatite, discrasias sanguíneas e morte.

RESULTADOS SECUNDÁRIOS

Os níveis séricos dos fármacos foram estudados preliminarmente em relação com outros fenômenos clínicos além dos que poderíamos considerar alvos primários do tratamento (p. ex., função cognitiva ou níveis séricos de fator neurotrófico derivado do cérebro [FNDC]). Esses parâmetros estão resumidos na Tabela 7.10.

MONITORAMENTO DE ÓRGÃOS-ALVO

Talvez o modo mais importante de avaliação laboratorial em psicofarmacologia seja conhecer os sistemas-alvo relevantes que provavelmente são afetados por determinado fármaco e a utilidade do monitoramento laboratorial específico para investigar anomalias suspeitas. Também nesse caso os exames laboratoriais devem ser solicitados com uma pergunta específica em mente orientada pelo contexto clínico. Nem todos os pacientes que usam valproato de sódio precisam fazer dosagens dos níveis das enzimas pancreáticas, mas coitado do médico que não considere pancreatite no diagnóstico diferencial de um paciente tratado com valproato que desenvolva abdome agudo. Realmente, não há razão para dosar níveis séricos de prolactina das

mulheres tratadas com bloqueador de dopamina, mas que tenham menstruações normais e não se queixem de galactorreia. A Tabela 7.11 resume os principais parâmetros laboratoriais usados no monitoramento seguro de órgãos-alvo durante o tratamento com psicotrópicos.

No Capítulo 10, descrevemos abordagens terapêuticas para anormalidades iatrogênicas detectadas em órgãos-alvo, como as que foram mencionadas antes.

NÍVEIS DOS FÁRMACOS ANTIPSICÓTICOS

Conforme foi assinalado em uma revisão publicada por Horvitz-Lennon et al. (2017), a base de evidências para usar níveis plasmáticos dos antipsicóticos para avaliar eficácia dos fármacos geralmente está menos bem estabelecida do que para antecipar-se aos problemas de tolerabilidade – são exceções mais importantes o haloperidol, a perfenazina e a clozapina e dados mais limitados sobre a olanzapina, a risperidona e o aripiprazol. As Tabelas 7.12 e 7.13 resumem resultados de ensaios empíricos sobre níveis plasmáticos de antipsicóticos de primeira e segunda gerações, respectivamente.

VALORES LABORATORIAIS EXPERIMENTAIS MAIS APLICÁVEIS À BANCADA DE LABORATÓRIO DO QUE À BEIRA DO LEITO

Cientistas têm dedicado cada vez mais energia e recursos para avaliar níveis séricos ou outros biomarcadores potenciais (p. ex., urinários) de psicopatologia que, hoje em dia, não têm relevância

Tabela 7.10 Níveis séricos dos fármacos e medidas de resultado secundárias.

Resultado	Evidência
Cognição	• Em pacientes com transtorno bipolar e esquizofrenia, [venlafaxina] + [o-desmetilvenlafaxina] séricas, mas não [citalopram] ou [escitalopram] séricas estavam correlacionadas com a memória verbal imediata e a longo prazo (mas não com outros domínios cognitivos) (Steen et al., 2015) • A concentração sérica de olanzapina foi associada às medidas de atenção; a [quetiapina] sérica estava associada negativamente à memória verbal a curto prazo; e a [risperidona] sérica estava associada negativamente à fluência verbal (Steen et al., 2017)
Demência	• Ensaios abertos pequenos com citalopram para pacientes com demência e transtornos comportamentais relataram razões mais altas do nível sérico/dose de citalopram do que nos pacientes mais jovens (Foglia et al., 1997)
Efeitos neurotróficos	• Concentração sérica de paroxetina estava relacionada com concentração sérica de FNDC (Yasui-Furukori et al., 2011)

FNDC, fator neurotrófico derivado do cérebro.

Tabela 7.11 Monitoramento laboratorial de órgãos-alvo.

Efeitos	Psicotrópicos relevantes	O que e quando dosar?
Cálcio sérico, hormônio paratireóideo	Lítio	Dez a 25% dos pacientes que usam lítio por períodos longos podem desenvolver hipercalcemia e hiperparatireoidismo assintomáticos; embora diretrizes práticas não tendam a indicar monitoramento periódico desses parâmetros, recomendamos dosagens anuais ou semestrais de PTH e Ca^{++} sérico
Eletrólitos	Carbamazepina, lítio, oxcarbazepina, antidepressivos serotoninérgicos	*Carbamazepina* e *oxcarbazepina*: monitorar hiponatremia com base em efeitos clínicos potenciais e fatores de risco (p. ex., idosos); *lítio* pode causar hiponatremia por redução da absorção tubular renal e isto levou às recomendações de monitorar níveis dos eletrólitos séricos a cada 6 meses; absorção dos *ISRSs* e *IRSNs* pode causar SSIADH, embora geralmente não seja recomendável monitoramento dos níveis séricos de sódio
Glicemia	ASGs	A declaração consensual da American Diabetes Association recomendou dosagens de glicose em jejum no início do tratamento, 12 semanas depois e a cada 5 anos a partir de então
Sistema hematopoético	Carbamazepina, clozapina e valproato de sódio	*Carbamazepina*: início do tratamento (cerca de 10% dos pacientes têm leucopenia transitória benigna nos primeiros meses); não há recomendação formal para o monitoramento do HC quando o paciente não tiver risco clínico de mielossupressão *Clozapina*: monitoramento periódico do HC conforme está descrito em www.clozapinerems.com/CpmgClozapineUI/rems/pdf/resources/ANC_Table.pdf *Valproato*: pode causar trombocitopenia, que parece ser dose-dependente e, em geral, é monitorada por HCs apenas quando houver indício clínico (p. ex., equimoses que se formam facilmente)
Função hepática	Carbamazepina, dissulfiram, valproato de sódio	*Todos*: dosagens iniciais são apropriadas; nos casos típicos, monitoramento laboratorial subsequente ocorre se e quando surgirem indícios clínicos, em vez de a intervalos regulares ou fixos; alguns especialistas recomendam dosagens anuais ou semestrais das enzimas hepáticas para pacientes tratados com valproato por períodos longos
Lipídios	ASGs	Painel lipídico inicial, depois de 12 semanas e a cada 5 anos a partir de então, conforme Declaração Consensual da American Diabetes Association. Vale ressaltar que psiquiatras americanos e ingleses raramente seguem recomendações para triagem inicial e periódica (Mitchell et al., 2012)
Prolactina	A maioria dos APGs e ASGs; dose-dependente; risco menor com aripiprazol > quetiapina > asenapina ≈ olanzapina (ver Capítulo 10)	Em geral, dosar níveis séricos de prolactina apenas quando houver indicação clínica; ou seja, galactorreia, amenorreia ou ginecomastia durante tratamento com APGs e ASGs. Em geral, hiperprolactinemia clinicamente significativa é > 30 ng/mℓ
Função renal	Lítio	Dosagens semestrais aleatórias de creatinina sérica. Elevações em mais de 25% acima do valor inicial podem justificar investigação mais detalhada (p. ex., cálculo da TFGe com cistatina C em vez de creatinina; ver Capítulo 10)
Função tireóidea	Lítio	Dosagens de TSH a cada 6 meses; pacientes com TSH alto devem ser mais bem avaliados para anticorpos antitireóideos (i. e., antiperoxidase tireóidea [TPO], antitireoglobulina) para diferenciar entre doença autoimune e outras causas de tireoidite

APGs, antipsicóticos de primeira geração; *ASGs*, antipsicóticos de segunda geração; *HC*, hemograma completo; *IRSN*, inibidor de recaptação de serotonina-norepinefrina; *ISRS*, inibidor seletivo de recaptação de serotonina; *PTH*, hormônio paratireóideo; *SSIADH*, síndrome de secreção inadequada de hormônio antidiurético; *TFGe*, taxa de filtração glomerular estimada; *TSH*, hormônio tireoestimulante.

Capítulo 7 • Valores Laboratoriais e Sintomas Psiquiátricos...

Tabela 7.12 Relações relatadas entre níveis plasmáticos dos antipsicóticos de primeira geração e resposta terapêutica nos transtornos psicóticos.

Fármaco	Níveis terapêuticos supostos[a]	Comentários
Flufenazina	0,8 a 1,0 ng/ml (Meyer, 2014)	Níveis séricos > 4 ng/ml parecem inúteis (Meyer, 2014)
Haloperidol	5,6 a 16,9 ng/ml, com efeito máximo em 10 ng/ml (Ulrich et al., 1998); efeitos clínicos benéficos diminuem com níveis > 26 ng/ml (de Oliveira et al., 1996)	Correlações relatadas entre níveis séricos e resposta terapêutica são consideradas provisórias e não devem ser determinadas rotineiramente na prática clínica. Níveis séricos > 30 ng/ml provavelmente são inúteis (Meyer, 2014)
Perfenazina	1,5 a 3,0 nmol/l (Hansen et al., 1981)	Nenhuma correlação significativa observada entre escores de gravidade dos sintomas em geral e [perfenazina ou [perfenazina N-desalquilada] (Mazure et al., 1990)

[a] Na maioria dos estudos "resposta terapêutica" é definida por melhora > 20% nos escores de BPRS. *BPRS, Brief Psychiatric Rating Scale* (Escala Breve de Avaliação Psiquiátrica).

Tabela 7.13 Relações relatadas entre níveis plasmáticos dos antipsicóticos de segunda geração e resposta terapêutica nos transtornos psicóticos.

Fármaco	Níveis terapêuticos supostos[a]	Comentários
Aripiprazol	As respostas terapêuticas podem ser mais prováveis quando [aripiprazol] sérica ≥ 150 ng/ml (Sparshatt et al., 2010); [aripiprazol] média observada no 24º dia = 208 ng/ml e [desidroaripiprazol] = 88 ng/ml com dose média de 14 mg/dia (dados revisados por Lopez e Kane, 2013)	Em geral, as correlações entre níveis séricos e respostas terapêuticas não estão bem estabelecidas e não devem ser avaliadas rotineiramente na prática clínica
Asenapina	Faixa de referência laboratorial = 1 a 5 ng/ml (Hiemke et al., 2018)	Em geral, as correlações entre níveis séricos e respostas terapêuticas não estão bem estabelecidas e não devem ser avaliadas rotineiramente na prática clínica
Cariprazina	Faixa de referência laboratorial = 10 a 20 ng/ml (Hiemke et al., 2018)	Em geral, as correlações entre os níveis séricos e as respostas terapêuticas não estão bem estabelecidas e não devem ser avaliadas rotineiramente na prática clínica
Clozapina	Faixa terapêutica > 350 ng/mL[b] (Meyer, 2019; VanderZwaag et al., 1996)	Os níveis séricos > 838 ng/ml (Remington et al., 2013) a 1.000 ng/ml (Meyer, 2014) provavelmente são inúteis
Iloperidona	Faixa de referência laboratorial: 5 a 10 ng/ml; efeitos tóxicos podem ocorrer com níveis > 20 ng/ml (Hiemke et al., 2018)	Em geral, correlações entre níveis séricos e respostas terapêuticas não estão bem estabelecidas e não devem ser avaliadas rotineiramente na prática clínica
Olanzapina	Faixa de referência: 10 a 80 ng/ml (Meyer, 2019); eficácia terapêutica associada a níveis séricos ≥ 23 ng/ml (dose média = 12 mg/dia) (Perry et al., 2001; Bishara et al., 2013)	Relação linear direta observada entre doses e níveis séricos de olanzapina com base em metarregressão de 15 estudos; homens podem necessitar de doses maiores do que mulheres (Bishara et al., 2013). Dosagens rotineiras não são frequentes na prática clínica. Os níveis > 200 ng/ml provavelmente são inúteis (Meyer, 2014)
Quetiapina	≥ 100 ng/ml (Hiemke et al., 2018); podem ocorrer efeitos tóxicos com níveis > 1.000 ng/ml (Hiemke et al., 2018)	Correlação fraca entre dose e nível sanguíneo, "insuficiente para possibilitar a determinação da faixa plasmática terapêutica" (Sparshatt et al., 2011)

(continua)

7 Psicofarmacologia Prática

Tabela 7.13 Relações relatadas entre níveis plasmáticos dos antipsicóticos de segunda geração e resposta terapêutica nos transtornos psicóticos. *(continuação)*

Fármaco	Níveis terapêuticos supostos[a]	Comentários
Risperidona (Yasui-Furukori et al., 2010)	≥ 20 ng/mℓ (= molécula ativa, ou seja, risperidona + 9-hidroxirrisperidona [Olesen et al., 1998]). O nível sérico da molécula ativa é cerca de 7 vezes maior que a dose oral (de Leon et al., 2010)	A maioria dos estudos *não confirmou qualquer correlação significativa* entre níveis séricos do fármaco ou metabólitos e alterações dos escores de gravidade dos sintomas positivos e negativos (Lopez e Kane, 2013). Os níveis de molécula ativa > 112 ng/mℓ provavelmente são inúteis (Meyer, 2014)
Ziprasidona	Faixa de referência laboratorial = 50 a 200 ng/mℓ; podem ocorrer efeitos tóxicos com níveis > 400 ng/mℓ (Hiemke et al., 2018)	Variação individual ampla dos níveis sanguíneos. Em geral, as correlações entre níveis séricos e respostas terapêuticas não estão bem estabelecidas e não devem ser avaliadas rotineiramente na prática clínica

[a] Na maioria dos estudos, "resposta terapêutica" é definida por um aumento > 20% dos escores iniciais da BPRS. [b] Em geral, o monitoramento terapêutico dos níveis de clozapina dosa apenas o composto original (clozapina), em vez de níveis de clozapina + norclozapina. *BPRS, Brief Psychiatric Rating Scale* (Escala Breve de Avaliação Psiquiátrica).

prática estabelecida, exceto no contexto dos laboratórios de pesquisa. Muitos (senão todos) biomarcadores em potencial têm variabilidade intraindividual e interindividual enorme e são impactados por vários fatores intrínsecos ou ambientais, além dos que estão relacionados com saúde mental (p. ex., idade, sexo, etnia, estilo de vida, tabagismo, dieta e comorbidades clínicas, entre outros). No entanto, alguns médicos podem sentir-se compelidos a solicitar e até interpretar esses exames, como se eles trouxessem informações significativas para orientar ou mesmo determinar tratamento. Alguns exemplos são:

- Níveis séricos ou urinários de neurotransmissores
- Fatores tróficos séricos (p. ex., fator neurotrófico derivado do cérebro [FNDC]) e gene antiapoptótico 2 do linfoma de células B (*BCL-2*)
- Marcadores inflamatórios (p. ex., PC-R-as, TNF-α, interleucina [p. ex., IL-4, IL-6])

- Comprimento de telômeros
- Testagem *rotineira* de deficiências de vitaminas e minerais
- Níveis séricos ou salivares de cortisol
- Níveis séricos ou salivares de melatonina
- Níveis séricos ou salivares de hormônios esteroides sexuais gonadais
- Análises de amostras de fezes
- Determinação do pH sanguíneo.

Mais adiante, pode perfeitamente acontecer que os testes de biomarcadores conquistem a validade de construtos necessária para que se tornem recursos significativamente úteis do arsenal diagnóstico-terapêutico. Enquanto isso, os exames laboratoriais padronizados em psicofarmacologia ainda serão empregados como confirmação secundária de suspeitas clínicas e devem ser utilizados criteriosa e intencionalmente com base no conhecimento clínico dos efeitos de cada fármaco em órgãos-alvo, com ênfase especial para a máxima da medicina *primum non nocere*.

🏠 Pontos importantes e tarefas para casa

- Antes de solicitar exames laboratoriais, ter em mente uma finalidade e pergunta (hipótese) específicas. Usar exames de laboratório para confirmar ou refutar hipóteses clínicas suspeitas
- Como princípio geral, tratar pacientes em vez de números – a menos que haja evidência clara de risco com base em apenas um número. (E lembre-se de repetir dosagens em vez de aceitar automaticamente resultados anormais de exames laboratoriais que possam ser suspeitos; na dúvida, *peça para repetir*
- Saber quais fármacos têm níveis sanguíneos terapêuticos normalizados e aceitos e diferenciá-los dos que não têm parâmetros estabelecidos
- Níveis séricos inesperada e persistentemente baixos de um fármaco, principalmente quando os pacientes usam doses relativamente altas, devem levar a pensar em falta de adesão ao tratamento, metabolismo ultrarrápido ou síndromes de má absorção.

8 Farmacogenética: Quando É Relevante ou Não?

⏱ Prefácio dos autores

O campo da farmacogenômica combinatória está em rápida evolução. Uma das controvérsias principais que os profissionais dessa área enfrentam é entender até que ponto os resultados de estudos com base em evidências publicados na literatura já estão ou não prontos para serem aplicados no "horário nobre" da prática clínica rotineira – ou até que ponto resultados publicados ainda estão em estágio gestacional e ainda são mais aplicáveis na bancada do laboratório do que à beira do leito. Na verdade, mesmo os especialistas acham difícil chegar a um consenso quanto ao papel bem definido da farmacogenômica na prática clínica do dia a dia. Neste capítulo, nossos dois objetivos principais são: (1) ajudar os leitores a adquirirem nível mais profundo de entendimento sobre como interpretar dados farmacogenéticos por si próprios; e (2) levar os médicos prescritores a pensar mais sobre as bases neurobiológicas por trás de decisões que tomam. No caso da farmacogenética, isso significa compreender como interpretar os resultados de um teste farmacogenético; como diferenciar entre eficácia e tolerabilidade como efeitos farmacológicos diferentes; como usar farmacogenética para confirmar hipóteses sobre possíveis razões de respostas insatisfatórias; e como incorporar dados farmacogenéticos aos outros moderadores e mediadores do resultado terapêutico descritos antes. Neste capítulo, ressaltaremos aspectos nos quais até nós, os autores, podemos divergir em nossos pontos de vista e as razões que explicam essas perspectivas diferentes de forma a ajudar o leitor a tirar suas próprias conclusões quanto à base de evidências e à utilidade dos testes farmacogenéticos aplicados "à beira do leito".

⏱ Objetivos de aprendizagem

- ☐ Definir farmacogenética, farmacogenômica, alelo, polimorfismo de nucleotídeo único (SNP), familiaridade *versus* hereditariedade e traços mendelianos *versus* complexos
- ☐ Entender a diferença entre farmacogenética de segurança e farmacogenética de eficácia; diferença entre variantes genéticas farmacocinéticas e farmacodinâmicas; e importância dos genótipos e fenótipos de metabolizador pobre, metabolizador extensivo e metabolizador ultrarrápido
- ☐ Saber como interpretar resultados de um teste farmacogenético e o significado clínico de variantes polimórficas identificadas
- ☐ Compreender as vantagens e as limitações da tecnologia disponível hoje em dia de modo a usar farmacogenética para orientar decisões de prescrição na prática clínica.

Sua genética não é seu destino.

George M. Church

No Capítulo 5, conversamos sobre o conceito crescente de medicina de precisão e seu termo precursor "medicina personalizada" como abordagem para elaborar esquemas terapêuticos individualizados caso a caso. Em psiquiatria, a medicina de precisão é a meta de utilizar o perfil clínico e biológico singular de determinado paciente para encontrar a melhor correspondência com determinado esquema terapêutico. Esse tema está entrelaçado ao longo de todo este livro, como *o modo pelo qual* os médicos devem interpretar ensaios clínicos em grande escala e decidir se e como seus resultados são aplicáveis individualmente a cada paciente. Na mente de alguns psicofarmacologistas, a farmacogenética e a farmacogenômica são elementos fundamentais ou, quem sabe, os únicos recursos para esse empreendimento, com base em pressupostos de que a arquitetura genética singular de cada um deve ter papel fundamental na maneira como reage a um fármaco – e que, sem tais informações,

> 💡 **Dica**
>
> *Farmacogenética* refere-se à maneira como as variações de um único gene influenciam a resposta a determinado fármaco. *Farmacogenômica* é um termo mais abrangente, que se refere ao modo como as variações de muitos genes do genoma inteiro afetam a resposta a esse fármaco.

Psicofarmacologia Prática

os esforços para elaborar um esquema apropriado de farmacoterapia são simplesmente tentativas e erros. Este capítulo analisa as bases dessas proposições e examina criticamente as evidências quanto a se, quando e como testes farmacogenéticos podem ou não ser úteis à psicofarmacologia personalizada.

RESPOSTA A UM FÁRMACO É HEREDITÁRIA?

A primeira consideração diz respeito à questão fundamental de saber se, ou até que ponto, a resposta a um fármaco está sob influência genética e, em caso afirmativo, quão significativa é sua contribuição em comparação com inúmeros outros fatores que influenciam os resultados da farmacoterapia. Frequentemente, alguns médicos presumem que o efeito de determinado fármaco em um parente de primeiro grau de um paciente será mais provavelmente observado no paciente que agora está à sua frente. Esse conceito baseia-se em evidências? A literatura responde afirmativamente apenas em pouquíssimos casos. Primeiramente, precisamos diferenciar entre familiaridade e hereditariedade.

> ### Controvérsia
>
> Existem controvérsias e incertezas quanto ao grau de informação que história familiar traz sobre resposta aos fármacos. Há poucos estudos formais de respostas farmacológicas em famílias. Por essa razão, os médicos discordam sobre até que ponto eles acham que resposta farmacológica é um fenótipo real (significando que pode ocorrer em famílias e está sob forte influência genética).

Há pouquíssimos estudos realizados para avaliar se a resposta aos fármacos é um "traço familiar" ou não. Como foi mencionado no Capítulo 5, alguns estudos demonstraram que a resposta ao lítio entre pacientes com transtorno bipolar mostrou concordância de praticamente dois terços entre probandos

> ### 💡 Dica
>
> *Familiaridade* é o termo usado para definir se um fenômeno observado tende a ocorrer em determinadas famílias. São exemplos falar o mesmo idioma, comer peru em vez de lasanha no Dia de Ação de Graças e ter a mesma profissão que a dos pais.

e parentes de primeiro grau, com índices de concordância semelhantes no TDM tratado com ao menos alguns ISRSs. Além desses dados limitados, há poucas evidências adicionais que nos possibilitem saber se a resposta de um membro da família a determinado psicotrópico é "familiar".

Às vezes, a probabilidade de que a suscetibilidade a determinado transtorno psiquiátrico (ou propensão a ocorrer resposta a determinado fármaco) ocorra em famílias é confundida com uma questão diferente: ou seja, até que ponto um traço específico resulta da transmissão de informações genéticas entre gerações. *Hereditariedade* refere-se apenas ao *grau de variabilidade* com que um traço genético (p. ex., um fenômeno como humor ou psicose) em determinada população é causado unicamente por variações dos genes entre membros deste grupo. O termo nada nos diz sobre probabilidade de que o humor ou a psicose propriamente dita sejam *hereditárias*; apenas que "hereditariedade forte" de traços como humor ou psicose significa que sua variação de uma pessoa para outra seja fortemente influenciada por fatores genéticos em vez de ambientais. As estimativas de hereditariedade (h^2) com base em estudos com gêmeos/famílias são altas no caso de alguns transtornos psiquiátricos.

> ### 💡 Dica
>
> Hereditariedade refere-se ao grau de variabilidade com que um traço presente em determinada população é influenciado por fatores genéticos, em vez de fatores ambientais. São exemplos cor dos olhos, dedo do pé "em martelo", covinhas faciais e sardas.

Vale ressaltar que os livros de texto e as fontes da literatura básica variam quanto às estimativas de hereditariedade de transtornos psiquiátricos – algumas fontes citam frequentemente autismo como "o transtorno psiquiátrico mais hereditário" (p. ex., Sandin et al., 2014), embora isso seja difícil se não impossível de saber com certeza. Por exemplo, o Boxe 8.1 apresenta algumas estimativas de hereditariedade (h^2) aproximadas, assim como riscos relativos (RRs) de desenvolver doença em parentes de primeiro grau.

Os componentes genéticos da maioria, se não de todos os tipos de psicopatologia, representam traços complexos, ou seja, combinação de muitos genes, cada um exercendo pequena influência nos fenômenos observáveis. Ao contrário da genética mendeliana, na qual um único gene pode expressar sua dominância na forma de

Capítulo 8 • Farmacogenética: Quando É Relevante ou Não?

Boxe 8.1 Estimativas de hereditariedade de transtornos psiquiátricos comuns.

Transtorno	$h^{2\ a}$
Transtornos do espectro autista	0,80 a 0,90
Esquizofrenia	0,81
Transtorno bipolar	0,75
TDAH	0,75
Dependência de álcool	0,40 a 0,57
Anorexia nervosa	0,56
Transtorno depressivo maior	0,37
Transtorno do pânico	0,48

[a] Segundo relatados por Sullivan et al., 2012.

uma síndrome completa (p. ex., distrofia muscular de Duchenne, fibrose cística ou doença de Tay Sachs), as manifestações de alguns genes com efeitos pequenos podem contribuir para a expressão de fenótipos dimensionais (como impulsividade, processamento atencional, hiperexcitação do sistema nervoso autônomo, transtornos do sono ou outras características dimensionais, conforme descrito no Capítulo 2). No melhor dos cenários, um fármaco eficaz constitui um tratamento antissindrômico abrangente (lembre-se do Capítulo 2, que se referiu ao diagnóstico diferencial e ao tratamento de um paciente com cintura abdominal aumentada). Contudo, na maioria dos casos, respostas parciais a determinado fármaco podem refletir componentes díspares de uma síndrome psiquiátrica complexa, tendo como alvos potenciais alguns, mas não necessariamente todos os seus elementos (p. ex., lítio para impulsividade e comportamento suicida, psicoestimulantes para processamento atencional lento ou falta de motivação e antidepressivos serotoninérgicos para ansiedade e humor deprimido). Supor que todos esses elementos possam se encaixar perfeitamente em um único diagnóstico, supor que um único fármaco trate todo esse conjunto de manifestações e, por fim, pressupor também que

💡 Dica
Os "traços complexos" são fenômenos hereditários determinados não por princípios da genética mendeliana, mas, sim, por vários genes, que supostamente exercem efeitos pequenos no fenótipo global. A maioria, se não todos os fenômenos psiquiátricos hereditários, consiste em traços complexos.

os efeitos deste fármaco sejam determinados em grande parte por influências genéticas é... muita suposição!

Controvérsia
Como os transtornos psiquiátricos afetam vários genes que têm pequenos efeitos, as variantes de apenas um gene provavelmente não têm grande influência em um fenótipo complexo. A farmacogenética combinatória consiste em examinar um conjunto de vários ou muitos genes, mas provavelmente podem ser requeridas dezenas ou centenas de genes (entre quase 20.000 a 25.000 genes humanos) necessários para compreender efeitos significativos.

Em geral, acredita-se que os fatores genéticos representem diáteses ou suscetibilidades aos transtornos psiquiátricos, em vez de causar diretamente um destes. (Se não fosse assim, os índices de concordância entre gêmeos monozigóticos seriam de 100%, o que está muito longe da realidade da genética psiquiátrica.) Análogas aos oncogenes e aos proto-oncogenes, as predisposições genéticas psiquiátricas constituem o primeiro "golpe" ou fator de suscetibilidade, que finalmente então é ativado e expresso por uma ou mais interações ambientais subsequentes (segundo, terceiro ou mais "golpes"), que podem ser exposições a traumas psíquicos ou abuso, uso de drogas ilícitas, doenças clínicas (p. ex., AVEs ou câncer) ou capacidade reduzida de lidar com estresses existenciais intensos, entre outras ocorrências.

Antes de avançarmos nesse tema, vamos reforçar seus conhecimentos de alguns termos fundamentais de genética relevantes à nossa discussão adicional sobre farmacogenética (Boxe 8.2).

Nos casos típicos, os estudos de associação genética de traços complexos focam em uma entre duas abordagens:

(a) *Estudos de genes candidatos*: quando se suspeita de que determinado traço possa estar associado a uma enzima, proteína, receptor ou outro produto genético específico, tal associação pode ser estudada ou testada quando o gene que codifica tal proteína ou enzima de interesse tem uma variante alética funcionalmente importante conhecida (polimorfismo), nesse caso conhecido como polimorfismo de nucleotídio único (SNP). Por exemplo, a enzima

151

Boxe 8.2 De volta aos princípios: glossário sucinto de farmacogenética.

Alelo: variante ou forma alternativa de um gene localizada em posição específica (*locus*) de um cromossomo.

Associação: associação genética significa que a frequência de determinado genótipo (ou SNP) é maior do que seria esperado com base no acaso em conexão com determinado traço estudado (p. ex., resposta a um fármaco).

Desequilíbrio de ligação (DL): quando dois genes separados estão em DL, isto significa que os alelos situados em *loci* diferentes estão associados não randomicamente (ou seja, com mais frequência que se não estivessem ligados); o genótipo de um *locus* está ligado ao (e não é independente de) genótipo de outro *locus*.

Equilíbrio de Hardy-Weinberg (EHW): princípio que estabelece que as frequências de alelos ou genótipos em determinada população permanecem constantes ao longo de gerações, contanto que não ocorram fatores interferentes (p. ex., mutações que introduzam alelos novos nesta população). Nos estudos de associação de genes potenciais, trata-se de medida de controle de qualidade usada para demonstrar que casos e controles de determinada população estão em EHW. Caso contrário, quando as frequências de alelos ou genótipos se desviam significativamente do EHW, tal fato significa que fatores não detectados na população (p. ex., discrepâncias raciais ou étnicas – a chamada "estrutura populacional" ou "estratificação") provavelmente estão presentes e podem explicar as diferenças genéticas observadas. Sem EJW demonstrável, as associações descritas entre SNPs e traços podem ser falsas e inválidas.

Genótipo: combinação de alelos de determinado gene ou *locus*.

Haplótipo: conjunto de SNPs transmitidos hereditariamente juntos (p. ex., complexo principal de histocompatibilidade, MHC).

Heterozigótico: genótipo com dois alelos diferentes.

Homozigótico: gene que tem dois alelos iguais.

Locus: posição fixa de um gene em determinado cromossomo.

Número variável de repetições em tandem *(NVRT)*: os NVRT são padrões adjacentes de sequências nucleotídicas, que se repetem na sequência do DNA.

SNP: o polimorfismo de nucleotídio único consiste na variação de um único par de bases da sequência do DNA. Substituir um nucleotídio por outro (p. ex., T [timidina] por G [guanina]) resulta na transcrição de um aminoácido diferente no produto genético codificado por determinado gene. Quando essa variação tem consequência fisiológica conhecida, o SNP é descrito como *funcional*.

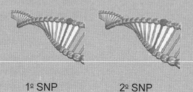

1º SNP   2º SNP

catecol-O-metiltransferase (COMT, que decompõe dopamina em seu metabólito 3-metoxitiramina) é codificada por um gene (gene *COMT*), para o qual há um SNP conhecido envolvendo substituição de uma molécula de valina por outra de metionina na posição 158 – o chamado polimorfismo *Val^{158}Met*. Quando o aminoácido *Val* ocorre nessa posição, a enzima COMT resultante decompõe dopamina com velocidade até 4 vezes maior que se a variante *Met* estivesse neste local. Consequentemente, um indivíduo homozigótico (*Met/Met*) para o SNP *Val^{158}Met* da COMT pode ter mais disponibilidade sináptica de dopamina em seu córtex pré-frontal que, por sua vez, pode resultar em funções executivas melhoradas. Em geral, os SNPs são identificados frequentemente por um número de acesso ou "rs", que descreve sua "identificação do grupo de SNP de referência". Às vezes, os resultados de estudos de genes candidatos envolvendo SNPs individuais são difíceis de replicar, porque as frequências dos alelos podem variar entre subgrupos raciais ou de outros ancestrais da mesma população – fenômeno conhecido como *estratificação populacional*, conforme mencionado

> **Dica**
> LEMBRETE: Val/Val significa *hiperativo*.

Capítulo 8 • Farmacogenética: Quando É Relevante ou Não?

no Boxe 8.2. Outra limitação expressiva de alguns estudos de genes candidatos é a necessidade de usar amostras de tamanho suficiente para alcançar poder estatístico suficiente para detectar efeitos, que frequentemente são pequenos.

> **Dica**
> O traço hereditário que não está visível *externamente* é descrito como "oculto" ou *endo*fenótipo. São exemplos fluência verbal e memória operacional, predisposição à agressividade impulsiva e intuição social (às vezes referida como "teoria da mente").

(b) *Estudos de associação genômica ampla (GWAS):* neste caso, em vez de estudar uma associação possível entre determinado traço (p. ex., suscetibilidade a alguma doença, ou resposta a um fármaco) e SNPs de um gene candidato *individual* interessante, estudam-se SNPs do *genoma inteiro* (nos casos típicos, examinam-se mais de um milhão de SNPs) comparando um grupo de casos (ou seja, fenótipo de interesse, inclusive um diagnóstico clínico ou resposta a determinado fármaco, ou efeito adverso de um fármaco) com controles (nos quais o fenótipo de interesse está ausente) quanto às frequências alélicas de todos os SNPs entre casos e controles. Esses estudos calculam razões de probabilidade (*odds ratios*, ou OR) com valores p correspondentes – SNP por SNP – de modo a demonstrar se um alelo de interesse está hiper-representado nos casos ou nos controles. Entretanto, como é necessário realizar muitos testes estatísticos, o nível *alfa* (α) de significância precisa ser estabelecido em nível extremamente alto – nos casos típicos, no mínimo 5×10^{-8}. Isso significa um valor p de 0,00000005, no mínimo. Tal fato significa milhares de indivíduos para um único estudo GWA ter poder estatístico suficiente para detectar alguma associação significativa. Consequentemente, quando é detectado algum sinal em um estudo

> **Dica**
> Para determinar a importância funcional de qualquer gene, se souber qual é seu número *rs*, você pode encontrá-lo facilmente na página www.snpedia.com. O número rs pode ser consultado na literatura, por meio de busca no PubMed.

GWA, o resultado não costuma ser replicado porque o estudo pode ter alcançado poder estatístico insuficiente. Assim como a heterogeneidade das amostras (p. ex., estratificação populacional), o poder estatístico insuficiente impõe limitações significativas à declaração de que a tecnologia farmacogenética atual está pronta para ser incorporada ao "horário nobre" da prática clínica do dia a dia.

> **Dica**
> É preciso *enorme* poder estatístico (tamanho de amostra) para detectar efeitos pequenos múltiplos.

Como traços complexos, a maioria (se não todos os transtornos psiquiátricos) representa uma inter-relação de fatores psicológicos, do desenvolvimento e ambientais. Fatores multideterminísticos semelhantes parecem contribuir para a resposta aos fármacos psicotrópicos, na qual genética é apenas um dos diversos fatores contribuintes. Para a surpresa e o desânimo de muitos médicos e pacientes, o estado atual dos testes farmacogenéticos não fornece informações robustas que possam dizer "quais fármacos funcionam e quais não funcionam" em determinado indivíduo. Então, qual é a relevância prática da farmacogenética, se não é uma bola de cristal para prever resultados terapêuticos em geral?

No universo dos resultados farmacoterápicos, os fenótipos reais (ou seja, fenômenos que – por definição – são produtos de influências genéticas) são divididos tradicionalmente em efeitos farmacológicos relacionados com metabolismo e efeitos adversos (que geralmente envolvem variantes genéticas de enzimas farmacocinéticas e são chamados de "farmacogenética de segurança") e efeitos farmacológicos relacionados com efeitos terapêuticos pretendidos (que enfatizam variantes genéticas de genes farmacodinâmicos e são conhecidos como "farmacogenética de eficácia"). A seguir, analisaremos cada uma desses domínios separadamente.

FARMACOGENÉTICA DE SEGURANÇA

Atualmente, não restam dúvidas de que muitos efeitos adversos de fármacos são mais prováveis em indivíduos que não metabolizam adequadamente compostos que atuam como substratos de enzimas catabólicas que, por sua vez, podem ter níveis de atividade variáveis com base em variantes genéticas funcionais (SNPs). Vale ressaltar

153

8 Psicofarmacologia Prática

que as variantes genéticas das enzimas catabólicas hepáticas são irrelevantes com fármacos eliminados do organismo sem que sejam metabolizados (p. ex., lítio ou gabapentina). Conforme resumido na Tabela 8.1, o metabolismo hepático é dividido em fase I (biotransformação, geralmente com formação de metabólitos ativos) e fase II (conjugação de um fármaco ou produto de sua decomposição a um composto endógeno como ácido glicurônico, geralmente por ação de transferases, o que resulta na formação de metabólitos inativos excretáveis). A Tabela 8.2 resume exemplos específicos de SNPs funcionais reconhecidamente associados a determinadas enzimas catabólicas das fases I ou II. Como está descrito no Boxe 8.3, consideremos ganho de peso associado aos antipsicóticos como exemplo marcante de quais estudos de genes candidatos sugerem possível determinante farmacogenético.

Tabela 8.1 Enzimas envolvidas no metabolismo hepático das fases I e II.

Metabolismo da fase I	Metabolismo da fase II		
	Tipo de conjugação	Reagente endógeno	Enzima
Oxidação (p. ex., CYP450, isoenzimas, mono-oxigenases, oxidases de função mista); as reações oxidativas são hidroxilação, desalquilação e desaminação *Redução* (p. ex., redutases) *Hidrólise* (p. ex., esterases, peptidases, amidases)	Glicuronidação Sulfonação Conjugação de aminoácidos[a] Conjugação de glutationa Acetilação Metilação	Ácido UDP-glicurônico Sulfato (SO_3^-) (cofator: PAPS) gly, cys, glu, tau, ser, pro, met, asp GSH Acetil-CoA Grupo metila (CH_3^-) (cofator: SAMe)	UDP-glicuronosiltransferase Sulfotransferase Acilsintetase, aciltransferase GSH-S-transferase *N*-acetiltransferase Metiltransferase

[a] Às vezes também chamada de reação de glicinação porque o gly é o aminoácido predominante usado nas reações de conjugação. *asp*, aspartato; *cys*, cisteína; *glu*, glutamato; *gly*, glicina; *GSH*, glutationa; *met*, metionina; *PAPS*, 3'-fosfoadenosina-5'-fosfossulfato; *pro*, prolina; *SAMe*, S-adenosilmetionina; *ser*, serina; *UDP*, uridina difosfato.

Tabela 8.2 SNPs farmacocinéticos tipicamente incluídos nos resultados de testes farmacogenéticos disponíveis comercialmente.

SNP	Relevância do mecanismo de ação	Relevância clínica para o MP
ABCB1 (rs10245483G/T, rs2032583C, rs2235040A)	Transportador da barreira hematencefálica (glicoproteína P)	Pode ↑ níveis de amitriptilina, desvenlafaxina, doxepina, levomilnaciprano, nortriptilina, reboxetina, venlafaxina e vilazodona
CYP2D6 Funcional: *1, *2 Função reduzida: *9, *10, *17, *29, *41 Não funcional: *3, *4, *5, *6, *7, *8, *11, *12, *13, *14, *15, *19, *20, *21, *31, *38, *40, *42, *68, *92, *100, *101 Duplicação: *1x2, *2x2, *4x2	Catalisa reações oxidativas de fase I; converte tiramina em dopamina	Pode ↑ níveis de aripiprazol,[a] atomoxetina, brexpiprazol,[a] codeína, duloxetina, fluoxetina, iloperidona (pode aumentar risco de QTc prolongado), mirtazapina, todos os ADTs, paroxetina, propranolol, venlafaxina e vortioxetina[a]
CYP2C19 *2, *3, *17	Reações oxidativas de fase I	Pode ↑ níveis de bupropiona, citalopram (pode ↑ risco de QTc prolongado), diazepam, escitalopram, moclobemida, omeprazol, hidroxicloroquina, primidona, propranolol, ADTs de aminas terciárias
CYP2C9 *2, *3, *5, *6, *7, *8, *9, *11, *13	Reações oxidativas de fase I	Pode ↑ níveis de amitriptilina, diazepam, fluoxetina, ibuprofeno e outros AINHs, sildenafila, THC, tolbutamida, varfarina

(continua)

154

Tabela 8.2 SNPs farmacocinéticos tipicamente incluídos nos resultados de testes farmacogenéticos disponíveis comercialmente. (*continuação*)

SNP	Relevância do mecanismo de ação	Relevância clínica para o MP
UGT1A1	Reações de glicuronidação de fase II; conjugação da bilirrubina	Pode ↑ níveis de desvenlafaxina[b]
UGT1A4	Reações de glicuronidação de fase II	Pode ↑ níveis de lamotrigina e olanzapina
UGT2B15	Reações de glicuronidação de fase II	Pode ↑ níveis de lorazepam e oxazepam
N-acetiltransferase	Reações de acetilação da fase II	Pode ↑ níveis de isoniazida, procainamida e hidralazina
Tiopurina-metiltransferase	Metilação de fase II de compostos tiopurínicos	Pode ↑ níveis de 6-mercaptopurina ou azatioprina

[a] De acordo com as bulas dos fabricantes, as doses para MPs devem ser reduzidas à metade. [b] *Nota*: embora a venlafaxina seja metabolizada pelo CYP2D6, seu metabólito desvenlafaxina não é, mas passa por glicuronidação da fase II. Com base na nomenclatura convencional, asteriscos antes de números na coluna "SNPs" indicam alelo de um gene. *ADT*, antidepressivo tricíclico; *AINHs*, anti-inflamatórios não hormonais; *MP*, metabolizador pobre; *SNP*, polimorfismo de nucleotídio único; *UGT*, UDP-glicuronosiltransferase.

Boxe 8.3 Exemplo de farmacogenética de segurança: polimorfismo do receptor $5HT_{2C}$ e ganho ponderal associado aos ASGs.

O receptor $5HT_{2C}$ (às vezes também conhecido como HTR2C) foi implicado na regulação do apetite e no ganho ponderal associado aos ASGs. Os camundongos modificados por engenharia genética (ou seja, "desativados", ou *knockouts* em inglês) que não têm esse receptor mostram comportamento alimentar exagerado e tornam-se obesos; por outro lado, os ASGs identificados mais claramente como causadores de obesidade (p. ex., olanzapina ou clozapina) são antagonistas potentes do receptor $5HT_{2C}$. Os pacientes esquizofrênicos portadores do alelo "C" em vez de "T" no SNP-759 C/T do gene do receptor $5HT_{2C}$ parecem ter chances significativamente maiores de adquirir peso significativo a mais quando usam clozapina

(Reynolds et al., 2003). O ganho ponderal durante tratamento com olanzapina parece ser menor entre os portadores do alelo "T" nesse SNP e os portadores do alelo "C" no SNP-697 G/C (Goldlewska et al., 2009). Outros exemplos de genes candidatos de interesse experimental em farmacogenética do ganho ponderal associado aos ASGs são o *LEP* e o *LEPR* (variantes que codificam o hormônio leptina promotor de saciedade), *HTR2A* (o alelo "T" em vez de "C" no SNP T102C foi relacionado com o ganho ponderal associado a tais fármacos [Ujike et al., 2008]) e *MC4R* (receptor 4 de melanocortina; o ganho ponderal associado aos ASGs é 2 vezes mais provável nos homozigotos "A/A" que "C/C" (Czerwensky et al., 2013).

FARMACOGENÉTICA FARMACOCINÉTICA

Talvez a descoberta mais amplamente reconhecida originada de testes farmacogenéticos seja a identificação de metabolizadores pobres (MPs) e metabolizadores ultrarrápidos (MURs) em contraste com o fenótipo normal de metabolizadores extensivos (MEs) para SNP de isoenzimas específicas de CYP450, que atuam no metabolismo de fase I. Evidentemente, se os MURs decompõem rapidamente seus substratos, então seus efeitos farmacodinâmicos podem ser mínimos afinal. Do mesmo modo, como os MPs

catabolizam seus substratos muito lentamente, um pouco dura muito e a possibilidade de ocorrerem efeitos adversos atribuíveis à "acumulação de substratos" pode ser considerável. Existem várias implicações práticas advindas do reconhecimento de MURs e MPs:

- Os MURs podem necessitar de doses maiores que as habituais de seus substratos relevantes para obter efeito farmacodinâmico detectável
- Nos MURs, às vezes pode ser impraticável manter a dose de um fármaco suficientemente acima de seus parâmetros habituais de modo a obter resposta terapêutica, impondo utilidade potencial (quando possível) em

escolher um fármaco que não seja metabolizado por essa enzima catabólica

- Nos MPs, doses menores que as habituais podem ajudar a obter resposta terapêutica e evitar efeitos adversos desnecessários
- Quando os MPs não toleram bem um fármaco metabolizado por uma enzima afetada, pode ser recomendável escolher outro fármaco (quando possível) que seja metabolizado por outra via enzimática
- É importante ressaltar que os MPs de CYP2D6 tratados com fármacos que podem prolongar o intervalo QT cardíaco também podem aumentar o risco de arritmias clinicamente significativas.

Alguns outros pontos também devem ser levados em consideração:

- Nem todas as enzimas catabólicas têm SNPs funcionais
- Os MPs e os MURs são genótipos relativamente raros, como se pode observar no Boxe 8.4.

Além dos diversos SNPs de CYP450 conhecidos, existem alguns SNPS relacionados mais preliminarmente e associados a efeitos adversos bem definidos. Atualmente, essas associações devem ser consideradas provisórias, enquanto se aguarda uma replicação com outros estudos. A Tabela 8.3 resume alguns exemplos marcantes.

> **💡 Dica**
>
> Os metabolizadores pobres e ultrarrápidos de substratos do citocromo P450 representam uma minoria relativamente pequena do universo de pacientes.

FARMACOGENÉTICA DE EFICÁCIA

Para muitos médicos, a possibilidade de que resultados de testes farmacogenéticos apontem o caminho na direção de predizer maior eficácia comparativa dos fármacos é mais interessante do que predizer intolerância e evoca imagens da "medicina de precisão" da psiquiatria em seu melhor estado da arte. Os dilemas e as limitações da "farmacogenética de eficácia" começam a desdobrar-se apenas depois que se reconhece que não existem testes laboratoriais simples capazes de evitar a necessidade de usar o raciocínio clínico complexo ou atenuar o impacto de fatores não genéticos determinantes da eficácia dos fármacos.

Os SNPs farmacogenéticos podem prever a eficácia de fármacos em situações muito raras e específicas. O exemplo mais bem conhecido é o dos metabolizadores pobres, que não conseguem converter no nível central (hepático) determinados profármacos em seus metabólitos ativos. Vejamos alguns exemplos comuns:

- Conversão de tamoxifeno em endoxifeno por hidroxilação do anel fenólico mediada por CYP2D6 e N-desmetilação mediada por CYP3A4
- Conversão de carbamazepina em carbamazepina-10,11-epóxido por meio de CYP3A4
- Conversão de codeína em morfina por o-desmetilação mediada por CYP2D6 e glicuronidação mediada por UGT2B7
- Conversão de hidrocodona em hidromorfona por o-desmetilação mediada por CYP2D6 e N-desmetilação mediada por CYP3A4.

Além disso, os MURs podem metabolizar tão extensivamente um substrato farmacêutico relevante que seria necessária uma dose supraterapêutica para conseguir biodisponibilidade significativa; ou seria impraticável tentar obter algum efeito com um fármaco que praticamente nunca teria muita chance de produzir influência farmacodinâmica. Um corolário dos genótipos de MUR seria a administração simultânea de um indutor potente de CYP450 (p. ex.,

Boxe 8.4 Taxas de prevalência de metabolizadores pobres e ultrarrápidos de substratos do citocromo P450 em diversas raças.

Família CYP	Metabolizadores pobres	Metabolizadores ultrarrápidos
2D6	Caucasoides: 6 a 10% Negros: 2 a 7% (negros sul-africanos: 29%) Asiáticos: 0 a 2% Latinos: 2 a 6%	Caucasoides: 4% Negros: 5% (etíopes: 29%) Asiáticos: 1% Latinos: 1 a 2%
1A2	Desconhecido	Desconhecido
3A4/5	Caucasoides: 5%	Desconhecido
2C19	Caucasoides: 3 a 5% Asiáticos: 15 a 20%	Desconhecido

Capítulo 8 • Farmacogenética: Quando É Relevante ou Não? 8

Tabela 8.3 Farmacogenética de segurança: SNPs funcionais e suas associações relatadas com efeitos adversos.

Fenômeno	SNP	Associação
Reações cutâneas	HLA-B*1502	Pode ↑ risco de SSJ em chineses Han/malaios tratados com carbamazepina; possivelmente também com lamotrigina (Zeng et al., 2005)
	HLA-A*3101	Possível relação com SSJ induzida por carbamazepina em populações japonesas/europeias (Mushiroda et al., 2018)
	HLA-B*5801	Pode ↑ risco de SSJ com alopurinol
Sialorreia iatrogênica	DRD2	Associação à sialorreia relacionada com clozapina (Rajagopal et al., 2014)
Hiperprolactinemia	DRD2	Associação ao ↑ do nível de prolactina, em tratamento com antipsicóticos nos portadores do alelo Taq1A A1 do DRD (Miura et al., 2016)
Disfunção sexual associada aos antidepressivos	GRIA3, GRIK2, GRIA1, GRIA2	Variantes associadas à disfunção sexual relacionada com o uso de ISRS (Perlis et al., 2009)
	5HT2A −1438 G/A	Homozigose G/G está relacionada com a disfunção sexual associada aos ISRSs (Bishop et al., 2006)
Distúrbio metabólico, ganho de peso	ADRA2, DRD2, HTR2C (também conhecido como 5HT2C), MC4-R	Tamanhos de efeito maiores com *ADRA2* (receptor adrenérgico β3), *DRD2, HTR2C, MC4-R* (receptor de melanocortina-4) (g = 0,30 a 0,80; OR = 1,47 a 1,96) (revisado por Zhang et al., 2016)
	Leptina (−2548 G/A)	Alelo "G" da leptina no *locus* −2548 está associado a ganho ponderal induzido por clozapina (Zhang et al., 2007a)
	Subunidade β3 da proteína G (GNB3)	Alelo 825T da GNB3 está associado a ganho ponderal induzido por olanzapina (Ujike et al., 2008)
	FNDC (Val66Met)	A expressão baixa de FNDC está associado a ganho ponderal relacionado com ASG (Fang et al., 2016)
Suicídio associado aos antidepressivos	FNDC	O polimorfismo do FNDC foi associado a suicídios com antidepressivos (Perroud et al., 2009)
	CACNA1C	Na análise exploratória de indivíduos caucasoides do STAR*D, cada SNP tinha OR ~ 1,3 (valores p nominativamente significativos) (Casamassima et al., 2010)
	Triptofano-hidroxilase 2 (TPH2)	Variante C>T está associada a suicídio relacionado com antidepressivos (Musil et al., 2013)
Discinesia tardia	DRD3	SNP ser→gly no éxon 1 está associado a maior risco de desenvolver discinesia tardia durante o tratamento com antipsicóticos em uma amostra agrupada de 780 pacientes (OR = 1,52; IC 95% = 1,08 a 1,68; Lerer et al., 2002)

ASG, antipsicótico de segunda geração; *FNDC*, fator neurotrófico derivado do cérebro; *IC*, intervalo de confiança; *ISRS*, inibidor seletivo de recaptação de serotonina; *OR*, *odds ratio*, ou razão de probabilidade; *SNP*, polimorfismo de nucleotídio único; *SSJ*, síndrome de Stevens-Johnson.

carbamazepina), que pode reduzir significativamente as atividades de outros fármacos usados ao mesmo tempo. (Por exemplo, em alguns ensaios com ASGs para tratar mania bipolar, o tratamento simultâneo com carbamazepina alcançou menos eficácia e reduziu os níveis séricos dos antipsicóticos em cerca de 40% [Yatham et al., 2003].)

Controvérsia

Em novembro de 2018, a FDA norte-americana publicou um alerta aos consumidores sobre testes farmacogenéticos, que dizia: "A relação entre variações do DNA e eficácia dos antidepressivos nunca foi confirmada."

O "Santo Graal" dos testes farmacogenéticos são – ou deveriam ser a princípio – os SNPs com validade comprovada quanto à eficácia terapêutica moderadora, por meio de ensaios clínicos randomizados replicados com poder estatístico suficiente. Alguns estudos patrocinados por empresas apontaram resultados de experiências nas quais os médicos foram distribuídos randomicamente para receber um impresso farmacogenético abrangente elaborado comercialmente com base na genotipagem de determinado paciente ou tratamento habitual. Alegaram-se "resultados melhores" para indivíduos tratados pelo primeiro grupo de médicos em comparação com o segundo. O Boxe 8.5 descreve o maior de todos os estudos farmacogenéticos existentes com pacientes portadores de TDM resistente a tratamento: o chamado estudo GUIDED (_Genomics Used to Improve DEpression Decisions_; Greden et al., 2019; Thase et al., 2019a).

Controvérsia

No dia 4 de abril de 2019, a FDA norte-americana enviou uma carta de alerta ao Inova Genomics Laboratory, dizendo: "A relação entre o genótipo de CYP2C19 e a resposta terapêutica ao escitalopram e à sertralina não está confirmada." Esta carta da FDA tinha como alvo a promoção *off-label* sem qualquer base de evidência real.

Contraponto

O Clinical Pharmacogenetics Implementation Consortium (CPIC) questionou tal abordagem da FDA norte-americana e incluiu os SNPs de CYP2C19 em suas diretrizes para o tratamento de depressão com ISRSs.

Boxe 8.5 Genética combinatória e resultados terapêuticos na DRT.

O estudo GUIDED foi conduzido com um número inicial de intenção de tratar (ITT) de 1.541 pacientes com depressão resistente ao tratamento (DRT), dos quais 1.398 concluíram o estudo, cujos médicos prescritores receberam um relatório farmacogenômico (PGx) ou recomendaram tratamento como de costume (TAU). O resultado primário predefinido desse estudo era uma alteração sintomática relativa na escala de graduação HAM-D, que não detectou diferença significativa entre os grupos PGx e TCS. Os autores apresentaram medidas de resultado secundário como índices de "resposta" e "remissão" com base nos escores da Escala de Avaliação de Depressão de Hamilton, conforme está descrito a seguir:

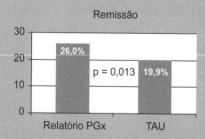

As diferenças de resultados secundários mostradas anteriormente foram consideradas estatisticamente significativas, mas 25 medidas de resultado secundário foram analisadas sem qualquer correção estatística para multiplicidade. Uma correção de Bonferroni (0,05/25 = p de 0,002) pode tornar esses resultados nominativos, mas mesmo um nível alfa corrigido segundo Bonferroni ainda estaria ordens de magnitude abaixo do poder necessário para detectar uma diferença significativa com nível alfa de 0,00000005 em um GWAS.

Além disso, a magnitude da significância clínica desses resultados merece atenção. Os resultados foram descritos como se mostrassem que os receptores de testes farmacogenômicos tivessem "probabilidade 30% maior de responder ao tratamento" (ou seja, existiria uma diferença de 6% nos índices de pacientes que responderam) e "probabilidade 50% maior de alcançar remissão" (ou seja, haveria diferença de

> **Dica**
> Em epidemiologia, a *redução de risco absoluto* significa alteração do risco de ocorrer um evento (p. ex., resposta ou remissão) com uma intervenção em comparação com condições controladas.

(continua)

Capítulo 8 • Farmacogenética: Quando É Relevante ou Não?

Boxe 8.5 Genética combinatória e resultados terapêuticos na DRT. (*continuação*)

5% nos índices de remissão). Isso significa muito na prática clínica? Se fossemos calcular por nós mesmos o NNT para resposta, veríamos que ele seria 17 – redução de risco absoluto de 5,94%. No caso das remissões, nossos cálculos chegariam a 19, com redução de risco absoluto de 5,34%.

Antes que possamos concluir alguma coisa sobre a utilidade clínica dessa intervenção, precisamos considerar o grupo comparativo (ou seja, médicos prescritores, não pacientes; embora ter informações mais detalhadas sobre os pacientes que foram tratados certamente não faria mal). Não sabemos quantos *prescritores* foram distribuídos randomicamente, se eles foram pareados com base em seus níveis de experiência ou que fatores clínicos esses médicos consideraram ao escolher seus tratamentos. Não é possível comparar um teste de PGx com métodos de decisão clínica utilizados no grupo TAU. Sem saber mais sobre as características clínicas desses dois grupos de pacientes (ou seja, características não genéticas que moderaram e mediaram resultados), ou

a experiência dos médicos que os trataram, fica muito difícil saber até que ponto os testes farmacogenéticos forneceram dados além e a mais do que outras informações que os profissionais poderiam usar para tomar decisões relativas a quais fármacos deveriam ser usados ou evitados. O que podemos concluir com base nesse estudo? Apenas que, em comparação com o "tratamento habitual" para DRT, os testes farmacogenéticos aumentaram as chances de que os pacientes respondessem ou entrassem em remissão em cerca de 5 a 6%. Desse modo, os testes farmacogenéticos seriam uma intervenção útil para 1 em cada 17 pacientes com DRT. Isso aumentou a probabilidade de que um médico obtivesse resultados melhores para o paciente em cerca de 6%, independentemente de outras informações que seu médico possa usar em seus esforços. No estudo GUIDED, os testes farmacogenéticos também não predisseram significativamente o número de efeitos colaterais ou a porcentagem de indivíduos que sofreram tais efeitos.

Também é importante não esquecer que o TAU pode variar amplamente, dependendo dos conhecimentos práticos de farmacologia e experiência do médico – de modo que os resultados terapêuticos dirigidos por testes farmacogenéticos não se mostraram melhores do que aqueles alcançados por médicos prescritores com alto nível de conhecimento e por evitar fármacos sujeitos a metabolismo oxidativo (Macaluso e Preskorn, 2018).

Controvérsia

Macaluso e Preskorn (2018) enfatizaram que, se um médico prescritor simplesmente evitar fármacos sujeitos a metabolismo oxidativo, ele chegará a muitas das mesmas recomendações incluídas em um relatório de testes farmacogenéticos disponíveis no mercado. Esses testes fazem mais do que apenas "marcar" os fármacos que estão sujeitos ao metabolismo de fase I?

Outro estudo genômico com pacientes deprimidos – o chamado estudo GENDEP (*Genome based Therapeutic Drugs for Depression Project*) – foi realizado em um esforço conjunto internacional copatrocinado por órgãos governamentais europeus e parceiros da indústria farmacêutica e tratou 712 pacientes portadores de

TDM com escitalopram ou nortriptilina por 12 semanas. Amostras de DNA foram examinadas para 610.000 SNPs conhecidos, que representaram a maioria das variantes comuns conhecidas do genoma humano. Nenhum dos genes candidatos escolhidos *a priori* demonstrou associação estatisticamente significativa à resposta a um desses antidepressivos, mas um marcador (rs2500535 localizado em um gene que codifica a uronil-2-sulfotransferase) estava associado à condição de resposta à nortriptilina com nível de significância genômica ampla. Outro marcador – o gene da IL-6 – estava associado à resposta ao escitalopram (Uher et al., 2010), mas ficou abaixo do nível de significância genômica ampla.

O que isso significa? Os SNPs escolhidos como candidatos à resposta terapêutica com base em suas razões terminaram sem qualquer relação com resultado terapêutico. Enquanto isso, um SNP nunca descrito antes entre 600.000 mostrou uma pequena relação evidente com depressão ou mecanismos antidepressivos e entrou em cena inesperadamente como vencedor. É um enigma que nenhum dos genes candidatos esperados tenha mostrado associações significativas com resposta terapêutica, mas isso pode ter sido devido ao poder estatístico insuficiente. Ou simplesmente pode ter sido um resultado negativo real. A conclusão final desse estudo importante, nas palavras dos próprios autores, foi que "uma metanálise de várias amostras numerosas será necessária para confirmar a generalização dos resultados obtidos nesse estudo".

A desvenlafaxina quase sempre aparece favorecida entre os antidepressivos nos resultados de testes farmacogenéticos comerciais. É porque ela é um fármaco muito melhor que seu composto original (venlafaxina)? Não! A desvenlafaxina não é um substrato de quaisquer enzimas do P450. Ela é metabolizada unicamente por conjugação na fase II. O composto original – venlafaxina – precisa ser metabolizado por CYP2D6 em o-desmetilvenlafaxina, de modo que ir direto ao metabólito do fármaco evita alguma confusão sobre quaisquer variantes genéticas do P450. Isso nada tem a ver com eficácia maior.

Os testes farmacogenéticos com base em SNPs de genes candidatos também podem resultar em recomendações clínicas equivocadas. Por exemplo, em pacientes esquizofrênicos, Rahman et al. (2017) relataram o caso de um homem de 25 anos com esquizofrenia grave que, clinicamente, parecia ser um candidato mais do que apropriado a usar clozapina. Um protocolo de testagem de vários genes candidatos obtido comercialmente com a concordância da família incluiu a determinação do estado de heterozigose de um SNP que codifica a região promotora do gene DRD2. Isso levou o fabricante do teste a declarar – sem qualquer outro dado clínico – que o paciente provavelmente não responderia à clozapina (ou olanzapina e risperidona). No entanto, o paciente foi tratado com clozapina e teve resposta rápida, ao contrário das expectativas estabelecidas com base no protocolo de testagem.

O impacto unicamente psicológico dos testes farmacogenéticos também deve ser considerado, como ocorre com um paciente com queixas somáticas em busca de alguma "validação" externa da origem de seu sofrimento, ou então pacientes somaticamente preocupados suscetíveis aos efeitos nocebo que, do mesmo modo, podem achar que a farmacogenética confere "credibilidade" às sensações físicas que têm.

OUTRA PERSPECTIVA: É SUA ESTRATÉGIA, NÃO O RESULTADO DE UM TESTE

Até aqui, portanto, houve algumas surpresas com testes farmacogenômicos introduzidos na prática de saúde mental. Primeiramente, agora sabemos que isoladamente nenhum teste é capaz de dizer-nos o que prescrever ou não

para determinado paciente. Evidentemente, o resultado de cada teste apenas nos "inclina" um pouco a favor ou contra determinada opção de fármaco e que tais dados devem ser balanceados (ou seja, equilibrados) com outras informações pessoais desse paciente singular. Em segundo lugar, talvez a consequência mais importante dos testes farmacogenômicos não seja necessariamente o resultado de um teste específico, mas que essa testagem resulte em melhoras dos resultados terapêuticos e redução de custos. Em outras palavras, a interpretação dos resultados de testes farmacogenômicos orienta médicos experientes a pensar com base em uma perspectiva neurobiológica de modo a escolher tratamentos biologicamente plausíveis, em vez de simplesmente usar intuição, hábito ou tentativa e erro. Aparentemente, isso pode facilitar a escolha dos fármacos. Em terceiro lugar, agora sabemos que a maneira como se utiliza um teste farmacogenômico não é diferente de como se usa qualquer outra informação clínica personalizada de determinado paciente. Cada fragmento de informação sobre um paciente específico, sejam dados clínicos ou resultados de testes farmacogenômicos, contribui na melhor das hipóteses para um grau pequeníssimo de variância, explicando por que alguém responde ou não a um fármaco, ou tolera ou não determinado fármaco ou classe farmacológica. Dispor de mais informações fornecidas por resultados de testes farmacogenômicos traz mais dados personalizados sobre determinado paciente, que ajudam a pesar os diversos fatores a favor ou contra a prescrição de um fármaco em especial. Com base em tudo isso, alguns céticos concluem que nenhum biomarcador ou teste genômico tem utilidade suficiente para fazer parte dos recursos padronizados da prática psiquiátrica, nem é suficientemente útil para que seja reembolsável. Incorporar tecnologias novas à prática clínica sempre é difícil, pois aprendemos se os resultados clínicos são melhores quando os resultados de exames são utilizados do que quando não são. Os primeiros a adotar determinada tecnologia lutam por descobrir a melhor utilidade de informações novas, enquanto os negacionistas e especialmente os "pagadores" continuam céticos. Atualmente, alguns médicos podem sentir-se mais confortáveis em usar a abordagem clássica consagrada pelo tempo.

Por outro lado, os primeiros a adotar tecnologias novas que estudam a literatura e buscam aprender como interpretar adequadamente os resultados de testes em desenvolvimento podem preferir uma abordagem mais vanguardista, se não controversa. Isso não é o mesmo que adotar a abordagem clássica de tentativa e erro para escolher tratamentos, mas, sim, incorporar resultados de testes farmacogenômicos ao processo de decisão em busca de uma nova abordagem racional geneticamente informada, neurobiologicamente fortalecida e orientada por dados para escolher um tratamento ou combinação que, em alguns estudos, já demonstrou sinais de que oferece melhoras mais expressivas dos sintomas, melhor equilíbrio posológico e custos reduzidos do tratamento.

Entre os resultados preliminares de SNPs funcionais conhecidos e relevantes à farmacogenética de eficácia, colocamos alguns exemplos na Tabela 8.4.

A Tabela 8.5 resume os principais SNPs farmacocinéticos encontrados comumente nos resultados de testes farmacogenéticos disponíveis no mercado, ou seja, informações relevantes à minoria dos pacientes que, quanto ao fenótipo, são metabolizadores pobres ou ultrarrápidos de fármacos metabolizados por substratos específicos das enzimas hepáticas das fases I ou II. As

Tabela 8.4 Associações relatadas entre SNP e farmacogenética de eficácia.

SNP	Associação	Comentário
CRHBP (proteína de ligação do hormônio de liberação da corticotrofina)	Homozigose "G/G" está associada a maior resposta ou remissão da depressão tratada com escitalopram ou sertralina, mas não com venlafaxina XR (O'Connell et al., 2018)	Originalmente, foram testados 16 SNP nesse estudo exploratório. Depois de controlar a estratificação étnica, os resultados ficaram bem abaixo do valor alfa corrigido de Bonferroni
ADRA2A	No TDAH, alelo "C" do SNP −1291 G>C pode *reduzir* resposta aos agonistas alfa (p. ex., clonidina, guanfacina); a resposta ao metilfenidato pode ser melhor com alelo "G" do que com "C" (Myer et al., 2018)	Os receptores α_{2A} pós-sinápticos regulam a transmissão noradrenérgica no córtex pré-frontal
Gene *ABCB1* (codifica a glicoproteína P)	A resposta ao escitalopram ou à sertralina é mais provável com variantes alélicas comuns do que com variantes menores; a homozigose alélica menor previu resposta à venlafaxina depois da correção de Bonferroni (Schatzberg et al., 2015)	A expressão aumentada de glicoproteína P (via alelo T menor) pode explicar a depuração acelerada de escitalopram e sertralina
DRD4	O NVRT 4 DRD4 pode aumentar responsividade ao metilfenidato em crianças com TDAH (Myer et al., 2018)	Codifica o receptor D2-*like* usado como alvo pelos fármacos antipsicóticos e antiparkinsonianos
SLC1A1	Associado à resposta antipsicótica à risperidona na esquizofrenia com nível de significância genômica ampla (Yu et al., 2018)	Codifica o transportador 3 de aminoácidos excitatórios transportadores de glutamato de alta afinidade (EAA3)
SLC6A3	A homozigose A de NVRT de 10 repetições com 40 pb pode reduzir a eficácia do metilfenidato em TDAH (OR = 0,74; IC 95% = 0,60 a 0,90; Myer et al., 2018)	Codifica o permutador de ânion cloreto
GRIN2B	O genótipo C/C está associado a resposta mais favorável ao metilfenidato no TDAH (OR = 9,03; IC 95% = 1,02 a 79,99; Myer et al., 2018)	Codifica a subunidade 2B do receptor de NMDA ionotrópico de glutamato
CACNA1C	Associado à resposta antipsicótica à olanzapina na esquizofrenia com um nível de significância genômica ampla (Yu et al., 2018)	Codifica o canal de cálcio tipo L regulado por voltagem
CNTN4 (contactina 4)	Associado à resposta antipsicótica ao aripiprazol na esquizofrenia com um nível de significância genômica ampla (Yu et al., 2018)	A contactina 4 é uma imunoglobulina, que funciona como molécula de adesão celular

(continua)

8 | Psicofarmacologia Prática

Tabela 8.4 Associações relatadas entre SNP e farmacogenética de eficácia. (*continuação*)

SNP	Associação	Comentário
5HTTLPR (SLC6A4)	O SLC6A4 tem variantes s (hipoatividade) e l(hiperatividade); o l também é subclassificado como subvariante L_G hipoativa e subvariante L_A hiperativa. Alelos s ou L_G transcrevem menos transportador de serotonina. Metanálise demonstrou associação modesta com alelo "l" e remissão com antidepressivos em caucasoides, mas não em asiáticos (Porcelli et al., 2012); l/l foi associado a maior remissão em idosos (Shiroma et al., 2014)	O SLC6A4 está entre os SNPs mais amplamente estudados. Seu produto genético é um alvo farmacológico para ISRSs e IRSNs, assim como para psicoestimulantes e anfetamina MDMA substituída (*ecstasy*)
Triptofano-hidroxilase: TPH1 (TPH1 218A/C); TPH2	O alelo TPH1*a pode estar associado à resposta insatisfatória aos antidepressivos serotonérgicos; o genótipo TPH2 A/A correlaciona-se com a gravidade de depressão (Anttila et al., 2009) e a resposta aos ISRSs (Porcelli et al., 2011)	Resultados ainda não publicados
FNDC	Em metanálise, o SNP Val[66]Met foi identificado como *preditor farmacogenético mais robusto* de resposta aos ISRSs (Niitsu et al., 2013)	Os estudos individuais não foram significativos, mas os resultados agrupados se mostraram significantes para os ISRSs

FNDC, fator neurotrófico derivado do cérebro; *IC*, intervalo de confiança; *IRSN*, inibidor de recaptação de serotonina-norepinefrina; *ISRS*, inibidor seletivo de recaptação de serotonina; *MDMA*, 3,4-metilenodioximetanfetamina; *NMDA*, N-metil-D-aspartato; *NVRT*, número variável de repetições em *tandem*; *OR*, *odds ratio*, ou razão de probabilidade; *pb*, pares de bases; *SNP*, polimorfismo de nucleotídio único; *TDAH*, transtorno de déficit de atenção e hiperatividade.

Tabela 8.5 SNPs farmacodinâmicos tipicamente incluídos nos resultados de testes farmacogenéticos disponíveis no mercado.

SNP	Relevância do mecanismo de ação	Relevância clínica
ANK3	As anquirinas são proteínas de motilidade celular envolvidas na montagem dos canais de Na^+ regulados por voltagem	Associado à disfunção cognitiva global e ao adelgaçamento cortical
ANKK1 (polimorfismo Taq1A)	Originalmente, acreditava-se que fosse um SNP da DRD2, mas hoje é reconhecido como codificador de ANKK1, que controla síntese de DA	O alelo A1 está associado a vários transtornos e comportamentos relacionados com vício, impulsividade e recompensa
ADRA2A	Os autorreceptores adrenérgicos α_2 pré-sinápticos regulam (inibem) secreção de norepinefrina	Associado à função noradrenérgica do SNC em atenção e funções cognitivas relacionadas
FNDC Val[66]Met	Fator trófico envolvido na sobrevivência dos neurônios	Ver Tabela 8.5
COMT Val[158]Met	Decompõe catecolaminas (ou seja, DA → 3-metoxitiramina; NE → normetanefrina; epinefrina → metanefrina; DOPAC → HVA)	Agressividade, possível suscetibilidade ao transtorno do pânico como comorbidade em probandos com transtorno bipolar; ver Tabela 8.5
DRD2 Taq1A; ins/del –141C	O SNP Taq1A origina o alelo DRD2*A1, enquanto o SNP –141C ins/del codifica o alelo DRD2*A2	Codifica o alvo receptor principal dos antipsicóticos; resposta antipsicótica mais desfavorável com del –141 que Ins/Ins (Zhang et al., 2010)
DRD4	Ver Tabela 8.4	Ver Tabela 8.4
Gβ3, também conhecida como a variante C825T	Subunidade β3 da proteína G	O genótipo T/T pode estar associado a resposta antidepressiva e à sildenafila (Sperling et al., 2003)

(*continua*)

Capítulo 8 • Farmacogenética: Quando É Relevante ou Não?

Tabela 8.5 SNPs farmacodinâmicos tipicamente incluídos nos resultados de testes farmacogenéticos disponíveis no mercado. (*continuação*)

SNP	Relevância do mecanismo de ação	Relevância clínica
GRIA1, GRIA3, GRIK2	As proteínas de receptores do glutamato (GRIA1 e GRIA3 são receptores de AMPA; GRIK2 é receptor de cainato) mostram-se envolvidas na neurotransmissão excitatória	Ver Tabela 8.3
$5HT_{2A}$ (polimorfismo 102 T/C; polimorfismo 1438 G/A)	O agonismo do receptor $5HT_{2A}$ está associado aos efeitos psicodélicos de LSD e outros alucinógenos	O genótipo C/C do alelo "A" está associado à impulsividade na dependência de álcool (Jakubczyk et al., 2012)
$5HT_{2C}$ (–759 C/T)	Os receptores $5HT_{2C}$ estão densamente distribuídos nas regiões cerebrais que regulam humor, comportamento alimentar, ansiedade e impulso sexual	Ver Tabela 8.3
HLA-B*1502	Complexo de histocompatibilidade principal classe I	Ver Tabela 8.3
HLA-B*5801	Complexo de histocompatibilidade principal classe I	Ver Tabela 8.3
HRT2A	Subtipo excitatório do receptor de serotonina	No STAR*D, os homozigotos A/A tinham risco 18% menor de não ter resposta ao citalopram (McMahon et al., 2006)
Receptor de melanocortina-4 (MC4-R)	A proteína MC4 liga-se ao hormônio de estimulação de melanócitos α e parece estar envolvida no comportamento alimentar	Ver Tabela 8.3
MTHFR C677T (Ala[222]Val)	Envolvido na conversão de homocisteína em metionina (ver Figura 11.2, Capítulo 11)	O genótipo TT da variante C677T (atividade menor) pode causar menos conversão de ácido fólico em L-metilfolato
SCL6A4	Ver Tabela 8.4	Ver Tabela 8.4
Triptofano hidroxilase 2 (TPH2)	A TPH é uma enzima limitante da taxa da síntese de serotonina	Ver Tabela 8.4

AMPA, ácido α-amino-3-hidroxi-5-metil-4-isoxazolepropiônico; *SNC*, sistema nervoso central; *DA*, dopamina; *DOPAC*, ácido 3,4-di-hidroxifenilacético; *HVA*, ácido homovanílico; *LSD*, dietilamida do ácido lisérgico; *MTHFR*, metilenotetra-hidrofolato redutase; *NE*, norepinefrina; *SNP*, polimorfismo de nucleotídio único; *SSL*, gene da família de carreadores de solutos.

Tabelas 8.4 e 8.5 descrevem os principais SNPs farmacodinâmicos encontrados geralmente nesses resultados – e podem ser relevantes quanto a como um fármaco pode afetar o organismo, em vez de como o organismo afetaria um fármaco.

> **Dica**
> *Del* significa deleção de uma sequência de DNA, enquanto *Ins* significa inserção.

COMO INTERPRETAR RESULTADOS DE TESTES FARMACOGENÉTICOS

A leitura do relatório de um teste farmacogenético, como o que está ilustrado nas Figuras 8.1 e 8.2, traz informações que precisam ser interpretadas pelo médico e não é simplesmente um guia sobre "o que fazer" – não mais que um laudo radiológico descrevendo infiltrado pulmonar na radiografia de tórax que, por si próprio, pouco diz ao médico que solicitou o exame se deve prescrever antibiótico ou pedir biopsia. Embora alguns fabricantes de testes farmacogenéticos simplifiquem excessivamente o processo de decisão clínica apresentando resultados com colunas coloridas que representam níveis variáveis de recomendação ou cautela quanto às opções farmacológicas, recomendamos enfaticamente que os médicos façam suas próprias interpretações de qualquer teste farmacogenético que solicitem, assim como fazem com outras informações clínicas que têm e não são diferentes de qualquer

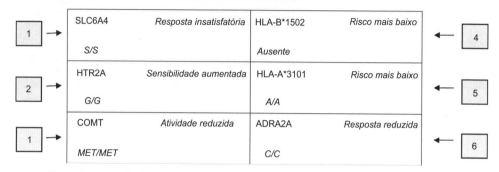

Figura 8.1 Exemplo de resultado de um teste farmacogenético: genes farmacodinâmicos.

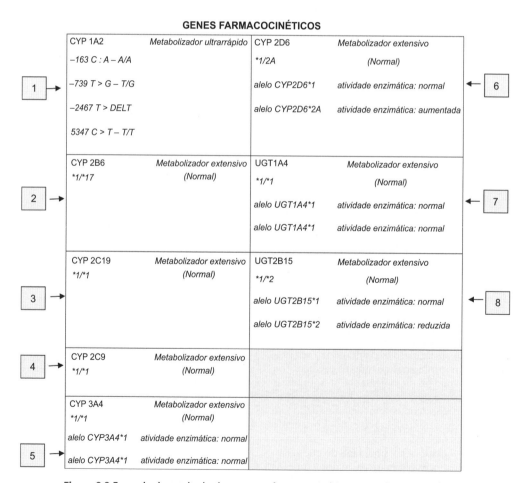

Figura 8.2 Exemplo de resultado de um teste farmacogenético: genes farmacocinéticos.

outro resultado de exame laboratorial. Na verdade, embora os resultados de testes farmacogenéticos forneçam informações que podem ser úteis para antecipar resultados possíveis em determinadas condições para alguns pacientes, o esquema colorido e chamativo usado frequentemente para "classificar" informações sobre fármacos como opções seguras ou perigosas tem ação praticamente igual ao efeito Stroop-símile no CPFDL e no córtex cingulado anterior do médico prescritor.

Os resultados de testes farmacogenéticos disponíveis no mercado, que se baseiam em análises do DNA de espécimes obtidos por meio de raspagem da mucosa oral, geralmente contêm três tipos principais de informação. O primeiro consiste em um resumo dos SNPs considerados relevantes aos precursores ou receptores dos neurotransmissores envolvidos no transporte e, possivelmente, nos efeitos farmacodinâmicos dos psicotrópicos; o segundo refere-se aos SNPs relevantes à síntese das enzimas catabólicas (nos casos típicos, *determinadas* enzimas da fase I do citocromo P450 ou *certas* enzimas de glicuronidação da fase II). Pense nesses dois componentes como dados gerais, a partir dos quais os médicos precisam então fazer inferências clinicamente relevantes – algo semelhante aos resultados de um exame simples de urina, painel metabólico abrangente ou exame de imagem. O terceiro componente do resultado de testes disponíveis no mercado consiste em uma série de recomendações quanto a quais fármacos devem ou não ser usados. Surgem problemas quando os médicos (ou pacientes) podem ficar tentados a simplificar excessivamente uma recomendação como absoluta. Afirmações como "usar com cuidado" ou "usar com cuidado redobrado e monitoramento mais frequente" são simplesmente instruções abreviadas quanto à possibilidade de que sejam alcançados níveis plasmáticos maiores que os habituais em indivíduos MPs.

Os SNPs descritos na Figura 8.1 podem ser interpretados da seguinte maneira:

> **Dica**
> Efeito Stroop é o fenômeno neuropsicológico em que surge conflito ou interferência cognitiva entre a informação relativa à cor e o conteúdo semântico de um estímulo visual ou verbal. Desse modo, a valência emocional associada à cor pode sobrepujar o conteúdo emocionalmente neutro do estímulo que está sendo apresentado.

Explicação

1. *SLC6A4*: como se pode observar na Tabela 8.4, o gene que codifica o inibidor de recaptação de serotonina tem um alelo *s* (curto) e um alelo *l* (longo). Dados sugestivos de resposta antidepressiva mais insatisfatória provêm basicamente de uma metanálise de 16 ECRs sobre ISRS que, em conjunto, demonstraram que os genótipos *s/s* eram 1,71 vez mais prováveis do que os genótipos *l/l* entre pacientes que não melhoram com ISRS ($p = 0,003$) (Porcelli et al., 2012) – contudo, é importante ressaltar aos leitores que as associações relatadas nesse estudo foram moderadas por sexo (mulheres), raça (caucasoide), idade (idosos) e idade de início (avançada). No resultado do teste ilustrado anteriormente, se o genótipo de nosso paciente hipotético *s/s* fosse de uma mulher idosa da raça branca com depressão de início tardio, essa composição poderia arrefecer *até certo ponto* nosso entusiasmo por usar um ISRS, como um fármaco predominantemente noradrenérgico ou dopaminérgico.

2. *HTR2A*: homozigose G/G para o receptor 5HTR2A significa que, se nosso paciente usasse um ISRS ou IRSN, ele poderia estar predisposto a ter efeitos sexuais adversos (Tabela 8.3).

3. *COMT*: o genótipo *Met/Met* do SNP que codifica a enzima catecol-*O*-metiltransferase (COMT) significa chance de atividade prolongada de dopamina (menos decomposição). Esse SNP é especialmente interessante como biomarcador potencial da função cognitiva de pacientes com esquizofrenia e outros transtornos psiquiátricos principais. Sob o ponto de vista farmacogenético, as preocupações relativas à predisposição genética à atividade reduzida de COMT provavelmente seriam mais imediatas se nosso paciente, algum dia, estivesse em uma situação na qual necessitasse usar vasopressores (p. ex., dobutamina) ou um fármaco inotrópico/cronotrópico para bradicardia, inclusive isoproterenol – que provavelmente teria efeitos prolongados em razão de seu catabolismo mais lento.

4. *HLA-B*1502*: ausente significa normal, ou seja, um sinal absolutamente claro a favor de tratar nosso paciente com carbamazepina, se for necessário, independentemente de sua possível descendência chinesa *Han*, sem medo exagerado de provocar síndrome de Stevens-Johnson (SSJ) como reação adversa.

(Nota: embora metanálise inicial publicada por Zeng et al. [2015] tenha sugerido possível risco de aumento de desenvolver SSJ ou NET (necrólise epidérmica tóxica) com lamotrigina em pacientes chineses *Han* com genótipo HLA-B*1502 positivo, muitos consideram esses dados inconclusivos em razão dos alegados resultados negativos não publicados.)

5. *HLA-A*3101*: homozigose A/A nesse *locus* significa que nosso paciente também está livre e não tem predisposição genética a desenvolver reações cutâneas graves se usar carbamazepina. Tragam a carbamazepina!

6. *ADRA2A*: homozigose C/C significa que, se nosso paciente tiver TDAH ou, por alguma outra razão, for candidato a usar um psicoestimulante, a resposta com metilfenidato poderá ser insatisfatória.

Os SNPs ilustrados na Figura 8.2 podem ser interpretados da maneira a seguir.

GENES FARMACOCINÉTICOS

Interpretação

1. *CYP1A2*: o genótipo de MUR para CYP1A2 significa que os substratos dessa enzima catabólica podem ser decompostos tão rapidamente a ponto de anular ou mesmo reduzir acentuadamente seus efeitos farmacodinâmicos. Se todos os outros fatores forem iguais (o que, segundo sabemos, raramente acontece), nosso hipotético paciente poderia ser mais bem beneficiado se evitasse fármacos que são metabolizados única ou predominantemente por CYP1A2 – especialmente clozapina ou asenapina. Muitos outros substratos de CYP1A2 dispõem de outras vias de decomposição (p. ex., a duloxetina também é metabolizada por CYP2D6; a mirtazapina também é metabolizada por 2D6 e 3A4/5), o que acarreta menos importância singular apenas a CYP1A2 para seu catabolismo apropriado. O tratamento simultâneo com um inibidor potente de CYP1A2 (p. ex., fluvoxamina) pode ter ação interessante (embora imprevisível) em um sistema catabólico que, de outro modo, seria hiperativo.

2. *CYP2B6*: o genótipo ME significa função normal; portanto, vá em frente e administre a seu paciente quanta bupropiona você quiser ou ele conseguir tolerar. (Contudo, outra questão é saber se a bupropiona seria *útil* ou não...)

3. *CYP2C19*: o genótipo normal (ME) significa que estamos recebendo um OK... Bem, nenhum dos fármacos psicotrópicos é metabolizado única ou predominantemente por CYP2C19. Talvez você se sinta mais seguro se escolher citalopram ou escitalopram para tal paciente, mas esses dois fármacos têm outras vias metabólicas alternativas (3A4/5 e 2D6, respectivamente); então, se o referido paciente melhorar com um desses dois fármacos, dê a si mesmo o crédito por conferir muito mais potência ao efeito placebo, mesmo sem perceber.

4. *CYP2C9*: igual a CYP2C19; 2C9 é apenas uma via metabólica colateral coadjuvante, sempre que atua como enzima catabólica para alguns fármacos psicotrópicos que passam por ela (p. ex., fluoxetina, amitriptilina).

5. *CYP3A4*: novamente com genótipo normal, o fígado de nosso paciente sequer piscará se pedirmos que ele metabolize um dos fármacos psicotrópicos (sobretudo indutores do sono e alguns antipsicóticos) metabolizados principalmente por CYP3A4 como substrato principal (p. ex., eszopiclona, lurasidona, quetiapina, suvorexanto, trazodona, ziprasidona, zolpidem) – mas, se o paciente for MP, podemos ser mais cautelosos em prescrever (ou aumentar doses descuidadamente) algum desses fármacos. E então também podemos dizer-lhe para deixar de lado suco de toronja.

6. *CYP2D6*: aqui também nosso paciente tem genótipo normal, mas se for MUR ou MP ele pode exigir algum cuidado adicional antes escolher (ou, no mínimo, aumentar doses) dos fármacos que são metabólitos principalmente de CYP2D6 – como sais de anfetamina, atomoxetina, fluoxetina ou paroxetina.

7. *UGT1A4*: o genótipo normal também prevalece, de modo que deveríamos nos sentir mais confiantes em administrar desvenlafaxina, valproato de sódio ou lamotrigina – ao menos no que diz respeito a seu metabolismo. Contudo, esse teste não nos fornece qualquer informação quanto a se algum desses fármacos funcionará ou

Dica
O xenobiótico é um composto não produzido naturalmente no organismo ("estranho") e frequentemente tóxico (p. ex., inseticidas, solventes orgânicos, metais pesados). Pode ser difícil eliminar esses compostos e, por esta razão, frequentemente se acumulam no organismo.

não melhor do que outros... contanto que, mais uma vez, todos os outros fatores sejam iguais. (*O que é isto, novamente?*)

8. *UGT2B15*: esta enzima catabólica da fase II está envolvida principalmente no processamento de xenobióticos tóxicos. Mais uma vez, o genótipo é normal, de modo que você não deve preocupar-se se nosso paciente exagerar no uso de um repelente de insetos antes de fazer uma caminhada.

O QUE É MTHFR?

Polimorfismo de metilenotetra-hidrofolato redutase (MTHFR)

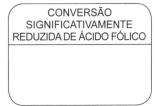

No caso da variante C677T da enzima MTHFR (rs1801133), livros inteiros, páginas da internet e grupos de apoio são dedicados a "viver com mutação de MTHFR". Na verdade, a variante hipoativa da enzima codificada pelo polimorfismo "TT" pode resultar em menos conversão de ácido fólico dietético em L-metilfolato, que é a molécula capaz de cruzar a barreira hematencefálica. Por sua vez, isso poderia teoricamente resultar em menos L-metilfolato biodisponível para a síntese de catecolaminas e indoelaminas no encéfalo. A homozigose "TT" da variante C677T parece causar reduções modestas, embora significativas, dos níveis de L-metilfolato e está associada a risco aumentado de depressão (OR de cerca de 1,4 vez; Wu et al., 2013). Contudo, ainda não há evidências conclusivas se isso significa ou não que a administração oral de L-metilfolato possa melhorar mais confiavelmente sintomas de depressão em indivíduos com genótipo "T" que com genótipo "C" ou que a "reposição" de L-metilfolato esteja "indicada" simplesmente com base na existência de dois (ou apenas um) alelos "T" da variante C677T no resultado dos testes farmacogenéticos. (Ou, nesse sentido, se a suplementação de L-metilfolato oral acarretaria aumentos detectáveis de síntese ou *turnover* de catecolaminas ou indoleamina no cérebro de mamíferos.) Independentemente de quão atraente pareça essa hipótese, há poucas evidências a seu favor. Um estudo pequeno (*n* = 75) não demonstrou associação significativa entre genótipo C677T (ou genótipo A1298C) e resposta ao uso adjuvante de L-metilfolato (Papakostas et al., 2014).

Afora as incertezas quanto à relevância clínica da suplementação de L-metilfolato em portadores do alelo "C" da variante C677T de MTHFR, existem alguns estudos preliminares a favor do conceito de que os portadores do alelo "C" da variante C677T ou A1298C com depressão clínica possam melhorar com suplementação de vitamina B reduzida (metabolizada) para reduzir os níveis de homocisteína e melhorar sintomas depressivos (Mech e Farah, 2016). Fora da prática de psiquiatria, alguns estudos confirmaram que a presença do alelo "C" no SNP C677T aumenta o risco de efeitos tóxicos do metotrexato usado para tratar neoplasias hematológicas ou artrite reumatoide.

O significado funcional do polimorfismo A1298C da enzima MTHFR (rs1801131) está mais bem demonstrado que do SNP C677T.

CONCLUSÕES

Em 2018, The Council on Research Task Force For Novel Biomarkers and Treatments da APA (American Psychiatric Association) publicou sua revisão sobre uso da farmacogenética então disponível na prática clínica. Assim, concluiu que "não existem dados suficientes a favor do uso generalizado de testes farmacogenéticos combinatórios na prática clínica, ainda que haja situações clínicas nas quais tal tecnologia possa ser informativa, sobretudo para prever efeitos colaterais" (Zeier et al., 2018).

Reconhecemos que alguns neurocientistas aceitam essa opinião, enquanto outros a consideram totalitária. Pode perfeitamente haver equilíbrio entre esses extremos. Como qualquer outro exame laboratorial, os médicos precisam interpretar resultados. Em condições ideais, solicitam-se exames com a finalidade específica de responder perguntas bem definidas, em vez de confiar passivamente que seus resultados revelem magicamente uma linha de ação geral mais acertada. À medida que a tecnologia dos testes farmacogenéticos continue a avançar, esperamos que os leitores se mantenham atualizados com os progressos e considerem tais testes como um recurso a mais entre tantos outros disponíveis para explorar hipóteses formuladas quanto aos pacientes com transtornos resistentes a tratamento ou, de outro modo, com respostas atípicas aos fármacos tradicionais.

Pontos importantes e tarefas para casa

- A farmacogenética psiquiátrica é um campo em rápida evolução. A tecnologia moderna possibilita que os médicos usem farmacogenética para confirmar suspeitas quanto às variantes farmacocinéticas que expliquem suscetibilidade maior aos efeitos adversos ou incapacidade de converter profármacos em seus metabólitos ativos necessários (metabolizadores pobres) ou falhas repetidas de respostas aos fármacos que funcionam como substratos para determinada enzima metabólica (casos suspeitos de metabolizadores ultrarrápidos). Como qualquer outro exame laboratorial, devem ser solicitados testes farmacogenéticos quando o médico acreditar que seus resultados ajudarão a responder perguntas específicas relacionadas com tolerabilidade ou eficácia
- As evidências recentes relacionaram variantes genéticas específicas com efeitos adversos em subgrupos de pacientes bem definíveis – principalmente, risco de reações cutâneas graves entre pacientes originados do Sudeste Asiático portadores de alelos HLA (antígeno leucocitário humano) especiais, ou risco de arritmias cardíacas (ou seja, prolongamento do intervalo QT) com alguns fármacos metabolizados por enzimas do citocromo P450 em indivíduos com genótipo metabolizador pobre
- Interpretar e entender a relevância de variantes alélicas de genes candidatos associados a determinados fenótipos referidos a resultados bem definidos do tratamento farmacológico – em vez de simplesmente esperar passivamente por resultados de testes farmacogenéticos para escolher um tratamento, sem levar em consideração o contexto mais amplo dos moderadores e mediadores clínicos do resultado da farmacoterapia.

9 Substituição Cruzada (*Cross-Tapering*) e Logística de Descontinuação de Fármacos

Objetivos de aprendizagem

- Reconhecer situações clínicas nas quais se justifique interromper o uso de um psicotrópico, seja repentina ou gradativamente
- Reconhecer situações clínicas nas quais seja mais apropriado alternar para outro fármaco por substituição direta *versus* substituição cruzada (*cross-tapering*) com prós e contras de cada abordagem
- Descrever riscos de efeitos de rebote causados pela interrupção repentina de alguns psicotrópicos
- Saber como converter doses orais para injetáveis de ação prolongada, substituir um benzodiazepínico por outro e trocar um psicoestimulante por outro
- Conhecer as probabilidades e o tempo para recorrência em ensaios randomizados de descontinuação de fármacos usados em transtornos do humor e psicoses.

> O plano que não pode ser mudado não presta.
>
> *Publilius Syrus*

Conforme mencionado no Capítulo 1, "ajustes clínicos necessários" acontecem na área de farmacologia com a maioria dos pacientes portadores de transtornos psiquiátricos complexos – em parte porque seus sintomas frequentemente podem ser multiformes e variáveis, em parte porque a gravidade da doença pode oscilar, talvez em razão do impacto de tratamentos associados e também por outros fatores como interações farmacocinéticas, falha de adesão ao tratamento, perda de eficácia ou outros eventos na evolução natural da doença. Nos livros-texto ou nas diretrizes práticas, raramente se discutem procedimentos e logística para substituir um fármaco por outro ou decidir quando e como desprescrever um fármaco ineficaz ou inútil por outras razões. Na perspectiva de medicina baseada em evidências, existem poucos ensaios controlados realizados para comparar tolerabilidade e resultados dos diversos métodos e intervalos para interromper e iniciar (substituição cruzada ou *cross-tapering*) um fármaco em substituição a outro. Neste capítulo, esperamos esclarecer como tomar decisões quanto a iniciar, interromper ou substituir com segurança, efetividade e lógica fármacos que fazem parte de um esquema terapêutico.

Doses ou fármacos não devem ser ajustados sem que haja uma boa razão para isso.

O uso de fármacos é interrompido por inúmeras razões: intencional ou involuntariamente; unilateralmente ou em comum acordo entre médico e paciente; porque são pouco úteis ou parece haver alternativas mais atraentes; porque efeitos colaterais superam seus efeitos benéficos ou eles não parecem mais ser necessários; porque ocorreram efeitos tóxicos agudos ou os fabricantes interrompem sua produção; ou por motivos de custo ou inconveniência; ou simples curiosidade quanto ao que aconteceria se um fármaco fosse interrompido. Aqui, poderíamos realçar a diferença entre simplesmente interromper o uso de um fármaco ou substituí-lo por outro composto. Como se pode observar no Boxe 9.1, existem algumas situações ou condições gerais nas quais um fármaco é intencionalmente interrompido sem consideração especial quanto sua possível reintrodução ou substituição futuramente.

INEFICÁCIA

Conforme está descrito no Capítulo 6, higiene farmacológica adequada significa manter fármacos que trazem benefícios claros e interromper o uso daqueles que não têm eficácia comprovada em determinado caso. Evidentemente, convém assegurar que tenham sido realizadas tentativas satisfatórias com cada fármaco (doses adequadas por períodos suficientes para tratar transtornos apropriados), antes de concluir que determinado fármaco seja ineficaz e deva ser interrompido. Em alguns casos, sobretudo quando vários ou muitos fármacos tiverem sido experimentados sem qualquer utilidade convincente, uma ou

9 Psicofarmacologia Prática

Boxe 9.1 Descontinuação do uso de fármacos.

- *Antes de engravidar*: fármacos como valproato de sódio ou carbamazepina têm contraindicações relativas claras na gravidez (ver Capítulo 12) e, quando é possível, seu uso deve ser interrompido gradativamente e concluído 1 semana antes do período esperado de concepção
- *Toxicidade/superdosagem*: sobretudo no caso de fármacos com índices terapêuticos exíguos, sua eliminação depois de efeitos tóxicos agudos frequentemente requer um período longo, antes que um fármaco possa ser reintroduzido sem riscos, caso sua reutilização pareça apropriada afinal. No caso da toxicidade do lítio, cujas concentrações cerebrais e ósseas podem manter-se altas muito tempo depois que suas concentrações séricas se tornam indetectáveis, podem ser necessárias algumas semanas antes que ele seja reintroduzido com segurança (processo orientado, em parte, pelas condições cognitivas e neurológicas do paciente)
- *Efeitos adversos graves ou persistentes*: os efeitos farmacológicos adversos podem ser benignos e incômodos ou clinicamente perigosos; às vezes, eles são transitórios e autolimitados (p. ex., náuseas ou cefaleia depois de iniciar um ISRS) ou controláveis por reduções da dose ou administração de antídotos (ver Capítulo 10). Essas duas últimas condições são especialmente relevantes quando há pouca ou nenhuma alterativa viável de fármacos eficazes para tratar transtornos especialmente difíceis de controlar (p. ex., clozapina para esquizofrenia resistente a outros tratamentos; IMAO para depressão maior resistente a outros fármacos)
- *Reações de hipersensibilidade*: reações graves podem envolver anafilaxia (reações de hipersensibilidade imediata ou tipo I), angioedema, reações cutâneas (p. ex., púrpura, vasculites ou trombocitopenia); e síndrome DRESS (reação evidenciada por eosinofilia e manifestações sistêmicas, que costuma ser idiossincrásica e ocorre 2 a 8 semanas depois de iniciar tratamento com o fármaco desencadeante). O angioedema laríngeo pode ser fatal quando há obstrução das vias respiratórias e é uma emergência clínica tratada com anti-histamínicos, corticosteroides (talvez) e, às vezes, intubação para proteger as vias respiratórias.

mais partes interessadas (paciente, médico ou familiar) podem estar inclinadas a apegar-se a um fármaco mesmo assim, porque ele "deveria" funcionar (p. ex., porque geralmente é considerado eficaz nesse diagnóstico específico), mesmo que não tenha qualquer utilidade avaliada com base em todos os parâmetros disponíveis. Essas situações também podem reforçar a noção de que, embora o paciente continue gravemente sintomático apesar de usar determinado fármaco, sua condição seria agravada ainda mais se ele parasse de usá-lo. Interromper fármacos ineficazes que "deveriam" funcionar em um suposto transtorno também torna mais plausível a possibilidade de que o diagnóstico presuntivo simplesmente esteja equivocado. Vejamos o Caso clínico 9.1.

Na maioria das vezes, a decisão intencional de manter ou interromper um fármaco em razão de algum evento adverso é uma questão de risco-benefício sem diretrizes claras ou absolutas. Além das situações gerais descritas antes e apesar da falta de eficácia avaliada depois de uma experiência adequada, a Tabela 9.1 resume outras situações específicas que podem exigir a interrupção do uso de fármacos. (Ver mais detalhes sobre controle dos efeitos adversos descritos no Capítulo 10.)

CASO CLÍNICO 9.1

Angie, 27 anos, tem "transtorno bipolar tipo II com alternâncias ultrarrápidas" e não melhorou depois de várias experiências adequadas com lítio, valproato de sódio, lamotrigina, carbamazepina, ISRSs, IRSNs, bupropiona, levotiroxina e vários ASGs. Os sintomas da paciente consistiam, sobretudo, em instabilidade afetiva e rompantes de raiva desencadeados facilmente, além de insônia crônica, sentimento de tédio e vazio, pouca motivação e baixa autoestima. Durante a consulta para obter uma segunda opinião, observou-se que seus sintomas nunca tinham formado um quadro suficientemente claro para definir hipomania ou episódio de depressão maior e seu psiquiatra questionou se ela havia sido diagnosticada erroneamente com transtorno bipolar em vez de transtorno de personalidade *borderline*. Em vez de acrescentar mais fármacos, ele sugeriu considerar a interrupção sequencial dos fármacos usados na ocasião para avaliar sua utilidade (sem substituições) e, por outro lado, redirecionar o foco de sua assistência psiquiátrica mais no sentido da psicoterapia como componente terapêutico principal.

Capítulo 9 • Substituição Cruzada (*Cross-Tapering*) e Logística de Descontinuação de Fármacos

Tabela 9.1 Quando interromper o uso de um fármaco.

Classe farmacológica	Reação	Comentário
Anticonvulsivantes	Hipersensibilidade/ reações cutâneas graves	Interromper imediatamente. Em princípio, a descontinuação repentina pode reduzir o limiar convulsivo e aumentar o risco de convulsões; na prática, isso não é provável, a menos que o paciente tenha um distúrbio epiléptico preexistente
	Disfunção hepática	Aumentos expressivos das enzimas hepáticas (TGO e TGP > 3 a 4 vezes acima do limite superior normal) justificam interrupção do tratamento
	Mielossupressão	Em geral, interromper quando a leucometria for < 3.000/mm^3 ou a CAN for < 1.500/mm^3, se for persistente ou acompanhada de infecção, ou nos pacientes com trombocitopenia (contagens de plaquetas < 100.000/mm^3)
Antidepressivos	Episódio novo de mania/hipomania	Em regra, antidepressivos devem ser interrompidos quando ocorrer mania aguda ou hipomania, embora – conforme mencionado no Capítulo 13 – isso geralmente seja mais fácil falar que fazer; os antidepressivos com meias-vidas curtas podem exigir abordagens modificadas de redução progressiva para evitar efeitos de descontinuação
	Hiponatremia/ SSIADH	Os antidepressivos serotoninérgicos devem ser interrompidos quando ocorrer hiponatremia/SSIADH sem outras causas mais prováveis; a mirtazapina e os antidepressivos tricíclicos podem ser menos perigosos (De Picker et al., 2014)
	Síndrome serotoninérgica	Evidenciada por clônus, tremor e hiper-reflexia (ver Capítulo 6), geralmente em 24 h depois de iniciar ou aumentar a dose de um fármaco serotoninérgico. Os antagonistas do receptor 5HT$_{2A}$ podem conferir proteção
	Agravamento de manifestações suicidas	Avaliar o quadro clínico global para determinar as chances de que exacerbações de ideação ou comportamentos suicidas tenham causa iatrogênica ou sejam causadas por agravamento do transtorno subjacente
Antipsicóticos	Síndrome neuroléptica maligna	Interromper imediatamente; na maioria dos casos, isso ocorre nos primeiros 10 a 14 dias depois de iniciar o tratamento; existem relatos de casos de reexposição cautelosa a outros antipsicóticos mais de 5 dias depois da regressão dos sintomas, embora os índices de recorrência possam chegar a 40% (Caroff e Mann, 1993; mortalidade = 5%
	Mielossupressão	Os APGs e os ASGs (exceto clozapina) têm um alerta de classe farmacológica porque raramente causaram leucopenia, neutropenia ou agranulocitose; os critérios específicos para monitorar ou interromper um fármaco não estão bem definidos, mas a descontinuação seria aparentemente lógica nos casos de infecção aparente ou leucometria < 3.000/mm^3 ou CAN < 1.500/mm^3
	Miocardite (clozapina)	Interromper imediatamente e, em geral, não administrar novamente em razão do risco alto de recorrência
	Prolongamento do intervalo QTc do ECG	Não é contraindicação absoluta à continuação do tratamento com antipsicóticos; convém considerar amplitude do QTc, fatores corrigíveis subjacentes, outros fármacos usados simultaneamente e análise geral de riscos e benefícios
	Discinesia tardia	Os antipsicóticos não devem ser interrompidos quando o benefício for maior que o risco, especialmente quando houver a opção de inibidores da VMAT2 (ver Capítulo 10)
Lítio	Toxicidade aguda	Interromper imediatamente. Depois de toxicidade significativa (p. ex., [Li$^+$] sérica > 1,5 mEq/ℓ; consequências renais; alterações do estado mental), não reiniciar o tratamento (mesmo quando níveis séricos forem zero) até que as alterações do estado mental regridam e o exame neurológico não detecte sinais focais

(*continua*)

Tabela 9.1 Quando interromper o uso de um fármaco. (*continuação*)

Classe farmacológica	Reação	Comentário
	Redução inaceitável da função renal	Nos casos típicos, reduzir a dose, administrar uma dose única por dia, reavaliar TFGe com cistatina C (Shlipak et al., 2013), aumentar a frequência dos monitoramentos da função renal (p. ex., a cada 3 meses); antecipar e tentar finalmente reduzir as doses progressivamente para substituir lítio por outro fármaco disponível, quando possível
Psicoestimulantes	Tolerância; uso ilícito	Podem ser interrompidos repentinamente sem efeitos fisiológicos adversos

APG, antipsicótico de primeira geração; *ASG*, antipsicótico de segunda geração; *CAN*, contagem absoluta de neutrófilos; *ECG*, eletrocardiograma; *SSIADH*, síndrome de secreção inadequada de hormônio antidiurético; *TFGe*, taxa de filtração glomerular estimada; *TGO*, transaminase oxalacética ou AST (aspartato aminotransferase); *TGP*, transaminase pirúvica ou ALT (alanina aminotransferase); *VMAT2*, transportador vesicular de monoamina tipo 2.

SUBSTITUIÇÕES CRUZADAS (*CROSS-TAPERING*): DESACELERAÇÃO NA DESCIDA

Como princípio básico, geralmente não há razão prática convincente para interromper o uso de um fármaco antes de iniciar imediatamente outro composto da mesma classe ou de classes diferentes, embora no caso dos antidepressivos alguns especialistas adotem a abordagem muito conservadora de recomendar, no mínimo, 4 semanas de substituição cruzada de um antidepressivo em uso na ocasião (p. ex., Taylor et al., 2015). Muitas vezes, os médicos preocupam-se com uma série de efeitos adversos farmacodinâmicos teóricos, desde síndrome serotoninérgica associada ao uso simultâneo de dois antidepressivos serotoninérgicos até medo de causar efeitos "rebote" quando um fármaco é interrompido, reações de discinesia motora ou fenômenos de descontinuação quando interrompem o uso de um antipsicótico e começam com outro. Os psicofarmacologistas frequentemente também adoram contabilizar meias-vidas e, às vezes, sugerem que um período ideal de "sobreposição" dos dois fármacos pode corresponder ao intervalo de 5 meias-vidas de eliminação do fármaco a ser retirado e do outro a ser introduzido. Na realidade, algumas dessas questões têm mais importância teórica que prática e geralmente não são pertinentes.

Embora não existam recomendações práticas padronizadas quanto à logística de substituição de um antidepressivo (ou antipsicótico, psicoestimulante ou benzodiazepínico) por outro, há três estratégias básicas que podem ser adotadas, embora cada uma tenha vantagens e desvantagens possíveis

- *Interromper repentinamente um fármaco e iniciar outro imediatamente.* Essa abordagem consiste em interromper imediatamente um primeiro fármaco sem reduzir sua dose progressivamente e iniciar o uso de outro fármaco substituto no mesmo dia ou no dia seguinte. Entre as *vantagens* dessa abordagem estão que ela é simples, acarreta menos risco de erros de posologia, pode ser necessária em pacientes com efeitos tóxicos ou reações graves e evita demoras na substituição por outra opção terapêutica potencialmente mais eficaz. Entre as *desvantagens*, estão que as substituições diretas podem ser mais difíceis quando o fármaco inicial é usado em dose alta *versus* baixa; quando o fármaco utilizado e seus metabólitos ativos somados têm meia-vida muito longa (p. ex., fluoxetina, vortioxetina, aripiprazol, cariprazina); introduzir outro fármaco em dose "plena" ou equivalente pode acentuar efeitos adversos aditivos; e também existe a possibilidade de acarretar risco mais alto de recorrência, até alcançar a eficácia do novo fármaco introduzido
- *Substituição cruzada simultânea de dois fármacos.* A logística dessa abordagem, que geralmente se estende por cerca de 2 semanas, consiste em reduzir a dose do primeiro fármaco e, ao mesmo tempo, introduzir e aumentar progressivamente a dose do segundo. As *vantagens* dessa abordagem são que ela assegura "cobertura" mais prolongada do fármaco inicial e, ao mesmo tempo, possibilita avaliar se sua substituição é tolerável e eficaz; oferece opção mais conservadora quando há preocupação especial de recorrência ou agravamento clínico; pode ser preferível quando o primeiro fármaco é usado em dose alta; e frequentemente quando são

Capítulo 9 • Substituição Cruzada (*Cross-Tapering*) e Logística de Descontinuação de Fármacos

necessários períodos de sobreposição antes de deixar de usar ou converter ao uso de uma preparação de antipsicótico injetável de ação prolongada. As *desvantagens* são interações farmacocinéticas e efeitos farmacodinâmicos aditivos potenciais, que poderiam ser atribuídos erroneamente apenas ao fármaco recém-introduzido; chances mais altas de redundâncias farmacodinâmicas ou perda de eficácia quando os fármacos competem pelos mesmos sítios de ligação; e pode haver risco potencial mais alto de efeitos tóxicos idiossincrásicos (p. ex., síndrome serotoninérgica quando há superposição de efeitos serotoninérgicos)

* *Reduzir progressivamente, depois aumentar progressivamente.* A logística dessa abordagem consiste em reduzir progressivamente a dose do primeiro fármaco geralmente ao longo de 1 semana (um pouco mais que 5 meias-vidas da maioria dos antidepressivos ou antipsicóticos) e, em seguida, introduzir o fármaco nas doses que seriam usadas rotineiramente. As *vantagens* dessa abordagem são evitar ou atenuar possíveis interações farmacológicas ou efeitos adversos aditivos e que ela pode ser mais recomendável quando alguma sobreposição de fármacos puder acarretar reação adversa grave (p. ex., períodos de eliminação antes de introduzir IMAOs). As *desvantagens* são aumentar o risco de recidiva ou agravar os sintomas do paciente, quando o primeiro fármaco tiver efeitos benéficos parciais; e também pode ser algo desnecessariamente demorado, postergando a introdução de um novo tratamento potencialmente mais efetivo.

Algumas considerações teóricas e práticas devem nortear decisões quanto à substituição cruzada *versus* trocas simples de psicotrópicos, que devem ser efetuadas caso a caso. Essas considerações estão resumidas no Boxe 9.2.

PROBLEMAS ASSOCIADOS À INTERRUPÇÃO REPENTINA DE UM FÁRMACO EM USO

Alguns psicotrópicos acarretam problemas de tolerabilidade quando seu uso é interrompido repentinamente sem qualquer substituição subsequente. O Boxe 9.3 descreve alguns tipos de efeitos adversos associados à interrupção repentina desses fármacos.

A Tabela 9.2 contém um resumo dos riscos associados à interrupção repentina de vários fármacos psicotrópicos e as intervenções terapêuticas ideais.

Boxe 9.2 Substituição cruzada *versus* troca simples.

* Fármacos a serem substituídos (e seus metabólitos ativos) que tenham meias-vidas séricas longas devem exigir pouca ou nenhuma redução progressiva da dose
* Pacientes que geneticamente sejam metabolizadores pobres para enzimas catabólicas relevantes a um fármaco a ser substituído (ver Capítulo 8) devem, a princípio, necessitar de pouca ou nenhuma redução progressiva da dose do fármaco em uso
* Pacientes que relatam problemas subjetivos anteriores quando interromperam o uso de um psicotrópico provavelmente são mais bem atendidos por substituições cruzadas lentas e sobreposição do fármaco "familiar antigo" pelo fármaco "novo desconhecido", se não houver nenhuma outra razão para reforçar seu bem-estar psíquico quanto à imprevisibilidade da alteração e atenuar efeitos nocebo (ver Capítulo 3).

SÍNDROMES CAUSADAS POR DESCONTINUAÇÃO DE ANTIDEPRESSIVOS

Os antidepressivos que alteram a transmissão serotoninérgica, sobretudo os que têm meias-vidas de eliminação relativamente curta, foram reconhecidos como causa de queixas físicas mal definidas depois da interrupção repentina – às vezes, mesmo depois de perder 1 ou 2 doses. Em ECRs (p. ex., randomização depois das fases abertas para um grupo placebo; interrupção do estudo), fenômenos de descontinuação foram detectados em até 50% dos pacientes tratados com antidepressivos interrompidos repentinamente (Fava et al., 2015, 2018a). Manifestações da síndrome de descontinuação foram reconhecidas prospectivamente em até dois terços dos pacientes com TDM que interromperam repentinamente um ISRS (Rosenbaum et al., 1998). Nos casos típicos, entre as manifestações clínicas que persistiram por até 3 semanas ou mais, conforme se demonstrou em ensaios randomizados publicados, as mais comuns foram: tontura (18 a 29%), náuseas (11 a 29%), irritabilidade (16 a 18%), cefaleia (17 a 18%), insônia (19%) e sonhos incomuns (16%) (Rosenbaum et al., 1998). Alguns pacientes também relatam sensações de "choques" elétricos (conhecidas comumente como "choques cerebrais"). Kennedy et al. (2016) sugeriram o acróstico mnemônico FINISH para descrever os sintomas comuns

173

Psicofarmacologia Prática

Boxe 9.3 Efeitos adversos associados à interrupção repentina de um fármaco.

- *Rebote colinérgico*: a interrupção repentina de anticolinérgicos (p. ex., antidepressivos tricíclicos, alguns antipsicóticos) pode, em alguns casos, causar efeitos pró-colinérgicos como náuseas, sudorese, diarreia e vômitos
- *Hipertensão de rebote*: pode ocorrer quando se interrompe repentinamente o uso de fármacos antagonistas α_1 como prazosina (muito usada no tratamento potencial de pesadelos associados ao TEPT) e terazosina (às vezes usada para evitar transpiração excessiva associada aos antidepressivos serotoninérgicos) ou agonistas α_1 (p. ex., clonidina usada para TDA, abstinência de opioides ou hiperatividade do sistema nervoso autônomo)
- *Risco de convulsões*: os anticonvulsivantes elevam o limiar convulsivo e, por essa razão, a interrupção súbita de tais fármacos pode ao menos teoricamente aumentar o risco de ter crises convulsivas – principalmente nos pacientes com fatores de risco preexistentes para crises convulsivas, como epilepsia, alcoolismo significativo ou tratamento simultâneo com outros fármacos que reduzem o limiar convulsivo (p. ex., clozapina e outros antipsicóticos, psicoestimulantes, bupropiona). A maioria dos materiais informativos dos fabricantes de produtos recomenda interromper o uso de anticonvulsivantes ao longo de 2 semanas com essa finalidade específica, embora a necessidade dessas reduções progressivas em pacientes não epilépticos tratados com anticonvulsivantes (p. ex., enxaqueca ou dor neuropática, transtornos de humor, ansiedade e transtornos do sono) ainda seja apenas teórica e menos pertinente quando o

fármaco em uso é substituído por outro anticonvulsivante. Vale salientar que o risco de convulsões é influenciado por alguns fatores relevantes apenas à epilepsia, como gravidade das crises pregressas, idade do primeiro episódio convulsivo, déficits neurológicos e atrasos do desenvolvimento
- *Abstinência aguda*: preocupação evidente com fármacos que possam causar dependência física e tolerância (p. ex., benzodiazepínicos e opioides). Os benzodiazepínicos causam dependência clinicamente significativa, e sua interrupção súbita pode causar síndrome de abstinência depois de apenas algumas semanas de exposição, mesmo com doses relativamente baixas (p. ex., alprazolam na dose de 0,5 mg/dia), embora manifestações graves de abstinência (p. ex., crises convulsivas, *delirium*) geralmente ocorram com interrupção repentina apenas depois de exposições prolongadas (meses) a doses altas (Rosenberg e Chiu, 1985). Nos pacientes que usam opioides diariamente, o tempo de exposição necessário para causar dependência física é amplamente variável, assim como o potencial de desenvolver abstinência fisiológica com sua interrupção repentina. Em geral, a menos que as doses sejam extremamente altas, o uso desses fármacos por menos de 1 a 2 semanas provavelmente não requer redução progressiva da dose para evitar síndrome de abstinência. (Além disso, embora a abstinência de opioides não seja clinicamente perigosa, ela pode ser extremamente desconfortável para os pacientes.)

---

associados à interrupção repentina dos antidepressivos (Boxe 9.4).

O termo "síndrome de descontinuação" foi criticado por alguns autores por ser muito eufemístico, considerando a gravidade e a intensidade potenciais dos sintomas, devendo ser substituído preferencialmente por termos descritivos como "síndromes de abstinência" (Fava et al., 2015, 2018a). Entretanto, os semânticos poderiam salientar que o termo "abstinência" reforça incorretamente conceitos leigos equivocados de que antidepressivos causam "dependência" ou sugere um mecanismo relacionado com dependência e tolerância fisiológicas. Analogias mais claras com "abstinência" associada ao uso de corticosteroides seriam mais apropriadas. Um painel consensual realizado em

1997 sugeriu que fenômenos somatossensoriais associados à interrupção súbita dos antidepressivos possam ser causados por reduções abruptas da quantidade de serotonina disponível nas sinapses quando seus receptores estão hiporregulados (Schatzberg et al., 1997).

E QUANTO AOS INIBIDORES DE MONOAMINOXIDASE?

Os IMAOs merecem especial atenção em razão de seu mecanismo de ação. A preocupação quanto à possibilidade de ocorrerem interações farmacológicas adversas não se prende à meia-vida de eliminação (como ocorre com muitos outros fármacos), mas, sim, às consequências de deprimir a atividade da enzima MAO que,

Capítulo 9 • Substituição Cruzada (*Cross-Tapering*) e Logística de Descontinuação de Fármacos

Tabela 9.2 Riscos associados à interrupção repentina de psicotrópicos e intervenções terapêuticas indicadas.

Fármaco	Recomendações para interromper o uso
Antagonistas α_1 (p. ex., prazosina, terazosina) ou agonistas α (p. ex., clonidina)	Interrupção repentina pode causar hipertensão de rebote
Clozapina	A interrupção repentina é necessária quando a leucometria for < 2.000/mm³ e a CAN for < 1.000/mm³ ou a CAN for ≤ 500/mm³; as reexposições bem-sucedidas são raras depois da descontinuação, em razão de neutropenia grave
Lamotrigina	A recomendação formal do fabricante é reiniciar a titulação de doses a partir do início em pacientes que deixaram de usar esse fármaco por mais de 5 dias (ou seja, 5 meias-vidas). Em nossa experiência, como as erupções cutâneas graves são extremamente improváveis depois dos primeiros meses iniciais de tratamento, uma abordagem mais flexível para reiniciar a dose de manutenção habitual pode ser apropriada em alguns pacientes que usam lamotrigina há mais de 1 ano
Lítio	Alguns estudos relataram que a interrupção repentina do tratamento com lítio (ou seja, em período menor do que 2 semanas) aumentou o risco de recorrência rápida em pacientes com transtorno bipolar e também pode estar associada a uma resposta terapêutica mais desfavorável com a subsequente reexposição
IMAOs	Existem relatos de casos de psicose desencadeada pela interrupção repentina
ISRSs	A fluoxetina e seu metabólito ativo norfluoxetina somados demoram até 5 semanas para serem eliminados
Antidepressivos serotoninérgicos, exceto ISRSs	Nos casos típicos, a vilazodona (meia-vida de 66 h) pode ser interrompida sem riscos a partir da dose de 10 mg/dia, sem necessidade de reduções progressivas adicionais

CAN, contagem absoluta de neutrófilos; *IMAO*, inibidores de monoaminoxidase; *ISRS*, inibidor seletivo de recaptação de serotonina.

Boxe 9.4 Regra de memorização FINISH.

Sintomas gripais (*flu-like*, em inglês)
Insônia
Náuseas
Desequilíbrio (*imbalance*, em inglês)
Distúrbios **s**ensoriais
Hiperexcitação

em seguida, não se regenera por, no mínimo, 2 semanas depois da interrupção do tratamento com um inibidor. Isso significa que, se um novo antidepressivo com propriedades serotoninérgicas ou vasopressoras for acrescentado ao tratamento clínico, o risco teórico de síndrome serotoninérgica ou crise hipertensiva persistirá até que a enzima seja regenerada. E quanto à permuta de um IMAO por outro? A princípio, o efeito atribuível ao mecanismo de ação é o mesmo (inibição de MAO), independentemente de qual fármaco específico seja preferível. Na prática, existem relatos de casos de AVE ou hemorragia cerebral, ou morte súbita, depois da permuta imediata de um IMAO por outro (p. ex., Bazire, 1986). Uma série de oito pacientes com

TDM que usavam IMAO (irreversível) e fizeram permutas repentinas de um fármaco por outro demonstrou tolerabilidade geralmente boa (um caso de "abstinência causada por tranilcipromina ou síndrome serotoninérgica branda) e melhora da depressão em quatro dos oito casos de substituição (Szuba et al., 1997). No entanto, e apesar de sua raridade aparente, a possibilidade de ocorrerem resultados catastróficos depois da substituição de um IMAO por outro sem um período de "eliminação" exigido de 2 semanas sugere que essa abordagem não seja recomendável e acarrete potencial risco grave desnecessário.

Não se deve simplesmente trocar diretamente um IMAO por outro. A mesma enzima está sendo bloqueada, não importa como.

Como o paciente pode ter um AVE, isso nunca deve ser feito.

INTERRUPÇÃO DE FÁRMACOS ANTES DE ECT

Em pacientes não epilépticos nos quais o uso de um anticonvulsivante esteja sendo reduzido ou interrompido antes de iniciar ECT (com a qual o objetivo é induzir convulsão controlada em condições monitoradas), a descontinuação muito rápida é habitual e provavelmente isenta de riscos. Os especialistas em ECT frequentemente recomendam que simplesmente suspender uma ou duas doses de um anticonvulsivante administrado cronicamente antes da ECT raramente interfere no efeito pretendido de uma crise convulsiva adequada.

A interrupção repentina de antidepressivos monoaminérgicos antes de ECT pode prolongar a atividade convulsiva cortical. Os IMAOs não têm conflito com anestésicos gerais, ao contrário do conceito popular equivocado (e relatos de casos espúrios antiquados de décadas atrás) (ver el-Ganzouri et al., 1985).

VANTAGENS POTENCIAIS DA INTERRUPÇÃO REPENTINA DE FÁRMACOS

Existem alguns casos nos quais interromper repentinamente um fármaco pode trazer informações práticas úteis quanto a seu papel no esquema terapêutico com vários fármacos, sobretudo quando a relevância de um fármaco é considerada duvidosa ou quando o médico tenta definir se sintomas são mais provavelmente fenômenos iatrogênicos que as manifestações da doença a ser tratada. Vejamos os Casos clínicos 9.2 e 9.3.

Na maioria dos casos, a avaliação dos fatores farmacocinéticos relevantes tem papel importante na decisão de quando e como substituir um fármaco por outro para tratar os mesmos sintomas pretendidos. Vejamos o Caso clínico 9.4.

O dilema farmacocinético de Ivan referia-se à possibilidade de que a fluvoxamina (um inibidor de CYP3A4) tornasse mais lento o metabolismo da vilazodona (um substrato de CYP3A4), se este último fármaco fosse introduzido antes que o primeiro tivesse sido totalmente eliminado do organismo. Além disso, a inibição de CYP2D6 atribuível à bupropiona também poderia prolongar a decomposição metabólica da fluvoxamina (um substrato de CYP2D6). Por essas razões específicas, provavelmente seria mais sensato reduzir progressivamente as doses e eliminar por completo o uso de fluvoxamina, antes de introduzir a vilazodona, sobretudo quando se pretende manter bupropiona no esquema terapêutico atual (Figura 9.1).

SUBSTITUIÇÃO DE UM FÁRMACO SEROTONINÉRGICO POR OUTRO DA MESMA CLASSE

Embora os médicos às vezes prefiram fazer a substituição cruzada (*cross-tapering*) de um

---

CASO CLÍNICO 9.2

Phil tem diagnóstico de transtorno bipolar do tipo II e está em tratamento com 900 mg/dia de carbonato de lítio (última dosagem de [Li⁺] = 0,71 mEq/ℓ) há mais de 1 ano. Durante esse intervalo, ele continuou a queixar-se de depressão, letargia e pouca motivação. Ele pensou que o lítio fosse a causa de sua depressão, enquanto sua psiquiatra imaginou que aumentar a dose de lítio simplesmente não conseguiria melhorar seus sintomas. Desse modo, a psiquiatra acrescentou lurasidona (20 mg/dia) para tratar depressão bipolar. Phil certamente se sentiu melhor (menos deprimido e mais motivado) depois de 3 semanas e perguntou se então poderia parar de usar lítio. Seu irmão neurologista recomendou redução gradativa da dose de lítio ao longo de várias semanas para evitar uma recorrência, citando trabalhos bem conhecidos publicados na literatura sobre riscos de recidiva antecipada em razão da descontinuação repentina do tratamento do transtorno bipolar com lítio (Faedda et al., 1993). A psiquiatra argumentou educadamente que a literatura sobre recorrência depois de descontinuação rápida *versus* gradativa do tratamento com lítio referia-se a pacientes que, ao contrário de Phil, estavam eutímicos e mostravam resposta inquestionável ao lítio como único fármaco usado. Por essa razão, ela preferia, em vez disso, interromper repentinamente o uso de lítio exatamente para esclarecer se o fármaco estava ou não produzindo efeitos benéficos discerníveis ou efeitos deletérios tangíveis ou se era irrelevante em razão de sua suposta ineficácia. Ela também argumentou que, se o lítio não estivesse produzindo qualquer efeito antes do acréscimo de lurasidona, as chances de deterioração clínica depois da interrupção do lítio seriam pequenas – mas que a descontinuação repentina, em comparação com a gradativa, seria melhor para ajudar a esclarecer se lítio tinha qualquer efeito no seu tratamento. A deterioração rápida quando o lítio fosse retirado do tratamento com lurasidona significaria um efeito benéfico até então despercebido. A melhora da letargia pouco depois de interromper o tratamento com lítio poderia indicar que tal queixa era mais provavelmente iatrogênica que um indício importante de depressão; e a melhora persistente depois da exclusão do lítio enquanto o paciente estivesse em uso de lurasidona poderia ajudar a confirmar a suspeita de que o lítio não tinha qualquer influência no tratamento do paciente.

Capítulo 9 • Substituição Cruzada (*Cross-Tapering*) e Logística de Descontinuação de Fármacos

CASO CLÍNICO 9.3

Don, 20 anos, era estudante universitário e estava em licença médica acadêmica devido a um episódio depressivo significativo que, finalmente, melhorou com escitalopram (40 mg/dia) e quetiapina (100 mg à hora de deitar-se). Durante uma consulta para obter uma segunda opinião, seus pais expressaram preocupação de que ele, embora parecesse menos triste, não mais chorasse ou falasse em suicídio, parecia emocionalmente insensível, apático, lento e atordoado na maior parte do dia. Don dormia mais de 13 h por noite e, durante o dia, sua atividade consistia em pouco mais que jogar *videogames* em sua cama, o que não era compatível com seu nível funcional antes de adoecer. Seu psiquiatra atual recomendou aumentar ainda mais a dose de quetiapina para controlar o que, em sua opinião, eram sintomas depressivos anérgicos residuais que estavam impedindo sua recuperação ou então acrescentar um psicoestimulante a seu tratamento antidepressivo. O psiquiatra consultado como segunda opinião não ficou muito impressionado com as manifestações depressivas atuais e, em vez disso, perguntou a si mesmo se esses efeitos motores e cognitivos não poderiam ser atribuídos às propriedades anti-histamínicas da quetiapina. Por essa razão, ele recomendou interromper *imediatamente* a quetiapina com monitoramento cuidadoso do paciente para avaliar se seu afeto e sua energia poderiam melhorar ao longo de um intervalo correspondente ao transcorrer de 5 meias-vidas de eliminação deste fármaco (cerca de 7h) mais seu metabólito ativo norquetiapina (cerca de 12h) (ou seja, cerca de 3 dias).

CASO CLÍNICO 9.4

Ivan, 41 anos, tem transtorno depressivo persistente (antes denominado depressão maior crônica) e TOC e foi inicialmente tratado com fluoxetina (60 mg/dia), depois clomipramina (doses de até 150 mg/dia) e, depois, fluvoxamina (200 mg/dia) com bupropiona SR (200 mg/dia). Nenhum desses fármacos pareceu eficaz, e todos causaram efeitos colaterais referentes à função sexual que, em conjunto, levaram o paciente a buscar alterações em seu esquema terapêutico. Ele está prestes a iniciar uma experiência com vilazodona. Quais fatores farmacocinéticos afetariam mais diretamente a abordagem que você utilizaria para alterar sua mudança para esse novo esquema?

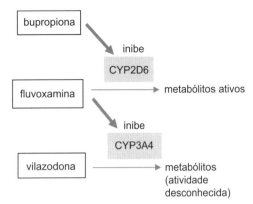

Figura 9.1 O terrível "dilema" farmacocinético de Ivan.

antidepressivo serotoninérgico antes de introduzir outro da mesma classe (ou mesmo reduzir progressivamente a dose do primeiro, antes de iniciar o segundo), existem poucos ou nenhum dado empírico a favor da necessidade de tal abordagem. Na realidade, os fármacos que têm mecanismos de ação serotoninérgicos semelhantes (p. ex., inibição de recaptação de serotonina) devem, a princípio, ser relativamente intercambiáveis no que se refere à segurança e à tolerabilidade – o que tornaria a substituição cruzada supérflua. Ao mesmo tempo, interromper repentinamente o uso de fármacos serotoninérgicos que têm meias-vidas especialmente longas (p. ex., vortioxetina, ou fluoxetina com seu metabólito ativo norfluoxetina) poderia ser uma forma de autorredução gradativa, mas ainda causar efeitos farmacodinâmicos adversos aditivos se fosse iniciado outro antidepressivo serotoninérgico – o que confirma a utilidade de manter uma dose inicial baixa do fármaco a ser acrescentado.

> **Dica**
> Vale lembrar que os antagonistas do receptor $5HT_{2A}$ (p. ex., mirtazapina, trazodona) podem ajudar a evitar síndrome serotoninérgica (ver Boxe 6.6).

NÃO ESTÁ QUEBRADO: NÃO CONSERTE!

Outro cenário comum no qual se consideram alterações de um esquema terapêutico usado há muito tempo é o desejo de "modernizar" fármacos mais antigos substituindo-os por outros mais novos, sem levar em consideração a estabilidade clínica do paciente ou a aceitabilidade de seu esquema atual. Existem poucos estudos sistemáticos ou contemporâneos sobre os resultados obtidos com a modificação de "rituais farmacológicos" usados em transtornos crônicos como esquizofrenia ou transtornos de ansiedade ou humor crônicos. Potenciais problemas seriam interferências com rotinas de horários com expectativas estabelecidas quanto a seus aspectos favoráveis, limitações e formas de compensar perdas de doses. Pacientes com história de sintomas graves no passado distante (p. ex., tentativas de suicídio, psicose, limitações funcionais extremas), mas que agora conseguiram remissão sintomática e mantêm recuperação por períodos longos (p. ex., anos) às vezes suscitam especulações de sua parte ou de seu médico quanto a se os fármacos usados ainda são necessários – ou podem até gerar descrença ou negação quanto a se formas graves de psicopatologia evidenciadas em passado remoto realmente ocorreram, levando à tentação de alterar seu esquema terapêutico estabilizado.

Embora os fármacos "mais novos" possam às vezes ter vantagens específicas em comparação com outros "mais antigos" (p. ex., evitar efeitos colaterais colinérgicos ou outros efeitos cardiovasculares com o uso de ISRSs ou IRSN em vez de antidepressivos tricíclicos), eles podem não ser necessariamente mais eficazes e significariam a troca de um conjunto de efeitos adversos por outro diferente. Propor ao paciente trocar "o mal que conhece pelo mal que desconhece" significa levar em consideração possíveis resultados como esses, com observação atenta ao longo do processo, em contraste com a situação retratada no Caso clínico 9.5.

A seguir, veremos como escolher a dose de um fármaco novo indicado para substituir outro que será excluído.

SUBSTITUIÇÃO DE UM FÁRMACO POR OUTRO: EQUIVALENTES DE DOSES DE ANTIDEPRESSIVOS

Além de "quando e como" trocar um fármaco por outro, talvez a questão mais prática e imediata seja "qual é a dose" de um fármaco a ser introduzido, seja para "compensar" uma dose equivalente do fármaco ainda utilizado ou, de outro modo, alcançar uma dose segura, tolerável e eficaz do outro fármaco a ser introduzido. Nesse caso, pode-se necessitar de mais arte que ciência para deduzir "equivalentes" de dose dentro de classes farmacológicas amplas, pois dados referentes

CASO CLÍNICO 9.5

Sally, 63 anos, teve diagnóstico de esquizofrenia na faixa dos 20 anos. Nos últimos 30 anos, a paciente tem se mantido estável com tiotixeno (4 mg/dia), sem recidivas ou reinternações hospitalares. O novo psiquiatra que ela consultou duvidou de que ela realmente fosse um caso estável de esquizofrenia com prognóstico favorável, ou alguma outra forma de esquizofrenia, considerando seu aparente bem-estar ao longo de décadas com dose tão baixa de um antipsicótico de primeira geração de média potência; por isso, ele recomendou sua descontinuação. Pouco depois de interromper repentinamente seu tratamento com tiotixeno, Sally começou a ligar para seu psiquiatra queixando-se de insônia e ansiedade, para as quais ele prescreveu lorazepam em baixa dose seguido de trazodona (50 mg/dia), sem melhora. A paciente continuou a fazer "relatórios" regulares de suas oscilações de ansiedade e insônia, sentindo que alguém poderia invadir seu apartamento à noite e dizendo que ela "simplesmente não estava bem". O psiquiatra acrescentou paroxetina (10 mg/dia) para atenuar sintomas de ansiedade, que persistiram mesmo depois de aumentar a dose até 30 mg/dia. Em seguida, ele acrescentou buspirona (60 mg/dia), mas as queixas de insônia e "ansiedade" não melhoraram. O médico acrescentou quetiapina (50 mg à hora de deitar-se), mas ela causou sedação diurna excessiva sem qualquer efeito ansiolítico. A seguir, ele acrescentou hidroxizina (25 mg 2 vezes/dia) para controlar a ansiedade; e acrescentou-se lamotrigina em doses progressivamente maiores (dose inicial de 25 mg/dia) para tratar sua aparente "instabilidade afetiva". A paciente queixou-se de que havia saído de uma condição estável com apenas um medicamento utilizado por 30 anos para sete novos fármacos sem qualquer melhora e perguntou por que ela não poderia simplesmente voltar a usar tiotixeno em dose baixa, ao que seu psiquiatra respondeu que ele não era um "fármaco bom", "que nenhum benefício traria para ela" e que ela "realmente não precisava dele".

a tal questão frequentemente são extrapolados de doses comparativas indicadas em ECRs, que representam "doses mínimas clinicamente eficazes" ou "doses terapêuticas médias".

Mais de 90% dos fármacos são eliminados do corpo depois de decorridas quatro meias-vidas.

Um fármaco novo deve ser iniciado em sua dose habitual ou mais que isso se estiver substituindo outro fármaco antes usado em sua dose ideal? Se não, deve-se tentar "aproximar" uma dose comparável do fármaco a ser introduzido em relação com a dose do fármaco que será substituído?

Em geral, não há fórmulas para "conversão" direta para comparar as potências farmacodinâmicas de um fármaco com outro em base de doses. Dito isso, grande parte depende de quão baixa, média ou alta estava a dose do fármaco utilizado em sua faixa posológica. Como exposto, a interrupção de fármacos com meia-vida de eliminação terminal longa acarreta risco maior de efeitos adversos farmacodinâmicos, até que as primeiras meias-vidas de eliminação tenham decorrido. Tenha em mente (como está ilustrado na Figura 9.2) que a maior parte do fármaco é eliminado da circulação sanguínea ao longo das primeiras duas a três meias-vidas, enquanto o restante representa resquícios progressivamente assintóticos do fármaco não eliminado.

No caso do TDM, Hayasaka et al. (2015) revisaram 83 estudos desse tipo envolvendo 14.131 participantes e calcularam equivalentes de doses médias dos antidepressivos em comparação com fluoxetina ou paroxetina, tendo como base razões de médias entre o fármaco almejado e fluoxetina/paroxetina usando um modelo estatístico de efeitos fixos. A Tabela 9.3 contém um resumo dos equivalentes de doses derivados por suas estimativas.

CONVERSÕES DE DOSES DE ANTIPSICÓTICOS DE PRIMEIRA E SEGUNDA GERAÇÕES

Tradicionalmente, a partir de tentativas de determinar equivalentes de doses dos fármacos antipsicóticos, utilizou-se o chamado método "clássico de doses médias" com base nas doses médias usadas em ensaios controlados com *doses flexíveis* (Leucht et al., 2015), ou método

Tabela 9.3 Equivalentes de doses médias aproximadas de antidepressivos.[a]

Antidepressivo	Equivalentes de dose
Amitriptilina	122,3 mg/dia
Bupropiona	348,5 mg/dia
Clomipramina	116,1 mg/dia
Desipramina	196,3 mg/dia
Doxepina	140,1 mg/dia
Escitalopram	18,0 mg/dia
Fluvoxamina	143,3 mg/dia
Imipramina	137,2 mg/dia
Mirtazapina	50,9 mg/dia
Moclobemida	575,2 mg/dia
Nefazodona	535,2 mg/dia
Nortriptilina	100,9 mg/dia
Reboxetina	11,5 mg/dia
Sertralina	98,5 mg/dia
Trazodona	401,4 mg/dia
Venlafaxina	149,4 mg/dia

[a] Com base na dose equivalente de 40 mg de fluoxetina; dados publicados no estudo de Hayasaka et al., 2015.

da "dose eficaz mínima" (Leucht et al., 2014), no qual se utilizam doses eficazes em comparação com placebo em ensaios randomizados com *doses fixas*. Esse primeiro método foi desenvolvido por Davis (1974) e, durante algumas décadas, foi usado como padrão de referência para calcular equivalentes de doses empregando clorpromazina como denominador comum. O segundo método é considerado uma abordagem baseada em evidências para populações gerais, mas não pode ser extrapolado perfeitamente para subpopulações específicas (p. ex., pacientes com primeiro episódio ou grupos resistentes a vários fármacos), assim como não fornece muitas informações sobre conversões de equivalência de doses baixas, a menos que sejam realizados estudos com doses baixas invariáveis. A terceira opção é usar diretrizes consensuais de especialistas para estimar equivalentes de doses com base nas percepções subjetivas destes especialistas (p. ex., Andreason et al., 2010). Consequentemente, os "equivalentes de doses" de antipsicóticos publicados na literatura ou disponíveis *online* frequentemente variam de acordo com as metodologias usadas para derivar seus resultados.

As Tabela 9.4 e 9.5 descrevem equivalentes de doses dos APGs e ASGs, respectivamente, com valores arredondados para o número inteiro mais próximo. A Tabela 9.6 mostra como converter doses orais em doses de preparações injetáveis de ação prolongada dos APGs e ASGs.

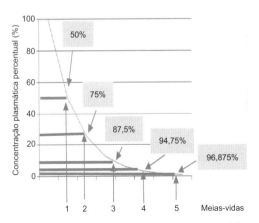

Figura 9.2 Meia-vida de eliminação exponencial.

Psicofarmacologia Prática

Tabela 9.4 Equivalentes de doses de antipsicóticos de primeira geração.[a]

Fármaco	Equivalentes de dose
Clorpromazina	100 mg
Flufenazina	2 mg
Haloperidol	2 mg
Loxapina	10 mg
Perfenazina	8 mg
Pimozida	2 mg
Proclorperazina	15 mg
Trifluoperazina	2 a 5 mg
Tioridazina	100 mg
Tiotixeno	4 mg

[a] Com base em curvas de dose-resposta e metanálise de dose-resposta com efeitos randômicos publicada por Leucht et al. (2020).

Tabela 9.5 Equivalentes de doses de antipsicóticos de segunda geração.[a]

Fármaco	Equivalentes de doses
Amissulprida	85,8 mg
Aripiprazol	1,8 mg
Asenapina	2,4 mg
Brexpiprazol	0,54 mg
Cariprazina	Desconhecidos
Clozapina	100 mg
Iloperidona	3,2 mg
Lurasidona	23,5 mg
Olanzapina	2,4 mg
Paliperidona	2,1 mg
Quetiapina	77 mg
Risperidona	1 mg
Ziprasidona	30 mg

[a] Com base em curvas de dose-resposta e metanálise de dose-resposta com efeitos randômicos publicada por Leucht et al. (2020).

Tabela 9.6 Conversão de doses orais de antipsicóticos em preparações injetáveis de ação prolongada (IAPs).

Fármaco	Conversão em injetáveis de ação prolongada
Primeira geração	
Flufenazina	20 mg/dia de cloridrato de flufenazina oral equivalem a cerca de 25 mg (1 mℓ) de decanoato de flufenazina para injeção IM a cada 3 semanas; em geral, observa-se a eficácia antipsicótica nas primeiras 96 h depois da injeção
Haloperidol	O decanoato de haloperidol está disponível em doses de 50 mg (1 mℓ) ou 100 mg (2 mℓ) e, nos casos típicos, é administrado uma vez por mês. Nos pacientes considerados estáveis com haloperidol oral, recomenda-se uma dose de decanoato entre 10 e 15 vezes a dose oral, tanto para iniciar quanto manter o tratamento com injeções mensais (equivalente máximo a 10 mg/dia de haloperidol oral, ou seja, 150 mg ou 3 mℓ de decanoato). Nos pacientes menos estáveis, o tratamento pode começar com dose de decanoato 20 vezes maior do que a dose oral com injeções mensais subsequentes em doses 10 a 15 vezes maiores que a oral
Segunda geração	
Aripiprazol	Primeiramente, é preciso demonstrar tolerabilidade com o aripiprazol administrado por 2 semanas. Existem duas preparações IAPs de aripiprazol: a preparação injetável de liberação prolongada (nome de marca: Abilify Maintena® comercializado para transtorno bipolar) e o aripiprazol lauroxil (nome de marca: Aristada®, comercializado para esquizofrenia). Nos casos típicos, a preparação injetável de liberação prolongada é iniciada com injeção única de 400 mg IM a ser mantida mensalmente a partir daí. A preparação lauroxil é iniciada com injeção inicial única de 675 mg IM (Aristada Initio®, que corresponde à dose de 459 mg de aripiprazol) por injeção no glúteo ou no deltoide e deve ser administrada em combinação com uma dose oral de 30 mg de aripiprazol. Em seguida, a administração subsequente de aripiprazol lauroxil pode ser no mesmo dia (em outro músculo) ou até 10 dias depois. As doses são flexíveis e podem ser aplicadas mensalmente (sejam 441, 662 ou 882 mg) ou a cada 6 (882 mg) ou 8 (1.064 mg IM na região glútea) semanas

(continua)

Capítulo 9 • Substituição Cruzada (*Cross-Tapering*) e Logística de Descontinuação de Fármacos

Tabela 9.6 Conversão de doses orais de antipsicóticos em preparações injetáveis de ação prolongada (IAPs). (*continuação*)

Fármaco	Conversão em injetáveis de ação prolongada
Pamoato de olanzapina (Zyprexa Relprevv®)[a]	A *dose oral* almejada de *10 mg/dia* pode ser convertida à *dose inicial* de 210 mg IM a cada 2 semanas, ou 405 mg IM a cada 4 semanas, enquanto a *dose de manutenção* é de 150 mg IM a cada 2 semanas ou 300 mg IM a cada 4 semanas A *dose oral* almejada de *15 mg/dia* pode ser convertida à *dose inicial* de 300 mg IM a cada 2 semanas, enquanto a *dose de manutenção* é de 210 mg IM a cada 2 semanas, ou 405 mg IM a cada 4 semanas A *dose oral* almejada de *20 mg/dia* pode ser convertida à *dose inicial* de 300 mg IM a cada 2 semanas, enquanto a *dose de manutenção* é de 300 mg IM a cada 2 semanas. As injeções devem ser aplicadas no glúteo usando-se agulha calibre 19 (3,5 a 5,0 cm). Alcança-se o estado de equilíbrio farmacocinético em torno de 8 semanas
Paliperidona (Invega Sustenna®)	Nos casos típicos, a dose inicial é de 234 mg IM (deltoide) no 1º dia e, em seguida, 117 mg IM mensalmente (a dose pode ser alterada conforme a necessidade na faixa de 39 a 234 mg/mês)
Risperidona (Risperdal Consta®)	Primeiramente, deve-se assegurar a estabilidade e a tolerabilidade com doses orais de risperidona. Em seguida, os pacientes tratados com doses orais ≤ 4 mg devem receber 25 mg de Risperdal Consta® IM (deltoide ou glúteo) com injeções repetidas a cada 2 semanas. A dose oral de risperidona deve ser mantida por 3 semanas depois da primeira injeção e, em seguida, a preparação oral pode ser interrompida imediatamente. Quando não houver resposta satisfatória, a dose da preparação IAP pode ser aumentada até 37,5 a 50 mg IM a cada 2 semanas. Doses mais altas que essas não têm utilidade demonstrada.

[a] Vale ressaltar que, com a finalidade de atenuar o risco de provocar síndrome de *delirium*/sedação pós-injeção (SDSP) com IAP de olanzapina, os pacientes devem ser observados ao menos por 3 h depois da aplicação. Além disso, nos EUA, os médicos que prescrevem essa preparação devem participar de um programa de treinamento *online* (www.zyprexarelprevvprogram.com/PDF/ZYPREXA%20REPREVV%20REMS%20 HCP%20Training.pdf). Médico, serviço de saúde, paciente e farmácia de dispensação também precisam estar todos registrados no Zyprexa Relprevv Patient Care Program. Os episódios de SDSP caracterizam-se por sedação, *delirium*, confusão mental e agitação sem anormalidades cardiovasculares ou respiratórias e parecem estar relacionados com concentrações plasmáticas excessivamente altas de olanzapina. Segundo as estimativas, essa síndrome tem incidência de 1 caso em 1.400 aplicações. *IM*, via intramuscular.

SUBSTITUIÇÃO CRUZADA E CONVERSÃO DE DOSES DE BENZODIAZEPÍNICOS

Frequentemente, os médicos deparam-se com a necessidade de encontrar equivalentes benzodiazepínicos (p. ex., escolha de um benzodiazepínico de ação mais longa como estratégia de eliminação de um benzodiazepínico de ação mais curta), talvez em parte porque as "tabelas de conversão" publicadas na literatura ou disponíveis *online* podem variar e não são definitivas. Alguns fármacos de ação mais longa também podem ter metabólitos ativos com meias-vidas muito longas (p. ex., diazepam, clordiazepóxido e flurazepam). As discrepâncias nos estudos publicados na literatura podem refletir não apenas variações das técnicas de mensuração, mas também o uso de populações especiais (p. ex., controles saudáveis *versus* pacientes com transtorno relacionado com uso de álcool ou hipnótico-sedativos; tabagistas; e pacientes

com doença renal ou hepática, transtornos de ansiedade, obesidade ou diferenças farmacocinéticas raciais [p. ex., os asiáticos podem ter níveis séricos mais altos de alprazolam que os caucasoides]). Os dados apresentados na Tabela 9.7 baseiam-se em informações incluídas nas bulas dos produtos, assim como em estudos empíricos publicados.

ANTICONVULSIVANTES ANSIOLÍTICOS

A gabapentina e a pregabalina são opções terapêuticas *off-label* baseadas em evidências para tratar vários transtornos de ansiedade (ver Capítulo 17). Embora estruturalmente não sejam semelhantes, os efeitos psicotrópicos farmacodinâmicos desses dois compostos podem ser semelhantes. Com base em resultados de um estudo sobre dor neuropática, Toth (2010) elaborou uma tabela (Tabela 9.8) de conversão de doses aproximadas de gabapentina em substituição à pregabalina.

Psicofarmacologia Prática

Tabela 9.7 Equivalentes de doses de benzodiazepínicos.

Fármaco	Equivalente de dose oral aproximada	Meia-vida [metabólito ativo]	Intervalo até início da ação depois da administração oral
Alprazolam	0,5 mg	cerca de 11 h	15 a 30 min (as preparações de liberação prolongada mostram intervalos semelhantes até o pico inicial, mas duração mais extensa [em média: 11,3 h *versus* 5,1 h] que a preparação de liberação imediata [Sheehan et al., 2007])
Clordiazepóxido	25 mg	5 a 30 h	15 a 30 min
Clonazepam	0,5 mg	18 a 50 h	15 a 30 min
Clorazepato	15 mg	36 a 200 h	≤ 1 h
Diazepam	10 mg	20 a 100 h [26 a 200]	15 min
Estazolam	1 a 2 mg	10 a 24 h	≤ 1 h
Flurazepam	30 mg	40 a 250 h	15 a 30 min
Lorazepam	1 mg	12 a 15 h	15 a 30 min
Oxazepam	20 mg	4 a 15 mg	1 a 3 h
Temazepam	20 mg	8 a 22 h	0,5 a 1 h
Triazolam	0,5 mg	2 h	15 a 30 min

Tabela 9.8 Conversão de doses aproximadas de gabapentina em pregabalina.

Dose de gabapentina (mg/dia)	Dose de pregabalina (mg/dia)
0 a 900	150
900 a 1.500	225
1.501 a 2.100	300
2.101 a 2.700	450
> 2.700	600

PSICOESTIMULANTES

Com a finalidade de substituir um psicoestimulante por outro (ou seja, formas variantes de metilfenidato ou anfetamina), as Tabelas 9.10 e 9.11 apresentam equivalentes de doses aproximadas. As formulações racêmicas de anfetamina variam quanto às razões entre levoenantiômero:dextroenantiômero e equivalentes de doses levam em consideração essas diferenças proporcionais. O dextroenantiômero de anfetamina liga-se com afinidade cerca de 3 a 4 vezes maior a seus alvos moleculares do SNC (ou seja, cerca de três quartos da dose de dextroanfetamina são mais potentes e poderiam ser comparáveis a determinada dose fixa de sais compostos de anfetamina). A levoanfetamina em doses baixas tem ação mais potente nos receptores de NE que DA e, em geral, produz mais efeitos periféricos e cardiovasculares que anfetamina. As preparações de psicoestimulantes podem variar quanto à potência e à duração de ação, mas esta última não depende simplesmente das meias-vidas farmacocinéticas do composto ativo (que não variam significativamente entre as diversas formulações), mas sobretudo das diferenças entre os sistemas de administração que contêm esses ingredientes ativos. Por exemplo, a lisdexanfetamina é um profármaco da anfetamina, que libera dextroanfetamina ativa quando sua molécula de lisina é hidrolisada com o transcorrer do tempo, produzindo efeito mensurável no processamento atencional cerca de 2 a 14 h depois da administração. O Evekeo® (uma formulação de marca com sulfato de anfetamina) usa um sistema de três camadas com fases de liberação imediata e tardia do fármaco que, somadas, asseguram eficácia farmacodinâmica por cerca de 16 h. As formulações de liberação estendida (XR) e imediata (IR) de anfetamina ou metilfenidato não diferem tanto em suas meias-vidas (ver Tabelas 9.9 e 9.10) quanto em seus sistemas de liberação, que incluem suas respectivas moléculas ativas e podem

> **Dica**
>
> A anfetamina é cerca de 2 vezes mais potente que o metilfenidato. Por essa razão, 10 mg de anfetamina correspondem praticamente a 20 mg de metilfenidato.

Capítulo 9 • Substituição Cruzada (*Cross-Tapering*) e Logística de Descontinuação de Fármacos **9**

Tabela 9.9 Equivalentes de doses de preparações de anfetamina.

Fármaco	Razão dextro:levo	Nomes de marca	Equivalência de doses	$T_{máx}$	Meia-vida
Sulfato de anfetamina (racêmico)	1:1	Evekeo®	Desconhecida	3 a 3,5 h	*D*-anfetamina = 10 a 11 h *L*-anfetamina = 12 a 14 h
Dextroanfetamina	1:0	Dexedrine®	7,5 mg	3 h	12 h
Sulfato de dextroanfetamina	1:0	Zenzedi®	Desconhecida	8 h	12 h
Lisdexanfetamina	1:0	Vyvanse®	25 mg	Lisdexanfetamina = 1 h Dextroanfetamina = 3,5 h	Lisdexanfetamina: < 1 h Dextroanfetamina = 12 h
Sais misturados de preparações de anfetamina em 1 cápsula (sulfato de dextroanfetamina, sulfato de anfetamina, sacarato de dextroanfetamina, monoidrato de aspartato de anfetamina)	3:1	Mydais®	15 mg	7 a 12 h	*D*-anfetamina = 10 a 11 h *L*-anfetamina = 12 a 14 h
Sais misturados de anfetamina (sacarato de dextroanfetamina, aspartato de anfetamina, sulfato de dextroanfetamina, sulfato de anfetamina)	3:1	Adderall® Adderall XR®	10 mg 10 mg	3 h 7 h	*D*-anfetamina = 10 a 11 h *L*-anfetamina = 12 a 14 h

Tabela 9.10 Equivalentes de doses de preparações de metilfenidato.

Fármaco	Nomes de marca	Equivalência de doses	$T_{máx}$	Meia-vida
Metilfenidato (*d*- e *l*- treo-metilfenidato)	Ritalina®	10 mg	2,5 a 3 h	1 a 3 h
Metilfenidato, adesivo transdérmico	Daytrana®	10 mg em 12,5 cm²	8 a 10 h	*d*-metilfenidato = 4,5 h *l*-metilfenidato = 1,5 a 3 h
Dexmetilfenidato	Focalin®	5 mg	1 a 3 h	2,2 h
Metilfenidato ER (metilfenidato OROS)	Concerta®	12 mg*	6,8 h	3,6 h

*a*Doses de metilfenidato OROS de 18, 36, 54 e 72 mg equivalem às doses respectivas de metilfenidato de 15, 30, 45 e 60 mg.

183

Psicofarmacologia Prática

Tabela 9.11 Ensaios sobre descontinuação randomizada de tratamento farmacológico.

Condição clínica	Desenho do estudo	Resultado
Transtorno bipolar		
Risperidona ou olanzapina adjuvante para evitar recorrências de transtorno bipolar	ECR de 52 semanas com lítio ou valproato de sódio + risperidona ou olanzapina continuada *versus* substituição por placebo depois de um episódio inicial de mania estabilizado com combinação (Yatham et al., 2016)	Intervalo mais longo até a recorrência com combinação do que tratamento simples por 24 semanas; nenhuma vantagem adicional na prevenção de recorrências com risperidona continuada além deste intervalo; a olanzapina adjuvante continuada por até 52 semanas resultou em persistência mais longa (embora com aumento do peso) do que tratamento simples com estabilizador de humor
Lítio ou valproato de sódio + olanzapina ou + placebo depois de obter resposta na mania aguda com esta combinação	Pacientes que entraram em remissão da mania aguda depois de 6 semanas em tratamento combinado foram distribuídos randomicamente para 18 meses de combinação continuada *versus* lítio ou valproato + placebo (Tohen et al., 2004)	Intervalo significativamente maior até a recorrência dos sintomas com a combinação (média: 163 dias) que apenas com estabilizador de humor (média: 42 dias), mas não houve diferenças no tempo até recorrência da síndrome
Prevenção de recorrência de depressão bipolar	Depois da resposta imediata ao estabilizador de humor + antidepressivo, os indivíduos foram divididos randomicamente para a continuação do antidepressivo adjuvante *versus* descontinuação por até 1 ano (Altshuler et al., 2003)	Os índices de recorrência de depressão foram mais altos depois da descontinuação do antidepressivo (70%) que com a continuação (36%), embora sem risco maior de alternar para mania/hipomania; prevenção mais eficaz de recorrência da depressão com manutenção do antidepressivo depois de uma resposta imediata robusta
	Resposta imediata ao antidepressivo + estabilizador de humor, persistência de humor estável por 2 meses antes da descontinuação randomizada para uso apenas do estabilizador de humor *versus* tratamento combinado continuado por até 1 ano (Ghaemi et al., 2010)	A continuação do tratamento combinado prolongou o intervalo até a recorrência da depressão mais que com o uso apenas do estabilizador de humor (RR = 2,13), sem agravar sintomas maníacos. Contudo, os cicladores rápidos no passado que continuaram a usar antidepressivo tiveram mais episódios depressivos subsequentes que os que continuaram a usar apenas estabilizador de humor
Depressão maior		
Fluoxetina + olanzapina ou fluoxetina + placebo para evitar recorrência (Brunner et al., 2014)	ECR de 27 semanas com combinação de olanzapina/fluoxetina ou apenas fluoxetina depois da estabilização com combinação *open-label* por 6 a 8 semanas	Intervalo mais longo até a recorrência com combinação continuada que com fluoxetina sem olanzapina, embora com mais ganho de peso
Pacientes com TDM recidivante estabilizados há 3 anos com imipramina ± psicoterapia interpessoal (Kupfer et al., 1992)	Randomização para continuar a usar imipramina (± psicoterapia interpessoal) *versus placebo* por mais 2 anos	Intervalo mais longo até a recorrência com 2 anos a mais em tratamento com imipramina (persistência média = 99,4 semanas) em comparação com o placebo (persistência média = 54 semanas)
Transtorno de ansiedade social		
Randomização para continuar ou descontinuar paroxetina depois de estabilização inicial	Os pacientes estabilizados depois de 11 semanas em tratamento conhecido com paroxetina foram depois randomizados para mais 12 semanas de paroxetina ou placebo (Stein et al., 1996)	Índice de recidiva mais alto entre os que descontinuaram o tratamento

ECR, ensaio controlado randomizado; *RR*, risco relativo; *TDM*, transtorno depressivo maior.

produzir uma segunda T$_{máx}$ várias horas depois da primeira. Efetivamente, isso as torna uma preparação de ação longa do mesmo composto fundamental.

> **Quiralidade**
> Para lembrar da lateralidade dos enantiômeros: levo(rotatório) = esquerda; dextro(rotatório) = direita.
>
>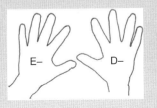

> **Meias-vidas**
> Dextroanfetamina: cerca de 9 a 11h
> Levoanfetamina: cerca de 11 a 14h
> Metilfenidato: cerca de 3h

As conversões de equivalência de doses para lisdexanfetamina em dextroanfetamina ou sais combinados de anfetamina são complicadas pelo fato de que este primeiro composto é um profármaco, que sofre conversão periférica em dextroanfetamina ativa (por hidrólise nas hemácias) com fator de conversão de 0,2948. Desse modo, 30 mg de lisdexanfetamina equivalem a cerca de 8,85 mg de dextroanfetamina ou 11,8 mg de sais compostos de anfetamina.

QUANDO DESCONTINUAR FÁRMACOS: A ARTE DE DESPRESCREVER

Um dos problemas mais difíceis enfrentados pelos psicofarmacologistas é a falta de clareza frequente para determinar quando interromper o uso de um fármaco. No Capítulo 6, abordamos superficialmente o conceito de desprescrição de fármacos que não parecem produzir efeito benéfico detectável depois de uma experiência adequada. Mas que tal decidir se e quando interromper um fármaco eficaz depois de obter alguma resposta (parcial ou total) demonstrável e ocorrer recuperação? Por quanto tempo o paciente deve continuar a usar um fármaco? Existem parâmetros que possibilitem poupar o paciente de fazer seu tratamento atual por tempo indefinido e ilimitado, quando o resultado terapêutico ideal necessário não precisa ser "para sempre" ou "até que ocorra algum evento que justifique interromper o uso de um fármaco"? Ou "fantasmagorizar" um fármaco por decisão arbitrária, não renovar sua receita e interromper seu uso?

Em alguns transtornos psiquiátricos, quando todas as partes concordam que foi alcançado bem-estar, às vezes é uma regra prática razoável considerar não fazer qualquer alteração do esquema terapêutico por, no mínimo, 4 a 6 meses nesse estado satisfatório. Por quê? Em parte porque esse intervalo é considerado convencionalmente como tempo mínimo até que ocorra recuperação bem definida com base nos conceitos consensuais do grupo de trabalho do American College of Neuropsychopharmacology (Rush et al., 2006a) e MacArthur Foundation (Frank et al., 1991). Sintomas que reapareçam durante um intervalo de 4 a 6 meses depois da regressão inicial de um transtorno psiquiátrico agudo são considerados *recaídas* – ou seja, reativação do episódio mais recente. Alcançar 4 a 6 meses de bem-estar define um marco de referência. Assim como um motorista que passou 10 anos sem ter um acidente e depois é recompensado por sua seguradora de automóveis com um desconto para "condutor seguro", a categoria de risco de um paciente em processo de recuperação cai expressivamente depois que ele supera essa barreira. Sintomas que podem ressurgir depois desse intervalo são considerados indicativos de um episódio totalmente independente (a chamada *recorrência*, em contraste com recaída); episódios novos tendem a ser mais raros que recaídas (na medida em que recaídas implicam grau menos completo de resolução dos sintomas desse primeiro episódio). Manter o bem-estar tende a prever períodos mais longos de tranquilidade e, quanto mais tempo passa desde o último episódio ou a fase de sintomas ativos, mais duradouro e até mesmo previsível torna-se o estado de bem-estar persistente. Na verdade, quanto mais tempo o paciente

> **Dica**
> **Axioma**
> Quanto mais tempo alguém fica bem, mais tempo ficará bem.

fica "bem", há mais chances de que as recorrências sejam anomalias inesperadas.

A Figura 9.3 ilustra os intervalos habituais dentro dos quais os pesquisadores clínicos normalmente dividem as fases de transtornos recorrentes em períodos agudos, de continuação e de manutenção do tratamento.

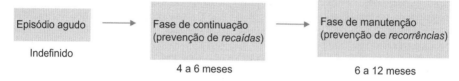

Figura 9.3 Fases do tratamento.

Quando alvos receptores comuns são compartilhados, é preciso que decorram cinco meias-vidas depois de substituir um fármaco por outro, antes que se possa supor que os efeitos farmacodinâmicos do composto recém-introduzido estão em nível pleno?

Isso depende em parte do que se quer dizer por "nível pleno". Fármacos com meias-vidas longas podem (e realmente o fazem) produzir efeitos farmacodinâmicos significativos, antes que tenham decorrido cinco meias-vidas. Cinco meias-vidas são necessárias para alcançar concentrações plasmáticas em estado de equilíbrio (um desfecho farmacocinético), mas efeitos clínicos farmacodinamicamente significativos podem ser detectados comumente dentro de 1 a 2 semanas depois de introduzir um fármaco. Por exemplo, considerem-se ASGs com meias-vidas de eliminação terminal longas como aripiprazol (cerca de 75 horas) ou cariprazina (cuja meia-vida da substância original é de apenas 3 a 6 horas, mas cujos metabólitos ativos [desmetilcariprazina e didesmetilcariprazina] podem estender esse intervalo para até 3 semanas [ou seja, são necessárias 12 a 15 semanas para que decorram cinco meias-vidas]). Em geral, respostas estáveis estão associadas a níveis séricos de 100 nM, no mínimo, que, nos casos típicos, são alcançados dentro das primeiras semanas de uso de algum fármaco.

Suponha que um paciente bipolar entre em fase maníaca enquanto usa um antidepressivo. O último fármaco deve ser interrompido repentinamente ou sua dose deve reduzida progressivamente? Se a resposta for reduzir progressivamente, em quanto tempo?

Existem relatos publicados na literatura sugerindo que interrupção súbita de antidepressivos usados por pacientes com transtorno bipolar possa desencadear mania (Goldstein et al., 1999). Interromper rapidamente qualquer antidepressivo com meia-vida curta, mesmo quando o paciente entra em fase maníaca, pode desencadear sintomas fisiológicos de descontinuação que, depois, podem ser confundidos propriamente como causa de agitação e hiperatividade autônoma. Por essas razões, embora a eliminação de um antidepressivo seja um princípio fundamental ao tratamento da mania aguda (ver Capítulo 13), algum meio-termo geralmente é preferível quando se inicia simultaneamente tratamento com um antimaníaco apropriado.

PARA SEMPRE É MUITO TEMPO!

Isso nos leva à questão de saber, em condições ideais, quanto tempo devem durar as fases de continuação e manutenção do tratamento farmacológico. Nesse campo, a literatura baseada em evidências torna-se progressivamente escassa. Por outro lado, pragmaticamente é difícil ou impossível em muitos casos (sem mencionar as dificuldades éticas) manter pacientes por períodos muito longos em uso de placebo *versus* fármaco ativo. Embora seja verdade que a maioria das recaídas e recorrências ocorre, por definição, nos primeiros 6 a 12 meses depois da recuperação do episódio mais recente, seriam necessários ECRs de duração mais longa para determinar se existe um ponto a partir do qual um tratamento farmacológico de manutenção teria efeitos decrescentes. Muitos médicos acreditam que um tratamento farmacológico de manutenção envolva um período indefinido, porque atuam muito mais sob a perspectiva de "se não estiver quebrado, não conserte", que com base em qualquer outro princípio. Nesse caso, podemos também citar novamente nossa *Primeira Lei de Newton da Psicofarmacologia* (ver Capítulo 1) – um sistema clínico em movimento continua em movimento, a menos e até que alguma força externa atue sobre ele. Interromper arbitrariamente um fármaco ou esquema terapêutico estável acarreta inevitavelmente o risco de romper esse equilíbrio homeostático.

Doenças sujeitas a recaídas tendem a levar médicos, pacientes e seus familiares a esperar que futuras ocorrências sejam quase inevitáveis, embora nenhum ECR jamais tenha demonstrado que esses pacientes mantidos com um único fármaco "para sempre" tenham evolução mais favorável que os que mantêm seu tratamento por menos tempo que "para sempre". A todos os residentes de psiquiatria ensina-se o princípio básico popular de que pacientes deprimidos que tiveram três ou mais episódios ao longo da vida têm probabilidade acima de 90% de ter um quarto episódio e, quando seus pacientes estão bem, eles devem seguir a segunda lei de Newton da psicofarmacologia em sua plenitude e manter seu tratamento indefinidamente. Por outro lado, ainda que não haja evidências demonstrando que tratamentos farmacológicos por tempo indefinido realmente diminuam as chances de recorrência depois de, digamos, algum período de tratamento pré-especificado menor que "por tempo indefinido", corremos o risco de tomar decisões mais com base em tradição, superstição ou impressionismo subjetivo que em empirismo. As recomendações gerais a favor ou contra tratamentos farmacológicos com duração ilimitada *versus* finita também desconsideram o conceito fundamental de fatores moderadores e mediadores específicos de cada paciente e definem perfis clínicos para os quais tratamentos farmacológicos mais prolongados ou por tempo indefinido têm mais chances de reduzir o risco de recorrência. Do mesmo modo, há mais chances de os pacientes evoluírem muito bem com tratamento por tempo mais limitado – ou, ao menos, terem a capacidade de reconhecer quando os tratamentos farmacológicos por tempo indefinido *provavelmente não* impedem episódios futuros.

Como exemplo disso, consideremos os seguintes resultados de estudos naturalísticos durante 5 anos em tratamento de manutenção para transtorno bipolar, que foram relatados no *Collaborative Depression Study* realizado pelo NIMH (Coryell et al., 1997) (Figura 9.4). O uso de lítio, em vez de ausência no tratamento, foi associado à probabilidade significativamente menor de recorrência nas primeiras 32 semanas de tratamento, mas tal vantagem não foi mais evidenciada depois desse período (os indivíduos foram acompanhados por até 96 semanas).

Isso significa que o lítio, conforme esperado ou não, provavelmente deixa de conferir benefícios clínicos de evitar recaídas do transtorno bipolar se for utilizado por mais de 8 meses depois do episódio de referência? Certamente, não. Esse é apenas um estudo sem randomização, e não sabemos coisa alguma a respeito de possíveis fatores de confusão por indicação com respeito às características que podem ter levado alguns pacientes a usar ou não usar lítio. Contudo, esse estudo sugere a hipótese de que, sem fatores de confusão potencialmente despercebidos, os efeitos profiláticos do lítio possam ser menos robustos depois de 8 meses de tratamento. Então, os médicos devem suspender o uso de lítio ou dizer a seus pacientes bipolares que, depois de 8 meses, existem poucas evidências que justifiquem seu uso por mais tempo? Não, também! Por outro lado, esse estudo convida-nos a reconhecer a possibilidade de que os efeitos profiláticos do lítio *possam* diminuir em alguns pacientes bipolares. OK, então quais fatores o médico deve considerar antes de preencher revalidações de prescrição por mais de 8 meses, de modo a sentir-se seguro com conhecimento e certeza de que tudo continuará bem? Mais uma vez, não é simples assim.

Coryell et al. (1997) realizaram diligentemente uma análise de regressão logística para examinar vários fatores possíveis que, quando controlados, ajudariam a explicar diferenças observadas nos casos em que o uso de lítio por mais de 8 meses se manteve efetivo. Eles consideraram a polaridade do episódio de referência (sem dúvida, sabendo que o lítio atua mais

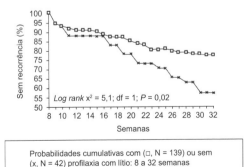
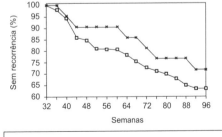

Figura 9.4 Tratamento farmacológico de manutenção com lítio para transtorno bipolar. (Figura reproduzida de acordo com Coryell et al. Lithium and recurrence in a long-term follow-up of bipolar affective disorder. *Psychol Med.* 1997;27: 281-289. Reproduzida, com autorização, da Cambridge University Press.)

eficazmente quando os episódios de mania ocorrem antes de episódios depressivos, em vez do contrário [Post et al., 1996]) e da história familiar de transtorno bipolar, mas não encontraram diferenças perceptíveis. Do mesmo modo, controlar variações dos níveis séricos de lítio ao longo do tempo não conseguiu explicar diferenças de resultado entre os que usavam lítio ou não. Sem parâmetros norteadores detectáveis para saber quais pacientes bipolares teriam risco intrinsecamente mais alto de recidivas *precoces versus tardias* (talvez não seja necessariamente singular ao lítio, mas ao tipo de doença de determinado paciente), a única conclusão segura a ser tirada é – citando os próprios autores – "pacientes que se mantenham estáveis sem lítio ou não apresentem recaída por mais de 8 meses depois de um episódio provavelmente não serão beneficiados por lítio iniciado nessa ocasião" (Coryell et al., 1997, p. 286). Essa é uma conclusão útil, que pode ajudar a esclarecer o processo de decisão clínica de pacientes bipolares não medicados, que se apresentam eutímicos 9 meses depois do seu último episódio, imaginando se isto ajudaria a reduzir seu risco de recaída para então começar a usar lítio.

Outro estudo naturalístico acompanhou um grupo de pacientes com transtorno bipolar, que foi enriquecido com um "tempo de espera" mais longo de bem-estar persistente e estável enquanto usavam lítio (no mínimo, 2 anos) e que, depois disso, continuaram a usar tal fármaco ou tiveram suas doses reduzidas gradativamente de acordo com sua preferência (Biel et al., 2007). Os pacientes que optaram por continuar usando lítio depois de 2 anos em condições estáveis tiveram períodos significativamente mais longos até outra recorrência (tempo médio de persistência = 7,33 anos), em comparação com os que escolheram interromper o tratamento com lítio depois de um período de bem-estar de 2 anos (tempo médio de persistência = 1,33 ano). Vale ressaltar que, depois do controle usando um modelo de regressão de Cox para possíveis fatores de confusão pertinentes (ou seja, idade, sexo, história familiar de transtorno bipolar, anos transcorridos com a doença e número de episódios pregressos), a descontinuação do tratamento com lítio ainda estava associada a uma razão de risco de 4,85. Em outro estudo com pacientes bipolares mantidos em condições estáveis com lítio por 5 anos no mínimo, um protocolo de descontinuação controlada subsequente resultou em recidivas em 62% no primeiro ano e 81% depois de 5 anos (Yazici et al., 2004). Em conjunto, talvez esses resultados também realcem a máxima citada antes de que, quanto mais tempo um paciente ficar bem, mais tempo se pode esperar que continue bem – e obtenha benefícios por continuar seu tratamento farmacológico de manutenção.

E o que dizer quanto ao transtorno depressivo maior? Alguns pesquisadores realizaram um tipo semelhante de ensaio naturalístico de descontinuação (sem randomização) com 87 pacientes ambulatoriais portadores de TDM, que foram avaliados como "clinicamente estáveis" há, no mínimo, *5 anos* em uso apenas de um ISRS (Pundiak et al., 2008). Também de acordo com sua preferência, os indivíduos foram então separados em dois grupos: o primeiro continuou a usar seu ISRS, enquanto o outro interrompeu o tratamento. O intervalo médio até uma recorrência entre os que continuaram seu tratamento por mais de 5 anos foi de 38 meses, em comparação com apenas 10 meses entre os que interromperam seu tratamento depois de 5 anos em condições estáveis. A razão de risco resultante (4,9 vezes mais chances de recorrência que para o grupo que continuou a usar ISRS) foi moderada apenas pela existência de sintomas depressivos residuais, mas (ao contrário do que se esperava) não pelo número de episódios depressivos no passado. Entretanto, também nesse estudo, apesar do controle de ao menos alguns fatores de confusão possíveis, o desenho não randomizado e a decisão pessoal de cada paciente de parar ou continuar seu tratamento farmacológico depois de obter sucesso inicial limitam nossa capacidade de fazer inferências quanto à generalização dos resultados observados.

Os resultados de estudos naturalísticos semelhantes com pacientes portadores de transtorno do pânico também sugeriram que, no que se refere à duração do tratamento farmacológico para evitar recorrências, também se aplique a máxima "mais é melhor". Pacientes ambulatoriais adultos com transtorno do pânico, que se mantinham estáveis há 3 anos no mínimo usando esquemas terapêuticos variados (inclusive tricíclicos, ISRSs e/ou benzodiazepínicos), foram convidados a parar ou continuar a usar seu esquema terapêutico conforme sua preferência e acompanhados por até 8 anos (Choy et al., 2007). O tempo até a recorrência foi significativamente maior entre os que continuaram com seu tratamento (tempo médio de persistência = 5,67 anos), em comparação com os que interromperam (tempo médio de persistência = 1,17 ano). Mais uma vez, o tempo até a recorrência foi moderado pela existência de sintomas residuais. Metanálise cumulativa de

Capítulo 9 • Substituição Cruzada (*Cross-Tapering*) e Logística de Descontinuação de Fármacos

28 ensaios sobre prevenção de recaídas usando antidepressivos por até 1 ano para tratar diversos tipos de transtorno de ansiedade (inclusive TOC e TEPT) demonstrou, em termos gerais, uma probabilidade 3 vezes maior de manter-se sem recaídas entre os que continuaram a usar antidepressivos (índice de recaída sumária de 16,4%), em comparação com os que foram randomizados para usar placebo (índice de recaída de 36,4%) (Batelaan et al., 2017). Contudo, períodos variáveis de acompanhamento (variação de 8 a 52 semanas), sobreposição de categorias diagnósticas e falta de controle das variáveis que podem causar confusão (p. ex., gravidade inicial, sintomas residuais, cronicidade, número de episódios) limitam extrapolações desses resultados a grupos específicos de pacientes.

A melhor maneira de saber empiricamente se existe uma duração ideal para manter o tratamento farmacológico, além de outras vantagens quanto à redução dele, é realizar um ensaio randomizado de descontinuação. Existem pouquíssimos estudos desse tipo publicados na literatura, provavelmente em grande parte porque há pouco estímulo comercial para que a indústria farmacêutica realize estudos para determinar quando seus produtos se tornam desnecessários e para ajudar os médicos a saberem quando devem parar de prescrevê-los. A Tabela 9.11 resume as poucas exceções notáveis a essa escassez de estudos científicos.

Apesar das limitações descritas antes, os médicos precisam de alguma orientação ou um princípio geral para decidir se e quando devem finalmente desprescrever um tratamento farmacológico, além dos determinantes óbvios como intolerância, reações adversas graves ou recusa do paciente em continuar. A Tabela 9.12 apresenta um resumo dessas recomendações retiradas de diretrizes práticas, ECRs publicados na literatura disponível e nossa própria experiência coletiva.

Tabela 9.12 Conceitos determinantes de continuação ou descontinuação de tratamentos farmacológicos.

Doença	Duração recomendada habitual	Razões para descontinuar
Depressão maior	1º episódio: a maioria das diretrizes recomenda manter tratamento por 4 a 9 meses depois de entrar em remissão; nos casos de TDM recorrente, Kupfer et al. (1992) recomendaram, no mínimo, 5 anos de tratamento farmacológico continuado para pacientes que estabilizarem inicialmente. As diretrizes do CANMAT recomendam proveitosamente manter tratamento continuado por mais de 2 anos (possivelmente por tempo indefinido) quando houver história pregressa de episódios repetidos frequentes, crônicos, graves ou recorrentes, ou comorbidades, casos difíceis de tratar e/ou sintomas residuais (Kennedy et al., 2016)	Primeiro episódio de depressão maior sem complicações, único episódio tratado até remissão completa, nenhum antecedente de depressão subliminar, nenhuma depressão residual (especialmente quando houver início súbito/agudo e história familiar negativa)
Transtorno bipolar	1º episódio de mania/hipomania: tratar por 6 meses no mínimo; pode-se considerar interromper o tratamento e acompanhar se houver recuperação completa e o episódio inicial não tiver sido muito grave 2º episódio (ou mais) de mania/hipomania: a maioria dos especialistas recomenda tratamento farmacológico por tempo indefinido para evitar recorrência	O episódio não foi psicótico, teve gravidade apenas leve/moderada, entrou em remissão completa sem sintomas residuais, não havia antecedente de psicopatologias (especialmente quando não houver história familiar e comorbidades como outra psicopatologia ou transtorno associado ao uso de substâncias)

(continua)

Psicofarmacologia Prática

Tabela 9.12 Conceitos determinantes de continuação ou descontinuação de tratamentos farmacológicos. *(continuação)*

Doença	Duração recomendada habitual	Razões para descontinuar
Transtornos de ansiedade	World Council of Anxiety (WCA) (Pollack et al., 2003) e International Consensus Group on Depression and Anxiety (ICGDA) (Ballenger et al., 1998) recomendaram tratamento de manutenção por no mínimo 12 a 24 meses ("e, em alguns casos, por tempo indefinido" [Pollack et al., 2003])	Considerar interrupção do fármaco em pacientes que tiverem entrado e estejam em remissão completa por 6 a 12 meses no mínimo. Alguns estudos sugeriram índices comparáveis de recorrência, independentemente se o tratamento farmacológico for ou não descontinuado dentro de 6 a 30 meses depois da melhora – porém sintomas residuais podem moderar o risco de recorrência mais que a duração do tratamento (Mavissakalian e Perel, 2002)
Esquizofrenia e outras psicoses não afetivas	As metanálises sugeriram que o tratamento contínuo por tempo indefinido tenha melhor resultado que o tratamento farmacológico intermitente para evitar recorrência (OR 3 a 6 vezes maior) (De Hert et al., 2015). Em conjunto, os estudos naturalísticos sugeriram índices de recorrência de 77% em 1 ano e > 90% em 2 anos (Zipursky et al., 2014), mesmo depois da recuperação inicial completa (Mayoral-van Son et al., 2016); risco mais alto quando houver comorbidade de transtorno associado ao uso de maconha (Bowtell et al., 2018)	Diretrizes práticas recomendam descontinuar o uso de antipsicóticos depois que os pacientes estiverem assintomáticos há mais de 1 ano (Lehman et al., 2014). Os pacientes que não apresentarem recorrência por 6 a 10 meses depois de interromper antipsicóticos parecem ter risco baixo de recorrência subsequente (o chamado "paradoxo de descontinuação") (Harrow e Jobe, 2013). Estudos naturalísticos sugeriram que até 30% dos pacientes esquizofrênicos em seguimento por 10 anos possam manter um nível funcional satisfatório sem tratamento farmacológico (Wils et al., 2017)

CANMAT, Canadian Network for Mood and Anxiety Treatments; *OR*, razão de probabilidade (*odds ratio*); *TDM*, transtorno depressivo maior.

🏠 Pontos importantes e tarefas para casa

- Decisões de quando e como realizar substituição cruzada *versus* trocas simples para interromper um fármaco e começar outro frequentemente são individualizadas e dependem de fatores como doses usadas, meias-vidas, tolerabilidade, experiências pregressas, riscos de efeitos de rebote e descontinuação e mecanismos de ação duplicados ou redundantes. Como sempre, é importante ter uma razão não arbitrária para tomar decisões quanto à logística de substituição por outro esquema terapêutico
- Reconhecer emergências médicas que exijam a interrupção repentina de um ou mais fármacos (p. ex., síndrome serotoninérgica, síndrome neuroléptica maligna, síndrome de Stevens-Johnson, síndromes de hipersensibilidade etc.)
- Reconhecer janelas de risco alto *versus* baixo de recorrência em pacientes com transtornos mentais crônicos ou recorrentes e escolher a ocasião apropriada para planejar a descontinuação de fármacos
- Planejar antecipadamente as opções terapêuticas e as sequências de medidas a tomar caso as alterações de um fármaco causem deterioração. Como um bom escoteiro, deve-se estar sempre preparado.

10 Controle de Efeitos Farmacológicos Adversos Significativos: Quando Evitar, Trocar ou Manter o Tratamento

Objetivos de aprendizagem

- ☐ Conhecer meios de estabelecer relações prováveis de causa e efeito com supostos efeitos farmacológicos adversos
- ☐ Entender a fenomenologia do efeito nocebo
- ☐ Diferenciar graus relativos de afinidade de ligação dos fármacos psicotrópicos aos seus sítios receptores fundamentais associados a efeitos farmacológicos adversos clinicamente significativos
- ☐ Reconhecer probabilidades relativas de prolongamento do intervalo QTc com psicotrópicos e outros fatores de risco
- ☐ Conhecer antídotos farmacológicos viáveis para controlar efeitos adversos pouco perigosos de fármacos psicotrópicos.

> O remédio é pior que a doença.
>
> *Sir Francis Bacon*

Temos esperança de que as coisas tenham mudado para melhor desde a época em que Sir Francis Bacon expressou sua opinião sobre riscos e benefícios do tratamento médico no século XVII. Fármacos não podem simplesmente saber a diferença entre efeitos benéficos e adversos que causam, mas médicos que os prescrevem devem saber. Todas as substâncias, inclusive placebos, podem causar efeitos deletérios na mente e no corpo dos indivíduos que as consomem, dependendo de suas expectativas (p. ex., experiências anteriores, expectativas de melhora ou piora), psicopatologia subjacente (p. ex., ansiedade, somatização, paranoia), dimensões psicológicas (p. ex., *locus* de controle interno, sugestibilidade), fatores farmacocinéticos (p. ex., depuração metabólica retardada) e, por último mas não menos importante, também fatores farmacodinâmicos. Reações paradoxais aos fármacos

> **💡 Dica**
>
> Efeitos adversos causados por placebos são conhecidos como *efeitos nocebo*. Na maioria dos casos (mais de 10% dos pacientes), esses efeitos incluem tontura, cefaleia, náuseas, diarreia, sedação, insônia, anorexia, irritabilidade e ansiedade.

(inclusive agravação de psicose depois de iniciar tratamento com antidopaminérgico, ou intensificação de ideação ou comportamentos suicidas depois de começar a usar antidepressivo) trazem dilemas especialmente difíceis, à medida que médicos precisam tentar determinar, quando se veem diante de um efeito clínico contrário ao que seria esperado, se este efeito é realmente iatrogênico ou faz parte da evolução natural da doença diante da simples ineficácia (ao menos até então) do fármaco que se pretendia usar.

De forma a estabelecer conexões causais prováveis entre fármaco e efeito adverso suspeito, pode ser útil considerar os elementos relacionados no Boxe 10.1.

Considerando principalmente os diversos distúrbios cognitivos, emocionais e perceptivos que interferem com o processamento de informações e são inerentes aos transtornos psiquiátricos (em comparação com a maioria das outras doenças em geral), o médico deve ter cuidado ao avaliar queixas de efeitos adversos além de seu valor nominal aparente. Em ensaios clínicos randomizados (ECRs) sobre depressão, efeitos farmacológicos adversos relatados ocorrem em cerca de dois terços dos indivíduos que usam placebo e 5% podem abandonar prematuramente o estudo especificamente em razão

Boxe 10.1 Considerações relativas aos efeitos adversos.

- Há um mecanismo plausível e não contraditório (p. ex., fármacos anticolinérgicos provavelmente não causam sialorreia) e intervalo temporal aceitável (p. ex., erupções causadas por fármacos provavelmente não ocorrem anos depois de começar a usar determinado fármaco)
- Quanto tempo decorreu entre o efeito adverso suspeito e a última alteração efetuada no esquema terapêutico?
- Até que ponto o médico está seguro de que o efeito adverso suspeito não é simplesmente manifestação do transtorno mental subjacente que está sendo tratado (p. ex., agravação de ideação suicida de um paciente deprimido, ou sintomas inespecíficos de pacientes com transtorno de somatização)
- O efeito adverso suspeito provavelmente é comum e transitório (p. ex., cefaleia ou náuseas depois de iniciar tratamento com ISRS ou IRSN) e tende a regredir espontaneamente?
- O efeito adverso suspeito é simplesmente incômodo (p. ex., bocejos causados por ISRSs, aumento discreto de peso, erupções benignas), potencialmente perigoso (p. ex., distúrbios metabólicos, perda de equilíbrio) ou grave e possivelmente fatal (p. ex., síndrome de Stevens-Johnson, anafilaxia)?

de efeitos adversos percebidos durante tratamento com placebo (Dodd et al., 2015). Descritos como *efeitos nocebo* por Barsky et al. (2002), esses efeitos são mais prováveis em pacientes com níveis altos de neuroticismo, traços fóbico-obsessivos, sugestibilidade, alexitimia e expectativas exageradas ou completas quanto aos resultados do tratamento (Goldberg e Ernst, 2019).

Revisão abrangente e descrição detalhada de todos os efeitos adversos associados aos fármacos psicotrópicos estariam além dos objetivos deste capítulo, mas o leitor pode encontrar descrição mais detalhada sobre o assunto em Goldberg e Ernst (2019). No presente capítulo, nosso foco será um resumo conciso dos principais efeitos adversos e fármacos psicotrópicos que tendem a causá-los, assim como recomendações práticas de como podem ser avaliados e controlados.

ACNE

Acne pode ser causada (ou agravada) pelo uso de lítio, possivelmente porque ele reforça a quimiotaxia de neutrófilos, estimula liberação de enzimas lisossômicas e induz hiperqueratose folicular (Yeung e Chan, 2004). Peróxido de benzoíla, retinoides (p. ex., ácido retinoico em creme ou gel) e antibióticos (clindamicina, eritromicina e tetraciclina) tópicos ainda são modalidades terapêuticas geralmente preferíveis. Vale salientar que acne causada ou agravada por lítio pode ser especialmente difícil de tratar e tende a responder menos satisfatoriamente aos esquemas clássicos usados para controlar acne que nos casos em que os pacientes não usam lítio. Prescrita frequentemente às mulheres com acne e hirsutismo na idade adulta em razão de seus supostos efeitos antiandrogênicos nas glândulas sebáceas, espironolactona pode aumentar os níveis de lítio e, em alguns casos, recomenda-se monitoramento cuidadoso dos níveis deste último fármaco.

ALOPECIA

Existem relatos indicando frequências variáveis (geralmente < 15%) de alopecia relacionada com anticonvulsivantes (carbamazepina, valproato de sódio, topiramato), antidepressivos monoaminérgicos (inibidores seletivos de recaptação de serotonina [ISRSs], inibidores de recaptação de serotonina e norepinefrina [IRSNs], antidepressivos tricíclicos [ADTs]) e psicoestimulantes em qualquer fase do tratamento, geralmente sem relação com a dose usada. Fatores de risco específicos para essa complicação são desconhecidos. Quando a continuidade do tratamento é preferível à interrupção ou busca de alguma alternativa apropriada, tratamento sintomático pode incluir biotina oral (10.000 μg/dia) e minoxidil tópico. Alguns especialistas recomendam suplementação oral de zinco e selênio com base principalmente em relações observadas entre alopecia areata e níveis séricos baixos desses oligoelementos (Jin et al., 2017), bem como em observações de que zinco pode atuar como

Dica

Algumas vezes, inumeráveis queixas obscuras são atribuídas a efeitos adversos dos fármacos. Efeitos colaterais possivelmente *raros* podem ocorrer com qualquer fármaco, mas pode ser difícil inferir relações de causa e efeito. Nesses casos, pode ser útil dizer aos pacientes (ou colegas) que a chance de que determinado fármaco cause esse efeito colateral específico não é maior que a de um placebo.

inibidor de 5α-redutase (e, deste modo, inibir a conversão de testosterona em di-hidrotestosterona que, por sua vez, pode causar queda dos cabelos). Embora geralmente sejam seguros nas doses encontradas nas preparações convencionais de polivitamínicos, não existem ECRs demonstrando efeitos benéficos no tratamento da alopecia iatrogênica quando não há deficiências séricas basais desses oligoelementos.

SANGRAMENTO

Antidepressivos serotoninérgicos foram associados a redução da agregação plaquetária e possível distúrbio da hemostasia. Metanálise de 11 estudos de coorte (n = 187.956 pacientes) detectou risco de sangramento 36% maior durante tratamento com ISRS (Laporte et al., 2017), embora o risco absoluto pareça pequeno, com estimativa geral de um episódio de sangramento digestivo alto por 8.000 prescrições desses fármacos. É difícil levar consideração outros fatores que possam aumentar ou reduzir a propensão a sangramentos caso a caso. A diátese hemorrágica mais importante durante tratamento com ISRS ou IRSN parece ser histórico de sangramento digestivo, especialmente nos pacientes que usam ácido acetilsalicílico ou anti-inflamatórios não hormonais (Andrade et al., 2010), que aumentam a razão de probabilidade (*odds ratio* [OR]) de sangramento digestivo da faixa de 1,16 a 2,36 para 3,7 a 10,9 (Bixby et al., 2019). Tratamento concomitante com inibidores da bomba de prótons pode ajudar a reduzir esse risco em cerca de 60% (Targownik et al., 2009). Alguns autores recomendaram preferir antidepressivos com pouca ou nenhuma afinidade de ligação ao transportador de serotonina (*i. e.*, bupropiona ou mirtazapina) como melhores opções para pacientes com diátese hemorrágica (Bixby et al., 2019).

Estudos epidemiológicos também detectaram risco raro aumentado de hemorragia intracerebral ou intracraniana associada à história de tratamento com ISRS (períodos mais curtos em vez de longos) – resultando na incidência de 24,6 por 100.000 pacientes-ano, ou um episódio a mais por 10.000 pacientes tratados em 1 ano (Hackam e Mrkobrada, 2012). (Do mesmo modo, no meio da controvérsia quanto à conveniência de interromper tratamento com ISRSs antes de procedimentos cirúrgicos, tendo em vista o risco potencialmente maior de sangramento peroperatório ou pós-operatório, Mrkobrada e Hackam [2013] ressaltaram a enorme raridade de apenas 1 caso em 1.000 com base em análises pareadas por propensão, argumentando

contra contraindicações pré-operatórias amplas ou absolutas.)

A maioria dos estudos disponíveis é observacional em vez de randomizada e isto dificulta levar em consideração possíveis fatores de confusão (lembre-se do Capítulo 3) que podem predispor a sangramento. Risco de distúrbios hemostáticos com antidepressivos serotoninérgicos geralmente é relativo em vez de uma consideração absoluta e depende de outros fatores clínicos específicos de cada paciente em determinado paradigma de risco-benefício. Consideremos o exemplo do Caso clínico 10.1.

No caso Norman, seria recomendável reiniciar sertralina com base em sua história pessoal de resposta excelente, talvez combinada com segurança e eficácia comprovadas deste fármaco (coincidentemente) em pacientes com cardiopatia coronariana (Glassman et al., 2002), mesmo que ele também tenha ICC (O'Connor et al., 2010)? Ou seu tratamento atual com anticoagulante é contraindicação ao uso de um ISRS? Se esse fármaco fosse reintroduzido, seria possível quantificar o risco de sangramento anormal, supondo que o tratamento com apixabana seja mantido? Quanto a essa última questão, não existe risco *absoluto* quantificável conhecido, acima e além do que esteja associado ao uso de ISRS. No caso Norman, inexistência de história de sangramento digestivo ou hemorragia intracraniana também é um fator mais favorável à segurança de reintroduzir sertralina que se alguma destas complicações fizesse parte de

CASO CLÍNICO 10.1

Norman, 71 anos, há 2 anos fez cirurgia para colocação de *stents* arteriais coronarianos porque tinha doença coronariana aterosclerótica biarterial e, desde então, tem feito tratamento com apixabana (5 mg, 2 vezes/dia). Peso corporal e nível sérico de creatinina estavam dentro dos limites normais (75 kg e 1,1 μmol/ℓ, respectivamente) e ele apresentava insuficiência cardíaca congestiva (ICC) branda. Também não havia história de gastrite, doença ulcerativa péptica ou divertículos intestinais. Agora, o paciente apresenta sintomas moderadamente graves de seu segundo episódio de depressão maior não psicótica. O episódio anterior ocorreu sem antecedentes psicossociais óbvios quando ele tinha 58 anos, mas entrou em remissão completa com sertralina (100 mg/dia), que ele interrompeu depois de 9 meses sem recorrência até então.

sua história clínica. (Também há pouquíssimo risco se Norman for "protegido" para evitar sangramento digestivo com um inibidor da bomba de prótons.) No entanto, se ainda assim alguém estiver especialmente preocupado com o risco de sangramento desse paciente, ele poderia considerar bupropiona ou mirtazapina em vez de um ISRS ou IRSN – embora o histórico de resposta favorável desse paciente à sertralina deva ser contraposto à incerteza de usar fármacos alternativos que não foram usados antes, todos com seus riscos potenciais desconhecidos.

DISCRASIAS SANGUÍNEAS

Vários fármacos psicotrópicos podem causar supressão de leucócitos, hemácias ou plaquetas com fatores de risco, intervalos de progressão e níveis de gravidade variáveis, conforme está descrito com referência aos anticonvulsivantes na Tabela 10.1. Vale ressaltar que todos os antipsicóticos podem causar leucopenia.

No caso especial do lítio, este fármaco frequentemente é subestimado quanto ao seu efeito hematopoético favorável de aumentar a formação de leucócitos por mobilização das células-tronco e estimulação direta do fator estimulador de colônias de granulócitos (G-CSF) – uma propriedade potencialmente propícia para ser explorada como tratamento adjuvante de paciente que usam clozapina, carbamazepina ou outros psicotrópicos que possam causar leucopenia (Focosi et al., 2009).

Tabela 10.1 Discrasias sanguíneas associadas aos anticonvulsivantes e seu tratamento.

Discrasia sanguínea	Descrição	Abordagem terapêutica
Leucopenia		
Carbamazepina	Leucopenia benigna ocorre transitoriamente em cerca de 10% dos pacientes nos três primeiros meses de tratamento e torna-se persistente em cerca de 2% (Sobotka et al., 1990). Anemia aplásica confirmada ocorre em ≤ 1 para 200.000 exposições. Trombocitopenia causada por carbamazepina não foi descrita em relatos de casos. Lembrar que oxcarbazepina não foi associada às discrasias sanguíneas	Monitoramento de acordo com critérios clínicos (p. ex., sinais de infecção); nos casos típicos, não é necessária qualquer intervenção. Interromper tratamento se leucometria cair a menos de 3.000/mm³ ou CAN for < 1.500/mm³. Se for necessário, tratamento adjuvante com lítio pode estimular a produção de leucócitos
Valproato de sódio	Reações idiossincrásicas raras, que podem ocorrer mesmo alguns anos depois de iniciar tratamento	Geralmente são assintomáticas e reversíveis com redução de dose ou interrupção do tratamento
Outros APGs e ASGs	Leucopenia em pacientes tratados com antipsicóticos (exceto clozapina) por mais de 6 meses foi relatada em até 18% dos pacientes esquizofrênicos (Rettenbacher et al., 2010), provavelmente mediada por fatores imunes, possivelmente dose-dependentes, ao menos em alguns casos (Sood, 2017); risco pode ser mais alto no primeiro mês depois de iniciar tratamento (Stübner et al., 2004)	Monitoramento rotineiro do HC não está indicado se não houver sinais clínicos (p. ex., infecção). Ao contrário da clozapina, não existem recomendações ou critérios formais para interromper um fármaco supostamente causador ou tratar leucopenia
Trombocitopenia		
Carbamazepina	Relatos de casos sem taxa de incidência definida	Interromper tratamento se contagem de plaquetas for < 100.000/mm³
Valproato de sódio	Relatos de casos; geralmente definida por contagem de plaquetas < 140.000/mm³	Parece ser um efeito tóxico dose-dependente, geralmente regride depois de reduções da dose, sem necessidade de interromper tratamento

APG, antipsicótico de primeira geração; *ASG*, antipsicótico de segunda geração; *CAN*, contagem absoluta de neutrófilos; *HC*, hemograma completo.

BRUXISMO

Ranger de dentes durante a noite, também conhecido como bruxismo, pode ocorrer a qualquer momento como efeito colateral de ISRSs, IRSNs, buspirona, antipsicóticos de primeira geração (APGs), antipsicóticos de segunda geração (ASGs), atomoxetina, psicoestimulantes ou agonistas de dopamina (p. ex., pramipexol). Esse efeito pode não estar aparentemente relacionado com a dose e, até certo ponto, pode ser mais provável em pacientes idosos, mulheres e fumantes. Aparelhos dentários firmes são considerados como medida mais eficaz para bruxismo persistente. Nos casos de bruxismo iatrogênico, a maioria dos fármacos recomendados para seu controle tem mais indicação casual (p. ex., relato de casos) que bases de evidência, mas podem incluir os seguintes: clonazepam, 1 mg VO (todas as noites à hora de deitar), propranolol (60 a 160 mg/dia VO), ciclobenzaprina (2,5 a 5,0 mg/dia VO), buspirona (10 mg VO, 2 ou 3 vezes/dia), l-dopa (100 mg/dia VO), trazodona (150 a 200 mg/dia VO), valproato de sódio (500 mg/dia VO), topiramato (25 a 100 mg/dia VO), hidroxizina (10 a 25 mg/dia VO), metoclopramida 10 a 15 mg/dia VO) ou gabapentina (300 mg/dia VO).

EFEITOS CARDIOVASCULARES

Bradicardia: pode estar associada incomumente aos ISRSs e, nos casos típicos, é benigna e não requer intervenção.

Miocardite: consequência rara (incidência < 0,2%) do tratamento com clozapina, geralmente começa nas primeiras 4 a 6 semanas depois de iniciar o fármaco, pode estar relacionada com a dose usada e está associada à titulação excessivamente rápida da dose; esta complicação é tratada com interrupção imediata do tratamento e, possivelmente, administração de betabloqueadores, inibidores da enzima conversora da angiotensina (ECA) e/ou diuréticos. Embora algumas séries de casos tenham relatado que até dois terços dos pacientes possam obter resultados favoráveis quando o fármaco é reintroduzido mais tarde depois da regressão da miocardite (Manu et al., 2018), estas amostras eram relativamente pequenas e o risco de recorrência é significativo.

Hipotensão ortostática: por definição, hipotensão ortostática consiste em redução da pressão sistólica ≥ 20 mmHg ou pressão diastólica ≥ 10 mmHg nos primeiros três minutos depois de ficar de pé. Entre os psicotrópicos que comumente causam hipotensão arterial iatrogênica estão antagonistas α_1 (*i. e.*, APGs, ASGs, ADTs, terazosina, prazosina, selegilina, inibidores de monoaminoxidase [IMAOs] [pode estar relacionada com a dose] e trazodona). Meias compressivas ou cintas abdominais podem ser úteis, enquanto hidratação oral forçada ou aumento da ingestão de sal pode ser menos eficaz quando não houver hipovolemia (ainda que desidratação possa ser um fator agravante). Quando for significativa e persistente, fludrocortisona oral (0,1 a 0,2 mg/dia; dose máxima de 0,4 a 0,6 mg/dia) ou midodrina (0,5 mg VO, 3 vezes/dia) pode solucionar o problema.

Hipotensão ortostática está diretamente relacionada farmacodinamicamente com antagonismo dos receptores α_1. O Boxe 10.2 resume as afinidades relativas de ligação dos ASGs aos receptores α_1. Por exemplo, iloperidona tem afinidade de ligação mais alta a esses receptores e está diretamente associada aos efeitos de tontura e hipotensão ortostática.

Prolongamento do intervalo QTc: prolongamento do intervalo QTc do ECG pode ser causado por muitos fármacos psicotrópicos ou de outras classes; médicos devem ser capazes de reconhecer fatores de risco farmacológico cumulativos e outros fatores predisponentes resumidos no Boxe 10.3.

A Food and Drug Administration dos EUA considera clinicamente significativos os fármacos que prolongam intervalo QTc ("preocupação inequívoca") quando o prolongamento é maior que 20 ms. Entretanto, é importante que os

Boxe 10.2 Afinidades de ligação relativas dos ASGs aos receptores α_1.

ASG	Ki (nM)
Iloperidona	0,36
Clozapina	1,62
Paliperidona	2,5
Brexpiprazol	3,8
Asenapina	8,9
Ziprasidona	18
Quetiapina	22
Aripiprazol	25,9
Lurasidona	47,9
Lumateperona	< 100
Olanzapina	109 a 115
Cariprazina	155

Boxe 10.3 Fatores de risco para prolongamento do intervalo QTc.

Fatores de risco não farmacológicos	Fármacos em geral	Fármacos psicotrópicos
Idade avançada	Antifúngicos (cetoconazol, fluconazol)	Citalopram em dose > 40 mg/dia
Sexo feminino	Ciclobenzaprina	Fluoxetina (relatos de casos)
Ingestão significativa de álcool	Ondansetrona	Clorpromazina
Predisposição congênita	Tetrabenazina, valbenazina	Tioridazina
Insuficiência cardíaca congestiva	Solefenacina	ASGs
Distúrbios da função tireóidea	Vardenafila	Trazodona
Disfunção hepática	Antibióticos da classe das fluoroquinolonas (p. ex., ciprofloxacino, levofloxacino, ofloxacino)	ADTs
Hipopotassemia	Antibióticos macrolídios (eritromicina, claritromicina)	Metadona
Hipomagnesemia	Antimaláricos (mefloquina, cloroquina) Antiarrítmicos da classe I (quinidina, disopiramida, procainamida) e antiarrítmicos da classe II (amiodarona, sotalol, dofetilida)	Pimavanserina

ADTs, antidepressivos tricíclicos; *ASGs*, antipsicóticos de segunda geração.

médicos entendam que a questão de saber que determinado fármaco pode aumentar ou não o intervalo QTc não é um fenômeno absoluto de tudo ou nada e depende, em grande parte, de aspectos mais abrangentes referidos às condições clínicas gerais do paciente. Um fármaco que pode prolongar o intervalo QTc em 20 ms provavelmente teria menos importância nos pacientes cujo QTc basal é de 345 ms, em comparação com casos em que é de 485 ms. Além disso, ainda que o risco de *torsade de pointes* (e possível fibrilação ventricular subsequente) seja considerado mais preocupante quando o intervalo QTc é maior que 500 ms, arritmia ainda assim é rara e provavelmente não é uma consequência muito provável na maioria dos pacientes com intervalo QTc acima deste limite.

No caso dos ASGs, Huhn et al. (2019) atualizaram metanálise publicada antes sobre risco de prolongamento do QTc com antipsicóticos (Leucht et al., 2013a) e calcularam riscos relativos hierárquicos de 15 fármacos, do mais baixo (lurasidona) ao mais alto (sertindol); esta metanálise atualizada (2019) incluiu 51 ensaios controlados com 15.467 indivíduos (ver Figura 10.1). Observe que (a) os intervalos de confiança (ICs) que cruzaram o valor zero não eram estatisticamente diferentes de um placebo quanto ao risco de prolongamento do intervalo QTc e (b) nenhum fármaco estudado foi *mais seguro* que placebo.

Taquicardia: fármacos psicoestimulantes, noradrenérgicos e anticolinérgicos podem aumentar a frequência cardíaca em repouso, mas este efeito geralmente é benigno.

DOENÇA RENAL CRÔNICA

Lítio talvez seja o representante com pior fama dentre os fármacos psicotrópicos em razão da possibilidade de causar nefrotoxicidade, seja como efeito agudo depois de uma *overdose* ou tratamento crônico em consequência de glomerulosclerose progressiva com declínio contínuo da taxa de filtração glomerular (TFG). Nefrologistas tendem a demarcar declínio ou redução clinicamente significativa da função renal quando a TFG do paciente diminui a menos de 60 mℓ/min (correspondente ao estágio 3 de doença renal crônica). Embora até 50% dos pacientes com transtorno bipolar tratados com lítio por mais de 20 anos possam ter ao menos algum grau de redução da TFG acima do que seria esperado em razão do envelhecimento normal (Bocchetta et al., 2015), a incidência de TFG moderada ou gravemente reduzida (doença renal crônica do estágio 3, de acordo com a classificação da National Kidney Foundation) é menor que 20% (Lepkifker et al., 2004). Administração de apenas uma dose diária de lítio pode ajudar a reduzir o risco

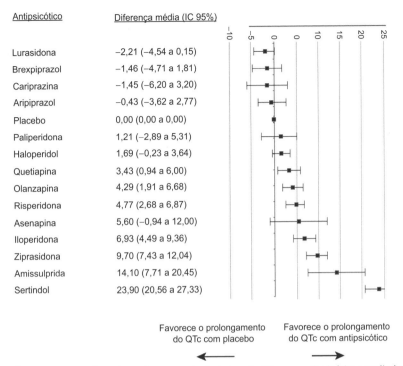

Figura 10.1 Índices comparativos de prolongamento do intervalo QTc por antipsicóticos avaliados em ECRs. Ilustração baseada em escores médios com intervalos de confiança de 95% (IC95%) correspondentes, conforme foram publicados por Huhn et al. (2019).

de desenvolver finalmente glomerulosclerose (Castro et al., 2016).

Elevação repentina da creatinina sérica ou aumento progressivo ao longo do tempo indica necessidade de avaliação mais cuidadosa, inclusive com exame parcial da urina para detectar presença ou ausência de proteinúria e hematúria. "Elevação limitada da creatinina sérica" significa aumento ≤ 30% em comparação com nível basal, enquanto a expressão "insuficiência renal aguda" descreve aumentos da creatinina sérica basal > 0,5 mg/dℓ. Alguns especialistas recomendam dosar nível sérico de cistatina C, seja como alternativa ou marcador adicional para calcular TFGe, que fornece estimativas mais seguras quanto ao desenvolvimento de doença renal terminal e mortalidade por todas as causas (Shlipak et al., 2013). A investigação diagnóstica de possível doença renal crônica inclui considerar causas não farmacológicas e não iatrogênicas, inclusive vasculite, lúpus eritematoso sistêmico, nefropatia diabética, hipertensão, obstrução do trato urinário ou doença renal intrínseca (p. ex., doença renal policística, glomerulonefrite, nefrite intersticial ou refluxo vesicoureteral), entre outras etiologias. Nos pacientes tratados com lítio que apresentam elevação do nível sérico de creatinina, não há um determinante sempre aplicável para saber se e quando este fármaco deve ser interrompido e, também aqui, as decisões dependem de uma análise do risco-benefício de cada paciente.

DEMÊNCIA

Vários estudos observacionais descreveram associações entre fármacos anticolinérgicos ou benzodiazepínicos e desenvolvimento de demência. O maior desses estudos enfatizou fármacos anticolinérgicos e consistiu em estudo de caso-controle acumulado de 58.769 pacientes com demência e 225.574 controles pareados por idade (> 55), sexo, tempo de exposição e outros fatores. Os autores relataram aumento de 1,49 vez na probabilidade de demência entre os que usaram fármacos anticolinérgicos por 3 anos ou mais (OR = 1,49; IC 95% = 1,44 a 1,54) (Coupland et al., 2019). No que se refere aos benzodiazepínicos, metanálise envolvendo 11.891 casos de demência e 45.391 controles detectou aumento de 1,49 vez no risco de ter diagnóstico de demência no grupo de indivíduos

Psicofarmacologia Prática

que alguma vez (em contraposição a nunca) usaram benzodiazepínico (Zhong et al., 2015). Um problema relacionado com todos esses estudos observacionais, apesar de suas amostras muito numerosas, é seu desenho não randomizado e não controlado, que invalida a possibilidade de fazer inferências causais. A possibilidade de *confusão por indicação* é especialmente preocupante: por exemplo, depressão, ansiedade e transtornos do sono podem ser indícios prodrômicos de demência, que podem ocorrer 10 anos ou mais antes do diagnóstico evidente de demência (Amieva et al., 2008). Evidentemente, anticolinérgicos podem causar efeitos cognitivos adversos a curto prazo; embora certamente seja possível que essas classes farmacológicas causem efeitos cognitivos adversos duradouros, causalidade reversa é igualmente possível (pacientes em risco de demência podem ter mais probabilidade de usar anticolinérgicos ou benzodiazepínicos). Por essa razão, recomendamos avaliação individualizada dos riscos e benefícios relativos desses fármacos, especialmente em pacientes com fatores de risco inequívocos de demência (p. ex., hipertensão arterial mal controlada, tabagismo), em vez de fazer recomendações do tipo "tudo ou nada" quanto ao seu uso seguro.

> **Mais terminologia**
>
> O termo *"viés protopático"* (também conhecido como *"causalidade reversa"*) é usado algumas vezes para descrever situações nas quais um suposto efeito adverso (digamos, demência) é atribuído erroneamente ao tratamento (p. ex., benzodiazepínicos), quando na verdade é um sinal da doença propriamente dita (p. ex., ansiedade ou agitação de um paciente com manifestações prodrômicas de demência). Isso é diferente de *confusão por indicação* (também referida como *"viés de indicação"*), na qual se prescreve (ou evita) um tratamento com base em determinado resultado objetivado (p. ex., evitar benzodiazepínicos em adultos idosos porque eles podem causar demência e, em seguida, olhar para trás de forma a ver se indivíduos que não usaram benzodiazepínicos raramente desenvolveram demência).

SÍNDROMES DE DESCONTINUAÇÃO

Conforme mencionado no Capítulo 9, reduções progressivas de antidepressivos serotoninérgicos com meias-vidas curtas ajudam a reduzir as chances de ocorrerem síndromes de descontinuação que, de outro modo, poderiam afetar até dois terços dos pacientes tratados com ISRSs ou IRSNs. Reduções progressivas provavelmente são desnecessárias quando o fármaco a ser retirado é substituído de imediato por outro que se liga ao mesmo receptor de recaptação de serotonina. Quando sintomas de descontinuação são especialmente difíceis de controlar com medidas conservadoras (p. ex., tranquilização e instruções, reduções lentas, antieméticos adjuvantes [p. ex., trimetobenzamida, 300 mg VO a cada seis horas, conforme a necessidade; meclizina, 25 mg VO a cada 6 horas, quando necessário para controlar tontura ou vertigem] e hidratação), substituição do ISRS ou IRSN de ação curta por um fármaco de ação mais longa (p. ex., fluoxetina ou vortioxetina) deve eliminar prontamente a maioria senão todos os sintomas indesejáveis (Zajecka et al., 1997).

LÚPUS ERITEMATOSO FARMACOGÊNICO

Artralgia, mialgia, febre, serosite e erupções cutâneas suscitam preocupação quanto a uma possível doença autoimune. Lúpus farmacogênico é uma reação relativamente rara que, nos casos típicos, ocorre meses ou anos depois da exposição ao fármaco desencadeante. A lista de fármacos tradicionalmente associados ao lúpus farmacogênico é relativamente curta (ver Boxe 10.4) – embora existam publicados na literatura relatos de casos possivelmente relacionando essa reação a muitos outros fármacos (probabilidade pequena ou muito pequena). O número de psicotrópicos associados ao lúpus farmacogênico é muito pequeno.

O diagnóstico é confirmado por exames laboratoriais (anticorpo antinuclear [AAN], anticorpos anti-DNA de hélice simples [ss], elevação da velocidade de hemossedimentação [VHS]

Boxe 10.4 Fármacos associados ao lúpus eritematoso farmacogênico.

Acebutolol	Inibidores da
Anticonvulsivantes	bomba de prótons
(p. ex., carbamazepina,	Inibidores de TNF-α
valproato de sódio,	Isoniazida
fenitoína)	Metildopa
Bloqueadores do canal	Minociclina
de cálcio	Penicilamina
Clorpromazina	Procainamida
Estatinas	Quinidina
Hidralazina	Sulfassalazina
Hidroclorotiazida	

e anticorpos perinucleares anticitoplasma de neutrófilos [pANCA]). Nos casos típicos, os sintomas desaparecem dentro de alguns dias ou semanas depois da interrupção do fármaco desencadeante.

XEROSTOMIA (RESSECAMENTO DA BOCA)

Anticolinérgicos ou lítio podem causar xerostomia. Quando é crônica e não é tratada, pode causar problemas de deterioração dentária. Medidas terapêuticas conservadoras incluem soluções lubrificantes orais à base de glicerina, *sprays* orais de triéster de glicerol oxigenado (TGO) à base de lipídios, cevimelina (30 mg VO 1 vez/dia), pilocarpina (2,5 a 10 mg VO, 1 a 3 vezes/dia) ou betanecol (25 mg VO, 3 vezes/dia).

DESCONFORTO GASTRINTESTINAL

Náuseas e desconforto gastrintestinal (GI) estão entre os efeitos adversos mais comuns de diversas classes de fármacos psicotrópicos, inclusive placebo. Fármacos serotoninérgicos que ativam indiscriminadamente receptores $5HT_3$ póssinápticos parecem causar náuseas (controláveis, se for necessário, com antagonistas de receptor $5HT_3$ como ondansetrona, granisetrona ou metoclopramida em doses altas ou, teoricamente, antidepressivos que bloqueiem receptores $5HT_3$ como mirtazapina ou ASGs [p. ex., olanzapina ou quetiapina]).

Vortioxetina é um caso especial, considerando que frequentemente causa náuseas *apesar* de seu antagonismo potente aos receptores $5HT_3$ (Ki = 3,7 nM); por esta razão, teria pouco sentido acrescentar outro antagonista desses receptores, inclusive ondansetrona ou mirtazapina para evitar náuseas/vômitos. Quanto ao mecanismo de ação, acredita-se que náuseas associadas à vortioxetina sejam atribuíveis à sua ação agonista plena nos receptores $5HT_{1A}$, como também ocorre com aripiprazol, cariprazina ou buspirona (ver Capítulo 17, Tabela 17.6). Antieméticos anti-histaminérgicos (p. ex., trimetobenzamida ou prometazina) podem ser mais eficazes e lógicos se e quando for necessário tratar náuseas causadas por esses fármacos.

DISFUNÇÃO HEPÁTICA

Hepatite induzida por fármacos é uma complicação rara, inclusive com a maioria dos psicotrópicos. A classe dos antidepressivos foi associada à incidência de até 3% de elevações assintomáticas benignas de transaminases, geralmente sem qualquer relação com a dose usada (Voican et al., 2014). Hepatotoxicidade inequívoca e potencialmente fatal é uma reação ainda mais rara que, na maioria dos casos, ocorre nos primeiros 6 meses de tratamento e pode ser menos evidente com ISRSs (especialmente citalopram, escitalopram, paroxetina e fluvoxamina) que outros antidepressivos monoaminérgicos (Voican et al., 2014). As bulas do valproato de sódio e nefazodona contêm um alerta da FDA quanto à possibilidade de causarem hepatotoxicidade. Monitoramento semestral da função hepática é recomendável a alguns pacientes que usam valproato de sódio por períodos longos (ver Capítulo 7, Tabela 7.11) mas, nos demais casos, como o início desse efeito adverso pode ser repentino, monitoramento rotineiro das enzimas hepáticas durante tratamento com outros psicotrópicos geralmente não é recomendável quando não houver sinais clínicos de doença hepática.

Nos pacientes com doença hepática (p. ex., cirrose ou hepatite crônica) ou desnutrição preexistente, deve-se atentar à possibilidade de hipoalbuminemia com redução resultante da capacidade de transporte de fármacos que se ligam a proteínas. (Nesses casos, dosar frações do fármaco livre [não ligado]; ver Capítulo 7, Tabela 7.1).

HIPERIDROSE

Transpiração excessiva é um efeito adverso incomum da maioria dos ISRSs, mas pode ocorrer em qualquer tempo e não está claramente relacionado com a dose usada. Antídotos farmacológicos podem ser terazosina (1 a 2 mg/dia), clonidina (0,1 mg/dia), glicopirrolato (1 mg VO, 1 ou 2 vezes/dia) e oxibutinina (5 a 10 mg VO, 1 a 3 vezes/dia). Solução tópica a 2,4% do anticolinérgico glicopirrônio, formulada como lenços umedecidos, também pode ser útil para controlar transpiração excessiva nas axilas.

HIPERPARATIREOIDISMO (COM OU SEM HIPERCALCEMIA)

Lítio pode aumentar a secreção de hormônio paratireóideo (paratormônio, ou PTH) pelos seguintes mecanismos: (1) ação antagônica no receptor sensível ao cálcio (CaSR) das células paratireóideas e (2) inibição da excreção renal de cálcio, que pode causar hiperplasia das paratireoides e possivelmente hipercalcemia em cerca

10 Psicofarmacologia Prática

de 10 a 25% dos pacientes tratados com lítio (Shapiro e Davis, 2015). O Boxe 10.5 esclarece as diferenças entre hiperparatireoidismo associado ao lítio e por outras causas.

Quando monitoramento periódico dos níveis séricos de PTH e cálcio detecta hiperparatireoidismo, geralmente é recomendável realizar exames de imagem para determinar se a doença afeta uma ou mais glândulas, geralmente seguidos de densitometria óssea para avaliar existência e gravidade da osteopenia. Interrupção do tratamento com

> **Dica**
> Escores T de densidade mineral óssea (DMO) são expressos em desvios-padrões (DP) relativos a adultos jovens medianos. Números negativos refletem DMO reduzida. DMO normal varia na faixa de ± 1 DP da média dos adultos jovens; escores T entre −1 e −2,5 DP ou menos indicam osteoporose, enquanto escores menores que −2,5 DP com história de fraturas ósseas significam osteoporose grave.

lítio (mesmo quando for possível sob o ponto de vista psiquiátrico) pode não necessariamente reverter o hiperparatireoidismo iatrogênico. Quando o hiperparatireoidismo é sintomático (p. ex., cálcio sérico > 1 mg/dℓ, ClCr < 60 mℓ/min, escore T de densidade óssea < 2,5 DP), paratireoidectomia cirúrgica é recomendável comumente, mas nem sempre leva à cura. Fármacos calcimiméticos como cinacalcete são recomendados por endocrinologistas a alguns pacientes sintomáticos, que não sejam candidatos a tratamento cirúrgico ou nos quais a paratireoidectomia não conseguir normalizar os níveis séricos de Ca^{++}.

HIPERPROLACTINEMIA

A maioria dos APGs e ASGs pode aumentar os níveis séricos de prolactina como efeito

dose-dependente por bloqueio da inibição dopaminérgica tônica da secreção de prolactina pela neuro-hipófise dentro do sistema tuberoinfundibular. Além dos fármacos que bloqueiam dopamina, hiperprolactinemia pode ser causada menos comumente por fármacos como ramelteona, opioides, ADTs, fluoxetina, paroxetina e venlafaxina. Fármacos que elevam os níveis de prolactina são especialmente indesejáveis às mulheres com história de câncer de mama positivo para receptor de estrogênio, tendo em vista os efeitos tróficos possíveis da prolactina. Agonistas D_2/D_3 parciais (i. e., aripiprazol, brexpiprazol, cariprazina) estão entre os ASGs com menos chances de causar elevação da prolactina sérica e podem até normalizar seus níveis basais altos. Níveis séricos normais de prolactina tendem a ficar abaixo de 20 ng/mℓ. O grau relativo de hiperprolactinemia secundária aos fármacos que bloqueiam ação da dopamina tende a ser < 100 ng/mℓ, enquanto adenomas hipofisários frequentemente aumentam níveis séricos de prolactina acima da faixa de 100 a 150 ng/mℓ.

> **Dica**
> O metabólito 9-hidroxílico da risperidona (paliperidona) desempenha papel predominante na hiperprolactinemia causada por este fármaco (Knegtering et al., 2005).

A Figura 10.2 apresenta uma análise comparativa das alterações nos níveis de prolactina observadas em estudos envolvendo APGs e ASGs, em relação aos níveis basais. Clozapina e aripiprazol destacam-se como os fármacos que menos provavelmente produzem alterações. Paliperidona, risperidona e haloperidol estão entre os que mais provavelmente elevam os níveis séricos de prolactina.

Em geral, níveis séricos de prolactina não são determinados rotineiramente em pacientes tratados com fármacos que bloqueiam receptores de dopamina, mas sim quando apresentam manifestações clínicas sugestivas (p. ex., amenorreia, galactorreia, ginecomastia). Além de favorecer o uso de psicotrópicos que produzem efeitos mínimos na secreção de prolactina (como está descrito na Figura 10.2), medidas terapêuticas que podem atenuar hiperprolactinemia iatrogênica são tratamento adjuvante com aripiprazol (p. ex., Chen et al., 2015) ou agonistas de dopamina (p. ex., bromocriptina, 2,5 a 10 mg/dia; amantadina, 100 a 300 mg/dia; pramipexol ≤ 1 mg/dia; ou ropinirol, 0,75 a 3 mg/dia).

Boxe 10.5 Hiperparatireoidismo primário *versus* hiperparatireoidismo induzido por lítio.

Hiperparatireoidismo induzido por lítio	Hiperparatireoidismo primário (não relacionado com lítio)
↑ Ca^{++} sérico	↑ Ca^{++} sérico
↓ Ca^{++} urinário	↑ Ca^{++} urinário
Fosfato sérico normal	↓ fosfato sérico
↑ Mg^{++} sérico	Mg^{++} sérico normal

200

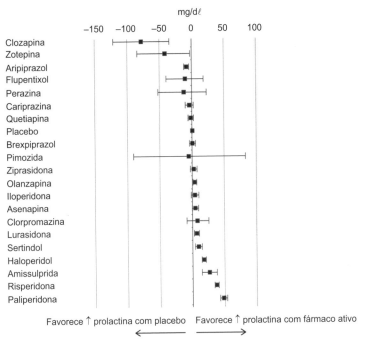

Figura 10.2 Índices comparativos de hiperprolactinemia causada por antipsicóticos em ECRs. Ilustração baseada em escores médios com seus IC95% correspondentes, conforme publicado por Huhn et al. (2019).

DIABETES INSÍPIDO NEFROGÊNICO

Diabetes insípido nefrogênico (DIN) consiste em perda de sensibilidade dos rins aos efeitos do hormônio antidiurético, resultando em sede excessiva, poliúria e urina diluída (densidade urinária < 1,005, osmolalidade urinária < 200 mOs/kg). Também é necessário excluir causas não nefrogênicas (p. ex., hipopotassemia, hipercalcemia, doença de Cushing, traço falcêmico), DIN causado por outras classes de fármacos (p. ex., diuréticos e colchicina) e DIN neurogênico ou central atribuído à falha de produção de hormônio antidiurético no cérebro. Nos casos suspeitos, exames laboratoriais solicitados rotineiramente são:

- Coleta de urina de 24 horas – para determinar volume total, densidade urinária e osmolalidade urinária
- Osmolalidade sérica
- Eletrólitos e glicose séricos
- Hormônio antidiurético sérico.

DIN causado por lítio não requer necessariamente interrupção do tratamento e geralmente é tratado com amilorida (5 mg VO, 2 vezes/dia) e monitoramento do nível sérico de K$^+$.

SÍNDROME NEUROLÉPTICA MALIGNA

Por convenção, síndrome neuroléptica maligna (SNM) consiste em temperatura corporal > 38°C, rigidez muscular extrema, possível elevação de creatinoquinase sérica (CK; frequentemente acima de 1.000 UI/ℓ), possível hiper-reflexia, labilidade da pressão arterial, taquipneia e sudorese. Em muitos casos, sintomas começam 1 semana depois de iniciar ou aumentar dose de um APG ou ASG. Essa reação pode ser dependente da dose usada. Tratamento eficaz depende de diagnóstico rápido e descontinuação imediata dos fármacos bloqueadores de dopamina com hidratação e medidas de suporte (p. ex., mantas de resfriamento). Nos casos típicos, dantroleno parenteral é administrado quando febre e instabilidade autonômica persistem apesar das medidas citadas antes.

EFEITOS COLATERAIS EXTRAPIRAMIDAIS

Em termos gerais, a expressão "efeitos colaterais extrapiramidais" (EEPs) inclui diversos fenômenos como acatisia, distonias, discinesia, acinesia e parkinsonismo resultantes do tratamento com APGs ou ASGs. Nesta seção, enfatizaremos acatisia, parkinsonismo e distonias agudas. Discinesia tardia é descrita separadamente.

Todos os APGs e ASGs podem causar EEPs com gravidade variável. Fármacos de baixa potência têm propriedades anticolinérgicas intrínsecas e, por esta razão, podem estar associados a risco até certo ponto menor de EEPs, quando comparados com antipsicóticos de alta potência ou ASGs com afinidades de ligação relativamente fracas aos receptores de dopamina D_2. A Figura 10.3 resume resultados comparativos de metanálise da incidência desses efeitos causados por antipsicóticos.

Acatisia pode ser um efeito colateral causado não apenas por APGs e ASGs, mas também foi relatado com lítio, alguns ISRSs ou mirtazapina. Em muitos casos, esse efeito é dose-dependente e pode ocorrer pouco depois de iniciar tratamento com um fármaco desencadeante ou mais tarde (acatisia tardia). Além da dose do fármaco implicado, outros fatores de risco podem ser idade avançada, sexo feminino, sintomas esquizofrênicos negativos, sintomas afetivos, disfunção cognitiva, deficiência de ferro e uso simultâneo de dois ou mais antipsicóticos. Além de reduzir doses, tratamento consiste em administrar betabloqueador (p. ex., propranolol, 30 a 90 mg/dia) ou benzodiazepínicos. (Tratamento com betabloqueador contempla o suposto mecanismo patogênico da acatisia, que envolve atividade dopaminérgica baixa entre mesencéfalo e núcleo estriado ventral combinada com hiperatividade noradrenérgica compensatória entre *locus* cerúleo e córtex do núcleo acumbente e córtex pré-frontal [Loonen e Stahl, 2011].) Outras medidas úteis baseadas em evidências podem incluir tratamento com amantadina (100 a 200 mg/dia) e gabapentina (300 a 1.200 mg/dia). Anticolinérgicos não são considerados úteis para tratar acatisia.

O termo *parkinsonismo* descreve especificamente a ocorrência de tremores rítmicos em repouso (simétricos e bilaterais) com hipertonia motora, bradicinesia, marcha festinante (festinação) e possivelmente rigidez em roda dentada; este fenômeno deve ser diferenciado

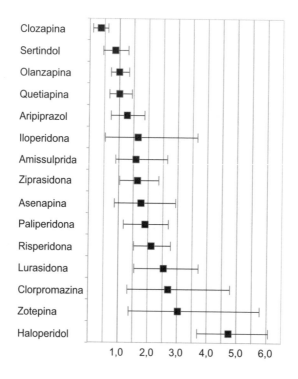

Figura 10.3 Índices comparativos de efeitos extrapiramidais (EEPs) com antipsicóticos. Ilustração baseada em escores médios e seus IC95% correspondentes, conforme publicado por Leucht et al. (2013a).

Capítulo 10 • Controle de Efeitos Farmacológicos Adversos Significativos...

de outros tipos de EEPs ou qualquer atividade motora anormal em geral (p. ex., neurotoxicidade, tremor idiopático, tiques motores, estereotipias), cujos tratamentos podem ser diferentes. Projeções dopaminérgicas existentes no núcleo estriado causam inibição tônica da secreção de acetilcolina; fármacos antidopaminérgicos desinibem a liberação deste neurotransmissor no estriado e desencadeiam movimentos subcorticais semelhantes aos da doença de Parkinson. Fármacos anticolinérgicos (p. ex., benzatropina, triexifenidil) ainda são fundamentais ao tratamento do parkinsonismo causado por APGs ou ASGs, mas geralmente são introduzidos apenas e quando necessários nas menores doses eficazes, em vez de serem usados profilaticamente. O agonista de dopamina amantadina (100 a 300 mg/dia) é uma opção para tratar parkinsonismo iatrogênico, com a vantagem de evitar alterações das funções cognitivas e outros efeitos centrais dos fármacos anticolinérgicos.

Reações distônicas agudas são mais frequentes em homens que mulheres e mais comuns em indivíduos mais jovens. Essas reações podem incluir distonia cervical (torcicolo ou retrações unilaterais da musculatura cervical), crises oculogíricas, blefarospasmo (movimentos de piscar excessivos e incontroláveis), laringospasmo, trismo (mandíbula travada) e opistótono (espasmo e hiperextensão grave dos membros). Em geral, reações desse tipo ocorrem pouco depois de iniciar tratamento ou aumentar doses, mas também podem começar meses ou anos depois de usar um fármaco bloqueador de receptores de dopamina; nesses casos, as reações comumente são irreversíveis (distonia tardia). Em todos os pacientes, diagnóstico imediato é essencial e tratamento consiste em administração rápida de anticolinérgicos ou anti-histamínicos preferencialmente por via parenteral (*i. e.*, benzatropina, 1 a 2 mg IM a cada 15 a 30 minutos [dose máxima de 8 mg]; difenidramina, 50 mg IM a cada 15 a 30 minutos [dose máxima de 200 mg]; triexifenidil, 5 mg IM a cada 15 a 30 minutos [dose máxima de 20 mg]; ou biperideno, 1 a 5 mg IM a cada 15 a 30 minutos [dose máxima de 16 mg]). Em alguns casos, diazepam também é uma opção terapêutica possível para distonias agudas, mas raramente benzodiazepínicos também podem *causar* essas mesmas reações.

O Boxe 10.6 resume afinidades comparativas de ligação aos receptores D_2 dos diversos ASGs.

Deve-se dar preferência aos ASGs com Ki alto, digamos, para tratar pacientes com doença

Boxe 10.6 Afinidades relativas de ligação aos receptores D_2 dos antipsicóticos de segunda geração.

Menos afinidade	ASG	Ki (nM)
	Quetiapina	245
	Clozapina	157
	Lumateperona	32
	Asenapina	8,9
	Iloperidona	6,3
	Olanzapina	3,0 a 106
	Ziprasidona	4,8
	Risperidona	3,57
	Cariprazina	0,49 a 0,69
Mais afinidade	Aripiprazol	0,34
	Brexpiprazol	0,30

de Parkinson que precisam usar um destes fármacos (ver Capítulo 12).

Todos os três agonistas parciais de receptores D_2/D_3 disponíveis – aripiprazol, cariprazina e brexpiprazol – têm grande afinidade de ligação ao receptor D_2, mas como são agonistas parciais, você pode-se perguntar se eles não deveriam dispensar totalmente as vias nigroestriatais e não causar EEPs, acatisia ou distonia, a menos que exista hipoatividade dopaminérgica subjacente neste circuito. Você poderia achar que todas as vias dopaminérgicas deveriam estar igualmente sujeitas aos efeitos de um agonista parcial, dependendo de seu tônus dopaminérgico basal, mas isto pode não ser verdade. Modelos de estudos com animais sugeriram várias explicações possíveis: poderia haver seletividade regional, ou seja, o circuito mesolímbico hiperativo é mais fácil de modular que a via nigroestriatal. Essa hipótese é apoiada por observações de que a função da dopamina nas vias mesolímbicas *pré-sinápticas* esteja exacerbada em pacientes esquizofrênicos (Howes et al., 2012) – desse modo, agonistas parciais de dopamina talvez produzam efeitos diferentes fora dos tratos mesolímbicos, ou agonistas parciais de dopamina podem realmente funcionar como agonistas pré-sinápticos e antagonistas pós-sinápticos; considerando que a quantidade de receptores é maior nas vias pós-sinápticas que pré-sinápticas, é mais fácil atenuar hiperatividade do sistema mesolímbico; ou talvez exista algum tipo de "janela" ou efeito limiar, que preserve ou antagonize as vias nigroestriatais em vez do sistema mesolímbico.

203

Psicofarmacologia Prática

Na verdade, ninguém sabe com certeza. É complicado, e aqui podemos apenas fazer suposições "educadas".

SEDAÇÃO E SONOLÊNCIA

Fármacos anti-histaminérgicos, agonistas α_1 (p. ex., clonidina) e alguns fármacos gabaérgicos (p. ex., benzodiazepínicos, gabapentina) frequentemente causam sedação ou sonolência, comumente com padrão dose-dependente. Embora nem sempre isso ocorra, alguns pacientes adaptam-se à exposição prolongada ou reduções das doses quando são necessárias. Efeitos anti-histaminérgicos explicam sedação e ganho de peso causados por alguns ASGs e outros fármacos. (Entretanto, fármacos como lumateperona exercem antagonismo H_1 ou agonismo α_1 mínimo e, ainda assim, causam sedação significativa, provavelmente em razão de seu antagonismo potente aos receptores $5HT_{2A}$.) O Boxe 10.7 contém um resumo das afinidades de ligação aos receptores H_1 de vários ASGs e fármacos serotoninérgicos semelhantes. Quando houver indicação clínica, um psicoestimulante ou (ar)modafinila pode atenuar com eficácia e segurança a sedação persistente quando efeitos benéficos do fármaco suplantarem seus riscos e não houver contraindicações fisiológicas ou psiquiátricas.

> 💡 **Dica**
> Lembre-se que modafinila e armodafinila induzem CYP1A2 (assim como CYP3A4 e CYP2B6) e inibem CYP2C9 e CYP2C19). Níveis séricos de clozapina administrada simultaneamente podem diminuir.

CRISES CONVULSIVAS

Antipsicóticos, antidepressivos tricíclicos e bupropiona estão associados a graus variados de redução dose-dependente do limiar convulsivo. Médicos devem estar cientes dos riscos cumulativos de convulsão em determinado paciente (inclusive história de traumatismo craniano; crises convulsivas no passado; infecções, alcoolismo ou uso de benzodiazepínicos ou drogas ilícitas; adesão irregular ao tratamento; e doses dos fármacos prescritos que possam ter efeitos próconvulsivantes), em vez de pensar em termos absolutos ("tudo ou nada") quando consideram se é "seguro" usar um fármaco no que diz respeito ao seu risco de causar crises convulsivas.

Boxe 10.7 Afinidades relativas de ligação aos receptores histamínicos H_1 dos ASGs, fármacos antidepressivos serotoninérgicos e outros semelhantes.

ASG	Ki (nM)	Função
Mirtazapina	0,14 a 1,6	Antagonista
Olanzapina	0,65 a 0,49	Agonista inverso
Asenapina	1,0	Antagonista
Clozapina	1,13	Antagonista
Quetiapina	2,2 a 11	Antagonista
Ziprasidona	15 a 130	Antagonista
Brexpiprazol	19	Antagonista
Paliperidona	19	Antagonista
Risperidona	20,1	Agonista inverso
Cariprazina	23,2	Antagonista
Aripiprazol	27,9 a 61	Não existem dados
Lumateperona	> 100	Antagonista
Trazodona	220 a 1.100	Antagonista
Citalopram	283	Antagonista
Iloperidona	437	Antagonista
Lurasidona	> 1.000	Desconhecida
Escitalopram	2.000	Antagonista
Fluoxetina	3.250	Antagonista
Paroxetina	> 10.000	Antagonista
Sertralina	24.000	Antagonista

SÍNDROME SEROTONINÉRGICA

Definida tradicionalmente pela "tríade de Hunter" – disfunção do sistema nervoso autônomo, excitação neuromuscular (p. ex., tremor, clônus) e estado mental alterado – síndrome serotoninérgica é uma consequência potencialmente fatal de interações farmacológicas que resultam efetivamente em toxicidade da serotonina. Exemplos comuns são combinar IMAOs com um ISRS ou IRSN, ou dextrometorfano ou meperidina. Existem muitos outros fármacos serotoninérgicos descritos na literatura que, ao menos teoricamente, poderiam causar toxicidade da serotonina, inclusive combinações de ISRSs ou IRSN com buspirona (agonista parcial do receptor $5HT_{1A}$) ou lítio (serotoninérgico fraco) ou tramadol (IRSN fraco) ou triptanos

Capítulo 10 • Controle de Efeitos Farmacológicos Adversos Significativos...

(citados controversamente em um alerta publicado pela FDA norte-americana em 2006 como contribuintes potenciais quando são combinados com um antidepressivo serotoninérgico, embora uma análise de prontuários de saúde eletrônicos com 19.017 usuários de triptanos tratados simultaneamente com antidepressivos tenha detectado apenas dois casos bem definidos [Orlova et al., 2018]).

Algumas vezes, é difícil diferenciar entre efeitos tóxicos anticolinérgicos, síndrome neuroléptica maligna, hipertermia maligna ou encefalite.

DISFUNÇÃO SEXUAL

Disfunção sexual ainda é um dos efeitos adversos mais comuns e incômodos dos fármacos psicotrópicos, principalmente antidepressivos e antipsicóticos. Anorgasmia ou ejaculação retardada associada aos ISRSs geralmente tendem a ser fenômenos dose-dependentes, mas estudos sistemáticos de larga escala realizados para avaliar relações de doses de diversos fármacos não foram extensivos ou definitivos. Disfunção sexual associada aos antidopaminérgicos parece ser menos comum com fármacos que não afetam a prolactina, embora os índices reais fornecidos por ECRs frequentemente estejam subestimados em razão de avaliações prospectivas não sistemáticas. Tratamentos farmacológicos baseados em evidências para disfunção sexual iatrogênica tendem a apresentar eficácia modesta e variável, mas ainda assim são opções viáveis quando os benefícios alcançados com a continuação do fármaco que causa disfunção superam os riscos de descontinuar seu uso. A Tabela 10.2 resume informações pertinentes a essa questão.

SIALORREIA

Clozapina e alguns outros ASGs podem causar hipersalivação (um grande paradoxo, em vista

Tabela 10.2 Abordagens farmacológicas para tratar disfunção sexual causada por psicotrópicos.

Fármaco	Mecanismo	Manifestações clínicas
Amantadina oral, 50 a 100 mg/dia	Agonista de dopamina	Relatos de casos favoráveis com tratamento de anorgasmia associada aos ISRSs, embora sem ensaios controlados com placebo (Michelson et al., 2000)
Bupropiona oral, 150 a 300 mg/dia	Noradrenérgico pró-dopaminérgico	Um ensaio positivo controlado com placebo e dois ensaios negativos controlados com placebo acrescentado ao tratamento de pacientes deprimidos em remissão com ISRSs (revisados por Goldberg e Ernst, 2019)
Buspirona oral, 20 a 60 mg/dia	Agonista parcial do receptor $5HT_{1A}$	Um ensaio positivo controlado com placebo e um ensaio negativo controlado com placebo como fármaco adjunto ao tratamento com ISRSs. Doses baixas podem ter subestimado tamanho do efeito potencial
Cipro-heptadina oral, 4 a 12 mg/dia, 1 a 2 h antes da relação sexual	Antagonista de serotonina	Ensaios abertos que acrescentaram esse fármaco ao tratamento com ISRSs mostraram melhora da ejaculação retardada; nenhum ECR (revisados por Goldberg e Ernst, 2019)
Mirtazapina oral, 15 a 30 mg/dia	Antagonista do receptor $5HT_{2A}$	Dados favoráveis de ensaios abertos como fármaco adjuvante ao tratamento com ISRSs de pacientes deprimidos em remissão (Ozmenler et al., 2008), mas os efeitos não diferiram de placebo em ECR (Michelson et al., 2002)
Sildenafila, 50 a 100 mg/dia	Inibidor de PDE	Dois ECRs positivos com homens, um ECR positivo com mulheres (revisados por Goldberg e Ernst, 2019), mas pode ser uma estratégia embaraçosa a longo prazo
Trazodona oral, 50 a 100 mg/dia	Antagonista do receptor $5HT_{2A}$	Dados favoráveis de ensaios abertos como fármaco acrescentado ao tratamento com ISRSs de homens e mulheres deprimidos em remissão (revisados por Goldberg e Ernst, 2019)
Ioimbina oral, 6 mg/dia	Antagonista do receptor α_2 pré-sináptico; aumenta tônus noradrenérgico	Efeitos favoráveis demonstrados principalmente em ensaios abertos como fármaco acrescentado ao tratamento com ISRSs; pode causar hipertensão, taquicardia, ansiedade e psicose (revisados por Goldberg e Ernst, 2019)

ECR, ensaio controlado randomizado; *ISRS*, inibidor seletivo de recaptação de serotonina; *PDE*, fosfodiesterase.

Psicofarmacologia Prática

dos efeitos anticolinérgicos intrínsecos da clozapina e muitos outros ASGs). Médicos devem assegurar-se de que sialorreia não seja um indício de distonia laríngea em pacientes tratados com fármacos bloqueadores de dopamina. Nos demais casos, sialorreia benigna comumente pode ser tratada sintomaticamente com sucesso usando uma solução anticolinérgica apropriada (p. ex., *spray* nasal de brometo de ipatrópio a 0,03%, ou solução oftálmica de sulfato de atropina a 1%) para uso sublingual (uma a duas gotas antes de deitar). Outros fármacos orais têm variações quanto à eficácia e ao potencial de causar efeitos adversos sistêmicos (p. ex., glicopirrolato oral, 1 mg, 2 vezes/dia; hioscina [escopolamina], 0,3 mg/dia; biperideno, 2 mg VO, 1 ou 2 vezes/dia; e metoclopramida, 10 a 30 mg/dia VO).

SUICÍDIO

Ideação ou comportamentos suicidas desencadeados por tratamento são exemplos convincentes e importantes de ambiguidade quando tentamos avaliar se sintomas são iatrogênicos em vez de secundários à doença que se pretende tratar (insatisfatoriamente).

Antidepressivos: Em outubro de 2004, a FDA norte-americana publicou um alerta dizendo que todos os fármacos classificados como "antidepressivos" poderiam aumentar o risco de ideação ou comportamentos suicidas em pacientes de 24 anos ou menos. Essa conclusão foi baseada em uma revisão de 25 ECRs (16 sobre TDM) realizada pela FDA envolvendo cerca de 4.000 crianças e adolescentes, nos quais foram relatados 109 episódios pós-comercialização "possivelmente relacionados com suicídio" (embora nenhum tenha resultado realmente em suicídio).

Anticonvulsivantes: Em 2008, a FDA norte-americana publicou um alerta de classe farmacológica dizendo que anticonvulsivantes poderiam aumentar o risco de ideação ou comportamentos suicidas, com base em sua metanálise de 199 ensaios controlados por placebo envolvendo 11 fármacos. Mais tarde, outros autores criticaram esse alerta enfatizando que a análise da FDA norte-americana não levou em consideração fatores moderadores (inclusive diagnóstico psiquiátrico, tentativa de suicídio no passado) que poderiam influenciar o risco de suicídio, independentemente do uso de anticonvulsivantes; esses autores também salientaram que epilepsia propriamente dita é um fator de risco conhecido para suicídio (Hesdorrfer et al., 2010).

Isotretinoína: A partir de 2005, as bulas dos produtos à base de isotretinoína contêm um alerta do fabricante dizendo que ela "pode causar depressão, psicose e (raramente) ideação suicida, tentativas de suicídio, suicídio consumado e comportamentos agressivos e/ou violentos". Como é um isômero do ácido retinoico (forma ativa da vitamina A), alguns autores sugeriram que isotretinoína possa provocar ideação/comportamento suicida ou outros sintomas psiquiátricos porque causa hipervitaminose A (Bremner et al., 2012). Esses autores também citaram 41 relatos notificados à FDA sobre exposição/reexposição à isotretinoína (dois terços dos casos não tinham história pregressa de transtornos psiquiátricos), com regressão das manifestações depressivas associadas ao fármaco e reaparecimento com sua reintrodução. Uma revisão retrospectiva de casos notificados à FDA ao longo de 20 anos a partir de 1997 encontrou 2.278 casos de ideação suicida, 602 tentativas de suicídio notificadas e 368 suicídios consumados; casos de depressão e ansiedade ocorreram principalmente em pacientes de 10 a 19 anos e esse estudo calculou índice global de suicídio consumado em 8,4 por 100.000 em 2009 e 5,6 por 100.000 em 2010 (Singer et al., 2019). Os autores salientaram que fatores como sofrimento emocional associado à acne poderiam contribuir mais diretamente para depressão e tendências suicidas entre pacientes tratados com isotretinoína que a exposição propriamente dita a este fármaco; eles também sugeriram que tratamento bem-sucedido de acne com isotretinoína possa, na verdade, *reduzir* o risco de suicídio em comparação com a população em geral. Um aspecto problemático desse estudo é seu desenho observacional; como não foi um estudo controlado, não é possível determinar o risco de eventos suicidas entre adultos jovens que não tiveram sua acne tratada eficazmente, ou que foram tratados por outros meios, ou cujos resultados dermatológicos foram insatisfatórios. Praticamente ninguém notifica seus resultados malsucedidos ao programa MedWatch da FDA norte-americana. Também não é possível calcular o NNH (número necessário para causar danos) sem ter um grupo comparativo. Por essa razão, nossa abordagem é assegurar que pacientes deprimidos que estejam considerando usar isotretinoína sejam adequadamente orientados quanto à possibilidade de que sintomas depressivos ou ideação/comportamento suicida sejam agravados e que este risco deve ser monitorado adequada e sistematicamente.

SÍNDROME DE SECREÇÃO INADEQUADA DE HORMÔNIO ANTIDIURÉTICO

Todos os antidepressivos, assim como carbamazepina e oxcarbazepina, raramente podem causar SSIADH definida bioquimicamente por Na⁺ sérico baixo (em geral, menor que 130 mmol/ℓ) e os chamados critérios de Bartter-Schwartz resumidos no Boxe 10.8.

> **Dica**
> Dosar eletrólitos e osmolalidade urinária nos casos suspeitos de SSIADH. Urina diluída (Na⁺ urinário < 20 mmol/ℓ) é mais sugestiva de polidipsia psicogênica.

Quando não há outras causas conhecidas (p. ex., síndrome paraneoplásica, infecção, hipotireoidismo ou meningite), o médico geralmente fica obrigado a interromper todos os antidepressivos e monitorar rigorosamente os níveis séricos de sódio, nos casos típicos combinando restrição da ingestão hídrica a 1 ℓ/dia. Alguns autores observaram riscos potencialmente menores de SSIADH com mirtazapina, bupropiona ou tricíclicos em comparação com outros antidepressivos, mas a literatura sobre esta questão está muito longe de ser definitiva.

Boxe 10.8 Critérios de Bartter-Schwartz para diagnosticar SSIADH.

- Osmolalidade sérica baixa < 275 mOsm/kg
- Urina concentrada (osmolalidade urinária > 100 Osm/kg)
- Na⁺ urinário alto (> 20 mEq/ℓ)
- Estado euvolêmico
- Estado eutireóideo.

DISCINESIA TARDIA

ASGs foram inicialmente aclamados como fármacos que teriam risco significativamente menor de causar efeitos motores adversos – inclusive discinesia tardia (DT) – em comparação com APGs. Embora o risco global pareça ser um pouco menor, ainda é muito maior que zero. Metanálise de 41 ensaios detectou prevalência de DT de 20,7% em pacientes tratados com ASGs, em comparação com 30% dos pacientes que usaram apenas APGs (Carbon et al., 2017). Estudos mais recentes estimaram risco de incidência anual de DT em 5,4% dos adultos com mais de 54 anos tratados com ASG (Correll et al., 2004). Na prática, exposição cumulativa em alguma época a qualquer fármaco bloqueador de dopamina aumenta risco global de desenvolver DT e frequentemente torna difícil saber "qual" desses muitos fármacos usados cumulativamente é mais culpado quando surgem sintomas. Existem relatos de casos de síndromes semelhantes à DT, que ocorreram depois do tratamento com fármacos que não bloqueiam receptores de DA (p. ex., ISRSs, ADTs), mas estes casos são raros e parecem ser atribuíveis a um "efeito revelador" depois da preparação por exposição aos bloqueadores deste tipo (D'Abreu e Friedman, 2018). Também não existem provas de que lítio cause (ou trate) DT. Descontinuar o uso de antipsicóticos ou reduzir suas doses nem sempre melhora os sinais/sintomas de discinesia, mesmo se e quando as doses forem psiquiatricamente razoáveis (Soares-Weiser e Rathbone, 2006).

> **Dica**
> Movimentos anormais causados por DT desaparecem quando o paciente dorme.

> **Dica**
> Fatores de risco para DT incluem idade avançada, duração do tratamento com antipsicótico, doses altas e duração do transtorno psiquiátrico; sexo feminino e diagnóstico de algum transtorno afetivo também podem aumentar o risco de DT.

O tratamento recomendado para DT foi fundamentalmente alterado em 2017 com o lançamento de dois fármacos novos, que são variações moleculares da tetrabenazina: valbenazina (dose oral inicial de 40 mg/dia, aumentada 1 vez/semana até 80 mg/dia) e deutetrabenazina (nos casos típicos, dose inicial de 6 mg conforme a necessidade, até dose máxima de 24 mg, 2 vezes/dia). Esses dois fármacos podem reduzir sintomas (embora não eliminem por completo) de movimentos hipercinéticos causando depleção reversível de catecolaminas na fenda sináptica – ou seja, especificamente por inibição do transportador tipo II de monoaminas vesiculares (VMAT2) que, por sua vez, reduz a quantidade de DA disponível para liberação e, assim, atenua a ativação dos receptores estriatais pós-sinápticos de DA (ver Figura 10.4). Ao contrário do uso de tetrabenazina para tratar distúrbios do movimento, valbenazina e deutetrabenazina têm meias-vidas mais longas, que permitem esquemas de doses menores frequentes e menos oscilações dos níveis séricos, além de evitar o risco de desencadear ou agravar depressão e ideação/comportamento suicida associado à

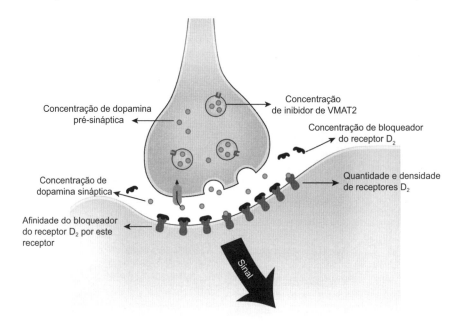

Figura 10.4 Inibição de VMAT2 e hipersensibilidade à dopamina na discinesia tardia. Reproduzida, com autorização, de Stahl (2018), Cambridge University Press.

tetrabenazina. Diferenças relativas de resultados alcançados na DT com valbenazina e tetrabenazina são desconhecidas, mas o Boxe 10.9 resume uma comparação destes dois fármacos. Ambos têm efeitos clinicamente amplos (NNT da valbenazina = 4 [Solmi et al., 2018]; NNT da deutetrabenazina = 7 [Solmi et al., 2018)]. Inibidores de VMAT2 também podem causar ou agravar sintomas de parkinsonismo.

Anticolinérgicos geralmente agravam DT (Alphs e Davis, 1982), embora possam ser enfrentadas dificuldades nos casos de distúrbios de movimento complexos, nos quais pacientes tratados com bloqueadores de dopamina poderiam apresentar sinais de DT, parkinsonismo e acatisia – todas estas manifestações podem exigir intervenções farmacológicas diferentes (inibidores de VMAT2, amantadina em vez de anticolinérgicos para pacientes com DT e betabloqueadores, respectivamente).

Boxe 10.9 Comparação entre valbenazina e deutetrabenazina.

Valbenazina	Deutetrabenazina
Metabolizada em isômero (+) α-di-hidro de tetrabenazina	Forma racêmica deuterada da tetrabenazina, metabolizada em quatro isômeros
Inibição seletiva de VMAT2	Pode ter como alvo apenas VMAT2, mas também receptores $5HT_7$ e D_2
Meia-vida mais longa (15 a 20 h) quando administrada em dose única diária	Meia-vida mais curta (9 a 20 h) quando administrada em duas doses diárias
Faixa posológica estreita (40 a 80 mg/dia)	Faixa posológica mais ampla (6 mg VO, 2 vezes/dia, até dose máxima de 24 mg VO 2 vezes/dia) permite titulação de graus mais variados de ocupação dos receptores de VMAT2

Embora hoje em dia inibidores de VMAT2 sejam considerados primeira opção de tratamento para DT, existe um banco de dados mais antigo e (muito mais) limitado sobre uso de vitamina E na dose de 800 a 1.600 UI/dia ("sem diferença clara... de placebo" de acordo com uma revisão Cochrane de 13 ECRs, embora mais tarde tenha sido observada "mais deterioração" com placebo que vitamina E; Soares-Weiser et al., 2018); vitamina B_6 oral na dose de 1.200 mg/dia; amantadina VO, 100 mg, 2 vezes/dia; biperideno VO, 2 mg, 2 vezes/dia; melatonina VO, 6 mg/dia; insulina subcutânea, 10 U/dia; alfametildopa VO, 750 a 1.500 mg/dia; levetiracetam

VO, 500 a 3.000 mg/dia; e clozapina VO, 300 a 400 mg/dia (dados revisados coletivamente por Goldberg e Ernst, 2019).

O exemplo ilustrado no Caso clínico 10.2 leva-nos a pensar em interações farmacocinéticas e farmacodinâmicas. Modafinila e seu enantiômero armodafinila parecem atuar como inibidores de recaptação de DA e, deste modo, poderiam agravar DT. Por essa razão, acrescentar armodafinila ao tratamento com inibidor de VMAT2 poderia agravar DT por seu efeito farmacodinâmico, o que tornaria a redução da dose de armodafinila (p. ex., de 150 para 75 mg/dia) o primeiro passo mais lógico. Ao mesmo tempo, também é importante considerar que modafinila e armodafinila aceleram o metabolismo de substratos de CYP3A4. (Elas também inibem o metabolismo de substratos de CYP2C19, inclusive fenitoína, clomipramina, diazepam, omeprazol e propranolol). Valbenazina é metabolizada principalmente por CYP3A4 e, por esta razão, teoricamente poderia ser metabolizada e eliminada mais rapidamente se armodafinila fosse acrescentada ao esquema terapêutico de Martin, resultando em perda de eficácia no controle da DT.

A dose de valbenazina usada por esse paciente deveria ser aumentada além da dose máxima aprovada pela FDA, que ele já estava usando? (Tecnicamente, a bula do fabricante de valbenazina desestimula seu uso em combinação com um indutor potente de CYP3A4, embora a cronologia das exposições farmacológicas do caso Martin seja incomum.) Seria necessário dosar o nível sérico de valbenazina para determinar se ele está realmente baixo porque seu metabolismo está acelerado? (O problema dessa última estratégia é que não existe uma faixa de

níveis séricos terapêuticos normalizados para valbenazina.) Então, a valbenazina deveria ser substituída por outro inibidor de VMAT2 como deutetrabenazina, porque este último é um substrato basicamente de CYP2D6 (e, em menor grau, CYP3A4 e CYP1A2) – possivelmente oferecendo mais compatibilidade com tratamento simultâneo com armodafinila?

No caso Martin, a solução era muito simples. A dose de armodafinila foi reduzida à metade e isto foi suficiente para eliminar sua sedação diurna e, ao mesmo tempo, melhorar seus sintomas de DT, provavelmente em razão de menos interferência com os efeitos inibidores de valbenazina. O Caso clínico 10.3 é referente ao irmão de Martin.

Fenomenologicamente, acatisia é confundida com ansiedade em muitos casos (ver também Capítulo 17); a primeira geralmente melhora com redução da dose e/ou administração de benzodiazepínicos e/ou propranolol, mas isto não aconteceu com Marvin. A persistência de acatisia, somada ao aparecimento de parkinsonismo mesmo depois da interrupção do antipsicótico, parecia difícil explicar, muito menos tratar. A inexistência de qualquer melhora dos EEPs, apesar de todas as intervenções descritas antes, arrefeceu o entusiasmo por aumentar ainda mais a dose de clonazepam ou propranolol. Em vez disso, a dose de valbenazina foi

---

CASO CLÍNICO 10.2

Um quebra-cabeça farmacológico

Martin, 44 anos, tem transtorno esquizoafetivo bem tratado com quetiapina (300 mg/dia) e valproato de sódio (1.000 mg/dia). O paciente desenvolveu DT branda a moderada, que foi controlada eficazmente nos últimos 6 meses com valbenazina (80 mg/dia). Em resposta às queixas de sedação diurna excessiva, o médico acrescentou armodafinila (150 mg/dia), que trouxe melhora rápida do nível de atenção e alerta. Depois de alguns dias, Martin também começou a queixar-se de agravação dos movimentos involuntários da língua com espasmos faciais ("caretas"). Por quê?

CASO CLÍNICO 10.3

Outro quebra-cabeça farmacológico

Marvin, irmão gêmeo não idêntico de Marvin, também com diagnóstico de transtorno esquizoafetivo, desenvolveu DT provavelmente em consequência de anos de exposição a vários ASGs, mas seus sintomas finalmente melhoraram com valbenazina (80 mg/dia). Cerca de 2 meses depois, desvenlafaxina que ele usava antes foi substituída com sucesso pela combinação de olanzapina (5 mg/dia) e fluoxetina (40 mg/dia) para tratar depressão resistente ao tratamento. Cerca de 1 mês depois, Marvin começou a queixar-se de agravação da ansiedade, que foi diagnosticada como acatisia. A dose de olanzapina foi reduzida para 2,5 mg/dia e, em seguida, para 1,25 mg/dia, sem qualquer melhora da hiperatividade motora e com alívio apenas modesto com clonazepam (2 mg/dia) e propranolol (20 mg, 3 vezes/dia). Por fim, Marvin desenvolveu outros sintomas de parkinsonismo. Esses efeitos adversos persistiram por várias semanas depois da interrupção completa de olanzapina. O que está acontecendo?

Psicofarmacologia Prática

reduzida de 80 para 40 mg/dia. Em seguida, acatisia e sintomas de parkinsonismo melhoraram acentuadamente dentro de 2 a 3 semanas.

Em casos raros, inibidores de VMAT2 podem causar acatisia e parkinsonismo (em 2019, a FDA norte-americana propôs uma alteração nas recomendações de segurança da bula de valbenazina), embora esses sintomas motores sejam mais prováveis em pacientes com doença preexistente dos núcleos da base (o que não era o caso de Marvin). Em casos como esse, infelizmente podem ser necessárias reduções da dose do inibidor de VMAT2 ou mesmo interromper definitivamente seu uso.

TIQUES

Tiques motores podem ser causados ou agravados por psicoestimulantes e (mais raramente) bupropiona, ISRSs, imipramina, lamotrigina e carbamazepina. Nem sempre eles estão relacionados com a dose usada. ECRs publicados na literatura sobre tratamento de tiques baseiam-se principalmente no controle de tiques associados à síndrome de Tourette, em vez de tiques iatrogênicos. Quando não for possível interromper o uso do fármaco desencadeante, efeitos significativamente mais intensos que placebo (extrapolando da literatura sobre síndrome de Tourette do adulto e/ou criança) foram observados com clonidina oral (0,1 a 0,3 mg/dia), guanfacina oral (1,5 a 3,0 mg/dia divididos em duas doses diárias) e aripiprazol oral (2 a 10 mg/dia), todos com tamanhos de efeito médio. Dados mais provisórios favorecem tratamento com haloperidol (2 a 10/dia VO) ou risperidona oral (0,5 a 4,0 mg/dia). Pimozida oral (doses de 1 a 12 mg/dia) parece ser mais eficaz que placebo, mas um pouco menos que haloperidol (Pringsheim e Marris, 2009). Atomoxetina não parece agravar tiques de crianças com THDA coexistente. Com base em ECRs, não há informações suficientes ou estas são desfavoráveis ao uso de baclofeno, levetiracetam, *N*-acetilcisteína, ácidos graxos ômega-3, topiramato, ziprasidona ou tetraidrocanabinol (revisados coletivamente por Pringsheim et al., 2019).

> **💡 Dica**
>
> Parcimônia farmacológica poderia favorecer o uso de agonistas α para tratar tiques de pacientes com hiperatividade autônoma, desatenção ou insônia e aripiprazol ou risperidona para tiques de pacientes com TOC, psicose ou transtornos de humor.

TREMOR

Tremores devem ser cuidadosamente avaliados para definir se são causados por efeitos neurotóxicos de fármacos ou estão associados a outros efeitos não tóxicos (p. ex., como pode ocorrer com fármacos como lítio, valproato de sódio ou bupropiona), distúrbios de movimento primários ou secundários (p. ex., tremor idiopático benigno, doença de Parkinson) ou abstinência aguda de álcool ou benzodiazepínicos. Tremores causados por fármacos tendem a ser posturais (*i. e.*, ficam evidentes quando os braços estão totalmente estendidos contra gravidade e sem apoio exterior), grosseiros em vez de delicados, arritmos e desencadeados em repouso e ao realizar movimentos. Tremor como sinal de neurotoxicidade requer mais atenção aos riscos potenciais de superdosagem, principalmente com fármacos que tenham índices terapêuticos exíguos (p. ex., lítio), e pode necessitar de intervenções imediatas além de redução da dose ou interrupção do tratamento (p. ex., hidratação e monitoramento do ECG quando níveis séricos de lítio estiverem acima de 1,5 mEq/ℓ). Quando tremor não parecer ser sinal de neurotoxicidade, além da redução das doses (quando exequível), tratamento sintomático geralmente inclui propranolol oral (10 a 20 mg, 2 ou 3 vezes/dia – dose máxima de 320 mg/dia) ou primidona (50 a 100 mg/dia; a dose pode ser aumentada repetidamente em 50 mg até a dose máxima de 500 mg/dia; é importante lembrar que este fármacos pode causar indução significativa e dramática das isoenzimas de CYP450 3A4 e 1A2, com aceleração subsequente do metabolismo de substratos destas enzimas catabólicas).

AUMENTO DE PESO E DISTÚRBIO METABÓLICO

Aumento de peso e obesidade (esta última definida na prática por índice de massa corporal [IMC] > 30 kg/m^2) ainda são os efeitos adversos mais comuns e incômodos de quase todas as classes de fármacos psicotrópicos. Mecanismos associados comumente ao aumento de peso incluem estimulação direta do apetite (p. ex., por efeitos serotoninérgicos hipotalâmicos [p. ex., bloqueio de $5HT_{2C}$]), efeitos anti-histamínicos e (no caso de alguns ASGs) aumento da resistência à insulina. Ligação aos receptores hipotalâmicos $5HT_{2C}$ regula os níveis circulantes do hormônio anorexígeno leptina que, por sua vez, controla a saciedade (Reynolds et al., 2006); estudos pré-clínicos demonstraram que agonismo dos receptores $5HT_{2C}$ tem efeito pró-anorético e camundongos com supressão genética desses receptores comem exageradamente e ficam obesos. Lembre-se do Capítulo 8 que, no caso de ganho ponderal causado por fármacos que *bloqueiam* receptor $5HT_{2C}$, estudos farmacogenéticos sugeriram que a variante *C/C* deste receptor pode predispor ao aumento do peso quando pacientes usam ASGs que bloqueiam $5HT_{2C}$. Antidepressivos serotoninérgicos mais novos (p. ex., vortioxetina e vilazodona) não têm afinidade de ligação considerável ao receptor $5HT_{2C}$ e isto pode explicar, em parte, sua neutralidade relativa com relação ao peso.

Os Boxes 10.7 e 10.10 resumem as afinidades relativas de ligação dos ASGs e antidepressivos serotoninérgicos que têm como alvos receptor $5HT_{2C}$ e H_1. Entretanto, apenas o valor Ki do receptor $5HT_{2C}$ ou H_1 pode não ser muito informativo quanto ao potencial de aumento do peso na ausência de fatores contribuintes (p. ex., predisposição genética) ou outros sistemas receptores relevantes (p. ex., efeitos farmacológicos anti-histaminérgicos). É importante ter em mente também as funções farmacodinâmicas variáveis desses fármacos citados em seus receptores respectivos; agonistas inversos funcionam essencialmente como antagonistas.

No caso dos antidepressivos monoaminérgicos, alguns ECRs demonstraram que paroxetina tem mais tendência de causar aumento do peso que qualquer outro ISRS (Fava, 2000), embora o mecanismo deste efeito ainda seja especulativo, considerando-se que paroxetina não é altamente anti-histaminérgica (ver Boxe 10.7) e que sua afinidade de ligação ao receptor $5HT_{2C}$ não é muito alta (Ki = 9.000 nM). Entre os ISRSs clássicos, fluoxetina pode ter menos tendência de causar aumento do peso.

Quando se consideram análises de risco e benefício dos psicotrópicos com grande propensão potencial a causar aumento do peso ou outros efeitos adversos metabólicos (p. ex., clozapina e olanzapina), frequentemente é útil que médicos levem em consideração o risco geral de doença cardiovascular aterosclerótica (DCVA) (p. ex., usando um estimador de risco disponível *online* para calcular a equação de coorte acumulada de determinado paciente [p. ex., https://clincalc.com/cardiology/ascvd/pooledcohort.aspex] para determinar a probabilidade de desenvolver DCVA em 10 anos). Sem dúvida alguma, fármacos com menos tendência a causar distúrbios metabólicos são mais desejáveis em condições ideais para pacientes com risco mais alto de DCVA mas, dependendo da gravidade dos sintomas psiquiátricos, análises de risco-benefício das opções terapêuticas nem sempre podem prescindir do uso de psicotrópicos de alta potência, que aumentam peso ou alteram perfil lipídico ou glicêmico.

No caso dos ASGs, metanálise comparativa efetuada por Huhn et al. (2019) determinou risco hierárquico de aumento de peso iatrogênico, mas vale lembrar que os intervalos de confiança estavam sobrepostos para diferenças médias padronizadas (DMPs) relatadas para alguns dos fármacos estudados. (Existem

Boxe 10.10 Afinidades relativas de ligação ao receptor $5HT_{2C}$ de vários ASGs e antidepressivos serotoninérgicos.

ASG	Ki (nM)	Função	ASG	Ki (nM)	Função
Ziprasidona	0,72 a 12	Agonista parcial	Cariprazina	134	Agonista inverso
Olanzapina	6,4 a 29	Agonista inverso	Lumateperona	173	Antagonista
Mirtazapina	8,9 a 39	Antagonista	Lurasidona	415	Desconhecida
Clozapina	9,44	Agonista inverso	Buspirona	490	Agonista
Asenapina	10,5	Antagonista	Citalopram	617	Antagonista
Brexpiprazol	12 a 34	Agonista parcial	Duloxetina	916	Antagonista
Risperidona	12,0	Agonista inverso	Venlafaxina	2.004	Antagonista
Aripiprazol	15 a 180	Agonista parcial	Sertralina	2.298	Antagonista
Paliperidona	48	Desconhecida	Escitalopram	2.500	Antagonista
Nefazodona	72	Antagonista	Quetiapina	2.502	Antagonista
Fluoxetina	72,6	Antagonista	Fluvoxamina	5.786	Antagonista
Flibanserina	88,3	Antagonista	Paroxetina	9.000	Antagonista

diferenças reais entre fármacos apenas quando não há sobreposição dos intervalos de confiança.) Como se pode observar na Figura 10.5, a maioria dos fármacos estudados podia causar aumento do peso, mas nessa metanálise apenas ziprasidona, aripiprazol e lurasidona tinham ICs sobrepostos às alterações de peso associadas ao uso de placebo.

Não existem muitos agonistas de receptor $5HT_{2C}$. O único fármaco realmente desse tipo era lorcasserina – um agonista seletivo potente do receptor $5HT_{2C}$ – usada oficialmente como fármaco para redução do peso.* Buspirona atua como agonista do receptor $5HT_{2C}$, mas apenas com afinidade de ligação muito fraca.

Suponhamos que o resultado do protocolo do teste de genotipagem para $5HT_{2C}$ fosse genótipo homozigótico C/C. Isso tornaria esse paciente um candidato mais ideal para usar lorcasserina? Se você consultar o *Index Medicus*, verá que não existem estudos desse tipo ainda. Aparentemente, ninguém teve essa ideia e propôs a questão em condições científicas para saber se homozigotos C/C para receptor $5HT_{2C}$ respondem preferencialmente a um agonista deste receptor para controlar aumento de peso iatrogênico.

Modificação do estilo de vida é um componente fundamental ao controle do risco metabólico e inclui orientações nutricionais, atividade física e exercícios aeróbicos, intervenções terapêuticas nos casos de apneia do sono, controle da hipertensão e medidas para parar de fumar e ingerir álcool. Nos pacientes tratados com vários fármacos ao mesmo tempo, pode ser útil racionalizar o uso de fármacos redundantes da mesma classe farmacológica, cada qual com seu risco metabólico próprio (p. ex., anti-histaminérgicos). As Tabelas 10.3 e 10.4 descrevem estratégias terapêuticas farmacológicas ("antídotos")

---

*Lorcasserina foi retirada voluntariamente do mercado norte-americano por seu fabricante em 2020, depois de surgirem preocupações de que aumentasse o risco de cânceres pancreáticos, colorretais e pulmonares depois de um período de 5 anos.

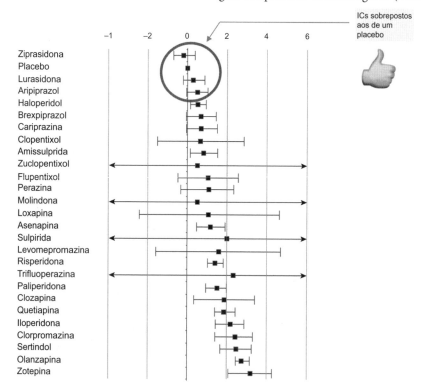

Figura 10.5 DMPs comparativas de ganho ponderal causado por antipsicóticos em ECRs. Ilustração baseada em diferenças médias ponderadas com seus IC95% correspondentes, conforme publicado por Huhn et al. (2019).

Capítulo 10 • Controle de Efeitos Farmacológicos Adversos Significativos... **10**

Tabela 10.3 Abordagens farmacológicas para atenuar aumento iatrogênico do peso; supressores de apetite (anorexígenos).

Fármaco	Contexto clínico	Resultados
Amantadina oral, 300 mg/dia	Estudos demonstraram que retarda ou evita (mais que reverte) aumento de peso iatrogênico quando é combinada com olanzapina (e também pode melhorar cognição, sintomas negativos e pseudoparkinsonismo)	Metanálise de cinco ECRs (em média, 8 semanas) demonstrou perda de peso média maior (−2,2 kg) que placebo (Zheng et al., 2017a)
Bupropiona oral, 150 a 300 mg/dia (± naltrexona)	Antes de sua introdução como antidepressivo, bupropiona foi desenvolvida originalmente como redutor de peso. Seus efeitos na perda de peso podem ser sinérgicos aos da naltrexona (doses de 100 a 300 mg/dia) e resultaram na marca comercial Contrave®. Não foi estudada formalmente como antídoto potencial para aumento de peso induzido por psicotrópicos (parcimônia sugere seu uso em fumantes deprimidos com sobrepeso e ingestão compulsiva de álcool)	Em adultos obesos saudáveis sob outros aspectos, 55% dos tratados com bupropiona + naltrexona perderam mais de 5% de seu peso inicial; a perda de peso média em 1 ano foi de cerca de 5 kg a mais que placebo (Khera et al., 2016)
Fentermina oral, 37,5 mg em dose única de manhã	A maioria dos estudos recentes enfatizou combinação de fentermina + topiramato, em vez de tratamento simples com fentermina para reduzir peso de adultos obesos saudáveis sob outros aspectos. Nenhum ECR avaliou especificamente redução de peso aumentado iatrogenicamente. Apesar de suas propriedades simpaticomiméticas como análogo da anfetamina, fentermina *não* aumentou frequência cardíaca ou pressão arterial (Hendricks et al., 2011)	Aprovado pela FDA norte-americana para uso isolado apenas por prazo curto (12 semanas), embora existam dados de ECRs de até 36 semanas e resultados de ensaios abertos com até 104 semanas (Hendricks et al., 2011)
Topiramato oral, 100 a 200 mg/dia	O mecanismo pelo qual topiramato pode suprimir o apetite e reduzir peso é desconhecido. Pode ser combinado com fentermina (nome comercial: Qsymia®)	Ao longo de 44 semanas, adultos obesos perderam cerca de 15% do seu peso corporal inicial (Astrup et al., 2004). Combinado com fentermina por 1 ano, perda de peso média = 8,8 kg (Khera et al., 2016). A combinação de topiramato + fentermina está entre as abordagens farmacológicas com mais chances de conseguir perda de ≥ 5% do peso corporal inicial (Khera et al., 2016)
Zonisamida oral, 200 a 400 mg/dia	Anticonvulsivante com eficácia comprovadamente maior que placebo para reduzir peso de adultos saudáveis e pacientes esquizofrênicos tratados com ASGs	ECR de 1 ano com adultos obesos: zonisamida (400 mg/dia) produziu perda de peso significativamente maior (7,3 kg) que placebo + dieta e orientações para alteração do estilo de vida (Gadde et al., 2012). ECR de 10 semanas com pacientes esquizofrênicos conseguiu redução de peso maior que placebo (diferença média = −0,8 kg) durante tratamento com ASG (Ghanizadeh et al., 2013)

ASG, antipsicótico de segunda geração; *ECR*, ensaio controlado randomizado; *FDA*, Food and Drug Administration.

213

Psicofarmacologia Prática

Tabela 10.4 Abordagens farmacológicas para atenuar aumento iatrogênico do peso: supostos reguladores metabólicos.

Fármaco	Contexto clínico	Resultados
Liraglutida SC, dose titulada até 3 mg/dia	Classificada como mimético da incretina ou agonista do receptor de peptídio 1 semelhante ao glucagon (GLP-1), liraglutida foi estudada em ensaios controlados por placebo para reduzir aumento do peso e desregulação metabólica associados a clozapina ou olanzapina usada por pacientes esquizofrênicos	Acrescentada ao esquema com olanzapina ou clozapina por 16 semanas, houve redução mais significativa do peso corporal que com placebo (diferença média = 5,3 kg), assim como melhoras da intolerância à glicose, circunferência abdominal, pressão arterial sistólica, gordura visceral e colesterol da lipoproteína de baixa densidade (LDL-c) (Larsen et al., 2017); efeitos adversos principais foram digestivos
Metformina oral (em geral, 500 mg 2 vezes/dia até 1.000 mg 3 vezes/dia)	Hipoglicemiante oral, reduz sensibilidade à insulina e pode ajudar a reduzir peso de pacientes tratados com ASGs ajudando a superar resistência iatrogênica à insulina (p. ex., quando há aumento do peso, apesar da falta de percepção de aumento do apetite)	Metanálise de 12 ECRs com placebo para reduzir peso aumentado com uso de ASGs detectou perda média de −3,27 kg e redução da resistência à insulina (de Silva et al., 2016)
Orlistate oral, 360 mg/dia	Inibidor de lipases gástrica e pancreática, que bloqueia absorção intestinal de gordura, foi estudado em ensaios abertos e randomizados controlados por placebo para reduzir peso aumentado com uso de olanzapina ou clozapina	Perda de cerca de 1 a 2 kg, homens mais que mulheres. Para aumento não iatrogênico do peso, perda média observada foi de 2,6 kg (dados acumulados de ECRs) depois de 1 ano (Khera et al., 2016). Pode causar flatulência, esteatorreia e incontinência fecal

ASG, antipsicótico de segunda geração; *ECR*, ensaio controlado randomizado; *SC*, via subcutânea.

para evitar aumento iatrogênico do peso, que têm atraído interesse crescente de pacientes e médicos e comumente são necessárias, embora tenham suas ressalvas (ver Boxe 10.11).

Com base em análises publicadas por Pillinger et al. (2020), o Boxe 10.12 ilustra uma lista em ordem decrescente dos potenciais relativos de alterar vários parâmetros metabólicos durante tratamento com APGs e ASGs. Posições relativas (os chamados escores p) são baseadas

Boxe 10.11 Ressalvas às estratégias terapêuticas farmacológicas ("antídotos").

- Fármacos que promovem emagrecimento tendem a ter impacto relativamente modesto na redução do peso em comparação com a magnitude potencial do aumento ponderal associado a alguns antipsicóticos
- Em geral, os efeitos dos fármacos redutores de peso por fim estabilizam e seus efeitos benéficos podem desaparecer se e quando o "antídoto" é finalmente interrompido
- Todos os medicamentos, inclusive os que são propostos como antídotos, podem ter seus próprios efeitos adversos e fármacos redutores de peso não são exceção.

em probabilidades bayesianas de acordo com a superfície sob a curva de ordenação cumulativa (SUCRA, *surface under the cumulative ranking curve*; ver Capítulo 3), que são estimativas pontuais comparadas em metanálise de 100 ensaios incluindo 25.952 pacientes com esquizofrenia. Assim, por exemplo, lurasidona aparece como um fármaco de baixo potencial glicêmico, enquanto haloperidol e ziprasidona têm menos impacto adverso em peso e IMC e cariprazina tem menos risco potencial relativo de agravar perfil lipídico (colesterol total ou LDL-colesterol).

Como consideração final sobre estratégias de controle do peso, poderíamos enfatizar que é muito mais fácil evitar aumento iatrogênico do peso que o reverter depois de acumulado. Esse é o princípio básico (e observação principal) quando se combina olanzapina com amantadina desde o início do tratamento (como está descrito na Tabela 10.3). O mais novo antagonista de receptores opioides μ – samidorfano – está em processo de desenvolvimento como redutor de peso com potencial semelhante quando é prescrito simultaneamente com olanzapina (Silverman et al., 2018); isto sugere um papel potencial de modulação do sistema opioide na regulação (talvez) de apetite e metabolismo calórico.

Capítulo 10 • Controle de Efeitos Farmacológicos Adversos Significativos...

Boxe 10.12 Ordens relativas[1] dos potenciais metabólicos dos antipsicóticos.[2]
Resumo das posições ordenadas dos potenciais de alterar parâmetros metabólicos com antipsicóticos – deste modo, ziprasidona, aripiprazol e lurasidona estão entre os fármacos com menor risco de causar alterações do peso, glicemia e perfil lipídico.

Antipsicótico	Peso	IMC	Glicose	LDL-c	CT	HDL-c	TG
Haloperidol	0,10	0,08	0,59		0,59		0,63
Ziprasidona	0,10		0,42	0,12	0,25	0,24	0,33
Aripiprazol	0,26	0,11	0,55	0,48	0,50	0,26	0,33
Lurasidona	0,32	0,37	0,09	0,27	0,27	0,45	0,26
Cariprazina	0,37		0,70	0,07	0,16	0,47	0,28
Flufenazina	0,38						
Amissulprida	0,41		0,14		0,64	0,83	0,42
Brexipiprazol	0,45		0,40	0,66	0,52	0,18	0,23
Flupentixol	0,44						
Asenapina	0,56		0,22				
Risperidona e paliperidona	0,58	0,56	0,46	0,54	0,55	0,51	0,39
Quetiapina	0,65	0,68	0,47	0,91	0,82	0,59	0,71
Iloperidona	0,70		0,73		0,19		0,63
Sertindol	0,81	0,72	0,36		0,26		0,29
Zotepina	0,88		0,94				0,94
Clozapina	0,90	0,85	0,97		0,97		0,97
Olanzapina	0,92	0,93	0,67	0,96	0,91	0,76	0,83

[1]Números são escores p (variam de 0 a 1), dos quais valores mais altos refletem grau maior de desregulação metabólica – com exceção do HDL-c, para o qual escores mais altos indicam risco metabólico menor.
[2]Com base nos resultados publicados por Pillinger et al. (2020).
CT, colesterol total; HDL-c, colesterol ligado às lipoproteínas de alta densidade; IMC, índice de massa corporal; LDL-c, colesterol ligado às lipoproteínas de baixa densidade; TG, triglicerídeos.

RESUMO

Praticamente todos os psicotrópicos podem causar efeitos adversos e, na maioria dos casos, as decisões quanto à prescrição desses fármacos deve ser baseada em análises de risco e benefício, que podem variar caso a caso, dependendo de condições clínicas, manifestações clínicas e gravidade da doença, opções terapêuticas viáveis e estratégias farmacológicas terapêuticas ("antídotos") disponíveis para tratar efeitos adversos controláveis e clinicamente benignos. As Tabelas 10.5 a 10.7 apresentam resumos das estratégias adotadas para melhorar a tolerabilidade das principais classes de fármacos psicotrópicos.

Tabela 10.5 Estratégias farmacológicas usadas para aumentar tolerabilidade aos psicotrópicos: anticonvulsivantes e lítio.

Fármaco	Controle ideal dos efeitos adversos
Carbamazepina	• Cerca de 10% apresentam leucopenia benigna nos primeiros 3 meses; anemia aplásica é extremamente rara (1 caso em 200.000 exposições); alguns especialistas preferem solicitar HC inicial e, em seguida, a intervalos regulares nos primeiros meses, mas não existem recomendações padronizadas quanto a isto • Lembrar que causa indução potente dos substratos de CYP450, substratos metabólicos da Fase II e autoindução

(continua)

Psicofarmacologia Prática

Tabela 10.5 Estratégias farmacológicas usadas para aumentar tolerabilidade aos psicotrópicos: anticonvulsivantes e lítio. (*continuação*)

Fármaco	Controle ideal dos efeitos adversos
Valproato de sódio	• Níveis séricos de valproato > 90 a 100 g/ml não tendem a produzir efeitos psicotrópicos benéficos, mas causam principalmente náuseas, sedação e tremor • Não há razão para monitorar níveis séricos de amônia quando não houver indicação clínica. Níveis altos de amônia (p. ex., acima de 130 μg/dl) em pacientes sintomáticos (letargia, lentidão mental) geralmente podem ser reduzidos com *l*-carnitina oral na dose de 100 mg 2 vezes/dia • Pode ocorrer trombocitopenia em até 10 a 20% dos pacientes tratados com valproato de sódio; este efeito parece ser toxicidade dose-dependente; redução das doses pode eliminar causalidade detectada • Se houver tremor, assegurar que o nível sérico não esteja na faixa tóxica; pode ser tratado com propranolol (se o paciente não tiver asma ou contraindicação cardiológica) ou primidona (não se esquecer que pode induzir substratos de CYP450) • Pancreatite é um efeito adverso raro, mas devem ser solicitados exames laboratoriais para pacientes que apresentem sintomas abdominais agudos
Gabapentina	• Sedação é comum (administrar a maior parte da dose preferencialmente à noite) • A absorção do fármaco no intestino delgado ocorre por um sistema de transporte de aminoácidos saturável, que provavelmente não consegue absorver mais que 5.000 mg/24 h
Lamotrigina	• Risco de erupção cutânea grave é maior nas semanas 2 a 8; ficar atento aos sintomas sistêmicos e à formação de lesões bolhosas na orofaringe; tratar erupções claramente benignas com cremes de corticosteroides tópicos e anti-histamínicos; se houver dúvida quanto à etiologia, interromper tratamento com lamotrigina. O fabricante recomenda reiniciar titulação da dose quando o paciente ficar sem usar lamotrigina por mais de 5 dias • Reintroduzir depois de erupção cutânea benigna com doses baixas; precauções para evitar esta reação asseguram resultados satisfatórios com tolerabilidade favorável, contanto que o paciente tenha menos que três sinais de erupção grave (p. ex., esfoliação, formação de bolhas/hipersensibilidade, acometimento de mucosas, linfadenopatia, febre/mal-estar/artralgia, leucocitose, elevações de transaminases) (Aiken e Orr, 2010) • Lembrar de reduzir a dose à metade se lamotrigina for usada com valproato e dobrar a dose de for administrada simultaneamente com carbamazepina • Níveis séricos de lamotrigina estão normatizados para epilepsia e geralmente não são informativos quanto à eficácia psicotrópica
Lítio	• Administração de uma dose diária reduz potencial de nefrotoxicidade • Se houver tremor, assegurar que o nível sérico não esteja na faixa tóxica; pode ser tratado com propranolol (se o paciente não tiver asma ou contraindicação cardiológica) ou primidona (não se esquecer que pode induzir substratos de CYP450) • Pode tratar aumento da frequência miccional ou diabetes insípido nefrogênico com amilorida oral (5 mg 2 vezes/dia) • Reduzir dose em 20% se também forem usados AINHs; monitorar cuidadosamente níveis séricos se também forem usados diuréticos tiazídicos
Pregabalina	• Sedação e tontura são efeitos adversos mais comuns; podem ser dose-dependentes ou exigir titulações mais lentas para facilitar adaptação
Topiramato	• Efeitos adversos cognitivos podem ser dose-dependentes e ocorrem na *minoria* dos casos • Lembrar que o risco de nefrolitíase é de cerca de 1/100 e ficar atento a dor lombar e disúria, ou aparecimento de cristais de oxalato de cálcio no exame simples de urina (interromper tratamento)

AINHs, anti-inflamatórios não hormonais; *HC*, hemograma completo.

Capítulo 10 • Controle de Efeitos Farmacológicos Adversos Significativos...

Tabela 10.6 Estratégias farmacológicas usadas para aumentar tolerabilidade aos psicotrópicos: antidepressivos monoaminérgicos.

Fármaco	Controle ideal dos efeitos adversos
IMAOs	• Indícios de crise hipertensiva (p. ex., cefaleia) devem ser avaliados por monitoramento imediato da pressão arterial e referenciamento a um serviço de emergência se hipertensão for significativa; administração oral ou sublingual de nifedipino, antes usada como medida caseira popular, não é mais considerada segura hoje em dia (Grossman et al,, 1996) • Hipotensão ortostática é dose-dependente e, se não melhorar com hidratação e suplementação oral de sódio, pode ser controlada com acréscimo de fludrocortisona na dose de 0,1 a 0,2 mg/dia (ficar atento à hipopotassemia) ou midodrina oral (5 mg 3 vezes/dia)
ISRSs	• Disfunção sexual pode ser controlada com buspirona adjuvante (dose > 40 mg/dia) ou buspirona (300 mg/dia) ou cipro-heptadina (4 a 12 mg, 1 a 2 h antes da relação sexual) ou acréscimo de um inibidor de fosfodiesterase (p. ex., sildenafila) para homens ou mulheres; caso contrário, substituir por vilazodona, mirtazapina, nefazodona ou bupropiona como alternativas mais baseadas em evidências (ou racionais)
IRSNs	• Hipertensão diastólica branda (< 5 mmHg) dose-dependente é mais rara com desvenlafaxina (incidência cerca de 1%) ou venlafaxina XR (incidência ≤ 3%) que venlafaxina IR (3 a 13%); preferir antidepressivos não noradrenérgicos se houver hipertensão basal mal controlada • Não existem dados seguros quanto a se IRSNs têm mais ou menos probabilidade de causar efeitos sexuais adversos. As opções de tratamento desse efeito são as mesmas que as recomendadas para ISRSs
ADTs	• Efeitos anticolinérgicos (boca seca, sedação, constipação intestinal) geralmente são tratáveis com medidas conservadoras ou remédios populares. Relatos de casos descreveram tratamento eficaz de constipação intestinal grave causada por anticolinérgicos com agonista muscarínico betanecol oral (10 a 25 mg, 3 vezes/dia)

ADT, antidepressivo tricíclico; *IMAO*, inibidor de monoaminoxidase; *IR*, liberação imediata; *IRSN*, inibidor de recaptação de serotonina e norepinefrina; *ISRS*, inibidor seletivo de recaptação de serotonina; *XR*, liberação estendida.

Tabela 10.7 Estratégias farmacológicas usadas para aumentar tolerabilidade aos psicotrópicos: antipsicóticos.

Fármaco	Controle ideal dos efeitos adversos
ASGs	• Sialorreia causada por clozapina pode ser tratada com aplicação sublingual de *spray* nasal de brometo de ipratrópio a 0,03%, ou solução oftálmica de sulfato de atropina a 1% • Sedação causada por antipsicóticos frequentemente pode ser evitada dando-se preferência aos fármacos anti-histaminérgicos quando possível (p. ex., lurasidona, iloperidona, aripiprazol), administrando-se a maior parte da dose à hora de deitar, evitando outros fármacos com efeitos sedativos (p. ex., benzodiazepínicos) ou acrescentando (ar)modafinila; anfetamina ou metilfenidato adjuvante deve ser usado com cautela em razão de possíveis exacerbações de psicose • Aumento de peso causado por ASG pode ser atenuado com amantadina (100 a 300 mg/dia); fármacos mais potentes com base de evidências favoráveis para tratar aumento iatrogênico do peso são metformina, liraglutida, topiramato e sibutramina • Monitorar peso, glicose em jejum ou hemoglobina A1c e lipidograma e intervir imediatamente se surgir alguma anormalidade destes parâmetros • Monitorar periodicamente movimentos involuntários anormais (p. ex., avaliações formais por AIMS a cada 6 meses, ou a cada 3 meses em pacientes com idade > 50 anos) • Diferenciar entre acatisia e ansiedade/agitação; tratar com reduções das doses dos antipsicóticos quando possível, ou acrescentar benzodiazepínicos ou betabloqueadores adjuvantes (não usar anticolinérgicos)

AIMS, Abnormal Involuntary Movement Scale (ou Escala de Movimentos Involuntários Anormais); *ASG*, antipsicótico de segunda geração.

217

10 Psicofarmacologia Prática

🏠 Pontos importantes e tarefas para casa

- Prestar muita atenção à plausibilidade e aos critérios de Hill quando avaliar a probabilidade de que determinado sintoma seja iatrogênico, em vez de simplesmente indicar persistência ou deterioração das manifestações clínicas da doença que é tratada
- Diferenciar entre efeitos adversos benignos (embora incômodos) e clinicamente graves e os que tendem a ser transitórios ou persistentes e dose-dependentes ou dose-independentes
- Lembrar que qualquer tratamento – inclusive placebos – pode causar efeitos colaterais. Qualquer decisão clínica que envolva uma análise de risco e benefício deve levar em consideração a gravidade da doença tratada, assim como viabilidade de outras opções terapêuticas
- Saber quando houver estratégias terapêuticas farmacológicas ("antídotos") disponíveis, que possam eliminar efeitos adversos de um fármaco sem causar riscos adicionais. Envolver pacientes no processo de decisão compartilhada quando se considerarem opções de manter tratamento apesar do efeito adverso (principalmente quando houver poucas alternativas terapêuticas, ou tiver havido resposta terapêutica notável) ou modificar totalmente esquemas terapêuticos na tentativa de encontrar alternativas comparativamente eficazes e mais bem toleradas. Descrever incertezas importantes quanto à eficácia e à tolerabilidade e preferir uma abordagem de parceria colaborativa de modo a aumentar a satisfação com resultados terapêuticos alcançados.

11 Tratamentos Farmacológicos Novos: Nutracêuticos, Esteroides, Probióticos e Outros Suplementos Dietéticos

Objetivos de aprendizagem

- Entender aspectos de segurança para pacientes que usam produtos nutracêuticos, tanto sob o ponto de vista farmacocinético quanto farmacodinâmico
- Reconhecer a diferença entre reposição e suplementação de vitaminas dietéticas ou outros suplementos nutricionais
- Considerar as bases de evidências altamente variáveis das alegações de eficácia psicotrópica de suplementos nutricionais específicos.

> Não confunda teu alimento com teu remédio.
>
> *Diana Cardenas, sobre uma citação erroneamente atribuída a Hipócrates.*

A relação entre produtos alimentícios e compostos farmacologicamente ativos data no mínimo da antiguidade, mesmo que Hipócrates realmente nunca tenha dito "que seu remédio seja seu alimento e que seu alimento seja seu remédio" (Cardenas, 2013). Nos tempos modernos, a relação entre suplementos dietéticos e medicina acabou por apresentar uma dicotomia muito peculiar entre o que poderia ser chamado de medicina "legítima" ou "tradicional" e medicina "alternativa" ou "não convencional". Intervenções realizadas nessa última categoria padecem de problemas de credibilidade porque frequentemente se baseiam em bancos de dados de ECRs menos rigorosos, às vezes têm razões de indicação e/ou mecanismos de ação mal estabelecidos e não estão sujeitas à supervisão dos órgãos reguladores de produtos para assegurar sua qualidade. Muitos pacientes obtêm informações sobre produtos fitoterápicos ou suplementos dietéticos simplesmente fazendo pesquisas na internet, com pouca noção quanto ao rigor científico ou à credibilidade que embasa as propagandas ou postagens e testemunhos de consumidores, ou sem levar em consideração possíveis interações farmacocinéticas.

Algumas vezes, defensores de suplementos nutricionais equiparam "natural" a "seguro", apesar da existência de incontáveis substâncias naturais venenosas (p. ex., cicuta, arsênico, cianureto, estricnina, mercúrio e tetrodotoxina) destituídas de valor terapêutico, exceto talvez como defesas contra predadores. Um estudo de 121 produtos fitoterápicos médicos naturais de medicina aiurvédica ou chinesa demonstrou que a maioria continha níveis detectáveis de elementos tóxicos (principalmente chumbo, mercúrio, cádmio, arsênico e alumínio), embora menos de 10% dos produtos testados tivessem níveis acima dos limites diários estabelecidos de exposição a produtos tóxicos (Genuis et al., 2012). Segurança e eficácia têm a mesma importância em qualquer área da medicina, nem mais nem menos no que se refere à psicofarmacologia em particular, independentemente se um composto é "natural" ou sintético. Além disso, mesmo que placebos possam causar efeitos adversos e, algumas vezes, apresentar potência surpreendente (ver Capítulo 4), produtos inteiramente inofensivos ainda trazem risco de ineficácia em

Curas antigas

No século XVIII, enemas de fumaça de tabaco eram considerados remédios modernos e inovadores para tratar epilepsia e insuficiência respiratória; fezes de pombos fritas eram tratamento de primeira linha para dispepsia; alvaiade (branco de chumbo) era usado para conter hemorragia ou diarreia; e sapo seco em pó era considerado capaz de curar asma. Essas práticas foram abandonadas há muito tempo pela medicina tradicional, sem que fosse necessário realizar ECRs para confirmar sua ineficácia.

Psicofarmacologia Prática

comparação com outros que poderiam ser mais eficazes (e ter tamanhos de efeito grandes) em comparação com placebo.

Quando há pouco ou nenhum dado para orientar decisões terapêuticas, médicos são mais suscetíveis ao impressionismo clínico ou outros níveis de evidência menos confiáveis (ver Capítulo 1, Figura 1.1). Alguns produtos nutracêuticos que antecedem as práticas modernas conquistaram popularidade porque seus efeitos farmacodinâmicos percebidos foram reforçados pelo saber cultural (p. ex., "usados há séculos" pelas civilizações antigas) ou histórias ou casos interessantes, algumas vezes enfatizados por recomendações dramáticas de pacientes ou médicos. Evidentemente, existem casos nos quais o valor potencial de uma intervenção é tão intuitivamente óbvio e convincente, que ECRs parecem desnecessários – por exemplo, utilidade dos paraquedas durante saltos de avião. (Contudo, considere que ensaios comparativos ainda poderiam ser necessários para determinar como paraquedas se saem em comparação, digamos, com propulsores a jato; ou saber quando dois ou três paraquedas podem produzir melhor efeito que apenas um ou dois; ou decidir quando desenhos de paraquedas em cúpula-abóboda, anel ou colchão-de-ar funcionam melhor; ou se tecidos de náilon, seda ou terileno tendem a oferecer aterrisagens mais suaves e seguras aos saltadores.) Chumbo – embora seja uma substância natural – provavelmente torna um paraquedas menos útil que se não fosse usado.

Detalhes quanto à necessidade de ensaios controlados com placebo

Quando alguém salta de um avião (lembre-se do exemplo descrito no Capítulo 1), note que altitude é um moderador fundamental da eficácia do paraquedas; estudos demonstraram que paraquedas não reduzem mortes ou traumatismo grave quando são acionados de um avião pousado no chão (Yeh et al., 2018).

Psicotrópicos são paraquedas para serem usados quando a saúde mental está em queda. Vendedores de suplementos dietéticos frequentemente alegam benefícios inespecíficos e/ou nebulosos à saúde mental, tais como "melhoram tensão nervosa ou estresse", "melhoram desempenho físico ou mental", "aumentam vitalidade em geral" ou "limpam o organismo" – variáveis difíceis de quantificar ou traduzir em metas tangíveis quando se trata de psicopatologia. Neste capítulo, direcionaremos nosso foco para a base de evidências disponíveis quanto à segurança relativa e eficácia psicotrópica dos suplementos nutricionais ou dietéticos, levando em consideração metas pretendidas com tratamentos na área de saúde mental.

DEFINIÇÃO DE TERMOS: SUPLEMENTOS DIETÉTICOS

A terminologia exata varia nos diversos países, mas em termos gerais produtos alimentícios que possam ter efeitos farmacodinâmicos são descritos como suplementos dietéticos, nutracêuticos, alimentos funcionais, fitoquímicos, bioquimiopreventivos ou alimentos da moda. No Japão, esses produtos são conhecidos como "alimentos para uso médico especial" (FOSHU, *Food for Special Health Use*, em inglês). "Produtos naturais de saúde" é o termo descritivo preferido no Canadá (onde um banco de dados governamental publica informações atualizadas sobre segurança e eficácia dos produtos [www.canada.ca/em/health-canada/services/drugs-health-products/natural-non-prescription/applications-submissions/product-licensing/licensed-natural-health-roducts-database.html]). O termo *nutracêutico* foi criado em 1989 por Stephen DeFelice da Foundation of Innovative Medicine e engloba suplementos dietéticos, nutrientes isolados e fitoterápicos. Com base na lei americana *Dietary Supplement Health and Education*, "ingredientes dietéticos" presentes em suplementos dietéticos podem ser 'vitaminas, sais minerais, ervas, aminoácidos, enzimas, tecidos orgânicos, produtos glandulares e metabólitos'".

O Centro de Saúde Complementar e Integrativa do National Institute of Health estimou que cerca de 59 milhões de americanos gastem anualmente mais de US$ 30 bilhões com suplementos dietéticos de saúde (https://nccih.nih.gov/research/statistics/NHIS/2012).

DSHEA

A lei americana *Dietary Supplement Health and Education Act* (DESHEA) de 1984 definiu "suplementos dietéticos" como alimentos dispensados de supervisão ou regulamentação da FDA. O governo federal não faz exames minuciosos quanto à segurança ou eficácia dos suplementos dietéticos ou sua comercialização promocional, ainda que a norma 21 do CFR, parte 111, exija "boas práticas de fabricação" de suplementos dietéticos produzidos nos EUA.

Capítulo 11 • Tratamentos Farmacológicos Novos: Nutracêuticos, Esteroides, Probióticos...

QUESTÕES DE SEGURANÇA

Como não há supervisão dos órgãos reguladores, uma preocupação referida ao controle de qualidade dos produtos consiste na possibilidade de haver variabilidade ampla no teor efetivo dos produtos comercializados. Por exemplo, um estudo de 31 produtos à base de melatonina comercializados sem prescrição no Canadá demonstrou que o teor real de melatonina (em comparação com o que se afirmava haver no produto) variou de −83% a +478% (Erland et al., 2017). Interações farmacocinéticas (assim como interações farmacodinâmicas aditivas adversas) também ocupam posição de destaque na lista de questões de segurança e apenas recentemente conseguiram ser estudadas formalmente em pesquisas farmacocinéticas.

A Tabela 11.1 resume alguns efeitos farmacocinéticos e contém exemplos de efeitos farmacodinâmicos adversos associados aos nutracêuticos comuns.

Tabela 11.1 Possíveis questões de segurança farmacocinética dos nutracêuticos.

Nutracêutico	Usos populares em saúde	Efeitos conhecidos nas enzimas de CYP450				
		2D6	3A4	2C9	2C19	1A2
Extrato de raiz de salsão	Estruturalmente semelhante ao estrogênio, acredita-se que seja útil na menopausa	INH?[a]	-	-	-	-
Cimicífuga (*Actaea racemosa*)	Fogachos da menopausa, cólicas menstruais	-	INH	-	-	-
Oxicoco (*Vaccinium macrocarpon*)	Antioxidante; benefícios cognitivos percebidos	-	INH[b]	-	-	-
Equinácea (*echinacea purpurea*)	Efeitos ansiolíticos percebidos	-	INH	-	-	?
Óleo de prímula	Efeitos possíveis em disforia pré-menstrual, dermatite atópica	-	INH	-	-	-
Ginkgo biloba[c]	Benefícios cognitivos percebidos	?	?	-	-	-
Ginseng[d]	Benefícios cognitivos percebidos	-	?	-	-	-
Chá-verde (*Camellia sinensis*) (contém l-teanina)	Perda de peso; efeitos possíveis no humor e sintomas positivos da esquizofrenia	-	INH[e]	INH	-	INH
Suco de goji do Himalaia	"Limpeza do organismo"	-	-	INH[f]	-	-
Kava (*Piper methysticum*)	Efeitos ansiolíticos percebidos; pode ter risco de hepatotoxicidade	?	-	INH	INH	?
Cardo-mariano (*Silybum marianum*)	Antioxidante e anti-inflamatório, possíveis benefícios cognitivos e hepáticos	-	INH	-	-	-
Serenoa ou *saw palmetto* (*Serenoa repens*)	Anti-inflamatório, possível efeito antiandrogênico (inibe 5α-redutase) no tratamento de HPB e alopecia	INH	INH	INH	-	-
Erva-de-são-joão (*Hypericum perforatum*)	Usado para tratar depressão branda a moderada	-	IND[g]	-	-	-
Valeriana (*Valeriana officinalis*)	Efeitos ansiolíticos e hipnótico-sedativos percebidos	INH	INH	-	-	-

[a]Relatos de casos de indução de mania quando é combinado com venlafaxina e erva-de-são-joão (Awortwe et al., 2018). [b]Estudos demonstraram que acentua os efeitos do midazolam. [c]Em pacientes HIV-positivos, há relatos de aumento da carga viral quando é usado com efavirenz (Awortwe et al., 2018). [d]Também inibe CYP 450 2A6 e UGT2B7 (relatos de síndrome DRESS em pacientes tratados com lamotrigina) (Awortwe et al., 2018). [e]Relatos de elevações das transaminases quando é usado com sinvastatina (Awortwe et al., 2018). [f]Pode potencializar efeitos da varfarina (aumento do risco de sangramento [Awortwe et al., 2018]); tratamento combinado pode reduzir eficácia da clozapina (Awortwe et al., 2018). [g]Relatos de casos de sangramento digestivo alto em pacientes tratados com varfarina, possivelmente em consequência de efeitos aditivos na coagulação (Awortwe et al., 2018). *DRESS*, reação farmacológica com eosinofilia e sintomas sistêmicos; *HIV*, vírus da imunodeficiência humana; *HPB*, hiperplasia prostática benigna; *IND*, induz; *INH*, inibe.

Psicofarmacologia Prática

Em uma revisão abrangente das interações farmacocinéticas (PK) com "produtos naturais", Sprouse e van Breemen (2016) não encontraram qualquer evidência de efeitos PK adversos associados ao açaí (*Euterpe oleracea*), canela ou cinamomo (espécies de *Cinnamomum*), sabugueiro (*Sambucus nigra*), linhaça (*Linum usitatissimum*), gengibre (*Zingiber officinale*), erva daninha de cabra (espécies de *Epimedium*) ou maca peruana (*Lepidium meyenii*), entre outros.

"REPOSIÇÃO"

O conceito de reposição (ou reabastecimento) refere-se à compensação de deficiências de algum composto endógeno, que estejam causando (ou poderiam causar) alguma condição patológica. Exemplos comuns em medicina incluem reposição intravenosa de líquidos ou eletrólitos depois de vômitos incoercíveis, ou reposição de concentrado de hemácias depois de hemorragia. Deficiências graves de vitaminas e sais minerais essenciais[1] causam doenças bem conhecidas (p. ex., raquitismo associado à deficiência de vitamina D; escorbuto por deficiência de vitamina C; osteomalacia por deficiência de cálcio). Outro conceito menos entendido em psicofarmacologia diz respeito à

---

[1] Vitaminas e outros elementos "essenciais" são assim denominados porque o organismo não é capaz de sintetizá-los.

reposição de nutrientes dietéticos mesmo que não haja deficiências conhecidas ou evidentes, na expectativa de trazer efeitos mentais favoráveis. (Com base no Capítulo 8, lembre-se que não há evidência empírica comprovada a favor da "reposição" de *L*-metilfolato especificamente para pacientes deprimidos com níveis baixos de atividade da enzima MTHFR.) Quando não há carências nutricionais, a utilidade psicotrópica de administrar vitaminas e sais minerais ainda é uma questão controversa. Uma consideração relevante refere-se à existência esperada de mais manifestações sistêmicas resultantes da suposta deficiência clinicamente significativa de uma vitamina ou oligoelemento essencial. As Tabelas 11.2 e 11.4 resumem as manifestações clínicas e psiquiátricas das deficiências de vitaminas lipossolúveis e hidrossolúveis, respectivamente, bem como efeitos adversos que podem ocorrer quando são administradas doses excessivas.

QUANDO A VITAMINA D TORNOU-SE UMA CELEBRIDADE?

Supostas relações entre deficiência de vitamina D e diversas doenças clínicas (inclusive depressão) receberam enorme atenção da mídia popular. Entretanto, de acordo com a US Preventive Services Task Force, *triagem proativa e suplementação oral ainda não têm benefícios comprovados à saúde, exceto em populações de alto risco (i. e.,*

Tabela 11.2 Manifestações clínicas e psiquiátricas associadas às deficiências de vitaminas: lipossolúveis.

Vitamina	Deficiências podem causar manifestações mentais como...	...Mas também podem estar acompanhadas de...	...Quando houver fatores de risco detectáveis	Possíveis consequências adversas de doses excessivas
A	Nenhuma conhecida	Distúrbios visuais, acne, dificuldade de cicatrizar feridas	Ingestão excessiva de álcool, transtornos alimentares restritivos	Toxicidade com doses crônicas > 50.000 UI; borramento visual, pode ↓ apetite, hipercalcemia, hepatotoxicidade, pele seca, úlceras orofaríngeas
D	Depressão	Osteoporose, abalos musculares	Adultos idosos, pacientes com exposição limitada à luz solar e pigmentação cutânea escura	Doses crônicas > 4.000 UI podem causar desconforto GI, artralgia, hipercalcemia, calcificações vasculares, fraturas, cânceres de próstata e pâncreas
E	Possível depressão	Fraqueza muscular, neuropatia, ataxia, distúrbios visuais	Ingestão dietética reduzida de gorduras, doença hepática colestática	Possível sangramento e/ou coagulopatia, desconforto GI, fadiga, borramento visual
K	Depressão	Equimoses, osteopenia	Ingestão dietética reduzida	Hipoglicemia

Capítulo 11 • Tratamentos Farmacológicos Novos: Nutracêuticos, Esteroides, Probióticos... 11

indivíduos com ingestão dietética deficiente, má absorção, doença intestinal inflamatória, história de cirurgia de *bypass* gástrico, pigmentação cutânea escura e exposição limitada ou restrita à luz solar) (www.uspreventiveservicestaskforce.org/Page/Document/RecommendationsStatement-Final/vitamina-d-deficiency-screening#Pod4). Em geral, níveis séricos "baixos" de 25-hidroxivitamina D (25-OH-D) são definidos na faixa inferior a 20 a 30 ng/mℓ. Existem relações descritas entre depressão clínica e níveis baixos de vitamina D (p. ex., Anglin et al., 2013; Ju et al., 2013), mas ainda não há comprovação inequívoca de causalidade (*i. e.*, níveis baixos de vitamina D causam depressão, ou depressão tende a limitar exposição à luz solar e ingestão dietética apropriada?). Estudos disponíveis consistem basicamente em ensaios de corte transversal (Ju et al., 2013) e não levam em consideração possíveis fatores de confusão nessa relação (p. ex., episódios anteriores de depressão ou fatores relacionados com estilo de vida). O Caso clínico 11.1 ilustra os perigos de investir exageradamente em expectativas

> 💡 **Dica**
> O Centers for Disease Control dos EUA estimou que apenas cerca de 30% dos indivíduos caucasoides e 5% dos afro-americanos tenham níveis suficientes de vitamina D (definidos por concentração > 20 ng/mℓ) (Ginde et al., 2009).

Tabela 11.3 Vitaminas lipossolúveis.

Vitamina	Funções fisiológicas normais	Possível utilidade da suplementação em transtornos mentais
A	Manter visão e sistema imune normais	Nenhuma conhecida
D	Regulação da homeostasia do cálcio e saúde óssea; também pode regular fatores neurotróficos e melhorar neuroproteção em geral	• No TDM, metanálise de 4 ECRs (n = 938) comparou placebo, nenhum tratamento ou apenas fluoxetina e detectou tamanho de efeito acumulado de d = 0,58 (Vellekkatt e Menon, 2019) • Um ECR negativo (dose oral de 800 UI/dia em mulheres com mais de 70 anos com depressão sazonal do inverno (Dumville et al., 2006) • Em pacientes esquizofrênicos com níveis basais de vitamina D < 75 ng/mℓ, tratamento adjuvante com 14.000 UI de vitamina D/semana combinado com clozapina por 8 semanas não foi melhor que placebo para melhorar psicose ou depressão (Krivoy et al., 2017) • Em crianças com transtorno do espectro autista e níveis basais baixos de 25-OH-D < 30 ng/mℓ, dados de um ensaio aberto usando vitamina D_3 (300 a 5.000 UI/dia VO) indicaram melhora de estereotipia, contato visual e atenção (Saad et al., 2016)[a]
E	Antioxidante, ajuda a evitar agregação plaquetária excessiva (p. ex., aterosclerose e tromboembolia)	• Evidência limitada sugerindo possível redução da progressão de discinesia tardia com até 1.600 UI/dia VO (RR = 0,23; IC 95% = −0,07 a 0,76) (Soares-Weiser et al., 2018) • Dose de 1.000 UI 2 vezes/dia pode ajudar a reduzir mortalidade de pacientes com doença de Alzheimer (Pavlik et al., 2009)
K	Funções principais na hemostasia e promoção da calcificação óssea. Também participa da biossíntese de esfingolipídios; ingestão dietética baixa pode estar associada a queixas subjetivas mais graves de memória em adultos idosos (Soutif-Veillon et al., 2016)	Alegações não confirmadas de que suplementação possa ajudar a evitar doença de Alzheimer

[a]Um ECR subsequente controlado por placebo do mesmo grupo de pesquisa foi retratado pelos editores da revista com base na falta de confiança dos resultados (*J Child Psychol Psychiatry*. 2019 Jun;60(6):711.doi: 0.1111/jcpp.13076. Epub, 6 de maio de 2019). *ECR*, ensaio controlado randomizado; *IC*, intervalo de confiança; *RR*, risco relativo; *TDM*, transtorno depressivo maior; *UI*, unidade internacional.

Psicofarmacologia Prática

de que níveis baixos de vitamina D possam explicar a patogenia de psicopatologias graves. O Boxe 11.2 descreve algumas teorias antigas acerca de outras deficiências de vitaminas como causas supostas de transtornos mentais significativos (especialmente deficiência de niacina como causa de esquizofrenia).

Como se pode observar na Tabela 11.3, no que se refere à sua utilidade terapêutica, suplementos de vitamina D (administrada por via oral na dose de 50.000 UI de colecalciferol/semana ao longo de algum intervalo entre 8 e 52 semanas, ou 1.500 UI de vitamina D oral por dia, ou dose única de 300.000/150.000 UI de

Tabela 11.4 Manifestações clínicas e psiquiátricas associadas às deficiências de vitaminas: hidrossolúveis.

Vitamina	Deficiências podem causar manifestações mentais como...	...Mas também podem estar acompanhadas de...	...Quando houver fatores de risco detectáveis	Possíveis consequências adversas de doses excessivas
B_1 (tiamina)	Encefalopatia de Wernicke	Fadiga, hiporreflexia, parestesias, fraqueza muscular, borramento visual	Ingestão excessiva de álcool, diabetes, adultos idosos, pacientes com síndromes de má absorção	Em geral, não causa efeitos tóxicos
B_2 (riboflavina)	Nenhuma conhecida	Rachaduras dos lábios, fadiga, faringite, conjuntivite, fotofobia	Idosos, ingestão excessiva de álcool, ingestão dietética reduzida de produtos de origem animal e/ou laticínios	Geralmente não causa efeitos tóxicos
B_3 (niacina)	Demência associada à pelagra, depressão, déficits de memória	Fadiga, úlceras semelhantes ao cancro, desconforto GI/vômitos	Ingestão excessiva de álcool, síndromes de má absorção; uso prolongado de isoniazida	Ruborização; gastrite, hepatotoxicidade com doses > 1.000 mg/dia; pode interferir com anticoagulantes e estatinas
B_6 (piridoxina)	Depressão	Dermatite, cefaleia	Idosos, uso de anticoncepcionais orais ou ingestão excessiva de álcool	Neuropatia (Levine e Saltzman, 2004), parestesias, distúrbios da marcha
B_9 (folato	Fraqueza, perda de apetite	Perda de peso/apetite, fraqueza, anemia megaloblástica	Gestação, ingestão excessiva de álcool, pacientes com disfunção hepática	Desconforto GI, transtornos cognitivos; há controvérsias quanto a se níveis altos de ácido fólico podem ser carcinogênicos
B_{12} (cobalamina)	Depressão, fadiga, letargia, agitação e/ou irritabilidade, psicose, déficits cognitivos, demência	Parestesias, dispneia, fraqueza, distúrbios da marcha, palidez, glossite atrófica, intolerância ao frio, anemia megaloblástica	Adultos idosos com gastrite atrófica, vegetarianos e veganos, pacientes com síndromes de má absorção (p. ex., doença de Crohn, cirurgia de *bypass* gástrico)	Tontura, cefaleia, ansiedade, náuseas e vômitos
C	Irritabilidade, perda de peso/apetite	Fadiga, anemia, dor articular	Fumantes, pacientes com síndromes de má absorção ou ingestão dietética reduzida de cítricos	Desconforto GI; pode causar cálculos renais (doses > 1.000 mg/dia)

224

Capítulo 11 • Tratamentos Farmacológicos Novos: Nutracêuticos, Esteroides, Probióticos...

colecalciferol IM) podem estar associados à eficácia antidepressiva em pacientes deprimidos – embora existam poucos estudos, que não levam em consideração os níveis basais de deficiência desta vitamina em relação com a gravidade da depressão e ainda precisam ser replicados com mais certeza. O Boxe 11.1 descreve mais detalhes dos parâmetros do tratamento de correção da deficiência de vitamina D.

Outras teorias de interesse histórico ligando deficiências vitamínicas com formas graves de psicopatologia incluem a relação entre deficiência de niacina (vitamina B_3 e esquizofrenia) como está descrito no Boxe 11.2.

As Tabelas 11.3 e 11.5 resumem informações sobre bases racionais e evidências a favor do uso de suplementos vitamínicos com finalidades psiquiátricas.

Tabela 11.5 Doses recomendadas: vitaminas hidrossolúveis.

Vitamina	Funções fisiológicas normais	Doses diárias recomendadas (EUA)	Possível utilidade psiquiátrica da suplementação sem deficiências
B_1 (tiamina)	Produção de ATP; energia/metabolismo	Homens: 1,2 mg/dia; mulheres: 1,1 mg/dia	Nenhuma conhecida
B_2 (riboflavina)	Antioxidante; energia/metabolismo	Homens: 1,3 mg/dia; mulheres: 1,1 mg/dia	Componente (400 mg de riboflavina) do Migravent® ou Dolovent® para tratamento de enxaquecas (Gaul et al., 2015)
B_3 (niacina)	Energia/metabolismo	Homens: 16 mg/dia; mulheres: 14 mg/dia	Relatos anedóticos de tratamento da depressão
B_5 (ácido pantotênico)	Energia/metabolismo, metabolismo de ácidos graxos e colesterol	Não há RDA nos EUA. Ingestão adequada para homens ou mulheres: 5 mg/dia	Nenhuma conhecida
B_6 (piridoxina)	Síntese de neurotransmissores; gliconeogênese e glicogenólise	Homens ou mulheres de 19 a 50 anos: 1,3 mg/dia; homens > 50 anos: 1,7 mg/dia; mulheres > 50 anos: 1,5 mg/dia	Relatos anedóticos de redução dos sintomas psicóticos da esquizofrenia, mas apenas ECRs negativos (p. ex., Lerner et al., 2002); dados de ECRs de curta duração (4 semanas) sugerem possível benefício na discinesia tardia (Lerner et al., 2001)
B_9 (folato)	Necessário à síntese de hemácias e à síntese e reparação de DNA e RNA; desenvolvimento do tubo neural	Homens ou mulheres: 400 µg/dia	No TDM: metanálise de 4 ECRs não demonstrou diferença significativa em comparação com placebo (Sarris et al., 2016)
B_{12} (cobalamina)	Crescimento e desenvolvimento neurais; facilita conversão de homocisteína em metionina (ver Figura 11.2)	Homens ou mulheres: 2,4 µg/dia	No TDM: um ECR positivo de 6 semanas com vitamina B_{12} adjuvante (1.000 µg IM) *versus* apenas ADT ou ISRS (revisados por Sarris et al., 2016)
C (ácido ascórbico)	Antioxidante; síntese de colágeno, tecido conjuntivo, neurotransmissores e esteroides suprarrenais; absorção intestinal de ferro	Homens: 90 mg/dia; mulheres: 75 mg/dia	No TDM: um ECR positivo de 1 mês (dose de 1 g VO por dia) acrescentada à fluoxetina; um ECR negativo de 8 semanas (dose de 1 g VO por dia) acrescentado ao citalopram (Sarris et al., 2016)

ADT, antidepressivo tricíclico; *ATP*, trifosfato de adenosina; *DNA*, ácido desoxirribonucleico; *ECR*, ensaio controlado randomizado; *ISRS*, inibidor seletivo de recaptação de serotonina; *RDA*, ingestão dietética recomendada; *RNA*, ácido ribonucleico; *VO*, via oral.

Psicofarmacologia Prática

CASO CLÍNICO 11.1

Devin, 25 anos, tem esquizofrenia crônica, hospitalizações repetidas, psicose persistente e nível funcional persistentemente baixo, apesar de várias tentativas adequadas com ASGs, inclusive olanzapina (até 40 mg/dia) e clozapina (até 400 mg/dia). A esposa pediu que o médico de atenção básica do paciente dosasse nível de 25-OH-D$_3$ e, quando o resultado mostrou nível baixo (19 ng/ml), ela perguntou se este era o "elo perdido" por tanto tempo, que poderia finalmente explicar sua doença. Ela insistiu com o psiquiatra de Devin para que ele fizesse "reposição" de vitamina D (colecalciferol) com dose semanal 50.000 UI. O psiquiatra não se opôs a acrescentar vitamina D, mas expressou suas dúvidas quanto à possibilidade de que nível baixo de vitamina D fosse a causa de sua esquizofrenia (e sugeriu que uma hipótese mais provável seria que seu isolamento social e exposição limitada à luz solar fossem mais possivelmente resultados que causas) e, em vez disto, sugeriu que considerassem ECT como medida heroica para tratar sua psicose resistente a diversos fármacos. Como não aceitou essa sugestão, a esposa de Devin desfez a relação terapêutica com seu psiquiatra de forma a buscar outro médico que fosse "mais mente aberta" quanto à correção de deficiências nutricionais que, em sua opinião, eram a causa dos transtornos mentais de seu marido.

Boxe 11.1 Correção de níveis séricos baixos de vitamina D.

Em parte, correção de níveis séricos baixos de vitamina D depende de quão baixos realmente estejam os níveis séricos dosados. Níveis muito baixos (i. e., < 12 ng/dl) provavelmente justificam uma investigação clínica para detectar osteomalacia. Em geral, a reposição consiste em uma dose de saturação de colecalciferol (vitamina D$_3$) de 50.000 UI administrada 1 vez/semana, durante 6 a 8 semanas, ou 3 vezes/semana ao longo de 1 mês; em seguida, deve-se dosar novamente os níveis séricos de 25-(OH)D. Níveis séricos iniciais entre 12 e 20 ng/ml geralmente podem ser corrigidos com doses diárias de ergocalciferol (vitamina D$_2$ vendida sem prescrição médica) de 1.000 UI, seguidas de reavaliação dos níveis laboratoriais em cerca de 2 meses. Em geral, níveis séricos de 20 a 30 ng/ml podem ser corrigidos satisfatoriamente com 600 a 800 UI/dia de vitamina D$_2$ seguidas de reavaliação laboratorial depois de alguns meses. Em seguida, frequentemente são recomendadas doses diárias de manutenção/prevenção entre 800 e 2.000 UI quando persistirem fatores de risco para recorrência da deficiência (Kennel et al., 2010).

MACROMINERAIS E MICROMINERAIS

A importância potencial dos macrominerais (p. ex., cálcio e magnésio) e microminerais (ou oligoelementos como zinco, selênio, cobre, ferro e manganês) tem conquistado atenção crescente em estudos sobre fisiopatologia da depressão, esquizofrenia, autismo, demência e muitos

---

Boxe 11.2 Adrenocromo como hipótese para explicar esquizofrenia.

Na década de 1950, o psiquiatra canadense Dr. Abram Hoffer propôs que deficiência de niacina pudesse causar esquizofrenia. Ele raciocinou que adrenocromo (um metabólito oxidativo da epinefrina) induziria psicose e suspeitou que esquizofrenia fosse resultante do "derramamento de adrenocromo e seus derivados na corrente sanguínea e cérebro" (Hoffer, 1994); deste modo, em sua opinião, a doença poderia ser tratada com doses altas de niacina combinada com vitamina C. Esse modelo etiopatogênico foi ligeiramente reforçado por observações de que pacientes esquizofrênicos podiam ter reação de "ruborização cutânea" atenuada em resposta à niacina e sugestões de que esta resposta atenuada poderia ser um marcador endofenotípico detectável em irmãos normais de probandos esquizofrênicos (Chang et al., 2009).

Apesar de ser um dos primeiros estudos a chamar atenção aos sistemas de defesa antioxidantes na patogenia e no tratamento de psicopatologia grave, o conceito de que esquizofrenia seja causada pelos efeitos alucinógenos dos metabólitos dos hormônios do estresse caiu em descrédito, levando com ele o suposto valor antipsicótico da vitamina B$_3$ – em grande parte porque ECRs não conseguiram demonstrar a eficácia da niacina em doses altas em quaisquer domínios de sintomas mentais ou níveis psicossociais de pacientes esquizofrênicos (p. ex., Wittenborn et al., 1973).

---

outros transtornos psiquiátricos e doenças em geral. Também nesse caso, buscas aleatórias na internet abrem portas a um "mundo selvagem" de informações, que frequentemente são

Capítulo 11 • Tratamentos Farmacológicos Novos: Nutracêuticos, Esteroides, Probióticos...

sensacionalistas, cientificamente improváveis e praticamente impossíveis de analisar no que se refere a precisão técnica e credibilidade médica, mesmo por profissionais da área de saúde, muito menos por pessoas leigas inteligentes. Como sempre, defensores da medicina baseada em evidência são encorajados a pesquisar no *Index Medicus* e literatura médica revisada por pares de forma a obter informação confiável.

A Tabela 11.6 resume o conhecimento básico acerca dos efeitos fisiológicos conhecidos e da relevância psiquiátrica dos oligoelementos e descreve as bases racionais e evidências (quando existirem) a favor de ultrapassar as ingestões

Tabela 11.6 Macrominerais e oligoelementos.

Mineral	Possível utilidade psiquiátrica da suplementação	Riscos potenciais de doses excessivas
Cálcio	Carbonato de cálcio oral (600 mg 2 vezes/dia) reduziu sintomas de disforia pré-menstrual mais que placebo (Thys-Jacobs et al., 1998)	Cálculos renais, desconforto GI
Cromo	Na depressão atípica, dose de 600 μg/dia pode melhorar hiperfagia e desejo compulsivo de ingerir carboidratos, mais que placebo (Docherty et al., 2005)	Insuficiência renal, hepatotoxicidade, anemia, trombocitopenia
Cobre	Nenhum efeito benéfico estabelecido	Hepatotoxicidade e nefrotoxicidade; náuseas, vômitos e coma
Iodo	Nenhum efeito benéfico estabelecido	Ingestão de *iodo* elementar causa queimaduras químicas e pode ser fatal
Ferro	Algumas vezes, suplementação de ferro dietético pode ajudar a tratar pica	Lesões hepáticas e intestinais, morte
Magnésio	• No TDM: um ensaio cruzado aberto de 12 semanas com cloreto de magnésio (248 mg de Mg^{++} elementar) demonstrou melhora significativa dos escores basais de depressão e ansiedade (Tarleton et al., 2017); óxido de magnésio na dose oral de 500 mg/dia × 8 semanas melhorou depressão mais que placebo (Rajizadeh et al., 2017); um pequeno ECR negativo usando aspartato de magnésio (Ryszewska-Pokraśniewicz et al., 2018) • Componente (600 mg de magnésio) do Migravent® ou Dolovent® para tratar enxaquecas (Gaul et al., 2015)	Doses excessivas podem causar diarreia e desconforto GI; pode ser perigoso em pacientes com doença renal crônica ou arritmias cardíacas
Manganês	Nenhum efeito benéfico estabelecido	Neurotoxicidade (psicose, parkinsonismo), efeitos tóxicos pulmonares e hepáticos
Potássio	Nenhum efeito benéfico estabelecido	Hiperpotassemia pode causar arritmias
Selênio	Estudos de caso-controle relacionaram ingestão dietética baixa de selênio com TDM (OR cerca de limite) (Pasco et al., 2012); nenhum efeito psiquiátrico benéfico estabelecido para suplementação dietética	Diarreia/desconforto GI, alterações dermatológicas (queda de cabelos, unhas manchadas/quebradiças), neuropatia
Sódio	Nenhum efeito benéfico estabelecido (nos pacientes tratados com lítio, ingestão baixa de sódio pode aumentar os níveis deste fármaco por absorção renal excessiva)	Retenção de líquidos, hipertensão, edema pulmonar, insuficiência renal, convulsões
Zinco	• Na anorexia nervosa, gliconato de zinco na dose de 100 mg/dia aumentou IMC mais que placebo (Birmingham et al., 1994) • No TDM: um ensaio positivo de 12 semanas controlado por placebo (dose de 25 mg/dia) acrescentado ao tratamento com ISRSs; um ECR negativo de zinco acrescentado à imipramina (revisado por Sarris et al., 2016)	Doses diárias > 25 mg podem causar deficiência de cobre; pode reduzir absorção de cromo

ECR, ensaio controlado randomizado; *IMC*, índice de massa corporal; *ISRS*, inibidor seletivo de recaptação de serotonina; *OR*, razão de probabilidade (*odds ratio*); *TDM*, transtorno depressivo maior; *VO*, via oral.

dietéticas recomendadas (RDA em inglês) quando não houver deficiências conhecidas. Em alguns casos, ingestão *relativa* baseia-se em recomendações de saúde tradicionais – por exemplo, razões entre zinco:cobre (ideal de 1:8, de acordo com a National Academy of Sciences) parecem ser mais importantes que dosagens isoladas destes metais, ou suplementos de zinco podem reduzir a absorção de cromo no trato digestivo. Orotato de lítio é outro exemplo de "nutriente" elementar com supostos benefícios à saúde – e noção popular equivocada de que seja uma alternativa viável à prescrição de carbonato ou citrato de lítio, como está descrito no Boxe 11.3.

NUTRACÊUTICOS ATRAVESSAM A BARREIRA HEMATENCEFÁLICA? OU, QUANDO VOCÊ NÃO PODE IR MAIS ADIANTE!

No caso dos suplementos dietéticos fitoterápicos ou supostos precursores da síntese de neurotransmissores, um aspecto fundamental consiste em saber se é possível "reforçar" os níveis de precursores de neurotransmissores de forma a aumentar a disponibilidade fisiológica ou função de seus produtos finais no SNC. Relacionada com essa questão está a dúvida de saber se suplementos dietéticos

de neurotransmissores atravessam a barreira hematencefálica (BHE). A maioria dos aminoácidos circulantes depende de um sistema de transporte facilitado para atravessar a BHE, mas mesmo quando existem estes mecanismos de transporte, eles geralmente não entram em quantidades consideráveis. Por essa razão, atravessar a BHE ainda é uma questão controvertida no que se refere a GABA (ao menos em seres humanos; Boonstra et al., 2015) e glutamato (Hawkins, 2009) administrados por via oral. Serotonina não atravessa a BHE, mas seus precursores como 5-hidroxitriptofano (5-HTP) e *l*-triptofano (ver Figura 11.1) entram facilmente.

Se é possível combinar triptofano com um IMAO, a resposta é sim, caso se queira causar síndrome serotoninérgica, *delirium* ou mania. Existem estudos publicados a esse respeito, os quais podem ser consultados no MedLine. Explicando de outra maneira, o triptofano predispõe igualmente à síndrome serotoninérgica pacientes que usam IMAOs reversíveis ou irreversíveis.

As Tabelas 11.7 a 11.10 resumem, respectivamente, informações sobre possível relevância psicotrópica dos suplementos de neurotransmissores (p. ex., GABA, 5-HTP, taurina), esteroides (p. ex., DHEA, melatonina, pregnenolona), fitoterápicos (p. ex., *Ginkgo biloba*, erva-de-são-joão,

---

Boxe 11.3 O que é orotato de lítio e como ele funciona?

Lítio elementar pode ser ligado covalentemente a um ânion de forma a garantir sua biodisponibilidade segura depois da ingestão alimentar. Ácidos carbônico e cítrico são compostos mais amplamente utilizados com essa finalidade (cloridrato de lítio foi uma preparação popular por pouco tempo durante a década de 1940 como alternativa viável ao cloreto de sódio do sal de cozinha, possivelmente com menos impacto negativo na saúde cardiovascular – até que se tornaram evidentes seus efeitos tóxicos nas funções renal e tireóidea). Ácido orótico combinado com lítio elementar forma orotato de lítio, que contém 3,83 mg de lítio elementar por 100 mg (em contraste com carbonato de lítio, que contém 18,8 mg por 100 mg). Isso significa que a dose de orotato de lítio deveria ser cerca de três vezes maior que a de carbonato de lítio para alcançar níveis encefálicos comparáveis. Um comprimido de 120 mg de orotato de lítio contém cerca de 5 mg de lítio elementar, em comparação com um comprimido de 300 mg de

carbonato de lítio contendo cerca de 56 mg de lítio elementar.

Existem pouquíssimos estudos empíricos sobre segurança e eficácia do orotato de lítio em seres humanos e nenhum ECR publicado quanto à sua utilização no tratamento de transtorno bipolar. Defensores desse produto afirmam sem bases empíricas que ele é potencialmente útil à profilaxia de demência e efeitos do envelhecimento. Ensaios clínicos com seres humanos limitam-se a uma pequena série aberta de casos, que descreveu sua utilidade possível na dose oral de 150 mg/dia em pacientes alcoólicos (Sartori, 1986). Estudos realizados com animais sugeriram preocupação quanto à nefrotoxicidade expressiva em doses comparáveis às do carbonato de lítio (Smith e Schou, 1979). Como não existem dados mais detalhados sobre segurança e eficácia, hoje em dia efeitos benéficos psiquiátricos potenciais do orotato de lítio não podem ser considerados baseados em evidências.

Capítulo 11 • Tratamentos Farmacológicos Novos: Nutracêuticos, Esteroides, Probióticos...

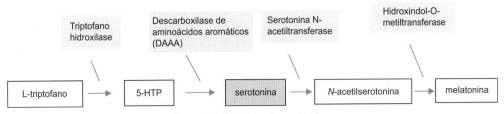

Figura 11.1 Síntese de serotonina.

Tabela 11.7 Neurotransmissores.

Neurotransmissor	Relevância psicotrópica possível	Dose típica de suplementação
GABA	Pode acelerar início do sono (Yamatsu et al., 2015)	100 mg/dia
Glutamato	Nenhum benefício psiquiátrico conhecido	Nenhuma dose estabelecida
Glutamina	Nenhum benefício psiquiátrico estabelecido	Doses de 20 a 30 g como suplemento antes de atividade física (Gleeson, 2008); 40 g VO por dia usados para tratar caquexia associada ao HIV
5 HTP (5-hidroxitriptofano)	No TDM: um ECR positivo de 4 semanas versus placebo acrescentado ao tratamento com clomipramina (revisado por Sarris et al., 2016); uso prolongado pode reduzir monoaminas e agravar depressão (Hinz et al., 2012); relatos anedóticos alegam eficácia em fibromialgia, transtorno alimentar compulsivo, insônia, cefaleias	300 mg/dia
L-arginina com L-lisina	ECRs pequenos principalmente com voluntários saudáveis demonstraram reduções mais expressivas do traço de ansiedade que placebo (Lakhan e Vieira, 2010)	3 g VO por dia
L-teanina	• Ensaio aberto de 8 semanas com l-teanina acrescentada ao tratamento com antidepressivos melhorou significativamente sintomas depressivos, memória verbal e funções executivas em comparação com níveis basais (Hidese et al., 2017) • Na esquizofrenia ou transtorno esquizoafetivo: l-teanina na dose de 400 mg/dia acrescentada ao tratamento com antidopaminérgicos melhorou ansiedade e sintomas positivos, mais que placebo (Ritsner et al., 2011)	250 mg VO por dia
Taurina	No primeiro episódio de psicose, taurina foi superior a um placebo (acrescentado aos antidopaminérgicos) para reduzir escores de BPRS e depressão e melhorar nível funcional em geral; nenhum efeito cognitivo benéfico observado (O'Donnel et al., 2016)	4 g VO por dia

BPRS, Brief Psychiatric Rating Scale (Escala Breve de Avaliação Psiquiátrica); ECR, ensaio controlado randomizado; GABA, ácido gama-aminobutírico; HIV, vírus da imunodeficiência humana; TDM, transtorno depressivo maior; VO, via oral.

11 Psicofarmacologia Prática

Tabela 11.8 Esteroides.

Esteroide	Relevância psicotrópica possível	Principais riscos conhecidos
Desidroepiandrosterona (DHEA)	• Elogiada por seus efeitos antienvelhecimento, antiobesidade, pró-cognitivos e antidepressivos; pode ↑ função sexual • Melhora distimia/depressão menor de homens e mulheres HIV-positivos (doses médias = 386 mg/dia e 243 mg/dia, respectivamente [Rabkin et al., 2006]); no TDM ou depressão menor da meia-idade, DHEA (90 mg/dia, ou 450 mg/dia) foi superior a um placebo (Wolkowitz et al., 1999; Bloch et al., 1999; Schmidt et al., 2005)	Relatos de casos de início recente de mania ou psicose com doses entre 150 e 300 mg/dia
Extrato de tireoide em pó	Nenhuma; algumas vezes é recomendado como substituto de T_4 ou T_3. Um grama = 38 µg de T_4 ou 9 µg de T_3.	Razões exatas entre T_4:T_3 relevantes aos seres humanos podem ser inconsistentes
Estrogênio	Nas mulheres deprimidas em torno da menopausa, metanálise de 26 ensaios detectou tamanho de efeito de 0,68 (Zweifel e O'Brien, 1997)	Possível risco aumentado de câncer de endométrio e trombose
Hormônio do crescimento humano (hGH)	Oral: provavelmente produz nenhum efeito ou efeitos mínimos (em razão da decomposição gástrica, em comparação com preparações IM)	Resistência à insulina, doença cardíaca, dor articular, edema
Mifepristona (também conhecida como RU-486)	Estudos preliminares com depressão psicótica (doses de 50 a 1.200 mg/dia) ou depressão crônica (200 mg/dia) e depressão bipolar (600 mg/dia); reverte psicose associada à síndrome de Cushing (Gallagher e Young, 2006)	Pode causar insuficiência suprarrenal, erupção cutânea, fadiga
Melatonina	Usada principalmente como facilitador do sono em doses de 1 a 3 mg/dia (equivalentes a 1 a 20 vezes os níveis fisiológicos)	Embora seja sintetizada a partir da serotonina (ver Figura 11.1), não há evidência de que melatonina dietética excessiva possa causar síndrome serotoninérgica
Pregnenolona	• Na esquizofrenia, pregnenolona na dose de 50 mg/dia + ASG reduziu sintomas positivos e negativos mais que placebo (d = 0,79) (Ritsner et al., 2014); pode melhorar atenção e funções executivas mais que placebo (Kreinin et al., 2017) • Pode proteger contra intoxicação por *Cannabis* (Vallée et al., 2014)	Nenhum risco conhecido
Progesterona	Pode causar depressão (Holst et al., 1989), aumentar o risco de depressão puerperal (Dennis et al., 2008). Contudo, alopregnanolona pode ter efeitos antidepressivos, ansiolíticos e pró-cognitivos (ver Capítulo 12)	Náuseas, fadiga, hipersensibilidade mamária, desconforto GI, piora do humor
Raloxifeno	Em mulheres com esquizofrenia, raloxifeno na dose de 120 mg/dia foi superior a um placebo com base nos escores totais da PANSS; nenhum efeito nos sintomas positivos, humor ou cognição (Kulkarni et al., 2016)	Fogachos, sudorese, tontura
Testosterona	Metanálise de 27 ECRs com homens deprimidos demonstrou melhora mais acentuada que placebo, mas tamanho de efeito pequeno (g = 0,21) em doses ≥ 5 g/semana (Walther et al., 2019)	Acne, hirsutismo, possível ↓ libido, alterações de humor, efeitos adversos cardiovasculares ou pró-trombóticos

ASG, antipsicótico de segunda geração; *ECR*, ensaio controlado randomizado; *GI*, gastrintestinal; *HIV*, vírus da imunodeficiência humana; *IM*, intramuscular; *PANSS*, *Positive and Negative Syndrome Scale* (Escala de Sintomas Positivos e Negativos); *TDM*, transtorno depressivo maior.

Capítulo 11 • Tratamentos Farmacológicos Novos: Nutracêuticos, Esteroides, Probióticos...

Tabela 11.9 Fitoterápicos.

Fitoterápico	Evidência	Principais riscos conhecidos
Bacopa monnieri (*Brahmi*)	Um ECR de 12 semanas com 300 mg/dia demonstrou efeitos ansiolíticos mais acentuados e maior velocidade de processamento visual, aprendizagem e consolidação de memória que um placebo (Stough et al., 2001)	Nenhum conhecido
Centella asiatica (*Gotu kola*)	Dados de ensaios abertos (500 mg VO, 2 vezes/dia) durante 2 meses demonstraram reduções significativas dos níveis basais de ansiedade e depressão (Jana et al., 2010)	Nenhum conhecido
Citrus aurantium	Nove ECRs com pacientes cirúrgicos ansiosos demonstraram melhora em comparação com placebo (Mannucci et al., 2018)	Nenhum conhecido
Matricaria chamomilla (camomila)	Cápsulas com extrato de camomila (iniciada na dose de 220 mg/dia e aumentada até 1.100 mg/dia) reduziram sintomas de depressão e ansiedade mais que placebo ao longo do 8 semanas de tratamento para TAG (Amsterdam et al., 2009); um ensaio subsequente controlado por placebo sobre prevenção de recidivas (dose de 500 mg VO, 3 vezes/dia) com indivíduos que haviam melhorado rapidamente no ensaio aberto com camomila demonstrou redução mais acentuada dos sintomas de ansiedade, mas não diminuiu os índices de recorrência (Mao et al., 2016)	Pode potencializar os efeitos de anticoagulantes
Crocus sativus (açafrão)	Revisão de 6 ECRs (três usando antidepressivo comparativo, três usando placebo) na dose de 30 a 50 mg/dia demonstrou comparabilidade aos antidepressivos e superioridade ao placebo com tamanho de efeito grande (Sarris, 2018)	Relatos de boca seca, tontura, cefaleia, náuseas e ansiedade
Curcuma longa (cúrcuma)	Metanálise de seis ECRs sobre TDM agudo (500 mg VO, 2 vezes/dia) demonstrou mais eficácia que placebo (Ng et al., 2017)	Considerada segura em doses orais < 12.000 mg; pode causar anemia ferropênica (relatos de casos de reações alérgicas graves ou morte quando foi administrada por via parenteral)
Free and Easy Wanderer Plus® (FEWP) (*Xiao yao yan*)	ECR de 13 semanas: FEWP (36 mg VO por dia) > placebo acrescentado ao tratamento de sintomas de depressão bipolar com carbamazepina ($p = 0,032$) (Zhang et al., 2007c); melhora mais acentuada que placebo no TDM ($p < 0,001$) (Zhang et al., 2007b)	Nenhum
Ginkgo biloba (ginkgo)	• Nos adultos idosos, seis ECRs (dose de 120 mg VO, 2 vezes/dia) não detectou vantagem do *Ginkgo biloba* sobre placebo em postergar demência, independentemente da existência ou não de déficits cognitivos mínimos basais (DeKosky et al., 2008) • Quatro ECRs (dose de 240 ou 480 mg VO por dia) em pacientes com TAG demonstraram redução da ansiedade mais que com placebo (Woelk et al., 2007)	Induz a enzima CYP2C19. Pode aumentar risco de sangramento ou reduzir eficácia dos anticoagulantes; desconforto GI
Galphimia glauca (galfímia)	• ECR de 4 semanas em pacientes com TAG tratados com 320 mg VO, 2 vezes/dia, *versus* lorazepam 1 mg VO 2 vezes/dia, não detectou diferenças significativas nos escores de ansiedade; seguimento adicional por 15 semanas detectou efeito ansiolítico mais acentuado com galfínia que lorazepam (revisado por Sarris, 2018)	Nenhum conhecido
Hypericum perforatum (erva-de-são-joão)	Metanálise de 18 ECRs sobre TDM favoreceu ESJ mais que placebo; dados menos numerosos sugeriram possível utilidade para tratar depressão grave e também branda-moderada com base em estudos (doses de até 900 mg/dia) demonstrando superioridade a alguns ISRSs (Sarris, 2018)	Efeitos adversos dermatológicos e digestivos; em geral, é seguro e bem tolerado; IMAO fraco

(continua)

Psicofarmacologia Prática

Tabela 11.9 Fitoterápicos. (*continuação*)

Fitoterápico	Evidência	Principais riscos conhecidos
Piper methysticum (kava ou kava-kava)	Possíveis efeitos ansiolíticos e sedativos (metanálise de 7 ECRs com doses de 60 a 280 mg/dia) demonstrou diferença significativa nos escores de ansiedade, embora com tamanhos de efeito pequenos (Peter e Ernst, 2003)	Insuficiência hepática fulminante (50 a 100 casos publicados; pode causar icterícia nas primeiras 2 semanas de tratamento)
Lavandula spp. (lavanda)	Pode ter efeito sinérgico com imipramina ou citalopram no TDM (revisado por Sarris, 2018)	Nenhum conhecido
Lepidium meneyii (maca ou *ginseng* peruano)	Em metanálise de 4 ECRs, dois mostraram melhora da função sexual (1,5 a 3,0 g VO por dia) em comparação com placebo, um não detectou diferença e o quarto demonstrou melhora da disfunção erétil masculina (Shin et al., 2010)	Nenhum conhecido (embora não tenha sido bem estudada)
Passiflora incarnata (flor de maracujá)	Eficácia ansiolítica comparada ao oxazepam (30 mg/dia) para tratar TAG; superioridade a um placebo para ansiedade pré-operatória de pacientes cirúrgicos mentalmente normais (Sarris, 2018)	Nenhum conhecido
Valeriana officinalis (valeriana)	Promovida como possível indutor do sono e "sedativo suave". Uma revisão de 9 ECRs sobre insônia (doses entre 400 e 900 mg VO por dia) mostrou resultados inconclusivos (Stevinson e Ernst, 2000)	Evitar em pacientes com doença hepática ou gestação

ECR, ensaio controlado randomizado; *ESJ*, erva-de-são joão; *GI*, gastrintestinal; *IMAO*, inibidor de monoaminoxidase; *TAG*, transtorno de ansiedade generalizada; *TDM*, transtorno depressivo maior; *VO*, via oral.

Tabela 11.10 Outras substâncias químicas.

Substância	Relevância psicotrópica possível	Doses típicas	Principais riscos conhecidos
Agmatina	Relatos de casos demonstraram eficácia antidepressiva diferençável dos efeitos da serotonina	2 a 3 mg/dia	Nenhum conhecido
Biotina	Nenhuma conhecida; popular como possível antídoto para alopecia secundária ao valproato de sódio	RDA (EUA): homens e mulheres = 30 μg/dia)	Nenhum conhecido
Colina	Estudo-piloto aberto com colina na dose de 3 a 8 g VO por dia acrescentada ao lítio demonstrou melhora dos sintomas manía-cos e depressivos em quatro de seis pacientes bipolares com ciclagem rápida resistentes ao tratamento (Stoll et al., 1996)	RDA (EUA): homens = 500 mg/dia; mulheres = 425 mg/dia	Cólicas abdominais, desconforto GI
Citicolina	Dados preliminares sugeriram possível utilidade para reduzir uso de cocaína em pacientes com transtorno bipolar (Brown et al., 2015) e, possivelmente, sintomas negativos da esquizofrenia (Ghajar et al., 2018a)	2.000 a 2.500 mg/dia	Nenhum conhecido
Coenzima Q (ubiquinona)	• Na depressão bipolar, um ECR de 8 semanas acrescentou 200 mg/dia ao tratamento farmacológico vigente e demonstrou melhora mais acentuada dos sintomas depressivos em comparação com placebo ($d = 0,87$) (Mehrpooya et al., 2018)	200 a 800 mg/dia (ingestão diária aceitável = 12 mg/kg/dia; Hidaka et al., 2008)	Desconforto GI; pode reduzir eficácia anticoagulante da varfarina

(*continua*)

Capítulo 11 • Tratamentos Farmacológicos Novos: Nutracêuticos, Esteroides, Probióticos...

Tabela 11.10 Outras substâncias químicas. (*continuação*)

Substância	Relevância psicotrópica possível	Doses típicas	Principais riscos conhecidos
	• Em adultos idosos com depressão bipolar, um ensaio aberto positivo acrescentou 800 mg/dia ao tratamento farmacológico vigente (Forester et al., 2015) • Componente (150 mg de CoQ) do Migravent® ou Dolovent® para tratar enxaquecas (Gaul et al., 2015) • Níveis endógenos de CoQ estão reduzidos em pacientes com doença de Parkinson; contudo, suplementação exógena não mostrou melhora da disfunção motora (Zhu et al., 2017)		
Creatina	• No TDM, um ECR positivo de 8 semanas com creatina adjuvante acrescentada ao escitalopram foi superior a um placebo (Lyoo et al., 2012) • Pode melhorar memória, atenção e tempo de reação mais que um placebo em voluntários saudáveis (Ling et al., 2019); efeitos em funções executivas, tempo de reação e fluência verbal foram menos evidentes (Avgerinos et al., 2018)	5 mg VO por dia	Possível nefrotoxicidade quando é combinada com AINHs
Mioinositol	No TDM: estudos pequenos de comprovação de hipótese, mas dois ensaios negativos controlados por placebo (revisados por Sarris et al., 2016)	12 g VO por dia	Desconforto GI
N-acetilcisteína (NAC)	ECR de 12 semanas com NAC ou placebo + tratamento habitual, depois seguimento por 16 semanas: nenhuma melhora significativa no 1º intervalo, mas algum benefício nos parâmetros avaliados no 2º intervalo (Berk et al., 2014)	1.200 a 2.400 mg VO por dia	Efeitos adversos GI e musculoesqueléticos
Ácidos graxos ômega-3 (ácido eicosapentanoico)	Metanálise de 11 ECRs sobre TDM demonstrou efeito global significativo ($g = 0,608$; $p = 0,009$) (Sarris et al., 2016)	Em geral, 1 a 2 g VO por dia, mas pode variar de 930 mg a 4,4 g VO por dia	Efeito dose-dependente possível de aumentar risco de sangramento/AVE hemorrágico
Quercetina	Relatos anedóticos de melhora das interações sociais de pacientes autistas	Nenhuma dose estabelecida	Nenhum conhecido
Triptofano	No TDM, quatro de sete ECRs foram positivos (revisados por Sarris et al., 2016)	Variável entre os diversos ECRs: 3 a 18 g VO por dia	*d*-isômero é menos eficaz que *l*-isômero ou mistura *dl*-racêmica; em 1989, uma epidemia de síndrome de eosinofilia-mialgia foi atribuída a uma única fonte e levou a FDA a banir *l*-triptofano até 2015

> **Dica**
> *N*-acetilcisteína não atravessa facilmente a barreira hematencefálica. Administração combinada de probenecida (dose oral de 500 mg, 2 vezes/dia), que impede efluxo de glutationa [Hagos et al., 2017] pode aumentar a disponibilidade de NAC no SNC).

AINHs, anti-inflamatórios não hormonais; *AVE*, acidente vascular encefálico; *CoQ*, coenzima Q; *ECR*, ensaio controlado randomizado; *GI*, gastrintestinal; *RDA*, ingestão dietética recomendada; *TDM*, transtorno depressivo maior; *VO*, via oral.

Psicofarmacologia Prática

> **Definições**
> *Fitocanabinoides* são canabinoides exógenos naturais, em contraste com canabinoides endógenos (endocanabinoides) ou sintéticos.
>
> *Cânhamo* é o termo usado para descrever fibras da planta *Cannabis sativa*. Ele contém < 0,3% de Δ9-THC.
>
> *Cannabis indica* tende a ter concentrações mais baixas de Δ9-THC e mais altas de CBD que *Cannabis sativa*, embora cepas híbridas frequentemente dificultem sua diferenciação. Aficionados frequentemente referem que *C. indica* tem mais tendência a causar relaxamento, efeito ansiolítico e efeitos antinociceptivos, enquanto *C. sativa* tende a estar mais associada a euforia, excitação e efeitos psicodélicos.

kava) e outros compostos (p. ex., aminoácidos, enzimas, cofatores) comercializados sem prescrição e seus potenciais riscos.

Por falar em ervas, ver algumas considerações especiais referidas ao canabidiol (CBD) no Boxe 11.4.

NUTRACÊUTICOS DE UM CARBONO, S-ADENOSILMETIONINA E DEPRESSÃO

Ácido fólico, vitamina B_2, vitamina B_6 e vitamina B_{12} participam do metabolismo dos aminoácidos na forma de coenzimas para transferência de moléculas doadoras de um átomo de carbono (geralmente de serina ou glicina) ao tetraidrofolato. Reações de transferência de um átomo de carbono são necessárias para converter homocisteína em metionina e desta para S-adenosilmetionina que, por sua vez, é responsável pela metilação dos produtos subsequentes (p. ex., DNA como forma de modificar sua função). Como se pode observar na Figura 11.2, vitaminas do complexo B e homocisteína reduzida são cofatores necessários à síntese das monoaminas do SNC. Deficiência de vitamina B_{12} aumenta os níveis séricos de homocisteína, enquanto ácido fólico é necessário à síntese de tetraidrofolato e à manutenção do ciclo do folato.

Pacientes com transtorno associado ao uso de maconha devem usar pregnenolona. Como

Boxe 11.4 E o que dizer do canabidiol?

Derivado dos tricomas glandulares (pelos da planta) da *Cannabis sativa*, canabidiol (CBD) é um fitocanabinoide considerado tecnicamente como substância não psicoativa que, apesar disto, tem atraído interesse crescente por suas supostas propriedades anticonvulsivantes, ansiolíticas, hipnótico-sedativas, neurotróficas, anti-inflamatórias, antioxidantes, analgésicas e possivelmente antipsicóticas, além de seu perfil tóxico favorável e baixo potencial de uso abusivo em estudos com animais e seres humanos. Ao contrário do tetraidrocanabinoide (Δ9-THC), CBD tem afinidade de ligação baixa aos receptores canabinoides (CBD1 e CBD2), mas pode atuar como agonista inverso no receptor CBD2 (Thomas et al., 2007). Seus supostos efeitos ansiolíticos (em contraste com os efeitos *ansiogênicos* mais comuns do Δ9-THC) são originados principalmente de estudos pré-clínicos (revisados por Scuderi et al., 2009). Em adultos abstêmios com transtorno associado ao uso de heroína, um ECR com CBD na dose de 400 ou 800 mg/dia, durante 3 dias, reduziu significativamente o desejo incontrolável desencadeado por estímulos e a ansiedade, em comparação com placebo (Hurd et al., 2019). Um ECR exploratório de 6 semanas com 1.000 mg/dia de CDB ou placebo acrescentado ao tratamento com antipsicótico de 88 pacientes esquizofrênicos demonstrou melhora mais acentuada dos sintomas positivos e melhora global (McGuire et al., 2018). Blessing et al. (2015) consideraram doses orais de 300 a 600 mg/dia úteis para tratar transtornos de ansiedade. É necessário realizar ensaios controlados mais amplos com CDB para avaliar seus efeitos ansiolíticos, antipsicóticos ou outros efeitos psicotrópicos potenciais, assim como estudos a longo prazo, antes que possa ser estabelecida base de evidências mais generalizável. Além disso, garantia da qualidade ainda é uma preocupação importante na produção de preparações não regulamentadas comercializadas sem prescrição, principalmente líquido para vaporização e óleo de CDB; um estudo demonstrou que 43% dos produtos à base de canabidiol disponíveis *online* tinham teores de CBD menores que os alardeados, enquanto 31% tinham teores maiores que os divulgados nas bulas (Bonn-Miller et al., 2017).

Em 2018, canabidiol foi aprovado como marca de referência Epidiolex® para tratar crises convulsivas em dois tipos de epilepsia infantil associada ao desenvolvimento (síndrome de Lennox-Gastaut e síndrome de Dravet). Sonolência, fadiga, diarreia e desconforto GI podem ser efeitos adversos desse fármaco. Ver mais detalhes sobre possíveis propriedades ansiolíticas do CBD no Capítulo 17).

o THC aumenta a síntese de pregnenolona, a ingestão adicional dessa substância bloqueia os receptores CBD1 e gera feedback parácrino/autócrino negativo que, por sua vez, bloqueia os efeitos psicoativos do Δ9-THC.

Há muito interesse quanto aos efeitos psicotrópicos potenciais da suplementação dietética com componentes das reações bioquímicas de transferência de um átomo de carbono, considerando sua necessidade absoluta para as sínteses de dopamina, serotonina e acetilcolina. Teoricamente, também é importante lembrar que:

- Ácido fólico precisa ser metilado para que possa atravessar a BHE (*L*-metilfolato) e este processo de conversão depende da atividade normal da enzima MTHFR (e disponibilidade de vitamina B_{12})
- Suplementação dietética de SAMe "evita" por completo essa via metabólica.

Suplementação dietética com componentes das reações de transferência de um carbono realmente se traduz em melhora detectável dos sintomas depressivos? Sarris et al. (2016) estudaram 15 conjuntos de dados relativos a SAMe (800 a 1.600 mg/dia), ácido fólico (0,5 a 10 mg/dia), metilfolato (15 a 30 mg/dia), vitamina B_6 e vitamina B_{12} para tratar depressão. Nessa metanálise, os autores não encontraram quaisquer diferenças significativas nos parâmetros depressivos entre ácido fólico e placebo (g de Hedge = 0,487; p = 0,233). Por outro lado, quatro ensaios abertos ou controlados com placebo sobre SAMe para tratar TDR demonstraram melhora significativa em comparação com placebo.

Nos pacientes com transtorno depressivo maior, Mech e Farah (2016) demonstraram superioridade ao placebo usando apenas um fármaco de marca com combinação de vitamina B_9 reduzida e micronutrientes.[2]

EU DEVERIA USAR *L*-METILFOLATO E, EM CASO AFIRMATIVO, QUANDO?

Ácido fólico precisa ser metilado para que possa atravessar a BHE. *L*-metilfolato – cofator necessário à síntese de monoaminas – é um suplemento dietético que poderia ampliar a biodisponibilidade de ácido fólico transportável ao SNC. ECRs sobre o uso de *L*-metilfolato na depressão chegaram a resultados variados: quando foi acrescentado ao tratamento ineficaz com um ISRS (mantido em dose fixa), *L*-metilfolato na dose inicial de 7,5 mg/dia durante 1 mês, seguida de 15 mg/dia durante mais 1 mês, não foi melhor que placebo; contudo, doses adjuvantes de 15 mg/dia durante todo o período de 60 dias melhoraram mais acentuadamente sintomas depressivos que um ISRS com placebo (Papakostas et al., 2012a). Como foi mencionado no Capítulo 8, ao contrário das expectativas, estudos *não* demonstraram que o genótipo da enzima MTHFR previa resposta

---

[2] Inclusive 1 mg de ácido fólico citratado + 2,5 mg de ácido folínico + 7 mg de *L*-metilfolato + 25 μg de pirofosfato de tiamina + 25 μg de dinucleotídio flavina-adenina + 25 μg de 5'-fosfato-piridoxal + 50 μg de adenosilcobalamina + 25 μg de dinucleotídio nicotinamida-adenina (NADH) + 500 μg de trimetilglicina + 1,5 mg de AminoFerr® + 1 mg de ascorbato de zinco + 1 mg de ascorbato de magnésio + 1 mg de ácido *l*-treônico e magnésio + fosfatidilserina-ômega 3 conjugados.

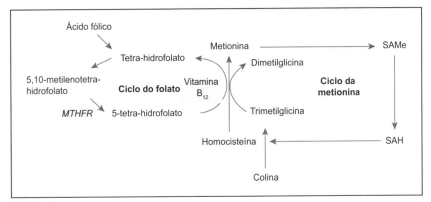

Figura 11.2 Ilustração simplificada da transferência de um carbono. *MTHFR*, metilenotetraidrofolato-redutase; *SAH*, S-adenosil-homocisteína; *SAMe*, S-adenosilmetionina.

ao *L*-metilfolato em pacientes com TDM. Esse composto parece ser uma opção segura nesses casos, mas são necessários mais estudos para obter informações mais definitivas de quais pacientes têm mais ou menos chances de obter melhora.

Na esquizofrenia, metanálise de ECRs com folato ou *L*-metilfolato acrescentado ao tratamento com bloqueadores de dopamina demonstrou vantagem significativa em comparação com placebo no sentido de melhora sintomas negativos, embora o tamanho deste efeito tenha sido pequeno ($d = 0,20$) (Sakuma et al., 2018).

INDUTORES DE SONO

Uma revisão sistemática dos fitoterápicos usados para tratar insônia analisou 14 ECRs envolvendo 1.602 indivíduos, mas não detectou diferenças significativas em comparação com placebo ou um controle ativo entre indivíduos que usaram valeriana, camomila, kava ou composto *Wu Ling San* (Leach e Page, 2015). (Ver também Tabela 11.9.)

SUBSTÂNCIAS ADAPTOGÊNICAS (OU ADAPTÓGENOS)

O termo "adaptógeno" foi criado na década de 1940 e definido mais formalmente na década de 1960 para descrever substâncias "atóxicas" que ajudavam a "aumentar... a resistência do organismo a grande variedade de fatores biológicos, químicos e físicos adversos" (Brekhman e Dardymov, 1969). O efeito suposto dessas substâncias é reduzir reações de estresse e atenuar exaustão fortalecendo as adaptações fisiológicas ao estresse. Estudos pré-clínicos sugeriram que elas possam ter efeitos em neuropeptídio Y, proteinoquinase ativada por estresse (SAPK/JNK), quinase fosforilada (p-SAPK/p-JNK), cortisol e óxido nítrico (NO), entre outros alvos. Como se pode constatar na Tabela 11.11, a maioria das substâncias adaptogênicas estudadas consiste em variantes geograficamente específicas do *ginseng*, que produziram resultados variados em participantes saudáveis sob outros aspectos (embora "estressados" ou "astênicos") em contexto clínico ou geral.

> **Dica**
> "Astenia" significa fraqueza física, nível baixo de energia e perda de força.

MICROBIOMA: INTERAÇÕES DE CÉREBRO E INTESTINOS

Nos últimos anos, tem sido observado interesse crescente quanto às possíveis interações bidirecionais de cérebro e intestinos. A flora do microbioma intestinal de pacientes com TDM é diferente da que se observa em controles saudáveis. Por exemplo, estudos demonstraram que amostras fecais de pacientes com TDM tinham deficiências relativas de *Faecalibacterium* (Jiang et al., 2015) e *Coprococcus* e *Dialister* (Valles-Colomer et al., 2019) e abundância exagerada de Enterobacteriaceae, *Alistipes* e *Flavonifractor* (Jiang et al., 2015). A maior parte da microflora intestinal produz neurotransmissores como serotonina e dopamina, enquanto outros componentes (p. ex., *Coprococcus* e *Faecalibacterium*) sintetizam compostos inflamatórios como butirato. Possíveis relações causais direcionais ainda são especulativas (depressão altera o microbioma intestinal ou microbioma intestinal alterado causa depressão?), mas parece que estímulos enviados do intestino ao cérebro poderiam ser transmitidos pelos nervos vagais aferentes. Desse modo, alterações do microbioma intestinal oferecem um novo alvo plausível para tratamento da depressão e, possivelmente, outros transtornos mentais.

Entre pacientes com TDM tratados com ISRS ou antidepressivos tricíclicos, tratamento adjuvante com *Lactobacillus helveticus* oral ou suplementos de *Bifidobacterium longum* durante 2 meses resultou em melhoras significativas dos escores da Escala de Depressão de Beck, em comparação com um grupo de controle tratado com prebióticos galactoligossacarídeos (GOS) ou placebo (Kazemi et al., 2019). Efeitos mais significativos foram associados a amostras e duração de estudo progressivamente maiores e estudos clínicos em comparação com participantes da comunidade. Esse estudo foi consistente com os resultados positivos obtidos por metanálise prévia de 23 ECRs enfatizando uso de probióticos na depressão (ver Tabela 11.12). Do mesmo modo, metanálise semelhante de 22 ECRs publicada pelos mesmos autores enfatizando probióticos no tratamento de ansiedade detectou efeito probiótico geral pequeno, embora significativo.

> **Definição**
> *Probiótico*: bactérias benéficas vivas
>
> *Prebiótico*: compostos alimentares indigeríveis (p. ex., fibras), cuja fermentação no intestino grosso favorece a proliferação de bactérias intestinais desejáveis

Capítulo 11 • Tratamentos Farmacológicos Novos: Nutracêuticos, Esteroides, Probióticos...

Tabela 11.11 Substâncias adaptogênicas.

Substância	Efeitos conhecidos
Extrato de raízes de *Eleutherococcus senticosus* (ginseng siberiano)	Nenhuma diferença significativa no desempenho cognitivo, fadiga, humor, sono ou medidas de estresse em comparação com 2 dias de treinamento intensivo de controle do estresse com um grupo de indivíduos com "astenia" (fraqueza física) (Schaffler et al., 2013)
Panax ginseng (ginseng asiático)	Revisão de 65 ensaios detectou possível efeito benéfico para melhorar metabolismo da glicose e modulação da resposta imune; nenhum efeito benéfico mental específico (Shergis et al., 2013)
Panax quinquefolius (também conhecido como ginseng americano)	Ensaio cruzado randomizado com 32 voluntários saudáveis demonstrou melhora significativa da memória operacional (dose = 100 mg/dia) (Scholey et al., 2010)
Rhodiola rosea	• ECR de 28 dias com 60 participantes diagnosticados com "fadiga relacionada com estresse", aos quais foi prescrito extrato padronizado de raízes de *Rhodiola rosea* (576 mg/dia) tiveram escores melhores ao fim do estudo que os indivíduos que usaram placebo no que se refere às medidas de *burnout* e atenção (atividade de desempenho contínuo), assim como níveis matutinos de cortisol (Olsson et al., 2009) • ECR de 6 semanas sobre depressão branda a moderada tratada com *Rhodiola rosea* (dose de 340 mg/dia ou 680 mg/dia) melhoram escores da HAM-D mais que placebo (Darbynian et al., 2007)
Extrato de bagas de *Schisandra chinensis*	Dados preliminares de ECR (dose de 784 mg/dia) sugeriram superioridade a um placebo para tratar fogachos, sudorese e palpitações cardíacas de mulheres climatéricas (Park e Kim, 2016)
Withania somnifera (também conhecida como *ashawaganda* ou *ginseng* indiano)	• Revisão de cinco ECRs de 6 a 16 semanas com doses entre 125 e 1.200 mg VO por dia em controles estressados saudáveis demonstrou melhores resultados no estresse (Pratte et al., 2014) • Dose de 500 mg/dia durante 8 semanas pode melhorar função cognitiva mais que um placebo em pacientes com transtorno bipolar (Chengappa et al., 2013) • Tratamento adjuvante por 12 semanas (1.000 mg VO por dia) com antidopaminérgicos na esquizofrenia pode melhorar sintomas positivos e negativos mais que placebo adjuvante (Chengappa et al., 2018)

ECR, ensaio controlado randomizado; *HAM-D, Hamilton Ratings Scale for Depression* (Escala de Avaliação de Depressão de Hamilton); *VO*, via oral.

Tabela 11.12 Resumo dos resultados de estudos com probióticos em transtornos psiquiátricos.

Transtorno	Base de evidência	Resultados principais
Ansiedade	Metanálise de 22 ECRs que usaram *Lactobacillus, Bifidobacterium longum* ou *Bacillus coagulans* por intervalos de 8 dias a 45 semanas (Liu et al., 2019b)	Efeito global pequeno, mas significativo, dos probióticos em comparação com placebo ($d = -0,10$; IC95% = $-0,19$ a $-0,01$; $p = 0,03$)
Autismo	Revisão de dois ECRs e três ensaios abertos que usaram *Lactobacillus, Bifidobacterium longum* ou *Bifidobacterium abifidum* (Liu et al., 2019a)	Melhora comportamental modesta observada, mas tamanhos de efeito pequenos, amostras pequenas e períodos curtos de estudo
TDM	Revisão de 23 ECRs envolvendo variação ampla quanto ao tipo (clínica *versus* comunitária), indivíduos com ou sem síndrome do intestino irritável) e tamanho das amostras (Liu et al., 2019b)	Efeitos globais observados pequenos, mas significativos ($d = -0,24$; IC95% = $-0,36$ a $-0,12$; $p < 0,001$). Existem ECRs positivos e negativos quanto ao uso de algumas cepas (p. ex., *Bifidobacterium longum*)
Esquizofrenia	Metanálise de três ECRs que usaram *L. rhamnosus* cepa GG, *Bifidobacterium animalis* subespécie *lactis* cepa Bb12 por 12 a 14 semanas (Ng et al., 2019)	Nenhuma diferença significativa demonstrada entre probióticos e placebo ($d = -0,09$; IC95% = $-0,380$ a $0,204$; $p = 0,551$)

ECR, ensaio controlado randomizado; *IC*, intervalo de confiança.

ENTÃO (QUANDO) EU DEVERIA PRESCREVER PROBIÓTICOS COM FINALIDADE PSICOTRÓPICA?

Ainda que probióticos geralmente sejam seguros, a relação risco-benefício de incluí-los como opção de tratamento adjuvante para depressão provavelmente é neutra, na pior das hipóteses. Hoje em dia, ninguém consideraria tratar transtornos psiquiátricos com apenas um fármaco baseado em evidências e, em nossa opinião, não existem dados replicados suficientes para recomendar inclusão de alguma cepa bacteriana específica como componente essencial de qualquer combinação probiótica disponível no mercado.

CONSIDERAÇÕES FINAIS

Com base em nossa experiência, pacientes que mostram predileção por tratamentos incomuns ou não convencionais em vez de tratamentos mais estabelecidos podem ter chances um pouco maiores de adotar crenças incomuns ou singulares, pensamento mágico ou sinais velados de psicose em alguns casos. Com pacientes que expressam mais que interesse ou curiosidade casual por produtos naturais, ou que podem até parecer imersos em preocupações excessivas ou peculiares sobre como o organismo funciona, algumas vezes uma exploração cuidadosa de crenças de saúde incomuns pode fornecer informações úteis ao diagnóstico psiquiátrico, como está ilustrado no Caso clínico 11.2.

CASO CLÍNICO 11.2

Helena, 54 anos, mulher solteira desempregada, compareceu à primeira consulta psiquiátrica referindo preocupações exageradas quanto à toxicidade dos medicamentos "sintéticos". Ela trazia consigo incontáveis folhas de papel com informações sobre efeitos farmacológicos adversos, que ela havia baixado da internet, além de uma sacola de mercado cheia de produtos nutracêuticos comercializados sem prescrição, inclusive quercetina, Bio-B Complex®, E-mulsion 200®, Neurosol®, óleo de linhaça/borragem, Parabiotic Plus®, Bioprotect®, Thyrosol®, biotina, Platinum Plus Essential Amino Acid®, Ginger Root®, CoQ Select®, Lipogen®, Huperazine A®, Bio-D-Multion Forte Drops®, Gastro Select®, Plasmanex 1 BFP8®, Biodoph 7 Plus®, extrato de rodíola, Formula 416-Protease com cálcio, ginseng, Green T-Max®, *Ginkgo biloba*, Nervia Sofgels®, Adrenal Energy Formula® e Enhanced Sex for Women 50+®. Embora demonstrasse sentimento geral de paranoia sobre ser "prejudicada" por praticantes de medicina ocidental, o psiquiatra não detectou quaisquer ilusões ou alucinações formais. O médico estabeleceu o diagnóstico preliminar de transtorno de personalidade esquizotípica com base em sua ansiedade social extrema, falta de responsividade emocional, fala desconexa e preocupações com misticismo e ocultismo. Ele ainda especulou quanto à possibilidade de que seus sintomas pudessem ou não ser iatrogênicos em razão dos inúmeros compostos que ela trazia consigo.

🏠 Pontos importantes e tarefas para casa

- Há uma gama sempre crescente de produtos nutracêuticos relevantes a grande variedade de transtornos mentais, que estão apoiados por bases de evidências amplamente variadas. Redirecionar a atenção do paciente às bases de evidências disponíveis ao considerar possível utilidade e segurança dos produtos nutracêuticos. Esclarecer concepções equivocadas comuns dos pacientes quanto a "natural", "seguro" e "eficaz"
- Reconhecer situações nas quais biodisponibilidade ou passagem pela barreira hematencefálica (BHE) de alguns nutracêuticos possa não estar bem demonstrada
- Estar consciente das interações farmacocinéticas pertinentes entre produtos nutracêuticos e fármacos prescritos (p. ex., erva-de-são-joão e indução das enzimas do citocromo P450)
- Instruir gentilmente seus pacientes quando não houver evidências de que suplementos de vitaminas, minerais ou outros nutrientes provavelmente produzam efeitos mentais benéficos nos casos em que não há deficiências metabólicas comprovadas.

12 Diversidade Humana e Considerações sobre Populações Especiais

Objetivos de aprendizagem

- ☐ Reconhecer diferenças farmacocinéticas e farmacodinâmicas das respostas aos fármacos psicotrópicos entre subgrupos de pacientes diferenciados por sexo, raça/etnia, idade e outros fatores específicos, inclusive fumantes ou pacientes que consomem quantidades significativas de álcool.
- ☐ Entender aspectos de segurança referidos ao uso de psicotrópicos durante gravidez, lactação e puerpério
- ☐ Reconhecer associações entre transtornos de humor e desregulação menstrual e seus tratamentos farmacológicos apropriados
- ☐ Entender as complexidades de tratar (e diferenciar entre efeitos iatrogênicos e sintomas da doença primária) pacientes com transtorno de sintomas somáticos
- ☐ Entender as implicações das principais doenças clínicas na prescrição de fármacos psicotrópicos
- ☐ Reconhecer o impacto da disfunção renal ou hepática no metabolismo e na eliminação de fármacos.

> Hoje, você é você, isto é mais verdadeiro do que a realidade. Não há ninguém vivo que seja mais você do que você.
>
> *Dr. Seuss*

Todas as subpopulações de pacientes são intrinsecamente "especiais" em vista de suas combinações singulares de manifestações clínicas e aspectos demográficos, que atuam como moderadores e mediadores dos resultados terapêuticos. Este capítulo enfatiza a diversidade de diferentes subgrupos clínicos quanto aos fatores moderadores ou mediadores, que não apenas fornecem informações quanto à probabilidade de alcançar respostas favoráveis a um fármaco, mas também identificam especificamente a necessidade de ajustar doses ou esquemas terapêuticos, ou preferir determinados fármacos em vez de outros com base em evidências de uso seguro e eficaz em um subgrupo específico de pacientes. Atributos como idade cronológica e sexo biológico raramente apontam intrinsecamente para a necessidade de efetuar ajustes de doses, mas outros aspectos coexistentes (p. ex., disfunção renal ou hepática; gravidez, transtornos de humor pré-menstruais) podem ser usados como base de evidência específica em determinada subpopulação. Conforme foi enfatizado no Capítulo 8, enzimas metabólicas (p. ex., CYP450) também podem variar com raça, sexo, idade e polimorfismos genéticos.

Com todos os fármacos aprovados pela FDA norte-americana, as bulas dos fabricantes com informações sobre os produtos geralmente descrevem seu uso em "populações especiais" na Seção 8. Mais especificamente, as Seções 8.1 e 8.2 referem-se a gravidez e lactação, respectivamente; as Seções 8.4 e 8.5 descrevem indicações pediátricas e geriátricas, respectivamente; e as Seções 8.6 e 8.7 referem-se aos pacientes com disfunções hepática e renal, respectivamente. Vale ressaltar que as bulas de alguns fármacos relativamente mais antigos (p. ex., bupropiona) são menos explícitas que as dos fármacos mais modernos quanto aos termos que usam para especificar modificações de doses em populações especiais (p. ex., bupropiona na disfunção renal).

Pacientes deprimidos com sobrepeso não devem utilizar doses mais altas de antidepressivos. Os ajustes de doses para adultos dependem mais da função hepática quanto aos fármacos metabolizados no fígado, à função renal aos fármacos eliminados pelos rins e ao volume de distribuição - não de peso propriamente dito. Ver Unterecker et al., 2011.

Este capítulo está subdividido em duas seções principais: populações estratificadas por: (a) subgrupos clinicamente definíveis (inclusive grupos individualizados por fatores étnicos, raciais ou de ancestralidade, diferenças sexuais, crianças/adolescentes, adultos idosos/populações geriátricas, gravidez/lactação, fumantes, portadores de transtornos associados ao uso de substâncias e pacientes suscetíveis à somatização); e (b) pacientes com comorbidades médicas ou doenças crônicas clinicamente significativas. Entre pacientes desse último grupo, em vez de tentar recapitular o vasto material contido em livros de texto dedicados ao tema de interconsulta psiquiátrica (*consultation-liaison*, ou *C-L psychiatry*), preferimos enfatizar algumas doenças clínicas encontradas frequentemente, que afetam diretamente o processo de decisão farmacológica de médicos sem treinamento na subespecialidade de interconsulta psiquiátrica.

SUBGRUPOS CLÍNICOS E DEMOGRÁFICOS

Subgrupos raciais, étnicos e ancestrais

Diversidade étnico-racial ainda é um tópico controverso no que se refere ao diagnóstico e tratamento psiquiátrico em geral e à farmacoterapia em particular. Em parte, há amplo debate quanto a se raça representa um diferenciador biologicamente válido para analisar fatores de suscetibilidade às doenças e parâmetros terapêuticos ou resultados farmacodinâmicos. O Boxe 12.1 apresenta definições claras de termos fundamentais usados nessa área.

A literatura de psicofarmacologia (e de outras áreas como psiquiatria), que define "raça" em termos gerais como um construto relevante à farmacocinética e à farmacodinâmica, apenas recentemente começou a estabelecer diferenças formais entre agrupamentos raciais, étnicos e geográfico-ancestrais. Em termos mais específicos, psicofarmacologistas estão interessados em como reconhecer mais facilmente estratificações populacionais com base em frequências alélicas diferenciáveis entre grupos (p. ex., considerar as variações conhecidas nas frequências alélicas das isoenzimas de CYP450 descritas no Boxe 8.4, Capítulo 8). A literatura disponível sobre raça ou etnia em psicofarmacologia reconhece providencialmente disparidades étnico-raciais nos padrões de prescrição (p. ex., depois do alerta incluído pela FDA norte-americana em 2004 quanto ao potencial de suicídio entre indivíduos jovens tratados com antidepressivos, a prescrição destes fármacos nos EUA diminuiu mais rapidamente entre brancos que negros ou latinos [DePetris e Cook, 2013]). Em outras áreas, a literatura oferece observações descritivas sobre "raça" que podem ser mais imprecisas que

Boxe 12.1 Terminologia.

Etnia refere-se aos fatores culturais como idioma, ancestralidade, religião, herança cultural e costumes. Por exemplo, influências étnicas poderiam reforçar a resistência ao uso de fármacos para tratar depressão, ou levar à busca de soluções espirituais em vez de médicas para problemas de saúde mental.

Raça é o termo usado para classificar grupos com base em atributos físicos compartilhados como cor da pele, estrutura óssea, cor dos olhos e cor e textura dos cabelos. Supostas predisposições raciais aos efeitos farmacocinéticos e farmacodinâmicos podem ser confundidas por fatores étnicos, socioeconômicos, geográficos ou outros aspectos não biológicos. Cada vez mais, raça tem sido criticada na literatura científica e leiga como um construto puramente social e cientificamente artificial, que não tem base na genética ou qualquer outro sistema biológico.

Ancestralidade é um termo cada vez mais preferível para descrever variação alélica baseada nas origens geográficas do indivíduo. (Por exemplo, o termo "caucasoide" provém da taxonomia racial do século XVIII, que defendida que indivíduos brancos descendiam de ancestrais da região montanhosa do Cáucaso, que se estende da Europa à Ásia.) Em comparação com o termo "raça", ancestralidade pode descrever mais precisamente a constituição genética de um indivíduo e, consequentemente, sua predisposição a determinados problemas médicos (p. ex., anemia falciforme pode ser mais prevalente entre indivíduos que descendem da África Subsaariana, em vez de indivíduos que têm determinada cor de pele).

se pretendia, sem levar em consideração fatores de confusão geográficos, ancestrais ou culturais. Ver exemplos no Boxe 12.2.

No passado, ECRs tendiam a inscrever mais participantes brancos que de outras raças e, por esta razão, resultavam em mais incógnitas quanto à extrapolação dos resultados terapêuticos a populações mais diversificadas. Outras considerações pertinentes aos resultados relativos à área de psicofarmacologia são:

- Grupos étnico-raciais que variam quanto aos níveis basais de suscetibilidade às doenças clínicas subjacentes (p. ex., diabetes, hipertensão) ou estilo de vida (p. ex., tabagismo) podem estar mais ou menos predispostos a determinados efeitos farmacológicos adversos (p. ex., desregulação metabólica)

Boxe 12.2 Exemplos de observações sobre raça/etnia publicadas na literatura.

> - Em comparação com pacientes brancos, afro-americanos com transtornos psicóticos tendem a receber doses mais altas de antipsicóticos, doses mais frequentes de antipsicóticos de depósito, tratamentos mais longos em geral e combinações mais frequentes de vários fármacos antipsicóticos (Chaudhry et al., 2008)
> - Pacientes asiáticos e latinos estão mais sujeitos a ter efeitos adversos extrapiramidais com antipsicóticos que afro-americanos ou brancos (Binder e Levy, 1981) e responder a doses menores de antipsicóticos em comparação com brancos (Ruiz et al., 1999)
> - Em comparação com mulheres brancas, latinas têm mais tendência a referir efeitos colaterais quando usam antidepressivos tricíclicos (Sramek e Pi, 1996).

- Diferenças étnico-raciais ou ancestrais em farmacocinética e farmacodinâmica podem afetar as manifestações clínicas e o tratamento de determinados transtornos mentais: por exemplo, formas relativamente hipoativas da enzima *aldeído-desidrogenase* entre japoneses e outras populações de ascendência asiática tendem a acarretar menos risco de alcoolismo; entretanto, variantes hipoativas da enzima *álcool-desidrogenase* parecem estar mais bem representadas entre indivíduos descendentes de nativos americanos. Por sua vez, isso pode aumentar sua suscetibilidade a ingerir mais álcool em excesso (Peng et al., 2014) (ver Boxe 12.3)
- Índices mais altos de neutropenia étnica benigna (NEB) entre indivíduos com descendência africana ou do Oriente Médio (cerca de 25 a 50%, segundo Haddy et al., 1999) impactam diferentemente o perfil de segurança hematológica da clozapina
- Indivíduos de descendência asiática (Ng et al., 2005), mais especificamente coreana (Matsuda et al., 1996), podem necessitar de doses médias menores de clozapina oral que indivíduos brancos para alcançar níveis séricos comparáveis deste fármaco
- Diferenças étnicas em vez de raciais poderiam explicar fenômenos como índices de suicídio significativamente mais altos (depois de corrigidos por idade) entre nativos americanos do Alasca (22,15 por 100.000) quando comparados com habitantes das ilhas do Pacífico (6,75 por 100.000)
- Diferenças étnicas em dieta e nutrição, acesso aos serviços de saúde, prevenção primária, tabagismo, atitudes quanto ao uso de substâncias psicoativas e preferências por produtos nutracêuticos
- Diferenças transculturais nas atitudes quanto a doenças mentais, farmacoterapia em geral e adesão ao tratamento
- Níveis crescentes de diversidade racial e casamentos inter-raciais, combinados com mobilidade geográfica sempre crescente, tendem a obscurecer agrupamentos raciais ou étnicos definidos categoricamente. Números crescentes de indivíduos com ascendência racial, geográfica e étnica mista introduzem "camadas" adicionais de estratificação populacional, que vão muito além das cinco categorias raciais convencionais especificadas pelo US Office of Management and Budget (1997).

Diferenças sexuais

Em geral, existem relativamente poucas diferenças expressivas quanto à posologia dos fármacos

Boxe 12.3 Reações metabólicas do álcool.

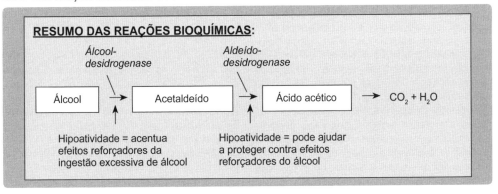

Psicofarmacologia Prática

e aos resultados farmacodinâmicos baseados estritamente no fator sexual. Diferenças sexuais farmacocinéticas podem ser atribuídas à biodisponibilidade dos fármacos (p. ex., mulheres têm menos secreção gástrica ácida e esvaziamento gástrico mais lento que homens) e metabolismo/excreção (p. ex., estrogênio induz as enzimas de P450). Meias-vidas de eliminação mais longas nas mulheres que nos homens foram observadas com mirtazapina (37 horas *versus* 26 horas), zolpidem ($C_{máx}$ e AUC 45% maiores, daí a recomendação do fabricante de administrar a dose convencional de 5 mg à noite para mulheres *versus* 10 mg à noite para homens) e olanzapina (depuração 30% menor nas mulheres que nos homens). Mulheres têm concentrações séricas comprovadamente maiores que homens quando usam doses comparáveis de amitriptilina, nortriptilina, doxepina, citalopram e mirtazapina (Unterecker et al., 2013). Além disso, em comparação com homens, mulheres também têm formas menos ativas de álcool-desidrogenase no estômago e no fígado, explicando a possibilidade de alcançar níveis sanguíneos mais altos de álcool e tolerância reduzida aos seus efeitos nas mulheres.

Quanto à depressão, mulheres tendem a apresentar sintomas depressivos mais atípicos (*i. e.*, hipersonolência, hiperfagia, adinamia) que homens, bem como comorbidades mais graves como ansiedade, tentativas de suicídio e padrões de variação sazonal do humor. Ainda não está claro se os resultados obtidos com tratamento antidepressivo são diferentes entre homens e mulheres. Um estudo citado frequentemente sobre depressão crônica (Kornstein et al., 2000) consistiu em análises *post hoc* das diferenças sexuais nos resultados terapêuticos com sertralina *versus* imipramina e demonstrou que mulheres respondiam mais favoravelmente à primeira, enquanto homens melhoravam mais expressivamente com a segunda; além disto, mulheres pós-menopausa tinham índices de resposta comparável a essas duas classes de antidepressivos. Esse estudo também suscitou interesse quanto à hipótese de que ISRSs possam ser mais eficazes em presença de estrogênio – uma hipótese também apoiada por um estudo de curta duração (4 semanas), que demonstrou eficácia antidepressiva maior nas mulheres em torno da menopausa que usavam estrogênio (100 μg/dia de 17β-estradiol) ou placebo (Cohen et al., 2003). Entretanto, vários estudos prospectivos e metanálises subsequentes não conseguiram replicar essa diferença sexual nos efeitos antidepressivos de outros fármacos do grupo dos ISRSs ou IRSNs (Sramek et al., 2016).

> **Factoide**
>
> Estudos demonstraram que adesão ao tratamento antidepressivo é maior em homens que mulheres jovens (idades de 20 a 40 anos), mas menor em homens que mulheres de meia-idade ou idosos (50 a 70 anos) (*i. e.*, adesão é maior entre mulheres idosas que homens idosos [Krivoy et al., 2015]).

Antes de prescrever APGs ou ASGs às mulheres, médicos devem lembrar que fármacos com risco alto de causar hiperprolactinemia estão relativamente contraindicados às pacientes com história de câncer de mama positivo para receptor de estrogênio (RE), considerando os efeitos tróficos potenciais da prolactina em tecidos malignos RE-positivos. ASGs que não interferem com a secreção de prolactina (p. ex., aripiprazol) ainda são as opções preferíveis nesses casos. Hiperprolactinemia causada por ASGs geralmente tende a alcançar níveis um pouco mais altos nas mulheres que nos homens e, especialmente no primeiro grupo, pode causar mais comumente osteoporose (assim como galactorreia com mais frequência nos homens).

Psicofarmacologia em transexuais, transgêneros e não conformistas sexuais

Existem poucos estudos sobre aspectos singulares da psicofarmacologia em transgêneros. Entre pacientes com diagnóstico de disforia de gênero, a incidência de depressão, ideação suicida e autolesão/autoagressão não suicida é desproporcionalmente maior em comparação com a população em geral, frequentemente no contexto de problemas de relacionamento interpessoal, questões envolvendo autoestima e pouco apoio social percebido (Claes et al., 2015; Witcomb et al., 2018).

Cerca de 70% dos adultos com disforia de gênero que passaram por conversão de homem para mulher (HM) ou mulher para homem (MH) têm histórico detectável ou transtorno psiquiátrico no presente, na maioria dos casos transtornos afetivos e ansiedade, enquanto a incidência de transtornos da personalidade parece ser comparável à encontrada na população em geral (Heylens et al., 2014). Em especial, transtorno de ansiedade social foi detectado em cerca de um terço de uma coorte de 210 indivíduos antes de intervenções para redesignação do sexo biológico, que foram estudados em uma unidade especializada em transgêneros de um hospital universitário da Espanha (Bergero-Miguel et al., 2016).

No que se refere a outros aspectos diagnósticos, alguns autores observaram que transtornos psicóticos primários como esquizofrenia podem incluir "*pseudo*transexualidade" (Borras et al., 2007) ou ilusões relacionadas com a ideia de redesignação sexual, que podem atenuar a resposta terapêutica aos antipsicóticos apropriados – vale lembrar que é difícil avaliar questões de transexualidade como fenômenos reais, considerando que podem ser secundários à psicose não tratada de pacientes que apresentam sinais e sintomas de esquizofrenia ou outros transtornos psicóticos.

Desconhecemos a existência de ensaios formais com qualquer fármaco psicotrópico em indivíduos transgêneros. Ao menos teoricamente, médicos devem estar atentos ao impacto potencial do tratamento com esteroides gonadais no humor e no pensamento, além de seus efeitos farmacocinéticos. Nos indivíduos que fizeram conversão MH, estudos demonstraram que doses altas de testosterona aumentam a ligação ao transportador de serotonina nas estruturas límbicas e núcleo estriado dorsal – ainda que possíveis relações com estas observações e sintomas depressivos e resposta aos antidepressivos serotoninérgicos sejam puramente especulativas (Kranz et al., 2015).

Crianças e adolescentes

Em vez de embarcar em qualquer tentativa vaga de abordar o vasto tópico dos tratamentos farmacológicos baseados em evidências para crianças e adolescentes, preferimos aqui chamar a atenção para as diferenças conhecidas de segurança e eficácia dos fármacos em jovens e adultos em diversos domínios principais de psicopatologia. As Tabelas 12.1 a 12.7 descrevem os resultados principais referidos às principais classes farmacológicas gerais.

Psicofarmacologia geriátrica

Questões de segurança dos fármacos psicotrópicos usados na população idosa foram resumidas em uma declaração consensual publicada pela American Geriatrics Society, que é conhecida como Critérios de Beers® para reconhecer uso de fármacos potencialmente inadequados (FPIs) (2019 American Geriatrics Society Beers Criteria® Update Expert Panel); este documento passa por atualizações praticamente a cada 3 anos. Nas diretrizes de 2019, entre as recomendações fundamentais relativas ao uso de psicotrópicos em adultos idosos estão as seguintes:

- Evitar prescrever simultaneamente opioides com benzodiazepínicos ou gabapentinoides (*i. e.*, gabapentina, enacarbil-gabapentina ou pregabalina) (Boxe 12.4)
- Recomendações anteriores para evitar bloqueadores H_2 em adultos idosos com base na preocupação de que possam causar demência foram retiradas, porque há poucas evidências a favor dessa correlação – ainda que bloqueadores H_2 sejam considerados por seu risco de causar ou agravar *delirium* e devam ser evitados nesse contexto

Tabela 12.1 Considerações de segurança farmacológica em crianças e adolescentes: antidepressivos.

Classe farmacêutica geral	Resultados principais
Antidepressivos	• Alerta de classe para aumento do risco de ideação ou comportamentos suicidas em pacientes jovens (idade < 24 anos) • Uma revisão de 36 ECRs com ISRSs e IRSNs usados em crianças e adolescentes detectou tamanho de efeito pequeno em transtornos depressivos ($g = 0{,}21$ com ISRSs; $g = 0{,}16$ com IRSNs), refletindo um índice de resposta alto ao placebo (Locher et al., 2017). ISRSs estudados mais amplamente para tratar depressão na infância são fluoxetina > paroxetina > sertralina > citalopram e escitalopram. Dois ensaios controlados por placebo investigaram venlafaxina ou duloxetina. Análises intragrupo revelaram resposta mais ampla com duloxetina ($g = 1{,}95$) e menor com fluvoxamina ($g = 1{,}22$). Coletivamente, ISRSs e IRSNs produziram efeito maior em ECRs sobre transtornos de ansiedade (sete ECRs sobre ISRSs; $g = 0{,}71$; quatro ECRs sobre IRSNs; $g = 0{,}41$) ou TOC (nove ECRs sobre ISRSs; $g = 0{,}39$). Um ECR sobre ISRS (sertralina) para tratar TEPT demonstrou tamanho de efeito pequeno ($g = 0{,}16$).

ECR, ensaio controlado randomizado; *IRSN*, inibidor de recaptação de serotonina-norepinefrina; *ISRS*, inibidor seletivo de recaptação de serotonina; *TEPT*, transtorno de estresse pós-traumático.

Psicofarmacologia Prática

Tabela 12.2 Considerações de segurança farmacológica em crianças e adolescentes: ASGs.

Classe farmacêutica	Resultados principais
ASGs	• A magnitude de risco cardiometabólico iatrogênico parece ser maior nas crianças e nos adolescentes que nos adultos; ao longo de um intervalo médio de 10,8 semanas, aripiprazol pode ter risco um pouco menor de causar dislipidemias que olanzapina ou risperidona (Correll et al., 2009) • Em uma revisão sobre transtornos de movimento de início recente entre 10 ECRs sobre ASGs usados por crianças e adolescentes, Correll e Kane (2007) relataram índice anual de DT de 0,42%

ASG, antipsicótico de segunda geração; *DT*, discinesia tardia; *ECR*, ensaio controlado randomizado.

Tabela 12.3 Considerações de segurança farmacológica em crianças e adolescentes: lítio.

Classe farmacêutica	Resultados principais
Lítio	• Metanálise de 12 ECRs (duração curta na maioria dos casos) sobre transtorno bipolar em pediatria demonstrou eficácia em até 50% dos casos, sem casos relatados de lesão renal e episódios raros de hipotireoidismo; nesses ensaios, efeitos adversos mais comuns foram desconforto GI, poliúria e cefaleia (Amerio et al., 2018); aumentos de apetite e peso foram relatados em ensaios de curta duração (incidência cerca de 10%), mas não houve diferença significativa de placebo • O relatório de uma força-tarefa da International Society for Bipolar Disorders-International Group for the Study of Lithium Treated Patients (ISBD-IGSLi), que avaliou uso de lítio para tratar mania na infância, concluiu que lítio foi mais eficaz que placebo (DMP = −0,42), comparável ao valproato de sódio (DMP = −0,07) e menos eficaz que risperidona nos casos de mania crônica com TDAH como comorbidade (DMP = 0,85) (Duffy et al., 2018) • A dose-alvo recomendada habitualmente para tratar mania em pediatria é de 30 mg/kg, com meta de alcançar nível sérico terapêutico comparável ao desejável para adultos (0,6 a 1,2 mEq/ℓ) • Um estudo-piloto aberto de pequeno porte sobre mania ou transtorno bipolar misto em pacientes pediátricos (média de idade = 11,4 anos) relatou tamanho de efeito de 1,63 (Kowatch et al., 2000)

DMP, diferença média padronizada; *ECR*, ensaio controlado randomizado; *TDAH*, transtorno de hiperatividade e déficit de atenção.

Tabela 12.4 Considerações de segurança farmacológica em crianças e adolescentes: anticonvulsivantes.

Fármacos	Resultados principais
Carbamazepina	• Poucos ensaios não controlados/revisões retrospectivas de prontuários (p. ex., Ginsberg, 2006) e ensaios abertos (p. ex., Findling e Ginsberg, 2014) sobre mania bipolar ou episódios mistos em pacientes pediátricos (dose modal cerca de 1.200 mg/dia); efeitos adversos comuns nesses ensaios foram sonolência, fadiga, náuseas, cefaleia, tontura e erupção cutânea • Um estudo-piloto aberto pequeno sobre mania bipolar ou transtorno bipolar misto em pediatria (média de idade = 11,4 anos) relatou tamanho de efeito de 1,00 (Kowatch et al., 2000)
Valproato de sódio	• Perfil de efeitos colaterais do valproato no transtorno bipolar de adolescentes parece ser relativamente semelhante ao observado nos adultos (Redden et al., 2009) • Um estudo-piloto aberto pequeno sobre transtorno maníaco ou bipolar misto com pacientes pediátricos (média de idade = 11,4 anos) relatou tamanho de efeito de 1,63 (Kowatch et al., 2000) • Poucos ensaios não controlados/revisões retrospectivas de prontuários (p. ex., Ginsberg, 2006) e ensaios abertos (p. ex., Findling e Ginsberg, 2014) sobre mania bipolar ou episódios mistos em pacientes pediátricos (dose modal cerca de 1.200 mg/dia); efeitos adversos comuns nesses ensaios foram sonolência, fadiga, náuseas, cefaleia, tontura e erupção cutânea • Um estudo-piloto aberto pequeno sobre mania bipolar ou transtorno bipolar misto em pediatria (média de idade = 11,4 anos) relatou tamanho de efeito de 1,00 (Kowatch et al., 2000)

(continua)

Capítulo 12 • Diversidade Humana e Considerações sobre Populações Especiais

Tabela 12.4 Considerações de segurança farmacológica em crianças e adolescentes: anticonvulsivantes. (*continuação*)

Fármacos	Resultados principais
Gabapentina	• Dados sobre segurança na faixa etária pediátrica limitam-se a epilepsia e dor neuropática; nenhum ECR avaliou possíveis efeitos ansiolíticos ou outros efeitos psicotrópicos
Lamotrigina	• Não existem ECRs de escala ampla • Idade < 18 anos é um fator que relaciona lamotrigina com risco aumentado de erupções cutâneas graves, que requerem titulação de doses menores que o esquema usado nos adultos • Um ensaio aberto pequeno (*n* = 19) de 9 semanas com doses flexíveis (dose média = 131,6 mg/dia) para tratar depressão bipolar aguda na adolescência obteve índice de resposta de 84% com tolerabilidade satisfatória e nenhum caso de erupção cutânea (Chang et al., 2006) • Outro ensaio aberto pequeno (*n* = 39) de 12 semanas com doses flexíveis de um fármaco (dose média = 160,7 mg/dia) para tratar mania aguda na adolescência demonstrou melhora significativa em comparação com níveis basais dos sintomas maníacos, depressivos, referidos à atenção e psicóticos; houve vários casos de erupções cutânea, mas nenhuma foi grave e todas desapareceram com descontinuação do fármaco (Biederman et al., 2010) • Um ensaio randomizado de 36 semanas sobre prevenção de recidivas do transtorno bipolar (depois de estabilização durante um ensaio aberto de curta duração) não detectou vantagem global em comparação com placebo quanto ao resultado primário de "tempo até a recorrência" (Findling et al., 2015)
Oxcarbazepina	• Nas crianças e adolescentes com epilepsia, reações adversas mais comuns foram cefaleia (33%), sonolência (32%), náuseas e vômitos (1 a 28%), tontura (23%), erupções (3%) e fadiga (1,6%) (Bourgeois e D'Souza, 2005). No único ECR publicado sobre oxcarbazepina para tratar mania na faixa etária pediátrica, não houve diferenças de eficácia em comparação com placebo ao longo de 6 semanas; náuseas foram o efeito adverso mais comum; aumento do peso foi significativamente maior com oxcarbazepina (+0,83 kg) que placebo (−0,13 kg); não houve casos de hiponatremia (Wagner et al., 2006)
Pregabalina	• Não existem dados quanto a segurança ou eficácia da pregabalina usada com finalidade psicotrópica em crianças e adolescentes
Topiramato	• ECRs sobre uso psiquiátrico em crianças e adolescentes limitaram-se à síndrome de Tourette, sugerindo apenas efeito benéfico modesto no controle de tiques; efeitos adversos comuns foram sonolência (até 16%), perda de apetite (até 17%), disfunção cognitiva (até 13%) e emagrecimento (até 11%) (Yang et al., 2013)

ECR, ensaio controlado randomizado.

Tabela 12.5 Considerações de segurança farmacológica em crianças e adolescentes: ansiolíticos.

Fármacos	Resultados principais
Benzodiazepínicos, buspirona, hidroxizina ou hipnótico-sedativos	• Nenhum ECR publicado sobre tratamento de TAG na faixa etária pediátrica • Um ECR pequeno (*n* = 30), provavelmente sem força estatística, com alprazolam para tratar "transtornos de ansiedade exagerada e comportamento desafiador" (conforme definição do DSM-III) não detectou diferenças significativas em comparação com placebo (Simeon et al., 1992)

ECR, ensaio controlado randomizado; *TAG*, transtorno de ansiedade generalizada.

Psicofarmacologia Prática

Tabela 12.6 Considerações de segurança farmacológica em crianças e adolescentes: fármacos usados para tratar TDAH.

Fármacos	Resultados principais
Psicoestimulantes e outros fármacos usados para tratar TDA/TDAH	A Tabela 12.7 mostra um resumo das eficácias relativas (ORs de resposta terapêutica com IC95%) comparativas entre fármacos usados para tratar TDAH e placebo, ou comparações entre pares de fármacos ativos com base em metanálises em rede bayesianas de efeitos randômicos incluindo 171 ECRs com 22.961 pacientes (Catalá-López et al., 2017). Os resultados principais dessas metanálises em rede foram os seguintes: • Anfetamina produziu tamanho de efeito maior em comparação com placebo • Metilfenidato, anfetamina, atomoxetina, guanfacina, clonidina e modafinila foram mais eficazes que placebo (embora com estudos de menor qualidade com clonidina e modafinila) • Metilfenidato ou anfetamina foi mais eficaz que atomoxetina ou guanfacina • Anfetamina causou mais perda de peso e insônia que metilfenidato, embora este último tenha causado mais insônia que atomoxetina

ECR, ensaio controlado randomizado; *IC*, intervalo de confiança; *OR, odds ratio* ou razão de probabilidade; *TDA*, transtorno de déficit de atenção; *TDAH*, transtorno de déficit de atenção e hiperatividade.

- Dextrometorfano/quinidina podem aumentar risco de quedas e interações farmacológicas e não têm qualquer eficácia em demência, a menos que os pacientes tenham comprovadamente afeto pseudobulbar (ver Boxe 12.5)
- Em pacientes com doença de Parkinson, evitar todos os outros antipsicóticos antidopaminérgicos, com exceção de quetiapina ou clozapina (possivelmente com base no risco relativamente baixo de causar efeitos motores adversos ou bloqueio de DA no núcleo nigroestriatal em razão da ligação menos potente aos receptores D_2; ver também Capítulo 10, Boxe 10.5).

O Boxe 12.6 enumera outros fármacos psicotrópicos considerados "inadequados" para adultos idosos com base nos Critérios de Beers®, que estão descritos como recomendações "firmes".

Existe algum indutor de sono preferível para pacientes idosos?

Considerando as preocupações com benzodiazepínicos e "fármacos Z" incluídos nas recomendações dos Critérios de Beers®, indutores de sono preferíveis como alternativa poderiam ser ramelteona e suvorexanto. Essas opções estão baseadas em evidência, ou simplesmente representam um "mal menor"? Em um estudo com 829 pacientes idosos com insônia crônica, dose de 4 ou 8 mg de ramelteona à noite reduziu a latência do sono e aumentou o tempo total de sono, ressaltando que os efeitos adversos associados mais comumente foram náuseas e cefaleia branda a moderada (Roth et al., 2006). Resultados semelhantes indicando redução da latência do sono com tolerabilidade adequada foram demonstrados ao longo de 5 semanas entre 157 idosos (média de idade: 72,3 anos) que usaram 8 mg de ramelteona à noite (Mini et al., 2007). Suvorexanto e lemborexante têm mecanismo de ação inédito, que envolve bloqueio dos receptores de orexina sem afetar as vias anti-histaminérgicas ou anticolinérgicas. Uma análise dos dados acumulados ao longo de 3 meses de uso de suvorexanto envolvendo 319 adultos com mais de 65 anos e insônia crônica demonstrou eficácia e boa tolerabilidade em comparação com placebo, reduzindo a latência do sono e melhorando sua continuidade; 5 a 9% dos indivíduos tiveram sonolência diurna, mas sem quaisquer evidências de efeitos cardiovasculares adversos (Herring et al., 2017). Ensaios de registro na FDA norte-americana com suvorexanto também incluíram 159 pacientes com mais de 75 anos, nos quais também se observou tolerabilidade adequada.

Estudos demonstraram que *combinação* de ramelteona com suvorexanto foi segura e eficaz para melhorar a qualidade do sono e reduzir o risco de *delirium* pós-AVE, em comparação com fármacos gabaérgicos (Kawada et al., 2019). Também vale considerar dados randomizados demonstrando risco significativamente menor de desenvolver *delirium* em unidades de tratamento intensivo (UTI) com uso de suvorexanto (15 a 20 mg à noite) que com hipnótico-sedativos convencionais (Azuma et al., 2018).

Tabela 12.7 Eficácia e aceitabilidade relativas dos fármacos usados para tratar TDA/TDAH em crianças e adolescentes.

Placebo	**0,59 (0,46 a 0,75)**	0,78 (0,52 a 1,18)	0,85 (0,68 a 1,07)	**0,40 (0,20 a 0,78)**	0,79 (0,54 a 1,14)	0,67 (0,37 a 1,24)	1,54 (0,39 a 6,76)
5,26 (4,09 a 6,82)	**Metilfenidato**	1,33 (0,85 a 2,08)	**1,45 (1,09 a 1,91)**	0,68 (0,33 a 1,35)	1,34 (0,86 a 2,07)	1,14 (0,61 a 2,19)	2,60 (0,66 a 11,64)
7,45 (5,10 a 11,09)	1,42 (0,92 a 2,20)	**Anfetamina**	1,09 (0,71 a 1,66)	0,51 (0,23 a 1,11)	1,01 (0,58 a 1,72)	0,86 (0,42 a 1,79)	1,96 (0,47 a 9,21)
3,63 (2,81 a 4,73)	**0,69 (0,52 a 0,92)**	**0,49 (0,32 a 0,74)**	**Atomoxetina**	**0,47 (0,22 a 0,94)**	0,92 (0,61 a 1,41)	0,79 (0,42 a 1,52)	1,80 (0,45 a 8,03)
3,96 (1,89 a 8,41)	0,75 (0,36 a 1,58)	0,53 (0,23 a 1,22)	1,09 (0,50 a 2,39)	**Clonidina**	1,99 (0,91 a 4,33)	1,69 (0,70 a 4,33)	3,88 (0,82 a 20,02)
3,29 (2,27 a 4,82)	**0,62 (0,40 a 0,98)**	**0,44 (0,26 a 0,75)**	0,91 (0,58 a 1,41)	0,83 (0,36 a 1,92)	**Guanfacina**	0,86 (0,42 a 1,76)	1,95 (0,47 a 8,84)
5,51 (3,04 a 10,32)	1,05 (0,56 a 2,00)	0,74 (0,36 a 1,54)	1,52 (0,79 a 2,94)	1,41 (0,53 a 3,66)	1,68 (0,82 a 3,45)	**Modafinila**	2,28 (0,52 a 11,33)
2,41 (0,48 a 11,63)	0,46 (0,09 a 2,21)	0,32 (0,06 a 1,65)	0,67 (0,12 a 3,29)	0,61 (0,10 a 3,36)	0,74 (0,14 a 3,72)	0,44 (0,08 a 2,36)	**Bupropiona**

Dados situados abaixo da diagonal (quadrículas claras) representam *eficácia* (razões de probabilidade de resposta ao tratamento); dados situados acima da diagonal (quadrículas escuras) representam *aceitabilidade* (razões de probabilidade de descontinuação por todas as causas). Note que ORs < 1,00 refletem probabilidade menor de ocorrer um evento, enquanto ORs > 1,00 indicam probabilidade aumentada de ocorrer um evento. ORs estatisticamente significativas (com IC95%) estão em negrito. Resultados baseados em dados publicados por Catalá-López et al., 2017.

Psicofarmacologia Prática

Boxe 12.4 Qual é o problema dos gabapentinoides?

Um estudo de grande porte (n = 191.973) com base nos dados de um registro sueco detectou as seguintes razões de risco: 1,26 para comportamento suicida; 1,24 para superdosagens acidentais; 1,22 para lesões de crânio/corpo; e 1,13 para acidentes automobilísticos entre usuários de gabapentina ou (principalmente) pregabalina (Molero et al., 2019). Embora esse estudo tenha controlado idade, sexo e muitos outros fatores de confusão potenciais, seu desenho não randomizado impede que seja avaliada a possibilidade de confusão por indicação em possíveis subgrupos de risco mais alto nessa população. Outros estudos observacionais detectaram índices mais altos de uso indevido ou abuso (Chiappini e Schifano, 2016), assim como aumento nítido do uso de gabapentinoides em superdosagens intencionais associadas à idade a partir de 2007 (Daly et al., 2018a).

Boxe 12.5 O que é afeto pseudobulbar (APB)?

APB é um fenômeno neurológico que consiste em acessos incontroláveis de choro ou riso, que resultam mais comumente de traumatismo cranioencefálico (TCE), acidente vascular encefálico (AVE), demência, esclerose múltipla, esclerose lateral amiotrófica ou doença de Parkinson. Em alguns casos, essa condição é tratada com dextrometorfano/quinidina.

🕐 Outras considerações relativas à segurança dos fármacos em adultos idosos

Os riscos de hiponatremia e SSIADH durante o tratamento com antidepressivos são maiores nos adultos idosos. Por essa razão, alguns médicos de atenção básica recomendam dosar níveis séricos de Na^+ cerca de 1 mês depois de iniciar tratamento com antidepressivo serotoninérgico (Frank, 2014); os Critérios de Beers® recomendam "monitoramento rigoroso" dos níveis séricos de Na^+ em adultos idosos tratados com ISRSs, IRSNs, mirtazapina, antidepressivos tricíclicos, carbamazepina ou oxcarbazepina.

Em razão do risco mais alto de quedas na população idosa, geralmente não é recomendável usar bloqueadores α_1 (com risco resultante de hipotensão ortostática) e anticolinérgicos (e seu risco potencial de causar efeitos cognitivos adversos).

Boxe 12.6 Fármacos inadequados para adultos idosos.*

- *Anticolinérgicos*: difenidramina, hidroxizina
- *Antiparkinsonianos*: benzatropina, triexifenidil
- *Cardiovasculares*: prazosina, terazosina
- *Antidepressivos*: amitriptilina, amoxapina, clomipramina, desipramina, doxepina (> 6 mg/dia), imipramina, nortriptilina, paroxetina, protriptilina, trimipramina
- *Antipsicóticos*: "evitar, exceto para tratar esquizofrenia ou transtorno bipolar"[1]
- *Barbitúricos*: todos, porque estão associados a "índices altos de dependência física, tolerância aos efeitos reguladores do sono e risco mais alto de superdosagem em doses baixas"
- *Benzodiazepínicos*: todos, porque estão associados a "risco elevado de disfunção cognitiva, *delirium*, quedas, fraturas e acidentes automobilísticos"
- *Hipnóticos agonistas de receptores benzodiazepínicos* ("fármacos Z"): eszopiclona, zaleplona, zolpidem (riscos semelhantes aos associados aos benzodiazepínicos)

*Conforme Critérios de Beers®.
[1]Bulas dos fabricantes de todos os fármacos psicotrópicos trazem um alerta em negrito sobre risco aumentado de mortalidade por todas as causas quando eles são usados para tratar psicose associada à demência. Os Critérios de Beers® referendam essa abordagem, "a menos que opções não farmacológicas (p. ex., intervenções comportamentais) sejam ineficazes ou impraticáveis e que o paciente idoso represente risco significado de causar danos a si próprio ou às outras pessoas".

Tratamento combinado com lítio e inibidores de ECA ou diuréticos de alça também não é recomendável (com base nos Critérios de Beers®) em razão do risco de toxicidade deste primeiro fármaco (ou, de outro modo, em nossa opinião é recomendável manter monitoramento rigoroso dos níveis séricos de lítio

> 💡 **Dica**
> Para pacientes tratados com lítio e que também precisem usar anti-inflamatório não hormonal (AINH), a dose de lítio deve ser reduzida em 20% no mínimo enquanto os dois fármacos forem usados simultaneamente e por até 5 dias depois de interromper o AINH, também com monitoramento dos níveis de lítio para assegurar que não ocorram efeitos tóxicos.

quando seus efeitos benéficos superam seus riscos potenciais).

Depressão na população geriátrica: existe algum antidepressivo preferível?

Índices de resposta aos antidepressivos entre adultos idosos são notoriamente menores que nas populações mais jovens. Em metanálise de 10 ensaios de curta duração (6 a 12 semanas) com antidepressivos controlados por placebo para tratar depressão em idade avançada, Nelson et al. (2008) calcularam índice de resposta acumulada aos antidepressivos (44,4%) apenas ligeiramente maior que placebo (34,7%), embora com probabilidade um pouco maior de resposta durante ensaios mais longos (10 a 12 semanas; OR = 1,73) que mais curtos (6 a 8 semanas; OR = 1,22). Uma análise dos moderadores de sete desses 10 ensaios demonstrou que *duração da doença* (especialmente > 10 anos) e *maior gravidade inicial dos sintomas depressivos* eram os preditores mais confiáveis de resposta aos antidepressivos; em outras palavras, antidepressivos fizeram pouca ou nenhuma diferença em comparação com placebo, quando a depressão em idade avançada tinha curta duração e gravidade apenas branda a moderada (Nelson et al., 2013).

Metanálise subsequente de 15 ECRs avaliou antidepressivos mais antigos e mais novos para tratar pacientes de 55 anos ou mais com TDM (Tedeschini et al., 2011). O índice global de resposta aos antidepressivos entre pacientes de 65 anos ou mais com TDM não foi maior que o alcançado com placebo (*p* = 0,265; neste grupo, o NNT foi de 21), embora os índices de resposta a um placebo fossem semelhantes nos grupos de pacientes mais jovens e idosos com TDM. As razões de risco de resposta observados na metanálise desses ECRs estão resumidas na Tabela 12.8.

> **Dica**
> É difícil saber até que ponto os resultados obtidos com tratamento da depressão em idade avançada podem ser moderados pelo número de episódios pregressos. No estudo STAR*D, pacientes com primeiro episódio de depressão maior (EDM) tiveram índices de remissão e intervalos até a remissão comparáveis aos de indivíduos que tiveram seu primeiro episódio antes de 55 anos *versus* 55 a 75 anos (Kozel et al., 2008).

Por fim, outra análise em rede de 15 ECRs avaliou respostas parciais associadas ao desligamento dos estudos por todas as causas (*i. e.*, eficácia) e detectou evidência mais clara de eficácia (*i. e.*, eficácia contraposta aos desligamentos por todas as causas) com sertralina (RR de resposta parcial = 1,28) e paroxetina (RR de resposta parcial = 1,62) em comparação com placebo, mas eficácia menos evidente com citalopram, escitalopram, venlafaxina ou fluoxetina (Thorlund et al., 2015). Entre os efeitos adversos, tontura foi menos comum com sertralina (RR = 1,14) ou duloxetina (RR = 1,31) e mais grave com duloxetina (RR = 3,18) ou venlafaxina (RR = 2,94).

Outros resultados além dos que foram citados antes são:

- Vortioxetina na dose de 5 mg/dia foi superior a um placebo e bem tolerada em um ensaio dedicado controlado por placebo sobre tratamento de depressão em idade avançada (Katona et al., 2012)
- Dois ECRs com duloxetina para tratar depressão em idade avançada, depois da metanálise realizada por Tedeschini et al. (2012), chegaram a resultados conflitantes: no ensaio com vortioxetina controlado por placebo citado antes (Katona et al., 2012), duloxetina como comparativo ativo mostrou eficácia maior que placebo, mas outro ensaio de 24 semanas não detectou diferença nos resultados antidepressivos em comparação com placebo (ainda que os escores de dor tenham melhorado mais com duloxetina); cerca de um quarto dos pacientes deprimidos que não entraram em remissão com 60 mg de duloxetina depois de 12 semanas entrou em remissão subsequente quando a dose foi aumentada para 120 mg/dia (Robinson et al., 2014)

> **Dica**
> Nos pacientes idosos, deve-se ficar atento ao risco de retenção urinária aguda durante tratamento com ISRSs.

- Uma análise *post hoc* dos resultados acumulados de nove ECRs sobre tratamento de TDM com desvenlafaxina não demonstrou efeito moderador significativo das faixas etárias de 18 a 40 *versus* 41 a 54 *versus* 55 a 64 anos; número muito pequeno de indivíduos impediu avaliação da faixa etária de 65 anos ou mais; os autores detectaram incidência mais alta de hipotensão ortostática, em comparação com populações de adultos mais jovens

Psicofarmacologia Prática

Tabela 12.8 Riscos relativos de resposta aos antidepressivos na depressão em idade avançada [a].

Antidepressivo	N	Faixa de doses	RR de resposta
Nortriptilina			
Georgotas et al., *1986*	25	25 a 125 mg/dia	4,692
Nair et al., *1995*	38	25 a 75 mg/dia	1,105
Fenelzina			
Georgotas et al., 1986	22	15 a 75 mg/dia	4,692
Fluoxetina			
Tollefson et al., 1995	335	20 mg/dia	2,150
Schatzberg e Roose, 2006	100	20 a 60 mg/dia	0,875
Kasper et al., 2005	164	20 mg/dia	0,787
Trazodona			
Gerner et al., 1980	19	100 a 400 mg/dia	2,142
Halakis, 1995	48	40 a 280 mg/dia	1,171
Duloxetina			
Raskin et al., 2007	207	60 mg/dia	2,000
Mirtazapina			
Halakis, 1995	49	5 a 35 mg/dia	1,457
Paroxetina CR			
Rapaport et al., 2009	177	25 mg/dia	1,450
Rapaport et al., 2003	104	12,5 a 50 mg/dia	1,319
Rapaport et al., 2009	168	12,5 mg/dia	1,300
Sertralina			
Schneider et al., 2003	371	50 a 100 mg/dia	1,346
Bupropiona XR			
Hewett et al., 2010	211	150 a 300 mg/dia	1,232
Escitalopram[b]			
Bose et al., 2008	130	10 a 20 mg/dia	1,210
Kasper et al., 2005	173	10 mg/dia	0,978
Imipramina			
Gerner et al., 1980	21	50 a 200 mg/dia	1,809
Schweizer et al., 2003	60	50 a 150 mg/dia	1,722
Paroxetina			
Rapaport et al., 2003	106	10 a 40 mg/dia	1,191
Venlafaxina			
Schatzberg e Roose, 2006	104	75 a 225 mg/dia	1,050
Citalopram			
Roose et al., 2004	84	10 a 40 mg/dia	1,081
Moclobemida			
Nair et al., 1995	36	100 a 400 mg/dia	0,921

[a]Baseado nos resultados publicados na metanálise de Tedeschini et al., 2011. [b]Os dois ECRs sobre escitalopram para tratar depressão aguda em idade avançada citados aqui não detectaram diferenças em comparação com placebo; contudo, em outros artigos, escitalopram foi superior ao placebo para evitar recorrência de depressão depois de remissão durante ensaio aberto de curta duração (Gorwood et al., 2007).

(Mosca et al., 2017). Não há ECR sobre desvenlafaxina para tratar TDM em adultos com mais de 65 anos

* Nos ensaios de registro na FDA norte-americana de levomilnaciprano para tratar TDM, 2,8% dos indivíduos inscritos tinham mais de 65 anos, mas até hoje não foram relatadas análises separadas quanto a eficácia e tolerabilidade.

Sob o ponto de vista de segurança, embora antidepressivos anticolinérgicos devam ser evitados com base nos Critérios de Beers®, vale ressaltar que ensaios controlados por placebo favoreceram segurança/tolerabilidade e eficácia de doses baixas de paroxetina CR para tratar TDM de adultos com mais de 60 anos; do mesmo modo que tricíclicos de aminas secundárias como nortriptilina (especialmente para

Capítulo 12 • Diversidade Humana e Considerações sobre Populações Especiais

tratar depressão de idosos com manifestações melancólicas, nos quais foi mais eficaz que fluoxetina; Roose et al., 1994). Com base em um amplo banco de dados do Medicare sobre usuários novos de ISRSs de uma instituição asilar (*n* = 19.952), índices de demência recém-diagnosticada ao longo de um período de 2 anos não foram maiores que os observados entre os que usavam paroxetina em vez de outros ISRSs (Bali et al., 2015).

No documento publicado em 2001 intitulado Expert Consensus Guideline Series sobre tratamento farmacológico da depressão de adultos idosos (Alexopoulos et al., 2001), doses menores e períodos mais longos de titulação eram princípios descritos na maioria dos casos; este painel de especialistas recomendou que não fossem efetuadas alterações para um esquema terapêutico de doses baixas ao longo de 2 a 4 semanas, se houvesse pouca ou nenhuma resposta, esperando 3 a 5 semanas nos casos de resposta parcial. Nos pacientes que conseguem tolerar doses mais altas, 3 a 6 semanas é considerado um período adequado de experiência se não houver resposta evidente, mas são recomendáveis 4 a 7 semanas nos casos em que há resposta parcial. Depois de alcançar resposta ou remissão do primeiro episódio, todos esses especialistas recomendaram manter o tratamento farmacológico por 1 ano; nos casos de segundo episódio depressivo, a maioria dos especialistas recomendou manter tratamento por 2 anos (39%) ou 3 anos ou mais (37%), enquanto a minoria sugeriu intervalos mais curtos. Quase todos (98%) recomendaram manter tratamento por mais de 3 anos para pacientes com mais de três episódios ao longo da vida.

🕐 Fármacos adjuvantes para tratar TDM em adultos idosos

Nos pacientes deprimidos com mais de 60 anos (*n* = 181) que não responderam à venlafaxina (até 300 mg/dia), tratamento adjuvante com aripiprazol (2 a 15 mg/dia) por 12 semanas alcançou índice de remissão mais alto que no grupo que recebeu apenas placebo adjuvante (44% *versus* 29%, respectivamente; OR de remissão = 2,0; NNT = 6,6); sintomas de parkinsonismo foram efeitos adversos notáveis em 17% dos que usaram fármaco ativo (Lenze et al., 2015). Uma análise *post hoc* desse estudo demonstrou que a resposta foi moderada por mudança de condição basal não pareada (avaliada com base na condição 4 *versus* 5 do teste *Trail-Making Task*) nos testes neurocognitivos (Kaneriya et al., 2016).

Brexipiprazol[2] (1 a 3 mg/dia) foi avaliado em desenho de estudo aberto ao longo de 26 semanas como fármaco adjuvante aos antidepressivos monoaminérgicos, mas os resultados foram complicados mais comumente por fadiga e inquietude (18% interromperam tratamento em razão dos efeitos adversos) (Lepola et al., 2018). Em um ensaio dedicado sobre TDM em idade avançada, tratamento isolado com quetiapina XR (doses entre 50 e 300 mg/dia; dose média = 158 mg/dia) usada por 9 semanas em 166 pacientes de 66 anos ou mais com TDM conseguiu redução mais acentuada dos sintomas depressivos que um placebo (*n* = 172); efeitos adversos referidos mais comumente foram tontura, sonolência e cefaleia (Katila et al., 2013). Uma análise *post hoc* desse estudo demonstrou a eficácia de quetiapina XR em comparação com placebo, independentemente da existência ou não de ansiedade basal, níveis baixos ou altos de transtornos do sono e escores de dor (Montgomery et al., 2014).

Durante muito tempo, houve interesse em torno de psicoestimulantes para tratar depressão anérgica associada ao TDM de pacientes mais jovens e idosos. Um ECR com metilfenidato (doses de 5 a 40 mg/dia; dose média = 16 mg/dia) ou placebo acrescentado ao tratamento com citalopram (doses de 20 a 60 mg/dia; dose média = 32 mg/dia) demonstrou melhora mais rápida e acentuada com tratamento combinado; melhora cognitiva e efeitos adversos foram semelhantes nos dois grupos tratados (Lavretsky et al., 2015). Esse estudo confirmou e ampliou os resultados de outro pequeno ECR-piloto (*n* = 16) de curta duração (10 semanas) sobre tratamento adjuvante com metilfenidato (Lavretsky et al., 2006). Quanto ao TDM em idade avançada, não existem ensaios clínicos com preparações de anfetamina, modafinila/armodafinila ou solrianfetol, embora cada um destes fármacos tenha bases racionais de uso, principalmente em pacientes com TDM anérgicos, não agitados ou hipersonolentos.

Modafinila ou armodafinila traz algum risco à segurança cardiovascular em adultos idosos? Em voluntários saudáveis, a dose de 400 mg/dia de modafinila aumentou (em média) a pressão arterial sistólica em 7 mmHg, a diastólica em 5 mmHg e a frequência cardíaca em 9 bpm. Contudo, dados sobre segurança cardiovascular de 7

---

[2]Por outro lado, outros estudos demonstraram que a *performance* neurocognitiva basal *não* influenciou a resposta antidepressiva ou sua ausência em ensaios abertos de curta duração com ISRS ou IRSN reforçado mais tarde com um ASG para tratar depressão em idade avançada (Koenig et al., 2014).

12 Psicofarmacologia Prática

ECRs combinados não demonstraram diferenças significativas com placebo no que se refere às alterações da pressão arterial e frequência cardíaca basais (Sackner-Berstein et al., 2004).

Provavelmente, a preocupação quanto ao tônus adrenérgico seria muito menor que com um estimulante convencional, e não se trata de um "NÃO" absoluto, mas seria recomendável vigiar pacientes com arritmia ou hipertensão arterial mal controlada preexistente.

🕐 Ansiedade na população idosa

Tratamento farmacológico ansiolítico para adultos idosos envolve preocupações semelhantes às aplicáveis à depressão no que se refere à segurança e à tolerabilidade dos fármacos, embora os riscos associados aos hipnótico-sedativos imponham limitações especiais. Metanálise de 32 ECRs realizados para avaliar intervenções psicossociais e tratamentos farmacológicos (benzodiazepínicos, ISRSs, IRSNs, ASGs, ADTs e outros fármacos, inclusive buspirona, nefazodona e carbamazepina) demonstrou melhora global mais acentuada com tratamento farmacológico que apenas intervenções psicossociais, embora sem definir um fármaco preferível específico (Pinquart e Duberstein, 2007).

🕐 Uso de ASGs em adultos idosos

Dados limitados fornecidos por ECRs avaliaram segurança e eficácia dos ASGs em pacientes com mais de 65 anos com diversas indicações, seja em comparação com placebo ou comparações diretas entre fármacos ativos. Em geral, as bulas dos fabricantes não recomendam ajustes posológicos para adultos idosos, a menos que existam fatores conhecidos que impeçam diretamente metabolismo ou eliminação dos fármacos (i. e., disfunção renal ou hepática). Na esquizofrenia, metanálise de 18 ECRs incluindo 1.225 participantes demonstrou basicamente que olanzapina era superior ao haloperidol para tratar sintomas negativos e manifestações esquizofrênicas em geral, exigiu menos uso de fármacos antiparkinsonismo e resultou em menos interrupções do tratamento que risperidona (Krause et al., 2018b). Insuficiência de dados impediu a metanálise conjunta. ASGs cujos ensaios de registro na FDA norte-americana incluíram números suficientes de adultos com mais de 65 anos para determinar se *apenas idade* não reduziria a tolerabilidade incluem quetiapina (n = 232), olanzapina (n = 263) e paliperidona (n = 125 pacientes esquizofrênicos de 65 anos ou mais [22 com mais de 75 anos], assim como outros 114 estudados em um ensaio dedicado de 6 semanas com pacientes esquizofrênicos de 65 anos ou mais). Todos esses bancos de dados sugerem que não existam diferenças de tolerabilidade ou eficácia entre pacientes mais jovens e idosos com base apenas em idade.

🕐 Considerações sobre tratamento farmacológico em fumantes

Fumaça de tabaco induz as enzimas CYP450 1A1, 1A2 e 2E1. Por essa razão, no que diz respeito aos antidepressivos monoaminérgicos, fumantes de cigarros poderiam ter concentrações séricas menores de duloxetina (metabolizada pelas enzimas CYP1A2 e CYP2D6; biodisponibilidade [AUC] é reduzida em cerca de um terço), fluvoxamina (metabolizada pelas enzimas CYP1A2 e 2D6) e mirtazapina (metabolizada pelas enzimas CYP1A2, 2D6 e 3A4). Outros estudos também demonstraram que níveis séricos de trazodona são menores em fumantes comparados com não fumantes, ainda que seu metabolismo ocorra apenas pela enzima CYP3A4 (dados revisados por Oliveira et al., 2017). A depuração metabólica da olanzapina (substrato principalmente da enzima CYP1A2) é cerca de 40% maior em fumantes que não fumantes. Embora asenapina seja substrato principalmente da enzima CYP1A2, nenhum estudo demonstrou que fumantes difiram de não fumantes quanto à depuração do fármaco. Nenhum estudo mostrou que tabagismo afete níveis séricos de fluoxetina, mas pode aumentar as concentrações do seu metabólito norfluoxetina.

Considerando que benzodiazepínicos sejam problemáticos nos adultos idosos em razão de efeitos cognitivos adversos e risco de quedas; que vendedores de cerveja (*beer vendors*, em inglês) não gostam de ASGs exceto para tratar psicose e que mesmo gabapentinoides sao péssimos, o fato é que há muitos adultos idosos ansiosos que já usam ISRSs e continuam ansiosos, portanto, quais seriam as opções de tratamento farmacológico para tais casos?

Como não existe uma resposta fácil para isso, pois tudo é questão de analisar risco-benefício, é preciso usar o máximo de bom senso e seguir bases racionais.

Quando alguém se beneficia claramente de um ASG em dose baixa e seu intervalo QTc está normal; ou trazodona não causou sedação excessiva e você está monitorando seu estado cognitivo; ou alguém usa doses baixas de um antidepressivo tricíclico de amina secundária e seu ECG está normal, simplesmente explique suas bases racionais. Isso é o máximo que alguém pode fazer.

Mas e os cigarros eletrônicos? Eles induzem enzimas de CYP450? A resposta é não, pois é a combustão da nicotina que libera hidrocarbonetos aromáticos policíclicos na fumaça do tabaco que, por sua vez, parece causar indução da enzima CYP1A2.

Pacientes com transtornos associados ao uso de álcool

Todos os fármacos psicotrópicos trazem alertas dos fabricantes contraindicando uso concomitante com álcool. Por quê? Existem várias razões. Primeiramente, sob o ponto de vista de absorção e biodisponibilidade, o esvaziamento gástrico é acelerado pela ingestão de bebidas alcoólicas de baixo teor (< 15%; por exemplo, cerveja e vinho) e retardado por bebidas de alto teor alcoólico. Ingestão aguda de álcool também retarda o esvaziamento gástrico e o tempo de trânsito intestinal, enquanto ingestão crônica tem mais propensão a acelerar o esvaziamento gástrico e aumentar o tempo de trânsito no intestino delgado. Esses fatores poderiam resultar em absorção e biodisponibilidade relativamente maiores ou menores de outros fármacos psicotrópicos usados simultaneamente. Em segundo lugar, sob o ponto de vista farmacocinético, álcool induz enzimas de CYP450 que, por sua vez, aceleram o metabolismo de compostos metabolizados no fígado. Metabolismo de primeira passagem também parece ser reduzido em pacientes que ingerem regularmente quantidades significativas de álcool, especialmente mulheres ou pacientes que usam bloqueadores H_2, em razão da atividade reduzida da enzima álcool-desidrogenase (Oneta et al., 1998). Álcool combinado com opioides ou benzodiazepínicos em doses suficientes causam risco significativo de supressão respiratória e colapso cardiovascular. Por fim, efeitos depressores do álcool no SNC (e sua eventual abstinência) são farmacodinamicamente contrários aos efeitos pretendidos com a maioria dos fármacos psicotrópicos e quase certamente anulam seus efeitos benéficos almejados.

PSICOFARMACOLOGIA DO SISTEMA REPRODUTIVO

Transtornos de humor na gravidez e no puerpério

A incidência de depressão na gravidez (antes do parto) foi estimada entre 7 e 25% das mulheres, com estratificação mais acentuada entre nações de renda baixa a média (Gelaye et al., 2016). O Boxe 12.7 resume os fatores de risco conhecidos.

Epidemiologicamente, 15 a 20% das mulheres têm episódios de depressão maior no período puerperal. Depressão pós-parto (puerperal) é reconhecida formalmente como a que ocorre no mês seguinte ao nascimento, embora a maioria dos médicos interprete de forma mais ampla esta definição para incluir o primeiro ano seguinte ao final da gestação. Um estudo demonstrou que 94% dos episódios de depressão maior (EDMs) no puerpério ocorreram nos primeiros 4 meses depois do parto (Altemus et al., 2012). Os mesmos autores demonstraram que EDMs que ocorrem na gravidez têm riscos semelhantes de incidir em todos os trimestres, com exceção do risco mais alto no primeiro trimestre para mulheres que interromperam tratamento estável com antidepressivos no ano anterior (Altemus et al., 2012). Contudo, alguns relatos sugeriram que, nas mulheres com histórico de depressão, uso continuado *versus* interrupção do tratamento antidepressivo na gravidez *não* foi considerado preditivo de depressão perinatal (Yonkers et al., 2011). Sintomas obsessivo-compulsivos e psicóticos são mais comuns em EDMs no puerpério que durante a gestação (Altemus et al., 2012). O risco global de episódios de transtorno do humor é cerca de 3,5 maior no puerpério que na gravidez (Viguera et al., 2011).

Episódios de transtorno do humor no puerpério, principalmente episódios de depressão,

Boxe 12.7 Fatores de risco para depressão na gravidez.

- Quatro ou mais episódios de depressão antes da gravidez (Yonkers et al., 2011)
- Episódio(s) de depressão puerperal no passado (Altemus et al., 2012; Viguera et al., 2011)
- Fatores de estresse psicossocial (Altemus et al., 2012)
- Idade menor por ocasião do início da doença (Viguera et al., 2011)
- Menos anos de duração da doença (Viguera et al., 2011)
- Menos filhos (Viguera et al., 2011)
- Raça/ancestralidade era um fator correlativo em alguns estudos (i. e., negros [RR = 3,69] ou latinos [RR = 2,33] [Yonkers et al., 2011]), mas não em outros (i. e., Guitivano et al., 2018).

podem representar um subtipo genético de transtorno do humor, que acarreta risco cerca de duas a cinco vezes maior aos parentes de primeiro grau de probandos com transtorno bipolar (Payne et al., 2008) ou unipolar (Kimmel et al., 2015) com episódios de transtorno do humor no puerpério. História de transtorno bipolar aumenta o risco de depressão perinatal em 50% por gravidez, mas o risco também é alto entre mulheres com histórico de depressão unipolar (Di Florio et al., 2013). Coletivamente, mulheres com transtorno bipolar tendem a ter risco mais alto de episódios de transtorno do humor no puerpério que outras mulheres com histórico de depressão unipolar; contudo, transtornos de humor no puerpério não devem ser interpretados obrigatoriamente como sinônimo de probabilidade maior de ter um diagnóstico subjacente de transtorno bipolar em vez de unipolar.

Robertson et al. (2004) conduziram duas metanálises dos fatores de risco de depressão puerperal envolvendo mais de 24.000 gestantes. O Boxe 12.8 resume os resultados principais elencados em ordem decrescente com base nos tamanhos relativos dos efeitos observados.

Transtorno obsessivo-compulsivo (Altemus et al., 2012) ou traços de personalidade obsessivo-compulsiva (van Broekhoven et al., 2019) podem ser fatores de risco adicionais para transtornos de humor no puerpério.

Boxe 12.8 Previsores clínicos e demográficos de depressão puerperal.

Variável previsora	Tamanho do efeito (d de Cohen)
Depressão na gravidez	0,75
Ansiedade na gravidez	0,68
Eventos existenciais estressantes	0,61
Apoio social precário	−0,64
Histórico de depressão	0,58
Neuroticismo	0,39
Relação conjugal difícil	0,39
Nível socioeconômico baixo	−0,14
Complicações obstétricas (p. ex., pré-eclâmpsia, sofrimento fetal, parto prematuro, parto cesáreo não planejado, sangramento excessivo durante o parto)	0,26

Uso de fármacos na gravidez e na lactação

Alterações farmacocinéticas associadas à gravidez podem ser causadas por níveis crescentes de estrogênio no terceiro trimestre (que podem induzir enzimas hepáticas de CYP450, inclusive 3A4, 2D6 e 2C9,[3] assim como UGT1A4 e UGTA1/9), resultando em metabolismo mais extensivo dos fármacos; outra causa dessas alterações é redução de biodisponibilidade porque o volume de distribuição (Vd) de determinado fármaco altera-se à medida que o volume plasmático aumenta em mais de 40%. Níveis de albumina também podem diminuir em até 13% em torno da 32ª semana de gestação, reduzindo a capacidade de transportar fármacos ligados às proteínas. TFG aumenta em até 50% no primeiro trimestre de gravidez e continua a aumentar depois disto (Davison e Dunlop, 1980).

Existem vários conceitos dignos de nota com relação a tratamentos farmacológicos na gravidez. Relativamente poucos fármacos têm riscos teratogênicos "absolutos" conhecidos, enquanto a maioria ou quase todos têm riscos "desconhecidos". Como regra geral, é recomendável reduzir o número de exposições a vários fármacos de forma a manter no mínimo possível o número de incógnitas "desconhecidas". A maior parte da organogênese ocorre no primeiro trimestre e isto significa que muitas mulheres expostas aos fármacos psicotrópicos podem não saber que estão grávidas, até que já tenha decorrido grande parte deste intervalo de tempo.

Pode ser difícil analisar comparativamente o impacto potencial das exposições aos fármacos em contraste com os efeitos da psicopatologia não tratada no desenvolvimento fetal e no desfecho obstétrico. Transtornos do humor ou psicóticos graves estão associados intrinsecamente a baixo peso ao nascer e parto prematuro, além de aumentar os riscos de abortamento e sangramento durante o parto (Bonari et al., 2004).

> **Dica**
> A segurança da cetamina IV ou IM na gravidez não está demonstrada. Estudos com animais sugeriram que exposição intrauterina possa reduzir a plasticidade sináptica fetal e causar déficits neurocomportamentais nos recém-nascidos.

---

[3] As atividades das enzimas CYP2C19 e CYP1A2 diminuem na gravidez.

Capítulo 12 • Diversidade Humana e Considerações sobre Populações Especiais

Índices basais de malformações congênitas significativas oscilam entre 2,0 a 5,5% (Egbe et al., 2015) e variam consideravelmente com níveis socioeconômicos e outros fatores demográficos. A Tabela 12.9 descreve resultados das análises de risco de malformações congênitas entre bebês com exposição intrauterina aos fármacos psicotrópicos. Essas estatísticas estão baseadas em metanálises conjuntas (quando estão disponíveis), inclusive uma revisão de 96 estudos publicados envolvendo 58.461 gestantes tratadas com anticonvulsivantes (Veroniki et al., 2017). O Boxe 12.9 descreve o tratamento da dependência fisiológica de opioides durante a gestação.

Psicofarmacologia e lactação

A maioria dos psicotrópicos é excretada no leite materno, embora na maioria dos casos não ocorram efeitos clínicos adversos conhecidos no bebê amamentado. Fármacos que se ligam amplamente às proteínas têm menos chances de entrar no compartimento lácteo (ver Tabela 12.10). Nos casos típicos, as bulas desses produtos incluem alertas dizendo que, nesses casos, fármacos devem ser usados apenas quando os efeitos benéficos superarem o risco potencial ao bebê. Praticamente não existem estudos de escala ampla e estimativas das razões entre leite materno e plasma (razão M/P (i. e., a medida da transferência do fármaco ao leite materno) ou dose relativa do lactente (DRL; calculada como dose diária do bebê [mg/kg/dia] dividida por dose materna diária [mg/kg/dia] × 100) estão baseadas em grande parte em relatos de casos ou ensaios abertos pequenos. *Razões M/P > 1 sugerem que determinado fármaco seja detectável no leite materno em concentrações altas.*

> **Dica**
> Nortriptilina, paroxetina e sertralina parecem ser os antidepressivos com menores chances de alcançar níveis detectáveis no leite materno.

Transtornos de humor no puerpério

Puerpério está entre os períodos de risco mais alto de recorrência dos transtornos de humor. O Boxe 12.10 descreve riscos de recorrência especificamente em mulheres com transtorno bipolar.

Entre os antidepressivos tradicionais usados para *evitar* depressão pós-parto (DPP) ou puerperal, uma revisão de quatro ECRs com duração variável entre 6 e 20 semanas não

Tabela 12.9 Segurança dos psicotrópicos na gravidez.

Fármaco	Efeitos principais nos resultados gestacionais e riscos de anomalia congênita
Anticonvulsivantes	Coletivamente, risco aumentado de desfechos gestacionais adversos (complicações relacionadas com a placenta ou parto prematuro) com uso de anticonvulsivantes (i. e., carbamazepina, oxcarbazepina, lamotrigina, topiramato ou valproato de sódio) ou lítio desapareceu depois de controlar fatores de confusão (Cohen et al., 2019)
Carbamazepina	RR = 1,37; IC95% = 1,10 a 1,71 para malformações importantes (Veroniki et al., 2017); pode estar associada a anomalias do tubo neural, malformações do trato urinário, fenda orofacial e malformações craniofaciais, hipoplasia das unhas das mãos e, possivelmente, atrasos do desenvolvimento neurológico (p. ex., QI baixo) (revisado por Albertini et al., 2019)
Valproato de sódio	RR = 2,93; IC95% = 2,36 a 3,69) de malformações importantes (alertas em destaque para anomalias do tubo neural) (Veroniki et al., 2017), inclusive malformações craniofaciais, cardíacas, genitais e esqueléticas ou dos membros (possivelmente são dose-dependentes) em até 15% dos bebês expostos (Jentink et al., 2010) Um estudo populacional realizado na Dinamarca com 665.615 crianças, inclusive 508 expostas ao valproato durante a vida intrauterina, detectou risco absoluto de 4,42% (HR = 2,9; IC95% = 1,7 a 4,9) de desenvolver transtornos do espectro autista (Christensen et al., 2013); alerta em destaque para QI baixo e distúrbios do desenvolvimento neurológico
Gabapentina	Nenhum aumento aparente do risco de malformações importantes, mas pode estar associada a baixo peso ao nascer em gestantes tratadas para dor neuropática ou epilepsia (Fujii et al., 2013)
Lamotrigina	RR = 0,96; IC95% = 0,72 a 1,95 (Veroniki et al., 2017)

(continua)

12 Psicofarmacologia Prática

Tabela 12.9 Segurança dos psicotrópicos na gravidez. *(continuação)*

Fármaco	Efeitos principais nos resultados gestacionais e riscos de anomalia congênita
Topiramato	RR = 1,90; IC95% = 1,17 a 2,97 (Veroniki et al., 2017)
Antidepressivos	Um registro de dados nórdico referido ao período de 1996-2010 avaliou malformações congênitas significativas e estudou 36.772 bebês que tiveram exposição aos ISRSs ou venlafaxina no primeiro trimestre e relatou incidência de 3,7%, em comparação com 3,1% dos bebês que não foram expostos (OR ajustado por covariáveis = 1,33; IC95% = 1,06 a 1,20) (Furu et al., 2015) Relatos iniciais relacionaram exposição intrauterina aos antidepressivos com risco aumentado de transtornos do espectro autista (TEAs) provavelmente confundida por doença mental materna (Andrade, 2017) Resultados de um grupo de pesquisa (Chambers et al., 2006) sugerindo que exposição à paroxetina depois da 20ª semana de gestação poderia aumentar o risco de hipertensão pulmonar persistente do recém-nascido (HPPRN) levou a um alerta de saúde pública da FDA em 2006, que depois foi rescindido em 2011 em vista de resultados conflitantes subsequentes e reconhecimento de fatores de confusão contribuindo para HPPRN (especialmente obesidade e tabagismo materno)
Antipsicóticos	Aumento modesto (mas não significativo) do risco de malformações importantes em bebês expostos *versus* não expostos (OR = 1,25; IC95% = 0,13 a 12,19) (Cohen et al., 2016). Resultados iniciais indicativos de baixo peso ao nascer, parto prematuro ou complicações neonatais com base em banco de dados gestacionais frequentemente não foram ajustados para fatores de confusão, inclusive uso concomitante de outros fármacos, uso abusivo de substâncias e diabetes ou hipertensão na gravidez (Khan et al., 2016)
Lítio	Risco dose-dependente de malformações das valvas cardíacas (RR = 1,65; IC95% = 1,02 a 2,68), mas a magnitude de risco é menor do que se pensava inicialmente (Patorno et al., 2017) Polidrâmnio, síndrome do bebê flácido, parto prematuro, possibilidade de arritmias (achatamento da onda T, disfunção do nodo SA) e diabetes insípido nefrogênico
Hipnótico-sedativos	Metanálise de 8 estudos não detectou risco aumentado de malformações significativas depois da exposição intrauterina aos benzodiazepínicos (OR = 1,13; IC95% = 0,99 a 1,30) (Grigoriadis et al., 2019); diazepam e clordiazepóxido são os fármacos mais bem estudados e, por esta razão, podem ser preferíveis como primeira opção de fármacos dessa classe (p. ex., Bellatuono et al., 2013)
Psicoestimulantes	Aumento pequeno do risco de pré-eclâmpsia (RR = 1,29) e parto prematuro (RR = 1,06); "mulheres com TDAH significativa não devem ser instruídas a interromper seu tratamento com base nesses resultados" (Cohen et al., 2017); possível aumento do risco de abortamento espontâneo com metilfenidato (Bro et al., 2015)

IC, intervalo de confiança; *ISRS*, inibidor seletivo de recaptação de serotonina; *FDA*, US Food and Drug Administration; *HR*, razão de risco (*hazard ratio*); *OR*, razão de probabilidade (*odds ratio*); *QI*, quociente de inteligência; *RR*, risco relativo; *TDAH*, transtorno de déficit de atenção e hiperatividade.

Boxe 12.9 Considerações sobre opioides na gravidez.

Em termos gerais, gestantes não aceitam parar de usar opioides simplesmente em razão do estresse fisiológico adicional imposto ao feto em desenvolvimento. Tratamento de manutenção com metadona geralmente é considerado a abordagem mais segura e eficaz preferível para tratar dependência de opioides durante a gestação. Um banco de dados pequeno, mas crescente, também sugere eficácia e segurança do uso de buprenorfina na gravidez; metanálise de 3 ECRs e 15 estudos de coorte observacionais demonstrou risco significativamente menor de parto prematuro, peso excessivo ao nascer e circunferência craniana aumentada nos recém-nascidos expostos à buprenorfina e nascidos de mães com transtornos associados ao uso de opioides, sem aumento estatisticamente significativo do risco de morte fetal (Zedler et al., 2016).

Capítulo 12 • Diversidade Humana e Considerações sobre Populações Especiais

Tabela 12.10 Fármacos psicotrópicos e lactação.

Classe farmacêutica geral	Níveis mensuráveis do fármaco no leite materno
Anticonvulsivantes	Uma revisão de dados sobre lactação em mulheres que usavam anticonvulsivantes encontrou as seguintes razões M/P (Davanzano et al., 2013): Carbamazepina: M/P = 0,69 Valproato de sódio: M/P = 0,42 Gabapentina: M/P = 0,7 a 1,3 Lamotrigina: MP = 0,057 a 1,47 Oxcarbazepina: M/P = 0,5 Topiramato: M/P = 0,86 a 1,1
Antidepressivos	Uma análise de dados cumulativos de 57 ensaios publicados demonstrou que nortriptilina, paroxetina e sertralina resultaram em níveis sanguíneos indetectáveis nos bebês, enquanto fluoxetina produziu nível mais alto (22%) seguida de citalopram (17%) (Weissman et al., 2004)
Antipsicóticos	Uguz (2016) calculou as doses relativas do lactente (DRL)[a] de vários ASGs com base em dados cumulativos: Olanzapina: DRL = 1,59%; razão M/P = 0,57 Risperidona: DRL = 3,59%; razão M/P = 0,45 Clozapina: razão M/P = 2,79 (com risco de leucopenia no bebê)
Ansiolíticos	Nenhuma evidência de sedação excessiva ou outros efeitos adversos em bebês amamentados (Kelly et al., 2012)
Lítio	M/P = 0,49 (Imaz et al., 2019)
Psicoestimulantes	Nenhuma evidência de efeitos adversos no crescimento, comportamento ou desenvolvimento em bebês amamentados

[a]DRL calculada como dose diária do bebê (mg/kg/dia)/dose diária materna (mg/kg/dia) × 100. *ASG*, antipsicótico de segunda geração; *Razão M/P*, razão entre leite materno:plasma.

Boxe 12.10 Recorrência do transtorno bipolar no puerpério: veja a hora!

Em um estudo prospectivo com mulheres portadoras de transtorno bipolar, que interromperam tratamento com lítio nos primeiros 6 dias depois de engravidar, não houve diferenças significativas nos índices de recorrência do transtorno de humor em comparação com uma amostra pareada de mulheres que não estavam grávidas e interromperam tratamento com lítio nas primeiras 40 semanas (Viguera et al., 2000). Contudo, pouco tempo depois, recorrências ocorreram com intervalo assustadoramente menor e foram três vezes mais comuns no puerpério que entre mulheres que não estavam grávidas (70% *versus* 24%), ou seja, os primeiros dias ou semanas depois do parto constituem um período de risco especialmente alto de recorrência de transtornos afetivos nas mulheres bipolares.

demonstrou vantagem significativa com nortriptilina ou dose única de cetamina IM *versus* placebo, mas sertralina, trazodona e difenidramina foram mais eficazes que placebo para evitar DPP (Frieder et al., 2019).

Não necessariamente o lítio está absolutamente contraindicado na amamentação. Em uma paciente que respondeu muito bem ao lítio, e para a qual não existem alternativas convincentes, efeitos benéficos podem superar riscos em potencial. Cerca de 20% dos bebês amamentados por mães que usam lítio têm efeitos adversos *transitórios* em longo prazo, inclusive anormalidades da função renal ou tireóidea. Quando apresentam hipotonia, perda de peso ou desidratação, isso geralmente indica toxicidade. Os níveis de lítio da mãe e do recém-nascido devem ser monitorados no dia do parto e 48 horas depois e, mais uma vez, dentro de 10 dias depois do nascimento. Quando os níveis séricos do bebê são < 0,30 mEq/ℓ, o monitoramento não precisa ser mantido.

Brexanolona

Análoga ao neuroesteroide endógeno e metabólito da progesterona conhecido como alopregnanolona (antes referida como SAGE-547), brexanolona atua como modulador alostérico positivo dos receptores $GABA_A$ e conquistou interesse (e aprovação da FDA) em 2019 como tratamento da depressão puerperal (Kanes et al., 2017). Em razão de sua biodisponibilidade oral restrita, brexanolona é administrada por via intravenosa ao longo de 60 horas e, até o final da infusão, produz melhora significativa da gravidade dos sintomas depressivos em comparação com placebo com tamanho de efeito grande ($d = 1,2$). A bula do fabricante do produto inclui um alerta em negrito descrevendo os riscos de sedação excessiva e perda de consciência e sua administração deve ocorrer de acordo com o protocolo REMS (*Risk Evaluation and Mitigation Strategy*, ou Estratégia de Avaliação e Redução de Riscos, em tradução livre).

DEPRESSÃO PRÉ-MENSTRUAL OU TRANSTORNO DISFÓRICO PRÉ-MENSTRUAL (TDPM)

Nas mulheres com TDPM, a chamada *dosagem da fase lútea* (iniciada no 14º dia do ciclo menstrual e interrompida nos primeiros dias depois de começar o sangramento menstrual) de ISRSs (especialmente clomipramina ou sertralina) é descrita como estratégia eficaz e viável com resultados comparáveis ao tratamento durante todo o ciclo (Freeman et al., 1999). Como foi mencionado no Capítulo 11, estudos preliminares demonstraram que carbonato de cálcio (dose oral de 600 mg, 2 vezes/dia) é uma opção viável de tratamento baseado em evidência para TDPM. Tentativas subsequentes de replicar esses resultados iniciais observaram redução mais expressiva dos sintomas depressivos com carbonato de cálcio em comparação com placebo, mas com tamanho de efeito pequeno ($d = 0,10$ a $0,44$ para todas as medidas de resultado), enquanto um grupo terapêutico comparativo de fluoxetina (20 mg/dia VO) também causou melhora significativamente maior que placebo, embora com tamanhos de efeitos maiores ($d = 0,80$ a $2,08$) (Yonkers et al., 2013). Sintomas de descontinuação do tratamento com ISRSs não foram relatados depois da interrupção repentina de ISRSs com meias-vidas curtas (p. ex., sertralina) usados apenas na fase lútea (Yonkers et al., 2015).

> **Terminologia**
>
> *SPM* (síndrome pré-menstrual) refere-se aos sintomas físicos (p. ex., acumulação de gases abdominais, fadiga, hipersensibilidade mamária) e mentais que ocorrem 1 a 2 semanas antes da menstruação.
>
> *TDPM* (transtorno disfórico pré-menstrual) é entendido como forma mais grave de SPM, que consiste principalmente em transtornos de humor mais acentuados.

Conforme mencionado no Capítulo 11, progesterona era considerada uma substância *pró-depressiva* (e, além disso, uma revisão de bancos de dados de Cochrane recomendou não usar progestógenos sintéticos no puerpério porque eles poderiam aumentar o risco de depressão), mas agora se diz que a alopregnanolona – um "análogo" da progesterona – atua como *antidepressivo* ultramoderno sofisticado? A alopregnanolona (também conhecida como brexanolona) é um neurosteroide que atua como modular alostérico no receptor GABAA. Progesterona não é um neurosteroide e não modula esse receptor. Dados pré-clínicos sugeriram que, em pacientes deprimidas, a conversão enzimática de progesterona em alopregnanolona possa estar hiporregulada e que esse mecanismo possa explicar, ao menos em parte, a ocorrência de depressão no período pós-parto. Infusão intravenosa de brexanolona eleva os níveis de alopregnanolona praticamente ao mesmo patamar que seria esperado no final de uma gestação não complicada com depressão.

Em contraste com TDPM, no qual sintomas depressivos ficam praticamente limitados ao período entre ovulação e menstruação, não existem relatos anedóticos indicando que exacerbações do TDM no final ou depois da fase lútea (ciclo inteiro) respondam simplesmente ao tratamento cíclico com ISRS na fase lútea, embora não tenham sido publicados ECRs formais comparando tratamento cíclico (pulsos) com aumentos das doses ao longo de todo o mês.

 Dica

Nas pacientes com TDPM sem depressão maior, pode-se considerar tratamento cíclico ou de fase lútea com antidepressivo. Nos casos de TDM com exacerbações pré-menstruais da depressão, pode-se considerar aumento da dose durante todo o mês.

Qual é a utilidade (se é que existe alguma) dos anticoncepcionais orais no tratamento da depressão pré-menstrual? Em 2012, uma revisão da Base de Dados Cochrane examinou cinco ECRs com 1.920 indivíduos que usaram placebo ou anticoncepcionais orais com progestógenos/estrogênio em doses baixas para tratar TDPM e demonstrou que drospirenona (3 mg) com etinilestradiol (20 μg) (nomes de marca: Gianvi®, Loryna®, Nikki®, Yasmin® ou Yaz®) melhoraram mais significativamente depressão e outros sintomas associados à SPM em comparação com placebo (Lopez et al., 2012). Dados referidos ao

Capítulo 12 • Diversidade Humana e Considerações sobre Populações Especiais

tratamento dos sintomas de TDPM com levonorgestrel (150 μg) com etinilestradiol (30 μg) (nomes de marca: Amethyst®, Aviane®, Lybel®) foram inconclusivos. Resultados obtidos com desogestrel (150 μg) com etinilestradiol (30 μg) (nomes de marca: Apri®, Caziant®, Desogen®) foram comparáveis aos relatados com drospirenona mais etinilestradiol.

Ninguém pode debater a relação entre transtornos de humor e desregulação do ciclo menstrual sem levar em consideração possíveis fatores moderadores iatrogênicos. Vale lembrar que, na década de 1990, surgiram preocupações quanto à possível associação entre valproato de sódio e síndrome do ovário policístico, tanto em mulheres com epilepsia quanto transtorno bipolar. O Boxe 12.11 descreve algumas dessas complexidades.

Será que os anticoncepcionais orais têm base de evidências apenas para tratar TDPM, ou também exacerbações pré-menstruais de depressão maior? Há um ensaio aberto com etinilestradiol combinado com drospirenona acrescentados ao tratamento vigente com antidepressivos por dois ciclos que demonstrou melhora da depressão (Joffe et al., 2007). Em seguida, outros autores realizaram um ensaio controlado por placebo, no qual a diferença simplesmente não alcançou

Boxe 12.11 Valproato de sódio e síndrome do ovário policístico.

Síndrome do ovário policístico (SOP; também conhecida como síndrome de Stein-Leventhal) é definida por hiperandrogenismo e anovulação, oligomenorreia ou amenorreia crônica. Um estudo inicial relacionou tratamento com valproato de sódio com SOP em mulheres epilépticas (Isojärvi et al., 1993), mas surgiram controvérsias quanto a possíveis fatores de confusão, inclusive impacto de obesidade coexistente, hiperinsulinemia causando hiperandrogenismo e efeito da própria epilepsia na função dos hormônios reprodutivos (Ernst e Goldberg, 2002). Um estudo prospectivo de mulheres com transtorno bipolar controlou efeitos do tratamento farmacológico e demonstrou incidência de 7,3% (IC95% = 1,7 a 34,1; p = 0,002) de oligomenorreia e hiperandrogenismo de início recente associados ao uso de valproato de sódio por período mínimo de 12 meses (Joffe et al., 2006). Desde então, as recomendações gerais são monitorar clinicamente irregularidades do ciclo menstrual e sinais de hiperandrogenismo (p. ex., acne, hirsutismo) nas mulheres em idade reprodutiva tratadas com valproato de sódio.

significado estatístico (Peters et al., 2017). Assim, podemos pensar que o estudo não teve força estatística suficiente?

A amostra consistiu em 25 indivíduos que concluíram o estudo – cerca da metade com placebo e os restantes com fármaco ativo. Então, o que isso significa, de fato?

Que o tamanho da amostra provavelmente era pequeno para que esse estudo fosse positivo.

TRANSTORNO DE SINTOMAS SOMÁTICOS E PREDISPOSIÇÃO À SOMATIZAÇÃO

O DSM-5 reconhece e inclui as categorias diagnósticas transtornos de somatização e transtorno doloroso somatoforme na rubrica de "transtornos de sintomas somáticos". No contexto presente, usamos como sinônimos os termos "somatização", "sintomas somáticos" e "sintomas físicos clinicamente inexplicáveis (SFCIs)". Entendemos que seja uma "população especial" de pacientes com preocupações exageradas e sofrimento excessivo relacionados com queixas somáticas, tendo em vista que tratamentos farmacológicos frequentemente podem causar complicações singulares. De um modo geral, abordagens psicoterápicas estruturadas oferecem intervenções terapêuticas mais baseadas em evidência para pacientes com queixas relacionadas com SFCIs. Tratamento farmacológico (se e quando for útil) tende a desempenhar papel decididamente complementar, tendo em vista as expectativas modestas quanto à sua utilidade. Uma revisão da literatura dos últimos 30 anos demonstrou que antidepressivos serotoninérgicos podem ser mais úteis para tratar manifestações "obsessivas" que queixas dolorosas ou somáticas (Fallon, 2004). Uma revisão da Base de Dados Cochrane incluiu 26 ECRs envolvendo 2.159 participantes e não encontrou diferenças de resultados significativos entre antidepressivos tricíclicos e placebo (DMP = –0,13; IC95% = –0,39 a 0,13) (Kleinstäuber et al., 2014). Antidepressivos de última geração (ISRSs [paroxetina, citalopram, sertralina] ou IRSN [venlafaxina, milnaciprana]) alcançaram tamanho de efeito grande e significativo (DMP = –0,91; IC95% = –1,36 a –0,46) com base em três estudos, que se estenderam por 8 a 12 semanas e foram considerados de qualidade "muito inferior". (Análises secundárias demonstraram reduções significativas de ansiedade e sintomas depressivos, mas não de distúrbios cognitivos. Dois estudos com produtos naturais (p. ex., erva-de-são-joão) também detectaram tamanho de efeito muito grande (DMP = –0,74; IC95% = –0,97 a –0,51) com evidência de "baixa" qualidade quanto à redução da intensidade dos SFCIs; também nesses casos, análises secundárias demonstraram reduções significativas de ansiedade e depressão. Dois ECRs sugerem que um ASG (especificamente, quetiapina ou paliperidona) combinado com ISRS (neste caso, citalopram ou paroxetina) tiveram melhor resultado que tratamento simples com ISRS (DMS = 0,77; IC95% = 0,32 a 1,22; evidência considerada de "baixa qualidade").

> **Lembrete**
> Intervalos de confiança que cruzam "zero" não são significativos.

COMORBIDADES OU DOENÇAS CRÔNICAS CLINICAMENTE SIGNIFICATIVAS

Doença cardíaca

Depressão depois de infarto agudo do miocárdio (IAM)

Depressão depois de infarto agudo do miocárdio aumenta intrinsecamente o risco de morte. Nesses casos, a questão principal relacionada com o tratamento da depressão é o risco de causar arritmias pós-IAM.

Sertralina é o fármaco mais bem estudado para tratar depressão pós-IAM, conforme foi demonstrado por um ECR de 24 semanas com doses flexíveis comparadas com placebo em 369 pacientes com TDM hospitalizados depois de IAM ou angina instável (Glassman et al., 2002). Os índices de resposta foram significativamente maiores com sertralina que placebo, especialmente entre pacientes com história pregressa de depressão e níveis altos de gravidade inicial dos sintomas depressivos. Vale ressaltar que sertralina não causou efeitos adversos na fração de ejeção ventricular esquerda, complexos ventriculares prematuros (CVPs) ou alterações de duração do intervalo QTc. Outros ECRs demonstraram que tratamento para TDM pós-IAM com *qualquer* ISRS reduz mortalidade por todas as causas e risco de recidiva do infarto inicial (Taylor et al., 2005).

Prolongamento do intervalo QTc

Como dissemos resumidamente no Capítulo 10 (Figura 10.1), morte cardíaca súbita atribuível às arritmias ventriculares é uma questão preocupante associada a todos os antipsicóticos que, como grupo em geral, aumentam em cerca de duas vezes a razão de taxas de incidência (TIR, ou *incidence-rate* em inglês) (Ray et al., 2009).

Doença vascular cerebral

Depressão pós-AVE

A literatura de ensaios controlados sobre tratamento da depressão pós-AVE é extremamente pobre. Metanálise publicada por Sun et al. (2017) demonstrou que, dentre 12 ECRs incluindo 707 indivíduos, reboxetina alcançou probabilidade de *eficácia* cumulativa mais alta (100%), seguida de paroxetina (87,5%), doxepina (83,2%) e duloxetina (62,45). Ordenação por *aceitabilidade* favoreceu paroxetina (92,4%), placebo (63,5%), sertralina (57,3%) e nortriptilina (56,3%), nesta ordem. Como está ilustrado na Figura 12.1, paroxetina e reboxetina tiveram eficácia global demonstrada como melhores combinações de eficácia e aceitabilidade.

Metanálise em rede bayesiana incluindo 23 ECRs com antidepressivos para tratar depressão pós-AVE demonstrou índices de resposta mais favoráveis com placebo em comparação com antidepressivos tricíclicos (OR = 8,01; IC95% = 4,16 a 15,42), ISRSs (OR = 3,55; IC95% = 1,98 a 6,46) ou fitoterápico chinês FEWP* (*Free and Easy Wanderer Plus*®) (OR = 3,48; IC95% = 1,62 a 7,89); hierarquicamente, as diferenças médias observadas nos escores da Escala de Avaliação de Depressão de Hamilton favoreceram paroxetina > imipramina > reboxetina > nortriptilina > duloxetina > citalopram > sertralina > FEWP > fluoxetina > clomipramina > venlafaxina (Deng et al., 2017).

Nos estudos focados em *prevenção* de depressão pós-AVE com pacientes que não estavam deprimidos antes do AVE, escitalopram foi mais eficaz que placebo e psicoterapia estruturada, embora com controle de fatores de confusão relevantes (p. ex., história de transtorno de humor, gravidade da limitação funcional, características demográficas) (Robinson et al., 2008); além disso, administração profilática de escitalopram pós-AVE melhorou mais a função cognitiva que placebo ou psicoterapia (Jorge et al., 2010).

---

*N.T.: FEWP (*Free and Easy Wanderer Plus*® é uma fórmula de marca comercial baseada no composto fitoterápico de medicina chinesa tradicional conhecido como Xiao Yao Wan, originalmente contendo 8 ervas. Além da fórmula original, FEWP® também contém matricária, peônia vermelha e cúrcuma.

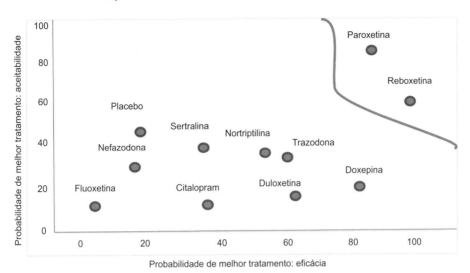

Figura 12.1 Gráfico de ordenação acumulada de eficácia e aceitabilidade dos tratamentos farmacológicos para depressão pós-AVE. Adaptada de Sun et al., 2017.

Em ensaios abertos usando psicoestimulantes (metilfenidato ou dextroanfetamina), pesquisadores relataram melhora dos sintomas depressivos de em 70 a 80% dos pacientes, com tolerabilidade satisfatória (Masand et al., 1991; Lazarus et al., 1992), embora esses resultados estejam baseados em amostras pequenas e estudos com desenho aberto. Com base em dados retrospectivos (Lazarus et al., 1994), pode-se dizer que a resposta antidepressiva ao metilfenidato em pacientes pós-AVE pode ser mais rápida (menos de 3 dias) que a obtida com nortriptilina. Em estudos sobre fadiga pós-AVE, modafinila na dose de 200 mg/dia produziu efeitos positivos (Bivard et al., 2017) e negativos (Poulson et al., 2015).

Nos pacientes com AVE hemorrágico, provavelmente seria melhor evitar antidepressivos serotoninérgicos, ao menos nos primeiros 30 dias depois de uma hemorragia aguda. Por outro lado, preocupações com diáteses hemorrágicas não se aplicam do mesmo modo aos AVEs isquêmicos. Na verdade, a segurança dos ISRSs pós-AVE isquêmico foi demonstrada no estudo FLAME (*Fluoxetine for Motor Recovery After Acute Ischemic Stroke*), no qual fluoxetina (20 mg/dia) ou placebo foi iniciado nos primeiros 5 a 10 dias depois de AVE isquêmico de 113 pacientes não deprimidos (Chollet et al., 2011). Esse estudo não avaliou prevenção de depressão pós-AVE mas, em vez disto, enfatizou (e demonstrou) melhora de hemiparesia ou hemiplegia com base na hipótese de que ISRS pode facilitar a recuperação dos neurônios.

Doença pulmonar obstrutiva crônica (DPOC)

Uma revisão da Base de Dados Cochrane sobre tratamento farmacológico para depressão em pacientes com DPOC (quatro ECRs, $n = 201$ indivíduos) demonstrou melhora mais acentuada dos sintomas depressivos a curto prazo (12 semanas) com nortriptilina que placebo, mas não houve melhora da qualidade de vida ou medidas de avaliação da dispneia (Pollok et al., 2018). Dois ECRs sobre ISRSs (paroxetina, 20 mg/dia; ou sertralina, 50 mg/dia) não detectaram diferença significativa nos escores de sintomas depressivos quando comparados com placebo. Vale ressaltar que as amostras eram pequenas (p. ex., < 30 indivíduos por grupo nos ensaios com paroxetina) e, em um desses ensaios, cerca de 30% dos indivíduos tratados com paroxetina desligaram-se prematuramente do estudo porque não toleraram o tratamento. Por outro lado, tolerância ao esforço (um resultado secundário) no final do estudo era melhor no grupo tratado com ISRSs que no grupo placebo.

Talvez ainda mais importante que depressão, também é necessário levar em consideração segurança e eficácia do tratamento de sintomas ou transtornos de ansiedade dos pacientes com DPOC, considerando a possibilidade de que benzodiazepínicos causem supressão do *drive* respiratório central. Os chamados "fármacos Z" (zolpidem, zaleplona e eszopiclona) ligam-se com menos afinidade aos receptores benzodiazepínicos $GABA_A$ e são considerados menos perigosos para pacientes com apneia do sono.

Conforme dissemos antes, embora inquestionável quanto aos seus efeitos antidepressivos na DPOC, estudos realizados em outras áreas demonstraram que paroxetina (dose de 20 mg/dia) reduziu mais eficazmente sintomas de ansiedade que placebo (Usmani et al., 2018). De acordo com estudos mais antigos em sua maioria, não há evidência de que buspirona melhore ansiedade de pacientes com DPOC (Singh et al., 1993); contudo, com base em alguns estudos, este fármaco pode realmente melhorar tolerância aos esforços (Argyropoulus et al., 1993). A maior parte dos estudos publicados sobre tratamento de ansiedade em pacientes com asma ou DPOC enfatizou mais estratégias comportamentais (p. ex., terapia cognitivo-comportamental, técnicas de meditação ou redução de estresse baseadas em atenção plena [*mindfulness*, em inglês], yoga, Tai Chi) que tratamentos farmacológicos. Informalmente, poderíamos acrescentar que ansiolíticos mais recentes (p. ex., gabapentina ou pregabalina), embora (ainda) não tenham sido estudos formalmente em pacientes com DPOC, podem justificar investigação com base em seus perfis de segurança relativamente favoráveis e bancos de dados quanto à sua eficácia em vários transtornos de ansiedade em geral (ver Capítulo 17).

Quanto à utilização de antipsicóticos em pacientes com DPOC, um estudo de base populacional com 5.302 pacientes de Taiwan com insuficiência respiratória aguda demonstrou que havia relação dose-dependente com uso de antipsicóticos (aumento de 2,16 no risco global ajustado; 1,52 com uso de doses diárias baixas e 3,74 com uso de doses diárias altas) (Wang et al., 2017b). Embora esses autores tenham interpretado seus resultados como indício de cautela para evitar uso regular de doses altas de antipsicóticos em pacientes com DPOC, ressaltamos que fatores metodológicos podem confundir estudos populacionais descritivos (não randomizados) como esse – especialmente, que uso de doses diárias altas de ASGs também poderia *indiretamente* explicar insuficiência respiratória, caso atuem como marcador de causas mais diretas de insuficiência respiratória como obesidade, IMC alto, tabagismo ou coexistência de apneia do sono.

Deve-se ou não usar ISRSs em pacientes com depressão e DPOC? Isso não é uma questão de tudo ou nada. Pode-se dizer que paroxetina e sertralina não se mostraram especialmente úteis, mas isso não exclui a possibilidade de que ISRSs sejam úteis. As doses utilizadas nesses estudos podem ter sido muito baixas. Outros ISRSs poderiam ser mais eficazes. Portanto, isso significa simplesmente que bancos de dados limitados não podem guiar-nos com segurança.

Demência

Demência impõe desafios singulares à farmacoterapia em razão do risco mais alto de mortalidade por todas as causas, que foi associado ao uso de antipsicóticos em comparação com a eficácia modesta da maioria dos fármacos estudados. No estudo CATIE-AD (*Clinical Antipsychotic Trials of Intervention Effectiveness-Alzheimer's Disease*), os autores demonstraram que ASGs causaram mais deterioração da função cognitiva que placebo (Vigen et al., 2011). Outros estudos demonstraram que, nos pacientes com doença de Alzheimer, agitação e agressividade melhoraram mais significativamente com citalopram (doses de 10 a 30 mg/dia em um ensaio de grande porte [*n* = 186] envolvendo vários centros de pesquisa [Porsteinsson et al., 2014]) ou com dextrometorfano-quinidina (Cummings et al., 2015). Entre outros ISRSs além do citalopram, sertralina (mas não fluoxetina) também mostrou eficácia preliminar em comparação com placebo para reduzir sintomas de agitação de pacientes com demência (Seitz et al., 2011). Trazodona (Martinon-Torres et al., 2004) ou valproato de sódio (estudado em cinco ECRs [*n* = 475] com doses entre 480 e 100 mg/dia; Baillon et al., 2018) não mostraram efeitos benéficos em comparação com placebo no tratamento dos sintomas de agitação em pacientes com demência.

> **Dica**
> Quando níveis séricos dos fármacos transportados por proteínas carreadoras (p. ex., valproato de sódio) estão em níveis inesperadamente baixos, recomenda-se confirmar se as concentrações séricas de albumina também não estão reduzidas (como pode ocorrer em pacientes com doença celíaca, ou quando há possibilidade de que o paciente tenha má absorção ou desnutrição); nesses casos, deve-se dosar a fração livre (não ligada às proteínas) do fármaco.

Doenças do trato digestivo

Doença celíaca

Em pacientes com doença celíaca, preocupações óbvias de psicofarmacologia incluem a possibilidade de ocorrer má absorção dos fármacos e, possivelmente, redução da síntese de albumina (secundária à desnutrição que pode ocorrer) usada como seu transportador.

Bypass *gástrico*

Pacientes submetidos a operações de *bypass* gástrico em "Y" de Roux geralmente não conseguem absorver preparações farmacêuticas de liberação estendida. Estudos dos níveis séricos de ISRSs e IRSNs geralmente demonstram reduções em cerca de 50% no primeiro mês depois de uma operação desse tipo, mas as concentrações frequentemente retornam aos níveis basais dentro de 6 meses (Lloret-Linares et al., 2015).

Síndrome do colo irritável

Metanálise de 17 ensaios controlados por placebo com antidepressivos para tratar síndrome do colo irritável (SCI) demonstrou vantagem expressiva desses fármacos (sejam ISRSs ou ADTs) em relação ao placebo (RR = 0,66, IC95% = 0,56 a 0,76), com NNT correspondente de 4,5 (Ford et al., 2019). RR e NNT referidos à melhora sintomática global foram semelhantes entre ADTs e ISRSs. Em artigos publicados na literatura, os autores frequentemente ressaltam que ADTs podem ser opções preferidas para tratar SCI com predomínio de diarreia (porque eles prolongam o tempo de trânsito intestinal), enquanto ISRSs podem ser mais eficazes nos pacientes mais sujeitos à constipação intestinal, embora não existam estudos randomizados formais testando estas hipóteses. Linaclotida (em geral, dose oral de 290 μg, no mínimo 30 minutos antes da primeira refeição do dia) é outra opção de tratamento para SCI com predomínio de constipação intestinal, porque aumenta o transporte de água e cloreto e amolece a consistência das fezes.

Outra metanálise de 12 ECRs demonstrou RR acumulado de melhora de 1,36 com ADTs (IC95% = 1,07 a 1,71) em comparação com RR não significativo = 1,38 (IC95% = 0,83 a 2,28) com ISRSs (Xie et al., 2015). Especificamente, houve melhora significativa dos sintomas em geral, assim como dor abdominal. Outros estudos publicados na literatura sugeriram que fluoxetina possa ser mais eficaz que placebo para tratar flatulência e desconforto abdominal, especialmente quando são manifestações clínicas da SCI com predomínio de constipação intestinal (Vahedi et al., 2005).

Ensaios com ISRSs para tratar SCI tendem a usar doses comparáveis às que são administradas para tratar TDM, enquanto as doses dos ADTs tendem a ser um pouco menores que as correspondentes para tratamento deste transtorno mental. A melhora dos sintomas da SCI *não* parece depender de alterações significativas dos escores de avaliação dos sintomas depressivos.

 ## Disfunção hepática

Além de verificar as bulas dos fabricantes de psicotrópicos quanto ao uso de fármacos específicos em populações com disfunção hepática, médicos podem obter informações farmacológicas atualizadas sobre hepatotoxicidade em consultas *online* à página https://livertox.nih.gov. Nos casos típicos, pacientes com disfunção hepática significativa têm dificuldade de catabolizar fármacos que precisem passar por reações metabólicas de fase I ou fase II, o que torna preferível usar fármacos metabolizados no fígado com meias-vidas de eliminação terminal relativamente curtas (p. ex., oxazepam, flurazepam, temazepam, alprazolam), em vez de meias-vidas longas (p. ex., clonazepam, diazepam, clordiazepóxido). Além disso, quando há doença hepática grave, pacientes podem sintetizar quantidades significativamente menores de albumina e glicoproteína ácida α_1, que interferem com sua capacidade de transportar fármacos que se ligam amplamente às proteínas (i. e., > 80 a 85%; ver resumo no Boxe 12.12, no qual estes fármacos aparecem na área sombreada mais escura). É importante ter em mente que psicotrópicos e outros fármacos que competem por sítios de ligação às proteínas (p. ex., cumarínicos) acarretam risco de deslocar competidores administrados simultaneamente e podem causar variações mais amplas de biodisponibilidade e, consequentemente, efeitos farmacodinâmicos mais imprevisíveis. As Tabelas 12.11 a 12.16 resumem informações sobre uso e alterações posológicas dos psicotrópicos para pacientes com disfunção hepática (ver também bulas dos fabricantes de cada produto específico, geralmente nas Seções 8.6 e 8.7).

 ## Glaucoma

Pacientes com glaucoma de ângulo fechado estão sujeitos a episódios de glaucoma de ângulo agudo como reação aos fármacos que provocam dilatação pupilar (p. ex., alguns antidepressivos) quando não têm iridectomia patente. Outros fármacos que podem causar dilatação pupilar e aumentar esse risco são benzodiazepínicos, anticolinérgicos e psicoestimulantes.

Psicofarmacologia Prática

Boxe 12.12 Ligação às proteínas de diversos psicotrópicos.

% de ligação às proteínas	Fármacos
> 99%	Aripiprazol, brexpiprazol, suvorexanto, valbenazina
98 a 99%	Sertralina, nefazodona, vortioxetina
96 a 99%	Amitriptilina, clozapina, lumateperona, vilazodona
95%	Iloperidona, pimavanserina
94 a 95%	Fluoxetina, lemborexante
93%	Olanzapina
92%	Nortriptilina, zolpidem
91%	Desipramina
89 a 95%	Trazodona
85 a 94%	Valproato de sódio
86%	Imipramina
85%	Mirtazapina
84%	Bupropiona
80%	Citalopram, fluvoxamina
75 a 80%	Carbamazepina, doxepina
74%	Paliperidona
60 a 68%	Deutetrabenazina, modafinila
60%	Zaleplona
56%	Escitalopram
55%	Lamotrigina
52 a 59%	Eszopiclona
30%	Desvenlafaxina, venlafaxina
22%	Levomilnaciprano
15 a 40%	Anfetamina
13 a 17%	Metilfenidato, pramipexol, solrianfetol, topiramato
< 3%	Gabapentina
< 1%	Pregabalina

🕐 HIV/AIDS

Em meados da década de 1990, o desenvolvimento de tratamento antirretroviral altamente ativo (HAART, ou *highly active antiretroviral therapy*, em inglês) transformou expressivamente a infecção pelo HIV/AIDS de uma doença fatal em doença crônica controlável. No que se refere aos psicofarmacologistas, uma questão geral preocupante é a possibilidade de ocorrerem interações farmacocinéticas causadas por inibidores de protease e inibidores não nucleosídios de transcriptase reversa, conforme está descrito no Boxe 12.13.

No tratamento farmacológico de pacientes HIV-positivos deprimidos, as seguintes considerações básicas são dignas de nota:

- No tratamento de *depressão* de pacientes HIV+/AIDS, ensaios duplos-cegos confirmaram eficácia e tolerabilidade de imipramina, fluoxetina e paroxetina (todos resultaram em NNTs de um dígito) (revisados por Ferrando e Freyberg, 2008), assim como DHEA (doses entre 100 e 400 mg/dia; NNT = 4; Rabkin et al., 2006). Resultados de um ensaio aberto demonstraram eficácia de citalopram, que pode ser especialmente interessante porque seu metabolismo hepático (CYP1A2) não acarreta conflitos farmacocinéticos com inibidores de protease. Ensaios abertos pequenos também favoreceram o uso de mirtazapina (pode ser especialmente útil quando houver insônia e anorexia), nefazodona (que ainda se mantém como antidepressivo menos popular, desde que a FDA norte-americana publicou em 2013 um alerta sobre risco raro [1 em 250.000] de insuficiência hepática fulminante) e bupropiona SR (revisados por Ferrando, 2009). Alguns estudos demonstraram que tratamento farmacológico eficaz para depressão de pacientes HIV+ aumentou adesão ao esquema HAART (Yun et al., 2005). De acordo com alguns relatos, psicoestimulantes e compostos semelhantes melhoram humor deprimido e fadiga dos pacientes HIV+, principalmente quando se utiliza dextroanfetamina em doses de até 40 mg/dia (Wagner e Rabkin, 2000), modafinila em doses de 50 a 400 mg/dia (dose média dos pacientes que responderam = 135 mg/dia; Rabkin et al., 2004) e metilfenidato em doses de até 60 mg/dia (Breitbart et al., 2001)
- Quanto aos *estabilizadores de humor* e outros fármacos usados para tratar mania, é importante ressaltar que, embora estudos tenham demonstrado que valproato de sódio aumentou a replicação viral do HIV *in vitro*, não há evidência de que ele aumente a carga viral *in vivo*; lítio ainda é um fármaco apropriado, embora pacientes HIV+ possam ser especialmente sensíveis aos seus possíveis efeitos neurológicos adversos dose-dependentes. As propriedades neuroprotetoras do lítio tornam este fármaco atraente para tratar demência, embora nenhum estudo formal tenha demonstrado até hoje seus efeitos em pacientes com demência associada à AIDS

Capítulo 12 • Diversidade Humana e Considerações sobre Populações Especiais 12

Tabela 12.11 Uso de psicotrópicos em pacientes com disfunção hepática: anticonvulsivantes.

Fármaco	Comentários/ajustes de doses necessários
Carbamazepina	Em geral, elevações benignas das transaminases ocorrem em até 20% dos pacientes; elevação da GGT geralmente indica indução benigna das enzimas hepáticas. Hepatotoxicidade é um fenômeno raro, geralmente relacionado com síndrome de erupção cutânea farmacogênica, eosinofilia e sintomas sistêmicos (síndrome DRESS). Além de avisar que "pode causar insuficiência hepática", não é necessária qualquer recomendação posológica específica
Valproato de sódio	Contraindicado aos pacientes com disfunção hepática; em geral, é considerado apropriado em doses habituais quando enzimas hepáticas continuam em níveis menores que três vezes o limite superior da faixa de referência laboratorial
Gabapentina	Não é metabolizada no fígado. Por essa razão, pode ser especialmente interessante para pacientes com disfunção hepática e ansiedade ou insônia
Lamotrigina	Nos pacientes com disfunção hepática moderada ou grave, mas sem ascite: reduzir a dose em cerca de 25%; nos casos de disfunção grave com ascite: reduzir a dose em cerca de 50%
Oxcarbazepina	Nenhum ajuste nos casos de disfunção hepática branda a moderada; não foi avaliada em pacientes com disfunção grave
Pregabalina	Nenhum ajuste nos casos de disfunção branda a grave
Topiramato	"Utilizar com cuidado"[a] em pacientes com disfunção moderada a grave

[a]Termo usados pelo fabricante nos materiais informativos do produto. *GGT*, gamaglutamiltranspeptidase.

Tabela 12.12 Uso de psicotrópicos em pacientes com disfunção hepática: antidepressivos.

Fármaco	Comentários/ajustes de doses necessários
Escetamina	"Pode ser necessário monitorar por intervalos mais longos pacientes com disfunção hepática moderada para detectar reações adversas"[a]
IMAOs	Nenhuma recomendação específica além de "dosar com cuidado"[a]
Mirtazapina	Depuração oral é reduzida em cerca de 30% nos pacientes com disfunção hepática
IRSNs	• Duloxetina: evitar em pacientes com doença hepática crônica ou cirrose • Levomilnaciprano: nenhum ajuste se houver disfunção hepática branda a grave • Venlafaxina: reduzir dose à metade se houver disfunção hepática moderada a grave
ISRSs	• Citalopram: dose máxima = 20 mg/dia para pacientes com qualquer grau de disfunção hepática • Escitalopram: a dose recomendada é de 10 mg/dia para pacientes com disfunção hepática branda a moderada; não utilizar se houver disfunção grave • Fluoxetina: "recomenda-se cautela" quanto à dose de pacientes com disfunção hepática e "...deve-se usar dose menor ou menos frequente em pacientes com cirrose" • Fluvoxamina: depuração reduzida em 30%; "pode ser conveniente modificar a dose inicial e a titulação das doses subsequentes" • Paroxetina: "dose inicial deve... ser reduzida em pacientes com disfunção... grave" • Sertralina: reduzir dose à metade se houver disfunção branda; evitar em casos de disfunção moderada ou grave
Tricíclicos	"Utilizar com cuidado" se houver disfunção hepática grave
Vortioxetina	Nenhum ajuste necessário para pacientes com disfunção branda a grave

[a]Termos usados pelo fabricante nos materiais informativos do produto.
IMAO, inibidores de monoaminoxidase; *IRSN*, inibidor de recaptação de serotonina-norepinefrina; *ISRS*, inibidor seletivo de recaptação de serotonina.

265

12 Psicofarmacologia Prática

Tabela 12.13 Uso de psicotrópicos em pacientes com disfunção hepática: ASGs.

Fármaco	Comentários/ajustes de doses necessários
Aripiprazol	Nenhum ajuste necessário para pacientes com disfunção hepática branda, moderada ou grave
Asenapina	Nenhum ajuste necessário para pacientes com disfunção hepática branda; uso não recomendado se houver disfunção moderada ou grave
Brexpiprazol	"Reduzir a dose recomendada máxima"[a] se houver disfunção moderada ou grave
Cariprazina	Nenhum ajuste necessário para pacientes com disfunção hepática branda a moderada
Clozapina	Nos pacientes com disfunção hepática grave, "pode ser necessário reduzir as doses"[a]
Iloperidona	Uso não recomendado para pacientes com disfunção hepática
Lumateperona	Nenhum ajuste necessário para pacientes com disfunção hepática branda; uso não recomendado se houver disfunção moderada ou grave
Olanzapina	Elevações brandas de transaminases, geralmente transitórias e reversíveis, podem ocorrer em 10 a 50% dos pacientes tratados com olanzapina por períodos longos
Paliperidona	Nenhum ajuste necessário para pacientes com disfunção hepática branda a moderada
Pimavanserina	"Não é recomendável para pacientes com disfunção hepática"[a]
Quetiapina	Dose inicial de 25 mg/dia, aumentar em 25 a 50 mg/dia com base na resposta e na tolerabilidade
Risperidona	Nos pacientes com disfunção hepática grave, "a dose inicial recomendada é de 0,5 mg 2 vezes/dia... Nesses casos, as doses devem ser aumentadas no máximo em 0,5 mg 2 vezes/dia. Aumentos das doses acima de 1,5 mg 2 vezes/dia geralmente são efetuados a intervalos mínimos de 1 semana. Em alguns casos, titulação mais lenta pode ser clinicamente apropriada"[a]
Ziprasidona	AUC aumenta em 13% em pacientes com "disfunção grave" e 34% nos pacientes com "disfunção hepática moderadamente grave", com aumento de praticamente 50% na meia-vida de eliminação. Nenhum ajuste de doses recomendável pelo fabricante

[a]Termos usados pelo fabricante nos materiais informativos do produto. *ASG*, antipsicótico de segunda geração; *AUC*, área sob a curva (*area under curve*, em inglês).

Tabela 12.14 Uso de psicotrópicos em pacientes com disfunção hepática: hipnótico-sedativos.

Fármaco	Comentários/ajustes de doses necessários
Doxepina	Iniciar com 3 mg/dia e "monitorar atentamente a ocorrência de efeitos adversos durante o dia"
Eszopiclona	Dose máxima de 2 mg à hora de deitar para pacientes com disfunção hepática grave
Lemborexante	Dose máxima de 5 mg à hora de deitar para pacientes com disfunção hepática moderada; uso não recomendável se houver disfunção grave
Ramelteona	"Utilizar com cuidado"[a] em pacientes com disfunção hepática moderada; não existem dados sobre disfunção branda e seu uso não é recomendável em pacientes com disfunção grave
Suvorexanto	Nenhum ajuste necessário em pacientes com disfunção hepática
Zaleplona	Nos pacientes com disfunção hepática branda a moderada, dose recomendada é de 5 mg/dia; seu uso não é recomendável se houver disfunção grave
Zolpidem	Dose oral máxima de 5 mg/dia para pacientes com disfunção hepática branda a moderada

[a]Termos usados pelo fabricante nos materiais informativos do produto.

Capítulo 12 • Diversidade Humana e Considerações sobre Populações Especiais

Tabela 12.15 Uso de psicotrópicos em pacientes com disfunção hepática: psicoestimulantes e fármacos semelhantes.

Fármaco	Comentários/ajustes de doses necessários
Anfetamina	"Usar com cuidado"[a] nos pacientes com disfunção hepática
(Ar)modafinila	Usar dose habitual em pacientes com disfunção hepática
Metilfenidato	Nenhum ajuste necessário para pacientes com disfunção hepática grave
Solrianfetol	Nenhum ajuste necessário, mas o fármaco é minimamente metabolizado antes da excreção

[a]Termos usados pelo fabricante nos materiais informativos do produto.

Tabela 12.16 Uso de psicotrópicos em pacientes com disfunção hepática: fármacos pró-cognitivos.

Fármaco	Comentários/ajustes de doses necessários
Amantadina	"Utilizar com cuidado"[a]
Donepezila	Nenhuma recomendação específica
Galantamina	Doses não devem passar de 16 mg/dia para pacientes com disfunção hepática moderada; seu uso não é recomendável para pacientes com disfunção grave
Memantina	Nenhum ajuste necessário para pacientes com disfunção hepática branda ou moderada; "utilizar com cuidado" se houver disfunção grave
Rivastigmina	"Pode ser necessário reduzir a dose" de pacientes com disfunção hepática branda a moderada

[a]Termos usados pelo fabricante nos materiais informativos do produto.

Boxe 12.13 Efeitos farmacocinéticos dos inibidores de protease e inibidores não nucleosídios de transcriptase reversa.

Indutores de CYP34	Inibidores de CYP3A4	Inibidores de CYP2D6	Indutor de CYP12
Efavirenz	Delavirdina	Ritonavir	Ritonavir
Nevirapina	Saquinavir, indinavir		

- Para tratar sintomas e transtornos de *ansiedade*, ISRSs representam a primeira opção mais apropriada de tratamento farmacológico, embora a base de evidências a favor de sua eficácia em pacientes HIV+ seja anedótica em grande parte. Benzodiazepínicos têm riscos especiais de causar sedação excessiva e disfunção cognitiva, além de seu potencial de uso abusivo. Outros ansiolíticos seguros e potencialmente úteis são hidroxizina, trazodona e buspirona. Gabapentina tem eficácia e tolerabilidade demonstradas no tratamento da dor neuropática de pacientes com AIDS, mas não foi estudada formalmente quanto à sua possível eficácia ansiolítica

- Surpreendentemente, *antipsicóticos* foram pouco estudados em pacientes HIV+/AIDS e grande parte dos estudos existentes enfatizou tratamento com APGs (p. ex., clorpromazina, haloperidol) para *delirium*. A literatura referida ao uso de ASGs limita-se principalmente a relatos de casos. Em geral, são recomendáveis doses baixas com esquemas de titulação lenta em razão do risco maior de efeitos extrapiramidais (EEPs) em pacientes HIV+/AIDS, além do fato de que as contagens virais são especialmente altas no compartimento do SNC.

> **Dica**
> Doença renal diminui a ligação dos fármacos às proteínas. Fármacos que se ligam em porcentagens altas às proteínas (ver Boxe 12.12) geralmente requerem alterações das doses para pacientes renais, tendo em vista a possibilidade de efeitos tóxicos causados pela fração livre do fármaco.

Doença renal

Curiosamente, poucos ECRs dedicados enfatizaram tratamento de doenças mentais em

Boxe 12.14 Terminologia farmacológica relevante aos pacientes com disfunção hepática ou renal.

> *Frações ligada e livre dos fármacos*: apenas a parte ou fração livre de um fármaco (*i. e.*, não ligada às proteínas plasmáticas) está disponível para produzir seus efeitos farmacodinâmicos ou ser excretada na urina
>
> *Fração excretada inalterada* (fe): porcentagem do fármaco que é depurada pelos rins e excretada sem alterações na urina; em geral, fármacos com fe > 0,50 devem ser administrados em doses mais baixas aos pacientes com doença renal clinicamente significativa.
>
> *Clearance intrínseco* (Cl_{int}): refere-se à capacidade de metabolizar fármacos livres na circulação (independentemente de sua ligação às proteínas)
>
> *Taxa de excreção*: diz respeito à porcentagem de um fármaco que chega aos rins e, por fim, é excretado na urina
>
> *Volume de distribuição* (Vd): volume que um fármaco ocuparia teoricamente, se fosse distribuído homogeneamente por todo o organismo

pacientes com doença renal crônica (DRC) avançada. Um desses ECRs de grande porte comparou doses flexíveis de sertralina (*n* = 102) com placebo (*n* = 99) para tratar TDM por 12 semanas em pacientes com DRC não dependentes de diálise no estágio 3, 4 ou 5, mas não demonstrou melhora mais acentuada que com placebo, ainda que houvesse significativamente mais náuseas, vômitos e diarreia (Hedayati et al., 2017). De acordo com uma revisão da Base de Dados Cochrane, não há comprovação de eficácia de qualquer antidepressivo específico, que possa orientar decisões terapêuticos para pacientes com DRC grave (Palmer et al., 2016).

Pacientes com TFGe reduzida eliminam mais lentamente fármacos depurados nos rins que os que têm função renal normal. Em geral, ajustes de doses para pacientes renais são apropriados com fármacos que têm eliminação por depuração renal de 50% no mínimo (ou, dito de outra forma, ajustes das doses devem ser efetuados para fármacos cuja *fração excretada inalterada* [fe] seja ≥ 50%). Nesses casos, doses devem ser reduzidas proporcionalmente ao grau de redução do *clearance* renal, da seguinte forma:

$$\text{Dose renal} = \text{dose habitual} \times ([1 - fe] + fe \times (\text{TFGe/TFGe normal}))$$

As Tabelas 12.17 a 12.22 resumem as alterações específicas de doses dos fármacos que requerem ajustes para disfunção renal (e, quanto às informações descritas nas bulas dos fabricantes, ver geralmente Seções 8.7 e 8.8).

Fármacos que *exigem* alterações de doses na disfunção renal estão na área sombreada mais escura. O leitor também pode encontrar informações mais detalhadas sobre ajustes de doses de fármacos específicos para pacientes renais na página https://globalrph.com/drugs/renal-dosing-database/.

> **Dica**
>
> Entre os psicotrópicos mais dependentes de excreção renal estão:
> – gabapentina
> – topiramato
> – lítio
> – pregabalina
> – paliperidona

Doença de Parkinson

Médicos devem ter em mente que inibidores de VMAT2 (*i. e.*, valbenazina, deutetrabenazina) usados para tratar discinesia tardia podem causar ou agravar sintomas de parkinsonismo. Em metanálise da mortalidade por todas as causas entre pacientes que usavam antipsicóticos (68 ensaios, mais de 4,8 milhões de participantes), histórico de doença de Parkinson e idade acima de 65 anos foram identificados como fatores moderadores significativos (Yang et al., 2018). Quetiapina e clozapina frequentemente são consideradas mais bem toleradas que outros antipsicóticos por pacientes com parkinsonismo ou doença de Parkinson; contudo, a eficácia antipsicótica desses dois fármacos não pareceu ser melhor que placebo com base em outra metanálise (sete ECRs, 17.615 participantes) (Chen et al., 2019a). Pimavanserina geralmente é considerada preferível para tratar psicoses de pacientes com doença de Parkinson.

Apneia do sono

Uma questão especialmente preocupante em pacientes com apneia do sono, seja central ou periférica (obstrutiva), é o risco dos fármacos que podem suprimir o *drive* respiratório central (especialmente opioides e benzodiazepínicos). Entre os indutores de sono, ensaios de registro de suvorexanto junto à FDA norte-americana incluíram 26 pacientes com apneia do sono obstrutiva branda a moderada, mas o impacto observado no índice de apneia-hipopneia foi mínimo. Uma revisão da Base de Dados Cochrane sobre uso de hipnótico-sedativos em pacientes com

Capítulo 12 • Diversidade Humana e Considerações sobre Populações Especiais

Tabela 12.17 Uso de psicotrópicos em pacientes com disfunção renal: anticonvulsivantes e lítio.

Fármaco	Comentários/ajustes de doses necessários
Carbamazepina	• Nenhum ajuste específico das doses
Valproato de sódio	• Nenhum ajuste específico das doses
Gabapentina	• Se CrCl > 60: doses habituais • Se CrCl = 30 a 59 mℓ/min: reduzir dose diária à metade • Se CrCl = 15 a 29 mℓ/min: faixa de doses = 200 a 700 mg/dia administrados 1 vez/dia • Se CrCl < 15 mℓ/min: faixa de doses = 100 a 300 mg/dia; "reduzir dose diária proporcionalmente ao *clearance* de creatinina"[a]
Lamotrigina	• "reduzir doses de manutenção pode ser suficiente para pacientes com disfunção renal significativa"[a]
Oxcarbazepina	• Se CrCl < 30 mℓ/min: reduzir dose à metade • Se CrCl = 30 a 60 mℓ/min: reduzir *à metade* da dose habitual (2 ou 3 vezes/dia) • Se CrCl = 15 a 30 mℓ/min: reduzir a *um quarto* da dose habitual (2 ou 3 vezes/dia) • Se CrCl < 15 mℓ/min: reduzir dose a 1/6 a 1/12 da dose habitual (*i. e.*, dose habitual de 150 mg/dia → 25 mg/dia; 300 mg/dia → 25 a 50 mg/dia; 450 mg/dia → 50 a 75 mg/dia; 600 mg/dia → 75 mg/dia (1 ou 2 vezes/dia) • Depois de hemodiálise, pode ser necessário administrar dose suplementar
Topiramato	• Se CrCl < 70 mg/min: reduzir dose habitual à metade
Lítio	• Se CrCl = 30 a 89 mℓ/min: "iniciar com doses menores e titular lentamente"[a] • Se CrCl < 30 mℓ/min: "não é recomendável usar"

Fármacos cujas doses precisam ser ajustadas estão com fundo mais escuro. [a]Termos usados pelo fabricante nos materiais informativos do produto. CrCl, *clearance* de creatinina.

Tabela 12.18 Uso de psicotrópicos em pacientes com disfunção renal: antidepressivos.

Fármaco	Comentários/ajustes de doses necessários
Bupropiona	• "Usar com cuidado" [a] (reduzir dose ou frequência) em pacientes com disfunção renal
Citalopram	• Nenhum ajuste necessário para pacientes com doença renal branda a moderada • Se CrCl = 30 a 59 mℓ/min, "usar com cuidado"[a] e titular lentamente
Desvenlafaxina	• Se CrCl = 30 a 59 mℓ/min, dose não deve passar de 50 mg/dia • Se CrCl < 30 mℓ/min, dose não deve passar de 50 mg em dias alternados
Duloxetina	• Nenhum ajuste necessário para pacientes com doença renal branda a moderada; não utilizar se CrCl < 30 mℓ/min (porque seus metabólitos ativos aumentam a níveis detectáveis em pacientes com DRT)
Escitalopram	• Nenhum ajuste necessário para pacientes com doença renal branda a moderada • Não existem dados referidos a pacientes com disfunção renal grave ou DRT
Escetamina	• Nenhuma recomendação específica
Fluoxetina	• Nenhuma recomendação específica
Fluvoxamina	• Não existem dados
Levomilnaciprano	• Ajustes de doses são desnecessários se CrCl ≥ 60 mℓ/min • Se CrCl = 30 a 59 mℓ/min: dose máxima de 80 mg/dia • Se CrCl = 15 a 29 mℓ/min: dose máxima de 40 mg/dia
IMAOs	• Nenhuma recomendação específica além de "calcular dose com cuidado"[a]
Mirtazapina	• Depuração diminui em cerca de 30% quando CrCl = 11 a 39 mℓ/min e cerca de 50% quando CrCl ≤ 10; "recomenda-se cautela ao administrar mirtazapina a pacientes com disfunção renal"[a]

(continua)

Psicofarmacologia Prática

Tabela 12.18 Uso de psicotrópicos em pacientes com disfunção renal: antidepressivos. (*continuação*)

Fármaco	Comentários/ajustes de doses necessários
Paroxetina	• Nenhum ajuste necessário para pacientes com doença renal branda a moderada • Se CrCl < 30 mℓ/min, iniciar com 10 mg/dia; dose máxima = 40 mg/dia
Sertralina	• Nenhum ajuste necessário da dose
Tricíclicos	• Nenhum ajuste necessário recomendado nos materiais informativos dos produtos, exceto "usar com cuidado" ou "cautela" em pacientes com disfunção renal
Venlafaxina	• Se CrCl = 10 a 70 mℓ/min, reduzir dose em 25 a 50% • Em pacientes com DRT em hemodiálise, reduzir dose em 50% e suspender tratamento até finalizar diálise
Vilazodona	• Nenhum ajuste necessário se CrCl estiver entre 15 e 90 mℓ/min

Fármacos cujas doses precisam ser ajustadas estão com fundo escuro. [a]Termos usados pelo fabricante nos materiais informativos do produto. *CrCl, clearance* de creatinina; *DRT*, doença renal terminal.

Tabela 12.19 Uso de psicotrópicos em pacientes com disfunção renal: ASGs.

Fármaco	Comentários/ajustes de doses necessários
Aripiprazol	• Nenhum ajuste necessário quando CrCl é de 15 a 90 mℓ/min (excretado predominantemente sem alterações nas fezes
Asenapina	• Nenhum ajuste necessário quando CrCl é de 15 a 90 mℓ/min
Brexpiprazol	• "Reduzir a dose máxima recomendada para pacientes com disfunção renal moderada ou grave, ou doença renal terminal (CrCl < 60 mℓ/minuto)"[a]
Cariprazina	• Nenhum ajuste necessário quando CrCl ≥ 30 mℓ/min.; uso não recomendável (não foi estudado) quando CrCl < 30 mℓ/min
Clozapina	• Em pacientes com doença renal grave, "pode ser necessário reduzir doses"[a]
Iloperidona	• Nenhum ajuste necessário quando CrCl é ≥ 30 mℓ/min; uso não recomendável (não foi estudado) quando CrCl < 30 mℓ/min
Lumateperona	• Não existem estudos
Lurasidona	• Quando CrCl = 30 a 59 mℓ/min, dose inicial é de 20 mg/dia e dose máxima de 80 mg/dia
Olanzapina	• Nenhum ajuste de dose específico recomendado • Quando CrCl = 50 a 80 mℓ/min, dose inicial é de 3 mg/dia, mas pode ser aumentada até 6 mg/dia de acordo com resposta e tolerabilidade
Paliperidona[b]	• Quando CrCl = 10 a 49 mℓ/min, iniciar com dose de 1,5 mg/dia com dose máxima de 3 mg/dia • Uso não recomendado em pacientes com DRT
Pimavanserina	• Nenhum ajuste necessário quando CrCl é ≥ 30 mℓ/min
Quetiapina	• Nenhum ajuste de dose necessário
Risperidona	• Em pacientes com disfunção renal grave, dose inicial é de 0,5 mg 2 vezes/dia, depois aumentar a incrementos ≤ 0,5 mg 2 vezes/dia. Com dose > 1,5 mg 2 vezes/dia, aumentos subsequentes da dose não devem ser realizados com intervalo igual ou menor que 1 semana
Ziprasidona	• Nenhuma recomendação específica; "apenas disfunção renal provavelmente não tem impacto significativo na farmacocinética da ziprasidona"[a] (excretada principalmente sem alterações nas fezes)

Fármacos cujas doses precisam ser ajustadas estão com fundo mais escuro. [a]Termos usados pelo fabricante nos materiais informativos do produto.
[b]Nota: Paliperidona é *um dos ASGs* cujo uso não é recomendado para pacientes com DRT. ◄———— DICA
CrCl, clearance de creatinina; *DRT*, doença renal terminal.

270

Capítulo 12 • Diversidade Humana e Considerações sobre Populações Especiais

Tabela 12.20 Uso de psicotrópicos em pacientes com disfunção renal: hipnótico-sedativos.

Fármacos	Comentários/ajustes de doses necessários
Hipnótico-sedativos	• Nenhum ajuste de dose é necessário para pacientes com disfunção renal branda a moderada com os seguintes fármacos: eszopiclona, ramelteona, suvorexanto, zaleplona ou zolpidem • Nenhuma recomendação específica para doxepina em pacientes com disfunção renal • Lemborexante e suvorexanto não necessitam de ajustes de doses para pacientes com disfunção renal branda a grave

Tabela 12.21 Uso de psicotrópicos em pacientes com disfunção renal: psicoestimulantes e fármacos semelhantes.

Fármacos	Comentários/ajustes de doses necessários
Anfetamina	• Nenhuma recomendação específica do fabricante
(Ar)modafinila	• "Não existem informações suficientes para determinar segurança e eficácia das doses em pacientes com disfunção renal grave"[a]
Metilfenidato	• Nenhuma recomendação específica do fabricante
Solrianfetol	• Quando CrCl = 30 a 59 mℓ/min: iniciar com dose de 37,5 mg/dia, que pode ser aumentada até 75 mg/dia depois de 7 dias, conforme a tolerabilidade • Quando CrCl = 15 a 29 mℓ/min: iniciar e manter dose de 37,5 mg/dia • Quando CrCl < 15 mℓ/min: não é recomendável usar este fármaco

[a]Termos usados pelo fabricante nos materiais informativos do produto. CrCl, *clearance* de creatinina.

Tabela 12.22 Uso de psicotrópicos em pacientes com disfunção renal: fármacos pró-cognitivos.

Fármacos	Comentários/ajustes de doses necessários
Amantadina	• Quando CrCl > 50: doses habituais • Quando CrCl = 30 a 50 mℓ/min: 200 mg × 1, depois 100 mg/24 h • Quando CrCl = 15 a 29 mℓ/min: 200 mg × 1, depois 100 mg/48 h • Quando CrCl < 15 mℓ/min: 200 mg a cada 7 dias • Quando paciente faz hemodiálise: 200 mg a cada 7 dias
Donepezila	• Nenhuma recomendação específica
Galantamina	• Quando CrCl = 9 a 59 mℓ/min, dose máxima diária não deve passar de 16 mg. Uso não recomendado em pacientes com disfunção renal grave
Memantina	• Nenhum ajuste necessário quando CrCl = 30 a 80 mℓ/min; quando CrCl < 30 mℓ/min, usar dose oral de 5 mg 2 vezes/dia (preparação de liberação imediata) ou 14 mg/dia (liberação estendida)
Rivastigmina	"Pode ser necessário reduzir a dose para pacientes com disfunção renal branda ou moderada"[a]; não existem dados sobre disfunção renal grave

[a]Termos usados pelo fabricante nos materiais informativos do produto. CrCl, *clearance* de creatinina.

apneia do sono não detectou problemas significativos de baixa saturação de oxigênio ou episódios de apneia/hipopneia com eszopiclona (3 mg à hora de deitar) ou oxibato sódico (na verdade, esses dois fármacos *diminuíram* mais significativamente episódios de apneia/hipopneia que placebo), ou com zolpidem, flurazepam ou triazolam (Mason et al., 2015).

12 Psicofarmacologia Prática

🏠 Pontos importantes e tarefas para casa

- Existem alguns subgrupos populacionais clinicamente importantes, que servem como fonte de estratificação dos resultados dos tratamentos farmacológicos. Entender como efeitos do tratamento farmacológico podem diferir entre determinados grupos estratificados com base em raça/etnia, sexo, idade, gravidez/puerpério, comorbidades e doenças médicas coexistentes
- Pacientes somaticamente preocupados podem impor desafios especiais ao médico, quando ele precisa diferenciar entre efeitos iatrogênicos/adversos dos fármacos e preocupações exageradas coexistentes referidas às queixas físicas e sensações. Nesses casos, intervenções de farmacoterapia frequentemente devem ocupar papel secundário às intervenções de psicoterapia como foco terapêutico principal.

PARTE 2 Farmacoterapia Clínica

13 Transtornos de Humor e Afeto

Objetivos de aprendizagem

- Entender de que forma as dimensões dos transtornos de humor como polaridade, psicose, cronicidade, recorrência e comorbidades atuam como moderadores do resultado do tratamento farmacológico
- Conhecer as bases de evidências do uso de antidepressivos para tratar transtornos adaptativos
- Descrever eficácia relativa dos antidepressivos monoaminérgicos para tratar episódios de depressão maior
- Compreender a interdependência de dose do fármaco, duração e cronicidade da doença e rapidez de início dos efeitos farmacodinâmicos
- Conhecer razões plausíveis para alterar em vez de aumentar doses dos fármacos para tratar transtornos de humor depois de resposta inicial insatisfatória
- Conhecer as bases de evidência e estratégias de doses dos fármacos usados para tratar depressão resistente ao tratamento
- Descrever tratamentos baseados em evidência para depressão com comorbidades como ansiedade e outros transtornos mentais
- Reconhecer tratamentos farmacológicos baseados em evidência para evitar recorrência de depressão depois de ECT
- Conhecer os critérios de plausibilidade clínica para usar antidepressivos, lítio e determinados anticonvulsivantes, ASGs ou outros psicotrópicos nas diversas fases do transtorno bipolar.

O mundo quebra a todos e depois muitos se tornam mais fortes nos lugares quebrados.

Ernest Hemingway

Leitores mais jovens podem não saber que, antes do DSM-IV, fenômenos que hoje conhecemos com "transtornos de humor" eram descritos mais precisamente como transtornos *afetivos*, denotando uma diferença fundamental entre transtornos de humor (experiência subjetiva de emoções) e afeto (expressão comportamental objetiva do humor). Considerando que transtornos do humor estão sempre presentes em praticamente todos os domínios de psicopatologia, as relações entre sinais e sintomas de "transtornos do humor" são fundamentais à classificação nosológica e à definição de metas das intervenções de psicofarmacoterapia. Manifestações clínicas associadas aos transtornos *afetivos* englobam, entre outras, variações do nível de energia psíquica, ciclo de sono-vigília, pensamento e percepção, controle de impulsos, cognição (p. ex., processamento atencional, capacidade de resolver problemas), motivação/nível de atenção, comportamentos alimentares, entre outros.

Neste capítulo, apresentamos informações importantes sobre tratamento dos transtornos de humor/afetivos como categoria diagnóstica abrangente, com suas subdivisões (p. ex., polaridade) realçadas como descritores clínicos, em vez de transtornos mentais fundamentalmente diferentes. Isso pode trazer dificuldades para alguns leitores. Ainda assim, poderíamos subdividir o "bolo" afetivo de inúmeras formas. O Boxe 13.1 resume ao menos 20 delas. Sem dúvida alguma, cada uma dessas dimensões poderia constituir uma doença propriamente dita, em vez de representar moderadores bem definidos do resultado terapêutico (conforme nossa opinião). Além disso, poderíamos classificar transtornos afetivos com base na responsividade aos fármacos específicos (semelhante à forma como se classificam algumas doenças infecciosas com base no fato de serem sensíveis ou resistentes a determinados antibióticos) ou, algum dia talvez, com base em biomarcadores confirmatórios. Em harmonia com o conceito de psicofarmacologia *prática* e de forma a reforçar uma abordagem mais dimensional que categórica ao diagnóstico e tratamento dos transtornos mentais, enfatizaremos dimensões dos transtornos afetivos em vez de tentar enfrentar 20 ou mais categorias

13 Psicofarmacologia Prática

nosologicamente mais "singulares" dos transtornos de humor.

Alguns dos termos descritos no Boxe 13.1 tornaram-se antiquados na linguagem moderna (p. ex., DSM-5 inclui a expressão "transtorno distímico" com depressão maior crônica no subtítulo geral amplo dos "transtornos depressivos persistentes" e os termos "endógeno" e "neurótico" não são mais aceitos). No entanto, alguns médicos ainda recorrem ao menos a alguns dos conceitos que embasam esses elementos quando elaboram uma apresentação clínica e consideram decisões em farmacoterapia. Como foi descrito no Capítulo 5, a maioria dos pacientes do "mundo real" apresenta combinações variadas de sintomas, como as que estão relacionadas no Boxe 13.1, resultando em um perfil clínico singular para cada paciente individualmente. Alguns grupos de sintomas – como anedonia, indecisão e hipoatividade – podem assumir importância prognóstica negativa especial, apesar e além dos mediadores, como é o caso de gravidade inicial da doença (Uher et al., 2012). Além disso, mesmo polaridade afetiva – considerada por alguns como uma dicotomia sacrossanta dos transtornos de humor – realmente é apenas um dos diversos fatores moderadores que influenciam evolução e prognóstico. Classificar a doença de determinado indivíduo com base unicamente em uma característica moderadora com exclusão das demais simplifica exageradamente a complexidade dos transtornos de humor e pode involuntariamente abrir caminho para resultados insatisfatórios a um tratamento comprovadamente eficaz para determinado transtorno mental.

QUANDO HÁ INDICAÇÃO PARA TRATAMENTO FARMACOLÓGICO DA DEPRESSÃO?

A terceira edição (2010) da Diretriz Prática sobre Tratamento de Transtorno Depressivo Maior da American Psychiatric Association diz o seguinte: "Antidepressivo é recomendável como primeira opção de tratamento para pacientes com formas branda a moderada de transtorno depressivo maior e certamente está indicado para os que têm quadro grave de transtorno depressivo maior, a menos que se planeje realizar ECT." Em termos mais específicos, outras considerações relevantes devem, com toda razão, incluir *gravidade extrema, sintomas de melancolia, possibilidade de suicídio, psicose, limitações funcionais* e *cronicidade*. É interessante avaliar as atitudes e expectativas do paciente quanto ao que fármacos podem ou não fazer e esclarecer os resultados alcançados com psicoterapia ou outras intervenções não farmacêuticas (p. ex., exercícios físicos, fototerapia, nutracêuticos) adotadas no passado. Outro fator igualmente importante é prever as chances de que determinado fármaco atue: existem alguma razão *a priori* para pensar que alguém poderia não melhorar com um antidepressivo monoaminérgico comum? Histórico de falta absoluta de resposta a vários antidepressivos experimentados antes certamente não contraindica outras tentativas de usar antidepressivos, mas requer reflexão considerável para que não se continue a fazer repetidamente a mesma coisa e ainda assim espere resultados diferentes (p. ex., considerar a probabilidade sempre crescente de remissão depois de várias tentativas repetidas de usar antidepressivos, como está ilustrado no Boxe 13.5, mais adiante). O paciente tem alguma comorbidade ainda sem tratamento, inclusive outro transtorno mental ou problemas associados ao uso de substâncias que requeiram hierarquicamente atenção mais imediata? Ou esse episódio de depressão apresenta sintomas mistos (mania ou hipomania), que poderiam ser agravados pelos antidepressivos tradicionais (Frye et al., 2009)? O

Boxe 13.1 Dimensões dos transtornos afetivos.

- Polaridade (unipolaridade *versus* bipolaridade)
- Persistente (distímico/crônico)
- Altamente recorrente *versus* não recorrente
- Psicótico *versus* não psicótico (e, consequentemente: humor congruente *versus* incongruente)
- Endógeno *versus* reativo (antes referido como "neurótico")
- Catatônico
- Típico *versus* atípico
- Ansioso *versus* não ansioso
- Agitado *versus* anérgico
- Grupo de sintomas noradrenérgicos
- Gravidade baixa *versus* alta
- Início precoce *versus* tardio
- Final de vida *versus* adulto jovem *versus* pediátrico
- Sazonal *versus* não sazonal
- Resistente ao tratamento *versus* não resistente
- Com comorbidades clínicas
- Primário *versus* secundário a outras doenças clínicas/uso de substâncias
- Gestacional ou puerperal
- Inflamatório *versus* não inflamatório

diagnóstico de psicose passou despercebido? A adesão ao tratamento tem sido insatisfatória?

Também é importante considerar se o paciente pode ter outro transtorno mental no qual "depressão" possa ser uma das queixas principais, mas no qual não haja critérios para definir o diagnóstico sindrômico de EDM; nesses casos, os sintomas apresentados pelo paciente poderiam ser semelhantes aos da depressão, como no caso de sintomas negativos de esquizofrenia, sintomas de abstinência ou eliminação súbita do consumo de álcool ou droga ilícita, mania que o paciente define incorretamente como depressão, psicose bem definida (para a qual antipsicótico provavelmente seria uma abordagem terapêutica fundamental mais importante que um antidepressivo) ou transtorno adaptativo com humor deprimido (no qual não há critérios sindrômicos para diagnosticar depressão maior).

ANTIDEPRESSIVOS MONOAMINÉRGICOS

Antidepressivos estão entre os fármacos prescritos mais amplamente nos EUA e praticamente um quarto dos pacientes que usam antidepressivo fazem-no há 10 anos no mínimo (www.dcd.gov/nchs/data/databriefs/db283.pdf). De acordo com o Centers for Disease Control (CDC), o uso de antidepressivos aumentou em 65% no período de 1999-2014. Alguns especialistas atribuem esse aumento aos esforços de desestigmatização somados à conscientização pública crescente e à triagem mais ampla para depressão. Contudo, ao mesmo tempo, depressão frequentemente tanto é um sintoma na busca por um diagnóstico quanto um diagnóstico unificador em si mesmo; deste modo, a elevação acentuada do uso de antidepressivos ao longo das últimas duas décadas não indica necessariamente aperfeiçoamento dos critérios diagnósticos ou reconhecimento mais amplo de algumas doenças clínicas, transtornos mentais ou problemas relacionados com uso de substâncias, nos quais humor deprimido pode ser simplesmente manifestação de uma condição mais complexa ou insidiosa.

QUAIS ANTIDEPRESSIVOS SÃO MAIS EFICAZES *E* BEM TOLERADOS?

Cipriani et al. (2018) realizaram uma metanálise de 21 antidepressivos estudados em 522 ECRs envolvendo 116.477 indivíduos. Como se pode observar no gráfico de floresta (também conhecido como

> ### Antidepressivos são inadequados para tratar transtornos de adaptação?
>
> Geralmente, médicos supõem que transtornos adaptativos com humor deprimido (no passado, esta condição também era conhecida como depressão "circunstancial ou situacional") sejam fenômenos psicológicos autolimitados, que não requerem ou de outro modo não melhoram empiricamente com antidepressivos. (Ao mesmo tempo, alguns especialistas acreditam que transtornos de adaptação possam ser apresentações de *forma frustra*, que conferem risco mais alto de desenvolver futuramente uma síndrome depressiva clássica.) Sob a perspectiva da medicina baseada em evidências, isso realmente é uma questão muito interessante e praticamente pouco avaliada, sobre a qual há apenas dados empíricos limitados. Pequenos ensaios abertos preliminares avaliaram luto (sentimento normal de pesar) na ausência de um episódio de depressão maior sindrômica e sugeriram possíveis efeitos benéficos com bupropiona (150 a 300 mg/dia durante 8 semanas), demonstrando melhora em comparação com a gravidade inicial dos sintomas depressivos (escores da escala HAM-D), bem como nos escores de intensidade do luto (Zisook et al., 2001). Mais recentemente, um ECR sobre psicoterapia estruturada (terapia para luto complicado [TLC]) com citalopram demonstrou melhora mais significativa dos sintomas depressivos subliminares associados que apenas com TLC, mas os resultados globais não foram melhores com TLC + citalopram que apenas com TLC (Shear et al., 2016). Pacientes que se apresentam unicamente com humor deprimido no contexto de uma experiência interpessoal devastadora ou outro fato existencial negativo, que possam também evoluir para um episódio de depressão maior, devem passar por uma triagem para detectar histórias pessoal e familiar de transtorno afetivo significativo e devem ser monitorados quanto à possibilidade de agravação clínica e possível indicação futura de tratamento farmacológico, na eventualidade de que apenas psicoterapia e/ou evolução natural com o transcorrer do tempo não seja suficiente para sustar a progressão e a agravação do problema.

blobograma) ilustrado na Figura 13.1, antidepressivos mais eficazes para TDM com respeito à probabilidade de resposta (razão de probabilidade ou *odds ratio* [OR] em inglês – isto é, melhora ≥ 50% em comparação com a gravidade inicial) foram amitriptilina (OR = 2,13), mirtazapina (OR = 1,89), duloxetina (OR = 1,85) e venlafaxina (OR = 1,85), enquanto os valores *menores* de OR estavam

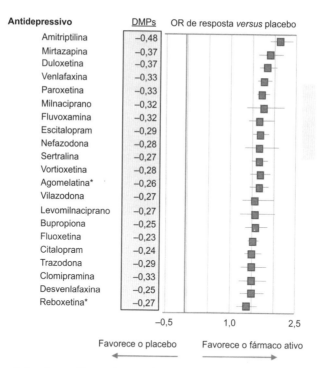

Figura 13.1 Eficácia relativa dos antidepressivos. Dados baseados em metanálise publicada por Cipriani et al. (2018). Asterisco (*) indica que o fármaco não estava disponível nos EUA.

associados a trazodona (OR = 1,51), clomipramina e desvenlafaxina (ambas com OR = 1,49) e reboxetina (OR = 1,37). Contudo, é importante ressaltar que houve sobreposição significativa dos intervalos credíveis (CrIs) ao redor de cada OR, ou seja, que as probabilidades reais de resposta à maioria dos fármacos não foram significativamente diferentes umas das outras. A Figura 13.1 também ilustra os tamanhos de efeitos relativos (descritos como DMPs) para cada antidepressivo, que praticamente acompanham as razões de probabilidade de resposta (ORs). Também é importante lembrar que a DMP global dos antidepressivos foi de apenas 0,30 (ou seja, CrI de 95% apertado: 0,26 a 0,34, significando pouca variância) e, com exceção da amitriptilina, nenhum outro sequer alcançou tamanho de efeito próximo de médio.

Como se pode observar na Figura 13.2, aceitabilidade dos antidepressivos (índice de interrupção do tratamento por todas as causas *versus* placebo) foi maior com agomelatina (OR = 0,84) e fluoxetina (OR = 0,88) e pior com clomipramina; com todos os outros fármacos estudados, CrIs incluíram o valor 1 (isto não os torna significativamente diferentes de placebo).

No que se refere à interrupção do tratamento especificamente por conta de efeitos adversos, as probabilidades foram *mais favoráveis* à agomelatina (OR = 1,21), vortioxetina ou milnaciprana (ambos com OR = 1,64), desvenlafaxina (OR = 1,66), escitalopram (OR = 1,72) e fluoxetina (OR = 1,82); probabilidades menos favoráveis para evitar interrupção do tratamento em razão de efeitos adversos foram associadas à clomipramina (OR = 4,44), amitriptilina (OR = 3,11), trazodona (OR = 3,07) e venlafaxina (OR = 2,95). Coletivamente, quando foram comparados diretamente índices de resposta, remissão e melhora dos sintomas depressivos com antidepressivos (em vez de placebo), os fármacos que se mostraram mais favoráveis foram escitalopram, vortioxetina, amitriptilina e bupropiona, enquanto os menos favoráveis foram reboxetina, trazodona, fluoxetina e citalopram.

COMO ESCOLHER ENTRE ANTIDEPRESSIVOS MONOAMINÉRGICOS PARA TRATAR DEPRESSÃO

No contexto geral, as diferenças entre antidepressivos monoaminérgicos são pequenas e referem-se mais às suas tolerabilidades relativas que

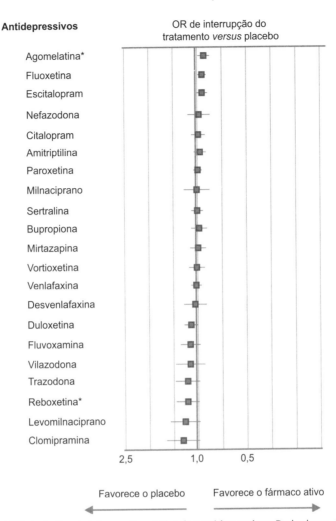

Figura 13.2 Tolerabilidade/índice de interrupção relativa dos antidepressivos. Dados baseados na metanálise publicada por Cipriani et al. (2018). Asterisco (*) indica que o fármaco não estava disponível nos EUA.

eficácia em comparação com placebo. Alguns deles têm mais de uma base de evidência em populações bem definidas, porque foram estudados nessas populações (p. ex., bupropiona para depressão sazonal, fluoxetina ou sertralina para depressão bipolar tipo II) ou demonstraram eficácia em determinadas comorbidades (p. ex., inibidores de recaptação de norepinefrina [IRNEs] para dor neuropática; bupropiona para deixar de fumar, fluoxetina para bulimia nervosa) ou subcomponente da depressão (p. ex., vortioxetina para disfunção cognitiva) ou característica clínica relacionada (p. ex., serotoninérgicos para ansiedade). Alguns também se prestam mais que outros ao sinergismo

> **O que é bromidrato de bupropiona?**
>
> Originalmente, bupropiona era formulada como sal cloridrato. Em 2008, ela passou a ser formulada como sal bromidrato (nome comercial Aplenzin®) com níveis de dose diferentes (174 mg, 348 mg e 522 mg). As preparações de cloridrato e bromidrato são antidepressivos eficazes, que exercem efeitos comparáveis. Não existem doses farmacoequivalentes específicas entre cloridrato de bupropiona e bromidrato de bupropiona. Fundamentalmente, também não há diferenças farmacodinâmicas conhecidas entre essas duas preparações; a escolha de uma em vez de outra é simplesmente questão de preferência pessoal de quem prescreve.

Psicofarmacologia Prática

farmacodinâmico potencial quando são combinados com outros fármacos e, por esta razão, frequentemente são considerados mais como "fármacos adjuvantes" (p. ex., bupropiona, mirtazapina), apesar da existência de dados relativos ao seu uso isolado para tratar TDM.

As Tabelas 13.1 a 13.6 resumem informações sobre características clínicas que poderiam ajudar a orientar a escolha entre antidepressivos monoaminérgicos, assim como parâmetros de doses habituais e estratégias usadas para otimizar a resposta terapêutica.

Se um profissional trabalha em uma unidade de cuidados intensivos com pacientes gravemente deprimidos e simplesmente não tem tempo de esperar por uma "experiencia adequada" com o antidepressivo, qual seria o problema de aumentar para doses mais altas desde o inicio? Nenhum, exceto que não há qualquer base científica para isso e, muito provavelmente,

Tabela 13.1 Doses habituais e doses máximas de antidepressivos estudados: ISRSs.

Fármaco	Perfil clínico	Doses habituais	"Truques do ramo" e medidas heroicas para respostas insatisfatórias
ISRSs	• Eficácia como ansiolíticos e antidepressivos • Sintomas obsessivo-compulsivos • Bulimia • Sertralina e fluoxetina são fármacos relativamente bem estudados em depressão bipolar tipo II (como foi referido no texto principal)	*Fluoxetina*: em geral, começar com 20 mg/dia (ou 10 mg/dia, se houver dúvida quanto à sensibilidade aos efeitos adversos), geralmente administrada 1 vez/dia pela manhã; pode ser aumentada até 20 mg/dia a intervalos de algumas semanas, até chegar à dose máxima de 80 mg/dia *Paroxetina*: preparação LI geralmente iniciada com 20 mg/dia (ou 10 mg/dia se houver dúvida quanto à sensibilidade aos efeitos adversos); pode ser aumentada em 10 mg/dia até 50 mg/dia. Preparação LC iniciada na dose de 25 mg/dia, podendo ser aumentada em 12,5 mg/dia, 1 vez/semana, até chegar à dose de 62,5 mg/dia *Sertralina*: geralmente começar com 50 mg/dia (25 mg/dia para transtorno do pânico), podendo ser aumentada semanalmente até a dose máxima de 200 mg/dia	A literatura sobre segurança e eficácia dos ISRSs em doses supraterapêuticas tende a enfatizar mais tratamento de TOC que TDM
		Fluvoxamina: geralmente começar com 50 mg/dia em dose oral única, podendo aumentar em 50 mg/dia a cada 4 a 7 dias, até chegar à faixa de 100 a 300 mg/dia. Embora os fabricantes recomendem fracionar doses maiores que 100 mg/dia em duas tomadas, a meia-vida de 16 h da fluvoxamina provavelmente permite administrar uma dose única por dia *Citalopram*: geralmente começar com 20 mg/dia, podendo aumentar até 30 a 40 mg/dia depois de 1 semana, a critério do médico. ECRs não demonstraram que doses mais altas tenham mais eficácia antidepressiva *Escitalopram*: geralmente começar com 10 mg/dia; pode aumentar até 20 mg/dia, mas ECRs não demonstraram superioridade da dose de 20 mg/dia em comparação com 10 mg/dia	

ISRS, inibidor seletivo de recaptação de serotonina; *LC*, liberação controlada; *LI*, liberação imediata; *TDM*, transtorno depressivo maior; *TOC*, transtorno obsessivo-compulsivo.

Capítulo 13 • Transtornos de Humor e Afeto — **13**

Tabela 13.2 Doses habituais e doses máximas de antidepressivos estudados: IRSNs.

Fármaco	Perfil clínico	Doses habituais	"Truques do ramo" e medidas heroicas para respostas insatisfatórias
IRSNs	• Depressão ansiosa • Índice de resposta apenas cerca de 6% maior que o dos ISRSs (Papakostas et al., 2007) • Dor neuropática • Fogachos da menopausa	*Venlafaxina*: preparação XR começar com 75 mg/dia; titular com aumentos de 75 mg/dia no mínimo a cada 4 dias, até chegar à dose máxima de 375 mg/dia; no TAG ou transtorno do pânico, dose máxima de 225 mg/dia; no transtorno de ansiedade social, dose máxima de 75 mg/dia *Desvenlafaxina*: dose de 50 mg/dia é considerada terapêutica; doses mais altas não têm qualquer benefício adicional inequívoco. Meia-vida mais longa (cerca de 12 h) que da venlafaxina (cerca de 12 h) com risco menor de sintomas provocados por descontinuação *Duloxetina*: começar com 20 mg 2 vezes/dia, ou 30 mg/dia; depois de 1 semana, pode aumentar a dose diária em 20 a 30 mg/dia até 60 mg/dia; doses > 60 mg/dia não oferecem benefício adicional claro no tratamento de depressão ou dor (embora a dose máxima habitual para TAG seja de 120 mg/dia) *Levomilnaciprano*: começar com 20 mg 2 vezes/dia, durante 2 dias; depois 40 mg/dia; pode aumentar em 40 mg/dia a cada 2 dias, até chegar à dose máxima de 120 mg/dia	• IRSN + mirtazapina ± bupropiona ou psicoestimulante (monitorar PA); compatível com ASGs, hormônio tireóideo e buspirona • Doses otimizadas de duloxetina (60 mg, 2 vezes/dia) foram mais eficazes que escitalopram para tratar sintomas emocionais fundamentais (nível de vigor/fadiga, concentração/processo de decisão, perda de interesse, humor triste, sentimentos de inutilidade) em comparação com grupos de sintomas bem definidos com diversos antidepressivos (Chekroud et al., 2017)

ASG, antipsicótico de segunda geração; *IRSN*, inibidor de recaptação de serotonina-norepinefrina; *PA*, pressão arterial; *TAG*, transtorno de ansiedade generalizada; *XR*, liberação estendida.

Tabela 13.3 Doses habituais e doses máximas de antidepressivos estudados: IMAOs.

Fármaco	Perfil clínico	Doses habituais	"Truques do ramo" e medidas heroicas para respostas insatisfatórias
IMAOs irreversíveis	• Depressão ansiosa ou anérgica • Depressão reativa com transtorno de humor grave • Depressão com transtorno de personalidade *borderline* • DRT	*Isocarboxazida*: começar com 10 mg, 2 vezes/dia, aumentar em 10 mg/dia a cada 2 a 4 dias até chegar a 40 mg/dia depois de 1 semana; aumentos adicionais em 20 mg/semana, até a dose máxima de 60 mg/dia em duas ou quatro doses diárias *Fenelzina*: começar com 15 mg, 3 vezes/dia, aumentar rapidamente até 60 a 90 mg/dia; dose de manutenção pode ser de 15 mg/dia ou em dias alternados *Tranilcipromina*: começar com 30 mg/dia em doses fracionadas; pode aumentar em 10 mg/dia a cada 2 a 3 semanas, até chegar à dose máxima de 60 mg/dia *Selegilina*: selegilina *transdérmica*, começar com 6 mg/24 h. Pode aumentar a dose em 3 mg/24 h a cada 2 semanas, até chegar à dose máxima de 12 mg/24 h. Restrições de tiamina dietética são consideradas necessárias apenas com doses > 6 mg. Selegilina *oral* deve ser usada em dose alta suficiente para suplantar falta de seletividade por MAO e produzir eficácia antidepressiva (cerca de 30 mg/dia; ver Mann et al., 1989)	• Doses supraterapêuticas: tranilcipromina, 90 a 130 mg/dia (Amsterdam e Berwish, 1989) • Tratamento combinado com bupropiona ou psicoestimulante é agressivo e perigoso sob os pontos de vista cardiovascular e cerebrovascular e requer monitoramento rigoroso da pressão arterial, mas pode ser administrado com muito cuidado (Stewart et al., 2014); (ar)modafinila pode ser menos perigosa para a função do sistema nervoso autônomo • Devem ser compatíveis com mirtazapina, sem risco de causar síndrome serotoninérgica (ver Capítulo 6, Boxe 6.1)

(continua)

281

Psicofarmacologia Prática

Tabela 13.3 Doses habituais e doses máximas de antidepressivos estudados: IMAOs. *(continuação)*

Fármaco	Perfil clínico	Doses habituais	"Truques do ramo" e medidas heroicas para respostas insatisfatórias
Inibidores reversíveis de MAO-A (IRMAOs) (alguns não são mais comercializados, inclusive carochazona e minaprina) ou foram descontinuados durante seu desenvolvimento (p. ex., brofaromina)	• Evitam necessidade de restringir tiramina dietética • Fobia social • Podem causar menos aumento do peso que IMAOs irreversíveis • Considerados por alguns especialistas menos potentes que IMAOs irreversíveis	*Moclobemida*: começar com 150 mg, 2 vezes/dia, podendo aumentar até 600 mg/dia (doses fracionadas) depois de 4 dias	Combinações com outros antidepressivos serotoninérgicos não têm bases de evidência e também acarretam risco de síndrome serotoninérgica. Os níveis de moclobemida aumentam quando é administrada junto com inibidores de CYP 2C19 (p. ex., modafinila, topiramato, oxcarbazepina) • Compatíveis com ASGs e hormônio tireóideo

ASG, antidepressivo de segunda geração; *DRT*, depressão resistente ao tratamento; *IMAO*, inibidor de monoaminoxidase; *MAO*, monoaminoxidase; *MAO-A*, monoaminoxidase A.

Tabela 13.4 Doses habituais e doses máximas de antidepressivos estudados: antidepressivos tricíclicos.

Fármaco	Perfil clínico	Doses habituais	"Truques do ramo" e medidas heroicas para respostas insatisfatórias
Tricíclicos	• Sintomas de melancolia (Roose et al., 2004) • Dor neuropática; aminas secundárias (nortriptilina, desipramina) tendem a ser mais bem toleradas que aminas terciárias (amitriptilina, imipramina, clomipramina) • Aminas terciárias (p. ex., amitriptilina, doxepina) são úteis para tratar insônia	*Amitriptilina*: geralmente começar com 75 mg em doses fracionadas, ou 50 a 100 mg/dia, podendo aumentar até 150 a 200 mg/dia, raramente *mais que 300 mg/dia* *Desipramina*: geralmente começar com 25 a 50 mg/dia em doses fracionadas ou uma vez à noite; aumentar gradativamente até 100 a 200 mg/dia, *dose máxima de 300 mg/dia* *Clomipramina*: geralmente começar com 25 mg/dia, podendo aumentar gradativamente até 100 mg/dia ao longo das primeiras 2 semanas, *dose máxima de 250 mg/dia*. É recomendável administrar doses fracionadas às refeições durante a fase de titulação, mas depois a dose total geralmente pode ser administrada 1 vez/dia à hora de deitar *Doxepina*: geralmente começar com 75 m a 100 mg/dia, podendo aumentar gradativamente até 200 mg/dia *conforme a necessidade*; depois de 2 semanas, a dose *pode ser aumentada até o máximo de 250 a 300 mg/dia*, se não for obtida resposta adequada; dose de manutenção habitual varia de 50 a 150 mg/dia administrada à hora de deitar *Nortriptilina*: geralmente começar com 75 a 100 mg/dia (alguns médicos preferem 25 a 50 mg/dia) em doses fracionadas ou 1 vez/dia; pode aumentar conforme a necessidade até o *máximo de 150 mg/dia*; monitorar níveis séricos com doses > 100 mg/dia *Protriptilina*: geralmente começar com 15 a 40 mg/dia em três ou quatro doses fracionadas, *máximo de 60 mg/dia*	• Pode-se combinar ADT com ISRS, mas é importante lembrar que os níveis aumentam com inibição de CYP450 por fluoxetina (2D6, 2C19), fluvoxamina (2D6, 1A2, 3A4, 2C19) ou paroxetina (2D6) • IMAO pode ser acrescentado (com cuidado) ao tratamento com ADT, com menos risco de causar crise hipertensiva que acrescentar ADT ao tratamento com IMAO (ver Capítulo 6) 💡 **Dica** Protriptilina é singular entre os ADTs porque tem ação estimulante em vez de sedativa.

ADT, antidepressivo tricíclico; *IMAO*, inibidor de monoaminoxidase; *ISRS*, inibidor seletivo de recaptação de serotonina.

282

Capítulo 13 • Transtornos de Humor e Afeto

Tabela 13.5 Doses habituais e doses máximas de antidepressivos estudados: serotoninérgicos mais novos.

Fármaco	Perfil clínico	Doses habituais	"Truques do ramo" e medidas heroicas para respostas insatisfatórias
Vilazodona	• Depressão ansiosa ou comorbidade de TAG (Durgam et al., 2016c)	Geralmente começar com 10 mg/dia junto com alimentos durante 7 dias; depois, aumentar até 20 mg/dia também às refeições. Fabricantes recomendam aumentar opcionalmente até 40 mg/dia se não houver resposta satisfatória, embora em nossa experiência doses de 30 mg/dia geralmente sejam eficazes	• Pode ser combinada com bupropiona, mirtazapina, ADTs (aminas secundárias), ASGs, psicoestimulantes e hormônio tireóideo • Como agonista parcial do receptor $5HT_{1A}$, seu uso com buspirona seria redundante
Vortioxetina	• Incidência baixa de disfunção sexual iatrogênica • Pode ter utilidade ansiolítica especial em razão do agonismo do receptor $5HT_{1A}$ • Efeitos cognitivos benéficos comprovados, independentemente dos efeitos no humor (McIntyre et al., 2016)	Geralmente começar com 10 mg/dia, depois aumentar até 20 mg/dia, conforme a tolerância. Em seis ensaios de registro na FDA para TDM, os grupos tratados com 20 mg/dia tiveram consistentemente melhor que placebo, enquanto todas as outras doses menores estudadas (5 mg, 10 mg, 15 mg) produziram resultados terapêuticos significativos e não significativos	• Se for combinada com bupropiona, o fabricante recomenda dose máxima de 10 mg/dia em razão da inibição de CYP 2D6. Contudo, com base em nossa experiência, vortioxetina na dose de 20 mg/dia é bem tolerada e eficaz quando combinada com bupropiona
Mirtazapina	• Depressão ansiosa • Depressão anoréxica • Depressão com insônia • Depressão em idade avançada • Pode tratar acatisia (Hieber et al., 2008)	Começar com 15 mg/dia, podendo aumentar em 15 mg a cada 1 a 2 semanas, até a dose máxima de 45 mg/dia	• Tratamento combinado acelera início da ação de ISRSs, IRSNs (Blier et al., 2010) • Propriedades ansiolíticas • Pode ser combinada com segurança e (em geral) eficácia com praticamente qualquer psicotrópico • Antagonismo do receptor $5HT_{2A}$ torna altamente improvável o risco de causar síndrome serotoninérgica (ver Capítulo 6, Boxe 6.1)
Nefazodona	• Incidência baixa de disfunção sexual iatrogênica • Dados de ensaios abertos apoiam seu uso em TAG e transtorno de ansiedade social	Geralmente começar com 100 mg, 2 vezes/dia, depois aumentar em 100 a 200 mg/dia a cada semana, até chegar à faixa almejada de 300 a 600 mg/dia em doses fracionadas (meia-vida: 2 a 4 h)	• Pode ser combinada com bupropiona, ADTs (aminas secundárias), ASGs, psicoestimulantes, hormônio tireóideo e buspirona

ADT, antidepressivo tricíclico; *ASG*, antipsicótico de segunda geração; *FDA*, Food and Drug Administration; *TAG*, transtorno de ansiedade generalizada; *TDM*, transtorno depressivo maior.

13 Psicofarmacologia Prática

Tabela 13.6 Doses habituais e doses máximas de antidepressivos estudados: bupropiona.

Fármaco	Perfil clínico	Doses habituais	"Truques do ramo" e medidas heroicas para respostas insatisfatórias
Bupropiona	• Pode ser mais útil aos pacientes com depressão anérgica que ansiosa/agitada • Efeitos colaterais sexuais mínimos • Pode aumentar peso • Útil para deixar de fumar • Depressão sazonal	Dose inicial da preparação LI é de 100 mg, 2 vezes/dia, podendo ser aumentada até 450 mg/dia; dose inicial da preparação XR é de 100 a 150 mg/dia; depois de 3 dias, pode ser aumentada até 300 mg/dia (doses fracionadas); dose inicial da preparação XL é de 150 mg/dia pela manhã; depois de 4 dias, pode ser aumentada até 300 mg/dia com dose máxima de 450 mg/dia	Doses > 450 mg/dia aumentam expressivamente o risco de convulsões (cerca de 10 vezes) sem eficácia maior comprovada; bupropiona pode inibir CYP 2D6 e prolongar o metabolismo de alguns ISRSs ou IRSNs. Atentar ao uso concomitante de inibidores de CYP 2B6 (p. ex., carbamazepina, antivirais), que podem acelerar o metabolismo da bupropiona

IRSN, inibidor de recaptação de serotonina-norepinefrina; *ISRS*, inibidor seletivo de recaptação de serotonina; *LI*, liberação imediata; *SR*, liberação prolongada; *XL*, liberação estendida.

não é necessário. Simplesmente não há como fazer o tempo correr mais rápido, e esperar tempo suficiente torna-se uma variável fundamental e, possivelmente, inevitável para que se possa avaliar o efeito de um antidepressivo.

CONSIDERAÇÕES ADICIONAIS SOBRE DOSES SUPRATERAPÊUTICAS

Reza a lenda que, certa vez, um renomado psiquiatra disse que "psicofarmacologista" era alguém que usava doses mais altas que outros médicos. Em geral, acredita-se que doses mais altas que as habituais sejam essenciais para controlar quadros de depressão e outros transtornos psiquiátricos difíceis de tratar. Ainda há debates acalorados quanto a se esse conceito tem base de evidências ou não. Especialmente no contexto de atenção à saúde com supervisão rigorosa dos tratamentos cobertos por empresas de seguros e planos de saúde, um desafio crescente do tratamento de transtornos de humor consiste em diferenciar entre efeitos do escalonamento de doses e tempo de uso como determinantes dos resultados terapêuticos.

Em alguns estudos, aumentos das doses de antidepressivos além da dose terapêutica mínima para tratar TDM geralmente não mostraram que resultam em resposta final ao tratamento. Uma metanálise de sete ECRs sobre TDM agudo envolvendo 1.208 participantes (randomizados para usar fluoxetina, sertralina, paroxetina, duloxetina ou maprotilina) demonstrou que escalonamento de doses *não* foi mais

eficaz que manter as doses convencionais de forma a atenuar sintomas depressivos ($g = -0,04$; IC95% = $-0,20$ a $0,12$; $p = 0,63$), embora o índice de interrupção do tratamento por todas as causas tenha sido maior entre indivíduos que fizeram escalonamento de doses que entre os que continuaram a usar doses convencionais (Dold et al., 2017). Outra metanálise enfatizou ISRSs (incluindo 40 ECRs com 10.039 participantes) e demonstrou correlação pequena, embora estatisticamente significativa, entre dose e eficácia do ISRS, embora isto seja prejudicado por mais interrupções do tratamento em razão de intolerância (Jakubovski et al., 2016). Entre os pacientes que não responderam a um ISRS em doses apropriadas, outra metanálise também mostrou que aumentos subsequentes das doses trouxeram melhoras adicionais insignificantes dos sintomas depressivos (Rink et al., 2018).

Então, as curvas de dose-resposta dos antidepressivos – pelo menos no caso dos ISRSs para tratar TDM – realmente se tornam planas muito antes que se esperaria? A resposta pode variar, dependendo das metodologias dos estudos. Usando dados específicos dos pacientes, Hieronymous et al. (2016) realizaram uma "meganálise" *post hoc* de 11 ensaios patrocinados pela indústria farmacêutica sobre ISRSs (citalopram, sertralina e paroxetina) em doses fixas, comparando doses acima *e* abaixo de um limite eficaz mínimo (i. e., citalopram, 10 a 20 mg/dia; sertralina, 50 mg/dia; e paroxetina, 10 mg/dia) e enfatizando unicamente o item "humor triste" (#1) da Escala de Depressão de Hamilton como medida de resultado mais sensível. Esses autores detectaram diferenças significativas entre os

284

grupos que usaram doses ideais *versus* baixas de citalopram (60 mg *versus* 20 mg; erro-padrão [EP] = 0,41; p = 0,003), sertralina (100 mg *versus* 50 mg; EP = 0,35; p = 0,004) e paroxetina (20 mg *versus* 10 mg; EP = 0,27; p = 0,005).

Entretanto, doses supraterapêuticas (p. ex., sertralina na dose de 400 mg/dia) não foram mais eficazes acima dos limites citados antes para doses eficazes mínimas.

A questão fundamental quanto às doses supraterapêuticas dos antidepressivos usados para tratar TDM pode referir-se menos a *se* o médico deve aumentar doses acima da faixa eficaz mínima antes de alterar sua abordagem terapêutica que a *quando* fazer isto – e com *quais* antidepressivos e pacientes que apresentam *quais tipos de fatores moderadores*. Por exemplo, nos casos de TDM *crônico*, simplesmente impor um intervalo mais longo ao uso de sertralina ou imipramina nas mesmas doses (16 semanas além das 12 semanas da fase aguda do tratamento) levou à remissão completa 40% dos que haviam alcançado remissão parcial – embora sem grupo placebo seja difícil diferenciar entre efeitos terapêuticos do fármaco e evolução natural da doença (Koran et al., 2001). Nessa mesma linha, uma metanálise de nove ensaios com antidepressivos envolvendo 3.466 pacientes com depressão maior demonstrou que cerca de 1 em 5 indivíduos que não responderam até a 4ª semana começou a demonstrar resposta ao antidepressivo entre a 5ª e a 8ª semana (NNT = 11 depois de 4 semanas) e cerca de 1 em 10 começou a responder apenas depois da 9ª semana (NNT = 17 depois de 8 semanas) (Henssler et al., 2018).

Alguns antidepressivos atuam em receptoresalvo diferentes apenas quando são administrados em doses mais altas. Por exemplo, paroxetina tem afinidade de ligação dose-dependente moderada por transportador de norepinefrina (TNE) em concentrações séricas ≥ 100 ng/mℓ, que correspondem à dose oral ≥ 40 mg/dia (Gilmor et al., 2002); venlafaxina na dose de 75 mg/dia atua basicamente como ISRS, enquanto em doses iguais ou maiores que 225 mg/dia produz inibição de recaptação de 5HT e NE (Debonnel et al., 2007). Também existe o folclore de que mirtazapina em doses altas produza mais efeitos noradrenérgicos, que podem "suplantar" a sedação causada por seus efeitos anti-histaminérgicos, mas ao contrário do que reza a lenda urbana, ensaios empíricos não conseguiram confirmar a hipótese de ativação "maior" em doses altas que baixas (Shuman et al., 2019).

A maioria dos ECRs disponíveis não redistribuiu randomicamente pacientes que não responderam aos esquemas de doses habituais *versus* supraterapêuticas e isto torna a base de evidência desta questão não tão informativa quanto se esperaria. Possíveis efeitos limitantes quanto ao que constitui doses "supraterapêuticas" também são desconhecidos em grande parte; ficamos sujeitos às evidências anedóticas quando moderadores específicos dos pacientes são desconhecidos. Por exemplo, consideremos uma série pequena de casos sobre tratamento com IMAO para pacientes com TDM que não responderam a uma média de oito antidepressivos usados antes, entre os quais respostas completas com boa tolerabilidade foram relatadas em cinco de sete pacientes tratados com doses muito altas de tranilcipromina (até 170 mg/dia; dose média entre os que responderam = 112 mg/dia) (Amsterdam e Berwish, 1989). Esse grupo incluiu pacientes altamente resistentes aos tratamentos anteriores, para os quais doses "heroicas" como essas podem ser justificáveis, mas ainda assim é uma abordagem extremamente experimental.

Então, se houver ao menos alguma chance de que doses de antidepressivos acima das habituais possam ser mais eficazes, pode-se perguntar por que não deveria titular mais rapidamente quanto possível atá alcançar uma dose alta tolerável? Tolerável é a palavra-chave. Se houver algum efeito benéfico mais significativo, provavelmente ele não será muito intenso, mas a intolerância levando à interrupção do tratamento pode ser alta. Além disso, alguns estudos demonstraram que escalonamento de doses acima das convencionais foi eficaz apenas depois de 4 semanas – não antes disso (Ruhe et al., 2006a). De igual modo, ajustar a temperatura do forno a mais de 1.000° não faz que o bolo asse mais rapidamente! Mas e quanto àquela máxima do Capítulo 1: "Se não houver melhora de 20% em duas semanas", aumente a dose"? Estamos falando de *doses supraterapêuticas*, não de otimizar tratamento dentro da faixa de doses *habituais*. Portanto, sim, conforme foi dito no Capítulo 1, se houver melhora inferior a 20% nas primeiras duas semanas, deve-se continuar a otimizar a dose de acordo com a tolerância. Contudo, como regra geral, há dúvidas de que *doses muito altas* produzam ou não efeitos antidepressivos mais satisfatórios do que doses menores.

A Tabela 13.7 resume os resultados de uma avaliação de práticas médicas realizada entre os membros da American Society of Clinical Psychopharmacology para avaliar hábitos de prescrever doses altas para tratar depressão.

Psicofarmacologia Prática

Boxe 13.2 Por que as intervenções de "nível tardio" do estudo STAR*D tiveram desempenho tão insatisfatório?

O estudo STAR*D patrocinado pelo NIMH envolvendo vários centros de pesquisa buscou identificar as melhores intervenções subsequentes depois de ocorrer falha de resposta a um ISRS (citalopram) em pacientes com TDM. Como foi salientado nas seções anteriores, probabilidades de resposta e remissão diminuem rapidamente depois das primeiras duas intervenções. Embora o estudo STAR*D tenha demonstrado que nenhuma medida subsequente específica produziu efeitos benéficos significativos, índices de sucesso notadamente baixos com várias intervenções do tipo "tiro de canhão" usadas como terceira e quarta medidas foram marcantes – em termos mais específicos, combinação de mirtazapina e venlafaxina (índice de resposta = 13,7%; McGrath et al., 2006a), lítio adjuvante (índice de resposta = 15,9%; Nierenberg et al., 2006) e até mesmo tranilcipromina (índice de resposta = 6,9%; McGrath et al., 2006a). Alguns analistas poderiam enfatizar que, embora o grupo estudado no STAR*D pretendesse ser representativo dos pacientes do mundo real, ele consistiu predominantemente em uma coorte de casos graves com doença crônica (80% tinham TDM crônico, a maioria dos indivíduos teve seis ou mais episódios anteriores, a maioria tinha várias comorbidades psiquiátricas) – enriquecendo o índice de resposta insatisfatória desde o início. Outros poderiam salientar que algumas das intervenções mais "agressivas" (p. ex., tranilcipromina) na verdade não foram utilizadas agressivamente (*i. e.*, dose média de tranilcipromina foi muito modesta: 36,9 mg/dia; dose média de lítio foi de apenas 859,9 mg/dia). Por fim, quando pacientes persistentemente deprimidos alcançaram os terceiro e quarto níveis de intervenção, desligamentos da coorte inicial enriqueceram ainda mais o grupo restante com indivíduos que tinham prognóstico mais desfavorável. Praticamente um terço dos pacientes do estudo STAR*D que finalmente responderam a qualquer tipo de fármaco experimentado ao longo de 12 a 14 semanas alcançou esse resultado apenas depois de 6 semanas (mais uma vez, sugerindo que "tempo" seja uma variável inevitável do resultado terapêutico). Embora analistas possam e devam continuar a debater questões como dose e tempo, o fato preocupante ainda é que antidepressivos monoaminérgicos são limitados quanto ao tamanho de seu efeito e à amplitude de espectro nos quadros depressivos difíceis de tratar.

Tabela 13.7 Hábitos de prescrição de antidepressivos em doses altas relatados por médicos.

Antidepressivo	Dose máxima média (EP) (mg/dia)	Porcentagem de médicos que disseram usar doses acima das doses máximas recomendadas pelos fabricantes
Bupropiona	430,5 (131,0)	9% prescreveram dose > 450 mg/dia
Citalopram	53,2 (20,5)	53% prescreveram dose > 40 mg/dia
Desvenlafaxina	99,8 (88,9)	29% prescreveram dose > 100 mg/dia
Escitalopram	34,2 (15,5)	70% prescreveram dose > 20 mg/dia
Mirtazapina	52,6 (21,1)	12% prescreveram dose > 60 mg
Sertralina	232,7 (72,3)	40% prescreveram dose > 200 mg/dia
Venlafaxina	356,1 (138,0)	83% prescreveram dose > 225 mg/dia

Dados com base em conclusões publicadas por Goldberg et al., 2015.

TROCAR OU AUMENTAR?

Uma regra prática antiga de farmacologia favorece aumento de doses quando há respostas parciais e substituição quando não há resposta, embora vivamos na era pós-STAR*D – no qual nenhuma estratégia específica de aumento ou substituição alcançou resultado superior a qualquer outra – e alguns especialistas prefiram trocar em vez de aumentar a dose depois de uma resposta insatisfatória, em parte para atenuar "confusão" causada por polifarmácia extensiva e possíveis redundâncias de mecanismos de ação, bem como efeitos adversos aditivos. Outros ainda enfatizam que não há dados suficientes a favor de trocar ou aumentar como "próxima etapa" geralmente preferível e que permutas entre classes não se mostraram mais eficazes que permutas de fármacos da mesma classe (Ruhé et al., 2006b).

Antidepressivos monoaminérgicos de "espectro mais amplo" estão associados a mais eficácia que os fármacos de "espectro mais estreito" (p. ex., ISRSs)? Em uma metanálise exaustiva de 93 ECRs envolvendo 17.306 indivíduos, Papakostas et al.

(2007) demonstraram que "ampliação de espectro" de um ISRS para um IRSN alcançou aumento "mínimo" (5,9%) na probabilidade de obter resposta. Dito de outra forma, trocar por venlafaxina depois que não houve resposta a um ISRS resultou em NNT modesto de 13 (IC95% = 9,1 a 25,0) (Ruhé et al., 2006a). Contudo, em comparação com ISRSs, IRSNs podem ter início de ação um pouco mais rápido.

ESTRATÉGIAS DE AUMENTO DA DOSE

Considerando que substituir um antidepressivo monoaminérgico por dois da mesma classe produz efeito benéfico mínimo depois de não ter havido resposta a um ISRS e que os resultados do estudo STAR*D não indicaram qualquer estratégia específica preferível entre suplementar ISRSs com bupropiona, buspirona, lítio ou tri-iodotironina, como os médicos podem tirar melhor proveito da base de evidências disponível, sem deixar de incorporar os fundamentos que embasem esquemas terapêuticos combinados complexos (como está descrito detalhadamente no Capítulo 6)? Consideremos a base de evidência, começando com a classe de fármacos usados mais comumente como adjuvantes: ASGs.

> **Fatores moderadores podem definir as próximas etapas?**
> Entre pacientes com TDM que não melhoraram com um ou mais antidepressivos, *idade > 65 anos* e *sintomas mistos* combinados favoreciam resultados mais satisfatórios depois de acrescentar aripiprazol em vez de trocar por bupropiona (ver Zisook et al., 2019).

ANTIPSICÓTICOS DE SEGUNDA GERAÇÃO

ASGs oferecem a estratégia de ampliação mais extensamente estudada (e, por isto, talvez a mais popular) depois de obter resposta parcial a um antidepressivo monoaminérgico – um papel atribuído ao lítio na geração dos "tricíclicos e IMAOs" e à bupropiona (Zisook et al., 2006) na "geração dos ISRSs e IRSNs". Seu banco de dados extensivo significa que ASGs sejam intrinsecamente uma opção *melhor* que outros fármacos adjuvantes possivelmente úteis? Certamente não; simplesmente eles foram mais bem estudados. Por que isto? Bem, é preciso admitir o enorme interesse comercial da indústria farmacêutica em estudar ASGs como opções viáveis de antidepressivos adjuvantes, considerando a detenção de direitos de propriedade de longa duração de alguns desses fármacos a partir de meados da década de 1990. Naquela época (e desde então), opções de tratamento adjuvante de livre comercialização como lítio, tricíclicos, bupropiona e outros não ofereciam incentivo comercial à indústria farmacêutica para realizar estudos inovadores em comparação com fármacos de marca. E como não existiam estratégias estruturadas fundamentalmente novas (além de monoaminas) para depressão até a segunda década do século XXI, ASGs de marca – para melhor ou pior – ofereciam a única perspectiva comercial real de pesquisa na indústria farmacêutica. Os resultados apontam que muitos (embora nem todos) ASGs acrescentados a um antidepressivo monoaminérgico podem melhorar ainda mais sintomas depressivos depois de obter resposta parcial inicial.

Metanálises demonstraram que, coletivamente, ASGs resultaram em probabilidade de resposta cerca de 1,7 vez maior (e probabilidade de remissão cerca de 2,0 vezes maior) que placebo, quando foram acrescentados ao tratamento com antidepressivo convencional (Nelson et al., 2009). Entretanto, conforme está resumido na Tabela 13.8, cada um desses fármacos varia amplamente quanto à sua base de evidência (ou sua inexistência) no tratamento adjuvante para depressão.

 Dica
Quando você ler ECRs publicados sobre TDM, preste atenção ao quanto da melhora global pode ser explicado pelos efeitos produzidos nos *sintomas fundamentais de humor* (p. ex., tristeza, anedonia) *versus* sintomas físicos (p. ex., agitação, insônia ou perda de apetite). Revise cada item da escala de gradação usada e pergunte se o ASG adjuvante intensificou essa melhora por sua ação em apenas um desses domínios ou nos dois.

QUAL É A LÓGICA DE UTILIZAR ASGs PARA TRATAR DEPRESSÃO?

Embora os mecanismos exatos para explicar efeitos psicotrópicos detectáveis com alguns fármacos de uso psiquiátrico ainda sejam especulativos, existem supostas bases racionais e hipóteses que merecem ser consideradas. Ainda que sejam ansiolíticos, APGs foram associados

13 Psicofarmacologia Prática

Tabela 13.8 ECRs sobre ASG para tratar TDM.

ASG	Base de evidência
Aripiprazol	• Quatro ECRs positivos de curta duração controlados por placebo (dose média = 11,8 mg/dia em Berman et al., 2007; dose média = 10,7 mg/dia em Berman et al., 2009; dose média = 11,0 mg/dia em Marcus et al., 2008; dose média = 9,8 mg/dia em Kamijima et al., 2013) • Um ECR negativo de curta duração (60 dias) com dose baixa (2 mg/dia) (Fava et al., 2012)
Brexpiprazol	• Quatro ECRs positivos controlados por placebo, doses entre 2 e 3 mg/dia; tamanho do efeito (d) = 0,33 (revisados por Thase et al., 2019b)
Cariprazina	• Um ECR positivo: cariprazina na faixa de 2,0 a 4,5 mg/dia (n = 276) (mas não na faixa de 1 a 2 mg/dia; n = 274) foi mais eficaz que placebo (n = 269) acrescentado ao tratamento com um antidepressivo para TDM (Durgam et al., 2016a) • Dois ECRs *negativos*: (i) um ECR de grande porte (n = 530) com 18 a 19 semanas de cariprazina adjuvante (1,5 a 4,5 mg/dia) ao tratamento antidepressivo (Earley et al., 2018); e (ii) um estudo de 19 semanas sobre ampliação do tratamento com antidepressivos com acréscimo de cariprazina em dose baixa (0,1 a 0,3 ou 1 a 2 mg/dia) (Fava et al., 2018b)
Clozapina	Relatos de casos isolados
Lurasidona	Um ECR positivo sobre uso apenas de lurasidona para tratar TDM com sintomas mistos (Suppes et al., 2016); nenhum dado quanto ao uso adjuvante ao tratamento de TDM com antidepressivos monoaminérgicos
Olanzapina	• Dois ECRs paralelos de curta duração (8 semanas) com DRT compararam a combinação de olanzapina (6 mg/dia) + fluoxetina (50 mg/dia) (COF) *versus* fluoxetina (50 mg/dia) ou olanzapina (6 mg/dia); nenhuma diferença significativa entre os grupos do Estudo 1, mas a COF melhorou mais significativamente sintomas depressivos que fluoxetina ou olanzapina isoladamente no Estudo 2; índice de resposta acumulada à COF nos dois ensaios = 27% (Thase et al., 2007) • Depois de não conseguir resposta com ISRS, a combinação de olanzapina + fluoxetina mostrou início mais rápido, mas no final não houve diferença em comparação com uso isolado de fluoxetina ou nortriptilina (Shelton et al., 2005) • Olanzapina + fluoxetina foi mais eficaz que tratamento simples com olanzapina (mas não com tratamento simples com fluoxetina ou venlafaxina) (Corya et al., 2006) • Estudos sobre olanzapina combinada com outros antidepressivos além de fluoxetina para TDM (especialmente citalopram, venlafaxina, mirtazapina ou sertralina) limitam-se a pequenos ensaios abertos, que não conseguiram demonstrar início mais rápido do efeito antidepressivo (Parker et al., 2005)
Paliperidona	Relatos de casos isolados
Pimavanserina	Um ECR positivo não publicado sobre tratamento simples com pimavanserina por 10 semanas para DRT (www.acadia-pharm.com/pipeline/pimavanserina-major-depressive-disorder/)
Quetiapina	• Oito ECRs positivos de curta duração controlados por placebo com doses entre 50 e 300 mg/dia (Yargic et al., 2004; McIntyre et al., 2007; El-Khalili et al., 2010; Bauer et al., 2009; Cutler et al., 2009; Weisler et al., 2009; Bortnick et al., 2011; Katila et al., 2013) • Um estudo comparativo positivo de 6 semanas com lítio adjuvante (Bauer et al., 2013) • Um ECR positivo não publicado de 52 semanas sobre tratamento simples com quetiapina (AstraZeneca, 2008) • Um ECR negativo (acréscimo de quetiapina ao tratamento com fluoxetina não acelerou resposta imediata, em comparação com uso isolado de fluoxetina; Garakani et al., 2008) • Um ECR malsucedido não publicado (nem quetiapina nem escitalopram foi melhor que placebo; AstraZeneca, 2007)
Risperidona	• Três ECRs positivos controlados por placebo com dose < 2 mg/dia (Mahmoud et al., 2007; Reeves et al., 2008; Keitner et al., 2009) • Dois ensaios negativos sobre prevenção de recorrência (Alexopoulos et al., 2008; Rapaport et al., 2006)
Ziprasidona	Em dois ECRs, não houve diferença entre placebo e ziprasidona (doses de até 160 mg/dia durante 12 semanas no estudo publicado por Papakostas et al., 2012b; dose de 80 mg/dia ou 160 mg/dia de ziprasidona acrescentada ao tratamento com sertralina no estudo publicado por Dunner et al., 2007)

Nenhum estudo de relatos de casos com asenapina ou iloperidona. *DRT*, depressão resistente ao tratamento; *ECR*, estudo controlado randomizado; *TDM*, transtorno depressivo maior.

à *indução* de depressão. Por outro lado, no caso dos ASGs usados como possíveis antidepressivos (ao menos em alguns casos), a primeira consideração refere-se ao seu bloqueio relativo dos receptores $5HT_{2A}$ pós-sinápticos – semelhante ao efeitos antidepressivos serotoninérgicos presumidos com mirtazapina (Ki = 6,3 a 69 nM) ou nefazodona (Ki = 26 nM). (Aqui, pimavanserina e talvez lumateperona [ver Capítulo 15] aparecem como candidatos a antidepressivos potencialmente promissores, ao menos teoricamente.) O Boxe 13.3 resume as afinidades de ligação relativas aos receptores $5HT_{2A}$ dos diversos ASGs. A variabilidade chama a atenção: quetiapina – um dos ASGs antidepressivos mais potentes – está entre os que se ligam com menos afinidade ao receptor $5HT_{2A}$ dentre todos os fármacos citados. Clozapina – um fármaco que produz pouco ou nenhum efeito antidepressivo conhecido – tem ligação alta (até 94%) a esses receptores; além disso, mesmo alguns APGs têm afinidades de ligação relativamente fortes aos receptores $5HT_{2A}$ (p. ex., loxapina: Ki = 6,6 nM; perfenazina: Ki = 5,6 nM), ao menos *in vitro*. Outros alvos dos antidepressivos monoaminérgicos são úteis até certo ponto quando se consideram as propriedades antidepressivas dos ASGs. Por exemplo, alguns ASGs têm valores Ki bem acima de 1.000 nM para proteína transportadora de serotonina (SERT) (p. ex., olanzapina, lurasidona, aripiprazol, quetiapina) ou proteína transportadora de norepinefrina (TNE) (p. ex., olanzapina, aripiprazol). Ziprasidona liga-se com mais afinidade a SERT (Ki = 112 nM) e TNE (Ki = 44 nM) que a maioria dos outros ASGs, embora ECRs não tenham conseguido demonstrar propriedades antidepressivas (Tabela 13.8).

Se o relógio está correndo na marcação do tempo de espera de um paciente deprimido, por que não iniciar simplesmente um ASG adjuvante em todos os pacientes com depressão grave de forma a aumentar suas chances de obter melhora mais rápida? O que se tem é: depois de resposta parcial a um antidepressivo monoaminérgico, as chances de conseguir melhora adicional são maiores quando se acrescenta um ASG. Além disso, deve-se atentar ao fato de que nem todos os ASGs foram estudados com essa finalidade, e alguns (como ziprasidona) não foram melhores que placebo; por tal razão, não se pode fazer generalizações injustificadas com essa classe farmacológica. Yargic et al. (2004) demonstraram que a combinação de paroxetina com quetiapina (até 200 mg/dia) desde o início conseguiu resposta melhor que apenas paroxetina para tratar pacientes ansiosos com TDM, que já não tinham melhorado apenas com este último fármaco. Portanto, ao menos quetiapina adjuvante poderia acelerar a resposta à paroxetina. O estudo de Garakani et al. (2008), por sua vez, também demonstrou que quetiapina acrescentada à fluoxetina não conseguiu acelerar o início da melhora.

Vale lembrar que os supostos mecanismos de ação dos fármacos ainda são especulativos e têm interesse apenas teórico, mas sob o ponto de vista pragmático a consideração principal ainda são efeitos farmacodinâmicos demonstrados empiricamente, independentemente dos supostos mecanismos de ação convincentes (ou indefinidos).

Boxe 13.3 Afinidades de ligação dos ASGs aos receptores $5HT_{2A}$.

Fármaco	Ki de ligação a $5HT_{2A}$ (nM)	Ação
Asenapina	0,06	Antagonista
Ziprasidona	0,08 a 1,4	Antagonista
Pimavanserina	0,087	Agonista inverso/antagonista
Risperidona	0,17	Agonista inverso
Brexpiprazol	0,47	Antagonista
Lumateperona	0,54	Antagonista
Paliperidona	1,1	Desconhecida
Olanzapina	1,32 a 24,2	Agonista inverso
Lurasidona	2,03	Antagonista
Aripiprazol	3,4 a 35	Antagonista
Iloperidona	5,6	Antagonista
Clozapina	9,15	Antagonista
Cariprazina	18,8	Antagonista
Quetiapina	96 a 101	Antagonista

Baseada parcialmente nos dados de Eison e Mullins, 1996.

Lembrete

Um agonista inverso liga-se ao mesmo receptor que um agonista que atua em receptores constitutivamente ativos, mas causa efeito contrário ao deste último; assim como um interruptor com regulação de intensidade (*dimmer*), o agonista inverso diminui o nível basal de sinalização. Por outro lado, o antagonista atua mais como um interruptor "liga-desliga", que bloqueia qualquer atividade do receptor exceto sua atividade constitutiva (basal).

TRATAMENTO ADJUVANTE COM BUSPIRONA

Como foi mencionado nos capítulos anteriores (p. ex., Capítulo 6, Figura 6.1), buspirona tem mecanismo de ação teórico extremamente interessante que, a princípio, poderia transformá-la em fármaco potencializador de qualquer antidepressivo serotoninérgico

Boxe 13.4 Considerações adicionais sobre $5HT_{2A}$ e depressão.

Alguns antidepressivos monoaminérgicos parecem produzir seus efeitos antidepressivos basicamente por meio de antagonismo dos receptores $5HT_{2A}$ – talvez o exemplo mais significativo seja mirtazapina (Ki = 6,3 a 69 nM). Você poderia considerar o caso da pimavanserina, mais novo antagonista do receptor $5HT_{2A}$ (considerada oficialmente como tratamento aprovado pela FDA norte-americana para psicose de pacientes com doença de Parkinson, nos quais qualquer antagonismo do receptor D_2 poderia apenas piorar o quadro), tendo em vista sua afinidade de ligação forte ao receptor $5HT_{2A}$ (Boxe 13.3). Na verdade, um ECR preliminar de Fase II (10 semanas) usou a dose de 34 mg/dia para tratar pacientes com TDM que não responderam a um ISRS ou IRSN e demonstrou diferença entre placebo nos escores da escala HAM-D_{17} (EP = 0,497) e também algumas medidas de resultado secundárias (www.acadia-pharm.com/pipeline/pimavanserin-major-depressive-disorder).

Agora você poderia perguntar, bem, se *antagonismo* do receptor $5HT_{2A}$ parece produzir efeito antidepressivo, seria possível que *agonistas* alucinógenos que atuam no receptor $5HT_{2A}$ (como *psilocibina* ou *LSD* [*dietilamida do ácido lisérgico*]) também tivessem propriedades antidepressivas relatadas em ensaios experimentais (a maioria em desenho aberto; por exemplo, Carhart-Harris et al., 2018)? Esse é um paradoxo complexo, cuja resposta definitiva ainda é especulativa. Hipóteses plausíveis poderiam provavelmente incluir diferenças no modo como esses fármacos podem finalmente impactar outros circuitos (como neurônios piramidais mediados por glutamato e interneurônios mediados por GABA) e possíveis efeitos diferentes na região complexa de circuitos corticais-subcorticais conhecida como *rede cerebral padrão* (*default mode network*, em inglês), que é responsável principalmente por autorreflexão, memória autobiográfica e divagação mental.

– hiporregulação do autorreceptor pré-sináptico que, por fim, libera mais serotonina, ao mesmo tempo que "direciona" maior quantidade de serotonina pós-sináptica para se ligar ao receptor $5HT_{1A}$. Além disso, com base na tradição geral, buspirona frequentemente é considerada um psicotrópico fraco e, no estudo STAR*D, mostrou-se praticamente indiferente quando foi acrescentada ao citalopram. Buspirona tem afinidade de ligação relativamente fraca ao receptor $5HT_{1A}$ (ver Capítulo 17, Boxe 17.6). Em outras áreas, existem apenas dados um pouco mais esclarecedores com respeito ao seu uso adjuvante com ISRSs; por exemplo, Appelberg et al. (2001) demonstraram que buspirona adjuvante *acelerou o início* da resposta aos ISRSs, embora por fim não alcançasse eficácia antidepressiva global mais acentuada. Ainda é uma questão especulativa saber se outros agonistas parciais do receptor $5HT_{1A}$ (p. ex., brexpiprazol ou vilazodona) seriam especialmente úteis para acelerar ou intensificar a resposta antidepressiva por um mecanismo de ação semelhante.

TRATAMENTO ADJUVANTE COM LÍTIO

Lítio ainda é uma estratégia consagrada pelo tempo para ampliar efeitos antidepressivos de pacientes com depressão unipolar e bipolar, embora, com exceção do estudo STAR*D (no qual o índice de resposta depois de experiências infrutíferas com dois antidepressivos foi de apenas 15,9% ao longo de um período médio de 9,6 semanas; Nierenberg et al., 2006), a maioria dos ECRs tenha sido publicada antes do século XXI. Uma metanálise publicada em 2014 incluiu nove ECRs que acrescentaram lítio ao tratamento com ADTs, trazodona, fenelzina, ISRSs ou mianserina[1] com variação média de 2 a 42 dias e demonstrou OR de "resposta" de 2,80 (IC95% = 1,40 a 5,59) quando lítio foi acrescentado aos ADTs e OR = 3,06 (IC95% = 1,19 a 7,88) quando foi combinado com ISRSs ou outros antidepressivos de segunda geração (Nelson et al., 2014). Não existem dados convincentes que permitam identificar previsores de resposta a um antidepressivo adjuvante, nem há relação confirmada entre resposta antidepressiva e níveis séricos dos fármacos.

---

[1]Fármaco não disponível nos EUA.

TRATAMENTO ADJUVANTE COM LAMOTRIGINA

Existem poucos dados sobre uso de lamotrigina acrescentada aos antidepressivos em pacientes com TDM, mas sem história de mania ou hipomania. Temos conhecimento de efeitos benéficos relatados apenas em alguns ensaios abertos ($n < 20$). ECRs de 8 semanas, que acrescentaram lamotrigina a um antidepressivo, não conseguiram demonstrar diferenças de eficácia em comparação com placebo (p. ex., Barbee et al., 2011).

TRATAMENTO ADJUVANTE COM MIRTAZAPINA

O atrativo teórico de acrescentar mirtazapina a praticamente qualquer antidepressivo baseia-se em seu mecanismo de ação inédito, que é compatível e não redundante com a maioria dos outros fármacos. Seu perfil clínico é favorável ao uso em pacientes ansiosos/agitados (em vez de anérgicos/hipersonolentos) e que referem perda de apetite. Tratamento com mirtazapina adjuvante desde o início combinada com ISRS, IRSN ou bupropiona pode acelerar a resposta antidepressiva global (Blier et al., 2000). Contudo, como foi mencionado antes, combinação de mirtazapina com venlafaxina no estudo STAR*D alcançou apenas eficácia modesta depois de várias tentativas infrutíferas de tratamento com outros antidepressivos. Um ECR de grande porte ($n = 480$) publicado posteriormente sobre pacientes com TDM em contexto de atenção básica não demonstrou qualquer vantagem com seu acréscimo a um ISRS ou IRSN depois que não houve resposta inicial (Kessler et al., 2018).

TRATAMENTO ADJUVANTE COM HORMÔNIO TIREÓIDEO

Hormônio tireóideo exógeno parece ter efeitos tróficos e melhorar a sinalização serotoninérgica nas regiões pré-frontais do cérebro e, em conjunto, estas ações constituem a fundamentação racional para sua utilização como antidepressivo adjuvante. Com essa finalidade, as doses típicas de tri-iodotironina (T_3) variam de 25 a 50 μg/dia, enquanto doses > 62,5 μg/dia podem ter mais tendência a causar efeitos tóxicos. No tratamento do hipotireoidismo primário, a maior parte das evidências disponíveis sugere que não haja vantagem em combinar T_3 sintética com levotiroxina, em comparação com tratamento apenas com este último hormônio (Clyde et al., 2003). Melhora do humor não explica a preferência subjetiva pela combinação em vez de tratamento com apenas um fármaco para pacientes com hipotireoidismo (Appelhof et al., 2005).

Nos pacientes com diagnóstico primário de TDM, estudos sobre tratamento adjuvante com hormônio tireóideo como fármaco psicotrópico consideraram principalmente a utilidade de acrescentar T_3 (nos casos típicos, doses de 25 a 50 μg/dia) a um antidepressivo monoaminérgico (p. ex., sertralina; Cooper-Karaz et al., 2007), embora o início do efeito antidepressivo não pareça ser mais rápido com esta abordagem (Garlow et al., 2012). Uma metanálise de quatro ECRs não detectou qualquer diferença global entre tratamento simples com ISRS e tratamento adjuvante com T_3 (Papakostas et al., 2009), ainda que os bancos de dados limitados nessa área deixem aberta a questão se determinados subgrupos de pacientes deprimidos (p. ex., pacientes com manifestações atípicas, ou mulheres mais que homens [Altshuler et al., 2001]) poderiam ainda assim melhorar com T_3 adjuvante.

O estudo STAR*D detectou índice de remissão de 24,7% quando T_3 foi acrescentada aos tratamentos antidepressivos vigentes depois de duas tentativas infrutíferas anteriores, mas estatisticamente não foi diferente do tratamento adjuvante com lítio (índice de remissão de 15,9%) (Nierenberg et al., 2006). Uma metanálise em rede sobre tratamento adjuvante para depressão demonstrou OR = 1,84 (CrI = 1,06 a 3,56) de resposta ao hormônio tireóideo em comparação com placebo (Zhou et al., 2015), embora uma metanálise anterior tenha indicado que, quando apenas ECRs foram levados em consideração, a probabilidade de resposta com acréscimo de T_3 ao tratamento com ADTs não foi significativa (OR = 1,53; IC95% = 0,70 a 3,35; NNT = 12,5; Aronson et al., 1996). Uma revisão de seis ensaios (ECRs em sua maioria, alguns ensaios abertos) sobre acréscimo de T_3

> **Dica**
> Vinte por cento do hormônio T_3 são excretados diretamente pela glândula tireoide; 80% são derivados da deiodinação periférica da molécula de tiroxina (T_4) em T_3. "Síndrome de T_3 baixa" refere-se a pacientes deprimidos com níveis normais de T_4 e TSH, mas que têm nível baixo de T_3 em razão da conversão reduzida de T_4 em T_3; esta condição pode ser diagnosticada em cerca de 6% dos pacientes clinicamente deprimidos (Premachandra et al., 2006).

especificamente ao tratamento com ISRSs mostrou resultados variados notáveis por seus grupos estudados pequenos, doses não otimizadas dos ISRSs em uso e dificuldade de tirar conclusões generalizáveis em razão das metodologias diversas (Touma et al., 2017).

Se um paciente sem hipotireoidismo for tratado eficazmente com hormônio tireóideo adjuvante, por quanto tempo esse tratamento deve ser mantido depois que ele melhorar? Como não existem estudos de longa duração nem ensaios de descontinuação randomizados que nos orientem, sugerimos que se interrompa o tratamento com hormônio tireóideo dentro de 6 a 12 semanas depois da remissão (ou, possivelmente, em menos tempo) se o paciente estiver eutireóideo/eutímico e não tiver hipotireoidismo primário, dependendo do seu risco de desenvolver osteoporose ou arritmias cardíacas.

PSICOESTIMULANTES COMO ANTIDEPRESSIVOS ADJUVANTES

Psicoestimulantes têm longa tradição como adjuvantes farmacológicos para tratar depressão, embora muitas vezes esta tradição não tenha bases científicas, principalmente para pacientes anérgicos/desmotivados ou que tenham comorbidades como TDA bem definido ou manifestações clínicas de desatenção e disfunção executiva, ou sintomas neurovegetativos reversos (especialmente hipersonolência e hiperfagia). Em geral, psicoestimulantes são fármacos de ação rápida e, como se pode observar no Boxe 3.6 do Capítulo 3, podem ter efeitos de tamanho relativamente grande. McIntyre et al. (2016) realizaram uma metanálise de 21 ECRs de curta duração sobre tratamento de TDM (n = 1.900 participantes distribuídos randomicamente para fazer tratamento ativo e 1.823 para usar placebo) com anfetamina, dextroanfetamina, lisdexanfetamina ou metilfenidato – além de modafinila ou armodafinila – e alcançaram índice de resposta (razão de probabilidade, ou OR) de 1,41 em comparação com placebo (IC95% = 1,13 a 1,78). Conforme foi ressaltado pelos autores, alguns dos estudos incluídos continham amostras pequenas (p. ex., indivíduos tratados com dextroanfetamina: n = 22) e períodos curtos (p. ex., 2 semanas), limitando a confiança com que se podem tirar conclusões definitivas sobre eficácia e segurança. Também vale ressaltar que outra metanálise (embora pequena; n = 4 ECRs) sobre lisdexanfetamina acrescentada aos antidepressivos usados para tratar DRT detectou efeito pequeno (g = 0,126; IC95% = −0,040 a 0,291) com OR de remissão de apenas 1,206 (IC95% = 0,745 a 1,954; p = 0,446) (Giacobbe et al., 2018).

Modafinila (e seu enantiômero armodafinila), algumas vezes considerada um psicoestimulante "mais seguro" como alternativa aos fármacos tradicionais do Esquema III, foi estudada separadamente em uma metanálise de seis ECRs envolvendo 910 pacientes com TDM ou depressão bipolar; os autores demonstraram OR de remissão de 1,61 (em comparação com placebo) e efeito de tamanho modesto (pequeno a médio; g = 0,35) e resultados comparáveis com relação a eficácia e tolerabilidade de pacientes com depressão unipolar e bipolar (Goss et al., 2013). Entretanto, ainda é uma questão especulativa saber até que ponto (ar) modafinila adjuvante impacta depressão maior em virtude de seu efeito nas dimensões psicológicas centrais (p. ex., humor triste, anedonia, baixa autoestima, culpa) em comparação com sintomas físicos (p. ex., adinamia, letargia, dificuldade de concentração).

E QUANTO AOS PRÓ-COLINÉRGICOS MUSCARÍNICOS PARA DEPRESSÃO?

Na década de 1970, a chamada hipótese do "equilíbrio colinérgico-adrenérgico" na depressão originou-se de observações de que fisostigmina (um fármaco colinomimético) parecia controlar mania e possivelmente causar depressão (Janowsky et al., 1972). Mais tarde, as atenções foram voltadas para a questão se fármacos anticolinérgicos poderiam ter propriedades antidepressivas. Nos tempos atuais, vale ressaltar que escopolamina administrada experimentalmente em infusão intravenosa de 4 µg/kg foi associada a índices de remissão entre 34 e 56% nos primeiros 3 dias, com efeito mais acentuado em mulheres que homens e mesma eficácia na depressão unipolar e bipolar (Drevets et al., 2013).

RESISTÊNCIA VERDADEIRA AO TRATAMENTO

O termo "resistência ao tratamento" é citado frequentemente por médicos e pacientes com referência aos resultados insatisfatórios obtidos depois de várias tentativas de tratamento, mas é importante que médicos diferenciem entre resposta realmente inexistente (ou inadequada) aos tratamentos farmacológicos em doses apropriadas por tempo suficiente *versus* fármacos inadequados, doses/duração insuficientes, ou tentativas interrompidas prematuramente em razão de adesão insatisfatória ou intolerâncias. Falta de resposta a uma ou mais experiências adequadas com antidepressivos monoaminérgicos tradicionais deve levar a uma revisão dos fatores moderadores (*i. e.*, gravidade, polaridade, psicose, comorbidades) e mediadores (*i. e.*, adesão ao tratamento, interações P-K) pertinentes, que poderiam explicar esta *pseudo*rresistência.

Esforços para quantificar graus de resistência ao tratamento sugeriram que a probabilidade de resposta ou remissão diminua a cada tentativa subsequente adequada com fármacos para tratar determinado episódio depressivo. No estudo STAR*D sobre depressão maior, por exemplo, a probabilidade de resposta depois da falta de melhora inicial com um ISRS (citalopram) diminuiu de 37 para 31%; uma terceira tentativa resultou em probabilidade de resposta de 14%, enquanto uma quarta tentativa diminuiu o índice de resposta global a 13% (Rush et al., 2006b). Pesquisadores do Massachusetts General Hospital (MGH) desenvolveram um método empírico de graduação da resistência ao tratamento do TDM, que atribui um "ponto" para cada tentativa malsucedida com um antidepressivo em doses adequadas por 6 semanas ou mais; otimização ou aumento da dose acrescenta 0,5 ponto por tentativa, enquanto falta de resposta à ECT aumenta o escore total em 3 pontos (Petersen et al., 2005). Conforme está descrito no Boxe 13.5, esse sistema de graduação sugere que a probabilidade de alcançar remissão depois de cinco tentativas malsucedidas de tratamento com antidepressivos adequados (ou duas tentativas sem otimização ou aumento das doses *mais* um episódio de ECT ineficaz) seja de praticamente zero.

Boxe 13.5 Modelo de graduação da resposta na depressão resistente ao tratamento (DRT).

Escore	Pacientes em remissão	Pacientes sem remissão
0	100%	0%
1	67%	33%
1,5	33%	67%
2	27%	73%
2,5	22%	78%
3	17%	83%
4	13%	87%
5	0	100%

Embora seja um anátema imaginar alguém dizer em voz alta que a probabilidade de remissão é "zero" com tratamentos farmacológicos com ou sem ECT, é importante ter uma expectativa realista quanto à probabilidade de remissão, ou reconfigurar as metas de tratamento e expectativas razoáveis com base nos resultados pregressos dos tratamentos usados antes. Reconfiguração das metas terapêuticas pode significar que o médico enfatize melhora de sintomas específicos (p. ex., predisposição ao suicídio, insônia) em vez de síndromes completas (ver "Definição dos objetivos terapêuticos" no Capítulo 1); também pode significar que o médico adote uma postura mais firme quando recomenda tratamentos que podem ser considerados mais "heroicos" e acarretem riscos maiores à segurança (p. ex., IMAOs, especialmente em doses altas), abordagens terapêuticas novas (p. ex., cetamina), modalidades físicas de tratamento (p. ex., ECT, estimulação magnética transcraniana repetitiva [EMTr], estimulação do nervo vago [ENV]) ou tratamentos experimentais.

Embora existam estudos consideráveis publicados na literatura sobre "depressão resistente ao tratamento", um número surpreendentemente pequeno de ensaios controlados enfatizou especificamente pacientes que não responderam a *vários* fármacos. Nos pacientes com depressão *altamente* resistente ao tratamento, a base de evidência formal é notavelmente restrita e, com exceção de cetamina,[2] inclui o que chamaremos de "Os Três Grandes": *IMAOs* tracionais, *combinação de olanzapina/fluoxetina* e *pramipexol* (ver Boxes 13.6 a 13.8).

ANTIDEPRESSIVOS "TIRO DE CANHÃO"

Considerações adicionais sobre IMAOs: questões de logística

Considerados por alguns especialistas como "armas secretas" para tratamento farmacológico da depressão, IMAOs podem ser extremamente eficazes em pacientes com DRT e outros subtipos de depressão, mas são amplamente ignorados pela maioria dos psiquiatras, em grande parte porque não estão familiarizados com

---

[2]Nota: Nos ensaios de registro na FDA norte-americana sobre escetamina intranasal, os participantes não haviam melhorado com dois ou mais (embora menos que cinco) fármacos antidepressivos monoaminérgicos em seu episódio atual.

Psicofarmacologia Prática

Boxe 13.6 IMAOs.

Dados retrospectivos preliminares de ensaios abertos sugeriram segurança e eficácia (índice de resposta de aproximadamente 80%) depois de acrescentar tranilcipromina ao tratamento com amitriptilina para pacientes com depressão resistente à ECT, sem efeitos cardiovasculares adversos detectáveis (Ferreira-Garcia et al., 2018). Tranilcipromina em doses muito altas (ver Tabela 13.3) ou combinada com dextro-anfetamina (embora esteja tecnicamente contraindicada em razão do risco de causar crise hipertensiva) foi considerada eficaz em casos isolados (sem efeitos cardiovasculares ou cerebrovasculares adversos) de depressão altamente resistente ao tratamento (Stewart et al., 2014). Como foi mencionado antes, a dose média relativamente baixa de tranilcipromina usada no estudo STAR*D pode explicar o índice de resposta surpreendentemente baixo obtido nesse estudo sobre DRT. Alguns especialistas acreditam que inibição irreversível de MAO-A seja uma abordagem antidepressiva acentuadamente mais potente que a conseguida com inibidores reversíveis de MAO-A (p. ex., moclobemida).

Boxe 13.7 Combinação de olanzapina/fluoxetina (COF).

COF é um dos dois únicos fármacos ou esquemas terapêuticos aprovados pela FDA norte-americana para DRT (o outro é cetamina) e sua base de evidência é impressionante porque, no estudo inicial, mais da metade dos pacientes que não responderam à fluoxetina (dose média de 52,0 mg/dia) passaram a melhorar com acréscimo de olanzapina (dose média de 13,5 mg/dia) em comparação com placebo (i. e., tratamento mantido com fluoxetina apenas) evidenciada depois de 1 semana (Shelton et al., 2001). Os participantes desse estudo não haviam melhorado com no mínimo dois antidepressivos de classes diferentes usados antes. Embora um ECR subsequente de maior porte realizado por 8 semanas não tenha detectado diferença no desfecho primário (alteração do escore MADRS [*Montgomery-Åsberg Depression Rating Scale*, ou Escala de Avaliação de Depressão de Montgomery-Åsberg] ao final do estudo), uma análise *post hoc* dos fatores moderadores mostrou melhora mais acentuada no subgrupo que não havia respondido antes aos ISRSs (mas não entre os que não melhoraram com nortriptilina) (Shelton et al., 2005). Dados cumulativos de todos os ensaios com COF patrocinados pela indústria farmacêutica (n = 1.146) usando análises de MMRM demonstraram índice de remissão significativamente maior com COF (25,5%), em comparação com tratamento apenas com fluoxetina (17,3%) (NNT = 8,7) (Trivedi et al., 2009).

Boxe 13.8 Pramipexol.

A maioria dos ensaios pequenos de "prova de conceito" investigou esse agonista D_2/D_3 para tratar DRT de pacientes unipolares e bipolares. Como exemplo notável, Fawcett et al. (2016) publicaram uma série de casos com 42 pacientes ambulatoriais com TDM ou depressão bipolar, que não haviam melhorado depois de no mínimo quatro tentativas anteriores com outros antidepressivos (média = 6,0 ± 1,5) para tratar o episódio atual e depois foram tratados (*open-label*) com pramipexol em doses altas (até 5 mg/dia; dose média dos que responderam ou entraram em remissão = 2,5 ± 1,1 mg/dia), entre os quais 76% tiveram melhora ou remissão persistente com efeitos adversos mínimos (náuseas transitórias iniciais e agitação/irritabilidade em casos raros). Esse estudo sugere que pramipexol seja um dos pouquíssimos fármacos avaliados em pacientes deprimidos resistentes a mais de três intervenções anteriores ao episódio atual. Problemas de tolerabilidade referem-se principalmente a sedação e náuseas. Existem relatos raros de problemas de controle de impulsos (p. ex., jogar compulsivamente) de início recente ou episódios de sonolência semelhante à narcolepsia.

questões de segurança de seu uso. Efeitos adversos comuns desses fármacos não são profundamente diferentes daqueles causados por outros antidepressivos monoaminérgicos, com exceção dos seguintes: (a) síndrome serotoninérgica quando são combinados com outros fármacos serotoninérgicos; ou (b) crises hipertensivas quando são administrados simultaneamente a alimentos com teor alto de tiramina (ver Boxe 13.10) ou fármacos simpaticomiméticos (p. ex., pseudoefedrina e psicoestimulantes).

Existem dois subtipos de enzima MAO e ambos têm substratos diferentes e distribuição desigual nas diversas partes do organismo (ver Boxe 13.9).

Capítulo 13 • Transtornos de Humor e Afeto

Boxe 13.9 Isoenzimas da MAO.

Isoenzima	Substratos	Encontrada em
MAO-A	Serotonina, dopamina, norepinefrina, melatonina	Neurônios, células da glia, intestino, fígado, endotélio vascular pulmonar, placenta
MAO-B	Fenilefrina, dopamina	Neurônios, células da glia, plaquetas

Boxe 13.10 Restrições dietéticas com uso de IMAO.

Alimentos	Devem ser evitados	Não é necessário evitar
Queijos	Queijos envelhecidos (p. ex., *cheddar*, queijo suíço, queijo azul, *stilton*, *brie*) – pense em queijos que tenham casca ou buracos em seu interior)	Muçarela fresca, *cream cheese*, queijo colonial, *pizzas* vendidas no comércio, queijo feta e cortes de queijos frescos processados
Carnes e peixes	Qualquer carne curada/não fresca, inclusive salsicha seca	Frios frescos (mortadela, *pastrami*, presunto), salsicha fresca, *pepperoni*
Álcool	Cerveja de máquina	Cerveja engarrafada, vinho tinto *chianti* (com moderação)
Molho de soja	Mais de duas colheres de sopa	≤ 1 mg de tiramina em três colheres de sopa
Outros	Bananas excessivamente maduras, chucrute, feijões ou brotos de feijões grandes, tofu em conserva, extrato de leveduras	Chocolate, iogurte, tofu fresco, abacate, molho inglês, framboesas, bananas (exceto muito maduras), molho de soja

Com base em Gardner et al., 1996; Walker et al., 1996; Shulman et al., 1989; Shulman e Walker, 1999.

IMAOs tradicionais (isocarboxazida, fenelzina, tranilcipromina) inibem *irreversivelmente* MAO-A. Inibidores *reversíveis* de MAO-A ("IRMAOs") como moclobemida (não disponível nos EUA) não têm restrições quanto à ingestão de tiramina – embora o tamanho dos seus efeitos possa ser menor do que se observa com inibidores irreversíveis de MAO-A. Inibidores de MAO-B (p. ex., selegilina) não têm atividade no SNC e, por esta razão, IMAOs ativos no SNC devem suplantar a falta de seletividade das isoenzimas A e B de forma que possam causar efeitos psicotrópicos. Como se pode observar na Tabela 13.3, selegilina oral pode ser administrada em doses supraterapêuticas para superar essa seletividade das isoenzimas, embora a preparação transdérmica deste fármaco elimine mais facilmente a seletividade da MAO-B de forma a conseguir inibição irreversível da MAO-A, que é mais importante na depressão. As doses de IMAOs estão descritas na Tabela 13.3. A enzima MAO metaboliza tiramina da dieta e resulta em sua acumulação (com hipertensão subsequente) quando está inibida. Alimentos "ricos" em tiramina contêm > 6 g/porção (Walker et al., 1996); o Boxe 13.10 resume os itens que contêm (e não têm) tiramina e precisam ser evitados (ou não) quando se utiliza um inibidor irreversível de MAO-A.

Seria, então, possível usar carbamazepina com IMAOs? Não há efeito serotoninérgico ou vasopressor conhecido. Alguns fármacos não serotoninérgicos/não vasopressores estão absolutamente contraindicados com IMAOs, principalmente com base em alguns relatos de casos antigos de validade duvidosa. Alguns poderiam dizer que, como carbamazepina é estruturalmente semelhante a um antidepressivo tricíclico (ADT), o organismo poderia de alguma forma confundi-la com ele, embora seja muito pouco provável.

> **Dica**
>
> Como demora 2 semanas para que o organismo regenere MAO depois de interromper tratamento com IMAO, geralmente é necessário um período de "limpeza" depois de suspender o uso de um IMAO e iniciar outro fármaco serotoninérgico (ou simpaticomimético) de classe diferente.

Cetamina

Cetamina é um fármaco complexo com vários sítios receptores. Com base nos resultados publicados por Newport et al. (2015), esses alvos farmacológicos incluem:

- Antagonismo do receptor de NMDA
- Antagonismo do receptor opioide µ
- Agonismo do receptor σ_1 ou σ_2
- Agonismo do receptor D_2
- Inibição da recaptação de serotonina
- Inibição da recaptação por TNE
- Inibição da recaptação por transportador de dopamina (DAT)
- Inibição de colinesterase
- Antagonismo do receptor nicotínico α_7
- Antagonismo dos receptores muscarínicos M_1, M_2 e M_3.

Desse modo, é difícil classificar cetamina com base em um único mecanismo de ação abrangente. Seus efeitos farmacodinâmicos diversificados são dose-dependentes e variam de indução anestésica a efeitos dissociativos, antinoceptivos e antidepressivos. É importante ter em mente que mecanismos de ação demonstrados em estudos *in vitro* podem não se traduzir necessariamente em efeitos humanos *in vivo*. Provavelmente, mecanismos de ação diferentes ou combinações de mecanismos de ação contribuem para os efeitos farmacodinâmicos variáveis desse fármaco, tanto nos transtornos de humor quanto em outras condições.

Dependendo da forma como é administrada, cetamina causa um pico rápido de liberação sináptica de glutamato, aumenta as concentrações de GABA e altera a arquitetura neuronal dentro de algumas horas depois da administração; essas alterações parecem ser responsáveis pelos efeitos neuroprotetores, inclusive aumento de transcrição de FNDC. Contudo, embora cetamina frequentemente seja descrita principalmente como antagonista do receptor de NMDA, não está claro se o mecanismo de bloqueio desses receptores confere um efeito de classe quanto às propriedades antidepressivas. Hoje em dia, existem alguns ECRs negativos sobre TDM usando outros antagonistas do receptor de NMDA, inclusive *rapastinel* (um modulador positivo do receptor de NMDA), *riluzol* (bloqueador do canal de Na^+ e modulador do receptor de NMDA, usado frequentemente para tratar doenças desmielinizantes), *memantina* (tem propriedades antagonistas fracas no receptor de NMDA), *traxoprodil* (também conhecido como CP101-606, que se liga a um sítio alostérico na subunidade GluN2B do receptor de NMDA), *lanicemina* (um antagonista do receptor de NMDA de "ligação fraca") e *MK-0567* (também conhecido como CERC-301, que se liga ao receptor de NMD em um sítio alostérico da subunidade GluN2B). Duas outras linhas de evidência sugerem que outros mecanismos de ação além do bloqueio do receptor de NMDA provavelmente sejam responsáveis (ou, no mínimo, contribuam) pelos efeitos antidepressivos da cetamina:

- Estudos pré-clínicos demonstraram que o metabólito ativo da cetamina (hidroxinorcetamina) depende de sinalização por meio da ativação do receptor de AMPA (e não de NMDA) (Zanos et al., 2016)
- Um estudo preliminar demonstrou que pré-tratamento com o antagonista opioide naltrexona administrado a 12 pacientes com TDM bloqueou os efeitos antidepressivos da infusão subsequente de cetamina (Williams et al., 2018). Essa última observação levou a uma enxurrada de discussões editoriais contestando a interpretação de que as propriedades antidepressivas da cetamina poderiam ser mediadas primária ou unicamente pelo sistema opioide.

Alguns profissionais não gostam de administrar simultaneamente lamotrigina com cetamina para tratar depressão. A razão para isso é que, há alguns anos, um estudo demonstrou que administrar lamotrigina antes da infusão de cetamina a 16 indivíduos saudáveis bloqueou os efeitos dissociativos deste ultimo fármaco (Anand et al., 2000). O desenho desse estudo foi baseado na premissa de que a inibição da liberação de glutamato pré-sináptico pela lamotrigina poderia impedir o pico de glutamato supostamente provocado pela cetamina. A mesma preocupação vale para os benzodiazepínicos. A hipótese

> **Dica**
> Receptores σ, antes considerados relacionados com receptores opioides, constituem sua própria família e interagem com grande variedade de ligandos, inclusive fenciclidina, cocaína, dextrometorfano e neuroesteroides (inclusive DHEA e pregnenolona), entre outros compostos. Efeitos neurológicos centrais incluem regulação do humor, mas a amplitude exata de suas funções fisiológicas no SNC ainda não está totalmente esclarecida.

de que esse mecanismo poderia reduzir a eficácia antidepressiva da cetamina é relevante, mas puramente teórica e sem qualquer comprovação empírica. Por outro lado, outro estudo demonstrou que uma dose única de 300 mg de lamotrigina administrada duas horas antes da infusão de cetamina a pacientes com TDM não diminuiu a eficacia antidepressiva deste último fármaco (Mathew et al., 2010). Quando um paciente apresenta efeito benéfico inequívoco usando lamotrigina, não existe razão convincente para interromper ou alterar sua dose antes de administrar cetamina.

Antes de avançar na discussão sobre cetamina, veja uma revisão rápida dos diferentes tipos de receptores de glutamato no Boxe 13.11.

Boxe 13.11 Receptores ionotrópicos e metabotrópicos de glutamato.

A transmissão glutamatérgica entre neurônios ocorre por meio de dois tipos de receptor: *ionotrópicos* e *metabotrópicos*. Receptores ionotrópicos de glutamato afetam a transmissão sináptica por meio de canais e correntes iônicas e consistem em três tipos descritos: receptor de *N*-metil-D-aspartato (*NMDA*), receptor de α-amino-3-hidroxi-5-metil-4-isoxazolpropiônico (*AMPA*) e receptor de *cainato*. Receptores metabotrópicos de glutamato (abreviados como mGluR) transmitem sinais por meio de segundos mensageiros e receptores acoplados às proteínas G; existem oito tipos (mGluR1 → mGluR8) e três grupos: receptores do *Grupo 1* (mGluR1 → mGluR5) são predominantemente pós-sinápticos, podem aumentar a atividade do NMDA e estão envolvidos na *intensificação da excitotoxicidade*; os receptores do *Grupo 2* (mGluR2 e mGluR3) são basicamente présinápticos, podem reduzir a atividade do receptor de NMDA e contribuem para a *atenuação da excitotoxicidade*; e os receptores do *Grupo 3* (mGluR4, mGluR6 → mGluR8), que são predominantemente pré-sinápticos, podem reduzir a atividade do receptor de NMDA e estão envolvidos na *atenuação da excitotoxicidade*. Estudos sobre transtorno de humor enfatizam basicamente fármacos que parecem modular receptores ionotrópicos (principalmente receptores de NMDA ou AMPA), em vez de mGluRs, embora esta última categoria module outros receptores, proteja neurônios contra excitotoxicidade, desempenhe papel fundamental na aprendizagem e memória e possa ser importante para entender condições patológicas como psicose, ansiedade, demência, doença de Parkinson e outras psicopatologias.

Coletivamente, estudos sobre infusão intravenosa de cetamina administrada na dose de 0,5 mg/kg em cerca de 40 minutos demonstraram que cerca de 50 a 70% dos pacientes com TDM ou depressão bipolar mostraram melhora acentuada dos sintomas depressivos dentro de 24 horas, mas apenas cerca de um terço deles manteve sua melhora em torno de 1 semana e cerca de 10% depois de 2 semanas (Newport et al., 2015). Em 2019, o enantiômero da cetamina foi aprovado pela FDA norte-americana como opção intranasal (IN) para tratar DRT em combinação com um antidepressivo monoaminérgico recém-introduzido. Com base no protocolo de estudo do fabricante, a dose deve ser dividida em fase inicial de indução (duas vezes/semana, durante 4 semanas, começando com 56 mg e depois aumentando até chegar a 84 mg ou diminuindo até 28 mg, a critério médico) seguida da fase de manutenção (1 vez/semana, ou uma vez a cada 2 semanas). Efeitos adversos da administração por períodos curtos de cetamina racêmica ou de seu enantiômero são modestos e limitam-se basicamente a fenômenos dissociativos transitórios e possibilidade de hipertensão transitória em cerca de um terço dos pacientes. (Por essa razão, pacientes que usam vasopressores como psicoestimulantes geralmente são instruídos a suprimir as doses nos dias que receberem cetamina.) É necessário intervalo mínimo de 2 horas de monitoramento depois da administração para acompanhar os níveis de pressão arterial[3] e confirmar que houve regressão de quaisquer fenômenos dissociativos desencadeados pelo tratamento. Além das dúvidas citadas antes quanto ao seu mecanismo de ação, existem várias questões importantes ainda sem solução no que se refere ao uso prático de cetamina:

> **Dica**
>
> Assegurar que os pacientes estejam normotensos antes de administrar cetamina ou escetamina; é recomendável postergar o tratamento quando a PA em repouso for > 140/90 mmHg.

- *Potência relativa*: escetamina tem afinidade de ligação ao receptor de NMDA cerca de três a quatro vezes maior que a do enantiômero *R*,

---

[3] Picos de pressão arterial cerca de 40 minutos depois da inalação; a alteração global média da pressão arterial sistólica (PAS) ou pressão arterial diastólica (PAD) é < 10 mmHg, mas cerca de 15% dos pacientes têm elevações da PAD > 25 mmHg ou PAS > 40 mmHg.

mas a administração intranasal assegura biodisponibilidade de apenas 45 a 50%, em comparação com a biodisponibilidade de 100% obtida por administração parenteral. Isso significa que a eficácia é comparável? Embora cetamina IV e escetamina IN sejam significativamente mais eficazes que placebo para tratar depressão, o tamanho do efeito da primeira é tecnicamente maior que o tamanho do efeito da segunda (ver Capítulo 3, Boxe 3.6) – embora seja importante ter em mente que os dados referidos à escetamina usada para tratar TDM aplicavam-se ao seu uso como adjuvante a um antidepressivo recém-introduzido, enquanto o grupo comparativo era representado por tratamento com apenas um fármaco em vez de placebo

- *Intervalo para avaliar resposta*: impressões obtidas dos primeiros estudos sobre cetamina IV foram que pacientes que não mostraram quaisquer sinais de resposta discernível (ou seja, melhora de 20% em comparação com o nível basal) depois de três infusões provavelmente não teriam conversão em melhoras claras. Entretanto, no caso da escetamina IN – com a qual a fase de "indução" inclui oito aplicações durante 4 semanas –, o resultado primário (redução dos escores de depressão avaliados por MADRS, em vez de condição de "respondente") foi avaliado no 28º dia. Dados referidos à condição de respondente em consultas agendadas ao longo das inalações sucessivas por 8 semanas (com base em uma análise cumulativa dos ensaios de registro de escetamina na FDA norte-americana para tratar TDM) demonstraram os resultados ilustrados na Figura 13.3. Vale ressaltar que pouco mais de 50% dos indivíduos tratados com escetamina que não responderam no dia 2 ou dia 8 converteram ao estado de respondentes no dia 28

- *Doses*: cetamina produz efeitos farmacodinâmicos diferentes com diversas doses. Nos casos típicos, cetamina IV para tratar depressão é administrada na dose de 0,5 mg/kg. Doses mais altas não foram sugeridas como sinal de eficácia maior na depressão, embora analgesia subanestésica geralmente ocorra com doses entre 0,35 e 1,0 mg/kg e anestesia intraoperatória possa ocorrer com infusão de 0,6 mg/kg (Schwenk et al., 2018)

- *Número de aplicações para manter efeitos benéficos*: talvez o problema mais constrangedor enfrentado pelos pacientes que melhoram com cetamina é o que fazer em seguida. Nenhum ensaio controlado demonstrou qual é a melhor conduta terapêutica para manter os efeitos benéficos depois de obter resposta antidepressiva imediata à infusão de cetamina IV (em contraste, ver seção seguinte acerca do tratamento farmacológico para evitar recidiva depois de uma resposta imediata à ECT). Nos estudos intramuros do NIMH, apenas cerca de 13% dos pacientes com DRT unipolar ou bipolar que responderam a uma única infusão IV de cetamina continuaram bem depois de 2 semanas – fenômeno mais

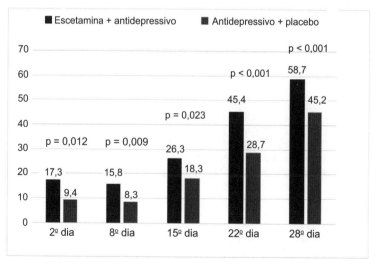

Figura 13.3 Escetamina IN para TDM: condição de respondente em consultas agendadas. Baseada nos resultados de Turkoz et al., 2019.

bem previsto por nível mais alto de dissociação durante o tratamento, assim como por história familiar de transtornos associados ao uso de álcool (Pennybaker et al., 2017). Um ensaio sobre prevenção de recorrência com escetamina IN (56 mg ou 84 mg a critério médico, administrados 1 vez/semana ou a cada 2 semanas) acrescentada a um antidepressivo monoaminérgico demonstrou redução de risco de recorrência de cerca de 50% entre os que tiveram remissão inicial (n = 176; NNT = 6) e cerca de 70% entre os que responderam inicialmente (n = 121; NNT = 4) (Daly et al., 2019)

- *Outras estratégias do que fazer em seguida para evitar recorrências*: ECRs com outros antagonistas do receptor de NMDA (especialmente riluzol) não demonstraram melhora mais persistente do humor que placebo, depois de obter resposta com cetamina (Mathew et al., 2010). Lítio não foi melhor que placebo para evitar recorrência de depressão depois de obter melhora com cetamina (Costi et al., 2019). Na literatura, também há relatos de casos únicos com memantina depois de melhora com cetamina. Desse modo, como não há evidência (ou dados), a estratégia mais intuitiva é repetir as infusões IV de cetamina – embora existam poucos dados sobre

segurança ou eficácia a longo prazo para evitar recorrências. A literatura publicada contém relatos de até seis infusões de cetamina IV ao longo de 12 dias, com intervalos médios de recorrência oscilando de 18 dias (Murrough et al., 2013) a 41 dias (Albott et al., 2018). Um ECR com seis infusões IV de cetamina ou placebo ao longo de 3 semanas em 26 pacientes com DRT grave e ideação suicida *crônica* não demonstrou efeitos benéficos (Ionescu et al., 2019). Riscos potenciais a longo prazo com uso prolongado de cetamina são cistite ulcerativa e, possivelmente, déficits irreversíveis de memórias episódica e semântica e funções que exijam atenção (Morgan et al., 2004).

O Boxe 13.12 resume pontos principais do uso de cetamina como antidepressivo. A Tabela 13.9 resume os resultados de ensaios clínicos com o enantiômero escetamina administrado por via intranasal para tratar depressão.

Será possível usar cetamina como anestésico antes de aplicar ECT para tratar depressão e, assim, conseguir dois pelo preço de um? Tal questão foi avaliada preliminarmente em alguns ECRs, que compararam cetamina com anestésicos tradicionais (p. ex., metoexital), mas não houve evidência de efeitos benéficos aditivos. Talvez isso

Boxe 13.12 Cetamina: pontos principais.

- O mecanismo de ação exato como antidepressivo é desconhecido, mas pode incluir glutamato ou outros sistemas de neurotransmissores
- Cerca de 50% dos pacientes com depressão unipolar e bipolar têm efeito antidepressivo imediato
- Cerca de um terço dos pacientes que melhoram mantém este efeito benéfico por até 1 semana
- Cetamina e escetamina parecem produzir redução rápida e bem definida na ideação suicida
- A probabilidade de melhora diminui acentuadamente quando não se observam efeitos depois de vários tratamentos (embora o número de respostas por tratamento seja desconhecido no caso da escetamina IN)
- Escetamina é cerca de três a quatro vezes mais potente que cetamina racêmica, mas a biodisponibilidade depois de aplicação nasal é cerca de 50% menor que a da cetamina IV
- Cetamina oral tem biodisponibilidade de cerca de 20%. Uma revisão de 13 estudos

publicados (mistura de ensaios retrospectivos e prospectivos e relatos de casos) detectou melhora significativa dos sintomas depressivos apenas depois de 2 a 6 semanas de tratamento (doses orais de 1 a 2 mg/kg a intervalos de 1 a 3 dias) e nenhum efeito adverso significativo (Rosenblat et al., 2019)
- Dissociação é um fenômeno transitório comum; hipertensão pode ocorrer em cerca de um terço dos pacientes tratados com cetamina IV e cerca de 10% dos que usam escetamina intranasal
- Esse fármaco pode ser administrado aos adultos idosos, mas um ensaio dedicado sobre escetamina IN para pacientes de mais de 65 anos com TDM não conseguiu demonstrar efeitos benéficos em comparação com placebo
- Não existem dados sistemáticos sobre segurança e eficácia da administração prolongada com finalidade de evitar recorrência depois da administração intravenosa por períodos curtos; também não foi definido qualquer esquema ideal para repetição das infusões IV.

Tabela 13.9 ECRs sobre escetamina intranasal (IN) para TDM.

Autores	Desenho	Resultado
Canuso et al., 2018	Escetamina (84 mg/dia) *versus* placebo por 4 semanas	Sintomas depressivos melhoraram mais significativamente com escetamina que placebo em quatro horas ($d = 0,61$) e 24 h ($d = 0,65$), *mas não no 25º dia* ($d = 0,35$); ideação suicida melhorou apenas em 24 h
Daly et al., 2018b	Escetamina (28, 56 ou 84 mg/dia) ou placebo, 2 vezes/semana, com redistribuição randômica dos que não responderam ao placebo, depois 1 vez/semana (*open-label*) e, por fim, 2 vezes/semana	Todas as doses de escetamina foram mais eficazes que placebo (relação dose-resposta ascendente); resposta sustentada por 2 meses durante a fase de manutenção com dose baixa (*open-label*)
Fedgchin et al., 2019	Escetamina (56 ou 84 mg) ou placebo	Nenhuma diferença entre placebo com dose de 84 mg/dia; a dose de 56 mg/dia não pode ser testada formalmente
Popova et al., 2019	Escetamina em doses flexíveis de 56 mg ou 84 mg *versus* placebo por 28 dias	Vantagem global significativa com escetamina > placebo no 28º dia. NNT de resposta = 6; NNT de remissão = 5. Erro-padrão (EP) de alteração do escore MADRS = 0,30)

se deva em parte às diferenças de administração: cetamina IV para tratar depressão é usada na dose de cerca de 0,5 mg/kg infundida em 40 minutos, enquanto cetamina como anestésico é administrada em injeção rápida de 1 a 2 mg/kg. ECT e cetamina aumentam as concentrações sinápticas de GABA e glutamato, de forma que pode haver redundância de mecanismo de ação.

DEPRESSÃO PSICÓTICA

Além de aplicar ECT, tratamento combinado com antidepressivo e antipsicótico é considerado padrão terapêutico para depressão maior com sintomas psicóticos. Uma revisão da Base de Dados Cochrane realizada em 2015 sobre 12 ECRs com antidepressivos mais antipsicóticos detectou RR de resposta = 1,49 (IC95% = 1,12 a 1,98), ou seja, foi mais eficaz que tratamento apenas com antipsicótico ou placebo (Wijkstra et al., 2015). Entre os antidepressivos estudados estão amitriptilina, imipramina, nortriptilina, fluvoxamina, fluoxetina, sertralina, paroxetina, mirtazapina e venlafaxina; entre os antipsicóticos avaliados estão olanzapina, quetiapina e perfenazina. A base de dados existente não permite fazer comparações confiáveis entre fármacos de forma a determinar sua eficácia relativa.

DEPRESSÃO CRÔNICA/PERSISTENTE

O DSM-V incluiu transtorno distímico com depressão maior crônica com base em impressões de que suas semelhanças clínicas são maiores que suas diferenças. A maioria dos ECRs publicados enfatizou transtorno distímico (ou a chamada "depressão dupla", isto é, depressão maior sobreposta à distimia preexistente). Uma metanálise realizada por von Wolff et al. (2013) detectou índice de resposta global significativamente maior aos ISRSs que placebo (razão de benefício = 1,49; IC95% = 1,29 a 1,72; NNT = 6 para "resposta" e 7 para "remissão"), ou ADTs que placebo (razão de benefício = 1,74; IC95% = 1,50 a 2,02; NNT = 4 para "resposta" e 7 para "remissão"). O número de desligamentos em consequência de efeitos farmacológicos adversos foi maior com ADTs que ISRSs.

CATATONIA

Antes considerada basicamente como subtipo de esquizofrenia, catatonia hoje é entendida como síndrome complexa não patognomônica com fisiopatologia obscura, que pode ocorrer com alguns transtornos mentais, inclusive transtornos de humor. Além de mutismo, excitação ou posturas anômalas (p. ex., flexibilidade cérea), manifestações típicas podem ser negativismo extremo, ecolalia e ecopraxia. O tratamento preferível para essa síndrome ainda é lorazepam (6 a 20 mg/dia; doses podem ser administradas frequentemente a intervalos de 20 a 30 minutos, conforme a resposta) ou ECT. *Delirium* maníaco frequentemente inclui manifestações catatônicas. (Alguns autores definem conceitualmente essa condição como forma grave de catatonia.) Se não for tratada adequadamente, catatonia pode evoluir a uma forma maligna, que consiste em instabilidade autônoma, rigidez e hipertermia. APGs estão contraindicados porque podem causar síndrome neuroléptica maligna (ainda que alguns autores acreditem que certos ASGs – especialmente clozapina ou quetiapina – possam ser opções terapêuticas aceitáveis [embora sua ação seja lenta]). Do mesmo modo, anticolinérgicos não devem ser usados porque podem agravar o estado mental do paciente.

DEPRESSÃO COM SINTOMAS ATÍPICOS

A síndrome de hipersonolência, hiperfagia, humor reativo, hipersensibilidade à rejeição e nível de vigor físico acentuadamente reduzido ("paralisia plúmbea") chamou a atenção na década de 1970 como possível fator moderador de depressão, que favorecia melhora com IMAOs em vez de ADTs. O DSM-IV também diferenciava entre depressão "atípica" e depressão "melancólica" ou catatônica, enquanto o DSM-V assinala que episódios sazonais de depressão maior frequentemente cursam com hipersonolência, hiperfagia/aumento de peso e desejo incontrolável de ingerir carboidratos. Embora seja fenomenologicamente tentador, esse construto é dificultado por seus diversos fatores de confusão (como idade baixa por ocasião do início, traumas ou experiências traumáticas nos primeiros anos de vida, traço de hipersensibilidade pessoal, personalidade comórbida ou transtornos de ansiedade [principalmente transtorno de ansiedade social], bipolaridade e sazonalidade, entre outros).

Em comparação com os subtipos atípico, melancólico ou depressivo-ansioso, apenas 39% dos 1.008 indivíduos com TDM incluídos no estudo iSPOT-D tinham forma pura com apenas um subtipo, assim como 4% dos participantes do estudo STAR*D; 36% dos indivíduos com TDM do primeiro estudo preenchiam critérios para dois ou mais subtipos, assim como 26% dos participantes do estudo STAR*D, enquanto 25% dos indivíduos do estudo iSPOT-D não atendiam a critérios de definição de nenhum subtipo, assim como 33% dos participantes do STAR*D. Em nenhum desses dois estudos, o subtipo de depressão atuou como fator moderador da resposta a qualquer antidepressivo específico (Arnow et al., 2015).

AGITAÇÃO

O construto "depressão agitada", embora não esteja incluído em todas as edições do DSM, foi descrito primeiramente no final do século XIX. Sua definição operacional foi formalizada nos CDP (Critérios Diagnósticos para Pesquisa), que foram precursores do DSM-III. Sua definição original (CDP) incluía agitação psicomotora, tensão interior e "pensamentos aglomerados". Alguns autores sugeriram que depressão agitada seja uma variante de depressão psicótica, enquanto outros acreditam que seja uma variante dos estados bipolares mistos. Afora essas especulações, ECRs publicados na literatura (ainda que modestos) apoiam o uso de antipsicóticos combinados com antidepressivos – por exemplo, quetiapina e venlafaxina (Dannlowski et al., 2008). Individualmente, nos primeiros ensaios sobre uso isolado de fluoxetina, análises *post hoc* demonstraram resultados mais favoráveis com fármaco ativo (ou com um ADT comparativo) que placebo, apesar da existência de agitação basal, ainda que o índice de desligamento em razão de intolerância tenha sido maior com ADT que fluoxetina (Tollefson et al., 1994). Ensaios abertos e relatos de casos também sugeriram utilidade de combinar outros ASGs com antidepressivo serotoninérgico. Contudo, na medida em que "depressão agitada" é um construto excluído do DSM, não é provável que ensaios prospectivos de escala ampla investiguem a melhor abordagem terapêutica farmacológica para esta condição.

ANSIEDADE

Ansiedade (sindrômica e sintomática) é um fenômeno comum, frequentemente desconsiderado e certamente mal estudado entre pacientes com transtornos de humor, independentemente da polaridade. Na depressão unipolar e bipolar, estudos epidemiológicos detectaram transtornos de ansiedade como comorbidade (sem menção aos sintomas subdiagnósticos) de 50% ou mais das amostras populacionais de comunidades.

No estudo STAR*D patrocinado pelo NIMH, comorbidades de transtornos de ansiedade explicavam grande parte da resposta terapêutica insatisfatória aos antidepressivos (Fava et al., 2008). O construto diagnóstico "ansiedade e depressão mistas" foi vetado das edições anteriores do DSM, mas finalmente foi rejeitado como construto indistinguível da depressão maior com comorbidade detectável de transtorno de ansiedade.

Antidepressivos serotoninérgicos são amplamente considerados como primeira opção de tratamento para depressão e ansiedade. Contudo, quando esses dois problemas ocorrem juntos, os resultados terapêuticos são notavelmente piores. Estudos não demonstraram que ISRSs produziram resultados claramente melhores na depressão ansiosa, embora alguns tenham indicações específicas aprovadas pela FDA para tratar transtorno de ansiedade generalizada. Por essa razão, com finalidade unicamente informativa, deixaremos momentaneamente de evitar intencionalmente a condição de aprovação da FDA como princípio organizador deste livro (em contraste com a abordagem baseada em evidência e fundamentação lógica) de forma a considerar os antidepressivos monoaminérgicos que têm indicações aprovadas pela FDA para tratar transtornos de ansiedade específicos (Boxe 13.13).

Análises *post hoc* sobre uso de nefazodona para tratar pacientes com TDM e comorbidade de sintomas de ansiedade demonstraram melhora mais acentuada dos sintomas de humor e ansiedade, em comparação com placebo (Zajecka et al., 1996). Outros ensaios abertos pequenos demonstraram que tratamento apenas com mirtazapina (15 a 45 mg/dia) melhorou sintomas de depressão e TAG (Goodnick et al., 1999) e, com base em dados anedóticos, este fármaco também é considerado especialmente eficaz nos casos de ansiedade e depressão associadas. Um artigo mais antigo defendeu a utilidade dos ADTs para tratar transtornos de ansiedade (p. ex., transtorno de pânico) e depressão como condições diferentes, em vez de realizar ECRs sobre essas doenças como comorbidades.

Ao menos alguns ASGs adjuvantes poderiam ser especialmente úteis aos pacientes que apresentam ansiedade e depressão combinadas. Estudos preliminares demonstraram que quetiapina (doses médias na faixa de 150 a 200 mg/dia), principalmente quando é acrescentada ao tratamento vigente com antidepressivo monoaminérgico, produz melhoras mais acentuadas dos sintomas de depressão e ansiedade que tratamento de manutenção apenas com ISRS ou venlafaxina (McIntyre et al., 2007; Li et al., 2016). No contexto de depressão bipolar (ver mais detalhes na seção subsequente deste capítulo "Transtorno bipolar"), todos os fármacos aprovados pela FDA norte-americana (i. e., COF, quetiapina, cariprazina e lurasidona) tiveram efeito mais expressivo nos sintomas de ansiedade e depressão coexistentes, em comparação com placebo.

Acréscimo de benzodiazepínico não é ideal para tratamento de manutenção de ansiedade coexistente com depressão. Nenhum estudo formal avaliou uso de anticonvulsivantes ansiolíticos (p. ex., gabapentina ou pregabalina) como adjuvantes ao tratamento antidepressivo para pacientes com quadros mistos de depressão e ansiedade, mas esta combinação pode ser uma opção interessante a ser avaliada.

Sintomas noradrenérgicos coexistentes

Alguns autores acreditam que os sintomas fundamentais de depressão pareçam estar associados à função subnormal do circuito noradrenérgico encefálico – especialmente apatia, fadiga, indiferença, nível baixo de vigor físico e disfunção cognitiva. Relacionado com esse construto está o conceito de que fármacos pró-noradrenérgicos aumentam a atividade noradrenérgica tônica e diminuem a responsividade noradrenérgica fásica (e, deste modo, causam atenuação da ansiedade, conforme se observou em ECRs com IRSN como duloxetina ou levomilnaciprano).

Boxe 13.13 Antidepressivos monoaminérgicos aprovados para tratar transtornos de ansiedade.

Fármaco	Transtorno de ansiedade generalizada	Transtorno de ansiedade social	Transtorno do pânico	TEPT[a]
Duloxetina	✓			
Escitalopram	✓			
Fluoxetina			✓	
Paroxetina	✓	✓	✓	✓
Sertralina		✓	✓	✓
Venlafaxina	✓	✓		

[a]Transtorno de estresse pós-traumático (TEPT) não é mais classificado como subtipo de transtorno de ansiedade no DSM-V.

DEPRESSÃO COM TRANSTORNOS DE ATENÇÃO

Nos pacientes que também apresentam sintomas depressivos noradrenérgicos mais amplos, quadros de depressão que incluem processamento atencional mais lento ou redução da fluência associativa levaram alguns pesquisadores a investigar a utilidade potencial de fármacos pró-noradrenérgicos ou pró-dopaminérgicos, inclusive IRNEs, IRSNs, bupropiona e psicoestimulantes. Porque atua como inibidor de recaptação por meio do TNE, atomoxetina poderia parecer um tratamento adjuvante lógico aos pacientes em uso de antidepressivo serotoninérgico (semelhante ao fundamento racional aplicável ao uso de bupropiona adjuvante), principalmente nos casos em que também há TDAH. Contudo, surpreendentemente, ensaios randomizados não demonstraram eficácia mais acentuada desse fármaco em comparação com placebo, quando foram usados em crianças com TDAH e TDM coexistente, ou nos adultos com TDM quando foram acrescentados ao tratamento com sertralina em doses ótimas. Entretanto, atomoxetina não foi detalhadamente estudada quanto às suas propriedades antidepressivas potenciais e o único ensaio randomizado sobre TDM em adultos foi um estudo patrocinado pela indústria farmacêutica, cujos resultados não podem ser generalizados à ampliação terapêutica com antidepressivos não noradrenérgicos considerados como classe farmacêutica.

Por ser um antagonista do receptor $5HT_7$, vortioxetina atraiu interesse quanto à sua possível utilidade singular no tratamento de transtornos cognitivos associados à depressão. Usando o recurso DSST (*Digit Symbol Substitution Task*, ou Teste de Substituição de Símbolos e Dígitos), McIntyre et al. (2016) demonstraram melhora significativamente maior da função cognitiva com vortioxetina que placebo, embora tenham controlado alterações da gravidade dos sintomas depressivos ao longo de 8 semanas – um efeito que não ocorreu com duloxetina utilizada com comparativo – e o tamanho do efeito tenha sido pequeno ($d = 0,24$).

DEPRESSÃO INFLAMATÓRIA *VERSUS* NÃO INFLAMATÓRIA

Ao longo dos últimos anos, observou-se interesse crescente quanto aos níveis elevados de marcadores inflamatórios séricos (p. ex., interleucina e citocinas inflamatórias) nos pacientes deprimidos. A bidirecionalidade dessa relação ainda não está bem esclarecida, na medida em que não está muito claro se depressão clínica causa elevação dos marcadores inflamatórios sistêmicos, ou se pacientes com níveis basais altos de marcadores inflamatórios (por diversas causas possíveis) podem ter risco mais alto de depressão. Condições inflamatórias graves coexistentes com depressão foram citadas como fatores contribuintes possíveis para comorbidade clínica agravada e mortalidade excessiva em consequência de doenças cardiovasculares e outras causas não relacionadas com suicídio. Hoje em dia, as implicações terapêuticas dessa relação ainda são preliminares, embora um ECR tenha demonstrado que, nos pacientes com TDM e níveis basais de proteína C reativa (PC-R) > 1 mg/ℓ, os efeitos antidepressivos da nortriptilina foram melhores que os do escitalopram; por outro lado, nos casos de depressão com níveis inflamatórios baixos (PC-R < 1 mg/ℓ), escitalopram foi mais eficaz que nortriptilina (Usher et al., 2014). Em vez de pensar em "inflamação" como cofator obrigatório dos transtornos de humor, poderíamos considerar a possibilidade de que exista um subtipo "inflamatório" de depressão, que poderia ter implicações terapêuticas singulares.

Anti-inflamatórios poderiam tratar depressão? Os resultados de uma metanálise de 14 ECRs demonstrou efeito benéfico modesto com AINEs ($d = 0,34$ em geral; ligeiramente menor com celecoxibe especificamente: $d = 0,29$); não foram detectados efeitos adversos gastrintestinais ou cardiovasculares (Köhler et al., 2014). Outra metanálise enfatizou apenas celecoxibe (cinco ECRs) acrescentado ao tratamento de TDM ou depressão bipolar com antidepressivos, mas não demonstrou diferença significativa quanto à redução dos escores da Escala de Classificação da Depressão de Hamilton (OR acumulada = 6,6; IC95% = 2,5 a 17,0; $p < 0,0001$) e índices de remissão (OR acumulada = 6,6; IC95% = 2,7 a 15,9; $p < 0,0001$) em comparação com placebo (Faridhosseini et al., 2014).

Além disso, o antibiótico *minociclina* também tem efeitos anti-inflamatórios, neuroprotetores e antiglutamatérgicos: uma metanálise de três ECRs detectou diferença significativa em comparação com placebo e tamanho de efeito grande ($d = 0,78$) (Rosenblat e McIntyre, 2018); embora sejam promissores, a natureza preliminar desses estudos exige sua replicação em amostras mais numerosas.

PSICODÉLICOS E DEPRESSÃO

No passado, drogas psicodélicas serotoninérgicas (principalmente LSD, psilocibina e *ayahuasca*) eram consideradas adjuvantes potenciais à psicoterapia, até sua proibição geral pela medicina convencional nas décadas de 1960 e 1970. Estudos subsequentes começaram a reavaliar essa classe de drogas com interesse renovado para tratar depressão (pesquisas publicadas na literatura enfatizam principalmente psilocibina para pacientes terminais com câncer). Uma revisão de 19 ECRs realizada por Rucker et al. (2016) demonstrou que cerca de 80% dos médicos perceberam algum efeito benéfico (melhora dos sintomas de humor) depois do tratamento com drogas psicodélicas. Além disso, um ECR com dose única de *ayahuasca* ou placebo administrada a 29 pacientes ambulatoriais com DRT evidenciou efeitos antidepressivos mais favoráveis que com placebo ao longo de 7 dias (d = 1,49 quanto às alterações dos escores MADRS; Palhano-Fontes et al., 2019).

TRATAMENTOS FARMACOLÓGICOS PARA EVITAR RECORRÊNCIA DEPOIS DE ELETROCONVULSOTERAPIA

Uma limitação importante da ECT para tratar transtornos de humor é a probabilidade altíssima (> 80%) de recorrência do transtorno afetivo nos primeiros 3 a 6 meses depois de concluir um ciclo de sessões (Sackeim et al., 2001), a menos que seja realizada alguma intervenção profilática. Em alguns estudos, mas não em outros, o grau de resistência terapêutica (*i. e.*, número de experiências anteriores infrutíferas com antidepressivos) foi associado à probabilidade mais alta de recorrência durante tratamento farmacológico iniciado depois de ECT (Prudic et al., 2013). A Tabela 13.10 resume as evidências atuais sobre tratamento farmacológico para evitar recorrência da depressão depois de ECT.

Como escolher, então, um antidepressivo entre os muitos que estão à disposição? Primeiramente, o que deve ser avaliado é se está, de fato, diante de um transtorno no qual existem razões para pensar que um antidepressivo poderia ser útil. Em seguida, deve ser levado em consideração todas as características moderadoras além do diagnóstico categórico – cronicidade, número de episódios anteriores, grau de resistência ao tratamento, ansiedade ou outras comorbidades, polaridade, psicose, experiências terapêuticas anteriores e adesão, qualquer problema médico agudo coexistente, sensibilidade aos efeitos colaterais experimentados antes, oportunidades de adotar parcimônia com comorbidades ou capitalizar perfis de efeitos colaterais, entre outras possibilidades. Depois, deve haver familiarização com o que foi estudado nos ensaios clínicos para determinado perfil médico e, por fim, considerar os prós e os contras das opções viáveis. Além de, obviamente, conversar sobre tais questões com o paciente.

Prudic et al. (2013) não encontraram vantagem significativa quanto à postergação de recorrência da depressão depois de ECT quando o tratamento farmacológico foi iniciado durante ou depois de concluir as sessões – embora a magnitude da eficácia da ECT a curto prazo pareça ser um pouco maior (cerca de 15%) quando este tratamento é aplicado simultaneamente com um antidepressivo.

QUESTÕES A LONGO PRAZO

Qual é a duração ideal do tratamento farmacológico vigente (ou fase de manutenção) para evitar

Tabela 13.10 Abordagens farmacoterapêuticas para prevenção de recorrência da depressão depois de ECT.

Estratégia	Resultados observados	Comentários
Tratamento apenas com nortriptilina	Índice de recorrência cerca de 60% em 6 meses (Sackeim et al., 2001)	Inferior à combinação de lítio + nortriptilina (Sackeim et al., 2001)
Lítio (titulado até alcançar [Li⁺] sérica = 0,5 a 0,7 mEq/ℓ) + nortriptilina (titulada até alcançar [nortriptilina] sérica = 100 a 120 ng/mℓ)	Índice de recorrência entre cerca de 32 a 39% (Sackeim et al., 2001) em 6 meses	Eficácia comparável à de venlafaxina + lítio (Prudic et al., 2013); risco de recorrência maior associado às faixas etárias menores (Prudic et al., 2013)
Venlafaxina (dose-alvo de 300 mg/dia) + nortriptilina ou lítio	Índices de recorrência e tolerabilidade comparáveis (Prudic et al., 2013)	Risco de recorrência mais alto associado às faixas etárias menores (Prudic et al., 2013)

recorrência depois da remissão inicial? Diretrizes práticas tendem a recomendar manter o tratamento farmacológico por algum tempo entre 4 meses e 1 ano depois da regressão do episódio depressivo inicial, embora com durações mais longas de tratamento para pacientes com um ou mais episódios anteriores. Depois de três ou mais episódios, quando o risco de recorrência parece ficar acima de 90%, alguns especialistas consideram que tratamento de manutenção por tempo indefinido depois da remissão seja a recomendação habitual preferível. Um dilema enfrentado na prática de medicina baseada em evidências é que pouquíssimos ECRs estenderam-se por mais de 1 ano – frequentemente por motivos óbvios e inquestionáveis, como dificuldades éticas e práticas de manter pacientes de alto risco usando placebo por períodos longos; inevitabilidade de abandono e perda subsequente de força estatística para detectar diferenças entre grupos; custo da realização de estudos com duração muito longa; e probabilidade de que, se houver recorrência da depressão, ela será mais provável no primeiro ano depois da recuperação.

Tolerância ou reaparecimento dos sintomas depois de melhora inicial foi descrita com IMAOs e ISRSs usados para tratar pacientes com TDM, embora não exista consenso claro quanto ao seu mecanismo (*i. e.*, isto realmente representa taquifilaxia farmacológica ou transição de polaridade como parte da evolução natural da doença?). Alguns autores acreditam que "esgotamento de efeito" de um ISRS seja, na verdade, desaparecimento da resposta inicial a um placebo, que ocorre nos primeiros meses de melhora ostensiva (Stewart et al., 1998). Aumento de dose (Fava et al., 1995) ou acréscimo de bupropiona ou, possivelmente outros fármacos pró-dopaminérgicos foi recomendado como estratégia plausível, que pode ajudar a readquirir uma resposta inicialmente perdida ao fármaco em uso. Outra abordagem que pode presumivelmente recuperar sensibilidade dos receptores é suspender o uso do fármaco nos finais de semana.

TRANSTORNO BIPOLAR

Alguns autores sugeriram ampliar o conceito de "espectro bipolar" para incluir uma parte mais ampla dos transtornos afetivos do que é aceito tradicionalmente. Embora exista interesse teórico em considerar manifestações como idade baixa por ocasião do início da doença ou história familiar como possíveis corroborativos diagnósticos, "bipolaridade" como construto baseado

em evidência ainda depende da ocorrência ao menos de um episódio de mania ou hipomania ao longo da vida – síndromes que englobam um conjunto de sinais e sintomas, que refletem humor exaltado e nível alto de vigor físico com persistência ao menos por vários dias e indicam alteração significativa da condição habitual do paciente. Pode ser arriscado extrapolar a literatura referida ao tratamento de transtorno bipolar a outros fenômenos independentes mal definidos (como desregulação do humor, irritabilidade, dificuldade de controlar impulsos, baixa tolerância ao sofrimento, recidiva alta ou simplesmente "resistência aos antidepressivos"), porque não se pode supor necessariamente quais seriam os resultados esperados. Por essa razão, no que se refere aos tratamentos farmacológicos baseados em evidência para transtorno bipolar, poderíamos enfatizar que conclusões quanto a eficácia ou segurança dos fármacos baseadas em estudos de pacientes com episódios inequívocos de transtorno bipolar tipo I ou II podem não necessariamente ser aplicáveis aos que apresentam *forma frustra* ("sem outra especificação" ou "não classificada em qualquer outra parte").

Na presente seção, nossos objetivos são fazer uma revisão concisa e pragmática das questões principais referidas ao tratamento dos polos afetivos bem definidos e do próprio processo de "alternância" e realçar pontos de controvérsia comum, inclusive tratamentos baseados em evidência para depressão em pacientes com histórico de mania ou hipomania. Nenhuma objeção faremos ao construto proposto no DSM-V como "depressão maior com manifestações mistas", com exceção de alusões à sua possível relevância diagnóstica longitudinal e questões relativas ao uso de antidepressivos nos casos de depressão com sintomas brandos de hipomania, independentemente do diagnóstico de um transtorno afetivo "abrangente".

Escolha de um fármaco antimaníaco

Tratar episódios de mania significa mais que aquietar um dervixe rodopiante, ou arrefecer labilidade afetiva. Mania e hipomania caracterizam-se por conjuntos de sinais e sintomas, que incluem nível exacerbado de vigor físico, necessidade reduzida de sono, fala e pensamentos acelerados, comportamentos de risco e acumulação crescente de ideais, projetos e atividades que impedem reflexão contemplativa. O fármaco antimaníaco ideal deveria tratar todos esses componentes, sem causar sedação excessiva, provocar depressão ou causar efeitos adversos intoleráveis. Estabilizadores de humor antimaníacos deveriam reequilibrar energia e humor no sentido da eutimia, em vez de abolir totalmente impulsos, iniciativa e talento. Teoricamente, esses fármacos deveriam aquietar impulsividade sem abolir espontaneidade. Frequentemente, o estado maníaco prejudica a percepção de que algo está errado (às vezes beirando à anosognosia inequívoca) e impõe um tipo de "rigidez" cognitiva e circularidade mental desafiante. Em alguns casos, de modo a tratar inflexibilidade cognitivo-comportamental extrema e arraigada, pode ser inevitável usar fármacos que podem ter efeitos sedativos acentuados. Rigidez cognitiva alcança seu pico quando há psicose franca (como pode acontecer em cerca de 50% dos pacientes com mania grave) e a perda de "filtros" na fala e no comportamento abre caminho para processos mentais primários e grosseiros sem controle.

Uma metanálise de ECRs sobre mania aguda (Yildiz et al., 2011a) detectou consistência marcante de resultados entre os diversos ensaios com ASGs, sem qualquer evidência de eficácia antimaníaca significativa com utilização de outros anticonvulsivantes além de valproato de sódio ou carbamazepina (i. e., lamotrigina ou topiramato) (ver Figura 13.4).

Antipsicóticos sempre devem ser usados para tratar mania?

A base de dados crescente sobre utilização de ASGs em outras fases do transtorno bipolar além de mania aguda despertou interesse quanto à utilidade mais ampla, tanto no curto quanto longo prazo. Em termos gerais, o grau de redução dos sintomas maníacos é comparável entre a maioria se não todos os ASGs estudados como tratamento da mania bipolar tipo I (ou seja, reduções médias dos sintomas maníacos em comparação com níveis iniciais são semelhantes e intervalos de confiança dos diversos estudos tendem a sobrepor-se).

Vale ressaltar que dois ECRs ainda inéditos sobre brexpiprazol para tratar mania bipolar não demonstraram diferença significativa em comparação com placebo para reduzir gravidade dos sintomas maníacos. Nos ensaios de registro na FDA para tratamento da mania, acrescentar um ASG ao esquema com lítio ou valproato de sódio tendeu a aumentar os índices de resposta global em cerca de 25% (em comparação com tratamento apenas com lítio ou valproato). Entre os fármacos estudados especificamente estão risperidona (Sachs et al., 2002; Yatham et al., 2003), olanzapina (Tohen et al., 2002), quetiapina (Sachs et al., 2004) e aripiprazol (Vieta et al., 2008b) – mas os ensaios de registro da ziprasidona como fármaco adjuvante *não detectaram quaisquer diferenças* em comparação com tratamento simples com lítio ou valproato (Sachs et al., 2012). Desse modo, diferenças práticas entre os fármacos dependem mais de sua tolerabilidade relativa e efeitos específicos

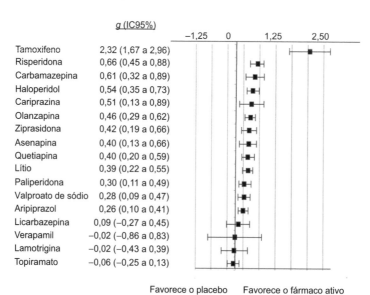

Figura 13.4 Metanálise de eficácia antimaníaca de diversos fármacos usados para tratar mania bipolar. Resultados baseados no estudo de Yildiz et al., 2011a.

nos órgãos-alvos (inclusive desregulação metabólica, efeitos sedativos ou disfunção motora iatrogênica), ou de dados fornecidos por ensaios clínicos que incluíram fases agudas da doença e prevenção de recorrências, ou eficácia para tratar episódios de mania e depressão.

Nos casos típicos, antipsicóticos têm início de ação rápido, índices terapêuticos amplos, risco baixo de mortalidade por superdosagem e compatibilidade farmacodinâmica com quase todas as outras classes de psicotrópicos usados por pacientes com transtornos de humor.

Estabilizadores de humor

O termo "estabilizador de humor" é até certo ponto inapropriado, porque os fármacos incluídos comumente neste grupo foram estudados inicialmente para tratar ou evitar *síndromes* de mania ou depressão que persistiam há dias ou semanas a cada episódio de pacientes com transtorno bipolar – em vez de objetivar propriamente oscilações de humor dia a dia ou momento a momento. O glossário da nomenclatura baseada em neurociência (NbN) reconhece alguns "estabilizadores de humor" com base em seus supostos mecanismos de ação glutamatérgicos (p. ex., bloqueadores do canal de Na$^+$ regulado por voltagem [como é o caso da lamotrigina] ou bloqueadores dos canais de Na$^+$ e Ca^{++} [como carbamazepina]); valproato de sódio não está incluído na classificação da NbN, enquanto o mecanismo de ação do lítio baseia-se em "interações enzimáticas" (https://www.nbn2.com/). Lítio e valproato de sódio são inibidores de proteinoquinase C (assim como tamoxifeno), mas nem todos os inibidores desta enzima são úteis para tratar mania (p. ex., verapamil, ácidos graxos ômega-3). Além dos supostos mecanismos de ação, sob um ponto de vista mais prático, poderíamos conceituar "estabilizador de humor" como qualquer intervenção que possa alcançar e/ou manter eutimia e, em termos mais específico, um fármaco do qual se possa dizer que suas propriedades estabilizadoras de humor provenham principalmente de seus efeitos antimaníacos *versus* antidepressivos relativos.

Conceito semelhante referido ao termo *estabilizador de humor* diz respeito ao efeito "anticíclico" de um fármaco – isto é, sua capacidade de evitar recorrências propriamente ditas, independentemente das alterações de polaridade.

Quando estuda detalhadamente a história de um indivíduo com vários episódios de transtorno afetivo, o médico está interessado tanto no processo de oscilação propriamente dito (i. e., com que frequência ele passa de um polo para outro) quanto nos sintomas específicos de cada polo. Na prática clínica, pode ser útil considerar a analogia de cruzar o polo do equador de um hemisfério para outro. O objetivo de reduzir as "travessias do equador" é um aspecto fundamental do tratamento farmacológico, muitas vezes mais que correr farmacologicamente atrás da doença de um polo para outro. Assim como viagens repetidas do Brasil para as Bahamas estão repletas de perigos náuticos durante a travessia do Triângulo das Bermudas, da mesma forma oscilações muito frequentes entre depressão e mania colocam em risco a estabilidade

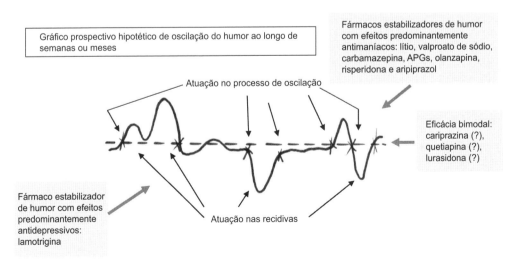

Figura 13.5 Comparação dos objetivos de evitar oscilações de polaridade *versus* recidivas com tratamento.

emocional fundamental consistente do paciente. Desse modo, sintomas mistos (combinações de aspectos dos dois polos ao mesmo tempo) impõem um desafio especialmente caótico, tanto conceitual quanto pragmaticamente, porque o alvo terapêutico inclui simultaneamente todos os elementos citados antes.

As propriedades "anticíclicas" de um fármaco poderiam ser entendidas como as que evitam ou reduzem travessias do equador, enquanto intervenções "antirrecorrência" são as que diminuem a frequência de episódios, independentemente da polaridade. Alguns fármacos são mais eficazes para evitar "travessias do norte para o sul", enquanto outros podem ser mais valiosos para solucionar o dilema emocional-geográfico oposto. Por exemplo, lítio tem efeito mais expressivo no tratamento das recorrências maníacas que depressivas (riscos relativos de cerca de 38% *versus* 28% de evitar cada polo respectivo; Geddes et al., 2004), enquanto lamotrigina pode ser o "protótipo" dos antidepressivos estabilizadores de humor. Eficácia estabilizadora de humor realmente "bimodal" implicaria efeitos de tamanhos comparáveis nos dois polos da doença. Alguns tratamentos demonstraram supostamente ter essa propriedade em ECRs – quetiapina, cariprazina e ECT podem ser os únicos exemplos hoje em dia – embora sua inclusão nessa categoria possa ser um artefato do fato de que um fármaco foi ou não estudado formalmente em diversas condições patológicas – um empreendimento geralmente mais motivado por interesses comerciais que científicos.

Caso um paciente maníaco fique melhor com a combinação de um ASG com um estabilizador de humor antimaníaco, por quanto tempo esses dois fármacos devem ser mantidos? A resposta a tal questão não é arbitrária e baseia-se em ensaios randomizados de descontinuação. Um desses estudos demonstrou que, depois da estabilização de mania com lítio ou valproato de sódio combinado com risperidona ou olanzapina, pacientes continuaram livres de recorrência por mais tempo usando a combinação de estabilizador de humor + ASG nas primeiras 24 semanas, mas, a partir de então, as chances de recorrência não foram melhores com 52 semanas do que 24 semanas (Yatham et al., 2016). Depois, outro estudo semelhante avaliou apenas descontinuação randomizada de olanzapina adjuvante e demonstrou que, depois de estabilização da mania aguda com tratamento combinado, o tempo decorrido até recidiva dos sintomas foi significativamente menor com a combinação de olanzapina +

lítio ou valproato (intervalo médio = 163 dias) do que com apenas estabilizador de humor (intervalo médio = 42 semanas) (Tohen et al., 2004). Portanto, pode-se dizer para não alterar um esquema bem-sucedido no mínimo por 6 meses, a menos que exista alguma razão muito convincente para fazê-lo.

Outra situação possível é a seguinte: um paciente com transtorno bipolar teve vários episódios anteriores. Deve-se prescrever para ele um ASG injetável de ação prolongada, como é recomendado nas propagandas da indústria farmacêutica? Tudo vai depender se as recorrências do paciente são mais evidenciadas por mania do que depressão, pois dados sobre preparações injetáveis de ação prolongada (IAPs) de aripiprazol ou risperidona são mais convincentes para evitar mania do que depressão. A recidiva foi atribuída à falta de adesão ao tratamento, ou simplesmente porque os fármacos foram ineficazes? Quais seriam, então, os fatores moderadores desse paciente? Ele tem alguma comorbidade? As experiências anteriores com tratamento farmacológico foram satisfatórias?

🕐 E quanto à instabilidade afetiva?

Labilidade emocional ou instabilidade afetiva é um construto amplo, que abarca numerosos diagnósticos psiquiátricos e não deve ser entendido erroneamente como manifestação *sine qua non* do transtorno bipolar. Na verdade, oscilações de humor momento a momento nunca foram reconhecidas formalmente como critérios operacionais para definir transtorno bipolar. O conceito de ciclotimia talvez chegue mais perto da escala temporal de avaliação das variações de humor com base no dia a dia (em vez de semana a semana, mês a mês, ou períodos mais longos), mas alterações de humor em um único dia – quaisquer que sejam suas causas – nunca foram objeto principal de ensaios rigorosos de farmacoterapia. Uma questão prática é saber a melhor forma de definir operacionalmente a condição e, em seguida, avaliar prospectivamente instabilidade afetiva. Gráficos prospectivos diários de humor oferecem uma estratégia para acompanhar desvios diários do estado eutímico. Entre pacientes com transtorno bipolar e oscilações rápidas de polaridade no ano anterior, Goldberg et al. (2008) usaram gráficos prospectivos de humor para demonstrar que lamotrigina administrada por 6 meses estava associada a um aumento de praticamente duas vezes na probabilidade de alcançar um estado avaliado como "eutímico" no mínimo 1 vez/semana ao longo desse período em comparação com placebo – ou seja, 0,69 mais dias por semana em eutimia, em comparação com indivíduos que receberam placebo.

 Transtorno ciclotímico

O conceito de transtorno ciclotímico refere-se a períodos repetidos de hipomania e/ou depressão, que nunca alcançam uma definição sindrômica em razão do número de sintomas exigidos e/ou sua duração. Essa condição parece estar incluída no chamado espectro bipolar, mas ainda existem controvérsias quanto até que ponto ela é mais um fenômeno psicológico de temperamento (mais bem tratado por psicoterapia, inclusive TCG) que biológico, que poderia melhorar com estabilizadores de humor ou outros tipos de tratamento farmacológico (Baldessarini et al., 2011). Infelizmente, a base de evidências referidas ao seu tratamento com fármacos é escassa e limitada a estudos abertos não randomizados com lítio (Peselow et al., 1982) ou quetiapina (Bisol e Lara, 2001), com eficácia menos evidente com lamotrigina (Montes et al., 2005).

 Quando e como "depressão bipolar" tornou-se um diagnóstico?

Antes do estudo realizado pelos nosólogos Karl Kleist, Edda Neele e Karl Leonhard na década de 1930, diferenças de *polaridade* da depressão maior eram menos fundamentais que outros termos descritivos (como "depressão hipocondríaca", "depressão de autopunição", "depressão apática" ou "depressão suspeita"). Em 1980, o DSM-III renomeou doença maníaco-depressiva como "transtorno bipolar" e o papel fundamental da bipolaridade começou a adquirir importância crescente na classificação descritiva e no tratamento dos transtornos depressivos. No final da década de 1980, estudos intramuros do NIMH começaram a chamar atenção para a possibilidade de que antidepressivos tricíclicos induzissem mania ou aumentassem a frequência de ciclagem de alguns pacientes bipolares. Em sua maior parte, esses estudos foram observacionais (não randomizados) e/ou baseados em grupos pequenos de estudo sobre tratamentos com exposições *on/off/on*. Por sua vez, isso suscitou preocupação crescente de que os antidepressivos (possivelmente ADTs, mais que ISRSs) pudessem acarretar risco de desestabilização do humor – uma hipótese que foi aceita muito rapidamente com base apenas em testes limitados e nenhum ECR de grande porte. Artigos começaram a ser publicados expondo preocupação quanto a erros de classificação diagnóstica e sugerindo que depressão bipolar pudesse ser fundamentalmente diferente de depressão unipolar. Ao mesmo tempo, uma onda de interesses comerciais por desenvolver indicações mais amplas para anticonvulsivantes e ASGs mais novos começou a demarcar depressão "bipolar" como um mercado bem definido.

 Antidepressivos para transtorno bipolar: bom, ruim, nenhum dos dois ou ambos?

Aonde a discussão anterior nos leva? Muitos médicos e pacientes começaram a aceitar como dogma a proposição de que antidepressivos frequentemente desencadeiam mania ou ciclagem rápida ou, possivelmente, até podem causar transtorno bipolar nos casos em que antes não existia. Diretrizes práticas e editoriais influentes amplificaram essa hipótese até formar o dogma ideológico de que antidepressivos são deletérios.

Nesse caso, o que as evidências realmente mostram? A maior metanálise realizada até hoje para avaliar oscilação afetiva desencadeada por tratamento (*TEAS* ou *treatment-emergent affective switch*, em inglês), incluindo 51 ensaios com 10.098 indivíduos, demonstrou risco global de 18,8% (IC95% = 14,7 a 23,7%) de episódios de TEAS depois da exposição a antidepressivos; 12 ECRs com desenho prospectivo (livres do viés de lembrança retrospectiva) revelaram risco ainda mais baixo de 11,8% (IC95% = 8,4 a 16,3%) (Fornaro et al., 2018). Contudo, sem grupo placebo para comparação, fica difícil diferenciar entre risco de TEAS atribuível à exposição aos antidepressivos *versus* evolução natural da doença.

Literatura empírica e também consensos de especialistas sugerem que o risco mais alto de usar antidepressivos em pacientes com transtorno bipolar consiste em sua falta relativa de eficácia demonstrada (NNTs de aproximadamente 30 com base nas metanálises de ensaios randomizados [Sidor e MacQueen, 2011]); por outro lado, o risco de desenvolver TEAS (considerada por alguns autores como risco maior no curto ou longo prazo com uso de antidepressivos) parece ser muito menor que se presumia antes (NNHs de aproximadamente 200 com base nas metanálises mais recentes [Sidor e MacQueen, 2011]). A evolução natural de um episódio de depressão bipolar, independentemente de qualquer tratamento específico, varia em torno de 15 semanas (Solomon et al., 2010) e, considerando que cerca de 15 a 20% dos pacientes com transtorno bipolar têm quatro ou mais episódios afetivos por ano, algumas vezes pode ser difícil diferenciar entre efeitos farmacológicos (bons ou ruins) e evolução natural da doença. Deveria haver um intervalo de tempo razoável, dentro do qual seria possível avaliar se melhora ou piora dos sintomas pode ser razoavelmente atribuída aos efeitos farmacodinâmicos. Alguns especialistas sugeriram que, cerca de 12 a 16 semanas depois de iniciar o tratamento com um antidepressivo ou aumentar sua dose, torne-se difícil atribuir sintomas recém-desenvolvidos de mania como "resultantes" do antidepressivo ou da evolução natural da doença (Tohen et al., 2009).

Em conjunto, os resultados dos ECRs de grande porte sugerem que cerca de 50% dos pacientes com transtorno bipolar tipo II pareçam melhorar rapidamente com o uso de fármacos adjuvantes como alguns ISRSs (*i. e.*, sertralina ou fluoxetina), bupropiona ou venlafaxina acrescentada aos estabilizadores de humor antimaníacos como lítio ou valproato de sódio. Frequentemente, diretrizes práticas alertam enfaticamente a não usar antidepressivos, a menos que sejam combinados com um estabilizador de humor antimaníaco, mas não está claro se uso concomitante de fármacos deste último grupo reduza o risco de TEAS. Surpreendentemente, nenhum antidepressivo desenvolvido depois de 1999 (*i. e.*, mirtazapina, desvenlafaxina, levomilnaciprano, vilazodona e vortioxetina) foi avaliado formalmente como tratamento para depressão bipolar. Por essa razão, a possibilidade de generalizar segurança e eficácia dos "antidepressivos" como classe farmacêutica limita-se a uma literatura até certo ponto mais antiga referida principalmente aos ADTs, primeiros ISRSs, tranilcipromina e bupropiona.

Retomando o conceito de enriquecimento de amostras e moderadores e mediadores de resultado (descritos no Capítulo 5), a base de evidências argumentaria não que antidepressivos induzem ou não mania como se fosse uma simples dicotomia, mas sim que certas características específicas do paciente podem predispor os grupos de risco à desestabilização do humor quando usam antidepressivos (embora possam conferir proteção quando esses fatores estão ausentes). Os fatores conhecidos que aumentam mais expressivamente o risco de mania ou hipomania associada ao tratamento com antidepressivos estão resumidos na Tabela 13.11.

As características descritas na Tabela 13.11 constituem a base do fluxograma ilustrado na Figura 13.6 para determinar a conveniência de usar antidepressivos para tratar depressão bipolar.

Fármacos antimaníacos evitam TEAS?

Embora considerado por muitos médicos como um simples truísmo, a base de evidências sobre avaliações empíricas da "necessidade" de acrescentar um fármaco antimaníaco ao tratamento do transtorno bipolar com antidepressivos é notavelmente escassa. Uma metanálise conduzida por Tondo et al. (2010) com 109 ensaios envolvendo 114.521 indivíduos demonstrou que a probabilidade de ocorrer TEAS durante o tratamento antidepressivo de transtorno bipolar não era substancialmente diferente quando incidia em pacientes que usavam (incidência de 15,9%) ou não usavam (13,8%) um estabilizador de humor antimaníaco. Um estudo retrospectivo observacional menor ($n = 158$) abrangendo um intervalo de tempo indefinido demonstrou risco significativamente menor de TEAS durante tratamento combinado com antimaníaco e antidepressivo (OR = 0,30; IC95% = 0,13 a 0,69; Bottlender et al., 2001); contudo, o desenho retrospectivo não randomizado desse estudo não permitiu levar em consideração fatores contribuintes (moderadores) para TEAS (como os que estão descritos na Tabela 13.11) e a inexistência de grupo placebo tornou impossível diferenciar entre efeitos farmacológicos possíveis e evolução natural da doença. Em resumo, o "medo" de usar antidepressivos para tratar depressão bipolar poderia refletir compreensivelmente preocupações quanto ao efeito fraco de alguns fármacos estudados, mais que um risco de causar TEAS ou aceleração dos ciclos como condição diferençável da evolução natural da doença.

Os quatro fármacos aprovados anteriormente pela FDA norte-americana para tratar depressão bipolar (COF, quetiapina, cariprazina e lurasidona) têm em comum mecanismos de ação que envolvem modulação do tônus dopaminérgico; apesar disso, todos têm estruturas moleculares diferentes e, conforme mencionado antes, nem todos os ASGs têm propriedades antidepressivas. A Tabela 13.12 contém informações sobre doses padronizadas dos estabilizadores de humor usados comumente para tratar depressão bipolar.

Selle et al. (2014) realizaram uma metanálise útil, que avaliou amplamente estabilizadores de humor com propriedades antidepressivas e outros tratamentos baseados em evidência para depressão bipolar. Os resultados desse estudo estão resumidos na Figura 13.7.

Tabela 13.11 Fatores que afetam resultados com antidepressivos para depressão bipolar.

Favorecem o uso de antidepressivos	Desfavorecem o uso de antidepressivos	Por quê?
Depressão BP tipo II	Depressão BP tipo I	Riscos mais altos de TEAS na depressão BP tipo I que tipo II (Altshuler et al., 2006); nenhuma evidência de superioridade com uso adjuvante de antidepressivos em comparação com placebo para depressão BP tipo I (McGirr et al., 2016)
Sem sintomas mistos/hipomania subliminar associada	Quaisquer sintomas mistos/hipomania subliminar associada	Mesmo sintomas mistos brandos podem aumentar risco de TEAS (Frye et al., 2009)
Nenhum episódio de ciclagem rápida no último ano	Quatro ou mais episódios no último ano	Uso contínuo de antidepressivos por pacientes com ciclagem rápida aumenta o risco de recorrências adicionais, principalmente episódios depressivos (El-Mallakh et al., 2015)
Nenhum episódio de mania no último ano	Episódio de mania ou hipomania nos últimos meses	Resultados mais favoráveis observados quando antidepressivos foram usados para tratar depressão depois de eutimia que depressão depois de mania/hipomania (MacQueen et al., 2002)
Nenhuma comorbidade de transtornos por uso de álcool/substâncias	Presença de comorbidade de transtornos por uso de álcool/substâncias	Dois estudos observacionais relacionaram histórico de transtornos por uso de álcool ou substâncias com risco mais alto de TEAS durante tratamento antidepressivo, com razões de probabilidade (*odds ratios*) relatadas entre 5,1 (IC95% = 1,31 a 19,64; Manwani et al., 2006) a 7,0 (IC95% = 1,6 a 32,3; Goldberg e Whiteside, 2002)
Histórico de forte resposta favorável a um antidepressivo	Histórico de falta de resposta ou resposta parcial a um antidepressivo	Em seu ECR prospectivo, a magnitude da resposta inicial ao antidepressivo influenciou significativamente a probabilidade de bem-estar sustentado com tratamento antidepressivo prolongado (um ano) (Altshuler et al., 2009)
Nenhuma história pessoal de mania/hipomania associada a um antidepressivo	História pessoal de mania/hipomania associada a um antidepressivo	Recorrência sugere diátese idiossincrásica com predisposição a TEAS; em um estudo retrospectivo de STEP-BD, história de TEAS no passado aumentava as chances de ter TEAS no futuro com outros fármacos (Truman et al., 2007)
Genótipo homozigótico *l/l* para SLC6A4	Genótipo homozigótico *s/s* para SLC6A4	Aumento modesto do risco de TEAS entre portadores de alelos "*s*" (RR = 1,35; IC95% = 1,04 a 1,76) (Daray et al., 2010)

> Note que ICs amplos significam razões de probabilidade (*odds ratios*, ORs) reais menos exatas.

BP, transtorno bipolar; *IC*, intervalo de confiança; *TEAS*, oscilação afetiva desencadeada por tratamento.

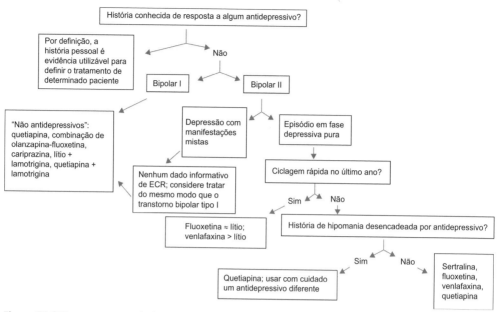

Figura 13.6 Fluxograma para decisões terapêuticas da depressão bipolar. Reproduzida segundo Goldberg JF. Determining patient candidacy for antidepressant use in bipolar disorder. *Psychiatr Ann* 2019;49:386-391, com autorização da SLACK Incorporated.

Tabela 13.12 Doses de tratamentos baseados em evidência para depressão bipolar.

Fármaco	Doses
Cariprazina	Doses entre 1,5 e 3,0 mg/dia não foram associadas claramente à eficácia antidepressiva imediata na depressão bipolar
Lumateperona	42 mg/dia
Lurasidona	Em estudos com doses flexíveis de lurasidona usada isoladamente, faixas de doses baixas (20 a 60 mg/dia) e altas (80 a 120 mg/dia) produziram efeitos de tamanho idêntico ($d = 0,51$). A dose média final raramente foi muito maior que a dose inicial nos grupos tratados com faixas de doses baixas (32 mg/dia) e altas (82 mg/dia) (Loebel et al., 2014a)
COF	Esquemas de doses fixas avaliaram olanzapina na dose de 6 ou 12 mg/dia combinada com fluoxetina na dose de 25 ou 50 mg/dia
Quetiapina	Dose-alvo de 300 mg/dia foi usada em todos os ECRs de curta duração sobre depressão bipolar
Lamotrigina	"Dose-alvo" de 200 mg/dia foi estabelecida com base em ensaios sobre prevenção de recorrências (não em tratamento de curta duração) do transtorno bipolar tipo I (Calabrese et al., 1999). Contudo, a dose de 200 mg/dia passou a ser considerada uma dose-alvo razoável para tratamento de depressão bipolar aguda, apesar da inexistência de base de evidências amplas. Com base em dados anedóticos, doses mais altas (até 400 mg/dia) podem algumas vezes ajudar a fazer um "ajuste fino" depois de resposta parcial

COF, combinação de olanzapina + fluoxetina.

Uma metanálise de cinco ECRs sobre cetamina intravenosa para depressão bipolar aguda alcançou diferença média padrão (DMP) surpreendentemente grande de 1,01 (IC95% = 0,69 a 1,43) (Lee et al., 2015).

Tratamentos combinados para depressão bipolar

Estudos de corte transversal demonstraram que cerca de 20 a 40% dos pacientes bipolares

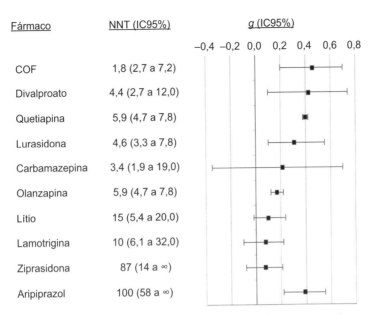

Figura 13.7 Metanálise de efeitos randômicos sobre diferenças entre fármacos e placebo no tratamento da depressão bipolar. Dados baseados no estudo de Selle et al., 2014.

usavam rotineiramente quatro ou mais fármacos psicotrópicos (Goldberg et al., 2009; Weinstock et al., 2014; Golden et al., 2017). Em pacientes bipolares, esquemas terapêuticos com numerosos fármacos tendem a ser mais comuns entre mulheres brancas com mais de 50 anos e as seguintes características: história de psicose, ônus grave imposto pela depressão, comorbidade de TEPT, ansiedade, transtorno de personalidade *borderline*, níveis baixos de extroversão e consciência moral e história de tentativas de suicídio (Goldberg, 2019). Como mencionado no Capítulo 6, esquemas ideais com vários fármacos incluem combinações sensatas de substâncias não redundantes, que se aproveitam de sinergias farmacocinéticas e farmacodinâmicas para atuar em sintomas-alvo diferentes. Essa abordagem terapêutica torna-se facilmente compreensível, considerando-se que transtorno bipolar tende a incluir várias comorbidades (cerca de um quarto dos pacientes tem mais de três comorbidades psiquiátricas e/ou uso abusivo de substâncias; McElroy et al., 2001). Na verdade, poderíamos imaginar que esquemas farmacoterápicos complexos refletiriam objetivos terapêuticos complementares (p. ex., controle de ansiedade, impulsividade e desejo incontrolável de usar substâncias). Embora isso certamente ocorra (p. ex., uso de lisdexanfetamina adjuvante para tratar transtorno bipolar com TDA/TDAH; valproato de sódio adjuvante para pacientes bipolares com alcoolismo), a literatura sobre tratamentos farmacológicos combinados para comorbidades coexistentes tende, na maioria dos casos, a consistir em ensaios abertos e relatos de casos provisórios. Os ECRs formais sobre farmacoterapia múltipla complexa que estão disponíveis consistem principalmente em comparações de dois fármacos com um ou, na melhor das hipóteses, três fármacos com dois, em vez de enfatizar estados de humor mais específicos (p. ex., depressão bipolar resistente ao tratamento) ou subtipos patológicos com recorrências muito frequentes (p. ex., ciclagem rápida). A Tabela 13.13 é um resumo dos tratamentos farmacológicos combinados complexos para transtorno bipolar com complexos sintomatológicos almejados e suas bases racionais (estudos negativos estão em áreas mais escuras).

Considerando os índices muito altos relatados de comorbidades psicopatológicas em pacientes com transtorno bipolar, poderíamos pensar que deve haver muitos estudos sobre combinações farmacoterápicas lógicas para tratar sintomas associados como ansiedade, uso abusivo de substâncias e transtornos do processamento atencional. Na verdade, existem surpreendentemente poucos estudos desse tipo – apesar disto, a Tabela 13.14 descreve combinações clínicas que têm ao menos bases racionais

13 Psicofarmacologia Prática

Tabela 13.13 Esquemas farmacológicos combinados estudados para transtorno bipolar.

Combinação farmacológica	Estado patológico a ser tratado	Resultados
ASG + estabilizador de humor		
Olanzapina ou placebo + lítio ou valproato de sódio (Tohen et al., 2004)	Prevenção de recorrência ao longo de 18 meses	Olanzapina adjuvante (n = 51; dose média = 8,6 mg/dia) > placebo (n = 48) para evitar recorrência sintomática (mas não sindrômica) de qualquer polaridade. Olanzapina causou mais aumento do peso e menos insônia que placebo
Aripiprazol ou placebo + lítio ou valproato de sódio (Marcus et al., 2011)	Prevenção de recorrência ao longo de 52 semanas	Aripiprazol adjuvante (n = 168; dose média de 15,8 a 16,9 mg/dia) > placebo (n = 169) para evitar recidiva de mania, mas não de depressão
Olanzapina, risperidona ou placebo + lítio ou valproato de sódio (Yatham et al., 2016)	Prevenção de recorrência ao longo de 52 semanas	Qualquer ASG adjuvante (n = 52) resultou em intervalo mais longo até recorrência que placebo adjuvante por até 24 semanas, mas não houve vantagem significativa em comparação com placebo até 52 semanas
Ziprasidona ou placebo + lítio ou valproato de sódio (Bowden et al., 2010)	Fase de estabilização *open-label* de 8 semanas, manutenção por 16 semanas	Ziprasidona (n = 127; doses estratificadas de 80, 119 ou 160 mg/dia) foi mais eficaz que placebo quanto ao intervalo até um episódio de transtorno de humor de qualquer polaridade
Estabilizadores de humor combinados		
Lítio + valproato *versus* tratamento simples (BALANCE) (BALANCE Investigators and Collaborators, 2010)	Prevenção de recorrências ao longo de 24 semanas	Lítio + valproato (n = 110) > apenas valproato (n = 110), mas não apenas lítio (n = 110); tolerabilidade comparável
Oxcarbazepina *versus* placebo + lítio (Vieta et al., 2008a)	Prevenção de recidiva ao longo de 52 semanas	Oxcarbazepina (n = 26; dose média de 1.200 mg/dia) não foi melhor que placebo

Ensaios negativos ou condições sobre as quais não existam informações estão em fundo escuro. *ASG*, antipsicótico de segunda geração.

Tabela 13.14 Quadros clínicos complexos e comorbidades associados comumente ao transtorno bipolar.

Comorbidade	Esquema terapêutico
Transtorno bipolar + transtornos por uso de álcool	• TAU + valproato > TAU + placebo para uso de álcool/alcoolismo grave (mas não foram melhores que TAU para melhorar sintomas de humor) (Salloum et al., 2005) • Topiramato adjuvante (com base em ECRs para transtornos por uso de álcool sem transtorno bipolar; ver Capítulo 18)
Transtorno bipolar + compulsividade alimentar	• Lisdexanfetamina adjuvante (um ECR pequeno [n = 25] preliminar de 8 semanas *versus* placebo para pacientes com depressão bipolar; McElroy et al., 2015)
Transtorno bipolar + ansiedade	• Gabapentina adjuvante (pode melhorar ansiedade e sintomas de alcoolismo em pacientes bipolares com base em dados de estudos *open-label*) (Perugi et al., 2002)
Transtorno bipolar + TDA/distúrbios de processamento atencional	• Lisdexanfetamina adjuvante (dose média = 60 mg/dia) por 4 semanas para pacientes adultos ambulatoriais afetivamente estáveis melhorou sintomas de TDA, humor, peso e parâmetros lipídicos (McIntyre et al., 2013) • Estudos observacionais (não randomizados) sugeriram que metilfenidato adjuvante acrescentado ao tratamento vigente com estabilizadores de humor antimaníacos seja seguro e eficaz (Viktorin et al., 2017)

ECR, ensaio controlado randomizado; *TAU*, tratamento padrão ou tratamento como usual; *TDA*, transtorno de déficit de atenção.

teóricas, se não evidência preliminar de "prova de conceito" fornecida por ensaios clínicos.

Médicos frequentemente se perguntam se ISRSs "deveriam" ser usados para tratar ansiedade grave de pacientes com transtorno bipolar, sem levar em consideração a ressalva de que, até agora, nenhum ensaio controlado avaliou eficácia ou segurança dos ISRSs com finalidade ansiolítica para pacientes bipolares. A exceção possível seria uma análise secundária do uso de paroxetina (usada como comparativo ativo em um ensaio de registro na FDA de quetiapina para tratar depressão bipolar), na qual os autores demonstraram que paroxetina produziu melhoras significativamente maiores dos escores da escala HAM-A que placebo, embora não tivesse melhorado sintomas de depressão (McElroy et al., 2010a). Ensaios randomizados com lurasidona, quetiapina, combinação de olanzapina/fluoxetina e valproato de sódio incluíam análises secundárias separadas, que demonstraram reduções dos sintomas de ansiedade especificamente no contexto do tratamento de episódios agudos de depressão bipolar (pacientes sem comorbidade de transtornos de ansiedade na ocasião). Em alguns desses ensaios, o tamanho dos efeitos ansiolíticos foi ainda maior que se observou no tratamento de sintomas depressivos (p. ex., Davis et al., 2005). Vale ressaltar que todos esses estudos avaliaram sintomas de ansiedade com base na escala HAM-A, que atribui importância considerável aos sintomas físicos de ansiedade, que podem não capturar plenamente manifestações de ansiedade psíquica (como preocupação e apreensão).

Dica
É difícil interpretar confiavelmente análise secundária positiva baseada em um estudo no qual a análise primária foi negativa.

Nos ECRs realizados pelo fabricante de lamotrigina sobre tratamento a curto prazo ou de manutenção para transtorno bipolar, nível basal de ansiedade não conseguiu prever resultados satisfatórios. Os autores sugeriram que lamotrigina possa ter propriedades ansiolíticas mínimas com base na escassez relativa de efeitos gabaérgicos, em contraste com seus efeitos antiglutamatérgicos mais proeminentes.

Anticonvulsivantes ansiolíticos como gabapentina e pregabalina mostraram eficácia comprovada em comparação com placebo em ECRs sobre transtorno de ansiedade generalizada ou transtorno de ansiedade social (ver Capítulo 17), mas foram estudados menos formalmente como tratamento dos sintomas de ansiedade de pacientes com transtornos de humor. Entretanto, seus supostos mecanismos de ação e perfis clínicos tornam esses fármacos atraentes e bem fundamentados racionalmente para tratar no mínimo alguns pacientes com transtorno de humor e ansiedade grave.

E quanto a acrescentar psicoestimulantes para tratar transtorno bipolar?

Apesar da preocupação expressa por alguns médicos quanto às possíveis questões de segurança (e eficácia) referidas ao uso de psicoestimulantes por pacientes com transtorno bipolar, vale salientar que a base de dados empíricos existente – embora não seja ampla – parece ser mais favorável que desfavorável. Nos casos de mania aguda, muitos médicos poderiam supor que psicoestimulantes (que, teoricamente, poderiam desencadear mania) sejam anátema; contudo, a literatura é surpreendentemente contrária a isto: com base no "modelo de regulação da vigilância de mania", Hegerl et al. (2018) demonstraram em um ECR envolvendo vários centros de pesquisa que tratamento de curta duração (2,5 dias) com metilfenidato na dose de 20 a 40 mg/dia não acarretou quaisquer riscos de agravação da mania preexistente, embora esta exposição inicial ultrarrápida não tenha melhorado expressivamente os sintomas maníacos. Em outro estudo de um banco de dados naturalísticos dos registros suecos, tratamento com metilfenidato foi associado ao aumento de 6,7 vezes na probabilidade de que ocorresse um episódio de mania nos primeiros 3 meses depois de iniciar o tratamento, embora esse risco tenha sido atenuado pelo uso simultâneo de estabilizadores de humor (Viktorin et al., 2017). Na depressão bipolar aguda, um ECR pequeno ($n = 25$) sobre lisdexanfetamina demonstrou melhora significativa dos sintomas depressivos, assim como fadiga diurna, ingestão alimentar compulsiva e parâmetros laboratoriais metabólicos, sem qualquer indício de indução de mania (McElroy et al., 2015). Outro ensaio aberto pequeno ($n = 45$) sobre lisdexanfetamina adjuvante em doses flexíveis (30 a 70 mg/dia) para tratar comorbidade de TADH em pacientes bipolares demonstrou melhoras significativas dos sintomas autorreferidos de TADH, gravidade dos sintomas depressivos, peso corporal e perfil lipídico (mas não glicemia) (McIntyre et al., 2013).

E quanto ao uso de (ar)modafinila na depressão bipolar? Uma metanálise de cinco ECRs ($n = 795$ tratados com fármaco ativo, 790 com placebo) demonstrou probabilidade de resposta significativamente maior (RR = 1,18; IC95% = 1,01 a 1,37; $p = 0,03$) ou remissão (RR = 1,38; IC95% = 1,10 a 1,73; $p = 0,005$), sem qualquer aumento do risco de oscilações de polaridade do humor ou tentativas de suicídio (Nunez et al., 2020).

Em resumo, as bases de dados sobre psicoestimulantes sugerem mais segurança que risco, contanto que sejam usados em combinação com um estabilizador de humor antimaníaco e que tenham eficácia comprovada no que se refere aos sintomas depressivos bipolares, déficits de atenção e possíveis manifestações relacionadas com ingestão alimentar compulsiva, emagrecimento e hiperlipidemia. É provável que sejamos menos entusiastas quanto a utilizar psicoestimulantes nos casos de psicose, agitação ou uso abusivo de substâncias ativas e não existem dados suficientes ou estes inexistem no que se refere ao seu uso continuado para tratar mania ou por períodos mais longos.

Por que lamotrigina não é considerada um antidepressivo? Por que um estabilizador de humor não é um estabilizador de humor?

Ensaios clínicos sobre lamotrigina contam-nos uma história curiosa por trás do desenvolvimento de uma molécula, cujas propriedades psicotrópicas eram muito mal definidas em comparação com sua base de evidências. Lamotrigina foi estudada primeiramente como tratamento simples de depressão bipolar aguda em um ensaio randomizado de 7 semanas patrocinado pela indústria farmacêutica envolvendo vários centros de pesquisa, que demonstrou redução numérica (embora não estatisticamente significativa) dos sintomas depressivos (dose de 50 mg/dia ou 200 mg/dia), em comparação com placebo, no que se referia à medida de resultado primário escolhida (Escala de Avaliação de Depressão de Hamilton de 17 itens, HAM-D$_{17}$) usando análises de LOCF (*last observation carried forward*, ou última avaliação realizada em diante). Quando fizeram uma análise dos *casos observados*, lamotrigina nas doses usadas não foi significativamente mais eficaz que placebo.

E se os autores tentassem usar uma escala de avaliação diferente da que foi escolhida *a priori* como medida de resultado primário? Veja bem, como se pode observar na Figura 13.8, uma vantagem estatisticamente significativa a favor da lamotrigina na dose de 200 mg/dia foi então demonstrada em comparação com placebo

> **Hipótese de Ketter**
>
> Terence Ketter et al. (1999) apresentaram a hipótese de que anticonvulsivantes gabaérgicos (como valproato de sódio ou carbamazepina) sejam mais impactantes nos estados de hiperatividade psicomotora (inclusive mania), enquanto fármacos predominantemente antiglutamatérgicos (como lamotrigina) sejam mais eficazes para tratar depressão.

quando se utilizou medida secundária para avaliar sintomas depressivos – a MADRS (*Montgomery-Åsberg Depression Rating Scale*, ou Escala de Avaliação de Depressão de Montgomery-Åsberg) (Calabrese et al., 1999).

> **Dica**
>
> Vale lembrar que análise de "casos observados" ignora indivíduos que não concluíram o estudo e, por esta razão, tende a superestimar alterações intragrupo comparadas com as condições iniciais.

Ah, se apenas tivéssemos escolhido a MADRS em vez da HAM-D$_{17}$ como medida de resultado primário! A MADRS é melhor que a HAM-D17 na depressão bipolar? Isso foi o que os autores desse estudo pensaram e expressaram na seção de Discussão de seu artigo, ressaltando que a escala HAM-D$_{17}$ valoriza principalmente sintomas somáticos, ao contrário da MADRS. A escala de avaliação escolhida (HAM-D$_{17}$) poderia ter "falhado" em detectar o que pode ser um efeito farmacológico significativo realmente diferente do placebo, ou esse estudo fundamental inicial simplesmente foi negativo? O esquema de doses de lamotrigina escolhido dificulta ainda mais nossa compreensão de seus possíveis efeitos antidepressivos agudos; estudos subsequentes que enfatizaram prevenção de recorrência do transtorno bipolar tipo I demonstraram que a dose de 200 ou 400 mg/dia foi superior que placebo, enquanto a dose de 50 mg/dia foi considerada subterapêutica (ver Boxe 13.14).

Padrão e magnitude das diferenças de redução dos sintomas depressivos foram semelhantes com as duas escalas de avaliação, mas tecnicamente o estudo foi considerado negativo porque não conseguiu alcançar significância estatística na medida de resultado primário (escala HAM-D$_{17}$). Como foi salientado no Capítulo 5 e foi demonstrado por Geddes et al. (2009) em ensaios patrocinados pela indústria farmacêutica sobre depressão bipolar aguda, níveis altos

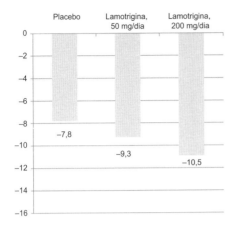 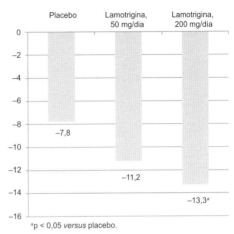

Figura 13.8 Eficácia antidepressiva da lamotrigina na depressão bipolar tipo I. Baseada nos resultados do estudo de Calabrese et al., 1999.

Boxe 13.14 Existe alguma dose ideal de lamotrigina para tratar depressão bipolar?

A dose-alvo geralmente aceita de lamotrigina é de 200 mg/dia, tendo como base principalmente estudos de prevenção de recorrência e ensaios de ampliação terapêutica de curta duração. Doses de lamotrigina acima de 200 mg/dia são mais eficazes para tratamento de curta duração ou profilaticamente? Não podemos dizer com base em dados empíricos. Os desenhos dos dois ensaios de registro da lamotrigina na FDA norte-americana como tratamento de manutenção usaram: (a) doses flexíveis entre 100 e 400 mg/dia (invalidando a oportunidade de tirar conclusões entre doses fixas e o estudo não relatou qualquer dose média final) (Bowden et al., 2003); ou (b) um grupo misto de indivíduos, que incluiu no mesmo grupo os que foram inscritos originalmente nos subgrupos separados de 200 ou 400 mg/dia, em razão do processo lento de inscrição (Calabrese et al., 2003). Nesse segundo estudo, não foram realizadas análises exploratórias comparando os resultados obtidos com a dose de 200 versus 400 mg/dia. Outro estudo cruzado intramuros do NIMH de curta duração com pacientes portadores de transtorno unipolar e bipolar resistente ao tratamento usou lamotrigina em doses flexíveis (dose média = 274 ± 128 mg/dia) e demonstrou "resposta" global significativamente melhor com lamotrigina em comparação com placebo ou gabapentina usando escores da CGI (*Clinical Global Impressions*, ou Impressão Clínica Global) – mas não relatou resultados obtidos com escalas de avaliação de sintomas específicos; os escores dos subcomponentes da CGI para mania ou depressão não foram estatisticamente significativos (Frye et al., 2000). Nossa impressão final subjetiva é a seguinte: doses de lamotrigina > 200 mg/dia (sem tratamento combinado com carbamazepina) podem, em alguns casos, fazer um "ajuste fino" de uma resposta parcial, ou recuperar eutimia quando o paciente caminha para depressão durante tratamento de manutenção, mas doses mais altas provavelmente não convertem falta de resposta inequívoca em resposta. Doses mais altas também podem causar mais efeitos adversos inespecíficos referidos ao SNC (p. ex., tontura, sensação de desmaio, cefaleia).

de gravidade inicial foram considerados moderadores dos resultados terapêuticos (*i. e.*, suprimem responsividade a um placebo e aumentam diferenças entre fármaco e placebo) (dados ilustrados no Boxe 13.15). No Boxe 13.15, veja que os índices de resposta à lamotrigina foram semelhantes entre pacientes com gravidade inicial moderada ou alta; índice de resposta ao placebo foi muito menor quando a gravidade inicial era alta e isto permitiu sua separação estatisticamente significativa do fármaco ativo.

Com base em nossa experiência, lamotrigina realmente tem propriedades antidepressivas imediatas, tanto isoladamente quanto

Boxe 13.15 Resposta antidepressiva do transtorno bipolar agudo a lamotrigina ou placebo.

	Gravidade inicial moderada	Gravidade inicial alta
Índice de resposta à lamotrigina	48%	45%
Índice de resposta ao placebo	45%	30%

Boxe 13.16 Quando usar lamotrigina?

- Prevenção de recorrências (depressão > mania) do transtorno bipolar tipo I
- Nenhuma utilidade comprovada para mania/hipomania, embora não haja evidências de que cause mania (Goldberg et al., 2009)
- Ansiedade inicial mínima
- Inexistência de manifestações mistas (nenhum dado disponível)
- Uso adjuvante com lítio (dose-alvo de 200 mg/dia) para depressão bipolar aguda (Van der Loos et al., 2009)
- Uso adjuvante com quetiapina (Geddes et al., 2016).

combinada com outros fármacos. O Boxe 13.16 descreve o "paciente candidato ideal".

Como última consideração sobre base de evidências da lamotrigina para tratar transtorno bipolar, poderíamos enfatizar que ensaios fundamentais do fabricante com pacientes em depressão aguda demonstraram eficácia consistentemente maior (*i. e.*, diferença em comparação com placebo) nos indivíduos com transtorno bipolar tipo I que tipo II (talvez em razão da

💡 Dica

Tenha cuidado ao avaliar eficácia da combinação de lamotrigina com ácido fólico. No estudo "CEQUEL" sobre lamotrigina com quetiapina para tratar depressão bipolar (Geddes et al., 2016), ácido fólico adjuvante eliminou os efeitos benéficos da lamotrigina – *provavelmente* porque este fármaco inibe a enzima di-hidrofolatorredutase e, deste modo, diminui a conversão de di-hidrofolato em tetraidrofolato que, por sua vez, reduz a disponibilidade de *L*-metilfolato.

responsividade mais alta ao placebo neste último grupo). Embora alguns médicos possam sentir-se compelidos a tratar pacientes com transtorno bipolar tipo II inicialmente com lamotrigina como tratamento de manutenção, existem poucos dados favoráveis a esta indicação e eles estão baseados principalmente em ensaios abertos (p. ex., Terao et al., 2017).

🕐 Ciclagem rápida

O termo "ciclagem rápida" foi cunhado originalmente por Dunner e Fieve (1974) como descritivo de resposta insatisfatória ao uso profilático de lítio e, operacionalmente, é definida por mais de quatro episódios por ano. Esse termo não deve ser confundido com sintomas mistos no mesmo

episódio específico, ou com instabilidade afetiva pura; muitos pacientes e médicos utilizam erroneamente esse termo para descrever oscilações dos estados de humor, independentemente de manifestações psicomotoras não relacionadas com humor (p. ex., sono/disposição física) presentes em um episódio de mania ou hipomania. Embora estudos descritivos originais tenham relacionado ciclagem rápida com falta de resposta ao lítio, estudos subsequentes ampliaram sua relevância prognóstica demonstrando efeitos profiláticos comparáveis com lítio ou valproato de sódio (Calabrese et al., 2005). História de ciclagem rápida no último ano geralmente é considerada fator prognóstico desfavorável, que deve desestimular o uso de antidepressivos. Também é importante ter em mente que um estudo verdadeiro sobre "ciclagem rápida" enfatizaria não qualquer fase aguda da doença, mas um intervalo de no mínimo 1 ano de forma a determinar se alguma intervenção seria capaz de reduzir a frequência das recorrências (em vez de atenuar sintomas de um único episódio agudo).

O interesse em torno do uso de lamotrigina para pacientes bipolares com ciclagem rápida aumentou. Qual é a base de evidências para isto? Um ensaio de 6 meses patrocinado pela indústria farmacêutica comparou lamotrigina com placebo para evitar recorrência em pacientes com transtorno bipolar tipo I ou II em ciclagem rápida (Calabrese et al., 2000) e usou como resultado primário tempo até ser necessário realizar alguma intervenção para controlar um episódio de transtorno do humor (TiME, ou *Time until the need for Intervention for a emerging Mood Episode*, em inglês), ou seja, momento em que o médico logicamente seria compelido a alterar o tratamento vigente em razão de sinais iminentes de mania ou depressão ou sua agravação. TiME não foi significativamente mais longo com lamotrigina que placebo. Contudo, tempo de "permanência no estudo" foi mais longo no subgrupo de pacientes com transtorno bipolar tipo II tratados com lamotrigina em comparação com placebo; isto significa que pacientes que usaram lamotrigina *tinham menos chances de abandonar precocemente o estudo*, em comparação com os que usaram placebo. Outro fator que complica ainda mais essa questão é que um estudo no qual foi acrescentada lamotrigina *versus* placebo a uma combinação estável preexistente de lítio com valproato de sódio não conseguiu atenuar sintomas persistentes de depressão em um grupo de pacientes bipolares com ciclagem rápida (Kemp et al., 2012); entretanto, os resultados aparentemente negativos desse estudo foram difíceis de interpretar em razão do índice alto de desligamento do estudo entre indivíduos que tiveram efeitos adversos e baixa adesão ao protocolo; isto fez com que o próprio estudo tivesse força estatística insuficiente para demonstrar (ou não demonstrar) eficácia e fosse uma confirmação das dificuldades logísticas e práticas envolvidas na realização de ensaios randomizados de longa duração com pacientes portadores de transtorno bipolar difícil de tratar.

> **Dica**
> Com base em ensaios controlados, embora seja conceitualmente interessante para pacientes com ciclagem rápida, tratamento com três estabilizadores de humor não se mostrou mais eficaz que tratamento com dois estabilizadores de humor.

Infelizmente, existem poucas opções terapêuticas adicionais baseadas em evidência (resumidas na Tabela 13.15) para reduzir a frequência dos episódios de ciclagem rápida.

Lítio

Embora frequentemente seja referido por alguns autores como "padrão de referência" entre os estabilizadores de humor, carbonato de lítio na verdade tem amplitude de espectro relativamente pequena quanto à sua eficácia nos diversos subtipos de transtorno bipolar; em alguns aspectos, isto faz com que lítio seja mais "penicilina" que "vancomicina" entre os fármacos estabilizadores de humor. Como também ocorre com a maioria dos psicotrópicos, em vez de considerar sua utilidade como opção de "tudo ou nada", seria mais sensato reconhecer as condições clínicas específicas nas quais lítio é eficaz. "Resposta excelente" aparente ao lítio com remissões completas e sustentadas ocorre apenas na minoria dos pacientes com transtorno bipolar, ou seja, apenas cerca de 5 a 10% dos pacientes desse tipo, com base em alguns estudos de registro de dados de escala ampla. Respostas nulas ou parciais ao lítio podem ser mais comuns. Na verdade, responsividade ao lítio pode ser um traço hereditário ou endofenótipo da doença, com índices de concordância em torno de 65% entre um indivíduo portador do transtorno e seus parentes de primeiro grau com transtorno bipolar tratado com lítio (Grof et al., 2002). O Boxe 13.17 resume outros fatores que podem prever resposta mais favorável ao lítio.

Veja-se a seguinte situação. Uma paciente bipolar tratada com lítio fará uma escalada no

Tabela 13.15 Tratamentos baseados em evidência para reduzir risco de recorrência em pacientes com ciclagem rápida.

Intervenção	Resultado
Lamotrigina	Possível vantagem para prolongar intervalo até uma recorrência do transtorno bipolar tipo II > tipo I (Calabrese et al., 2000)
Lítio + valproato de sódio	A probabilidade de obter resposta imediata parece ser maior com essa combinação que com um desses fármacos usados isoladamente (Calabrese et al., 2005)
Nimodipino	Ensaio pequeno de prova de conceito (desenho *on-off-on*; n = 12) com pacientes bipolares com ciclagem ultrarrápida (Pazzaglia et al., 1993) Isradipino – outra di-hidropiridina do tipo *l* – foi avaliado menos sistematicamente quanto à possibilidade de produzir efeitos semelhantes
Hormônio tireóideo suprametabólico	Depois de observações preliminares antigas citando "resposta inequívoca" em 10/11 pacientes bipolares com ciclagem rápida (Bauer e Whybrow, 1990), um ECR subsequente com levotiroxina adjuvante (sem tri-iodotironina combinada) reduziu significativamente o intervalo decorrido com sintomas depressivos ou mistos e aumentou o intervalo eutímico (Walshaw et al., 2018)

BP, transtorno bipolar; *ECR*, ensaio controlado randomizado.

Boxe 13.17 Quando usar lítio.

- Resultados mais favoráveis quando é usado nos primeiros episódios do transtorno bipolar
- Mania em vez de depressão como polo predominante dos episódios
- Mania precedida de episódios de depressão seguidos por um período intermórbido ("M-D-I")
- Menos de quatro ou mais episódios por ano
- Formas puras de mania eufórica sem manifestações mistas
- História familiar positiva de transtorno bipolar sensível ao lítio
- Inexistência de outros transtornos associados ao uso de substâncias.

Himalaia. Por causa disso, sua dose de medicamento deve ser alterada? A altitude elevada aumenta a produção de hemácias nas primeiras 24 horas, e o lítio liga-se fortemente a elas. A meia-vida do lítio e seu volume de distribuição aumentam, enquanto a depuração total diminui em cerca de 40% como resposta à exposição prolongada às altitudes elevadas. Por essa razão, pode-se afirmar que, se a dose estiver na faixa superior (níveis $\leq 0,7$ a $0,8$ mEq/ℓ) e se a paciente ficará lá por um período mais longo, não lhe faria mal ter sua dose de lítio reduzida em um terço ou mesmo à metade. Se a dose estiver na faixa inferior, ela não deverá ser alterada, mas deve haver a certificação de que a paciente não fique desidratada ou consuma quantidades insuficientes de sal.

Impacto cognitivo do lítio

Relatos de efeitos cognitivos adversos causados por lítio (p. ex., déficits de memória a curto prazo) são até certo ponto dependentes dos efeitos neuroprotetores do lítio, conforme foi demonstrado em estudos pré-clínicos e clínicos. Estudos demonstraram que lítio ajuda a evitar morte de neurônios aumentando a expressão de genes antiapoptóticos como o gene *bcl-2*, ao mesmo tempo que aumenta os níveis de fatores neurotróficos como FNDC. Além disso, lítio pode reduzir a área de lesão neuronal depois de infartos cerebrais induzidos laboratorialmente em roedores e pode aumentar o volume total das regiões cerebrais corticais e subcorticais (p. ex., hipocampo, amígdala e tálamo). Contudo, ainda não foi demonstrado se esses efeitos traduzem-se necessariamente por melhora da função cognitiva. Episódios repetidos de transtorno afetivo podem intrinsecamente ser um fator de risco para declínio cognitivo e possível demência, embora ao menos alguns estudos observacionais tenham demonstrado correlação entre lítio e índice mais baixo de demência entre pacientes com transtorno bipolar. (É difícil inferir causalidade ou direcionalidade dessa relação potencial, porque enriquecimento de amostra ou viés de indicação pode ter passado despercebido; a decisão de prescrever e manter lítio pode simplesmente ser um "fator substitutivo" de prognóstico favorável, risco baixo de recorrência, inexistência de comorbidades ou outros fatores que poderiam evitar risco de demência.

Lítio em doses baixas

Há muito tempo existe interesse e especulação de que alguns pacientes com transtorno de humor de qualquer polaridade possam melhorar com lítio adjuvante em doses baixas (*i. e.*, níveis séricos abaixo ou até muito abaixo da faixa de referência terapêutica geralmente aceita). A base dessa suposição é anedótica em sua maior parte, especialmente porque estudos comparativos de eficácia não demonstraram vantagem na redução dos sintomas afetivos ao longo de 6 meses quando o "tratamento personalizado otimizado" incluía placebo adjuvante *versus* lítio adjuvante em doses moderadas (definidas por dose inicial de 600 mg/dia durante 2 meses, depois alterada com base nos sintomas, de forma a alcançar níveis séricos de lítio na faixa de 0,4 a 0,5 mEq/ℓ) (Nierenberg et al., 2013). Alguns estudos também relataram taxas de incidência mais baixas de suicídio consumado em regiões geográficas com níveis mais altos de lítio na água potável, embora esses resultados pareçam ser menos convincentes quando os níveis de lítio são menores que 31 μg/ℓ. A Tabela 13.16 resume algumas considerações práticas quanto ao uso de lítio.

Carbamazepina

Ensaios clínicos com carbamazepina para tratar mania bipolar foram publicados na década de 1980, em grande parte como fármaco alternativo ou adjuvante para pacientes que não melhoraram com lítio. Estudos intramuros iniciais realizados pelo NIMH frequentemente incluíram ensaios cruzados pequenos com desenhos do tipo "liga-desliga-liga" ("*on-off-on*", em vez de grupos comparativos separados tratados com placebo). Ensaios com pacientes em mania aguda planejados com finalidade de obter registro na FDA norte-americana foram conduzidos

Tabela 13.16 Considerações práticas sobre tratamento com lítio.

Consideração	Comentários
Intervalo e interpretação dos níveis séricos de lítio	Embora a expressão "níveis mínimos" seja usada com referência às concentrações aferidas pouco antes da próxima dose, por convenção os níveis séricos de lítio são dosados e interpretados com base nas concentrações obtidas dentro de 10 a 14 h depois da última dose. Como foi mencionado no Capítulo 7, níveis séricos de lítio são dosados em pacientes com mania aguda e tratamento de manutenção, mas não para avaliar eficácia do fármaco em episódios de depressão aguda
Coadministração com outros fármacos	AINEs inibem prostaglandinas e, por essa razão, reduzem o fluxo sanguíneo da artéria renal, diminuem a depuração do lítio e podem aumentar seus níveis séricos em cerca de 20% iECA podem ↑ níveis séricos de lítio em cerca de 36% Espironolactona pode ↑ níveis séricos de lítio em cerca de 16% Diuréticos tiazídicos podem ↑ níveis séricos de lítio em consequência de sua reabsorção nos túbulos proximais
Problemas referidos ao ECG	Síndrome do seio doente, achatamento ou inversão da onda T
Interrupção abrupta	Estudos demonstraram que descontinuação em menos de 2 semanas acelera o tempo decorrido até o próximo episódio de transtorno afetivo (HR de mania = 2,8; HR de depressão = 5,4) (Faedda et al., 1993)
Atenuação de disfunção renal	Doses administradas 1 vez/dia podem reduzir nefrotoxicidade porque diminuem a quantidade de períodos de $C_{máx}$ ao longo do dia
Considerações referidas à função tireóidea	Cerca de 5% dos pacientes tratados com lítio desenvolvem hipotireoidismo; pacientes com autoanticorpos estão mais predispostos a isto

AINEs, anti-inflamatórios não esteroides; *ECG*, eletrocardiograma; *HR*, razão de risco (*hazard ratio*); *iECA*, inibidores de enzima conversora de angiotensina.

no início dos anos 2000 e usaram carbamazepina de liberação estendida (dose média de 642 mg/dia) (Weisler et al., 2005). Até hoje, não existem estudos sistemáticos sobre prevenção de recorrências. O Boxe 13.18 resume características do "perfil clínico" usadas para definir quando determinado paciente poderia usar carbamazepina para tratar transtorno bipolar.

> **Dica**
> Lembre-se que carbamazepina também induz seu próprio metabolismo (autoindução) depois de várias semanas.

Boxe 13.18 Quando usar carbamazepina.

- Episódios maníacos ou mistos
- Como parte de um esquema terapêutico para ciclagem rápida com outros estabilizadores de humor ou ASGs
- Preocupações práticas mínimas quanto à indução de enzimas hepáticas ou interações farmacocinéticas com outros fármacos metabolizados no fígado
- Carbamazepina está entre os poucos fármacos antimaníacos relativamente "neutros".

Valproato de sódio

Ensaios com valproato de sódio para tratar episódios maníacos ou mistos agudos foram publicados no início da década de 1990. Junto com carbamazepina, valproato inaugurou uma era na qual se percebeu que anticonvulsivantes tinham efeito de classe na estabilização do humor e poderiam ser alternativas viáveis ao lítio. (Talvez ironicamente, nem carbamazepina nem valproato têm base de evidência estabelecida para evitar recorrência do transtorno bipolar – uma propriedade que, na opinião de alguns autores, seria um componente fundamental à "estabilização do humor" ao longo da evolução temporal do transtorno bipolar.) O Boxe 13.19 descreve o perfil clínico ideal dos pacientes candidatos ao tratamento com valproato.

E quanto aos outros anticonvulsivantes orais?

As bases de evidência de todos os outros anticonvulsivantes além de lamotrigina, valproato e carbamazepina são escassas no que se refere à estabilização do humor, mas como se pode observar na Tabela 13.17, parecem ser muito variadas quanto às outras propriedades psicotrópicas além da regulação do humor. Recomendamos ao leitor que não se refira aos outros anticonvulsivantes

Boxe 13.19 Quando usar valproato de sódio.

- Necessidade de controle rápido dos sintomas maníacos com dose de impregnação oral de 20 a 30 mg/kg
- Predominância de episódios maníacos ou mistos > depressivos
- Episódios repetidos
- Comorbidade de transtornos associados ao uso de álcool/substâncias (contanto que as enzimas hepáticas sejam mantidas até três vezes acima do limite superior normal ou menos)
- O paciente não ser mulher sexualmente ativa ou com potencial de engravidar
- Ciclo menstrual ausente ou irregular
- Agressividade impulsiva.

além de valproato, carbamazepina e lamotrigina como "estabilizadores de humor", porque não há base de evidência em favor de eficácia confiável para tratar sintomas de humor em qualquer fase do transtorno bipolar.

ASGs e depressão bipolar

Quando este livro estava sendo preparado, apenas quatro ASGs tinham indicação aprovada pela FDA para tratar depressão bipolar aguda (quetiapina, lurasidona, cariprazina e combinação de olanzapina/fluoxetina). Uma metanálise patrocinada pela indústria farmacêutica sobre ASGs para tratar depressão bipolar não detectou quaisquer diferenças no que se refere à alteração dos escores MADRS entre lurasidona e olanzapina ou quetiapina, embora o aumento de peso tenha sido menor com a primeira que com os dois outros seguintes (Ostacher et al., 2018). Os diversos ECRs negativos sobre ASGs para depressão bipolar (ver resumo nas Tabelas 13.18 e 13.19) colocaram em dúvida possíveis diferenças idiossincráticas entre compostos químicos, sem qualquer evidência mais clara de efeito amplo de classe em comparação com anticonvulsivantes em geral classificáveis como estabilizadores de humor.

 Tratamento farmacológico do transtorno bipolar em pacientes com comorbidades

TOC

Existem poucos estudos sistemáticos dedicados ao tratamento do transtorno bipolar com comorbidade de TOC. Dados acumulados estimaram em cerca de 17% a prevalência desses dois transtornos mentais coexistentes em alguma época da vida (Amerio et al., 2015). Alguns autores acreditam que TOC "verdadeiro" seja raro nos pacientes com transtorno bipolar e que, em muitos casos, as manifestações classificadas como TOC sejam na verdade "artefatos" atribuíveis à mania que, conforme seria esperado, melhoram com lítio ou outros estabilizadores de humor antimaníacos. Com base em nossa experiência,

Tabela 13.17 Perfis psicotrópicos dos anticonvulsivantes.

Fármaco	Mania	Depressão	Ansiedade	Dor neuropática	Insônia	Compulsividade alimentar
Carbamazepina	✓	3 ECRs[a]	Nenhum ECR	(Neuralgia do trigêmeo)	Nenhum ECR	Nenhum ECR
Valproato de sódio	✓	3 ECRs (+)	?[h]	✓ (enxaqueca)	Nenhum ECR	Nenhum ECR
Eslicarbazepina	1 ECR (+)[b]	Nenhum ECR	Nenhum ECR	Nenhum ECR	Nenhum ECR	Nenhum ECR
Gabapentina	2 ECRs (−)[c,d]	Nenhum ECR	✓	✓	✓	Nenhum ECR
Lamotrigina	2 ECRs (−)[e]	✓	Nenhum ECR	Nenhum ECR	Nenhum ECR	Nenhum ECR
Oxcarbazepina	1 ECR (−)[f]	?	Nenhum ECR	Nenhum ECR	Nenhum ECR	Nenhum ECR
Tiagabina	Nenhum ECR	Nenhum ECR	Nenhum ECR	Nenhum ECR	Nenhum ECR	Nenhum ECR
Topiramato	4 ECRs (−)[g]	Nenhum ECR	Nenhum ECR	Nenhum ECR	Nenhum ECR	✓

✓ indica nicho clínico bem estabelecido por vários ECRs (+). [a]Principalmente ensaios com desenho *on-off-on* com resultados duvidosos (revisados por Reinares et al., 2013). [b]Grunze et al., 2015. [c]Pande et al., 2000a. [d]Frye et al., 2000. [e]Ensaios do fabricante não publicados. [f]Wagner et al., 2006. [g]Kushner et al., 2006. [h]Análises secundárias de ECRs sobre depressão bipolar demonstraram reduções significativas dos escores da Escala de Ansiedade de Hamilton. *ECR*, ensaios controlados randomizados.

Capítulo 13 • Transtornos de Humor e Afeto

Tabela 13.18 Compare e contraste: ASGs em transtorno bipolar – agonistas parciais D_2/D_3.

Fármaco	Mania	Depressão	Prevenção de recorrência
Aripiprazol	Dois ECRs (+) (registro na FDA)	Dois ECRs (−) (Thase et al., 2008). Contudo, a diferença inicial entre aripiprazol e placebo foi perdida na última semana de cada estudo	Dois ECRs (+) sobre prevenção de mania, mas não depressão (oral; Keck et al., 2007; IAP, Calabrese et al., 2017b) – ainda que o índice de episódios iniciais de mania tenha enriquecido o desenho do estudo a favor da prevenção de mania em vez de depressão
Brexpiprazol	Dois ECRs (−) (https://investor.lundbeck.com/news-releases/news-release-details/lundbeck-and-otsuka-report-phase-iii-data-evaluating)	Nenhum dado	Nenhum dado
Cariprazina	Três ECRs (+) (Calabrese et al., 2015; Durgam et al., 2015; Sachs et al., 2015)	Dois ECRs (+) (registro na FDA)	Nenhum dado

ASG, antipsicótico de segunda geração; *ECR*, ensaio controlado randomizado; *FDA*, U.S. Food and Drug Administration; *IAP*, injetável de ação prolongada.

Tabela 13.19 Compare e contraste: ASGs em transtorno bipolar – agonistas D_2.

Fármaco	Mania	Depressão	Prevenção de recorrência
Asenapina	Dois ECRs (+) de curta duração (3 semanas), dose média = 18,3 mg/dia, *g* composto = 0,42 (Vita et al., 2013); melhora dos sintomas depressivos durante o episódio de mania (Szegedi et al., 2011)	Nenhum dado	Um ECR (+) sobre prevenção de episódios maníacos e depressivos (Szegedi et al., 2018)
Iloperidona	Nenhum dado	Nenhum dado	Nenhum dado
Lumateperona	Nenhum dado	Um ECR (+) de 6 semanas (Durgam et al., 2019)	Nenhum dado
Lurasidona	Nenhum dado, embora análises *post hoc* sobre depressão bipolar tenham demonstrado melhora dos sintomas maníacos subliminares mistos (McIntyre et al., 2015)	Dois ECRs (+) sobre tratamento apenas com lurasidona (Loebel et al., 2014a); acréscimo de lítio ou valproato de sódio (Loebel et al., 2014b), doses flexíveis; mesmo tamanho de efeito (d = 0,51) apenas com lurasidona em dose baixa (média: 32 mg/dia) ou alta (média: 82 mg/dia)	Um ECR (−) como adjuvante (dose de 20 a 80 mg) ao lítio ou valproato de sódio (Calabrese et al., 2017a)

(continua)

Psicofarmacologia Prática

Tabela 13.19 Compare e contraste: ASGs em transtorno bipolar – agonistas D$_2$. *(continuação)*

Fármaco	Mania	Depressão	Prevenção de recorrência
Olanzapina	Dois ECRs (+) (registro na FDA)	Dois ECRs (+) (Tohen et al., 2013)[a]	Dois ECRs (+) (registro na FDA)
Paliperidona	Dois ECRs (+) de 3 semanas (Vieta et al., 2010; Berwaerts et al., 2012b); um ECR (–) em acréscimo ao lítio ou valproato de sódio (Berwaerts et al., 2011)	Nenhum dado	Um ECR (+) depois de tratamento para mania aguda; intervalo médio significativamente maior até recorrência com paliperidona (558 dias) em comparação com placebo (283 dias) (Berwaerts et al., 2012a)
Quetiapina	Dois ECRs (+)	Dois ECRs (+)	Um ECR (+) como fármaco adjuvante
Risperidona	Dois ECRs (+)	Nenhum dado	Um ECR (–) (IAP)
Ziprasidona	Dois ECRs (+) de curta duração sobre tratamento apenas com ziprasidona (Potkin et al., 2005; Keck et al., 2003); um ensaio (–) como fármaco adjuvante acrescentado ao lítio ou valproato de sódio (Sachs et al., 2012)	Dois ECRs (–) (Lombardo et al., 2012; Sachs et al., 2011); NNT = 144)	Um ensaio (+) sobre manutenção por 6 meses; intervalo médio maior até intervenção para um transtorno de humor com ziprasidona adjuvante (43 dias) em comparação com apenas estabilizador de humor (26,5 dias) (Bowden et al., 2010)

> Clinicamente, 16 dias e meio a mais são significativos?

[a]Em análises *post hoc*, tratamento simples com olanzapina (sem fluoxetina adjuvante) melhorou todos os escores de sintomas depressivos da MADRS mais que placebo, com exceção de ideação suicida e dificuldade de concentração; sintomas melancólicos basais previam efeito antidepressivo do tratamento apenas com olanzapina (Tohen et al., 2013).

ASG, antipsicótico de segunda geração; *ECR*, ensaio controlado randomizado; *FDA*, U.S. Food and Drug Administration; *IAP*, injetável de ação prolongada; *NNT*, número necessário para tratar.

a coexistência de obsessões e compulsões bem definidas define uma forma geral mais grave da doença, que não responde satisfatoriamente a um único fármaco usado isoladamente. Estudos sobre tratamento adjuvante com ISRSs ou clomipramina – fármacos fundamentais ao tratamento do TOC sem comorbidade – estão limitados a pequenos ensaios abertos e relatos de casos, a partir dos quais é difícil estimar índices confiáveis de resposta ou ocorrência de mania/hipomania desencadeada pelo tratamento. Os poucos ECRs disponíveis favorecem a eficácia do aripiprazol acrescentado ao tratamento com lítio para mania e sintomas de TOC (Saharian et al., 2018). Outros ASGs como olanzapina ou risperidona têm bases de dados menos extensivas e também existem relatos de que clozapina ou outros ASGs causem ou agravem paradoxalmente sintomas de TOC.

Transtornos de ansiedade

De acordo com alguns estudos, transtornos de ansiedade coexistentes com transtorno bipolar podem ocorrer em até 45% dos adultos (Pavlova et al., 2015), embora existam poucos estudos sistemáticos dedicados a esses pacientes. Nos ECRs da FDA norte-americana sobre tratamento de depressão bipolar aguda com quetiapina, combinação de olanzapina/fluoxetina, lurasidona ou cariprazina, análises secundárias demonstraram que todos esses fármacos produziram melhora mais acentuada dos sintomas de ansiedade em geral, em comparação com placebo. Vale ressaltar que análises *post hoc* sobre cariprazina para tratar depressão bipolar aguda demonstraram reduções significativas dos sintomas de ansiedade quando este fármaco foi administrado na dose de 1,5 mg/dia, mas não mais que isto. Frequentemente, alguns médicos supõem que ISRSs ou outros fármacos serotoninérgicos sejam "necessários" (*i. e.*, altamente confiáveis) para tratar sintomas de ansiedade específicos demonstrados por pacientes com transtorno bipolar, mas é difícil justificar esta suposição porque não existem estudos formais com pacientes

Capítulo 13 • Transtornos de Humor e Afeto

portadores dos dois diagnósticos. Como foi mencionado antes neste mesmo capítulo, em um ECR com quetiapina para tratar depressão bipolar aguda, paroxetina foi usada como comparativo ativo e, embora não fosse diferençável de um placebo no que se refere à melhora dos sintomas depressivos (resultado primário), análises secundárias demonstraram que os sintomas de ansiedade melhoraram mais com paroxetina que placebo (McElroy et al., 2010b). Análises secundárias dos ECRs com valproato para tratar depressão bipolar aguda também demonstraram redução mais expressiva dos sintomas de ansiedade coexistentes com fármaco ativo que placebo (Davis et al., 2005; Ghaemi et al., 2007).

Em razão da complexidade dessas combinações e das sobreposições conceituais entre transtornos de humor, impulsividade e disfunção do sistema de recompensa, apresentamos separadamente no Capítulo 18 as informações sobre tratamento de transtorno bipolar associado à comorbidade de transtornos por uso de substâncias;

Transtorno depressivo maior com sintomas mistos: existe realmente?

Desde que o diagnóstico de depressão maior com sintomas mistos (TDM-SM) foi estabelecido no DSM-V, persistem dúvidas quanto à validade desse construto diagnóstico, sua estabilidade ao longo do tempo (como prenúncio de mania plena ou hipomania no fim) e tratamento farmacológico apropriado. Hoje em dia, existem dois ensaios controlados com placebo: um demonstrou eficácia da ziprasidona (dose média = 130 mg/dia) para atenuar sintomas depressivos (NNT de resposta = 4; NNT de remissão = 3), mas nenhuma alteração significativa dos sintomas maníacos (Patkar et al., 2012). Outro ECR maior controlado com placebo avaliou tratamento apenas com lurasidona (dose média = 36,2 mg/dia), mas não detectou redução significativa dos sintomas maníacos e depressivos ($d = 0,80$) (Suppes et al., 2016). O construto diagnóstico TDM-SM ainda é suficientemente recente para impedir suposições empíricas baseadas em evidência quanto à probabilidade de que seja uma condição "pré-bipolaridade"; estudos de seguimento sugeriram preliminarmente que a minoria dos pacientes com esse diagnóstico (cerca de 20%) atenda aos critérios sindrômicos de transtorno bipolar tipo I ou II ao longo do tempo (Fiedorowicz et al., 2011). Um painel consensual de especialistas reconheceu lurasidona como único psicotrópico com dados favoráveis de ECRs para tratamento de TDM-SM agudo, ressaltando a escassez de estudos sobre fenomenologia e tratamento dessa condição clínica em geral (Stahl et al., 2017).

⌂ Pontos importantes e tarefas para casa

- Transtornos de humor caracterizam-se por conjuntos complexos de sintomas, que incluem fenômenos afetivos, comportamentais, psicomotores, interpessoais, cognitivos e outras manifestações psiquiátricas, frequentemente com padrão crônico ou recorrente
- Pode ser útil conceituar transtornos de humor com base em outros fatores além de polaridade, inclusive psicose, comorbidade, cronicidade, recorrência e grau de resistência ao tratamento
- A maioria dos pacientes deprimidos tem resposta insatisfatória aos tratamentos de primeira linha, principalmente quando seu quadro clínico caracteriza-se por gravidade acentuada, cronicidade, comorbidade ou complexidade da doença
- Depressão crônica ou persistente frequentemente exige experiências terapêuticas mais longas que as recomendadas habitualmente para depressão aguda
- Depois de obter respostas insatisfatórias com experiências adequadas com fármacos recomendados, decisões quanto a aumentar doses ou alterar a classe farmacológica devem ser tomadas individualmente e dependem em grande parte dos perfis de sintomas, grau de resposta inicial, tolerabilidade aos fármacos e alternativas farmacológicas viáveis
- As bases racionais para usar esquemas combinados complexos devem incluir fármacos com mecanismos de ação não redundantes (preferencialmente, com ações sinérgicas)
- Nos pacientes com transtornos de humor, sintomas mistos (manifestações de mania/hipomania combinadas com sintomas depressivos) são mais comuns que apresentações clínicas com polaridade "única"; sob os pontos de vista diagnóstico e fenomenológico, classificações de polaridade "única" podem ser mais raras que habituais em muitos pacientes
- Construtos referidos à "estabilização de humor" devem levar em consideração fatores como tendência à polaridade, grau de oscilação afetiva (*versus* persistência de um único estado de humor) e aceitabilidade e tolerabilidade dos fármacos a longo prazo.

14 Transtornos de Impulsividade, Compulsividade e Agressividade

> **Objetivos de aprendizagem**
>
> - Compreender sintomas de impulsividade, compulsividade e agressividade impulsiva como manifestações de desregulação dos circuitos corticolímbico ("de cima para baixo") e limbocortical ("de baixo para cima")
> - Definir o construto cognitivo *saliência*
> - Descrever as bases de evidências referidas ao uso de antidepressivos serotoninérgicos, lítio, anticonvulsivantes, APGs e ASGs no tratamento dos transtornos de impulsividade, compulsividade e agressividade impulsiva
> - Citar opções baseadas em evidência de tratamentos farmacológicos para agressividade de pacientes psicóticos
> - Descrever pontos favoráveis e desfavoráveis dos tratamentos farmacológicos baseados em evidência para comportamentos autolesivos não suicidas.

Dura é a luta contra o desejo impulsivo, que compra o que quer à custa da alma.

Heráclito

Neste capítulo, enfatizaremos construtos dimensionais de comportamentos impulsivos *versus* compulsivos e sua interface com agressividade no que se refere às opções de tratamento farmacológico. Assim como muitos outros estados psicopatológicos, impulsividade e compulsividade não são patognomônicos de qualquer condição diagnóstica categórica específica e podem encaixar em síndromes mais amplas de diversas psicopatologias que afetam humor, desenvolvimento, personalidade, dependências, cognição e percepção. Problemas específicos ocorrem quando é necessário diferenciar entre traços *versus* estados psicopatológicos que podem agravar ou, de outra forma, contribuir para a diátese* subjacente.

> **Dica**
>
> Uma diferença marcante entre obsessões e ilusões é que pacientes com pensamentos obsessivos geralmente percebem seu conteúdo como estranho, ilógico, sem sentido ou exagerado; por definição, ilusões pressupõem avaliação distorcida da realidade e seu conteúdo frequentemente pode parecer plausível e racional.

Aqui começaremos com algumas definições seguidas de uma revisão sucinta dos circuitos neurais pertinentes, que podem ser relevantes à psicopatologia e à psicofarmacologia (Boxe 14.1).

Com o objetivo de reunir pensamentos obsessivos ou ruminativos com impulsos no sentido realizar ações voltadas para atenuar sofrimento e depois abordar tratamentos farmacológicos relevantes, analisaremos a seguir os circuitos neurais envolvidos com planejamento lógico, raciocínio e deliberação equilibrada com impulsos e desejos mais primordiais.

COGNIÇÃO DE "CIMA PARA BAIXO" (FRIA) E DE "BAIXO PARA CIMA" (QUENTE)

Estruturas corticais pré-frontais que controlam funções executivas (planejar, organizar, resolver problemas e raciocinar para decidir) mantêm-se em equilíbrio com regiões límbicas subcorticais, que desencadeiam impulsos e responsividade emocional às ameaças do ambiente ou outros estímulos – um circuito absolutamente importante, que muitas vezes é referido como *circuito corticolímbico* e está ilustrado na Figura 14.1. Em condições normais, esses circuitos estão em equilíbrio, de modo que processos "frios"

---

*N.T. Diátese pode ser definida como tendência ou predisposição a ter ou desenvolver alguma condição médica patológica.

Boxe 14.1

- **Impulsos** são desejos irrefreáveis de realizar determinada ação; pouco ou nenhum planejamento e consideração antecipada influenciam conveniência, aceitabilidade e consequências da ação em questão, tornando a decisão relativamente não influenciada por processos mentais
- **Obsessões** são preocupações persistentes e perturbadoras que ocupam a atenção do indivíduo, principalmente em razão de ansiedade relacionada com o conteúdo do pensamento, em vez de sua validade ou importância objetiva para ele. Desse modo, obsessões podem assumir a forma de *pensamentos intrusivos* (p. ex., desejo incontrolável e perturbador de pular na frente de um trem em movimento, mesmo que o indivíduo não queira fazer isto). Obsessões podem ser contrastadas com *ruminações*, que são pensamentos repetitivos e persistentes de conteúdo negativo, geralmente acarretando sofrimento emocional agravado. Em contraste com obsessões, ruminações não tendem a "ter sentido"
- **Compulsões** são comportamentos que, nos casos típicos, surgem em resposta ao impulso de realizar determinada ação, geralmente na tentativa de atenuar ansiedade ou sofrimento. Nesse sentido, sua força motriz pode envolver o circuito neural baseado mais em alcançar efeito ansiolítico que buscar gratificação. Alívio da ansiedade gerada por comportamentos compulsivos pode ser transitório e envolver sentimentos concomitantes como vergonha, culpa ou isolamento.

(racionais ou intencionais) arrefecem ou regulam (de "cima para baixo") impulsos e desejos "quentes" evolutivamente mais primitivos originados das estruturas límbicas (de "baixo para cima"). Compreensivelmente, alterações desse equilíbrio impactam diversos tipos de psicopatologia. Colocando isso em termos de terapia comportamental dialética (TCD), a "mente sábia" racional exerce controle pré-frontal sobre estruturas límbicas e paralímbicas da "mente emocional", gerando uma contradição dialética do tipo metafísico, que exige vigilância contínua (atenção plena) para manter o sentimento de equilíbrio.

Quem é quem...

CPFDL: córtex pré-frontal dorsolateral, envolvido com motivação e funções executivas
CCA: córtex cingulado anterior, regula afeto, atenção seletiva e interações sociais
Sistema límbico: formado por amígdala, hipocampo e talvez algumas estruturas adicionais, como está descrito na Figura 14.1 (ver também Figura 15.1 do Capítulo 15).

CONSIDERAÇÕES ADICIONAIS SOBRE CPF, CCA E CIRCUITO LÍMBICO/PARALÍMBICO

A ilustração esquemática da Figura 14.1 é extremamente simplificada em vários aspectos. Por um lado, há alguma controvérsia quanto a quais estruturas além de *amígdala* e *hipocampo* fazem

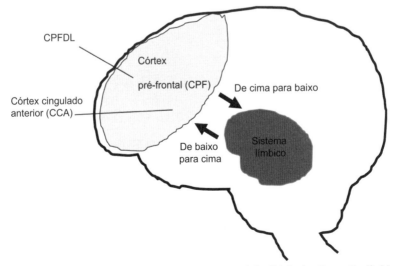

Figura 14.1 Equilíbrio entre cognição "quente" e cognição "fria": circuito corticolímbico.

parte tecnicamente do sistema límbico. Esse sistema é a região onde estruturas subcorticais e corticais relevantes ao processamento de emoções comunicam-se. Algumas vezes, o termo "paralímbico" é usado para descrever estruturas situadas em áreas adjacentes importantes.

Como uma banda de *rock*, cuja configuração clássica é algumas vezes ampliada por músicos ou artistas de outras bandas em apresentações ocasionais, algumas estruturas anatômicas que não são consideradas por todos como componentes "oficiais" do sistema límbico estão ocasionalmente associadas às funções límbicas. *Hipotálamo* e *corpos mamilares* frequentemente atuam como membros em turnê, algumas vezes acompanhados dos *núcleos anteriores do tálamo*. Além disso, *ínsula* (também referida como córtex insular anterior – uma estrutura cortical localizada dentro do sulco lateral) e *fórnice* (um feixe de fibras com formato de "C", que transmite estímulos aferentes originados do hipocampo) também são incluídos frequentemente como componentes do sistema límbico.

A partir da zona limitante do sistema límbico, estruturas *paralímbicas* incluem *córtex orbitofrontal* (COF, envolvido frequentemente com tomada de decisões, inibição e cognição social) e partes do *CCA*. CCA tem um componente dorsal (envolvido com processamento cognitivo) e outro ventral (relacionado mais diretamente com processamento emocional). Por essa razão, CCA ventral é reconhecido comumente como membro da "banda" do sistema límbico, enquanto CCA dorsal fica localizado na "cabine de controle", assumindo função predominante de monitoramento/produção (avaliar riscos, manter atenção e cuidar da memória operacional).

O *circuito de recompensa* (formado de *tegmento ventral* e *núcleo acumbente*), considerado sinônimo de circuito mesolímbico, assume função proeminente no comportamento baseado em incentivo.

E, finalmente, o que podemos dizer sobre CPF – a chamada "mente sábia", de acordo com a linguagem de TCD? Podemos dividi-lo em três subcomponentes:

- *CPFDL*: o *c*órtex pré-*f*rontal *d*orso*l*ateral desempenha funções cognitivas superiores, como desviar o foco da atenção, memória operacional e inibição de reações
- *CPFVM*: anatomicamente, *c*órtex pré-*f*rontal *v*entro*m*edial é o mesmo que COF
- *CPFVL*: o *c*órtex pré-*f*rontal *v*entro*l*ateral desempenha papel importante na inibição de reações, principalmente quando envolvem atividade motora.

O Boxe 14.2 resume a terminologia básica relacionada com função e disfunção do sistema corticolímbico.

Portanto, seria possível usar um fármaco antipsicótico para modular o circuito do medo ativado quando o paciente psicótico atribui saliência anormal a estímulos benignos do ambiente? Por isso, a atividade límbica "ascendente" poderia suplantar a capacidade de fazer juízos mais racionais quanto aos riscos percebidos, considerando que sua memória operacional prejudicada e sua disfunção executiva não lhe permitiriam exercer regulação "descendente" de forma a manter a homeostasia? Basicamente, isso está correto, com exceção de que não sabemos com certeza se atividade límbica "ascendente" realmente assume o controle das coisas em pacientes esquizofrênicos, ou se é mais simplesmente déficit de regulação "descendente".

Boxe 14.2 Terminologia básica relacionada com função e disfunção do sistema límbico.

Memória operacional

Memória operacional é uma função executiva que se refere à capacidade de que a memória a curto prazo do indivíduo "mantenha coisas em mente" (p. ex., um conjunto de instruções) ou "lembre" de planos de contingência (p. ex., se o supermercado não tem leite desnatado, então posso comprar semidesnatado a 1%, contanto que seja orgânico). Déficit de memória operacional pode estar associado a um traço de impulsividade exagerada, embora a direcionalidade desta relação seja desconhecida (Gunn e Finn, 2013).

Rede de saliência

"Saliência" significa que determinado estímulo realça diante de outros. A rede de saliência, que inclui córtex cingulado anterior e ínsula anterior, é importante para regular a motivação para buscar (incentivo/recompensa) ou evitar (aversão) determinados estímulos. Nas psicoses, saliência anômala pode ser atribuída às representações internas distorcidas dos estímulos externos. Atenção dirigida por estímulos salientes consiste basicamente em um processo cognitivo "quente" (de baixo para cima). Ver mais informações adiante.

Hipótese dos marcadores somáticos

Hipótese de que processos de decisão consciente sejam orientados em parte pela percepção de sensações viscerais, que ajudam o indivíduo a avaliar a probabilidade de que determinado estímulo tenha desfecho favorável *versus* desfavorável (aparentemente, esses estímulos são processados por meio do CPFVM).

Pode-se especular quanto a outros transtornos nos quais a inter-relação dinâmica entre cognição "fria" e "quente" é perdida e processos de "baixo para cima" e de "cima para baixo" causam problemas. Trauma, seria uma possibilidade? Dependências? Transtornos de personalidade graves?

TRANSTORNOS DO CONTROLE DE IMPULSOS

Integridade da regulação descendente ("de cima para baixo") dos processos cognitivos "quentes" mantém impulsos e desejos sob controle. Em vários estados psicopatológicos nos quais desinibição é um sintoma marcante, poderíamos imaginar se há predomínio exagerado das vias ascendentes (p. ex., por meio do circuito de recompensa/gratificação, hiperatividade do sistema nervoso autônomo e circuito do medo, atribuição anormal de saliência ou apreensão ansiosa e alívio do sofrimento emocional) ou descendentes (p. ex., processamento atencional ou funções executivas prejudicadas). Devemos considerar essas funções neurais quando definimos fenômenos psiquiátricos (p. ex., psicose, ansiedade ou queixas cognitivas) e avaliamos a utilidade dos psicotrópicos indicados para tratar queixas subjetivas e sinais objetivos almejados.

Dica
Diferenciar entre agressividade impulsiva e agressividade premeditada. No primeiro caso, mas não no segundo, a agressão parece depender de hiperatividade do sistema nervoso autônomo e perda de controle inibitório das vias descendentes (de cima para baixo) do circuito corticolímbico.

IMPULSIVIDADE E AGRESSIVIDADE

Uma gama ampla de transtornos mentais pode ser resultante do fator inicial comum de limitação da capacidade de sobrepor funções executivas aos impulsos, inclusive transtornos de personalidade, transtornos de humor [unipolar e bipolar], transtornos de ansiedade, transtorno do estresse pós-traumático, transtornos dissociativos, dependências e transtornos por uso de substâncias, demências, traumatismo cranioencefálico, transtornos do desenvolvimento e transtornos secundários a outras doenças clínicas [p. ex., câncer, acidente vascular encefálico]).

Sob o ponto de vista farmacoterápico, nenhum fármaco realmente trata impulsividade e agressividade em todos os seus aspectos, independentemente do contexto clínico. Por exemplo, impulsividade e agressividade impulsiva podem ter apresentações diferentes em pacientes com transtorno de humor *versus* demência *versus* dependências. Por essa razão, poderíamos analisar a fenomenologia e o tratamento farmacológico da impulsividade e agressividade nos diversos subtipos de psicopatologia, começando com transtornos de humor.

IRRITABILIDADE E RAIVA NOS TRANSTORNOS AFETIVOS E PSICÓTICOS

Embora alguns médicos acreditem que irritabilidade marcante seja propriamente um diferenciador confiável de polaridade nos pacientes com transtornos de humor, a base de evidências indica, em vez disso, que irritabilidade seja um fenômeno independente da polaridade, que pode simplesmente demonstrar outros aspectos gerais do transtorno afetivo. Vale salientar que, nos estudos STAR*D sobre TDM, 40% dos pacientes referiram sentimento de irritabilidade em mais de 50% do tempo, principalmente mulheres, pacientes mais jovens, indivíduos desempregados e pacientes com história de uma ou mais tentativas de suicídio (Perlis et al., 2005). Do mesmo modo, uma série de estudos publicados por Fava e Rosenbaum (1998) avaliou a fenomenologia dos acessos de raiva em pacientes com depressão clínica. Nesses estudos, acessos de raiva foram comparados com crises de pânico no que se refere à rapidez de início e sua relação com sinais autônomos (p. ex., taquicardia, sudorese, sensação de aperto no peito). Em outros estudos semelhantes controlados por placebo, a frequência dos acessos de raiva diminuiu com sertralina (53%) ou imipramina (57%) (Fava et al., 1997).

No transtorno bipolar, raiva e irritabilidade são considerados fenômenos mais dependentes de um estado psicopatológico, que se desenvolvem no contexto de outros sinais afetivos e psicomotores de uma síndrome bem definida. Entretanto, estudos demonstraram que impulsividade propriamente dita é um traço fenomenológico persistente, que não depende dos estados de humor dos adultos com transtorno bipolar (Swann et al., 2001). Traços fenomenológicos

Psicofarmacologia Prática

persistentes de raiva e irritabilidade são mais característicos de doenças crônicas como transtornos de personalidade *borderline* e outros subtipos, demência, transtorno do desenvolvimento, traumatismo cranioencefálico e transtornos por uso de substância (associados aos estados de intoxicação/abstinência).

Nos pacientes com esquizofrenia e outros transtornos psicóticos primários, risco aumentado de agressividade impulsiva foi associado a déficits cognitivos e emotividade negativa (Ahmed et al., 2018a). Também pode ser atribuída às percepções psicóticas distorcidas, reações impulsivas e comportamento deliberadamente intimidativo (Volavka e Citrome, 2011) e parece depender de disfunção do circuito orbitofrontal e lobo temporal (Soyka, 2011). Estudos demonstraram que, coletivamente, APGs e ASGs reduzem comportamento impulsivo-agressivo de pacientes esquizofrênicos, conforme está descrito mais adiante neste capítulo.

Você pode se perguntar: não pode haver algumas pessoas que, por alguma razão, estão predispostas por seu temperamento a comportamento precipitado, pensamento acelerado e tendência a ser grosseiro? Com base no Capítulo 2, vale lembrar que estamos em busca de conjuntos de sinais e sintomas que indiquem uma síndrome clínica, antes de supor que tratamentos farmacológicos sejam apropriados ou provavelmente sejam úteis – não considerar um sintoma isoladamente, mas como indicador descritivo de uma condição mais ampla.

🕐 Antidepressivos serotoninérgicos

O circuito serotoninérgico há muito é implicado na neurobiologia da hostilidade e agressividade impulsiva. Por essa razão, ISRSs dispõem de base de evidências bem fundamentadas quanto ao tratamento de agressividade impulsiva, principalmente nos casos de transtorno da personalidade *borderline*. Na prática clínica, frequentemente surge a dúvida sobre qual é a melhor forma de avaliar a probabilidade de que "agitação" e irritabilidade de um paciente com sintomas depressivos possam provavelmente piorar ou melhorar, considerando que esses dois sintomas são tidos como reflexos de possível mania ou hipomania (que antidepressivos monoaminérgicos poderiam agravar, conforme está descrito no Capítulo 13). A Tabela 14.1 mostra um resumo dos resultados de ensaios empíricos usando antidepressivos serotoninérgicos para tratar agressividade impulsiva.

LÍTIO E AGRESSIVIDADE IMPULSIVA

Apesar do entendimento comum de que lítio exerce efeito bem definido no tratamento de impulsividade/agressividade (alguns especialistas acreditam que o efeito antissuicídio do lítio reflita principalmente suas propriedades anti-impulsividade, colocando um "freio" no impulso de agir com base em ideações suicidas), estudos formais realizados para avaliar essa questão são escassos, amplos demais e muito antigos. Sheard et al. (1976) estudaram 66 prisioneiros jovens (idades de 16 a 24 anos) com "comportamento agressivo impulsivo crônico" e relataram "reduções significativas do comportamento agressivo avaliado por "diminuição das infrações envolvendo violência". Outro estudo antigo de crianças com "agressividade física espontânea esporádica" demonstrou "redução substancial dos episódios de agressividade sem provocação" enquanto usaram lítio por 3 meses, embora não tenham sido incluídas medidas de resultado quantitativas (Siassi, 1982).

Estudos formais com lítio para tratar comportamento agressivo de crianças e adolescentes com transtorno de conduta chegaram a resultados variados. Um estudo retrospectivo de 60 jovens com transtorno de conduta demonstrou que lítio causou redução significativa do comportamento hiperagressivo (tamanhos de efeitos dos subitens > 0,80) ao longo do período aproximado de estudo de 8 meses (Masi et al., 2009). Em crianças hospitalizadas com menos de 13 anos e transtorno de conduta agressiva ($n = 61$), lítio e haloperidol foram mais eficazes que placebo para reduzir comportamento agressivo, embora efeitos adversos tenham sido mais numerosos com este último fármaco (Campbell et al., 1984). Um ECR subsequente de 4 semanas com crianças hospitalizadas com transtorno de conduta detectou reduções significativamente maiores na agressividade manifesta com lítio em comparação com placebo (Malone et al., 2000), ainda que outro ensaio de 2 semanas controlado por placebo com lítio em um grupo semelhante de pacientes internados não tenha detectado *qualquer efeito benéfico* quanto à atenuação dos comportamentos agressivos (Rifkin et al., 1997). Outro ECR de 6 semanas com lítio (dose média = 1.248 mg/dia; [lítio] sérica média = 1,12 mEq/ℓ) *versus* placebo para crianças com transtornos de conduta "hospitalizadas para tratar agressividade e temperamento explosivo resistentes a outros tratamentos" demonstrou

Capítulo 14 • Transtornos de Impulsividade, Compulsividade e Agressividade

Tabela 14.1 Antidepressivos serotoninérgicos para agressividade impulsiva.

Fármaco	Grupo estudado	Resultados
Citalopram	Hostilidade de adultos sem qualquer diagnóstico psiquiátrico do Eixo I Transtornos de personalidade do "Grupo B"	Depois de 2 meses de tratamento *open-label* com 40 mg/dia de citalopram, houve reduções significativas do estado de raiva e afeto hostil em comparação com níveis iniciais (Kamarck et al., 2009) Ensaio aberto de 8 semanas com citalopram em doses de 20 a 60 mg/dia (dose média = 45,5 mg/dia) mostrou reduções significativas dos índices de agressividade e irritabilidade manifestas e irritabilidade subjetiva em comparação com níveis basais (Reist et al., 2003)
Duloxetina	Transtorno de personalidade *borderline*	Ensaio aberto de 12 semanas (dose de 60 mg/dia) com 14 pacientes mostrou reduções significativas dos escores totais da escala BPDSI (*Borderline Personality Disorder Severity Index*, ou Índice de Gravidade do Transtorno de Personalidade *Borderline*) e índices indicativos de "impulsividade", "explosões de raiva" e "instabilidade afetiva" (Bellino et al., 2010)
Fluoxetina	Transtorno explosivo intermitente Transtornos de personalidade (todos)	Ensaio duplo-cego controlado por placebo com fluoxetina (doses de até 60 mg/dia) por 12 semanas mostrou melhora significativa da agressividade manifesta, independentemente dos efeitos na depressão ou ansiedade (Coccaro et al., 2009) Ensaio duplo-cego controlado por placebo com fluoxetina (doses de 20 a 60 mg/dia) por 3 meses; houve reduções significativamente mais expressivas da agressividade manifesta (principalmente agressividade verbal e agressão dirigida a objetos) com fluoxetina que placebo (Coccaro e Kavoussi, 1997)
Fluvoxamina	Adultos autistas	ECR de 12 semanas (dose média = 276,7 mg/dia) demonstrou reduções significativamente mais expressivas da agressividade (assim como de comportamento inadaptativo, responsividade social e pensamentos e comportamentos repetitivos), em comparação com placebo (McDougle et al., 1996)
Mirtazapina	Agitação em pacientes com doença de Alzheimer	Ensaio aberto de 12 semanas (*n* = 16; variação de doses entre 15 e 30 mg/dia) mostrou redução significativa da agitação aferida por médico (Cakir e Kulaksizoglu, 2008)
Sertralina	Transtornos de personalidade (todos)	Ensaio aberto pequeno (*n* = 12) de 8 semanas com sertralina produziu melhoras significativas de irritabilidade e agressividade manifesta (Kavoussi et al., 1994)

ECR, ensaio controlado randomizado.

efeito significativo apenas modesto com lítio, dependendo da medida de resultado utilizada (Campbell et al., 1995). A interpretação desses resultados pode depender de até que ponto o comportamento agressivo de crianças com transtorno de conduta é confiavelmente impulsivo *versus* intencional e deliberado.

Uso de lítio para tratar problemas de controle comportamental de crianças ou adultos autistas ou com outro transtorno de desenvolvimento é apoiado por literatura empírica modesta. Um estudo retrospectivo pequeno (*n* = 14) detectou melhora em 73,7% dos pacientes nos quais foi acrescentado lítio ao esquema terapêutico vigente, com impressões não comprovadas de efeito mais acentuado em pacientes com comorbidade de TDAH (Mintz e Hollenberg, 2019).

ANTICONVULSIVANTES PARA AGRESSIVIDADE IMPULSIVA

Como classe farmacológica, anticonvulsivantes têm há muito suscitado interesse como fármacos possivelmente úteis para tratar agressividade impulsiva com base na hipótese de que tônus gabaérgico aumentado possa produzir efeitos antiexcitatórios ou pró-inibitórios no SCN. Na verdade, anticonvulsivantes variam significativamente quanto às suas propriedades psicotrópicas específicas, inclusive as que estão relacionadas com agressividade impulsiva. Coletivamente, os dados parecem ser mais favoráveis ao uso de valproato e topiramato; a Tabela 14.2 apresenta um resumo das bases de evidências sobre uso desses fármacos em diversas populações clínicas com agressividade impulsiva.

14 Psicofarmacologia Prática

Tabela 14.2 Resumo dos resultados de estudos sobre anticonvulsivantes para agressividade impulsiva.

Fármaco	Resultados em comparação com placebo
Carbamazepina	Mais eficaz para controlar agressividade autodestrutiva observada em mulheres com transtorno da personalidade *borderline* (dose média = 820 mg/dia), mas não agressividade em jovens com transtorno de conduta (doses médias = 450 a 683 mg/dia) (revisão da Base de Dados Cochrane publicada por Huband et al., 2010)
Fenitoína	• Mais eficaz para atos agressivos impulsivos (mas não premeditados) em uma população carcerária e pacientes ambulatoriais do sexo masculino com transtornos de personalidade (revisão da Base de Dados Cochrane publicada por Huband et al., 2010) • Uma metanálise de cinco ensaios controlados por placebo com prisioneiros do sexo masculino com agressividade impulsiva ou diagnósticos estabelecidos de transtorno explosivo intermitente não demonstrou reduções significativas da frequência e intensidade dos atos agressivos (dose média cerca de 300 mg/dia) (Jones et al., 2011)
Lamotrigina	• Um ECR de 8 semanas com 25 pacientes ambulatoriais do sexo feminino com transtorno de personalidade *borderline* demonstrou melhora significativa dos escores de traço-estado de raiva com lamotrigina (dose média = 200 mg/dia) em comparação com placebo (Tritt et al., 2005) • Em pacientes com epilepsia do lobo temporal, um ensaio aberto de 10 semanas com lamotrigina (dose média = 135 mg/dia) acrescentada ao tratamento anticonvulsivante vigente (principalmente carbamazepina e topiramato) reduziu significativamente os sintomas de agressividade física e raiva (mas não agressividade verbal ou hostilidade) (Kato et al., 2011); relatos de casos isolados também demonstraram melhora da agressividade manifesta de paciente com transtorno de personalidade *borderline* e transtorno dismórfico corporal (dose de 200 mg/dia) (Pavlovic, 2008)
Oxcarbazepina	Mais eficaz para agressividade verbal e violência contra objetos em pacientes adultos ambulatoriais (dose média = 1.500 mg/dia; revisão da Base de Dados Cochrane publicada por Huband et al., 2010)
Topiramato	• Um ECR de 8 semanas em 29 mulheres com transtorno de personalidade *borderline* demonstrou reduções significativamente mais expressivas das medidas de raiva (exceto raiva dirigida internamente) com topiramato (doses tituladas até 250 mg/dia em 6 semanas) em comparação com placebo (Nickel et al.,2004) • Um ECR de 8 semanas em 42 pacientes ambulatoriais do sexo masculino com transtorno de personalidade *borderline* demonstrou melhora mais acentuada das medidas de traço-estado de raiva com topiramato (doses tituladas até 250 mg/dia em 6 semanas) que placebo (Nickel et al., 2005)
Valproato de sódio	Em doses ≥ 750 mg/dia, foi mais eficaz para homens com agressividade impulsiva, adultos impulsivamente agressivos com transtornos de personalidade do "Grupo B" e jovens com transtorno de conduta; mas não para agressividade impulsiva em jovens com atraso global de desenvolvimento (revisão da Base de Dados Cochrane publicada por Huband et al., 2010); além disso, um ECR envolvendo vários centros avaliou valproato de sódio em pacientes ambulatoriais com transtornos de personalidade do "Grupo B", transtorno explosivo intermitente ou TEPT, e não detectou efeito global nestes grupos, mas pacientes com transtorno de personalidade melhoraram quanto a agressividade verbal, irritabilidade e violência com objetos (Hollander et al., 2003b)

ECR, ensaio controlado randomizado; *TEPT*, transtorno de estresse pós-traumático.

APGs E ASGs PARA TRATAR AGRESSIVIDADE ASSOCIADA ÀS PSICOSES

Em sua revisão sistemática de oito ECRs sobre APGs ou ASGs para tratar agressividade impulsiva em diversos transtornos psiquiátricos (esquizofrenia, transtorno de personalidade *borderline* e TEPT), Goedhard et al. (2006) concluíram que a eficácia antiagressividade global dos antipsicóticos foi modesta, ressaltando que esses estudos tiveram durações relativamente curtas, amostras pequenas e medidas de resultado que não detectam necessariamente comportamentos incidentes. Por outro lado, uma revisão retrospectiva de resultados terapêuticos naturalísticos em jovens autistas (média de idade = 15,1 anos) tratados com dois ou mais antipsicóticos demonstrou melhoras significativas de agitação/irritabilidade, agressividade física e lesões autoinflingidas (Wink et al., 2017). Uma revisão publicada por Victoroff et al. (2014) mostrou que clozapina foi mais eficaz para controlar agressividade declarada que haloperidol para controlar agressividade em pacientes hospitalizados fisicamente agressivos; essa metanálise concluiu que, em termos gerais, paliperidona XR foi mais eficaz e tinha base de evidência mais ampla como opção para tratar hostilidade de pacientes esquizofrênicos hospitalizados.

A Tabela 14.3 resume os resultados dos ECRs com antipsicóticos para tratar agressividade impulsiva.

Uma metanálise dos ECRs com antipsicóticos ou benzodiazepínicos para tratar agitação e agressividade agudas comparou fármacos quanto às alterações dos subcomponentes da escala PANSS relacionados com excitação (CE) e placebo;

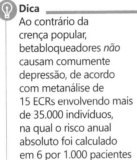

> **Dica**
> Ao contrário da crença popular, betabloqueadores *não* causam comumente depressão, de acordo com metanálise de 15 ECRs envolvendo mais de 35.000 indivíduos, na qual o risco anual absoluto foi calculado em 6 por 1.000 pacientes (Ko et al., 2002).

os resultados dessa metanálise estão resumidos na Figura 14.2 Observe que os efeitos maiores – representados por alterações médias ponderadas – foram relacionados com olanzapina, risperidona ou haloperidol + prometazina.

Por que psiquiatras não usam muito fenitoína, ou nem sequer pensam sobre isso com muita frequência, para tratar sintomas como agressividade impulsiva? Com base no Capítulo 13, sabemos que os efeitos psicotrópicos dos anticonvulsivantes são muito variados e que a maioria não se mostrou útil para ajudar a regular o humor. Fenitoína foi estudada para tratar comportamento agressivo com mais frequência do que sintomas de humor propriamente ditos, embora realmente existam estudos-piloto pequenos sugerindo sua utilidade potencial em mania e prevenção de recorrências em pacientes bipolares (p. ex., ver Bersudsky, 2006). Suas interações farmacológicas e seus diversos efeitos colaterais limitaram o entusiasmo por seu estudo mais minucioso e detalhamento do seu perfil como psicotrópico. Imaginemos a seguinte situação: um paciente agressivo-impulsivo está no serviço de emergência proferindo ameaças a todos ao seu redor. Não há tempo para diagnóstico diferencial ou leitura de artigos de revisão. Como tal situação deveria ser farmacologicamente abordada? Certamente, é útil saber qual é a doença subjacente. Agitação de um paciente com doença do lobo frontal provavelmente não melhora com benzodiazepínicos, enquanto agitação psicótica causada por fenciclidina não é tratada satisfatoriamente com antipsicóticos. Delirium tóxico provavelmente pode ser controlado razoavelmente bem com qualquer antipsicótico – exceto delirium maníaco, que é mais bem tratado com benzodiazepínicos, assim como a excitação catatônica. Ou se o paciente está agressivo porque está em abstinência alcoólica, ele deve ser tratado com benzodiazepínicos. Na realidade, é preciso esclarecer qual é o tipo de condição patológica subjacente.

Veja o Caso clínico 14.1.

BETABLOQUEADORES E AGRESSIVIDADE IMPULSIVA

Originalmente, o interesse (e a base de evidências) de usar betabloqueadores para tratar agressividade impulsiva baseou-se em literatura mais antiga (em grande parte com base em relatos de casos) avaliando indicações como traumatismo cranioencefálico, transtornos do desenvolvimento, demência e outras doenças neurológicas (p. ex., doença de Huntington). *Propranolol* (doses de até 200 mg/dia) foi o fármaco mais extensivamente estudado, mas também *nadolol*, um betabloqueador periférico de ação prolongada (doses de até 80 mg/dia). Estudos com propranolol para pacientes com ataques de raiva associados a traumatismo craniano ou doenças neuropsiquiátricas crônicas (p. ex., doença de Wilson, epilepsia ou transtornos do desenvolvimento) consistem basicamente em relatos de casos e ensaios abertos com doses de até 520 mg/dia (Yudofsky et al., 1981). Dois ensaios favoráveis controlados por placebo com nadolol em populações forenses (internos violentos) são: (a) um ensaio de 3 semanas com 80 ou 120 mg/dia administrados a 30 internos em condições variadas demonstrou melhora dos componentes "hostilidade" e "agressividade" da escala BPRS (Alpert et al., 1990); e (b) um ECR de 17 semanas com 41 internos de longa permanência com surtos de agressividade (menos surtos agressivos foram observados prospectivamente durante o período do estudo) (Ratey et al., 1992). Outro ensaio controlado por placebo com nadolol (120 mg/dia) administrado a pacientes esquizofrênicos hospitalizados detectou melhora inicial, mas por fim não havia diferença em comparação com placebo, independentemente da ocorrência ou não de acatisia (Allan et al., 1996). Vale ressaltar que um ensaio cruzado pequeno detectou

Psicofarmacologia Prática

Tabela 14.3 Antipsicóticos para tratar agressividade impulsiva.

Fármaco	Foco e desenho do estudo	Resultados principais
Aripiprazol (IM)	Revisão Cochrane de três ECRs incluindo 707 indivíduos (Ostinelli et al., 2018)	Controle mais eficaz de agitação dentro de duas horas e menos necessidade de aplicar injeções adicionais, em comparação com placebo
Asenapina	Ensaio aberto de 12 semanas com asenapina adjuvante em 50 pacientes ambulatoriais com transtorno bipolar tipo I (não sindrômico) (7% com comorbidade de transtorno de personalidade *borderline*)	Melhora comparável significativa dos escores das escalas de avaliação de agressividade e impulsividade de pacientes bipolares com comorbidade de transtorno de personalidade *borderline* (dose média = 14,8 mg/dia) ou sem comorbidade de transtorno de personalidade *borderline* (dose média = 15,3 mg/dia)
Brexpiprazol	ECR de 6 semanas sobre brexpiprazol adjuvante (3 mg/dia) ou placebo depois de falha de resposta com antidepressivo para TDM (Fava et al., 2016)	Melhora significativamente melhor de irritabilidade e raiva-hostilidade em comparação com placebo no contexto de tratamento para TDM
Cariprazina	Análises *post hoc* acumuladas envolvendo três ECRs sobre esquizofrenia (Citrome et al., 2016a)	Melhora significativamente mais expressiva do item "hostilidade" da escala PANSS com cariprazina em comparação com placebo
Clozapina	Comparação randomizada de 14 semanas entre clozapina *versus* olanzapina, risperidona ou haloperidol em 157 pacientes com esquizofrenia ou transtorno esquizoafetivo (Citrome et al., 2001)	Clozapina foi mais eficaz que outros fármacos para reduzir escores de hostilidade da escala PANSS
Iloperidona	Estudo cruzado de 13 pacientes com TDM que mostraram melhora parcial com ISRSs e receberam iloperidona adjuvante por 4 semanas (Ionescu et al., 2016a)	Nenhuma diferença significativa nas medidas de hostilidade da escala PANSS em comparação com placebo
Olanzapina	• ECR de 6 meses *versus* placebo em 28 mulheres com transtorno de personalidade *borderline* (Zanarini e Frankenburg, 2001) • Titulação rápida da dose inicial de olanzapina (40 mg VO no 1º e 2º dias; 30 mg VO no 3º dia; depois 5 a 20 mg VO por dia) em pacientes com esquizofrenia ou mania bipolar em agitação aguda (Baker et al., 2003)	Olanzapina (dose média = 5,3 mg/dia) foi significativamente mais eficaz para reduzir raiva-hostilidade Redução mais expressiva do escore de "excitação" da escala PANSS em 24 h e todas as medidas de agitação ao final do estudo, em comparação com tratamento habitual
Paliperidona	Ensaio aberto de 6 meses com doses flexíveis (dose almejada de 6 mg/dia; variação de 3 a 12 mg/dia) em 199 pacientes esquizofrênicos tailandeses	Melhora significativa do subitem "hostilidade" da escala PANSS em comparação com nível inicial
Risperidona	• ECR de 8 semanas com risperidona *versus* placebo em 1.362 pacientes esquizofrênicos (Peuskens, 1995)	Melhora mais expressiva com risperidona (dose fixa de 4 ou 8 mg/dia) no subitem "hostilidade" da escala PANSS
	• ECR de 8 semanas com risperidona *versus* placebo em 15 veteranos de guerra com TEPT (Monnelly et al., 2003)	Melhora mais expressiva da irritabilidade com risperidona (0,2 a 2,0 mg/dia)
	• ECR de 5 semanas com risperidona *versus* placebo ou haloperidol em 513 pacientes com esquizofrenia crônica (Marder et al., 1997)	Melhora mais expressiva dos indicadores de hostilidade da escala PANSS com risperidona (6 a 16 mg/dia) que haloperidol ou placebo
	• ECR de 9 semanas com risperidona *versus* haloperidol em 139 pacientes esquizofrênicos (Czobor et al., 1995)	Melhora mais expressiva dos indicadores de hostilidade da escala PANSS com risperidona (6, 10 ou 16 mg/dia) que haloperidol ou placebo

ECR, ensaio controlado randomizado; *IM*, intramuscular; *PANSS, Borderline Personality Disorder Severity Index* (Índice de Gravidade do Transtorno de Personalidade *Borderline*); *TDM*, transtorno depressivo maior; *TEPT*, transtorno de estresse pós-traumático; *VO*, via oral.

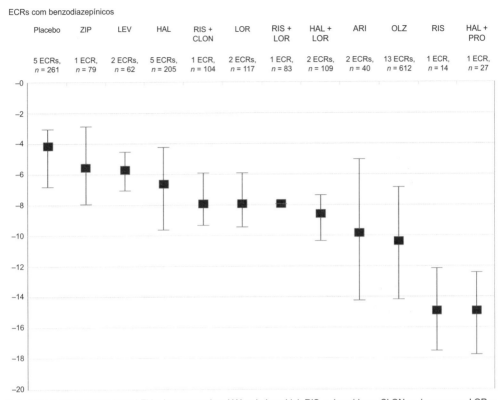

Figura 14.2 Alterações médias ponderadas da PANSS-CE em diversos ECRs com antipsicóticos e benzodiazepínicos. Adaptada de Bak et al., 2019.

efeito benéfico com pindolol (betabloqueador não seletivo e antagonista do autorreceptor 5HT$_{1A}$, conforme está descrito no Capítulo 6, Figura 6.1) usado por 11 pacientes com "comportamento impulsivo/explosivo" secundário a traumatismo cranioencefálico (Greendyke e Kanter, 1986).

Embora ainda existam dúvidas quanto ao mecanismo pelo qual betabloqueadores podem ajudar a controlar agressividade impulsiva, os efeitos do bloqueio noradrenérgico *periférico* (causado pelo nadolol) levaram à especulação de que ele reduza a estimulação do sistema nervoso autônomo, conforme está descrito no Boxe 14.2 (item "Hipótese dos marcadores somáticos").

TRANSTORNO EXPLOSIVO INTERMITENTE

Algumas vezes, transtorno explosivo intermitente (TEI) é considerado um diagnóstico firmado por exclusão em pacientes com ataques repentinos de fúria (principalmente homens jovens), que não podem ser mais bem explicados por outros transtornos psiquiátricos que limitam o controle de impulsos agressivos. Esse diagnóstico traz consigo algum grau de controvérsia quando surgem questões relacionadas com responsabilidade social ou consequências legais depois de comportamentos violentos. Conforme está descrito na Tabela 14.1, a literatura farmacológica sobre TEI é escassa e, em sua maior parte, consiste em estudos não replicados que enfatizaram principalmente a utilidade potencial dos ISRSs como fluoxetina. Algumas vezes, levanta-se a questão se um estabilizador de humor antimaníaco (p. ex., lítio ou valproato) seria preferível a um antidepressivo serotoninérgico com base nas preocupações de que os sintomas de TEI possam, em alguns casos, indicar uma diátese bipolar. Como não existem ECRs publicados comparando um estabilizador de humor antimaníaco com um ISRS, resultados alcançados com uma dessas abordagens são

Psicofarmacologia Prática

CASO CLÍNICO 14.1

Izzy é um homem de 24 anos com autismo não verbal, cujos problemas de controle de impulsos e baixa tolerância à frustração são facilmente desencadeados por variações mínimas em sua rotina diária. Além de um plano de terapia comportamental implementado pela instituição na qual ele vivia, valproato de sódio na dose de 1.500 mg/dia (concentração sérica de valproato = 74 µg/mℓ) foi usado com sucesso parcial para reduzir incidentes de "raiva explosiva descontrolada" (socos e pontapés) em resposta às frustrações. Durante uma avaliação clínica de rotina, observou-se que havia contagem baixa de leucócitos (leucometria) de 3,1 por µL com contagem absoluta de neutrófilos (CAN) de 1,7 $\times$ $10^9/\ell$ (faixa de referência normal = 1,5 a 8,0 $\times$ $10^9/\ell$). O médico ficou preocupado de que essa leucopenia discreta pudesse ser causada por valproato de sódio. Não havia trombocitopenia ou alterações das outras linhagens de células sanguíneas. Também não havia outros hemogramas completos (HCs) anteriores para comparação, nem histórico de infecções. A mãe de Izzy compartilhou a informação de que os médicos frequentemente lhe diziam que ele tinha "leucócitos baixos". Os ascendentes de Izzy não eram da África ou Oriente Médio, até onde seus pais tinham conhecimento, tornando o diagnóstico de neutropenia étnica benigna possível, mas menos provável. Depois de reduzir a dose do valproato de sódio para 1.000 mg/dia, os cuidadores de Izzy notaram agravação dos seus rompantes de raiva e perguntaram se ele poderia voltar a tomar a dose mais alta que usava antes. O HC repetido durante o período em que ele usava dose menor de valproato não foi consideravelmente melhor e o médico de atenção básica recomendou interromper o uso deste fármaco e encaminhou o paciente a um hematologista. O médico consultado recomendou substituir valproato por um ASG, mas seu psiquiatra sentia-se menos disposto a fazer isto depois de ler a revisão inquestionável publicada por Goedhard et al. (2006) sobre uso de antipsicóticos para tratar agressividade impulsiva crônica. Em vez disso, o psiquiatra optou por acrescentar lítio ao tratamento com valproato, tanto por sua utilidade potencial para controlar agressividade impulsiva, quanto por seu potencial hematopoético para compensar leucopenia, conforme está descrito no Capítulo 10.

marcante e agressividade impulsiva, mas não equiparar agressão impulsiva propriamente dita ao diagnóstico de transtorno de humor (de qualquer polaridade) como se fossem sinônimos, a menos que também haja sinais e sintomas associados de síndrome maníaca/hipomaníaca ou depressiva.

Esse grupo de fármacos não está entre as primeiras opções. E qual deveria ser: propranolol ou nadolol, ou algum outro? Qualquer um desses betabloqueadores seria uma opção viável fundamentada em evidência a ser considerada em qualquer paciente com agressividade impulsiva e TEI, problemas de conduta ou transtorno psicótico, cuja agressividade não seja controlada adequadamente com fármacos incluídos entre as primeiras opções, supondo que não haja contraindicações sistêmicas ou cardíacas ao uso destes fármacos.

Como podemos saber, então, se um betabloqueador acrescentado a um antipsicótico realmente controla agressividade agitada ou simplesmente acatisia? Nadolol é um betabloqueador periférico (sem ação central) e betabloqueadores de ação periférica como ele (ou metoprolol e atenolol) mostraram pouca eficácia na acatisia (Dupuis et al., 1987; Dumon et al., 1992) – isso fala contra a possibilidade de que acatisia seja o mecanismo subjacente à sua eficácia nos casos de agressividade agitada. Assim, deve-se evitar uso de betabloqueador para tratar agitação em pacientes asmáticos? Estudos demonstraram que nadolol desencadeia ou agrava asma branda (Hanania et al., 2008). Betaxolol é um betabloqueador b1 específico, de forma que não atua nos bronquíolos, mas não existem estudos usando esse fármaco para controlar agressividade impulsiva.

SINTOMAS OBSESSIVO-COMPULSIVOS

No DSM-V, optou-se por retirar transtorno obsessivo-compulsivo (TOC) de sua designação anterior como subtipo de transtorno de ansiedade e, em vez disso, classificá-lo como transtorno singular específico. Pensamento verdadeiramente obsessivo (em contraste com ruminações ou ilusões) e comportamentos impulsivos/compulsivos por certo incluem sintomas relacionados com ansiedade, mas o circuito neural responsável por esses fenômenos difere dos estados de hiperatividade autônoma que geralmente associamos, digamos, às fobias, pânico ou mesmo ansiedade generalizada.

eminentemente especulativos. Recomendamos que os médicos façam triagem para detectar história de mania, hipomania ou depressão em todos os pacientes com desregulação afetiva

Se transtornos de impulsividade consistem em descontrole do processamento ascendente (de baixo para cima), então o que acontece nos transtornos de compulsividade? Esses dois grupos de psicopatologia parecem refletir disfunção do processamento ascendente, mas envolvem subcomponentes de circuitos diferentes. Para entender isso, é necessário reconsiderar "rede de saliência" e circuitos corticoestriatotalamocorticais.

Vamos agora considerar com mais detalhes o circuito neural envolvido na saliência atencional e sua interação com regulação de impulsos, conforme está descrito no Boxe 14.3.

Antidepressivos serotoninérgicos ainda são fundamentais ao tratamento do TOC, embora seu impacto tenda a ser modesto e ao menos 50% dos pacientes tratados com ISRSs demonstrem respostas insatisfatórias. Uma revisão da Base de Dados Cochrane publicada em 2008 sobre 17 estudos com ISRSs administrados por 6 a 13 semanas detectou diferença média ponderada de 3,21 em comparação com placebo, mas nenhuma diferença estatisticamente significativa entre quaisquer ISRSs específicos (Soomro et al., 2008). Metanálise em rede publicada posteriormente incluiu 53 ECRs com 6.652 participantes e também demonstrou que ISRSs tiveram efeito de classe expressivo, em comparação com placebo (diferença média = –3,49; CrI de 95% = –5,12 a –1,81), acrescentando que a eficácia da clomipramina aparentemente não foi maior que outros ISRSs (diferença média de –1,23; CrI95% = –3,41 a 0,94) (Shapinakis et al., 2016). Essa última observação contrasta com o que se observou em metanálise anterior realizada 20 anos antes, que mostrou que clomipramina foi mais eficaz que fluoxetina (Stein et al., 1995a). Em geral, os tamanhos dos efeitos dos fármacos usados para tratar TOC são menores (*g* cerca de 20) que os obtidos com terapias comportamentais (inclusive terapia de exposição com prevenção de reação; *g* cerca de 40); os tamanhos dos efeitos tendem a ser maiores com a combinação de ISRS + terapia comportamental, em comparação com apenas ISRS, mas não em comparação com apenas terapia comportamental (Romanelli et al., 2014). As doses de ISRS tendem a ser mais

---

Boxe 14.3 Por que psicofarmacologistas devem se interessar pelo circuito corticoestriatotalamocortical.

Em parágrafos anteriores, mencionamos um aspecto da atenção conhecido como saliência – como sabemos que um estímulo é mais importante que muitos outros no contexto geral e como decidimos atribuir importância a um estímulo como "*digno de atenção*" em vez de outros. Prestar atenção a estímulos salientes requer que nosso cérebro iniba atenção dedicada aos estímulos menos salientes. O circuito envolvido na saliência é conhecido como *rede de saliência* e, dentro desta rede, há uma via neural reguladora específica denominada circuito corticoestriatotalamocortical (CETC). Esse circuito tem dois componentes: um ventral e outro dorsal.

Estudos de neuroimagem funcional mostraram que pacientes com transtornos de controle de impulsos (p. ex., hábito patológico de jogar) têm conectividade descendente (de cima para baixo) menor no circuito dorsal e conectividade ascendente (de baixo para cima) menor no *circuito ventral* – em contraste com pacientes altamente compulsivos (p. ex., TOC) que mostram conectividade ascendente menor no *circuito dorsal* (Parkes et al., 2019). Em outras palavras, impulsividade e compulsividade podem envolver processamento ascendente anormal, mas com mecanismos que envolvem diferentes componentes do circuito corticolímbico.

Além disso, conectividade exacerbada do circuito entre córtex orbitofrontal (COF) e núcleos da base também parece desempenhar um papel fundamental na fisiopatologia do TOC (Beucke et al., 2013). O COF recebe inervação serotoninérgica profusa do núcleo da rafe dorsal, sugerindo uma base racional possível para usar ISRSs ou outros fármacos serotoninérgicos (Roberts, 2011).

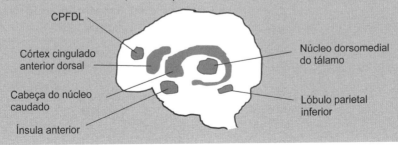

Psicofarmacologia Prática

altas para tratar TOC que TDM ou transtornos de ansiedade em geral (p. ex., escitalopram em doses de até 60 mg/dia com efeito satisfatório e nenhuma evidência de arritmia cardíaca [Rabinowitz et al., 2008]). Citalopram intravenoso (administrado diariamente, começando com 20 mg e aumentando até chegar à dose máxima de 80 mg) também se mostrou eficaz para tratar TOC resistente aos ISRSs orais (índices de resposta de quase 60% depois de 3 semanas de tratamento *open-label*) (Pallanti et al., 2002).

Por mais instigantes que sejam as informações apresentadas no Boxe 14.3, ainda se faz necessário perguntar, do ponto de vista prático, como isso ajudaria a decidir qual fármaco usar nos pacientes. Há que se pensar na relevância desse circuito mais em termos de etiologias possíveis. Um paciente com comportamento socialmente questionável – p. ex., explosões frequentes de raiva – provavelmente teria substrato básico diferente quando ocorre de forma impulsiva *versus* premeditada ou intencional. Fármacos psicotrópicos não têm muito efeito no sentido de atenuar esses comportamentos quando são intencionais em vez de impulsivos. Isso nos leva de volta às questões levantadas no Capítulo 1 com referência às especulações sobre etiologias das doenças mentais. O tratamento escolhido para um paciente com dispneia seria diferente se soubéssemos que a causa é infecção respiratória, embolia pulmonar ou obstrução por corpo estranho. Do mesmo modo, explosões de raiva onipresentes relacionadas com desregulação descendente (de cima para baixo) poderiam ser agravadas pelos efeitos desinibidores de um benzodiazepínico, mas melhorariam com um betabloqueador ou talvez com valproato de sódio.

Quais são as opções baseadas em evidências para pacientes com TOC que melhorem parcialmente com um ISRS em dose ideal? Provavelmente, a próxima intervenção mais amplamente utilizada e estudada seria acrescentar um ASG; contudo, efeitos amplos de classe no que se refere à eficácia no tratamento do TOC não estão demonstrados com certeza (provavelmente em razão de diferenças reais entre fármacos da mesma classe, em vez de estudos insuficientes com diversos fármacos disponíveis). Uma metanálise de 14 ECRs, na qual foi acrescentado um ASG depois de no mínimo 8 a 12 semanas de tratamento com ISRS, detectou tamanho de efeito global pequeno a médio ($d = 0,40$), que correspondia à redução de cerca de 10% do escore YBOCS (Veale et al., 2014). Aripiprazol foi associado ao maior tamanho de efeito (dois ECRs, $d = 1,11$), seguido de risperidona (cinco ECRs, $d = 0,53$), enquanto nem quetiapina nem olanzapina diferiram significativamente de placebo (ver Tabela 14.4).

Como foi descrito no Capítulo 6 (Tabela 6.2), combinações de clomipramina com ISRS são até certo ponto controvertidas porque existe risco teórico de desencadear síndrome serotoninérgica e também inibição farmacocinética do metabolismo da clomipramina, que exigiria monitoramento cuidadoso dos seus níveis séricos. Dito isto, com base das evidências disponíveis, em pacientes com TOC que não melhoraram com ISRS:

- Clomipramina adjuvante (25 a 75 mg/dia) com fluoxetina foi bem tolerada e mais eficaz que tratamento com quetiapina + fluoxetina (Dinz et al., 2011)
- Clomipramina + citalopram foram mais eficazes que apenas este último ao longo de 90 dias, quando foram usados por pacientes ambulatoriais com TOC resistente a outros tratamentos (lembre-se que citalopram, que inibe a enzima CYP2D6, mas não outras isoenzimas de CYP450, não altera os níveis de clomipramina porque esta última não é metabolizada por CYP2D6) (Pallanti et al., 1999)
- Uma série de casos *open-label* ($n = 7$) nos quais clomipramina foi acrescentada por 5 a 22 meses ao tratamento com fluvoxamina, paroxetina ou sertralina em jovens com TOC mostrou eficácia clínica, mas detectou dois casos de prolongamento do intervalo QTc do ECG (Figueroa et al., 1998).

Com base em ECRs, outras estratégias adotadas para pacientes com TOC resistente a outros tratamentos são as seguintes:

Gabapentina adjuvante. Uma pequena série de casos inicial incluiu 5 pacientes com TOC que tiveram resposta parcial à fluoxetina e demonstrou melhora significativa depois de acrescentar gabapentina (dose média = 2.520 mg/dia em 6 semanas) (Corá-Locatelli et al., 1998). Contudo, um ECR subsequente de grande porte ($n = 99$) não detectou qualquer vantagem (em comparação com placebo) em acrescentar gabapentina ao esquema de tratamento vigente com fluoxetina para tratar TOC resistente a tratamento (Farnia et al., 2018).

Lamotrigina adjuvante. Em um ensaio de 16 semanas sobre acréscimo duplo-cego, lamotrigina ($n = 33$) foi mais eficaz que placebo para reduzir sintomas em geral e escores

338

Capítulo 14 • Transtornos de Impulsividade, Compulsividade e Agressividade

Tabela 14.4 Bases de evidência dos tratamentos farmacológicos para transtorno de escoriação da pele.

Fármaco	Desenho do estudo	Resultados
ISRSs		
Escitalopram	Ensaio aberto de 18 semanas (*n* = 29), dose máxima média de 25 mg/dia (Keuthen et al., 2007)	Redução significativa dos comportamentos de escoriação da pele em comparação com nível basal
Fluoxetina	Ensaio pequeno (*n* = 21) de 10 semanas controlado por placebo, dose média = 55 mg/dia (Simeon et al., 1997) Ensaio aberto pequeno (*n* = 15) de 6 semanas, seguido de mais 6 semanas de continuação em grupos randomizados com fármaco e placebo (dose almejada = 60 mg/dia) (Bloch et al., 2001)	Reduções mais expressivas do comportamento de escoriação da pele com fluoxetina que placebo 8/15 melhoraram inicialmente na fase aberta; todos os que foram distribuídos randomicamente para continuar tratamento com fluoxetina mantiveram esta melhora
Fluvoxamina	Ensaio aberto pequeno (*n* = 14) de 12 semanas (Arnold et al., 1999)	Todos os indivíduos tiveram melhoras na "ocorrência de sensações cutâneas, aspecto e lesões da pele, comportamentos referidos à pele, controle sobre comportamento de escoriação da pele e avaliação global"
Sertralina	Ensaio aberto com 28 pacientes, dose média = 95 mg/dia (Kalivas et al., 1996)	19/28 (68%) tiveram redução significativa das lesões cutâneas abertas
***N*-acetilcisteína (NAC)**	Ensaio de 12 semanas controlado por placebo envolvendo dois centros de pesquisa (*n* = 66; dose média = 1.200 a 3.000 mg/dia) (Grant et al., 2016)	Reduções significativamente mais expressivas dos escores das escalas YBOCS e impressões globais com NAC em comparação com placebo
Anticonvulsivantes		
Lamotrigina	Um ensaio aberto pequeno (*n* = 24) (Grant et al., 2007); um ECR de 12 semanas com 32 adultos (doses de 12,5 a 300 mg/dia) (Grant et al., 2010)	Melhora significativa no ensaio aberto, mas nenhuma diferença significativa em comparação com placebo no ECR – embora análises exploratórias *post hoc* tenham sugerido possível efeito benéfico em pacientes com flexibilidade cognitiva reduzida
Topiramato	Ensaio aberto pequeno (*n* = 10) com doses de 25 a 200 mg/dia (Jafferany e Osuagwu, 2017)	Reduções significativas do tempo despendido em atividade de escoriar a pele, ansiedade e depressão em comparação com níveis basais
Antagonistas opioides	Relatos de casos isolados usando naltrexona na dose de 50 mg/dia	Melhora clínica referida como resultado qualitativo em casos isolados

ECR, ensaio controlado randomizado; *YBOCS*, Escala de Yale Brown para TOC (*Yale Brown OCD Scale*).

YBOCS (subcomponentes "obsessivo" e "compulsivo") (Bruno et al., 2012).

Topiramato adjuvante. Um estudo de 12 semanas controlado por placebo sobre acréscimo de topiramato ao esquema terapêutico com ISRSs (dose média de topiramato = 177,8) resultou em redução significativa das compulsões, mas não das obsessões (Berlin et al., 2011).

Mirtazapina. Em um ensaio aberto de 12 semanas, tratamento com dose inicial de 30 mg/dia, depois aumentada conforme a tolerância até 60 mg/dia, resultou em melhora imediata de 16/30 indivíduos (53,3%); randomização subsequente para tratamento de manutenção por 8 semanas demonstrou deterioração significativamente maior com placebo que mirtazapina (Koran et al., 2005).

Memantina adjuvante. Geralmente administrada na dose de 20 mg/dia, de acordo com uma metanálise de oito estudos (quatro ECRs; *n* = 125), a eficácia da memantina adjuvante em comparação com placebo resultou em aumento de 3,6 vezes na probabilidade de resposta e reduçãomédia de 11,7 pontos nos escores da escala YBOCS com NNT = 1,6 (Modaressi et al., 2019). Todos esses estudos foram realizados no Irã e aguardam replicação em indivíduos selecionados de outras partes do mundo.

> **Lembrete**
>
> Ter em mente que ensaios individuais de prova de conceito, especialmente quando se referem a um único local de pesquisa, precisam ser replicados antes que seus resultados possam ser considerados generalizáveis ou algo mais que provisórios.

Riluzol adjuvante. Outro fármaco supostamente antiglutamatérgico (embora também seja um dos que falharam lamentavelmente nos ECRs sobre DRT, conforme foi mencionado no Capítulo 13), riluzol na dose de 50 mg 2 vezes/dia mostrou-se superior a placebo quando foi acrescentado ao tratamento com fluvoxamina (20 mg/dia) de um grupo de 50 pacientes iranianos com TOC (Emamzadehfard et al., 2016).

Antagonistas do receptor $5HT_3$ usados como adjuvantes. Ondansetrona (8 mg/dia) foi mais eficaz que placebo em um grupo de 46 pacientes iranianos com TOC, que não tinham melhorado com fluvoxamina na dose de 200 mg/dia (Heidari et al., 2014), enquanto granisetrona na dose de 1 mg 2 vezes/dia foi superior a placebo em 42 pacientes iranianos com TOC tratados por 8 semanas, dentre os quais houve remissão na maioria dos casos (90%) e melhora evidente nos dois subcomponentes (obsessivo e compulsivo) da escala YBOCS (Askari et al., 2012).

Amantadina adjuvante. Em um ECR de 12 semanas com 100 pacientes iranianos com TOC, o acréscimo de amantadina (um agonista de dopamina) na dose de 100 mg/dia ao tratamento com fluvoxamina na dose de 200 mg/dia resultou em escore total da escala YBOCS e escores subtotais do subcomponente "obsessão" significativamente menores quando comparados com placebo (Naderi et al., 2019).

Dextroanfetamina. Depois da publicação dos resultados positivos de um ensaio cruzado pequeno ($n = 12$) (Insel et al., 1983) e de uma comparação randomizada pequena ($n = 11$) com placebo (eficácia maior que a observada com metilfenidato na dose de 40 mg/dia) (Joffe et al., 1991), os índices de resposta alcançados em um ECR ligeiramente maior ($n = 24$) com dextroanfetamina (30 mg/dia) depois de insucesso com ISRS ou IRSN não foram diferentes dos observados com cafeína na dose de 300 mg/dia (índices de 50% e 58%, respectivamente) (Koran et al., 2009).

Qual é base racional para usar d-anfetamina no tratamento de TOC? Possivelmente, estimulação mais acentuada dos receptores D1 do córtex pré-frontal (CPF), resultando em melhoras da atenção e memória operacional com mudança mais favorável no sentido da redução dos pensamentos intrusivos.

TRANSTORNO DE ESCORIAÇÃO DA PELE

Escoriação patológica intencional da pele também é conhecida como transtorno de escoriação da pele (*skin-picking*, em inglês) ou escoriação psicogênica. Isso pode incluir ações como arranhar, raspar, arrancar ou espremer a pele. Estudos nessa área tendem a medir resultados com base em escalas YBOCS modificadas, definindo o comportamento de escoriação da pele basicamente como compulsão. A Tabela 14.4 apresenta um resumo dos ensaios clínicos publicados na literatura. Vale ressaltar que metanálise dos ensaios que usaram ISRSs detectou melhora significativa global com tamanho de efeito grande ($g = 0,98$) (Schumer et al., 2016). Outra metanálise de nove ensaios clínicos também relatou tamanho de efeito grande com todos os tratamentos considerados coletivamente ($g = 1,19$), especialmente ISRSs ($g = 1,09$) ou lamotrigina ($g = 0,98$) (Selles et al., 2016).

TRICOTILOMANIA

ISRS ou clomipramina é considerada primeira opção de tratamento para comportamento de arrancar pelos/cabelos compulsivamente, que foi definido por alguns autores como variante do TOC e por outros como um comportamento repetitivo diferente do TOC envolvendo movimentos estereotipados. Entretanto, a base de dados empíricos sobre tratamento farmacológico é limitada e, com base na literatura disponível, os dados reais são mais convincentes a favor de clomipramina que ISRSs ou ADTs predominantemente noradrenérgicos (p. ex., desipramina). Dois ECRs pequenos estudaram clomipramina ($n = 13$ com dose média de 180,8 mg/dia; e $n = 14$ com dose média de 120 mg/dia, respectivamente) e relataram reduções significativamente mais expressivas do comportamento de arrancar cabelos/pelos que se observou com desipramina (doses médias de 173,1 mg/dia e 135 mg/dia, respectivamente) (Swedo et al., 1989; Leonard et al., 1999). Outro ECR usou dose um pouco menor de clomipramina (dose média = 116,7 mg/dia) e detectou melhoras comparáveis às obtidas com terapia cognitivo-comportamental (Ninan et al., 2000b). Dois ensaios de desenho cruzado randomizados independentes (ambos com menos de 20 indivíduos estudados) com fluoxetina em doses de até 80 mg/dia não demonstraram diferença no comportamento de arrancar cabelos/pelos em comparação com placebo (Christenson et al., 1991; Streichenwein e Thornby, 1995).

Entre os ECRs mais convincentes sobre tratamento de tricotilomania com fármacos não serotoninérgicos está um ensaio de 12 semanas controlado por placebo com N-acetilcisteína (NAC, 1.200 a 2.400 mg/dia), que resultou em reduções significativamente mais expressivas do comportamento de arrancar cabelos/pelos, em comparação com placebo ("melhorou muitíssimo" ou "melhorou muito" foi referido por 56% dos indivíduos tratados com NAC em comparação com 16% dos que usaram placebo) (Grant et al., 2009a). Também há um ECR negativo publicado sobre uso de naltrexona, embora os autores tenham demonstrado que a flexibilidade cognitiva aumentou mais com este fármaco que com placebo (Grant et al., 2014). Resultados de estudos-piloto também sugeriram utilidade potencial de olanzapina ou dronabinol (este último baseado na premissa de um suposto efeito antiglutamatérgico) (Grant et al., 2011). Uma revisão publicada por Sani et al. (2019) também encontrou ensaios isolados de prova de conceito com inositol, lamotrigina e olanzapina.

AUTOLESÃO NÃO SUICIDA (ALNS) E COMPORTAMENTOS AUTOLESIVOS (CALs)

Causar deliberadamente lesões na própria pele ou outros tecidos do corpo sem intenção de morrer é uma forma complexa de psicopatologia, que transcende limites diagnósticos. Comportamentos autolesivos podem incluir ações como cortar, golpear, arranhar, queimar e bater com a própria cabeça. Em casos raros, comportamento de ALNS é simplesmente um elemento que compõe o conjunto definível de uma síndrome psiquiátrica mais ampla (assim como tosse com pneumonia, ou insônia com depressão), na qual tratamento abrangente da síndrome mais ampla provavelmente causa melhora dos sintomas complementares. ALNS é encontrada frequentemente no autismo e em transtornos do desenvolvimento semelhantes; também foi descrita em pacientes com bulimia; e indivíduos com histórias de trauma são mais suscetíveis às lesões autoinfligidas – vale ressaltar que ALNS e CALs são observados frequentemente como esforços de autoatenuar sofrimento emocional de pacientes com transtorno de personalidade *borderline*. Abordagens cognitivo-comportamentais ao controle de impulsos autodestrutivos frequentemente são considerados fundamentais ao tratamento, enquanto fármacos desempenham função mais subsidiária.

Coletivamente, ALNS e CALs talvez sejam um exemplo tão convincente quanto qualquer outro de fenômenos psiquiátricos para quais praticamente não há bases de evidências quanto ao tratamento farmacológico indicado. A maior parte dos estudos publicados nessa área consistem em ensaios abertos pequenos ou relatos de casos, a partir dos quais realmente não se pode tirar quaisquer conclusões quanto às abordagens terapêuticas recomendadas. Com essa ressalva em mente, a Tabela 14.5 resume as informações existentes sobre bases racionais e uso de determinados fármacos psicotrópicos para tratar ALNS e CALs.

OUTROS TRANSTORNOS DO CONTROLE DE IMPULSOS

Comportamentos sexuais compulsivos, cleptomania e compras compulsivas (condição também conhecida como oniomania) foram analisados coletivamente de forma a incluí-los no DSM-V no subtítulo "dependências comportamentais", mas não foram incluídos desta maneira. Há uma interface nosológica evidente entre comportamentos compulsivos e dependências, na qual conceitos de motivação baseada em *gratificação* ou *alívio* adquirem importância especial como princípios organizadores necessários ao entendimento desse comportamento. Esses problemas (além de outras dependências comportamentais, como jogo patológico) são analisados com mais detalhes no Capítulo 18. Na presente seção, veremos a utilidade dos tratamentos farmacológicos em condições específicas como compras compulsivas, acumulação e cleptomania.

Transtorno de compras compulsivas

Também conhecido como comportamento de comprar compulsivamente, essa condição

Psicofarmacologia Prática

patológica ainda não tem posição diagnóstica definida na nosologia psiquiátrica convencional, mas ainda assim é considerada um transtorno clínico definível relacionado com impulsividade/compulsividade descontrolada com motivação baseada na busca por alívio de problemas de humor, estresse e autoestima (Lejoyeux e Weinsten, 2010). Um ensaio aberto de 8 semanas com citalopram (doses de até 60 mg/dia), seguido de uma fase de descontinuação randomizada controlada por placebo por 9 semanas com 24 indivíduos, demonstrou melhora inicial significativa com base nos escores da escala YBOCS adaptada (63% preencheram os critérios de "respondentes") e, em seguida, índice significativamente menor de recidivas com manutenção de citalopram que placebo (Koran et al., 2003). Por outro lado, dois ensaios pequenos controlados por placebo sobre compras compulsivas avaliaram fluvoxamina (doses de até 300 mg/dia) e

Tabela 14.5 Tratamentos farmacológicos para autolesão não suicida e comportamentos autolesivos.

Fármaco	Bases racionais	Base de evidência
Antagonista opioide (naltrexona) ou agonistas opioides parciais (p. ex., buprenorfina)	Suposta desregulação do sistema opioide endógeno (p. ex., pacientes com ALNS mostram níveis baixos de betaendorfina e metencefalina no LCR (Stanley et al., 2010)	Séries abertas de casos com naltrexona (n = 5, dose de 50 ou 100 mg/dia) mostraram "frequência diária reduzida de pensamentos autodestrutivos" ao longo de 3 semanas (Sonne et al., 1996) e em um relato de caso de uma mulher com transtorno de personalidade *borderline*, na qual o comportamento de "cortar-se" não havia melhorado antes com vários psicotrópicos combinados (Agarwal et al., 2011)
ASGs	Disfunções serotoninérgica e dopaminérgica podem contribuir para agressividade impulsiva	• Aripiprazol: um ECR de 8 semanas (15 mg/dia) – redução mais expressiva do estado-traço de expressão de raiva, mas nenhuma diferença quanto à frequência dos episódios de ALNS em comparação com placebo (Nickel et al., 2006) • Relatos anedóticos de casos e ensaios abertos pequenos (n < 10) sugerem possível utilidade de ziprasidona (doses de 40 a 80 mg/dia), risperidona, clozapina (até 800 mg/dia) e olanzapina (até 22 mg/dia) (revisados por Wollweber et al., 2015). Outros relatos sugeriram que tratamento com ASGs de adultos intelectualmente incapacitados seja mais eficaz para melhorar agressividade, mas não CALs (Ruedrich et al., 2008)
ISRSs	Principalmente extrapolação direta de disfunção serotoninérgica central a partir de observações gerais sobre traço impulsivo, agressividade e tendência ao suicídio	• Fluoxetina (20 a 40 mg/dia) por mais de 3 meses em 21 adultos com retardo mental grave conseguiu melhora acentuada dos CALs em cerca de dois terços dos casos (Markovitz, 1992) • Ensaio aberto com fluoxetina (dose de até 80 mg/dia) em 12 pacientes com automutilação e transtorno de personalidade *borderline* ou esquizotípica mantidos em tratamento por 1 semanas mostrou redução significativa do comportamento de cortar-se em 10/12 indivíduos (houve redução de quase 75% no número de episódios de automutilação) (Markovitz et al., 1991) • Ensaio aberto de 1 ano com sertralina em doses altas (dose média = 322 mg/dia) mostrou redução significativa do número de episódios de autolesão por semana (Markovitz, 1995)
Anticonvulsivantes	Inibição gabaérgica da excitação neuronal anômala	Dois estudos abertos com pacientes bulímicos demonstraram que oxcarbazepina em doses de 1.200 a 1.500 mg/dia reduziu significativamente comportamentos de bater a cabeça, perfurar-se, queimar-se e automutilar-se (Cordás et al., 2006)

ALNS, autolesão não suicida; *ASG*, antipsicótico de segunda geração; *CALs*, comportamentos autolesivos; *ECR*, ensaio controlado randomizado; *ISRS*, inibidor seletivo de recaptação de serotonina; *LCR*, líquido cefalorraquidiano.

não detectaram diferença em comparação com placebo: o primeiro foi um ECR de 9 semanas com 23 indivíduos e dose média de 220 mg/dia (Black et al., 2000) e o segundo um ECR de 13 semanas com 37 indivíduos e dose média de 215 mg/dia (Ninan et al., 2000a).

Acumulação compulsiva

Embora seja considerada conceitualmente diferente do TOC (ou, possivelmente, uma variante deste transtorno), estudos de farmacoterapia para comportamento de acumulação compulsiva ou patológica enfatizaram principalmente a utilidade dos antidepressivos serotoninérgicos, especialmente em pacientes com TOC e manifestações marcantes de acumulação compulsiva. Um ensaio aberto com paroxetina (dose média = 41,6 mg/dia) administrada a 79 pacientes com TOC (dentre os quais 32 tinham transtorno de acumulação compulsiva) demonstrou melhora significativa, independentemente da existência ou não de acumulação patológica, embora com tolerabilidade global pior (Saxena et al., 2007). Estudos dedicados a avaliar especificamente transtorno de acumulação patológica (sem diagnóstico de TOC) limitam-se a dois ensaios abertos pequenos. No primeiro, uma pequena série de casos ($n = 4$) avaliou metilfenidato XR (dose média = 50 mg/dia) com base nas hipóteses de que o comportamento de acumulação compulsiva seja causado por desatenção; três dos quatro indivíduos mostraram melhora da atenção (com base em uma tarefa de desempenho contínuo), mas reduções apenas modestas dos sintomas de acumulação (Rodriguez et al., 2013). O segundo estudo avaliou venlafaxina XR em 24 indivíduos (dose média = 204 mg/dia) e demonstrou melhora significativa (32 a 36%) em comparação com nível basal em várias medidas de avaliação autorreferida de comportamento de acumulação (Saxena e Sumner, 2014).

Cleptomania

Em geral, há uma separação tênue entre atos agressivos impulsivos *versus* premeditados; roubar é um bom exemplo. Imagine alguém que rouba coisas porque se sente no direito de obter recompensas que não são suas por direito e não sente remorso por prejudicar a vítima e, pelo contrário, vê a situação como um desafio social. Compare esse primeiro caso com alguém vencido por um desejo forte e irresistível de pegar coisas que não são suas, ainda que não necessariamente as queira ou necessite delas, mas depois do ato consumado sente-se envergonhado e culpado. No grupo do meio podem estar aqueles que pegam coisas que não lhes pertencem, mas que agem impulsivamente apenas quando têm oportunidade de fazê-lo. Cleptomania é um transtorno complexo de controle dos impulsos e comportamento de gratificação, que frequentemente está associado a comorbidades como transtornos de humor, transtornos da personalidade e dependências, para as quais não existem tratamentos farmacológicos definitivamente padronizados. Estudos-pilotos sugeriram utilidade potencial da naltrexona: um ECR de 8 semanas usou doses de até 150 mg/dia (dose média = 116,7 mg/dia) e demonstrou reduções significativamente mais acentuadas dos comportamentos e desejo irrefreável de roubar em comparação com placebo, também com tolerabilidade satisfatória (Grant et al., 2009b). Antidepressivos serotoninérgicos também poderiam ser úteis quando se entende que cleptomania é um transtorno de controle dos impulsos, embora sua base de evidência seja escassa: escitalopram em doses de 10 a 20 mg/dia alcançou índice de resposta alto durante a fase de tratamento *open-label*, mas não houve diferença em comparação com placebo ao longo da fase randomizada subsequente de prevenção de recorrência por 17 semanas (Koran et al., 2007).

14 Psicofarmacologia Prática

🏠 Pontos importantes e tarefas para casa

- Em alguns casos, mas nem sempre, impulsividade e compulsividade são lados opostos da mesma moeda (ou seja, muitas vezes são evidentes no mesmo paciente) e podem ocorrer em diversos transtornos mentais
- Problemas com impulsividade/compulsividade podem ser elementos fundamentais de algumas doenças mentais (p. ex., TOC e transtorno explosivo intermitente), mas em outros casos podem representar dimensões ou elementos de outros distúrbios mentais mais amplos como transtornos de ansiedade e humor, dependências, demência e transtornos da personalidade
- Agressividade pode ou não colorir o quadro clínico de transtorno de controle dos impulsos. Tratamentos farmacológicos são diferentes e dependem do reconhecimento de quando há uma condição abrangente, na qual impulsividade/compulsividade/agressividade são basicamente subcomponentes de uma síndrome mais ampla (p. ex., antipsicóticos para tratar psicose ou mania; propranolol ou nadolol para agressividade impulsiva de pacientes com TBI ou esquizofrenia; lamotrigina ou valproato de sódio para transtorno de personalidade *borderline*; aripiprazol acrescentado ao tratamento com ISRSs para TOC resistente ao tratamento)
- Impulsividade/compulsividade/agressividade podem ser fenômenos isolados, nos quais tratamentos dirigidos a sintomas específicos podem ser apropriados (p. ex., betabloqueadores, *N*-acetilcisteína para tricotilomania, naltrexona para cleptomania)
- Tratamentos farmacológicos estruturados (e outras intervenções não farmacológicas, inclusive *biofeedback* e meditação de atenção plena), que não foram revisados neste capítulo, também oferecem abordagens importantes ao controle comportamental de transtornos do controle de impulsos e sinais e sintomas de hiperatividade autônoma associada, com resultados potencialmente sinérgicos aos do tratamento farmacológico.

15 Psicoses

Objetivos de aprendizagem

- Entender a relação entre tratos dopaminérgicos específicos e sintomas positivos ou negativos de pacientes psicóticos e sua regulação "superior" pelo circuito glutamatérgico cortical
- Compreender a inter-relação de 5HT$_{2A}$ e circuitos de DA relevantes ao tratamento farmacológico das psicoses
- Debater a utilidade potencial dos antipsicóticos para reverter rigidez cognitiva, alternância cognitiva limitada e outros componentes relacionados com disfunção executiva
- Descrever a base de evidências e possíveis relações de risco-benefício de usar antipsicóticos em doses altas
- Entender indicações e questões logísticas dos antipsicóticos intramusculares de ação curta ou longa
- Reconhecer estratégias baseadas em evidência de ampliar tratamento com antipsicóticos e base de dados que estabelecem prós e contras de combinar vários antipsicóticos
- Descrever as dificuldades do tratamento farmacológico para disfunção cognitiva associada à esquizofrenia
- Conhecer questões e controvérsias quanto a segurança, eficácia e necessidade de tratamento farmacológico de longa duração com antipsicóticos.

O neurótico tem problemas. O psicótico tem soluções.

Thomas Szasz

Essa avaliação do psiquiatra Thomas Szasz quanto à natureza fundamental das psicoses ressalta a profundidade de crenças-convicções e a rigidez cognitiva com as quais opiniões e percepções falsas são defendidas. Os objetivos do tratamento farmacológico das psicoses podem abranger alguns domínios: antipsicóticos podem *abrandar a rigidez cognitiva* e *atenuar a intensidade* de crenças e percepções falsas (sem necessariamente tornar as percepções mais precisamente conformadas à realidade objetiva); podem reduzir o *nível de angústia ou agitação* associada à psicose (também sem alterar necessariamente a imprecisão com que o indivíduo sustenta crenças e percepções falsas imutáveis); podem melhorar o *discernimento social* (de forma que o indivíduo possa adquirir consciência suficiente ou mesmo *insight* real para reconhecer quando e com quem deve ou não conversar sobre fenômenos psicóticos); podem *impor ordem à forma de pensar* para que o indivíduo siga um processo mais linear (se não lógico) pelo qual possa tirar conclusões; ou, em alguns casos, antipsicóticos podem realmente *alterar percepções distorcidas* e possibilitar maior

concordância entre realidade exterior e aquilo que o indivíduo percebe interiormente como realidade.

Com base em uma abordagem predominantemente neurocognitiva ao entendimento desses objetivos gerais do tratamento, vejamos com mais detalhes o conceito de cognição "de cima para baixo/de baixo para cima" conforme está ilustrado na Figura 14.1 do capítulo anterior. Considerando a hipótese de que estruturas préfrontais (executivas) e límbicas (emocionais) trabalham arduamente para manter o equilíbrio e a homeostasia entre cognição "fria" e "quente", respectivamente (*i. e.*, funcionamento normal do circuito corticolímbico), podemos imaginar as consequências mais amplas quando este circuito distorce claramente percepções e avaliação da realidade.

Todos nós anulamos ao menos momentaneamente a avaliação da realidade quando vemos uma ilusão de óptica pela primeira vez, ou quando somos enganados por um truque de mágica, cujos efeitos contradizem nossas regras interiorizadas de realidade física. Por fim, alguma coisa ativa nossa capacidade interior de

Psicofarmacologia Prática

realinhar nossa percepção subjetiva com a realidade externa objetiva e, então, geralmente nos sentimos estúpidos (a menos que não consigamos encontrar esta afirmação interior). Quando duvidamos de nossas percepções ou nosso cérebro percebe distorcidamente ideias ou sensações, geralmente confiamos em outras opiniões como teste de verificação ("Você ouviu isso?", "Você sentiu o cheiro de alguma coisa queimando?'). O comportamento de manipular pessoas com intuito de enganar/dominar (*gaslighting*, em inglês) ocorre quando alguém em quem confiamos como validador externo de nossa percepção interior de realidade contradiz deliberadamente (e geralmente com intuitos malévolos) nossa experiência interior de realidade objetiva. Nesse ponto, o equilíbrio idealizado entre cognição "quente" e "fria" fica abalado e um ou outro sistema tende a assumir controle.

> ## Curiosidades
>
> "Gaslight" (À Meia Luz") é uma peça de teatro lançada em 1938 e mais tarde transformada em filme, no qual o sinistro Charles Boyer tentava diabolicamente convencer sua esposa (encenada por Ingrid Bergman) de que ela estava enlouquecendo por meio de ações que invalidavam e distorciam a realidade de suas percepções e experiências do dia a dia – tudo na tentativa de conseguir controle legal de suas finanças. A tal ponto de aproveitar-se rotineiramente das intenções benévolas de parte dos familiares como cúmplices de suas estórias.

Cognição "fria" possibilita que raciocínios lógicos prevaleçam, permitindo-nos vetar evidências que possam apoiar ou refutar uma hipótese. Essa é a base fundamental da terapia cognitiva. ("Certamente é possível que você não tenha conseguido emprego porque eles tinham preconceito contra você, mas existiriam outras explicações para isso?") Ou, em nosso caso, julgar relação de causa e efeito farmacológico – por exemplo, quando precisamos decidir se uma sensação física provavelmente é efeito adverso de um fármaco. ("Certamente é possível que paracetamol possa agravar febre, mas considere que a explicação mais provável é ele possa simplesmente ser ineficaz contra a doença que a causou.")

Por outro lado, a cognição "quente" assume controle do processo suplantando a lógica e plausibilidade. Uma ameaça à segurança básica e ao sentimento de bem-estar fundamental do indivíduo ativa esse circuito cognitivo "quente",

mesmo que simplesmente por motivos evolutivos para preservar tanto o indivíduo quanto sua espécie. Seja por meio de hiperatividade do sistema nervoso autônomo (ativação da reação límbica de luta ou fuga e uma postura de autoproteção para evitar perigos) ou simplesmente por supressão dos processos executivos pré-frontais com ativação exagerada do circuito emocional "de baixo para cima" (gritando "Pega Ladrão!" em meio à multidão, ou "Fogo!" em uma sala de cinema, geralmente com anulação da deliberação cognitiva "fria"), a precisão factual dá lugar à urgência quando ameaças à sobrevivência são suficientemente fortes. Esse tipo de reação é uma adaptação evolucionária: não há tempo suficiente para considerar cuidadosamente a validade de uma possível ameaça e, ao mesmo tempo, garantir a sobrevivência da espécie.

A reação de luta ou fuga desencadeada pela cognição "quente" parece originar-se da hiperativação dopaminérgica do circuito mesolímbico. Especialmente amígdala e hipocampo parecem desempenhar um papel fundamental na detecção de alterações do ambiente e consolidação de memórias com alta carga emocional (Blackford et al., 2010). Como se pode observar na Figura 15.1, que ilustra uma ampliação da imagem apresentada na Figura 14.1 do Capítulo 14, hiperatividade desse circuito pode causar hiperativação do sistema nervoso autônomo e contribuir diretamente para agitação, psicose, mania e estados semelhantes de hiperexcitação.

> ## Factoide
>
> Paul Broca cunhou a expressão *"le grand lobe limbique"* ("limbo" significa "borda", expressando a configuração curva do córtex). Os subcomponentes estruturais exatos desse "lobo" têm sido debatidos ao longo do tempo. Seu papel no processamento emocional foi descrito por James Papez (razão pela qual também é referido algumas vezes como "circuito de Papez").

Tratamentos farmacológicos que objetivam principalmente reduzir ansiedade e agitação, inclusive hipnótico-sedativos (p. ex., benzodiazepínicos), poderiam literalmente "frear" a estimulação autônoma originada do circuito mesolímbico hiperativo, mas isto pode não ser sinônimo de reduzir o sentimento percebido de ameaça. O Boxe 15.1 esclarece a diferença entre "medo" e "ansiedade" no que se refere aos supostos circuitos neurais envolvidos e opções de tratamento farmacológico.

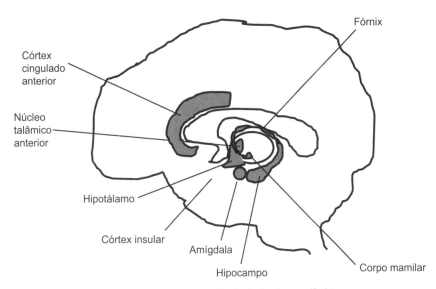

Figura 15.1 Componentes principais do sistema límbico.

Boxe 15.1 Medo *versus* ansiedade.

> Alguns especialistas enfatizam que *medo* (uma reação visceral primária a uma ameaça imediata) atua no circuito dopaminérgico límbico, enquanto *ansiedade* (uma condição de risco menos iminente à segurança básica e ao bem-estar que, de certa forma, é um processo deliberativo *exagerado* de ponderar riscos e implicações) pode depender mais do circuito serotoninérgico. Modulação da dopamina pode ser mais diretamente relevante ao circuito do medo que no caso de "apenas" ansiedade e preocupação. O DSM-V também descreve medo como "reação emocional a uma ameaça iminente real ou percebida", enquanto ansiedade é "antecipação de uma ameaça futura". Medo é entendido como reação cognitiva básica bem definida, que envolve processamento visual, enquanto preocupação tende a ser um fenômeno cognitivo mais complexo baseado em experiências aprendidas e processamento mais verbal que visual.

Antipsicóticos podem ser especialmente úteis quando há disfunção do circuito antimedo em vez do circuito antiansiedade. Antagonistas D_2 "puros" podem ser uma opção mais direta que benzodiazepínicos para reduzir hiperatividade dopaminérgica originada do circuito cognitivo "quente", mas trazem o risco de também hiporregular outros tratos dopaminérgicos (tuberoinfundibular ou nigroestriatal) que podem sofrer danos colaterais, ou podem estar basicamente hipotônicos e necessitar de hiper-regulação (p. ex., circuito dopaminérgico mesocortical no contexto de sintomas negativos). Agonistas parciais dos receptores D_2/D_3 (i. e., aripiprazol, cariprazina e brexpiprazol) representam um refinamento dos antagonistas D_2 "puros" tradicionais porque funcionam mais como um reostato, que modula o tônus dopaminérgico de acordo com a atividade funcional dopaminérgica local. A teoria do agonismo dopaminérgico parcial afirma que agonistas parciais dos receptores D_2/D_3 poderiam aumentar seletivamente o tônus dopaminérgico nas áreas em que está baixo (i. e., circuitos mesocorticais) e reduzi-lo nas áreas em que está alto (i. e., circuitos mesolímbicos). Em outras palavras, imagine administrar um antagonista ávido pelo receptor D_2 (p. ex., haloperidol) com um agonista pleno de receptor D_2 (p. ex., metilfenidato) e esperar que o bloqueador D_2 de alguma forma tenha seletividade regional ligando-se ao circuito cerebral mesolímbico hiperativo (sem suprimir estado vígil e atenção bloqueando os tratos dopaminérgicos mesocorticais) e, ao mesmo tempo, esperar que o agonista de DA (metilfenidato) tenha ação agonista seletiva no circuito mesocortical, mas não nos circuitos mesolímbicos. Agonismo parcial regula esse equilíbrio de acordo com o tônus dopaminérgico regional vigente.

A Figura 15.2 ilustra os quatro tratos dopaminérgicos principais do encéfalo: *circuitos mesocorticais* e *mesolímbicos* regulam, respectivamente, processamento atencional/funções executivas e processamento emocional.

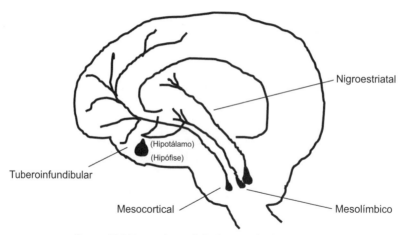

Figura 15.2 Tratos dopaminérgicos cerebrais principais.

Bloqueadores de dopamina podem causar danos colaterais aos tratos *tuberoinfundibular* (regulação da prolactina) e *nigroestriatal* (regulação da atividade extrapiramidal), visto que: (a) DA liberada tonicamente pelo hipotálamo inibe secreção de prolactina pela adeno-hipófise (por esta razão, bloqueadores de DA frequentemente causam hiperprolactinemia); e (b) projeções dopaminérgicas entre substância nigra e sistema extrapiramidal inibem tonicamente a liberação de acetilcolina; bloqueio farmacológico das projeções dopaminérgicas nigroestriatais causa parkinsonismo porque permite a liberação de quantidades excessivas de acetilcolina no sistema extrapiramidal (que então tratamos de forma muito imprecisa com anticolinérgicos – que, por sua vez, causam seus próprios problemas no estado vígil e processamento atencional). Antagonistas D_2 que (desejavelmente) suprimem hiperatividade dopaminérgica mesolímbica em pacientes com mania ou psicose infelizmente (indesejavelmente) também suprimem a atividade dopaminérgica mesocortical que, por sua vez, pode agravar sintomas negativos ou, de outro modo, causar depressão do estado vígil e atenção, falta de motivação e apatia.

Com base no Capítulo 1, vale lembrar as diversas funções dos subtipos de receptores D_1, D_2 e D_3 no sistema nervoso central. Embora todos os antipsicóticos tradicionais (exceto pimavanserina) antagonizem receptores D_2 mesolímbicos, há interesse crescente quanto ao papel dos receptores D_3 (envolvidos no comportamento baseado em recompensa/gratificação) e antagonismo dos receptores D_1 (relevantes aos efeitos antipsicóticos e possivelmente antidepressivos). Como exemplo desse último caso, consideremos os novos antipsicóticos amissulprida e sulpirida (nenhum dos dois está disponível em preparação oral nos EUA) conhecidos por sua utilidade potencial em doses baixas para tratar depressão (p. ex., amissulprida ou sulpirida, 50 a 300 mg/dia), supostamente atribuída ao bloqueio dos autorreceptores D_2/D_3 pré-sinápticos que, por sua vez, aumentam a liberação de DA com ampliação de sua ligação pós-sináptica aos receptores D_1 amplamente dispersos no núcleo estriado. Dose mais altas (p. ex., amissulprida, 400 a 1.200 mg/dia; sulpirida, 600 a 1.600 mg/dia) estão associadas ao antagonismo D_2/D_3 pós-sináptico nas regiões límbicas e, possivelmente, eficácia antipsicótica subsequente. Amissulprida tem afinidade de ligação mais forte aos receptores D_2 (K_i cerca de 3,0 nM) que sulpirida (K_i cerca de 9,8 nM).

ATIPICIDADE É DEFINIDA POR ANTAGONISMO DO RECEPTOR $5HT_{2A}$, SUPRESSÃO RÁPIDA DO RECEPTOR D_2 OU OUTRAS PROPRIEDADES?

Uma definição frequentemente citada para "atipicidade" dos antipsicóticos é qualquer molécula que demonstre razão de ligação > 1 entre receptores $5HT_{2A}:D_2$ (Meltzer et al., 1989). Receptores $5HT_{2A}$ mantêm relações de reciprocidade no que se refere à ligação de DA, na medida em que antagonistas desses receptores aumentam a liberação de DA, enquanto agonismo no receptor $5HT_{2A}$ diminui sua liberação. Você poderia perguntar: o que há de tão bom em um antipsicótico que aumenta a liberação de DA? A resposta está em sua localização. Receptores 5 HT_{2A} estão densamente distribuídos no CPF, onde tônus dopaminérgico alto é uma condição desejável no que se refere ao processamento atencional e, talvez, ao tratamento dos sintomas negativos. (Também há quantidades expressivas de receptor $5HT_{2A}$ no trato nigroestriatal. Nesse circuito, bloqueio desse receptor pode reduzir o antagonismo D_2 no núcleo estriado dorsal (caudado e putame), reduzindo efetivamente – ao menos até certo ponto – efeitos motores adversos iatrogênicos causados por antagonistas D_2.)

> **Antipsicóticos típicos "atípicos"**
>
> Estudos de neuroimagem com PET demonstraram ao menos algum grau de ligação de alguns APGs aos receptores $5HT_{2A}$ pós-sinápticos, inclusive loxapina (Kapur et al., 1997a) e clorpromazina (Trichard et al., 1998). O metabólito da perfenazina (*N*-desalquilperfenazina) também tem afinidade alta de ligação ao receptor $5HT_{2A}$ (Sweet et al., 2000). Razões de ligação $5HT_{2A}$:D_2 desses APGs não são maiores que 1 e, tecnicamente, isto significa que estes antipsicóticos (cuja porcentagem de ocupação dos receptores $5HT_{2A}$ é < 80%) sejam considerados "novos", mas não "atípicos".

Outra teoria para explicar atipicidade surgiu quando Kapur e Seeman (2001) sugeriram uma hipótese quanto ao mecanismo de ação dos antipsicóticos de segunda geração, que passou a ser conhecida como hipótese de "associação/dissociação rápida" ("*fast-on/fast-off*", em inglês). Resumidamente, acreditava-se que a "atipicidade" de um antipsicótico dependesse basicamente de quão rápido este fármaco dissociava-se do receptor D_2 depois de ligar-se inicialmente a ele. Esses autores sugeriram que o bloqueio do receptor $5HT_{2A}$ fosse menos relevante (ou totalmente irrelevante) para a resposta antipsicótica que sua ligação e dissociação aos receptores D_2. Em seguida, estudos subsequentes questionaram essa hipótese sugerindo que a acumulação do fármaco no ambiente lipofílico do interior da célula poderia subestimar a velocidade de dissociação do receptor D_2, que então teria variação mais ampla em sua dissociação (Sahlholm et al., 2016).

Apesar do que foi dito antes, um aspecto fundamental à relevância clínica é a possibilidade de que antagonismo dos receptores $5HT_{2A}$ pós-sinápticos possa ter efeito antipsicótico direto. Essa é a fundamentação da eficácia antipsicótica da pimavanserina, que atualmente é aprovada pela FDA apenas para tratar psicose de pacientes com doença de Parkinson. Com base no Capítulo 13, Boxe 13.3, vale lembrar também que as propriedades de ligação da pimavanserina aos receptores $5HT_{2A}$ fazem deste fármaco um candidato convincente para tratar não apenas psicose, mas também depressão – ao menos com base em seu mecanismo de ação fundamental e resultados iniciais de estudos de prova de conceito. Do mesmo modo, o mecanismo de ação da lumateperona – que tem afinidade de ligação cerca de 60 vezes maior aos receptores $5HT_{2A}$ que aos receptores D_2 – deveria suscitar interesse de qualquer psicofarmacologista que deseje atenuar efeitos dopalíticos regionalmente indesejáveis (p. ex., núcleos da base) ao tratar psicoses e possivelmente também transtornos de humor.

Então, se a ligação aos receptores $5HT_{2A}$ e D2 produz efeitos recíprocos, por que um agonista em vez de um antagonista $5HT_{2A}$ teria efeito antipsicótico? Poderia ser que os receptores $5HT_{2A}$ estivessem amplamente distribuídos nas regiões mesolímbicas – onde gostaríamos de hiporregular o tônus dopaminérgico de pacientes psicóticos. Mas acontece que não há muita ligação aos receptores $5HT_{2A}$ nas regiões límbicas. Se esse é o caso, então como agonistas do receptor $5HT_{2A}$ como psilocibina causam psicose? De alguma forma, esses compostos não deveriam aumentar a quantidade de DA no sistema mesolímbico? Aparentemente, agonistas do receptor $5HT_{2A}$ atuam diretamente nos neurônios piramidais do córtex e, por fim, desencadeiam liberação de dopamina no sistema mesolímbico e, desse modo, causam psicose. Antagonistas do receptor $5HT_{2A}$ podem bloquear psicose induzida por alucinógenos e, até certo ponto, também podem melhorar sintomas positivos da esquizofrenia.

Outra consideração acerca da farmacodinâmica dos antipsicóticos refere-se aos mecanismos de ação inteiramente não dopaminérgicos. O fármaco experimental *SEP-363856* não tem afinidade de ligação ao receptor D_2 (ou qualquer outro receptor de DA) mas, apesar disto, parece ter efeito antipsicótico potencial (e poupar inteiramente os tratos motores dopaminérgicos) por ação agonista nos receptores associados a aminas traço 1 (TAAR1) e também nos receptores $5HT_{1A}$. Em 2019, esse composto recebeu da FDA norte-americana *status* de descoberta inovadora e ainda está em estudo.

Composto promissor no futuro?

APGs *VERSUS* ASGs: NEUROTOXICIDADE *VERSUS* NEUROPROTEÇÃO?

ASGs diferem dos APGs por sua propensão geral *até certo ponto* menor de causar efeitos motores adversos (efeitos colaterais extrapiramidais (EEP), distonia aguda, discinesia tardia). *Nenhum estudo demonstrou que ASGs sejam mais eficazes que APGs para tratar psicose* (Crossley e Constante, 2010). Além do papel do antagonismo do receptor $5HT_{2A}$ e possível dissociação rápida da ligação ao receptor D_2, outro aspecto que diferencia esses dois grupos é a possibilidade de produzir efeitos neuroprotetores potenciais ao menos com alguns ASGs, em comparação com efeitos possivelmente não protetores ou mesmo neurotóxicos de alguns APGs. Nesse aspecto, a literatura publicada tem enredo complexo.

Aqui vai: em 2007, pesquisadores relataram que redução progressiva de volume da substância cinzenta dos pacientes esquizofrênicos era determinada por uma variante do gene *BDNF* (portadores do alelo Met) e também doses mais altas de antipsicóticos (sejam APGs ou ASGs) – principalmente em pacientes que nunca tinham usado antipsicóticos (Ho et al., 2007). Um estudo subsequente mais amplo com técnicas de neuroimagem realizado pelo mesmo grupo demonstrou que, principalmente entre pacientes com primeiro episódio de esquizofrenia, exposição crônica aos APGs e ASGs estava associada à perda de volume de substância cinzenta incompatível com a idade em todas as regiões cerebrais, exceto cerebelo (Ho et al., 2011). O volume de substância branca também diminuiu em pacientes tratados com doses mais altas de antipsicóticos, mas aumentou ligeiramente em pacientes que usaram doses baixas. Um estudo naturalístico subsequente de adultos idosos com transtorno bipolar também mostrou que duração mais longa de exposição aos antipsicóticos estava relacionada com volumes menores de substância cinzenta (Gildengers et al., 2014).

Esses estudos significam que antipsicóticos *causam* perda de tecidos cerebrais, ou simplesmente que não conseguiram sustar neuroprogressão inexorável da esquizofrenia? Duvidoso! Estudos demonstraram que duração da psicose tinha efeito mais deletério no volume encefálico que duração do tratamento com antipsicóticos (Andreason et al., 2013). Estudos com animais realizados nessa época também demonstraram redução do volume encefálico total de macacos tratados com haloperidol ou olanzapina por até 27 meses (Dorph-Peterson et al., 2005).

Se o haloperidol é neurotoxina, por que ainda o utilizamos para tratar *delirium*?

Delirium é uma condição potencialmente fatal, que reflete disfunção cerebral subjacente grave atribuível a algum processo agudo como síndrome tóxico-metabólica, infecção, neoplasia, traumatismo craniano, insuficiência cardíaca ou renal, distúrbios eletrolíticos.

Porque há ampla base de evidências demonstrando que haloperidol é seguro, eficaz e bem tolerado. *Delirium* parece depender de um estado de hiperatividade dopaminérgica e hipoatividade colinérgica. Haloperidol tem pouca atividade anticolinérgica ou anti-histaminérgica e pode ser administrado por via intravenosa (IV) ou intramuscular (IM). Existem dados referidos a alguns ASGs usados para tratar *delirium* – principalmente risperidona ou olanzapina – mas a maioria consiste em relatos de casos ou ensaios abertos pequenos.

APGs AINDA SÃO CONSIDERADOS ÚTEIS?

Hoje em dia, médicos tendem a evitar APGs em razão de sua tendência relativamente maior de causar discinesia tardia, outros distúrbios do movimento e hiperprolactinemia em comparação com ASGs (prevalência de cerca de 30% *versus* 20%, como mencionado no Capítulo 10), além de sua utilidade comparativamente menor como tratamento de sintomas negativos e transtornos de humor. (Na verdade, em pacientes com transtorno bipolar, vários estudos demonstraram riscos mais altos de desencadear depressão depois de um episódio de mania quando se utiliza um APG [p. ex., haloperidol] em vez de um ASG [p. ex., olanzapina) (Tohen et al., 2003a) ou mesmo placebo [p. ex., em comparação com perfenazina; Zarate e Tohen, 2004].) Com isso em mente, ainda há alguma utilidade para APGs na psicofarmacologia moderna?

A utilidade dos APGs na era atual dos ASGs recebeu algum reforço quando o estudo CATIE do NIMH (descrito com mais detalhes adiante neste capítulo) publicou resultados controversos indicando que o desfecho (descontinuação por todas as causas) com perfenazina foi comparável ao da quetiapina, risperidona ou ziprasidona, além de sua relação custo-benefício mais favorável (Lieberman et al., 2005). Ainda mais surpreendente foi que perfenazina foi associada à melhora mais significativa que olanzapina ou risperidona em medidas da função cognitiva ao longo de 18 meses (Keefe et al., 2007). Essa última observação contrasta com metanálises anteriores, que sugeriram vantagens na função neurocognitiva com ASGs em comparação com APGs. Consideremos o seguinte:

- APGs (especialmente haloperidol) foram mais bem estudados que ASGs para tratar *delirium*
- O pico de ação inicial pode ser mais rápido com APGs que ASGs
- ASGs não estão disponíveis em preparações para uso intravenoso (em contraste com haloperidol)
- Droperidol é um antiemético pós-operatório/pós-anestésico consagrado
- Haloperidol e pimozida são tratamentos bem estabelecidos para tiques associados à síndrome de Tourette e são mais eficazes que agonistas α_2 quando não há comorbidade de TDAH (Weissman e Qureshi, 2013)
- Clorpromazina é o único fármaco aprovado pela FDA norte-americana para erradicar soluços (doses de 25 a 50 mg VO, 4 vezes/dia, conforme necessidade); relatos de casos também apoiam o uso de haloperidol em doses baixas (0,5 a 1,5 mg)
- Nos pacientes com diabetes preexistente ou síndrome metabólica clinicamente significativa, para os quais alguns ASGs com afinidade de ligação maior (p. ex., olanzapina, risperidona e quetiapina, entre outros) podem não ser recomendáveis e especialmente quando outros ASGs com afinidade de ligação menor são ineficazes, APGs ainda são opções plausíveis para tratar psicose ou mania
- APGs de baixa potência em doses baixas, inclusive clorpromazina (p. ex., 10 a 25 mg à noite) ou loxapina (10 mg), podem ser úteis como ansiolíticos, principalmente quando benzodiazepínicos não sejam recomendáveis (p. ex., pacientes com transtorno associado ao uso de substâncias – contudo, ficar atento ao risco de redução do limiar convulsivo dos pacientes com transtornos por uso de álcool ou em abstinência de hipnótico-sedativos, para os quais benzodiazepínicos ainda são fármacos preferíveis para destoxificação). Aqui, a expressão "cola de ego" (*ego glue*, em inglês) não tem qualquer fundamento técnico, mas conceitualmente é um termo apropriado utilizado comumente para descrever antipsicóticos em doses baixas, quando são usados conforme a necessidade como estratégia para controlar simultaneamente ansiedade ou angústia que ocorrem durante crises e turbulências interiores.

APGs de alta potência têm pouquíssima ou nenhuma propriedade anticolinérgica e, consequentemente, aumentam as chances de causar EEP e de necessitar de prescrição concomitante de um anticolinérgico como benzatropina ou triexifenidil. Por outro lado, APGs de baixa potência tendem a mostrar propriedades anticolinérgicas mais potentes, resultando em menos EEP (embora com mais sedação e efeitos cognitivos adversos). As Tabelas 15.1 a 15.3 resumem APGs de alta, média e baixa potências. No passado, pimozida (um APG de alta potência) suscitou interesse quanto à sua utilidade possivelmente singular (ou, no mínimo, uma base de evidência) em pacientes com transtorno delirante. Ver comentários sobre isso no Boxe 15.2.

Se o ideal for conseguir saturação de 80% dos receptores D_2 nos casos de psicose e se isso for possível com haloperidol em doses entre 2 e 5 mg/dia (Kapur et al., 1996; 1997b), por que precisaríamos usar uma dose mais alta? Existem alguns relatos de que saturação ainda maior (90%) dos receptores D_2 possa, em alguns casos, ser mais eficaz que a faixa entre 60 e 80% (Kapur et al., 1997b). Nos casos de agitação psicótica grave, os efeitos sedativos do haloperidol ou outros antipsicóticos podem depender de outros mecanismos diferentes do bloqueio de receptores D_2. Nesse caso, seria melhor acrescentar um benzodiazepínico adjuvante para conseguir sedação, pois estudos demonstraram que haloperidol IM com lorazepam não foi menos eficaz que olanzapina IM para controlar agitação aguda de pacientes esquizofrênicos (Huang et al., 2015).

CIRCUITO DOPAMINÉRGICO ANÔMALO PODE SER APENAS O INTERMEDIÁRIO

Enquanto teorias mais antigas sobre psicose sugeriram hiperatividade dopaminérgica do sistema límbico como *único* local de suposta disfunção (e alvo do tratamento farmacológico), teorias propostas posteriormente enfatizaram processos corticais superiores que regulam circuitos dopaminérgicos inferiores (e outros) – possivelmente tornando a dopamina mesolímbica mais uma vítima da psicose que sua causa.

Isto é realmente importante!

Tabela 15.1 Doses de APGs: fármacos de alta potência.

Classe farmacológica	Fármaco específico	Doses	Comentários
Difenilbutil-piperidinas	Pimozida	Iniciar com 1 a 2 mg/dia; dose máxima de 10 mg/dia	Existem poucos dados sugerindo utilidade deste fármaco para tratar parasitose delirante (ver Boxe 15.2)
Butirofenonas	Droperidol	1,2 a 2,5 mg IM ou infusão IV lenta	Usado principalmente para tratar náuseas/vômitos pós-operatórios; pode prolongar intervalo QTc com efeito dose-dependente
	Haloperidol	0,5 a 5,0 mg VO, até 3 vezes/dia, para tratar esquizofrenia. 2 a 5 mg IM para controlar agitação aguda	Nos casos de agitação grave, doses podem chegar a 40 a 100 mg/dia. Risco dose-dependente de EEP/distonia geralmente exige tratamento combinado com anticolinérgico. Quando é administrado IV, requer monitoramento cardíaca do intervalo QTc (ECG, se não telemetria)

Dica
Lembrar que pimozida tem risco mais alto de causar prolongamento do QTc, especialmente quando é combinada com inibidores de CYP 2D6.

Dica
Em pacientes com psicoses graves, aproveitar esta "janela de oportunidade" assegurando que sejam administradas doses apropriadas enquanto os fármacos forem bem aceitos pelo paciente.

ECG, eletrocardiograma; *EEP*, efeitos colaterais extrapiramidais; *IM*, via intramuscular; *IV*, via intravenosa; *QTc*, intervalo QT corrigido; *VO*, via oral.

Tabela 15.2 Doses de APGs: fármacos de média potência.

Classe farmacológica	Fármaco específico	Doses	Comentários
Tioxantenos	Tiotixeno	Começar com 5 mg VO, 2 vezes/dia; manter com 20 a 30 mg/dia, dose máxima de 60 mg/dia	Estudos mais antigos de pequeno porte também apoiam o uso de doses baixas para tratar transtornos de personalidade esquizotípica e *borderline* (ver Capítulo 20)
Dibenzepinas	Loxapina	Começar com 10 mg VO, 2 vezes/dia; pode ser aumentada em 7 a 10 dias até dose máxima de 50 mg/dia	Eficácia comparável à da risperidona ou quetiapina; pode causar mais EEP que os ASGs (Chakrabarti et al., 2007). Existe uma preparação inalatória (Adasuve®) para tratar agitação associada a mania ou psicose (inalador com dose única de 10 mg, administrada 1 vez/dia), mas acarreta risco de broncospasmo, que deve ser monitorado pelo programa REMS
	Trifluoperazina (cadeia lateral da piperazina)	Para psicose, dose inicial de 2 a 5 mg VO, 2 vezes/dia; dose de manutenção de 15 a 20 mg/dia; dose máxima de 40 mg/dia. Como ansiolítico, 1 a 2 mg VO 2 vezes/dia (até 6 mg/dia)	Eficácia comparável aos ASGs de baixa potência para tratar psicose (Tardy et al., 2014c). Melhor que placebo para tratar transtorno de ansiedade generalizada quando é usada em doses de 2 a 6 mg/dia VO (Mendels et al., 1986)

(continua)

Capítulo 15 • Psicoses

Tabela 15.2 Doses de APGs: fármacos de média potência. (*continuação*)

Classe farmacológica	Fármaco específico	Doses	Comentários
	Perfenazina (cadeia lateral da piperazina)	Para psicose de gravidade moderada, geralmente iniciar com dose de 4 a 8 mg VO 3 vezes/dia (máximo de 24 mg/dia); para psicose grave, dose pode chegar a 8 a 16 mg VO, 2 a 3 vezes/dia (dose máxima de 64 mg/dia)	Eficácia comparável aos APGs de baixa potência, embora com risco maior de causar acatisia (Tardy et al., 2014a)
	Flufenazina (cadeia lateral da piperazina)	Para psicose, geralmente começar com 2,5 a 10 mg VO a cada 4 a 6 h (máximo de 40 mg/dia) ou 2,5 a 10 mg IM a cada 6 a 8 h (máximo de 10 mg/dia); ver doses de injetáveis de ação prolongada na Tabela 9.6	Eficácia comparável aos APGs de baixa potência para tratar psicose (Tardy et al., 2014b)

APG, antipsicótico de primeira geração; *ASG*, antipsicótico de segunda geração; *EEP*, efeitos colaterais extrapiramidais; *IM*, via intramuscular; *REMS*, estratégia de avaliação e redução de riscos; *VO*, via oral.

Tabela 15.3 Doses de APGs: fármacos de baixa potência.

Classe farmacológica	Fármaco específico	Doses	Comentários
Fenotiazinas	Clorpromazina (cadeia lateral alifática)	10 a 25 mg VO, 3 vezes/dia, conforme necessidade e tolerância para tratar agitação associada à psicose; como antipsicótico principal para mania ou esquizofrenia, doses podem chegar a 1.000 mg/dia	Pode ser mais útil para controlar agitação associada à psicose que sintomas fundamentais de delírio ou alucinações, tendo em vista que há sedação profunda e hipotensão ortostática com doses mais altas
	Tioridazina (cadeia lateral da piperazina)	Dose inicial habitual de 50 a 100 mg VO, 3 vezes/dia; dose de manutenção de 200 a 800 mg em doses fracionadas; doses baixas (10 a 25 mg) para tratar ansiedade, tensão e agitação	Alerta em negrito sobre prolongamento dose-dependente do intervalo QTc torna este fármaco apropriado apenas depois que não houver resposta aos outros antipsicóticos; contraindicada em combinação com outros fármacos que prolonguem intervalo QTc (ver Capítulo 10, Boxe 10.3); por isto, seu uso também não é recomendável para MFs da enzima CYP450 2D6

APG, antipsicótico de primeira geração; *MF*, metabolizador fraco; *QTc*, intervalo QT corrigido; *VO*, via oral.

Acrescentemos glutamato – um neurotransmissor excitatório abundante. Dentro das células, este composto ativa outros circuitos; fora das células, ele tem ação excitotóxica. Um dos circuitos implicados nos transtornos psicóticos primários como esquizofrenia consiste em atividade excitatória do glutamato cortical na regulação do circuito dopaminérgico límbico situado a montante. Uma hipótese atual fundamental proposta para explicar esquizofrenia defende que receptores de NMDA (mesmo receptor descrito com referência a cetamina e depressão no Capítulo 13) tenham função deprimida no córtex e, por esta razão, não consigam estimular o circuito corticolímbico inferior. Como se pode observar na Figura 15.3, interneurônios gabaérgicos inibitórios representariam o elo que faltava nesse circuito.

O que isso tem a ver com tratamento farmacológico atual das psicoses? Infelizmente, não tanto quanto gostaríamos, considerando que a tecnologia farmacêutica com que tentamos tratar psicoses ainda se limita aos efeitos subsequentes da dopamina mesolímbica (no caso dos sintomas positivos – modulados por antagonismo da dopamina) e dopamina mesocortical

Boxe 15.2 Pimozida e parasitose delirante.

Em 1978, foi publicado em uma revista de dermatologia um caso único de parasitose delirante que melhorou com pimozida (Reilly et al., 1978), seguido por um punhado de relatos de casos adicionais nos anos seguintes usando esse APG específico para tratar este fenômeno incomum. Mais tarde, surgiram outros relatos de casos sobre uso de pimozida para tratar outras variantes de transtorno delirante, inclusive paranoia litigiosa (Ungvari e Hollokoi, 1993), síndrome de Capgras (Tueth e Cheong, 1992) e ciúme delirante (Soyka, 1995), entre outros. Em seguida, artigos de revisão produziram efeito de "amplificação" relacionando pimozida como tratamento preferível baseado em evidências para psicose hipocondríaca monossintomática e todos os tipos de transtorno delirante. Acréscimo de pimozida ao tratamento com fluoxetina para transtorno dismórfico corporal não foi mais eficaz que este último fármaco isoladamente (Phillips, 2005). Fora isso, nunca houve um ensaio randomizado sobre pimozida para tratar qualquer tipo de transtorno delirante. Uma revisão Cochrane demonstrou sua eficácia na esquizofrenia, mas observou risco mais alto de causar parkinsonismo que outros APGs, ressaltando ainda que "não existem dados a favor ou contra seu uso... em transtorno delirante" (Sultana e McMonagle, 2000). Relatos de casos ou séries de casos retrospectivos subsequentes também descreveram tratamento eficaz de parasitose delirante com risperidona, aripiprazol, quetiapina, paliperidona, ziprasidona ou olanzapina. Nenhum APG ou ASG específico pode ser considerado como opção terapêutica mais bem fundamentada em evidências que outro, seja para tratar parasitose delirante ou transtorno delirante em suas diversas apresentações mais amplas.

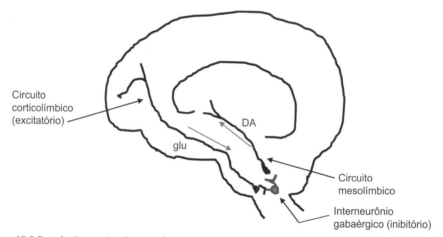

Figura 15.3 Regulação corticoglutamatérgica dos circuitos dopaminérgicos mesolímbico e mesocortical.

(no caso dos sintomas negativos/déficits) em quantidades excessivas. Esse modelo teórico postula que a recuperação da função normal do circuito glutamatérgico corticolímbico dependeria, por fim, da normalização da função anormal do receptor de NMDA. Contudo, essa tecnologia ainda não existe, embora esforços por avançar neste campo tenham usado como alvos *receptores ionotrópicos* e também *metabotrópicos de glutamato* na expectativa de alterar os quadros de psicose e depressão. Ver Boxe 15.3 com descrição mais detalhada da suposta disfunção dos receptores de NMDA na esquizofrenia e suas implicações para tratamento farmacológico dirigido.

Fenciclidina (PCP) é um antagonista não competitivo do receptor de NMDA (assim como cetamina), que causa psicose (ao contrário da cetamina). Então por que cetamina não causa psicose (nem dissociação) e por que PCP não tem ação antidepressiva? Com base no Capítulo 13, vale lembrar que muitos outros antagonistas do receptor de NMDA além de cetamina não se mostraram úteis para tratar depressão, de modo que não temos certeza de que o bloqueio do receptor de NMDA seja propriamente fundamental às propriedades antidepressivas, entre os diversos mecanismos de ação (MOAs) da cetamina. Como dito antes, PCP (outro antagonista do receptor de NMDA) foi estudado quanto aos

Boxe 15.3 Considerações adicionais sobre disfunção de receptores e alvos terapêuticos farmacológicos potenciais na esquizofrenia.

Como está ilustrado a seguir, o receptor de NMDA tem um sítio de ligação para glutamato e outro para glicina. O sítio de ligação da glicina (transportador, também conhecido como GlyT-1) também pode ser ativado pela ligação de D-serina ou D-ciclosserina, mas é inibido por sarcosina (ou N-metilglicina). Para que o receptor de NMDA seja ativado, deve haver ligação aos sítios de glutamato e glicina de forma que o "tampão" de Mg^+ seja deslocado do canal iônico que, por sua vez, permite a entrada de Ca^{++}, despolarização e ativação do receptor. O entendimento atual é de que, na esquizofrenia, o funcionamento anormal do receptor de NMDA impeça a sinalização excitatória subsequente dos tratos mesocorticais (contribuindo para sintomas negativos) e tratos glutamatérgicos corticolímbicos (que, por sua vez, regulam o circuito dopaminérgico mesolímbico e causam sintomas positivos), conforme está ilustrado na Figura 15.3. A princípio, tratamentos farmacológicos que facilitam a ligação de glutamato ou glicina aos sítios reguladores do receptor de NMDA poderiam (ou deveriam) ajudar a anular o circuito disfuncional. Quanto a isso, as evidências disponíveis até agora são desanimadoras (ainda que preliminares), na maioria dos casos ECRs negativos sobre uso adjuvante de D-sarcosina (p. ex., Lane et al., 2006; Weiser et al., 2012), inibidor de GlyT-1 bitopertina (Bugarski-Kirola et al., 2016) ou ingestão dietética alta de glicina (p. ex., 30 g/dia) (Potkin et al., 1999).

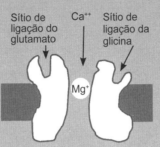

seus possíveis efeitos antidepressivos em modelos animais e mostrou ter efeitos muito fracos. A cetamina também pode causar ou agravar psicose em pacientes esquizofrênicos, considerando a diátese específica de cada paciente, conforme artigo publicado por Malhotra et al., 1997. Assim, se pacientes esquizofrênicos já têm hipofunção dos seus receptores de NMDA, por que isso não os protege da depressão? Vale lembrar, mais uma vez, que não podemos realmente dizer que é o antagonismo dos receptores de NMDA que causa efeito antidepressivo. O fato de que depressão é muito comum na esquizofrenia pode até falar ainda mais contra a hipótese de que bloqueio dos receptores de NMDA produza qualquer tipo de efeito antidepressivo. Além disso, ainda que cetamina bloqueie os receptores de NMDA, provavelmente é a "inundação" de glutamato e GABA nas sinapses das células piramidais corticais que tem efeito antidepressivo – ou, no mínimo, efeito neurotrófico.

Com base na explicação sobre cetamina do Capítulo 13 (ver Boxe 13.11), lembre-se de que existem dois tipos de receptores de glutamato: ionotrópicos (três tipos: NMDA, AMPA e cainato) e metabotrópicos. Receptores metabotrópicos de glutamato (mGlu) parecem regular a liberação de glutamato pré-sináptico. Especialmente os receptores mGlu2 e mGlu3 (mGluR2/3) são autorreceptores que, aparentemente, reduzem a hiperatividade dos neurônios glutamatérgicos das células piramidais corticais. Esses últimos receptores também reduzem a liberação de glutamato no circuito de recompensa (núcleo acumbente). Algum dia, esperamos poder desenvolver um mecanismo de superar a disfunção do receptor de NMDA no circuito glutamatérgico corticolímbico de pacientes esquizofrênicos, assim como uma estratégia mais coerente sob o ponto de vista fisiopatológico para corrigir a disfunção distal que, de outro modo, parece ser responsável por sinalização dopaminérgica mesolímbica.

Tentativas de tratar psicoses com fármacos não dopalíticos mostraram-se desanimadoramente insatisfatórias. Ver no Boxe 15.4 a descrição de um desses esforços para desenvolver um fármaco que atue no receptor metabotrópico mGluR3 de glutamato.

Ao menos por enquanto, nossas tentativas de modular psicose ainda têm procurado basicamente alterar a função dopaminérgica nos circuitos mesolímbico e mesocortical – de preferência por hiporregulação dos circuitos dopaminérgicos e preservação (ou, ainda melhor, hiper-regulação) da função dopaminérgica mesocortical. Como foi mencionado no início deste capítulo, os três agonistas parciais de receptores D_2/D_3 disponíveis (aripiprazol, brexpiprazol e cariprazina) sugerem ao menos a possibilidade de que sejam mais eficazes para controlar sintomas negativos, depressão e talvez componentes da disfunção cognitiva, tendo em vista sua seletividade regional potencial na

Psicofarmacologia Prática

Boxe 15.4 O que era pomaglumetade e por que isto deveria nos interessar?

Pomaglumetade era um profármaco do LY404039, este último um agonista seletivo potente dos receptores metabotrópicos de glutamato do grupo II (mGluR2 e mGluR3) que foi estudado como antipsicótico para pacientes esquizofrênicos. Como não produzia efeitos diretos na dopamina, ele poderia representar uma inovação no mecanismo de ação, que prescindiria de dopamina para tratar psicose. Um ensaio inicial de prova de conceito de 4 semanas com dose oral de 40 mg 2 vezes/dia (usando olanzapina na dose de 15 mg/dia como comparativo ativo da sensibilidade do ensaio) envolvendo 196 pacientes esquizofrênicos hospitalizados mostrou resultados favoráveis, ou seja, melhorou mais significativamente os sintomas positivos e negativos em comparação com placebo (Patil et al., 2007). Em seguida, em um ECR subsequente, nem pomaglumetade (dose oral de 5, 20, 40 ou 80 mg 2 vezes/dia) nem olanzapina (como comparativo ativo) foi mais eficaz que placebo, sugerindo que o ensaio tenha falhado, em vez de ter resultados negativos (Kinon et al., 2011). (Uma análise exploratória para avaliar possíveis previsores de resposta de um subgrupo do estudo detectou que pacientes que estavam em fase inicial de sua doença e já tinham usado antagonistas D_2 no passado tiveram mais chances de responder ao pomaglumetade que placebo [Kinon et al., 2015]; contudo, investigar moderadores da resposta terapêutica quando o resultado geral de um estudo não foi significativo não é metodologicamente saudável.) Por fim, um ECR posterior usando risperidona como comparativo ativo também não conseguiu diferenciar entre pomaglumetade e placebo (enquanto risperidona sim) (Downing et al., 2014). Outros ECRs mais exploratórios (p. ex., os que avaliaram o intervalo até a descontinuação *versus* TAU, ou eficácia possível na esquizofrenia com tendência a causar sintomas negativos) também não conseguiram demonstrar vantagem em comparação com placebo.

modulação dopaminérgica. Embora antagonismo do receptor D_2 pareça ter efeito predominante pró-atencional, usar como alvo os receptores D_3 desse circuito tem conquistado atenção crescente quanto à sua utilidade potencial no circuito de recompensa e também quanto aos seus efeitos antidepressivos. (Alguns estudos com animais e seres humanos sugeriram que antagonistas ou agonistas parciais do receptor D_3 produzam efeitos pró-cognitivos dependentes do circuito de recompensa, enquanto os efeitos cognitivos dos agonistas D_3 "puros" como pramipexol, ropinirol, rotigotina ou bromocriptina parecem menos evidentes.) Os Boxes 15.5 e 15.6 resumem as constantes de dissociação relativas de ligação dos diversos ASGs aos receptores D_2 e D_3, respectivamente.

Então, pode-se dizer que ação agonista no autorreceptor mGluR2/3 aumenta ou diminui a liberação de glutamato pré-sináptico? Se o problema na esquizofrenia é hipofunção dos receptores de NMDA, não se deve aumentar, em vez de diminuir, a transmissão de glutamato intracelular, por exemplo, no trato glutamatérgico corticolímbico? O receptor mGluR2/3 propriamente dito não foi bem estudado. Quando baixou a poeira do pomaglumetade, ele deixou em aberto a questão se era apenas este composto específico, que não conseguiu tratar psicose, ou se o Grupo II do sistema de receptores metabotrópicos de glutamato usado como alvo não era intrinsecamente tão importante quanto se pensava na fisiopatologia da esquizofrenia. Contudo, quanto à tal pergunta específica, vale considerar o circuito glutamatérgico corticolímbico ilustrado na Figura 15.3.

Hipofunção dos receptores de NMDA significa menos estimulação dos interneurônios inibitórios de GABA que, por sua vez, não conseguem *hiporregular* a liberação de glutamato pelos neurônios piramidais, causando estimulação excessiva dos receptores glutamatérgicos de AMPA e cainato e resultando em danos excitotóxicos. Agonistas do receptor mGluR2/3 deveriam reduzir a liberação de glutamato pré-sináptica nos neurônios excitatórios e atenuar a excitotoxicidade atribuída à hiperatividade glutamatérgica.

O QUE DIZER SOBRE LIGAÇÃO AO RECEPTOR D_1 E EFEITO ANTIPSICÓTICO?

Receptores D_1 (exclusivamente pós-sinápticos) são encontrados principalmente no núcleo estriado e córtex pré-frontal. Agonismo D_1 afeta a função monoaminérgica e também a fosforilação das proteínas de sinalização intracelular. Por sua vez, isso pode modular favoravelmente a cognição (p. ex., memória operacional) em níveis baixos, embora desfavoravelmente em níveis altos, resultando na chamada curva de dose-resposta em "U" invertido (em outras palavras, antagonistas D_1

Boxe 15.5 Afinidades relativas de ligação dos ASGs ao receptor D_2.

ASG	Ki (nM)	Função
Brexipiprazol	0,3	Agonista parcial
Cariprazina	0,49	Agonista parcial
Lurasidona	0,66	Antagonista
Paliperidona	1,4	Antagonista
Asenapina	1,7	Antagonista
Aripiprazol	2,3	Agonista parcial
Risperidona	3,7	Antagonista
Ziprasidona	4,75	Antagonista
Iloperidona	8,3	Antagonista
Olanzapina	30,8	Antagonista
Lumateperona	32	Agonista parcial pré-sináptico, antagonista pós-sináptico
Clozapina	147	Antagonista
Quetiapina	437	Antagonista
Dopamina endógena	540	–

Cariprazina, Lurasidona: } Comparáveis ao haloperidol (Ki = 0,74 nM)

Fonte: Stahl, 2017.
Pimavanserina não tem ligação considerável aos receptores D_2.

Boxe 15.6 Afinidades relativas de ligação dos ASGs ao receptor D_3.

ASG	Ki (nM)	Função
Cariprazina	0,09	Agonista parcial
Brexipiprazol	1,1	Agonista parcial
Asenapina	1,8	Antagonista
Paliperidona	2,6	Antagonista
Aripiprazol	4,6	Agonista parcial
Risperidona	7,3	Antagonista
Ziprasidona	7,3	Antagonista
Iloperidona	10,5	Antagonista
Lurasidona	15,7	Antagonista
Olanzapina	38,1	Antagonista
DOPAMINA ENDÓGENA	60	–
Clozapina	310	Antagonista
Quetiapina	394	Antagonista

Fonte: Stahl, 2017.

potentes podem deteriorar a função cognitiva). A princípio, agonistas D_1 parciais (p. ex., clozapina) podem melhorar a cognição de pacientes esquizofrênicos. O novo antipsicótico lumateperona aprovada pela FDA para tratar esquizofrenia no final de 2019 tem mecanismo MOA um pouco mais complexo que os ASGs existentes. Além do antagonismo do receptor $5HT_{2A}$ (sua afinidade de ligação aos receptores $5HT_{2A}$ é 60 vezes maior que a dos receptores D_2), lumateperona também atua como:

- Agonista parcial D_2 pré-sináptico/antagonista D_2 pós-sináptico
- Agonista dos receptores de NMDA e AMPA regulados por D_1
- Inibidor de recaptação do transportador de serotonina.

Estudos preliminares com pacientes esquizofrênicos demonstraram melhora mais acentuada dos sintomas positivos e negativos em comparação com placebo ou risperidona, assim como melhoras dos sintomas cognitivos e depressivos (Lieberman et al., 2016). Aparentemente, lumateperona também tem perfil relativamente favorável no que se refere aos parâmetros metabólicos (i. e., alterações de peso, lipídios e marcadores glicêmicos).

O Boxe 15.7 resume as afinidades de ligação relativas dos diversos ASGs ao receptor D_1.

Outro aspecto fundamental das psicoses refere-se

> **Dica**
>
> Em vista de seu antagonismo potente aos receptores $5HT_{2A}$, lumateperona precisa exercer apenas antagonismo modesto aos receptores D2 (ver Tabela 15.9).

15 Psicofarmacologia Prática

Boxe 15.7 Afinidades relativas de ligação dos ASGs ao receptor D₁.

ASG	Ki (nM)
Asenapina	2,9
Paliperidona	41
Lumaterona	41
Olanzapina	56,6
Ziprasidona	80
Iloperidona	129
Clozapina	240
Lurasidona	262
Risperidona	327
Brexpiprazol	164
Cariprazina	1.000
Quetiapina	1.096
Aripiprazol	1.173
DOPAMINA ENDÓGENA	1.766

Fonte: Stahl, 2017.

Boxe 15.8 Rigidez cognitiva e antipsicóticos.

Alternância cognitiva (*set-shifting*, em inglês) é uma função executiva que consiste em redirecionar a atenção sustentável do indivíduo de um estímulo para outro, ou de um conjunto fundamental de conceitos para outro. Basicamente, terapia cognitiva é uma tentativa de aumentar a capacidade e flexibilidade de desviar a atenção focalizada do indivíduo em padrões de pensamento equivocados, inadaptativos ou perturbadores e prejudiciais por alguma razão e levá-lo a pensar de forma normal. Rigidez ou inflexibilidade cognitiva é um termo usado algumas vezes para descrever situações nas quais essa atividade funcional é indevidamente difícil e que, aparentemente, pode ser atribuída à disfunção dos circuitos que incluem CPF e tratos subcorticais (p. ex., talamocortical ou corticoestriatoventral). Pensamento perseverante com incapacidade de desviar e redirecionar seus padrões de pensamento pode refletir fenômenos básicos semelhantes. Antipsicóticos podem funcionar como "lubrificantes" mentais para atenuar rigidez cognitiva e facilitar alternância cognitiva? Estudos com pacientes esquizofrênicos sugeriram que o polimorfismo da enzima COMT possa moderar essa relação (em termos mais específicos, portadores do alelo Met em vez de Val no SNP Val158 Met), de maneira que cometessem menos erros de perseverança e regressão durante seu tratamento com antipsicóticos (Nelson et al., 2018). Estudos com animais também sugeriram que clozapina (Li et al., 2007) e alguns antipsicóticos antagonistas do receptor 5HT₇, como asenapina (Tait et al., 2009) também possam aumentar a flexibilidade cognitiva (Nikiforuk e Popik, 2013).

às funções executivas e capacidade de alternância cognitiva (especialmente no que diz respeito à testagem da realidade). O Boxe 15.8 descreve o conceito de rigidez cognitiva e o impacto potencial dos antipsicóticos no sentido de aumentar a flexibilidade cognitiva.

> 💡 **Dica**
>
> Lumaterona é metabolizada pelas enzimas CYP450 3A4 e UGT (uridina 5'-difosfoglicuronosiltransferase). Como valproato de sódio inibe poderosamente essa segunda enzima, seu uso simultâneo com lumaterona não é recomendável.

REALMENTE EXISTEM DIFERENÇAS DE EFICÁCIA ENTRE OS ANTIPSICÓTICOS?

Quando se consideram opções de tratamento com antipsicóticos, deve-se levar também em consideração fatores como eficácia (resultado em condições ideais) *versus* efetividade/tolerabilidade, adesão, comorbidades, gravidade, cronicidade, grau de resistência ao tratamento e aceitabilidade (e papel dos fármacos que têm meias-vidas longas ou injetáveis de ação prolongada). Efetividade dos diversos antipsicóticos talvez tenha sido mais bem estudada no estudo CATIE de 18 meses patrocinado pelo NIMH, cujo resultado

principal foi que 74% dos pacientes esquizofrênicos interromperam prematuramente sua participação no estudo. A Figura 15.4 descreve as razões de descontinuação prematura no estudo CATIE. Olanzapina alcançou intervalo significativamente maior até a descontinuação por todas as causas, em comparação com quetiapina ou risperidona, embora algumas críticas a esta observação sejam: (a) doses médias mais altas de olanzapina; todos os antipsicóticos tiveram suas doses escolhidas dentro dos parâmetros assinalados nas bulas dos fabricantes (*i. e.*, quetiapina, 200 a 800 mg/dia, dose média de 543,4 mg/dia; risperidona, 1,5 a 6 mg/dia, dose média de 3,9 mg/dia; ziprasidona, 40 a 160 mg/dia, dose média de 112,8 mg/dia; perfenazina, 8 a 32 mg/dia, dose média de 20,8 mg/dia), com exceção da olanzapina, cuja dose variou de 7,5 mg/dia até a dose máxima de 30 mg/

Figura 15.4 Razões da descontinuação prematura no estudo CATIE. Com base nos resultados publicados por Lieberman et al., 2005.

dia (dose máxima recomendada pelo fabricante: 20 mg/dia) com dose média de 20,1 mg/dia; (b) desregulação metabólica significativamente maior (aumento do peso, níveis de hemoglobina A1c, colesterol e triglicerídeos) com olanzapina que outros fármacos.

Em pacientes com seu primeiro episódio psicótico, olanzapina produziu redução mais expressiva dos escores PANSS e escores de sintomas negativos, em comparação com haloperidol, com menos efeitos colaterais extrapiramidais, aumento mais expressivo do peso e continuação no ensaio clínico por mais tempo (Lieberman et al., 2003).

Alguns psicofarmacologistas acham que clozapina seja *o* antipsicótico mais eficaz, mantendo sua posição relativamente sem concorrentes entre outras opções de fármacos para tratar psicose resistente. Antes considerada como último recurso ou, no mínimo, apenas depois de obter resposta insatisfatória com pelo menos dois antipsicóticos, dados atuais apoiam a conveniência de fazer uma experiência com clozapina na esquizofrenia em estágio inicial, mesmo depois de uma tentativa infrutífera com outro antipsicótico; os resul-

> **Dica**
> Todos os antipsicóticos provavelmente podem ter efeitos arritmogênicos e prolongar o intervalo QTc do ECG quando são administrados em doses suficientemente altas; médicos que preferem administrar doses ultra-altas de quaisquer antipsicóticos fariam bem em monitorar ECGs repetidos e provavelmente deveriam evitar doses altas de qualquer um destes fármacos para pacientes com intervalos QTc basais longos ou outros fatores de risco clínico para prolongamento de QTc (descritos no Boxe 10.3 do Capítulo 10).

tados foram melhores que os observados quando olanzapina foi escolhida como segunda opção no chamado estudo OPTiMiSe (*Optimization of Treatment and Management of Schizophrenia in Europe*; Kahn et al., 2018).

ANTIPSICÓTICOS EM DOSES ALTAS

Instinto – em vez de evidências científicas – frequentemente leva os médicos a aumentar doses dos fármacos quando não conseguem resposta satisfatória com doses habituais. No caso dos antipsicóticos, na verdade existem pouquíssimos dados favoráveis a essa prática e a maioria consiste em relatos relativos a apenas alguns dos vários antipsicóticos disponíveis. Metanálise de cinco ensaios (*n* = 348 pacientes esquizofrênicos) comparou doses altas *versus* convencionais de haloperidol, flufenazina, quetiapina e ziprasidona depois de resposta inicial insatisfatória às doses convencionais e não detectou diferenças significativas entre essas duas estratégias terapêuticas no que se referia às alterações dos sintomas positivos ou negativos (Dold et al., 2015b). Por outro lado, em pacientes tratados com olanzapina, um estudo da indústria farmacêutica demonstrou que doses de até 40 mg/dia foram mais eficazes que doses menores apenas quando os sintomas basais eram muito graves (Kinon et al., 2008). Estudos naturalísticos sugeriram que antipsicóticos em doses altas sejam prescritos mais comumente como parte de um esquema que incluía vários antipsicóticos, em vez de apenas um (Roh et al., 2014).

A Tabela 15.4 resume os resultados dos estudos com ASGs em doses ultra-altas para tratar esquizofrenia.

E quanto aos esquemas de *titulação rápida de doses dos antipsicóticos*? A chamada "neuroleptização rápida" com APGs deve ser evitada porque existe probabilidade grande de causar reações distônicas. Por outro lado, no caso dos ASGs, existem dados favoráveis à utilidade potencial de aumentar rapidamente as doses iniciais de vários fármacos. Nos pacientes com esquizofrenia aguda, um estudo comparou quetiapina IR em doses de 200 mg no 1º dia, 400 mg no 2º dia, 600 mg no 3º dia e 800 mg no 4º dia com doses convencionais (50 mg no 1º dia, 100 mg no 2º dia e aumentos progressivos de 100 mg/dia até chegar a 400 mg no 5º dia) em um grupo de 70 pacientes hospitalizados; os autores não detectaram diferenças significativas entre os dois grupos no que se referia a frequência de efeitos adversos ou interrupção do

Psicofarmacologia Prática

Tabela 15.4 Uso de doses ultra-altas de ASGs.

Fármaco	Estudos e resultados
Aripiprazol	Existem dados sobre segurança com doses de até 90 mg/dia. Em geral, doses > 20 mg/dia não se mostraram mais eficazes como efeito de grupo (Mace e Taylor, 2009). Ocupação dos receptores D_2 e D_3 é de cerca de 95% com dose de 30 mg/dia (Yokoi et al., 2002). Existem relatos de casos de eficácia terapêutica e segurança com até 75 mg/dia para tratar esquizofrenia resistente a outros tratamentos (Duggal e Mendhekar, 2006), mas também causou agitação e agravação da psicose com dose de 60 mg/dia (Thone, 2007)
Brexpiprazol	Não existem dados
Cariprazina	Não existem dados
Clozapina	Nenhum dado sobre doses > 900 mg ou níveis séricos de clozapina > 1.000 ng/mℓ. Riscos de causar neurotoxicidade e cardiotoxicidade significativas com níveis supraterapêuticos, ou quando é combinada com inibidores potentes da enzima CYP 1A2 (p. ex., ciprofloxacino). Com doses > 550 mg/dia, é recomendável também administrar anticonvulsivantes adjuvantes para reduzir risco de convulsões (Morrissette e Stahl, 2014)
Iloperidona	Nenhum dado disponível. Preocupações possíveis com doses supraterapêuticas (> 24 mg/dia) poderiam incluir a possibilidade de causar hipotensão ortostática e sedação significativas
Lumateperona	Nenhum dado sobre doses acima de 42 mg/dia
Lurasidona	Nenhum dado quanto à eficácia. Dose de 240 mg/dia para pacientes esquizofrênicos foi associada a processamento atencional retardado, funções executivas prejudicadas e memória operacional espacial reduzida (Karpouzian-Rogers et al., 2020)
Olanzapina	• Em um ECR de 6 meses com clozapina (dose média = 564 mg/dia) *versus* olanzapina em dose alta (dose média = 34 mg/dia; variação de 25 a 45 mg/dia) com 40 pacientes portadores de esquizofrenia resistente a outros tratamentos, os dois grupos demonstraram melhoras significativas em comparação com estado inicial, sem diferenças significativas entre eles (embora este estudo não tenha alcançado força estatística para demonstrar não inferioridade) (Meltzer et al., 2008) • Por outro lado, outro ensaio cruzado duplo-cego randomizado com 13 pacientes esquizofrênicos comparou olanzapina (50 mg/dia) com clozapina (450 mg/dia) e 6/13 (46%) dos que usaram este último fármaco abandonaram prematuramente, em comparação com nenhum dos 10 que usaram clozapina; nenhum dos que usaram olanzapina e 2/10 dos que usaram clozapina atenderam aos critérios de "resposta" e os tamanhos dos efeitos nos subitens da escala BPRS foram médios a grandes com clozapina, mas consistentemente baixos com olanzapina (Conley et al., 2003) • Por fim, um ensaio aberto com olanzapina em doses de até 100 mg/dia (dose média = 31,3 mg/dia) com 50 pacientes franceses esquizofrênicos hospitalizados ou ambulatoriais (em sua maioria, homens fumantes com idades de 19 a 60 anos) detectou índice de resposta de 68% com tolerabilidade geralmente satisfatória (os principais efeitos adversos foram movimentos involuntários [EEP, distonia]) (Batail et al., 2014)
Paliperidona	Não existem dados
Quetiapina	Pierre et al. (2005) relatou sete casos (*open-label*) tratados com quetiapina em doses de 1.200 a 2.400 mg/dia para esquizofrenia resistente a outros tratamentos evidenciada principalmente por sintomas positivos e comportamentos agressivos. O intervalo médio até alcançar resposta foi de 11 meses, 4 dos 7 pioraram depois da melhora inicial e sedação, hipotensão ortostática, disfagia e reações de sobressalto noturno foram efeitos adversos comuns. Outra série de casos (*open-label*) de 12 semanas (*n* = 12) com doses de 1.200 a 2.400 mg/dia detectou melhora em 4/12, mas com tolerabilidade ruim (a maioria dos indivíduos teve EEP, sedação e ganho de peso significativo e um desenvolveu diabetes melito) (Boggs et al., 2008)
Ziprasidona	Um ECR de 8 semanas comparou as doses de 160 mg/dia e 360 mg/dia em 75 pacientes esquizofrênicos que continuavam sintomáticos apesar do tratamento com 160 mg/dia durante 3 semanas; os autores não observaram diferenças significativas quanto à melhora dos sintomas, mas pacientes que usaram doses altas tiveram pressão arterial diastólica mais baixa, mais sintomas negativos e mais prolongamento de QTc (Goff et al., 2013)

> Isto é realmente importante! ←

ASG, antipsicótico de segunda geração; *BPRS, Brief Psychiatric Rating Scale* (Escala Breve de Avaliação Psiquiátrica); *ECR*, ensaio controlado randomizado; *EEP*, efeitos colaterais extrapiramidais; *QTc*, intervalo QT corrigido.

tratamento por intolerância, mas houve melhora mais rápida dos sintomas psicóticos (4º dia) em indivíduos que receberam doses iniciais aumentadas rapidamente (Pae et al., 2007). Nos estudos com olanzapina para tratar agitação aguda de pacientes com esquizofrenia ou transtorno bipolar, escalonamento rápido da dose inicial com "impregnação reversa" decrescente (estratégia "RIDE": até 40 mg de olanzapina oral nos 1º e 2º dias, até 30 mg nos 3º e 4º dias e 5 a 20 mg/dia a partir daí) foi comparado com a prática clínica corrente (até 10 mg/dia entre o 1º e o 4º dia, depois 5 a 10 mg/dia a partir daí); pacientes tratados com estratégia RIDE tiveram reduções mais expressivas dos escores dos subitens de "excitação" de PANSS em 24 h e este grupo evoluiu mais favoravelmente que o grupo tratado com prática clínica habitual no que se referia a todas as medidas de agitação no 4º dia, sem qualquer diferença significativa detectável em incidência ou gravidade dos efeitos adversos em comparação com o segundo grupo (Baker et al., 2003).

QUAIS SÃO OS ANTIPSICÓTICOS EFICAZES PARA TRATAR ESQUIZOFRENIA?

Diferenças de magnitude da eficácia clínica da maioria dos ASGs são muito pequenas. Em uma importante metanálise abrangente publicada por Huhn et al., 2019, CrIs ficaram em grande parte sobrepostos quanto às diferenças médias padronizadas (DMPs) dos escores de modificação dos sintomas (ilustrados na Figura 15.5), ou seja, não houve diferenças significativas entre os fármacos no que dizia respeito à resposta global – com exceção notável dos índices de eficácia mais altos com clozapina, em comparação com outros ASGs disponíveis nos EUA. A Tabela 15.5 descreve doses de três ASGs agonistas parciais de D_2/D_3 e as características dos receptores nos quais atuam. As Tabelas 15.6 a 15.16 descrevem separadamente doses dos ASGs disponíveis hoje em dia que atuam como antagonistas D_2 e as características dos receptores nos quais atuam.

Não há nenhum problema em dividir a dose diária de risperidona em duas, por exemplo, mas isso não é realmente necessário. Administrar a dose de risperidona em uma ou duas tomadas conseguiu índices de resposta, intervalo até a resposta e perfis de efeitos colaterais comparáveis – embora os níveis plasmáticos mínimos e as concentrações plasmáticas médias nas primeiras oito horas fossem um pouco maiores com doses administradas 1 ou 2 vezes/dia, mas isto não teve qualquer consequência clínica evidente (Nair, 1998). Vale lembrar que a meia-vida da risperidona é de apenas três horas. Por essa razão, não se deve administrá-la com mais frequência que 1 vez/dia porque a meia-vida do seu metabólito ativo (9-hidroxirisperidona) é de cerca de 20 a 30 horas. Assim, doses administradas 1 vez/dia são mais que suficientes.

Relações de dose-resposta lineares são comumente presumidas como determinantes da eficácia dos antipsicóticos. Quando pacientes não melhoram com determinada dose, muitos médicos aumentam quase instintivamente a dose na expectativa de aumentar as chances de que sejam eficazes. Como está ilustrado pelo exemplo da lurasidona no Boxe 15.9, essa nem sempre é uma proposição baseada em evidência.

ASGs INJETÁVEIS (IM) DE AÇÃO CURTA

Aripiprazol. Em doses de 9,75 mg até 3 vezes/dia, estudos demonstraram que aripiprazol foi mais eficaz que placebo e comparável ao haloperidol (6,5 mg IM) duas horas depois da injeção (Andrezina et al., 2006). Outro estudo demonstrou que transição subsequente direta à preparação oral de aripiprazol não aumentou a incidência de EEP, sedação ou outros efeitos adversos.[1]

Olanzapina. Olanzapina para administração por via intramuscular rápida está disponível na dose de 10 mg (se for necessário, pode ser reduzida para 5,0 ou 7,5 mg), no máximo três doses com intervalo mínimo de duas horas ao longo de 24 h. É necessário monitorar hipotensão ortostática. Em um ECR comparativo, observou-se redução mais acentuada de agitação/excitação (e sonolência) com olanzapina IM que aripiprazol IM dentro de duas horas, mas não em 24 h (Kittipeerachon e Chaichan, 2016). Em 2005, a bula passou a incluir uma advertência contra a combinação de olanzapina IM com benzodiazepínicos depois da publicação de relatos de casos fatais, ainda que estudos observacionais subsequentes tenham questionado a probabilidade de ocorrerem efeitos adversos cardiovasculares ou cardiopulmonares significativos (Williams, 2018).

---

[1]Em 2015, a preparação de aripiprazol intramuscular (IM) de ação curta foi retirada do mercado americano por seu fabricante por motivos não relacionadas com segurança ou eficácia.

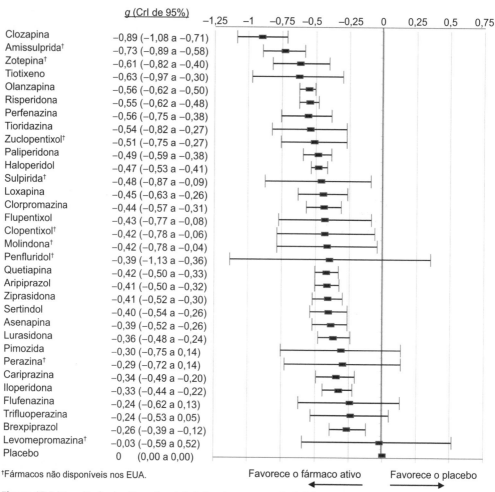

†Fármacos não disponíveis nos EUA.

Figura 15.5 Magnitude de alteração global dos sintomas: antipsicóticos *versus* placebo. Adaptada segundo Huhn et al., 2019.

Tabela 15.5 Doses e indicações dos ASGs: agonistas D_2/D_3 parciais.

Fármaco	Características dos receptores principais (exceto antagonismo 5HT$_{2A}$)	Doses habituais para psicose	Atributos principais
Aripiprazol	Agonista D_2/D_3 parcial; agonista 5HT$_{1A}$ parcial	A dose inicial para esquizofrenia é de 10 a 15 mg/dia e 15 mg/dia em tratamento isolado para mania. Em nossa experiência, principalmente quando houver outros fármacos no esquema vigente, doses iniciais menores (*i. e.*, 5 mg/dia) frequentemente são apropriadas e mais bem toleradas. Titulação até chegar à dose máxima de 30 mg/dia deve ser efetuada com base na resposta e na tolerabilidade	Meia-vida longa (> 75 h) significa que os níveis do fármaco diminuem progressivamente quando ele é interrompido, sem necessidade de reduzir sua dose, e que reduções cruzadas podem exigir no mínimo 2 semanas para alcançar um estado de equilíbrio ou meia-vida de eliminação terminal

(continua)

Capítulo 15 • Psicoses

Tabela 15.5 Doses e indicações dos ASGs: agonistas D_2/D_3 parciais. (*continuação*)

Fármaco	Características dos receptores principais (exceto antagonismo 5HT$_{2A}$)	Doses habituais para psicose	Atributos principais
Brexpiprazol	Agonista D_2/D_3 parcial, agonista 5HT$_{1A}$ parcial	Em geral, começar com 1 mg/dia, que pode ser aumentada depois de 4 dias até a dose-alvo de 2 mg/dia (5º ao 7º dias), até chegar à dose máxima de 4 mg/dia no 8º dia em diante	Meia-vida longa (91 h) tem implicações farmacocinéticas semelhantes às que estão descritas acima para aripiprazol
Cariprazina	Agonista D_2/D_3 parcial (*ligação preferencial a* $D_3 > D_2$), agonista 5HT$_{1A}$ parcial, antagonista 5HT$_{1B}$ e antagonista H$_1$ modesto	Em geral, começar com 1,5 mg/dia, que pode ser aumentada para 4 mg no 2º dia; faixa habitual de 3 a 6 mg/dia; doses para esquizofrenia podem chegar a 12 mg/dia, embora não esteja claro se este fármaco é eficaz em doses > 6 mg/dia	• Agonismo D_3 parcial forte pode ser benéfico aos comportamentos baseados em recompensa • Dados duplos-cegos sobre prevenção de recidiva de esquizofrenia em 72 semanas demonstraram perfil metabólico favorável (Durgam et al., 2016b) • Meia-vida longa de dois metabólitos ativos

ASG, antipsicótico de segunda geração.

Tabela 15.6 Doses e indicações dos ASGs: asenapina.

Características dos receptores	Doses habituais para psicose	Atributos principais
Antagonista D_2, agonista 5HT$_{1A}$ parcial	Na esquizofrenia, a dose ideal é de 5 mg SL, 2 vezes/dia, sem qualquer efeito benéfico adicional observável com doses mais altas (10 mg SL, 2 vezes/dia) nos ensaios de registro na FDA. Na mania bipolar, doses recomendadas variam de 5 a 10 mg SL, 2 vezes/dia	Biodisponibilidade ideal por absorção sublingual (cerca de 36%) em vez de administração oral (cerca de 2%) em razão do metabolismo extensivo de primeira passagem • Antagonismo potente do receptor 5HT$_7$ (Ki = 0,13 nM) levou à especulação de que possa ter efeitos pró-cognitivos, embora existam poucos dados de estudos humanos

ASG, antipsicótico de segunda geração; *FDA*, U.S. Food and Drug Administration; *SL*, sublingual.

Tabela 15.7 Doses e indicações dos ASGs: clozapina.

Características dos receptores	Doses habituais para psicose	Atributos principais
Antagonista D_2 fraco; antagonismo α_1 e H$_1$ potente	Em geral, começar com 12,5 a 25 mg/dia, depois aumentar (conforme tolerabilidade) em 25 a 50 mg/dia a cada dia, até chegar à faixa almejada de 300 a 450 mg/dia em 2 semanas. Aumentos subsequentes devem ser efetuados 1 ou 2 vezes/semana em ≤ 100 mg até a dose máxima de 600 a 900 mg/dia visando alcançar nível sérico de clozapina ≥ 350 ng/mℓ (ver Capítulo 7, Tabela 7.13). A dose total pode ser fracionada (2 ou 3 vezes) para melhorar tolerabilidade, embora em nossa experiência seja possível administrar a maior parte da dose terapêutica à noite. O fabricante recomenda reiniciar com a dose de 25 mg/dia para pacientes que ficarem 2 dias ou mais sem usar clozapina, com retitulação possivelmente mais rápida até chegar à dose eficaz usada antes, conforme a tolerância	Clozapina não é mais considerada um fármaco para ser usado como "último recurso" e cada vez mais é considerada depois de apenas uma ou duas experiências infrutíferas com outros antipsicóticos (Kahn et al., 2018)

ASG, antipsicótico de segunda geração.

363

15 Psicofarmacologia Prática

Tabela 15.8 Doses e indicações dos ASGs: iloperidona.

Características dos receptores	Doses habituais para psicose	Atributos principais
Antagonista D_2, antagonismo α_1 e H_1 potente	É necessária titulação lenta para permitir adaptação ao antagonismo α_1 significativo: iniciar com 1 mg VO, 2 vezes/dia no 1º dia; 2 mg 2 vezes/dia no 2º, 4 mg 2 vezes/dia no 3º, 6 mg 2 vezes/dia no 4º, 8 mg 2 vezes/dia no 5º, 10 mg 2 vezes/dia no 6º, 10 mg 2 vezes/dia no 7º e, em seguida, aumentar até a dose máxima de 12 mg 2 vezes/dia no 8º dia. Em nossa experiência, doses menores frequentemente são eficazes	• Iloperidona está entre os ASGs que têm menos chances de causar EEP/acatisia • Ficar atento à possibilidade de prolongamento do QTc com uso concomitante de inibidores de CYP 2D6 ou genótipos de MF

ASG, antipsicótico de segunda geração; *EEP*, efeitos colaterais extrapiramidais; *MF*, metabolizador fraco; *QTc*, intervalo QT corrigido; *VO*, via oral.

Tabela 15.9 Doses e indicações dos ASGs: lumateperona.

Características dos receptores	Doses habituais para psicose	Atributos principais
Agonista parcial do receptor D_2 pré-sináptico e antagonista D_2 pós-sináptico	Dose de 42 mg/dia	Pode modular indiretamente a neurotransmissão glutamatérgica, ampliando as atividades dos receptores de NMDA e AMPA

AMPA, ácido α-amino-3-hidroxi-5-metil-4-isoxazolpropiônico; *ASG*, antipsicótico de segunda geração; *NMDA*, N-metil-D-aspartato.

Tabela 15.10 Doses e indicações dos ASGs: lurasidona.

Características dos receptores	Doses habituais para psicose	Atributos principais
Afinidade de ligação mínima aos receptores $5HT_{2c}$ e H_1; antagonismo $5HT_7$ potente (Ki = 0,495 nM) e agonismo D_3 (ver Boxe 15.6) pode contribuir para seus efeitos cognitivos benéficos potenciais	Na esquizofrenia, geralmente começar com dose de 40 mg/dia, que pode ser aumentada até 160 mg/dia a critério do médico. Vale ressaltar que ensaios de registro na FDA com doses fixas não demonstraram evidência clara de uma relação dose-resposta linear (Loebel et al., 2013)	• Perfil metabólico relativamente favorável (NNH de aumento de peso = 67) (Citrome, 2015) • Pode ter efeitos cognitivos benéficos por antagonismo do receptor $5HT_7$

ASG, antipsicótico de segunda geração; *FDA*, U.S. Food and Drug Administration; *NNH*, número necessário para causar danos.

Tabela 15.11 Doses e indicações dos ASGs: olanzapina.

Características dos receptores	Doses habituais para psicose	Atributos principais
Antagonista $5HT_{1A}$ fraco	Na esquizofrenia, começar geralmente com dose de 5 a 10 mg/dia, com dose almejada de 10 mg/dia. O fabricante recomenda aumentar doses em incrementos ≤ 5 mg/dia e no máximo 1 vez/semana até chegar à dose máxima de 20 mg/dia. (No estudo CATIE, a dose máxima usada foi de 30 mg/dia.) Dose de manutenção recomendável entre 10 e 20 mg/dia. Na mania aguda, a dose inicial é de 10 a 15 mg/dia	• Classificada entre os ASGs mais potentes, contraposta por seu perfil formidável de efeitos adversos metabólicos • Existe uma preparação para uso IM de ação prolongada • Opção de IAP para evitar recorrência (ver Capítulo 9, Tabela 9.6)

ASG, antipsicótico de segunda geração; *IAP*, injetável de ação prolongada.

Capítulo 15 • Psicoses

Tabela 15.12 Doses e indicações dos ASGs: paliperidona.

Características dos receptores	Doses habituais para psicose	Atributos principais
Antagonista D_2 potente, bloqueio moderado do receptor $5HT_7$	Nos adultos com esquizofrenia ou transtorno esquizoafetivo, começar com dose de 6 mg VO 1 vez/dia, aumentar a critério médico até a dose máxima de 12 mg/dia ou mínima de 3 mg/dia. O fabricante recomenda aumentos das doses a incrementos de 3 mg/dia, no mínimo a cada 5 dias	• Único fármaco indicado pela FDA para tratar transtorno esquizoafetivo • Opção de IAP para prevenção de recorrência (ver Capítulo 9, Tabela 9.6)

ASG, antipsicótico de segunda geração; *FDA*, U.S. Food and Drug Administration; *IAP*, injetável de ação prolongada; *VO*, via oral.

Tabela 15.13 Doses e indicações dos ASGs: pimavanserina.

Características dos receptores	Doses habituais para psicose	Atributos principais
Agonista $5HT_{2A}$ de alta afinidade, agonista inverso/antagonista $5HT_{2c}$ menos potente	Para psicose associada à doença de Parkinson, começar com dose de 34 mg VO 1 vez/dia. Em um ensaio inicial de Fase III, foi usado como fármaco adjuvante para esquizofrenia em doses flexíveis começando com 20 mg/dia, que podia varia de 10 a 34 mg/dia; contudo, esse estudo não conseguiu alcançar significância estatística para seu desfecho primário	Geralmente é bem tolerada; efeitos adversos mais comuns são náuseas, edema periférico e confusão (todos < 10%)

ASG, antipsicótico de segunda geração; *VO*, via oral.

Tabela 15.14 Doses e indicações dos ASGs: quetiapina.

Características dos receptores	Doses habituais para psicose	Atributos principais
Antagonista D_2 fraco; antagonismo α_1 e H_1 potente	Na esquizofrenia, começar com dose de 25 mg VO 2 vezes/dia, titulada até chegar à faixa almejada de 150 a 750 mg/dia (dose inicial da preparação XR = 300 mg VO 1 vez/dia, titulada até 400 a 800 mg/dia); na mania bipolar, iniciar com dose de 50 mg VO 2 vezes/dia, até chegar à faixa almejada de 400 a 800 mg/dia (dose inicial da preparação XR = 300 mg VO no 1º dia, 600 mg no 2º dia e titulada até faixa almejada de 400 a 800 mg/dia); na depressão bipolar, começar com dose de 50 mg VO 1 vez/dia, titulada até dose almejada de 300 mg/dia (dose inicial da preparação XR = 50 mg VO no 1º dia, 100 mg no 2º, 200 mg no 3º e 300 mg no 4º dia)	Perfil ansiolítico convincente, uso limitado pela tendência marcante de aumentar peso e causar sedação aguda nas diversas indicações **⊘ Dica** Quetiapina XR e quetiapina IR têm meias-vidas de cerca de 7h; a preparação IR alcança $T_{máx}$ mais rápido e $C_{máx}$ mais alta; a preparação XR tem menos variação entre $C_{máx}$ e $C_{mín}$.

ASG, antipsicótico de segunda geração; *XR*, preparação de liberação estendida; *VO*, via oral.

Tabela 15.15 Doses e indicações dos ASGs: risperidona.

Características dos receptores	Doses habituais para psicose	Atributos principais
Agonista inverso $5HT_{1A}$ de grande afinidade, anti-histamínico potente	Na esquizofrenia, começar com 2 mg/dia (dose almejada de cerca de 4 a 8 mg/dia); na mania bipolar, 2 a 3 mg/dia (dose almejada de cerca de 1 a 6 mg/dia)	Risperidona é um dos ASGs com mais tendência a causar hiperprolactinemia; existe opção de IAP para prevenção de recorrências (ver Capítulo 9, Tabela 9.6)

ASG, antipsicótico de segunda geração; *IAP*, injetável de ação prolongada; *VO*, via oral.

365

Tabela 15.16 Doses e indicações dos ASGs: ziprasidona.

Características dos receptores	Doses habituais para psicose	Atributos principais
Agonista $5HT_{1A}$ parcial, agonista $5HT_{2C}$ parcial potente, antagonista H_1 modesto	Na esquizofrenia, começar com dose de 20 mg VO 2 vezes/dia, titulada com aumentos a cada 2 dias até 80 mg, 2 vezes/dia (meta habitual) ou dose máxima de 100 mg 2 vezes/dia. Na agitação aguda, começar com dose de 10 a 20 mg IM a cada 2 h (máximo de 40 mg/dia). Na mania aguda, dose inicial é de 40 mg VO 2 vezes/dia, aumentada até a faixa almejada habitual de 40 a 80 mg 2 vezes/dia	• Biodisponibilidade mais ampla quando é administrada junto com alimentos • Ziprasidona é um dos ASGs mais neutros quanto ao efeito colateral de aumento do peso • Existe uma preparação IM de ação curta • História de prolongamento do QTc é contraindicação relativa

ASG, antipsicótico de segunda geração; QTc, intervalo QT corrigido; VO, via oral.

Boxe 15.9 Existe alguma relação de dose-resposta à lurasidona?

Coletivamente, cinco ensaios fundamentais de registro na FDA norte-americana com doses fixas de lurasidona para tratar esquizofrenia não conseguiram demonstrar sinal inequívoco de relações de dose-resposta com progressão da psicopatologia em geral e os resultados publicados podem ser até certo ponto confusos. Comparações de doses fixas (40 mg/dia ou 120 mg/dia) com placebo foram significativas em três ECRs (Ogasa et al., 2013; Meltzer et al., 2011; Nasrallah et al., 2013), mas (a) sem relação de dose-resposta linear clara ou (b) com demonstração de diferença significativa entre a dose de 80 mg/dia e placebo, mas não com a dose de 40 mg/dia ou 120 mg/dia (Nasrallah et al., 2013). Podemos concluir que a dose de 80 mg/dia foi eficaz em todos os estudos que usaram esta dose, mas doses maiores ou menores foram menos confiáveis e aumentos das doses não sugeriram aumentos progressivos ou mensuráveis na magnitude de redução dos sintomas.

Entretanto, é importante salientar que, entre os pacientes que não mostraram melhora sintomática de no mínimo 20% depois de 2 semanas em tratamento com 80 mg/dia de lurasidona, aqueles nos quais as doses foram depois aumentadas para 160 mg/dia mostraram redução significativamente maior dos sintomas positivos e negativos em 6 semanas (tamanho de efeito médio), em comparação com os que continuaram a usar 80 mg/dia (Loebel et al., 2016).

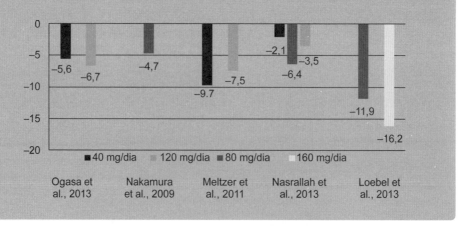

Ziprasidona. A dose de ziprasidona IM para tratar agitação aguda varia de 10 a 20 mg/injeção, sejam 10 mg a cada duas horas, ou 20 mg a cada quatro horas (dose máxima de 40 mg).

ANTIPSICÓTICOS INJETÁVEIS DE AÇÃO PROLONGADA

Antipsicóticos injetáveis de ação prolongada (IAPs) têm utilidade inquestionável em pacientes com transtornos psicóticos crônicos, cuja adesão ao tratamento com fármacos orais é insatisfatória. A preparação IAP de aripiprazol também foi estudada na prevenção de recorrências do transtorno bipolar tipo I depois de um episódio inicial de mania. (Vale ressaltar que, nos ensaios de registro na FDA com preparação IAP de monoidrato de aripiprazol e microesferas de risperidona, a eficácia foi maior que placebo para evitar recidivas dos episódios de mania, mas não depressão – ainda assim, uma avaliação mais cuidadosa sobre prevenção de recorrências de episódios depressivos exigiria um desenho de estudo que iniciasse o tratamento depois de um episódio inicial de depressão, porque os desenhos dos ensaios existentes foram enriquecidos por episódios maníacos em vez de depressivos [*i. e.*, considerando que a polaridade do episódio mais recente é a polaridade mais provável da recorrência].)

> **Dica**
>
> Além de considerar o uso de IAPs para compensar problemas de adesão ao tratamento, é importante ter em mente que cariprazina tem dois metabólitos ativos (desmetilcariprazina e didesmetilcariprazina), cujas meias-vidas são de 1 a 3 semanas – ou seja, que problemas de adesão com este fármaco podem ser farmacologicamente mais aceitáveis. Meias-vidas longas também podem permitir a administração de doses a intervalos maiores que 1 vez/dia, nos casos em que problemas de tolerabilidade exijam doses incomumente baixas.

Em termos gerais, tratamento farmacológico de esquizofrenia com antipsicóticos IAPs mostrou índices acentuadamente maiores de adesão e índices menores de reinternação hospitalar em comparação com antipsicóticos orais, de acordo com avaliações dos dados baseados em propagandas (p. ex., Marcus et al., 2015). Entretanto, estudos comparativos das preparações IAPs de APGs e ASGs para tratar esquizofrenia não detectaram diferenças nos índices de reinternação psiquiátrica, descontinuação por todas as causas ou duração da internação hospitalar (Nielsen et al., 2015; Stone et al., 2018); isto torna as diferenças entre opções terapêuticas mais sujeitas à preferência/aceitabilidade dos pacientes, perfis de efeitos adversos e custo em vez de eficácia diferente.

A Tabela 9.6 incluída no Capítulo 9 resume como fazer conversões de doses dos antipsicóticos orais para injetáveis de ação prolongada. A Tabela 15.17 apresenta resumidamente informações quanto aos procedimentos indicados quando doses são perdidas.

A preparação IAP de aripiprazol alcança seu estado de equilíbrio farmacocinético na quarta injeção (como se pode observar na Figura 15.6); contudo, níveis séricos clinicamente significativos (> 100 ng/mℓ) são alcançados depois de 2 a 3 semanas. Também é importante ressaltar que, sem injeções adicionais aplicadas depois da 16ª semana, níveis séricos clinicamente significativos são mantidos por cerca de 8 semanas a mais.

ESTRATÉGIAS DE AMPLIAÇÃO DO TRATAMENTO COM ANTIPSICÓTICOS

Uma metanálise publicada em 2017 sobre 42 combinações de antipsicóticos utilizados simultaneamente para tratar esquizofrenia demonstrou vantagens estatisticamente significativas com alguns dos acréscimos estudados, dependendo do resultado almejado (Correll et al., 2017). No que se refere ao tratamento da *psicopatologia em geral*, a Figura 15.7 descreve os tamanhos de efeitos obtidos com fármacos adjuvantes, que foram significativamente maiores que os conseguidos apenas com um fármaco. *Nenhum efeito significativo* foi detectado com ADTs, testosterona, antagonistas do receptor de NMDA, ocitocina, antipsicóticos, pregnenolona, ISRSs, antagonistas e inibidores de recaptação de serotonina (AIRSs), inibidores de colinesterase, IRNEs, bloqueadores H$_2$, valproato de sódio, ácidos graxos poli-insaturados, inibidores de MAO-B, carbamazepina, DHEA, vareniclina ou davunetida. A Figura 15.8 descreve os tamanhos de efeitos observados nos *sintomas positivos*.

Quanto ao tratamento de *sintomas positivos*, entre as principais estratégias de ampliação usadas comumente, mas que *não* alcançaram significância estatística estão as seguintes: lítio, outro(s) antipsicótico(s), carbamazepina, antagonistas de receptor de NMDA (p. ex., memantina), inibidores de acetilcolinesterase, DHEA

15 Psicofarmacologia Prática

Tabela 15.17 Como compensar doses perdidas das preparações IAPs de antipsicóticos de segunda geração.

ASG	Intervalo decorrido desde a última injeção		
Aripiprazol (monoidrato)			
Se perder a 2ª ou 3ª dose programada:	4 a 5 semanas: administrar a dose seguinte logo que for possível		
Se perder + 4ª dose programada	4 a 6 semanas: administrar a dose seguinte logo que for possível > 6 semanas: reiniciar aripiprazol oral por 14 dias com a injeção seguinte		
Aripiprazol lauroxil			
Dose da última injeção:			
441 mg	≤ 6 semanas	> 6, mas ≤ 7 semanas	> 7 semanas
662 mg	≤ 8 semanas	> 8, mas ≤ 12 semanas	> 12 semanas
882 mg	≤ 8 semanas	> 8, mas ≤ 12 semanas	> 12 semanas
1.064 mg	≤ 10 semanas	> 10, mas ≤ 12 semanas	> 12 semanas
Dose da reaplicação	Nenhuma suplementação	Suplementar com apenas uma dose IM	Uma dose IM ou uma dose oral de 30 mg, ou 21 dias de dose oral
Olanzapina (pamoato)	Nenhuma recomendação específica		
Paliperidona (palmitato) – Invega Sustenna®			
Se perder dose depois da 1ª injeção:			
Se tiver decorrido menos de 4 semanas desde a 1ª injeção:	156 mg IM (deltoide) no menor tempo possível, depois 117 mg IM (deltoide ou glúteo) 5 semanas depois, por fim voltar ao esquema mensal habitual (deltoide ou glúteo)		
Se tiver decorrido mais de 4 semanas desde a 1ª injeção	156 mg IM (deltoide) no menor tempo possível, depois repetir (mesma dose) 1 semana mais tarde e, por fim, reiniciar esquema mensal habitual (deltoide ou glúteo)		
Se tiver decorrido mais de 7 semanas desde a primeira injeção	234 mg IM (deltoide) no menor tempo possível, depois 156 mg IM 1 semana mais tarde (± 4 dias), por fim voltar ao esquema mensal habitual (deltoide ou glúteo)		
Se perder dose depois de uma injeção mensal:			
Se tiver decorrido 4 a 6 semanas desde a última injeção mensal	Reiniciar esquema mensal habitual logo que seja possível		
Se tiver decorrido 6 semanas a 6 meses desde a última injeção mensal	Dose IM habitual (deltoide) logo que seja possível, depois repetir (mesma dose) em 1 semana e finalmente reiniciar esquema mensal habitual (deltoide ou glúteo)		
Se tiver decorrido mais de 6 meses desde a última injeção mensal	234 mg IM (deltoide) inicialmente, depois 156 mg IM (deltoide) 1 semana depois, finalmente voltar ao esquema mensal habitual (deltoide ou glúteo)		
Paliperidona (palmitato) – Invega Trinza®			
Se tiver decorrido 4 semanas a 4 meses desde a última dose:	Administrar a dose anterior logo que seja possível, depois reiniciar esquema habitual de 3 meses		
Se tiver decorrido 4 a 9 meses desde a última dose:	Reiniciar da seguinte forma: Se a *última dose* foi de *273 mg*, aplicar 78 mg IM no 1º e 8º dias (deltoide), em seguida 273 mg IM 1 mês depois (deltoide ou glúteo) Se a *última dose* foi de *410 mg*, aplicar 117 mg IM no 1º e 8º dias (deltoide), em seguida 410 mg IM 1 mês depois (deltoide ou glúteo) Se a *última dose* foi de *546 mg*, aplicar 156 mg IM no 1º e 8º dias (deltoide), em seguida 546 mg IM 1 mês depois (deltoide ou glúteo) Se a *última dose* foi de *819 mg*, administrar 156 mg IM no 1º e 8º dias, em seguida 819 mg IM 1 mês depois		
Se tiver decorrido mais de 9 meses:	Reiniciar com Invega Sustenna® conforme recomendações para sua aplicação		
Risperidona (microesferas)	Nenhuma recomendação específica		

ASG, antipsicótico de segunda geração; *IAP*, injetável de ação prolongada; *IM*, intramuscular.

368

Capítulo 15 • Psicoses

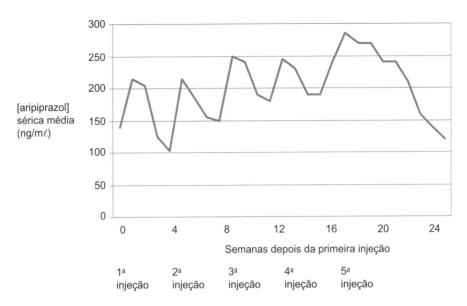

Figura 15.6 Concentrações plasmáticas (séricas) médias de aripiprazol depois da primeira injeção. Adaptada de Mallikaarjun et al., 2013.

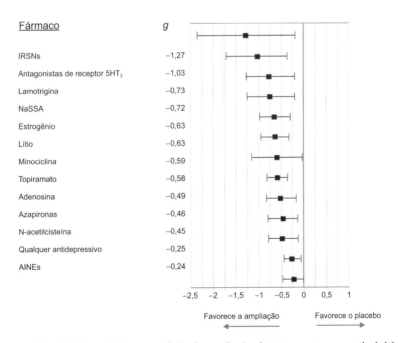

Figura 15.7 Tamanhos de efeitos (*g*) das estratégias de ampliação do tratamento com antipsicóticos: psicopatologia em geral. Baseada nos resultados da metanálise publicada por Correll et al. (2017).

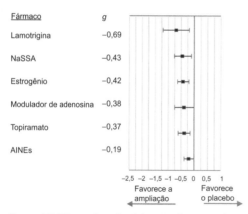

Figura 15.8 Tamanhos de efeitos (*g*) das estratégias de ampliação do tratamento com antipsicóticos: sintomas positivos. Baseada nos resultados da metanálise publicada por Correll et al. (2017).

e qualquer outro antidepressivo, exceto um NaSSA. Para pacientes com sintomas esquizofrênicos negativos que não melhorem satisfatoriamente com um antipsicótico, fármacos adjuvantes comuns que não alcançaram significância estática são os seguintes: carbamazepina, lítio, pregnenolona, DHEA, moduladores de adenosina, antagonistas de receptor de NMDA e AINEs.

> **Dica**
> *Davunetida* é um novo neuropeptídio antiproteína *tau*, que parece conferir neuroproteção por meio da estabilização dos microtúbulos.

ANTIPSICÓTICOS COMBINADOS

Apesar da escassez de evidências favoráveis a segurança e eficácia, médicos frequentemente combinam dois (ou mais) antipsicóticos por várias razões. Isso frequentemente inclui a expectativa de conseguir início de ação mais rápido, tratar sintomas psicóticos remanescentes, tratar especificamente alguns sintomas (p. ex., agitação, ansiedade, insônia), hesitação em otimizar a dose do primeiro antipsicótico (p. ex., por medo de causar efeitos adversos) ou reduções cruzadas pretendidas, mas jamais concluídas completamente em razão do medo de deterioração clínica ou detecção de melhora a meio caminho de uma redução cruzada pretendida com uma impressão de que possa ter ocorrido sinergia e que reduções adicionais possam ser contraproducentes. Também existe ao menos alguma base teórica para usar combinações de ASGs com o objetivo de aumentar a ocupação dos receptores D_2 e, ao mesmo tempo, evitar alguns efeitos adversos que, de outro modo, poderiam ocorrer com tratamento usando apenas um ASG em doses altas (Morrissett e Stahl, 2014).

Ensaios clínicos publicados sobre uso de antipsicóticos combinados foram dificultados por inconsistências metodológicas (p. ex., combinações de ensaios abertos e controlados, estudos sem força estatística, estudos com duração variável, combinação de pacientes com níveis variados de gravidade inicial e otimização variável do primeiro antipsicótico antes de introduzir o segundo). Poucos estudos também investigaram otimização de doses dos antipsicóticos combinados quando se tomou a decisão de usar vários desses fármacos. (Algumas vezes, presume-se que otimização de doses seja desnecessária, como no caso de utilizar propositalmente um ASG anti-histaminérgico [p. ex., quetiapina] em dose baixa principalmente por seus efeitos sedativos e pró-hipnóticos, em vez de por suas propriedades antipsicóticas ou antimaníacas/antidepressivas potenciais, ou usar ziprasidona adjuvante como possível estratégia combinada principalmente para evitar emagrecimento causado por psicotrópicos [Wang et al., 2011].)

A maior metanálise publicada até hoje sobre uso de antipsicóticos combinados avaliou 31 ensaios clínicos (*n* = 2.073) (Galling et al., 2017). Embora tenha sido observada vantagem global clínica e estatisticamente significativa com combinação *versus* tratamento com apenas um fármaco (*g* = 0,53), este efeito não era mais significativo quando se consideraram apenas estudos duplos-cegos ou que foram tidos como de alta qualidade por outras razões. Contudo, pesquisadores demonstraram que acrescentar um agonista D_2 parcial (aripiprazol) ao tratamento com antagonista D_2 pleno melhorou ainda mais sintomas negativos, além de reduzir níveis de prolactina e peso corporal. Ao contrário das expectativas, não foram observados mais efeitos adversos em geral com a combinação de antagonistas D_2, exceto por níveis de prolactina mais altos que os observados com tratamento apenas com antagonista D_2. Uma revisão da Base de Dados Cochrane também não detectou vantagem com antipsicóticos combinados *versus* isolados para tratar esquizofrenia no que se refere à redução do risco de recorrência, índices de internação hospitalar, interrupção prematura do tratamento ou efeitos adversos graves (Ortiz-Orendain et al., 2017).

ESTABILIZADORES DE HUMOR COMO ADJUVANTES DO TRATAMENTO ANTIPSICÓTICO DE TRANSTORNOS PSICÓTICOS PRIMÁRIOS

Um dilema farmacológico enfrentado no tratamento dos transtornos psicóticos primários é a escassez relativa de mecanismos de ação complementares, a partir dos quais possam ser cuidadosamente elaborados esquemas farmacológicos combinados. Até que se disponham de outros mecanismos de ação antipsicóticos plausíveis, além da modulação direta dos circuitos dopaminérgicos, médicos ficam praticamente com pouquíssimas opções para combinar antipsicóticos (com orações aos deuses do sinergismo farmacodinâmico) ou acrescentar estabilizadores de humor (com orações aos deuses da extrapolação da farmacodinâmica referida aos transtornos não afetivos). Vejamos separadamente as bases de dados existentes sobre estabilizadores de humor "antimaníacos" e outros fármacos (talvez referidos mais acertadamente como "anticonvulsivantes antiglutamatérgicos" no contexto presente).

Na prática, acrescentar estabilizadores de humor antimaníacos à *maioria* dos antipsicóticos (com possível exceção de clozapina, que está descrita separadamente em seção subsequente) parece basicamente produzir reduções modestas da agitação/hostilidade ou impulsividade no contexto do tratamento de episódios psicóticos agudos não afetivos. Nos casos típicos, o tratamento adjuvante com valproato de sódio é iniciado com a dose de 15 mg/kg, que pode ser aumentada até 35 mg/kg. Dados de ensaios randomizados com valproato de sódio DR (ver Tabela 15.18) indicaram melhoras iniciais significativamente mais expressivas de ilusões, excitação, juízo distorcido, pensamento abstrato prejudicado e conteúdo mental anormal; contudo, as vantagens em comparação com apenas um antipsicótico em doses terapêuticas podem ser transitórias e servir prin-

> 💡 **Dica**
> Acréscimo de estabilizadores de humor antimaníacos ao tratamento com a maioria dos antipsicóticos (com possível exceção de clozapina; ver adiante) pode melhorar apenas transitoriamente sintomas como hostilidade/agitação, sem atenuar significativamente a psicose subjacente.

cipalmente para acelerar melhora global em vez de produzir efeito aditivo ou sinérgico mais duradouro no estado mental em geral. Mais tarde, um ECR maior sobre uso adjuvante de valproato de sódio de liberação estendida não detectou vantagem em comparação com uso isolado de olanzapina ou risperidona – na verdade, *tratamento apenas com antipsicótico* foi *mais eficaz* que tratamento combinado com valproato quanto à atenuação dos sintomas negativos (Casey et al., 2009).

Talvez valproato de sódio simplesmente seja um "antídoto" ineficaz para reverter a estimulação deprimida dos interneurônios gabaérgicos mesolímbicos dos pacientes esquizofrênicos (p. ex., ver Figura 15.3). E o que dizer de outros análogos gabaérgicos como adjuvante ao tratamento de esquizofrenia com antipsicóticos? Estudos-piloto pequenos (a maioria com desenho aberto) e um punhado de estudos randomizados pequenos de prova de conceito foram realizados ao longo dos anos com fármacos gabaérgicos como gabapentina, pregabalina e baclofeno, dentre outros. Embora essas abordagens sejam intrigantes sob o ponto de vista dos mecanismos de ação e alguns fármacos gabaérgicos possam ajudar a atenuar sintomas de ansiedade dos pacientes esquizofrênicos, não há dados empíricos suficientes para tirar conclusões quanto à utilidade dessas abordagens no tratamento de psicoses quando antagonistas de dopamina produzem melhora parcial. Além disso, moduladores alostéricos positivos para receptor $GABA_A$, inclusive barbitúricos ou benzodiazepínicos (p. ex., lorazepam) *agravam* a disfunção cognitiva (p. ex., memória operacional) de pacientes esquizofrênicos. Lamotrigina destaca-se entre os outros "estabilizadores de humor" porque é relativamente destituída de efeitos gabaérgicos e, na verdade, em vez disso parece produzir principalmente efeitos *antiglutamatérgicos*, o que pode explicar sua utilidade aparentemente maior para tratar sintomas depressivos/internalizantes em vez de sintomas maníacos/externalizantes (ver também Capítulo 13).

LAMOTRIGINA

Embora lamotrigina não afete diretamente receptores de glutamato, ela diminui a liberação pré-sináptica deste transmissor e, por esta razão, é um candidato potencialmente interessante para ampliar tratamento de transtornos psicóticos com antipsicóticos. A literatura referida à ampliação do tratamento antipsicótico com lamotrigina é diversificada. Entusiasmo inicial

Psicofarmacologia Prática

Tabela 15.18 Como acrescentar estabilizadores de humor antimaníacos ao tratamento com antipsicóticos.

Estabilizador de humor	Estudo	Resultados	Implicações
Valproato de sódio			
Casey et al., 2003	$N = 249$; ECR de 28 dias; dose média de valproato DR (2 vezes/dia) cerca de 2.300 mg/dia ([VPA] média cerca de 100 µg/mℓ) ou placebo acrescentado ao tratamento com olanzapina (dose média = 15 mg/dia) ou risperidona (dose média de 6 mg/dia)	Reduções significativamente melhores e mais rápidas dos escores PANSS nas primeiras 3 semanas, mas nenhuma diferença significativa com 4 semanas. Mais sonolência (29%), cefaleia (20%), desconforto epigástrico (18%) e aumento do peso (12%)	Valproato de sódio adjuvante pode acelerar a melhora geral e facilitar alta hospitalar, mas pode não ter vantagem mantida depois das primeiras semanas de tratamento
Casey et al., 2009	$N = 402$; ECR de 12 semanas; dose média do valproato de sódio ER (1 vez/dia) ([VPA] média cerca de 98 µg/mℓ) ou placebo	Nenhuma diferença nos escores totais ou referidos aos sintomas positivos PANSS ao longo do estudo	Nenhum efeito benéfico claro
Lítio			
Leucht et al., 2015	Metanálise de 22 ECRs ($N = 763$)	Resposta 1,8 vez melhor com acréscimo de lítio aos antipsicóticos, mas apenas quando incluiu pacientes com transtorno esquizoafetivo; pouca informação sobre tolerabilidade	Possível utilidade como adjuvante quando houver sintomas afetivos; nenhum efeito direto de melhora da psicose
Carbamazepina			
Leucht et al., 2014	Metanálise de 10 ensaios ($N = 238$ indivíduos)	Nenhuma diferença detectada em comparação com placebo quando carbamazepina foi usada como adjuvante aos antipsicóticos, ou para reduzir índices de recorrência	Estudos disponíveis são pequenos e têm qualidade variada. Existe possibilidade de que a indução das enzimas hepáticas possa diminuir os níveis séricos de outros antipsicóticos usados simultaneamente

DR, liberação retardada; *ECR*, ensaio controlado randomizado; *ER*, liberação estendida; *PANSS*, Escala de Sintomas Positivos e Negativos; *VPA*, ácido valproico.

originou-se de um ECR positivo sobre ampliação do tratamento antipsicótico com clozapina por acréscimo de lamotrigina ou placebo, seguido de quatro ECRs subsequentes com duração de 10 a 24 semanas; em conjunto, esses cinco ECRs alcançaram tamanho de efeito (*g*) de 0,57 com NNT de 4 (Tiihonen et al., 2009). Outro ensaio de 10 semanas sobre lamotrigina adjuvante ou placebo acrescentado ao tratamento com APGs ou ASGs não detectou diferenças significativas no grupo "intenção de tratar" do estudo, mas houve melhora significativa no subgrupo dos que concluíram o estudo (Kremer et al., 2004). Mais tarde, dois outros ECRs controlados por placebo sobre lamotrigina adjuvante para pacientes esquizofrênicos resistentes aos ASGs não conseguiram replicar esses resultados iniciais (Goff et al., 2007). Metanálise mais definitiva sobre tratamentos farmacológicos adjuvantes iniciados depois de resposta inadequada à clozapina (descrita separadamente adiante) não conseguiu detectar melhora significativa com lamotrigina depois da exclusão dos extremos das análises estatísticas iniciais.

> **Balanço final**
>
> Acrescentar lamotrigina ao tratamento com clozapina de pacientes com esquizofrenia resistente tem razões teóricas interessantes e pode ter alguma utilidade com base na heterogeneidade dos estudos publicados... mas esses resultados não são consistentes ou robustos.

OUTROS ANTICONVULSIVANTES ANTIGLUTAMATÉRGICOS: TOPIRAMATO

O anticonvulsivante topiramato é, entre outras coisas, um fármaco modulador de glutamato (produz efeitos antiglutamatérgicos ligando-se aos receptores ionotrópicos de glutamato do subtipo AMPA/cainato; também se liga aos receptores $GABA_A$) e, por isso, tem ao menos relevância teórica no tratamento das psicoses. Metanálise de 16 ECRs que usaram topiramato como adjuvante ao tratamento da esquizofrenia (dose média = 164,5 ± 70,4 mg/dia) demonstrou vantagem significativa em comparação com placebo no que se refere à redução dos escores totais da escala PANSS ou BPRS, com tamanho de efeito médio ($d = 0,58$), bem como sintomas positivos avaliados pela PANSS ($d = 0,37$), sintomas negativos ($d = 0,58$) e psicopatologia em geral ($d = 0,68$) (Zheng et al., 2016b). Análises dos moderadores sugeriram que seus efeitos fossem menores nos estudos de duração curta (< 12 semanas) e quando foram usadas doses acima de 150 mg/dia. Abandonos atribuíveis à intolerância do fármaco não foram diferentes entre os grupos tratados.

ANTIDEPRESSIVOS ADJUVANTES PARA ESQUIZOFRENIA

Metanálise de 82 ECRs nos quais foram acrescentados antidepressivos ao tratamento de esquizofrenia com antipsicóticos detectou probabilidade de resposta significativamente maior (RR = 1,52; IC95% = 1,29 a 1,78; NNT = 5), mas efeitos apenas modestos nos sintomas positivos ($d = 0,17$), negativos ($d = 0,30$) ou depressivos ($d = 0,25$); o risco de agravar a psicose também não pareceu ser maior que nos grupos comparativos, sugerindo que antidepressivos em geral sejam uma opção terapêutica adjuvante segura (ainda que não sejam muito eficazes) (Helfer et al., 2016). Infelizmente, análises dos subgrupos desse estudo não conseguiram determinar algum tipo específico de pacientes *mais* ajudados pelos antidepressivos – exceto por assinalar que os tamanhos dos efeitos geralmente foram um pouco maiores quando um domínio sintomatológico pertinente almejado (p. ex., depressão ou sintomas negativos) era especialmente proeminente na fase inicial do estudo (talvez simplesmente porque não foi possível demonstrar alterações em razão da variância maior). Em metarregressões, diferenças mais expressivas entre antidepressivo e placebo no tratamento de depressão foram associadas à idade avançada, embora escores mais altos de sintomas negativos basais importassem em diferenças mais expressivas na redução desses sintomas.

Estudos com antidepressivos administrados especificamente para tratar sintomas cognitivos associados à esquizofrenia detectaram diferenças estatisticamente significativas, embora clinicamente inexpressivas, nos resultados cognitivos em comparação com placebo (tamanhos de efeitos entre 0,095 e 0,17) (Vernon et al., 2014).

> **Esquizofrenia e 5HT$_3$**
>
> Ao menos teoricamente, a função do receptor 5HT$_3$ é interessante para a patogenia da esquizofrenia. Cinco ECRs com ondansetrona (um antagonista do receptor 5HT$_3$) em doses de 4 a 8 mg/dia mostraram melhora da psicopatologia em geral e dos sintomas negativos e que este fármaco pode ajudar a atenuar EEP (Zheng et al., 2019). Contudo, não foi evidenciado efeito benéfico direto tão marcante nos sintomas positivos.

OUTROS TRATAMENTOS ADJUVANTES

Antagonistas de receptor 5HT$_3$ de serotonina. Receptores 5HT$_3$ pós-sinápticos, que geralmente parecem estar associados a náuseas, atraíram interesse como opções potenciais de tratamento adjuvante para esquizofrenia. Metanálise de seis ECRs com granisetrona, ondansetrona ou tropisetrona demonstrou vantagem significativa e clinicamente expressiva nos escores totais da PANSS ($d = 1,03$) e nos subitens referidos aos sintomas negativos desta mesma escala ($d = 1,10$), mas não quanto aos escores de sintomas positivos da escala ($d = 0,12$) (Kishi et al., 2014).

NaSSAs. Os chamados antidepressivos noradrenérgicos e serotoninérgicos específicos, abreviados por NbN (NaSSAs), incluem mirtazapina e mianserina.[2] Uma metanálise de 12 ECRs sobre uso adjuvante em esquizofrenia detectou vantagem significativa com tamanhos de efeitos grandes nos sintomas em geral (*d* = 0,75), índice de resposta (NNT = 4) e sintomas negativos (*d* = 0,88), mas nenhuma vantagem nos sintomas positivos e depressivos ou índices de descontinuação em comparação com placebo (Kishi e Iwata, 2014). NaSSAs também foram associados a índices significativamente menores de acatisia e EEP.

Anti-inflamatórios. O interesse em torno da relação entre formas graves de doença mental e inflamação resultou em estudos com anti-inflamatórios para tratar esquizofrenia. AINEs talvez sejam os fármacos mais bem estudados dessa classe geral. Uma metanálise inicial de cinco ECRs (*n* = 264) sobre esquizofrenia, que avaliaram principalmente celecoxibe ou ácido acetilsalicílico, relatou efeitos significativos nos sintomas totais (DMP = 0,43), positivos (DMP = 0,34) e negativos (DMP = 0,26) (Sommer et al., 2012). Outra metanálise subsequente mais ampla sobre AINEs e outros anti-inflamatórios incluiu 62 ECRs (inclusive AAS, celecoxibe, ácidos graxos ômega-3, estrogênio, moduladores seletivos de receptores estrogênicos, pregnenolona, *N*-acetilcisteína, minociclina, davunetida e eritropoetina) demonstrou efeitos globais significativos de redução dos sintomas totais (*g* de Hedge = 0,41), sintomas positivos (*g* de Hedge = 0,31) e sintomas negativos (*g* de Hedge = 0,38), assim como melhoras cognitivas especialmente com minociclina e pregnenolona (Cho et al., 2019). Entre os tipos específicos de anti-inflamatórios, AAS adjuvante teve impacto clínico mais amplo. A Figura 15.9 ilustra os tamanhos dos efeitos das diversas classes de anti-inflamatórios dessa metanálise mais ampla.

Estatinas. Ao menos teoricamente, acredita-se que estatinas sejam relevantes ao tratamento dos sintomas positivos e negativos em razão de suas propriedades anti-inflamatórias. Uma revisão de seis ECRs (na maioria dos casos, amostras pequenas incluindo apenas 6 a 12 semanas de tratamento) com sinvastatina (40 mg/dia), lovastatina (20 mg/dia), atorvastatina (20 mg/dia) ou pravastatina (40 mg/dia) demonstrou melhora significativa dos escores de sintomas negativos da PANSS com sinvastatina, mas não houve diferenças detectáveis nos estudos restantes em comparação com placebo (Kim et al., 2019).

---

[2]Este fármaco não está disponível nos EUA.

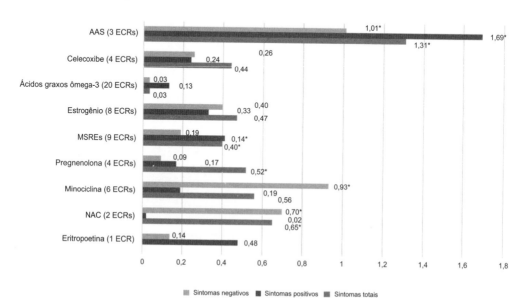

AAS, ácido acetilsalicílico; *MSRE*, modulador seletivo de receptor estrogênico (*i. e.*, raloxifeno); *NAC*, *N*-acetilcisteína.

Figura 15.9 Tamanhos de efeitos (*g* de Hedge) dos anti-inflamatórios avaliados em ECRs sobre esquizofrenia. Baseada nos resultados publicados por Cho et al., 2019. Os resultados assinalados são estatisticamente significativos apenas quando estão marcados com (*). "Sintomas totais" não foram referidos com eritropoetina.

Ampliação do tratamento com clozapina

Psicose resistente ao tratamento com clozapina impõe um dos desafios farmacológicos mais difíceis em psiquiatria, na medida em que este fármaco é amplamente considerado um dos mais eficazes (ver Figura 15.5), sem qualquer outra alternativa terapêutica farmacológica conhecida para tratar transtornos psicóticos resistentes ao tratamento. (Ainda que, como se pode observar na Tabela 15.4, olanzapina em doses altas possa ter eficácia comparável à clozapina no tratamento da esquizofrenia resistente.) Acrescentar outro APG ou ASG ao tratamento com clozapina depois de alcançar melhora parcial tem apoio modesto na literatura publicada: na metanálise de Galling et al. (2017) citada anteriormente, os autores observaram efeito global significativo de tamanho médio ($g = 0,52$) quando um APG ou ASG foi acrescentado ao tratamento com clozapina, mas os resultados perderam significância estatística quando foram considerados apenas estudos classificados como de alta qualidade. Antes de adotar estratégias de ampliação do tratamento com clozapina, médicos devem primeiramente se assegurar de que aspectos fundamentais deste tratamento tenham sido contemplados, inclusive os que estão descritos no Boxe 15.10.

Dica
Acrescentar aripiprazol ao tratamento com *outro* ASG além de clozapina pode agravar sintomas psicóticos, porque este primeiro fármaco tem afinidade alta de ligação aos receptores D_2 (Freudenreich e Goff, 2002).

Exceto nas doenças clínicas raras como a que foi diagnosticada no caso Anthony, o médico

CASO CLÍNICO 15.1

Psicose persistente atribuída a outra doença clínica

Anthony tem 24 anos e abandonou a faculdade depois de um episódio grave de psicose aguda, embora tivesse nível funcional adequado antes de adoecer. Experiências adequadas com vários ASGs resultaram em efeitos motores adversos persistentes (acatisia, tremor, pseudoparkinsonismo) com eficácia antipsicótica mínima. Foi então proposta uma experiência com clozapina. Ao longo de vários meses, a dose usada por Anthony foi aumentada até 500 mg/dia com níveis séricos de clozapina na faixa de 700 a 800 ng/mℓ. O paciente apresentou sedação, embotamento cognitivo e aumento do peso, enquanto tremores e EEP persistiram com melhora ainda mínima do seu sistema delirante complexo: Anthony acreditava que estava no centro de uma conspiração do governo e que as pessoas à sua volta fossem "agentes" enviados para realizar várias experiências e testes psicológicos com ele. Seu psiquiatra ficou impressionado com a persistência dos efeitos motores adversos de seu paciente, que mostrava pouca alteração de seu estado com os diversos fármacos experimentados, inclusive quando foi usada clozapina em doses baixas. O médico solicitou exames bioquímicos completos, que mostraram elevações brandas das transaminases hepáticas que, segundo a opinião do psiquiatra, eram causadas por esteatose hepática secundária ao aumento de peso. Testes sorológicos para hepatites A, B e C foram negativos, assim como ultrassonografia abdominal. Um gastrenterologista consultado solicitou dosagem de ceruloplasmina sérica (que estava baixa) e dosagens dos níveis de cobre na urina de 24 h (que estavam altos). Depois que um exame oftalmológico com lâmpada de fenda detectou anéis de Kayser-Fleischer, o diagnóstico estabelecido foi doença de Wilson e o paciente começou tratamento quelante com trientina. A frequência e a intensidade dos sintomas delirantes do paciente diminuíram à medida que os níveis urinários de cobre finalmente começaram a normalizar.

Boxe 15.10 Aspectos fundamentais do tratamento com clozapina.

- Assegurar que as doses de clozapina sejam otimizadas ao máximo de modo a alcançar [clozapina] sérica > 350 ng/mℓ (ver Capítulo 7, Tabela 7.13). Lembrar que nenhum estudo demonstrou eficácia da clozapina em doses supraterapêuticas (i. e., doses > 900 mg/dia e/ou [clozapina] sérica > 1.000 ng/mℓ)
- Assegurar adesão razoavelmente satisfatória ao tratamento
- Assegurar que seja realizada uma experiência de duração suficiente com clozapina – em transtornos psicóticos resistentes a vários outros fármacos, isto pode significar meses ou mais até que se possa fazer avaliação segura
- Considerar fatores que possam mediar (e atenuar) a eficácia da clozapina, inclusive tabagismo, transtornos por uso de álcool ou outras drogas, ou tratamento combinado com outros fármacos potencialmente psicomiméticos, inclusive anfetamina ou metilfenidato
- Avaliar a coexistência de comorbidades e transtorno de humor mal controlado
- (Re)considerar explicações clínicas ou neurológicas da psicose resistente ao tratamento, como está ilustrado no Caso clínico 15.1

poderia considerar algumas abordagens farmacoterápicas quando houver resposta parcial à clozapina em pacientes com psicose grave/resistente. Metanálise enfatizou estratégias de ampliação do tratamento com clozapina e encontrou 46 estudos envolvendo 25 opções de intervenção (Siskind et al., 2018). A Figura 15.10 ilustra os resultados dos estudos, nos quais foram acrescentados APGs ou ASGs ao tratamento com clozapina. Como se pode observar no gráfico de floresta, aripiprazol e penfluridol[3] foram os únicos fármacos cujos intervalos de confiança não cruzaram o valor zero e tiveram, respectivamente, tamanhos de efeitos médio e grande.

Outros fármacos adjuvantes que melhoraram significativamente os sintomas psicóticos totais quando foram acrescentados ao tratamento com clozapina são fluoxetina ($g = 0,73$; IC95% = −0,97 a −0,50) e valproato de sódio ($g = 2,36$; IC95% = −3,96 a −0,75), enquanto memantina adjuvante melhorou sintomas negativos ($g = -0,56$; IC95% = −0,93 a −0,20); contudo, os autores ressaltaram que alguns dos estudos incluídos tinham pouca qualidade, o que torna essas conclusões no mínimo provisórias.

Os resultados citados antes são compatíveis com outra metanálise, que enfatizou anticonvulsivantes acrescentados ao tratamento com clozapina para esquizofrenia resistente e incluiu 22 ECRs ($n = 1.227$) (Zheng et al., 2017b). Esse estudo detectou efeito benéfico significativo dos escores de sintomas positivos e psicopatologia em geral com acréscimo de valproato de sódio (6 ECRs, $n = 430$) e topiramato (5 ECRs, $n = 270$) (embora este último fármaco tivesse índices mais altos de descontinuação por todas as causas, em comparação com tratamento apenas com clozapina [NNH = 7]). Depois de excluir os valores extremos dessa metanálise, os efeitos favoráveis significativos iniciais da lamotrigina adjuvante perderam significância estatística.

Além das metanálises mencionadas antes, um ECR preliminar com benzoato de sódio (doses orais de 1 a 2 g/dia) demonstrou melhoras significativas dos sintomas positivos e negativos em comparação com placebo acrescentados ao tratamento de 60 pacientes que não responderam satisfatoriamente à clozapina (Lin et al., 2018).

ETC adjuvante para esquizofrenia resistente ao tratamento

Embora nossa ênfase principal em todo este capítulo seja em tratamentos farmacológicos em vez de dispositivos ou outras intervenções biológicas, poderíamos assinalar que ECT é algumas vezes considerada uma intervenção útil para tratar psicose resistente, mesmo quando não há catatonia (na qual é a abordagem terapêutica preferível, além dos benzodiazepínicos) ou sintomas afetivos. Uma revisão da Base de Dados Cochrane de 15 estudos envolvendo 1.285 participantes demonstrou vantagem no quesito resposta clínica (RR = 2,06; IC95% = 1,75 a 2,42), embora os autores não tenham detectado vantagem quando acrescentaram ECT ao tratamento com clozapina, em comparação com apenas este fármaco (Sinclair et al., 2019). Outra metanálise de 11 ECRs ($n = 818$) detectou vantagem significativa e tamanho de efeito médio ($g = 0,67$) com acréscimo de ECT ao tratamento com antipsicóticos (exceto clozapina), com NNT = 6 para resposta e NNT = 8 para remissão (Zheng et al., 2016a).

Benzodiazepínicos têm alguma utilidade no tratamento da esquizofrenia?

Frequentemente, médicos administram benzodiazepínicos adjuvantes principalmente para controlar agitação, insônia ou ansiedade de pacientes esquizofrênicos. Nesse caso, a base de evidência infelizmente é escassa, talvez indicando mais "ausência de evidência" que

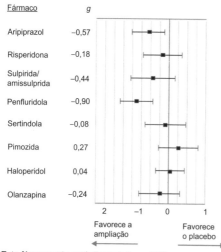

Figura 15.10 Tamanhos de efeitos (*g*) em sintomas psicóticos totais com acréscimo de antipsicóticos ao tratamento com clozapina. Baseada nos resultados publicados por Siskind et al., 2018.

[a]Este fármaco não está disponível nos EUA.

---

[3]Este fármaco não está disponível nos EUA.

Capítulo 15 • Psicoses

"evidência de ausência". Uma revisão da Base de Dados Cochrane de 34 ECRs sugeriu apenas que tratamento isolado com benzodiazepínicos ofereceu efeito sedativo benéfico de curta duração (medida em minutos a horas depois da administração) igual aos antipsicóticos, mas sem conferir qualquer vantagem sobre placebo no que dizia respeito aos índices de "resposta" avaliada de forma mais abrangente (Dold et al., 2012).

🕐 Canabidiol na esquizofrenia

Um ECR exploratório duplo-cego de 8 semanas avaliou canabidiol (CBD) na dose de 1.000 mg/dia acrescentado ao tratamento com antipsicóticos e demonstrou melhora significativamente maior dos escores de sintomas positivos da PANSS que placebo adjuvante ($p = 0,019$) (McGuire et al., 2018). Ao revisarmos os dados publicados pelo autor, utilizados uma calculadora de tamanho de efeito simples disponível *online* e chegamos ao *d* de Cohen = 0,56.

COGNIÇÃO COMO ALVO PRIMÁRIO DO TRATAMENTO DA ESQUIZOFRENIA

Disfunção cognitiva global que pode agravar-se com o tempo remete ao construto kraepeliniano original de *demência precoce*. Durante muitos anos, esforços por encontrar intervenções psicotrópicas que pudessem atenuar sintomas relacionados com processamento atencional, funções executivas e memória foram o "santo Graal" de estudos terapêuticos, principalmente porque ASGs geralmente não se mostraram eficazes para melhorar disfunção cognitiva. Até agora, outras estratégias tiveram apenas avanços modestos nessa área e os dados existentes são escassos e de baixa qualidade:

- Uma metanálise com psicoestimulantes e atomoxetina para tratar esquizofrenia detectou agravação consistente dos sintomas positivos e recorrência com metilfenidato; atomoxetina trouxe alguma melhora da função de solucionar problemas, enquanto anfetamina mostrou tendência a melhorar significativamente funções executivas (Solmi et al., 2019). Enfraquecendo essas observações, existem efeitos psicomiméticos potenciais com anfetamina e metilfenidato em pacientes com diátese psicótica (a chamada hipótese de "hipersensibilidade à dopamina" na fisiopatologia da esquizofrenia; Seeman, 2011)

- Poucos dados apoiam o uso de modafinila adjuvante para melhorar funções pró-mnemônicas, processamento emocional e capacidade cognitiva para solucionar problemas (Scoriels et al., 2013)
- Estudos demonstraram que pró-colinérgicos/inibidores de acetilcolinesterase (p. ex., rivastigmina, donepezila, galantamina) melhoraram velocidade de processamento, mas não atenção ou memória operacional, em comparação com placebo administrados a adultos esquizofrênicos (Santos et al., 2018)
- Estudos mostraram que memantina (um antagonista fraco do receptor de NMDA) adjuvante melhorou memória de reconhecimento verbal com tamanho de efeito médio, assim como sintomas positivos e negativos (Veerman et al., 2016; de Lucena et al., 2009), mas não produziu melhora das funções executivas, com efeitos sustentados por mais de 1 ano (Veerman et al., 2017). Na dose oral de 10 mg 2 vezes/dia, memantina acrescentada ao tratamento com risperidona também melhorou atenção, capacidade de resolver problemas, aprendizagem verbal e flexibilidade cognitiva em comparação com placebo (Schaefer et al., 2019)
- Durante muitos anos, agonistas do receptor nicotínico α_7 de acetilcolina (nAChR α_7) suscitaram interesse teórico em estudos sobre disfunção cognitiva associada à esquizofrenia e outras doenças mentais. Embora estudos com modelos animais de psicose tenham sido promissores, a base de evidências existentes fornecida por estudos humanos é comprometida por resultados conflitantes e possível cardiotoxicidade e outros efeitos adversos (p. ex., digestivos) (Beinat et al., 2015)
- Uma metanálise com ocitocina intranasal para tratar esquizofrenia não detectou efeito benéfico global no sentido de melhorar cognição social, mas sugeriu utilidade possível na chamada cognição social de "alto nível" (p. ex., mentalização e teoria da mente) (Bürkner et al., 2017)
- Estratégias novas dirigidas à normalização da função dos receptores de NMDA (rever Boxe 15.3) podem ser promissoras no sentido de melhorar sintomas cognitivos associados à esquizofrenia, embora estudos nesta área ainda sejam preliminares. Estudos demonstraram que um desses compostos – benzoato de sódio, um inibidor de D-aminoácido-oxidase (DAAO) usado na dose de 1 g/dia em combinação com antipsicóticos – melhorou vários domínios cognitivos quando

377

comparado com tratamento apenas com antipsicóticos (Lane et al., 2013). Em outras condições clínicas, seu acréscimo à sarcosina melhorou mais o desempenho cognitivo em comparação com uso isolado de antipsicóticos (efeito não observado com sarcosina adjuvante *sem* benzoato de sódio) (Lin et al., 2017).

TRATAMENTO PROLONGADO DA ESQUIZOFRENIA COM ANTIPSICÓTICOS

Por fim, ainda existem controvérsias quanto a se pacientes com transtornos psicóticos crônicos (inclusive esquizofrenia ou transtorno esquizoafetivo) devem rotineira e previsivelmente manter tratamento com antipsicóticos indefinidamente (talvez para sempre) depois da estabilização do episódio agudo, ou se alguns subgrupos realmente evoluem mais favoravelmente no que diz respeito à progressão da doença quando *não*

usam antipsicóticos. A Tabela 15.19 resume esse debate sobre uso de antipsicóticos por períodos longos *versus* indefinido.

> *Nada se sabe sobre efeitos dos antipsicóticos em comparação com placebo depois de 3 anos.*
>
> Leucht et. al., 2012

Esquizofrenia com "prognóstico favorável" é definida comumente por início súbito de sintomas, idade avançada no início, sexo feminino, níveis mais altos de funcionalidade psicossocial antes do adoecimento (p. ex., casados, empregados) e inexistência de comorbidades associadas aos transtornos por uso de substâncias (Correll et al., 2018). A presença dessas características, somada à remissão marcante dos sintomas positivos e negativos, parecem ser requisitos mínimos para avaliar a probabilidade de sucesso de uma eventual descontinuação do uso de antipsicóticos na maioria dos pacientes esquizofrênicos.

Tabela 15.19 Prós e contras do uso de antipsicóticos por períodos longos/indefinidos para tratar esquizofrenia.

Argumentos a favor do uso de antipsicóticos por tempo indefinido	Argumentos contra o uso de antipsicóticos por tempo indefinido
A maioria dos pacientes (cerca de 75%) esquizofrênicos que param de usar antipsicóticos tem recorrência dentro de 12 a 18 meses (Correll et al., 2018)	Há poucos dados de estudos randomizados sistemáticos a favor da segurança e eficácia do tratamento antipsicótico continuado por mais que 3 anos
Estudos que apoiam resultados satisfatórios em pacientes esquizofrênicos que não usam fármacos por períodos longos são confundidos por viés de indicação (i. e., pacientes com prognóstico favorável têm mais chances de permanecer bem sem fármacos, enquanto outros que usam fármacos por períodos longos têm mais chances de ter doença mais grave)	Um subgrupo bem definido de pacientes com prognóstico favorável continua bem sem tratamento antipsicótico prolongado
Estudos de longa duração (p. ex., 2 anos) sobre reduções de doses dos antipsicóticos depois da estabilização aguda não detectaram índices mais altos de recorrência, em comparação com pacientes que continuaram sem reduções de doses (Wunderink et al., 2013)	Cerca de 20% dos pacientes incluídos em estudos sobre redução de doses continuaram sem recidivas ao longo do período de acompanhamento de 2 anos e, ao final de 5 anos, os índices de recorrência eram comparáveis entre os que pararam ou continuaram a usar antipsicóticos (Wunderink et al., 2013)
	Oito estudos de evolução naturalista com duração muito longa (p. ex., até 20 anos) não demonstraram resultados globais rotineiramente melhores em pacientes que usaram ou não usaram antipsicóticos por mais de 2 anos (revisados por Harrow e Jobe, 2018)

Capítulo 15 • Psicoses

🏠 Pontos importantes e tarefas para casa

- Reconhecer que psicoses "resistentes ao tratamento" podem ser confundidas algumas vezes com falta de adesão ou doses/duração da experiência abaixo da ideal, comorbidades de transtornos por uso de substâncias, doenças clínicas que simulam psicose, depressão não diagnosticada ou outras idiossincrasias clínicas desconsideradas
- Depois de duas falhas de resposta (e, possivelmente, mesmo depois de uma) a uma experiência adequada com um antipsicótico apropriado para tratar esquizofrenia ou outras condições nas quais haja psicose marcante e persistente, deve-se considerar tratamento com clozapina; a dose deve ser ajustada para alcançar nível sérico > 350 ng/mℓ, mas < 1.000 ng/mℓ. Se for necessário, controlar sedação, aumento de peso ou outros efeitos colaterais com fármacos descritos no Capítulo 10
- É razoável ampliar uma resposta parcial à clozapina com aripiprazol. Outros APGs ou ASGs têm utilidade menos bem estabelecida nessa indicação. Lamotrigina adjuvante também poderia ser considerada, mas os dados referidos a este fármaco são variados
- Valproato de sódio (acrescentado ao tratamento com clozapina) e topiramato (acrescentado ao tratamento com qualquer ASG) são os dois estabilizadores de humor mais bem estudados para ampliar efeitos dos ASGs. O mesmo não se aplica ao lítio
- Estudos publicados não apoiam claramente a eficácia das combinações de antipsicóticos (exceto clozapina) com aripiprazol (ou talvez outro ASG) para tratar psicose resistente, mas há poucos estudos empíricos formais sobre combinações de ASGs para tratar estes casos de psicose
- Acrescentar antidepressivos ao tratamento com antipsicóticos não se mostrou substancialmente útil para tratar sintomas positivos da esquizofrenia
- Estudos preliminares demonstraram que ondansetrona adjuvante melhorou a psicopatologia em geral, mas não teve efeito tão evidente especificamente nos sintomas positivos
- Considerar a utilidade da ECT para tratar psicoses resistentes a outros tratamentos.

16 Estados de Deficiência e Sintomas Negativos

Objetivos de aprendizagem

- ☐ Diferenciar entre sintomas negativos e estados depressivos
- ☐ Descrever aspectos favoráveis e limitações dos tratamentos farmacológicos disponíveis, inclusive antidepressivos, psicoestimulantes e outros fármacos pró-dopaminérgicos, antiglutamatérgicos e hormônios para tratar sintomas negativos
- ☐ Reconhecer tratamentos farmacológicos experimentais e novos para tratar sintomas negativos.

> Não se pode entender esquizofrenia sem saber o que é desespero.
>
> *R. D. Laing*

OS QUATRO "As"

O psiquiatra suíço Eugen Bleuler criou o termo "esquizofrenia" e definiu os quatro "As" dos sintomas esquizofrênicos negativos como "**a**feto, **a**ssociação, **a**mbivalência e **a**utismo. Alguns autores subsequentes acrescentaram à lista original os sintomas **a**logia, **a**nergia, **a**nedonia e **a**patia (desmotivação).

Sintomas negativos associados convencionalmente à esquizofrenia referem-se à ausência de função normal (daí o termo "estados de deficiência"), em contraste com sintomas positivos (*i. e.*, manifestações *exageradas* de funções cerebrais normais em outras condições). Nesse sentido, sintomas negativos também diferem fundamentalmente de depressão, na medida em que esta última é um tipo de sintoma positivo evidenciado pela existência de "fortes emoções" (emotividade exacerbada) como angústia e desespero – muito diferentes da vacuidade emocional do embotamento afetivo (em vez de tristeza). A literatura sobre esquizofrenia frequentemente se refere em termos explícitos a uma "síndrome de deficiência". Sintomas negativos propriamente ditos podem estar entre as manifestações psiquiátricas mais difíceis de controlar com tratamento farmacológico. (Na verdade, quanto à definição operacional convencional de "resposta" dos sintomas negativos, o critério de avaliação geralmente é rebaixado para melhora de apenas 20% [ou mais] em comparação com a gravidade dos sintomas iniciais.) Algumas vezes, médicos cruzam seus dedos na esperança de que estados de deficiência possam ser simplesmente depressão e prescrevem antidepressivos em doses plenas e frequentemente um depois do outro (talvez até para que se convençam de que inexistência de melhora com antidepressivos confirma a existência de DRT, em vez de outra psicopatologia na qual antidepressivos podem não ser muito úteis). Contudo, a fisiopatologia provável dos sintomas negativos é diferente da que se observa na depressão e isto exige abordagem totalmente diferente da que é utilizada em pacientes com DRT.

A hipótese predominante sustenta que sintomas negativos originem-se da hipofunção do circuito dopaminérgico mesocortical, conforme foi mencionado brevemente no Capítulo 15 (p. ex., ver Figura 15.2). Mais uma vez, é importante lembrar que a noção de equilíbrio relativo das funções dopaminérgicas nos diferentes circuitos encefálicos baseia-se em nosso entendimento de sintomas positivos *versus* negativos. Da mesma forma, poderíamos diferenciar entre sintomas negativos *primários* (causados por tônus dopaminérgico intrinsecamente reduzido nos circuitos mesocorticais) e sintomas negativos *secundários* atribuíveis a fenômenos mais iatrogênicos resultantes de "danos colaterais" ao circuito mesocortical D_2 causados pelo bloqueio dos receptores D_2 produzido pela maioria se não todos os APGs e alguns ASGs.

Contudo, qual é a causa primária da hipofunção dopaminérgica do circuito mesocortical, que parece explicar os sintomas negativos? Com base na leitura do Capítulo 15 (Figura 15.3), vale lembrar que, no que se refere aos sintomas positivos, a teoria prevalecente é que *hiperfun*ção dopaminérgica dos tratos mesolímbicos

Capítulo 16 • Estados de Deficiência e Sintomas Negativos

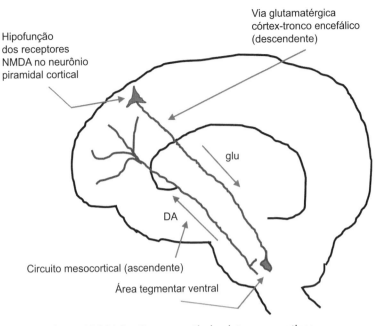

Figura 16.1 Disfunção mesocortical e sintomas negativos.

seja uma consequência secundária à excitação glutamatérgica corticolímbica reduzida (aparentemente, resultante do funcionamento anormal dos receptores de NMDA dos neurônios piramidais corticais); interneurônios gabaérgicos que normalmente deveriam inibir os tratos dopaminérgicos mesolímbicos estão hipofuncionantes e, por esta razão, não conseguem desempenhar esta função, possibilitando à DA mesolímbica atuar livremente sem qualquer controle. No caso do circuito dopaminérgico mesocortical, também é provável que a estimulação glutamatérgica anormal descendente do CPFVM até a área tegmentar ventral (ATV) não consiga "desligar" o circuito mesocortical, resultando em estimulação direta reduzida. Neste caso, não haveria qualquer atividade "gabaérgica" intermediadora.

Médicos devem ter entendimento claro da fenomenologia dos sintomas negativos e saber como classificar e quantificar suas manifestações e gravidade. Exemplos de elementos relevantes a serem observados quando o médico entrevista um paciente poderiam incluir indícios como expressão facial invariável, movimentos espontâneos reduzidos, escassez de gestos de expressão, contato visual insatisfatório, poucas inflexões de voz, pobreza de conteúdo da fala, bloqueio de pensamentos e latência prolongada entre estímulo e reação. Em ensaios clínicos mais recentes, sintomas negativos foram quantificados usando subitens de sintomas negativos da PANSS (*Positive and Negative Syndrome Scale*, ou Escala de Síndromes Positiva e Negativa) (Kay et al., 1987) ou ainda a SANS (*Schedule for the Assessment of Negative Symptoms*, ou Escala de Avaliação de Sintomas Negativos) (Andreason, 1982). O Boxe 16.1 resume os itens que compõem essas escalas.

TRATAMENTO FARMACOLÓGICO: ANTIPSICÓTICOS

O desenvolvimento dos antipsicóticos de segunda geração (ASGs) trouxe otimismo renovado quanto à possibilidade de alterar

Boxe 16.1 Escalas de avaliação de sintomas negativos e seus subitens.

Subitens de sintomas negativos da PANSS	Escala de Avaliação dos Sintomas Negativos (SANS)
• Embotamento afetivo • Distanciamento emocional • Dificuldade de estabelecer conexão • Retraimento social apático • Dificuldade de raciocinar • Falta de espontaneidade • Pensamento estereotipado	• Embotamento afetivo • Alogia • Avolição-apatia • Anedonia-antissocialidade • Déficit de atenção

sintomas negativos, possivelmente por meio do antagonismo do receptor 5HT$_{2A}$ (com aumentos subsequentes da liberação de DA nas áreas pré-frontais). Existe relação de reciprocidade entre receptores 5HT$_{2A}$ e D$_2$, de forma que (ao menos teoricamente) antagonismo de 5HT$_{2A}$ aumenta liberação de DA. Além disso, em vista das quantidades relativamente grandes de receptores 5HT$_{2A}$ no córtex pré-frontal, isso poderia funcionar como uma condição de "benefício mútuo" oferecido pela maioria dos ASGs, que teriam possibilidade de aumentar indiretamente o tônus dopaminérgico pré-frontal e, ao mesmo tempo, bloquear o circuito dopaminérgico mesolímbico (ver Figura 16.2). Na verdade, estudos favoráveis iniciais com APGs para tratar sintomas negativos (Duinkerke et al., 1993) vieram reforçar a hipótese de que ASGs poderiam ser mais eficazes que APGs no tratamento dos estados de deficiência.

Entretanto, a realidade não confirmou espetacularmente essa expectativa; embora ASGs possam tratar sintomas negativos, seu impacto não é drástico. Uma exceção possível pode ser um ECR de Fase II (ainda não publicado) de 26 semanas, que demonstrou resultados favoráveis com pimavanserina para tratar sintomas negativos, ou seja, vantagem estatisticamente significativa em comparação com placebo, mas com efeito pequeno ($d = 0,21$).

Uma metanálise em rede de 11 estudos com oito antipsicóticos (inclusive APGs [haloperidol, molindona] e ASGs [aripiprazol, olanzapina, risperidona, paliperidona, quetiapina e ziprasidona]), *não* demonstrou efeito significativo de qualquer desses fármacos nos sintomas negativos (Harvey et al., 2016), ainda que outra metanálise maior com 38 ASGs tenha alcançado tamanho de efeito global moderado nos sintomas negativos ($g = -0,579$; IC95% = $-0,755$ a $-0,404$) (Fusar-Poli et al., 2015). Por outro lado, nessa metanálise específica, ASGs alcançaram tamanho de efeito apenas ligeiramente menor ($g = -0,531$), embora sua diferença em comparação com placebo não fosse significativa (com base na superposição dos intervalos de confiança; IC95% = $-1,104$ a $0,041$). Outra metanálise de 21 ECRs com antipsicóticos para tratar sintomas negativos concluiu que olanzapina foi mais eficaz que haloperidol,

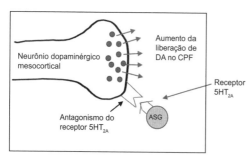

Figura 16.2 Relação de reciprocidade entre receptor 5HT$_{2A}$ e circuito dopaminérgico mesocortical.

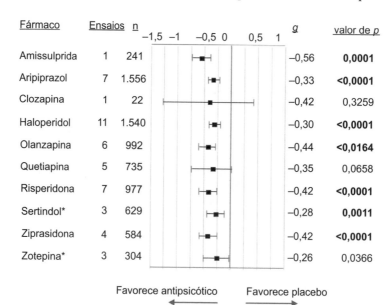

Figura 16.3 **Impacto de antipsicóticos específicos nos sintomas negativos.** Baseada nos resultados da metanálise de Leucht et al., 2009.

enquanto cariprazina, olanzapina e quetiapina foram mais eficazes que risperidona (Krause et al., 2018b). A Figura 16.3 ilustra os tamanhos de efeitos relativos publicados em uma metanálise dos resultados de 10 ECRs com antipsicóticos publicada por Leucht et al. (2009). A Tabela 16.1 resume os resultados de ECRs com ASGs usados para tratar sintomas negativos.

A clozapina não se mostrou muito eficaz para tratar sintomas negativos. Uma comparação inicial pequena com haloperidol mostrou vantagem mínima nos sintomas negativos (Breier et al., 1994), que não foi evidenciada depois em comparações randomizadas mais amplas (Buchanan et al., 1998; Kane et al., 2001); ou, se houve algum impacto nos sintomas negativos, ele desapareceu depois de controlar seus efeitos nos sintomas positivos (Rosenheck et al., 1999).

De acordo com o Capítulo 15, acrescentar aripiprazol ao tratamento com clozapina foi eficaz nos casos de falta de resposta a este último fármaco. Contudo, caso se acrescente um agonista D_2 parcial a um antagonista pleno, qual seria o efeito final no receptor D_2? E isso não poderia simplesmente piorar os sintomas negativos? É provável que o antagonista D_2 e o agonista D_2

Tabela 16.1 Efeitos dos ASGs nos escores das escalas de sintomas negativos da esquizofrenia com base em ensaios de registro na FDA.

ASG	Alteração dos sintomas negativos em comparação com nível basal
Aripiprazol	Entre cinco ensaios acumulados de 4 a 6 semanas sobre esquizofrenia aguda, a alteração média do nível basal foi = −0,35 (*versus* −0,9 com placebo) ($p < 0,001$); houve reduções significativamente mais expressivas em comparação com placebo em todos os subitens de sintomas negativos da PANSS, exceto embotamento afetivo (Kane et al., 2008)
Asenapina	Na dose oral de 5 mg 2 vezes/dia (mas não 10 mg 2 vezes/dia), asenapina foi melhor que placebo para alterar subitens de sintomas negativos da PANSS na 5ª e 6ª semanas (Kane et al., 2010)
Brexpiprazol	Uma análise acumulada de dois estudos de Fase III detectou diferença entre escores médios dos subitens de sintomas negativos da PANSS entre fármaco e placebo = −1,2 ponto com 2 mg/dia ($p = 0,0015$; $d = 0,24$) e −1,28 ponto com 4 mg/dia ($p = 0,0007$; $d = 0,25$), sem alterações significativas observadas com dose de 0,25 ou 1 mg/dia; um estudo de Fase II controlado por placebo (aripiprazol como comparativo ativo) não detectou alterações significativas nos escores dos subitens de sintomas negativos da PANSS com qualquer dose estudada (0,25 mg; 1 mg/2,5 mg; e 5 mg) (mas também não houve alterações detectáveis com aripiprazol na dose de 15 mg/dia) (Correll et al., 2016)
Cariprazina	Em doses de 1,5 a 3,0 mg/dia: LSMD = −2,0; TE = 0,41; um número ligeiramente maior que 50% alcançou critérios de "respondente"; com doses de 4,5 a 6,0 mg/dia: LSMD = −3,4; $g = 0,71$; cerca de 70% alcançaram critérios de "respondente" (Earley et al., 2019b)
Clozapina	Metanálise de sete comparações randomizadas de curta duração com outros ASGs detectou efeito pequeno a médio ($g = −0,25$; IC95% = 0,40 a −0,10) a favor da clozapina (atribuída principalmente a um estudo comparativo com risperidona) e oito comparações randomizadas de longa duração com outros ASGs não detectaram diferença significativa ($g = −0,11$; IC95% = −0,39 a 0,16) (Siskind et al., 2016)
Iloperidona	Com base nos dados acumulados de sete ensaios clínicos de curta duração (quatro controlados com placebo e comparativo ativo e três ensaios de não inferioridade com comparativo ativo), houve redução significativamente maior dos subitens de sintomas negativos da PANSS com doses entre 10 e 16 mg/dia (mas não com 20 a 24 mg/dia) em comparação com placebo (Citrome et al., 2011)
Lurasidona	Uma análise acumulada de dados dos pacientes de cinco ECRs de 6 semanas com doses fixas (40 a 160 mg/dia) demonstrou redução significativa dos sintomas negativos da PANSS ($p < 0,001$) com tamanho de efeito (*d* de Cohen) = −0,33 (Loebel et al., 2015)
Lumateperona	Em uma comparação randomizada de lumateperona com placebo, os escores dos subitens de sintomas negativos da PANSS não foram significativamente diferentes do placebo com dose de 28 mg/dia ($p = 0,03$; TE = 0,11) ou 42 mg/dia ($p = 0,09$; TE = 0,20) (Correll et al., 2020)

(continua)

16 Psicofarmacologia Prática

Tabela 16.1 Efeitos dos ASGs nos escores das escalas de sintomas negativos da esquizofrenia com base em ensaios de registro na FDA. *(continuação)*

ASG	Alteração dos sintomas negativos em comparação com nível basal
Olanzapina	Com uma faixa de doses, houve reduções significativamente maiores dos escores da SANS com olanzapina que placebo (cerca de 26 a 27%) (Beasley et al., 1996); em uma comparação randomizada realizada internacionalmente com olanzapina (5 a 20 mg/dia) e haloperidol (5 a 20 mg/dia), houve reduções significativamente maiores dos escores dos subitens de sintomas negativos da PANSS com olanzapina (alteração média = −4,5) que haloperidol (alteração média = −3,2) (p = 0,03; d = −0,21) (Tollefson et al., 1997)
Paliperidona	• Em uma comparação de 6 semanas entre doses orais de paliperidona de 6, 9 ou 12 mg/dia, os escores dos fatores negativos da PANSS melhoraram significativamente em comparação com níveis basais em todas as doses (−4,2, −3,5 e −5,0 pontos, respectivamente) (calculamos o valor d de Cohen (em comparação com placebo) = 0,53, 0,44 e 0,67, respectivamente) (Kane et al., 2007) • Outro ECR de 6 semanas comparou doses de 6, 9 e 15 mg/dia com placebo (e olanzapina, 10 mg/dia como comparativo ativo) e também detectou reduções significativas dos escores basais de fatores negativos da PANSS com todas as doses (−3,9, −3,9 e −4,2 pontos, respectivamente, correspondendo a valores d (calculados por nós em comparação com placebo) = 0,52, 0,53 e 0,59, respectivamente (Davidson et al., 2007) • Um terceiro ECR de 6 semanas comparou dose de 6 ou 12 mg/dia de paliperidona com placebo ou olanzapina (10 mg/dia) e não detectou reduções significativas dos escores de fatores negativos com as duas doses de paliperidona (médias e EPs não relatados, impedindo calcular os tamanhos dos efeitos) (Marder et al., 2007)
Quetiapina	• Um ECR de Fase II de 6 semanas com doses flexíveis (dose média = 307 mg/dia) demonstrou melhora significativamente maior dos escores da SANS em comparação com placebo (Borison et al., 1996) • Em um ensaio de Fase II de 6 semanas, a alteração dos escores dos subitens de sintomas negativos da PANSS com quetiapina (dose média = 407 mg/dia) não foi diferente da produzida por clorpromazina (dose média = 384 mg/dia) (Peuskens e Link, 1997) • Em outro ensaio de Fase II, quetiapina na dose de 750 mg/dia *não* diferiu de placebo quanto aos escores de subitens de sintomas negativos da PANSS, mas houve diferença significativa nos escores da SANS (Small et al., 1997) • Em um ECR de Fase III de 6 semanas, os escores da SANS melhoraram significativamente com quetiapina na dose de 300 mg/dia, mas não com 75 mg/dia, 150 mg/dia, 600 mg/dia ou 750 mg/dia (Gunasekara e Spencer, 1998) • Um ECR de Fase III de 6 semanas demonstrou melhora significativamente maior nos escores da SANS com a dose oral de 225 mg 2 vezes/dia (mas não com 25 mg 2 vezes/dia, ou 150 mg 2 vezes/dia) em comparação com placebo (King et al., 1998)
Risperidona	Metanálise de 6 ECRs com doses de 4 a 8 mg/dia detectou probabilidade 1,43 maior de alcançar "resposta" nos sintomas negativos (melhora > 20% em comparação com níveis iniciais) em comparação com ASGs (Carman et al., 1995)
Ziprasidona	Na dose de 80 mg/dia ou 160 mg/dia, ziprasidona reduziu mais significativamente os escores dos subitens de sintomas negativos da PANSS que placebo ao longo de 6 semanas (Daniel et al., 1999), mas não houve diferença significativa em comparação com placebo em um ECR de 4 semanas com dose fixa de 40 ou 120 mg/dia em pacientes com esquizofrenia ou transtorno esquizoafetivo (Keck et al., 1998). Durante um estudo de prevenção de recorrências controlado por placebo com 1 ano de duração, houve reduções maiores dos escores dos subitens de sintomas negativos da PANSS em comparação com placebo e ziprasidona em doses mais altas (*i. e.*, 160 mg/dia = diferença de −4,2 pontos, $p < 0,001$; 80 mg/dia = diferença de −1,0 ponto, p = 0,011; 40 mg/dia = diferença de −1,9 ponto, $p < 0,001$) (Arato et al., 2002)

ASG, antipsicótico de segunda geração; *ECR*, ensaio controlado randomizado; *FDA*, U.S. Food and Drug Administration; *LSMD*, diferença média dos mínimos quadrados; *PANSS, Positive and Negative Syndrome Scale* (Escala de Síndromes Positiva e Negativa) (Escala de Sintomas Positivo e Negativo); *SANS, Schedule for the Assessment of Negative Symptoms* (Escala de Avaliação de Sintomas negativos); *TE*, tamanho de efeito.

384

Capítulo 16 • Estados de Deficiência e Sintomas Negativos

parcial inevitavelmente façam uma "dança das cadeiras" nos circuitos mesolímbico e mesocortical – assim, qual deles derrubaria o outro do receptor D_2? É difícil prever efeitos farmacodinâmicos reais. Vale lembrar que, no trato tuberoinfundibular, produzimos menos elevação dos níveis de prolactina quando acrescentamos aripiprazol ao tratamento com um antagonista D_2 pleno.

Em metanálise de 18 ensaios clínicos ($n = 931$ indivíduos) sobre tratamento com vários antipsicóticos combinados, sintomas negativos melhoraram mais com combinações de antipsicóticos que com apenas um destes fármacos ($g = -0,38$; IC95% = $-0,63$ a $-0,13$, $p < 0,003$), mas isto ocorreu apenas nos estudos que acrescentaram aripiprazol (oito ensaios, $n = 532$; $g = -0,41$; IC95% = $-0,79$ a $-0,03$; $p = 0,036$) e este efeito foi praticamente não significativo quando foram combinados dois antagonistas D_2 ($n = 10$ estudos com 399 indivíduos; $g = -0,36$; IC95% = $-0,72$ a $0,01$; $p = 0,056$) (Galling et al., 2017). Hoje em dia, não está claro se acrescentar outros agonistas D_2/D_3 parciais (i. e., cariprazina, brexpiprazol) ou lumateperona (agonista D_2 parcial pré-sináptico e antagonista pós-sináptico) a um antagonista D_2 poderia conferir vantagem semelhante especificamente no tratamento dos sintomas negativos.

ANTIDEPRESSIVOS

Na literatura que precedeu o desenvolvimento dos ASGs, antidepressivos tricíclicos (imipramina, maprotilina) e IMAOs (tranilcipromina) eram as opções farmacológicas habituais para tratar sintomas negativos e alguns autores traçaram paralelos fenomenológicos (em vez de diferenças) entre sintomas negativos e depressão pós-psicótica. Os primeiros ECRs que relataram efeitos benéficos dos antidepressivos tricíclicos nos sintomas negativos também usaram medidas de resultado relativamente grosseiras (escores de Impressão Clínica Global, ou CGI) (p. ex., Siris et al., 1988). Depois da introdução dos ISRSs no final da década de 1980 e nos primeiros anos da década seguinte, ECRs preliminares começaram a demonstrar melhora dos sintomas negativos com acréscimo de fluoxetina ao tratamento com ASGs (p. ex., Spina et al., 1994).

Uma metanálise de 26 antidepressivos acrescentados ao tratamento dos sintomas negativos demonstrou tamanho de efeito acumulado até certo ponto mais modesto que o observado coletivamente com ASGs ($g = -0,349$; IC95% = $-0,551$ a $-0,146$) (Fusar-Poli et al., 2015). Outra metanálise de 42 estudos ($n = 1.934$ indivíduos) mostrou que antidepressivos em geral foram mais eficazes para tratar sintomas negativos quando foram acrescentados aos APGs em vez de ASGs (Galling et al., 2018). Alterações do número de sintomas em geral foram atribuídas mais à melhora dos sintomas negativos ($g = -0,25$; IC95% = $-0,44$ a $0,06$; $p = 0,01$).

A Figura 16.4 resume os resultados de uma metanálise de 83 ensaios clínicos ($n = 3.251$ indivíduos) sobre antidepressivos prescritos para tratar sintomas negativos.

FÁRMACOS PRÓ-DOPAMINÉRGICOS

Fármacos pró-dopaminérgicos, inclusive psicoestimulantes, estão entre as opções mais evidentes com base em seus mecanismos de ação para tratar sintomas negativos, presumivelmente por remediar a hipofunção do circuito dopaminérgico mesocortical. O problema fisiológico desses fármacos consiste em sua infeliz falta de especificidade regional; o objetivo prático é aumentar o tônus dopaminérgico mesocortical e, ao mesmo tempo, evitar efeitos pró-dopaminérgicos indesejáveis no circuito mesolímbico. Uma primeira experiência nesse sentido envolveu acrescentar pramipexol ao tratamento de 15 pacientes esquizofrênicos com haloperidol (Kasper et al., 1997); os autores detectaram "resposta (i. e., melhora > 20% dos escores basais da PANSS) em 9/15, mas houve piora em 3/15. Posteriormente, um pequeno ECR ($n = 24$) piloto de 12 semanas demonstrou que pramipexol adjuvante (dose média = 4,25 mg/dia) foi mais eficaz que placebo para melhorar sintomas negativos e positivos da esquizofrenia com boa tolerabilidade geral (Kelleher et al., 2012). Relatos de casos isolados também referiram sucesso com acréscimo de ropinirol (até 4 mg/dia) ou bromocriptina (10 a 20 mg/dia) ao tratamento com antipsicóticos na tentativa de melhorar sintomas negativos.

E quanto à (ar)modafinila, considerando sua função como agonista dos receptores de dopamina? Uma metanálise de oito ECRs ($n = 872$) sobre (ar)modafinila adjuvante para tratar sintomas negativos detectou impacto pequeno, mas significativo ($g = -0,26$; IC95% = $-0,48$ a $-0,04$), com melhora dos subitens de sintomas negativos da PANSS em média de apenas 0,27 ponto (Andrade et al., 2015). Surpreendentemente, essa metanálise também não demonstrou efeito significativo da (ar)modafinila em comparação com placebo na fadiga ou sonolência diurna,

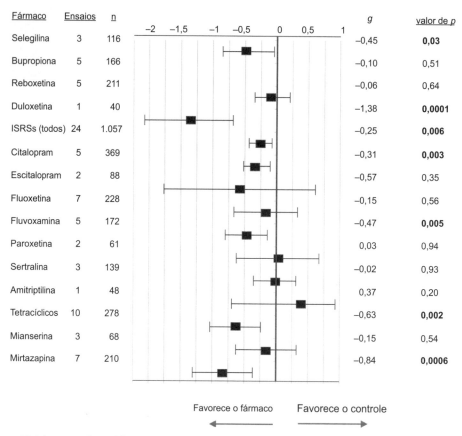

Figura 16.4 Impacto de antidepressivos específicos nos sintomas negativos. Baseada nos resultados da metanálise publicada por Helfer et al., 2016.

embora alguns médicos (inclusive eu) frequentemente considerem que este fármaco tenha utilidade potencial para atenuar sedação iatrogênica causada por antipsicóticos. Também poderíamos ressaltar a utilidade potencial do novo antinarcoléptico solrianfetol (disponível nas doses de 75 ou 150 mg/dia); por atuar como inibidor da recaptação de DA e NE, este fármaco é hipoteticamente interessante para tratar sintomas negativos, embora ainda não tenham sido publicados estudos sobre sua utilização com esta finalidade.

ANFETAMINAS

Pacientes esquizofrênicos que usam abusivamente psicoestimulantes podem, ao menos em alguns casos, estar verdadeiramente se "automedicando", na medida em que tentam usar um agonista D_2 potente para compensar a hipofunção do circuito dopaminérgico mesocortical. Na literatura mais antiga, ensaios abertos relataram melhora significativa dos sintomas negativos em comparação com os níveis basais depois de administrar dextroanfetamina intravenosa (van Kammen e Boronow, 1988). Um ECR preliminar subsequente ($n = 37$) detectou apenas melhora modesta dos sintomas negativos com anfetamina adjuvante oral em comparação com placebo; contudo, esse estudo incluiu apenas uma dose oral administrada em um único dia (Sanfilipo et al., 1996). Em outro ECR mais tradicional subsequente, os autores avaliaram lisdexanfetamina (20 a 70 mg/dia; dose média = 50 mg/dia) acrescentada aos antipsicóticos usados em um ensaio envolvendo vários centros de estudo, que incluiu um período inicial de 10 semanas, seguido de um intervalo de descontinuação randomizada de 4 semanas (Lasser et al., 2013).

Depois do tratamento "aberto", 53% dos indivíduos atenderam aos critérios de respondente (melhora > 20% do escore basal da SANS) mas, na conclusão do período de descontinuação duplo-cega, não houve diferença significativa entre lisdexanfetamina e placebo.

Em sua revisão da literatura em geral sobre psicoestimulantes na esquizofrenia, Lindenmayer et al. (2013) encontraram resultados variados: alguns ensaios randomizados com dextroanfetamina em doses de até 60 mg/dia não mostraram diferenças nos sintomas relativos em comparação com placebo, enquanto outros demonstraram agravação de paranoia, combatividade e hostilidade, além de efeitos cardiovasculares adversos em até 8% dos casos. Dados referidos ao metilfenidato são comparativamente mais escassos e envolvem quantidades relativamente pequenas de indivíduos. Como não existem ECRs definitivos com força estatística suficiente sobre uso adjuvante de anfetaminas para tratar sintomas negativos da esquizofrenia, a base de evidências disponíveis limita nossa capacidade de tirar conclusões quanto à sua segurança (existem moderadores detectáveis para avaliar seu risco de causar psicose ou agitação em subgrupos específicos de pacientes?) e eficácia relativas.

Sendo assim, não há como afirmar efeito "definitivamente" negativo dos psicoestimulantes em sintomas negativos? Resultados publicados até hoje realmente são muito variados e é necessário realizar mais estudos.

MODULADORES DOS RECEPTORES DE NMDA

Considerando que a suposta hipoatividade dos receptores de NMDA parece contribuir significativamente para a patogenia dos sintomas positivos e negativos da esquizofrenia, um número crescente de estudos científicos inovadores tem buscado estratégias que possam melhorar a função dos receptores de NMDA, seja diretamente ou por meio do sítio de glicina ou outros sítios moduladores destes receptores. Várias moléculas foram avaliadas e, hoje em dia, todas ainda suscitam mais interesse aos pesquisadores clínicos que médicos em sua prática diária. Isso inclui vários aminoácidos que têm ação agonista plena ou parcial no sítio regulador de glicina (ver Capítulo 15, Figura 15.3) – especificamente, D-serina, D-ciclosserina, sarcosina e glicina. Estudos relataram resultados variados com a maioria desses compostos. Por exemplo, em ECRs com D-ciclosserina para tratar sintomas negativos, doses de 50 mg administradas 1 vez/semana durante 8 semanas melhoraram mais significativamente os escores da SANS que

placebo (Goff et al., 2008), mas outro estudo com 22 homens esquizofrênicos distribuídos randomicamente para usar D-ciclosserina oral (50 mg/dia) não diferiram quanto aos escores da SANS em comparação com indivíduos que usaram placebo por 4 semanas (Duncan et al., 2004). Estudos demonstraram que a própria glicina administrada por via oral (doses de 0,4 mg/kg/dia, ou cerca de 30 mg/dia) melhorou significativamente os sintomas negativos, embora seu efeito tenha sido modesto (cerca de 15%) (Javitt et al., 1997), possivelmente com efeito mais acentuado em doses mais altas (*i. e.*, 60 mg/dia VO) (Heresco-Levy et al., 1996). Do mesmo modo, alguns resultados foram favoráveis com sarcosina – por exemplo, um ECR de 6 semanas com 65 pacientes esquizofrênicos taiwaneses tratados com 2 g/dia de sarcosina oral (*versus* placebo) acrescentada ao tratamento com risperidona demonstrou reduções significativas dos escores totais e escores parciais dos subitens da SANS, principalmente melhoras na alogia e embotamento afetivo (Lane et al., 2005); contudo, como está descrito adiante, uma metanálise de quatro ECRs alcançou resultado global não significativo nos sintomas negativos em comparação com placebo.

Uma metanálise de 32 moduladores dos receptores de NMDA (n = 1.413 indivíduos com esquizofrenia crônica) detectou efeito global modesto nos sintomas negativos (g = –0,27; p = 0,01) (Singh e Singh, 2011). Surpreendentemente, nesse estudo nenhum modulador dos receptores de NMDA melhorou sintomas negativos quando foi acrescentado à clozapina. A Figura 16.5 mostra um resumo dos resultados dessa metanálise. (Além disso, metanálise subsequente mais ampla de ensaios clínicos com apenas *N*-acetilcisteína para esquizofrenia [n = 7 ensaios incluindo 220 indivíduos distribuídos randomicamente para usar NAC e 220 no grupo placebo] não demonstrou efeito global significativo [g = –0,72; IC95% = –1,20 a –0,25; p = 0,003] [Yolland et al., 2019].)

O antioxidante de aminoácidos carnosina também pode ter algum efeito na modulação dos receptores de NMDA, embora tenha sido menos extensivamente estudado que outras moléculas. Um estudo inicial de 8 semanas sobre acréscimo de carnosina ao tratamento com risperidona de 60 pacientes esquizofrênicos do Irã detectou melhora mais acentuada dos escores dos subitens de sintomas negativos da PANSS que placebo adjuvante (d = 0,79; p = 0,004) (Ghajar et al., 2018b).

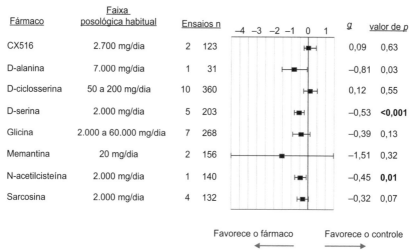

Figura 16.5 Tamanhos de efeitos dos moduladores dos receptores de NMDA nos sintomas negativos da esquizofrenia.

Então, quando se trata de usar moduladores dos receptores de NMDA para sintomas negativos da esquizofrenia, deve-se escolher D-serina, N-acetilcisteína ou D-alanina e dispensar o restante?

Todas essas moléculas são eminentemente experimentais e aplicam-se a um suposto mecanismo de ação subjacente relevante à esquizofrenia. Contudo, todas estão longe de ocupar posição estabelecida e prontas para uso corrente na prática clínica.

Como os sintomas negativos são muito difíceis de tratar e não há um tratamento que seja reconhecidamente melhor, todas essas são opções a serem lembradas e possivelmente consideradas, lembrando que seus dados são ainda muito preliminares.

OUTROS FÁRMACOS ANTIGLUTAMATÉRGICOS

Minociclina. Estudos relataram que o antibiótico minociclina tem propriedades anti-inflamatórias e antiglutamatérgicas. Uma metanálise de seis ECRs ($n = 215$ indivíduos tratados com minociclina; $n = 198$ tratados com placebo), geralmente com dose oral almejada de 200 mg/dia, demonstrou superioridade em comparação com placebo no que se referia aos subitens de sintomas negativos da PANSS ($g = -0,76$; IC95% = $-1,22$ a $-0,31$; $p = 0,001$) e funções executivas ($g = 0,22$; IC95% = 0,01 a 0,44; $p = 0,04$), mas não na atenção ou memória (Solmi et al., 2017). Minociclina teve tolerabilidade comparável ao placebo.

Bitopertina. Embora não tenha sido útil para tratar sintomas positivos da esquizofrenia (ver Capítulo 15, Boxe 15.3), um estudo randomizado de prova de conceito demonstrou que bitopertina (inibidor de recaptação de glicina) na dose oral de 10 ou 30 mg melhorou sintomas negativos significativamente mais que placebo ao longo de 8 semanas (melhora de cerca de 25% em comparação com níveis basais com qualquer dose) (Umbricht et al., 2014a).

Pregnenolona com *l*-teanina

Pregnenolona é um neuroesteroide com diversas ações relacionadas com cognição e crescimento e desenvolvimento neuronais. Ela também é precursora de outros neuroesteroides como alopregnenolona (conhecida por seu efeito no humor e reação ao estresse por modulação dos receptores $GABA_A$) e sulfato de pregnenolona (modulador alostérico positivo dos receptores de NMDA) (Marx et al., 2011). Um ECR inicial sobre acréscimo de pregnenolona oral (50 mg/dia) ou placebo ao esquema antipsicótico vigente ao longo de 8 semanas em pacientes sintomáticos com esquizofrenia aguda sugeriu *melhora significativa dos sintomas negativos* com tamanho de efeito grande ($d = 0,79$) (Ritsner et al., 2014). Posteriormente, um ensaio controlado sobre uso adjuvante de pregnenolona com risperidona em melhores esquizofrênicas demonstrou preliminarmente redução significativa dos sintomas negativos, que não foi sustentada depois da correção de Bonferroni (Kashani et al., 2017). Também existem estudos negativos publicados e metanálise concluiu que não houve efeito global significativo nos sintomas negativos tratados com pregnenolona (Heringa et al., 2015).

L-teanina (um aminoácido presente no chá-verde; ver Capítulo 11) tem estrutura química semelhante à do glutamato e estudos demonstram que ela aumenta as quantidades de glutamato e glutamina nas regiões frontal e parietal inferior de pacientes esquizofrênicos (Ota et al., 2015). A base racional de sua combinação com pregnenolona refere-se à sua função neuroprotetora complementar potencial por um mecanismo aditivo ou sinérgico. Em um ECR comparativo de 8 semanas com placebo *versus* pregnenolona oral (50 mg/dia) com *l-teanina* oral (400 mg/dia) em 40 pacientes com esquizofrenia ou transtorno esquizoafetivo crônico, essa combinação produziu redução significativamente mais acentuada dos sintomas negativos que placebo e alcançou efeitos de tamanho moderado (Kardashev et al., 2018). Esses resultados favoráveis iniciais ainda precisam ser replicados.

Desidroepiandrosterona (DHEA)

DHEA é um precursor da testosterona e do estrogênio e parece ter propriedades neuroprotetoras. Em alguns estudos sobre esquizofrenia, níveis altos de DHEA foram associados à gravidade menor dos sintomas (Harris et al., 2001). Contudo, um ECR de 8 semanas envolvendo 58 pacientes com esquizofrenia ou transtorno esquizoafetivo crônico *não conseguiu detectar diferença significativa* em comparação com placebo (Ritsner et al., 2010).

Ocitocina

O hormônio hipofisário ocitocina suscitou muito interesse quanto ao seu papel em determinados aspectos da "saliência" social (p. ex., empatia, confiança, percepção de estímulos sociais) e também por seu possível efeito direto nas psicoses (esta última provavelmente mediada por seus efeitos diretos na regulação de dopamina). Contudo, uma revisão de seis ECRs (com doses intranasais na faixa de 24 a 80 UI/dia) *não detectou qualquer efeito significativo* nos sintomas negativos ($g = 0{,}33$; $p = 0{,}159$) (Heringa et al., 2015).

Estrogênio

Uma metanálise de sete ECRs com estrogênio envolvendo 479 pacientes (um deles incluiu apenas homens) detectou efeito modesto nos sintomas negativos [$g = 0{,}23$; $p = 0{,}027$], embora com efeito um pouco maior nos sintomas positivos [$g = 0{,}41$; $p = 0{,}002$]) e gravidade geral dos sintomas ($g = 0{,}71$; $p = 0{,}003$); esses resultados não foram significativamente diferentes quando os autores enfatizaram apenas indivíduos do sexo feminino (Heringa et al., 2015). Estradiol (agonista mais potente dos receptores de estrogênio) pode produzir efeitos mais expressivos nos sintomas negativos que outras preparações estrogênicas (Begemann et al., 2012). Em mulheres pós-menopáusicas, estudos mostraram que raloxifeno – um modulador seletivo de receptores estrogênicos (agonista/antagonista misto) – na dose de 120 mg/dia durante 12 semanas melhorou mais significativamente sintomas gerais e escores totais da PANSS que placebo, mas sem efeito significativo demonstrável nos sintomas negativos (Kulkarni et al., 2016).

Testosterona

Um único ECR com testosterona a 1% (5 g de gel aplicados à noite) *versus* placebo acrescentados ao esquema de antipsicóticos (e outros) usados por 30 homens esquizofrênicos (idades de 20 a 49 anos) demonstrou efeito significativo nos sintomas negativos ($g = 0{,}82$; $p = 0{,}027$), embora sem efeito significativo nos sintomas positivos ou gravidade total dos sintomas (Ko et al., 2008).

Ondansetrona

Como foi mencionado no Capítulo 15, com base em uma metanálise de três ECRs, pesquisadores demonstraram que o antagonista ondansetrona produziu efeito mais acentuado que placebo como fármaco adjuvante aos antipsicóticos melhorando os escores totais da PANSS ($n = 171$; DMP = $-1{,}06$; IC95% = $-2{,}10$ a $-0{,}02$). Em termos mais específicos, ondansetrona pareceu ser melhor que placebo para melhorar sintomas negativos (metanálise incluiu quatro ECRs; $n = 209$; DPM = $-0{,}96$ (IC95% = $-1{,}71$ a $-0{,}22$), mas alcançou apenas efeito marginalmente significativo nos sintomas positivos ($p = 0{,}05$) (Zheng et al., 2019). Outros ECRs (em sua maioria, envolvendo acréscimo ao esquema de haloperidol ou risperidona) avaliaram doses orais de 8 mg/dia durante até 12 semanas e também detectaram melhora dos EEPs e efeitos adversos gastrintestinais dos antipsicóticos (p. ex., Zhang et al., 2006).

Citicolina

Citicolina é um suplemento nutricional com possíveis propriedades neuroprotetoras (ver Capítulo 11, Tabela 11.10). Um ECR preliminar realizado no Irã demonstrou que citicolina na dose de 2.500 mg/dia produziu melhoras mais acentuadas dos subitens de sintomas negativos da PANSS em comparação com placebo (Ghajar et al., 2018a).

Canabidiol

Em contraste com resultados preliminares animadores nos sintomas positivos (ver Capítulo 14), dados de ECRs não demonstraram impacto significativo do CNB (dose de 1.000 mg/dia) nos sintomas negativos da PANSS, quando foi acrescentado ao esquema vigente de antipsicóticos usados por pacientes esquizofrênicos (McGuire et al., 2018).

Pontos importantes e tarefas para casa

- Sintomas negativos são difíceis de tratar e não existe um "fármaco de referência" nem quaisquer outros compostos que alcancem efeitos de tamanho grande
- Sintomas negativos são fundamentalmente diferentes de depressão; antidepressivos monoaminérgicos não tendem a ser muito eficazes – com possíveis exceções de mirtazapina e/ou duloxetina
- Como classe farmacológica, ASGs têm utilidade apenas modesta e não há diferenças notáveis entre eles no que se refere à eficácia no tratamento dos sintomas negativos. Combinar aripiprazol com um antagonista D_2 pleno pode ser um pouco mais eficaz
- No que se refere ao acréscimo de lisdexanfetamina, os dados são variados, embora animadores até certo ponto. Acrescentar pregnenolona oral (50 mg/dia) ou *l*-teanina oral (400 mg/dia) parece ser seguro e existem algumas evidências favoráveis preliminares, como também acontece com ondansetrona oral (8 mg/dia)
- Mulheres pré-menopáusicas ginecologicamente compatíveis com tratamento com estradiol podem perceber efeitos benéficos nos sintomas negativos
- D-serina e *N*-acetilcisteína também parecem ser nutracêuticos seguros, que podem ter alguma utilidade em esquemas de tratamento dirigidos aos sintomas negativos

17 Ansiedade

> **Objetivos de aprendizagem**
> - Compreender que sintomas e transtornos de ansiedade frequentemente são menos benignos e mais insidiosos que se possa pensar inicialmente
> - Diferenciar entre estratégias preventivas e supressivas de tratamento farmacológico para controlar ansiedade e sua conveniência relativa para determinado paciente
> - Conhecer as propriedades ansiolíticas demonstradas dos antidepressivos, benzodiazepínicos, anticonvulsivantes e antipsicóticos específicos, assim como anti-histamínicos, betabloqueadores e canabidiol.

Temores do presente são menos que terríveis figuras da imaginação.

Shakespeare (Macbeth)

Aparentemente inócua, ainda que não seja realmente – como o lendário Coelho Assassino de Caerbannog do filme "Monte Phyton em Busca do Cálice Sagrado" (mas sem a Granada de Mão Sagrada de Antioquia para lançar como contra-ataque) – ansiedade frequentemente é subestimada quanto aos seus efeitos nocivos perniciosos e devastadores em muitos casos. Menos marcantes e desconcertantes que as anormalidades de percepção e cognição associadas às psicoses; emocionalmente menos dolorosa ou comprovadamente letal que melancolia suicida; e menos implacavelmente arrasadora que as sequelas mentais de traumas psíquicos, *ansiedade* pode ser o exemplo máximo de uma emoção humana normal distorcida. Enquanto ansiedade "normal" prepara o indivíduo para ficar atento aos riscos, ameaças e recompensas do ambiente, ansiedade *patológica* paralisa funções cognitivas, invalida raciocínio, distorce avaliações de risco, desencadeia ações impulsivas e geralmente agrava prognóstico e resposta terapêutica de qualquer transtorno psiquiátrico coexistente. Ansiedade também é facilmente confundida com outros tipos de psicopatologia que incluem hiperatividade do sistema nervoso autônomo e ativação psicomotora e pode levar o médico a tomar decisões equivocadas quanto ao tratamento.

Coletivamente, transtornos de ansiedade representam o transtorno mental mais comum nos EUA, com prevalência anual em torno de 18%. Também estão entre os transtornos mentais mais heterogêneos, entremeando praticamente todos os tipos de psicopatologia com implicações quanto aos circuitos neurais subjacentes provavelmente compartilhados. Sua fenomenologia diversificada pode incluir hiperatividade psicomotora, somatização, perturbação do ciclo de sono-vigília e arquitetura do sono, transtornos alimentares (restrição; ingestão compulsiva ou com propósito de conseguir alívio), comportamentos de dependência baseados em alívio dos sintomas, disfunção cognitiva/executiva ("Você pode considerar a possibilidade de que possa haver outras explicações para a forma como você interpreta os fatos?"), ruminação e dificuldade de avaliar riscos.

É útil diferenciar entre *sintomas* de ansiedade e *transtornos* de ansiedade formais e até que ponto eles podem ser comorbidades ou "artefatos" gerados por outros transtornos mentais

> **Dica**
> Ansiedade descreve uma curva com formato de "U" invertido, algumas vezes referida como lei de Yerkes-Dodson; um limiar mínimo de ansiedade é necessário a um nível adequado de excitação, vigilância e motivação, mas além do *ponto ideal* causa desorganização e queda de desempenho.

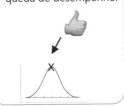

Psicofarmacologia Prática

independentes. Ansiedade frequentemente (embora nem sempre) está relacionada com transtornos afetivos. Perguntar aos pacientes se eles percebem alguma cronologia ("Ansiedade começou antes da depressão, ou vice-versa?" "Ou são meras coincidências?") pode ajudar a descobrir se uma das duas constitui a força motriz principal, o que teria possíveis implicações farmacoterápicas. Sintomas subliminares de ansiedade frequentemente colorem o quadro mental de quase todos os outros transtornos psiquiátricos. Por essa razão, também é muito importante esclarecer a quais problemas específicos os pacientes realmente se referem quando usam termos que envolvem o conceito de "ansiedade".

SINTOMAS A SEREM TRATADOS E SUA AVALIAÇÃO

Como o termo "ansiedade" pode abarcar muitos estados emocionais diversificados e com o propósito de definir metas terapêuticas, médicos devem tentar demarcar sinais e sintomas específicos de ansiedade que precisam ser tratados, antes de recorrer aos fármacos disponíveis. O Boxe 17.1 inclui um tipo de glossário informal, que pode ajudar a "traduzir" as queixas subjetivas de ansiedade dos pacientes em sintomas mais definíveis e tangíveis que possam ser usados como alvos terapêuticos.

Queixas de ansiedade podem ser detectadas e quantificadas com base em sua frequência e

Boxe 17.1 Definição dos sinais e sintomas de "ansiedade".

O termo...	...realmente significa...
"Acatisia"	Inquietude subjetiva e/ou objetiva causada por antagonistas de dopamina
"Agitação"	Estado no qual o indivíduo sente-se "nervoso" e "inquieto"; a hiperatividade motora tende a não ter qualquer propósito
"Delirium"	Pacientes delirantes com alterações sensoriais agudas e oscilações do nível de consciência podem sentir-se como se estivessem "ansiosos", quando na verdade querem dizer "cognitivamente muito desestruturados" e "incapazes de processar informações básicas em consequência da desatenção
"Demência"	Pacientes dementados podem usar o termo "ansiedade" para descrever seus sentimentos subjetivos de angústia associada à confusão, desorientação, perda de memória ou outros aspectos da desorganização cognitiva
"Depressão"	Pacientes clinicamente deprimidos podem descrever erroneamente ansiedade como seu estado emocional predominante quando, na verdade, tristeza ou desespero pode ser um termo descritivo mais apropriado para sua experiência interior
"Excitação"	Fármacos que podem provocar um estado de aceleração ou hiperexcitação psicomotora (como psicoestimulantes ou alguns antidepressivos) também podem levar pacientes a queixar-se de "ansiedade"
"Hiperatividade"	No TDAH, hiperatividade é um estado hipercinético que inclui excitação nervosa ou movimentos incontroláveis, impaciência, dificuldade de revezar e sentimento de urgência
"Mania"	A excitação psicomotora da (hipo)mania é proposital e dirigida a objetivos específicos, em contraste com os sentimentos mais difusos de tensão e angústia associados à agitação
"Obsessão"	Repetição de um pensamento (frequentemente sem qualquer sentido), que invade a consciência do indivíduo e a partir do qual é difícil redirecionar a atenção sustentada a qualquer outra coisa
"Pânico"	Estado de hiperexcitação autônoma breve e autolimitado, que inclui taquipneia, taquicardia e sensação de morte iminente; "ansiedade" pode fazer parte do sentimento de medo antecipado quanto à recorrência dos sintomas
"Paranoia"	Indivíduos que esperam ser feridos ou maltratados por outras pessoas podem reconhecer sua apreensão como "ansiedade", sem necessariamente perceber a intenção nefasta que atribuem às outras pessoas
"Pensamentos acelerados"	Fenômeno no qual um pensamento segue imediatamente a outro em ritmo acelerado, frequentemente dificultando que o indivíduo entenda seu conteúdo específico; geralmente associados à excitação psicomotora da mania/hipomania
"Ruminações"	Focalização excessiva e repetida em pensamentos e sentimentos relacionados com sofrimento

Capítulo 17 • Ansiedade

intensidade usando escalas de avaliação bem estruturadas, como as que são usadas em ECRs (Tabela 17.1) – ou simplesmente pedindo aos pacientes que avaliem seus sintomas usando uma escala de 0 a 10 tipo Likert. Escalas formais de avaliação da ansiedade usadas em ensaios clínicos variam quanto aos fenômenos que medem (p. ex., preocupação mental, sintomas somáticos, ataques de pânico). É recomendável que os médicos escolham alguma métrica que os pacientes achem suficientemente fácil para definir objetivamente e acompanhar sintomas de ansiedade ao longo do tempo – especialmente no caso de um sintoma que, por definição, possa estar sujeito a floreios ou dramatização exagerada em razão de sua natureza intrínseca.

Tabela 17.1 Escalas de avaliação de ansiedade.

Medida	Descrição com pontos fortes e fracos
Sintomas gerais	
HAM-A (Hamilton, 1959)	HAM-A é uma escala de 14 itens aplicada por médicos, na qual cada item é graduado individualmente de 0 ("ausência") a 4 ("muito grave"). Escores totais < 17 são considerados indicativos de ansiedade branda, 18 a 24 sugerem ansiedade moderada e escores > 25 indicam ansiedade grave. Os subitens dessa escala avaliam *ansiedade psíquica* (p. ex., humor ansioso, tensões, medos) e *ansiedade somática* (p. ex., queixas musculoesqueléticas, cardiovasculares, respiratórias, digestivas e geniturinárias). Alguns especialistas entendem que a escala em geral pode ser exageradamente tendenciosa no sentido dos componentes somáticos
Inventário de Ansiedade de Beck (Beck et al., 1988)	Questionário de 21 itens autoaplicável, que parece ter menos "contaminação" por conteúdos relacionados com depressão. Escores de 0 a 7 = ansiedade mínima, 8 a 15 = ansiedade branda, 16 a 25 = ansiedade moderada e 26 a 63 = ansiedade grave
STAI (*State-Trait Anxiety Inventory*, ou Inventário de Traço-Estado de Ansiedade)	Questionário de 40 itens autoaplicável (20 avaliam estado ["ansiedade S"] e 20 detectam traços ["ansiedade T"]), todos avaliados com base em uma escala de Likert de quatro pontos. Escores totais de cada escala variam de 20 a 80 e escores mais altos refletem gravidade mais acentuada
Escala de Ansiedade de Zung (Zung, 1971)	Questionário de 20 itens autoaplicável, que avalia aspectos cognitivos, autônomos, motores e neurológicos centrais da ansiedade, no qual cada item é graduado de 1 ("poucas vezes") a 4 ("na maior parte do tempo"). Escores totais podem variar de 20 a 80; escores ≤ 44 são considerados normais, 45 a 59 indicam ansiedade branda a moderada, 60 a 74 sugerem ansiedade acentuada a grave e ≥ 75 indicam ansiedade extrema
Sintomas específicos	
Escala de Ansiedade Social de Liebowitz (LSAS) (Liebowitz, 1987)	Questionário de 24 itens autoaplicável ou índice calculado pelo médico; contém 13 perguntas referidas à ansiedade de desempenho e 11 relativas às preocupações envolvendo interações sociais. Cada item é graduado de 0 a 3; escores mais altos refletem gravidade crescente. Escores totais < 30 indicam inexistência de sintomas clinicamente significativos, 31 a 60 sugerem sintomas "prováveis", 61 a 90 = "muito prováveis" e escores ≥ 90 = "altamente prováveis" de TAS
Escala Breve de Fobia Social (BSPS, ou *Brief Social Phobia Scale*) (Davidson et al., 1991; Wilson, 1993)	Lista de verificação com 11 itens destinados a avaliar alterações de frequência e gravidade dos sintomas (todos graduados de 0 a 4) ao longo do tempo. É possível calcular escore total e escores de subitens relativos a medo, comportamento esquivo e estado fisiológico
Questionário de Avaliação de Medo de Marks (Marks e Mathews, 1979)	Questionário de 17 itens autoaplicável; cada item é graduado de 0 ("eu não evitaria") a 8 ("sempre evito"). A soma dos itens 2 a 6 totaliza uma faixa de 0 a 120. Escores ≥ 30 são clinicamente significativos
Questionário de Preocupação de Penn State (Meyer et al., 1990)	Questionário de 16 itens autoaplicável, que avalia traço de preocupação. As respostas são graduadas de "1" ("dificilmente me caracteriza") a "5" ("me caracteriza muito bem"). Escores totais variam de 16 a 80. Escores de 26 a 38 indicam "pouca preocupação", 50 a 59 refletem "preocupação moderada" e 60 a 80 sugerem "muita preocupação"

(continua)

Tabela 17.1 Escalas de avaliação de ansiedade. *(continuação)*

Medida	Descrição com pontos fortes e fracos
Inventário de Fobia Social e Ansiedade (SPAI, ou *Social Phobia and Anxiety Inventory*) (Turner et al., 1989)	Questionário de 45 itens autoaplicável, que avalia ansiedade social-circunstancial, sintomas somáticos e cognições fóbicas. Cada item é graduado em escalas de 7 pontos. Escores ≥ 60 = fobia social clinicamente significativa
Inventário de Fobia Social (SPIN, ou *Social Phobia Inventory*) (Connor et al., 2000)	Questionário de 17 itens autoaplicável, que avalia medo, comportamento esquivo e dimensões fisiológicas/somáticas da ansiedade social. Cada item é graduado de "0" ("absolutamente não") a "4" ("extremamente") e o escore total varia de 0 a 68; escores ≥ 19 são usados como limite de probabilidade de caso
Escala de Pânico e Agorafobia (PAS, ou *Panic and Agoraphobia Scale*) (Bandelow, 1995)	Inventário de 13 itens, que medem ataques de pânico, comportamento esquivo agorafóbico, ansiedade antecipatória, limitação funcional e preocupações relacionadas com saúde. Pode ser aplicado pelo paciente ou médico

HAM-A, Escala de Avaliação de Ansiedade de Hamilton; *TAS*, transtorno de ansiedade social.

TRATAMENTO SUPRESSIVO *VERSUS* PREVENTIVO

Algumas vezes, tratamentos farmacológicos têm como objetivo conseguir alívio imediato ou "supressivo", seja por períodos geralmente curtos (p. ex., benzodiazepínicos de ação curta) ou longos (p. ex., ASGs de baixa ou média potência), ou explicitamente para evitar recorrências a longo prazo (p. ex., ISRSs, IRSNs, gabaérgicos ou alguns ASGs). Nesse caso, analogias com enxaquecas ou asma podem ser úteis para ajustar o foco terapêutico como uma intervenção eminentemente preventiva para a maioria dos transtornos de ansiedade (que, por definição, geralmente devem persistir por 6 meses no mínimo), nos quais fármacos são administrados diariamente em vez de usados "conforme a necessidade" como medida farmacológica imediata para "quebrar" ansiedade.

Como está resumido sucintamente no Boxe 17.2, psicotrópicos de diversas classes farmacológicas foram estudados e têm graus variáveis de evidência como tratamento dos diversos componentes da ansiedade.

Com base na perspectiva de farmacoterapia em geral, vejamos os resultados de um estudo comparativo dos tamanhos de efeito relativos de 24 fármacos usados para tratar TAG entre 1987 e 2003, que demonstrou que todos os compostos estudados alcançaram tamanho de efeito coletivo (*d* de Cohen) de 0,39 (Hidalgo et al., 2007). O Boxe 17.3 resume os valores específicos retirados dessa análise.

Como se pode observar na Figura 17.1, o receptor $GABA_A$ tem cinco subunidades com sítios de ligação bem definidos para seus ligandos (existem controvérsias quanto ao sítio de ligação exato, por meio do qual etanol liga-se ao receptor $GABA_A$). As configurações relativas das subunidades α, β e γ variam nas diversas regiões do encéfalo e também podem incluir subunidades δ e ρ. A ativação desse receptor resulta na entrada de íon Cl^- originado do meio extracelular para dentro do compartimento intracelular e causa hiperpolarização (excitabilidade reduzida) da membrana da célula nervosa.

Dica
Receptores $GABA_A$ e $GABA_B$ são regulados por ligandos, enquanto receptores $GABA_C$ são acoplados às proteínas G.

Benzodiazepínicos ligam-se a *alguns* receptores $GABA_A$ – ou seja, os que têm subunidade γ. Esses receptores $GABA_A$ sensíveis aos benzodiazepínicos intermedeiam a neurotransmissão inibitória fásica e são pós-sinápticos. Os chamados hipnóticos da "classe Z" (*i. e.*, zolpidem, eszopiclona e zaleplona), os esteroides neuroativos (p. ex., alopregnenolona), alguns anestésicos, álcool e talvez barbitúricos também se ligam a alguma parte desses mesmos receptores $GABA_A$ sensíveis aos benzodiazepínicos. Contudo, existe outra classe de receptores $GABA_A$, que não se ligam aos benzodiazepínicos ou hipnóticos da classe Z, mas se ligam aos esteroides neuroativos naturais (inclusive os que têm propriedades antidepressivas), anestésicos, álcool e barbitúricos. Esses receptores $GABA_A$ insensíveis aos benzodiazepínicos contêm subunidade δ, intermedeiam a neurotransmissão inibitória tônica e são extrassinápticos.

Capítulo 17 • Ansiedade

Boxe 17.2 Tratamentos farmacológicos ansiolíticos.

Fármaco	Bases racionais
Agonistas alfa	Clonidina e prazosina atenuam a atividade simpática e podem reduzir hiperatividade do sistema nervoso autônomo
Anticonvulsivantes	Anticonvulsivantes ansiolíticos (p. ex., gabapentina, pregabalina) podem aumentar o tônus gabaérgico e atenuar excitação neuronal por facilitação da sinalização inibitória
Antidepressivos	ISRSs, IRSNs, e ADTs têm graus variados de evidência quanto ao efeito de reduzir sintomas de ansiedade, seja em transtornos de ansiedade bem definidos ou quando ansiedade ocorre durante tratamento da depressão
Anti-histamínicos	Antagonistas H_1 (p. ex., difenidramina, hidroxizina e prometazina) podem atenuar sintomas de ansiedade porque reduzem excitação psíquica e perda de sono
Antipsicóticos	Efeitos antidopaminérgicos podem hiporregular o circuito do medo
Benzodiazepínicos	Efeitos gabaérgicos são sedativos e diretamente ansiolíticos
Betabloqueadores	Betabloqueadores cardiosseletivos (propranolol, atenolol) podem reduzir a atividade simpática central que, de outro modo, poderia agravar hiperatividade do sistema nervoso simpático. Betabloqueadores tendem a ser mais úteis para tratar ansiedade social ou associada ao desempenho porque arrefecem suas manifestações somáticas e mecanismos de *feedback* subsequentes enviados ao sistema nervoso central. A base de evidências não apoia claramente sua eficácia na ansiedade generalizada ou ataques de pânico
Buspirona	Protótipo dos agonistas parciais do receptor $5HT_{1A}$; camundongos geneticamente suprimidos (*knockout*, em inglês) mostram fenótipos semelhantes à ansiedade (Garcia-Garcia et al., 2014)

ADT, antidepressivo tricíclico; *IMAO*, inibidor de monoaminoxidase; *IRSN*, inibidor de recaptação de serotonina-nore-pinefrina; *ISRS*, inibidor seletivo de recaptação de serotonina; *NaSSA*, antidepressivo noradrenérgico e serotoninérgico específico.

Boxe 17.3 Tamanhos de efeito relativos de diversos ansiolíticos e classes farmacêuticas usados para tratar TAG.

Fármaco	d
Pregabalina	0,50
Hidroxizina	0,45
Venlafaxina XR	0,42
Benzodiazepínicos	0,38
ISRSs	0,36
Buspirona	0,17
Medicina complementar/alternativa (= kava-kava e homeopatia)	−0,31

Moduladores do receptor $GABA_A$ causam tolerância cruzada e isto explica por que benzodiazepínicos podem ser usados para desintoxicar pacientes que usam álcool ou barbitúricos. Gabapentinoides não têm afinidade de ligação aos receptores $GABA_A$ ou $GABA_B$; eles antagonizam canais de cálcio sensíveis à voltagem porque se ligam às subunidades $\alpha_2\delta$ e inibem

eficazmente a liberação de glutamato. Outros anticonvulsivantes gabaérgicos (p. ex., valproato de sódio) parecem aumentar os níveis encefálicos de GABA por bloqueio da sua enzima catabólica (GABA-transaminase).

Fármacos Z são análogos benzodiazepínicos que atuam como agonistas do receptor $GABA_A$ e são usados mais comumente como hipnótico-sedativos (indutores de sono). Em comparação com benzodiazepínicos, eles tendem a mostrar menos potencial de uso abusivo, têm menos tendência de causar tolerância durante uso prolongado, causam menos risco de supressão respiratória e acarretam menos déficit de memória retrógrada (Wagner e Wagner, 2000).

É possível, então, usar alopregnenolona para desintoxicar um paciente que usa álcool ou benzodiazepínicos, considerando que todos causam tolerância cruzada no receptor $GABA_A$? Ou, ainda, utilizar alopregnenolona para facilitar desintoxicação por benzodiazepínico ou álcool? A resposta é não, pois os pacientes podem desenvolver tolerância à alopregnenolona (cuja exposição prolongada causa hiporregulação dos receptores $GABA_A$), do mesmo modo que

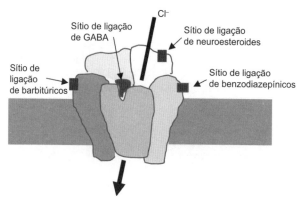

Figura 17.1 Receptor GABA$_A$.

qualquer outro modulador alostérico positivo do receptor GABA$_A$ – ao menos com base em estudos pré-clínicos (Turkmen et al., 2011). Ainda não está claro quais seriam as implicações disso nos seres humanos. Por que, então, os fármacos Z são usados para tratar ansiedade? Na verdade, eles não foram formalmente estudados quanto aos seus possíveis efeitos ansiolíticos, ao contrário dos seus efeitos hipnóticos. Os efeitos ansiolíticos dos benzodiazepínicos tradicionais parecem estar relacionados com seu agonismo nas subunidades A, 2, 3 e 5 do receptor GABA. Fármacos Z ligam-se mais seletivamente à subunidade 1, que corresponde aos seus efeitos hipnóticos, mas não ansiolíticos.

Benzodiazepínicos são usados por cerca de 3 a 13% dos adultos em geral (Airagnes et al., 2019; Maust et al., 2019). Nos grupos clínicos específicos, eles são usados regularmente por cerca de um quarto dos pacientes com TDM (Rivzi et al., 2015) ou transtorno bipolar depois de remissão de um episódio agudo (Perlis et al., 2010). Coletivamente, esses fármacos estão formalmente indicados para alívio a curto prazo dos sintomas de ansiedade (informações contidas nas bulas alertam que não devem ser usados *por mais de 2 a 4 semanas*) e não existem ensaios de registro na FDA norte-americana sobre segurança e eficácia além deste intervalo de 1 mês. Apesar da preocupação de que todos os pacientes possam desenvolver dependência física e psicológica, assim como tolerância e síndrome de abstinência, alguns estudos demonstraram que prescrições de longa duração (mais de 6 a 8 meses) ocorriam em 10 a 15% dos adultos (Takeshima et al., 2016; Takano et al., 2019), enquanto 5% usaram ininterruptamente benzodiazepínicos por até 8 anos (Takeshima et al., 2016). Como seria esperado, subgrupos clínicos variam quanto aos índices de prevalência. Por exemplo, um estudo do banco de dados sueco com 21.833 pacientes portadores de transtorno bipolar demonstrou que 29% começaram a usar um benzodiazepínico ou seu agonista, enquanto 20% deste subgrupo tornaram-se usuários crônicos (Wingård et al., 2018).

Clonazepam foi aprovado pela FDA norte-americana para tratar transtorno do pânico com base em ensaios cruciais, que se estenderam por 6 a 9 semanas. Estudos também demonstraram que clonazepam foi mais eficaz que placebo para tratar transtorno de ansiedade social em indicação "*off-label*" (Davidson et al., 1993). De acordo com a FDA norte-americana, a indicação psicotrópica do lorazepam é "tratamento de

> **Dica**
> Nos pacientes com TDM e comorbidade de transtorno do pânico (mas não transtorno de ansiedade social), combinar clonazepam com ISRS pode conseguir melhora mais rápida dos sintomas de ansiedade (Seedat e Stein, 2004).

> **Dica**
> Nos pacientes com transtornos de ansiedade tratados profilaticamente ou por períodos longos com ISRSs ou anticonvulsivantes gabaérgicos, é recomendável que eles usem um benzodiazepínico "supressivo" conforme a necessidade como parâmetro comparativo para avaliar o sucesso do fármaco profilático principal (semelhante à necessidade de administrar triptanos quando se utilizam anticonvulsivantes para evitar enxaqueca).

transtornos de ansiedade ou alívio a curto prazo dos sintomas de ansiedade, ou ansiedade associada a sintomas depressivos".

Ver informações sobre equivalentes posológicos aproximados dos benzodiazepínicos na Tabela 9.7, no Capítulo 9.

Dependência física pode ocorrer depois de algumas semanas ou meses de uso regular – praticamente um em três pacientes que usam benzodiazepínico por 4 semanas no mínimo desenvolve dependência física (Marriott e Tyrer, 2012). Estudos naturalísticos sobre uso de benzodiazepínicos por até 9 anos mostraram que estes fármacos estavam associados ao desenvolvimento de diversos déficits neurocognitivos, que podem ser expressivos (Barker et al., 2004).

Frequentemente, surgem discordâncias entre médicos e pacientes quanto às doses de benzodiazepínicos quando não são igualmente compartilhadas preocupações quanto à possibilidade de causarem tolerância e dependência, além de efeitos motores e cognitivos adversos, ou fatores como desvio para uso ilícito. Como regra geral, menos é mais no que se refere a dose e duração.

Em alguns subgrupos clínicos, estudos naturalísticos identificaram tratamento crônico com benzodiazepínicos como correlativo de resultados mais desfavoráveis ou padrões sintomáticos específicos – embora seja difícil inferir relação de causalidade com base em estudos não randomizados, na medida em que pacientes com prognóstico mais desfavorável ou que têm psicopatologia geral mais grave podem ser os que têm mais tendência de usar benzodiazepínicos prescritos. Por exemplo, nos adultos com transtorno bipolar, uso prolongado de benzodiazepínicos foi associado a risco mais alto de recorrência do transtorno afetivo, mesmo depois de controlar outras variáveis de confusão (HR = 1,21; IC95% = 1,01 a 1,45; Perlis et al., 2010). Nos pacientes com TDM, um estudo demonstrou que uso de benzodiazepínicos era mais provável quando havia sintomas de anedonia (Rivzi et al., 2015). Na esquizofrenia, uma revisão da Base de Dados Cochrane não detectou qualquer efeito clínico benéfico com benzodiazepínicos (acrescentados ao tratamento com antipsicóticos, em comparação com antipsicóticos apenas) além de sedação depois da administração de curta duração (Dold et al., 2012).

A Tabela 17.2 resume características que descrevem pacientes que tendem a usar benzodiazepínicos por intervalos longos, tendo como base estudos naturalísticos/observacionais.

Ao mesmo tempo, existem subgrupos inquestionáveis de pacientes que claramente se beneficiam com uso prolongado de benzodiazepínicos para tratar transtornos de ansiedade, cujas condições pioram quando não os utilizam e nos quais tratamentos farmacológicos ansiolíticos alternativos certamente têm eficácia insatisfatória. Nos pacientes com TDM, combinações de um antidepressivo com benzodiazepínico parecem ser mais eficazes que uso isolado do primeiro para atenuar gravidade dos sintomas depressivos em geral durante as primeiras semanas de tratamento ($g = -0,25$; IC95% = $-0,46$ a $-0,03$), mas não depois disto ($g = -0,18$; IC95% = -040 a $0,03$); curiosamente, alguns estudos não demonstraram que benzodiazepínicos adjuvantes melhorem sintomas de ansiedade coexistentes quando são acrescentados ao tratamento

Tabela 17.2 Fatores associados ao uso prolongado de benzodiazepínicos.

Fator	Resultados
Idade avançada	Idade ≥ 60 anos: OR = 1,93, IC95% = 1,46 a 2,53 (Wingård et al., 2018); idade > 50 anos: HR = 0,82, IC95% = 0,89 a 0,94 (Takeshima et al., 2016); idade ≥ 65: HR = 0,77, IC95% = 0,65 a 0,91 (Hata et al., 2018)
Sexo masculino	61,5% (*versus* 50,3% com uso apenas por períodos curtos) (Takano et al., 2019)
Tratamento concomitante com psicoestimulante	OR = 1,78, IC95% = 1,32 a 2,39 (Wingård et al., 2018)
Coexistência de transtorno de humor	34,4% (*versus* 14,1% com uso apenas por período curto) (Takano et al., 2019)
Prescrição simultânea de dois ou mais benzodiazepínicos/ fármacos Z	25,7% (*versus* 9,6% com uso apenas por período curto) (Takano et al., 2019); OR = 2,46, IC95% = 1,79 a 3,38 (Wingård et al., 2018)
Doses altas de benzodiazepínicos	Equivalente de dose diazepam ≥ 5 mg: HR = 0,69, IC95% = 0,55 a 0,87 (Hata et al., 2018)

HR, razão de risco; *IC*, intervalo de confiança; *OR*, razão de probabilidade (*odds ratio*).

Psicofarmacologia Prática

com antidepressivos para TDM (Ogawa et al., 2019). Pacientes que usam dois fármacos simultaneamente também tendiam a menos desligamento prematuro dos estudos sobre TDM, em comparação com os que foram tratados apenas com antidepressivo.

Nos casos de ansiedade crônica, a preferência dos pacientes por usar benzodiazepínicos por períodos longos em vez de outros fármacos pode impor desafios complexos e levar a desentendimentos improdutivos, conforme está ilustrado no Caso clínico 17.1.

A conveniência do tratamento crônico com benzodiazepínicos é uma questão complexa, que é dificultada tanto pela inexistência de ensaios controlados de longa duração, quanto pelos preconceitos dos médicos que frequentemente poderiam prescrever esses fármacos aos seus pacientes. O caso de Annie exemplifica várias questões pertinentes. A primeira questão e também a mais importante é o esclarecimento dos diagnósticos – a paciente é um exemplo no qual a existência de um diagnóstico categórico (ou, mais importante ainda, sua ambiguidade)

tem importância: Annie tem algum transtorno mental (TAG ou uma de suas variantes?) no qual benzodiazepínicos estariam indicados e seriam adequados, especialmente quando outras opções (inclusive anti-depressivos serotoninérgicos) não lhe trouxeram alívio? Parte da dificuldade desse caso consiste em diferenciar entre "ansiedade generalizada" e intolerância ao sofrimento. Histórico de falta de resposta a vários fármacos apropriados para tratar TAG certamente não firma o diagnóstico de coisa alguma, mas indica uma das seguintes possibilidades: (a) uma variante de TAG altamente resistente a tratamento ou (b) outro diagnóstico diferente de TAG no qual fármacos eficazes para esta última condição podem ser ineficazes, caso Annie tenha um transtorno diferente ou mais complexo que a variante para a qual existem bases de evidência relevantes a favor dos fármacos usados para tratar TAG. Como se pode observar no Boxe 17.1, "ansiedade" pode ser um termo problemático, porque seu uso coloquial frequentemente significa um conjunto de estados emocionais disfóricos, que correspondem apenas superficialmente ao que se define clinicamente como "ansiedade" – neste caso específico, as queixas da paciente poderiam estar mais relacionadas com intolerância à frustração e sofrimento, sentimento de vazio ou incompletude, pouca capacidade de acalmar-se e dificuldade de autorregular emoções negativas normais. Esses pacientes *pseudo*ansiosos que buscam benzodiazepínicos "agradáveis" podem estar em risco especialmente alto de pedir doses insaciavelmente mais altas e de utilizá-los mais como estratégia de enfrentamento para autorregular emoções negativas que controlar sintomas específicos de ansiedade patológica.

Nos diversos transtornos de ansiedade específicos, o tamanho do efeito benéfico dos benzodiazepínicos é variado. Por exemplo, uma revisão da Base de Dados Cochrane sobre uso de benzodiazepínicos para tratar transtorno do pânico detectou RR de resposta (em comparação com placebo) de 1,65 (IC95% = 1,39 a 1,96) com NNT = 4 (IC95% = 3 a 7); quanto à remissão, RR = 1,61 (IC95% = 1,38 a 1,88) (Breilmann et al., 2019).

> **Dica**
>
> O termo "agradável" é utilizado frequentemente em referência às substâncias controladas para descrever o componente psicoativo positivo de um fármaco ou droga, que aumenta as chances de que seja utilizado inadequadamente com finalidade recreativa.

CASO CLÍNICO 17.1

Annie, mulher divorciada de 57 anos, tem usado alprazolam (1 mg, 3 a 4 vezes/dia) há muitos anos (> 20 anos) para evitar "preocupação constante", principalmente quanto ao que acontecerá em sua vida. A paciente tem forte *locus* de controle interno, traços de personalidade dependente e insiste em dizer que "não se sente inteira ou completa" sem ter um relacionamento. Annie nunca teve episódios de depressão maior, hipo(mania) e surtos psicóticos. Embora nunca tenha tentado suicídio, a paciente sempre se sentia como se não valesse a pena viver sozinha e achava insuportáveis seus estados emocionais negativos. Os diagnósticos propostos nesse caso foram transtorno de ansiedade generalizada, transtorno depressivo persistente (antes conhecido como transtorno distímico) e transtorno de personalidade dependente, mas não havia relato de que tenha melhorado, apesar das experiências adequadas com ISRSs, IRSNs, gabapentina ou aripiprazol ou quetiapina adjuvante. Annie fez terapia cognitivo-comportamental, terapia comportamental dialética e psicoterapia orientada por *insight* e afirmava que terapias "nunca tiveram qualquer efeito [nela]". Ela disse que alprazolam "é a única coisa que lhe faz bem", mas acha que se tornou tolerante ao fármaco e agora pede uma dose mais alta.

Entre os fatores de risco para dependência ou uso abusivo de benzodiazepínicos descritos na literatura (resumidos por Kan et al., 2004) estão os seguintes:

- Uso mais prolongado de benzodiazepínicos
- Doses mais altas de benzodiazepínicos
- Idade menor.

No caso específico do TAG, metanálise em rede de 19 ECRs envolvendo 14.812 participantes e incluindo tratamentos farmacológicos e intervenções psicoterápicas/psicossociais demonstrou que, com exceção dos moduladores de serotonina e ASGs, todos os fármacos produziram efeitos mais acentuados que placebo; a maioria das intervenções farmacoterápicas também produziu efeitos mais expressivos que intervenções psicológicas (Chen et al., 2019c). Outra metanálise em rede de 89 ECRs envolvendo 25.411 indivíduos avaliou alterações médias dos escores HAM-A em ensaios sobre TAG e demonstrou que duloxetina alcançou maior diferença média (DM = –3,13; CrI95% = –4,13 a –2,13), seguida de pregabalina (DM = –2,79; CrI95% = –3,69 a –1,91), venlafaxina (DM = –2,69; CrI95% = –3,50 a –1,89) e depois escitalopram (DM = –2,45; CrI95% = –3,27 a –1,63) (Slee et al., 2019).

Considerando a situação de Annie, cuja dose de alprazolam será reduzida até suspender seu uso, por que não é conveniente que ela continue a tomar uma vez que se tornou tolerante? E se não houver uma alternativa farmacológica melhor ou se continuar com alprazolam for uma estratégia para evitar o pior? Se o alprazolam for retirado, pode-se pensar que Annie poderia recorrer a outras substâncias mais perigosas para se sentir melhor, porém, no caso dela, não há história sugestiva de que seja suscetível a usar outras drogas. Seu caso é complicado, porque, na verdade, não se pode simplesmente "declarar moratória" ao uso crônico de alprazolam sem ter em mente alguma estratégia terapêutica alternativa. Farmacologicamente, existem apenas duas opões, além de manter sua condição atual: (a) revisar todas as experiências terapêuticas anteriores e sugerir alguma das opções do Boxe 17.2 que ela ainda não tenha usado (ou utilizado adequadamente); ou (b) relegar o tratamento farmacológico a um nível mais secundário no seu plano terapêutico geral e redirecionar seu foco para abordagens psicossociais baseadas em habilidades reforçadas. É tentador pensar em um programa de tratamento de dependência, mesmo que ela não tenha utilizado benzodiazepínicos "abusivamente".

O que acontece quando pacientes que usam benzodiazepínicos há muito tempo para tratar transtornos de ansiedade param repentinamente? Ver resposta no Boxe 17.4.

BUSPIRONA E RECONSIDERAÇÃO DO PAPEL DOS AGONISTAS 5HT$_{1A}$ NA ANSIEDADE

Buspirona é um exemplo excelente de fármacos que, com base em seu mecanismo de ação, *deveriam* ser mais eficazes na prática clínica do que realmente são, além de seu perfil de efeitos colaterais particularmente favorável. Buspirona faz parte da classe farmacológica das azapironas – um grupo de compostos com meias-vidas relativamente curtas e efeitos farmacodinâmicos predominantes por agonismo parcial do receptor 5HT$_{1A}$. Outras azapironas são gepirona, ipsapirona e tandospirona (esta última utilizada principalmente na China e no Japão).

Boxe 17.4 Interrupção do tratamento crônico com benzodiazepínicos.

A literatura empírica sobre interrupção do tratamento crônico com benzodiazepínicos em pacientes com transtornos de ansiedade é limitada. Uma revisão Cochrane demonstrou efeito benéfico mais acentuado na redução/interrupção bem-sucedida do uso crônico de benzodiazepínicos com valproato de sódio (RR = 2,55; IC95% = 1,08 a 6,03) ou antidepressivos tricíclicos (RR = 2,20; IC95% = 1,27 a 3,82) (Baandrup et al., 2018). Sintomas de ansiedade mais brandos no final do processo de desintoxicação foram associados ao uso de carbamazepina, pregabalina, captodiamo,[1] paroxetina e flumazenil (embora o uso deste último fármaco tenha sido associado ao aumento dos ataques de pânico, além de taquiarritmias juncionais ou ventriculares e crises convulsivas), mas os índices de recorrência final do uso de benzodiazepínicos foram menores com valproato e ciamenazina.[2]

Um estudo com 107 pacientes portadores de TAG em tratamento com benzodiazepínicos há mais de 8 anos demonstrou que imipramina foi mais eficaz que buspirona ou placebo como facilitador da redução/interrupção bem-sucedida (mais de 80% dos pacientes) (Rickels et al., 2000).

[1]Captodiamo é um antagonista de receptores histamínicos e 5HT$_{2C}$ e agonista α$_1$, mas não está disponível nos EUA.
[2]Ciamenazina é um ASG fenotiazínico, que também não está disponível nos EUA.

17 Psicofarmacologia Prática

Com base nos capítulos anteriores, vale lembrar que há grandes quantidades de autorreceptores $5HT_{1A}$ pré-sinápticos nos núcleos dorsais da rafe e heterorreceptores $5HT_{1A}$ pós-sinápticos localizados principalmente nos neurônios piramidais e interneurônios gabaérgicos dentro do córtex pré-frontal e estruturas límbicas, inclusive amígdala e hipocampo.

Uma revisão da Base de Dados Cochrane sobre azapironas (principalmente buspirona) para tratar *TAG* calculou NNT = 4 (com base nos escores de CGI) e eficácia menor que a observada com benzodiazepínicos (Chessick et al., 2006). Resultados de ECR sobre uso de buspirona para tratar *transtorno de ansiedade social* foram negativos (van Vliet et al., 1997). No *transtorno do pânico*, um ECR de 8 semanas comparou buspirona com placebo, mas não detectou diferença significativa (embora houvesse tolerabilidade melhor que com imipramina, que foi usada como comparativo ativo) (Sheehan et al., 1988; 1990). Outro estudo com buspirona em dose alta (5 a 100 mg/dia; dose média de 61 mg/dia) para tratar *transtorno do pânico* também não encontrou diferença em comparação com placebo (em contraste com alprazolam; dose média = 5,2 mg/dia) (Sheehan et al., 1993). Contudo, esse estudo inspirou alguns médicos a recomendar (informalmente) doses de buspirona maiores que as habituais (p. ex., até 90 a 120 mg/dia), possivelmente por sua eficácia ansiolítica mais acentuada nos casos de TAG.

Buspirona não é um antidepressivo eficaz porque, provavelmente, ela não tem efeitos agonistas parciais muito potentes nos heterorreceptores $5HT_{1A}$ pós-sinápticos.

Agonismo $5HT_{1A}$ parcial também pode melhorar disfunção sexual evidenciada por desejo sexual reduzido, como é o caso da flibanserina e possivelmente também relevante ao mecanismo de ação da ioimbina (antagonista α_2). Gepirona é outro agonista $5HT_{1A}$ parcial, cujos esforços por aprovação junto à FDA norte-americana foram infrutíferos. Ver Boxe 17.5.

Vale ressaltar que vilazodona também tem afinidade de ligação forte ao receptor $5HT_{1A}$, no qual também atua como agonista parcial; contudo, atualmente não existem dados pré-clínicos quanto ao seu Ki. O fabricante publicou IC_{50} de 2,1 nM no receptor $5HT_{1A}$ (*i. e.*, meia concentração inibitória máxima, outra forma de expressar afinidade de ligação ao receptor).

Vilazodona, vortioxetina e receptor $5HT_{1A}$

Vortioxetina e vilazodona se destacam entre os antidepressivos serotoninérgicos porque não

Boxe 17.5 O que é gepirona e por que não conseguiu aprovação da FDA depois de várias tentativas?

Gepirona é uma azapirona com ação agonista $5HT_{1A}$ parcial pré-sináptica e afinidade de ligação mais forte que buspirona; em doses mais altas, ela atua basicamente como agonista puro. De acordo com relatos, esse fármaco foi desenvolvido em 1986, mas depois rejeitado diversas vezes pela FDA norte-americana como ansiolítico e antidepressivo novo com base em impressões de que sua eficácia não havia sido suficientemente demonstrada. Em 2016, com base em dois ECRs positivos de Fase II sobre TDM, a FDA acatou um recurso para anular negativas anteriores de aprovação de sua preparação de liberação estendida para tratar esse transtorno. Gepirona ainda é um fármaco experimental utilizado para tratar TDM e TAG e, possivelmente, desejo sexual hipoativo.

apenas causam inibição potente da recaptação no transportador de serotonina, como também têm ação agonista parcial nos receptores $5HT_{1A}$. Intuitivamente, poderíamos pensar que esse mecanismo duplo poderia ser adequado como: (a) tratamento antidepressivo mais potente (p. ex., em comparação com ISRSs que têm pouca ou nenhuma afinidade de ligação ao receptor $5HT_{1A}$); e (b) especialmente útil para tratar ansiedade (com ou sem depressão). Essa primeira hipótese não foi formalmente testada em ECRs sobre depressão resistente a tratamento, nem análises *post hoc* sobre TDM com um desses fármacos avaliaram o impacto potencial nos sintomas de ansiedade coexistentes como possível moderador da resposta antidepressiva. Com referência à segunda hipótese, existem alguns dados de análises *post hoc*. Vejamos então quais dados existem com relação a esses novos fármacos serotoninérgicos usados como ansiolíticos.

Por que ISRSs são ansiolíticos, considerando que seu Ki para receptor $5HT_{1A}$ é tão desfavorável? E, evidentemente, nem todos eles são fármacos gabaérgicos. Seus efeitos ansiolíticos são mediados unicamente por inibição da recaptação de serotonina? ISRSs, ADTs e IMAOs aumentam sinalização no receptor $5HT_{1A}$ pós-sináptico, mas seus efeitos não ocorrem necessariamente por meio do acoplamento direto de seus ligandos.

Um ECR pequeno ($n = 40$) com *vortioxetina* para tratar TDM com comorbidade de transtorno de ansiedade social não detectou diferença

400

Boxe 17.6 Afinidades de ligação ao receptor 5HT$_{1A}$ de diversos ASGs e antidepressivos serotoninérgicos ou fármacos semelhantes.

Fármaco	Ki (nM)	Função
Brexpiprazol	0,12	Agonista parcial
Aripiprazol	1,7 a 5,6	Agonista parcial
Ziprasidona	2,5 a 76	Agonista parcial
Cariprazina	2,6	Agonista parcial
Lurasidona	6,75	Agonista parcial
Asenapina	8,6	Agonista parcial
Vortioxetina	15	Agonista pleno
Pindolol	15 a 81	Antagonista pré-sináptico
Buspirona	28,6	Agonista pleno pré-sináptico, agonista parcial pós-sináptico
Ciproheptadina	59	Antagonista
Nefazodona	80	Agonista parcial
Clozapina	123,7	Agonista parcial
Iloperidona	168	Desconhecida
Quetiapina	320 a 432	Agonista parcial
Ioimbina	346	Agonista parcial
Escitalopram	> 1.000	Desconhecida
Olanzapina	2.063 a 2.720	Agonista parcial
Mirtazapina	3.300 a 5.010	(Pouca ou nenhuma afinidade)
Paroxetina	21.200	(Pouca ou nenhuma afinidade)
Sertralina	> 35.000	(Pouca ou nenhuma afinidade)

significativa nos escores de CGI (resultado primário), mas análises secundárias mostraram vantagem significativa e clinicamente importante da vortioxetina em comparação com placebo nos escores de sintomas depressivos da MADRS ($d = 0,672$) e nos escores de ansiedade da LSAS ($d = 0,714$) (Liebowitz et al., 2017).

Nos ensaios de registro na FDA norte-americana com *vortioxetina* para tratar TDM, análises secundárias avaliaram o impacto dos sintomas de ansiedade coexistente e encontraram resultados apenas modestos. O Boxe 17.7 descreve os estudos que chegaram a esses resultados.

Sobre a eficácia ansiolítica maior da vilazodona em doses baixas em vez de altas, não se pode concluir coisa alguma. Tais dados foram obtidos de análises *post hoc* e não tinham força estatística para avaliar ansiedade ou comparar doses específicas. Por isso, não deve se fazer quaisquer inferências quanto às doses indicadas para tratar ansiedade.

No caso específico da *vilazodona* para TDM, uma análise *post hoc* de dados acumulados dos ensaios de Fase III de registro na FDA detectou magnitude surpreendentemente maior de melhora dos sintomas depressivos entre indivíduos ansiosos em vez de deprimidos sem ansiedade (lembrar que 82% da população estudada consistiam em pacientes com depressão ansiosa) (Thase et al., 2014). (Dissemos "surpreendentemente" porque, até onde sabemos, esse é um dos pouquíssimos estudos publicados na literatura demonstrando efeito antidepressivo *mais acentuado* quando pacientes com TDM também têm ansiedade proeminente.) Melhora significativamente maior também foi observada com vilazodona em comparação com placebo nos subitens mentais de ansiedade da HAM-A ($p < 0,001$; $d = 0,31$), mas não nos subitens físicos (somáticos) de ansiedade ($p = 0,069$; $d = 0,13$), bem como nos subitens mentais ($p < 0,003$; $d = 0,21$) e físicos ($p = 0,019$; $d = 0,17$) de ansiedade da HAM-D de 17 itens.

Em ensaios clínicos separados com vilazodona para tratar TAG, três estudos grandes de curta duração (dose média = 31,4 mg/dia; $n = 844$ indivíduos randomizados para usar vilazodona *versus* $n = 618$ para o grupo placebo) demonstraram coletivamente redução significativa dos escores HAM-A ao final de 8 semanas, mas com tamanho de efeito modesto (NNT = 10) (Zareifopoulos e Dylja, 2017). Tolerabilidade ruim, principalmente em razão da incidência alta de náuseas e diarreia (NNH = 14; probabilidade de ser ajudado ou prejudicado [LHH] = 1,14), finalmente levou à perda de interesse comercial por avaliar vilazodona como ansiolítico isolado.

O que aconteceria se fossem combinados pindolol (um antagonista 5HT$_{1A}$ pleno) com buspirona ou vilazodona (ambas agonistas parciais)? Haveria sinergismo entre seus efeitos ansiolíticos ou outros efeitos farmacodinâmicos? Conforme os Capítulos 6 e 13, pindolol bloqueia autorreceptores 5HT$_{1A}$ pré-sinápticos e, desse modo, ao menos em princípio, poderia dar o "pontapé inicial" de resposta a um ISRS enganando o autorreceptor e levando-o a pensar que é necessária mais serotonina pré-sináptica. Basicamente, a pergunta é o que aconteceria se esse fármaco fosse combinado com agonismo parcial no heterorreceptor 5HT$_{1A}$ *pós-sináptico* (por ação da buspirona ou

Psicofarmacologia Prática

Boxe 17.7 Vortioxetina tem efeito ansiolítico?

- Em um ensaio de Fase III comparando vortioxetina (15 ou 20 mg/dia) com placebo, os autores observaram diferença nominalmente significativa nos escores HAM-A (Boulenger et al., 2014)
- Em uma comparação de Fase III entre vortioxetina (10 ou 20 mg/dia) e placebo, não houve redução significativa dos escores HAM-A ao final de 8 semanas (Jacobson et al., 2015)
- Outro ECR antigo demonstrou que, em pacientes com TDM e escores basais HAM-A > 20, houve reduções mais expressivas dos escores HAM-D de 24 itens com vortioxetina na dose de 1 mg/dia ($p = 0,004$; $d = 0,40$), 5 mg/dia ($p = 0,002$; $d = 0,48$) ou 10 mg/dia ($p = 0,001$; $d = 0,49$) em comparação com placebo (Henigsberg et al., 2012)
- Uma comparação randomizada de vortioxetina (então conhecida como Lu AA21004) em doses de 2,5 mg/dia, 5 mg/dia e 10 mg/dia com placebo (usando duloxetina na dose de 60 mg/dia como comparativo ativo) para TDM observou melhora significativa com vortioxetina na dose de 5 mg/dia ou 10 mg/dia, em comparação com placebo, na redução dos escores basais HAM-A quando se utilizou um modelo misto de análises de medidas repetidas ou análises de casos observados (embora não em análise LOCF, ou da última observação efetuada em diante [*last observation carried forward*]) (Baldwin et al., 2012)
- Uma comparação randomizada de vortioxetina (5 mg/dia ou 10 mg/dia) com placebo (usando venlafaxina em doses de até 225 mg/dia como comparativo ativo) para TDM detectou reduções significativas dos escores basais HAM-A com todas as doses dos dois tratamentos ativos (Alvarez et al., 2012).

vilazodona). Até hoje, ninguém fez esse tipo de experiência, mas é possível que tenha efeito aditivo ou farmacodinâmico sinérgico favorável no humor ou na ansiedade.

> **Recapitulando**
>
> Como foi ressaltado no Capítulo 10, fármacos com afinidades de ligação forte ao receptor $5HT_{1A}$ tendem a causar efeitos significativos no trato digestivo superior.

OUTROS ANTIDEPRESSIVOS MONOAMINÉRGICOS USADOS COMO ANSIOLÍTICOS

Em conjunto, antidepressivos monoaminérgicos têm NNT = 7 para transtorno do pânico, de acordo com uma metanálise de revisões Cochrane (Bighelli et al., 2018). No caso do TAG, uma revisão da Base de Dados Cochrane publicada em 2003 calculou NNT = 5 (Kapciski et al., 2003). Quando consideramos e comparamos coletivamente as propriedades ansiolíticas específicas dos outros antidepressivos monoaminérgicos (exceto vortioxetina e vilazodona), podemos resumir os resultados principais nas Tabelas 17.3 a 17.10.

ANTICONVULSIVANTES USADOS COMO ANSIOLÍTICOS

Ao menos teoricamente, anticonvulsivantes gabaérgicos deveriam ser opções farmacológicas viáveis para tratar ansiedade porque facilitam a neurotransmissão inibitória nas estruturas límbicas e no córtex pré-frontal, que estão relacionados com circuitos de medo e ansiedade. Os mecanismos de ação variam entre os diversos fármacos; por exemplo, valproato de sódio aumenta a atividade da enzima descarboxilase do ácido glutâmico (que converte glutamato em GABA) e, em doses altas, também hiporregula a enzima GABA-transaminase (responsável pela decomposição do GABA). Como foi mencionado antes, gabapentinoides (ver também Boxe 17.8) ligam-se à subunidade $\alpha_2\beta$ dos canais de sódio regulados por voltagem e, deste modo, inibem a liberação pré-sináptica de neurotransmissores excitatórios. Lamotrigina – um fármaco unicamente antiglutamatérgico sem ação gabaérgica – tem pouca eficácia como ansiolítico. As Tabelas 17.11 a 17.17 resumem informações sobre eficácia ansiolítica dos diversos anticonvulsivantes.

As propriedades ansiolíticas foram avaliadas tanto como sintoma coexistente no contexto do tratamento de outro transtorno (p. ex., depressão), quanto como intervenção para tratar especificamente transtorno de ansiedade.

Pregabalina também foi usada para facilitar redução/interrupção de tratamento crônico com benzodiazepínicos em pacientes com TAG. Hadley et al. (2012) administraram 300 a 600 mg/dia de pregabalina por até 12 semanas a 106 pacientes com TAG que estavam usando benzodiazepínico por até 1 ano, ao mesmo tempo em que reduziam as doses deste último fármaco em 25% por semana. Sintomas de ansiedade e abstinência foram significativamente melhores nos indivíduos que usaram pregabalina em vez de placebo e, embora numericamente mais indivíduos tratados com pregabalina que placebo estivessem livres de benzodiazepínico ao fim do estudo, esta diferença não foi significativa (ainda que o índice alto de desligamento do grupo placebo [mais de 60%] com perda consequente de força estatística possa ter resultado na incapacidade de detectar diferença real no resultado primário).

ANTIPSICÓTICOS USADOS COMO ANSIOLÍTICOS

Além de seus efeitos sedativos (ter em mente que APGs também eram conhecidos como

Tabela 17.3 Antidepressivos usados como ansiolíticos: ISRSs.

Classe farmacológica	Resultados
ISRSs	**Transtorno de ansiedade generalizada:** ISRSs em geral para tratar TAG: g coletivo = −0,67 (IC95% = −0,90 a −0,43) (Chen et al., 2019c) Escitalopram: quatro ECRs de curta duração demonstraram eficácia (doses de 10 a 20 mg/dia) em comparação com placebo, enquanto um ECR de 76 semanas sobre prevenção de recorrência controlado por placebo detectou chances quatro vezes maiores de recorrência com placebo que escitalopram (Pelissolo, 2008) **Transtorno do pânico:** Escitalopram: em um ECR de 10 semanas, escitalopram (doses entre 5 e 10 mg/dia) reduziu mais significativamente a frequência de ataques de pânico que placebo e teve início de ação mais rápido que citalopram (Pelissolo, 2008) Paroxetina: em três ECRs de 10 semanas, paroxetina CR (n = 444, doses entre 25 e 75 mg/dia) foi mais eficaz que placebo para suprimir ataques de pânico (73% com paroxetina, 60% com placebo) (Sheehan et al., 2005) Fluvoxamina: um ECR de 12 semanas comparou fluvoxamina (150 mg/dia) com brofaromina (um IMAO): 33% dos indivíduos tratados com fluvoxamina foram considerados respondentes (em comparação com 47% dos que usaram brofaromina); a eficácia dos dois fármacos foi considerada comparável (Van Vliet et al., 1994) **Transtorno de ansiedade social:** Sertralina: um ensaio cruzado de 10 semanas controlado por placebo com sertralina administrada a 12 pacientes ambulatoriais demonstrou reduções significativas dos escores LSAS (Katzelnick et al., 1995). Outro ECR de 20 semanas com 204 pacientes ambulatoriais mostrou melhoras globais mais significativas e escores MFQ significativamente melhores com sertralina em comparação com placebo (Van Ameringen et al., 2001) Escitalopram: dois ECRs (12 e 24 semanas) com doses de 10 a 20 mg/dia demonstraram que escitalopram foi melhor que placebo e comparável à paroxetina para reduzir escores LSAS, assim como intervalos mais longos até recorrência que com placebo (Pelissolo, 2008) Fluvoxamina: um ECR pequeno (n = 30) de 12 semanas com fluvoxamina (150 mg/dia) demonstrou porcentagem maior (46%) de "melhora substancial" (*i. e.*, "resposta") entre indivíduos tratados com fármaco ativo que entre os que usaram placebo (7%) com base na LSAS (Van Vliet et al., 1994) Paroxetina: um ECR grande de 12 semanas incluindo vários centros de pesquisa avaliou doses de até 50 mg/dia e detectou reduções significativamente maiores dos escores LSAS e melhora global em 55% dos que usaram paroxetina *versus* 24% dos que receberam placebo (Stein et al., 1998); outro estudo randomizado de 12 semanas sobre descontinuação controlada por placebo depois de 11 semanas de tratamento "*open-label*" demonstrou menos recidivas com manutenção de paroxetina que placebo (Stein et al., 1996)

CR, liberação controlada; *ECR*, ensaio controlado randomizado; *IC*, intervalo de confiança; *IMAO*, inibidor de monoaminoxidase; *ISRS*, inibidor seletivo de recaptação de serotonina; *LSAS*, Escala de Ansiedade Social de Liebowitz; *MFQ*, Questionário de Humor e Sentimentos; *TAG*, transtorno de ansiedade generalizada.

Psicofarmacologia Prática

Tabela 17.4 Antidepressivos usados como ansiolíticos: IRSNs.

Classe farmacológica	Resultados
IRSNs	Como classe em geral: g = 0,54 (IC95% = –0,79 a –0,30) (Chen et al., 2019c) **Transtorno do pânico**: • Em 664 pacientes ambulatoriais não deprimidos com transtorno do pânico, um estudo comparativo de 12 semanas com venlafaxina ER (75 mg/dia ou 150 mg/dia) ou paroxetina (40 mg/dia) demonstrou melhora mais acentuada até conseguir supressão dos ataques de pânico com todos os sintomas depois de usar os dois fármacos, em comparação com placebo (Pollack et al., 2007) **Transtorno de ansiedade social**: • Um ECR de 12 semanas com venlafaxina ER (dose média = 201,7 mg/dia) demonstrou eficácia comparável à paroxetina (dose média = 46 mg/dia) e superioridade ao placebo (os dois fármacos ativos) para reduzir escores LSAS e SPIN (Liebowitz et al., 2005) • Outro ECR de 12 semanas com venlafaxina ER (dose média = 192,4 mg/dia) ou paroxetina (dose média = 44,2 mg/dia) demonstrou melhoras significativamente maiores nos escores LSAS com os dois fármacos ativos em comparação com placebo, com índices de resposta de 69% (venlafaxina), 66% (paroxetina) e 36% (placebo) (Allgulander et al., 2004) • Um ECR de 12 semanas com paroxetina CR (doses de 12,5 a 37,5 mg/dia) ou placebo demonstrou melhora significativamente maior dos escores LSAS, com índice de resposta global de 57% com o fármaco ativo (Lepola et al., 2004) • Em um ensaio de prevenção de recorrências de 24 semanas, 78% dos que usaram paroxetina (n = 136) tiveram melhoras globais sustentadas em comparação com 51% dos que usaram placebo (n = 121) (Stein et al., 2002a) **TAG**: • Metanálise de oito ECRs com duloxetina demonstrou diferença significativa em comparação com placebo nos escores totais HAM-A e escores dos subitens de ansiedade psíquica da mesma escala, mas não houve alterações dos escores de ansiedade somática (Li et al., 2018) • Metanálise de 10 ECRs com venlafaxina XR demonstrou vantagem significativa em comparação com placebo para reduzir escores totais HAM-A ou alcançar resposta ou remissão (Li et al., 2017)

CR, liberação controlada; *ECR*, ensaio controlado randomizado; *ER*, liberação estendida; *HAM-A*, Escala de Avaliação de Ansiedade de Hamilton; *IC*, intervalo de confiança; *IRSN*, inibidor de recaptação de serotonina-norepinefrina; *LSAS*, Escala de Ansiedade Social de Liebowitz; *SPIN*, Inventário de Fobia Social; *TAG*, transtorno de ansiedade generalizada; *XR*, liberação estendida.

Tabela 17.5 Antidepressivos usados como ansiolíticos: ADTs.

Classe farmacológica	Resultados
ADTs	Durante muito tempo, tricíclicos de aminas terciárias (especialmente imipramina) foram padrão de referência para tratamento de transtorno do pânico e depressão com ansiedade associada. Surpreendente, houve poucas revisões recentes das metanálises sobre antidepressivos (inclusive tricíclicos) para tratamento específico dos transtornos de ansiedade. No caso do TAG, imipramina, paroxetina e venlafaxina demonstraram eficácia maior que placebo com NNT coletivo de 5,15 (Schmitt et al., 2005). Resultados de ECRs apoiam o uso de nortriptilina para depressão pós-AVE com comorbidade de TAG (Kimura et al., 2003), mas ensaios empíricos usando ADTs de aminas secundárias especificamente para tratar transtornos de ansiedade são escassos. Há muitos anos, imipramina foi o tratamento padronizado para transtorno do pânico; respostas ideais estavam associadas às concentrações séricas de imipramina na faixa de 110 a 140 ng/mℓ (Mavissakalian e Perel, 1995). Uma comparação cruzada de 16 semanas com clomipramina ou desipramina para tratar transtorno do pânico demonstrou que ambas foram eficazes, embora com efeito maior com clomipramina que desipramina (Sasson et al., 1999). Outra comparação de 12 semanas com clomipramina e paroxetina para transtorno do pânico demonstrou eficácia comparável, mas tolerabilidade melhor (menos desligamentos prematuros) com paroxetina que clomipramina (Lecrubier e Judge, 1997)

ADT, antidepressivo tricíclico; *ECR*, ensaio controlado randomizado; *IC*, intervalo de confiança; *NNT*, número necessário para tratar; *TAG*, transtorno de ansiedade generalizada.

Capítulo 17 • Ansiedade

Tabela 17.6 Antidepressivos usados como ansiolíticos: IMAOs.

Classe farmacológica	Resultados
IMAOs	**Transtorno de ansiedade social**: • Um ECR de 8 semanas detectou índice de resposta mais alto com fenelzina (64%) que atenolol (30%) ou placebo (23%) (Liebowitz et al., 1992) • Uma comparação de 8 semanas entre fenelzina e moclobemida (um IRMA) mostrou superioridade dos dois fármacos em comparação com placebo, mas tolerabilidade melhor com moclobemida que fenelzina (Versiani et al., 1992); por outro lado, um ECR subsequente de 12 semanas controlado por placebo com moclobemida não demonstrou vantagens com qualquer uma das doses estudadas (75 mg/dia, 150 mg/dia, 300 mg/dia, 600 mg/dia e 900 mg/dia) (Noyes et al., 1997) **Transtorno do pânico**: • Um ECR duplo-cego com tranilcipromina (30 ou 60 mg/dia) para tratar transtorno do pânico com comorbidade de transtorno de ansiedade social demonstrou que 68 a 70% dos indivíduos ficaram livres dos ataques de pânico ao fim de 12 semanas; a dose mais eficaz foi de 60 mg/dia (Nardi et al., 2010)

ECR, ensaio controlado randomizado; *IMAO*, inibidor de monoaminoxidase; *IRMA*, inibidor reversível de MAO-A.

Tabela 17.7 Antidepressivos usados como ansiolíticos: bupropiona.

Fármaco	Resultados gerais
Bupropiona	Como foi mencionado no Capítulo 5 (Boxe 5.4), bupropiona e ISRSs parecem ter graus comparáveis de eficácia no tratamento de depressão ansiosa. No TAG, um ECR piloto com 24 indivíduos conseguiu melhoras semelhantes dos escores HAM-A com bupropiona XL (150 a 300 mg/dia) e escitalopram (10 a 20 mg/dia) (Bystritsky et al., 2008)

ECR, ensaio controlado randomizado; *HAM-A*, Escala de Avaliação de Ansiedade de Hamilton; *ISRS*, inibidor seletivo de recaptação de serotonina; *TAG*, transtorno de ansiedade generalizada; *XL*, liberação estendida.

Tabela 17.8 Antidepressivos usados como ansiolíticos: nefazodona e trazodona.

Fármaco	Resultados
Nefazodona	Um ensaio aberto pequeno (*n* = 14) de 8 semanas sobre transtorno do pânico usou doses de 200 a 600 mg/dia e demonstrou que 10/14 indivíduos melhoraram "muito" ou "muitíssimo" (DeMartinis et al., 1996 Metanálise de seis ECRs sobre TDM demonstrou melhora dos sintomas depressivos, independentemente dos escores basais HAM-A; escores globais desta escala melhoram mais significativamente com mirtazapina que placebo, assim como ocorrem com os escores de ansiedade somática HAM-D (Fawcett et al., 1995)
Trazodona	Um ensaio de 8 semanas mostrou que trazodona (300 mg/dia) foi mais eficaz que placebo para tratar transtorno do pânico em um ECR pequeno (*n* = 11) (Mavissakalian et al., 1987)

ECR, ensaio controlado randomizado *HAM-A*, Escala de Avaliação de Ansiedade de Hamilton; *HAM-D*, Escala de Avaliação de Depressão de Hamilton; *TDM*, transtorno depressivo maior.

Psicofarmacologia Prática

Tabela 17.9 Antidepressivos usados como ansiolíticos: mirtazapina.

Fármacos	Resultados gerais
Mirtazapina	• Uma comparação randomizada aberta de 8 semanas com mirtazapina (15 a 30 mg/dia) ou paroxetina (10 a 20 mg/dia) para pacientes com TDM e ansiedade proeminente (escores basais HAM-A > 18) demonstrou eficácia global comparável quanto aos escores desta escala, mas melhora mais rápida nas primeiras 2 semanas com mirtazapina (Kim et al., 2011). Metanálise mais antiga de oito ECRs sobre TDM com ansiedade proeminente detectou melhora global significativa em comparação com placebo e melhora significativa dos itens da HAM-D relacionados com ansiedade e agitação (Fawcett e Barkin, 1998) **Transtorno de ansiedade social:** • Um ECR de 12 semanas com mirtazapina (*n* = 30, doses entre 30 e 45 mg/dia) *versus* placebo (*n* = 30) não detectou diferenças entre os dois grupos (Schutters et al., 2010) • Outro ECR de 10 semanas com mirtazapina (*n* = 30; dose = 30 mg/dia) *versus* placebo (*n* = 33) em mulheres detectou melhora significativamente maior nos escores LSAS e Inventário de Fobia Social com mirtazapina que placebo (Muehlbacher et al., 2005) **Transtorno de ansiedade generalizada:** Um ensaio aberto de 12 semanas (dose = 30 mg/dia) com 44 pacientes ambulatoriais detectou resposta em 80% e remissão em 36% com base nas alterações dos escores basais HAM-A (Gambi et al., 2005)

ECR, ensaio controlado randomizado; *HAM-A*, Escala de Avaliação de Ansiedade de Hamilton; *LSAS*, Escala de Ansiedade Social de Liebowitz; *TDM*, transtorno depressivo maior.

Tabela 17.10 Doses de ISRSs e IRSNs para transtornos de ansiedade com base nos ensaios de registro na FDA.

Fármaco	Doses
ISRSs	
Escitalopram	Transtorno de ansiedade generalizada: dose inicial = 10 mg/dia; a bula do fabricante recomenda que aumentos da dose podem ocorrer depois de 1 semana. Ensaios clínicos de registro na FDA não passaram de 8 semanas, mas seu uso por mais tempo deve ficar a critério do médico prescritor
Fluoxetina	Transtorno do pânico: 10 mg/dia
Paroxetina	Transtorno de ansiedade generalizada: dose almejada = 20 mg/dia; doses mais altas (até 50 mg/dia) não mostraram efeito benéfico mais acentuado em comparação com placebo Transtorno do pânico: dose almejada = 40 mg/dia (estudada por até 3 meses nos ensaios de registro na FDA) Transtorno de ansiedade social: dose almejada = 20 mg/dia; doses maiores (até 60 mg/dia) não se mostraram mais eficazes que placebo
Sertralina	Transtorno de ansiedade generalizada: começar com 25 mg/dia; dose máxima de 200 mg/dia
IRSNs	
Duloxetina	Transtorno de ansiedade generalizada: 60 mg/dia (dose inicial = dose almejada)
Venlafaxina	Transtorno de ansiedade generalizada: começar com 37,5 a 75 mg/dia, dose almejada = 75 mg/dia; dose máxima = 225 mg/dia Transtorno do pânico: começar com 37,5 mg/dia; dose almejada = 75 mg/dia; dose máxima = 225 mg/dia Transtorno de ansiedade social: começar com 75 mg/dia; dose almejada = dose máxima = 75 mg/dia

FDA, U.S. Food and Drug Administration; *IRSN*, inibidor de recaptação de serotonina-norepinefrina; *ISRS*, inibidor seletivo de recaptação de serotonina.

Capítulo 17 • Ansiedade

"tranquilizantes maiores", em contraste com benzodiazepínicos referidos como "tranquilizantes menores"), fármacos antidopaminérgicos são importantes para a modulação do circuito de medo (lembrar de nossa discussão sobre medo *versus* ansiedade no Capítulo 15). Estudos comparativos de antipsicóticos usados como ansiolíticos não diferenciaram claramente entre contribuições relativas do bloqueio D_2 e outros mecanismos pertinentes, inclusive antagonismo H_1 ou efeitos serotoninérgicos (no caso dos ASGs) – deixando em aberto a questão se uma suposta eficácia ansiolítica reflete impacto parcial, digamos, no circuito de medo, ou simplesmente algum tipo de efeito sedativo mais

geral. Fármacos antidopaminérgicos podem ter alguma vantagem no controle de sentimentos "gerais" mal definidos ou oscilantes de ansiedade, em contraste com apreensão com base de conteúdo mais substancial (lembrar do conceito de "cola de ego" explicado no Capítulo 15). Clinicamente, antipsicóticos podem parecer especialmente interessantes nos casos em que há dúvida entre medo ou ansiedade (voltar ao Boxe 15.1!), ou a divisória frequentemente imprecisa entre obsessão e ilusão, principalmente quando o paciente não percebe a implausibilidade do conteúdo de sua preocupação. Vejamos o Caso clínico 17.2.

Dois ASGs têm indicações formais da FDA norte-americana para tratamento de curta duração de ansiedade não psicótica: trifluoperazina (doses entre 2 e 6 mg/dia para TAG [Mendels et al., 1986]) e perfenazina (esta última em combinação com amitriptilina para tratar "ansiedade moderada a grave e/ou agitação e humor deprimido", que é comercializada com a marca Triavil® nos EUA). Entre os ASGs, quetiapina é usada popularmente em doses baixas por suas supostas propriedades ansiolíticas (ainda que, conforme está demonstrado na Tabela 17.19, existam dados amplos de ECR sobre TAG). Quetiapina é um antagonista H_1 extremamente potente com afinidade de ligação (Ki = 7 nM) comparável à de clorpromazina (Ki = 2 nM), prometazina (Ki = 1 nM) e doxepina (Ki = 0,2 nM). Infelizmente, não existem comparações randomizadas publicadas com quaisquer APGs ou ASGs com outros fármacos anti-histaminérgicos que não tenham propriedades antidopaminérgicas (p. ex., difenidramina, hidroxizina); estudos deste tipo poderiam ser muito úteis para ajudar a esclarecer até que ponto antipsicóticos em doses baixas têm efeitos ansiolíticos por outros mecanismos de ação além da sedação anti-histaminérgica. As Tabelas 17.18 e 17.19 resumem, respectivamente, informações sobre efeitos ansiolíticos específicos dos agonistas D_2/D_3 parciais e antagonistas D_2.

Boxe 17.8 Algumas considerações sobre doses de gabapentinoides.

Gabapentina é usada popularmente como ansiolítico "*off-label*", em parte devido ao seu perfil farmacocinético favorável (nenhuma interação P-K, excreção renal) e tolerabilidade satisfatória (basicamente, sedação). O fármaco é absorvido por transportadores de solutos de baixa capacidade em doses muito acima de 900 a 1.200 mg/dia (a biodisponibilidade cai $\leq 40\%$ com doses acima de 1.600 mg/dia) que, combinado com sua meia-vida curta (cinco a sete horas), requer administração de várias doses ao longo do dia. Gabapentina enacarbila é um profármaco rapidamente hidrolisado por esterases em gabapentina e absorvido por transportadores de nutrientes de alta capacidade (transportador de monocarboxilato tipo 1 [MCT-1] e transportador de polivitaminas sódio-dependente [SMVT]) distribuídos por todo o trato digestivo. Desse modo, essa preparação pode ser administrada 1 vez/dia e doses de até 6.000 mg/dia são bem absorvidas. A razão de conversão de doses de gabapentina para gabapentina enacarbila é de cerca de 1:2 (*i. e.*, doses de gabapentina enacarbila entre 2.400 e 6.000 mg/dia correspondem a cerca de 1.250 a 3.125 mg/dia de gabapentina) (Lal et al., 2009).

Tabela 17.11 Propriedades ansiolíticas dos anticonvulsivantes: carbamazepina.

Anticonvulsivante	Dados empíricos
Carbamazepina	**Transtorno do pânico**: • Tondo et al. (1989) relataram os resultados obtidos em 34 pacientes tratados com carbamazepina ("*open-label*") por 2 a 12 meses; "resposta satisfatória" (os autores não usaram escalas de avaliação formais) foi atribuída a 58,8% dos indivíduos • Ineficácia foi relatada em um ensaio intramuros pequeno (*n* = 14) do NIMH usando dose média de 679 mg/dia ao longo de um intervalo médio de 66 dias (Uhde et al., 1988)

NIMH, National Institute of Mental Health.

Psicofarmacologia Prática

Tabela 17.12 Propriedades ansiolíticas dos anticonvulsivantes: valproato de sódio.

Anticonvulsivante	Dados empíricos
Valproato de sódio	**Transtorno do pânico:** • Um ensaio aberto pequeno (n = 12) de 6 semanas com dose baixa (500 mg/dia) demonstrou melhora moderada a acentuada (com bases nos escores de CGI) em todos os indivíduos (Woodman et al., 1994) **Transtorno de ansiedade social:** • Um ensaio aberto pequeno (n = 17) de 12 semanas detectou índice de resposta de 41,1% com base nos escores LSAS (Kinrys et al., 2003) Em dois estudos pequenos controlados por placebo sobre depressão bipolar aguda, reduções dos escores basais HAM-A foram significativamente maiores com valproato que placebo (Davis et al., 2005; Ghaemi et al., 2007)

CGI, Impressões Clínicas Gerais; HAM-A, Escala de Avaliação de Ansiedade de Hamilton; LSAS, Escala de Ansiedade Social de Liebowitz.

Tabela 17.13 Propriedades ansiolíticas dos anticonvulsivantes: lamotrigina.

Anticonvulsivante	Dados empíricos
Lamotrigina	Há pouquíssimas bases empíricas favoráveis ao uso de lamotrigina para tratar ansiedade, seja como síndrome ou sintoma coexistente em pacientes com transtornos de humor. Relatos de casos pequenos sugeriram utilidade potencial como fármaco adjuvante na dose de 200 mg/dia para tratar transtorno do pânico (Masdrakis et al., 2010), mas não existem ensaios de escala ampla publicados. Em ensaios sobre transtornos de humor, alguns autores consideraram ansiedade preexistente como fator preditivo negativo de resposta à lamotrigina.

Tabela 17.14 Propriedades ansiolíticas dos anticonvulsivantes: topiramato.

Anticonvulsivante	Dados empíricos
Topiramato	Topiramato foi pouco estudado formalmente quanto às suas propriedades ansiolíticas potenciais, apesar de seus efeitos gabaérgicos possíveis por meio da modulação do sítio de reconhecimento não benzodiazepínico do receptor GABA-A. Um ensaio aberto pequeno (n = 23) sobre transtorno de ansiedade social (concluído apenas com pouco mais da metade dos inscritos inicialmente) usou doses de até 400 mg/dia (até 9 semanas) e detectou redução de praticamente 30% (significativa) nos escores basais LSAS; nove dos 12 indivíduos que finalizaram o estudo foram considerados "respondentes" depois de 16 semanas, enquanto seis dos 23 indivíduos de ITT (26,1%) foram classificados como "remitentes" (Van Ameringen et al., 2004)

GABA, ácido gama-aminobutírico; ITT, intenção de tratar; LSAS, Escala de Ansiedade Social de Liebowitz.

Tabela 17.15 Propriedades ansiolíticas dos anticonvulsivantes: tiagabina.

Anticonvulsivante	Dados empíricos
Tiagabina	• Uma comparação randomizada pequena com o inibidor de recaptação de GABA tiagabina (n = 20; iniciada na dose de 4 mg/dia e aumentada em quotas de 2 mg/dia; dose média = 10 mg/dia) ou paroxetina (n = 20; dose média = 27 mg/dia) demonstrou redução significativa dos escores basais HAM-A nos dois grupos com tolerabilidade adequada (Rosenthal, 2003) • Três ECRs de 10 semanas em TAG compararam doses fixas de 4, 8 ou 12 mg/dia, ou doses variáveis entre 4 e 16 mg/dia). Todos os grupos não mostraram diferenças nos escores HAM-A (resultado primário) em comparação com placebo (Pollack et al., 2008)

ECR, ensaio controlado randomizado; GABA, ácido gama-aminobutírico; HAM-A, Escala de Avaliação de Ansiedade de Hamilton; TAG, transtorno de ansiedade generalizada.

Capítulo 17 • Ansiedade

Tabela 17.16 Propriedades ansiolíticas dos anticonvulsivantes: levetiracetam.

Anticonvulsivante	Dados empíricos
Levetiracetam	**Transtorno de ansiedade social**: • Um ensaio aberto pequeno (n = 20) com levetiracetam em doses orais de até 1.500 mg 2 vezes/dia demonstrou melhora significativa dos escores basais LSAS e HAM-A (Simon et al., 2004) • Um ECR pequeno (n = 16) de 16 semanas avaliou doses entre 500 e 3.000 mg/dia, mas não detectou diferença em comparação com placebo (Zhang et al., 2005) **Transtorno do pânico**: • Um ensaio aberto pequeno (n =18) de 12 semanas demonstrou reduções significativas dos índices iniciais de ataques de pânico e escores HAM-A e melhora global (dose média = 1.138 mg/dia) (Papp, 2006)

ECR, ensaio controlado randomizado; *HAM-A*, Escala de Avaliação de Ansiedade de Hamilton; *LSAS*, Escala de Ansiedade Social de Liebowitz; .

Tabela 17.17 Propriedades ansiolíticas dos anticonvulsivantes: gabapentinoides.

Anticonvulsivante	Dados empíricos
Gabapentina	**Transtorno de ansiedade social**: • Um ECR de 14 semanas demonstrou melhora significativamente maior nos escores LSAS com gabapentina (n = 34; a maioria dos indivíduos recebeu doses ≥ 2.100 mg/dia; dose máxima = 3.600 mg/dia) que placebo (n = 35) (Pande et al., 1999) **Transtorno do pânico**: • Oito ECRs de 8 semanas compararam gabapentina com placebo e não demonstraram diferença significativa nos escores PAS, mas análises secundárias evidenciaram diferença em comparação com placebo quando foi controlada gravidade inicial como fator moderador (Pande et al., 2000b)
Pregabalina	**Transtorno de ansiedade generalizada**: Metanálise de oito ECRs (n = 2.299) calculou tamanho de efeito pequeno a médio (g = 0,37; IC95% = 0,30 a 0,44) (Generoso et al., 2017) (ainda que, como se pode observar na Tabela 17.4, estudos publicados até 2003 tivessem demonstrado tamanhos de efeitos maiores). Estudos de curta duração (p. ex., 6 semanas) mostraram superioridade em comparação com placebo nos subitens de ansiedade psíquica e somática da HAM-A com doses de 200 mg/dia, 400 mg/dia ou 450 mg/dia e tolerabilidade geralmente boa (Pohl et al., 2005), bem como eficácia ansiolítica comparável (doses de 300 mg/dia, 450 mg/dia e 600 mg/dia) ao alprazolam (1,5 mg/dia) por 4 semanas (Rickels et al., 2005), ou 400 mg/dia em comparação com venlafaxina em dose baixa (75 mg/dia) por 6 semanas (Montgomery et al., 2006); pregabalina na dose oral de 200 mg 3 vezes/dia também teve eficácia comparável ao lorazepam na dose oral de 2 mg 3 vezes/dia (n = 68) em um ensaio no qual a magnitude de melhora dos sintomas em comparação com placebo foi numericamente maior com pregabalina que lorazepam e foi evidenciada diferença em comparação com placebo na primeira semana (Feltner et al., 2003) **Transtorno de ansiedade social**: • Um ensaio aberto de 10 semanas (450 mg/dia) de pregabalina (450 mg/dia) seguido de comparação randomizada de 26 semanas com placebo detectou escores mais favoráveis ao fármaco na LSAS e escores de fobia total e fobia social do MFQ (Greist et al., 2011) • Um ECR de 11 semanas detectou melhoras significativamente maiores nos escores LSAS com dose de 600 mg/dia (mas não 300 ou 450 mg/dia) em comparação com placebo (Feltner et al., 2011) • Um ECR de 10 semanas detectou melhoras significativamente maiores nos escores LSAS com dose de 600 mg/dia (mas não 150 mg/dia) em comparação com placebo (Pande et al., 2004)

ECR, ensaio controlado randomizado; *HAM-A*, Escala de Avaliação de Ansiedade de Hamilton; *IC*, intervalo de confiança; *LSAS*, Escala de Ansiedade Social de Liebowitz; *MFQ*, Questionário de Medo de Marks; *PAS*, Escala de Pânico e Agorafobia.

Psicofarmacologia Prática

CASO CLÍNICO 17.2

Emma, 47 anos, do lar, teve diagnóstico de TAG (fobias de germes, medo constante de problemas de saúde e preocupações com catástrofes imaginárias) e TOC (este último evidenciado principalmente por medos de contaminação e preocupações com arrumação). O esquema de tratamento farmacológico que usava há muitos anos consistia em *fluoxetina (80 mg/dia) com gabapentina (600 mg/dia)*[3] e lorazepam (1 mg à noite). Depois de receber uma intimação para atuar como jurada, ela ficou extremamente preocupada de que, caso atuasse como jurada e "dissesse alguma coisa errada" ou "condenasse uma pessoa inocente", "eles" poderiam vir atrás dela. Emma teve dificuldade incomum de testar a realidade dessa suposição que, segundo ela disse, parecia ser plausível, embora não soubesse por quê; no entanto, ela reconheceu que se um amigo viesse e lhe dissesse a mesma coisa, ela acharia a ideia absurda. Incapaz de avaliar concretamente essa ameaça percebida e

considerando a implausibilidade de seu conteúdo, o psiquiatra assistente considerou a possibilidade de um transtorno delirante, embora não achasse que este diagnóstico seria conceitual e plenamente satisfatório porque suas queixas pareciam ser uma elaboração extremada de sua preocupação temática basal misturada com conotações histriônicas. No entanto, o médico tomou a decisão de intervir em seus sintomas com aripiprazol adjuvante (dose inicial de 5 mg/dia, finalmente aumentada até 10 mg/dia) com base em sua utilidade confirmada por evidências como fármaco adjuvante ao tratamento do TOC com ISRSs (lembrar do Capítulo 14, no qual afirmamos que o tamanho do seu efeito era d = 1,11), assim como por suas propriedades antipsicóticas intrínsecas.

[3]Essa combinação foi descrita inicialmente para tratar TOC resistente em uma série de casos de pacientes intramuros do NIMH, que foi publicada por Corá-Locatelli et al. (1998).

Tabela 17.18 Ensaios com ASGs para transtornos de ansiedade específicos: agonistas D_2/D_3 parciais.

Fármaco	Resultados
Aripiprazol	**Transtorno de ansiedade generalizada**: • Um ensaio aberto pequeno (n = 9) de 6 semanas com aripiprazol (dose média = 13,9 mg/dia) acrescentado aos antidepressivos usados antes detectou "muita" e "muitíssima" melhora nas impressões clínicas gerais (Menza et al., 2007)
Brexpiprazol	• Um ensaio aberto de 6 semanas com brexpiprazol (dose = 1 a 3 mg/dia) acrescentado aos antidepressivos usados antes por 37 pacientes com TDM e ansiedade acentuada detectou melhora significativa dos escores basais de depressão MADRS e HAM-A (Davis et al., 2016) • Em ensaios de registro na FDA sobre uso adjuvante com antidepressivo para tratar TDM, escores HAM-A tiveram reduções significativamente maiores com brexpiprazol na dose de 2 mg/dia (Thase et al., 2015a) ou 1 ou 3 mg/dia (Thase et al., 2015b) em comparação com placebo
Cariprazina	Análises *post hoc* de dois ensaios de registro na FDA para tratar depressão bipolar aguda demonstraram reduções significativamente maiores dos escores HAM-A com cariprazina na dose de 1,5 mg/dia (mas não 3 mg/dia) em comparação com placebo (Earley et al., 2019a; 2020)

ASG, antipsicótico de segunda geração; *FDA*, U.S. Food and Drug Administration; *HAM-A*, Escala de Avaliação de Ansiedade de Hamilton; *MADRS*, Escala de Avaliação de Depressão de Montgomery-Åsberg; .

ANTI-HISTAMÍNICOS

Antagonistas H_1 são usados há muito tempo com finalidades ansiolíticas supressiva e profilática, principalmente em subgrupos clínicos nos quais substâncias controladas são consideradas inadequadas (p. ex., pacientes em processo de desintoxicação de substâncias, ou em recuperação de dependências químicas). Como foi mencionado antes, ainda existem controvérsias quanto a até que ponto os efeitos ansiolíticos de quetiapina,

mirtazapina e ASGs de baixa potência (p. ex., clorpromazina) podem ser atribuídos a outros mecanismos diferentes do seu antagonismo H_1.

Uma revisão da Base de Dados Cochrane sobre hidroxizina para tratar TAG detectou OR = 0,30 (IC95% = 0,15 a 0,58) em comparação com placebo e eficácia, aceitabilidade e tolerabilidade comparáveis às de clordiazepóxido (OR = 0,75; IC95% = 0,35 a 1,62) ou buspirona (OR = 0,76; IC95% = 0,40 a 1,42) (Guaiana, 2010).

410

Capítulo 17 • Ansiedade

Tabela 17.19 Ensaios com ASGs para transtornos de ansiedade específicos: antagonistas D_2.[a]

Fármaco	Resultados
Lurasidona	Em análises secundárias dos ensaios de registro na FDA para tratar depressão bipolar, os autores demonstraram reduções significativamente maiores dos escores HAM-A nas comparações tanto de dose baixa (20 a 60 mg/dia) quanto de dose alta (80 a 120 mg/dia) com placebo (Loebel et al., 2014a)
Olanzapina	Em análises secundárias de ECRs sobre depressão bipolar, olanzapina (isoladamente ou com fluoxetina) produziu melhoras mais acentuadas dos sintomas HAM-A que placebo (Tohen et al., 2003b) **Transtorno de ansiedade generalizada**: um ECR pequeno de 6 semanas com olanzapina (n = 9; dose média = 8,7 mg/dia) ou placebo (n = 12) acrescentado ao tratamento com ISRSs demonstrou reduções maiores dos escores HAM-A com fármaco ativo (d = 0,58) (Pollack et al., 2006) **Transtorno de ansiedade social**: um ECR pequeno com olanzapina (n = 7; dose média = 9 mg/dia) *versus* placebo demonstrou melhoras significativamente maiores dos escores BSPS e SPIN com o fármaco ativo (Barnett et al., 2002)
Quetiapina	Nos ensaios de registro na FDA para tratar depressão, os escores HAM-A melhoraram mais com quetiapina (300 ou 600 mg/dia) nos indivíduos deprimidos com transtorno bipolar tipo I, mas não tipo II (Hirschfeld et al., 2006) **Transtorno de ansiedade generalizada**: três ECRs sobre TAG (n = 2.248 indivíduos) demonstraram índices de resposta e remissão maiores que placebo com quetiapina em dose de 50 ou 150 mg/dia (mas não 300 mg/dia) (NNT = 8,4) (Maneeton et al., 2016). Vale ressaltar que, em metanálise em rede de 89 ECRs sobre TAG, quetiapina produziu maior efeito em HAM-A dentre todos os fármacos estudados, mas teve pouca tolerabilidade em comparação com placebo (Slee et al., 2019) **Transtorno de ansiedade social**: um ECR pequeno (n = 15) negativo (provavelmente sem força estatística) comparou quetiapina com placebo para tratar transtorno de ansiedade social (Vaishnavi et al., 2007) Em pacientes com transtorno bipolar e comorbidade de TAG ou transtorno do pânico, quetiapina XR (dose média = 186,4 mg/dia) produziu melhora maior que placebo ou valproato nos escores de ansiedade HAM-A e CGI (Sheehan et al., 2013)
Risperidona	**Transtorno de ansiedade generalizada**: uma comparação randomizada de 5 semanas entre risperidona (n = 19; doses entre 0,5 e 1,5 mg/dia) e placebo (n = 20) acrescentado ao tratamento vigente com ansiolíticos para TAG demonstrou reduções maiores com risperidona no escore total e nos subitens de ansiedade de HAM-A, embora os índices de resposta global não tenham sido significativamente maiores (Brawman-Mintzer et al., 2005). Outra comparação de 4 semanas entre risperidona (n = 196) e placebo (n = 194) acrescentado ao tratamento de TAG com ISRSs não detectou melhora significativa de medida global de sintomas de ansiedade usada como resultado primário (Pandina et al., 2007) **Transtorno do pânico**: um ECR simples cego demonstrou eficácia comparável, embora com melhora mais rápida depois do tratamento com risperidona em doses baixas (dose média = 0,53 mg/dia) que com paroxetina no que se referia à frequência e à gravidade dos ataques de pânico e aos escores HAM-A (Prosser et al., 2009) Em pacientes com transtorno bipolar e comorbidade de TAG ou transtorno do pânico, risperidona (dose média = 2,5 mg/dia) não foi diferente de placebo para reduzir sintomas de ansiedade (Sheehan et al., 2009) Um ensaio aberto de risperidona (dose média = 1,12 mg/dia) em 30 pacientes com transtorno do pânico, transtorno de ansiedade social ou TAG resistente a outros tratamentos demonstrou reduções significativas dos escores basais HAM-A e CGI (Simon et al., 2006b)
Ziprasidona	**Transtorno de ansiedade generalizada**: um ECR de 8 semanas com ziprasidona (n = 41; dose média = 50,2 mg/dia) não detectou diferença significativa em comparação com placebo (n = 21) nos escores HAM-A (Lohoff et al., 2010), ainda que um ensaio aberto menor (n = 13) de 7 semanas publicado antes tenha sugerido efeito benéfico potencial (Snyderman et al., 2005) Em pacientes com transtorno bipolar e comorbidade de transtorno do pânico ou TAG, ziprasidona (dose média = 146,7 mg/dia) não foi mais eficaz que placebo para melhorar sintomas de ansiedade (Suppes et al., 2014)

[a]Até hoje, não existem informações disponíveis sobre asenapina, clozapina, iloperidona, paliperidona e pimavanserina.
ASG, antipsicótico de segunda geração; *BSPS*, Escala Breve de Fobia Social; *CGI*, Impressões Clínicas Gerais; *ECR*, ensaio controlado randomizado; *FDA*, U.S. Food and Drug Administration; *HAM-A*, Escala de Avaliação de Ansiedade de Hamilton; *ISRS*, inibidor seletivo de recaptação de serotonina; *NNT*, número necessário para tratar; *SPIN*, Inventário de Fobia Social; *TAG*, transtorno de ansiedade generalizada; *XR*, liberação estendida.

BETABLOQUEADORES

Betabloqueadores cardiosseletivos que não atravessam a barreira hematencefálica podem ajudar a atenuar ansiedade, principalmente por bloqueio ou atenuação dos efeitos somáticos do sistema nervoso autônomo periférico nos estados de ansiedade – inclusive taquicardia/palpitações, tremor e sudorese. Apesar de estudos iniciais terem sugerido sua utilidade potencial no tratamento do TAG (Peet, 1988), hoje as propriedades ansiolíticas dos betabloqueadores são consideradas limitadas praticamente à ansiedade social, principalmente "medo de palco". Propranolol e atenolol ainda são os fármacos mais bem estudados dessa classe. Nos casos típicos, propranolol é administrado em doses de 10 a 20 mg cerca de 30 a 90 min antes de uma situação de desempenho; quando é usado continuamente para controlar ansiedade social, estudos demonstraram que doses diárias entre 40 e 120 mg/dia foram mais eficazes que placebo (dados revisados por Bourgeois, 1991). Como ansiolítico, atenolol é usado tipicamente na dose de 50 mg/dia durante 1 semana, depois (se não houver resposta) aumentada para 50 mg 2 vezes/dia.

Nos casos de outras fobias específicas diferentes da ansiedade de desempenho, poucos estudos apoiam a utilidade potencial do atenolol (doses de 50 a 100 mg/dia) antes de viagens aéreas para reduzir sintomas somáticos de ansiedade associada à fobia de voar (Ekeberg et al., 1990).

Se betabloqueadores, em geral, não são tão recomendados para outros tipos de ansiedade exceto fobia social, por que pindolol deveria ser usado para pacientes ansiosos? Será que o antagonismo do receptor $5HT_{1A}$ faria dele um superbetabloqueador? Um ECR pequeno sobre transtorno do pânico mostrou que acrescentar pindolol (2,5 mg 3 vezes/dia) ao tratamento com fluoxetina foi melhor que fluoxetina com placebo (Hirschmann et al., 2000), enquanto outro ECR sobre fobia social demonstrou que a dose de 5 mg 3 vezes/dia não foi melhor que placebo acrescentado à paroxetina (Stein et al., 2001). E isso é tudo o que há na literatura mundial sobre pindolol como ansiolítico.

Por que clonidina causa sedação? Porque ela suprime estímulos noradrenérgicos originados do *locus* cerúleo que, por sua vez, são necessários para manter o estado desperto e ativo.

AGONISTAS ALFA E HIPEREXCITAÇÃO DO SISTEMA NERVOSO AUTÔNOMO

Agonistas α_2 noradrenérgicos como clonidina e guanfacina têm versatilidade psicotrópica considerável, embora frequentemente desconsiderada. Além de sua utilidade potencial no tratamento de TDA/TDAH (ver Capítulo 21), desintoxicação de opioides (ver Capítulo 18) e possivelmente trauma psíquico e pesadelos (ver Capítulo 19), esses fármacos podem ter ação ansiolítica e atenuar as reações de "luta ou fuga". Tratamento com clonidina de ação prolongada pode ajudar a reduzir as chances de ocorrer hipertensão diurna de rebote quando se administra apenas uma dose de clonidina de liberação imediata à noite.

E QUANTO AO ÓLEO DE CANABIDIOL PARA TRATAR ANSIEDADE?

No Capítulo 11 (Boxe 11.4), há um resumo das informações básicas sobre canabidiol (CBD) e

Dica
Betabloqueadores não são muito eficazes nos ataques de pânico.

Dica
Betabloqueadores lipofílicos (propranolol, metoprolol e pindolol) atravessam a barreira hematencefálica, enquanto os hidrofílicos (como atenolol, nadolol e labetalol, nebivolol), não.

Dica
O princípio de parcimônia favorece especialmente betabloqueadores para tratar ansiedade social quando puder haver comorbidades como enxaqueca ou tremor (e também acatisia) e os pacientes não tiverem asma ou disfunção do nodo sinoatrial (ou síndrome do seio doente).

Dica
Ao contrário do que diz a lenda urbana, nenhum estudo demonstrou convincentemente que betabloqueadores causem depressão (Ko et al., 2002) ou disfunção cognitiva (Palac et al., 1990).

Dica
Guanfacina liga-se mais seletivamente aos receptores do subtipo α_2a em comparação com clonidina (que se liga aos receptores α_2a, α_2b e α_2c); a ativação dos receptores α_2b e α_2c contribui mais diretamente para sedação que o agonismo do receptor α_2a.

suas diferenças quando comparado com THC. A base de evidências quanto à sua utilidade potencial como ansiolítico provavelmente envolve os efeitos farmacodinâmicos inibitórios do receptor canabinoide tipo 1 (CB_1R) expresso nos neurônios gabaérgicos e glutamatérgicos; além disto, CBD tem ação como agonista do receptor $5HT_{1A}$ (Russo et al., 2005) ou modulador alostérico deste receptor (Rock et al., 2019). Se limitarmos nosso foco apenas em populações clinicamente ansiosas, nas quais as doses de CBD variaram entre 25 e 600 mg/dia, existem apenas dois ECRs publicados: um estudo realizado por Bergamaschi et al. (2011) comparou os efeitos de uma única dose oral de 600 mg de CBD em 24 pacientes com transtorno de ansiedade social e 12 controles saudáveis, com dose administrada 90 min antes de uma atividade simulada de falar em público; os índices de ansiedade subjetiva (com base em uma escala analógico-visual) foram significativamente menores entre indivíduos que receberam CBD que no grupo placebo. Crippa et al. (2011) trataram 10 homens com transtorno de ansiedade social "virgens de tratamento" com dose única de 400 mg de CDB usando desenho de estudo cruzado com placebo; em comparação com placebo, o tratamento com CDB foi associado a índices de ansiedade subjetiva significativamente menores, além de alguns padrões de captação nas imagens de SPECT (tomografia computadorizada por emissão de fóton único) em várias estruturas límbicas. Estudos atuais em andamento usam doses habituais de até 600 mg/dia de CBD para tratar TEPT.

Uma metanálise de sete ECRs com canabinoides de grau farmacêutico (*i. e.*, THC com ou sem CBD) para tratar sintomas de ansiedade em uma população clinicamente enferma (na maioria dos casos, dor crônica não neoplásica ou esclerose múltipla) detectou redução modesta (embora significativa) dos sintomas de ansiedade em comparação com placebo (*g* = –0,25; IC95% = –0,49 a –0,01) (Black et al., 2019). Esses últimos autores concluíram: "Há poucas evidências sugestivas de que canabinoides melhorem transtornos e sintomas depressivos, transtornos de ansiedade, déficit de atenção-hiperatividade, síndrome de Tourette, transtorno de estresse pós-traumático ou psicose". Embora CBD ainda seja um produto vendido sem prescrição ou supervisão dos órgãos federais quanto à garantia de qualidade e como não há um banco de dados significativo de ensaios controlados, hoje é difícil orientar pacientes com base em evidências quanto a segurança ou eficácia no tratamento de sintomas ou transtornos de ansiedade, em comparação com fármacos mais bem estabelecidos.

⌂ Pontos importantes e tarefas para casa

- Síndromes de ansiedade e seus perfis sintomatológicos variam qualitativamente (p. ex., sintomas mentais ou somáticos) quanto aos sintomas específicos que devem ser tratados farmacologicamente
- O médico deve envidar esforços para reservar benzodiazepínicos como ansiolíticos de curta duração e preferir outros fármacos para prevenção a longo prazo de transtornos de ansiedade persistente; avaliar a necessidade de administrar "doses de resgate" de benzodiazepínicos como medida potencialmente eficaz para profilaxia primária
- Depressão combinada com sintomas de ansiedade é uma apresentação comum, que tende a diminuir a responsividade aos antidepressivos, mas dados preliminares obtidos com vilazodona sugerem um efeito possivelmente mais robusto
- Antidepressivos serotoninérgicos geralmente são a primeira opção para tratar a maioria dos transtornos de ansiedade
- Entre os anticonvulsivantes, gabapentina e pregabalina têm bases de dados fortemente crescentes, especialmente para tratar TAG, transtorno de ansiedade social e transtorno do pânico
- APGs e ASGs variam quanto às suas propriedades ansiolíticas demonstradas e suas eficácias relativas quando são usados para tratar transtornos de ansiedade formais ou sintomas de ansiedade associados a outros transtornos mentais significativos. Ainda é um desafio científico pouco explorado diferenciar entre ação anti-histaminérgica e outros mecanismos de ação (p. ex., antidopaminérgicos) potencialmente relevantes ao tratamento da ansiedade
- Considerar agonistas alfa (especialmente clonidina) no contexto de hiperatividade do sistema nervoso autônomo, principalmente quando o princípio de parcimônia favorecer seu uso em razão de efeito hipnótico indutor de sono, efeitos pró-atencionais e desejo de evitar substâncias controladas (p. ex., pacientes em processo de recuperação de transtornos por uso de substâncias)
- CBD é uma substância popular e possivelmente promissora como ansiolítico, mas hoje não existe uma base de dados empíricos que se possa usar para fazer recomendações baseadas em evidências quanto a sua segurança e eficácia.

18 Dependência e Circuito de Recompensa

Objetivos de aprendizagem

- ☐ Compreender os mecanismos do circuito de recompensa mesolímbico, sua desregulação nos transtornos de dependência e bases racionais dos tratamentos farmacológicos dirigidos a este circuito
- ☐ Descrever tratamentos farmacológicos e estratégias terapêuticas baseados em evidência para síndrome de abstinência aguda de álcool e substâncias controladas
- ☐ Debater a eficácia dos antidepressivos, anticonvulsivantes, antagonistas opioides, antipsicóticos e antiglutamatérgicos na prevenção de recorrências de dependências químicas
- ☐ Descrever controvérsias e estratégias de tratamento farmacológico para as síndromes pós-abstinência aguda
- ☐ Enumerar vantagens e limitações dos tratamentos farmacológicos disponíveis hoje para controlar dependências comportamentais, inclusive compulsividade de jogar.

> Não tenho absolutamente nenhum prazer nos estimulantes que às vezes uso loucamente. Não foi na busca pelo prazer que arrisquei a vida e a reputação e a razão. Foi na tentativa desesperada de escapar das memórias torturantes, do sentimento insuportável de solidão e do estranho pavor de alguma ruína iminente.
>
> *Edgar Allan Poe*

Essencialmente, dependências são transtornos do circuito de recompensa. Médicos, pacientes ou familiares algumas vezes ficam insatisfeitos com a afirmação de que dependência é um diagnóstico específico e, em vez disto, preferem buscar outras doenças mentais (p. ex., transtornos de humor ou ansiedade) nas quais comportamentos de dependência poderiam ser consequências – talvez em parte porque há uma gama mais ampla de fármacos disponíveis para tratar transtornos de humor e ansiedade que dependências. Por certo, realmente existem diagnósticos duplos, nos quais problemas de humor ou pensamento ocorrem como condições independentes mas, a não ser que precedam cronologicamente uma dependência, fica difícil se não impossível diferenciá-los dos sintomas causados por intoxicações repetidas e estados de abstinência. Ainda assim, transtornos intrínsecos do circuito de recompensa podem ser complexos e, em muitos casos, incluem intrinsecamente problemas de humor, pensamento, percepção, controle de impulsos, autorregulação, compulsividade e diversas outras dimensões psicopatológicas descritas nos capítulos anteriores. No presente capítulo, enfatizaremos tratamentos farmacológicos para dependências primárias – isto é, busca patológica de experiências químicas ou comportamentais que ativem o circuito de recompensa, embora causem problemas de adaptação e funcionamento em geral.

Correndo o risco de simplificar exageradamente e com vistas a explicitar antecipadamente alvos do tratamento farmacológico e seus resultados prováveis, dividiremos os comportamentos de dependência em dois grupos gerais: os que são desencadeados por *busca de alívio* ou por *busca de recompensa*. O primeiro grupo pressupõe algum desconforto emocional interno ou estado afetivo negativo, para o qual certos tipos de estímulos químicos ou comportamentais muito intensos são procurados principalmente para aliviar sofrimento. Por outro lado, o segundo grupo tem menos a ver com

> **Dica**
>
> Alguns observadores enfatizaram que isolamento social pode ser um fator mediador na patogenia das dependências. Estudos pré-clínicos sugeriram que privação social nos primeiros anos de vida altere a plasticidade sináptica do circuito de recompensa e possa predispor às dependências (Whitaker et al., 2013).

buscar alívio de sofrimento interior que com procurar estados afetivos positivos muito intensos. Neurocientistas que conceituaram dependências como transtornos do circuito de recompensa (ver Figura 18.1) postularam que seja necessário um limiar extremamente alto de estimulação dopaminérgica para suplantar a desregulação do circuito motivacional.

Levando esse modelo um passo adiante, alguns autores (talvez incluindo Edgar Allan Poe, conforme foi citado antes) descreveram disfunções de três domínios como mecanismos básicos do comportamento compulsivo associado às dependências: (1) *exposição massiva-intoxicação* (que aumenta liberação de DA e ativa o circuito opioide dos núcleos da base – a chamada "saliência de estímulos exagerados" – que desencadeiam desejo insaciável e busca de recompensa); (2) *abstinência e afeto negativo* (que inclui estados emocionais negativos e intolerância a sofrimento relacionados com o circuito entre amígdala-habênula); e (3) *preocupação e antecipação* (que envolvem desejo insaciável, impulsividade e disfunção executiva atribuídos à desregulação do CPF e ínsula) (Koob e Volkow, 2016). Para os médicos, um aspecto atrativo desse modelo é que ele "acomoda" vários sintomas mentais (ansiedade, disforia, compulsividade e impulsividade, dentre outros), na medida em que cabem perfeitamente dentro do processo básico da dependência, sem necessidade de invocar outros transtornos coexistentes para encontrar tratamentos farmacológicos com bases racionais e metas bem definidas.

Abordagens farmacológicas disponíveis para tratar dependências frequentemente são subutilizadas, talvez porque sejam poucas e tenham espectro de ação restrito. As poucas opções que têm indicação da FDA para tratar dependências químicas (nenhuma para dependências comportamentais) limitam-se ao álcool (p. ex., naltrexona, dissulfiram, acamprosato) ou opioides (p. ex., metadona, buprenorfina) e tendem a produzir efeitos de tamanho modesto. As bases de evidências dos tratamentos farmacológicos úteis ao tratamento de transtornos causados por outras substâncias utilizadas abusivamente (p. ex., hipnótico-sedativos, psicoestimulantes/cocaína, maconha, alucinógenos, solventes orgânicos) são escassas, limitam-se praticamente a pequenos ensaios de prova de conceito e não foram replicadas em sua maior parte. Tratamentos farmacológicos complementares (p. ex., dirigidos para ansiedade, controle de impulsos, disforia ou disfunção executiva) estão mais baseados em fundamentos racionais que evidências reais. Infelizmente, a base de evidências também é escassa quanto ao tratamento de dependências de pacientes com comorbidades de outros transtornos mentais importantes (p. ex., alcoolismo com esquizofrenia ou transtorno bipolar; transtornos por uso de psicoestimulantes em adultos com TADH). Como auxiliar aos tratamentos farmacológicos e grupos de apoio (p. ex., programas de 12 passos) para tratar dependências, alguns ensaios clínicos também incluíram intervenções comportamentais adjuvantes (inclusive gestão de contingências, descrita no Boxe 18.1).

Consideraremos cada uma das questões descritas antes como desafios práticos, organizando nossa discussão sobre base farmacoterápica de dependências específicas em vez de fazer uma revisão geral de todos os fármacos potencialmente relevantes para todos os tipos concebíveis de dependência (embora reconhecendo que muitos indivíduos dependentes nunca tenham problemas com mais de uma substância

> **Dica**
> Estímulos à ingestão de álcool (p. ex., fotografias) ativam o núcleo estriado ventral, mas este processo é bloqueado pela naltrexona ± ondansetrona (Myrick et al., 2008).

> **Dica**
> O termo "porre seco", conforme é utilizado pelos Alcoólicos Anônimos (AA), é usado para descrever indivíduos com alcoolismo-doença, que se abstêm de beber mas continuam a enfrentar problemas de *inaptidão* ou *perda de controle* (conforme os termos usados no AA) – isto é, desejo intenso de voltar a usar álcool, descontrole emocional, preocupação e problemas de relacionamento ou outras consequências psicossociais causadas pelo passado alcóolico.

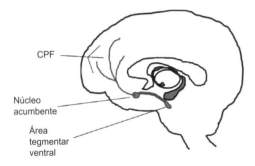

Figura 18.1 Circuito de dependência.

Boxe 18.1 O que é gestão de contingências?

Estudos sobre tratamento de abuso de substâncias frequentemente incluem comparações com gestão de contingências (GC), um tipo de terapia comportamental baseado em evidência que inclui incentivos motivacionais (p. ex., recompensas financeiras como vales-compras ou prêmios) demonstrados para aumentar a continuação em estudos terapêuticos de transtornos por uso de psicoestimulantes, opioides, maconha, álcool e benzodiazepínicos; GC também parece ser eficaz na dependência de nicotina e programas de emagrecimento/exercícios físicos.

com potencial abusivo). Por fim, embora o DSM-5 tenha substituído as categorias nosológicas de abuso e dependência de substâncias pelo termo abrangente "transtornos por uso de substâncias", manteremos nosso foco no construto dependência propriamente dita, de forma a contemplar os tipos de sintomas-alvo descritos antes.

MEDIDAS DE RESULTADO

Medidas clínicas objetivas são úteis para avaliar resultados quando o foco do tratamento farmacológico é uso abusivo de substâncias. Além de realizar dosagens toxicológicas em amostras urinárias aleatórias, estudos de intervenção clínica frequentemente acompanham variáveis relacionadas com frequência e quantidade de substância usada. Por exemplo, no caso da ingestão de álcool, medidas de resultado utilizadas comumente com referência ao consumo são:

* Quantidade de drinques por dia
* Porcentagem de dias em que há ingestão massiva
* Quantidade de drinques por dia de ingestão massiva.

O desejo insaciável de beber é medido frequentemente com base na Escala de Ingestão Obsessivo-Compulsiva (Anton et al., 1996) – uma escala autoaplicável de 14 itens, que foi adaptada da YBOCS. Essa primeira escala foi desenvolvida com base nas semelhanças conceituais entre TOC e compulsividade e desejo persistente associados ao alcoolismo, além de observações de que o termo "desejo insaciável" pode ser ambíguo e não conseguir captar os elementos motivacionais intensos da urgência associada às dependências.

Durante intoxicações agudas, medidas objetivas (a maioria reflete parâmetros referidos ao sistema nervoso autônomo) incluem o questionário CIWA-Ar (*Clinical Institute Withdrawal Assessment for Alcohol Revised*, ou Escala Clínica de Avaliação de Abstinência de Álcool, versão revisada – em tradução livre), uma escala de 10 itens que avalia náuseas/vômitos, tremor, sudorese, ansiedade, agitação, sensações táteis, distúrbios auditivos ou visuais, cefaleia e desorientação, na qual cada item é graduado de 0 a 7 (exceto desorientação, que é graduada de 0 a 4) com escore máximo de 67 pontos (Sullivan et al., 1989); escores entre 0 e 8 indicam abstinência mínima, de 9 a 15 = abstinência moderada e > 16 = abstinência grave. Nos casos de abstinência de opioides, a escala correspondente à CIWA-Ar é conhecida como COWS (*Clinical Opiate Withdrawal Scale*, ou Escala Clínica de Abstinência de Opioides, em tradução livre), uma escala de 11 itens usada para detectar fenômenos relacionados com sistema nervoso autônomo (p. ex., frequência cardíaca, dilatação das pupilas, tremor, piloereção) e manifestações somáticas relacionadas (p. ex., bocejos, dores nos ossos, rinorreia) (Wesson e Ling, 2003). Escores entre 5 e 12 são considerados indicativos de abstinência "branda", 13 a 24 = "moderada", de 25 a 36 = "moderadamente grave" e > 36 = abstinência "grave".

Marcadores laboratoriais relevantes ao monitoramento do uso real de substâncias são triagens toxicológicas urinárias (resumidas na Tabela 18.1), assim como testes de "bafômetro" para detectar álcool, que podem detectar sua presença por até 24 horas depois da última exposição. O álcool tem meia-vida de cerca de quatro a cinco horas e é metabolizado a uma taxa de cerca de 0,15% por hora. Isso significa que a concentração sanguínea de álcool de 0,08 (equivalente a dois drinques para uma mulher de 60 quilos ou quatro drinques para um homem de 90 quilos) demoraria cerca de cinco horas para chegar a zero. A Tabela 18.2 contém um resumo das substâncias (fármacos ou outras drogas) que geralmente são conhecidas por causar resultados positivos falsos quanto ao uso de substâncias controladas ou ilícitas nos painéis toxicológicos disponíveis no mercado.

Consequências biológicas detectáveis do uso massivo são conhecidas principalmente no que se refere ao álcool. Um parâmetro laboratorial relevante é *transferrina deficiente de carboidrato* (TDC), um biomarcador de ingestão massiva de álcool ao longo das últimas 2 semanas (nos casos típicos, indicada por %TDC > 2,6). Ingestão massiva de álcool (mais de cinco drinques/dia) interfere na capacidade que os hepatócitos têm

Capítulo 18 • Dependência e Circuito de Recompensa 18

Tabela 18.1 Substâncias sujeitas a uso abusivo e seus intervalos habituais de detecção nos testes de triagem toxicológica.

Substância	Substâncias testadas (analitos)	Intervalo aproximado de detecção na urina
Anfetamina	Anfetamina	48 h
Barbitúricos	Amobarbital, pentobarbital, secobarbital (ação curta); fenobarbital (ação longa)	2 a 4 dias para barbitúricos de ação curta, até 30 dias para fármacos de ação longa
Benzodiazepínicos	Alprazolam, temazepam, clonazepam e lorazepam Clordiazepóxido, diazepam	1 a 10 dias 10 a 14 dias
Buprenorfina	Buprenorfina, norbuprenorfina	1 a 7 dias
Cetamina	Cetamina, norcetamina	1 a 4 dias
Cocaína	Benzoilecgnonina	1 a 3 dias
Codeína	Codeína, morfina	1 a 2 dias
Ecstasy (NMDA, ou 3,4-metilenodioximetanfetamina)	3,4-metilenodioximetanfetamina; 4-hidroxi-3-metoxianfetamina (HMA)	2 a 4 dias
Etanol	Etanol; etilglicuronídeo (EtG) ou etilsulfato (EtS)	10 a 12 h 40 a 130 h
Heroína	Morfina; 6-acetilmorfina	1 a 3 dias
Hidrocodona	Hidrocodona; hidromorfona	1 a 2 dias
Hidromorfona	Hidromorfona	30 a 60 h
LSD (dietilamida do ácido lisérgico)	Dietilamida do ácido lisérgico	8 a 96 h
Maconha	Tetraidrocanabinol	1 a 3 dias depois de uso casual; até 30 dias com uso crônico
Metadona	Metadona	2 a 4 dias
Morfina, oxicodona	Morfina	1 a 3 dias
Oxicodona	Oximorfona	1 a 4 dias
PCP (fenciclidina)	Fenciclidina	Até 8 dias em usuários crônicos

Tabela 18.2 Resultados falso-positivos nos testes de triagem toxicológica.[a]

Resultados falso-positivos...	...podem ser causados por...
Anfetaminas	Amantadina, atomoxetina, bronfeniramina, bupropiona, clorpromazina, desipramina, desoxiefedrina, doxepina, efedrina, isometepteno, isoxsuprina, labetalol, metformina, fentermina, fenilefrina, fenilpropranolamina, prometazina, pseudoefedrina, ranitidina, selegilina, tioridazina, trazodona, trimetobenzamida, trimipramina
Benzodiazepínicos	Efavirenz, oxaprozina, sertralina
Barbitúricos	Ibuprofeno, naproxeno
Canabinoides	Dronabinol, efavirenz, ibuprofeno, naproxeno, piroxicam, prometazina, inibidores de bomba de prótons, sulindaco, tolmetina
LSD (dietilamida do ácido lisérgico)	Amitriptilina, diclomina, sumatriptana
Metadona	Clorpromazina, clomipramina, difenidramina, doxilamina, ibuprofeno, quetiapina, tioridazina, verapamil
Opioides	Dextrometorfano, difenidramina, fluoroquinolonas, naltrexona, sementes de papoula, rifampicina
PCP (fenciclidina)	Dextroanfetamina, dextrometorfano, difenidramina, ibuprofeno, imipramina, cetamina, lamotrigina, meperidina, tioridazina, tramadol, venlafaxina, zolpidem

[a]Dados publicados por Li et al., 2019.

Psicofarmacologia Prática

de sintetizar transferrina (uma glicoproteína transportadora de ferro) com seu complemento normal de cadeias laterais de carboidratos (daí o termo *TDC*). Depois de determinar o nível basal de TDC, médicos algumas vezes avaliam abstinência ou recidiva da ingestão de álcool ao longo do tempo com base, respectivamente, em redução ou aumento observado no valor de TDC em 30% no mínimo. Outras enzimas hepáticas relevantes à ingestão massiva de álcool são *aspartato-aminotransferase* (AST ou TGO) e *alanina-aminotransferase* (ALT ou TGP). Os níveis dessas duas enzimas aumentam nos casos de intoxicação alcoólica aguda recente e razão entre TGO:TGP > 2 é frequente nos pacientes com hepatopatia alcoólica, principalmente quando está associada à elevação da enzima *gamaglutamiltransferase* (GGT, algumas vezes também descrita como gamaglutamiltranspeptidase). Anemia com volume corpuscular médio (VCM) alto é outro indicador biológico de ingestão massiva de álcool.

ÁLCOOL E ALCOOLISMO

Sob o ponto de vista médico, o termo "alcoolismo" não é técnico e, junto com os construtos "abuso" e "dependência", foi substituído na nosologia moderna pela expressão "transtorno por uso" de álcool (ou outra substância). Contudo, historicamente, esse termo atende a um princípio básico dos Alcoólicos Anônimos (AA), que enfatiza perda de controle sobre a bebida (ou outras substâncias) e traz consequências psicossociais incontroláveis. Termos descritivos do abuso de álcool variam de acordo com os padrões de ingestão massiva intermitente *versus* consumo persistente mais continuado. Definições quantitativas como as que foram propostas pelo NIAA (National Institute on Alcohol Abuse and Alcoholism) reconhecem risco aumentado de problemas relacionados com álcool em homens que consomem mais de 14 drinques por semana ou quatro drinques por dia, ou nas mulheres que tomam mais de sete drinques por semana ou três drinques por dia. Com base no DSM-4 e edições anteriores, as definições de dependência de álcool enfatizavam conceitos de tolerância fisiológica, dependência e abstinência. Em 2018, o estudo NSDUH (*National Survey on Drug Use and Health*) concluiu que 7,9% dos adultos americanos têm transtorno por uso de álcool.

Em termos diagnósticos, a definição de transtorno por uso de álcool proposta no DSM-5 e a definição de abuso ou dependência de álcool

> **Boxe 18.2** Definições.
>
> Um *drinque* = 350 mℓ de cerveja ou 240 mℓ de cerveja forte ("licor de malte") ou 150 mℓ de vinho ou 45 mℓ de licor ou bebidas destiladas
> *Intoxicação alcoólica* é definida juridicamente por concentração sanguínea de álcool (CSA) > 0,08
> De acordo com a definição da SAMSHA americano (Substance Abuse and Mental Health Services Administration), *compulsão alcoólica* (*binge drinking*, em inglês) inclui cinco ou mais drinques para homens e quatro ou mais drinques para mulheres em determinada ocasião
> A SAMSHA também define *ingestão alcoólica massiva* com base no consumo de álcool em 5 dias ou mais no último mês
> *Síndrome de abstinência alcoólica* é definida por um conjunto de sinais e sintomas físicos, que ocorrem depois de interromper um período de ingestão alcoólica massiva, geralmente evidenciada por cefaleia, agitação, náuseas e vômitos, taquicardia, sudorese e insônia
> *Delirium tremens* (DT) inclui tremor, instabilidade do sistema nervoso autônomo, febre, desorientação e alucinações visuais.

apresentada no DSM-4TR diferem basicamente pelo fato de que a última edição acrescentou "desejo insaciável" e retirou "consequências legais" do álcool como parte de seus critérios descritivos. O Boxe 18.2 apresenta algumas definições básicas relevantes ao uso e abuso de álcool.

O termo "consumo moderado" (ver Boxe 18.3) foi proposto para descrever a meta terapêutica até certo ponto controvertida de ingestão moderada ou "controlada" como possível alternativa viável à abstinência.

Além das expressões "ingestão moderada" e "ingestão alcoólica massiva", outros descritores dos padrões de comportamento alcoólico problemático incluam a chamada dicotomia apolínea/dionisíaca entre características agrupadas que podem ter implicações nas diversas abordagens terapêuticas, conforme está descrito no Boxe 18.4.

TRATAMENTO DA ABSTINÊNCIA ALCOÓLICA AGUDA

Em geral, benzodiazepínicos são os fármacos preferidos para tratar abstinência alcoólica aguda porque têm tolerância cruzada com

Boxe 18.3 Consumo com moderação.

Há muitos anos, abstinência de álcool é um componente ideal tradicional do tratamento bem-sucedido dos transtornos por uso de álcool. O conceito alternativo de "consumo moderado" ou "ingestão controlada" considera a possibilidade de que alguns pacientes que consomem álcool em excesso podem reduzir em vez de interromper totalmente seu consumo. Um estudo de seguimento por 8 anos demonstrou que apenas 14% dos indivíduos acompanhados conseguiram manter ingestão "controlada, mas assintomática"; tratamento objetivando consumo com moderação foi relacionado inversamente com extensão e gravidade da ingestão e dos problemas relacionados com álcool no início da intervenção (Miller et al., 1992).

Boxe 18.4 Alcoolismo tipo A *versus* tipo B (apolíneo/dionisíaco).

Uma estrutura conceitual para classificar subtipos do alcoolismo e possíveis abordagens de tratamento usou análises de cluster para identificar dois grupos: os pertencentes ao tipo "A" ou "I" (também chamados de bebedores "apolíneos") tinham idade de início mais tardia, menos fatores de risco na infância, menos dependência grave, menos problemas relacionados ao álcool e menos psicopatologia geral; já os do tipo "B" ou "II" (também chamados de bebedores "dionisíacos") apresentavam idade de início mais jovem, maiores incidência familiar alcoolismo, uso de outras substâncias e gravidade da dependência, além de características antissociais mais proeminentes (Babor et al., 1992) e geralmente eram do sexo masculino (Carpenter e Hasin, 2001). Os alcoólatras do tipo B se beneficiam mais do que os do tipo A de intervenções psicossociais baseadas em habilidades de enfrentamento (Litt et al., 1992). O alcoolismo tipo B pode refletir maior disfunção serotoninérgica e foi aventada a hipótese de que possa se beneficiar mais de farmacoterapias serotoninérgicas (ver Tabela 18.4).

A dicotomia de ingestão alcoólica

Na mitologia grega, Apolo e Dionísio eram filhos de Zeus – o primeiro encarnava pensamento racional e ordem, enquanto o segundo representava emotividade e caos. Essa contradição é citada frequentemente na literatura e ciência para caracterizar as dicotomias entre "cerebral" e "emocional".

álcool no receptor $GABA_A$ (ver Capítulo 17, Figura 17.1). O objetivo geral do processo de desintoxicação é evitar crises convulsivas provocadas pela abstinência (incidência típica = 24 a 48 horas depois de interromper ingestão alcoólica massiva) e risco consequente de *delirium tremens* (DT; incidência típica = 48 a 72 horas depois de interromper ingestão alcoólica massiva) que, por sua vez, tem taxa de mortalidade (mesmo com cuidados médicos em UTI) entre 5 e 15% em consequência de colapso respiratório e arritmias cardíacas. Embora todos os benzodiazepínicos sejam comparativamente eficazes para tratar síndrome de abstinência alcoólica (Mayo-Smith, 1997), lorazepam ou oxazepam (ambos com duração de ação curta) ou clordiazepóxido e diazepam (ambos com duração de ação longa) são os fármacos preferidos nos casos típicos. Benzodiazepínicos com meias-vidas mais longas têm vantagem de acarretar risco menor de sintomas de "rebote" ao longo do processo subsequente de recuperação, embora suas necessidades metabólicas possam colocar alguns pacientes em risco de hepatopatia. Em geral, doses são administradas com base no *esquema ativado por sintomas* (EAS) avaliados pela escala CIWA-Ar (em geral, escores ≥ 8) ou algum sistema de monitoramento semelhante, ou no *esquema de redução progressiva de doses fixas* (RPDF), no qual são administradas doses independentemente da gravidade dos sintomas objetivos (p. ex., no contexto de um programa de desintoxicação ambulatorial sem intervalos frequentes de avaliação objetiva regular).

ANTICONVULSIVANTES MELHORAM ABSTINÊNCIA ALCOÓLICA AGUDA?

Embora geralmente sejam seguros, anticonvulsivantes são menos bem tolerados que benzodiazepínicos no controle dos sintomas psíquicos/fisiológicos e risco de convulsões e DT associados às síndromes de abstinência alcoólica. Quanto aos fármacos mais bem estudados dessa classe, pode-se afirmar o seguinte:

Carbamazepina. Entre as limitações principais ao uso de carbamazepina no processo de desintoxicação alcoólica estão suas interações farmacocinéticas e seu risco potencial de hepatotoxicidade. Uma revisão de sete ECRs demonstrou que carbamazepina (nos casos típicos, dose inicial de 800 mg/dia) foi mais eficaz que placebo (e comparável ao oxazepam) para reduzir sintomas de abstinência aguda; contudo,

Psicofarmacologia Prática

carbamazepina não se mostrou eficaz para reduzir convulsões ou DT associado à abstinência alcoólica (Barrons e Roberts, 2010). No entanto, outros estudos demonstraram que carbamazepina atenuou desejo insaciável depois da abstinência, diminuiu ingestão de álcool depois da desintoxicação aguda e evitou sintomas recorrentes de abstinência ("rebote").

Oxcarbazepina. Um ECR de 6 dias com pacientes hospitalizados em desintoxicação alcoólica não detectou diferenças significativas entre oxcarbazepina e placebo nas escalas de graduação de sintomas de abstinência ou necessidade de usar "benzodiazepínicos de resgate" (Koethe et al., 2007).

Valproato de sódio. Um estudo demonstrou que acrescentar valproato de sódio DR oral na dose de 500 mg 3 vezes/dia ao tratamento com oxazepam por 4 a 7 dias durante o processo de desintoxicação alcoólica foi mais eficaz que placebo para reduzir escores da escala CIWA-Ar, necessidade total de benzodiazepínicos e risco de convulsões (Reoux et al., 2001).

Gabapentina. Durante a desintoxicação alcoólica ambulatorial, estudos demonstraram que gabapentina (nos casos típicos, dose inicial de 1.200 mg/dia em doses fracionadas e reduções em parcelas de 300 mg/dia nos próximos dias) reduziu os escores da escala CIWA-Ar em graus comparáveis ao lorazepam (Myrick et al., 2009) ou clordiazepóxido (Stock et al., 2013), diminuiu a probabilidade de recorrência da ingestão de álcool (Myrick et al., 2009) e melhorou sedação e desejo insaciável (Stock et al., 2013). Além da tolerabilidade satisfatória, gabapentina tem a vantagem singular entre outros anticonvulsivantes de não ser metabolizada no fígado e não ter interações farmacocinéticas com álcool ou outros fármacos.

Pregabalina. Embora seja bem tolerada, estudos não demonstraram diferenças entre pregabalina (dose de 300 mg/dia durante 6 dias) e placebo na redução da necessidade de usar diazepam para controlar sintomas de abstinência avaliados pela escala CIWA-Ar (Förg et al., 2012). Outros estudos usaram doses mais altas e sugeriram que pregabalina possa ainda ser útil para reduzir desejo insaciável e queixas psiquiátricas gerais quando é utilizada durante e depois da desintoxicação alcoólica aguda.

FÁRMACOS PARA SUPRIMIR DESEJO INSACIÁVEL (*ANTICRAVING DRUGS*, EM INGLÊS)

Naltrexona, acamprosato e dissulfiram talvez sejam os fármacos mais bem estudados formalmente para tratar dependência de álcool, enquanto topiramato é frequentemente desconsiderado, apesar de sua eficácia "*off-label*" para reduzir o desejo insaciável de álcool e o comportamento alcoólico. Uma metanálise comparativa de 61 ECRs com naltrexona ou acamprosato concluiu que a primeira pareceu ser mais eficaz globalmente para reduzir ingestão alcoólica massiva e desejo insaciável, enquanto acamprosato foi mais eficaz para reforçar abstinência em geral (resultados resumidos na Tabela 18.3) (Maisel et al., 2013). Vale ressaltar que os efeitos dos fármacos estudados foram uniforme e decepcionantemente pequenos.

Naltrexona. Naltrexona é um antagonista de receptores opioides μ e δ relativamente "puro". Esse fármaco frequentemente é considerado útil para controlar ingestão alcoólica massiva, mais que controlar ingestão contínua ou "manutenção". Uma metanálise de 53 ECRs ($n = 9.140$ indivíduos) com naltrexona oral (50 mg/dia) calculou NNT (para evitar "recaída na ingestão alcoólica massiva") de 12 (IC95% = 8 a 26) (Jonas et al., 2014). Nessa mesma revisão, os autores demonstraram que naltrexona

Tabela 18.3 Efeitos da naltrexona ou acamprosato no transtorno por uso de álcool.[a]

Efeito	Fármaco	g	IC95%	Valor p	Número de estudos
Abstinência	Naltrexona	0,116	0,049 a 0,183	0,001	36
	Acamprosato	0,359	0,246 a 0,472	< 0,001	15
Ingestão alcoólica massiva	Naltrexona	0,189	0,123 a 0,255	< 0,001	39
	Acamprosato	0,072	– 0,078 a 0,221	0,346	5
Desejo insaciável	Naltrexona	0,144	0,045 a 0,233	0,005	26
	Acamprosato	0,034	– 0,0036 a 0,104	0,347	9
Ingestão massiva e desejo insaciável	Naltrexona	0,180	0,118 a 0,243	< 0,001	42
	Acamprosato	0,041	– 0,029 a 0,112	0,246	9

[a]Dados baseados na metanálise publicada por Maisel et al. (2013) com 61 ECRs controlados por placebo. *IC*, intervalo de confiança.

injetável teve vantagem significativa na "redução do número de dias com ingestão alcoólica *massiva*" em comparação com placebo – um efeito que não foi evidenciado com naltrexona oral. Outra metanálise de 30 estudos sobre naltrexona com psicoterapia estruturada mostrou que este fármaco reduziu significativamente a ingestão de álcool e os níveis de GGT, mas não alterou desejo insaciável; além disto, os autores demonstraram que psicoterapia adjuvante não foi mais eficaz que naltrexona usada isoladamente (Ahmed et al., 2018b). Preocupações teóricas de que naltrexona possa causar disforia por sua ação bloqueadora das endorfinas estão descritas no Boxe 18.5.

De acordo com o informado no Capítulo 8, testes farmacogenéticos não devem ser realizados. Então por que realizar genotipagem do *OPRM1* antes de administrar naltrexona? Assim como ocorre com a maioria dos testes farmacogenéticos, essa é apenas uma das associações relatadas, que não serve para orientar tratamento rotineiro padronizado. Também existem resultados negativos fornecidos por outros ECRs, e uma metanálise mostrou que o efeito era apenas nominalmente significativo, o que torna esta hipótese ainda provisória (Hartwell et al., 2020).

Acamprosato. Acamprosato é um fármaco novo, que parece modular a transmissão nos receptores $GABA_A$ e NMDA e hiporregular os efeitos do glutamato nos períodos de abstinência alcoólica. Seus efeitos no uso de álcool são considerados modestos, conforme foi demonstrado em um dos maiores ECRs publicados até hoje sobre tratamento farmacológico da dependência de álcool; esse estudo envolveu vários centros de pesquisa e comparou 16 semanas de naltrexona (100 mg/dia) ou acamprosato (3 g/dia), ambos combinados ou placebo – todos administrados com ou sem intervenção comportamental (o chamado estudo COMBINE; Anton et al., 2006). Usando a porcentagem de dias em abstinência ou tempo decorrido até a recidiva de ingestão alcoólica massiva como medidas de resultado, acamprosato não teve efeito significativo (seja isoladamente ou combinado com naltrexona), em contraste com naltrexona, que foi eficaz isoladamente ou em combinação com tratamento clínico e/ou intervenção comportamental (naltrexona reduziu significativamente o risco de ingestão alcoólica massiva em um dia: HR = 0,72 (IC95% = 0,53 a 0,98; p = 0,02). É importante salientar que, no estudo COMBINE, *nenhum* dos tamanhos de efeito nas medidas de resultado primário (porcentagem de dias em abstinência ou razão de risco de voltar a beber compulsivamente) alcançou significado estatístico, exceto naltrexona usada isoladamente (i. e., sem acamprosato ou TCC [ou alguma intervenção comportamental combinada]). Ainda assim, o tamanho do efeito foi pequeno (d = 0,22; IC95% = 0,03 a 0,40) e a redução do risco de recorrência de ingestão alcoólica massiva foi até certo ponto modesta (0,28).

Por que a naltrexona teria sido menos eficaz em comparação com acamprosato ou com terapia comportamental adjuvante? Teria sido apenas um "erro de cálculo"?

Realmente, isso foi uma surpresa contrária às hipóteses dos autores com base em seus resultados preliminares. Todos os indivíduos receberam cuidados médicos intensivos, e é possível que o efeito desse componente da intervenção possa ter sido tão significativo que sobrepujou quaisquer outros efeitos advindos de um tratamento complementar, além do que foi conseguido com naltrexona em doses altas.

Uma metanálise de 27 ECRs com acamprosato (n = 7.519) calculou NNT = 12 para

> **Dica**
> Há algumas evidências farmacogenéticas sugestivas de que naltrexona possa estar associada a índices mais baixos de recorrência nos indivíduos que têm a variante alélica Asp40 (em vez de Asn40) do receptor opioide μ (OPRM1) (Oslin et al., 2003).

Boxe 18.5 Naltrexona pode causar disforia?

> Ao menos teoricamente, é razoável perguntar se naltrexona poderia causar disforia em alguns pacientes por sua ação bloqueadora das endorfinas. Alguns autores sugeriram que esse fenômeno, se realmente existir, seja raro (Miotto et al. [2002] observaram que a incidência de depressão como efeito adverso da naltrexona em ECRs foi de 1,4%), mas poderia ser confundido pela *coexistência* de depressão. Em ensaios clínicos, histórico de depressão não foi reconhecido formalmente como moderador de resultados adversos em qualquer ECR com naltrexona. Alguns autores sugeriram que disforia iniciada depois da introdução de naltrexona possa refletir uma síndrome de abstinência protraída (descrita com mais detalhes no fim deste capítulo) e citaram informalmente a utilidade potencial da bupropiona nesses casos (Williams e Ziedonis, 20003). Essa estratégia seria especialmente interessante e contemplaria o princípio de parcimônia se o paciente também tivesse sobrepeso/obesidade ou dependência de nicotina.

18 Psicofarmacologia Prática

"recidiva de *qualquer* tipo de ingestão alcoólica" (IC95% = 8 a 26) (Jonas et al., 2014). Essa metanálise não demonstrou diferença estatisticamente significativa entre acamprosato e naltrexona oral para "evitar recidiva de qualquer tipo de ingestão alcoólica" (RR = 0,02; IC95% = –0,05 a 0,06). Uma análise *post hoc* de sete ECRs europeus mostrou que prevenção de recorrências poderia ser prevista pela gravidade inicial do desejo insaciável e ansiedade, mas não por história familiar negativa de alcoolismo, idade avançada na época em que a ingestão de álcool começou, ou grau inicial de dependência fisiológica ao álcool (Verheul et al., 2005). A dose oral utilizada foi de 666 mg, 3 vezes/dia.

Dissulfiram. Dissulfiram bloqueia a enzima aldeído-desidrogenase e impede a decomposição do acetaldeído (produto imediato da decomposição do álcool; ver Capítulo 12, Boxe 12.3), que causa náuseas intensas e reação de ruborização quando o paciente consome álcool (inclusive soluções de enxágue oral ou perfumes). Basicamente, dissulfiram produz um paradigma de condicionamento operante comportamental, que serve para atenuar os efeitos reforçadores associados ao álcool. Uma metanálise de 22 ECRs sobre alcoolismo em adultos demonstrou tamanho de efeito médio ($g = 0,58$; IC95% = 0,35 a 0,82), ainda que, curiosamente, a superioridade às condições de controle tenha sido demonstrada apenas em ensaios randomizados abertos (não duplos-cegos), sugerindo um papel importante (e útil) para o viés de expectativa (Skinner et al., 2014).

Nalmefeno. Nalmefeno é um agonista parcial do receptor opioide κ. Em 1995, a preparação intravenosa desse fármaco foi aprovada pela FDA norte-americana para tratar *overdose* de opioides e, posteriormente, também foi liberada sua preparação oral pelo órgão European Medicines Agency para tratamento da dependência de álcool. Nalmefeno tem sido tema de debates consideráveis na literatura, tendo em vista seu efeito aparentemente modesto e os índices altos de discordância em ensaios clínicos (Palpacuer et al., 2015). A preparação oral (disponível em comprimidos de 18 mg) é produzida na Europa, mas não nos EUA. Uma metanálise publicada por Palpacuer et al. (2018) calculou tamanho de efeito pequeno ($g = -0,19$; IC95% = –0,29 a –0,10). Alguns estudos recomendaram usar naltrexona ou nalmefeno apenas antes de ingerir álcool como forma de atenuar ingestão alcoólica massiva; ver Boxe 18.6.

Topiramato. O anticonvulsivante topiramato é frequentemente considerado um fármaco anti-

Boxe 18.6 Método Sinclair.

"Método Sinclair" é uma abordagem patenteada popular desenvolvida pelo psicólogo americano David Sinclair, que tem como objetivo tratar alcoolismo pedindo aos pacientes que tomem uma dose de naltrexona ou nalmefeno pouco antes de ingerir álcool como estratégia para bloquear os efeitos reforçadores positivos do álcool e resultar em extinção comportamental por meio de condicionamento clássico. Dados empíricos limitados sugerem que o uso dirigido de naltrexona (i. e., apenas quando o paciente tem desejo de ingerir álcool) combinado com terapia de reforço das habilidades de enfrentamento foi significativamente mais eficaz que esse tipo de terapia combinada com placebo para reduzir ingestão alcoólica massiva ao longo de um período de vários meses (Heinälä et al., 2001).

impulsividade ou supressor de desejo insaciável (p. ex., ingestão alcoólica massiva) e conta com um dos bancos de dados mais amplos e mais subavaliados quanto à eficácia para tratar transtornos

> **Dica**
> Um estudo farmacogenético preliminar demonstrou que polimorfismo do gene *GRIK1* moderou os efeitos do topiramato na ingestão alcoólica massiva (Kranzler et al., 2014).

por uso de álcool. Com base principalmente nos estudos publicados por Johnson et al. (2003; 2007), topiramato na dose-alvo de 300 mg/dia reduz significativa e acentuadamente a porcentagem de dias de ingestão alcoólica massiva, porcentagem de dias em abstinência e drinques ingeridos por dia. Metanálise de quatro ensaios controlados por placebo demonstrou tamanho de efeito grande quanto à redução do consumo total de álcool ($g = -0,77$; IC95% = –1,12 a –0,42) (Palpacuer et al., 2018); comparações indiretas efetuadas nessa metanálise também mostraram que topiramato foi superior a naltrexona, acamprosato ou nalmefeno.

Gabapentina. Na dose de 1.200 mg/dia, estudos demonstraram que gabapentina não foi diferente de placebo para reduzir desejo insaciável de ingerir álcool ou comportamento alcoólico em condições laboratoriais (Myrick et al., 2007), mas na dose de 1.800 mg/dia foi superior ao placebo para reforçar abstinência (NNT = 8) ou reduzir as chances de voltar a ingerir álcool em grande quantidade (NNT = 5), mas também melhorou significativamente humor, sono e desejo insaciável mais que placebo (Mason et al., 2014). Além disso, estudos demonstraram que combinar gabapentina (1.200 mg/dia) com naltrexona melhorou significativamente os efeitos no alcoolismo pouco depois de parar de beber, em comparação com uso isolado de naltrexona (Anton et al., 2011). Mesmo na dose baixa de 300 mg/dia 2 vezes/dia, depois de um período inicial de 7 dias de desintoxicação com diazepam, gabapentina foi significativamente mais eficaz que placebo para reduzir comportamento alcoólico (número de drinques por dia, porcentagem média de dias com ingestão massiva, porcentagem de dias em abstinência) em um estudo de 90 dias com 60 homens brasileiros com dependência crônica grave de álcool (média = 17 drinques/dia nos últimos 90 dias antes da desintoxicação) (Furieri e Nakamura-Palacios, 2007).

A combinação de naltrexona com dissulfiram poderia ter efeito sinérgico na redução do desejo insaciável ou na ingestão massiva de álcool? Não especialmente, mas isso pode variar nos diversos subgrupos clínicos. Entre alcoólicos deprimidos, essa combinação não foi mais eficaz que um dos fármacos usados isoladamente (Petrakis et al., 2007), mas nos pacientes com transtornos por uso simultâneo de álcool e cocaína tal combinação mostrou mais tendência de alcançar, ao menos, 3 semanas consecutivas de abstinência (Pettinati et al., 2008). Então, por que topiramato poderia reduzir comportamento de ingestão alcoólica massiva? Talvez porque seus efeitos colaterais na memória e outras funções cognitivas relacionadas faria um indivíduo esquecer-se de beber?

A explicação mais plausível tem a ver com a modulação da sinalização do glutamato por ação do topiramato e os efeitos pró-gabaérgicos resultando na redução da liberação de DA extracelular no mesencéfalo, com efeitos subsequentes no circuito de recompensa.

Baclofeno. Uma revisão da Base de Dados Cochrane de 12 ECRs (faixa de doses de 10 a 150 mg/dia) não detectou diferença significativa em comparação com placebo no que diz respeito à recorrência de qualquer comportamento alcoólico, porcentagem de dias em abstinência ou porcentagem de dias com ingestão alcoólica massiva, desejo insaciável ou ansiedade; surpreendentemente, baclofeno *aumentou* a quantidade de drinques ingeridos por dia (diferença média = 1,55; IC95% = 1,32 a 1,77) e também pareceu agravar sintomas depressivos em comparação com placebo (g = 0,27; IC95% = 0,05 a 0,48) (Minozzi et al., 2018).

Ondansetrona. A distribuição abundante de receptores $5HT_3$ no sistema mesolímbico parece regular a liberação de DA e este fato sugere que ondansetrona (um antagonista do receptor $5HT_3$) seja um candidato razoável para alterar ingestão de álcool motivada por recompensa. Johnson et al. (2000) compararam ondansetrona oral (doses de 1 μg/kg, 4 μg/kg ou 16 μg/kg, 2 vezes/dia) com placebo durante 11 semanas e fizeram estratificação dos subtipos de alcoolismo (início precoce *versus* início tardio). Os alcoólicos que começaram a beber antes e foram distribuídos randomicamente para usar ondansetrona em todas as doses reduziram significativamente a quantidade de drinques por dia e drinques por dia de uso, enquanto a dose de 4 μg/kg foi associada a um aumento significativo dos dias em abstinência quando comparado com placebo. Contudo, mesmo com a dose máxima, os tamanhos dos efeitos foram relativamente pequenos para todas as medidas de resultado (d na faixa de 0,17 a 0,22).

ANTICONVULSIVANTES DEPOIS DO PERÍODO DE DESINTOXICAÇÃO

Uma revisão da Base de Dados Cochrane sobre anticonvulsivantes em geral para tratar dependência de álcool (25 ensaios, 2.641 participantes) não detectou diferenças significativas em comparação com placebo na manutenção de abstinência, embora esta classe geral de fármacos tenha reduzido a quantidade de drinques ingeridos por dia (diferença média = −1,49 drinque/dia de ingestão) e ingestão alcoólica massiva (g = −0,35; IC95% = −0,51 a −0,19) (Pani et al., 2014). Alterações significativas foram associadas principalmente ao topiramato e, em menor grau, gabapentina ou valproato de sódio. Em comparação com naltrexona, não foram demonstradas diferenças significativas nessa metanálise de anticonvulsivantes no que se refere a recaídas graves ou dias decorridos até outra recaída grave.

Então, qual é o melhor fármaco para alcoolismo? O topiramato alcançou tamanho de efeito maior na redução da ingestão de álcool entre todos os outros fármacos estudados até hoje. A gabapentina parece ser boa para atenuar angústia, desejo insaciável e disforia.

ANTIDEPRESSIVOS E TRANSTORNO POR USO DE ÁLCOOL

Uma revisão da Base de Dados Cochrane de estudos sobre antidepressivos para pacientes com TDM e comorbidade de transtorno por uso de álcool (33 ensaios, 2.242 participantes) detectou efeito geral pequeno destes fármacos em comparação com placebo para reduzir sintomas depressivos ($g = -0,27$; IC95% = $-0,49$ a $-0,04$), que perdeu significância estatística depois de excluir ensaios com risco alto de viés (Agabio et al., 2018). Os autores demonstraram que antidepressivos aumentaram a duração da abstinência de álcool durante os ensaios (RR = 1,71; IC95% = 1,22 a 2,39) e reduziram a quantidade de drinques ingeridos por dia em que houve consumo (diferença média = $-1,13$ drinque por dia de consumo). Ensaios comparativos diretos entre antidepressivos são muito preliminares e numericamente escassos para fazer inferências significativas.

Parte da dificuldade de avaliar os efeitos dos antidepressivos (com base na literatura empírica e prática clínica) é explicada pela comorbidade frequente de transtornos por uso de álcool e outras dependências encontradas em pacientes clinicamente deprimidos. Por exemplo, um estudo com fluoxetina ou placebo em dependentes de cocaína *versus* alcoólicos massivos não dependentes desta droga observou que abuso de cocaína agravou acentuadamente o prognóstico quanto ao controle dos sintomas depressivos (Cornelius et al., 1998).

A Tabela 18.4 descreve os resultados dos ECRs sobre antidepressivos usados para tratar transtornos por uso de álcool.

> **Dica**
> Uso de antidepressivos para tratar transtorno por uso de álcool tem base de evidência mais fraca, a menos que também haja comorbidade de depressão.

> **Dica**
> Ficar atento aos efeitos pró-convulsivantes potenciais da bupropiona, psicoestimulantes ou ASGs de baixa potência nos pacientes em processo de desintoxicação alcoólica aguda (ou benzodiazepínicos) e ficar atento à sua contribuição potencial subsequente para o risco de convulsões se o paciente voltar a ingerir álcool.

> **Dica**
> Abstinência sustentada de álcool ou outras substâncias que levam ao uso abusivo (p. ex., por mais de 1 mês) pode ser um requisito prático para assegurar eficácia de qualquer tratamento farmacológico para depressão; mesmo em abstinência, os efeitos neurotóxicos cumulativos do uso abusivo pregresso destas substâncias ainda podem ter efeito moderador negativo no resultado do tratamento.

ANSIEDADE E TRANSTORNO POR USO DE ÁLCOOL

Uma revisão da Base de Dados Cochrane encontrou cinco ECRs controlados por placebo, que avaliaram sertralina, paroxetina ou buspirona em ensaios com duração de 8 a 24 semanas (Ipser et al., 2015).

Paroxetina teve probabilidade significativa cerca de duas vezes maior de alcançar "resposta global" em comparação com placebo; curiosamente, os autores observaram redução significativa dos sintomas de ansiedade especificamente com buspirona (não com paroxetina) e pouco mais de 40% dos indivíduos tratados com paroxetina interromperam prematuramente seu tratamento em consequência de efeitos adversos. Por outro lado, um ECR dedicado a comparar paroxetina com placebo para pacientes com transtorno de ansiedade social e dependência de álcool demonstrou que, embora este fármaco tenha sido mais eficaz que placebo para atenuar sintomas de ansiedade, ele não foi diferente de placebo no que se refere à redução do comportamento alcoólico (Thomas et al., 2008).

ANTIPSICÓTICOS PARA TRATAR TRANSTORNO POR USO DE ÁLCOOL

Uma metanálise de 13 ECRs que enfatizaram APGs ou ASGs (inclusive amissulprida, aripiprazol, olanzapina, quetiapina, tiaprida ou flupentixol decanoato) para tratar dependência alcoólica primária não detectou vantagens em comparação com placebo no que se referiu a prevenção de recorrência do consumo de álcool, desejo insaciável ou tempo decorrido até a primeira ingestão ou episódio de consumo massivo; na verdade, placebo foi melhor que

Capítulo 18 • Dependência e Circuito de Recompensa

Tabela 18.4 Antidepressivos para transtornos por uso de álcool.

Antidepressivo	Ensaios positivos	Ensaios negativos
Citalopram	Um ensaio controlado por placebo de quase 4 meses com 62 pacientes dependentes de álcool, mas sem depressão, demonstrou reduções mais significativas do comportamento alcoólico que placebo (Tiihonen et al., 1996)	Um ECR (–) de 12 semanas demonstrou que pacientes tratados com citalopram (20 a 40 mg/dia) tiveram *mais* dias de ingestão massiva e alterações menos marcantes da frequência e consumo de álcool que os que usaram placebo (Charney et al., 2015) A combinação de citalopram + naltrexona não produziu resultados mais favoráveis no humor ou ingestão alcoólica que apenas naltrexona em 138 alcoólicos deprimidos (Adamson et al., 2015)
Desipramina	Entre pacientes dependentes de álcool, desipramina melhorou sintomas depressivos e conservou abstinência com mais eficácia que placebo em alcoólicos deprimidos (efeitos não observados nos que não tinham depressão) (Mason et al., 1996) Em veteranos de guerra com TEPT e transtorno por uso de álcool, desipramina foi mais eficaz que paroxetina ou naltrexona para reduzir uso de álcool (Petrakis et al., 2012)	Nenhum
Imipramina	Nenhum	Um ECR de 12 semanas com imipramina para 69 pacientes deprimidos que bebiam ativamente demonstrou melhora do humor, mas não alterou o comportamento alcoólico (McGrath et al., 1996*)*
Fluoxetina	Um ECR de 12 semanas com fluoxetina (n = 25; dose máxima média = 25 mg/dia) demonstrou significativamente menos uso de álcool em geral e redução mais expressiva da depressão em comparação com placebo (n = 26) (Cornelius et al., 1977)	Um ECR de 12 semanas com fluoxetina (n = 46, doses de até 60 mg/dia) em 101 alcoólicos deprimidos melhorou sintomas depressivos, mas não alterou mais o comportamento alcoólico em comparação com placebo (n = 49) (Kranzler et al., 1995)
Fluvoxamina	Nenhum	Um ECR de 1 ano com fluvoxamina (até 300 mg/dia) ou placebo em 493 alcoólicos não deprimidos detectou tendência a índices menores de abstinência e recorrência com fluvoxamina (Chick et al., 2004)
Paroxetina	Nenhum	Um ECR (–) de 16 semanas com pacientes ambulatoriais dependentes de álcool e comorbidade de transtorno de ansiedade social (Thomas et al., 2008)
Mirtazapina	Nenhum	Um ECR de 8 semanas mostrou que mirtazapina (30 mg/dia) não foi mais eficaz que placebo para reduzir ingestão alcoólica (de Bejczy e Söderpalm, 2015)
Sertralina	Sertralina (200 mg/dia) + naltrexona (100 mg/dia) foram mais eficazes que tratamento com apenas um fármaco ou placebo em 170 alcoólicos deprimidos para reforçar abstinência e prolongar intervalo até recorrência de ingestão alcoólica massiva (Pettinati et al., 2010)	Os autores não detectaram diferenças significativas nos parâmetros de uso de álcool quando compararam naltrexona em dose mais baixa (60 mg/dia) com sertralina (100 mg/dia) por 10 semanas (Farren et al., 2009)

ECR, ensaio controlado randomizado; *TEPT*, transtorno de estresse pós-traumático.

Psicofarmacologia Prática

antipsicóticos quanto ao número de dias em abstinência ou intervalo decorrido até a descontinuação por todas as causas (Kishi et al., 2013).

Seria o topiramato com placebo mais eficaz que apenas topiramato? Apenas se o paciente pensasse que estava usando um antipsicótico.

FÁRMACOS NOVOS PARA TRATAR TRANSTORNOS POR USO DE ÁLCOOL

Memantina (um antagonista do receptor de NMDA) em dose baixa (5 mg/dia) foi estudado preliminarmente em um ensaio aberto com valproato de sódio em 45 pacientes ambulatoriais com transtorno bipolar tipo II e comorbidade de dependência alcoólica (Lee et al., 2018). Os autores observaram reduções significativas dos parâmetros de depressão, mania e consumo de álcool, embora o fato de que não tenha sido usado placebo ou outro grupo comparativo limite a capacidade de interpretar esses resultados.

ALUCINÓGENOS PARA TRATAR TRANSTORNOS POR USO DE ÁLCOOL

Metanálise cumulativa de seis ECRs com dose única de LSD (dietilamida do ácido lisérgico) para tratar transtornos por uso de álcool (n = 536 participantes, dose média = 500 microgramas) demonstrou aumento inicial altamente significativo de duas vezes na probabilidade de efeito benéfico (NNT = 6) (Krebs e Johansen, 2012). A probabilidade de resposta terapêutica sustentada continuou significativa 6 meses depois do tratamento (OR = 1,66; IC95% = 1,11 a 2,47; p = 0,01), mas não ao longo do período de seguimento de 12 meses (OR = 1,19; IC95% = 0,74 a 1,90; p = 0,47). A abstinência de álcool foi significativamente maior que nos controles no intervalo de 1 a 3 meses, mas não em 6 meses. Efeitos adversos foram agitação, confusão e desconforto GI.

PSICOESTIMULANTES E TRANSTORNOS POR USO DE COCAÍNA

De acordo com a SAMHSA, 1,9% dos adultos americanos usaram abusivamente psicoestimulantes vendidos por prescrição ao menos uma vez e 0,2% preenchiam os critérios diagnósticos de transtorno por uso de psicoestimulantes

– frequentemente com propósito de melhorar a função cognitiva (Compton et al., 2018). Dependência de cocaína afeta cerca de 0,6% da população dos EUA e 1,4% dos adultos jovens referem algum tipo de uso no último mês (Center for Behavioral Health Statistics and Quality, 2015).

Infelizmente, existem poucos ECRs sobre tratamento farmacológico para uso abusivo de psicoestimulantes. Uma revisão da Base de Dados Cochrane com 11 ensaios demonstrou que psicoestimulantes prescritos (dextroanfetamina ou metilfenidato, além de modafinila ou bupropiona) não tiveram impacto significativo na redução do uso de anfetamina ou desejo insaciável de usar este fármaco e não aumentaram a probabilidade de abstinência sustentada (Pérez-Mañá et al., 2013). O Boxe 18.7 compara uso de psicoestimulantes de liberação longa *versus* curta por indivíduos que usam abusivamente estas substâncias.

Pensemos na seguinte situação: um paciente adulto com TDAH usa abusivamente outras medicações, assim como 25% de todos os pacientes com TDAH (Levin et al., 1998). Isso significa que se deva evitar tratamento com psicoestimulantes e ficar simplesmente com atomoxetina ou alfa-agonistas? Existem controvérsias quanto ao tratamento do TDAH em pacientes com transtorno por uso de anfetamina. Contudo, tratamento de TDAH na população pediátrica com psicoestimulantes realmente *reduz* em cerca de duas vezes o risco de uso abusivo subsequente (Wilens et al., 2003a); além disso, postergar o tratamento com psicoestimulantes para jovens com TDAH pode *evitar* transtorno de conduta subsequente (Mannuzza et al., 2008).

Em estudos com psicoestimulantes para tratar dependência de cocaína, pesquisadores usaram várias estratégicas psicofarmacológicas, mas nenhuma mostrou eficácia consistente ou acentuada no sentido de reforçar a abstinência. Uma linha de investigação inicialmente convincente consistiu em usar modafinila com base em um ECR amplamente divulgado (na época) de 8 semanas, que demonstrou que este fármaco (dose de 400 mg/dia) foi mais eficaz que placebo para reduzir uso de cocaína (Dackis et al., 2005); posteriormente, os mesmos autores publicaram um ensaio de replicação, cujos resultados foram negativos (Dackis et al., 2012). Uma revisão da Base de Dados Cochrane subsequente avaliou dextroanfetamina, lisdexanfetamina, metilfenidato, modafinila, mazindol, metanfetamina e sais mistos de anfetamina, além de bupropiona e selegilina,

Capítulo 18 • Dependência e Circuito de Recompensa

Boxe 18.7 Psicoestimulantes de liberação longa *versus* curta para pacientes com transtorno por uso de psicoestimulantes?

Lisdexanfetamina tem menos possibilidade de levar ao uso abusivo em comparação com preparações de anfetamina de ação curta? Como lisdexanfetamina é um profármaco que libera progressivamente dextroanfetamina por hidrólise de suas moléculas de *l*-lisina, frequentemente se considera que ela tenha menos probabilidade de causar euforia ou levar ao uso abusivo. Entretanto, ainda há controvérsias quanto a isso. Nas crianças e nos adolescentes com TDAH, o $T_{máx}$ do profármaco é de uma hora, enquanto de seu metabólito dextroanfetamina é de cinco horas (variação = 4,5 a 6,0 horas); no caso dos sais mistos de anfetamina XR, o $T_{máx}$ é de 6,6 horas (variação = 3 a 12 horas). Contudo, em um estudo de adultos com história de uso abusivo de psicoestimulantes, a infusão IV de lisdexanfetamina (50 mg/dia) não produziu

"efeito agradável" subjetivo maior que placebo, em contraste com dextroanfetamina IV (20 mg) (Jasinski e Krishnan, 2009a). Posteriormente, esses mesmos autores demonstram que lisdexanfetamina oral (50 ou 100 mg) administrada a adultos com uso abusivo de psicoestimulantes produziu menos "efeitos agradáveis" em comparação com dextroanfetamina (40 mg) de liberação imediata, ainda que a dose de 150 mg de lisdexanfetamina tenha demonstrado "efeitos agradáveis" mais acentuados que placebo (Jasinski e Krishnan, 2009b).

Qual é a conclusão final? Lisdexanfetamina tem bases racionais e ao menos alguns dados favoráveis à sua utilização em substituição aos sais mistos de anfetaminas para pacientes considerados em risco de uso abusivo de psicoestimulantes.

demonstrando aumento global da probabilidade de abstinência sustentada de cocaína (RR = 1,36; IC95% = 1,05 a 1,77; p = 0,02), mas nenhum desses fármacos reduziu significativamente o uso de cocaína (g = 0,16; IC95% = −0,02 a 0,33); quanto à eficácia global, bupropiona e dextroanfetamina alcançaram valores mais altos (Castells et al., 2016).

Parte da dificuldade clínica e da complexidade terapêutica pode originar-se da incidência alta de uso abusivo simultâneo de várias substâncias (p. ex., mais de 60% dos pacientes atendidos em programas de manutenção com metadona têm dependência de opioides e cocaína [Kosten et al., 2003]). Entre pacientes com uso abusivo de duas substâncias (cocaína e opioides) tratados com buprenorfina (dose média = 16 mg/dia) e CM, 12 semanas de tratamento com desipramina adjuvante (150 mg/dia) foram mais eficazes que placebo adjuvante para reduzir o número de triagens toxicológicas urinárias negativas para cocaína (Kosten et al., 2003). Curiosamente, uma análise *post hoc* desse último estudo demonstrou que desipramina foi mais eficaz que placebo para negativar triagens toxicológicas urinárias de cocaína quando havia depressão maior no passado em vez de atual – sugerindo possível efeito intrínseco bloqueador de desejo da desipramina, que não estaria relacionado com suas propriedades antidepressivas (ou restringir o uso de desipramina apenas aos pacientes dependentes de

opioides com uso abusivo de cocaína e depressão) (Gonzalez et al., 2003).

Entre indivíduos que usavam metanfetamina ilicitamente, estudos mostraram que topiramato não foi melhor que placebo para reforçar abstinência (Elkashef et al., 2012). Conforme está ilustrado na Tabela 18.5, os resultados obtidos com topiramato em pacientes dependentes de cocaína foram variados. Em uma metanálise de cinco estudos, tratamento com topiramato foi associado à probabilidade maior de abstinência continuada (RR = 2,43; IC95% = 1,31 a 4,53; p = 0,005) e os autores observaram atenuação do desejo insaciável em cinco estudos, embora não tenham sido demonstradas diferenças significativas na continuidade do tratamento (Singh et al., 2016).

Quanto aos outros anticonvulsivantes além do topiramato:

- Um ECR com gabapentina não demonstrou diferenças em comparação com placebo (Bisaga et al., 2006)
- Um ECR de 12 semanas controlado por placebo com tiagabina (20 mg/dia; n = 141) não detectou diferenças em comparação com placebo (Winhusen et al., 2007).

Como se pode observar na Tabela 18.6, antidepressivos tradicionais receberam atenção moderada na literatura de ECRs sobre uso abusivo de cocaína.

18 Psicofarmacologia Prática

Tabela 18.5 ECRs com topiramato para abuso ou dependência de cocaína.

Resultados positivos	Resultados negativos
Um estudo-piloto duplo-cego de 13 semanas ($n = 40$) detectou índices mais altos de abstinência de cocaína com topiramato (dose-alvo – 200 mg/dia) em comparação com placebo (Kampman et al., 2004)	Em 170 indivíduos dependentes de álcool em abstinência recente de cocaína, topiramato (300 mg/dia) por 13 semanas não foi melhor que placebo para manter reduções do uso ou desejo insaciável de usa cocaína ou álcool (Kampman et al., 2013)
Um ECR de 12 semanas demonstrou que a dose-alvo de 300 mg/dia foi mais eficaz que placebo para aumentar a porcentagem de dias sem uso, desejo insaciável e semanas sem cocaína detectável na urina (Johnson et al., 2013)	Uma comparação randomizada aberta de 12 semanas entre terapia cognitivo-comportamental ± topiramato (200 mg/dia) em 74 pacientes ambulatoriais dependentes de cocaína e *crack* não detectou redução do uso da droga, possivelmente em razão da adesão baixa (Nuijten et al., 2014)
Um ECR de 12 semanas com 60 indivíduos dependentes de cocaína e *crack* usou topiramato na dose de 200 mg/dia e demonstrou frequência mais alta de triagens toxicológicas urinárias negativas para benzoilecgnonina e uso de quantidades menores e menos frequente, mas os resultados foram significativos apenas nas primeiras 4 semanas (Baldaçara et al., 2016)	Em 170 pacientes dependentes de cocaína mantidos em tratamento com metadona distribuídos randomicamente para usar topiramato (indução ao longo de 7 semanas; manutenção por 8 semanas; dose-alvo = 300 mg/dia) ou placebo, não houve diferenças quanto à abstinência (Umbricht et al., 2014b)

ECR, ensaio controlado randomizado.

Tabela 18.6 ECRs sobre antidepressivos para dependência de cocaína.

Resultados positivos	Resultados negativos
Em um ECR de 6 meses com 106 veteranos em tratamento de manutenção com metadona, triagens toxicológicas urinárias negativas para cocaína foram significativamente mais frequentes quando CG foi combinada com bupropiona (300 mg/dia) em comparação com placebo (Poling et al., 2006)	Um ECR de 12 semanas controlado por placebo comparou bupropiona (dose = 300 mg/dia) e placebo, mas não mostrou diferenças quanto à frequência de uso de cocaína, sintomas depressivos ou desempenho psicossocial (Margolin et al., 1995)
Tratamento adjuvante com desipramina foi mais eficaz que placebo para reduzir uso de cocaína entre pacientes ambulatoriais dependentes de opioide e cocaína, que também usaram buprenorfina (Kosten et al., 2003)	Em um ECR de 33 semanas, 145 pacientes ambulatoriais não deprimidos mantidos com metadona por diagnóstico duplo (dependência de cocaína e opioide) tiveram evolução mais favorável com incentivos de tíquetes que fluoxetina para reduzir uso de cocaína (Winstanley et al., 2011)
Um ECR de 13 semanas com desipramina (150 mg/dia) demonstrou superioridade em comparação com placebo para reduzir uso de cocaína e opioide entre 180 pacientes dependentes de opioides mantidos em tratamento com metadona ou buprenorfina (Oliveto et al., 1999)	Um ECR de 12 semanas com mirtazapina (dose = 45 mg/dia; $n = 11$) ou placebo ($n = 13$) em pacientes ambulatoriais deprimidos e dependentes de cocaína não detectou diferenças na redução do uso de cocaína, mas mirtazapina foi mais eficaz para reduzir sintomas depressivos e melhorar o sono (Afshar et al., 2012)
Um ECR de 12 semanas com desipramina (dose de até 300 mg/dia) ou placebo em 111 pacientes ambulatoriais dependentes de cocaína com comorbidade de TDM detectou melhoras significativamente melhores do humor e uso de cocaína com desipramina que placebo; não houve efeito *direto* detectável da desipramina no uso de cocaína (McDowell et al., 2005)	Um ECR de 12 semanas com venlafaxina (até 300 mg/dia) em 130 pacientes deprimidos e dependentes de cocaína não detectou diferenças em comparação com placebo em qualquer parâmetro de humor ou uso de cocaína (Raby et al., 2014)
Em um ensaio de 12 semanas com pacientes deprimidos dependentes de cocaína em abstinência recente, sertralina (dose de até 200 mg/dia) foi mais eficaz que placebo para prolongar o intervalo até recorrência e também atenuou sintomas depressivos (Oliveto et al., 2012)	

(continua)

428

Tabela 18.6 ECRs sobre antidepressivos para dependência de cocaína. (*continuação*)

Resultados positivos	Resultados negativos
Em um ensaio de 12 semanas com pacientes deprimidos e dependentes de cocaína em abstinência recente, sertralina (doses de até 200 mg/dia) (mas não sertralina + gabapentina [1.200 mg/dia]) foi mais eficaz que placebo para reduzir uso de cocaína (Mancino et al., 2014)	

ECR, ensaio controlado randomizado; *GC*, gerenciamento de contingências.

ANTIPSICÓTICOS E TRANSTORNO POR USO DE COCAÍNA

Intuitivamente, como uso abusivo de cocaína pode influenciar profundamente o circuito de recompensa, faz sentido pensar que modulação do circuito dopaminérgico (principalmente, talvez, por meio de agonismo parcial dos receptores de DA) seria uma abordagem terapêutica lógica. Na realidade, evidências disponíveis podem certamente sugerir efeito indesejável supreendentemente contrário: estudos demonstraram que aripiprazol aumenta em vez de reduzir uso espontâneo de cocaína (Haney et al., 2011). Uma revisão da Base de Dados Cochrane com 14 ECRs não detectou vantagem significativa em comparação com placebo ou um comparativo quanto ao uso de qualquer antipsicótico no que se refere a desejo insaciável, abstinência ou recursos financeiros gastos com uso de cocaína (Indave et al., 2016). Até agora, não conseguimos encontrar outros ECRs com aripiprazol ou outros agonistas D_2/D_3 parciais (brexpiprazol ou cariprazina) para tratar transtorno por uso de cocaína, deixando em aberto a questão dos efeitos desses fármacos (principalmente em vista da relação entre função dos receptores D_3 e recompensa/reforço) no contexto do uso de cocaína.

CITICOLINA E TRANSTORNO POR USO DE COCAÍNA OU METANFETAMINA

Citidina-5'-difosfato-colina (CDP-colina ou citicolina) é um composto neuroprotetor envolvido na sinalização intracelular (ver Capítulo 11, Tabela 11.10), acerca do qual vários ECRs preliminares sugeriram utilidade potencial para reduzir uso de cocaína em pacientes com transtorno bipolar. (Nos EUA, esse composto está disponível como suplemento nutricional vendido sem prescrição, mas no Japão e na Europa é vendido sob prescrição.) Nos casos típicos, as doses usadas nos ECRs começaram com 500 mg/dia, foram aumentadas até 1.000 mg/dia depois de 1 semana e, em seguida, 1.500 mg/dia na quarta semana e finalmente 2.000 mg/dia na sexta semana. Citicolina pode melhorar a memória ao longo do tratamento dos sintomas de dependência (Brown et al., 2007). Em alguns ensaios, os autores demonstraram que os efeitos benéficos iniciais diminuíram ao longo de várias semanas (Brown et al., 2015). Em caráter preliminar, estudos também demonstraram que citicolina produziu melhora mais significativa que placebo dos sintomas depressivos e uso de metanfetamina por pacientes unipolares ou bipolares (Brown e Gabrielson, 2012).

CANNABIS

Canabinoides ativam receptores canabinoides endógenos cerebrais que, por sua vez, liberam dopamina no circuito mesolímbico. Δ-9-tetraidrocanabinol (THC) causa efeitos neurotóxicos no hipocampo (Chan et al., 1998); causa déficits neurocognitivos difusos e persistentes com exposição crônica massiva a partir da adolescência (Mejer et al., 2012); provoca estados avolitivos e dificuldade de aprendizagem por recompensa (Lawn et al., 2016); desencadeia paranoia nos indivíduos suscetíveis a psicose (Freeman et al., 2015); piora a resposta terapêutica e reduz os índices de remissão de longa duração no transtorno bipolar (Kim et al., 2015); e está associado a sintomas psiquiátricos mais graves em pacientes com transtornos de humor e ansiedade (Mammen et al., 2018). Acredita-se que THC cause mais dependência psíquica que fisiológica, embora sintomas de "abstinência" tenham sido descritos e incluam basicamente desejo insaciável, inquietude, agitação, insônia e estados afetivos negativos; estudos demonstraram que esses estados afetivos melhoraram (nos usuários que não fumavam cigarros ou usavam doses altas de cocaína) com colocação de adesivo de nicotina (7 mg) por 15 dias (Gilbert et al., 2020). Insônia associada à abstinência de maconha (na maioria dos casos, um efeito descrito informalmente) foi tratada com gabapentina, lofexidina, mirtazapina, quetiapina ou zolpidem, embora não existam ECRs adequados. De acordo com alguns relatos, sintomas gerais de "abstinência" regridem espontaneamente sem necessidade de intervenção farmacológica dentro de 16 dias depois da interrupção do uso de maconha.

Nenhum estudo demonstrou eficácia de qualquer tratamento farmacológico bem estabelecido para reforçar abstinência de maconha. Em geral, ECRs com antidepressivos produziram resultados desanimadores (p. ex., uma comparação ampla de 12 semanas entre venlafaxina ou placebo para pacientes deprimidos dependentes de maconha demonstrou índices de abstinência significativamente *menores* com venlafaxina que placebo, com pouco ou nenhum efeito no sentido de melhorar o humor [Levin et al., 2013]). Contudo, um estudo pré-clínico intrigante demonstrou que pregnenolona inibiu o receptor CB1, estabelecendo um circuito de *feedback* negativo que reduz os efeitos do THC (Vallée et al., 2014); entretanto, alguns autores alertaram que esses dados pré-clínicos não devem ser usados como base para recomendar necessariamente pregnenolona para tratar dependência de maconha, citando a ineficácia do rimonabanto (antagonista do receptor CB1, também conhecido como SR141718) em razão da possível indução de ideação suicida e depressão, ou outros sinais de desregulação do humor. Outra abordagem terapêutica promissora, ainda que preliminar, consiste em administrar *N*-acetilcisteína: na dose oral de 1.200 mg, 2 vezes/dia, houve redução significativa do uso de maconha (com redução de 2,4 vezes no número de triagens toxicológicas urinárias positivas ao longo de 8 semanas) entre adolescentes (Gray et al., 2012), mas esses resultados não foram replicados em outro ensaio semelhante de 12 semanas com adultos (Gray et al., 2017).

Na maioria dos casos, estudos com o análogo sintético do THC conhecido como dronabinol não conseguiram demonstrar efeitos terapêuticos benéficos na dependência de maconha (Levin et al., 2011). Resultados preliminares com nabilona (agonista canabinoide sintético) iniciada na dose de 0,5 mg/dia durante 7 dias, depois 1 mg/dia durante 7 dias, 1,5 mg/dia durante 7 dias e 2 mg/dia a partir daí) também não conseguiram demonstrar eficácia na redução do uso de maconha, nem redução de algumas medidas autorrelatadas de desejo insaciável, embora com tolerabilidade adequada (Hill et al., 2017).

TRANSTORNOS POR USO DE OPIOIDES

De acordo com o levantamento NSDUH (National Survey on Drug Use and Health) realizado em 2015, 4,7% dos adultos americanos que receberam prescrições de opioides utilizaram estes fármacos indevidamente e 0,8% atendiam aos critérios diagnósticos de transtorno por uso de opioide (Han et al., 2017). A Figura 18.2 resume os produtos da decomposição metabólica dos opioides.

Os objetivos farmacodinâmicos do tratamento da dependência de opioides incluem esforços para produzir bloqueio seguro dos receptores opioides. Embora agonismo "puro"

> **Dica**
> Ficar atento se e quando pacientes dependentes de opioides em tratamento de manutenção com metadona solicitam redução das doses; isto pode indicar intenção de voltar a usar opioides.

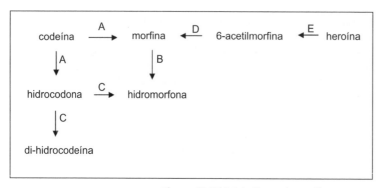

Reações enzimáticas: A = O-desmetilação por meio da CYP2D6 e glicuronidação por ação da UGT2B7; B = glicuronidação por ação da UGT2B7 e UGT1A3; C = desmetilação por ação da CYP2D6, *N*-desmetilação por ação da CYP34; D = carboxilesterase; E = pseudocolinesterase (Kamendulis et al., 1996; Holmquist, 2009; Anderson et al., 2015).

Figura 18.2 Metabolismo dos opiáceos.

Capítulo 18 • Dependência e Circuito de Recompensa

com tratamento de manutenção com metadona seja uma abordagem bem conhecida, nos últimos anos a buprenorfina surgiu como alternativa mais simples aplicável no contexto de consultório, que oferece no mínimo eficácia comparável (ou maior em alguns aspectos) à metadona. Buprenorfina é um agonista parcial do receptor opioide μ, assim como antagonista dos receptores κ e δ. Ensaios controlados também sugeriram que doses baixas possam ter utilidade farmacodinâmica como tratamento da depressão e redução da ideação suicida (Serafini et al., 2018).

Buprenorfina tem efeito limitante (máximo) na depressão respiratória, ou seja, doses crescentes não aumentam o risco de complicações cardiorrespiratórias, ao contrário do que acontece com agonistas opioides. Nos pacientes dependentes de opioide

> 💡 **Dica**
> Buprenorfina é mais eficaz que clonidina para tratar abstinência de opioides, diminuir gravidade dos sintomas e aumentar chances de concluir programa de desintoxicação opioide; contudo, não existem estudos quanto ao possível sinergismo desses dois fármacos.

em geral, buprenorfina e metadona alcançaram índices comparáveis de continuação em tratamento e redução do uso de opioides (avaliado por testes de triagem toxicológica da urina) (Strain et al., 1994). Quando coexistem transtornos por uso de opioide e cocaína, estudos demonstraram que tratamento de manutenção com metadona foi mais eficaz que buprenorfina para reforçar abstinência das duas substâncias (Schottenfeld et al., 2005).

A Tabela 18.7 resume tratamentos farmacológicos baseados em evidências que são aplicáveis à abstinência de opioides e à prevenção de recorrências.

SÍNDROME PÓS-ABSTINÊNCIA AGUDA

Embora seja uma condição medicamente controvertida, "síndrome pós-abstinência aguda" (SPAA) é descrita popularmente como queixas e sintomas físicos "tardios", que ocorrem depois da abstinência aguda de álcool, opioides ou hipnótico-sedativos. A validade do construto SPAA tem sido tema de debate na literatura médica, porque não há explicação fisiológica ou modelo

Tabela 18.7 Tratamentos farmacológicos para abstinência de opioide e prevenção de recorrência.

Fármaco	Bases racionais/comentários
Clonidina	Reduz atividade noradrenérgica pré-sináptica e atenua sintomas de hiperatividade do sistema nervoso autônomo causados por abstinência de opioide; além disso, estudos demonstraram que clonidina dissocia estresse de desejo insaciável na vida cotidiana quando é usada continuamente depois de concluir desintoxicação aguda (Kowalczyk et al., 2015)
Antagonistas opioides: naltrexona	Uma revisão da Base de Dados Cochrane não detectou diferenças significativas entre naltrexona oral e placebo em diversas medidas de recorrência do uso de opioide (Minozzi et al., 2011)
Agonistas opioides: metadona	Revisões da Base de Dados Cochrane não demonstraram diferenças significativas entre metadona e buprenorfina quanto a duração da desintoxicação opioide ou intensidade dos sintomas de abstinência (Gowing et al., 2017), ou no uso autorreferido de opioide, triagens toxicológicas urinárias positivas para opioides, continuação com tratamento de manutenção ou reações adversas (Nielsen et al., 2016)
Agonistas opioides parciais: buprenorfina	Uma revisão da Base de Dados Cochrane não detectou diferenças entre buprenorfina e metadona quanto a duração do tratamento da abstinência de opioides, sintomas de abstinência menos graves que com clonidina ou lofexidina; em comparação com clonidina ou lofexidina, buprenorfina alcançou escores de abstinência melhores com tamanho de efeito pequeno a médio ($g = -0{,}43$; IC95% = $-0{,}58$ a $-0{,}28$) e índice mais alto de conclusão (NNT = 4) (Gowing et al., 2017) Estudos de registro de seguradoras demonstraram que cerca de um quarto dos pacientes dependentes de opioides, que começaram a usar buprenorfina oral, interrompeu o tratamento no primeiro mês; este resultado foi previsto por dose inicial baixa (≤ 4 mg/dia), sexo masculino, idade menor, minoria étnica/racial, comorbidade de transtornos por uso de outras drogas, hepatite C e história de superdosagem de opioide (Samples et al., 2018)
Canabidiol	Tratamento oral de 400 ou 800 mg 1 vez/dia, durante 3 dias, reduziu desejo insaciável e ansiedade induzidas por estímulos indutores do uso de drogas (Hurd et al., 2019)

IC, intervalo de confiança; *NNT*, número necessário para tratar.

Psicofarmacologia Prática

anatômico claro que explique sua ocorrência. Também não existem ensaios randomizados de intervenção, com base nos quais possam ser feitas inferências quanto às melhores abordagens terapêuticas.

Os Casos clínicos 18.1 e 18.2 ilustram as dificuldades envolvidas em supostos estados de abstinência prolongada, assim como a possibilidade de uso indevido de substâncias não controladas.

USO ABUSIVO DE ALUCINÓGENOS

Na medida em que psicodélicos serotoninérgicos como psilocibina atraem interesse e atenção crescentes por sua possível utilidade no tratamento da depressão, surpreendentemente há poucos ou nenhum estudo formal publicado na literatura sobre estratégias terapêuticas para tratar

---

CASO CLÍNICO 18.1

Síndrome de abstinência prolongada de benzodiazepínico ou desejo insaciável e intolerância a sofrimento?

Lou, 42 anos, divorciado, referia história de uso intermitente praticamente diário de maconha desde os primeiros anos de sua adolescência, além de depressão e ansiedade crônicas. Ele afirmou que chegou a usar 18 mg/dia de alprazolam (prescrito em parte por seu psiquiatra anterior e suplementado por mais comprimidos emprestados por seus amigos) nos últimos 4 anos e disse que, ocasionalmente, necessitou de uma dose extra de 1 a 2 mg/dia para "quebrar ansiedade". Durante um programa de desintoxicação ambulatorial, alprazolam foi substituído por clonazepam (embora a equivalência de doses geralmente seja considerada de 1:1, depois de 10 dias ele atingiu a estabilização autonômica com dose de 8 mg/dia de clonazepam e o programa terapêutico duvidou da quantidade de alprazolam que ele afirmava usar efetivamente). Ao longo dos 2 meses seguintes, sua dose de clonazepam foi progressivamente reduzida até 6 mg/dia

(redução de 0,5 mg/semana, depois 0,25 mg/semana e finalmente 0,125 mg/semana), à medida Lou se queixava cada vez mais de que se sentia "nervoso, frio e embotado". Ele disse que não conseguia tolerar reduções adicionais a menos de 5,125 mg/dia porque apresentava grande variedade de queixas físicas mal definidas. Seu escore na escala CIWA-Ar mantinha-se repetidamente em 9, principalmente em razão da pontuação em ansiedade e agitação. O psiquiatra expressou seu ceticismo de que suas queixas físicas refletissem síndrome de abstinência fisiológica, na medida em que não havia outros sinais detectáveis referidos ao sistema nervoso autônomo e que o tempo decorrido era longo e as doses reduzidas eram aparentemente mínimas. Experiências sucessivas de tratamento adjuvante com gabapentina, hidroxizina, quetiapina, aripiprazol e clorpromazina em dose baixa (10 mg) não conseguiram atenuar seu desconforto. Ele implorou para voltar ao esquema de doses mais altas, porque "não conseguiria humanamente tolerar mais a intensidade dos seus sintomas de abstinência".

CASO CLÍNICO 18.2

Uso abusivo de substâncias não controladas

Conrad, 26 anos, vivia com seus pais, trabalhava em meio expediente como entregador e estava em processo de recuperação de transtornos por uso de benzodiazepínicos, álcool e opioide com diversas recaídas. Ele achou que clonidina ajudou a controlar seus sentimentos de sofrimento interior depois que começou a utilizar este fármaco como parte de um programa de desintoxicação de opioide. Depois que seu psiquiatra leu um artigo demonstrando que buprenorfina com clonidina (até 0,3 mg/dia) eram mais eficazes que apenas buprenorfina para manter abstinência de opioides (Kowalczyk et al., 2015), ele ficou feliz em continuar a utilizar clonidina, possivelmente para ajudar a evitar recorrência. Conrad

esforçava-se muito para controlar seus impulsos e sintomas negativos e manter seu equilíbrio emocional em face dos estresses da vida diária e, por conta própria, começou a aumentar sua dose de clonidina de 0,3 mg/dia até chegar a 1,2 mg, 3 a 4 vezes/dia. Por fim, ele foi socorrida por paramédicos e levado a um serviço de emergência (SE) quando seus pais o encontraram desacordado. Ao chegar ao SE, Conrad tinha bradicardia, hipotensão grave e hipotermia (este último sinal ajudou a excluir a suspeita inicial equivocada de que ele teria voltado a usar opioides), mas se recuperou com reposição de líquidos e monitoramento. Em seguida, em seu programa de recuperação, os médicos acrescentaram clonidina à lista de substâncias que ele era incapaz de controlar.

Capítulo 18 • Dependência e Circuito de Recompensa

uso abusivo dessas drogas. Também há estudos mal definidos sobre tratamento farmacológico de abuso dos chamados empatógenos-enactógenos como MDMA (3,4-metilenodioximetanfetamina). Abordagens comportamentais como terapias cognitivo-comportamental e motivacional ainda são intervenções psiquiátricas fundamentais nesses casos.

Nos pacientes com intoxicação aguda por fenciclidina (PCP), antipsicóticos devem ser evitados porque podem aumentar o risco de hipertermia, convulsões, distonia ou reações anticolinérgicas causadas por PCP. Benzodiazepínicos ainda são a abordagem terapêutica preferível nesses casos.

TRATAMENTO FARMACOLÓGICO DE DEPENDÊNCIAS COMPORTAMENTAIS

Dependências comportamentais incluem dependência de sexo, jogo patológico, dependência de internet e ingestão alimentar compulsiva, entre outras. A literatura empírica sobre intervenções comportamentais é muito mais ampla que estudos clínicos de farmacoterapia e a literatura de farmacologia disponível não é robusta. No caso do transtorno de jogo compulsivo, a Tabela 18.8 resume os resultados de uma revisão de 19 estudos de farmacoterapia.

Tabela 18.8 Resumo dos ECRs com fármacos para tratar jogo compulsivo.[a]

Fármaco	Resultados positivos	Resultados negativos
Bupropiona	Nenhum estudo	Um ECR (–) de 12 semanas (dose média = 324 mg/dia) usando a PG-YBOCS
Fluvoxamina	Um ECR (+) de 16 semanas (dose média = 195 mg/dia) usando PG-CGI e PG-YBOCS	Um ECR (–) de 6 meses (dose média = 200 mg/dia) sobre dinheiro gasto com jogos por semana
Carbonato de lítio	Nenhum estudo	Um ECR (–) de 10 semanas (dose média = 1.150 mg/dia) usando PG-YBOCS e PG-CGI-I
N-acetilcisteína	Dois ECRs (+) (um de 12 semanas; dose média entre 1.200 e 3.000 mg/dia; outro ensaio aberto de 8 semanas, seguidas de ensaio randomizado de 16 semanas até descontinuação) usando PG-YBOCS	Nenhum estudo
Nalmefeno	Um ECR (+) de 16 semanas; dose de 50 ou 100 mg/dia foi mais eficaz que placebo usando PG-YBOCS	Um ECR (–) de 16 semanas (doses = 20 a 40 mg/dia) usando PG-YBOCS
Naltrexona	Dois ECRs (+) de 12 a 18 semanas com doses de 50 a 200 mg/dia	Dois ECRs (–) de 11 a 20 semanas com doses de até 250 mg/dia
Olanzapina	Nenhum estudo	Dois ECRs (–) (um de 7 semanas [doses de 2,5 a 10 mg/dia] e outro de 12 semanas [dose média = 8,9 mg/dia]) usando PG-YBOCS
Paroxetina	Um ECR (+) de 8 semanas (dose média = 51,7 mg/dia) usando GSAS e PG-CGI	Um ECR (–) de 16 semanas (dose média = 50 mg/dia) usando PG-CGI
Sertralina	Nenhum estudo	Um ECR (–) com dose média = 95 mg/dia usando CCPGQ
Topiramato	Um ECR (+) (dose média = 180,7 mg/dia) mostrou redução significativamente maior do desejo de jogar em comparação com placebo	Um ECR (–) de 14 semanas (dose média = 222,5 mg/dia) usando PG-YBOCS

[a]Dados baseados em Kraus et al., 2020. *CCPGQ, Criteria for Control of Pathological Gambling Questionnaire* (Questionário de Critérios para Controle de Hábito Patológico de Jogar); *ECR*, ensaio controlado randomizado; *GSAS, Gambling Symptom Assessment Scale* (Escala de Avaliação de Sintomas de Jogo Patológico); *PG-CGI*, Escala de Impressão Clínica Global para jogo patológico; *PG-YBOCS*, versão modificada da Escala Obsessivo-Compulsiva de Yale-Brown para jogo patológico.

Entre outras dependências comportamentais, transtorno por uso de internet (embora não seja reconhecido no DSM-5 ou 10ª edição da *Classificação Internacional de Doenças* [CID-10]) tem atraído interesse crescente e seu tratamento gira basicamente em torno de terapia cognitiva ou comportamental semelhante; fármacos tendem a ser reservados principalmente aos casos em que há outros problemas associados (p. ex., antidepressivos para depressão, psicoestimulantes para TDAH), em vez de serem usados para tratar o comportamento dependente básico. Transtornos sexuais compulsivos frequentemente constituem uma interface entre transtorno obsessivo-compulsivo e transtorno de controle de impulsos e, neste capítulo, são definidos como "dependências" com base na disfunção do sistema de recompensa. Existem poucos ECRs sobre tratamento farmacológico e a literatura publicada consiste basicamente em ensaios abertos ou estudos retrospectivos enfatizando antidepressivos serotoninérgicos (p. ex., ISRSs, nefazodona); há alguns indícios de que obsessões sexuais possam responder mais favoravelmente que as parafilias (Stein et al., 1992) e relatos de casos isolados sugeriram utilidade potencial da naltrexona ou topiramato para tratar comportamento sexual compulsivo.

⌂ Pontos importantes e tarefas para casa

- Dependências são transtornos intrinsecamente complexos, que provavelmente têm neurobiologia própria, mesmo que frequentemente se apresentem como comorbidades de outros transtornos mentais. Por essa razão, elas tendem a necessitar de tratamento específico
- Naltrexona ou topiramato parece ter efeitos mais intensos na redução do comportamento de ingestão alcoólica massiva
- Gabapentina pode ajudar a atenuar sintomas de sofrimento emocional durante programas de desintoxicação alcoólica e nos meses subsequentes para evitar recorrência
- Imipramina, fluvoxamina, paroxetina ou mirtazapina não deve ser prescrita aos pacientes alcoólicos deprimidos na expectativa de que possam ser muito benéficos no controle do comportamento alcoólico – que é controlado mais eficazmente com desipramina, sertralina ou fluoxetina com base em evidências
- Dependência de cocaína é especialmente difícil de tratar com fármacos. Existem evidências modestas a favor de topiramato e desipramina. Citicolina (doses de até 2.000 mg/dia) pode ajudar a reduzir o uso de cocaína, especialmente nos pacientes com transtorno bipolar
- Nos pacientes com TDAH em risco de uso abusivo de psicoestimulantes, o médico não deve interromper o uso destes fármacos, mas deve preferir preparações de ação prolongada para reduzir a possibilidade de uso abusivo
- No transtorno por uso de maconha, considerar *N*-acetilcisteína para pacientes mais jovens e pregnenolona para adultos
- Lembrar de buprenorfina nos casos de depressão quando houver necessidade de evitar recorrências de uso de opioides.

19 Trauma Psíquico e Transtorno de Estresse Pós-Traumático

Objetivos de aprendizagem

- Reconhecer o impacto de traumas psíquicos, principalmente nos estágios iniciais de desenvolvimento, como fator moderador de resultados desfavoráveis em alguns transtornos mentais
- Entender a importância da resiliência e seu fortalecimento como meta terapêutica em diversos transtornos mentais
- Reconhecer os diversos sintomas que devem ser tratados nos casos de TEPT
- Descrever as vantagens e limitações dos tratamentos farmacológicos baseados em evidências disponíveis hoje para transtornos de estresse agudo
- Entender as controvérsias em torno do uso de benzodiazepínicos por pacientes com TEPT
- Debater as bases de evidências dos antidepressivos, anticonvulsivantes, antipsicóticos, alfa-agonistas, cetamina e outros fármacos novos/emergentes usados para tratar TEPT.

Aquilo que não me mata só me fortalece.

Friedrich Nietzsche

Em conjunto, trauma psíquico e estados dissociativos são colocados mais comumente no domínio terapêutico da psicoterapia cognitivo-comportamental que da psicofarmacologia. Na verdade, no caso específico do transtorno de estresse pós-traumático (TEPT), psicoterapias direcionadas ao trauma psíquico exercem coletivamente efeitos de tamanho maior que tratamentos farmacológicos (Watts et al., 2013; Lee et al., 2016) que, em conjunto, alcançam índices de resposta positiva de apenas 20 a 30%. Apesar disso, para que possamos compreender a relevância potencial dos tratamentos farmacológicos para trauma psíquico, precisamos primeiro considerar a interdependência das consequências psicológicas e neurobiológicas do trauma psíquico. Eventos traumáticos geram memórias emocionais duradouras, que são consolidadas por meio do circuito límbico – que, por sua vez, afetam o equilíbrio emocional e as funções cognitivas em geral (processamento atencional e vigilância, funções executivas e controle de impulsos). Estímulos ambientais que foram associados às ameaças à integridade física e/ou emocional do indivíduo tornam-se aversivos e podem desencadear reações de medo, que incluem hiperatividade do sistema nervoso autônomo e hipervigilância e podem suscitar padrões mentais intrusivos e repetitivos entrelaçados com estados afetivos negativos. Alguns autores consideram que o próprio TEPT seja

fundamentalmente um transtorno comportamental causado por extinção anormal do medo. Além disso, traumas psíquicos e abusos ocorridos na infância podem afetar o desenvolvimento neuronal e, deste modo, talvez sobrepor um dos moderadores mais devastadores do resultado terapêutico em diversos transtornos mentais.

Independentemente se o diagnóstico formal de TEPT pode ou não ser firmado depois de experiências traumáticas, os sobreviventes de traumas psíquicos significativos na infância e vida adulta podem desenvolver alterações de volume encefálico (p. ex., hipocampo) (Woon et al., 2010); alguns estudos sugeriram que volume hipocampal reduzido possa ser resultado em vez de fator predisponente ao desenvolvimento de TEPT nos adultos vítimas de experiências traumáticas (Winter e Irle, 2004). Traumas psíquicos desafiam a resiliência (ver Boxe 19.1), embora ao mesmo tempo possam moldá-la e fortalecê-la. Durante o processo de desenvolvimento, esses traumas podem interromper a formação dos estilos e padrões de apego normais e, em qualquer estágio de vida, podem gerar expectativas de punição em resposta às condições estressantes de vida por meio do condicionamento operante e reforçar o sentimento adquirido de desesperança.

Quando um paciente mostrar pouca resiliência, talvez deva-se pensar em abordagens farmacológicas que possam melhorar a flexibilidade

Psicofarmacologia Prática

Boxe 19.1 O que é resiliência?

O termo "resiliência" é usado frequentemente para descrever a capacidade normal de enfrentar eficazmente situações de estresse. Resiliência também implica capacidade de resistir às adversidades sem desenvolver psicopatologia subsequente. Provavelmente, a resiliência contribui para o risco global de desenvolver depressão, ansiedade e TEPT (entre outros problemas mentais), além de ser um fator moderador do resultado terapêutico. Charney (2004) associou resiliência à integridade dos circuitos de recompensa e motivação, responsividade ao medo e comportamentos sociais adaptativos (como altruísmo e relacionamento social); resiliência também parece incluir um estilo cognitivo evidenciado por avaliação precisa de riscos/ameaças (em vez de fazer avaliações exageradamente positivas ou negativas) (Southwick et al., 2015).

cognitiva e a função de alternância cognitiva, de modo a ajudá-lo a fazer avaliações precisas dos riscos por modulação do circuito de medo e reforçar otimismo tratando depressão ou ansiedade (se houver).

Com base nas considerações precedentes, podemos considerar diversos alvos potenciais de tratamento farmacológico.

Não é difícil imaginar os impactos generalizados que traumas psíquicos e reações anormais ou exageradas ao estresse têm na evolução de psicopatologias em quase todos os domínios emocionais, perceptivos, cognitivos e comportamentais. Por essa razão, neste capítulo nossa abordagem não será menos dimensional que a adotada nos capítulos anteriores. Além das categorias diagnósticas de TEPT descritas no DSM-5/CID-10 (para as quais apenas dois fármacos têm aprovação da FDA [sertralina e paroxetina para transtornos de estresse agudo, para o qual nenhum outro fármaco foi aprovado por esse órgão regulador]), consideraremos os fundamentos racionais e as bases de evidências de diversas classes farmacológicas e seus supostos mecanismos de ação, como sempre enfatizando a necessidade de ter metas terapêuticas bem definidas.

ESTRESSE, DISTRESSE E TRAUMA PSÍQUICO

Estresse é qualquer estímulo ambiental que demande reação do indivíduo. De acordo com algumas definições conceituais, estresses podem ser benéficos ou fortuitos (os chamados "eustresses", como promoções no trabalho, casamento, nascimento de um filho) ou deletérios ("distresses", que incluem falência financeira, doença, trabalho ou demandas sociais exageradas, perda de apoios sociais). Estresses podem ser traumáticos quando superam a capacidade de enfrentamento do indivíduo e ameaçam o sentimento básico de segurança física e emocional e seu bem-estar. Abuso é um tipo de trauma psíquico, que inclui ofensas intencionais infligidas propositalmente e violam os limites pessoais do indivíduo, ameaçando sua segurança física/emocional e seu bem-estar. Abuso pode ser manifestamente físico, emocional, verbal ou sexual e pode incluir atos por comissão ou omissão (p. ex., agressão física *versus* negligência física ou emocional).

Algumas vezes, é difícil e subjetivo quantificar a magnitude dos distresses psíquicos resultantes de alguma situação estressante – principalmente porque indivíduos podem facilmente diferir quanto à forma como vivenciam ou interpretam o mesmo fator de estresse objetivo. No entanto, Holmes e Rahe (1967) elaboraram uma escala de 43 itens para avaliar eventos estressantes da vida (conhecida na literatura como Escala de Holmes-Rahe, ou Escala de Avaliação de Adaptação Social; ver Boxe 19.2), que foi amplamente adotada em estudos que procuram quantificar estresse e trauma psíquico. Estresses existenciais específicos são graduados por um escore numérico (definidos como "unidades de alteração de vida"); em seus estudos originais, escores totais acima de 300 foram associados à probabilidade mais alta de desenvolver doença clínica significativa, enquanto escores < 150 acarretavam menor risco e escores na faixa de 150 a 299 prenunciavam risco moderado. Alguns críticos ressaltaram que essa escala não diferencia entre eventos que geram eustresse *versus* distresse, que são repentinos *versus* planejados, ou que são agudos *versus* crônicos.

> **Dica**
>
> Pode ser útil pedir aos pacientes que se comparem a si mesmos quanto aos seus melhores desempenhos pessoais anteriores. Eles acham que a intensidade de sua ansiedade ou distresse em resposta a determinada condição de estresse é proporcional à situação específica e compatível com sua reação habitual em termos relativos em vez de absolutos?

Capítulo 19 • Trauma Psíquico e Transtorno de Estresse Pós-Traumático

Boxe 19.2 Os 10 principais eventos estressantes de vida e sua quantificação.[a]

Evento existencial	Valor médio
Morte do cônjuge[b]	100
Divórcio	73
Separação conjugal	65
Encarceramento prisional	63
Morte de um familiar próximo	63
Lesão ou perda pessoal	53
Casamento	50
Demissão do trabalho	47
Reconciliação conjugal	45
Aposentadoria	45

[a]Adaptado de Holmes e Rahe, 1967. [b]Alguns autores modificaram a escala original de Holmes-Rahe e também incluíram morte de um filho no item "morte do cônjuge" como eventos existenciais estressantes mais devastadores.

CASO CLÍNICO 19.1

Manny, estudante universitário de 19 anos, tinha ansiedade social significativa, aversão a riscos e comportamento esquivo. Ele pegou uma licença médica depois de faltar a duas aulas durante um episódio de depressão. Dentro de 3 meses depois de iniciar tratamento com duloxetina, seu humor e seus sintomas vegetativos melhoraram, mas ele continuava com pouca motivação e atividade diária minimamente estruturada. A falta de motivação foi interpretada como sintoma depressivo residual, mas não melhorou com otimização da dose e uso adjuvante de bupropiona, psicoestimulantes ou aripiprazol. Durante a psicoterapia, ele descreveu sua "falta de motivação" como uma paralisia provocada por medos de ser "criticado e ridicularizado" e mortificação sobre fracassos do passado. Em vez de entender "falta de motivação e apatia" como sinais de anedonia, sua terapeuta sugeriu que ele sentia-se paralisado por medos e seus traumas fossem consequências de sua depressão e ansiedade social preexistentes. A terapeuta recomendou reforçar seu tratamento farmacológico com psicoterapia estruturada – uma abordagem que desafiasse seu comportamento fóbico esquivo e suas crenças distorcidas quanto a si próprio e suas expectativas de fracasso repetitivo como consequências emocionais de traumas associados à depressão.

O Caso clínico 19.1 ilustra um exemplo de trauma emocional associado à depressão persistente.

TEPT COMO CONSTRUTO CATEGÓRICO

Antes do DSM-5, TEPT era classificado como um subtipo de transtorno de ansiedade; por esta razão, a literatura comparativa sobre resultados terapêuticos frequentemente inclui ECRs de TEPT junto com outros transtornos de ansiedade, tanto pregressos quanto atuais (p. ex., TOC). A decisão de retirar o TEPT da categoria nosológica mais ampla de transtornos de ansiedade baseou-se em parte nas observações de que psicopatologias associadas a traumas psíquicos frequentemente têm manifestações marcantes e diferentes de ansiedade, inclusive vergonha, culpa e raiva. O próprio termo "trauma psíquico" foi redefinido operacionalmente com base no DSM-4 (uma ameaça à integridade física) e passou a significar "morte, lesão grave ou violência sexual concretizada ou iminente" (American Psychiatric Association, 2013, p. 271). Medo intenso, terror ou desesperança – antes incluídos na descrição

Dica — De acordo com a Organização Mundial da Saúde, cerca de 4% das pessoas que vivenciam um evento traumático desenvolvem TEPT.

conceitual de TEPT do DSM-4 – foram excluídos do DSM-5.

Como entidade nosológica definida originalmente no DSM-3 e DSM-4, considerava-se que TEPT tinha três domínios principais: *pensamentos intrusivos*, que incluem reviver/reexperimentar o trauma; *fuga ou atitude paralisante*; e *hipervigilância* (p. ex., reação exagerada de sobressalto). O DSM-5 acrescentou a essas manifestações o construto de *alterações negativas de cognição ou humor*. Além disso, o DSM-5 excluiu os especificadores "agudo" e "crônico" usados antes para caracterizar TEPT.

TEPT complexo (comumente abreviado como TEPT-c), que não está incluído no DSM-4 ou DSM-5, era um construto proposto inicialmente

Dica — Na definição de trauma psíquico que possa causar TEPT, o DSM-5 requer que tenha ocorrido trauma psíquico violento ou risco de morte vivenciado pessoalmente ou presenciado pelo *indivíduo*.

por Herman (1988) para descrever transtornos mentais que ocorriam depois de traumas interpessoais prolongados ou repetidos. Além dos elementos fundamentais do TEPT como pensamentos intrusivos, comportamento evasivo e hipervigilância, outros sintomas do TEPT-c podem ser impulsividade, agressividade, desregulação do humor ou labilidade afetiva, estados dissociativos, queixas somáticas e relacionamentos interpessoais caóticos. Entre os traumas psíquicos que podem predispor ao TEPT-c estão abuso sexual prolongado na infância ou experiências da vida adulta envolvendo cativeiro prolongado, violência doméstica ou exploração física ou sexual (p. ex., tráfico humano). Assim como ocorre nos casos de TEPT clássico, o elemento terapêutico fundamental consiste em psicoterapia baseada em recuperação do trauma psíquico, inclusive exposição prolongada. Em geral, tratamentos farmacológicos têm importância secundária para controlar comorbidades ou sintomas associados (p. ex., transtornos de uso de substâncias, insônia, síndromes depressivas) em vez de tratar as dimensões psicopatológicas (como desequilíbrio emocional) que são próprias do TEPT-c.

Nos pacientes com TDM, história de trauma na infância é um moderador importante de evolução desfavorável. Nos pacientes com trauma de infância, nenhum estudo demonstrou que determinado esquema de tratamento farmacológico tenha mais eficácia antidepressiva que os outros.

Dica
Entre os fatores que parecem proteger contra o desenvolvimento de TEPT entre sobreviventes de trauma psíquico estão apoio social, percepções de pertencimento, resiliência alta, estratégias de enfrentamento não evasivas e expectativas positivas (esperança, otimismo e confiança em suas próprias habilidades de enfrentamento).

Dica
TEPT é mais comum em mulheres que homens, embora o risco possa ser estratificado pelo tipo de experiência traumática.

Dica
Cerca de um terço dos pacientes com TEPT tem evolução crônica (*i. e.*, sintomas persistem por mais de 3 meses).

MEDIDAS DE RESULTADO

Consciente ou inconscientemente, médicos frequentemente escolhem tratamentos farmacológicos para pacientes com TEPT dirigidos para um ou mais grupos sintomatológicos tradicionais (comportamento esquivo, pensamentos intrusivos e reexperimentar/reviver experiências traumáticas e transtornos do sono [especialmente pesadelos]). Nos ECRs publicados, os sintomas de TEPT geralmente são graduados globalmente usando a CAPS (*Clinician-Administered PTSD Scale*, ou Escala de TEPT Aplicada pelo Clínico, em tradução livre), na qual escores basais > 50 geralmente são considerados indicativos de níveis significativos de gravidade dos sintomas (em geral, escores de 0 a 19 são considerados "sintomas mínimos" ou "casos assintomáticos"; 20 a 39 indicam sintomas "subliminares" ou brandos; 40 a 59 definem sintomas "limítrofes" ou moderados; 60 a 79 são considerados sintomas "graves"; e escores > 80 definem sintomas "extremos") (Weathers et al., 2001). A CAPS inclui medidas dos subcomponentes fundamentais do TEPT, inclusive revivescimento (Grupo "B"), fuga ou atitude paralisante (Grupo "C") e hipervigilância (Grupo "D"). Por convenção, o limiar para definição de "resposta" nos casos de TEPT é melhora do escore basal da CAPS em 20 a 30% ou mais. Alguns ECRs (p. ex., Feder et al., 2014) definiram escores CAPS ≤ 50 como indicativos de "melhora significativa". Também é importante salientar que as durações dos ensaios clínicos breves sobre TEPT frequentemente se estenderam por até 12 semanas para avaliar resposta.

É possível desenvolver TEPT sem ter vivenciado algum evento traumático bem definido? Alguns autores chamam tal problema de "Critério A", porque é subjetiva a forma como o trauma psíquico é definido, e seu impacto pode variar amplamente de um indivíduo para outro. Contudo, para melhor ou para pior, o conceito aceito hoje em dia considera unicamente eventos catastroficamente violentos ou que de alguma forma colocam a vida em risco.

O DSM-5 também inclui "comportamentos autodestrutivos ou imprudentes" em sua definição de TEPT. Isso significa que TEPT é algum tipo variante de transtorno bipolar ou transtorno de personalidade *borderline* e que deve ser tratado com fármacos indicados para essas duas últimas condições? Não necessariamente. Esse é outro bom exemplo de um sintoma conceitualmente sobreposto, que não tem especificidade diagnóstica. De acordo com o Capítulo

1, diagnóstico é mais importante quando há um conjunto coerente de sinais e sintomas. Caso contrário, deve-se sair em busca de dimensões de psicopatologia e acompanhar sua evolução com os outros sintomas que estão sendo tratados com qualquer fármaco que for escolhido.

A IES (*Impact of Events Scale*, ou Escala de Impacto de Eventos, em tradução livre) também é usada frequentemente para acompanhar sintomas referidos aos três domínios fundamentais do TEPT, ou seja, pensamentos intrusivos, fuga/comportamento paralisante e hipervigilância.

A Escala de Trauma de Davidson é um questionário autoaplicável de 17 itens, que define escores de frequência entre 0 e 68, escores de gravidade de 0 a 68 e escores totais de 0 a 136 (Davidson et al., 1997a).

As *Checklists* para TEPT em sua Versão Civil (PLC-C) e Versão Militar (PCL-M) são questionários autoaplicáveis de 17 itens, cujos escores variam de 17 a 85 (Blanchard et al., 1996).

Algumas vezes, a escala STAI (*State-Trait Anxiety Inventory*, ou Inventário de Traço-Estado de Ansiedade, em tradução livre; ver Tabela 17.2 no Capítulo 17) é incorporada aos ensaios clínicos sobre TEPT como indicador de sintomas gerais de ansiedade.

O tratamento do transtorno de estresse agudo previne ou evita TEPT? Uma metanálise de 19 ECRs (Astill Wright et al., 2019) não demonstrou eficácia de propranolol, ocitocina, gabapentina, óleo de peixe, dexametasona, escitalopram, imipramina ou hidrato de coral. Hidrocortisona (ver mais adiante neste capítulo) depois de traumatismo físico grave foi melhor que placebo, exceto por seus efeitos colaterais; sua base de dados limitada torna impraticável e prematuro recomendar este fármaco para uso geral para evitar TEPT depois de um evento traumático. A literatura de psicoterapia demonstra que terapia de exposição prolongada ou cognitivo-comportamental para sobreviventes sintomáticos de traumas com transtorno de estresse agudo pode reduzir significativamente o risco de desenvolver TEPT depois de 5 meses (Shalev et al., 2012). Nos transtornos de adaptação, frequentemente usamos benzodiazepínicos ou fármacos semelhantes à trazodona, ou também fármacos "Z", para tratar insônia.

Assim, isso é muito diferente do que acontece no transtorno de estresse agudo? Ou na intervenção em crises? Ajudar um paciente sem outros transtornos psiquiátricos a controlar seus medos intensos durante uma pandemia? Não é muito diferente – em essência, esse é exatamente o mesmo conceito e vale lembrar que o DSM-5 redefiniu transtornos de adaptação como "condições relacionadas com trauma psíquico e fatores de estresse". Contudo, essa é uma área na qual praticamente não existem estudos baseados em evidência que possam orientar as melhores práticas. Como foi ressaltado em uma revisão publicada por Stein (2018), estudos formais são pequenos, não têm força estatística suficiente e referem-se principalmente ao alprazolam e algumas poucas opções não convencionais – inclusive *Ginkgo biloba*, S-adenosilmetionina, kava-kava e um extrato conhecido como *eufitose*, além de vários supostos ansiolíticos/antidepressivos que não estão disponíveis nos EUA (p. ex., etifoxina, mianserina e tianeptina). Portanto, considerando que não existem muitas evidências, seria totalmente razoável adotar uma abordagem sintomática empírica ao tratamento farmacológico para tratar a condição descrita.

No DSM-5, as sequelas fisiológicas (referidas ao sistema nervoso autônomo), emocionais e cognitivas de uma experiência traumática ou estressante, que aparecem apenas durante o primeiro mês depois da exposição traumática, são descritas pelo termo "transtorno de estresse agudo". Por outro lado, persistência dos sintomas além desse intervalo pode predispor ao desenvolvimento de TEPT. O Boxe 19.3 aborda a questão de saber se e quando há necessidade de usar tratamento farmacológico para transtornos de estresse agudo.

> 💡 **Dica**
> Terapia cognitiva geralmente é a modalidade psicoterápica preferida no lugar das terapias baseadas em exposição nos casos de desequilíbrio emocional extremo ou dissociação, considerando que exercícios de exposição podem ser menos praticáveis e agravar sintomas extremos de reação ao estresse.

COVID-19

A pandemia de COVID-19 merece considerações especiais no contexto de estresse traumático. Essa condição destaca-se como uma forma singular e incidente uma vez na vida do indivíduo, que se caracteriza por transtorno e ameaça prolongada à vida como a conhecemos e afeta praticamente todas as esferas fundamentais, a começar com o nível mais básico da hierarquia de necessidades de Maslow (1943), que está ilustrada na Figura 19.1. A natureza prolongada de seus estresses e suas incertezas multifacetárias associadas no que se refere à segurança física básica e

Boxe 19.3 Transtornos de estresse agudo e seu tratamento.

> A condição descrita como "transtorno de estresse agudo" refere-se a um conjunto de sintomas psicopatológicos, que começam logo depois (dentro de 1 mês) de uma experiência traumática catastrófica. Essa fenomenologia é semelhante ao TEPT, mas temporalmente está mais próxima do episódio traumático (enquanto sintomas do TEPT são definidos por sua ocorrência ao menos 1 mês depois). Abordagens psicoterápicas (inclusive terapia cognitivo-comportamental, TCC) são as intervenções preferidas como primeira opção. Com base em relatos anedóticos, tratamento de curta duração (menos de 1 mês) com benzodiazepínico pode ser apropriado para atenuar ansiedade, agitação ou insônia. ECRs com ISRSs (especialmente escitalopram avaliado em diversos estudos [Shalev et al., 2012; Suliman et al., 2015; Zohar et al., 2018) para tratar transtornos de estresse agudo não demonstraram vantagem em comparação com placebo, embora análises *post hoc* de um ensaio (Zohar et al., 2018) tenham sugerido possível efeito na prevenção de TEPT depois de experiências traumáticas voluntárias ou intencionais (agressões físicas, estupro, ataques de mísseis).

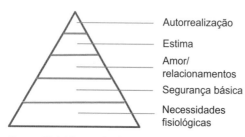

Figura 19.1 Hierarquia de necessidades de Maslow.

ao bem-estar emocional é muito semelhante aos estresses associados ao TEPT crônico observado entre prisioneiros de guerra ou vítimas de abuso físico, sexual, emocional ou sociopolítico crônico.

O conceito de resiliência pressupõe que indivíduos que resistem mesmo a níveis extraordinários de estresse, mas contam com os elementos descritos no Boxe 19.1, que podem ajudá-los a enfrentar adversidades, possa conferir alguma proteção contra o desenvolvimento subsequente de TEPT. Dito isto, as implicações mundiais singulares e extraordinárias da pandemia de COVID-19 impõem desafios sem precedentes nos tempos modernos. Considerações farmacológicas básicas podem incluir intervenções sintomáticas (p. ex., controlar insônia ou ansiedade, independentemente da coexistência de alguma síndrome psiquiátrica formal). "Ansiedade" que aumenta até chegar ao nível de distresse mais fulminante ou insuportável pode justificar intervenções com ansiolíticos dopalíticos, ou seja, antipsicóticos algumas vezes referidos como "tranquilizantes maiores". Antidepressivos monoaminérgicos também estão indicados clinicamente para tratar episódios depressivos e transtornos de ansiedade, embora com base de evidência menos ampla para tratar sintomas depressivos subliminares no contexto de transtornos de adaptação.

No Boxe 19.4, apresentamos uma "caixa de ferramentas" farmacoterápicas para lidar com problemas clínicos fundamentais encontrados na avaliação de psicopatologias relacionadas com estresse no contexto da pandemia de COVID-19.

BASES DO TRATAMENTO FARMACOLÓGICO DO TEPT

Sertralina (nos ensaios de registro, a dose média usada foi de 150 mg/dia) e paroxetina são os únicos fármacos aprovados pela FDA norte-americana para tratar TEPT. ECRs com sertralina demonstraram eficácia mais robusta nos subgrupos de sintomas do TEPT como comportamento esquivo/paralisante e hipervigilância, mas não pensamentos intrusivos/rememoração (Brady et al., 2000). Nos ensaios de registro na FDA com sertralina, os autores detectaram resposta rápida ao longo de 10 semanas e um ensaio específico de 24 semanas avaliou prevenção de recorrências por até 28 semanas entre os que responderam de imediato. A eficácia da paroxetina foi demonstrada em dois ensaios de 12 semanas para registro na FDA (cerca de 40% dos indivíduos inscritos também tinham comorbidade de TDM ou transtornos de ansiedade). Um ensaio inicial com doses fixas demonstrou eficácia com 20 ou 40 mg/dia, mas nenhum efeito benéfico adicional com a dose de 40 mg *versus* 20 mg. Dois outros estudos com doses variáveis (20 a 50 mg/dia) demonstraram reduções significativamente maiores dos escores CAPS em comparação com placebo.

> **Dica**
> Alguns especialistas alertam que, com pacientes portadores de TEPT, podem ser necessárias até 12 semanas para avaliar se houve resposta a uma experiência adequada de tratamento farmacológico.

Capítulo 19 • Trauma Psíquico e Transtorno de Estresse Pós-Traumático

Boxe 19.4 Psicopatologias relacionadas com o estresse da pandemia de COVID-19: avaliação e tratamento.

- Diferenciar entre circunstâncias (mesmo as que são mais assustadoras) e doença. Episódio de depressão, transtorno de ansiedade, transtorno de uso de substâncias ou transtorno pós-traumático justificam tratamento apropriado, da mesma forma como se tratássemos angina ou alergia sazonal, independentemente se estes problemas apenas se apresentam "transitoriamente". Em outras palavras, o médico deve avaliar a história de transtornos preexistentes como marcadores de vulnerabilidade mental quando se avaliam sobreviventes de estresses associados à pandemia de COVID-19
- Estar consciente do risco de aumento da incidência de problemas relacionados com uso de álcool ou outras substâncias e seus efeitos neurotóxicos/psicotóxicos, mesmo entre indivíduos altamente estressados sem história declarada ou bem definida de transtornos de uso de álcool/drogas. Quando necessário, realizar as intervenções descritas no Capítulo 18
- Resistir à tentação de simplesmente prescrever ou aumentar as doses usadas de benzodiazepínicos ou outros hipnótico-sedativos em resposta às queixas de "estresse", sem antes avaliar seus pacientes
- Nos pacientes em tratamento para COVID-19, considerar a possibilidade de colocar em risco órgãos fundamentais em razão do prolongamento do intervalo QTc causado por fármacos experimentais, inclusive hidroxicloroquina; lembrar dos riscos potenciais de depressão do *drive* respiratório associada aos benzodiazepínicos, principalmente quando a ansiedade estiver relacionada com hipoxia e dispneia; assegurar monitoramento hematológico apropriado dos fármacos que possam causar discrasias sanguíneas, lembrando que COVID-19 tende a suprimir mais as contagens de linfócitos que neutrófilos
- Ativar e potencializar as medidas de suporte não farmacológico, principalmente quando questões relacionadas com isolamento social impuserem riscos especialmente altos ao equilíbrio emocional.

Entre outros ISRSs, citalopram não alcançou diferença quando comparado com placebo, enquanto escitalopram em doses de 20 mg/dia (Robert et al., 2006) ou 40 mg/dia (alcançada depois de titulação por 4 semanas; Qi et al., 2017) mostrou melhoras significativas dos escores da escala CAPS e também das impressões globais em ensaios abertos de 12 semanas.

 Dica
A duração ideal do tratamento para evitar recorrência depois de resposta imediata provavelmente é de *24 meses no mínimo* (com base nos resultados de um ensaio de descontinuação com sertralina [Davidson et al., 2001a]).

 Dica
ISRSs são menos eficazes nos casos crônicos que agudos de TEPT.

Metanálise dos tratamentos farmacológicos para TEPT realizada por Watts et al. (2013) (resultados ilustrados na Figura 19.2) detectou tamanhos de efeitos maiores com topiramato, paroxetina, risperidona e venlafaxina (resultados não significativos estão nas células escuras). Efeito global médio (g = 0,42; IC95% = 0,31 a 0,53; 56 ensaios incluindo 5.357 indivíduos) – em contraste com tamanhos de efeitos maiores observados com a maioria das modalidades de psicoterapia (g = 1,14; IC95% = 0,97 a 1,30; 76 ensaios incluindo 3.771 indivíduos), especialmente terapia cognitivo-comportamental (g = 1,26), dessensibilização e reprocessamento de movimentos oculares (DRMO; g = 1,01), terapia psicodinâmica (g = 0,78) e hipnoterapia (g = 0,72). Por outro lado, um estudo amplo de 24 semanas envolvendo várias unidades de tratamento do US Department of Veterans Affairs (VA) sobre TEPT relacionado com combates entre veteranos de guerra não detectou diferenças de resultados entre os pacientes distribuídos randomicamente para tratamento com sertralina, terapia de exposição prolongada ou combinação de ambos (Rauch et al., 2019). Na metanálise publicada por Watts et al. (2013), uma análise dos fatores moderadores demonstrou efeitos significativamente maiores em mulheres que homens e não veteranos que veteranos.

 Dica
Na metanálise publicada por Watts et al. (2013), antidepressivos alcançaram tamanho de efeito global médio (g = 0,43).

Uma metanálise subsequente de seis ensaios com topiramato detectou tamanho de efeito menor (g = 0,55), que simplesmente não

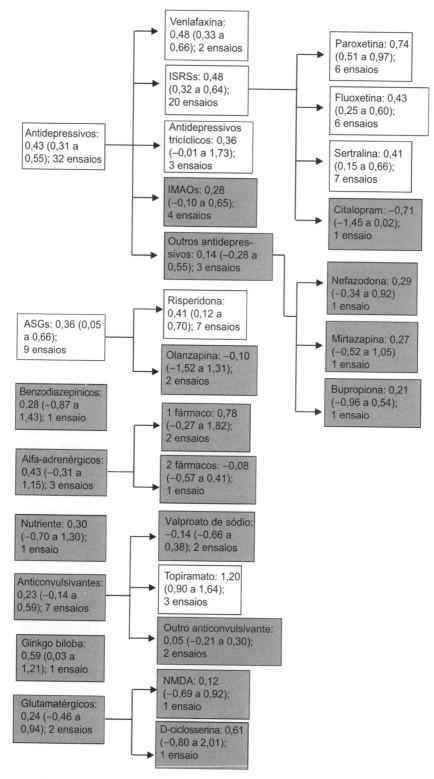

Figura 19.2 Metanálise de tratamentos farmacológicos para TEPT (*g*; IC95%).

alcançou significância estatística. Topiramato atenuou o estado de hipervigilância, mas não eliminou rememoração ou comportamento esquivo (Varma et al., 2018).

Outro ensaio retrospectivo de eficácia comparativa com 2.931 veteranos não demonstrou diferenças de resultados entre os que usaram fluoxetina, paroxetina, sertralina, topiramato ou venlafaxina (*i. e.*, todos pareceram igualmente eficazes, ou seja, produziram o mesmo grau de melhora dos escores de graduação do TEPT, enquanto os critérios para firmar diagnóstico de TEPT propriamente dito persistiram em mais de 80% dos pacientes depois de 6 meses de tratamento (Shiner et al., 2018).

 Dica — ECRs sobre TEPT não demonstraram vantagem em acrescentar um ISRS à terapia de exposição, em comparação apenas com esta modalidade de psicoterapia (Simon et al., 2008; Popiel et al., 2015; Rauch et al., 2019).

Quando se consideram subcomponentes da síndrome de TEPT, ECRs demonstraram eficácia com venlafaxina no que se referia à rememoração e ao comportamento esquivo/paralisante, mas não alterou o estado de hipervigilância (Davidson et al., 2006). Ensaios abertos com escitalopram demonstraram reduções mais acentuadas da gravidade inicial dos sintomas como comportamento esquivo/paralisante e hipervigilância que do sintoma de rememoração (Robert et al., 2006). Estudos também demonstraram que antidepressivos tricíclicos tiveram efeito mais acentuado nos pensamentos intrusivos, assim como nos sintomas de depressão e ansiedade, com menos impacto no comportamento esquivo (Sutherland e Davidson, 1994).

 Dica — Entre os benzodiazepínicos, temazepam (doses orais de 15 a 30 mg/dia, à noite, durante 7 dias) foi estudado em um ECR pequeno (*n* = 22) em comparação com placebo para pacientes com TEPT relacionado com combates e mostrou que este fármaco aumentou a duração do sono e tendência no sentido de menos despertares depois de começar a dormir (Mellman et al., 2002). Temazepam não melhorou diretamente sintomas fundamentais do TEPT, mas diminuiu o número de despertares nos casos em que houve melhora dos sintomas deste transtorno.

A Tabela 19.1 resume os resultados de ensaios randomizados sobre combinações de fármacos para tratar TEPT.

Uso de benzodiazepínicos para tratar pacientes com TEPT geralmente é controvertido. O Boxe 19.5 descreve detalhadamente as razões disso.

Se um paciente com TEPT tem dor neuropática, seria possível conseguir um efeito de "leve dois, pague um" usando IRSN ou ADT? Talvez. Existem dados favoráveis ao uso de venlafaxina para tratar TEPT, mas nem tanto quanto aos ADTs. De qualquer modo, existem pouquíssimos dados sobre tratamento do TEPT com gabapentina ou pregabalina. Entre pacientes deprimidos ou ansiosos com história de trauma ou abuso na infância, os resultados são piores que nos casos em que não há este tipo de histórico, independentemente do tipo específico de abuso. Em termos gerais, nos ensaios sobre TEPT, fármacos tendem a ser menos eficazes em veteranos militares com TEPT crônico, que nas populações civis (Friedman et al., 2007). Veteranos militares com TEPT crônico inscritos em ECRs também tendiam a ter escores mais altos na escala CAPS, em comparação com TEPT civil (Zohar et al., 2002).

MODULAÇÃO ADRENÉRGICA E TEPT

Betabloqueadores

Uma teoria conceitualmente convincente acerca da patogenia do TEPT como distúrbio do circuito de extinção de medo gira em torno da noção de que uma experiência traumática torna-se "aprendida" e seus elementos de memória são codificados como reações emocionais aversivas em razão da hiperatividade adrenérgica prolongada associada à reação de fuga-ou-luta. Por essa razão, solidificou-se o interesse em torno da possível utilidade dos betabloqueadores que atravessam a barreira hematencefálica (especialmente propranolol) como forma de atenuar consolidação "exagerada" de memórias e, possivelmente, evitar TEPT depois de experiências traumáticas por meio da dessensibilização no contexto de "aprendizagem" adrenérgica. Tratamento imediato com propranolol logo depois do episódio traumático é considerado fundamental a esse paradigma. (Alguns autores acreditam que a "janela de oportunidade" possa ser de apenas seis horas depois da experiência traumática.) Nos ensaios clínicos,

Psicofarmacologia Prática

Tabela 19.1 ECRs de tratamentos farmacológicos combinados para TEPT.

Esquema terapêutico	Resultado
Ensaios positivos	
ISRS (fluoxetina, sertralina ou paroxetina) + olanzapina (n = 10; dose média = 15 mg/dia) ou placebo (n = 9)	Melhora significativamente maior com olanzapina nos escores CAPS, sintomas depressivos e problemas de sono ao longo de 8 semanas (Stein et al., 2002)
Citalopram + baclofeno	Reduções mais expressivas dos sintomas gerais de TEPT, especialmente medidas de hipervigilância e comportamento esquivo, em comparação com tratamento simples com citalopram (Manteghi et al., 2014)
Ensaios negativos	
Sertralina + mirtazapina	Nenhuma diferença entre os grupos no que se referia aos escores CAPS (resultado primário), mas índices de remissão foram significativamente maiores em 24 semanas com a combinação (39%) *versus* apenas sertralina (11%) com NNT = 3,5 (Schneier et al., 2015)
Sertralina + risperidona	Entre 45 pacientes com TEPT civil, os indivíduos que não melhoraram (redução ≥ 30% no escore CAPS) com 8 semanas de sertralina *open-label*, não houve melhora adicional entre aqueles que foram distribuídos randomicamente para usar risperidona adjuvante ou placebo, embora tenha sido observada melhora nominalmente significativa de uma medida de resultado secundária (*Davidson Trauma Scale*) (Rothbaum et al., 2008)
ISRS + risperidona	Em 247 pacientes com TEPT militar que não melhoraram nos estudos com mais de dois ISRSs, tratamento adjuvante por 6 meses com risperidona (dose média = 2,74 mg/dia) não foi melhor que placebo para melhorar os sintomas avaliados por CAPS ou MADRS (depressão) (Krystal et al., 2011)
ISRS (paroxetina ou sertralina) ± ziprasidona	Nenhuma diferença nos escores CAPS entre os que não melhoraram depois de 8 semanas usando ISRS e foram distribuídos randomicamente para usar ziprasidona adjuvante (n = 9) ou placebo (n = 15) (Hamner et al., 2019)

CAPS, Clinician-Administered PTSD Scale (Escala de TEPT Aplicada pelo Clínico); *ECR*, ensaio controlado randomizado; *ISRS*, inibidor seletivo de recaptação de serotonina; *MADRS, Montgomery-Åsberg Depression Rating Scale* (Escala de Avaliação de Depressão de Montgomery-Åsberg); *NNT*, número necessário para tratar; *TEPT*, transtorno de estresse pós-traumático.

o tratamento com propranolol oral na dose de 40 mg, 3 ou 4 vezes/dia, durante 7 a 10 dias, geralmente foi iniciado no primeiro dia depois da experiência traumática. O otimismo inicial foi desencadeado por estudos-piloto antigos demonstrando ativação fisiológica reduzida em comparação com placebo (Pitman et al., 2002) e incidência mais baixa de TEPT em comparação com vítimas de traumas que se recusaram a usar propranolol (Vaiva et al., 2003). Contudo, uma metanálise de cinco ensaios (três randomizados, um aberto e um retrospectivo envolvendo 214 vítimas de traumas físicos atendidas em serviços de emergência não detectou diferença entre propranolol e placebo quanto ao risco relativo de finalmente desenvolver TEPT (RR = 0,92; IC95% = 0,55 a 1,55) (Argolo et al.,

2015). A quantidade pequena de estudos dessa metanálise, somada ao seu foco em pacientes vítimas de traumas físicos atendidos em um serviço de emergência, limitam a possibilidade de tirar conclusões mais generalizáveis quanto à utilidade potencial (e ocasião mais apropriada) de usar propranolol como forma de atenuar consolidação de memórias traumáticas ou desenvolver TEPT.

Um importante ensaio randomizado controlado por placebo e propranolol como forma de "bloquear consolidação de memórias" foi realizado no intervalo de 90 minutos antes das sessões de psicoterapia durante um ciclo de 6 semanas de psicoterapia incluindo reativação de memórias 1 vez/semana; propranolol foi associado à redução mais significativa dos escores CAPS

Boxe 19.5 Benzodiazepínicos são nocivos aos pacientes com TEPT?

Uso de benzodiazepínicos por pacientes com TEPT foi condenado por alguns autores, em razão da suposta inexistência de eficácia demonstrada no tratamento dos sintomas deste transtorno, assim como risco mais alto de complicações relacionadas com transtornos de uso de substâncias. Como também ocorre em muitas outras áreas da psiquiatria, há muita controvérsia gerada mais pela inexistência de evidência que realmente por evidência de ausência, somada às recomendações baseadas em opinião pessoal. Conforme foi explicado inteligentemente por Roth (2010), a maior parte da literatura que afirma que benzodiazepínicos não atenuam sintomas do TEPT, podem agravar o risco de desenvolver TEPT ou aumentam as chances de que ocorra uso indevido de substâncias controladas baseia-se principalmente em observações anedóticas mais antigas, ensaios abertos pequenos, estudos comparativos que deixaram de controlar a gravidade basal dos sintomas, ou uso de benzodiazepínicos de ação curta, cujo uso foi descontinuado sem reduções progressivas por períodos adequados. Roth ressaltou que a maioria das diretrizes práticas que alertam contra o uso de benzodiazepínicos para tratar TEPT tende a citar repetidamente um único ensaio cruzado pequeno ($n = 10$) com alprazolam, no qual realmente *houve* melhora da ansiedade e comportamento esquivo/pensamentos intrusivos (mas não houve melhora em qualquer outro sintoma fundamental do TEPT) (Braun et al., 1990) e interpretar equivocamente outro ensaio demonstrando resultados adversos em 8 pacientes que usaram alprazolam, que recomendou explicitamente benzodiazepínicos de ação longa *versus* curta para atenuar efeitos da abstinência (p. ex., Risse et al., 1990). Na verdade, temores de que benzodiazepínicos possam certamente agravar comorbidade de transtorno de uso de substâncias não se originaram de um estudo naturalístico de 1 ano com 370 veteranos com TEPT, no qual tratamento com benzodiazepínico prescrito na verdade foi associado a *reduções* significativas dos problemas causados pelo álcool, violência e utilização dos serviços de saúde (Kosten et al., 2000).

Portanto, fica difícil interpretar metanálises que concluíram que benzodiazepínicos "devem ser considerados relativamente contraindicados para pacientes com TEPT ou trauma recente" – embora reconhecendo que benzodiazepínicos melhoram sono e ansiedade, mas não alteram os sintomas fundamentais do TEPT (p. ex., Guina et al., 2015) – em vista das amplas limitações de desenho dos estudos, efeitos de interações desconhecidas (p. ex., melhora do sono em comparação com domínios sintomatológicos do TEPT) e fatores de confusão presentes na literatura escassa disponível. Aqui, poderíamos acrescentar nossa observação anedótica de que um fator moderador de resultados desfavoráveis com benzodiazepínicos em pacientes com TEPT pode ser comorbidade de transtorno de personalidade *borderline* ou outras doenças mentais que deprimem a capacidade de autorregulação emocional e controle de impulsos (ver também Capítulo 20).

Repetindo, decisões clínicas devem ser tomadas caso a caso, dependendo das características específicas de cada paciente.

---

que placebo, embora com tamanhos de efeito intragrupo grandes com propranolol ($d = 1,76$) e placebo ($d = 1,25$) (Brunet et al., 2018). Em pacientes com TEPT crônico, estudos demonstraram que dose única de propranolol aumentou mais a velocidade de processamento em testes de desempenho neuropsicológico que placebo (Mahabir et al., 2016).

Alfa-agonistas

Estudos iniciais com duração de até 20 semanas avaliaram prazosina (um agonista α) especificamente para controlar pesadelos e transtornos de sono semelhantes entre veteranos militares com TEPT relacionado com combates. Nos casos típicos, a dose oral começava com 1 mg/dia durante três noites no mínimo, seguida de titulação crescente até chegar à faixa de 3 a 15 mg/noite (em geral, doses médias em torno de 10 mg/dia). Uma metanálise (George et al., 2016) demonstrou redução da incidência de pesadelos ($g = 1,022; p = 0,001$) e melhora da qualidade do sono em geral ($g = 1,14; p < 0,01$). Latência e duração do sono foram numericamente melhores com prazosina que placebo ($g = 0,93$), mas apenas em nível limítrofe de significância estatística ($p = 0,05$). Não houve efeitos significativos na pressão arterial sistólica ou diastólica.

 Dica — Alfarreceptores estão amplamente distribuídos por todo o sistema límbico.

Se trazodona é um agonista α_1, por que não se pode usá-la para tratar pesadelos associados ao TEPT? Certamente, é possível usar. Existem dados de ensaios abertos a favor dessa indicação específica com doses na faixa de 50 a 200

mg à noite (Warner et al., 2001). Assim, existiria alguma recomendação especial de quando preferir um betabloqueador em vez de um agonista α_1 para tratar hiperatividade do sistema nervoso autônomo de pacientes com TEPT? Considerando apenas a literatura, talvez propranolol, se for iniciado no primeiro dia depois da experiência traumática para atenuar consolidação "exagerada" de memórias emocionais e um alfa-agonista para insônia e pesadelos. Quanto ao uso dos dois, ainda não há estudos suficientes, podendo acarretar risco cardiovascular mais acentuado, e não há bases racionais sugestivas de efeito sinérgico.

Em seguida, um ECR colaborativo amplo (n = 304) envolvendo várias unidades de tratamento do VA com pacientes portadores de TEPT crônico relacionado com combates não conseguiu replicar os resultados de ECRs anteriores menores e não demonstrou diferenças em comparação com placebo nos pesadelos ou na qualidade do sono; a pressão arterial sistólica na posição supina depois de 10 semanas diminuiu em média 6,7 mmHg com prazosina (Raskind et al., 2018).

> **Dica**
> A interrupção abrupta de agonistas α_2 de ação central pode causar hipertensão de rebote. Clonidina e guanfacina suscitam essa preocupação, mas não prazosina (que é agonista específico de α_1).

Os autores desse último estudo sugeriram que sua população estudada, embora tivesse TEPT crônico, possa ter sido "muito estável" para que tratamento antiadrenérgico causasse efeito benéfico. Em análises *post hoc*, esses autores sugeriram hipertensão sistólica como possível fator moderador de resposta favorável à prazosina.

E quanto aos agonistas α_2 como clonidina ou guanfacina para reduzir o tônus simpático de pacientes com supostos estados hiperadrenérgicos depois de experiências traumáticas significativas? Vale lembrar que receptores α_2 do SNC são autorreceptores pós-sinápticos que, funcionalmente, hiporregulam a atividade central da norepinefrina. Dentre esses dois fármacos, guanfacina tem base de dados mais ampla de ensaios clínicos extensivos e, em sua maior parte, os resultados foram negativos: um ECR de 8 semanas com veteranos de guerra tratados com guanfacina em doses de 0,5 a 30 mg/noite não demonstrou qualquer vantagem em comparação com placebo no que se referia à melhora dos escores CAPS ou IES (Neylan et al., 2006). Um ECR com desenho semelhante incluiu 36 veteranos de guerra (cuja maioria já estava usando um ISRS) e também não demonstrou qualquer efeito benéfico nos sintomas do TEPT em comparação com placebo (Davis et al., 2008b). Estudos com clonidina consistem basicamente em um punhado de relatos de casos isolados bem-sucedidos com doses entre 0,5 e 1,0 mg administradas até 3 vezes/dia. As propriedades sedativas desse fármaco podem ocasionalmente oferecer alguma vantagem no que se refere aos transtornos de sono e possíveis efeitos ansiolíticos atribuíveis às suas propriedades ansiolíticas.

ANTICONVULSIVANTES

O interesse teórico em torno da utilidade potencial dos anticonvulsivantes nos transtornos pós-traumáticos originou-se em parte do conceito de "hiperativação" dos núcleos límbicos como consequência neurofisiológica da rememoração e supressão da patogenia e perpetuação dos sintomas associados ao TEPT. Em termos gerais, anticonvulsivantes como classe farmacêutica não têm muitas evidências favoráveis ao seu uso terapêutico para tratar trauma psíquico ou TEPT. Valproato de sódio e topiramato são os dois fármacos estudados mais amplamente. A Tabela 19.2 resume os resultados de ECRs publicados.

ANTIPSICÓTICOS

Uma metanálise de oito ECRs com ASGs para tratar pacientes com TEPT demonstrou diferença média ponderada global nos escores CAPS de −5,89 (IC95% = −9,21 a −2,56; p = 0,0005) com melhoras significativas observadas nos subitens referidos a pensamentos intrusivos e hipervigilância (Liu et al., 2014). A metanálise realizada por Watts et al. (2013) e resumida na Figura 19.2 detectou tamanho de efeito acumulado (nove ensaios) de g = 0,36 – valor menor que o conseguido com antidepressivos serotoninérgicos. Outra metanálise de nove ECRs (n = 497) envolvendo basicamente olanzapina, risperidona ou quetiapina (além de um ensaio com

> **Dica**
> Clonidina liga-se aos receptores dos subtipos α_{2a}, α_{2b} e α_{2c}, e isto parece explicar seus efeitos sedativos relativamente mais intensos em comparação com guanfacina, que tem afinidade mais acentuada apenas pelo subtipo de receptor α_{2a}.

Capítulo 19 • Trauma Psíquico e Transtorno de Estresse Pós-Traumático

Tabela 19.2 Anticonvulsivantes usados para tratar TEPT.

Fármaco	Resultados
Carbamazepina	Ensaios abertos iniciais relataram melhoras subjetivas sem medidas de avaliação formais. Um ensaio aberto de 5 semanas (dose média de carbamazepina = 780 mg/dia) demonstrou melhora "moderada" ou "muito grande" em 7/10 indivíduos (Lipper et al., 1986)
Valproato de sódio	• Um ECR de 8 semanas com 85 veteranos de guerra com TEPT (dose média = 2.309 mg/dia; [valproato] sérica média = 82 mg/ℓ) não detectou diferenças significativas em comparação com placebo nos escores CAPS (Davis et al., 2008a) • 16 veteranos de guerra tratados abertamente com valproato de sódio em dose baixa (dose média = 109,3 mg/dia) tiveram melhora significativa dos sintomas de hipervigilância e comportamento esquivo, embora não tenham sido utilizadas escalas de avaliação padronizadas (Fesler, 1991) • Um ensaio aberto de 8 semanas com 16 pacientes (dose média = 365 mg/dia) mostrou redução significativa dos sintomas de hipervigilância e pensamentos intrusivos e melhora dos escores das escalas HAM-D e HAM-A (Clark et al., 1999) • 14 veteranos militares com TEPT receberam valproato de sódio *open-label* por até 8 semanas (dose média = 1.840 mg/dia; [valproato] sérica média = 69 μg/mℓ) e tiveram melhora significativa dos escores totais basais da CAPS e subitens HAM-D e HAM-A (Petty et al., 2002)
Gabapentina	Com exceção de relatos de casos isolados, uma revisão retrospectiva de 30 pacientes com TEPT relatou melhora dos parâmetros de sono, inclusive pesadelos (Hamner et al., 2001)
Lamotrigina	Um ECR preliminar pequeno (n = 15; doses de até 500 mg/dia) relatou "resposta" em 5/10 pacientes tratados com lamotrigina, em comparação com 1/4 pacientes que usaram placebo; houve reduções significativas dos sintomas de rememoração e comportamento esquivo/paralisante (Hertzberg et al., 1999)
Levetiracetam	Ao longo de um intervalo médio de 9,7 semanas, 23 pacientes civis com TEPT que não haviam melhorado com antidepressivos receberam (fármaco adjuvante, na maioria dos casos) levetiracetam *open-label* (dose média = 1.967 mg/dia) e 13 (56%) pareceram melhorar com base nos escores da escala PCL-C (Kinrys et al., 2006)
Oxcarbazepina	Os dados disponíveis limitam-se a relatos de casos isolados
Pregabalina	Um ECR pequeno (n = 37) de 6 semanas realizado no Irã demonstrou efeito benéfico apenas significativo com pregabalina (dose = 300 mg/dia) em comparação com placebo nos escores da escala PCL-M em pacientes com TEPT relacionado com combates (Baniasadi et al., 2014)
Tiagabina	Um ensaio aberto de 12 semanas (dose média = 10,8 mg/dia) com 29 pacientes portadores de TEPT acompanhados por um período adicional de 24 semanas (randomização duplo-cega) de descontinuação mostraram melhora sustentada mais significativa em diversas medidas de avaliação do TEPT, em comparação com os que foram distribuídos randomicamente para usar placebo (Connor et al., 2006)
Topiramato	• Uma revisão retrospectiva de prontuários de 35 pacientes com TEPT civil detectou reduções significativas das frequências iniciais de pesadelos (79%) e *flashbacks* (86%); a maioria dos indivíduos rotulados como respondentes usou doses ≤ 100 mg/dia (Berlant e Van Kammen, 2002). Outro estudo de 4 semanas realizado pelos mesmos autores avaliou 33 pacientes ambulatoriais com TEPT civil e detectou redução média de 49% nos sintomas globais de TEPT, com reduções significativas dos subitens relacionados com rememoração, comportamento esquivo/paralisante e hipervigilância com índice de resposta global de 77% (tempo médio até a resposta = 9 dias; dose média = 50 mg/dia) (Berlant, 2004) • Um ECR de 12 semanas com 35 pacientes brasileiros com TEPT relacionado com combates demonstrou melhora significativa dos escores CAPS no que se referia a *flashbacks*, memórias intrusivas, pesadelos, comportamento esquivo/paralisante e isolamento social, com tolerabilidade global satisfatória (dose média = 103 mg/dia) (Yeh et al., 2011) • Um ECR de 12 semanas com 38 pacientes civis com TEPT não detectou diferença significativa em comparação com placebo nos escores totais da escala CAPS, mas demonstrou melhora significativa dos sintomas de rememoração (Tucker et al., 2007) • Um ECR de 7 semanas com 40 homens veteranos de guerra com TEPT não demonstrou diferença significativa em comparação com placebo, embora o índice alto de abandono do estudo em razão de efeitos adversos (55% dos indivíduos tratados com topiramato) provavelmente tenha tornado esse estudo falho, em vez de negativo (Lindley et al., 2007)

CAPS, Clinician-Administered PTSD Scale (Escala de TEPT Aplicada pelo Clínico); *ECR*, ensaio controlado randomizado; *HAM-A*, Escala de Avaliação de Ansiedade de Hamilton; *HAM-D*, Escala de Avaliação de Depressão de Hamilton; *PCL-C, Checklist* para TEPT – versão civil; *PCL-M, Checklist* para TEPT – versão militar; *TEPT*, transtorno de estresse pós-traumático.

Psicofarmacologia Prática

ziprasidona) detectou tamanho de efeito acumulado apenas pequeno quanto à melhora do escore total da CAPS em comparação com placebo ($g = -0,29$; IC95% = $-0,471$ a $-0,106$; $p = 0,002$) e grau de alteração um pouco maior nos subitens de pensamentos intrusivos da CAPS ($g = -0,373$; IC95% = $-0,568$ a $-0,178$; $p < 0,0001$) (Han et al., 2014).

Olanzapina, risperidona e quetiapina são os ASGs com bancos de dados formais mais amplos no que se refere ao tratamento de TEPT (talvez em razão de um artefato de estarem disponíveis para estudo há mais tempo que os outros fármacos deste grupo). A Tabela 19.3 resume os resultados dos ensaios publicados com ASGs.

Tabela 19.3 ECRs com ASGs para tratar TEPT.[a]

Fármaco	Resultados
Aripiprazol	Uma metanálise de seis ensaios (em sua maioria com veteranos militares) – três sobre tratamento com apenas um fármaco (todos *open-label*), três com tratamento adjuvante (um *open-label*, uma revisão retrospectiva e um ECR) – detectou melhoras significativas dos resultados primários (escores CAPS ou medidas globais semelhantes) em comparação com os escores basais (Britnell et al., 2017); contudo, o único ECR (Naylor et al., 2015) incluído não detectou diferença significativa em comparação com placebo nos indivíduos que concluíram 4 semanas (n = 14) ou 8 semanas (n = 12) de tratamento
Asenapina	Um estudo-piloto aberto pequeno (*n* = 15; dose média = 13,6 mg/dia) detectou melhoras significativas dos escores totais iniciais da CAPS e todos os três subgrupos sintomatológicos; 10/18 (56%) foram rotulados como respondentes (melhoras dos escores CAPS ≥ 30%) (Pilkinton et al., 2016)
Olanzapina	Depois de vários ensaios abertos pequenos de curta duração com resultados favoráveis (melhora intragrupo na gravidade dos sintomas iniciais), foram publicados três ECRs: • Um ensaio de 8 semanas com 28 pacientes civis com TEPT detectou melhora significativamente maior que placebo (dose média = 9,3 mg/dia) nos escores totais da CAPS (*d* = 0,43) e comportamento esquivo (mas não nos escores de hipervigilância e pensamentos intrusivos), enquanto 6/14 indivíduos tratados com olanzapina tiveram aumento significativo do peso (Carey et al., 2012) • Um ECR de 12 semanas com olanzapina adjuvante (dose média = 15 mg/dia) administrada a 19 indivíduos que não haviam melhorado com ISRS detectou melhora significativamente maior que com placebo nos escores totais da CAPS e medidas de resultado secundárias referidas à depressão e ao sono, além de alteração média do peso em 6,5 kg a mais (Stein et al., 2002b) • Um ensaio de 10 semanas com 15 indivíduos não detectou diferenças significativas em quaisquer medidas de resultado (Butterfield et al., 2001)
Quetiapina	Um ECR de 12 semanas detectou melhora significativamente maior com quetiapina (*n* = 42; dose média = 258 mg/dia; dose máxima = 800 mg/dia) que placebo (*n* = 38) nos escores totais da CAPS e nos subitens de sintomas de rememoração e hipervigilância, assim como ansiedade, depressão e escores BPRS; o número de abandonos prematuros foi significativo (Villarreal et al., 2016)
Risperidona	Ensaios controlados iniciais demonstraram melhora significativa em veteranos com TEPT crônico, principalmente no que se referia a pensamentos intrusivos, sintomas psicóticos e manifestações de agressividade (revisados por Pae et al., 2008). Contudo, dois ECRs amplos envolvendo vários centros de pesquisa não demonstraram qualquer vantagem com risperidona *versus* placebo, conforme foi citado resumidamente na Tabela 19.1 • Em 25 pacientes civis com TEPT sem melhora clínica depois de 8 semanas de tratamento com sertralina que, em seguida, foram distribuídos randomicamente para fazer 8 semanas de tratamento com risperidona adjuvante ou placebo, não houve diferenças significativas entre os grupos no que se referia ao resultado primário (escores totais da CAPS) (Rothbaum et al., 2008) • Em um ECR de 6 meses com 367 veteranos com TEPT, *não houve diferenças significativas em comparação com placebo* nos escores totais da CAPS, assim como não houve diferenças intergrupos no que se referia aos sintomas de depressão ou ansiedade, ou outras medidas de resultado secundárias (Krystal et al., 2011)

(continua)

Tabela 19.3 ECRs com ASGs para tratar TEPT.[a] *(continuação)*

Fármaco	Resultados
Ziprasidona	Com exceção de vários relatos de casos abertos pequenos indicando resultados favoráveis, existe apenas um ensaio negativo pequeno com ziprasidona adjuvante com ISRS, conforme descrito na Tabela 19.1

[a] Não existem ensaios clínicos com cariprazina, iloperidona, lumateperona, lurasidona ou pimavanserina; um ECR com paliperidona foi suspenso (Identificador no ClilnicalTrials.gov: NCT00766064); e um ECR de Fase II com resultados favoráveis promissores, embora ainda inédito, com brexpiprazol combinado com sertralina (Identificador no ClinicalTrials.gov: NCT04174170), que demonstrou eficácia preliminar (não evidente com tratamento simples) com tamanho de efeito grande. *ASG*, antipsicótico de segunda geração; *BPRS, Brief Psychiatric Rating Scale* (Escala Breve de Avaliação Psiquiátrica); *CAPS, Clinician-Administered PTSD Scale* (Escala de TEPT Aplicada pelo Clínico); *ECR*, ensaio controlado randomizado; *TEPT*, transtorno de estresse pós-traumático.

CETAMINA

Um estudo inicial de prova de conceito demonstrou que infusão intravenosa de dose única de cetamina produziu melhora rápida dos sintomas globais de TEPT (sintomas da IES ficaram significativamente melhores em 24 horas, quando comparados com midazolam [controle ativo]), assim como dos sintomas depressivos de 41 pacientes com TEPT crônico (Feder et al., 2014). Um estudo aberto pequeno (n = 15) subsequente com seis infusões IV de cetamina administradas a um grupo de pacientes com TDM e TEPT demonstrou que 80% conseguiram remissão do TEPT e que o intervalo médio até que houvesse recorrência foi de 41 dias (Albott et al., 2018).

Em relação aos pacientes que respondem à infusão IV de cetamina para manter sua melhora depois da primeira infusão, é possível tentar repetir as infusões de cetamina. No ensaio com infusão de dose única de cetamina IV, os escores da escala CAPS não foram muito diferentes dos alcançados com midazolam no 7º dia.

ABORDAGENS TERAPÊUTICAS NOVAS

Ocitocina

O neuropeptídio ocitocina modula as respostas do sistema nervoso autônomo e glicocorticoides a uma ameaça percebida e produz efeitos ansiolíticos e pró-sociais, que podem contribuir para a forma com as pessoas processam experiências traumáticas. Um ECR envolvendo vários centros de pesquisa com 120 vítimas de acidentes automobilísticos em sua maior parte comparou placebo com ocitocina intranasal (dose de 40 UI 2 vezes/dia, durante 8 dias) iniciada nas primeiras 12 horas depois de um acidente traumático (van Zuiden et al., 2017). Com 6 semanas, não houve diferença global entre os grupos tratados; contudo, gravidade inicial alta era um fator moderador, que diferenciava significativamente entre ocitocina e placebo quanto ao grau de alteração dos escores CAPS. Estudos também demonstraram que ocitocina intranasal reduziu a intensidade dos sintomas de comportamento esquivo em mulheres com diagnóstico conhecido de TEPT (Sack et al., 2017).

Hidrocortisona

Glicocorticoides facilitam a aprendizagem por extinção, reduzem a recuperação de memórias de medo e melhoram a consolidação e a reconsolidação de memórias. Com base nessas observações, estudos preliminares investigaram o impacto do glicocorticoide sintético hidrocortisona acrescentada à terapia de exposição prolongada para tratar TEPT. Em um ECR, hidrocortisona (30 mg) foi comparada com placebo oral administrado 20 minutos antes de cada uma das sete sessões de terapia de exposição prolongada com 24 veteranos militares (Yehuda et al., 2015). Hidrocortisona acarretou reduções mais significativas dos escores CAPS que placebo, com tamanho de efeito intergrupos (valor *d*) de 0,43.

N-acetilcisteína

Um estudo demonstrou que *N*-acetilcisteína na dose de 2.400 mg/dia durante 8 semanas foi mais eficaz que placebo em um grupo de 25 veteranos com TEPT e transtorno de uso de substâncias (Back et al., 2016). Houve melhoras significativas nos sintomas globais do TEPT e também nos parâmetros usados para avaliar desejo insaciável. Todos os indivíduos também faziam TCC.

D-serina

Um ECR-piloto de 6 semanas com *D*-serina na dose de 30 mg/kg/dia *versus* placebo administrado a 22 indivíduos com TEPT crônico demonstrou tendência de melhora (nível de significância de tendência) dos escores CAPS, com melhora significativa da ansiedade e outras medidas de resultado secundárias (Heresco-Levy et al., 2009).

Creatina

Embora pareça melhorar o metabolismo energético do cérebro, creatina foi estudada em um ensaio aberto preliminar de 4 semanas com 10 pacientes portadores de TEPT crônico, que continuaram a usar os fármacos que já usavam; formulada como monoidrato de creatina na dose oral de 3 mg/dia durante 1 semana, depois 4 mg/dia, houve melhora modesta e significativa dos escores basais da escala CAPS e dos sintomas depressivos iniciais (Amital et al.,2 006).

3,4-metilenodioximetanfetamina (MDMA)

Entre as abordagens farmacoterápicas novas ao tratamento do TEPT estão psicoterapia complementada com MDMA, cuja base racional consiste em seu potencial de catalisar envolvimento emocional, sentimentos de confiança e empatia e melhorar a capacidade de reviver experiências traumáticas e promover extinção do medo, ao mesmo tempo que evita alienação emocional ou dissociação. Estudos empíricos com MDMA usada como adjuvante à psicoterapia de pacientes com TEPT estavam essencialmente proibidos até o início do século XXI, porque MDMA fazia parte do Grupo I da classificação federal das drogas. Com base em dados limitados, metanálise de cinco ECRs demonstrou aumento de quase 3,5 vezes na probabilidade de resposta e 2,5 vezes na probabilidade de remissão, com tamanho de efeito grande ($g = 1,30$) e tolerabilidade satisfatória (Bahji et al., 2020). O grau de melhora potencial em comparação com o nível basal parece impressionante e um ECR com pacientes militares portadores de TEPT crônico calculou tamanho de efeito (depois de usar dose de 75 mg) $d = 2,8$ (Mithoefer et al., 2018).

Canabidiol

Canabidiol parece atenuar memórias de medo por invalidação da consolidação de memórias. A base de evidências disponíveis sobre TEPT consiste basicamente em estudos pré-clínicos (p. ex., usando paradigmas de extinção do medo) ou estudos preliminares em estados de ansiedade (definida em termos gerais) em indivíduos saudáveis avaliados como controles. Hoje em dia, há estudos em andamento com pacientes portadores de TEPT usando doses orais na faixa de 300 a 600 mg/dia.

Bloqueio do gânglio cervicotorácico

O gânglio cervicotorácico (ou gânglio estrelado) desempenha papel fundamental na modulação da atividade simpática. No passado, bloqueio desse gânglio por ablação cirúrgica ou injeção de anestésico era realizado para tratar algumas síndromes dolorosas regionais e certos tipos de disfunção do sistema nervoso autônomo, inclusive hiperidrose ou fenômeno de Raynaud. Relatos de casos iniciais sugeriram a utilidade potencial desse procedimento para controlar sintomas de hiperatividade autônoma associada ao TEPT. ECRs pequenos iniciais produziram resultados variados (ensaios positivos e negativos [p. ex., Hanling et al., 2016]) com efeitos maiores em ensaios positivos para controlar irritabilidade ou explosões de raiva, dificuldade de concentração e transtornos do sono (Lynch et al., 2016). Um amplo ECR subsequente envolvendo vários centros de pesquisa avaliou bloqueio do gânglio cervicotorácico direito nas semanas 0 e 2 em 113 militares com TEPT e calculou grau mais acentuado de melhora dos escores CAPS em comparação com injeções placebo, com tamanho de efeito médio ($d = 0,56$) (Rae Olmsted et al., 2020).

DISSOCIAÇÃO

Fenômenos dissociativos são considerados um estado psicológico relacionado com mecanismos de defesa para lidar com ansiedade gerada por traumas psíquicos. As bases fundamentais do tratamento consistem em intervenções psicoterápicas/psicossociais como terapia de exposição prolongada, DRMO, terapia de exposição narrativa, terapia de processamento cognitivo e processamento de memórias traumáticas, dentre outras. Estudos demonstraram que estados dissociativos eram fatores moderadores de resultados desfavoráveis em ensaios sobre terapia comportamental para TEPT, embora o chamado "subtipo

> **Dica**
> Riscos associados ao bloqueio do gânglio cervicotorácico são síndrome de Horner, dificuldade de deglutição e paralisia das pregas vocais.

dissociativo" ainda assim seja considerado reativo às terapias comportamentais baseadas em exposição (Wolf et al., 2016). Um ECR com paroxetina (doses de até 60 mg/dia) administrada a 70 adultos, em sua maioria de minorias éticas, com TEPT crônico demonstrou melhoras mais acentuadas dos sintomas dissociativos que a observada com placebo (Marshall et al., 2007).

Dica
"Sintomas dissociativos" foram descritos no DSM-5 como termo especificador de TEPT. Esses fenômenos psiquiátricos também ocorrem em diversas outras doenças, inclusive transtorno de personalidade *borderline*, esquizofrenia, epilepsia e transtornos do espectro autista, dentre outros.

Em alguns casos, os médicos deparam-se com a tentação de usar antipsicóticos para controlar sintomas relacionados com fenômenos dissociativos, simplesmente com base no fato de que dissociação é um tipo de desestruturação da percepção de realidade, ou talvez indícios para usar uma "cola de ego", conforme mencionado nos capítulos anteriores. Contudo, desconhecemos quaisquer estudos formais que tenham avaliado a eficácia potencial dos antipsicóticos para tratar sintomas dissociativos (ou, nesse sentido, desrealização ou despersonalização). Um ensaio aberto pequeno (n = 14) com clonidina em dose baixas (0,75 a 1,5 mg) para mulheres com transtorno de personalidade *borderline* observou reduções pós-dose de curta duração da tensão interior aversiva, desejo de automutilar-se e sintomas dissociativos (Philipsen et al., 2004a), sugerindo possível componente adrenérgico no fenômeno dissociativo (ao menos nos casos com sintomas mais amplos relacionados com transtorno de personalidade *borderline*). Outro ensaio aberto pequeno de prova de conceito sugeriu reduções potenciais dos sintomas dissociativos que acompanhavam rememoração quando os autores prescreveram naltrexona oral em doses altas (25 a 100 mg, 4 vezes/dia) a mulheres com transtorno de personalidade *borderline* (Bohus et al., 1999), embora esses resultados não tenham sido confirmados por outros ensaios randomizados controlados por placebo (Schmahl et al., 2012). Em outro ensaio cruzado pequeno (n = 9) com pacientes com transtorno de personalidade *borderline*, dose única de naloxona IV também não foi melhor que placebo para tratar estados dissociativos (Philipsen et al., 2004b).

TRANSTORNO DE IDENTIDADE DISSOCIATIVA

Transtorno de identidade dissociativa (TID) ainda é um diagnóstico controverso em razão da sobreposição fenomenológica ao transtorno de personalidade *borderline* e outras doenças mentais nas quais experiências traumáticas parecem ter ação catalítica senão causar (p. ex., TEPT, amnésia dissociativa) o problema. Estudos de intervenção (na maioria dos casos, modalidades de psicoterapia) têm enfatizado suas dimensões psicológicas, principalmente no que se refere aos mecanismos de defesa. Exceto pelo tratamento de possíveis comorbidades ou sintomas coexistentes como depressão, ansiedade ou insônia, há alguma utilidade em usar fármacos para tratar TID? Também aqui encontramos um fenômeno psicopatológico, para o qual não há base de evidências ampla. Alguns livros de texto afirmam que benzodiazepínicos poderiam agravar dissociação, embora estas afirmações estejam mais baseadas em impressões que avaliações sistemáticas. Uma revisão recente de tratamentos farmacológicos para TID citou uma ladainha de opções farmacêuticas (p. ex., antidepressivos, betabloqueadores, clonidina, anticonvulsivantes, ASGs, naltrexona) com base principalmente em conjeturas e mecanismos teóricos interessantes, em vez de observações empíricas (que se baseiam, na melhor das hipóteses, em relatos de casos isolados) (Gentile et al., 2013).

Psicofarmacologia Prática

⌂ Pontos importantes e tarefas para casa

- História de traumas psíquicos em geral – mas especialmente na infância – agravam o prognóstico da maioria, se não todos os transtornos mentais
- Não se deve esperar que ISRSs sejam muito eficazes no tratamento de reações ao estresse agudo; psicoterapias orientadas cognitivamente ainda representam a maioria das intervenções baseadas em evidência
- No TEPT, ISRSs constituem a classe farmacológica preferível e mais bem estudada. Sertralina e paroxetina têm indicações aprovadas pela FDA norte-americana, mas é provável que outros fármacos da mesma classe também sejam eficazes
- Antipsicóticos de segunda geração, principalmente olanzapina e quetiapina, têm efeito benéfico modesto nos sintomas fundamentais do TEPT – eles podem ser úteis profilaticamente em alguns casos – mas não há muitos dados convincentes e sua tolerabilidade pode ser problemática
- Ao contrário do que diz a lenda urbana, benzodiazepínicos nem sempre são deletérios às vítimas de traumas, embora não tenham sido bem estudados; esses fármacos podem melhorar o sono e a ansiedade – ao menos em curto prazo – e, por sua vez, isto poderia secundariamente ajudar a atenuar alguns sintomas fundamentais do TEPT
- Alfa-agonistas como prazosina tornaram-se muito populares para controlar pesadelos associados ao TEPT e, possivelmente, outros sintomas relacionados com hiperatividade do sistema nervoso autônomo, mas sua base de evidências ainda é controversa
- O grau de melhora alcançada pelos pacientes com TEPT ainda é modesto. No entanto, há razão para otimismo com base em estudos preliminares que avaliaram abordagens farmacológicas novas, inclusive enactógenos como MDMA, canabidiol, hidrocortisona e ocitocina.

20 Traços e Transtornos de Personalidade

Objetivos de aprendizagem

- Descrever a utilidade, as vantagens e as limitações dos tratamentos farmacológicos dirigidos aos sintomas gerais dos transtornos de personalidade
- Debater os resultados dos estudos de eficácia dos antipsicóticos usados para tratar transtornos de personalidade do Grupo A e possivelmente evitar sua progressão para esquizofrenia
- Descrever os domínios sintomatológicos do transtorno de personalidade *borderline* tratados mais eficazmente por fármacos psicotrópicos
- Entender as bases de evidência crescentes quanto ao uso de hormônios, fármacos antiglutamatérgicos e outras abordagens farmacoterápicas novas para transtornos de personalidade.

> Pessoas com transtorno de personalidade *borderline* são como pacientes com queimaduras de terceiro grau em mais de 90% do corpo. Como não têm "pele emocional", sentem agonia ao mais leve toque ou movimento.
>
> *Marsha Linehan*

Nenhum fármaco psicotrópico foi desenvolvido especificamente para tratar qualquer transtorno de personalidade e ainda há controvérsias quanto até que ponto a personalidade com todos os seus processos de desenvolvimento e complexidade biopsicossocial poderia propriamente resultar na definição de um modelo de "doença" – no qual fármacos poderiam ter efeito "reparativo". Personalidade representa a confluência de temperamento, predisposições genéticas, coesão de identidade, formação moral, responsividade interpessoal e padrões de enfrentamento que são compartilhados e desenvolvidos ao longo das experiências adquiridas nos primeiros anos de vida. Traços de personalidade frequentemente refletem características comportamentais desenvolvidas nos relacionamentos interpessoais, que foram descritas nos capítulos anteriores como introversão/extroversão, internalização/externalização, agressividade, aversão a risco/busca de novidades, empatia e cognição social, comportamento antissocial e exploração em relacionamentos pessoais e adoção de mecanismos de defesa primitivos ou amadurecidos no processo de desenvolvimento. Na medida em que traços de personalidade podem ser inadaptativos (p. ex., ineficiência nos relacionamentos interpessoais levando a comportamentos de autossabotagem e automutilação) e egodistônicos, eles são metas potenciais de alteração e mudança.

Quando determinado fármaco tem efeito bem definido no tratamento dos transtornos de personalidade, é mais provável que não atue como "antídoto" em uma síndrome específica,

Dica
Pacientes com TDM que respondem ao tratamento com paroxetina melhoram significativamente nas áreas de neuroticismo e extroversão. Na verdade, depois do controle estatístico dos efeitos da paroxetina nesses traços de personalidade, alterações sintomáticas de pacientes com depressão maior não mais diferem das que são conseguidas com placebo (Tang et al., 2009).

Dica
Entre pacientes com transtorno dismórfico corporal (TDC), estudos demonstraram que mais de a metade tinha comorbidade de transtornos de personalidade, mais comumente dos subtipos evitativo > dependente > obsessivo-compulsivo > paranoide; TDC que melhora com fluvoxamina reduz significativamente a possibilidade de diagnosticar esses transtornos de personalidade como comorbidades (Phillips e McElroy, 2000)

Psicofarmacologia Prática

mas tenha ação mais notável em sintomas de humor, pensamento, processamento cognitivo, comportamento, percepção e controle de impulsos. No domínio dos transtornos de personalidade, a abordagem tradicional tem sido buscar comorbidades psiquiátricas diagnosticáveis que possam melhorar com tratamento farmacológico e, em seguida, acrescentar outros fármacos para tratar a psicopatologia remanescente como reflexo mais provável da personalidade e possivelmente mais suscetível às intervenções psicoterápicas. Alguns médicos ignoram completamente aspectos psicopatológicos dos transtornos de personalidade e se convencem de que as causas dos sintomas são outras comorbidades psiquiátricas, que podem não necessariamente estar presentes (inclusive depressão maior, transtorno bipolar ou transtornos de ansiedade). Embora certamente seja verdade que uma síndrome psiquiátrica significativa ainda não tratada possa "colorir" a personalidade do indivíduo – e que deixar de tratar depressão maior ou um episódio psicótico poderia resultar no diagnóstico equivocado de um transtorno de personalidade (ou disfunção cognitiva ou outros transtornos) – o extremo oposto de atribuir erroneamente uma psicopatologia de personalidade a outras causas tem seus próprios riscos. Essa abordagem corre risco de ser cientificamente falsa em vários aspectos:

- Com o pensamento de tudo ou nada, ela presume que fármacos tratem apenas doenças e não tenham indicação para reverter dimensões de psicopatologia encontradas nos transtornos de personalidade

> **Dica**
>
> Estudos demonstraram que tratamento eficaz de TEPT "eliminou" diagnósticos de transtorno de personalidade em cerca de 50% dos pacientes com TEPT diagnosticados inicialmente como portadores de transtornos de personalidade obsessivo-compulsiva ou evitativa (Markowitz et al., 2015).

- Predispõe ao diagnóstico exagerado de transtornos que não afetam a personalidade na esperança e expectativa de que essas reclassificações nosológicas de alguma forma mágica melhorem os resultados ou tornem definições diagnósticas mais aceitáveis a pacientes, seguradoras ou outras pessoas envolvidas no funcionamento normal dos pacientes

- Pressupõe que os resultados de ECRs em doenças como depressão maior, transtorno bipolar, esquizofrenia ou transtornos sindrômicos de ansiedade possam ser extrapolados perfeitamente a outras condições com sintomas semelhantes a uma avaliação superficial – e, deste modo, têm o risco de classificar pacientes como "resistentes a tratamento" quando o problema real pode ser um transtorno de personalidade, que é uma condição inteiramente diferente.

A base de evidências de ECRs sobre transtornos de humor, ansiedade ou psicoses pode ser extrapolada mais convenientemente ao tratamento dirigido aos sintomas dos transtornos de personalidade quando primeiramente se consideram as características convergentes *versus* divergentes das populações estudadas. Isso explica por que enfatizamos no Capítulo 3 a importância de analisar cuidadosamente a seção de Metodologia de um ensaio clínico no que se refere à descrição da amostra estudada. Apenas assim podemos formular hipóteses quanto aos alvos sintomatológicos plausíveis. Consideremos, por exemplo, uso de antipsicóticos para tratar transtorno de personalidade *borderline*: como está descrito com mais detalhes adiante, a base de evidências favorece mais claramente sintomas como raiva, hostilidade e paranoia, em vez de depressão (na verdade, estudos demonstraram que haloperidol teve efeito significativo na raiva, mas poderia *agravar* sintomas depressivos de pacientes com transtorno de personalidade *borderline* [Mercer et al., 2009]).

Quando se considera a possibilidade de que haja sobreposição ou não de sintomas causados por transtorno de personalidade e transtorno bipolar na forma de um diagrama de Venn (Figura 20.1), não se pode supor com base em ECRs sobre transtorno bipolar que um estabilizador de humor antimaníaco (p. ex., lítio ou valproato de sódio) tenha necessariamente o mesmo efeito geral na labilidade emocional ou agressividade quando também não há sintomas como nível exacerbado de energia ou fala acelerada. Isso significa que poderia ser perda de tempo considerar estabilizadores de humor para tratar sintomas coexistentes quando não há sintomas específicos isolados? Certamente que não – contanto que o médico que os prescreve reconheça e entenda que essa abordagem empírica pode ser mais experimental que seria se também houvesse uma síndrome bem definida, para a qual estes fármacos foram originalmente estudados.

Por essa razão, a maior parte deste capítulo analisa a força das evidências que existem (ou

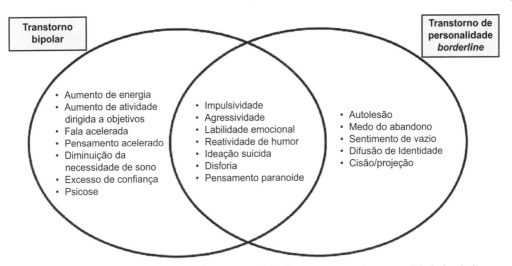

Figura 20.1 Sobreposição de sintomas de transtorno bipolar e transtorno de personalidade *borderline*.

não) com base em ensaios de farmacoterapia dirigida ao tratamento de sintomas dos transtornos de personalidade, além da base de dados favoráveis à extrapolação dos estudos de farmacoterapia de outros problemas mentais aos pacientes com transtornos de personalidade. Uma ressalva a esse empreendimento é que a maioria dos estudos de farmacoterapia para transtornos de personalidade consiste em relatos de casos ou estudos abertos, com número relativamente pequeno de ECRs (ECRs com muito menos força estatística ou que não foram replicados).

Uma triste realidade para os aficionados da medicina baseada em evidência é que parece haver pouco incentivo da indústria farmacêutica a destinar recursos para realizar experiências regulatórias com o objetivo de definir uma indicação para determinada doença como transtorno de personalidade *borderline* – seja porque não existem precedentes históricos para tal empreendimento ou, talvez, em razão do ceticismo da indústria farmacêutica de que esses esforços possam ser exequíveis e aceitáveis pelas partes envolvidas. Na verdade, como a existência de um transtorno de personalidade significativo tende a conferir prognóstico mais desfavorável quando ocorre com algumas outras comorbidades psiquiátricas, deve-se reconhecer que ensaios de farmacoterapia patrocinados pela indústria farmacêutica para registro junto à FDA norte-americana sobre transtornos de humor, psicoses, ansiedade e outros transtornos mentais frequentemente impedem a inclusão de indivíduos com transtornos de personalidade significativos – isto dificulta ainda mais que médicos façam extrapolações ao tratamento destes pacientes.

O QUE SÃO TRANSTORNOS DE PERSONALIDADE?

A partir do DSM-III, a nosologia psiquiátrica moderna dividiu transtornos de personalidade em três domínios ou grupos gerais abrangentes – designados comumente como Grupos "A" (paranoide, esquizoide e esquizotípico), "B" (*borderline*, histriônico, narcisista e antissocial) e "C" (evitativo, dependente e obsessivo-compulsivo). Embora não seja perfeita (p. ex., transtornos de personalidade evitativa mostram sobreposição conceitual com transtorno de ansiedade social; em alguns casos, pode ser difícil diferenciar entre os subtipos esquizoide e evitativo; transtornos *borderline* e narcisista podem incluir falta de empatia e agressividade, mas provavelmente por motivos diversos), podemos considerar que esta divisão é estruturalmente útil para entender a psicopatologia fundamental dos transtornos de personalidade, principalmente no que se refere às dimensões que podem ser usadas como alvos terapêuticos plausíveis.

GRUPO A: PARANOIDE, ESQUIZOIDE E ESQUIZOTÍPICO

Alguns psiquiatras (inclusive Kraepelin) entendem que transtornos de personalidade do Grupo A são variantes atenuadas de esquizofrenia com mais ou menos sintomas positivos (p. ex., excentricidade e peculiaridade dos sintomas esquizotípicos) ou negativos (p. ex., isolamento e indiferença aparente ao contato social [em vez de tentativas de evitar rejeição esperada]

20 Psicofarmacologia Prática

associados aos transtornos de personalidade esquizoide). Ao longo dos anos, alguns autores enfatizaram muito o conceito de intervenção precoce em pacientes com "sintomas sublimi-nares" de esquizofrenia, inclusive manifestações paranoides ou excêntricas/esquizotípicas, na expectativa de que isto possa reduzir o risco de desenvolver quadros psicóticos mais bem defi-nidos, inclusive esquizofrenia, transtorno esqui-zoafetivo ou transtornos de humor psicóticos. Estudos empíricos demonstraram que o risco de progressão dos sintomas "psicóticos" sublimina-res para esquizofrenia era maior nos homens e poderia ser reduzido por intervenções combi-nadas (fármacos com abordagens psicossociais) (Nordentoft et al., 2006). Embora não existam muitos ensaios prospectivos de seguimento, um banco de dados limitados mostra resultados mistos com terapia cognitiva combinada com antipsicóticos em doses baixas (risperidona foi o antipsicótico mais amplamente estudado) no que se refere ao adiamento da progressão até o primeiro episódio psicótico com resultados positivos (McGorry et al., 2002) e negativos (Yung et al., 2011). Existem algumas evidências de que gravidade e sintomas dos transtornos de personalidade do Grupo A possam ser agrava-dos ao longo do tempo, em comparação com transtornos do Grupo B ou C (Sievewright et al., 2002).

> **Fato curioso**
>
> Alguns estudos estimaram que 5 a 10% da população em geral tenham, em alguma oca-sião, ideias de referência, crenças extravagan-tes e desconfiança exagerada transitórias (van Os, 2003).

Quanto aos ensaios de farmacoterapia com objetivo de reduzir sintomas dos transtornos de personalidade do Grupo A propriamente ditos – conforme está ilustrado no Caso clínico 20.1 – a literatura é extremamente escassa. Os poucos dados empíricos disponíveis não demonstraram eficácia particularmente significativa para tratar paranoia ou padrões de pensamento excêntrico de longa duração que, tecnicamente, ficam longe da intensidade de um delírio.

Qual antipsicótico seria, então, mais indi-cado para evitar progressão de transtorno de personalidade esquizotípica para esquizofre-nia? Não existem ensaios comparativos diretos entre as opções de tratamento farmacológico. A literatura referida às intervenções realizadas

CASO CLÍNICO 20.1

Em sua supervisão de um grupo de estudo de psicofarmacologia, o Dr. Edirplusima discutiu o caso de um homem de 23 anos, socialmente muito isolado, que tinha crenças paranoides excêntricas e preferência por usar grandes quantidades de alucinógenos e maconha, esta última condição supostamente em remissão "relativa". Sua família parecia preferir o diagnós-tico de transtorno de personalidade esquizo-típica em vez de um "rótulo" mais provável de esquizofrenia com transtorno de uso de aluci-nógenos. Uma experiência anterior com aripi-prazol foi interrompida porque causou reação distônica com a dose de 10 mg/dia dentro de algumas semanas depois de iniciar o tratamento e o paciente recusou-se a continuar uma experi-ência subsequente com quetiapina (250 mg/dia) porque causou sedação. Dr. Edirplusima sentiu-se compelido a oferecer clozapina depois de ler o estudo OPTiMiSE (ver Capítulo 15), que reco-mendou iniciar clozapina depois da primeira tentativa malsucedida com um antipsicótico – embora ele imaginasse que o paciente, cujo *insight* era pobre e a sobriedade improvável, poderia não seguir o monitoramento hema-tológico recomendado. Além de fazer triagens toxicológicas urinárias periódicas, o supervisor sugeriu que uma abordagem farmacológica alternativa poderia ser "também" trabalhar com a família no sentido de aceitarem o diagnóstico de um transtorno do Grupo "A" e, em seguida, oferecer uma experiência com olanzapina (de acordo com evidências disponíveis) com base na possibilidade de evitar progressão para esqui-zofrenia bem estabelecida; além disso, para o Dr. Edirplusima, as duas experiências anteriores de seu paciente com ASGs permitiriam concluir menos quanto à ineficácia que quanto à tolera-bilidade, além dos possíveis efeitos psicomimé-ticos agravantes do uso de drogas ilícitas não mensurável. Ou, dito de outra forma, o paciente poderia finalmente ter mais chances de aceitar *futuramente* clozapina se ele e seus familiares estivessem prontos para declarar que os antip-sicóticos usados antes foram ineficazes e soli-citassem outra tentativa com algum fármaco plausível potencialmente mais potente.

com jovens em risco de desenvolver esquizofre-nia mistura pacientes com sintomas psicóticos atenuados ou sintomas negativos *mais* história familiar de psicose. Até 70% desses jovens pre-enchem os critérios de definição de esquizofre-nia ao longo de um período de seguimento por 10 anos (Hambrecht et al., 2002). No que diz respeito ao tratamento, os índices de progressão para psicose bem definida depois de 1 ano entre jovens em risco foram numericamente menores com olanzapina (16%) que placebo (38%) em um estudo de grande porte, *mas a diferença não foi significativa* – embora o ganho ponderal médio com olanzapina fosse de cerca de 10 kg (McGlashan et al., 2006). Além disso, no estudo citado antes de McGorry et al., com risperidona, 10% dos indivíduos em risco que usaram risperidona e fizeram TCC desenvolveram psicose bem definida depois de 6 meses, em comparação com 36% dos que não fizeram tratamento específico – tal diferença foi significativa.

Uma pesquisa na literatura revisada por pares *não* encontrou qualquer estudo terapêutico voltado especificamente para transtorno de personalidade esquizoide e apenas um punhado de relatos de séries de casos ($n < 10$) com ASGs (principalmente flupentixol) usados durante um período de várias semanas ou meses, com melhora avaliada apenas com base nos escores da escala de impressão global (Birkeland, 2013).

Dica
Entre os fármacos mais bem estudados para tratar transtorno de personalidade esquizotípica estão tiotixeno, haloperidol, olanzapina, risperidona e fluoxetina – mas todos os ensaios publicados são limitados por amostras pequenas, critérios heterogêneos de inclusão dos indivíduos e poucos estudos com desenho randomizado.

Uma revisão abrangente sobre transtorno de personalidade esquizotípica realizada por Jakobsen et al. (2017) encontrou apenas quatro ECRs entre um conjunto mais amplo de 16 séries de casos avaliáveis e estudos controlados abertos ou randomizados formais publicados entre 1972 e 2012. Com ênfase nos dados fornecidos por ECRs, os resultados mais convincentes dessas revisões foram os seguintes:

Tiotixeno – um ensaio de 12 semanas envolvendo 50 pacientes com transtorno de personalidade esquizotípica ou *borderline* demonstrou que tiotixeno (dose média = 8,7 mg/dia) foi melhor que placebo para atenuar ilusões, ideias de referência, psicoticismo, comportamento obsessivo-compulsivo e ansiedade (Goldberg et al., 1986).

Risperidona – a dose de 2 mg/dia durante 9 semanas foi mais eficaz que placebo para reduzir sintomas gerais avaliados pela PANSS e também sintomas positivos e negativos (Koenigsberg et al., 2003). Outro ECR enfatizou apenas funções neurocognitivas durante tratamento com risperidona, mas não encontrou diferenças em comparação com placebo (McClure et al., 2009).

Amissulprida – dose de 400 mg/dia foi mais eficaz que placebo para alterar medidas de desempenho neurocognitivo (Koychev et al., 2012).

Ainda que os dados sobre antipsicóticos usados para tratar transtorno de personalidade paranoide sejam escassos, pode-se considerar que há bases racionais para utilizá-los? Mesmo que o paciente concorde, não se pode esquecer da dinâmica envolvida - caso se proponha o uso de um fármaco tecnicamente experimental, é preciso, em primeiro lugar, estabelecer ótima relação terapêutica e, ainda assim, não é uma proposição fácil.

Outros ensaios abertos (com exceção de relatos de casos isolados) sobre uso de antipsicóticos especificamente para tratar transtorno de personalidade esquizotípica sugeriram efeito benéfico maior com tiotixeno (dose média = 9,4 mg/dia) que haloperidol (dose média = 3 mg/dia) com base em um estudo de 52 pacientes com transtorno de personalidade esquizotípica ou *borderline* (Serban e Siegel, 1984). Um ensaio aberto com haloperidol (dose média = 3,6 mg/dia) em 17 pacientes com transtorno de personalidade esquizotípica observou melhora branda a moderada dos sintomas em geral, mas o índice de desligamento foi alto (Hymowitz et al., 1986). Um ensaio aberto de 26 semanas com olanzapina (dose média = 9,3 mg/dia; $n = 11$) demonstrou melhoras significativas dos sintomas gerais e nível funcional iniciais, mas 8/11 indivíduos interromperam prematuramente sua participação e outros fármacos usados simultaneamente (em geral, estabilizadores de humor ou ISRSs) limitaram a interpretação dos resultados desse estudo (Keshavan et al., 2004). Por fim, um ensaio aberto de 12 semanas com fluoxetina em 22 pacientes com transtorno de personalidade esquizotípica ou *borderline* detectou menos autolesões e melhora dos sintomas globais em comparação com o nível inicial (Markovitz et al., 1991).

O agonista α_2 guanfacina atraiu interesse para tratar déficits de processamento cognitivo de pacientes com transtorno de personalidade esquizotípica em razão de sua ligação pós-sináptica aos neurônios do circuito do CPF envolvido na memória operacional e processamento contextual. Um ECR de 8 semanas comparou guanfacina ($n = 15$; dose de 2 mg/dia) com

Psicofarmacologia Prática

placebo ($n = 13$) para melhorar função cognitiva e treinamento de habilidades sociais e demonstrou melhora mais significativa de raciocínio e solução de problemas (*i. e.*, resolver desafios de "labirinto") entre os que usaram guanfacina (McClure et al., 2019). Antes disso, estudos demonstraram que guanfacina melhorou processamento contextual em testes laboratoriais baseados em desempenho cognitivo de pacientes com transtorno de personalidade esquizotípica (McClure et al., 2007).

Então, isso significa que, se o paciente com transtorno de personalidade esquizotípica usa guanfacina antes de sair para uma entrevista de emprego, ele conseguirá entender mais rapidamente as perguntas do entrevistador? Possivelmente, o paciente poderia prestar mais atenção, mas não necessariamente teria mais agilidade para entender estímulos sociais.

GRUPO B: *BORDERLINE*, HISTRIÔNICA E ANTISSOCIAL

Dentre todos os transtornos de personalidade, o subtipo *borderline* talvez seja o mais complexo sob o ponto de vista fenomenológico, considerando que inclui elementos de quase todos os domínios de psicopatologia.

Em sua definição original, o termo "*borderline*" referia-se aos limites nebulosos entre psicose e neurose, que poderiam ser rompidos por estresse. Durante algum tempo, essa condição também era conhecida como "esquizofrenia pseudoneurótica" ou "esquizofrenia ambulatorial" com ênfase mais acentuada nos transtornos de pensamento e percepção que no humor. Nos anos seguintes, as atenções foram voltadas dessa diferença original entre transtorno de personalidade *borderline* e esquizofrenia para a superposição entre transtorno bipolar e transtorno de personalidade *borderline*, enfatizando em vez disto o fenômeno de instabilidade afetiva nessas duas condições mentais. Estudos sobre instabilidade afetiva demonstraram diferenças entre

> 💡 **Dica**
>
> *Processamento contextual* permite que as pessoas diferenciem estímulos e reconheçam significados de situações específicas (p. ex., entender "conteúdo oculto" de piadas, sarcasmo, mensagens duplas). Isso tem a ver com processamento atencional e cognição social (ver também Tabela 21.1 no Capítulo 21.)

transtorno de personalidade *borderline* e transtorno bipolar em diversos aspectos fundamentais:

- Labilidade de humor ou desequilíbrio emocional parece ser desencadeado mais por situações que incluam conflitos de relacionamento interpessoal
- Nos casos típicos, os intervalos decorridos até que sejam percebidas "oscilações" de humor em pacientes com transtorno de personalidade *borderline* variam na ordem de minutos a horas, em contraste com dias a semanas nos casos de transtorno bipolar
- No transtorno de personalidade *borderline*, "oscilações" de humor ou sintomas de impulsividade podem não estar relacionados com variações de energia e ciclo de sono-vigília, como é comum na mania/hipomania
- Qualitativamente, a instabilidade afetiva do transtorno de personalidade *borderline* inclui substancialmente mais oscilações emocionais de eutimia, depressão ou ansiedade para *raiva fulminante* (e, raramente, estados de exaltação) que ocorre no transtorno bipolar (Henry et al., 2001).

Com a finalidade de definir alvos terapêuticos, além de antecipar possíveis conflitos interpessoais no tratamento, encontramos valor prático na subclassificação fenomenológica de Millon (Millon e Davis, 1996) para transtorno de personalidade *borderline*: "desanimado" (aparentemente quieto, dependente, sombrio e carente ou "grudento" com raiva mais direcionada ao interior que exterior); "impulsivo" (aparentemente exaltado e carismático alternando com atitude fria e hostil); "petulante" (evidenciado por sentimentos de desvalia, irritabilidade, raiva explosiva, ciúmes ou comportamento controlador e ressentimento); e "autodestrutivo" (evidenciado por irritabilidade extrema, mau humor ou comportamentos impensados e atos autodestrutivos).

Os diversos domínios do transtorno de personalidade *borderline* variam quanto à suscetibilidade às intervenções farmacológicas. Estudos que relataram resultados com base unicamente em escores da escala de impressão global oferecem menos dados informativos que os instrumentos que avaliam componentes fundamentais da psicopatologia *borderline*. Por exemplo, medidas compostas como a ZAN-BPD (*Zanarini Rating Scale for Borderline Personality Disorder*, ou Escala de Zanarini para Transtorno de Personalidade *Borderline*) (Zanarini et al., 2003) englobam quatro domínios sintomatológicos

Capítulo 20 • Traços e Transtornos de Personalidade

principais: transtornos de afeto, cognição, impulsividade e relacionamentos interpessoais. A escala BPDSI (*Borderline Personality Disorder Severity Index*, ou Índice de Gravidade do Transtorno de Personalidade *Borderline*) avalia sentimentos de abandono, relacionamentos, impulsividade, comportamento suicida, instabilidade afetiva, sentimento de vazio, explosões de raiva, dissociação e pensamento paranoide e identidade difusa (Arntz et al., 2003). Outras medidas de resultado pertinentes aos estudos sobre transtorno *borderline* são as seguintes: SHI (*Self-Harm Inventory*, ou Questionário de Autolesão) (Sansone et al., 1998) e STAXI (*State-Trait Anger Expression Inventory*, ou Questionário de Traço-Estado de Expressão de Raiva), que é um questionário de 57 itens desenvolvido por Spielberger et al. (1993).

Uma revisão da Base de Dados Cochrane observou que, embora tenham sido observados "alguns efeitos benéficos" com ASGs, estabilizadores de humor e ácidos ômega-3, nenhum fármaco produziu efeito significativo na gravidade dos sintomas em geral e nenhum tratamento farmacológico atenuou sintomas fundamentais como sentimento de vazio, transtornos de identidade e medo de abandono (Stoffers et al., 2010).

Considerando um paciente *borderline* com transtorno compulsivo alimentar que, segundo a classificação de Millon, enquadra-se nos subtipos "petulante" e "autodestrutivo" e é homozigoto s/s para SLC6A4 com SNP Asn40 no gene *OPRM1*, o que poderia reduzir certo entusiasmo para o uso de naltrexona a fim de controlar seu comportamento de automutilação ou evitar ingestão alimentar compulsiva e aumento do peso? É preciso se perguntar se, caso a paciente fosse homozigota s/s, faria menos sentido experimentar um ISRS. Com base em estudos sobre TDM, essa possibilidade interessa mais se a paciente tivesse *genótipo l/l*, mas a Tabela 20.1 mostra que a base de evidências sobre ISRSs é muito mais fraca no que se refere à depressão associada ao transtorno de personalidade *borderline*. O banco de dados farmacogenéticos sobre SLC6A4 é mais convincente nas mulheres que homens e aplica-se mais claramente à depressão que outros sintomas.

RAIVA

Explosões de raiva e fúria primitiva, principalmente no contexto de intolerância à frustração, ocorrem principalmente com transtornos de personalidade do Grupo B. Esse fenômeno é especialmente comum com transtorno de personalidade *borderline*, no qual explosões de raiva e fúria com início súbito (em geral, como reação a conflitos de relacionamento interpessoal) são consideradas por alguns autores como condição *sine qua non* para estabelecer este diagnóstico. O conceito de raiva dirigida ao interior *versus* exterior é avaliado por escalas como a STAXI e frequentemente é perceptível de imediato, sem necessidade de realizar quantificação formal durante avaliações clínicas. Uma metanálise realizada em 2009 observou que estabilizadores de humor como classe farmacêutica alcançaram tamanho de efeito maior para controlar raiva como sintoma-alvo, seguidos dos antidepressivos e finalmente antipsicóticos (ver Boxe 20.1).

A metanálise realizada por Mercer et al. (2009) demonstrou que, entre os antipsicóticos de segunda geração, aripiprazol alcançou tamanho de efeito maior no controle dos sintomas de raiva. Estudos com valproato de sódio (ver Tabela 20.2) sugeriram eficácia no controle de agressividade em estudos de curta duração, mas os ensaios de duração mais longa alcançaram efeitos menores. Nessa metanálise, o efeito marcante dos antidepressivos como classe farmacêutica no controle da raiva foi atribuído principalmente a um estudo com fluoxetina (Coccaro e Kavoussi, 1997) que teve impacto especialmente grande, embora os efeitos deste fármaco nos sintomas depressivos propriamente ditos não sejam necessariamente covariáveis para avaliar seus efeitos no controle da raiva.

INTOLERÂNCIA A DISTRESSE

Tolerância a distresse é a capacidade de resistir a estados afetivos negativos enquanto se busca alcançar um objetivo. Transtornos funcionais parecem resultar da desregulação do circuito corticolímbico. A capacidade de tolerar distresse ou frustração está relacionada com resiliência e

Boxe 20.1 Tamanhos de efeitos das diversas classes de fármacos usados para controlar raiva no transtorno de personalidade *borderline*.

Classe farmacêutica	*d* (IC95%)
Estabilizadores de humor	−1,75 (−2,77 a −0,74)
Antidepressivos	−0,74 (−1,27 a −0,21)
Antipsicóticos	−0,59 (−1,04 a −0,15)

Baseado na metanálise publicada por Mercer et al. (2009).

Psicofarmacologia Prática

ansiedade e pode causar problemas não apenas aos pacientes com transtorno de personalidade *borderline*, mas também aos que têm dependências, TEPT e transtornos de ansiedade, entre outros problemas mentais relevantes. Pouca tolerância a distresse também foi relacionada com pensamentos obsessivos, mas não ao TOC formalmente diagnosticado. Esse ainda é um foco fundamental do treinamento de habilidades por terapia comportamental dialética (TCD). Uma pesquisa na base de dados Medline com os termos "intolerância a distresse" e "ensaios" encontrou vários estudos sobre TCD, treinamento em consciência plena (*mindfulness*, em inglês), exercícios físicos e outras intervenções psicossociais, mas nenhum estudo com fármacos. Em nossa opinião, intolerância a distresse é um tema fundamental ainda pouco estudado como possível alvo de tratamento farmacológico em estudos com todos os fármacos aplicáveis.

AUTOLESÃO NÃO SUICIDA

Com base no Capítulo 14, vale lembrar a base de dados disponíveis sobre ISRSs, ASGs, anticonvulsivantes e antagonistas opioides para tratar comportamento de autolesão. Um problema relacionado com grande parte dos dados empíricos disponíveis é que eles estão baseados principalmente em relatos de casos anedóticos e também misturam populações com transtorno de personalidade *borderline*, transtornos de uso de substâncias, déficits de desenvolvimento e outros tipos de psicopatologia, que podem ter como causa processos neurobiológicos diferentes.

IDEAÇÃO SUICIDA CRÔNICA

É importante salientar que, com exceção de escetamina intranasal, nenhum fármaco mostrou efeito farmacodinâmico específico para reduzir ideação suicida. Lítio e clozapina, ambos supostamente com propriedades antissuicidas nos pacientes com transtornos de humor e esquizofrenia, respectivamente, mostraram em ensaios controlados que reduziram o risco de tentativas de suicídio, mas não de ideação suicida (provavelmente por seus efeitos indiretos no controle de impulsos). Surpreendentemente, há pouquíssimos estudos empíricos sobre o fenômeno de ideação suicida *crônica* (encontrado frequentemente com transtorno de personalidade *borderline*), ou casos clínicos nos quais pacientes ruminam de maneira prolongada e intencional (*i. e.*, não impulsivamente) situações nas quais comportamentos suicidas parecem ser conceitualmente atraentes. Também há a questão relacionada de pensamento suicida *contingente* – por exemplo, declarações elaboradas de que o paciente pretende suicidar-se se ocorrer ou não alguma coisa, em vez de fazer uma ameaça velada. Esses fenômenos não estão diretamente relacionados com depressão ou falta de controle de impulsos (na verdade, o planejamento executivo envolvido nesses casos requer, por definição, intenso processamento cognitivo "frio" ("de cima para baixo"). Poderíamos especular que estejam em jogo mais pensamentos obsessivos ou ruminações que circuitos neurais depressivos ou impulsivos, mas atualmente não existem fármacos específicos com eficácia comprovada para controlar ideação suicida crônica. Vale lembrar que, embora ensaios abertos iniciais com doses

Tabela 20.1 ECRs com antidepressivos serotoninérgicos para tratar transtorno de personalidade *borderline*.

Antidepressivo	Resultados
Fluoxetina	Um ECR de 13 semanas demonstrou melhoras mais acentuadas da raiva e depressão com fluoxetina (*n* = 13; doses entre 20 e 60 mg/dia) que placebo (*n* = 9) (Salzman et al., 1994)
	Um ECR de 12 semanas com 40 indivíduos com diagnóstico de TDM, transtorno bipolar ou esquizofrenia (incluindo 13 com transtorno de personalidade *borderline*) detectou melhoras significativamente mais acentuadas com fluoxetina que placebo no que se referia a irritabilidade e agressividade, mas não depressão (Coccaro e Kavoussi, 1997)
	Um ECR de 12 semanas com TCD + fluoxetina (*n* = 9) ou placebo (*n* = 11) não detectou qualquer vantagem com o fármaco ativo para reduzir sintomas depressivos (Simpson et al., 2005)
Fluvoxamina	Um ECR de 12 semanas com 38 mulheres com transtorno de personalidade *borderline* demonstrou que fluvoxamina (doses entre 150 e 250 mg/dia) foi mais eficaz que placebo para reduzir "oscilações rápidas de humor", mas não impulsividade ou agressividade (Rinne et al., 2002)

ECR, ensaio controlado randomizado; *TCD*, terapia comportamental dialética; *TDM*, transtorno depressivo maior.

Capítulo 20 • Traços e Transtornos de Personalidade

Tabela 20.2 Anticonvulsivantes para tratar transtorno de personalidade *borderline*.

Anticonvulsivante	Resultados
Carbamazepina	**Ensaio positivo:** • Um ensaio cruzado duplo-cego com 11 mulheres não detectou melhoras mais significativas do descontrole comportamental que com placebo (Gardner e Cowdry, 1986) **Ensaio negativo:** • Um ECR de 1 mês com 20 pacientes não demonstrou diferenças de resultado significativas em comparação com placebo (de la Fuente e Lotstra, 1994)
Valproato de sódio	**Ensaios positivos:** • Um ensaio aberto de 8 semanas com 11 pacientes (8 concluíram), no qual a metade mostrou reduções significativas em comparação com as medidas iniciais de sintomas como ansiedade, raiva, sensibilidade exagerada à rejeição e impulsividade (Stein et al., 1995a) • Um ensaio aberto de 8 semanas com 10 pacientes que não haviam melhorado com ISRS (e que tinham "ao menos um transtorno de personalidade") demonstrou reduções significativas dos níveis iniciais de irritabilidade e agressividade declarada (Kavoussi e Coccaro, 1998) • Um ECR pequeno (n = 12) com valproato ou placebo (n = 4) em pacientes com transtorno de personalidade *borderline* demonstrou superioridade do fármaco ativo com base nos escores de impressão global (Hollander et al., 2001) • Em 52 pacientes ambulatoriais, valproato de sódio (dose modal média = 1.325 mg/dia) foi mais eficaz que placebo para reduzir agressividade impulsiva, independentemente de instabilidade afetiva basal (Hollander et al., 2005). Resultados semelhantes favoráveis aos efeitos do valproato de sódio na agressividade impulsiva e irritabilidade foram depois confirmados em um ECR mais amplo envolvendo vários centros de pesquisa sobre transtorno de personalidade *borderline* (n = 96), transtorno explosivo intermitente (n = 116) e transtorno de estresse pós-traumático (n = 34) (Hollander et al., 2003b) • Uma comparação duplo-cega de 6 meses com 30 mulheres com transtorno de personalidade *borderline* e comorbidade de transtorno bipolar tipo II dividiu randomicamente os indivíduos para usar valproato de sódio (dose média = 850 ± 249 mg/dia) ou placebo (n = 10) e mostrou melhora significativamente mais acentuada com valproato para reduzir hipersensibilidade interpessoal e raiva/hostilidade, com efeitos adversos mínimos (Frankenburg e Zanarini, 2002)
Gabapentina	• Não existem ensaios clínicos formais
Lamotrigina	**Ensaios positivos:** • Uma comparação randomizada preliminar de 12 semanas com lamotrigina adjuvante (n = 15; dose final média = 106,7 mg/dia) ou placebo (n = 12) mostrou reduções significativamente mais acentuadas da labilidade afetiva e impulsividade entre os que usaram o fármaco ativo, mas não houve melhora perceptível do sentimento de vazio, transtorno de identidade ou automutilação/ideação suicida (Reich et al., 2009) • Uma comparação randomizada de 8 semanas com lamotrigina (dose almejada de 200 mg/dia durante titulação convencional) ou placebo demonstrou reduções mais acentuadas de todas as medidas de raiva (STAXI), exceto raiva interiorizada (Tritt et al., 2005); os efeitos benéficos persistiram no grupo em geral, no que se referia às medidas do questionário STAXI ao longo das avaliações realizadas a cada 6 meses durante 18 meses (Leiberich et al., 2008) **Ensaio negativo:** • Um ECR de 52 semanas com lamotrigina (dose de até 200 mg/dia) em 267 pacientes com transtorno de personalidade *borderline* não detectou diferenças significativas em comparação com placebo com base na ZAN-BPD (*Zanarini Rating Scale for Borderline Personality Disorder*, ou Escala de Zanarini para Transtorno de Personalidade *Borderline*), ou nas medidas de resultado secundárias (p. ex., sintomas depressivos, autolesão intencional, qualidade de vida) (Crawford et al., 2018)

(continua)

Psicofarmacologia Prática

Tabela 20.2 Anticonvulsivantes para tratar transtorno de personalidade *borderline*. (*continuação*)

Anticonvulsivante	Resultados
Oxcarbazepina	• Um ensaio aberto com 17 pacientes ambulatoriais (doses = 1.200 a 1.500 mg/dia); escores de CGI e BPRS melhoraram significativamente em comparação com os níveis basais, assim como itens da escala BPDSI referidos a relacionamentos interpessoais, impulsividade, instabilidade afetiva e explosões de raiva; efeitos adversos foram cefaleia, tontura e náuseas (Bellino et al., 2005)
Topiramato	**Ensaios positivos**: • Uma comparação duplo-cega de 8 semanas entre topiramato (*n* = 21; dose titulada até chegar a 250 mg/dia em 6 semanas) ou placebo (*n* = 10) demonstrou reduções significativamente mais expressivas das medidas da escala STAXI com o fármaco ativo (raiva-traço, raiva-estado, raiva exteriorizada, controle da raiva) com tolerabilidade satisfatória (Nickel et al., 2004) • Uma comparação randomizada de 10 semanas entre topiramato (*n* = 28; doses de 25 a 200 mg/dia) ou placebo (*n* = 28) demonstrou melhoras significativamente mais acentuadas que placebo nas medidas de somatização, sensibilidade interpessoal, hostilidade, ansiedade fóbica e gravidade geral (Loew et al., 2006) • Uma comparação randomizada de 8 semanas entre topiramato (*n* = 22; dose almejada = 250 mg/dia) ou placebo (*n* = 20) demonstrou melhoras significativamente mais acentuadas da agressividade (avaliada pelos subitens da escala STAXI) com topiramato que placebo (Nickel et al., 2005)

BPDSI, Borderline Personality Disorder Severity Index (Índice de Gravidade do Transtorno de Personalidade *Borderline*); *BPRS, Brief Psychiatric Rating Scale* (Escala Breve de Avaliação Psiquiátrica); *CGI, Clinical Global Impressions* (Impressão Clínica Global); *ECR*, ensaio controlado randomizado; *ISRS*, inibidor seletivo de recaptação de serotonina; *STAXI, State-Trait Anger Inventory* (Questionário de Traço-Estado de Raiva)

IV repetidas de cetamina tenham demonstrado eficácia para controlar ideação suicida crônica de pacientes com TDM (Ionescu et al., 2016b), um ECR subsequente controlado com placebo não conseguiu confirmar este efeito (Ionescu et al., 2019).

Qual seria, então, o melhor fármaco para controlar comportamento de automutilação? A verdade é que não existe um fármaco "melhor". Não há ECRs de grande porte, apenas ensaios abertos e relatos de casos. Talvez haja "mais" dados sobre fluoxetina e sertralina, porque ambas têm mais de 10 casos cada uma.

Em pacientes com TDM, a variante Met/Met do SNP Val66 Met do gene *BDNF* pode moderar o efeito antissuicida da cetamina (Chen et al., 2019b).

DEPRESSÃO, ANTIDEPRESSIVOS E TRANSTORNO DE PERSONALIDADE *BORDERLINE*

Em termos gerais, antidepressivos têm efeito mais modesto nos sintomas depressivos ou na maioria dos sintomas do transtorno de personalidade *borderline* que se acreditava antes. Uma análise da Base de Dados Cochrane realizada por Mercer et al. (2009; ver Boxe 20.2) demonstrou

que antidepressivos como classe farmacêutica alcançaram efeito maior na raiva que na depressão – resultado compatível com uso de ISRSs para controlar agressividade impulsiva, conforme descrito no Capítulo 14. Como classe geral, antipsicóticos alcançaram efeito antidepressivo menor (e estatisticamente não significativo), em comparação com estabilizadores de humor e antidepressivos.

Entre os antidepressivos tradicionais, fármacos serotoninérgicos têm atraído mais interesse (p. ex., em comparação com tricíclicos de aminas secundárias ou bupropiona) em razão de possíveis relações entre regulação serotoninérgica da

Boxe 20.2 Tamanhos de efeito de três classes farmacêuticas usadas para tratar depressão associada ao transtorno de personalidade *borderline*.

Classe farmacêutica	*d* (IC95%)
Estabilizadores de humor	−0,63 (−0,99 a −0,27)
Antidepressivos	−0,37 (−0,69 a −0,05)
Antipsicóticos	−0,46 (−0,94 a 0,03)

Baseado na metanálise publicada por Mercer et al. (2009).

atividade e função límbicas. Entretanto, como se pode observar no resumo apresentado na Tabela 20.1, ECRs com ISRSs chegaram a resultados variados. Contudo, vale ressaltar que a maioria teve curta duração e provavelmente não alcançou força estatística suficiente.

IMAOs

Um ECR pequeno incluindo 16 mulheres com transtorno de personalidade *borderline* demonstrou que tranilcipromina (dose média = 40 mg/dia) foi mais eficaz que placebo para melhorar depressão e sensibilidade exagerada à rejeição, mas não descontrole emocional (Cowdry e Gardner, 1988).

Leibowitz e Klein (1981) sugeriram que um conjunto específico de sintomas – personalidade histriônica, sensibilidade exagerada à rejeição, períodos curtos de humor deprimido e sintomas depressivos atípicos (especialmente, hipersonolência e hiperfagia) – que eles denominaram "disforia histeroide" possa ser um subtipo de depressão atípica comum nos pacientes com transtorno de personalidade *borderline*, que poderia melhorar mais com IMAOs (fenelzina) que ADTs (amitriptilina) (Kayser et al., 1985). Estudos subsequentes enfatizando disforia histeroide também mostraram que fenelzina foi mais eficaz que placebo ou haloperidol depois de tratamento de curta duração para alterar medidas de sintomas globais, ansiedade, raiva e hostilidade, mas não produziu efeito benéfico definido nos sintomas depressivos (Soloff et al., 1993). Um ensaio de continuação de 16 semanas demonstrou que haloperidol teve vantagem mantida em comparação com placebo para reduzir irritabilidade, embora com índice de desligamento prematuro alto (64%), enquanto fenelzina mostrou efeitos benéficos apenas modestos no tratamento da depressão com casos observados de "excitação e responsividade" (Cornelius et al., 1993).

Por outro lado, uma comparação randomizada entre fenelzina, imipramina ou placebo para tratar depressão atípica, inclusive 40 indivíduos com transtorno de personalidade *borderline*, detectou índices de resposta significativamente maiores (com base nos escores de CGI) de resposta da depressão com IMAO (89%) que antidepressivos tricíclicos (31%) ou placebo (20%) (Parsons et al., 1989).

ESTABILIZADORES DE HUMOR

É importante entender que o termo "estabilizador de humor" é, de certa forma, semanticamente incorreto, na medida em que nenhum fármaco comumente incluído neste grupo foi formalmente estudado especificamente para tratar oscilações do estado emocional de um momento para outro, ou até que ponto humor hiper-reativo ou labilidade afetiva é atenuada com base em uma escala de avaliação dia a dia ou mesmo hora a hora. Com base na literatura sobre transtorno bipolar (ver Capítulo 13), também sabemos que alguns fármacos são conhecidos por ter mais propriedades antimaníacas que antidepressivas (p. ex., lítio, valproato de sódio e carbamazepina), enquanto uma parcela menor tem ação predominantemente antidepressiva (i. e., lamotrigina). A Tabela 20.2 resume os resultados de ensaios abertos e controlados sobre transtorno de personalidade *borderline* usando anticonvulsivantes com propriedades "estabilizadoras de humor" comprovadas no transtorno bipolar.

Também é importante ressaltar que alguns médicos têm inclinação a favor da lamotrigina como suposto antídoto para instabilidade afetiva momento a momento em pacientes com humor instável e diagnósticos ambíguos do "espectro bipolar". Isto se deve ao fato de que eles leram e ficaram encantados com um estudo publicado por Reich et al. (2009), no qual cinco pacientes com transtorno de personalidade *borderline* tratados com lamotrigina mostraram menos labilidade afetiva que outros que usaram placebo? Apesar de um ECR negativo muito mais amplo de 1 ano, que foi publicado por Crawford et al. (2018)? Ou melhor, será que em vez disso prescrever lamotrigina reflete uma impressão subjetiva de que ela simplesmente possa ser mais tolerável pelos pacientes e uma opção farmacológica com risco relativamente baixo quando o diagnóstico bipolar é "brando"? Aqui podemos ter um exemplo no qual base de evidência opõe-se à experiência clínica, deixando a "verdade" mergulhada em um atoleiro de incertezas empíricas.

ISRSs poderiam funcionar como estabilizadores de humor para ajudar a regular variações de humor de um momento para outro? O estudo com fluoxetina publicado por Rinne et al. (2002) demonstrou melhora dos subitens referidos às "oscilações rápidas de humor" da escala BPDSI – portanto, tecnicamente, fluoxetina é mais um estabilizador do "humor", que propriamente um "estabilizador de humor". E quanto ao lítio para tratar transtorno de personalidade *borderline*?

Supondo que o risco de toxicidade por superdosagem não seja uma preocupação significativa, não há muitos dados. Um estudo cruzado pequeno ($n = 17$) até certo ponto controverso comparou lítio (dose média = 985,7 mg/dia)

Psicofarmacologia Prática

com desipramina (dose média = 162,5 mg/dia) ou placebo (Links et al., 1990). Os resultados avaliados com uma escala de classificação não foram diferentes nos três grupos.

APGs E ASGs

Estudos mais antigos demonstraram eficácia de doses baixas de APGs para tratar transtorno de personalidade *borderline*. Por exemplo, um ensaio aberto com tioridazina (dose média = 92 mg/dia) administrada a 11 pacientes ambulatoriais do DSM-IIIR com transtorno de personalidade *borderline* relatou melhoras significativas dos escores basais da BPRS (Teicher et al., 1989). Outro ECR antigo demonstrou que haloperidol (dose média = 7,2 mg/dia) foi mais eficaz que placebo e amitriptilina (dose média = 147,62 mg/dia) para alterar uma medida de resultado composta englobando depressão, ansiedade, hostilidade, ideação paranoide e psicoticismo (Soloff et al., 1986); análises *post hoc* mostraram que a resposta mais favorável ao haloperidol estava associada a "depressão hostil", desconfiança e gravidade dos sintomas esquizotípicos (Soloff et al., 1989).

De acordo com Mercer et al. (2009), ASGs como classe farmacêutica não mostraram efeito significativo nos sintomas depressivos de pacientes com transtorno de personalidade *borderline* (Boxe 20.2), mas podem ser mais eficazes para controlar *raiva* (Boxe 20.1). A Tabela 20.3 demonstra os resultados separados de ensaios abertos ou randomizados com ASGs. É importante ressaltar que existem mais ECRs com olanzapina ou quetiapina que outros fármacos deste grupo, embora os desenhos dos estudos sejam variados (p. ex., ensaios com olanzapina incluíram uso isolado ou tratamento combinado com vários fármacos ou adjuvantes

à TCD). Gostaríamos de oferecer aqui nossa impressão completamente anedótica de que clozapina em dose baixa para tratar diversos sintomas do transtorno de personalidade *borderline* possa estar entre as "armas secretas" mais bem escondidas da psicofarmacologia no que se refere à eficácia terapêutica – embora limitada, evidentemente, por suas ressalvas potenciais de causar sedação, aumento de peso e outros sinais de desregulação metabólica, além do fator "complicador" do monitoramento hematológico. Fármacos mais novos como cariprazina, brexpiprazol ou lumateperona, que podem ser teoricamente atraentes e evitam os efeitos adversos metabólicos de alguns outros ASGs mais antigos, ainda são muito recentes para que tenham dados empíricos acumulados.

Uma determinada paciente com transtorno de personalidade *borderline* sente que os fármacos que ela usa precisam ser "ligeiramente alterados" para administração a intervalos de alguns dias. Você pode pensar se esses seriam os "ajustes clínicos necessários" (ACNs) referidos no Capítulo 1, mas provavelmente não são. Com a maioria dos psicotrópicos, alterações farmacocinéticas no estado de equilíbrio geralmente não ocorrem no intervalo de algumas horas, ou de um dia para outro. Pode-se imaginar que a paciente esteja usando fármacos como forma de tranquilizar-se quando tem estado afetivo negativo e, quando não consegue se sentir melhor, ela pode entender que é uma razão para modificar ligeiramente seu tratamento. Mas o que fazer caso ela fique agressiva se não tiver seus desejos atendidos? A recomendação é psicoterapia para trazer tranquilização emocional e ajudar a paciente a aprender habilidades de enfrentamento mais eficazes e autorregulação dos estados emocionais desagradáveis.

Tabela 20.3 ASGs para tratar transtorno de personalidade *borderline*.

ASG	Resultados
Aripiprazol	• Um ensaio de 12 semanas com tratamento adjuvante (doses entre 10 e 15 mg/dia) em 21 pacientes que não responderam à sertralina (doses entre 100 e 200 mg/dia); 9/16 dos que concluíram (56%) tiveram melhora, enquanto 24% abandonaram o estudo em razão de efeitos adversos (Bellino et al., 2008)
Asenapina	• Uma comparação randomizada de 12 semanas com asenapina (n = 21; doses = 5 a 10 mg/dia) mostrou superioridade à olanzapina (n = 19; doses = 5 a 10 mg/dia) para reduzir instabilidade afetiva; asenapina foi inferior à olanzapina para reduzir ideação paranoide e dissociação (Bozzatello et al., 2017)
Clozapina	• Não existem ECRs. Uma metanálise de 12 estudos (limitados a relatos de casos e ensaios abertos pequenos, todos geralmente com casos extremamente resistentes) demonstrou efeito benéfico substancial nos sintomas psicóticos, impulsividade, agressividade, automutilação, necessidade de usar ansiolíticos adjuvantes e funcionamento em geral (Beri e Boydell, 2014)

(continua)

Capítulo 20 • Traços e Transtornos de Personalidade

Tabela 20.3 ASGs para tratar transtorno de personalidade *borderline*. (*continuação*)

ASG	Resultados
Olanzapina	**ECRs positivos:** • Um ECR de 6 meses com olanzapina em 28 mulheres demonstrou melhora mais acentuada que placebo no que se referia a todos os domínios avaliados (ansiedade, paranoia, raiva-hostilidade e sensibilidade interpessoal exagerada), exceto depressão (Zanarini e Frankenburg, 2001) • Um ECR de 12 semanas com 40 mulheres e homens demonstrou melhora clínica geral mais acentuada com olanzapina (2,5 a 20 mg/dia) que placebo (Bogenschutz e Nurnberg, 2004) • Um ECR de 12 semanas com doses fixas/variáveis de olanzapina (2,5 ou 5 a 10 mg/dia) *versus* placebo em 451 pacientes ambulatoriais demonstrou reduções modestamente maiores dos escores da ZAN-BPD apenas com a dose de 5 a 10 mg/dia ($d = 0,29$); os índices de resposta foram significativamente maiores com as doses de 5 a 10 mg/dia (73,6%) que 2,5 mg/dia (60,1%) ou placebo (57,8%); além disso, aumento de peso foi significativamente maior com ambas as doses, em comparação com placebo (Zanarini et al., 2011); posteriormente, um estudo aberto de extensão/continuação por 12 semanas desse ensaio inicial demonstrou melhora adicional dos sintomas avaliados pela ZAN-BPD (Zanarini et al., 2012) • Dois ECRs avaliaram terapia comportamental dialética (TCD) suplementada com olanzapina ou placebo: o primeiro, um ECR de 12 semanas (dose média = 8,8 mg/dia) em 60 pacientes detectou melhoras mais acentuadas da depressão, ansiedade e impulsividade/agressividade em comparação com placebo (Soler et al., 2005); outro estudo de 6 meses demonstrou que a combinação TCD + olanzapina (dose média = 4,46 mg/dia) reduziu irritabilidade, agressividade, depressão e automutilação (Linehan et al., 2008) • Um ECR de 8 semanas comparou olanzapina ($n = 16$), fluoxetina ($n = 14$) ou ambas (COF; $n = 15$) e demonstrou melhora mais acentuada da depressão e agressividade manifesta com COF ou olanzapina em comparação com apenas fluoxetina (Zanarini et al., 2004) **ECR negativo:** • Um ECR de 12 semanas com doses flexíveis de olanzapina ($n = 155$) *não* detectou diferenças significativas em comparação com placebo ($n = 159$) nos escores totais da ZAN-BPD (Schulz et al., 2008)
Paliperidona	• Um ensaio aberto de 12 semanas com 18 pacientes ambulatoriais (doses = 3 a 6 mg/dia) demonstrou melhora significativa dos níveis iniciais dos sintomas globais, controle de impulsos, raiva e distúrbios cognitivo-perceptivos (Bellino et al., 2011)
Quetiapina	• Um ensaio aberto de 14 semanas com 14 pacientes ambulatoriais (dose média = 309 mg/dia); houve melhoras significativas dos escores basais de "impulsividade" e "explosões de raiva" da BPRS; 21% dos participantes abandonaram o estudo devido a sonolência ou falta de adesão (Bellino et al., 2006) • Um ensaio aberto de 12 semanas com 29 pacientes ambulatoriais (dose média = 540 mg/dia); houve melhoras significativas dos escores basais de hostilidade e desconfiança com base na BPRS, bem como nas escalas HAM-D e CGI (Perrella et al., 2007) • Um ensaio aberto de 12 semanas com 23 pacientes ambulatoriais (dose média = 251 mg/dia); houve melhoras significativas dos escores basais de impulsividade e medidas como hostilidade, depressão, ansiedade e funcionamento em geral (Villeneuve e Lemelin, 2005) • Um ensaio aberto de 12 semanas com 41 pacientes ambulatoriais (faixa de doses = 100 a 800 mg/dia); houve melhoras significativas dos escores basais de impulsividade, hostilidade, labilidade afetiva, depressão e ansiedade (Van den Eynde et al., 2008)
Ziprasidona	• Um ECR de 12 semanas com 60 pacientes não demonstrou diferenças significativas em comparação com placebo (dose média de ziprasidona = 84,1 mg/dia) nos escores de impressão global (Pascual et al., 2008)

Não há estudos com brexpiprazol, cariprazina, iloperidona, lumateperona ou pimavanserina. *ASG*, antipsicótico de segunda geração; *BPDSI, Borderline Personality Disorder Severity Index* (Índice de Gravidade do Transtorno de Personalidade *Borderline*); *BPRS, Brief Psychiatric Rating Scale* (Escala Breve de Avaliação Psiquiátrica); *CGI, Clinical Global Impressions* (Impressão Clínica Global); *COF*, combinação de olanzapina com fluoxetina; *ECR*, ensaio controlado randomizado; *HAM-D*, Escala de Avaliação de Depressão de Hamilton; *ZAN-BPD, Zanarini Rating Scale for Borderline Personality Disorder* (Escala de Zanarini para Transtorno de Personalidade *Borderline*).

Um outro paciente com transtorno de personalidade *borderline* sentiu-se muito melhor depois que começou a usar lamotrigina no hospital por duas semanas e, em seguida, suas oscilações de humor retornaram no dia em que ele recebeu alta. Por que a lamotrigina deixou de fazer efeito tão repentinamente? Uma hipótese é que sua "recaída" tenha menos a ver com as propriedades farmacodinâmicas da lamotrigina administrada por duas semanas do que com as propriedades não farmacodinâmicas de estar no hospital. Transtorno de personalidade borderline é fortemente influenciado por fatores psicossociais e interpessoais. Isso explica porque alguns pacientes com transtorno de personalidade *borderline* parecem melhorar quase instantaneamente quando são hospitalizados e, também, algumas vezes mostram regressão em suas habilidades de enfrentamento e capacidade de adaptação ao estresse quando passam por internações hospitalares prolongadas.

BENZODIAZEPÍNICOS *VERSUS* TREINAMENTO DE HABILIDADES DE ENFRENTAMENTO: UM OU OUTRO? OU AMBOS?

Baixa resiliência e ter um repertório limitado de habilidades de enfrentamento adaptativo abrem caminho para pacientes utilizarem estratégias potencialmente inadaptativas (com graus variados de frustração) para se tranquilizarem quando estão estressados. Frustração por não conseguir atenuar distresse emocional realça a tentação de adotar comportamentos perigosos altamente gratificantes, que podem servir para atenuar sofrimento (ao menos momentaneamente) e substituí-lo por prazer. Ter uma "caixa de ferramentas mentais" confiáveis com estratégias adaptativas para lidar com distresse torna-se um elemento fundamental a psicoterapias como TCD. Fármacos como benzodiazepínicos ou outras substâncias controladas (p. ex., psicoestimulantes ou opioides) acarretam risco especialmente alto de uso abusivo por pacientes com transtorno de personalidade *borderline*, principalmente porque a tentativa de evitar estados afetivos negativos pode ser constante e insaciável. Por essas razões, somada à inexistência de evidências a favor de seu uso prolongado nessa população de pacientes, benzodiazepínicos ainda são especialmente controversos. Como exemplo notável, Cowdry e Gardner (1988) demonstraram que alprazolam (dose média = 4,7 mg/dia) foi associado ao agravamento de tendência suicida e descontrole comportamental, sem melhora de qualquer medida de resultado avaliada. Pacientes com transtorno de personalidade *borderline* frequentemente mostram avidez insaciável por evitar distresse ou estados afetivos negativos relacionados com autorregulação interior prejudicada. Em conjunto, esses fatores colocam pacientes altamente vulneráveis em risco alto de consumir doses excessivas dos fármacos prescritos, desenvolver mais reações adversas e ter problemas de respeitar os limites estabelecidos quando utilizam substâncias controladas. Pacientes com transtorno de personalidade *borderline* que se veem ultrapassando as doses prescritas de um fármaco, ou que buscam incansavelmente doses sempre crescentes ou outros fármacos para controlar sua intolerância a distresse, tendem a não ser candidatos ao uso apropriado de substâncias controladas.

MEMANTINA

Com base nas teorias de que disfunção glutamatérgica na depressão também afeta pacientes com transtorno de personalidade *borderline*, doses de 20 mg/dia de memantina (n = 17) foram mais eficazes que placebo + tratamento habitual (n = 16) para melhorar os escores da ZAN-BPD, com tolerabilidade satisfatória ao longo do período de estudo de 8 semanas (Kulkarni et al., 2018).

ÁCIDOS GRAXOS ÔMEGA-3

Um ECR de 12 semanas com ácidos graxos ômega-3 (n = 23/dose de ácido eicosapentaenoico [EPA] de 1,2 g/dia combinado com 0,8 g/dia de ácido docosaexaenoico [DHA]) ou placebo (n = 20) combinado com valproato de sódio (doses de 800 a 1.300 mg/dia) não demonstrou diferenças significativas entre os grupos quanto aos escores totais da escala BPDSI ou aos subitens que avaliam abandono, relacionamentos interpessoais, transtorno de identidade, ideação suicida, instabilidade afetiva ou sentimento de vazio ou dissociação – contudo, houve diferenças significativas a favor da combinação EPA/DHA nos subitens da escala BPDSI que avaliam impulsividade e explosões de raiva (Bellino et al., 2014).

YI-GAN

Um ensaio aberto com o medicamento fitoterápico chinês *yi-gan san* (dose média diária = 6,4 g; variação = 2,5 a 7,5 g/dia) demonstrou melhoras significativas dos escores totais e subitens basais

Capítulo 20 • Traços e Transtornos de Personalidade

da BPRS relacionados com ansiedade, humor deprimido, hostilidade, desconfiança, atraso psicomotor, falta de cooperação e excitação ao longo de 12 semanas em 20 pacientes ambulatoriais do sexo feminino com transtorno de personalidade *borderline* (Miyaoka et al., 2008).

Pensemos na seguinte situação. Uma paciente emocionalmente desequilibrada com habilidades de enfrentamento precárias começou a comprar compulsivamente e ingerir álcool em grande quantidade. Tal comportamento a tornaria bipolar? Não, pois esse comportamento pode simplesmente ser uma estratégia de enfrentamento inadaptativo motivada e desencadeada por tensão interior ou intolerância a emoções negativas ou aversivas. Esse transtorno por uso de álcool deve ser tratado, além de se estabelecer um trabalho de ampliar seu repertório de habilidades de enfrentamento alternativas, mas não se deve ir pelo "caminho bipolar", a menos que haja sinal claro de energia exacerbada e ativação psicomotora (p. ex., nenhuma necessidade de dormir, sem fadiga no dia seguinte), que sejam um afastamento de sua condição normal.

OCITOCINA

Estudos sugeriram ocitocina como tratamento farmacológico para compensar déficits de empatia afetiva em pacientes com transtorno de personalidade *borderline*. Em um ECR, dose única de 24 UI de ocitocina intranasal (IN) administrada a 51 mulheres em fase lútea foi mais eficaz que placebo para melhorar empatia afetiva e motivação de abordagem (Domes et al., 2019). Uma revisão de 11 ECRs sobre transtorno de personalidade *borderline* demonstrou que ocitocina IN melhorou cognição social (p. ex., reconhecimento e discriminação de emoções e hipervigilância às ameaças sociais no contexto de laboratório [Servan et al., 2018]).

PSICOESTIMULANTES

Dificuldade de tomar decisões é outro domínio sintomatológico conhecido e alvo potencial terapêutico em pacientes com transtorno de personalidade *borderline*. Estudos demonstraram que dose única de metilfenidato foi mais eficaz que placebo para melhorar tomada de decisão usando um paradigma de laboratório (The Iowa Gambling Task) (Gvirts et al., 2018). Ensaios abertos mais antigos com metilfenidato também haviam demonstrado melhora do processamento atencional e comportamentos agressivos.

O Caso clínico 20.2 ilustra dificuldades encontradas comumente quando substâncias controladas passam a ser uma questão pontual para pacientes com desregulação de humor, identidade difusa e pouca capacidade de autorregular estados afetivos negativos.

Amy era um caso difícil. Além dos diagnósticos prováveis de transtornos causados por uso de várias substâncias (maconha, cocaína e, possivelmente, benzodiazepínicos e anfetamina), a paciente tinha os traços *borderline* "desanimado" e "autodestrutivo", de acordo com a classificação de Millon. Quais seriam as metas razoáveis de um psicofarmacologista, considerando que não havia outros diagnósticos plausíveis que pudessem ser usados como alvos do tratamento farmacológico? Poderíamos tecer as seguintes considerações como eixos norteadores de uma consulta bem-sucedida:

* Priorizar abstinência do uso de substâncias como etapa necessária para discernir entre comorbidade e sinais falsos de psicopatologia. Isso provavelmente exigiria mudança de

CASO CLÍNICO 20.2

Amy, 21 anos, mulher solteira e desempregada, vivia sozinha em razão do que seus pais e terapeutas chamavam de "falha de lançamento". Temperamental, mal-humorada, insatisfeita, silenciosamente raivosa e sem uma rotina diária estruturada, Amy acalmava-se fumando maconha todas as noites e, ocasionalmente, usava cocaína intranasal e cortava seus braços com pontas de tesoura quando se sentia "muito estressada". Ela referia queixas somáticas variadas e desconexas, com base nas quais não era possível estabelecer um diagnóstico clínico unificador conhecido. Seus relacionamentos eram tumultuados e, quando se sentia rejeitada, falava que queria suicidar-se. Amy dizia que se sentia solitária e isolada, mas tinha "medo de aproximar-se" de qualquer pessoa. Depois de diversas tentativas infrutíferas de tratamento farmacológico no passado, inclusive antidepressivos, estabilizadores de humor, ASGs e alfa-agonistas (entre outros), os únicos fármacos que Amy considerava realmente úteis eram benzodiazepínicos e anfetamina – ambos utilizados em doses mais altas que as prescritas para ela. Amy acha que é "metabolizadora ultrarrápida" de fármacos e agora pede para fazer um teste farmacogenético porque acredita que o resultado convencerá seu psiquiatra a prescrever doses mais altas dos "únicos medicamentos que a ajudam".

467

Psicofarmacologia Prática

ambiente (p. ex., passar algum tempo sóbria e fazer triagens toxicológicas periódicas). Considerar a possibilidade de que Amy esteja usando outras substâncias psicoativas além das que ela referiu. Redução progressiva da dose de benzodiazepínico provavelmente é recomendável (considerando que ela usa doses maiores que as prescritas e os riscos são maiores que os efeitos benéficos) e provavelmente seria um processo gradativo, a depender da dose realmente utilizada e há quanto tempo ela usa. Antes que se possa controlar esse fator de "confusão", pouco se poderia fazer pela paciente

- Avaliar sistematicamente a existência ou não de quaisquer síndromes psiquiátricas significativas atualmente ou no passado, inclusive episódios de depressão maior e/ou mania/hipomania, crises psicóticas e síndromes de ansiedade. Reconhecer que isso é mais difícil em razão dos efeitos agravantes do uso crítico de substâncias. Dados da história pessoal e familiar podem ajudar
- Revisar os fármacos que foram experimentados no passado para avaliar doses, duração e adesão em relação com sintomas-alvo pertinentes
- A hipótese criativa de Amy de que ela seja metabolizadora ultrarrápida provavelmente tem pouca relação com seu desejo de usar doses mais altas de benzodiazepínicos e anfetamina. (Possivelmente, se estivesse usando lisdexanfetamina, ela não conseguiria metabolizar esse profármaco em anfetamina ativa – a não ser que a conversão farmacocinética da lisdexanfetamina em anfetamina livre ocorre por hidrólise intestinal, em vez de enzimas hepáticas.) Uso de doses crescentes de benzodiazepínicos provavelmente é mais sugestivo de tolerância e dependência fisiológicas que "metabolismo ultrarrápido" mas de qualquer forma aumentos adicionais da dose de um benzodiazepínico provavelmente não seriam prudentes ou benéficos
- Definir sintomas-alvo específicos para tratamento – que poderiam incluir expressão de raiva interiorizada e exteriorizada, comportamento autodestrutivo e ansiedade. Considerar que tratamentos farmacológicos devem ter função secundária adjuvante potencial,

em vez substituir terapias psicológicas das quais a paciente necessita mais imediatamente para readquirir sentimento de controle de sua vida.

Não é indicada farmacoterapia para tratamento de identidade difusa e não existem fármacos estabelecidos para tratar transtorno de personalidade histriônica propriamente dito. Quando algum paciente com personalidade histriônica desenvolve sintomas depressivos atípicos, então é perfeitamente compreensível preferir fenelzina porque existem mais informações sobre este fármaco, mas provavelmente apenas depois que um ou dois ISRSs forem ineficazes, considerando que seria muito mais fácil primeiramente tentar este grupo de fármacos. E para traços de personalidade antissocial? Existe algum remédio para isso? Conforme mencionado no Capítulo 14, existem algumas opções de fármacos para *agressividade impulsiva*. Contudo, nos casos de agressividade *premeditada* ou voluntária e intencional, ou comportamento manipulador nos relacionamentos interpessoais, ou falta de empatia, as opções não são tantas.

GRUPO C: EVITATIVO, DEPENDENTE E OBSESSIVO-COMPULSIVO

Estudos formais de farmacoterapia para transtornos de personalidade do Grupo C são escassos ou desanimadores. Nos casos de transtorno de personalidade evitativo, a maioria dos estudos de intervenção enfatizou principalmente pacientes com transtornos de ansiedade (p. ex., transtorno de ansiedade social) com ou sem transtorno de personalidade evitativo como comorbidade. Por exemplo, um ECR de 26 semanas com avaliações dentro de seis e 12 meses de 102 indivíduos demonstrou que terapia cognitiva foi mais eficaz que paroxetina ou placebo, mas não a combinação de terapia com paroxetina (Nordahl et al., 2016). Uma análise *post hoc* de nefazodona, psicoterapia ou sua combinação para pacientes com depressão crônica mostrou que comorbidade de transtornos de personalidade do Grupo C não era um fator moderador negativo do resultado terapêutico (Maddux et al., 2009).

Capítulo 20 • Traços e Transtornos de Personalidade

Pontos importantes e tarefas para casa

- Transtornos de personalidade englobam uma psicopatologia heterogênea entrelaçada com fatores neurobiológicos e psicológicos. Grande parte da literatura de farmacoterapia baseia-se em relatos de casos, ensaios abertos ou estudos pequenos com pouca força estatística em amostras variadas, que limitam a possibilidade de fazer recomendações amplas. Frequentemente, decisões devem ser baseadas mais em razões plausíveis que em evidências. Na maioria dos pacientes com transtornos de personalidade mais significativos, fármacos desempenham função terapêutica complementar à psicoterapia
- Para pacientes com transtornos do Grupo A, risperidona, olanzapina e alguns APGs (tiotixeno e haloperidol) têm dados modestos no que se refere à atenuação dos sintomas psicóticos. Monitorar pacientes mais jovens quanto à possibilidade de progressão para esquizofrenia ou outros transtornos psicóticos bem definidos – assim como riscos de desregulação metabólica ou discinesia tardia durante tratamento crônico
- Para pacientes com transtornos do Grupo B, aripiprazol e valproato parecem ter dados ligeiramente mais convincentes no que diz respeito à agressividade impulsiva; ISRSs ainda são utilizados comumente como primeira opção para tratar depressão, mas sua base de evidência especificamente na depressão é modesta e limita-se a estudos com amostras pequenas. Estudos mais antigos sugerem que IMAOs (especialmente fenelzina) sejam eficazes para tratar quadros depressivos atípicos de pacientes com transtorno de personalidade *borderline*
- Para pacientes com transtornos do Grupo C, a maioria dos dados de farmacoterapia refere-se ao tratamento para comorbidade de transtorno de ansiedade social. Estudos publicaram alguns resultados iniciais promissores com ocitocina para tratar transtornos de cognição social e tratamento com ácidos graxos ômega-3 também é uma abordagem farmacológica nova.

21 Cognição

Objetivos de aprendizagem

- Reconhecer e diferenciar os principais domínios cognitivos como atenção, memória e função executiva; entender como déficits em uma ou mais destas áreas podem causar diversos transtornos mentais
- Compreender os métodos básicos usados para avaliar objetivamente queixas cognitivas subjetivas
- Entender o impacto relativo dos antidepressivos, antipsicóticos e anticonvulsivantes nas funções cognitivas
- Descrever os efeitos relativos dos fármacos estudados em ECRs para tratar TDAH do adulto
- Descrever estratégias terapêuticas para contornar tolerância farmacológica aos psicoestimulantes usados para tratar TDAH do adulto
- Descrever as bases de evidência a favor do uso de fármacos disponíveis hoje em dia para tratar déficits cognitivos significativos, inclusive pró-colinérgicos e moduladores dos receptores de NMDA.

A função principal do corpo é carregar o cérebro.

Thomas Edison

Déficits de atenção estão entre as queixas mentais mais comuns, embora não sejam patognomônicas. Quase todas as doenças mentais afetam a função cognitiva de uma forma ou outra e pode ser difícil para os médicos diferenciar entre transtornos cognitivos propriamente ditos (p. ex., TDAH ou demência do adulto) e sintomas iatrogênicos (causados por fármacos psicotrópicos ou de outras classes) ou epifenômenos de outros transtornos mentais (como depressão, mania, ansiedade ou esquizofrenia). Déficits cognitivos afetam diversos domínios, que podem formar síndromes bem definidas e ter manifestações diferentes em cada transtorno mental específico (Tabela 21.1). Algumas vezes, esses déficits podem ser apenas uma faceta de um fenótipo heterogêneo mais complexo. Por essa razão, tratamentos farmacológicos recomendados para déficits cognitivos associados a alguma doença clínica (p. ex., demência) podem não ser perfeitamente extrapoláveis a outro transtorno mental (p. ex., TDAH). Déficits cognitivos também podem ser graves e abrangentes (como ocorre na demência, alguns transtornos do desenvolvimento ou esquizofrenia), podem ser causados por algum "artefato" (como é o caso da disfunção cognitiva associada à depressão, antes conhecida como "pseudodemência") ou

sutil (como se observa nos transtornos de ansiedade ou pacientes hiperativos com transtornos de humor).

Vamos começar com algumas definições práticas referidas aos componentes fundamentais da cognição descritos na Tabela 21.1. Em geral, modelos hierárquicos de funcionamento cognitivo são representados comumente na forma de uma pirâmide (ilustrada na Figura 21.2), na qual excitação e atenção constam como pré-requisitos funcionais à detecção de metas, compreensão e atenção sustentada (vigilância); atenção também depende da velocidade de processamento. Aprendizagem e memória são dependentes dos processos atencionais e todas estas funções são pré-requisitos fundamentais ao planejamento, organização e raciocínio lógico.

O conceito de função executiva envolve processamento em níveis superiores e manipulação de informações complexas. O Boxe 21.1 apresenta mais detalhes dos componentes da função executiva.

Memória consiste em codificar e recuperar informações e pode ser subdividida em componentes de curto e longo prazos, elementos verbais e não verbais e conteúdos emocionais e não emocionais. Como também ocorre com a atenção, memória pode ser influenciada por doenças

Capítulo 21 • Cognição

Tabela 21.1 Domínios cognitivos principais.

Domínio cognitivo	Definição prática	Testes clínicos
Velocidade de processamento	Tempo necessário para realizar uma atividade mental e processar informações	Teste de trilhas (*trail-making*, em inglês); DSST (*Digit Symbol Substitution Task*, ou Teste de Substituição de Símbolos e Dígitos)
Atenção	Capacidade de concentrar-se em um estímulo bem definido e ignorar outros estímulos perceptíveis; frequentemente é subdividida em *atenção seletiva* (focar em um estímulo dentre muitos outros), *atenção dividida* (processar reações a dois ou mais estímulos), *atenção sustentada* (focar em um estímulo por um período de tempo longo) e *atenção executiva* (p. ex., escolher entre diversas reações a uma situação de conflito)	Teste de amplitude de dígitos (*digit span*, em inglês); testes de desempenho continuado (p. ex., detectar uma letra ou número específico quando lhe apresentam uma série); teste de trilhas (avalia atenção visual e mudança de foco em atividades)
Memória operacional	Componente da memória a curto prazo, que consiste em guardar temporariamente vários fragmentos de informação na mente ao mesmo tempo. Exemplos seriam memorizar os pontos dos dados durante um jogo de tabuleiro, lembrar de uma lista de compras enquanto procura por seus itens nos corredores de um supermercado	Amplitude de memória (p. ex., recitar até sete números aleatórios de frente para trás e de trás para frente)
Fluência verbal	Avalia tamanho do vocabulário, velocidade de acesso a um dicionário e capacidade de inibição; anormalidades podem ser reflexos de diversos distúrbios cerebrais, inclusive demência, esquizofrenia, traumatismo cranioencefálico, doença de Parkinson e transtornos de desenvolvimento, entre outros	COWATs (testes de associação verbal de palavras controladas) são testes cronometrados de fluência categórica (semântica – por exemplo, "cite quantos nomes de animais de zoológico você conseguir lembrar") ou letras (fluência fonêmica – por exemplo, "cite quantas coisas você puder lembrar que começam com a letra "f")
Cognição social	Função psicológica que consiste na capacidade de codificar, armazenar, recuperar e processar informações relacionadas com interações sociais (p. ex., reconhecimento de emoções, compreensão de etiqueta, gestos e inferências); pode estar reduzida na esquizofrenia, autismo e traumatismo cranioencefálico, entre outras doenças	Testes de reconhecimento facial afetivo, outros testes normalizados de inferência social (p. ex., Teste de Acuidade Emocional de Penn)

Boxe 21.1 Componentes da função executiva.

O termo amplo "função executiva" engloba um conjunto de processos cognitivos superiores "de cima para baixo", que inclui controle da atenção, planejamento e raciocínio lógico, tomada de decisões, controle de impulsos e inibição cognitiva, memória operacional, fluência verbal, habilidades de organização e flexibilidade ou transição cognitiva. Neurocientistas cognitivos frequentemente definem funções executivas como processos que envolvem três componentes fundamentais: inibição e controle de interferência; memória operacional; e flexibilidade cognitiva. Conforme foi mencionado no Capítulo 1, o córtex pré-frontal dorsolateral (CPFDL) é o centro principal das funções executivas e, em conjunto com o córtex pré-frontal ventromedial (CPFVM – centro pré-frontal de processamento emocional), equilibra as funções cognitivas "quentes" ou "de baixo para cima" ativadas pelas estruturas límbicas e paralímbicas.

mentais (p. ex., ansiedade/medo, distresse ou depressão) e somáticas (p. ex., dor, fadiga ou fome). Tradicionalmente, memória a curto prazo é subdividida em domínios, conforme está ilustrado na Figura 21.1.

MEDIDAS FORMAIS

Para efetuar avaliações clínicas iniciais, o questionário MoCA (Montreal Cognitive Assessment) é um teste de desempenho neuropsicológico rápido (10 a 12 minutos) de fácil aplicação, que foi desenvolvido para avaliar demência e disfunção cognitiva leve, graduar orientação, memória de curto/longo prazo, funções executivas e/ou processamento visuoespacial, linguagem, abstração e fluência verbal (Nasreddine et al., 2005). Com escore total de 30, escores > 26 são considerados normais; em pesquisas de campo, pacientes com disfunção cognitiva branda alcançaram escore médio de 22,1, enquanto pacientes com doença de Alzheimer obtiveram escore médio de 16,2. O questionário SCIP (*Screen for Cognitive Impairment for Psychiatry*, ou Triagem de Déficit Cognitivo em Psiquiatria, em tradução livre) é outro recurso relativamente rápido (cerca de 15 minutos) disponível para avaliar memória operacional, memória verbal imediata e tardia, fluência verbal e velocidade psicomotora (Purdon et al., 2005). MMSE (*Folstein Mini-Mental Status Exam*, ou Miniexame do Estado Mental de Folstein, em tradução livre) é um recurso frequentemente utilizado e mais apropriado para detectar déficits cognitivos graves (p. ex., demência), mas não está padronizado, tem pouca sensibilidade para detectar déficits cognitivos brandos, pode superestimar déficits cognitivos de adultos idosos sem demência e pode ser afetado por nível educacional e QI (Naugle et al., 1989). Testes neuropsicológicos formais podem ser úteis para acompanhar anormalidades detectadas nos testes de triagem iniciais ou esclarecer problemas diagnósticos mais complexos.

Mesmo no contexto de um transtorno mental bem definido, podem ocorrer variações cognitivas que definem subgrupos clínicos. Por exemplo, no transtorno bipolar, alguns subgrupos clínicos podem demonstrar cognição social melhor que a de controles saudáveis, enquanto outros subgrupos podem mostrar déficits específicos na velocidade de processamento, atenção, aprendizagem verbal e cognição social; outros subgrupos também podem apresentar déficits cognitivos globais praticamente tão graves e abrangentes quanto os observados na esquizofrenia (Burdick et al., 20140. Na depressão maior, apenas cerca de 20% dos pacientes têm déficits cognitivos globais envolvendo a maioria dos domínios cognitivos (Mohn e Rund, 2016). A Tabela 21.2 apresenta

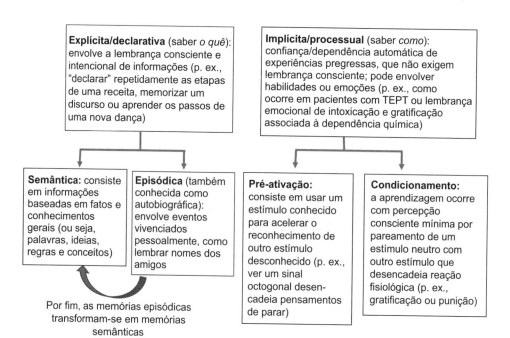

Figura 21.1 Subtipos de memória em longo prazo.

Tabela 21.2 Domínios cognitivos anormais em diversos transtornos mentais.

Transtorno	Velocidade de processamento	Atenção	Memória operacional	Aprendizagem verbal	Aprendizagem visual	Raciocínio e solução de problemas	Cognição social
Esquizofrenia	Reduzida	Reduzida	Reduzida	Reduzida	Reduzida	Reduzidos	Reduzida
Transtorno bipolar	± Reduzida	Reduzida	Moderadamente reduzida	Reduzida	Preservada	Preservados	± Reduzida
Transtorno depressivo maior	Reduzida	Reduzida	Preservada	± Reduzida[a]	± Reduzida	± Reduzidos[b]	± Reduzida[c]

[a]Pode estar relacionada com velocidade de processamento lenta (Zaremba et al., 2019). [b]Podem estar relacionados com velocidade de processamento lento (Mohn e Rund, 2016). [c]Pode estar relacionada com flexibilidade cognitiva reduzida (Förster et al., 2018).

a comparação dos déficits em vários domínios cognitivos de pacientes com esquizofrenia e transtornos afetivos.

Em geral, modelos hierárquicos de funcionamento cognitivo são representados comumente na forma de pirâmide (ilustrada na Figura 21.2), na qual excitação e atenção constam como pré-requisitos funcionais à detecção de metas, compreensão e atenção sustentada (vigilância); atenção também depende da velocidade de processamento. Aprendizagem e memória são dependentes dos processos atencionais e todas estas funções são pré-requisitos fundamentais ao planejamento, organização e raciocínio lógico.

Na linguagem de neurociência cognitiva, função cognitiva geral – frequentemente referida como "g" ou "fator g" – significa, em termos gerais, capacidade mental global e parece representar cerca de 40 a 50% da variabilidade interpessoal das diversas atividades cognitivas aparentemente interdependentes. Na prática clínica, definições precisas dos domínios cognitivos têm algumas implicações:

- Pacientes que se queixam de déficits em determinado domínio (p. ex., "memória" ou "atenção") podem estar se referindo a um tipo de problema absolutamente diferente do que estão percebendo (p. ex., ansiedade de desempenho ou problemas com flexibilidade cognitiva)
- Pacientes com queixas cognitivas como disfunção executiva podem buscar tratamento para "TDA", quando na verdade fármacos que poderiam melhorar processamento atencional não ajudam necessariamente a compensar déficits de função executiva, memória ou outros domínios subordinados à atenção
- Estudos que avaliam "efeitos cognitivos" dos psicotrópicos (sejam benéficos ou deletérios) na verdade podem avaliar apenas funções cognitivas limitadas (como velocidade de processamento) ou construtos amplos (como "fator g") se não utilizarem medidas validadas. DSST (*Digit Symbol Substitution Test*, ou Teste de Substituição de Símbolos e Dígitos, em tradução livre), que é um subcomponente da Escala de Inteligência do Adulto de Wechsler, é uma das medidas mais amplamente utilizadas para avaliar função cognitiva geral, na medida em que avalia atenção, velocidade de processamento e habilidades motoras visuoespaciais e correlaciona-se com capacidades funcionais do dia a dia. Para melhor ou pior, DSST é considerado mais sensível que específico quanto à sua capacidade de detectar déficits em determinados domínios cognitivos.

Função cognitiva autorreferida também pode não refletir confiavelmente funções reais com tanta exatidão quanto testes baseados em desempenho (que podem ser mais demorados ou exigir mais recursos que estariam disponíveis se forem usados como medida de resultado secundário de um ensaio clínico). Em outras palavras, simplesmente porque um paciente relata subjetivamente que tem problemas de atenção ou memória não significa necessariamente que ele tenha déficits cognitivos objetivos.

AVALIAÇÃO CLÍNICA DE QUEIXAS COGNITIVAS

Os conceitos gerais descritos a seguir podem ajudar a avaliar queixas cognitivas:

- Reconhecer que queixas cognitivas subjetivas nem sempre refletem precisamente déficits cognitivos objetivos
- Esclarecer queixas subjetivas no que se refere a duração, início e manifestação transitória ou persistente
- Detectar distúrbios clínicos ou psiquiátricos que podem causar diretamente queixas cognitivas (depressão, ansiedade, psicose ou demência). Atentar especialmente à avaliação da duração

Figura 21.2 Pirâmide de funções cognitivas.

dos sintomas (p. ex., TDA é um transtorno infantil que persiste até a vida adulta em cerca de 50% dos casos; há controvérsias quanto à validade do construto de TDA iniciado na vida adulta)
- Determinar se déficits cognitivos podem ser causados por algum fármaco utilizado atualmente (anti-histamínicos, anticolinérgicos ou topiramato), álcool ou outras drogas (p. ex., opioides ou maconha)
- Especialmente se e quando queixas cognitivas (como déficits subjetivos de memória) não são diretamente compatíveis com sintomas de algum transtorno mental suspeitado ou confirmado, tentar documentar e quantificar déficits cognitivos objetivos (com base em testes de desempenho) usando algum instrumento de avaliação clínica
- No tratamento de transtornos de humor, ansiedade ou psicoses, na medida do possível escolher fármacos que não tendam a causar efeitos cognitivos adversos
- Conforme o caso, considerar a utilidade de tratamentos farmacológicos dirigidos para reduzir ou atenuar sintomas cognitivos.

Dica
Topiramato foi associado a déficits de memória e processamento de linguagem transitórios e dose-dependentes em 10% ou mais dos pacientes tratados com diversos diagnósticos (*i. e.*, epilepsia, enxaqueca, compulsividade alimentar). Relatos de casos sugeriram que donepezila adjuvante possa ajudar a atenuar a gravidade dos déficits cognitivos (Wheeler, 2006).

Dica
Frequentemente, amantadina pode bloquear efeitos adversos extrapiramidais dos antipsicóticos com tanta eficácia quanto benzatropina ou triexifenidil, mas sem produzir efeitos anticolinérgicos e, por sua vez, possivelmente evitar consequências cognitivas desfavoráveis.

DISFUNÇÃO COGNITIVA ASSOCIADA AOS TRANSTORNOS DE HUMOR

No mínimo 50% dos adultos com transtorno bipolar queixam-se de déficits de atenção ou outros problemas cognitivos, embora curiosamente existam tendências de pouca correlação entre queixas cognitivas subjetivas referidas e déficits cognitivos objetivos detectados nesses casos (Burdick et al., 2005). Depressão torna mais lento o processamento cognitivo e desorganiza funções executivas (daí a dificuldade que terapeutas cognitivos encontram quanto tentam dirigir seus pacientes deprimidos a enxergar as coisas sob pontos de vista alternativos quando avaliam distorções cognitivas). Pacientes com depressão ou ansiedade mesmo branda, que algumas vezes se autodiagnosticam com TDA e percebem algum grau de déficit de atenção, falta de envolvimento ou distração fácil, podem estar reconhecendo sinais cognitivos de depressão e, no mínimo, devem passar por uma avaliação cuidadosa de sintomas depressivos ou afetivos coexistentes, antes que se possa atribuir seus déficits de atenção no contexto de depressão a alguma outra condição além do próprio transtorno de humor.

Um grupo pequeno de psicotrópicos relevantes ao tratamento da depressão pode causar ou agravar queixas cognitivas – especialmente fármacos anti-histaminérgicos (p. ex., alguns ASGs, mirtazapina, trazodona e hidroxizina) ou anticolinérgicos (p. ex., antidepressivos tricíclicos e paroxetina), ou benzodiazepínicos, fármacos "Z" ou outros hipnóticos. ISRSs, IRSNs, IMAOs e bupropiona são (na pior das hipóteses) praticamente neutros no que se refere a efeitos cognitivos adversos e, no mínimo, pode-se esperar que melhorem a função cognitiva porque têm efeito benéfico na depressão. Especialmente vortioxetina (um fármaco serotoninérgico novo) foi avaliado quanto ao seu efeito pró-cognitivo potencial usando um método estatístico, que controlou seus efeitos nos sintomas depressivos e, ao mesmo tempo, demonstrou efeito independente na velocidade de processamento com base no DSST (McIntyre et al., 2016). Vale lembrar do conceito de pseudoespecificidade (Capítulo 3, Boxe 3.9), que se refere a tirar conclusões possivelmente equivocadas de que um fármaco melhora singularmente determinado sintoma inespecífico, que faz parte de uma síndrome mais ampla (p. ex., sertralina pode melhorar insônia quando é usada para tratar depressão -- mas não há evidência quanto a seus efeitos hipnótico-sedativos mais gerais em outros transtornos mentais). No caso da vortioxetina usada para tratar TDM, McIntyre et al. (2016) alertaram primorosamente quanto aos riscos de uma observação pseudocientífica quando se utilizam "análises de trilha" (uma

Psicofarmacologia Prática

extensão da técnica de regressão múltipla) para demonstrar que alterações do DSST não foram mediadas simplesmente por melhora dos sintomas depressivos fundamentais – isto é, que a melhora cognitiva não foi simplesmente um "artefato" atribuível ao tratamento da depressão.

Alguém poderia perguntar: "Alguns psicotrópicos podem melhorar diretamente a função cognitiva, ou a melhora da função cognitiva que eles trazem é mais comumente um 'artefato' pseudocientífico do tratamento de uma síndrome clínica mais ampla?" Essa dúvida é analisada no Boxe 21.2.

Boxe 21.2 Considerações adicionais sobre pseudoespecificidade: disfunção cognitiva e efeitos nootrópicos dos fármacos.

A expressão "efeitos nootrópicos" refere-se à capacidade que alguns fármacos têm de melhorar a função cognitiva. Psicoestimulantes foram sugeridos algumas vezes como fármacos que causam efeitos nootrópicos: por exemplo, em voluntários saudáveis, estudos demonstraram que metilfenidato melhorou a memória implícita/processual (Klinge et al., 2018), enquanto modafinila comprovadamente melhorou planejamento e memória operacional (Müller et al., 2013) e tempo de reação (Turner et al., 2003). Contudo, na esquizofrenia, metilfenidato aumentou erros de perseveração e agravou desorganização cognitiva geral (Szeszko et al., 1999), enquanto os resultados referidos aos supostos efeitos pró-cognitivos da modafinila na esquizofrenia são variados (Turner et al., 2004b). Nos pacientes com déficits cognitivos relacionados com álcool, modafinila pode melhorar memória a curto prazo, mas não planejamento e atenção seletiva (Joos et al., 2013). Vortioxetina parece melhorar processamento atencional de pacientes com TDM, mas não de adultos com TDAH (Biederman et al., 2019).

Portanto, psicofarmacologistas deveriam perguntar: "Quando é razoável considerar déficits de atenção como fenômenos independentes potencialmente tratáveis com algum possível fármaco nootrópico que, digamos, poderia aumentar a velocidade de processamento, ou quando seu limite contextual (p. ex., TDAH *versus* esquizofrenia *versus* transtornos de uso de álcool) é fundamental para antecipar resultados do tratamento farmacológico? As respostas a essa pergunta provavelmente são complexas e específicas para cada paciente e não se pode ter como certo que ocorram efeitos de classe farmacêutica em geral.

Baune et al. (2018) realizaram uma metanálise sobre alterações do DSST ocorridas durante ECRs com antidepressivos usados para tratar TDM em 72 estudos publicados. Como se pode observar na Figura 21.3, diferenças mais acentuadas e significativas foram observadas com vortioxetina *versus* placebo e sertralina *versus* nortriptilina.

> **Dica**
>
> O termo *efeitos da prática* refere-se ao fenômeno neuropsicológico no qual esforços repetitivos de aprendizagem resultam em maior fluência – limitando a certeza com que se pode atribuir a um fármaco o suposto efeito benéfico cognitivo observado, em vez de atribuí-lo simplesmente à repetição de um procedimento de testagem.

Psicotrópicos que atuam como antagonistas do receptor $5HT_7$ são considerados opções plausíveis para melhorar função cognitiva. Entre outros, vortioxetina e lurasidona são dois exemplos importantes desse grupo. O Boxe 21.4 resume as afinidades de ligação relativas ao receptor $5HT_7$ de vários fármacos psicotrópicos.

Pró-colinérgicos. Estudos com inibidores de acetilcolinesterase (IACh) para tratar transtornos de humor enfatizaram principalmente seu uso como adjuvante em populações de adultos idosos. Entre os pacientes com TDM, uma revisão de quatro ECRs demonstrou que donepezila adjuvante melhorou a cognição geral em 1 ano, mas não em 2 anos, enquanto ECRs com galantamina adjuvante não detectaram efeito benéfico discernível no que se referia aos sintomas cognitivos ou depressivos (McDermott e Gray, 2012). Galantamina é um IACh relativamente fraco, mas atua como modulador potente dos receptores nicotínicos (Woodruff-Pak et al., 2002). Em pacientes com TDM, donepezila adjuvante pareceu ser inferior a placebo para evitar progressão de déficits cognitivos brandos à demência (Reynolds et al., 2011).

Bupropiona é eficaz para tratar déficit de atenção, considerando sua suposta ação agonista dopaminérgica e tudo o mais? De fato, existem dados de RCTs demonstrando eficácia da bupropiona para melhorar sintomas de TDAH em pacientes adultos (Wilens et al., 2001, 2005a) e até alguns resultados de ensaios abertos com pacientes que tinham história transtorno bipolar como comorbidade (sem reativação ou agravação dos sintomas maníacos) (Wilens et al., 2003b). Uma revisão de

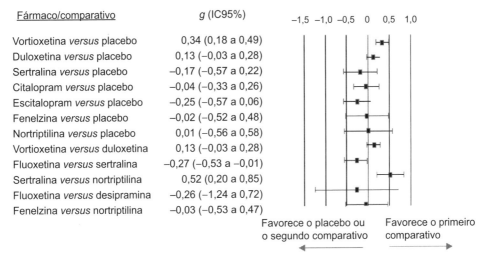

Figura 21.3 Metanálise das alterações do DSST (tamanhos de efeito) em ECRs com antidepressivos para tratar TDM. Baseada na metanálise publicada por Baune et al. (2018).

Base de Dados Cochrane de quatro ECRs calculou tamanho de efeito global médio ($g = -0,50$) para reduzir gravidade dos sintomas de TDAH (Verbeeck et al., 2017). Porém, não foi dada muita atenção ao processamento atencional como medida de resultado secundário de ECRs sobre tratamento de TDM com bupropiona.

Boxe 21.3 Função cognitiva e receptor $5HT_7$.

> Receptores serotoninérgicos $5HT_7$ do SNC estão distribuídos por todo o córtex e também no hipotálamo e tálamo. Estudos pré-clínicos sugeriram que antagonismo no receptor $5HT_7$ possa afetar a aprendizagem e memória, assim como modular ritmos circadianos e regular neurônios inibitórios que, por sua vez, regulam a atividade serotoninérgica no núcleo da rafe dorsal.

DISFUNÇÃO COGNITIVA ASSOCIADA AO TRANSTORNO BIPOLAR

Existem dados referidos aos possíveis efeitos pró-cognitivos dos psicotrópicos, principalmente análises secundárias de ECRs planejados

Boxe 21.4 Afinidades de ligação de antipsicóticos, antidepressivos e ansiolíticos ao receptor $5HT_7$.

Fármaco	Ki (nM)	Fármaco	Ki (nM)
Lurasidona	0,495	Loxapina	88
Pimozida	0,5	Amitriptilina	92,8 a 123
Brexpiprazol	3,7	Olanzapina	105 a 365
Ziprasidona	6 a 9,3	Paliperidona	105 a 365
Risperidona	6,60	Cariprazina	111
Aripiprazol	9,3 a 39	Clomipramina	127
Asenapina	9,9	Mirtazapina	265
Amissulprida	11,5	Quetiapina	307
Clozapina	17,95	Buspirona	375 a 381
Vortioxetina	19	Haloperidol	377,2
Amoxapina	41	Imipramina	> 1.000
Maprotilina	50		

com resultados primários enfatizando aspectos não cognitivos da psicopatologia (p. ex., melhora da depressão ou ansiedade). Esses resultados podem ser resumidos da seguinte forma:

Lamotrigina. Análises *post hoc* de dois ECRs combinados sobre lamotrigina para evitar recorrência do transtorno bipolar do tipo I avaliaram alterações das queixas cognitivas subjetivas basais durante a fase aberta inicial de 8 a 16 semanas; os autores detectaram melhoras significativas em comparação com os escores basais (Khan et al., 2004). É importante ressaltar que, embora melhoras cognitivas estivessem relacionadas com melhora dos sintomas depressivos, melhoras cognitivas subjetivas continuaram significativas depois de controlar as alterações dos escores de depressão MADRS, sugerindo possível efeito pró-cognitivo intrínseco.

Lurasidona. Um dos poucos ECRs destinados a avaliar função cognitiva foi uma comparação randomizada de 6 semanas entre lurasidona *open-label* ($n = 17$) e tratamento habitual ($n = 17$) para pacientes bipolares eutímicos; os pacientes que foram distribuídos randomicamente para usar lurasidona (dose média = 48 mg/dia) apresentaram melhoras significativamente maiores da função cognitiva global ($d = 0,46$) – embora nenhum subcomponente específico dos domínios de função cognitiva tenha diferido do placebo, talvez em razão falta de força estatística do estudo para detectar mais que um efeito geral (Yatham et al., 2017).

Withania somnifera. Também conhecida como *ashwaganda* ou *ginseng* indiano. Um ECR duplo-cego de 8 semanas com 53 pacientes demonstrou que a dose de 500 mg/dia foi bem tolerada e mais eficaz que placebo ($d = 0,51$) para aumentar amplitude de números (*i. e.*, memória operacional auditiva) e melhorar o desempenho em um teste de função executiva usado para avaliar discriminação de estímulos ($d = 0,62$), com impacto um pouco menor ($d = 0,26$) mas significativo na cognição social (Chengappa et al., 2013).

Pramipexol. Conforme foi mencionado no Capítulo 13, esse agonista D_2/D_3 foi especificamente avaliado em estudos para tratar queixas cognitivas associadas ao transtorno bipolar. Um ECR duplo-cego de 8 semanas com 50 pacientes bipolares ambulatoriais efetivamente estáveis não detectou efeito benéfico global na função cognitiva, exceto em um subgrupo pequeno de pacientes "estritamente eutímicos" (sem qualquer tipo de sintomas afetivos, ainda que

brandos), nos quais o processamento atencional (amplitude de números) e a função executiva (teste de interferência de cores e palavras de Stroop) melhoraram mais que com placebo (Burdick et al., 2012).

Monoidrato de creatina. Como foi mencionado no Capítulo 11, a participação da creatina no metabolismo energético suscitou interesse em torno de seus efeitos potenciais na plasticidade neuronal e melhora da função cognitiva. Como parte de uma análise *post hoc* de um ECR negativo sobre monoidrato de creatina para depressão bipolar (dose fixa = 6 g/dia), testes cognitivos aplicados antes e depois do tratamento a um subgrupo ($n = 18$) mostraram melhora significativa da fluência verbal, mas não houve alterações de outros domínios neuropsicológicos (Toniolo et al., 2017).

ECT parece causar principalmente amnésia retrógrada, mas alguns pacientes podem desenvolver amnésia anterógrada? Metanálises demonstraram que a amnésia retrógrada causada pela ECT geralmente melhora pouco depois da última sessão.

Amnésia anterógrada é rara, mas pode estar relacionada com idade ou doenças coexistentes, além dos parâmetros técnicos da ECT (p. ex., colocação de eletrodos bilaterais). Existem ECRs preliminares pequenos sugerindo possível redução do risco de déficits de memória tardios depois de ECT quando pacientes foram pré-tratados com galantamina (8 mg/dia) (Matthews et al., 2013) ou donepezila (Prakash et al., 2006) e, ainda, relatos de casos sugerindo efeitos benéficos com rivastigmina.

DISFUNÇÃO COGNITIVA ASSOCIADA À ESQUIZOFRENIA

Esquizofrenia causa déficits cognitivos difusos em diversos domínios, como está resumido na Tabela 21.2. Durante algum tempo, acreditou-se que ASGs poderiam ter efeitos benéficos nos sintomas cognitivos da esquizofrenia, mas isto geralmente não se mostrou verdadeiro. Na verdade, no estudo CATIE sobre esquizofrenia, os autores detectaram apenas melhoras neurocognitivas clinicamente pequenas (embora estatisticamente significativas) depois de 2 e 6 meses de tratamento com olanzapina, quetiapina, risperidona e perfenazina (nenhuma diferença entre os grupos), mas a melhora da função cognitiva em 18 meses foi inesperadamente mais acentuada nos indivíduos que usaram o APG perfenazina (Keefe et al., 2007).

No estudo CATIE, percepção de emoções não melhorou com qualquer antipsicótico usado (Penn et al., 2009). Também é importante ressaltar que várias metanálises demonstraram que ASGs causaram menos efeitos cognitivos adversos que APGs (p. ex., Keefe et al., 2004; Bilder et al., 2002; Good et al., 2005), mas não melhoraram quaisquer dimensões cognitivas basais de pacientes esquizofrênicos adultos. Com base nessa perspectiva, pacientes com esquizofrenia ou outros transtornos do espectro psicótico podem interpretar equivocadamente sua disfunção cognitiva como TDA e solicitar automaticamente psicoestimulantes, conforme está exemplificado no Caso clínico 21.1.

Se Donny tivesse alucinações ou ilusões bem definidas, o diagnóstico formal de esquizofrenia provavelmente seria mais convincente, ou seja, teoricamente seus problemas cognitivos seriam intrínsecos ao transtorno do espectro esquizofrênico. Embora o paciente possa sentir que seus problemas envolvem basicamente a atenção e ele acredite que um psicoestimulante seja apropriado, uma avaliação mais detalhada provavelmente poderia demonstrar que suas experiências psicóticas eram causadas diretamente por seus déficits cognitivos, em vez de ter o diagnóstico de TDAH ou alguma doença neurológica oculta/subjacente.

Quando se leva em consideração o impacto potencial da esquizofrenia na cognição de pacientes tratados com outros psicotrópicos exceto antipsicóticos, ensaios clínicos publicados indicam o seguinte:

Modafinila. Um ECR com 20 pacientes com esquizofrenia crônica demonstrou que modafinila na dose de 200 mg/dia melhorou flexibilidade cognitiva e amplitude de memória verbal a curto prazo e prolongou a latência de resposta nos testes de planejamento espacial, embora não tenha sido observado qualquer efeito no

desempenho no teste do sinal fechado (Turner et al., 2004b).

Pró-colinérgicos. Estudos com fármacos pró-colinérgicos (*i. e.*, IAChs – inclusive donepezila, galantamina e rivastigmina) acrescentados ao tratamento com antipsicóticos sugeriram efeito fracos ou nulos no tratamento dos sintomas cognitivos associados à esquizofrenia. Em uma revisão de nove ECRs, os autores demonstraram efeito benéfico global significativo na velocidade de processamento ($g = -0,52$; IC95% = $-0,79$ a $-0,25$; $p = 0,0002$); contudo, placebo foi significativamente melhor que IAChs para melhorar atenção e não foram observadas diferenças significativas entre fármaco e placebo no que se referia à memória operacional (Santos et al., 2018). Uma revisão subsequente de 11 estudos sobre esquizofrenia (Hsu et al., 2018) não demonstrou mais especificamente quaisquer efeitos em qualquer domínio de função cognitiva com galantamina (cinco ECRs), rivastigmina (um ECR) ou donepezila (três ECRs), embora um ensaio aberto pequeno ($n = 13$) com donepezila tenha evidenciado melhoras significativas dos escores basais de flexibilidade cognitiva, capacidade de aprendizagem e atenção (Chung et al., 2009).

Supostos modulares dos receptores de NMDA. Fármacos estudados desse grupo são memantina, D-ciclosserina, glicina, D-serina, benzoato de sódio e l-carnosina. Com base na revisão conjunta de metanálise publicada por Hsu et al. (2018), podemos tecer as seguintes considerações:

- Sete ensaios com memantina (inclusive ensaios abertos e duplos-cegos randomizados) detectaram alterações positivas modestas mas significativas nas medidas compostos de memória de pacientes com esquizofrenia resistente ao tratamento com clozapina ($d = 0,30$), assim como vários estudos de curta duração (seis semanas) relataram melhora dos escores de desempenho no MMSE (*Mini-Mental Status Exam*, ou Miniexame do Estado Mental)
- Dois ECRs (variação de 8 a 16 semanas) com D-ciclosserina ou glicina não detectaram quaisquer diferenças no desempenho cognitivo em comparação com placebo, ainda que um ensaio aberto com D-serina na dose de 60 mg/kg tenha mostrado melhora de vários domínios cognitivos, com exceção de memória operacional
- Um ECR de 6 semanas com benzoato de sódio (que inibe a enzima DAAO [oxidase de

---

CASO CLÍNICO 21.1

Donny, 25 anos, tem transtorno de personalidade esquizotípica evidenciada por preocupações extensivas com forças ocultas e episódios de bloqueio mental e pensamento empobrecido. O paciente queixou-se de dificuldade de focar sua atenção e incapacidade de lembrar nomes e detalhes, que ele atribuía a um suposto problema neurológico mal definido coexistente. Donny marcou consulta para pedir psicoestimulantes na esperança de que eles pudesse melhorar sua concentração e memória.

D-aminoácidos] administrado a 52 pacientes esquizofrênicos demonstrou que a dose oral de 1 g foi mais eficaz que placebo para melhorar velocidade de processamento, aprendizagem visual e memória

- Com a dose oral de 2 mg/dia do antioxidante *l*-carnosina administrado por 3 meses a 75 pacientes esquizofrênicos sintomaticamente estáveis, os autores detectaram vários indicativos de melhora das funções executivas em comparação com placebo (ou seja, flexibilidade cognitiva não reversa, eficiência estratégica e menos erros de perseveração).

Desidroepiandrosterona (DHEA). Um ECR de 12 semanas não demonstrou qualquer efeito da DHEA em quaisquer domínios cognitivos (revisado por Hsu et al., 2018).

Raloxifeno. Em estudos preliminares, raloxifeno (um modulador seletivo dos receptores estrogênicos) na dose de 60 mg/dia melhorou atenção, velocidade de processamento e memória de mulheres esquizofrênicas pós-menopausa (Huerta-Ramos et al., 2014).

Pregnenolona. O neuroesteroide pregnenolona foi estudado (dose = 50 mg/dia) para melhorar cognição de pacientes com esquizofrenia de início recente ($n = 60$) durante um ECR de 8 semanas em comparação com placebo (Kreinin et al., 2017). Os autores detectaram melhoras significativamente mais acentuadas da atenção visual com pregnenolona em comparação com placebo ($d = 0,42$), assim como melhoras significativas da atenção sustentada e memória operacional espacial.

N-acetilcisteína. Uma revisão de sete ECRs observou efeitos significativos da *N*-acetilcisteína (ao final de 24 semanas) em comparação com placebo para melhorar memória operacional de pacientes esquizofrênicos ($g = 0,56$; $p = 0,005$), enquanto seu efeito na velocidade de processamento não foi significativo (Yolland et al., 2019).

Agonistas do receptor nicotínico α_7. Teoricamente, agonistas e moduladores alostéricos positivos dos receptores nicotínicos α_7 de acetilcolina são alvos interessantes de possível tratamento de déficits cognitivos de pacientes com esquizofrenia e demência, entre outras doenças. A própria nicotina atua como agonista não seletivo no receptor nicotínico α_7 de ACh e é conhecida por melhorar déficits sensoriais de pacientes esquizofrênicos. Alguns agonistas parciais do receptor nicotínico α_7 de ACh

foram estudados, mas a maioria destas iniciativas envolveu estudos pré-clínicos. A maioria dos ensaios clínicos humanos não conseguiu demonstrar efeito benéfico na função cognitiva, seja em razão dos índices inesperadamente altos de resposta ao placebo, responsividade cruzada e falta de seletividade nos receptores-alvo $5HT_3$, ou toxicidade dos moduladores alostéricos positivos. O fármaco antitabagismo vareniclina é um agonista parcial dos receptores nicotínicos (liga-se ao receptor $\alpha_4\beta_2$) e potente agonista pleno do receptor α_7; uma metanálise de quatro ECRs que enfatizaram disfunção cognitiva de pacientes esquizofrênicos não detectou diferenças significativas em comparação com placebo no que se referia à função cognitiva global, atenção, funções executivas ou velocidade de processamento (nem houve diferenças evidentes nos efeitos antipsicóticos e a condição de tabagista não foi um fator moderador dos resultados dos estudos sobre cognição) (Tanzer et al., 2020).

TDAH DO ADULTO

Você se lembra dos rádios analógicos antigos? Era preciso sintonizar em alguma estação predefinida na faixa de ruído estático ao fundo. Como se pode observar na Figura 21.5, a detecção altamente precisa de alvos predefinidos requer razão potente entre sinal-ruído (S:N, ou *signal-to-noise*, em inglês). O CPFDL é comparável a um rádio analógico em busca de algum sinal saliente. Nos indivíduos com TDA, o CPFDL capta muito ruído de fundo (distrações), que se sobrepõe à intensidade do sinal (*i. e.*, o estímulo que desejamos focalizar). Psicoestimulantes reforçam a capacidade do CPFDL de detectar sinal, melhoram a razão S:N e pronto! Pacientes referem efeito "organizador" quase imediato, na medida em que o ruído de fundo não mais compete tão intensamente com a detecção de sinal.

Como foi explicado antes, quando se considera que déficits de atenção de adultos podem ser atribuídos a um transtorno independente, deve-se assegurar que as queixas cognitivas não possam ser mais bem explicadas por alguma outra condição. Entre os nosólogos, o consenso ainda é de que TDAH, por definição, é uma doença infantil que pode estender-se até a vida adulta em até 50% dos casos – embora existam estudos de coorte de nascimento e outros ensaios prospectivos sugerindo (com alguma controvérsia) que TDAH com início na vida adulta possa ser um construto diagnóstico independente válido (Caye et al., 2016).

Uma metanálise em rede sobre tratamentos farmacológicos para TDAH do adulto demonstrou efeitos médios com a maioria dos fármacos e efeito grande com anfetaminas, embora na maioria dos casos com sobreposição dos intervalos de confiança dos diversos fármacos estudados (Cortese et al., 2018), conforme está ilustrado na Figura 21.4. Não existem dados disponíveis sobre tratamento de TDAH do adulto com guanfacina ou clonidina.

Psicoestimulantes ainda constituem o tratamento básico habitual para TDAH e, em termos gerais, podem ser divididos em fármacos à base de anfetamina ou metilfenidato. Existem mais diferenças farmacodinâmicas que diferenças entre esses dois grupos gerais – embora, conforme foi descrito no Capítulo 9, em doses equivalentes as anfetaminas são cerca de duas vezes mais potentes que metilfenidato (i. e., 1 mg de metilfenidato equivale a cerca de 0,5 mg de anfetamina). Desconhecemos quaisquer estudos comparativos diretos, que tenham demonstrado superioridade de um fármaco em comparação com outro. Em geral, estudos sobre TDAH do *adulto* são mais numerosos com anfetamina que metilfenidato. Uma revisão da Base de Dados Cochrane de 13 ECRs calculou tamanho de efeito grande com anfetamina para reduzir a gravidade dos sintomas de TDAH ($g = -0,90$) (Castells et al., 2018), enquanto outra metanálise detectou tamanho de efeito menor com metilfenidato para tratar TDAH do adulto ($g = -0,49$) (Cortese et al., 2018). Em outra revisão da Base de Dados Cochrane com 185 ECRs sobre TDAH de crianças ou adolescentes, os autores detectaram tamanho de efeito maior com metilfenidato ($g = -0,77$) (Storebø et al., 2015). Uma análise comparativa realizada por Arnold (2000) enfatizando especialmente estudos publicados sobre TDAH de crianças e adolescentes encontrou as possíveis diferenças de grau sutil na melhor das hipóteses:

- Em pacientes com comorbidade de transtorno de Tourette, a eficácia global foi um pouco maior com metilfenidato (além de menos agravação dos tiques)
- Anfetamina pode ser um pouco mais eficaz para tratar sintomas de transtorno de conduta opositora, inclusive agressividade, irritabilidade e explosões temperamentais
- Anfetamina pode produzir melhora mais consistente ao longo dos dias
- Alguns estudos relataram mais anorexia e transtornos do sono com anfetamina que metilfenidato
- Em alguns estudos, metilfenidato foi associado a mais depressão/apatia que anfetamina.

É importante ressaltar que ensaios cruzados demonstraram que inexistência de resposta a um desses fármacos não diminuiu significativamente as chances de obter melhora com outro; na verdade, estudos demonstraram índice de resposta global > 87% quando esses dois fármacos foram tentados um após o outro, depois de não ter havido resposta ao primeiro experimentado

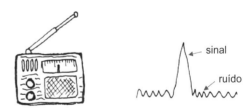

Figura 21.5 Rádio analógico e razão sinal-ruído (S:N).

Fármaco	g (IC95%)
Anfetaminas	−0,79 (−0,99 a −0,58)
Atomoxetina	−0,45 (−0,58 a −0,32)
Bupropiona	−0,46 (−0,85 a −0,07)
Metilfenidato	−0,49 (−0,64 a −0,35)
Modafinila	0,16 (−0,28 a 0,59)

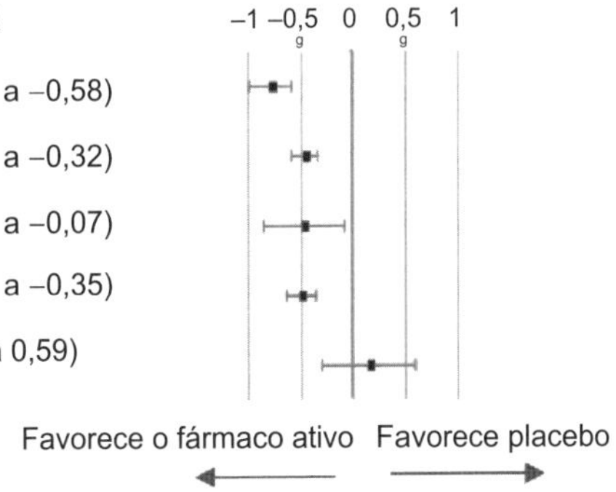

Favorece o fármaco ativo ← → Favorece placebo

Figura 21.4 Metanálise comparando os tamanhos de efeitos relativos de alguns fármacos usados para tratar TDAH do adulto. Baseada na metanálise publicada por Cortese et al. (2018).

(Arnold, 2000). O Boxe 21.5 descreve as diferenças entre psicoestimulantes fornecidos em sistemas de liberação prolongada.

🕐 Psicoestimulantes e função executiva

No contexto do tratamento para TDAH, existem dados convincentes indicando que psicoestimulantes – especialmente lisdexanfetamina – possam melhorar sintomas de disfunção executiva. No caso específico do TDAH de adultos, vale ressaltar que uma comparação de 10 semanas envolvendo vários centros de pesquisa com doses fixas de lisdexanfetamina (30 mg/dia, 50 mg/dia ou 70 mg/dia) e placebo detectou melhora significativamente maior com todas as doses do fármaco ativo em comparação com placebo quando se utilizou uma medida composta de função executiva com tamanho de efeito de 0,74 (Adler et al., 2013). Melhoras da função executiva foram evidenciadas com base em avaliações realizadas por médicos ou pelos próprios pacientes (Weisler et al., 2017). Adolescentes e adultos jovens tratados com anfetamina ou metilfenidato demonstraram atenção sustentada e aprendizagem verbal significativamente melhores em comparação com pacientes de TDAH não tratado, mas os efeitos foram menos marcantes no que se referia à organização e planejamento, memória operacional e flexibilidade cognitiva (Biederman et al., 2008b). Em outro artigo publicado na literatura sobre TDAH infantil, tratamento com metilfenidato melhorou memória operacional espacial (Barnett et al., 2001).

Modafinila. Três ECRs demonstraram que modafinila foi eficaz para tratar TDAH (Wigal et al., 2006), mas naquele ano este fármaco não conseguiu aprovação pela FDA norte-americana para essa indicação porque existiam relatos de vários casos de reações cutâneas graves, inclusive síndrome de Stevens-Johnson. Em pacientes adultos com TDAH, estudos demonstraram que modafinila facilitou controle inibitório que, por sua vez, melhorou memória (duração da memória, memória visual) e planejamento espacial, prolongou período de latência de resposta e reduziu responsividade impulsiva (Turner et al., 2004a) – contudo, como se pode observar na Figura 21.4, o tamanho do efeito observado nos adultos com TDAH foi pequeno.

Boxe 21.5 Psicoestimulantes em sistemas de liberação prolongada.

Existem várias preparações de psicoestimulantes de liberação prolongada:

- Lisdexanfetamina é uma molécula de dextroanfetamina ligada a outras moléculas de lisina, que transformam o fármaco ativo em profármaco inativo; depois de sua administração, o sistema libera dextroanfetamina livre após suas moléculas de lisina serem hidrolisadas no trago digestivo. As doses usadas variam de 10 a 70 mg/dia

- Uma preparação OROS (*osmotic-release oral delivery system*, ou sistema oral de liberação osmótica, em tradução livre) de metilfenidato consiste em um comprimido duro dentro de uma membrana externa semipermeável, através da qual água é absorvida e leva à liberação do fármaco ativo no trato digestivo com biodisponibilidade em torno de 12 horas. As doses dos comprimidos variam de 18 a 54 mg/dia, com doses máximas de 54 mg/dia para crianças e adolescentes e 72 mg/dia para adultos. A preparação de metilfenidato OROS na dose de 18 mg equivale a cerca de 15 mg de metilfenidato

- Uma preparação de liberação ampliada de metilfenidato em dose alta variando entre 24 e 85 mg produz efeitos por até 16 horas. Outro produto à base de metilfenidato de liberação ampliada é fornecido em doses de 20, 40, 60, 80 ou 100 mg e é administrado ao anoitecer e exerce seus efeitos por liberação estendida e prolongada a partir da manhã seguinte

- O sistema de metilfenidato transdérmico é um adesivo aplicado 1 vez/dia, que pode ser usado por até nove horas e geralmente é aplicado no quadril. Essa preparação libera uma das seguintes doses de metilfenidato por hora:
  - 1,1 mg (adesivo de 10 mg, que contém 27,5 mg/adesivo)
  - 1,6 mg (adesivo de 15 mg, que contém 41,3 mg/adesivo)
  - 2,2 mg (adesivo de 20 mg, que contém 55 mg/adesivo)
  - 3,3 (adesivo de 30 mg, que contém 82,5 mg/adesivo)

  Em geral, o tratamento começa com um adesivo de 10 mg/dia, mas a dose pode ser aumentada semanalmente conforme a necessidade. As doses preconizadas baseiam-se em grupos de estudo pediátricos e são consideradas com "indicação *off-label* para adultos", ainda que existam alguns poucos ensaios abertos publicados sobre TDAH do adulto.

O controle de impulsos é uma função executiva. Pacientes impulsivos com transtorno de personalidade *borderline* poderiam melhorar com anfetamina ou metilfenidato, ainda que não tivessem TDAH? É difícil saber a resposta, uma vez que não existem estudos formais.

Com base no Capítulo 20, vale lembrar que a literatura sobre psicoestimulantes para tratar disfunção executiva de pacientes com transtorno de personalidade *borderline* é muito limitada. Esses fármacos podem aumentar o risco de desenvolver psicose e dependência química. Por outro lado, alguns dados provisórios sugerem possível efeito benéfico na capacidade de decidir, ao menos com base em um estudo em contexto laboratorial com dose única de metilfenidato (Gvirts et al., 2018).

PSICOESTIMULANTES E LABILIDADE EMOCIONAL

TDAH pode envolver intrinsecamente desequilíbrio emocional (Shaw et al., 2014) – e seria razoável perguntar se psicoestimulantes têm mais chances de melhorar ou piorar a desregulação emocional. Uma revisão de cinco ECRs sobre TDAH em crianças e adultos publicada por Posner et al. (2014) demonstrou melhoras consistentes das medidas de regulação emocional em ensaios clínicos com duração de até 24 semanas, com tamanhos de efeito observados (d) na faixa de 0,28 a 0,40. (O maior tamanho de efeito na desregulação emocional foi observado com metilfenidato OROS [0,75 mg/kg] para tratar TDAH do adulto [d = 0,70]; Reimherr et al., 2007.) Irritabilidade agravada por psicoestimulantes foi descrita em uma "pequena minoria" dos indivíduos desses estudos. Uma metanálise subsequente enfatizando a relação entre psicoestimulante ou atomoxetina e labilidade emocional unicamente no TDAH de adultos (nove ECRs) detectou tamanho de efeito global de g = −0,41 (IC95% = −0,57 a −0,25) (Moukhtarian et al., 2017).

O Boxe 21.6 aborda a questão da tolerância fisiológica ou taquifilaxia com uso de psicoestimulantes.

Atomoxetina. Comparável aos resultados apresentados na Figura 21.4 por Cortese et al. (2018), outra metanálise de 13 ECRs com atomoxetina para tratar TDAH do adulto demonstrou diferença global significativa e tamanho de efeito médio (g = −0,45) em comparação com placebo, assim como nas medidas específicas de desatenção (g = −0,42), embora com grau

Boxe 21.6 O que acontece quando há tolerância aos psicoestimulantes?

> Anfetamina e metilfenidato podem causar tolerância farmacológica que, teoricamente, resulta ao menos em parte da densidade mais alta de receptores ao transportador de dopamina no núcleo estriatal (Wang et al., 2009), dependendo da duração da exposição ao fármaco. Estudos de longa duração sobre TDAH pediátrico sugeriram que a necessidade de aumentar a dose do psicoestimulante em cerca de 25% ao longo de 1 ano seja comum (p. ex., Wilens et al., 2005b). Surpreendentemente, existem pouquíssimos estudos empíricos com estratégias específicas para suplantar tolerância aos psicoestimulantes em pacientes com TDAH; isto faz com que a maioria das recomendações esteja baseada mais em opinião que evidência empírica sistemática. Entre as estratégias descritas estão as seguintes: (a) otimizar/maximizar doses; (b) usar doses supraterapêuticas; (c) intercalar períodos de "férias" sem psicoestimulante, com reintrodução final depois de 1 mês ou mais; (d) substituição por outro psicoestimulante; e (e) combinar o psicoestimulante usado com um fármaco de outra classe farmacêutica, inclusive atomoxetina, bupropiona ou alfa-agonista. Relatos anedóticos e/ou observações retrospectivas publicados na literatura sobre TDAH de crianças/adolescentes sugerem que, depois da substituição por outro fármaco ou períodos sem usar o psicoestimulante atual, a eficácia do fármaco original frequentemente seja recuperada quando ele é reintroduzido (Ross et al., 2002).

de impacto um pouco menor (mas ainda significativo) na impulsividade/hiperatividade (g = −0,36) (Ravishankar et al., 2016). Uma revisão de cinco ensaios comparativos diretos entre atomoxetina e psicoestimulantes para tratar TDAH mostrou melhora mais acentuada e índices de resposta mais alta com metilfenidato OROS que atomoxetina, mas efeitos comparáveis quanto à gravidade dos sintomas de TDAH entre atomoxetina e metilfenidato de liberação imediata ou sais de anfetamina mistos de liberação estendida. Embora o fabricante recomende que a dose inicial de atomoxetina seja de 40 mg/dia nos primeiros 3 dias, depois aumentada até a dose-alvo de 80 mg/dia com dose máxima possível de 100 mg/dia depois de 2 a 4 semanas adicionais, estudos naturalísticos sugeriram que pouco mais de um terço dos adultos com TDAH tenha usado doses muito baixas em condições normais (dose média observada = 68,5 mg/dia), especialmente em mulheres e pacientes que fizeram menos tentativas com outros fármacos para tratar TDAH antes de começar a usar atomoxetina (Kabul et al., 2015).

Antidepressivos. Entre os antidepressivos monoaminérgicos tradicionais, tricíclicos foram extensivamente estudados como tratamento para TDAH de crianças e adolescentes. Em particular, com base em uma revisão da Base de Dados Cochrane, estudos demonstraram que desipramina (com a qual existem mais ECRs que quaisquer outros ADTs) produziu efeito grande com base nas avaliações de pais ($g = -1,42$) ou professores ($g = -0,97$) (Otasowie et al., 2014). Como se pode observar na Figura 21.4, bupropiona alcançou tamanho de efeito médio nos sintomas gerais de TDAH do adulto. Além disso, como está descrito no Boxe 21.2, embora vortioxetina tenha produzido efeitos benéficos demonstrados no processamento atencional de pacientes com TDM, ECRs sobre TDAH foram negativos.

Dasotralina. Dasotralina é um inibidor de recaptação tríplice (serotonina, norepinefrina e dopamina), que originalmente foi submetido pelo fabricante à avaliação da FDA norte-americana como tratamento de TDAH com base nos resultados positivos de um ECR (quatro semanas) sobre TDAH de crianças e adultos. Nesse último grupo, a dose de 8 mg/dia (mas não 4 mg/dia) foi significativamente melhor que placebo na medida de resultado primário de uma escala padronizada de graduação do TDAH (Koblan et al., 2015). Nas crianças, um ECR demonstrou que a dose de 4 mg/dia (mas não 2 mg/dia) melhorou os sintomas de TDAH. Com base nos dados existentes à época, a FDA não aprovou sua indicação para TDAH e solicitou ao fabricante mais estudos para definir mais claramente sua eficácia e segurança. Houve supressão de apetite como efeito adverso em diversos ensaios clínicos sobre TDAH e isto levou a uma tentativa independente do fabricante de avaliar sua possível indicação para tratar transtorno de compulsão alimentar.

Alfa-agonistas. Agonistas α_2 como clonidina ou guanfacina podem melhorar a função cognitiva de pacientes com TDA/TDAH porque aumentam a transmissão noradrenérgica entre *locus* cerúleo e CPF. Clonidina e guanfacina são alfa-agonistas mais bem estudados para tratar TDAH e, também nesses casos, a literatura está referida mais extensivamente as crianças/adolescentes que adultos. Além disso, conforme foi mencionado no Capítulo 19, fármacos que se ligam mais seletivamente aos subtipos de receptores α_{2a} que α_{2b} ou α_{2c} (p. ex., guanfacina) têm menos tendência de causar sedação. Metanálise de 11 ensaios com clonidina para tratar

> **Dica**
> Enquanto psicoestimulantes podem desencadear ou agravar tiques motores, alfa-agonistas podem suprimi-los.

TDAH pediátrica detectou tamanho de efeito global médio ($d = 0,58$) (Connor et al., 1999), o que a torna menos impactante que o tamanho de efeito de melhoria dos sintomas atencionais produzido pelos psicoestimulantes.

Amantadina. Poucos dados de ECRs unicamente com pacientes de TDAH pediátrico sugerem que amantadina (um agonista dopaminérgico) na dose de 100 a 150 mg/dia possa ser eficaz; um ensaio pequeno ($n = 40$) de 6 semanas demonstrou melhora comparável à do metilfenidato nas escalas de avaliação dos sintomas de TDHA por pais e professores, embora esse estudo não tenha alcançado força estatística suficiente para demonstrar não inferioridade (Mohammadi et al., 2010) e a inexistência de ensaios controlados por placebo ou ECRs sobre TDAH do adulto limita a base de evidência favorável ao uso amplo de amantadina para tratar TDAH.

Memantina. Existem poucos dados sugestivos da utilidade da memantina para tratar TDAH do adulto. Um ECR de 6 semanas com 40 indivíduos detectou melhora mais acentuada que a observada com placebo em medidas de desatenção/memória, hiperatividade/agitação e impulsividade/labilidade emocional (Mohammadzadeh et al., 2019). Outro ECR pequeno ($n = 26$) de 12 semanas mostrou que memantina adjuvante não foi mais eficaz que placebo para melhorar função executiva de pacientes adultos com TDAH, quando foi acrescentada ao tratamento com metilfenidato (Biederman et al., 2017).

Ginkgo biloba. Elogiado por seus possíveis efeitos pró-cognitivos e/ou de melhora da memória com base principalmente em relatos anedóticos, um ECR de 6 semanas ($n = 50$) com *Ginkgo biloba* (doses entre 80 e 120 mg/dia) demonstrou que foi menos eficaz que metilfenidato para melhorar sintomas de TDAH em crianças/adolescentes (Salehi et al., 2010). Outro ensaio complementar sobre TDAH pediátrico demonstrou que *Ginkgo biloba* ($n = 31$) foi mais eficaz que placebo ($n = 29$) quando foi acrescentado ao tratamento com metilfenidato (20 a 30 mg/dia) para melhorar avaliações de pais e professores sobre desatenção associada ao TDAH (Shakibaei et al., 2015).

Então, o que os psicoestimulantes fazem por pacientes sem TDAH, além de aumentar o nível de energia? Uma revisão publicada por Bagot e Kaminer (2014) demonstrou que modafinila pode melhorar o tempo de reação, o raciocínio lógico e a capacidade de resolver problemas. Metilfenidato pode melhorar o desempenho em testes de atenção e reduzir o intervalo de latência no planejamento. Anfetamina melhora a consolidação e a rememoração de informações.

Então, como é que agonistas α_2 podem melhorar a atenção e, ainda assim, causar sedação? E hipotensão? Aparentemente, não tem lógica, pois alvos regionais e subtipos de receptores são diferentes. Ação agonista nos receptores α_{2a} pré-sinápticos aumenta a transmissão simpática entre locus cerúleo e córtex (especialmente, CPFDL) e, desse modo, melhora a atenção, enquanto ação agonista nos receptores α_{2b} e α_{2c} do *locus* cerúleo causa sedação. Além disso, no tronco encefálico, ação agonista nos autorreceptores α_{2a} pré-sinápticos deprime a atividade simpática e reduz a resistência vascular periférica e, assim, causa redução da pressão arterial.

DEMÊNCIA E DISFUNÇÃO COGNITIVA GRAVE

Tratamentos farmacológicos para demência têm como objetivo melhorar não apenas déficits cognitivos, mas também domínios como agitação, psicose e desregulação dos ritmos circadianos. No que se refere aos alvos cognitivos do tratamento, os fármacos fundamentais ainda são pró-colinérgicos e memantina. Uma metanálise com metarregressão de 80 ensaios detectou eficácia cerca de duas vezes maior para tratar demência de Parkinson ou demência de corpos de Lewy que como tratamento da doença de Alzheimer ou demência vascular (Knight et al., 2018). A Tabela 21.3 contém um resumo dos tamanhos dos efeitos dos

diversos fármacos utilizados em intervalos sucessivos de tempo com base nessa metanálise.

Em pacientes com disfunção cognitiva branda, um ECR envolvendo vários centros de pesquisa demonstrou que donepezila conseguiu melhora modesta (embora significativa) dos escores de avaliação da função cognitiva em comparação com placebo (Doody et al., 2009). Uma revisão da Base de Dados Cochrane de 13 estudos sobre doença de Alzheimer com gravidade branda moderada ou grave detectou resultados mais favoráveis na função cognitiva que placebo ao longo de 26 semanas, mas não houve diferenças quanto aos sintomas comportamentais (Birks e Harvey, 2018).

Quando se considera a utilidade dos ASGs para controlar sintomas cognitivos de pacientes com demência, a maior parte dos resultados não é favorável, apesar de evidências modestas sugestivas da utilidade de ASGs (p. ex., risperidona) em doses baixas para tratar psicose ou controlar agitação (Katz et al., 1999). Uma metanálise de 16 ECRs (incluindo aripiprazol, olanzapina, quetiapina e risperidona *versus* placebo) demonstrou efeitos pequenos ($g < 0,20$) considerados clinicamente não significativos em diversas medidas da função cognitiva (Schneider et al. al., 2006). No CATIE-AD (*Clinical Antipsychotic Trials of Intervention Effectiveness-Alzheimer's Disease Study*), pacientes tiveram deterioração da função cognitiva ao longo de 36 meses, independentemente do tipo de intervenção terapêutica; além disso, tratamento com ASGs causou deterioração mais acentuada da função cognitiva que placebo (Vigen et al., 2011). Fármacos usados em estudos randomizados foram olanzapina (dose média = 5,5 mg/dia), risperidona (dose média = 1,0 mg/dia) e quetiapina (dose média = 56,5 mg/dia).

Em outros estudos, embora ISRSs não tenham produzido efeito benéfico muito significativo nos transtornos cognitivos associados à demência, um ECR grande detectou melhora

Tabela 21.3 Tamanhos de efeito dos inibidores de acetilcolinesterase ou memantina na demência (*g*, IC95%).

Fármaco	3 meses	6 meses	12 meses
Donepezila (3 a 5 mg/dia)	1,15 (0,69 a 1,61)	1,52 (0,74 a 2,30)	–
Donepezila (10 mg/dia)	1,07 (0,91 a 1,23)	1,13 (0,94 a 1,33)	1,52 (0,38 a 2,66)
Galantamina	1,10 (0,83 a 1,36)	1,39 (0,79 a 2,00)	0,58 (0,27 a 0,90)
Rivastigmina	0,98 (0,32 a 1,63)	0,69 (0,43 a 0,95)	1,40 (1,12 a 1,68)
Memantina	0,65 (0,37 a 0,94)	0,40 (0,05 a 0,75)	0,41 (−0,44 a 1,26)

significativamente maior com citalopram que placebo para reduzir agitação – ainda que os pacientes tratados com citalopram tenham apresentado mais agravação das medidas de função cognitiva que placebo (Porsteinsson et al., 2014).

Por outro lado, contudo, tratamento com ISRS para depressão coexistente em pacientes com demência também atenua os efeitos negativos da depressão na função cognitiva (Rozzini et al., 2010).

⌂ Pontos importantes e tarefas para casa

- Disfunção cognitiva engloba fenomenologia clínica diversificada e contextos singulares nos diversos transtornos mentais
- Assegurar avaliação adequada das queixas cognitivas subjetivas em relação com outros tipos de psicopatologia, que alguns pacientes podem às vezes confundir com déficits cognitivos objetivos
- Tentar reduzir o impacto dos psicotrópicos que podem causar ou agravar transtornos cognitivos (especialmente anticolinérgicos, anti-histamínicos, hipnótico-sedativos e topiramato)
- Reconhecer as diferenças entre processamento atencional e componentes anormais da memória ou função cognitiva, de forma a caracterizar a natureza e a gravidade dos problemas cognitivos supostos
- Considerar as razões lógicas e as possíveis bases de evidência a favor dos efeitos pró-cognitivos de alguns fármacos psicotrópicos (p. ex., vortioxetina, lurasidona), além do uso de fármacos novos e psicoestimulantes para tratar supostos déficits de processamento atencional e disfunção cognitiva.

22 Junção de Todas as Peças

O ótimo é inimigo do bom.

Voltaire

Esperamos ter coberto grande parte, mas não todas as áreas complexas de relevância prática para os médicos que, no seu dia a dia, tentam tomar decisões de farmacoterapia baseadas em evidências. Conforme foi ilustrado ao longo de todos os capítulos precedentes, a quantidade de dados empíricos utilizáveis para orientar decisões terapêuticas varia amplamente quanto a determinado transtorno mental e entre eles. Provavelmente, é mais importante que os médicos saibam *como pensar empiricamente* – isto é, saibam quando, onde e como buscar informações pertinentes a determinado caso – em vez de tentar dar conta da tarefa impossível de conhecer detalhadamente o banco de dados de ensaios clínicos referidos a todos os transtornos mentais, que muda a cada instante. Do mesmo modo, sabedoria inclui reconhecer quando não há evidências, quando médicos são levados a confiar em opiniões, extrapolações e razões plausíveis – embora sem misturar esses indicativos gerais com a base de dados empíricos.

Agora, chegou a hora de selecionar os princípios que tentamos ilustrar e resumir o que poderíamos chamar de "máximas fundamentais" da psicofarmacologia prática.

ALTERAR APENAS UMA VARIÁVEL DE CADA VEZ

Além de fazer parte do bom senso em geral, este axioma também serve como excelente ponto de partida para qualquer caso clínico complexo. Entre suas virtudes, essa estratégia impõe um elemento de "demora e deliberação reflexiva", que exige que médico e paciente resistam aos seus próprios desejos e tentações originados do sistema límbico de forma a tomar decisões críticas sem pressa desnecessária, ou acrescentar involuntariamente causas iatrogênicas de confusão tornando situações complexas ainda mais difíceis. Alterar uma variável de cada vez também significa esperar tempo suficiente antes de avaliar o efeito do que acabou de ser feito, antes de acrescentar outras alterações ao sistema. Em qualquer análise multivariada de dados, manter todas as variáveis constantes exceto uma também é um dos métodos mais eficazes para trazer clareza a uma situação complexa, permitindo que as ambiguidades apareçam e sejam resolvidas por si próprias, sem a confusão adicional trazida por uma intervenção desesperada e possivelmente voluntariosa.

Entretanto, existem situações nas quais alterar apenas uma variável de cada vez pode ser impossível. Na prática do mundo real, pacientes raramente ou nunca são tratados em condições rigorosamente controladas, nas quais todos os principais fatores moderadores e mediadores do resultado terapêutico podem ser mantidos constantes, de forma a permitir inferências mais seguras quanto às prováveis relações de causa e efeito. Em alguns casos, urgência clínica exige que o médico altere mais de um parâmetro farmacológico ao mesmo tempo – como seria o caso de interromper o uso de um fármaco que se tornou inadequado (p. ex., um antidepressivo durante um episódio de mania) ou deletério (p. ex., um psicoestimulante ou IMAO em pacientes com crise hipertensiva). Na perspectiva unicamente científica, poderia ser esclarecedor interromper o uso de um antidepressivo no contexto de um suposto episódio maníaco em desenvolvimento e simplesmente observar se os sinais de hiperatividade psicomotora diminuem espontaneamente (sugerindo um efeito adverso direto do fármaco, em contraste com um efeito catalisador que deveria persistir, apesar da eliminação do fármaco que o provocou); contudo, na prática cotidiana, desastres podem ocorrer quando médicos suspendem o uso de um fármaco apropriado para controlar sintomas graves "aqui e agora". Nisto consiste o equilíbrio negocial entre reunir evidências e prestar cuidados médicos sensíveis e compassivos. Frequentemente, o compromisso prático requer simplesmente reconhecer para si próprio e seu paciente que relações de causa e efeito podem

22 Psicofarmacologia Prática

ser difíceis de entender confiavelmente, mas ainda assim é necessário insistir.

IDENTIFICAR E PERSEGUIR ALVOS TERAPÊUTICOS ESPECÍFICOS

Cuidados médicos formais "baseados em medidas de resultado" consistem em usar instrumentos de avaliação padronizados para acompanhar a gravidade dos sintomas e suas alterações com o transcorrer do tempo, da mesma forma que se faz em um ensaio clínico experimental. Sem contar com alguma métrica para acompanhar os sintomas, fica praticamente impossível conseguir algo mais que uma impressão geral ou subjetiva quanto ao estado clínico do paciente. Contudo, no lado negativo dessa abordagem, médicos em suas práticas cotidianas podem não ter recebido treinamento formal para aplicar e graduar corretamente escalas de avaliação dependentes do examinador e algumas medidas podem exigir muito tempo para que sejam avaliadas. No caso dos médicos, medidas de *autoavaliação* validadas podem ser mais práticas e econômicas quanto ao tempo utilizado, aumentando a conveniência e a eficiência quando são revisadas durante consultas clínicas porque chamam a atenção para os componentes mais críticos e importantes de um problema clínico complexo.

Boa prática quase sempre inclui alguma medida objetiva, com base na qual o médico possa acompanhar os alvos terapêuticos reconhecidos, sejam manifestações de síndromes completas (p. ex., depressão maior) ou sintomas isolados (p. ex., insônia, ideação suicida, episódios de automutilação ou uso abusivo de álcool ou outras drogas). Mesmo acompanhar pacientes com base nos sintomas gerais (digamos, "ansiedade") usando uma escala analógico-visual (ou escala de Likert) de 10 pontos fornece informações úteis ao longo do tempo, especialmente quando essas avaliações são efetuadas a intervalos regulares com o propósito de avaliar efeitos do tratamento. Essas escalas também fornecem indícios quanto à evolução temporal e contexto (há alguma variação durante o dia, ou relação com sono ou ciclo menstrual?). Uma medida ainda mais rudimentar seria o médico simplesmente perguntar aos seus pacientes em cada consulta se eles acham que um sintoma ou condição que se pretende tratar está "melhor", "na mesma" ou "pior" que antes, de forma a conseguir alguma impressão longitudinal de melhora ou piora. Eventos tangíveis como

ataques de pânico, dias em abstinência ou episódios de ingestão alimentar compulsiva também se prestam à avaliação simples para acompanhamento (p. ex., número de episódios por semana), algo semelhante a acompanhar o número de episódios de cefaleia ou crises convulsivas por unidade de tempo. Quando um fármaco é benéfico e tem efeito clinicamente significativo (*i. e.*, tamanho de efeito presumivelmente médio ou grande), redução do número de episódios (ou dos escores da escala de Likert) poderia ser um indício confiável ao longo de determinado intervalo especificado.

Quando lemos ensaios clínicos publicados na literatura, "melhora global" frequentemente é um resultado secundário de ECRs realizados para avaliar diversos transtornos mentais. Embora seja um construto favorável, ele traz poucas informações quanto ao que realmente mudou ou não depois de uma intervenção terapêutica. Pouco antes do final do Capítulo 1, tratamos de identificar metas desejadas e sintomas-alvo do tratamento antes de iniciar qualquer esquema farmacoterápico. O contraponto dessa abordagem é investigar quais sintomas realmente melhoraram ou não depois de iniciar uma experiência adequada com determinado fármaco. O médico poderia supor que um ASG anti-histaminérgico esteja atuando principalmente como hipnótico, quando na verdade ele também poderia ser benéfico como ansiolítico eficaz. Em alguns casos, sintomas remanescentes sugerem comorbidades, como foi ilustrado no Caso clínico 19.1 (Capítulo 19), quando o paciente evidenciou fobia evasiva e trauma psíquico depois do tratamento de um episódio de depressão.

RECONHECER A DIFICULDADE DE DIFERENCIAR ENTRE EFEITOS FARMACOLÓGICOS E EVOLUÇÃO NATURAL DA DOENÇA

O Capítulo 1 começou com uma descrição de como elaborar atribuições e reconhecer causalidade e plausibilidade no contexto de intervenções terapêuticas. Esses conceitos são igualmente válidos quanto aos supostos efeitos benéficos e reações adversas dos fármacos. O médico deve ter em sua memória operacional o dilema "*post hoc ergo propter hoc*", principalmente quando tratamentos farmacológicos podem servir como bodes expiatórios para desconstruir sintomas persistentes ou agravados como se significassem efeitos colaterais dos fármacos. Quando pacientes deprimidos referem ideação suicida depois de iniciar tratamento com antidepressivo, deve-se primeiramente esclarecer se este sintoma realmente não estava presente antes de iniciar o tratamento e avaliar se outros sintomas associados a uma síndrome mais ampla também podem ou não ter sido agravados (sugerindo progressão do transtorno básico e, deste modo, falta de eficácia do fármaco escolhido, em vez de um efeito iatrogênico). Levar em consideração plausibilidade; sintomas diversificados e não relacionados entre si, que são gerais e não indicam algum mecanismo fisiopatológico unificador, podem ter origem mais psicogênica que farmacodinâmica. Especialmente pacientes com transtorno de sintomas somáticos (ou, por outro lado, níveis altos de somatização, conforme descrito no Capítulo 12) ou pacientes paranoides podem ser particularmente suscetíveis a atribuir estados afetivos negativos ou sensações físicas inaceitáveis a um suposto efeito deletério dos fármacos que usam.

Considerar alterações de variáveis inclui não apenas tratamentos farmacológicos, nas também fatores ambientais relevantes. Imaginemos um paciente com asma grave, que comece a fazer inalações diárias de corticosteroides e simultaneamente se mude para uma região com clima seco. Poderia ser difícil saber qual dessas duas intervenções relevantes merece crédito ou, neste caso, se o resultado final refletiu um efeito aditivo ou mesmo sinérgico em vez de um efeito de causa única (no caso de que uma intervenção foi potente e outra irrelevante). Na perspectiva do paciente, o que isto importa? Se ele melhorar, a causa responsável por sua melhora teria importância prática? Não importaria se os sintomas fossem indiferentes tanto a sua mudança geográfica quanto ao uso de um fármaco potencialmente desnecessário. Mas seria importante se a manutenção de uma intervenção potencialmente desnecessária colocasse o paciente em risco ou fosse difícil. Seria importante especialmente se esperássemos que o problema recorresse e quiséssemos planejar abordagens para tratá-lo mais eficazmente no futuro.

FAÇA O QUE FIZER, TENHA UMA RAZÃO CLARA

Gostamos de dizer aos nossos pacientes que uma coisa que podemos prometer-lhes é uma *razão* para qualquer recomendação proposta. É importante diferenciar entre recomendações terapêuticas propositais *versus* aleatórias.

Quando o médico decide aumentar ou reduzir a dose de um fármaco, ou acrescentar ou retirar outro fármaco ou, ainda, "fazer ajustes clínicos necessários", ele deve cuidar para que não haja dúvida ou incerteza quanto às razões e finalidades dessas recomendações. Sabemos razoavelmente bem o que podemos esperar quando fazemos alterações "em larga escala" em vez de progressivas no esquema terapêutico. Por exemplo, aumentar a dose de sertralina de 150 para 200 mg/dia para um paciente com depressão ou ansiedade persistente tem mais chances de efetuar um "ajuste fino" da resposta parcial obtida, em vez de converter um caso de não resposta inequívoca em resposta bem definida.

A base de evidências existente quanto a alguns transtornos é limitada por disponibilidade – é importante diferenciar entre inexistência de evidência e evidência de inexistência. Por exemplo, no caso do transtorno de personalidade *borderline*, vale lembrar que os resultados dos únicos ECRs publicados com ISRSs referem-se à fluoxetina ou fluvoxamina (Capítulo 20, Tabela 20.1); então, qual é a probabilidade de que sertralina ou paroxetina seja eficaz para tratar sintomas depressivos ou instabilidade de humor, especialmente quando se considera que existem outros dados a favor do uso desses fármacos para tratar TEPT (Capítulo 19)? Embora a resposta seja tecnicamente desconhecida, não é muito difícil encontrar uma razão plausível.

Também é importante diferenciar entre recomendações terapêuticas aleatórias *versus* baseadas em razões plausíveis. Embora geralmente seja verdade que "sempre há alguma coisa a mais que se pode tentar", além de determinado ponto torna-se irracional e pouco realista oferecer opções terapêuticas repetitivas que não tenham bases racionais ou chances de funcionar quando outras intervenções estabelecidas, que têm tamanhos de efeitos maiores ou já foram estudadas em casos resistentes a outros tratamentos, não conseguiram trazer qualquer efeito benéfico.

PENSAR EM SISTEMAS DE *BACKUP* E NAS VIRTUDES DA REDUNDÂNCIA

A única coisa melhor que ter um bom plano é ter um bom plano de *backup* e, em seguida, um plano de *backup* para o *backup*. O bom engenheiro antecipa-se às falhas técnicas e inclui estratégias de contingência que possam ser usadas se a primeira abordagem falhar. Isso não deveria

Psicofarmacologia Prática

ser diferente com a boa psicofarmacologia. Na verdade, quando se considera que intervenções primárias frequentemente são bem-sucedidas em menos de metade dos pacientes com transtornos significativos de humor, ansiedade ou psicose, seria muito ingênuo de parte do médico *não* pensar antecipadamente nas próximas medidas lógicas e medidas alternativas (o chamado "plano B"). Nesse sentido, frequentemente também se depara com um equilíbrio delicado entre, por um lado, insistir em uma experiência terapêutica adequada (especialmente nos casos mais graves, crônicos ou resistentes às outras medidas) e, por outro lado, reconhecer que chegou a hora de interromper um tratamento ineficaz e seguir em frente.

Abordagens terapêuticas sequenciais ou repetitivas funcionam como "plantas ou planos", que devem ser mapeados desde o primeiro dia e, quando a intervenção é planejada sabiamente e com prudência, ela deve refletir mais elegância que aleatoriedade. Por exemplo, consideremos um paciente com DRT que já esteja usando fluoxetina, para o qual o médico tome a decisão de acrescentar olanzapina (de forma a obter sinergismo com a combinação de olanzapina e fluoxetina [COF; *i. e.*, DIY Symbyax®]) em vez de um ASG escolhido aleatoriamente, ou trocar por outro antidepressivo. Se o plano falhar, ele estaria pronto para construir uma falsa "ponte de contingência", que se aproveitaria da meia-vida de eliminação terminal longa da fluoxetina, antes de começar tratamento com um IMAO. Esse plano de contingência poderia incluir pramipexol (um antipsicótico de segunda geração), hormônio tireóideo em dose alta ou lítio. Nos casos de transtornos psicóticos persistentes, vale lembrar as bases racionais explicadas no Caso clínico 20.1 do Capítulo 20, no qual clozapina foi considerada um tratamento provavelmente inevitável, mas o caminho percorrido para chegar lá (inclusive aceitação do próprio paciente) estava no âmago das decisões quanto a *quais* ASGs deveriam ser experimentados primeiramente. Ninguém gosta da ideia de tomar decisões médicas aleatórias. Mesmo quando não há como garantir um resultado final, pode-se tentar assegurar uma progressão clara e racional que leve a qualquer resultado final que ocorra.

SE NÃO ESTIVER QUEBRADO, NÃO CONSERTAR

A sabedoria mais simples diz-nos que pouco se ganha com interferir em um sistema estável em equilíbrio. Vale lembrar de nossa discussão sobre

psicofarmacologia newtoniana nos capítulos anteriores; uma condição estável deve seguir sua trajetória inalterada, a menos que alguma força atue sobre ela. No contexto de psicopatologia, essas forças são variadas e podem incluir falta de adesão ao fármaco prescrito, ressurgimento de sintomas residuais ou comorbidades, fatores de estresse da vida diária (ver lista apresentada no Boxe 19.2), interações farmacológicas, variações sazonais e circadianas e imprevisibilidade intrínseca da evolução natural da doença. De muitas maneiras, médicos que prescrevem devem ficar em guarda quanto a essas forças, reconhecendo as perturbações potenciais que podem causar na homeostasia.

Por exemplo, consideremos a questão sempre presente de saber quando interromper tratamento com antidepressivos depois do controle eficaz da depressão bipolar. A psicofarmacologia newtoniana argumentaria que não se deve interferir no sucesso terapêutico causando perturbação da homeostasia ou fazer alterações, a menos que forças atuem e alterem o sistema (p. ex., surjam sintomas maníacos). Evidentemente, a psicofarmacologia bayesiana poderia levar o médico a uma consideração mais detalhada dos resultados terapêuticos pregressos e dos riscos de desestabilização do humor com base na evolução da doença nesse caso específico no passado – ou seja, que a melhor estratégia para alguém com ciclagem rápida no último ano ou episódio recente de mania poderia ser diferente da recomendada para outro paciente sem episódio maníaco recente. O simples fato de *considerar* esses fatores moderadores poderia, no mínimo, fornecer fundamentos mais empíricos que arbitrários para o processo de decisão.

QUANDO UMA CONDIÇÃO ESTÁVEL DESESTABILIZAR, REFAZER OS PASSOS ANTERIORES

Quando o equilíbrio clínico é perdido, frequentemente é útil retomar as medidas psicofarmacológicas adotadas antes nesse caso específico. Qual foi a última alteração efetuada? Quando determinado fármaco foi interrompido porque se acreditava que fosse ineficaz, deterioração clínica subsequente pode ser simplesmente o próprio dado empírico de que se necessita para saber o que realmente estava funcionando, ainda que apenas parcialmente. Quando um fármaco é interrompido ou sua dose é reduzida na tentativa de controlar um efeito colateral indesejável, mas não perigoso (p. ex., aumento do peso), voltar à dose inicial geralmente faz mais sentido quando não há outra razão para afirmar que tal fármaco era comprovadamente eficaz. Além disso, voltar ao esquema anterior para recuperar a homeostasia coloca o paciente em posição mais vantajosa, a partir da qual se possa decidir depois se um fármaco útil deve ser preservado e tentar controlar seus efeitos colaterais, ou substituí-lo por algum outro. Contudo, neste último caso, é muito mais fácil trocar os fármacos em razão de tolerabilidade quando sintomas clínicos estão bem controlados, em vez de fora de controle.

OS QUE NÃO APRENDEM COM A HISTÓRIA ESTÃO FADADOS A REPETI-LA

Embora experiências anteriores certamente não sejam garantia do que o futuro pode trazer, é um bom ponto de partida. A advertência de George Santayana não se aplica menos à psicofarmacologia que a qualquer outro empreendimento humano. Quando determinado tratamento foi útil no passado, tem pouco sentido descartar esta informação e recorrer a outros fármacos que ainda não foram experimentados, sem que exista uma razão clara e convincente (p. ex., um efeito colateral intolerável ou alguma razão para pensar que uma opção terapêutica alternativa proposta provavelmente será mais eficaz). Esse problema ocorre frequentemente no contexto em que não há adesão adequada ao tratamento, quando pacientes interrompem fármacos até então eficazes e surge o dilema se eles devem simplesmente ser reiniciados e se o problema de falta de adesão deve ser corrigido por intervenções psicossociais, ou se aproveitar da ocasião e conscientemente optar por não retomar uma opção reconhecidamente eficaz em favor de uma alternativa desconhecida, mas talvez convincente (p. ex., um ASG injetável de ação prolongada? Um antidepressivo com meia-vida mais longa? Um fármaco de geração mais recente que evite o efeito colateral detectado como possível causa da falta de adesão?). Também nesse caso, qualquer que seja a decisão terapêutica final tomada, ainda é fundamental ter bases racionais estabelecidas.

Vejamos um fármaco que causou um zumbido terrível, que desapareceu quando o paciente deixou de usá-lo. No entanto, essa pessoa voltou a se sentir deprimida, com ideação suicida intensa. Assim, sugere-se seguir um processo em duas etapas: primeiramente, o paciente volta a usar o mesmo fármaco, para garantir que se sinta melhor; depois, pode-se tentar trocá-lo por algum outro que seja mais tolerável e que ajude a evitar recorrência, em vez de apostar em outro fármaco completamente desconhecido, considerando que agora o paciente tem ideação suicida. Mas por que não tentar simplesmente cetamina para tratar depressão suicida? Essa até pode ser uma opção a ser considerada, exceto que não há garantia de que cetamina seja mais eficaz e já houve uma opção que reconhecidamente funcionou no *paciente*.

FARMACOARQUEOLOGIA PRÁTICA

Prima antropológica da psicofarmacologia CSI (*crime scene investigation*, ou investigação na cena do crime; ver Capítulo 1), definimos farmacoarqueologia como atividade forense de reconstruir como um esquema de tratamento farmacológico em uso veio a ser construído. Em alguns casos, esquemas terapêuticos que combinam diversos fármacos resultam da acumulação aleatória de tentativas repetidas efetuadas por dois ou mais médicos anteriores, sem necessariamente levar em consideração sua relevância atual, possíveis interações farmacocinéticas ou razão de risco-benefício de manter todos os fármacos em questão. Quando revisamos um esquema de tratamento farmacológico usado atualmente ou no passado, frequentemente podemos fazer inferências e especulações razoáveis quanto às impressões clínicas dos prescritores anteriores com base no "rastro" farmacológico que deixam para trás. Por exemplo, pacientes com suposto diagnóstico de transtorno bipolar que usaram doses subterapêuticas de estabilizadores de humor/fármacos antimaníacos, ou utilizaram fármacos com eficácia menos estabelecida na estabilização do humor (p. ex., gabapentina ou oxcarbazepina) em vez de opções mais bem estabelecidas (p. ex., lítio, valproato de sódio ou olanzapina) sugerem no mínimo a possibilidade de incerteza diagnóstica por parte dos médicos que os prescreveram antes. O fato de que houve prescrições de fluvoxamina no passado sugere indícios de TOC? Doses baixas de antipsicóticos utilizadas no passado indicam preocupação quanto ao uso indevido de benzodiazepínicos, ou indícios de incerteza do prescritor anterior quanto aos limites entre agitação psicótica *versus* não psicótica ou ansiedade? No passado, algum médico optou conscientemente por fluoxetina por que ela tem meia-vida longa, de forma a atenuar suas preocupações quanto à falta de adesão? Você entendeu o conceito.

LEMBRAR DE DIFERENCIAR INTOLERÂNCIA FARMACOLÓGICA E FALTA DE EFICÁCIA QUANDO SE AVALIA A HISTÓRIA TERAPÊUTICA DO PACIENTE

Por mais básico e fundamental que esse conceito possa ser, mesmo o melhor dos médicos pode estar sujeito a rotular um caso complexo como "resistente ao tratamento", quando a realidade das circunstâncias pode sugerir que efeitos adversos levaram à interrupção do tratamento, em vez de indicar ineficácia terapêutica.

RECONHECER EFEITOS PLACEBO E NOCEBO E TIRAR PROVEITO DOS EFEITOS NÃO FARMACODINÂMICOS DA PRESCRIÇÃO

Nunca é ruim descumprir uma promessa e entregar mais que o prometido. Embora injunções paradoxais tendam a funcionar melhor no contexto de uma relação terapêutica estável, o princípio básico consiste em reconhecer que os tamanhos dos efeitos da maioria dos psicotrópicos em comparação com placebo são muito mais modestos que se poderia pensar (ver novamente Boxe 3.6 no Capítulo 3). Isso provavelmente tem mais a ver com a eficácia de um placebo que com falhas farmacodinâmicas intrínsecas dos fármacos usados para tratar um transtorno suscetível a efeito placebo. Vá em frente e valide a preferência de seu paciente por paroxetina em vez de outros ISRSs, simplesmente porque seu amigo teve uma experiência positiva com ela. Argumentar por quê?

CONSIDERAR A ABORDAGEM DA "ESCALA MÓVEL"

Frequentemente, médicos tratam diabetes melito insulinodependente usando uma dose diária fixa de insulina combinada com doses suplementares em "escala móvel", se e quando for necessário com base nos episódios de hiperglicemia detectados no dia a dia. Algumas vezes, essa mesma abordagem é aplicada ao tratamento da ansiedade, quando o médico orienta seus pacientes quanto aos parâmetros que deve seguir para usar um benzodiazepínico "conforme a necessidade" ou outro ansiolítico de acordo com a necessidade. Prescrever doses de antidepressivos "conforme a necessidade" no dia a dia provavelmente

não é útil com base no intervalo de tempo que acreditamos que a maioria dos antidepressivos monoaminérgicos atue. Entretanto, a abordagem de "escala móvel" para fármacos antipsicóticos suplementares poderia ser aplicável quando é usada para tratar sintomas psicóticos ou outras queixas específicas que vão e vêm sem persistir por tempo suficiente para justificar aumentos diários efetivos da dose diária. Consideremos o Caso clínico 22.1.

USAR TECNOLOGIA COM SABEDORIA E PROPÓSITO

Solicitar exames laboratoriais – inclusive testes farmacogenéticos, dosagens dos níveis

CASO CLÍNICO 22.1

George, homem solteiro de 24 anos, vivia com seus pais e tinha sintomas "transdiagnósticos", que incluíam manifestações psiquiátricas de TOC e psicose, inclusive fobias de germes e preocupações quanto às exposições ambientais pregressas que, segundo ele acreditava, podem ter causado lesões cerebrais irreversíveis. Sua crença-convicção por trás dessas preocupações variavam com o tempo. Depois de várias experiências com ISRSs e/ou ASGs, seu estado melhorou acentuadamente com olanzapina (5 mg/dia), exceto por lapsos ocasionais de "falhas" de percepção da realidade. Na maior parte do tempo, George sentia-se bem com a dose diária de 5 mg de olanzapina e ficou relutante em aumentar a dose porque temia desenvolver efeitos colaterais, além de expressar que as "escapadas" ocasionais de sintomas ocorriam apenas raramente. Desse modo, o médico propôs um plano segundo o qual George poderia diariamente avaliar intensidade, frequência e sofrimento que sentia com suas preocupações e sua capacidade de usar habilidades cognitivas para "colocar em quarentena" e compartimentalizar suas preocupações quanto aos riscos tóxicos ambientais usando uma escala de Likert de 0 a 10. Nos dias em que os escores fossem ≥ 7/10, ele poderia suplementar a dose diária de olanzapina com doses adicionais em "escala móvel" de 2,5 mg; nas semanas em que a suplementação em "escala móvel" fosse necessária em três ou mais dias, a escala móvel poderia ser "dobrada" até chegar à dose usada diariamente (5 mg/dia). George gostou da forma com que esse plano o ajudou a reconhecer e quantificar seu sofrimento e dar-lhe sensação de controle e capacidade de alterar as doses do seu esquema terapêutico.

séricos de fármacos ou exames de neuroimagem – porque você acha que eles ajudariam a responder a uma pergunta específica (p. ex., respectivamente, confirmar suspeitas de que algum paciente seja um metabolizador ultrarrápido, ou não segue o tratamento prescrito, ou tem hipotireoidismo bioquímico de origem hipofisária com TSH normal). Não se esquecer de considerar a utilidade potencial dos testes neuropsicológicos – mas elaborar a pergunta específica para a qual se busca resposta (p. ex., "suspeito de demência cortical, mas também incluo a possibilidade de psicose no diagnóstico diferencial"). Evitar abordagens diagnósticas "tiro de canhão", a menos que pareçam justificáveis e necessárias. Não permitir que exames laboratoriais tornem-se equivalentes psiquiátricos de uma laparotomia exploratória; adotar uma hipótese e usar tecnologia para validá-la ou não, conforme o caso.

UTILIZAR TRATAMENTOS FARMACOLÓGICOS "HEROICOS" COM CAUTELA, SABEDORIA, INTENCIONALIDADE E DECISÃO COMPARTILHADA

Da mesma forma que um oncologista pode dizer ao seu paciente gravemente doente que determinados esquemas quimioterápicos podem ser mais arriscados que outros, mas podem ter resultados mais satisfatórios, um psicofarmacologista pode explicar aos seus pacientes com transtornos mentais resistentes a tratamento quais são as opções que podem ser consideradas heroicas. Exemplos incluem IMAOs em doses altas para tratar DRT (e, ainda mais perigoso, acrescentar psicoestimulantes ao tratamento com IMAOs em doses altas – uma manobra ousada e potencialmente perigosa referendada apenas com relatos de um punhado de casos altamente resistentes a tratamento, nos quais "decisões compartilhadas" significam assegurar que os pacientes sejam informados, estejam cientes e aceitem os possíveis riscos cardiovasculares, cerebrovasculares ou outros), ou aumentar cautelosamente as doses de clozapina até alcançar níveis séricos próximos do limite terapêutico, com cobertura apropriada para risco de crises convulsivas, porque outras estratégias (inclusive até vários ASGs combinados) foram ineficazes.

Participação em ensaios clínicos oferece uma oportunidade de acessar fármacos experimentais quando várias abordagens "padronizadas" foram ineficazes. Pode ser esclarecedor e mesmo qualificador estudar a página www.clinicaltrials.gov junto com os pacientes em busca de opções viáveis que possam não ser convencionais ou, de outro modo, fora dos caminhos mais percorridos.

TER COMO META REMISSÕES, MAS RECONHECER QUANDO TRATAMENTOS FARMACOLÓGICOS MAIS AGRESSIVOS TORNAM-SE PERIGOSOS

Tudo é questão de risco e benefício. A advertência de Voltaire de que "o ótimo é inimigo do bom" é sábia e útil quando se navega no mundo da farmacoterapia complexa. Vale lembrar aqui da história de Ícaro em sua analogia com farmacologia "exagerada" conforme descrito no Capítulo 6 – ninguém quer arriscar derreter suas asas de polifarmácia por voar muito perto do sol. Desprescrever tratamentos cuja utilidade pareça ser duvidosa e sabiamente obter vantagens com a parcimônia farmacológica quando dois (ou mais) objetivos terapêuticos possam ser alcançados com apenas "uma picada". Recomendar que tratamentos mais "complicados" (p. ex., clozapina ou lítio) sejam conservados quando as alternativas forem inequivocamente inferiores, os benefícios relativos forem menores e os riscos forem altos porque a natureza da doença pode ser fatal. Reconhecer os casos nos quais "remendar ainda mais" um esquema terapêutico pode trazer retornos cada vez menores (p. ex., mais efeitos adversos sem benefícios maiores) ou estabelecer expectativas não realistas quanto à magnitude provável da resposta obtida. Somos envergonhados por doenças para as quais especialistas definem "resposta" simplesmente como melhora de 20 a 30% em comparação com níveis basais (p. ex., TEPT e esquizofrenia, respectivamente). Ao mesmo tempo, precisamos reconhecer as limitações atuais enquanto olhamos para o futuro na esperança de que avanços tecnológicos continuem a ocorrer. "Otimismo cauteloso", mesmo em face de sucessos limitados, algumas vezes funciona como reforço para lembrar aos pacientes que alguns fármacos usados atualmente não existiam há 10 anos e pode ser difícil prever como será a tecnologia (e as bases de evidência) no futuro.

"Desfechos ou resultados" farmacológicos raramente são debatidos nos programas de treinamento ou livros de texto. Existem pouquíssimos ensaios randomizados de descontinuação para instruir decisões sobre quando se deve preferencialmente interromper um tratamento de longa duração. Fatores como suscetibilidade à recorrência, magnitude de resposta (e sintomas residuais), duração do intervalo de bem-estar e problemas de tolerabilidade estão entre os diversos fatores que devem configurar decisões personalizadas quanto à descontinuação do uso de fármacos. Com muita frequência, fármacos são interrompidos aleatoriamente ou sem planejamento e monitoramento apropriado. Pode ser útil lembrar aos pacientes o que são "janelas" de alto risco de recorrência (em geral, primeiros 4 a 6 meses depois da recuperação de um episódio agudo), alertar quanto aos sinais que devem ser considerados e diferenciar entre interromper um tratamento farmacológico e deixar de fazer monitoramento continuado para evitar recorrência.

NÃO DESCONTRUIR PSICOFARMACOLOGIA COMO SUBSTITUTO PARA A NECESSIDADE DE NÍVEIS MAIS COMPLEXOS DE INTERVENÇÃO EM SAÚDE MENTAL

Existem momentos em que crises e angústias descontroladas infiltram-se em muitas facetas da vida de alguém, de modo que justificam não apenas mudanças potenciais do tratamento farmacológico, mas também mudanças ambientais, atenuação de obrigações, modificação dos hábitos próprios ao estilo de vida, abordagens psicoterápicas ou outras situações nas quais farmacoterapia pode desempenhar um papel mais secundário ou suplementar em vez de ser a abordagem primária fundamental. Reconhecer o contexto terapêutico apropriado a cada caso. Pacientes com ataque cardíaco necessitam de uma sala de emergência, mais do que um ambulatório de cardiologia. Do mesmo modo, frequentemente é necessário contar com uma "aldeia terapêutica" para estabilizar transtornos psiquiátricos complexos e difíceis. Em pacientes

com problemas psicossociais ou interpessoais graves, abrangentes e de longo alcance, a ideia de que apenas um fármaco seja um remédio definitivo não é realista na maioria dos casos. Alguns pacientes com problemas crônicos de longa duração necessitam basicamente de cuidados compassivos prolongados, mais que esperanças alimentadas de remédios miraculosos que podem não existir.

Alterações do tratamento farmacológico não é o mesmo que treinar pacientes para praticar estratégias que melhorem suas habilidades de enfrentamento, do mesmo modo que alterações da prescrição de lentes corretivas não fazem ninguém se tornar melhor motorista – mas a tecnologia certa pode ajudar a superar deficiências biológicas e permitir que alguém faça melhor uso da maioria de suas habilidades e táticas de sobrevivência.

🕐 Considerações finais

Nossa última recomendação é humildade. O cérebro é complexo e mal podemos entender – quanto mais prever – como ele funciona nos diferentes indivíduos no que se refere à resposta a determinado estímulo biológico ou psicossocial. Recomendamos que todos os psicofarmacologistas adotem a atitude mental de "investigadores clínicos" e que, junto com seus pacientes, façam parte de um ensaio "$n = 1$". Pesquisadores podem e devem descrever magistralmente tudo que veem e então processar dados, consultar fontes de *expertise* (p. ex., PubMed), analisar a história pessoal de cada paciente em busca de indícios que possam ser úteis, deliberar e "pensar alto" com seus pacientes de forma a assegurar que compreendam o processo mental por trás de quaisquer recomendações. Nossos tratamentos evoluem continuamente. O futuro depende de darmos preferência aos métodos científicos em vez de adivinhações e empirismo em vez de impressionismo. Isso funciona melhor quando não interpretamos simplesmente a literatura, mas também encaixamos as informações em perfil clínico, preferências pessoais e apresentações clínicas singulares em cada consulta com nossos pacientes singulares.

Bibliografia

Adamson SJ, Sellman JD, Foulds JA, et al. A randomized trial of combined citalopram and naltrexone for nonabstinent outpatients with co-occurring alcohol dependence and major depression. *J Clin Psychopharmacol* 2015; 35: 143–149

Adan-Manes J, Novalbos J, López-Rodríguez R, et al. Lithium and venlafaxine interaction: a case of serotonin syndrome. *J Clin Pharm Ther* 2006; 31: 397–400

Adler LA, Dirks B, Deas PF, et al. Lisdexamfetamine dimesylate in adults with attention-deficit/hyperactivity disorder who report clinically significant impairment in executive function: results from a randomized, double-blind, placebo-controlled study. *J Clin Psychiatry* 2013; 74: 694–702

Afshar M, Knapp CM, Sarid-Segal O, et al. The efficacy of mirtazapine in the treatment of cocaine dependence with comorbid depression. *Am J Drug Alcohol Abuse* 2012; 38: 181–186

Agabio R, Trogu E, Pani PP. Antidepressants for the treatment of people with co-occurring depression and alcohol dependence. *Cochrane Database Syst Rev* 2018; 4: CD008581

Agarwal LJ, Berger CE, Gill L. Naltrexone for severe self-harm: a case report. *Am J Psychiatry* 2011; 168: 437–438

Agid O, Siu CO, Potkin SG, et al. Meta-regression analysis of placebo response in antipsychotic trials, 1970–2010. *Am J Psychiatry* 2013; 170: 1335–1344

Aguglia A, Mineo L, Rodolico A, et al. Asenapine in the management of impulsivity and aggressiveness in bipolar disorder and comorbid borderline personality disorder: an open-label uncontrolled study. Int Clin Psychopharmacol 2018; 33: 121–130

Ahmed AO, Richardson J, Buckner A, et al. Do cognitive deficits predict negative emotionality and aggression in schizophrenia? *Psychiatry Res* 2018a; 259: 350–357

Ahmed R, Kotapati VP, Khan AM, et al. Adding psychotherapy to the naltrexone treatment of alcohol use disorder: a meta-analytic review. *Cureus* 2018b; 10: e3107

Aiken CB, Orr C. Rechallenge with lamotrigine after a rash. *Psychiatry (Edgmont)* 2010; 7: 27–32

Airagnes G, Lemogne C, Renuy A, et al. Prevalence of prescribed benzodiazepine long-term use in the French general population according to sociodemographic and clinical factors: findings from the CONSTANCS cohort. *BMC Public Health* 2019;19: 566

Albers LJ, Ozdemir V, Marder SR. Low-dose fluvoxamine as an adjunct to reduce olanzapine therapeutic dose requirements: a prospective dose adjusted drug interaction strategy. *J Clin Psychopharmacol* 2005; 25: 170–174

Albertini E, Ernst CL, Tamaroff RS. Psychopharmacological decision making in bipolar disorder during pregnancy

and lactation: a case-by-case approach to using current evidence. *Focus* 2019; 17: 249–258

Albott CS, Lim KO, Forbes MK, et al. Efficacy, safety, and durability of repeated ketamine infusions for comorbid posttraumatic stress disorder and treatment-resistant depression. *J Clin Psychiatry* 2018; 79: 17m11684

Alexopoulos GS, Canuso CM, Gharabawi GM, et al. Placebo-controlled study of relapse prevention with risperidone augmentation in older patients with resistant depression. *Am J Geriatr Psychiatry* 2008; 16: 21–30

Alexopoulos GS, Katz IR, Reynolds CF 3rd, et al. The expert consensus guideline series. Pharmacotherapy of depressive disorders in older patients. *Postgrad Med* 2001; Spec No Pharmacotherapy: 1–86

Allan ER, Alpert M, Sison CE, et al. Adjunctive nadolol in the treatment of acutely aggressive schizophrenic patients. *J Clin Psychiatry* 1996; 57: 455–459

Allen MH, Hirschfeld RM, Wozniak PJ, et al. Linear relationship of valproate serum concentration to response and optimal serum levels for acute mania. *Am J Psychiatry* 2006; 163: 272–275

Allgulander C, Mangano R, Zhang J, et al. Efficacy of Venlafaxine ER in patients with social anxiety disorder: a double-blind, placebo-controlled, parallel-group comparison with paroxetine. *Hum Psychopharmacol* 2004; 19: 387–396

Alpert M, Allan ER, Citrome L, et al. A double-blind, placebo-controlled study of adjunctive nadolol in the management of violent psychiatric patients. *Psychopharmacol Bull* 1990; 26: 367–371

Alphs L, Davis JM. Noncatecholaminergic treatments of tardive dyskinesia. *J Clin Psychopharmachol* 1982; 2: 380–385

Altemus M, Neeb CC, Davis A, et al. Phenotypic differences between pregnancy-onset and postpartum-onset major depressive disorder. *J Clin Psychiatry* 2012; 73: e1485–e1491

Altshuler LL, Bauer M, Frye MA, et al. Does thyroid supplementation accelerate tricyclic antidepressant response?: a review and meta-analysis of the literature. *Am J Psychiatry* 2001; 158: 1617–1622

Altshuler LL, Post RM, Hellemann G, et al. Impact of antidepressant continuation after acute positive or partial treatment response for bipolar depression: a blinded, randomized study. *J Clin Psychiatry* 2009; 70: 450–457

Altshuler L, Suppes T, Black D, et al. Impact of antidepressant discontinuation after acute bipolar depression remission on rates of depressive relapse at 1-year follow-up. *Am J Psychiatry* 2003; 160: 1252–1262

Altshuler LL, Suppes T, Black DO, et al. Lower switch rate in depressed patients with bipolar II than bipolar I disorder treated adjunctively with second-generation antidepressants. *Am J Psychiatry* 2006; 163: 313–315

Alvarez E, Perez V, Dragheim M, et al. A double-blind, randomized, placebo-controlled, active reference study of Lu AA21004 in patients with major depressive disorder. *Int J Neuropsychopharmacol* 2012; 15: 589–600

American Psychiatric Association. *Practice Guideline for the Treatment of Major Depressive Disorder*, 3rd Edn. Arlington, VA: American Psychiatric Association; 2010

American Psychiatric Association. *Diagnostic and Statistical Manual of Mental Disorders*, 5th Edn. Arlington, VA: American Psychiatric Association; 2013

American Society of Hospital Pharmacists. ASHP statement on pharmaceutical care. *Am J Hosp Pharm.* 1993; 50:1720–1723

Amerio A, Ossola P, Scagnelli F, et al. Safety and efficacy of lithium in children and adolescents: a systematic review in bipolar illness. *Eur Psychiatry* 2018; 54: 85–97

Amerio A, Stubbs B, Odone A, et al. The prevalence and predictors of comorbid bipolar disorder and obsessive-compulsive disorder: a systematic review and meta-analysis. *J Affect Disord* 2015; 186: 99–109

Amieva H, LeGoff M, Millet X, et al. Prodromal Alzheimer's disease: successive emergence of the clinical symptoms. *Ann Neurol* 2008; 64: 492–498

Amital D, Vishne T, Roitman S, et al. Open study of creatine monohydrate in treatment-resistant posttraumatic stress disorder. *J Clin Psychiatry* 2006; 67: 836–837

Amsterdam JD, Berwish NJ. High dose tranylcypromine therapy for refractory depression. *Pharmacopsychiatry* 1989; 22:21–25

Amsterdam JD, Fawcett J, Quitkin FM, et al. Fluoxetine and norfluoxetine plasma concentrations in major depression: a multicenter study. *Am J Psychiatry* 1997; 154: 963–969

Amsterdam JD, Li Y, Soeller I, et al. A randomized, double-blind, placebo-controlled trial of oral Matricaria recutita (chamomile) extract therapy for generalized anxiety disorder. *J Clin Psychopharmacol* 2009; 29: 378–382

Anand A, Charney DS, Oren DA, et al. Attenuation of the neuropsychiatric effects of ketamine with lamotrigine: support for hyperglutamatergic effects of N-methyl-D-aspartate receptor antagonists. *Arch Gen Psychiatry* 2000; 57: 170–176

Anderson M, Björkhem-Bergman L, Beck O. Possible mechanism for inhibition of morphine formation from 6-acetylmorphine after intake of street heroin. *Forensic Sci Int* 2015; 252: 150–156

Andrade C. Nonsteroidal anti-inflammatory drugs and 5-HT3 serotonin receptor antagonists as innovative antipsychotic augmentation treatments for schizophrenia. *J Clin Psychiatry* 2014; 75: e707–e709

Andrade C. Antidepressant exposure during pregnancy and risk of autism in the offspring: 1: meta-review of meta-analyses. *J Clin Psychiatry* 2017; 78: e1047–e1051

Andrade C, Kisely S, Monteiro I, et al. Antipsychotic augmentation with modafinil or armodafinil for negative symptoms of schizophrenia: systematic review and meta-analysis of randomized controlled trials. *J Psychiatry Res* 2015; 60: 14–21

Andrade C, Sandarsh S, Chetan KB, et al. Serotonin reuptake inhibitor antidepressants and abnormal bleeding: a review for clinicians and a reconsideration of mechanisms. *J Clin Psychiatry* 2010; 71: 1565–1575

Andreason NC. Negative symptoms in schizophrenia: definition and reliability. *Arch Gen Psychiatry* 1982; 39: 784–788

Andreason NC, Liu D, Ziebell S, et al. Relapse duration, treatment intensity, and brain tissue loss in schizophrenia: a prospective longitudinal MRI study. *Am J Psychiatry* 2013; 170: 609–615

Andreason NC, Pressler M, Nopoulos P, et al. Antipsychotic dose equivalents and dose-years: a standardized method for comparing exposure to different drugs. *Biol Psychiatry* 2010; 67: 255–262

Andrezina R, Josiassen RC, Marcus RN, et al. Intramuscular aripiprazole for the treatment of acute agitation in patients with schizophrenia or schizoaffective disorder: a double-blind, placebo-controlled comparison of intramuscular haloperidol. *Psychopharmacology (Berl)* 2006; 188: 281–292

Anglin RES, Samaan Z, Walter SD, et al. Vitamin D deficiency and depression in adults: systematic review and meta-analysis. *Br J Psychiatry* 2013; 202: 100–107

Anton RF, Moak DH, Latham PK. The obsessive compulsive drinking scale: a new method of assessing outcome in alcoholism treatment studies. *Arch Gen Psychiatry* 1996; 53: 225–231. Erratum in: *Arch Gen Psychiatry* 1996; 53: 576

Anton RF, Myrick H, Wright TM, et al. Gabapentin combined with naltrexone for the treatment of alcohol dependence. *Am J Psychiatry* 2011; 168: 709–717

Anton RF, O'Malley SS, Ciraulo DA, et al. Combined pharmacotherapies and behavioral interventions for alcohol dependence: the COMBINE study. A randomized controlled trial. *J Am Med Assoc* 2006; 295: 2003–2017

Anttila S, Viikki M, Huuhka K, et al. TPH2 polymorphisms may modify clinical picture in treatment-resistant depression. *Neurosci Lett* 2009; 464: 43–46

Appelberg BG, Syvälahti EK, Koskinen TE, et al. Patients with severe depression may benefit from buspirone augmentation of selective serotonin reuptake inhibitors: results from a placebo-controlled, randomized, double-blind, placebo wash-in study. *J Clin Psychiatry* 2001; 62: 448–452

Appelhof BC, Fliers E, Wekking EM, et al. Combined therapy with levothyroxine and liothyronine in two ratios, compared with levothyroxine monotherapy in primary hypothyroidism: a double-blind, randomized, controlled clinical trial. *J Clin Endocrinol Metab* 2005; 90: 2666–2674

Arato M, O'Connor R, Meltzer HY, et al. A 1-year, double-blind, placebo-controlled trial of ziprasidone 40, 80 and 160 mg/day in chronic schizophrenia: the Ziprasidone Extended Use in Schizophrenia (ZEUS) study. *Int Clin Psychopharmacol* 2002; 17:207–215

Argolo FC, Cavalcanti-Ribeiro P, Netto LR, et al. Prevention of posttraumatic stress disorder with propranolol: a meta-analytic review. *J Psychosom Res* 2015; 79: 89–93

Argyropoulou P, Patakas D, Koukou A, et al. Buspirone effect on breathlessness and exercise performance in patients with chronic obstructive pulmonary disease. *Respiration* 1993; 60: 214–220

Arnold LE. Methylphenidate vs. amphetamine: comparative review. *J Attention Disord* 2000; 4: 200–211

Arnold LM, Mutasim DF, Dwight MM, et al. An open clinical trial of fluvoxamine treatment of psychogenic excoriation. *J Clin Psychopharmacol* 1999; 19: 15–18

Arnow BA, Blasey C, Williams LM, et al. Depression subtypes in predicting antidepressant response: a report from the iSPOT-D trial. *Am J Psychiatry* 2015; 172: 743–750

Bibliografia

Arns M, Bruder G, Hegerl U, et al. EEG alpha asymmetry as a gender-specific predictor of outcome to acute treatment with different antidepressant medications in the randomized iSPOT-D study. *Clin Neurophysiol* 2016; 17: 509–519

Arntz A, Van den Hoorn M, Cornelis J. Reliability and validity of the borderline personality disorder severity index. *J Pers Disord* 2003; 17: 45–59

Aronson R, Offman HJ, Joffe RT, et al. Triiodothyronine augmentation in the treatment of refractory depression: a meta-analysis. *Arch Gen Psychiatry* 1996; 53: 842–848

Askari N, Moin M, Sanati M, et al. Granisetron adjunct to fluvoxamine for moderate to severe obsessive-compulsive disorder: a randomized, double-blind, placebo-controlled trial. *CNS Drugs* 2012; 26: 883–892

Astill Wright L, Sijbrandij M, Sinnerton R, et al. Pharmacological prevention and early treatment of post-traumatic stress disorder and acute stress disorder: a systematic review and meta-analysis. *Transl Psychiatry* 2019; 9: 334

AstraZeneca. A multi-center, double-blind, randomized-withdrawal, parallel-group, placebo-controlled Phase III study of the efficacy and safety of quetiapine fumarate extended release (Seroquel XR™) as monotherapy in the maintenance treatment of patients with major depressive disorder following an open-label stabilization period (AMETHYST study). www.astrazenecaclinicaltrials.com/_mshost800325/content/clinical-trials/resources/pdf/8579609 ClinicalTrials.gov ID NCT00278941. Study code: D1448C00005. 2008

Astrup A, Caterson I, Zelissen P, et al. Topiramate: long-term maintenance of weight loss induced by a low-calorie diet in obese subjects. *Obes Res* 2004; 12: 1658–1669

Avgerinos KI, Spyrou N, Bougioukas KI, et al. Effects of creatine supplementation on cognitive function of healthy individuals: a systematic review of randomized controlled trials. *Exp Gerontol* 2018; 108: 166–173

Awortwe C, Makiwane M, Reuter H, et l. Critical evaluation of causality assessment of herb-drug interactions in patients. *Br J Clin Pharmacol* 2018; 84: 679–693

Azuma K, Takaesu Y, Soeda H, et al. Ability of suvorexant to prevent delirium in patients in the intensive care unit: a randomized controlled trial. *Acute Med Surg* 2018; 5: 362–368

Baandrup L, Ebdrup BH, Rasmussen JØ, et al. Pharmacological interventions for benzodiazepine discontinuation in chronic benzodiazepine users. *Cochrane Database Syst Rev* 2018; 3: CD011481

Babor TF, Hofmann M, DelBoca FK, et al. Types of alcoholics, I: evidence for an empirically derived typology based on indicators of vulnerability and severity. *Arch Gen Psychiatry* 1992; 49: 599–608

Bacaltchuk J, Hay P, Mari JJ. Antidepressants versus placebo for the treatment of bulimia nervosa: a systematic review. *Aust N Z J Psychiatry* 2000; 34: 310–317

Back SE, McCauley JL, Korte KJ, et al. A double-blind, randomized, controlled pilot study of N-acetylcysteine in veterans with posttraumatic stress disorder and substance use disorders. *J Clin Psychiatry* 2016; 77: e1439–e1446

Bagby RM, Ryder AG, Cristi C. Psychosocial and clinical predictors of response to pharmacotherapy for depression. *J Psychiatry Neurosci* 2002; 27: 250–257

Bahji A, Forsyth A, Groll D, et al. Efficacy of 3,4-methylenedioxymethamphetamine (MDMA)-assisted psychotherapy for posttraumatic stress disorder: a systematic review and meta-analysis. *Prog Neuropsychopharmacol Biol Psychiatry* 2020; 96:109735

Baillon SF, Narayana U, Luxenberg JS, et al. Valproate preparations for agitation in dementia. *Cochrane Database Syst Rev* 2018; 10: CD003945

Bak M, Weltens I, Bervoets C, et al. The pharmacological management of agitated and aggressive behaviour: a systematic review and meta-analysis. *Eur Psychiatry* 2019; 57: 78–100

Baker RW, Kinon BJ, Maguire GA, et al. Effectiveness of rapid initial dose escalation of up to forty milligrams per day of oral olanzapine in acute agitation. *J Clin Psychopharmacol* 2003; 23: 342–348

BALANCE Investigators and Collaborators; Geddes JR, Goodwin GM, Rendell J, et al. Lithium plus valproate combination therapy versus monotherapy for relapse prevention in bipolar I disorder (BALANCE): a randomised open-label trial. *Lancet* 2010; 375: 385–395

Baldaçara L, Cogo-Moreira H, Parreira BL, et al. Efficacy of topiramate in the treatment of crack cocaine dependence: a double-blind, randomized, placebo-controlled trial. *J Clin Psychiatry* 2016; 77: 398–406

Baldessarini RJ, Vázques G, Tondo L. Treatment of cyclothymic disorder: commentary. *Psychother Psychosom* 2011; 80:131–135

Baldwin DS, Loft H, Dragheim M. A randomised, double-blind, placebo controlled, duloxetine-referenced, fixed-dose study of three dosages of Lu AA21004 in acute treatment of major depressive disorder (MDD). *Eur Neuropsychopharmacol* 2012; 22:482–491

Bali V, Chatterjee S, Carnahan RM, et al. Risk of dementia among elderly nursing home patients using paroxetine and other selective serotonin reuptake inhibitors. *Psychiatr Serv* 2015; 66: 1333–1340

Ballenger JC, Davidson JR, Lecrubier Y, et al. Consensus statement on panic disorder from the International Consensus Group on Depression and Anxiety. *J Clin Psychiatry* 1998; 59(Suppl 8): 47–54

Bandelow B. Assessing the efficacy of treatments for panic disorder and agoraphobia. II. The Panic and Agoraphobia Scale. *Int Clin Psychopharmacol* 1995; 2: 73–81

Baniasadi M, Hosseini G, Bordbar MRF, et al. Effect of pregabalin augmentation in treatment of patients with combat-related chronic posttraumatic stress disorder: a randomized controlled trial. *J Psychiatr Pract* 2014; 20: 419–427

Banzi R, Cusi C, Randazzo C, et al. Selective serotonin reuptake inhibitors (SSRIs) and serotonin-norepinephrine reuptake inhibitors (SNRIs) for the prevention of migraine in adults. *Cochrane Database Syst Rev* 2015; 4: CD002919

Barbee JG, Thompson TR, Jamhour NJ, et al. A double-blind placebo-controlled trial of lamotrigine as an antidepressant augmentation agent in treatment-refractory unipolar depression. *J Clin Psychiatry* 2011; 72: 1405–1412

Bareggi SR, Bianchi L, Cavallaro R, et al. Citalopram concentrations and response in obsessive-compulsive disorder. Preliminary results. *CNS Drugs* 2004; 18: 329–335

Barker MJ, Greenwood KM, Jackson M, et al. Cognitive effects of long-term benzodiazepine use: a meta-analysis. *CNS Drugs* 2004; 18: 37–48

Barnett R, Maruff P, Vance A, et al. Abnormal executive function in attention deficit hyperactivity disorder: the effect of stimulant medication and age on spatial working memory. *Psychol Med* 2001; 31: 1107–1115

Barnett SD, Kramer ML, Casat CD, et al. Efficacy of olanzapine in social anxiety disorder: a pilot study. *J Psychopharmacol* 2002; 16: 365–368

Barrons R, Roberts N. The role of carbamazepine and oxcarbazepine in alcohol withdrawal syndrome. *J Clin Pharm Ther* 2010; 35: 153–167

Barsky AJ, Saintfort R, Rogers MP, et al. Nonspecific medication side effects and the nocebo phenomenon. *J Am Med Assoc* 2002; 287: 622–627

Batail JM, Langrée B, Robert G, et al. Use of very-high dose olanzapine in treatment-resistant schizophrenia. *Schizophr Res* 2014; 159: 411–414

Batelaan NM, Bosman RC, Muntingh A, et al. Risk of relapse after antidepressant discontinuation in anxiety disorders, obsessive-compulsive disorder, and post-traumatic stress disorder: systematic review and meta-analysis of relapse prevention trials. *Br Med J* 2017; 358: j3927

Bauer M, Dell'Osso L, Kasper S, et al. Extended-release quetiapine fumarate (quetiapine XR) monotherapy and quetiapine XR or lithium as add-on to antidepressants in patients with treatment-resistant major depressive disorder. *J Affect Disord* 2013; 151: 209–219

Bauer MS, Whybrow PC. Rapid cycling bipolar affective disorder. II. Treatment of refractory rapid cycling with high-dose levothyroxine: a preliminary study. *Arch Gen Psychiatry* 1990; 47: 435–440

Baune BT, Brignone M, Larsen KG. A network meta-analysis comparing effects of various antidepressant classes on the digit symbol substitution test (DSST) as a measure of cognitive dysfunction in patients with major depressive disorder. *Int J Neuropsychopharmacol* 2018; 21: 97–107

Bazire SR. Sudden death associated with switching monoamine oxidase inhibitors. *Drug Intell Clin Pharm* 1986; 20: 954–956

Beasley CM Jr, Tollefson G, Tran P, et al. Olanzapine versus placebo and haloperidol: acute phase results of the North American double-blind olanzapine trial. *Neuropsychopharmacology* 1996; 14: 111–123

Beck AT, Epstein N, Brown G, et al. An inventory for measuring clinical anxiety: psychometric properties. *J Consult Clin Psychol* 1988; 56: 893–897

Begemann MJ, Dekker CF, van Lunenburg M, et al. Estrogen augmentation in schizophrenia: a quantitative review of current evidence. *Schizophr Res* 2012; 141: 179–184

Beinat C, Banister SD, Herrera M, et al. The therapeutic potential of α7 nicotinic acetylcholine receptor (α7 nAChR) agonists for the treatment of the cognitive deficits associated with schizophrenia. *CNS Drugs* 2015; 29: 529–542

Bellatuono C, Tofani S, Di Sciascio G, et al. Benzodiazepine exposure in pregnancy and risk of major malformations: a critical overview. *Gen Hosp Psychiatry* 2013; 35: 3–8

Bellino S, Paradiso E, Bogetto F. Oxcarbazepine in the treatment of borderline personality disorder: a pilot study. *J Clin Psychiatry* 2005; 66: 1111–1115

Bellino S, Paradiso E, Bogetto F. Efficacy and tolerability of quetiapine in the treatment of borderline personality disorder: a pilot study. *J Clin Psychiatry* 2006; 67: 1042–1046

Bellino S, Paradiso E, Bogetto F. Efficacy and tolerability of aripiprazole augmentation in sertraline-resistant patients with borderline personality disorder. *Psychiatry Res* 2008; 161: 206–212

Bellino S, Bozzatello P, Rinaldi C, et al. Paliperidone ER in the treatment of borderline personality disorder: a pilot study of efficacy and tolerability. *Depress Res Treat* 2011; 2011: 680194

Bellino S, Bozzatello P, Rocca G, et al. Efficacy of omega-3 fatty acids in the treatment of borderline personality disorder: a study of the association with valproic acid. *J Psychopharmacol* 2014; 28: 125–132

Bellino S, Paradiso E, Bozzatello P, et al. Efficacy and tolerability of duloxetine in the treatment of patients with borderline personality disorder: a pilot study. *J Psychopharmacol* 2010; 24: 333–339

Benazzi F. Characteristics of bipolar II patients with interpersonal rejection sensitivity. *Psychiatr Clin Neurosci* 2001; 54: 499–501

Bergamaschi MM, Queiroz RH, Chagas MH, et al. Cannabidiol reduces the anxiety induced by simulated public speaking in treatment-naïve social phobia patients. *Neuropsychopharmacology* 2011; 36: 1219–1226

Bergero-Miguel T, García-Encinas MA, Villena-Jimena A, et al. Gender dysphoria and social anxiety: an exploratory study in Spain. *J Sex Med* 2016; 13: 1270–1278

Beri A, Boydell J. Clozapine in borderline personality disorder: a review of the evidence. *Ann Clin Psychiatry* 2014; 26: 139–144

Berk M, Dean OM, Cotton SM, et al. The efficacy of adjunctive N-acetylcysteine in major depressive disorder: a double-blind, randomized, placebo-controlled trial. *J Clin Psychiatry* 2014; 75: 628–636

Berlant J. Prospective open-label study of add-on and monotherapy topiramate in civilians with chronic nonhallucinatory posttraumatic stress disorder. *BMC Psychiatry* 2004; 4: 24

Berlant J, van Kammen DP. Open-label topiramate as primary or adjunctive therapy in chronic civilian post-traumatic stress disorder: a preliminary report. *J Clin Psychiatry* 2002; 63: 15–20

Berlin HA, Koran LM, Jenike MA, et al. Double-blind, placebo-controlled trial of topiramate augmentation in treatment-resistant obsessive-compulsive disorder. *J Clin Psychiatry* 2011; 72: 716–721

Berman M, Marcus RN, Swanink R, et al. The efficacy and safety of aripiprazole as adjunctive therapy in major depressive disorder: a multicenter, randomized, double-blind, placebo-controlled study. *J Clin Psychiatry* 2007; 68: 843–853

Berman RM, Fava M, Thase ME, et al. Aripiprazole augmentation in major depressive disorder: a double-blind, placebo-controlled study in patients with inadequate response to antidepressants. *CNS Spectr* 2009; 14: 197–206

Bersudsky Y. Phenytoin: an anti-bipolar anticonvulsant? *Int J Neuropsychopharmacol* 2006; 9: 479–484

Berwaerts J, Lane R, Nuamah IF, et al. Paliperidone extended-release as adjunctive therapy to lithium or valproate in the treatment of acute mania: a randomized, placebo-controlled study. *J Affect Disord* 2011; 129: 252–260

Berwaerts J, Melkote R, Nuamah I, et al. A randomized, placebo-and active-controlled study of paliperidone extended-release as maintenance treatment in patients with bipolar I disorder after an acute manic or mixed episode. *J Affect Disord* 2012b; 138: 247–258

Berwaerts J, Xu H, Nuamah I, et al. Evaluation of the efficacy and safety of paliperidone extended-release in the treatment of acute mania: a randomized, double-blind, dose-response study. *J Affect Disord* 2012a; 136: e51–e60

Beucke JC, Sepulcre J, Talukdar T, et al. Abnormally high degree connectivity of the orbitofrontal cortex in obsessive-compulsive disorder. *JAMA Psychiatry* 2013; 70: 619–629

Bhatara VS, Magnus RD, Paul KL, et al. Serotonin syndrome induced by venlafaxine and fluoxetine: a case study in polypharmacy and potential pharmacodynamic and pharmacokinetic mechanisms. *Ann Pharmacother* 1998; 32: 432–436

Biederman J, Faraone SV, Keenan K, et al. Evidence of familial association between attention deficit disorder and major affective disorders. *Arch Gen Psychiatry* 1991a; 48: 633–642

Biederman J, Faraone SV, Keenan K, et al. Familial association between attention deficit disorder and anxiety disorders. *Am J Psychiatry* 1991b; 148: 251–256

Biederman J, Fried R, Tarko L, et al. Memantine in the treatment of executive function deficits in adults with ADHD. *J Atten Disord* 2017; 21: 343–352

Biederman J, Joshi G, Mick E, et al. A prospective open-label trial of lamotrigine monotherapy in children and adolescents with bipolar disorder. *CNS Neurosci Ther* 2010; 16: 91–102

Biederman J, Krishnan S, Zhang Y, et al. Efficacy and safety of lisdexamfetamine (NRP-104) in children with attention-deficit/hyperactivity disorder: a phase 3, randomized, multicenter, double-blind, parallel-group study. *Clin Ther* 2007; 29: 450–463

Biederman J, Lindsten A, Sluth LB, et al. Vortioxetine for attention deficit hyperactivity disorder in adults: a randomized, double-blind, placebo-controlled, proof-of-concept study. *J Psychopharmacol* 2019; 33: 511–521

Biederman J, Petty CR, Wilens TE, et al. Familial risk analyses of attention deficit hyperactivity disorder and substance use disorders. *Am J Psychiatry* 2008a; 165: 107–115

Biederman J, Seidman LJ, Petty CR, et al. Effects of stimulant medication on neuropsychological functioning in young adults with attention-deficit/hyperactivity disorder. *J Clin Psychiatry* 2008b; 69: 1150–1156

Biel MG, Peselow E, Mulcare L, et al. Continuation versus discontinuation of lithium in recurrent bipolar illness: a naturalistic study. *Bipolar Disord* 2007; 9: 435–442

Bighelli I, Castellazzi M, Cipriani A, et al. Antidepressants versus placebo for panic disorder in adults. *Cochrane Database Syst Rev* 2018; 4: CD010676

Bilder RM, Goldman RS, Volavka J, et al. Neurocognitive effects of clozapine, olanzapine, risperidone, and haloperidol in patients with chronic schizophrenia or schizoaffective disorder. *Am J Psychiatry* 2002; 159: 1018–1028

Binder RL, Levy R. Extrapyramidal reactions in Asians. *Am J Psychiatry* 1981; 138: 1243–1244

Birkeland SF. Psychopharmacological treatment and course in paranoid personality disorder: a case series. *Int Clin Psychopharmacol* 2013; 28: 283–285

Birks JS, Harvey RJ. Donepezil for dementia due to Alzheimer's disease. *Cochrane Database Syst Rev* 2018; (6): CD001190

Birmingham CL, Goldner EM, Bakan R, et al. Controlled trial of zinc supplementation in anorexia nervosa. *Int J Eat Disord* 1994; 15: 231–235

Bisaga A, Aharonovich E, Garawi F, et al. A randomized placebo-controlled trial of gabapentin for cocaine dependence. *Drug Alcohol Depend* 2006; 81: 267–274

Bishara D, Olofinjana O, Sparshatt A, et al: Olanzapine: a systematic review and meta-regression of the relationships between dose, plasma concentration, receptor occupancy, and response. *J Clin Psychopharmacol* 2013; 33: 329–335

Bishop JR, Moline J, Ellingrod VL, et al. Serotonin 2A-1438 G/A and G-protein Beta3 subunit C825T polymorphisms in patients with depression and SSRI-associated sexual side-effects. *Neuropsychopharmacology* 2006; 31: 2281–2288

Bisol LW, Lara DR. Low-dose quetiapine for patients with dysregulation of hyperthymic and cyclothymic temperaments. *J Psychopharmacol* 2001; 24: 421–424

Bivard A, Lillicrap T, Krishnamurthy V, et al. MIDAS (Modafinil in Debilitating Fatigue After Stroke): a randomized, double-blind, placebo-controlled, cross-over trial. *Stroke* 2017; 48: 1293–1298

Bixby AL, VandenBerg A, Bostwick JR. Clinical management of bleeding risk with antidepressants. *Ann Pharmacother* 2019; 53: 186–194

Black DW, Gabel J, Hansen J, et al. A double-blind comparison of fluvoxamine versus placebo in the treatment of compulsive buying disorder. *Ann Clin Psychiatry* 2000; 12: 205–211

Black N, Stockings E, Campbell G, et al. Cannabinoids for the treatment of mental disorders and symptoms of mental disorders: a systematic review and meta-analysis. *Lancet Psychiatry* 2019; 6: 995–1010

Blackford JU, Buckholtz JW, Avery SN, et al. A unique role for the human amygdala in novelty detection. *Neuroimage* 2010; 50: 1188–1193

Blanchard EB, Jones-Alexander J, Buckley TC, et al. Psychometric properties of the PTSD checklist (PCL). *Behav Res Ther* 1996; 34: 699–673

Blessing EM, Steenkamp MM, Manzanares J, et al. Cannabidiol as a potential treatment for anxiety disorders. *Neurotherapeutics* 2015; 12: 825–836

Blier P, Bergeron R, de Montigny C. Selective activation of postsynaptic 5-HT1A receptors induces rapid antidepressant response. *Neuropsychopharmacology* 1997; 16: 333–338

Blier P, Ward HE, Tremblay P, et al. Combination of antidepressant medications from treatment initiation for major depressive disorder: a double-blind randomized study. *Am J Psychiatry* 2010; 167: 281–288

Bloch M, Schmidt PJ, Danaceau MA, et al. Dehydroandrosterone treatment of mid-life dysthymia. *Biol Psychiatry* 1999; 45:1533–1541

Bloch MH, Landeros-Weisenberger A, Dombrowski P, et al. Systematic review: pharmacological and behavioral treatment for trichotillomania. *Biol Psychiatry* 2007; 62: 839–846

Bloch MR, Elliott M, Thompson H, et al. Fluoxetine in pathological skin-picking: open-label and double-blind results. *Psychosomatics* 2001; 42: 314–319

Blodgett JC, Del Re AC, Maisel NC, et al. A meta-analysis of topiramate's effects for individuals with alcohol use disorders. *Alcohol Clin Exp Res* 2014; 38: 1481–1488

Blom TJ, Mingione CJ, Guerdjikova AI, et al. Placebo response in binge eating disorder: a pooled analysis of 10 clinical trials from one research group. *Eur Eat Disord Rev* 2014; 22: 140–146

Bocchetta A, Ardau R, Fanni T, et al. Renal function during long-term lithium treatment: a cross-sectional and longitudinal study. *BMC Med* 2015; 13: 12

Boeker T. Ziprasidone and migraine headache. *Am J Psychiatry* 2002; 159: 1435–1436

Bogenschutz MP, Nurnberg GH. Olanzapine versus placebo in the treatment of borderline personality disorder. *J Clin Psychiatry* 2004; 65: 104–109

Boggs DL, Kelly DL, Feldman S, et al. Quetiapine at high doses for the treatment of refractory schizophrenia. *Schizophr Res* 2008; 101: 347–348

Bohus MJ, Landwehrmeyer GB, Stiglmayr CE, et al. Naltrexone in the treatment of dissociative symptoms in patients with borderline personality disorder: an open-label trial. *J Clin Psychiatry* 1999; 60: 598–603

Bonari L, Pinto N, Ahn E, et al. Perinatal risks of untreated depression during pregnancy. *Can J Psychiatry* 2004; 49: 726–735

Bondolfi G, Chautems C, Rochat B, et al. Non-response to citalopram in depressive patients: pharmacokinetic and clinical consequences of a fluvoxamine augmentation. *Psychopharmacology (Berl)* 1996; 128: 421–425

Bondolfi G, Lissner C, Kosel M, et al. Fluoxetine augmentation in citalopram non-responders: pharmacokinetic and clinical consequences. *Int J Neuropsychopharmacol* 2000; 3: 55–60

Bonn-Miller MO, Loflin MJE, Thomas BF, et al. Labeling accuracy of cannabidiol extracts sold online. *J Am Med Assoc* 2017; 218: 1708–1709

Boonstra E, de Kleijn R, Colzato LS, et al. Neurotransmitters as food supplements: the effects of GABA on brain and behavior. *Front Psychol* 2015; 6: 1520

Borison RL, Arvanitis LA, Miller BG. ICI 204,636, an atypical antipsychotic: efficacy and safety in a multicenter, placebo-controlled trial in patients with schizophrenia. U.S. SEROQUEL Study Group. *J Clin Psychopharmacol* 1996; 16: 158–169

Borras L, Huguelet P, Eytan A. Delusional "pseudotranssexualism" in schizophrenia. *Psychiatry* 2007; 70: 175–179

Bortnick B, El-Khalili N, Banov M, et al. Efficacy and tolerability of extended release quetiapine fumarate (quetiapine XR) monotherapy in major depressive disorder: a placebo-controlled, randomized study. *J Affect Disord* 2011; 128: 83–94

Bose A, Li D, Gandhi C. Escitalopram in the acute treatment of depressed patients aged 60 years or older. *Am J Geriatr Psychiatry* 2008; 16: 14–20

Bottlender R, Rudolf D, Strauß A, et al. Mood-stabilisers reduce the risk of developing antidepressant-induced maniform states in acute treatment of bipolar I depressed patients. *J Affect Disord* 2001; 63: 79–83

Boulenger J-P, Loft H, Florea I. A randomized clinical study of LuAA21004 in the prevention of relapse in patients with major depressive disorder. *J Psychopharmacol* 2012; 26: 1408–1416

Boulenger J-P, Loft H, Olsen CK. Efficacy and safety of vortioxetine (Lu AA21004), 15 and 20 mg/day: a randomized, double-blind, placebo-controlled, duloxetine-referenced study in the acute treatment of adult patients with major depressive disorder. *Int Clin Psychopharmacol* 2014; 29: 138–149

Bourgeois JA. The management of performance anxiety with beta adrenergic-blocking agents. *Jefferson J Psychiatry* 1991; 9: 13–28

Bourgeois BF, D'Souza J. Long-term safety and tolerability of oxcarbazepine in children: a review of clinical experience. *Epilepsy Behav* 2005; 7: 375–382

Bowden CL, Calabrese JR, Sachs G, et al. A placebo-controlled 18-month trial of lamotrigine and lithium maintenance treatment in recently manic or hypomanic patients with bipolar I disorder. *Arch Gen Psychiatry* 2003; 60: 392–400

Bowden CL, Janicak PG, Orsulak P, et al. Relation of serum valproate concentration to response in mania. *Am J Psychiatry* 1996; 153: 765–770

Bowden CL, Keck PE Jr., McElroy SL, et al. A randomized, placebo-controlled 12 month trial of divalproex and lithium in treatment of outpatients with bipolar I disorder. Divalproex Maintenance Study Group. *Arch Gen Psychiatry* 2000; 57:481–489

Bowden CL, Singh R, Weisler R, et al. Lamotrigine vs. lamotrigine plus divalproex in randomized, placebo-controlled maintenance treatment for bipolar depression. *Acta Psychiatr Scand* 2012; 126: 342–350

Bowden CL, Vieta E, Ice KS, et al. Ziprasidone plus a mood stabilizer in subjects with bipolar I disorder: a 6-month, randomized, placebo-controlled, double-blind trial. *J Clin Psychiatry* 2010; 71: 130–137

Bowtell M, Eaton S, Thien K, et al. Rates and predictors of relapse following discontinuation of antipsychotic medication after a first episode of psychosis. *Schizophr Res* 2018; 195: 231–236

Bozzatello P, Rocca P, Uscinska M, et al. Efficacy and tolerability of asenapine compared with olanzapine in borderline personality disorder: an open-label randomized controlled trial. *CNS Drugs* 2017; 31: 809–819

Brady K, Pearlstein T, Asnis G, et al. Efficacy and safety of sertraline treatment of posttraumatic stress disorder: a randomized controlled trial. *J Am Med Assoc* 2000; 283: 1837–1844

Braun P, Greenberg S, Dasberg H, et al. Core symptoms of posttraumatic stress disorder unimproved by alprazolam treatment. *J Clin Psychiatry* 1990; 51: 236–238

Brawman-Mintzer O, Knapp RG, Nietert PJ. Adjunctive risperidone in generalized anxiety disorder: a double-blind, placebo-controlled study. *J Clin Psychiatry* 2005; 66: 1321–1325

Breier A, Buchanan RW, Kirkpatrick B, et al. Effects of clozapine on positive and negative symptoms in outpatients with schizophrenia. *Am J Psychiatry* 1994; 151: 20–60

Breilmann J, Girlanda F, Guaiana G, et al. Benzodiazepines versus placebo for panic disorder in adults. *Cochrane Database Syst Rev* 2019; (3): CD010677

Breitbart W, Rosenfeld B, Kaim M, et al. A randomized, double-blind, placebo-controlled trial of psychostimulants for the treatment of fatigue in ambulatory patients with human immunodeficiency virus disease. *Arch Intern Med* 2001; 161: 411–420

Brekhman II, Dardymov IV. New substances of plant origin which increase nonspecific resistance. *Ann Rev Pharmacol* 1969; 9:419–430

Bremner JD, Shearer K, McCaffery P. Retinoic acid and affective disorders: the evidence for an association. *J Clin Psychiatry* 2012; 73: 37–50

Briggs-Gowan MJ, Carter S, Bosson-Heenan J, et al. Are infant-toddler social-emotional and behavioral problems transient? *J Am Acad Child Adolesc Psychiatry* 2006; 45: 849–858

Britnell SR, Jackson AD, Brown JN., et al. Aripiprazole for post-traumatic stress disorder: a systematic review. *Clin Neuropharmacol* 2017; 40: 273–278

Bro SP, Kjaersgard MI, Parner ET, et al. Adverse pregnancy outcomes after exposure to methylphenidate or atomoxetine during pregnancy. *Clin Epidemiol* 2015; 7: 139–147

Brown WA. Placebo as a treatment for depression. *Neuropsychopharmacology* 1994; 10: 265–269

Brown ES, Gabrielson B. A randomized double-blind, placebo-controlled trial of citicoline for bipolar and unipolar depression and methamphetamine dependence. *J Affect Disord* 2012; 143: 257–260

Brown ES, Gorman AR, Hynan LS. A randomized, placebo-controlled trial of citicoline add-on therapy in outpatients with bipolar disorder and cocaine dependence. *J Clin Psychopharmacol* 2007; 27: 498–502

Brown ES, Todd JP, Hu T, et al. A randomized, double-blind, placebo-controlled trial of citicoline for cocaine dependence in bipolar I disorder. *Am J Psychiatry* 2015; 172: 1014–1021

Bruder GE, Sedoruk JP, Stewart JW, et al. Electroencephalographic alpha measures predict therapeutic response to a selective serotonin reuptake inhibitor antidepressant: pre-and post-treatment findings. *Biol Psychiatry* 2008; 63: 1171–1177

Brunet A, Saumier D, Liu A, et al. Reduction of PTSD symptoms with pre-reactivation propranolol therapy: randomized controlled trial. *Am J Psychiatry* 2018; 175: 427–433

Brunner E, Tohen M, Osuntokun O, et al. Efficacy and safety of olanzapine/fluoxetine combination vs fluoxetine monotherapy following successful combination therapy of treatment-resistant major depressive disorder. *Neuropsychopharmacology* 2014; 39: 2549–2559

Bruno A, Micò U, Pandolfo G, et al. Lamotrigine augmentation of serotonin reuptake inhibitors in treatment-resistant obsessive-compulsive disorder: a double-blind, placebo-controlled study. *J Psychopharmacol* 2012; 26: 1456–1462

Buchanan RW, Breier A, Kirkpatrick B, et al. Positive and negative symptoms response to clozapine with and without the deficit syndrome. *Am J Psychiatry* 1998; 155: 751–760

Bugarski-Kirola D, Iwata N, Sameliak S, et al. Efficacy and safety of adjunctive bitopertin versus placebo in patients with suboptimally controlled symptoms of schizophrenia treated with antipsychotics: results from three phase 3, randomised, double-blind, parallel-group, placebo-controlled, multicentre studies in the SearchLyte clinical trial programme. *Lancet Psychiatry* 2016;3: 1115–1128

Buitelaar JK, Sobanski E, Stieglitz RD, et al. Predictors of placebo response in adults with attention-deficit/hyperactivity disorder: data from 2 randomized trials of osmotic-release oral system methylphenidate. *J Clin Psychiatry* 2012; 73: 1097–1102

Burdick KE, Endick CJ, Goldberg JF. Assessing cognitive deficits in bipolar disorder: are self-reports valid? *Psychiatry Res* 2005; 136: 43–50

Burdick KE, Braga RJ, Nnadi CU, et al. Placebo-controlled adjunctive trial of pramipexole in patients with bipolar disorder: targeting cognitive dysfunction. *J Clin Psychiatry* 2012; 73: 103–112

Burdick KE, Russo M, Frangou S, et al. Empirical evidence for discrete neurocognitive subgroups in bipolar disorder: clinical implications. *Psychol Med* 2014; 44: 3083–3096

Bürkner PC, Williams DR, Simmons TC, et al. Intranasal oxytocin may improve high-level social cognition in schizophrenia, but not social cognition or neurocognition in general: a multilevel Bayesian meta-analysis. *Schizophr Bull* 2017; 43: 1291–1303

Butterfield MI, Becker ME, Connor KM, et al. Olanzapine in the treatment of post-traumatic stress disorder: a pilot study. *Int Clin Psychopharmacol* 2001; 16: 197–203

Bystritsky A, Kerwin L, Feusner JD, et al. A pilot controlled trial of bupropion XL versus escitalopram in generalized anxiety disorder. *Psychopharmacol Bull* 2008; 41: 46–51

Cain JW. Poor response to fluoxetine: underlying depression, serotonergic overstimulation, or a "therapeutic window"? *J Clin Psychiatry* 1992; 53: 272–277

Cakir S, Kulakisizoglu IB. The efficacy of mirtazapine in agitated patients with Alzheimer's disease: a 12-week open-label pilot study. *Neuropsychiatr Dis Treat* 2008; 4: 963–966

Calabrese JR, Bowden CL, Sachs G, et al. A placebo-controlled 18-month trial of lamotrigine and lithium maintenance treatment in recently depressed patients with bipolar I disorder. *J Clin Psychiatry* 2003; 64: 1013–1024

Calabrese JR, Bowden CL, Sachs GS, et al. A double-blind placebo-controlled study of lamotrigine monotherapy in outpatients with bipolar I depression. *J Clin Psychiatry* 1999; 60: 79–88

Calabrese JR, Keck PE Jr, Starace A, et al. Efficacy and safety of low-and high-dose cariprazine in acute and mixed mania associated with bipolar I disorder: a double-blind, placebo-controlled study. *J Clin Psychiatry* 2015; 76: 284–292

Calabrese JR, Pikalov A, Streicher C, et al. Lurasidone in combination with lithium or valproate for the maintenance treatment of bipolar I disorder. *Eur Neuropsychopharmacol* 2017a; 27: 865–876

Calabrese JR, Sanchez R, Jin N, et al. Efficacy and safety of aripiprazole once-monthly in the maintenance treatment of bipolar I disorder: a double-blind, placebo-controlled, 52-week randomized withdrawal study. *J Clin Psychiatry* 2017b; 78:324–331

Calabrese JR, Shelton MD, Rapport DJ, et al. A 20-month, double-blind, maintenance trial of lithium versus divalproex in rapid-cycling bipolar disorder. *Am J Psychiatry* 2005; 162: 2152–2161

Calabrese JR, Suppes T, Bowden CL, et al. A double-blind, placebo-controlled, prophylaxis study of lamotrigine in rapid-cycling bipolar disorder: Lamictal 614 Study Group. *J Clin Psychiatry* 2000; 61: 841–850

Campbell M, Adams PB, Small AM, et al. Lithium in hospitalized aggressive children with conduct disorder: a double-blind and placebo-controlled study. *J Am Acad Child Adolesc Psychiatry* 1995; 34: 445–453

Campbell M, Small AM, Green WH, et al. Behavioral efficacy of haloperidol and lithium carbonate: a comparison in hospitalized aggressive children with conduct disorder. *Arch Gen Psychiatry* 1984; 41: 650–656

Canuso CM, Singh JB, Fedgchin M, et al. Efficacy and safety of intranasal esketamine for the rapid reduction of symptoms of depression and suicidality in patients at imminent risk for suicide: results of a double-blind, randomized, placebo-controlled study. *Am J Psychiatry* 2018; 175: 620–630

Carbon H, Hsieh CH, Kane JM, et al. Tardive dyskinesia prevalence in the period of second-generation antipsychotic use: a meta-analysis. *J Clin Psychiatry* 2017; 78: e264–e278

Cardenas D. Let not thy food be confused with thy medicine: the Hippocratic misquotation. *E-SPEN* 2013; 8: e260–e262

Careri JM, Draine AE, Hanover R, et al. A 12-week double-blind, placebo-controlled, flexible-dose trial of vilazodone in generalized social anxiety disorder. *Prim Care Companion CNS Disord* 2015; 17: 10.4088/PCC.15m01831

Carey P, Suliman S, Ganesan K, et al. Olanzapine monotherapy in posttraumatic stress disorder: efficacy in a randomized, double-blind, placebo-controlled study. *Hum Psychopharmacol* 2012; 27: 386–391

Carhart-Harris RL, Bolstridge M, Dy CMJ, et al. Psilocybin with psychological support for treatment-resistant depression: six-month follow-up. *Psychopharmacology (Berl)* 2018; 235: 399–408

Carman J, Peuskens S, Vangeneugden A. Risperidone in the treatment of negative symptoms of schizophrenia: a meta-analysis. *Int Clin Psychopharmacol* 1995; 10: 207–213

Caroff SN, Mann SC. Neuroleptic malignant syndrome. *Med Clin North Amer* 1993; 77: 185–202

Carpenter KM, Hasin DS. Reliability and discriminant validity of the Type I/II and Type A/B alcoholic subtype classifications in untreated problem drinkers: a test of the Apollonian–Dionysian hypothesis. *Drug Alcohol Depend* 2001; 63: 51–67

Casamassima F, Huang J, Fava M, et al. Phenotypic effects of bipolar liability gene among individuals with major depressive disorder. *Am J Med Genet B Neuropsychiatr Genet* 2010; 153B: 303–309

Casey DE, Daniel DG, Tamminga C, et al. Divalproex ER combined with olanzapine or risperidone for treatment of acute exacerbations of schizophrenia. *Neuropsychopharmacology* 2009; 34: 1330–1338

Casey DE, Daniel DG, Wassef AA, et al. Effect of divalproex combined with olanzapine or risperidone in patients with an acute exacerbation of schizophrenia. *Neuropsychopharmacology* 2003; 28: 182–192

Castells X, Blanco-Silvente L, Cunill R. Amphetamines for attention deficit hyperactivity disorder (ADHD) in adults. *Cochrane Database Syst Rev* 2018; 8: CD007813

Castells X, Cunill R, Pérez-Mañá C, et al. Psychostimulant drugs for cocaine dependence. *Cochrane Database Syst Rev* 2016; 9: CD007380

Castro VM, Roberson AM, McCoy TH, et al. Stratifying risk for renal insufficiency among lithium-treated patients: an electronic health record study. *Neuropsychopharmacology* 2016; 41: 1138–1143

Catalá-López F, Hutton B, Núñez-Beltrán A, et al. The pharmacological and non-pharmacological treatment of attention deficit hyperactivity disorder in children and adolescents: a systematic review with network meta-analyses of randomised trials. *PLoS One* 2017; 12: e0180355

Caye A, Rocha TB, Anselmi L, et al. Attention-deficit/hyperactivity disorder trajectories from childhood to young adulthood: evidence from a birth cohort supporting a late-onset syndrome. *JAMA Psychiatry* 2016; 73: 705–712

Center for Behavioral Health Statistics and Quality (CBHSQ). *Behavioral Health Trends in the United States: Results from the 2014 National Survey on Drug Use and Health. HHS Publication No. SMA 15-4927, NSDUH Series H-50.* Rockville, MD: Substance Abuse and Mental Health Services Administration; 2015

Chakrabarti A, Bagnall A, Chue P, et al. Loxapine for schizophrenia. *Cochrane Database Syst Rev* 2007; (4): CD001943

Chambers CD, Hernandez-Diaz S, Van Marter LJ, et al. Selective serotonin-reuptake inhibitors and risk of persistent pulmonary hypertension of the newborn. *New Engl J Med* 2006; 354: 579–587

Chan GC, Hinds TR, Impey S, et al. Hippocampal neurotoxicity of Delta9-tetrahydrocannabinol. *J Neurosci* 1998; 18: 5322–5332

Chang K, Saxena K, Howe M. An open-label study of lamotrigine adjunct or monotherapy for the treatment of adolescents with bipolar depression. *J Am Acad Child Adolesc Psychiatry* 2006; 45: 298–304

Chang HY, Tseng PT, Stubbs B, et al. The efficacy and tolerability of paliperidone in mania of bipolar disorder: a preliminary meta-analysis. *Exp Clin Psychopharmacol* 2017; 25: 422–433

Chang SS, Liu CM, Lin SH, et al. Impaired flush response to niacin skin patch among schizophrenia patients and their nonpsychotic relatives: the effect of genetic loading. *Schizophr Bull* 2009; 35: 213–221

Charney DS. Psychobiological mechanisms of resilience and vulnerability: implications for successful adaptation to extreme stress. *Am J Psychiatry* 2004; 161: 195–216

Charney DA, Heath LM, Zikos E, et al. Poorer drinking outcomes with citalopram treatment for alcohol dependence: a randomized, double-blind, placebo-controlled trial. *Alcohol Clin Exp Res* 2015; 39: 1756–1765

Chaudhry IB, Neelam K, Duddu V, et al. Ethnicity and Psychopharmacology. *J Psychopharmacol* 2008; 22: 673–680

Chekroud AM, Gueorguieva R, Krumholz HM, et al. Reevaluating the efficacy and predictability of antidepressant treatments: a symptom clustering approach. *JAMA Psychiatry* 2017; 74: 370-378

Chen JJ, Hua H, Massihi L, et al. Systematic literature review of quetiapine for the treatment of psychosis in patients with parkinsonism. *J Psychiatry Clin Neurosci* 2019a; 31: 188–195

Chen JX, Su YA, Bian QT, et al. Adjunctive aripiprazole in the treatment of risperidone-induced hyperprolactinemia: a randomized, double-blind, placebo-controlled, dose-response study. *Psychoneuroendocrinology* 2015; 58: 130–140

Chen MH, Lin WC, Wu HJ, et al. Antisuicidal effect, BDNF Val66Met polymorphism, and low-dose ketamine infusion: reanalysis of adjunctive ketamine study of Taiwanese patients with treatment-resistant depression (AKSTP-TRD). *J Affect Disord* 2019b; 251: 162–169

Chen TR, Huang HC, Hsu JH, et al. Pharmacological and psychological interventions for generalized anxiety disorder in adults: a network meta-analysis. *J Psychiatr Res* 2019c; 118: 73–83

Chen YF, Wang SJ, Khin NA, et al. Trial design issues and treatment effect modeling in multi-regional schizophrenia trials. *Pharm Stat* 2010; 9: 217–229

Chengappa KNR, Brar JS, Gannon JM, Schlicht PJ. Adjunctive use of a standardized extract of *Withania somnifera* (ashwaganda) to treat symptom exacerbation in schizophrenia: a double-blind, randomized, placebo-controlled study. *J Clin Psychiatry* 2018; 79: 17m11826

Chengappa KN, Bowie CR, Schlicht PJ, et al. Randomized placebo-controlled adjunctive study of an extract of *Withania somnifera* for cognitive dysfunction in bipolar disorder. *J Clin Psychiatry* 2013; 74: 1076–1083

Chessick CA, Allen MH, Thase M, et al. Azapirones for generalized anxiety disorder. *Cochrane Database Syst Rev* 2006; (3) :CD006115

Chiappini S, Schifano F. A decade of gabapentinoid misuse: an analysis of the European Medicines Agency's "Suspected Adverse Drug Reactions" database. *CNS Drugs* 2016; 30: 647–654

Chick J, Aschauer H, Hornik K, et al. Efficacy of fluvoxamine in preventing relapse in alcohol dependence: a one-year, double-blind, placebo-controlled multicentre study with analysis by typology. *Drug Alcohol Depend* 2004; 74: 61–70

Cho M, Lee TY, Kwak YB, et al. Adjunctive use of anti-inflammatory drugs for schizophrenia: a meta-analytic investigation of randomized controlled trials. *Aust N Z J Psychiatry* 2019; 53: 742–759

Chollet F, Tardy J, Albucher JF. Fluoxetine for motor recovery after stroke (FLAME): a randomised placebo-controlled trial. *Lancet Neurol* 2011; 10: 123–130

Choy Y, Peselow ED, Case BG, et al. Three-year medication prophylaxis in panic disorder: to continue or discontinue? A naturalistic study. *Compr Psychiatry* 2007; 48: 419–425

Christensen J, Grønborg TK, Sørensen MJ. Prenatal valproate exposure and risk of autism spectrum disorders and childhood autism. *J Am Med Assoc* 2013; 309: 1696–1703

Christenson GA, MacKenzie TB, Mitchell JE, et al. A placebo-controlled, double-blind crossover study of fluoxetine in trichotillomania. *Am J Psychiatry* 1991; 148: 1566–1571

Chung YC, Lee CR, Park TW, et al. Effect of donepezil added to atypical antipsychotics on cognition in patients with schizophrenia: an open-label trial. *World J Biol Psychiatry* 2009; 10: 156–162

Cipriani A, Furukawa TA, Salanti G, et al. Comparative efficacy and acceptability of 21 antidepressant drugs for the acute treatment of adults with major depressive disorder: a systematic review and network meta-analysis. *Lancet* 2018; 391: 1357–1366

Citrome L. The ABCs of dopamine receptor partial agonists – aripiprazole, brexpiprazole, and cariprazine: the 15-min challenge to sort these agents out. *Int J Clin Pract.* 2015; 69: 1211–1220

Citrome L. Activating and sedating adverse effects of second-generation antipsychotics in the treatment of schizophrenia and major depressive disorder: absolute risk increase and number needed to harm. *J Clin Psychopharmacol* 2017a; 37: 138–147

Citrome L, Meng X, Hochfeld M. Efficacy of iloperidone in schizophrenia: a PANSS five-factor analysis. *Schizophr Research* 2011; 131(1–3): 75–81

Citrome L, Durgam S, Lu K, et al. The effect of cariprazine on hostility associated with schizophrenia: post hoc analyses from 3 randomized controlled trials. *J Clin Psychiatry* 2016a; 77: 109–115

Citrome L, Ota A, Nagamizu K, et al. The effect of brexpiprazole (OPC-34712) and aripiprazole in adult patients with acute schizophrenia: results from a randomized, exploratory study. *Int Clin Psychopharmacol* 2016b; 31: 192–201

Citrome L, Landbloom R, Chang CT, et al. Effects of asenapine on agitation and hostility in adults with acute manic or mixed episodes associated with bipolar I disorder. *Neuropsychiatr Dis Res* 2017b; 13: 2955–2963

Citrome L, Volavka J, Czobor P, et al. Effects of clozapine, olanzapine, risperidone, and haloperidol on hostility among patients with schizophrenia. *Psychiatr Serv* 2001; 52: 1510–1514

Ciudad A, Alvarez E, Roca M, et al. Early response and remission as predictors of a good outcome of a major depressive episode at 12-month follow-up: a prospective, longitudinal, observational study. *J Clin Psychiatry* 2012; 73: 185–191

Claes L, Bouman WP, Witcomb G, et al. Non-suicidal self-injury in trans people: associations with psychological symptoms, victimization, interpersonal functioning, and perceived social support. *J Sex Med* 2015; 12: 168–179

Clark CT, Klein AM, Perel JM, et al. Lamotrigine dosing for pregnant patients with bipolar disorder. *Am J Psychiatry* 2013; 170: 1240–1247

Clark RD, Canive JM, Calais LA, et al. Divalproex in post-traumatic stress disorder: an open-label clinical trial. *J Trauma Stress* 1999; 12: 395–401

Clayton AH, Stewart RS, Fayyad R, et al. Sex differences in clinical presentation and response in panic disorder: pooled data from sertraline treatment studies. *Arch Womens Ment Health* 2006; 9: 151–157

Clemons WE, Makela E, Young J. Concomitant use of modafinil and tranylcypromine in a patient with narcolepsy: a case report. *Sleep Med* 2004; 5: 509–511

Cloninger CR. *The Temperament and Character Inventory (TCI): A Guide to its Development and Use.* St. Louis, MO: Washington University; Center for Psychobiology of Personality; 1994

Cloninger CR, Przybeck TR, Svrakic DM. The Tridimensional Personality Questionnaire: US normative data. *Psychol Rep* 1991; 69: 1047–1057

Cloninger CR, Zohar AH, Hirschmann S, et al. The psychological costs and benefits of being highly persistent: personality profiles distinguish mood disorders from anxiety disorders. *J Affect Disord* 2012; 136: 758–766

Clyde PW, Harari AE, Getka EJ, et al. Combined levothyroxine plus liothyronine compared with levothyroxine alone in primary hypothyroidism: a randomized controlled trial. *J Am Med Assoc* 2003; 290: 2952–2958

Coccaro EF, Kavoussi RJ. Fluoxetine and impulsive aggressive behavior in personality disordered subjects. *Arch Gen Psychiatry* 1997; 54: 1081–1088

Coccaro EF, Lee RJ, Kavoussi JR. A double-blind, randomized, placebo-controlled trial of fluoxetine in patients with intermittent explosive disorder. *J Clin Psychiatry* 2009; 70: 653–662

Coccaro EF, Adan F, Allen D, et al. Plasma-serum differences in the assessment of tricyclic antidepressant blood levels. *Int Clin Psychopharmacol* 1987; 2: 217–224

Cohen JM, Hernández-Díaz S, Bateman BT, et al. Placental complications associated with psychostimulant use in pregnancy. *Obstet Gynecol* 2017; 130: 1192–1201

Cohen JM, Huybrechts KF, Patorno E, et al. Anticonvulsant mood stabilizer and lithium use and risk of adverse pregnancy outcomes. *J Clin Psychiatry* 2019; 80: 18m12572

Cohen LG, Chesly S, Eugenio S, et al. Erythromycin-induced clozapine toxic reaction. *Arch Intern Med* 1996; 156: 675–677

Cohen LS, Soares CN, Poitras JR, et al. Short-term use of estradiol for depression in perimenopausal and postmenopausal women: a preliminary report. *Am J Psychiatry* 2003; 160: 1519–1522

Cohen LS, Viguera AC, McInerney KA, et al. Reproductive safety of second-generation antipsychotics: current data from the Massachusetts General Hospital National Pregnancy Registry for Atypical Antipsychotics. *Am J Psychiatry* 2016; 173: 263–270

Cohen NL, Ross EC, Bagby RM, et al. The 5-factor model of personality and antidepressant medication compliance. *Can J Psychiatry* 2004; 49: 106–113

Cole JD, Kazarian SS. The Level of Expressed Emotion Scale: a new measure of expressed emotion. *J Clin Psychol* 1988; 44:392–397

Comer JS, Olfson M, Mojtabai R. National trends in child and adolescent psychotropic polypharmacy in office-based practice, 1996–2007. *J Am Acad Child Adolesc Psychiatry* 2010; 49: 1001–1010

Compton WM, Han B, Blanco C, et al. Prevalence and correlates of prescription stimulant use, misuse, use disorders, and motivations for misuse among adults in the United States. *Am J Psychiatry* 2018; 175: 741–755

Conley RR, Kelly DL, Richardson CM, et al. The efficacy of high-dose olanzapine versus clozapine in treatment-resistant schizophrenia: a double-blind crossover study. *J Clin Psychopharmacol* 2003; 23: 668–671

Connor DF, Fletcher KE, Swanson JM, et al. A meta-analysis of clonidine for symptoms of attention-deficit hyperactivity disorder. *J Am Acad Child Adolesc Psychiatry* 1999; 38: 1551–1559

Connor KM, Davidson JRT, Churchill LE, et al. Psychometric properties of the Social Phobia Inventory. *Br J Psychiatry* 2000; 176: 379–386

Connor KM, Davidson JR, Weisler RH, et al. Tiagabine for posttraumatic stress disorder: effects of open-label and double-blind discontinuation treatment. *Psychopharmacology* 2006; 184: 21–25

Connor KM, Hidalgo RB, Crockett B, et al. Predictors of treatment response in patients with posttraumatic stress disorder. *Prog Neuropsychopharmacol Biol Psychiatry* 2001; 25: 337–345

Conus P, Cotton SM, Francey SM, et al. Predictors of favourable outcome in young people with a first episode psychosis without antipsychotic medication. *Schizophr Res* 2017; 185: 130–136

Cook IA, Hunter AM, Gilmer WS, et al. Quantitative electroencephalogram biomarkers for predicting likelihood and speed of achieving sustained remission in major depression: a report from the Biomarkers for Rapid Identification of Treatment Effectiveness in Major Depression (BRITE-MD) trial. *J Clin Psychiatry* 2013; 74: 51–56

Cools R, Robbins TW. Chemistry of the adaptive mind. *Philos Trans A Math Phys Eng Sci* 2004; 362: 2871–2888

Cooper TB, Bergner PE, Simpson GM. The 24-hour serum lithium level as a prognosticator of dosage requirements. *Am J Psychiatry* 1973; 130: 601–603

Cooper-Karaz R, Apter JT, Cohen R, et al. Combined treatment with sertraline and liothyronine in major depression: a randomized, double-blind, placebo-controlled trial. *Arch Gen Psychiatry* 2007; 64: 679–688

Corá-Locatelli G, Greenberg BD, Martin J, et al. Gabapentin augmentation for fluoxetine-treated patients with obsessive-compulsive disorder. *J Clin Psychiatry* 1998; 59: 480–481

Cordás TA, Tavares H, Calderoni DM, et al. Oxcarbazepine for self-mutilating bulimic patients. *Int J Neuropsychopharmacol* 2006; 9: 769–771

Cornelius JR, Salloum IM, Ehler JG, et al. Fluoxetine in depressed alcoholics: a double-blind, placebo-controlled trial. *Arch Gen Psychiatry* 1997; 54: 700–705

Cornelius JR, Salloum IM, Thase ME, et al. Fluoxetine versus placebo in depressed alcoholic cocaine abusers. *Psychopharmacol Bull* 1998; 34: 117–121

Cornelius JR, Soloff PH, George A, et al. Haloperidol vs. phenelzine in continuation therapy of borderline disorder. *Psychopharmacol Bull* 1993; 29: 333–337

Correll CU, Kane JM. One-year incidence rates of tardive dyskinesia in children and adolescents treated with second-generation antipsychotics: a systematic review. *J Child Adolesc Psychopharmacol* 2007; 17: 647–656

Correll CU, Davis RE, Weingart M, et al. Efficacy and safety of lumateperone for treatment of schizophrenia: a randomized trial. *JAMA Psychiatry* 2020; 77: 349–358

Correll CU, Leucht S, Kane JM. Lower risk for tardive dyskinesia associated with second-generation antipsychotics:

systematic review of 1-year studies. *Am J Psychiatry* 2004; 161: 414–425

Correll CU, Rubio JM, Kane JM. What is the risk-benefit ratio of long-term antipsychotic treatment in patients with schizophrenia? *World Psychiatry* 2018; 17: 149–160

Correll CU, Manu P, Olshanskiy V, et al. Cardiometabolic risk of second-generation antipsychotic medications during first-time use in children and adolescents. *J Am Med Assoc* 2009; 302: 1765–1773

Correll CU, Rubio JM, Inczedy-Farkas G, et al. Efficacy of 42 pharmacologic cotreatment strategies added to antipsychotic monotherapy in schizophrenia: systematic overview and quality appraisal of the meta-analytic evidence. *JAMA Psychiatry* 2017;74: 675–684

Correll CU, Skuban A, Hobart M, et al. Efficacy of brexpiprazole in patients with acute schizophrenia: review of three randomized, double-blind, placebo-controlled studies. *Schizophr Res* 2016; 174: 82–92

Cortese S, Adamo N, Del Giovane C, et al. Comparative efficacy and tolerability of medications for attention-deficit hyperactivity disorder in children, adolescents, and adults: a systematic review and network meta-analysis. *Lancet Psychiatry* 2018; 5: 727–738

Corya SA, Williamson D, Sanger TM, et al. A randomized, double-blind comparison of olanzapine/fluoxetine combination, olanzapine, fluoxetine, and venlafaxine in treatment-resistant depression. *Depress Anxiety* 2006; 23: 364–372

Coryell W, Winokur G, Solomon D, et al. Lithium and recurrence in a long-term follow-up of bipolar affective disorder. *Psychol Med* 1997; 27: 281–289

Costi S, Soleimani L, Glasgow A, et al. Lithium continuation therapy following ketamine in patients with treatment resistant unipolar depression: a randomized controlled trial. *Neuropsychopharmacol* 2019; 44: 1812–1819

Coupland CAC, Hill T, Dening T, et al. Anticholinergic drug exposure and the risk of dementia: a nested case-control study. *JAMA Intern Med* 2019; 179: 1084–1093

Cowdry RW, Gardner DL. Pharmacotherapy of borderline personality disorder: alprazolam, carbamazepine, trifluoperazine, and tranylcypromine. *Arch Gen Psychiatry* 1988; 45: 111–119

Crawford MJ, Sanatinia R, Barrett B, et al. The clinical effectiveness and cost-effectiveness of lamotrigine in borderline personality disorder: a randomized placebo-controlled trial. *Am J Psychiatry* 2018; 175: 756–764

Crippa JA, Derenusson GN, Ferrari TB, et al. Neural basis of anxiolytic effects of cannabidiol (CBD) in generalized social anxiety disorder: a preliminary report. *J Psychopharmacol* 2011; 25: 121–130

Cristancho P, Lenze EJ, Dixon D, et al. Executive function predicts antidepressant treatment noncompletion in late-life depression. *J Clin Psychiatry* 2018; 79: 16m11371

Cross-Disorder Group of the Psychiatric Genomics Consortium. Genetic relationship between five psychiatric disorders estimated from genome-wide SNPs. *Nat Genet* 2013; 45: 984–994

Crossley NA, Constante M. Efficacy of atypical v typical antipsychotics in the treatment of early psychosis: meta-analysis. *Br J Psychiatry* 2010; 196: 434–439

Crossley NA, Marques TR, Taylor H, et al. Connectomic correlates of response to treatment in first-episode psychosis. *Brain* 2017; 140: 487–496

Cummings JL, Lyketsos CG, Peskind ER, et al. Effect of dextromethorphan-quinidine on agitation in patients with

Alzheimer disease dementia: a randomized clinical trial. *J Am Med Assoc* 2015; 314: 1242–1254

Cutler AJ, Montgomery SA, Feifel D, et al. Extended release quetiapine fumarate monotherapy in major depressive disorder: a placebo-and duloxetine-controlled study. *J Clin Psychiatry* 2009; 70: 526–539

Czerwensky F, Leucht S, Steimer W. MC4R rs489693: a clinical risk factor for second generation antipsychotic-related weight gain? *Int J Neuropsychopharmacol* 2013; 16: 2103–2109

Czobor P, Volavka J, Meibach RC. Effect of risperidone on hostility in schizophrenia. *J Clin Psychopharmacol* 1995; 15:243–249

D'Abreu A, Friedman JH. Tardive dyskinesia-like syndrome due to drugs that do not block dopamine receptors: rare or non-existent. Literature review. *Tremor Other Hyperkinet Mov (NY)* 2018; 8: 570

Dackis CA, Kampman KM, Lynch KG, et al. A double-blind, placebo-controlled trial of modafinil for cocaine dependence. *Neuropsychopharmacol* 2005; 30: 205–211

Dackis CA, Kampman KM, Lynch KG, et al. A double-blind, placebo-controlled trial of modafinil for cocaine dependence. *J Subst Abuse Treat* 2012; 43: 303–312

Dager SR, Khan A, Cowley DS, et al. Characteristics of placebo response during long-term treatment of panic disorder. *Psychopharmacol Bull* 1990; 26: 273–278.

Daly C, Griffin E, Ashcroft DM, et al. Intentional drug overdose involving pregabalin and gabapentin: findings from the National Self-Harm Registry Ireland, 2007–2015. *Clin Drug Investig* 2018a; 38: 373–380

Daly J, Singh JB, Fedgchin M, et al. Efficacy and safety of intranasal esketamine adjunctive to oral antidepressant therapy in treatment-resistant depression: a randomized clinical trial. *JAMA Psychiatry* 2018b; 75: 139–148

Daly J, Trivedi MH, Janik A, et al. Efficacy of esketamine nasal spray plus oral antidepressant treatment for relapse prevention of patients with treatment-resistant depression: a randomized clinical trial. *JAMA Psychiatry* 2019; 76: 893–903

Daniel DG, Zimbroff DL, Potkin SG, et al. Ziprasidone 80 mg/day and 160 mg/day in the acute exacerbation of schizophrenia and schizoaffective disorder: a 6-week placebo-controlled trial. Ziprasidone Study Group. *Neuropsychopharmacology* 1999; 20:491–505

Dannlowski U, Baune BT, Böckemann I, et al. Adjunctive antidepressant treatment with quetiapine in agitated depression: positive effects on symptom reduction, psychopathology and remission rates. *Hum Psychopharmacol* 2008; 23: 587–593

Daray FM, Thommi SB, Ghaemi SN. The pharmacogenetics of antidepressant-induced mania: a systemic review and meta-analysis. *Bipolar Disord* 2010; 12: 702–706

Darbinyan V, Aslanyan G, Amroyan E, et al. Clinical trial of Rhodiola rosea L. extract SHR-5 in the treatment of mild to moderate depression. *Nord J Psychiatry* 2007; 61: 343–348

Davanzano R, Dal Bo S, Bua J, et al. Antiepileptic drug and breastfeeding. *Ital J Pediatr* 2013; 39: 50

Davidson J, Baldwin D, Stein DJ, et al. Treatment of posttraumatic stress disorder with venlafaxine extended release: a 6-month randomized controlled trial. *Arch Gen Psychiatry* 2006; 63: 1158–1165

Davidson J, Pearlstein T, Londborg P, et al. Efficacy of sertraline in preventing relapse of posttraumatic stress disorder: results of a 28-week double-blind, placebo-controlled study. *Am J Psychiatry* 2001a; 158: 1974–1981

Davidson J, Stein DJ, Rothbaum BO, et al. Resilience as a predictor of treatment response in patients with posttraumatic stress disorder treated with venlafaxine extended release or placebo. *J Psychopharmacol* 2012; 26: 778–783

Davidson JR, Book SW, Colket JT, et al. Assessment of a new self-rating scale for post-traumatic stress disorder. *Psychol Med* 1997a; 27: 153–160

Davidson JR, Malik ML, Sutherland SN. Response characteristics to antidepressants and placebo in post-traumatic stress disorder. *Int Clin Psychopharmacol* 1997b; 12: 291–296

Davidson JR, Potts N, Richichi E, et al. Treatment of social phobia with clonazepam and placebo. *J Clin Psychopharmacol* 1993; 13: 423–428

Davidson JR, Potts NL, Richichi EA, et al. The Brief Social Phobia Scale. *J Clin Psychiatry* 1991; (52 Suppl): 48S–51S

Davidson JR, Rothbaum BO, van der Kolk BA, et al. Multicenter, double-blind comparison of sertraline and placebo in the treatment of posttraumatic stress disorder. *Arch Gen Psychiatry* 2001b; 58: 485–492

Davidson M, Emsley R, Kramer M, et al. Efficacy, safety and early response of paliperidone extended-release tablets (paliperidone ER): results of a 6-week, randomized, placebo-controlled study. *Schizophr Res* 2007; 93: 117–130

Davis JM. Dose equivalence of the antipsychotic drugs. *J Psychiatr Res* 1974; 11: 65–69

Davis LL, Barotlucci A, Petty F. Divalproex in the treatment of bipolar depression: a placebo-controlled study. *J Affect Disord* 2005; 85: 259–266

Davis LL, Davidson JR, Ward LC, et al. Divalproex in the treatment of posttraumatic stress disorder: a randomized, double-blind, placebo-controlled trial in a veteran population. *J Clin Psychopharmacol* 2008a; 28: 84–88

Davis LL, Ota A, Perry P, et al. Adjunctive brexpiprazole in patients with major depressive disorder and anxiety symptoms: an exploratory study. *Brain Behav* 2016; 6: e00520

Davis LL, Ward C, Rasmussen C, et al. A placebo-controlled trial of guanfacine for the treatment of posttraumatic stress disorder in veterans. *Psychopharmacol Bull* 2008b; 41: 8–18

Davison JM, Dunlop W. Renal hemodynamics and tubular function in normal human pregnancy. *Kidney Int* 1980; 18: 152–161

de Bejczy A, Söderpalm B. The effects of mirtazapine versus placebo on alcohol consumption in male high consumers of alcohol: a randomized, controlled trial. *J Clin Psychopharmacol* 2015; 35: 43–50

Debonnel G, Saint-André E, Hébert C, et al. Differential physiological effects of a low dose and high doses of venlafaxine in major depression. *Int J Neuropsychopharmacol* 2007; 10: 51–61

De Hert M, Sermon J, Geerts P, et al. The use of continuous treatment versus placebo or intermittent treatment strategies in stabilized patients with schizophrenia: a systematic review and meta-analysis of randomized controlled trials with first-and second-generation antipsychotics. *CNS Drugs* 2015; 29: 637–658

DeKosky ST, Williamson JD, Fitzpatrick AL, et al. Ginkgo biloba for prevention of dementia: a randomized controlled trial. *J Am Med Assoc* 2008; 300: 2253–2262

de la Fuente JM, Lotstra F. A trial of carbamazepine in borderline personality disorder. *Eur Neuropsychopharmacol* 1994; 4:479–486

de Leon J, Wynn G, Sandson NB. The pharmacokinetics of risperidone versus paliperidone. *Psychosomatics* 2010; 51:80–88

de Lucena D, Fernandes BS, Berk M, et al. Improvement of negative and positive symptoms in treatment-refractory schizophrenia: a double-blind, randomized, placebo-controlled trial with memantine as add-on therapy to clozapine. *J Clin Psychiatry* 2009; 70: 1416–1423

DeMartinis A, Schweizer E, Rickels K. An open-label trial of nefazodone in high comorbidity panic disorder. *J Clin Psychiatry* 1996; 57: 245–248

Deng L, Sun X, Qiu S, et al. Interventions for management of post-stroke depression: a Bayesian network meta-analysis of 23 randomized controlled trials. *Sci Rep* 2017; 7: 16466

Dennis CL, Ross LE, Herxheimer A. Oestrogens and progestins for preventing and treating postpartum depression. *Cochrane Database Syst Rev* 2008;(4):CD001690

de Oliveira IR, de Sena EP, Pereira EL, et al. Haloperidol blood levels and clinical outcome: a meta-analysis of studies relevant to testing the therapeutic window hypothesis. *J Clin Pharm Ther* 1996; 21: 229–236

DePetris AE, Cook BL. Differences in diffusion of FDA antidepressant risk warnings across racial-ethnic groups. *Psychiatr Serv* 2013; 64: 466–471

De Picker L, Van Den Eede F, Dumont G, et al. Antidepressants and the risk of hyponatremia: a class-by-class review of literature. *Psychosomatics* 2014; 55: 536–537

Depping AM, Komossa K, Kissling W, Leucht S. Second generation antipsychotics for anxiety disorders. *Cochrane Database Syst Rev* 2010; (12): CD008120

de Silva VA, Suraweera C, Ratnatuga SS, et al. Metformin in prevention and treatment of antipsychotic induced weight gain: a systematic review and meta-analysis. *BMC Psychiatry* 2016; 16: 341

de Vries C, van Bergen A, Regeer EJ, et al. The effectiveness of restarted lithium treatment after discontinuation: reviewing the evidence for discontinuation-induced refractoriness. *Bipolar Disord* 2013; 15: 645–649

Devulapalli KK, Nasrallah HA. An analysis of the high psychotropic off-label use in psychiatric disorders. The majority of psychiatric diagnoses have no approved drug. *Asian J Psychiatry* 2009; 2: 29–36

DeYoung CG, Hirsh JB, Shane MS, et al. Testing predictions from personality neuroscience: brain structure and the big five. *Psychol Sci* 2010; 21: 820–828

Di Florio A, Forty L, Gordon-Smith K, et al. Perinatal episodes across the mood disorder spectrum. *JAMA Psychiatry* 2013; 70: 168–175

DiMascio A, Bernardo DL, Greenblatt DJ, et al. A controlled trial of amantadine in drug-induced extrapyramidal disorders. *Arch Gen Psychiatry* 1976; 33: 599–602

Dinz JB, Shavitt RG, Fossaluza V, et al. A double-blind, randomized, controlled trial of fluoxetine plus quetiapine or clomipramine versus fluoxetine plus placebo for obsessive-compulsive disorder. *J Clin Psychopharmacol* 2011; 31: 763–768

Docherty JP, Sack DA, Roffman M, et al. A double-blind, placebo-controlled, exploratory trial of chromium picolinate in atypical depression: effect on carbohydrate craving. *J Psychiatr Pract* 2005; 11: 302–314

Dodd S, Dean OM, Berk M. A review of the theoretical and biological understanding of the nocebo and placebo phenomena. *Clin Ther* 2017; 39: 469–476

Dodd S, Berk M, Kelin K, et al. Treatment response for acute depression is not associated with number of previous episodes: lack of evidence for a clinical staging model

for major depressive disorder. *J Affect Disord* 2013; 150: 344–349

Dodd S, Schacht A, Kelin K, et al. Nocebo effects in the treatment of major depression: results from an individual study participant-level meta-analysis of the placebo arm of duloxetine clinical trials. *J Clin Psychiatry* 2015; 76: 702–711

Dodd S, Walker AJ, Brnabic JM, et al. Incidence and characterisics of the nocebo response from meta-analyses of the placebo arms of clinical trials of olanzapine for bipolar disorder. *Bipolar Disord* 2019; 21: 142–150

Dold M, Aigner M, Lanzenberger R, Kasper S. Antipsychotic augmentation of serotonin reuptake inhibitors in treatment-resistant obsessive-compulsive disorder: an update meta-analysis of double-blind, randomized, placebo-controlled trials. *Int J Neurpharmacol* 2015a; 18: pyv047

Dold M, Bartova L, Rupprecht R, et al. Dose escalation of antidepressants in unipolar depression: a meta-analysis of double-blind, randomized controlled trials. *Psychother Psychosom* 2017; 86: 283–291

Dold M, Fugger G, Aigner M, et al. Dose escalation of antipsychotic drugs in schizophrenia: a meta-analysis of randomized controlled trials. *Schizophr Res* 2015b; 166: 187–193

Dold M, Li C, Tardy M, et al. Benzodiazepines for schizophrenia. *Cochrane Database Syst Rev* 2012; (11): CD006391

Domes G, Ower N, von Dawans B, et al. Effects of intranasal oxytocin administration on empathy and approach motivation in women with borderline personality disorder: a randomized controlled trial. *Transl Psychiatry* 2019; 9: 328

Doody RS, Ferris SH, Salloway S, et al. Donepezil treatment of patients with MCI: a 48-week randomized, placebo-controlled trial. *Neurology* 2009; 72: 1555–1561

Dorph-Petersen KA, Pierri JN, Perel JM, et al. The influence of chronic exposure to antipsychotic medications on brain size before and after tissue fixation: a comparison of haloperidol and olanzapine in macaque monkeys. *Neuropsychopharmacol* 2005; 30: 1649–1661

Downing AM, Kinon BJ, Millen BA, et al. A double-blind, placebo-controlled comparator study of LY2140023 monohydrate in patients with schizophrenia. *BMC Psychiatry* 2014; 14: 351

Drevets WC, Zarate CA Jr., Furey ML. Antidepressant effects of the muscarinic cholinergic receptor antagonist scopolamine: a review. *Biol Psychiatry* 2013; 73: 1156–1163

Duffy A, Heffer N, Goodday SM, et al. Efficacy and tolerability of lithium for the treatment of acute mania in children with bipolar disorder: a systematic review: a report from the ISBD-IGSLi joint task force on lithium treatment. *Bipolar Disord* 2018; 20:583–593

Duggal HS, Mendhekar DN. High-dose aripiprazole in treatment-resistant schizophrenia. *J Clin Psychiatry* 2006; 67: 674–675

Duinkerke SJ, Botter PA, Jansen AA, et al. Ritanserin, a selective 5-HT2/1C antagonist, and negative symptoms in schizophrenia. A placebo-controlled double-blind trial. *Br J Psychiatry* 1993; 163: 451–455

Dumon JP, Catteau J, Lanvin F, et al. Randomized, double-blind, crossover, placebo-controlled comparison of propranolol and betaxolol in the treatment of neuroleptic-induced akathisia. *Am J Psychiatry* 1992; 149: 647–650

Dumville JC, Miles JN, Porthouse J, et al. Can vitamin D supplementation prevent winter-time blues? A randomised trial among older women. *J Nutr Health Aging* 2006; 10: 151–153

Duncan EJ, Szilagyi S, Schwartz MP, et al. Effects of D-cycloserine on negative symptoms in schizophrenia. *Schizophr Res* 2004; 71: 239–248

Dunkley EJ, Isbister GK, Sibbritt D, et al. The Hunter Serotonin Toxicity Criteria: simple and accurate diagnostic decision rules for serotonin toxicity. *QJM* 2003; 96: 635–642

Dunlop BW, Kelley ME, Aponte-Rivera V, et al. Effects of patient preferences on outcomes in the Predictors of Remission in Depression to Individual and Combined Treatments (PReDICT) study. *Am J Psychiatry* 2017; 174: 546–556

Dunner DL, Fieve RR. Clinical factors in lithium carbonate prophylaxis failure. *Arch Gen Psychiatry* 1974; 30: 229–233

Dunner DL, Amsterdam JD, Shelton RC, et al. Efficacy and tolerability of adjunctive ziprasidone in treatment-resistant depression: a randomized, open-label, pilot study. *J Clin Psychiatry* 2007; 68: 1071–1077

Dupuis B, Catteau J, Dumon JP, et al. Comparison of propranolol, sotalol, and betaxolol in the treatment of neuroleptic-induced akathisia. *Am J Psychiatry* 1987; 144: 802–805

Durgam S, Earley W, Guo H, et al. Efficacy and safety of adjunctive cariprazine in inadequate responders to antidepressants: a randomized, double-blind, placebo-controlled study in adult patients with major depressive disorder. *J Clin Psychiatry* 2016a; 77: 371–378

Durgam S, Earley W, Li R, et al. Long-term cariprazine treatment for the prevention of relapse in patients with schizophrenia: a randomized, double-blind, placebo-controlled trial. *Schizophr Res* 2016b; 176: 264–271

Durgam S, Gommoll C, Forero G, et al. Efficacy and safety of vilazodone in patients with generalized anxiety disorder: a randomized, double-blind, placebo-controlled, flexible-dose trial. *J Clin Psychiatry* 2016c; 77: 1687–1694

Durgam S, Satlin A, Vanover K, et al. Lumateperone (ITI-007) in the treatment of bipolar depression: results from a randomized clinical trial. Poster presented at the Annual Meeting of the American College of Neuropsychopharmacology, Orlando, Florida, December 8–11, 2019

Durgam S, Starace A, Li D, et al. The efficacy and tolerability of cariprazine in acute mania associated with bipolar I disorder: a phase II trial. *Bipolar Disord* 2015; 17: 63–75

Earley W, Burgess MV, Rekeda L, et al. Cariprazine treatment of bipolar depression: a randomized double-blind placebo-controlled phase 3 study. *Am J Psychiatry* 2019a; 176: 439–448

Earley WR, Burgess MV, Khan B, et al. Efficacy and safety of cariprazine in bipolar I depression: a double-blind, placebo-controlled phase 3 study. *Bipolar Disord* 2020; 22: 372–384

Earley W, Guo H, Daniel D, et al. Efficacy of cariprazine on negative symptoms in patients with acute schizophrenia: a post hoc analysis of pooled data. *Schizophr Res* 2019b; 204: 282–288

Earley WR, Guo H, Németh G, et al. Cariprazine augmentation to antidepressant therapy in major depressive disorder: results of a randomized, double-blind, placebo-controlled trial. *Psychopharmacol Bull* 2018; 48: 62–80

Egbe A, Uppu S, Lee S, et al. Congenital malformations in the newborn population: a population study and analysis of the effect of sex and prematurity. *Pediatr Neonatol* 2015; 56: 25–30

Eison AS, Mullins UL. Regulation of central 5HT2A receptors: a review of in vivo studies. *Behav Brain Res* 1996; 73: 177–181

Ekeberg O, Kjeldsen SE, Greenwood DT, et al. Effects of selective beta-adrenoceptor blockade on anxiety associated with flight phobia. *J Psychopharmacol* 1990; 4: 35–41

el-Ganzouri AR, Ivankovich AD, Braverman B, et al. Monoamine oxidase inhibitors: should they be discontinued preoperatively? *Anesth Analg* 1985; 64: 592–596

Elkashef A, Kahn R, Yu E, et al. Topiramate for the treatment of methamphetamine addiction: a multi-center placebo-controlled trial. *Addiction* 2012; 107: 1297–1306

El-Khalili N, Joyce M, Atkinson S, et al. Extended-release quetiapine fumarate (quetiapine XR) as adjunctive therapy in major depressive disorder (MDD) in patients with an inadequate response to ongoing antidepressant treatment: a multicentre, randomized, double-blind, placebo-controlled study. *Int J Neuropsychopharmacol* 2010; 13: 917–932

El-Mallakh RS, Vöhringer PA, Ostacher MM, et al. Antidepressants worsen rapid-cycling course in bipolar depression: a STEP-BD randomized clinical trial. *J Affect Disord* 2015; 184: 318–321

Emamzadehfard S, Kamaloo A, Paydary K, et al. Riluzole in augmentation of fluvoxamine for moderate to severe obsessive-compulsive disorder: randomized, double-blind, placebo-controlled study. *Psychiatry Clin Neurosci* 2016; 70:332–341

Erland LAE, Saxena PK. Melatonin natural health products and supplements: presence of serotonin and significant variability of melatonin content. *J Clin Sleep Med* 2017; 13: 275–281

Ernst CL, Goldberg JF. The reproductive safety profile of mood stabilizers, atypical antipsychotics, and broad-spectrum psychotropics. *J Clin Psychiatry* 2002; 63(Suppl 4): 42–55

Etkin A, Patenaude B, Song YJ, et al. A cognitive-emotional biomarker for predicting remission with antidepressant medications: a report from the iSPOT-D trial. *Neuropsychopharmacology* 2015; 40: 1332–1342

Etminan M, Sodhi M, Procyshyn RM, et al. Risk of hair loss with different antidepressants: a comparative retrospective cohort study. *Int Clin Psychopharmacol* 2018; 33: 44–48

Faedda GL, Tondo L, Baldessarini RJ, et al. Outcome after rapid vs gradual discontinuation of lithium treatment in bipolar disorders. *Arch Gen Psychiatry* 1993; 50: 448–455

Fallon BA. Pharmacotherapy of somatoform disorders. *J Psychosom Res* 2004; 56: 455–460

Fang H, Zhen YF, Liu XY, et al. Association of the BDNF Val66Met polymorphism with BMI in chronic schizophrenic patients and healthy controls. *Int Clin Psychopharmacol* 2016; 31: 353–357

Faridhossinie F, Sadeghi R, Farid L, et al. Celecoxib: a new augmentation strategy for depressive mood episodes: a systematic review and meta-analysis of randomized placebo-controlled trials. *Hum Psychopharmacol* 2014; 29: 216–223

Farnia V, Gharebaghi H, Alikhani M, et al. Efficacy and tolerability of adjunctive gabapentin and memantine in obsessive compulsive disorder: double-blind, randomized, placebo-controlled trial. *J Psychiatr Res* 2018; 104: 137–143

Farren CK, Scimeca M, Wu R, et al. Double-blind, placebo-controlled study of sertraline with naltrexone for alcohol dependence. *Drug Alcohol Depend* 2009; 99: 317–321

Fava M. Weight gain and antidepressants. *J Clin Psychiatry* 2000; 61(Suppl 11): 37–41

Fava M, Rosenbaum JF. Anger attacks in depression. *Depress Anxiety* 1998; 8(Suppl 1): 59–63

Fava GA, Benasi G, Lucente M, et al. Withdrawal symptoms after serotonin-noradrenaline reuptake inhibitor discontinuation: systematic review. *Psychother Psychosom* 2018a; 87: 195–203

Fava GA, Gatti A, Belaise C, et al. Withdrawal symptoms after selective serotonin reuptake inhibitor discontinuation: a systematic review. *Psychother Psychosom* 2015; 84: 72–81

Fava M, Durgam S, Earley W, et al. Efficacy of adjunctive low-dose cariprazine in major depressive disorder: a randomized, double-blind, placebo-controlled trial. *Int Clin Psychopharmacol* 2018b; 33: 312–321

Fava M, Evins AE, Dorer DJ, et al. The problem of the placebo response in clinical trials for psychiatric disorders: culprits, possible remedies, and a novel study design approach. *Psychother Psychosom* 2003; 72: 115–127

Fava M, Ménard F, Davidsen CK, et al. Adjunctive brexpiprazole in patients with major depressive disorder and irritability: an exploratory study. *J Clin Psychiatry* 2016; 77: 1695–1701

Fava M, Mischoulon D, Iosifescu D, et al. A double-blind, placebo-controlled study of aripiprazole adjunctive to antidepressant therapy among depressed outpatients with inadequate response to prior antidepressant therapy (ADAPT-A Study). *Psychother Psychosom* 2012; 81: 87–97

Fava M, Nierenberg AA, Quitkin FM, et al. A preliminary study on the efficacy of sertraline and imipramine on anger attacks in atypical depression and dysthymia. *Psychopharmacol Bull* 1997; 33: 101–103

Fava M, Rappe SM, Pava JA, et al. Relapse in patients on long-term fluoxetine treatment: response to increased fluoxetine dose. *J Clin Psychiatry* 1995; 56: 52–55

Fava M, Rush AJ, Alpert JE, et al. Difference in treatment outcome in outpatients with anxious versus nonanxious depression: a STAR*D report. *Am J Psychiatry* 2008; 165: 342–351

Fawcett J, Barkin RL. A meta-analysis of eight randomized, double-blind, controlled clinical trials of mirtazapine for the treatment of patients with major depression and symptoms of anxiety. *J Clin Psychiatry* 1998; 59: 123–127

Fawcett J, Marcus RN, Anton SF, et al. Response of anxiety and agitation symptoms during nefazodone treatment of major depression. *J Clin Psychiatry* 1995; 56 (Suppl 6): 37–42

Fawcett J, Rush AJ, Vukelich J, et al. Clinical experience with high-dose pramipexole in patients with treatment-resistant depressive episodes in unipolar and bipolar disorder. *Am J Psychiatry* 2016; 173: 107–111

Feder A, Parides MK, Murrough JW, et al. Efficacy of intravenous ketamine for treatment of chronic posttraumatic stress disorder: a randomized clinical trial. *JAMA Psychiatry* 2014; 71: 681–688

Fedgchin M, Trivedi M, Daly EJ, et al. Efficacy and safety of fixed-dose esketamine nasal spray combined with a new oral antidepressant in treatment-resistant depression: results of a randomized, double-blind, active-controlled study (TRANSFORM-1). *Int J Neuropsychopharmacol* 2019; 22: 616–630

Fein S, Paz V, Rao N, et al. The combination of lithium carbonate and an MAOI in refractory depressions. *Am J Psychiatry* 1988;145: 249–250

Feinberg SS. Combining stimulants with monoamine oxidase inhibitors: a review of uses and one possible additional indication. *J Clin Psychiatry* 2004; 65: 1520–1524

Feltner DE, Crockatt JG, Dubovsky SJ, et al. A randomized, double blind, placebo-controlled, fixed-dose, multicenter study of pregabalin in patients with generalized anxiety disorder. *J Clin Psychopharmacol* 2003; 23: 240–249

Feltner DE, Liu-Dumaw M, Schweizer E, et al. Efficacy of pregabalin in generalized social anxiety disorder: results of a double-blind, placebo-controlled, fixed-dose study. *Int Clin Psychopharmacol* 2011; 26: 213–220

Ferreria-Garcia R, da Rocha Freire RC, Appolinário JC, et al. Tranylcypromine plus amitriptyline for electroconvulsive therapy-resistant depression: a long-term study. *J Clin Psychopharmacol* 2018; 38: 502–504

Ferrando SJ. Psychopharmacologic treatment of patients with HIV/AIDS. *Curr Psychiatry Rep* 2009; 11: 235–242

Ferrnadon SJ, Freyberg Z. Treatment of depression in HIV positive individuals: a critical review. *Int Rev Psychiatry* 2008; 20:61–71

Fesler FA. Valproate in combat-related post-traumatic stress disorder. *J Clin Psychiatry* 1991; 52: 361–364

Fiedorowicz JG, Endicott J, Leon AC, et al. Subthreshold hypomanic symptoms in progression from unipolar major depression to bipolar disorder. *Am J Psychiatry* 2011; 168: 40–48

Figueroa Y, Rosenberg DR, Birmaher B, et al. Combination treatment with clomipramine and selective serotonin reuptake inhibitors for obsessive-compulsive disorder in children and adolescents. *J Child Adolesc Psychopharmacol* 1998;8: 61–67

Findling RL, Ginsberg LD. The safety and effectiveness of open-label extended-release carbamazepine in the treatment of children and adolescents with bipolar I disorder suffering from a manic or mixed episode. *Neuropsychiatr Dis Treat* 2014; 10:1589–1597

Findling RL, Chang K, Robb A, et al. Adjunctive maintenance lamotrigine for pediatric bipolar I disorder: a placebo-controlled, randomized withdrawal study. *J Am Acad Child Adolesc Psychiatry* 2015; 54: 1020–1031

Florio V, Porcelli S, Saria A, et al. Escitalopram plasma levels and antidepressant response. *Eur Neuropsychopharmacol* 2017;27: 940–944

Focosi D, Azzarà A, Kast RE, et al. Lithium and hematology: established and proposed uses. *J Leukoc Biol* 2009; 85: 20–28

Foglia JP, Pollock BG, Kirschner MA, et al. Plasma levels of citalopram enantiomers and metabolites in elderly patients. *Psychopharmacol Bull* 1997; 33: 109–112

Ford AC, Lacy BE, Harris LA, et al. Antidepressants and psychological therapies in irritable bowel syndrome: an updated systematic review and meta-analysis. *Am J Gastroenterol* 2019; 114: 21–39

Forester BP, Harper DG, Georgakas J, et al. Antidepressant effects with open label treatment with coenzyme Q10 in geriatric bipolar depression. *J Clin Psychopharmacol* 2015; 35: 338–340

Förg A, Hein J, Volkmar K, et al. Efficacy and safety of pregabalin in the treatment of alcohol withdrawal syndrome: a randomized placebo-controlled trial. *Alcohol* 2012; 47: 149–155

Fornaro M, Anastasia A, Novello S, et al. Incidence, prevalence and clinical correlates of antidepressant-emergent mania in bipolar depression: a systematic review and meta-analysis. *Bipolar Disord* 2018; 20: 195–227

Förster K, Jörgens S, Air TM, et al. The relationship between social cognition and executive function in major depressive disorder in high-functioning adolescents and young adults. *Psychiatr Res* 2018; 263: 139–146

Fournier JC, DeRubeis RJ, Hollon SD, et al. Antidepressant drug effects and depression severity: a patient-level meta-analysis. *J Am Med Assoc* 2010; 303: 47–53

Franchini L, Serretti A, Gasperini M, et al. Familial concordance of fluvoxamine response as a tool for differentiating mood disorder pedigrees. *J Psychiatr Res* 1998; 32: 244–259

Frank C. Pharmacologic treatment of depression in the elderly. *Can Fam Physician* 2014; 60: 121–126

Frank J. Managing hypertension using combination therapy. *Am Fam Physician* 2008; 77: 1279–1286

Frank E, Prien RF, Jarrett RB, et al. Conceptualization and rationale for consensus definitions of terms in major depressive disorder. Remission, recovery, relapse, and recurrence. *Arch Gen Psychiatry* 1991; 48: 851–855

Frankenburg FR, Zanarini MC. Divalproex sodium treatment of women with borderline personality disorder and bipolar II disorder: a double-blind placebo-controlled pilot study. *J Clin Psychiatry* 2002; 63: 442–446

Freeman D, Dunn G, Murray RM, et al. How cannabis causes paranoia: using the intravenous administration of Δ9-tetrahydrocannabinol (THC) to identify key cognitive mechanisms leading to paranoia. *Schizophr Bull* 2015; 41: 391–399

Freeman EW, Rickels K, Arredondo R, et al. Full-or half-cycle treatment of severe premenstrual syndrome with a serotonergic antidepressant. *J Clin Psychopharmacol* 1999; 19: 3–8

Freudenreich O, Goff DC. Antipsychotic combination therapy in schizophrenia: a review of efficacy and risks of current combinations. *Acta Psychiatr Scand* 2002; 106: 323–330

Frieder A, Fersh M, Hainline R, et al. Pharmacotherapy of postpartum depression: current approaches and novel drug development. *CNS Drugs* 2019; 33: 265–282

Friedman RA, Mitchell J, Kocsis JH. Retreatment for relapse following desipramine discontinuation in dysthymia. *Am J Psychiatry* 1995; 152: 926–928

Friedman MJ, Marmar CR, Baker DG, et al. Randomized, double-blind comparison of sertraline and placebo for posttraumatic stress disorder in a Department of Veterans Affairs setting. *J Clin Psychiatry* 2007; 68: 711–720

Frye MA, Helleman G, McElroy SL, et al. Correlates of treatment-emergent mania associated with antidepressant treatment in bipolar depression. *Am J Psychiatry* 2009; 166: 164–172

Frye MA, Ketter TA, Kimbrell TA, et al. A placebo-controlled study of lamotrigine and gabapentin monotherapy in refractory mood disorders. *J Clin Psychopharmacol* 2000; 20: 607–614

Fujii H, Goel A, Bernard N, et al. Pregnancy outcomes following gabapentin use: results of a prospective comparative cohort study. *Neurology* 2013; 80: 1565–1570

Furieri FA, Nakamura-Palacios EM. Gabapentin reduces alcohol consumption and craving: a randomized, double-blind, placebo-controlled trial. *J Clin Psychiatry* 2007; 68: 1691–1700

Furmark T, Appel L, Henningsson S, et al. A link between serotonin-related gene polymorphisms, amygdala activity, and placebo-induced relief from social anxiety. *J Neurosci* 2008; 28: 13066–13074

Furu K, Kieler H, Haglund B, et al. Selective serotonin reuptake inhibitors and venlafaxine in early pregnancy and risk of birth defects: population based cohort study and sibling design. *Br Med J* 2015; 350: h1798

Furukawa TA, Cipriani A, Atkinson LZ, et al. Placebo response rates in antidepressant trials: a systematic review of published and unpublished double-blind randomised controlled trials. *Lancet* 2016; 3: 1059–1066

Furukawa TA, Cipriani A, Leucht S, et al. Is placebo response in antidepressant trials rising or not? A reanalysis of datasets to conclude this long-lasting controversy. *Evid Based Ment Health* 2018a; 21: 1–3

Furukawa TA, Levine SZ, Tanaka S, et al. Initial severity of schizophrenia and efficacy of antipsychotics: participant-level meta-analysis of 6 placebo-controlled studies. *JAMA Psychiatry* 2015; 72: 14–21

Furukawa TA, Maruo K, Noma H, et al. Initial severity of major depression and efficacy of new generation antidepressants: individual participant data meta-analysis. *Acta Psychiatr Scand* 2018b; 137: 450–458

Fusar-Poli P, Cappucciati M, Rutigiano G, et al. Diagnostic stability of ICD/DSM first episode psychosis diagnoses: meta-analysis. *Schizophr Bull* 2016; 42: 1395–1406

Fusar-Poli P, Papanasatiou E, Stahl D, et al. Treatments of negative symptoms in schizophrenia: meta-analysis of 168 randomized placebo-controlled trials. *Schizophr Bull* 2015; 41: 892–899

Gadde KM, Kopping MF, Wagner HT 2nd, et al. Zonisamide for weight reduction in obese adults: a 1-year randomized controlled trial. *Arch Intern Med* 2012; 172: 1557–1564

Gallagher P, Young AH. Mifepristone (RU-486) treatment for depression and psychosis: a review of the therapeutic implications. *Neuropsychiatr Dis Treat* 2006; 2: 33–42

Galling B, Roldán A, Hagi K, et al. Antipsychotic augmentation vs. monotherapy in schizophrenia: systematic review, meta-analysis and meta-regression analysis. *World Psychiatry* 2017; 16: 77–89

Galling B, Vernon JA, Pagsberg AK, et al. Efficacy and safety of antidepressant augmentation of continued antipsychotic treatment in patients with schizophrenia. *Acta Psychiatr Scand* 2018; 137: 187–205

Gambi F, De Berardis D, Campanella D, et al. Mirtazapine treatment of generalized anxiety disorder: a fixed dose, open label study. *J Psychopharmacol* 2005; 19: 483–487

Garakani A, Martinez JM, Marcus S, et al. A randomized, double-blind, and placebo-controlled trial of quetiapine augmentation of fluoxetine in major depressive disorder. *Int Clin Psychopharmacol* 2008; 23: 269–275

Garcia-Garcia AL, Newman-Tancredi A, Leonardo ED. 5-HT(1A) [corrected] receptors in mood and anxiety: recent insights into autoreceptor versus heteroreceptor function. *Psychopharmacol (Berl)* 2014; 231: 623–636

Gardini S, Cloninger CR, Venneri A. Individual differences in personality traits reflect structural variance in specific brain regions. *Brain Res Bull* 2009; 79: 265–270

Gardner DL, Cowdry RW. Positive effects of carbamazepine on behavioral dyscontrol in borderline personality disorder. *Am J Psychiatry* 1986; 143: 519–522

Gardner DM, Shulman KI, Walker SE, et al. The making of a user friendly MAOI diet. *J Clin Psychiatry* 1996; 57: 99–104

Garlow SJ, Dunlop BW, Ninan PT, et al. The combination of triiodothyronine (T3) and sertraline is not superior to sertraline monotherapy in the treatment of major depressive disorder. *J Psychiatr Res* 2012; 46: 1406–1413

Gatti F, Bellini L, Gasperini M, et al. Fluvoxamine alone in the treatment of delusional depression. *Am J Psychiatry* 1996; 153:414–416

Gaul C, Diener H-C, Danesch U, et al. Improvement of migraine symptoms with a proprietary supplement containing riboflavin, magnesium and Q10: a randomized, placebo-controlled, double-blind, multicenter trial. *J Headache Pain* 2015; 16:516

Geddes JR, Calabrese JR, Goodwin GM. Lamotrigine for treatment of bipolar depression: independent meta-analysis and meta-regression of individual patient data from five randomised trials. *Br J Psychiatry* 2009; 194: 4–9

Geddes JR, Burgess S, Hawton K, et al. Long-term lithium therapy for bipolar disorder: systematic review and meta-analysis of randomized controlled trials. *Am J Psychiatry* 2004; 161: 217–222

Geddes JR, Gardiner A, Rendell J, et al. Comparative evaluation of quetiapine plus lamotrigine combination versus quetiapine monotherapy (and folic acid versus placebo) in bipolar depression (CEQUEL): a 2 x 2 factorial randomised trial. *Lancet Psychiatry* 2016; 3: 31–39

Geers AL, Helfer SG, Kosbab K, et al. Reconsidering the role of personality in placebo effects: dispositional optimism, situational expectations, and the placebo response. *J Psychosom Res* 2005; 58: 121–127

Gelaye B, Rondon M, Araya R, et al. Epidemiology of maternal depression, risk factors, and child outcomes in low-income and middle-income countries. *Lancet Psychiatry* 2016; 3: 973–982

Gelenberg AJ, Kane JM, Keller MB, et al. Comparison of standard and low serum levels of lithium for maintenance treatment of bipolar disorder. *N Engl J Med* 1989; 321: 1489–1493

Generoso MB, Trevizol AP, Kasper S, et al. Pregabalin for generalized anxiety disorder: an updated systematic review and meta-analysis. *Int Clin Psychopharmacol* 2017; 32: 49–55

Gengo F, Timko J, D'Antonio J, et al. Prediction of dosage of lithium carbonate: use of a standard predictive model. *J Clin Psychiatry* 1980; 41: 319–320

Gentile JP, Dillon KS, Gillig PM. Psychotherapy and pharmacotherapy for patients with dissociative identity disorder. *Innov Clin Neurosci* 2013; 10: 22–29

Genuis SJ, Schwalfenberg G, Siy A-K J, et al. Toxic element contamination of natural health products and pharmaceutical preparations. *PLoS One* 2012; 7: e49676

George KC, Kebejian L, Ruth LJ, et al. Meta-analysis of the efficacy and safety of prazosin versus placebo for the treatment of nightmares and sleep disturbances in adults with posttraumatic stress disorder. *J Trauma Dissociation* 2016; 17: 494–510

Georgotas A, McCue RE, Hapworth W, et al. Comparative efficacy and safety of MAOIs versus TCAs in treating depression in the elderly. *Biol Psychiatry* 1986; 21: 1155–1166

Gerner R, Estabrook W, Steur J, et al. Treatment of geriatric depression with trazodone, imipramine, and placebo: a double-blind study. *J Clin Psychiatry* 1980; 41: 216–220

Gex-Fabry M, Gervasoni N, Eap CB, et al. Time course of response to paroxetine: influence of plasma level. *Prog Neuropsychopharmacol Biol Psychiatry* 2007; 31: 892–900

Ghaemi SN, Gilmer WS, Goldberg JF, et al. Divalproex in the treatment of acute bipolar depression: a preliminary double-blind, randomized, placebo-controlled pilot study. *J Clin Psychiatry* 2007; 68: 1840–1844

Ghaemi SN, Ostacher MM, El-Mallakh RS, et al. Antidepressant discontinuation in bipolar depression: a Systematic Treatment Enhancement Program for Bipolar Disorder (STEP-BD) randomized clinical trial of long-term effectiveness and safety. *J Clin Psychiatry* 2010; 71: 372–380

Ghajar A, Gholamian F, Tabatabei-Motlagh M, et al. Citicoline (CDP-choline) add-on therapy to risperidone for treatment of negative symptoms in patients with stable schizophrenia: a double-blind, randomized placebo-controlled trial. *Hum Psychopharmacol* 2018a; 33: e2662

Ghajar A, Khoaie-Ardakani MR, Shahmoradi Z, et al. L-carnosine as an add-on to risperidone for treatment of negative symptoms in patients with stable schizophrenia: a double-blind, randomized placebo-controlled trial. *Psychiatry Res* 2018b; 262:94–101

Ghanizadeh A, Nikseresht MS, Sahraian A. The effect of zonisamide on antipsychotic-associated weight gain in patients with schizophrenia: a randomized, double-blind, placebo-controlled clinical trial. *Schizophr Res* 2013; 147: 110–115

Ghio L, Gotelli S, Marcenaro M, et al. Duration of untreated illness and outcomes in unipolar depression: a systematic review and meta-analysis. *J Affect Disord* 2014; 152–154: 45–51

Giacobbe P, Rakita U, Lam R, et al. Efficacy and tolerability of lisdexamfetamine as an antidepressant augmentation strategy: a meta-analysis of randomized controlled trials. *J Affect Disord* 2018; 226: 294–300

Gibson AP, Bettinger TL, Patel NC, et al. Atomoxetine versus stimulants for treatment of attention deficit/hyperactivity disorder. *Ann Pharmacother* 2006; 40: 1134–1142

Gilaberte I, Montejo AL, de la Gandara J, et al. Fluoxetine in the prevention of depressive recurrences: a double-blind study. *J Clin Psychopharmacol* 2001; 21: 417–424

Gilbert DG, Rabinovich NE, McDaniel JT. Nicotine patch for cannabis withdrawal symptom relief: a randomized controlled trial. *Psychopharmacol (Berl)* 2020; 237: 1507–1519

Gildengers AG, Chung K-H, Huang S-H, et al. Neuroprogressive effects of lifetime illness duration in older adults with bipolar disorder. *Bipolar Disord* 2014; 16: 617–623

Gilles M, Deuschle M, Kellner S, et al. Paroxetine serum concentrations in depressed patients and response to treatment. *Pharmacopsychiatry* 2005; 38: 118–121

Gilmor ML, Owens MJ, Nemeroff CB. Inhibition of norepinephrine uptake in patients with major depression treated with paroxetine. *Am J Psychiatry* 2002; 159: 1701–1710

Ginde AA, Liu MC, Camargo CA Jr. Demographic differences and trends of vitamin D insufficiency in the US population, 1988–2004. *Arch Intern Med* 2009; 169: 626–632

Ginsberg LD. Carbamazepine extended-release capsules: a retrospective review of its use in children and adolescents. *Ann Clin Psychiatry* 2006; 18(Suppl 1): 3–7

Glantz MD, Anthony JC, Berglund PA, et al. Mental disorders as risk factors for later substance dependence: estimates of optimal prevention and treatment benefits. *Psychol Med* 2009; 39: 1365–1377

Glassman AH, O'Connor CM, Califf RM, et al. Sertraline treatment of major depression in patients with acute MI or unstable angina. *J Am Med Assoc* 2002; 288: 701–709

Gleeson M. Dosing and efficacy of glutamine supplementation in human exercise and sport training. *J Nutr* 2008; 138: 2045S–2049S

Bibliografia

Goedhard LE, Stolker JJ, Heerdink ER, et al. Pharmacotherapy for the treatment of aggressive behavior in general adult psychiatry: a systematic review. *J Clin Psychiatry* 2006; 67: 1013–1024

Goff DC, Cather C, Gottlieb JD, et al. Once-weekly D-cycloserine effects on negative symptoms and cognition in schizophrenia: an exploratory study. *Schizophr Res* 2008; 106: 320–327

Goff DC, Keefe R, Citrome L, et al. Lamotrigine as add-on therapy in schizophrenia: results of 2 placebo-controlled trials. *J Clin Psychopharmacol* 2007; 27: 582–589

Goff DC, McEvoy JP, Citrome L, et al. High-dose oral ziprasidone versus conventional dosing in schizophrenia patients with residual symptoms: the ZEBRAS study. *J Clin Psychopharmacol* 2013; 33: 485–490

Goldberg JF. Complex combination pharmacotherapy for bipolar disorder: knowing when less is more or more is better. *Focus* 2019; 17: 218–231

Goldberg JF, Ernst CL. *Managing the Side Effects of Psychotropic Medications*, 2nd Edn. Washington, DC: American Psychiatric Association Publishing; 2019

Goldberg JF, Whiteside JE. The association between substance abuse and antidepressant-induced mania in bipolar disorder: a preliminary study. *J Clin Psychiatry* 2002; 63: 791–795

Goldberg JF, Bowden CL, Calabrese JR, et al. Six-month prospective life charting of mood symptoms with lamotrigine versus placebo in rapid cycling bipolar disorder. *Biol Psychiatry* 2008; 63: 125–130

Goldberg JF, Calabrese JR, Saville BR, et al. Mood stabilization and destabilization during acute and continuation phase treatment for bipolar I disorder with lamotrigine or placebo. *J Clin Psychiatry* 2009; 70: 1273–1280

Goldberg JF, Freeman MP, Balon R, et al. The American Society of Clinical Psychopharmacology survey of psychopharmacologists' practice patterns for the treatment of mood disorders. *Depress Anxiety* 2015; 32: 605–613

Goldberg SC, Schulz SC, Schulz PM, et al. Borderline and schizotypal personality disorders treated with low-dose thiothixene vs placebo. *Arch Gen Psychiatry* 1986; 43: 680–686

Golden JC, Goethe JW, Wooley SB. Complex psychotropic polypharmacy in bipolar disorder across varying mood polarities: a prospective cohort study of 2712 patients. *J Affect Disord* 2017; 221: 6–10

Goldlewska BR, Olajossy-Hilkesberger L, Ciwoniuk M, et al. Olanzapine-induced weight gain is associated with the -759C/T and -697G/C polymorphisms of the HTR2C gene. *Pharmacogenomics J* 2009; 9: 234–241

Goldstein TR, Frye MA, Denicoff KD, et al. Antidepressant discontinuation-related mania: critical prospective observation and theoretical implications in bipolar disorder. *J Clin Psychiatry* 1999; 60: 563–567

Gómez JM, Teixidó Perramón C. Combined treatment with venlafaxine and tricyclic antidepressants in depressed patients who had partial response to clomipramine or imipramine: initial findings. *J Clin Psychiatry* 2000; 61; 285–289

Gomez AF, Barthel AL, Hofmann SG. Comparing the efficacy of benzodiazepines and serotonergic antidepressants for adults with generalized anxiety disorder: a meta-analytic review. *Expert Opin Pharmacother* 2018; 19: 883–894

Gonul AS, Akdeniz F, Donat O, et al. Selective serotonin reuptake inhibitors combined with venlafaxine in depressed patients who had partial response to venlafaxine: four cases. *Prog Neuropsychopharmacol Biol Psychiatry* 2003; 27: 889–891

Gonzalez G, Feingold A, Oliveto A, et al. Comorbid major depressive disorder as a prognostic factor in cocaine-abusing buprenorphine-maintained patients treated with desipramine and contingency management. *Am J Drug Alcohol Abuse* 2003;29: 497–514

Good KP, Kiss I, Buiteman C, et al. A meta-analysis of neuropsychological change to clozapine, olanzapine, quetiapine, and risperidone in schizophrenia. *Int J Neuropsychopharmacol* 2005; 8: 457–472

Goodnick PJ. Blood levels and acute response to bupropion. *Am J Psychiatry* 1992; 149: 399–400

Goodnick PJ, Puig A, DeVane CL, Freund BV. Mirtazapine in major depression with comorbid generalized anxiety disorder. *J Clin Psychiatry* 1999; 60: 446–468

Goodwin FK, Fireman B, Simon GE, et al. Suicide risk in bipolar disorder during treatment with lithium and divalproex. *J Am Med Assoc* 2003; 290: 1467–1473

Gorwood P, Demyttenare K, Vaiva G, et al. An increase in joy after two weeks is more specific of later antidepressant response than a decrease in sadness. *J Affect Disord* 2015; 185: 97–103

Gorwood P, Weiller E, Lemming O, et al. Escitalopram prevents relapse in older patients with major depressive disorder. *Am J Geriatr Psychiatr* 2007; 15: 581–593

Goss AJ, Kaser M, Costafreda SG, et al. Modafinil augmentation therapy in unipolar and bipolar depression: a systematic review and meta-analysis of randomized controlled trials. *J Clin Psychiatry* 2013; 74: 1101–1107

Gowing L, Ali R, White JM, Mbewe D. Buprenorphine for managing opioid withdrawal. *Cochrane Database Sys Rev* 2017; (2): CD002025

Grace AA. Phasic versus tonic dopamine release and the modulation of dopamine system responsivity: a hypothesis for the etiology of schizophrenia. *Neurosci* 1991; 41: 1–24

Grant JE, Kim SW, Odlaug BL. A double-blind, placebo-controlled study of the opiate antagonist, naltrexone, in the treatment of kleptomania. *Biol Psychiatry* 2009; 65: 600–606

Grant JE, Odlaug BL, Kim SW. Lamotrigine treatment of pathologic skin picking: an open-label study. *J Clin Psychiatry* 2007;68: 1384–1391

Grant JE, Odlaug BL, Kim SW. N-acetylcysteine, a glutamate modulator, in the treatment of trichotillomania: a double-blind, placebo-controlled study. *Arch Gen Psychiatry* 2009a; 66: 756–763

Grant JE, Odlaug BL, Chamberlain SR, et al. A double-blind, placebo-controlled trial of lamotrigine for pathological skin picking: treatment efficacy and neurocognitive predictors of response. *J Clin Psychopharmacol* 2010; 30: 396–403

Grant JE, Chamberlain SR, Redden SA, et al. N-Acetylcysteine in the treatment of excoriation disorder: a randomized clinical trial. *JAMA Psychiatry* 2016; 73: 490–496

Grant JE, Odlaug BL, Chamberlain SR, et al. Dronabinol, a cannabinoid agonist, reduces hair pulling in trichotillomania: a pilot study. *Psychopharmacol (Berl)* 2011; 218: 493–502

Grant JE, Odlaug BL, Schreiber LR, et al. The opiate antagonist, naltrexone, in the treatment of trichotillomania: results of a double-blind, placebo-controlled study. *J Clin Psychopharmacol* 2014; 34: 134–138

Gray KM, Carpenter MJ, Baker NL, et al. A double-blind randomized controlled trial of N-acetylcysteine in cannabis-dependent adolescents. *Am J Psychiatry* 2012; 169: 805–812

Gray KM, Sonne SC, McClure EA, et al. A randomized placebo-controlled trial of N-acetylcysteine for cannabis use disorder in adults. *Drug Alcohol Depend* 2017; 177: 249–257

Greden JF, Parikh SV, Rothschild AJ, et al. Impact of pharmacogenomics on clinical outcomes in major depressive disorder in the GUIDED trial: a large, patient-and rater-blinded, randomized controlled study, *J Psychiatr Res* 2019; 111: 59–67

Greendyke RM, Kanter DR. Therapeutic effects of pindolol on behavioral disturbances associated with organic brain disease: a double-blind study. *J Clin Psychiatry* 1986; 47: 423–426

Greist JH, Liu-Dumaw M, Schweizer E, et al. Efficacy of pregabalin in preventing relapse in patients with generalized social anxiety disorder: results of a double-blind, placebo-controlled 26-week study. *Int Clin Psychopharmacol* 2011; 26: 243–251

Grieve SM, Korgaonkur MS, Gordon E, et al. Prediction of nonremission to antidepressant therapy using diffusion tensor imaging. *Clin Psychiatry* 2016; 77: e436–e443

Grigoriadis S, Graves L, Peer M, et al. Benzodiazepine use during pregnancy alone or in combination with an antidepressant and congenital malformations: systematic review and meta-analysis. *J Clin Psychiatry* 2019; 80: 18r12412

Grof P, Duffy A, Cavazzoni P, et al. Is response to prophylactic lithium a familial trait? *J Clin Psychiatry* 2002; 63: 942–947

Grossman E, Messerli FH, Grodzicki T, et al. Should a moratorium be placed on sublingual nifedipine capsules given for hypertensive emergencies and pseudoemergencies? *J Am Med Assoc* 1996; 276: 1328–1331

Grunze H, Kotlik E, Costa R, et al. Assessment of the efficacy and safety of eslicarbazepine acetate in acute mania and prevention of recurrence: experience from multicenter, double-blind, randomised phase II clinical studies in patients with bipolar disorder I. *J Affect Disord* 2015; 174: 70–82

Guaiana G, Barbui C, Cipriani A. Hydroxyzine for generalised anxiety disorder. *Cochrane Database Syst Rev* 2010; (12): CD006815

Guina J, Rossetter SR, DeRhodes BJ, et al. Benzodiazepines for PTSD: a systematic review and meta-analysis. *J Psychiatr Pract* 2015; 21: 281–303

Guitivano J, Sullivan PF, Stuebe AM, et al. Adverse life events, psychiatric history, and biological predictors of postpartum depression in an ethnically diverse sample of postpartum women. *Psychol Med* 2018; 48: 1190–1200

Gunasekara NS, Spencer CM. Quetiapine: a review of its use in schizophrenia. *CNS Drugs* 1998; 9: 325–340

Gunn RL, Finn PR. Impulsivity partially mediates the association between reduced working memory capacity and alcohol problems. *Alcohol* 2013; 47: 3–8

Gvirts HZ, Lewis YD, Dvora S, et al. The effect of methylphenidate on decision making in patients with borderline personality disorder and attention-deficit/hyperactivity disorder. *Int Clin Psychopharmacol* 2018; 33: 233–237

Gyurak A, Patenaude B, Korgaonkar MS, et al. Frontoparietal activation during response inhibition predicts remission to antidepressants in patients with major depression. *Biol Psychiatry* 2016; 79: 274–281

Hackam DG, Mrobrada M. Selective serotonin reuptake inhibitors and brain hemorrhage: a meta-analysis. *Neurology* 2012; 79: 1862–1865

Haddy TB, Rana SR, Castro O. Benign ethnic neutropenia: what is the normal absolute neutrophil count? *J Lab Clin Med* 1999; 133: 15–22

Hadley SJ, Mandel FS, Schweizer E. Switching from long-term benzodiazepine therapy to pregabalin in patients with generalized anxiety disorder: a double-blind, placebo-controlled trial. *J Clin Psychopharmacol* 2012; 26: 461–470

Hagos FT, Daood MJ, Ocque JA, et al. Probenecid, an organic anion transporter 1 and 3 inhibitor, increases plasms and brain exposure of N-acetylcysteine. *Xenobiotica* 2017; 47: 346–353

Haji EO, Tadić A, Wagner S, et al. Association between citalopram serum levels and clinical improvement of patients with major depression. *J Clin Psychopharmacol* 2011; 31: 281–286

Halikas JA. Org 3770 (mirtazapine) versus trazodone: a placebo controlled trial in depressed elderly patients. *Hum Psychopharmacol* 1995; 10(Suppl 2): S125–S133

Hall K, Lembo AJ, Kirsch I, et al. Catechol-o-methyltransferase val158met polymorphism predicts placebo effect in irritable bowel syndrome. *PLoS ONE* 2012; 7: e48135

Hall KT, Loscalzo J, Kaptchuk TJ. Genetics and the placebo effect. *Trends Mol Med* 2015; 2: 285–294

Hambrecht M, Lammertink M, Klosterktter J, et al. Subjective and objective neuropsychological abnormalities in a psychosis prodrome clinic. *Br J Psychiatry Suppl* 2002; 43: S30–S37

Hamilton MW. The assessment of anxiety states by rating. *Br J Med Psychol* 1959; 32: 10–16

Hamner MB, Brodrick PS, Labatte LA. Gabapentin in PTSD: a retrospective, clinical series of adjunctive therapy. *Ann Clin Psychiatry* 2001; 13: 141–146

Hamner MB, Hernandez-Tejada MA, Zuschlag ZD, et al. Ziprasidone augmentation of SSRI antidepressants in posttraumatic stress disorder: a randomized, placebo-controlled pilot study of augmentation therapy. *J Clin Psychopharmacol* 2019; 39: 153–157

Han B, Compton WM, Blanco C, et al. Prescription opioid use, misuse, and use disorders in U.S. adults: 2015 National Survey on Drug Use and Health. *Ann Int Med* 2017; 167: 293–301

Han C, Pae C-U, Wang S-M, et al. The potential role of atypical antipsychotics for the treatment of posttraumatic stress disorder. *J Psychiatr Res* 2014; 56: 72–81

Hanania NA, Singh S, El-Wali R, et al. The safety and effects of the beta blocker, nadolol, in mild asthma: an open-label pilot study. *Pulm Pharmacol Ther* 2008; 21: 134–141

Haney M, Rubin E, Foltin RW. Aripiprazole maintenance increases smoked cocaine self-administration in humans. *Psychopharmacol (Berl)* 2011; 216: 379–387

Hanling SR, Hickey A, Lesnik I, et al. Stellate ganglion block for the treatment of posttraumatic stress disorder: a randomized, double-blind, controlled trial. *Reg Anesth Pain Med* 2016; 41: 494–500

Hansen LB, Larsen NE, Vestergard P. Plasma levels of perphenazine (Trilafon) related to development of extrapyramidal side effects. *Psychopharmacol (Berl)* 1981; 74: 306–309

Haroon E, Daguanno AW, Woolwine BJ, et al. Antidepressant treatment resistance is associated with increased inflammatory markers in patients with major depressive disorder. *Psychoneuroendocrinology* 2018; 95: 43–49

Bibliografia

Harris DS, Wolkowitz OM, Reus VI. Movement disorder, memory, psychiatric symptoms and serum DHEA levels in schizophrenic and schizoaffective patients. *World J Biol Psychiatry* 2001; 2: 99–102

Harrow M, Jobe TH. Does long-term treatment of schizophrenia with antipsychotic medications facilitate recovery? *Schizophr Bull* 2013; 39: 962–965

Harrow M, Jobe TH. Long-term antipsychotic treatment of schizophrenia: does it help or hurt over a 20-year period? *World Psychiatry* 2018; 17: 162–163

Härtter S, Wetzel H, Hammes E, et al. Serum concentrations of fluvoxamine and clinical effects: a prospective open clinical trial. *Pharmacopsychiatry* 1998; 31: 199–200

Hartwell EE, Feinn R, Morris PE, et al. Systematic review and meta-analysis of the moderating effect of rs1799971 in OPRM1, the mu-opioid receptor gene, on response to naltrexone treatment of alcohol use disorder. *Addiction* 2020; 115: 1426–1437

Harvey RC, James AC, Shields GE. A systematic review and network meta-analysis to assess the relative efficacy of antipsychotics for the treatment of positive and negative symptoms in early-onset schizophrenia. *CNS Drugs* 2016; 30:27–39

Hata T, Kanazawa T, Hamada T, et al. What can predict and prevent the long-term use of benzodiazepines? *J Psychiatr Res* 2018; 97: 94–100

Hawkins RA. The blood-brain barrier and glutamate. *Am J Clin Nutr* 2009; 90: 867S–874S

Hayasaka Y, Purgato M, Magni LR, et al. Dose equivalents of antidepressant: evidence-based recommendations from randomized controlled trials. *J Affect Disord* 2015; 180: 179–184

Hedayati SS, Gregg LP, Carmody T, et al. Effect of sertraline on depressive symptoms in patients with chronic kidney disease without dialysis dependence: the CAST randomized clinical trial. *J Am Med Assoc* 2017; 318: 1876–1890

Hegerl U, Mergl R, Sanders C, et al. A multi-centre, randomised, double-blind, placebo-controlled clinical trial of methylphenidate in the initial treatment of acute mania (MEMAP study). *Eur Neuropsychopharmacol* 2018; 28: 185–194

Heidari M, Zarei M, Hosseini SM, et al. Ondansetron or placebo in the augmentation of fluvoxamine response over 8 weeks in obsessive-compulsive disorder. *Int Clin Psychopharmacol* 2014; 29: 344–350

Heinälä P, Alho H, Kiianmaa K, et al. Targeted use of naltrexone without prior detoxification in the treatment of alcohol dependence: a factorial double-blind, placebo-controlled trial. *J Clin Psychopharmacol* 2001; 21: 287–292

Hieronymous F, Nilsson S, Eriksson E. A mega-analysis of fixed-dose trials reveals dose-dependency and a rapid onset of action for the antidepressant effect of three selective serotonin reuptake inhibitors. *Transl Psychiatry* 2016; 6: e34

Helfer B, Samara MT, Huhn M, et al. Efficacy and safety of antidepressants added to antipsychotics for schizophrenia: a systematic review and meta-analysis. *Am J Psychiatry* 2016; 173: 876–886

Hendricks J, Greenway FL, Westman EC, et al. Blood pressure and heart rate effects, weight loss and maintenance during long-term phentermine pharmacotherapy for obesity. *Obesity* 2011; 19: 2351–2360

Henigsberg N, Mahableshwarkar A, Jacobsen P, et al. A randomized, double-blind, placebo-controlled 8-week trial of the efficacy and tolerability of multiple doses of Lu AA21004 in adults with major depressive disorder. *J Clin Psychiatry* 2012; 73:953–959

Henry C, Mitropoulou V, New AS, et al. Affective instability and impulsivity in borderline personality and bipolar II disorders: similarities and differences. *J Psychiatr Res* 2001; 35: 307–312

Henssler J, Kurschus M, Franklin J, et al. Trajectories of acute antidepressant efficacy: how long to wait for response? *J Clin Psychiatry* 2018; 79: 17r11470

Heresco-Levy U, Javitt D, Ermilov M, et al. Double-blind, placebo-controlled, crossover trial of glycine adjuvant therapy for treatment-resistant schizophrenia. *Br J Psychiatry* 1996; 169: 610–617

Heresco-Levy U, Vass A, Bloch B, et al. Pilot controlled trial of D-serine for the treatment of post-traumatic stress disorder. *Int J Neuropsychopharmacol* 2009; 12: 1275–1282

Herman J. *Trauma and Recovery: the Aftermath of Violence from Domestic Abuse to Political Terror.* New York, NY: Basic Books; 1988

Heringa SM, Begemann MJH, Goverde AJ, et al. Sex hormones and oxytocin augmentation strategies in schizophrenia: a quantitative review. *Schizophr Res* 2015; 168: 603–613

Herring WJ, Connor KM, Snyder E, et al. Suvorexant in elderly patients with insomnia: pooled analyses of data from phase III randomized controlled clinical trials. *Am J Geriatr Psychiatry* 2017; 25: 791–802

Hertzberg MA, Butterfield MI, Feldman ME, et al. A preliminary study of lamotrigine for the treatment of posttraumatic stress disorder. *Biol Psychiatry* 1999; 45: 1226–1229

Hesdorffer DC, Berg AT, Kanner AM. An update on antiepileptic drugs and suicide: are there definitive answers yet? *Epilepsy Curr* 2010; 10: 137–145

Hewett K, Chrzanowski W, Jokinen R, et al. Double-blind, placebo-controlled evaluation of extended-release bupropion in elderly patients with major depressive disorder. *J Psychopharmacol* 2010; 24: 521–529

Heylens G, Elaut E, Kreukels BP, et al. Psychiatric characteristics in transsexual individuals: multicenter study in four European countries. *Br J Psychiatry* 2014; 204: 151–156

Hidaka T, Fujii K, Funahashi I, et al. Safety assessment of coenzyme Q10 (CoQ10). *Biofactors* 2008; 32: 199–208

Hidalgo RB, Tupler LA, Davidson JR. An effect-size analysis of pharmacological treatments for generalized anxiety disorder. *J Psychopharmacol* 2007; 21: 864–872

Hidese S, Ota M, Wakbayashi C, et al. Effects of chronic l-theanine administration in patients with major depressive disorder: an open-label study. *Acta Neuropsychiatr* 2017; 29: 72–79

Hieber R, Dellenbaugh T, Nelson LA. Role of mirtazapine in the treatment of antipsychotic-induced akathisia. *Ann Pharmacother* 2008; 42: 841–846

Hiemke C, Bergemann N, Clement HW, et al. Consensus guidelines for therapeutic drug monitoring in neuropsychopharmacology: update 2017. *Pharmacopsychiatry* 2018; 51: 9–62

Hiemke C, Peled A, Jabarin M, et al. Fluvoxamine augmentation of olanzapine in chronic schizophrenia: pharmacokinetic interactions and clinical effects. *J Clin Psychopharmacol* 2002; 22: 502–506

Hill AB. The environment and disease: association or causation? *Proc Royal Soc Med* 1965; 58: 295–300

Hill KP, Palastro MD, Gruber SA, et al. Nabilone pharmacotherapy for cannabis dependence: a randomized, controlled pilot study. *Am J Addict* 2017; 26: 795–801

513

Hinz M, Stein A, Uncini T. Relative nutritional deficiencies are associated with centrally acting monoamines. *Int J Gen Med* 2012; 5: 413–430

Hirsch LJ, Weintraub D, Du Y, et al. Correlating lamotrigine serum concentrations with tolerability in patients with epilepsy. *Neurology* 2004; 63: 1022–1026

Hirschmann S, Dannon P, Iancu I, et al. Pindolol augmentation in patients with treatment-resistant panic disorder: a double-blind, placebo-controlled trial. *J Clin Psychopharmacol* 2000; 20: 556–559

Hirschfeld RM, Russell JM, Delgado PL, et al. Predictors of response to acute treatment of chronic and double depression with sertraline or imipramine. *J Clin Psychiatry* 1998; 59: 669–675

Hirschfeld RM, Weisler RH, Raines SR, et al. Quetiapine in the treatment of anxiety in patients with bipolar I or II depression: a secondary analysis from a randomized, double-blind, placebo-controlled study. *J Clin Psychiatry* 2006; 67: 355–362

Ho BC, Andreasen NC, Dawson JD, et al. Association between brain-derived neurotrophic factor Val66Met gene polymorphism and progressive brain volume changes in schizophrenia. *Am J Psychiatry* 2007; 164: 1890–1899

Ho BC, Andreasen NC, Ziebell S, et al. Long-term antipsychotic treatment and brain volumes: a longitudinal study of first-episode schizophrenia. *Arch Gen Psychiatry* 2011; 68: 128–137

Hoes MJ, Zeijpveld JH. Mirtazapine as a treatment for serotonin syndrome. *Pharmacopsychiatry* 1996; 29: 81

Hoffer A. Schizophrenia: an evolutionary defence against severe stress. *J Orthomolec Med* 1994; 9: 205–221

Hollander E, Allen A, Lopez RP, et al. A preliminary double-blind, placebo-controlled trial of divalproex sodium in borderline personality disorder. *J Clin Psychiatry* 2001; 62: 199–203

Hollander E, Koran LM, Goodman WK, et al. A double-blind, placebo-controlled study of the efficacy and safety of controlled-release fluvoxamine in patients with obsessive-compulsive disorder. *J Clin Psychiatry* 2003a; 64: 640–647

Hollander E, Swann AC, Coccaro EF, et al. Impact of trait impulsivity and state aggression on divalproex versus placebo response in borderline personality disorder. *Am J Psychiatry* 2005; 162: 621–624

Hollander E, Tracey KA, Swann AC, et al. Divalproex in the treatment of impulsive aggression: efficacy in cluster B personality disorders. *Neuropsychopharmacology* 2003b; 28: 1186–1197

Holmes TH, Rahe RH. The social readjustment rating scale. *J Psychosom Res* 1967; 11: 213–218

Holmquist GL. Opioid metabolism and effects of cytochrome P450. *Pain Med* 2009; 10 (Suppl 1): S20–S29

Holst J, Bäckström T, Hammarbäck S, et al. Progestogen addition during oestrogen replacement therapy – effects on vasomotor symptoms and mood. *Maturitas* 1989; 11: 13–20

Hooley JM, Parker HA. Measuring expressed emotion: an evaluation of the shortcuts. *J Fam Psychol* 2006; 20: 386–396.

Horing B, Weimer K, Muth ER, et al. Prediction of placebo responses: a systematic review of the literature. *Front Psychol* 2014; 5: 1079

Horvath AO, Symonds BD. Relation between working alliance and outcome in psychotherapy: a meta-analysis. *J Counsel Psychol* 1991; 38: 139–149

Horvitz-Lennon M, Mattke S, Predmore Z. The role of antipsychotic plasma levels in the treatment of schizophrenia. *Am J Psychiatry* 2017; 174: 421–426

Howes OD, Kambeitz J, Kim E, et al. The nature of dopamine dysfunction in schizophrenia and what this means for treatment. *Arch Gen Psychiatry* 2012; 69: 776-786

Hrøbjartsson A, Gøtzsche PC. Is the placebo powerless? An analysis of clinical trials comparing placebo with no treatment. *N Engl J Med* 2001; 344: 1594–1602

Hsu W-Y, Lane H-Y, Li C-H. Medications used for cognitive enhancement in patients with schizophrenia, bipolar disorder, Alzheimer's disease, and Parkinson's disease. *Front Psychiatry* 2018; 9: 91

Huang CL, Hwang TJ, Chen YH, et al. Intramuscular olanzapine versus intramuscular haloperidol plus lorazepam for the treatment of acute schizophrenia with agitation: an open-label, randomized controlled trial. *J Formos Med Assoc* 2015; 114:438–445

Huband N, Ferriter M, Nathan R, et al. Antiepileptics for aggression and associated impulsivity. *Cochrane Database Syst Rev* 2010; (2): CD003499

Hudson JI, Hiripi E, Pope HG Jr., et al. The prevalence and correlates of eating disorders in the National Comorbidity Survey Replication. *Biol Psychiatry* 2007; 61: 348–358

Huerta-Ramos E, Iniesta R, Ochoa S, et al. Effects of raloxifene on cognition in postmenopausal women with schizophrenia: a double-blind, randomized, placebo-controlled trial. *Eur Neuropsychopharmacol* 2014; 24: 223–231

Huhn M, Nikolakopoulou A, Schneider-Thoma J, et al. Comparative efficacy and tolerability of 32 oral antipsychotics for the acute treatment of adults with multi-episode schizophrenia: a systematic review and network meta-analysis. *Lancet* 2019;394: 939–951

Hurd YL, Spriggs S, Alishayev J, et al. Cannabidiol for the reduction of cue-induced craving and anxiety in drug-abstinent individuals with heroin use disorder: a double-blind randomized placebo-controlled trial. *Am J Psychiatry* 2019; 176: 911–922

Hymowitz P, Frances A, Jacobsberg LB, et al. Neuroleptic treatment of schizotypal personality disorders. *Compr Psychiatry* 1986; 27: 267–271

Imaz ML, Torra M, Soy D, et al. Clinical lactation studies of lithium: a systematic review. *Front Pharmacol* 2019; 10: 1005

Indave BI, Minozzi S, Paolo Pani P, et al. Antipsychotic medications for cocaine dependence. *Cochrane Database Syst Rev* 2016; (3): CD006306

Insel TR, Hamilton JA, Guttmacher LB, et al. D-amphetamine in obsessive-compulsive disorder. *Psychopharmacol (Berl)* 1983; 80: 231–235

Ionescu DF, Bentley KH, Eikermann M, et al. Repeat-dose ketamine augmentation for treatment-resistant depression with chronic suicidal ideation: a randomized, double blind, placebo controlled trial. *J Affect Disord* 2019; 243: 516–524

Ionescu DF, Fava M, Kim DJ, et al. A placebo-controlled crossover study of iloperidone augmentation for residual anger and irritability in major depressive disorder. *Ther Adv Psychopharmacol* 2016a; 6: 4–12

Ionescu DF, Swee MB, Pavone KJ, et al. Rapid and sustained reductions in current suicidal ideation following repeated doses of intravenous ketamine: secondary analysis of an open-label study. *J Clin Psychiatry* 2016b; 77: e719–e725

Ipser JC, Wilson D, Akindipe TO, et al. Pharmacotherapy for anxiety and comorbid alcohol use disorders. *Cochrane Database Syst Rev* 2015; 1: CD007505

Bibliografia

ISIS-2 Collaborative Group. Randomised trial of intravenous streptokinase, oral aspirin, both, or neither among 17,187 cases of suspected acute myocardial infarction: ISIS-2. ISIS-2 (Second International Study of Infarct Survival) Collaborative Group. *Lancet* 1988; 2: 349–360

Isojärvi JI, Laatikainen TJ, Pakarinen AJ, et al. Polycystic ovaries and hyperandrogenism in women taking valproate for epilepsy. *N Engl J Med* 1993; 329: 1383–1388

Jacobs-Pilipski MJ, Wilfley DE, Crow SJ, et al. Placebo response in binge eating disorder. *Int J Eat Disord* 2007; 40:204–211

Jacobsen FM. Low-dose trazodone as a hypnotic in patients treated with MAOIs and other psychotropics: a pilot study. *J Clin Psychiatry* 1990; 51: 298–302

Jacobson PL, Mahableshwarkar AR, Serenko M, et al. A randomized, double-blind, placebo-controlled study of the efficacy and safety of vortioxetine 10 mg and 20 mg in adults with major depressive disorder. *J Clin Psychiatry* 2015; 76: 575–582

Jafferany M, Osuagwu FC. Use of topiramate in skin-picking disorder: a pilot study. *Prim Care Companion CNS Disord* 2017;19(1)

Jahangard L, Akbarian S, Haghighi M, et al. Children with ADHD and symptoms of oppositional defiant disorder improved in behavior when treated with methylphenidate and adjuvant risperidone, though weight gain was also observed: results from a randomized, double-blind, placebo-controlled clinical trial. *Psychiatry Res* 2017; 251: 182–191

Jain FA, Hunter AM, Brooks III JO, et al. Predictive socioeconomic and clinical profiles of antidepressant response and remission. *Depress Anxiety* 2013; 30: 624–630

Jakobsen KD, Skyum E, Hashemi N, et al. Antipsychotic treatment of schizotypy and schizotypal personality disorder: a systematic review. *J Psychopharmacol* 2017; 31: 397–405

Jakubczyk A, Wrzosek M, Łukaszkiewicz J, et al. The CC genotype in HTR2A T102C polymorphism is associated with behavioral impulsivity in alcohol-dependent patients. *J Psychiatr Res* 2012; 46: 44–49

Jakubovski E, Varigonda AL, Freemantle N, et al. Systematic review and meta-analysis: dose-response relationship of selective serotonin reuptake inhibitors in major depressive disorder. *Am J Psychiatry* 2016; 173: 174–183

Jana U, Sur TK, Maity LN, et al. A clinical study on the management of generalized anxiety disorder with Centella asiatica. *Nepal Med Coll J* 2010; 12: 8–11

Janowsky DS, Davis JM, el-Yousef MK, et al. A cholinergic-adrenergic hypothesis of mania and depression. *Lancet* 1972; 300: 632–635

Jarivavilas A, Thavichachart N, Kongsakon R, et al. Effects of paliperidone extended release on hostility among Thai patients with schizophrenia. *Neuropsychiatr Dis Treat* 2017; 13: 141–146

Jasinski D, Krishnan S. Abuse liability and safety of oral lisdexamfetamine dimesylate in individuals with a history of stimulant abuse. *J Psychopharmacol* 2009b; 23: 419–427

Jasinski DR, Krishnan S. Human pharmacology of intravenous lisdexamfetamine dimesylate: abuse liability in adult stimulant abusers. *J Psychopharmacol* 2009a; 23: 410–418

Javitt DC, Zylberman I, Zukin SR, et al. Amelioration of negative symptoms in schizophrenia by glycine. *Am J Psychiatry* 1994; 151: 1234–1236

Jentink J, Loane, MA, Dolk H, et al. Valproic acid monotherapy in pregnancy and major congenital malformations. *N Engl J Med* 2010; 362: 2185–2193

Jiang H, Ling Z, Zhang Y, et al. Altered microbiota composition in patients with major depressive disorder. *Brain Behav Immun* 2015; 48: 186–194

Jin W, Zheng H, Shan B, et al. Changes of serum trace elements level in patients with alopecia areata: a meta-analysis. *J Derm* 2017; 44: 588–591

Joffe RT, Swinson RP, Levitt AJ. Acute psychostimulant challenge in primary obsessive-compulsive disorder. *J Clin Psychopharmacol* 1991; 11: 237–241

Joffe H, Cohen LS, Suppes T, et al. Valproate is associated with new-onset oligoamenorrhea with hyperandrogenism in women with bipolar disorder. *Biol Psychiatry* 2006; 59: 1078–1086

Joffe H, Petrillo LF, Viguera AC, et al. Treatment of premenstrual worsening of depression with adjunctive oral contraceptive pills: a preliminary report. *J Clin Psychiatry* 2007; 68: 1954–1962

Johnson BA, Ait-Daoud N, Bowden CL, et al. Oral topiramate for treatment of alcohol dependence: a randomised controlled trial. *Lancet* 2003; 361: 1677–1685

Johnson BA, Ait-Daoud N, Wang XQ, et al. Topiramate for the treatment of cocaine addiction: a randomized clinical trial. *JAMA Psychiatry* 2013; 70: 1338–1346

Johnson BA, Roache JD, Javors MA, et al. Ondansetron for reduction of drinking among biologically predisposed alcoholic patients: a randomized controlled trial. *Arch Gen Psychiatry* 2000; 284: 23–30

Johnson BA, Rosenthal N, Capece JA, et al. Topiramate for treating alcohol dependence: a randomized controlled trial. *J Am Med Assoc* 2007; 298: 1641–1651

Jonas DE, Amick HR, Feltner C, et al. Pharmacotherapy for adults with alcohol use disorders in outpatient settings: a systematic review and meta-analysis. *J Am Med Assoc* 2014; 311: 1889–1900

Jones JM, Aldrich J, Gillham R, et al. Efficacy of mood stabilisers in the treatment of impulsive or repetitive aggression: systematic review and meta-analysis. *Br J Psychiatry* 2011; 198: 93–98

Joos L, Goudriaan A, Schmaal L, et al. Effect of modafinil on cognitive functions in alcohol dependent patients: a randomized, placebo-controlled trial. *J Psychopharmacol* 2013; 27: 998–1006

Jorge RE, Acion L, Moser D, et al. Escitalopram and enhancement of cognitive recovery following stroke. *Arch Gen Psychiatry* 2010; 67: 187–196

Ju SY, Lee YJ, Jeong SN. Serum 25-hydroxyvitamin D levels and the risk of depression: a systematic review and meta-analysis. *J Nutr Health Aging* 2013; 17: 447–455

Kabul S, Altorre C, Motejano LB, et al. Real-world dosing patterns of atomoxetine in adults with attention-deficit/hyperactivity disorder. *CNS Neurosci Ther* 2015; 21: 936–942

Kagawa S, Mihara K, Nakamura A, et al. Relationship between plasma concentrations of lamotrigine and its early therapeutic effect of lamotrigine augmentation therapy in treatment-resistant depressive disorder. *Ther Drug Monit* 2014; 36: 730–733

Kahn RS, van Rossum IW, Leucht S, et al. Amisulpride and olanzapine followed by open-label treatment with clozapine in first-episode schizophrenia and schizophreniform disorder (OPTiMiSE): a three-phase switching study. *Lancet Psychiatry* 2018; 5:797–807

Kalivas J, Kalivas L, Gilman D, et al. Sertraline in the treatment of neurotic excoriations and related disorders. *Arch Dermatol* 1996; 132: 589–590

Kamarck TW, Haskett RF, Muldoon M, et al. Citalopram intervention for hostility: results of a randomized clinical trial. *J Consult Clin Psychol* 2009; 77: 174–188

Kamendulis LM, Brzezinski MR, Pindel EV, et al. Metabolism of cocaine and heroin is catalyzed by the same human liver carboxylesterases. *J Pharmacol Exp Ther* 1996; 279: 713–717

Kamijima K, Higuchi T, Ishigooka J, et al. Aripiprazole augmentation to antidepressant therapy in Japanese patients with major depressive disorder: a randomized, double-blind, placebo-controlled study (ADMIRE study). *J Affect Disord* 2013; 151:899–905

Kampman KM, Pettinati HM, Lynch KG, et al. A double-blind, placebo-controlled trial of topiramate for the treatment of comorbid cocaine and alcohol dependence. *Drug Alcohol Depend* 2013; 133: 94–99

Kampman KM, Pettinati H, Lynch KG, et al. A pilot trial of topiramate for the treatment of cocaine dependence. *Drug Alcohol Abuse* 2004; 75: 233–240

Kan CC, Hilberink SR, Breteler MH. Determination of the main risk factors for benzodiazepine dependence using a multivariate and multidimensional approach. *Compr Psychiatry* 2004; 45: 88–94

Kane JM, Assunção-Talbott S, Eudicone JM, et al. The efficacy of aripiprazole in the treatment of multiple symptom domains in patients with acute schizophrenia: a pooled analysis of data from the pivotal trials. *Schizophr Res* 2008; 105:208–215

Kane JM, Canas F, Kramer M, et al. Treatment of schizophrenia with paliperidone extended-release tablets: a 6-week placebo-controlled trial. *Schizophr Res* 2007; 90: 147–161

Kane JM, Cohen M, Zhao J, et al. Efficacy and safety of asenapine in a placebo-and haloperidol-controlled trial in patients with an acute exacerbation of schizophrenia. *J Clin Psychopharmacol* 2010; 30: 106–115

Kane JM, Marder SR, Schooler NR, et al. Clozapine and haloperidol in moderately refractory schizophrenia: a 6-month randomized and double-blind comparison. *Arch Gen Psychiatry* 2001; 58: 965–972

Kaneriya SH, Robbins-Welty GA, Smaqula SF, et al. Predictors and moderators of remission with aripiprazole augmentation in treatment-resistant late-life depression: an analysis of the IRL-GRey randomized clinical trial. *JAMA Psychiatry* 2016; 73:329–336

Kanes S, Colquhoun H, Gunduz-Bruce H, et al. Brexanolone (SAGE-547 injection) in post-partum depression: a randomised controlled trial. *Lancet* 2017; 390: 480–484

Kapciski F, Lima MS, Souza JS, Schmitt R. Antidepressants for generalized anxiety disorder. *Cochrane Database Syst Rev* 2003; (2): CD003592

Kapur S, Seeman P. Does fast dissociation from the dopamine D_2 receptor explain the action of atypical antipsychotics? A new hypothesis. *Am J Psychiatry* 2001; 158: 360–369

Kapur S, Remington G, Jones C, et al. High levels of dopamine D2 receptor occupancy with low-dose haloperidol treatment: a PET study. *Am J Psychiatry* 1996; 153: 948–950

Kapur S, Zipursky R, Remington G, et al. PET evidence that loxapine is an equipotent blocker of 5-HT2 and D2 receptors: implications for the therapeutics of schizophrenia. *Am J Psychiatry* 1997a; 154: 1525–1529

Kapur S, Zipursky R, Roy P, et al. The relationship between D2 receptor occupancy and plasma levels on low dose oral haloperidol: a PET study. *Psychopharmacol (Berl)* 1997b; 131: 148–152

Kardashev A, Ratner Y, Ritsner MS. Add-on pregnenolone with L-theanine to antipsychotic therapy relieves negative and anxiety symptoms of schizophrenia: an 8-week, randomized, double-blind, placebo-controlled trial. *Clin Schizophr Relat Psychoses Spring* 2018; 12: 31–41

Karpouzian-Rogers T, Stocks J, Meltzer HY, et al. The effect of high vs. low dose lurasidone on eye movement biomarkers of prefrontal abilities in treatment-resistant schizophrenia. *Schizophr Res* 2020; 215: 314–321

Kashani L, Shams N, Moazen-Zadeh E, et al. Pregnenolone as an adjunct to risperidone for treatment of women with schizophrenia: a randomized double-blind placebo-controlled clinical trial. *J Psychiatr Res* 2017; 94: 70–77

Kasper S, Dold M. Factors contributing to the increasing placebo response in antidepressant trials. *World Psychiatry* 2015; 14:304–306

Kasper S, de Swart H, Friis-Andersen H. Escitalopram in the treatment of depressed elderly patients. *Am J Geriatr Psychiatry* 2005; 13: 884–891

Kasper S, Barnas C, Heiden A, et al. Pramipexole as adjunct to haloperidol in schizophrenia: safety and efficacy. *Eur Neuropsychopharmacol* 1997; 7: 65–70

Katila H, Mezhebovsky I, Mulroy A, et al. Randomized, double-blind study of the efficacy and tolerability of extended release quetiapine fumarate (quetiapine XR) monotherapy in elderly patients with major depressive disorder. *Am J Geriatr Psychiatry* 2013; 21: 769–784

Kato H, Fukatsu N, Noguchi T, et al. Lamotrigine improves aggression in patients with temporal lobe epilepsy. *Epilepsy Behav* 2011; 21: 173–176

Katona C, Hansen T, Olsen CK. A randomized, double-blind, placebo-controlled, duloxetine-referenced, fixed-dose study comparing the efficacy and safety of Lu AA21004 in elderly patients with major depressive disorder. *Int Clin Psychopharmacol* 2012; 27: 215–223

Katz IR, Jeste DV, Mintzer JE, et al. Comparison of risperidone and placebo for psychosis and behavioural disturbances associated with demetia: a randomized, double-blind trial. *J Clin Psychiatry* 1999; 60: 107–115

Katzelnick DJ, Kobak KA, Greist JH, et al. Sertraline for social phobia: a double-blind, placebo-controlled crossover study. *Am J Psychiatry* 1995; 152: 1368–1371

Kavoussi RJ, Coccaro EF. Divalproex sodium for impulsive aggressive behavior in patients with personality disorder. *J Clin Psychiatry* 1998; 59: 676–680

Kavoussi RJ, Liu J, Coccaro EF. An open trial of sertraline in personality disordered patients with impulsive aggression. *J Clin Psychiatry* 1994; 55: 137–141

Kawada K, Ohta T, Tanaka K, et al. Addition of suvorexant to ramelteon therapy for improved sleep quality with reduced delirium risk in acute stroke patients. *Stroke Cerebrovasc Dis* 2019; 28: 142–148

Kay SR, Fiszbein A, Opler LA. The positive and negative syndrome scale (PANSS) for schizophrenia. *Schizophr Bull* 1987; 13:261–276

Kayser A, Robinson DS, Nies A, et al. Response to phenelzine among depressed patients with features of hysteroid dysphoria. *Am J Psychiatry* 1985; 142: 486–488

Kazemi A, Noorbala AA, Azam K, et al. Effect of probiotic and prebiotic vs. placebo on psychological outcomes in patients with major depressive disorder: a randomized clinical trial. *Clin Nutr* 2019; 38: 522–528

Keck P Jr., Buffenstein A, Ferguson J, et al. Ziprasidone 40 and 120 mg/day in the acute exacerbation of schizophrenia and schizoaffective disorder: a 4-week placebo-controlled trial. *Psychopharmacol (Berl)* 1998; 140: 173–184

Keck PE Jr., Bowden CL, Meinhold JM, et al. Relationship between serum valproate and lithium levels and efficacy and tolerability in bipolar maintenance therapy. *Intl J Psychiatry Clin Pract* 2005; 9: 271–277

Keck PE Jr., Calabrese JR, McIntyre RS, et al. Aripiprazole monotherapy for maintenance therapy in bipolar I disorder: a 100-week, double-blind study versus placebo. *J Clin Psychiatry* 2007; 68: 1480–1491

Keck PE Jr., McElroy SL, Tugrul KC, et al. Valproate oral loading in the treatment of acute mania. *J Clin Psychiatry* 1993; 54:305–308

Keck PE Jr., Strakowski SM, Hawkins JM, et al. A pilot study of rapid lithium administration in the treatment of acute mania. *Bipolar Disord* 2001; 3: 68–72

Keck PE Jr., Versiani M, Potkin S, et al. Ziprasidone in the treatment of acute bipolar mania: a three-week, placebo-controlled, double-blind, randomized trial. *Am J Psychiatry* 2003; 160: 741–748

Keefe RS, Bilder RM, Davis SM, et al. Neurocognitive effects of antipsychotic medications in patients with chronic schizophrenia in the CATIE Trial. *Arch Gen Psychiatry* 2007; 64: 633–647

Keefe RSE, Seidman LJ, Christensen BK, et al. Comparative effect of atypical and conventional antipsychotic drugs on neurocognition in first-episode psychosis: a randomized, double-blind trial of olanzapine versus low doses of haloperidol. *Am J Psychiatry* 2004; 161: 985–995

Keitner GI, Garlow SJ, Ryan CE, et al. A randomized, placebo-controlled trial of risperidone augmentation for patients with difficult-to-treat unipolar, non-psychotic major depression. *J Psychiatr Res* 2009; 43: 205–214

Kelleher JP, Centorrino F, Huxley NA, et al. Pilot randomized, controlled trial of pramipexole to augment antipsychotic treatment. *Eur Neuropsychopharmacol* 2012; 22: 415–418

Kelley JM, Kaptchuk TJ, Cusin C, et al. Open-label placebo for major depressive disorder: a pilot randomized controlled trial. *Psychother Psychosom* 2012; 81: 312–314

Kellner CH, Knapp RG, Petrides G, et al. Continuation electroconvulsive therapy vs pharmacotherapy for relapse prevention in major depression: a multisite study from the Consortium for Research in Electroconvulsive Therapy (CORE). *Arch Gen Psychiatry* 2006; 63: 1337–1344

Kelly LE, Poon S, Madadi P, et al. Neonatal benzodiazepines exposure during breastfeeding. *J Pediatr* 2012; 161: 448–451

Kemp DE, Ganocy SJ, Brecher M, et al. Clinical value of early partial symptomatic improvement in the prediction of response and remission during short-term treatment trials in 3369 subjects with bipolar I or II depression. *J Affect Disord* 2011; 130:171–179

Kemp DE, Gao K, Fein EB, et al. Lamotrigine as add-on treatment to lithium and divalproex: lessons learned from a double-blind, placebo-controlled trial in rapid-cycling bipolar disorder. *Bipolar Disord* 2012; 14: 780–789

Kendell RE, Cooper JE, Gourlay AJ. Diagnostic criteria of American and British psychiatrists. *Arch Gen Psychiatry* 1971; 25:123–130

Kennedy SH, Lam RW, McIntyre RS, et al. Canadian Network for Mood and Anxiety Treatments (CANMAT) 2016: Clinical Guidelines for the Management of Adults with Major Depressive Disorder Section 3. Pharmacological Treatments. *Can J Psychiatry* 2016; 61: 540–560

Kennel KA, Drake MT, Hurley DL. Vitamin D deficiency in adults: when to test and how to treat. *Mayo Clin Proc* 2010; 85:752–758

Keshavan M, Shad M, Soloff P, et al. Efficacy and tolerability of olanzapine in the treatment of schizotypal personality disorder. *Schizophr Res* 2004; 71: 97–101

Kessler DS, MacNeill SJ, Tallon D, et al. Mirtazapine added to SSRIs or SNRIs for treatment resistant depression in primary care: phase III randomised placebo controlled trial (MIR). *Br Med J* 2018; 363: k4218

Kessler RC, Adler LA, Barkley R, et al. Patterns and predictors of attention-deficit/hyperactivity disorder persistence into adulthood: results from the National Comorbidity Survey Replication. *Biol Psychiatry* 2005a; 57: 1442–1451

Kessler RC, Adler L, Barkley R, et al. The prevalence and correlates of adult ADHD in the United States: results from the National Comorbidity Survey Replication. *Am J Psychiatry* 2006; 163: 716–723

Kessler RC, Birnbaum H, Demler O, et al. The prevalence and correlates of nonaffective psychosis in the National Comorbidity Survey Replication (NCS-R). *Biol Psychiatry* 2005b; 58: 668–676

Kessler RC, Chiu WT, Demler O, et al. Prevalence, severity, and comorbidity of 12-month DSM-IV disorders in the National Comorbidity Survey Replication. *Arch Gen Psychiatry* 2005c; 62: 617–627

Ketter TA, Post RM, Theodore WH. Positive and negative psychiatric effects of antiepileptic drugs in patients with seizure disorders. *Neurology* 1999; 53 (5 Suppl 2): S53–S67

Ketter TA, Post RM, Parekh PI, et al. Addition of monoamine oxidase inhibitors to carbamazepine: preliminary evidence of safety and antidepressant efficacy in treatment-resistant depression. *J Clin Psychiatry* 1995; 56: 471–475

Keuthen N, Jameson M, Loh R, et al. Open-label escitalopram treatment for pathological skin picking. *Int Clin Psychopharmacol* 2007; 22: 268–274

Khan A, Redding N, Brown WA. The persistence of the placebo response in antidepressant clinical trials. *J Psychiatr Res* 2008;42: 791–796

Khan A, Brodhead AE, Schwartz KA, et al. Sex differences in antidepressant response in recent antidepressant clinical trials. *J Clin Psychopharmacol* 2005; 25: 318–324

Khan A, Fahl Mar K, Faucett J, et al. Has the rising placebo response impacted antidepressant clinical trial outcome? Data from the US Food and Drug Administration 1987–2013. *World Psychiatry* 2017; 16: 181–192

Khan A, Ginsberg LD, Asnis GM, et al. Effect of lamotrigine on cognitive complaints in patients with bipolar I disorder. *J Clin Psychiatry* 2004; 65: 1483–1490

Khan SJ, Fersh ME, Ernst C, et al. Bipolar disorder in pregnancy and postpartum: principles of management. *Curr Psychiatry Rep* 2016; 18: 13

Khera R, Murad MH, Chandar AK, et al. Association of pharmacological treatments for obesity with weight loss and adverse events: a systematic review and meta-analysis. *J Am Med Assoc* 2016; 315: 2424–2434

Kim HJ, Kim JE, Cho G, et al. Associations between anterior cingulate cortex glutamate and gamma-aminobutyric acid concentrations and the harm avoidance temperament. *Neurosci Lett* 2009; 464: 103–107

Kim JE, Yoon SJ, Kim J, et al. Efficacy and tolerability of mirtazapine in treating major depressive disorder with anxiety symptoms: an 8-week open-label randomised paroxetine-controlled trial. *Int J Clin Pract* 2011; 65: 323329

Kim SW, Dodd S, Berk L, et al. Impact of cannabis use on long-term remission in bipolar I and schizoaffective disorder. *Psychiatry Investig* 2015; 12: 349–355

Kim S-W, Kang H-J, Jhon M, et al. Statins and inflammation: new therapeutic opportunities in psychiatry. *Front Psychiatry* 2019; 10: 103

Kimmel M, Hess E, Roy PS, et al. Family history, not lack of medication use, is associated with the development of postpartum depression in a high-risk sample. *Arch Womens Ment Health* 2015; 18: 113–121

Kimura M, Tateno A, Robinson RG. Treatment of post-stroke generalized anxiety disorder comorbid with post-stroke depression: merged analysis of nortriptyline trials. *Am J Geriatr Psychiatry* 2003; 11: 320–327

King DJ, Link CGG, Kowalcyk B. A comparison of bd and tid dose regimens of quetiapine (Seroquel) in the treatment of schizophrenia. *Psychopharmacology* 1998; 137: 139–146

Kinon BJ, Millen BA, Zhang L, et al. Exploratory analysis for a targeted patient population responsive to the metabotropic glutamate 2/3 receptor agonist pomaglumetad methionil in schizophrenia. *Biol Psychiatry* 2015; 78: 754–762

Kinon BJ, Volavka J, Stauffer V, et al. Standard and higher dose of olanzapine in patients with schizophrenia or schizoaffective disorder: a randomized, double-blind, fixed-dose study. *J Clin Psychopharmacol* 2008; 28: 392–400

Kinon BJ, Zhang L, Millen BA, et al. A multicenter, inpatient, phase 2, double-blind, placebo-controlled dose-ranging study of LY2140023 monohydrate in patients with DSM-IV schizophrenia. *J Clin Psychopharmacol* 2011; 31: 349–355

Kinrys G, Pollack MH, Simon NM, et al. Valproic acid for the treatment of social anxiety disorder. *Int Clin Psychopharmacol* 2003; 18: 169–172

Kinrys G, Wygant LE, Pardo TB, et al. Levetiracetam for treatment refractory posttraumatic stress disorder. *J Clin Psychiatry* 2006; 67: 211–214

Kirsch I, Deacon BJ, Huedo-Medina TB, et al. Initial severity and antidepressant benefits: a meta-analysis of data submitted to the Food and Drug Administration. *PLoS Med* 2008; 5: e45

Kishi T, Iwata N. Meta-analysis of noradrenergic and specific serotonergic antidepressant use in schizophrenia. *Int J Neuropsychopharmacol* 2014; 17: 343–354

Kishi T, Mukai T, Matsuda Y, et al. Selective serotonin 3 receptor antagonist treatment for schizophrenia: meta-analysis and systematic review. *Neuromolecular Med* 2014; 16: 61–69

Kishi T, Sevy S, Chekuri R, et al. Antipsychotics for primary alcohol dependence: a systematic review and meta-analysis of placebo-controlled trials. *J Clin Psychiatry* 2013; 74: e642–e654

Kittipeerachon M, Chaichan W. Intramuscular olanzapine versus intramuscular aripiprazole for the treatment of agitation in patients with schizophrenia: pragmatic double-blind randomized trial. *Schizophr Res* 2016; 176: 231–238

Kleinstäuber M, Witthöft M, Steffanowski A, et al. Pharmacological interventions for somatoform disorders in adults. *Cochrane Database Syst Rev* 2014; (11): CD010628

Klinge C, Shuttleworth C, Muglia P, et al. Methylphenidate enhances implicit learning in healthy adults. *J Psychopharmacol* 2018; 32: 70–80

Knegtering R, Baselmans P, Castelein S, et al. Predominant role of the 9-hydroxy metabolite of risperidone in elevating blood prolactin levels. *Am J Psychiatry* 2005; 162: 1010–1012

Knight R, Khondoker M, Magill N, et al. A systematic review and meta-analysis of the effectiveness of acetylcholinesterase inhibitors and memantine in treating the cognitive symptoms of dementia. *Dementia Geriatr Cogn Disord* 2018; 45: 131–151

Ko DT, Herbert PR, Coffey CS, et al. Beta-blocker therapy and symptoms of depression, fatigue, and sexual dysfunction. *J Am Med Assoc* 2002; 288: 351–357

Ko YH, Lew YM, Jung SW, et al. Short-term testosterone augmentation in male schizophrenics: a randomized, double-blind, placebo-controlled trial. *J Clin Psychopharmacol* 2008; 28: 375–383

Koblan KS, Hopkins SC, Sarma K, et al. Dasotraline for the treatment of attention-deficit/hyperactivity disorder: a randomized, double-blind, placebo-controlled, proof-of-concept trial in adults. *Neuropsychopharmacology* 2015; 40: 2745–2752

Kocsis JH, Thase ME, Trivedi MH, et al. Prevention of recurrent episodes of depression with venlafaxine ER in a 1-year maintenance phase from the PREVENT study. *J Clin Psychiatry* 2007; 68: 1014–1023

Koenig AM, Butters MA, Begley A, et al. Response to antidepressant medications in late-life depression across the spectrum of cognitive functioning. *J Clin Psychiatry* 2014; 75: e100–e107

Koenigsberg HW, Reynolds D, Goodman M, et al. Risperidone in the treatment of schizotypal personality disorder. *J Clin Psychiatry* 2003; 64: 628–634

Koethe D, Juelicher A, Nolden BM, et al. Oxcarbazepine – efficacy and tolerability during treatment of alcohol withdrawal: a double-blind, randomized, placebo-controlled multicenter pilot study. *Alcohol Clin Exp Res* 2007; 31: 1188–1194

Köhler O, Benros ME, Nordentoft M, et al. Effect of anti-inflammatory treatment on depression, depressive symptoms, and adverse effects: a systematic review and meta-analysis of randomized clinical trials. *JAMA Psychiatry* 2014; 71: 1381–1391

Koob GF, Volkow ND. Neurobiology of addiction: a neurocircuitry analysis. *Lancet Psychiatry* 2016; 3: 760–773

Koran LM, Aboujaoude E, Gamel NN. Double-blind study of dextroamphetamine versus caffeine augmentation for treatment-resistant obsessive-compulsive disorder. *J Clin Psychiatry* 2009; 70: 1530–1535

Koran LM, Aboujaoude EN, Gamel NN. Escitalopram treatment of kleptomania: an open-label trial followed by double-blind discontinuation. *J Clin Psychiatry* 2007; 68: 422–427

Koran LM, Cain JW, Dominguez RA, et al. Are fluoxetine plasma levels related to outcome in obsessive-compulsive disorder? *Am J Psychiatry* 1996; 153: 1450–1454

Koran LM, Chuong HW, Bullock KD, et al. Citalopram for compulsive shopping disorder: an open-label study followed by double-blind discontinuation. *J Clin Psychiatry* 2003; 64: 793–798

Koran LM, Gamel NN, Choung HW, et al. Mirtazapine for obsessive-compulsive disorder: an open trial followed by double-blind discontinuation. *J Clin Psychiatry* 2005; 66: 515–520

Koran LM, Gelenberg AJ, Kornstein SG, et al. Sertraline versus imipramine to prevent relapse in chronic depression. *J Affect Disord* 2001; 65: 27–36

Korgaonkar MS, Williams LM, Song YJ, et al. Diffusion tensor imaging predictors of treatment outcomes in major depressive disorder. *Br J Psychiatry* 2014; 205: 321–328

Kornstein SG, Bose A, Li D, et al. Escitalopram maintenance treatment for prevention of recurrent depression: a randomized, placebo-controlled trial. *J Clin Psychiatry* 2006; 67: 1767–1775

Kornstein SG, Schatzberg AF, Thase ME, et al. Gender differences in treatment response to sertraline versus imipramine in chronic depression. *Am J Psychiatry* 2000; 157: 1445–1452

Kosten T, Oliveto A, Feingold A, et al. Desipramine and contingency management for cocaine and opiate dependence in buprenorphine maintained patients. *Drug Alcohol Depend* 2003; 70: 315–325

Kosten TR, Fontana A, Sernyak MJ, et al. Benzodiazepine use in posttraumatic stress disorder among veterans with substance abuse. *J Nerv Ment Dis* 2000; 188: 454–459

Kotov R, Gamez W, Schmidt F, et al. Linking "big" personality traits to anxiety, depressive, and substance use disorders: a meta-analysis. *Psychol Bull* 2010; 136: 768–821

Kowalczyk WJ, Phillips KA, Jobes ML, et al. Clonidine maintenance prolongs opioid abstinence and decouples stress from craving in daily life: a randomized controlled trial with ecological momentary assessment. *Am J Psychiatry* 2015; 172:760–767

Kowatch RA, Suppes T, Carmody TJ, et al. Effect size of lithium, divalproex sodium, and carbamazepine in children and adolescents with bipolar disorder. *J Am Acad Child Adolesc Psychiatry* 2000; 39: 713–720

Koychev I, McMullen K, Lees J, et al. A validation of cognitive biomarkers for the early identification of cognitive enhancing agents in schizotypy: a three-center double-blind placebo-controlled study. *Eur Neuropsychopharmacol* 2012; 22:469–481

Kozel FA, Trivedi MH, Wisniewski SR, et al. Treatment outcomes for older depressed patients with earlier versus late onset of first depressive episode: a Sequenced Treatment Alternatives to Relieve Depression (STAR*D) report. *Am J Geriatr Psychiatry* 2008; 16: 58–64

Kraemer HC. Messages for clinicians: moderators and mediators of treatment outcome in randomized clinical trials. *Am J Psychiatry* 2016; 173: 672–679

Kranz GS, Wadsak W, Kayfmann U, et al. High-dose testosterone treatment increases serotonin transporter binding in transgender people. *Biol Psychiatry* 2015; 78: 525–533

Kranzler HR, Armeli S, Tennen H, et al. A double-blind, randomized trial of sertraline for alcohol dependence: moderation by age of onset [corrected] and 5-hydroxytryptamine transporter linked promoter region genotype. *J Clin Psychopharmacol* 2011;31: 22–30

Kranzler HR, Burleson JA, Korner P, et al. Placebo-controlled trial of fluoxetine as an adjunct to relapse prevention in alcoholics. *Am J Psychiatry* 1995; 152: 391–397

Kranzler HR, Covault J, Feinn R, et al. Topiramate treatment for heavy drinkers: moderation by a GRIK1 polymorphism. *Am J Psychiatry* 2014; 171: 445–452

Kraus RP. Pindolol augmentation of tranylcypromine in psychotic depression. *J Clin Psychopharmacol* 1997; 17: 225–226

Kraus SW, Etuk R, Potenza MN. Current pharmacotherapy for gambling disorder: a systematic review. *Expert Opin Pharmacother* 2020; 21: 287–296

Krause M, Huhn M, Schneider Thoma J, et al. Antipsychotic drugs for elderly patients with schizophrenia: a systematic review and meta-analysis. *Eur Neuropsychopharmacol* 2018a; 28: 1360–1370

Krause M, Zhu Y, Huhn M, et al. Antipsychotic drugs for patients with schizophrenia and predominant or prominent negative symptoms: a systematic review and meta-analysis. *Eur Arch Psychiatry* 2018b; 268: 625–639

Krebs TS, Johansen PØ. Lysergic acid diethylamide (LSD) for alcoholism: meta-analysis of randomized controlled trials. *J Psychopharmacol* 2012; 26: 994–1002

Kreinin A, Bawakny N, Ritsner MS. Adjunctive pregnenolone ameliorates the cognitive deficits in recent-onset schizophrenia: an 8-week, randomized, double-blind, placebo-controlled trial. *Clin Schizophr Relat Psychoses* 2017; 10: 201–210

Kremer I, Vass A, Gorlik I, et al. Placebo-controlled trial of lamotrigine added to conventional and atypical antipsychotics in schizophrenia. *Biol Psychiatry* 2004; 56: 441–446

Krivoy A, Balicer RD, Feldman B, et al. The impact of age and gender on adherence to antidepressants: a 4-year population-based cohort study. *Psychopharmacol (Berl)* 2015; 232: 3385–3390

Krivoy A, Onn R, Vilner Y, et al. Vitamin D supplementation in chronic schizophrenia patients treated with clozapine: a randomized, double-blind, placebo-controlled trial. *EBioMedicine* 2017; 26: 138–145

Krymchantowski AV, Jevoux C, Moreira PF. An open pilot study assessing the benefits of quetiapine for the prevention of migraine refractory to the combination of atenolol, nortriptyline, and flunarizine. *Pain Med* 2010; 11: 48–52

Krystal JH, Rosenheck RA, Cramer JA, et al. Adjunctive risperidone treatment for antidepressant-resistant symptoms of chronic military service-related PTSD: a randomized trial. *J Am Med Assoc* 2011; 306: 493–502

Kulkarni J, Gavrilidis E, Gwini S, et al. Effect of adjunctive raloxifene therapy on severity of refractory schizophrenia in women. A randomized clinical trial. *JAMA Psychiatry* 2016; 73: 947–954

Kulkarni J, Thomas N, Hudaib AB, et al. Effect of the glutamate NMDA receptor antagonist memantine as adjunctive treatment in borderline personality disorder: an exploratory, randomised, double-blind, placebo-controlled trial. *CNS Drugs* 2018; 32: 179–187

Kupfer DJ, Frank E, Perel JM, et al. Five-year outcome for maintenance therapies in recurrent depression. *Arch Gen Psychiatry* 1992; 49: 769–773

Kuruvilla K, Shaji KS. How reliable is 24 hour serum lithium level after a test dose of lithium in predicting optimal lithium dose? *Indian J Psychiatry* 1989; 31: 70–72

Kushner SF, Khan A, Lane R, et al. Topiramate monotherapy in the management of acute mania: results of four double-blind placebo-controlled trials. *Bipolar Disord* 2006; 8: 15–27

Laib AK, Brünen S, Pfeifer P, et al. Serum concentrations of hydroxybupropion for dose optimization of depressed patients with bupropion. *Ther Drug Monit* 2014; 36: 473–479

Laird KT, Lavretsky H, St Cyr N, et al. Resilience predicts remission in antidepressant treatment of geriatric depression. *Int J Geriatr Psychiatry* 2018; 33: 1596–1603

Lakhan SE, Vieira KF. Nutritional and herbal supplements for anxiety and anxiety-related disorders: systematic review. *Nutr J* 2010; 9: 42.

Lal R, Sukbuntherng J, Luo W, et al. Pharmacokinetics and tolerability of single escalating doses of gabapentin enacarbil: a randomized-sequence, double-blind, placebo-controlled crossover study in healthy volunteers. *Clin Ther* 2009; 31: 1776–1786

Lane HY, Chang YC, Liu YC, et al. Sarcosine or D-serine add-on treatment for acute exacerbation of schizophrenia: a randomized, double-blind, placebo-controlled study. *Arch Gen Psychiatry* 2005; 62: 1196–1204

Lane HY, Huang CL, Wu PL, et al. Glycine transporter I inhibitor, N-methylglycine (sarcosine), added to clozapine for the treatment of schizophrenia. *Biol Psychiatry* 2006; 60: 645–649

Lane HY, Lin CH, Green MF, et al. Add-on treatment of benzoate for schizophrenia: a randomized, double-blind, placebo-controlled trial of D-amino acid oxidase inhibitor. *JAMA Psychiatry* 2013; 70: 1267–1275

LaPorta LA. Relief from migraine headache with aripiprazole treatment. *Headache* 2007; 47: 922–926

Laporte S, Chapelle C, Caillet P, et al. Bleeding risk under selective serotonin reuptake inhibitor (SSRI) antidepressants: a meta-analysis of observational studies. *Pharmacol Res* 2017; 118: 19–32

Larsen JR, Vedtofte L, Jacobsen MSL, et al. Effect of liraglutide treatment on prediabetes and overweight or obesity in clozapine-or olanzapine-treated patients with schizophrenia spectrum disorder: a randomized clinical trial. *JAMA Psychiatry* 2017; 74: 719–728

Larsson H, Rydén E, Boman M, et al. Risk of bipolar disorder and schizophrenia in relatives of people with attention-deficit hyperactivity disorder. *Br J Psychiatry* 2013; 203: 103–106

Lasser RA, Dirks B, Nasrallah H, et al. Adjunctive lisdexamfetamine dimesylate therapy in adult outpatients with predominant negative symptoms of schizophrenia: open-label and randomized-withdrawal phases. *Neuropsychopharmacology* 2013; 38:2140–2149

Lavretsky H, Park S, Siddarth P, et al. Methylphenidate-enhanced antidepressant response to citalopram in the elderly: a double-blind, placebo-controlled pilot trial. *Am J Geriatr Psychiatry* 2006; 14: 181–185

Lavretsky H, Reinlieb M, St Cyr N, et al. Citalopram, methylphenidate, or their combination in geriatric depression: a randomized, double-blind, placebo-controlled trial. *Am J Psychiatry* 2015; 172: 561–569

Lawn W, Freeman TP, Pope RA, et al. Acute and chronic effects of cannabinoids on effort-related decision-making and reward learning: an evaluation of the cannabis "amotivational'" hypotheses. *Psychopharmacol (Berl)* 2016; 233: 3537–3552

Lazarus LW, Moberg PJ, Langsley PR, et al. Methylphenidate and nortriptyline in the treatment of poststroke depression: a retrospective comparison. *Arch Phys Med Rehabil* 1994; 75: 403–406

Lazarus LW, Winemiller DR, Lingam VR, et al. Efficacy and side effects of methylphenidate for poststroke depression. *J Clin Psychiatry* 1992; 53: 447–449

Leach MJ, Page AT. Herbal medicine for insomnia: a systematic review and meta-analysis. *Sleep Med Rev* 2015; 24: 1–12

Lecrubier Y, Judge R. Long-term evaluation of paroxetine, clomipramine and placebo in panic disorder. Collaborative Paroxetine Panic Study Investigators. *Acta Psychiatr Scand* 1997; 95: 153–160

Lee DJ, Schnitzlein CW, Wolf JP, et al. Psychotherapy versus pharmacotherapy for posttraumatic stress disorder: systematic review and meta-analyses to determine first-line treatments. *Depress Anxiety* 2016; 33: 792–806

Lee EE, Della Selva MP, Liu A, et al. Ketamine as a novel treatment for major depressive disorder and bipolar depression: a systematic review and quantitative meta-analysis. *Gen Hosp Psychiatry* 2015; 37: 178–184

Lee SY, Wang TY, Chen SL, et al. Add-on memantine treatment for bipolar II disorder comorbid with alcohol dependence: a 12-week follow-up study. *Alcohol Clin Exp Res* 2018; 42: 1044–1050

Lehman AF, Lieberman JA, Dixon LB, et al. Practice guideline for the treatment of patients with schizophrenia, second edition. *Am J Psychiatry* 2014; 161 (2 Suppl): 1–56

Leiberich P, Nickel MK, Tritt K, et al. Lamotrigine treatment of aggression in female borderline patients, part II: an 18-month follow-up. *J Psychopharmacol* 2008; 22: 805–808

Leibowitz M, Klein DF. Interrelationship of hysteroid dysphoria and borderline personality disorder. *Psych Clin N Amer* 1981; 4: 67–87

Lejoyeux M, Weinstein A. Compulsive buying. *Am J Drug Alcohol Abuse* 2010; 36: 248–253

Lenhard, W, Lenhard A. Calculation of Effect Sizes. *Psychometrica* 2016; DOI: 10.13140/RG.2.2.17823.92329. www.psychometrica.de/effect_size.html (accessed August 2020)

Lenze EJ, Mulsant BH, Blumberger DM, et al. Efficacy, safety, and tolerability of augmentation pharmacotherapy with aripiprazole for treatment-resistant depression in late life: a randomised, double-blind, placebo-controlled trial. *Lancet* 2015;386: 2404–2412

Leonard HL, Lenane MC, Swedo SE, et al. A double-blind comparison of clomipramine and desipramine treatment of severe onychophagia (nail biting). *Arch Gen Psychiatry* 1991; 48: 821–827

Lépine J-P, Caillard V, Bisserbe J-C, et al. A randomized, placebo-controlled trial of sertraline for prophylactic treatment of highly recurrent major depression. *Am J Psychiatry* 2004; 161: 836–842

Lepkifiker E, Sverdlik A, Iancu I, et al. Renal insufficiency in long-term lithium treatment. *J Clin Psychiatry* 2004; 65:850–856

Lepola U, Bergtholdt B, St Lambert J, et al. Controlled-release paroxetine in the treatment of patients with social anxiety disorder. *J Clin Psychiatry* 2004; 65: 222–229

Lepola U, Heftling N, Zhang D, et al. Adjunctive brexpiprazole for elderly patients with major depressive disorder: an open-label, long-term safety and tolerability study. *Int J Geriatr Psychiatry* 2018; 33: 1403–1410

Lerer B, Segman RH, Fangerau H, et al. Pharmacogenetics of tardive dyskinesia: combined analysis of 780 patients supports association with dopamine D3 receptor gene Ser-9Gly polymorphism. *Neuropsychopharmacology* 2002; 27: 105–119

Lerner V, Miodownik C, Kaptsan A, et al. Vitamin B6 in the treatment of tardive dyskinesia: a double-blind, placebo-controlled, crossover study. *Am J Psychiatry* 2001; 158: 1511–1514

Bibliografia

Lerner V, Miodownik C, Kaptsan A, et al. Vitamin B6 as add-on treatment in chronic schizophrenic and schizoaffective patients: a double-blind, placebo-controlled study. *J Clin Psychiatry* 2002; 63: 54–58

Leucht S, Arbter D, Engel RR, et al. How effective are second generation antipsychotic drugs? A meta-analysis of placebo controlled trials. *Mol Psychiatry* 2009; 4: 429–447

Leucht S, Busch R, Kissling W, et al. Early prediction of antipsychotic nonresponse among patients with schizophrenia. *J Clin Psychiatry* 2007; 68: 352–360

Leucht S, Chaimani A, Leucht C, et al. 60 years of placebo-controlled antipsychotic drug trials in acute schizophrenia: meta-regression of predictors of placebo response. *Schizophr Res* 2018; 201: 315–323

Leucht S, Cipriani A, Spinelli L, et al. Comparative efficacy and tolerability of 15 antipsychotic drugs in schizophrenia: a multiple-treatments meta-analysis. *Lancet* 2013a; 382: 951–962

Leucht S, Crippa A, Siafis S, et al. Dose-response meta-analysis of antipsychotic drugs for acute schizophrenia. *Am J Psychiatry* 2020; 177: 342–353

Leucht S, Helfer B, Dold M, et al. Lithium for schizophrenia. *Cochrane Database Syst Rev* 2015; (10): CD003834

Leucht S, Helfer B, Dold M, Kissling W, McGrath J. Carbamazepine for schizophrenia. *Cochrane Database Syst Rev* 2014; (5): CD001258

Leucht S, Heres S, Davis JM. Increasing placebo response rates in antipsychotic drug trials: let's stop the vicious cycle. *Am J Psychiatry* 2013b; 170: 1232–1234

Leucht S, Leucht C, Huhn M, et al. Sixty years of placebo-controlled antipsychotic drug trials in acute schizophrenia: systematic review, Bayesian meta-analysis, and meta-regression of efficacy predictors. *Am J Psychiatry* 2017; 174: 927–942

Leucht S, Samara M, Heres S, et al. Dose equivalents for second-generation antipsychotics: the minimum effective dose method. *Schizophr Bull* 2014; 40: 314–326

Leucht S, Samara M, Heres S, et al. Dose equivalents for second-generation antipsychotic drugs: the classical mean dose method. *Schizophr Bull* 2015; 41: 1367–1402

Leucht S, Tardy M, Komossa K, et al. Maintenance treatment with antipsychotic drugs for schizophrenia. *Cochrane Database Syst Rev* 2012; (5): CD008016

Leuchter AF, McCracken JT, Hunter AM, et al. Monoamine oxidase A and catechol-o-methyltransferase functional polymorphisms and the placebo response in major depressive disorder. *J Clin Psychopharmacol* 2009; 29: 372–377

Levin FR, Evans SM, Kleber HD. Prevalence of adult attention-deficit hyperactivity disorder among cocaine abusers seeking treatment. *Drug Alcohol Depend* 1998; 52: 15–25

Levin FR, Mariani JJ, Brooks DJ, et al. Dronabinol for the treatment of cannabis dependence: a randomized, double-blind, placebo-controlled trial. *Drug Alcohol Depend* 2011; 116: 142–150

Levin FR, Mariani J, Brooks DJ, et al. A randomized double-blind, placebo-controlled trial of venlafaxine-extended release for co-occurring cannabis dependence and depressive disorders. *Addiction* 2013; 108: 1084–1094

Levine S, Saltzman A. Pyridoxin (vitamin B6) neurotoxicity: enhancement by protein-deficient diet. *J Appl Toxicol* 2004; 24:497–500

Li N, Wu X, Li L. Chronic administration of clozapine alleviates reversal-learning impairment in isolation-reared rats. *Behav Pharmacol* 2007; 18: 135–145

Li X, Moore S, Olson C. Urine drug tests: how to make the most of them. *Curr Psychiatry* 2019; 18: 11–20

Li R, Wu R, Chen J, et al. A randomized, placebo-controlled pilot study of quetiapine-XR monotherapy or adjunctive therapy to antidepressant in acute major depressive disorder with current generalized anxiety disorder. *Psychopharmacol Bull* 2016; 46:8–23

Li X, Zhu L, Su Y, et al. Short-term efficacy and tolerability of venlafaxine extended release in adults with generalized anxiety disorder without depression: a meta-analysis. *PLoS One* 2017; 12: e0185865

Li X, Zhu L, Zhou C, et al. Efficacy and tolerability of short-term duloxetine treatment in adults with generalized anxiety disorder: a meta-analysis. *PLoS One* 2018; 13: e0194501

Lieberman JA, Davis RE, Correll CU, et al. ITI-007 for the treatment of schizophrenia: a 4-week randomized, double-blind, controlled trial. *Biol Psychiatry* 2016; 79: 952–961

Lieberman JA, Stroup JS, McEvoy JP, et al. Effectiveness of antipsychotic drugs in patients with chronic schizophrenia. *N Engl J Med* 2005; 353: 1209–1223

Lieberman JA, Tollefson G, Tohen M, et al. Comparative efficacy and safety of atypical and conventional antipsychotic drugs in first-episode psychosis: a randomized, double-blind trial of olanzapine versus haloperidol. *Am J Psychiatry* 2003; 160: 1396–1404

Liebowtizt MR. Social Phobia. *Mod Probl Pharmacopsychiatry* 1987; 22: 141–173

Liebowitz MR, Gelenberg AJ, Munjack D. Venlafaxine extended release vs placebo and paroxetine in social anxiety disorder. *Am J Psychiatry* 2005; 62: 190–198

Liebowitz MR, Careri J, Blatt K, et al. Vortioxetine versus placebo in major depressive disorder comorbid with social anxiety disorder. *Depress Anxiety* 2017; 34: 1164–1172

Liebowitz MR, Schneier FR, Campeas R, et al. Phenelzine vs. atenolol in social phobia: a controlled comparison. *Arch Gen Psychiatry* 1992; 49: 290–300

Lim SW, Ko EM, Shin DW, et al. Clinical symptoms associated with suicidality in patients with panic disorder. *Compr Psychiatry* 2015; 48: 137–144

Lin CH, Lin CH, Chang YC, et al. Sodium benzoate, a D-amino acid oxidase inhibitor, added to clozapine for the treatment of schizophrenia: a randomized, double-blind, placebo-controlled trial. *Biol Psychiatry* 2018; 84: 422–432

Lin CY, Liang SY, Chang YC, et al. Adjunctive sarcosine plus benzoate improved cognitive function in chronic schizophrenia patients with constant clinical symptoms: a randomised, double-blind, placebo-controlled trial. *World J Biol Psychiatry* 2017; 18:357–386

Linde M, Muelleners WM, Chronicle EP, et al. Antiepileptics other than gabapentin, pregabalin, topiramate, and valproate for the prophylaxis of episodic migraine in adults. *Cochrane Database Syst Rev* 2013; (6): CD010608

Lindenmayer J-P, Nasrallah H, Pucci M, et al. A systematic review of psychostimulant treatment of negative symptoms of schizophrenia: challenges and therapeutic opportunities. *Schizophr Res* 2013; 137: 241–252

Lindley SE, Carlson EB, Hill K. A randomized, double-blind, placebo-controlled trial of augmentation topiramate for chronic combat-related posttraumatic stress disorder. *J Clin Psychopharmacol* 2007; 27: 677–681

Linehan MM, McDavid JD, Brown MZ, et al. Olanzapine plus dialectical behavior therapy for women with high irritability who meet criteria for borderline personality disorder: a double-blind, placebo-controlled pilot study. *J Clin Psychiatry* 2008; 69:999–1005

Ling J, Kritikos M, Tiplady B. Cognitive effects of creatine ethyl ester supplementation. *Behav Pharmacol* 2009; 20: 673–679

Links P, Steiner M, Boiago I, et al. Lithium therapy for borderline patients: preliminary findings. *J Pers Disord* 1990; 4:173–181

Lipkovich I, Mallinckrodt CH, Faries DE. The challenges of evaluating dose response in flexible-dose trials using marginal structural models. *Pharm Stat* 2012; 11: 485–493

Lipper S, Davidson JR, Grady TA, et al. Preliminary study of carbamazepine in post-traumatic stress disorder. *Psychosomatics* 1986; 27: 849–854

Litt MD, Babor TK, DelBoca FK, et al. Types of alcoholics, II: application of an empirically derived typology to treatment matching. *Arch Gen Psychiatry* 1992; 49: 609–614

Litten RZ, Castle IJ, Falk D, et al. The placebo effect in clinical trials for alcohol dependence: an exploratory analysis of 51 naltrexone and acamprosate studies. *Alcohol Clin Exp Res* 2013; 37: 2128–2137

Liu J, Wan GB, Huang MS, et al. Probiotic therapy for treating behavioral and gastrointestinal symptoms in autism spectrum disorder: a systematic review of clinical trials. *Curr Med Sci* 2019a; 39: 173–184

Liu RT, Walsh RFL, Sheehan A. Prebiotics and probiotics for depression and anxiety: a systematic review and meta-analysis of controlled clinical trials. *Neurosci Biobehav Rev* 2019b; 102: 13–23

Liu XH, Xiw XH, Wang KY, et al. Efficacy and acceptability of atypical antipsychotics for the treatment of post-traumatic stress disorder: a meta-analysis of randomized, double-blind, placebo-controlled clinical trials. *Psychiatr Res* 2014; 219: 543–549

Liu Y, Zhou X, Zhu D, et al. Is pindolol augmentation effective in depressed patients resistant to selective serotonin reuptake inhibitors? A systematic review and meta-analysis. *Hum Psychopharmacol* 2015; 30: 132–142

Lloret-Linares C, Bellivier F, Heron K, et al. Treating mood disorders in patients with a history of intestinal surgery: a systematic review. *Int Clin Psychopharmacol* 2015; 30: 119–128

Lo M-T, Hinds DA, Tung JY, et al. Genome-wide analyses for personality traits identify six genomic loci and show correlations with psychiatric disorders. *Nat Genet* 2017; 49: 152–156

Locher C, Koechlin H, Zion SR, et al. Efficacy and safety of selective serotonin reuptake inhibitors, serotonin-norepinephrine reuptake inhibitors, and placebo for common psychiatric disorders among children and adolescents: a systematic review and meta-analysis. *JAMA Psychiatry* 2017; 74: 1011–1020

Locher C, Kossowsky J, Gaab J, et al. Moderation of antidepressant and placebo outcomes by baseline severity in late-life depression: a systematic review and meta-analysis. *J Affect Disord* 2015; 181: 50–60

Loebel A, Cucchiaro J, Sarma K, et al. Efficacy and safety of lurasidone 80 mg/day and 160 mg/day in the treatment of schizophrenia: a randomized, double-blind, placebo-and active-controlled trial. *Schizophr Res* 2013; 145: 101–109

Loebel A, Cucchiaro J, Silva R, et al. Lurasidone monotherapy in the treatment of bipolar I depression: a randomized, double-blind, placebo-controlled study. *Am J Psychiatry* 2014a; 171: 160–168

Loebel A, Cucchiaro J, Silva R, et al. Lurasidone as adjunctive therapy with lithium or valproate for the treatment of bipolar I depression: a randomized, double-blind,

placebo-controlled study. *Am J Psychiatry* 2014b; 171: 169–177

Loebel A, Cucchiaro I, Silva R, et al. Efficacy of lurasidone across five symptom dimensions of schizophrenia: pooled analysis of short-term, placebo-controlled studies. *Eur Psychiatry* 2015; 30: 26–31

Loebel A, Silva R, Goldman R, et al. Lurasidone dose escalation in early nonresponding patients with schizophrenia: a randomized, placebo-controlled study. *J Clin Psychiatry* 2016; 77: 1672–1680

Loew TH, Nickel MK, Muehlbacher M, et al. Topiramate treatment for women with borderline personality disorder: a double-blind, placebo-controlled study. *J Clin Psychopharmacol* 2006; 26: 61–66

Lohoff FW, Etemad B, Mandos LA, et al. Ziprasidone treatment of refractory generalized anxiety disorder: a placebo-controlled, double-blind study. *J Clin Psychopharmacol* 2010; 30: 185–189

Lombardo I, Sachs G, Kolluri S, et al. Two 6-week, randomized, double-blind, placebo-controlled studies of ziprasidone in outpatients with bipolar I depression: did baseline characteristics impact trial outcome? *J Clin Psychopharmacol* 2012; 32:470–478

Loonen AJM, Stahl SM. The mechanism of drug-induced akathisia. *CNS Spectrums* 2011; 16: 7–10

Lopez LV, Kane JM. Plasma levels of second-generation antipsychotics and clinical response in acute psychosis: a review of the literature. *Schizophr Res* 2013; 147: 368–374

Lopez LM, Kaptein AA, Helmerhorst FM. Oral contraceptives containing drospirenone for premenstrual syndrome. *Cochrane Database Syst Rev*. 2012; (2): CD006586

Lu ML, Lane HY, Chen KP, et al. Fluvoxamine reduces the clozapine dosage needed in refractory schizophrenic patients. *J Clin Psychiatry* 2000; 61: 594–599

Lu ML, Lane HY, Lin SK, et al. Adjunctive fluvoxamine inhibits clozapine-related weight gain and metabolic disturbance. *J Clin Psychiatry* 2004; 65: 766–771

Lynch JH, Mulvaney SW, Kim EH, et al. Effect of stellate ganglion block on specific symptom clusters for treatment of post-traumatic stress disorder. *Mil Med* 2016; 181: 1135–1141

Lyoo IK, Soon S, Kim TS, et al. A randomized, double-blind placebo controlled trial of oral creatine monohydrate augmentation for enhanced response to a selective serotonin reuptake inhibitor in women with major depressive disorder. *Am J Psychiatry* 2012; 169: 937–945

Macaluso M, Preskorn SH. Knowledge of the pharmacology of antidepressants and antipsychotics yields results comparable with pharmacogenetic testing. *J Psychiatr Pract* 2018; 24: 416–419

Mace S, Taylor D. Aripiprazole: dose-response relationship in schizophrenia and schizoaffective disorder. *CNS Drugs* 2009; 23:773–780

MacKinnon DF, Zandi PP, Cooper J, et al. Comorbid bipolar disorder and panic disorder in families with a high prevalence of bipolar disorder. *Am J Psychiatry* 2002; 159: 30–35

MacQueen GM, Young LT, Marriott M, et al. Previous mood state predicts response and switch rates in patients with bipolar depression. *Acta Psychiatr Scand* 2002; 105: 414–418

Maddux RE, Riso LP, Klein DN, et al. Select comorbid personality disorders and the treatment of chronic depression with nefazodone, targeted psychotherapy, or their combination. *J Affect Disord* 2009; 117: 174–179

Mahabir M, Ashbaugh AR, Saumier D, et al. Propranolol's impact on cognitive performance in post-traumatic stress disorder. *J Affect Disord* 2016; 192: 98–103

Mahmoud RA, Pandina GJ, Turkoz I, et al. Risperidone for treatment-refractory major depressive disorder: a randomized trial. *Ann Intern Med* 2007; 147: 593–602

Maisel NC, Blodgett JC, Wilbourne PL, et al. Meta-analysis of naltrexone and acamprosate for treating alcohol use disorders: when are these medications most helpful? *Addiction* 2013; 108: 275–293

Malhotra AK, Pinals DA, Adler CM, et al. Ketamine-induced exacerbation of psychotic symptoms and cognitive impairment in neuroleptic-free schizophrenics. *Neuropsychopharmacology* 1997; 17: 141–150

Maller JJ, Broadhouse K, Rush AJ, et al. Increased hippocampal tail volume predicts depression status and remission to anti-depressant medications in major depression. *Mol Psychiatry* 2018; 23: 1737–1744

Mallikaarjun S, Kane JM, Brincmont P, et al. Pharmacokinetics, tolerability and safety of aripiprazole once monthly in adult schizophrenia: an open-label, parallel-arm, multiple-dose study. *Schizophr Res* 2013; 150: 281–288

Mallinckrodt CH, Zhang L, Prucka WR, et al. Signal detection and placebo response in schizophrenia: parallels with depression. *Psychopharmacol Bull* 2010; 43: 53–72

Malone RP, Delaney MA, Luebbert F, et al. Double-blind placebo-controlled study of lithium in hospitalized aggressive children and adolescents with conduct disorder. *Arch Gen Psychiatry* 2000; 57: 649–654

Mammen G, Rueda S, Roerecke M, et al. Association of cannabis with long-term clinical symptoms in anxiety and mood disorders: a systematic review of prospective studies. *J Clin Psychiatry* 2018; 79: 17r11839

Mancino MJ, McGaugh J, Chopra MP, et al. Clinical efficacy of sertraline alone and augmented with gabapentin in recently abstinent cocaine-dependent patients with depressive symptoms. *J Clin Psychopharmacol* 2014; 34: 234–239

Maneeton N, Maneeton B, Woottiluk P, et al. Quetiapine monotherapy in acute treatment of generalized anxiety disorder: a systematic review and meta-analysis of randomized controlled trials. *Drug Des Devel Ther* 2016; 10: 259–276

Mann JJ, Aarons SF, Wilner PJ, et al. A controlled study of the antidepressant efficacy and side effects of (-)-deprenyl. A selective monoamine oxidase inhibitor. *Arch Gen Psychiatry* 1989; 46: 45–50

Mannucci C, Calapai F, Cardia L, et al. Clinical pharmacology of *Citrus aurantium* and *Citrus sinensis* for the treatment of anxiety. *Evid Based Complement Alternat Med* 2018; 2018: 3624094

Mannuzza S, Klein RG, Truong NL, et al. Age of methylphenidate treatment initiation in children with ADHD and later substance abuse: prospective follow-up into adulthood. *Am J Psychiatry* 2008; 165: 604–609

Manos GH. Possible serotonin syndrome associated with buspirone added to fluoxetine. *Ann Pharmacother* 2000; 34: 871–874

Manteghi AA, Hebrani P, Mortezania M, et al. Baclofen add-on to citalopram in treatment of posttraumatic stress disorder. *J Clin Psychopharmacol* 2014; 34: 240–243

Manu P, Lapitskaya Y, Shaikh A, et al. Clozapine rechallenge after major adverse effects: clinical guidelines based on 259 cases. *Am J Ther* 2018; 25: e218–e223

Manwani SG, Pardo TB, Albanese MJ, et al. Substance use disorder and other predictors of antidepressant-induced mania: a retrospective chart review. *J Clin Psychiatry* 2006; 67: 1341–1345

Mao JJ, Xie SX, Keefe JR, et al. Long-term chamomile (*Matricaria chamomilla* L.) treatment for generalized anxiety disorder: a randomized clinical trial. *J Clin Phytomedicine* 2016; 23: 1735–1742

Marazziti D, Baroni S, Faravelli L, et al. Plasma clomipramine levels in adult patients with obsessive-compulsive disorder. *Int Clin Psychopharmacol* 2012a; 27: 55–60

Marazziti D, Baroni S, Giannaccini G, et al. Plasma fluvoxamine levels and OCD symptoms/response in adult patients. *Hum Psychopharmacol* 2012b; 27: 397–402

Marcus R, Khan A, Rollin L, et al. Efficacy of aripiprazole adjunctive to lithium or valproate in long-term treatment of patients with bipolar I disorder with an inadequate response to lithium or valproate monotherapy: a multicenter, double-blind, randomized study. *Bipolar Disord* 2011; 13: 133–144

Marcus RN, McQuade RD, Carso WH, et al. The efficacy and safety of aripiprazole as adjunctive therapy in major depressive disorder: a second multicenter, randomized, double-blind, placebo-controlled study. *J Clin Psychopharmacol* 2008; 28: 156–165

Marcus SC, Zummo J, Pettit AR, et al. Antipsychotic adherence and rehospitalization in schizophrenia patients receiving oral versus long-acting injectable antipsychotics following hospital discharge. *J Manag Care Spec Pharm* 2015; 21: 754–768

Marder SR, Davis JM, Chouinard G. The effects of risperidone on the five dimensions of schizophrenia derived by factor analysis: combined results of the North American trials. *J Clin Psychiatry* 1997; 58: 538–546

Marder SR, Kramer M, Ford L, et al. Efficacy and safety of paliperidone extended-release tablets: results of a 6-week, randomized, placebo-controlled study. *Biol Psychiatry* 2007; 62: 1363–1370

Margolin A, Kosten TR, Avants SK, et al. A multicenter trial of bupropion for cocaine dependence in methadone-maintained patients. *Drug Alcohol Depend* 1995; 40: 125–131

Markovitz PJ. Pharmacotherapy of impulsivity, aggression and related disorders. In: Hollander E, Stein D (Eds) *Impulsivity and Aggression*. New York: John Wiley and Sons; 1995, 263–287

Markowitz PJ. Effect of fluoxetine on self-injurious behavior in the developmentally disabled: a preliminary study. *J Clin Psychopharmacol* 1992; 12: 27–31

Markowitz JC, Petkova E, Biyanova T, et al. Exploring personality diagnosis stability following acute psychotherapy for chronic posttraumatic stress disorder. *Depress Anxiety* 2015; 32: 919–926

Markovitz PJ, Calabrese JR, Schulz SC, et al. Fluoxetine in the treatment of borderline and schizotypal personality disorders. *Am J Psychiatry* 1991; 148: 1064–1067

Marks IM, Mathews AM. Brief standard self-rating for phobic patients. *Behav Res Ther* 1979; 17: 263–267

Marriott S, Tyrer P. Benzodiazepine dependence. *Drug Safety* 2012; 9: 93–103

Marshall M, Lewis S, Lockwood A, et al. Association between duration of untreated psychosis and outcome in cohorts of first-episode patients: a systematic review. *Arch Gen Psychiatry* 2005; 62: 975–983

Marshall RD, Lewis-Fernandez R, Blanco C, et al. A controlled trial of paroxetine for chronic PTSD, dissociation, and interpersonal problems in mostly minority adults. *Depress Anxiety* 2007; 24: 77–84

Martinon-Torres G, Fioravanti M, Grimley EJ. Trazodone for agitation in dementia. *Cochrane Database Syst Rev* 2004; (4): CD004990

Marx CE, Bradford DW, Hamer RM, et al. Pregnenolone as a novel therapeutic candidate in schizophrenia: emerging preclinical and clinical evidence. *Neuroscience* 2011; 191: 78–90

Masand P, Murry GB, Pickett P. Psychostimulants in post-stroke depression. *J Neuropsychiatr Clin Neurosci* 1991; 3: 23–27

Masdrakis VG, Papadimitriou GN, Olis P. Lamotrigine administration in panic disorder with agoraphobia. *Clin Neuropharmacol* 2010; 33: 126–128

Masi G, Milone A, Manfredi A, et al. Effectiveness of lithium in children and adolescents with conduct disorder: a retrospective naturalistic study. *CNS Drugs* 2009; 23: 59–69

Maslow AH. A theory of human motivation. *Psychol Rev* 1943; 50: 370–396

Mason M, Cates CJ, Smith I. Effects of opioid, hypnotic and sedating medications on sleep-disordered breathing in adults with obstructive sleep apnoea. *Cochrane Database Syst Rev* 2015; (7): CD011090

Mason BJ, Kocsis JH, Ritvo EC, et al. A double-blind, placebo-controlled trial of desipramine for primary alcohol dependence stratified on the presence or absence of major depression. *J Am Med Assoc* 1996; 275: 761–767

Mason BJ, Quello S, Goodell V, et al. Gabapentin treatment for alcohol dependence: a randomized clinical trial. *JAMA Intern Med* 2014; 174: 70–77

Mathew SJ, Murrough JW, aan het Rot M, et al. Riluzole for relapse prevention following intravenous ketamine in treatment-resistant depression: a pilot randomized, place-bo-controlled continuation trial. *Int J Neuropsychopharmacol* 2010; 13:71–82

Matsuda KT, Cho MC, Lin KM, et al. Clozapine dosage, serum levels, efficacy, and side-effect profiles: a comparison of Korean-American and Caucasian patients. *Psychopharmacol Bull* 1996; 32: 253–257

Matsunaga S, Kishi T, Iwata N. Memantine monotherapy for Alzheimer's disease: a systematic review and meta-analysis. *PLoS One* 2015; 10: e0123289

Mattei C, Rapagnani MP, Stahl SM. Ziprasidone hydrochloride: what role in the management of schizophrenia? *J Cent Nerv Syst Dis* 2011; 3: 1–16

Matthews JD, Siefert CJ, Blais MA, et al. A double-blind, placebo-controlled study of the impact of galantamine on anterograde memory impairment during electroconvulsive therapy. *J ECT* 2013; 29: 170–178

Maust DT, Lin LA, Blow FC. Benzodiazepine use and misuse among adults in the United States. *Psych Serv* 2019; 70: 98–106

Mavissakalian MR, Perel JM. Imipramine treatment of panic disorder with agoraphobia: dose ranging and plasma level-response relationships. *Am J Psychiatry* 1995; 152: 673–682

Mavissakalian MR, Perel JM. Duration of imipramine therapy and relapse in panic disorder with agoraphobia. *J Clin Psychopharmacol* 2002; 22: 294–299

Mavissakalian M, Perel J, Bowler K, et al. Trazodone in the treatment of panic disorder and agoraphobia with panic attacks. *Am J Psychiatry* 1987; 144: 785–787

Mayberg HS, Silva JA, Brannan SK, et al. The functional neuroanatomy of the placebo effect. *Am J Psychiatry* 2002; 159:728–737

Mayo-Smith MF. Pharmacological management of alcohol withdrawal: a meta-analysis and evidence-based practice guideline. American Society of Addiction Medicine Working Group on Pharmacological Management of Alcohol Withdrawal. *J Am Med Assoc* 1997; 278: 144–151

Mayoral-van Son J, de la Foz VO, Martinez-Garcia O, et al. Clinical outcome after antipsychotic treatment discontinuation in functionally recovered first-episode nonaffective psychosis individuals: a 3-year naturalistic follow-up study. *J Clin Psychiatry* 2016; 77: 492–500

Mazure CM, Nelson JC, Jatlow PI, et al. The relationship between blood perphenazine levels, early resolution of psychotic symptoms, and side effects. *J Clin Psychiatry* 1990; 51: 330–334

McClure MM, Barch DM, Romero MJ, et al. The effects of guanfacine on context processing abnormalities in schizotypal personality disorder. *Biol Psychiatry* 2007; 61: 1157–1160

McClure MM, Graff F, Triebwasser J, et al. Guanfacine augmentation of a combined intervention of computerized cognitive remediation therapy and social skills training for schizotypal personality disorder. *Am J Psychiatry* 2019; 176: 307–314

McClure MM, Koenigsberg HW, Reynolds D, et al. The effects of risperidone on the cognitive performance of individuals with schizotypal personality disorder. *J Clin Psychopharmacol* 2009; 29: 396–398

McDermott CL, Gray SL. Cholinesterase inhibitor adjunctive therapy for cognitive impairment and depressive symptoms in older adults with depression. *Ann Pharmacother* 2012; 46: 599–605

McDougle CJ, Naylor ST, Cohen DJ, et al. A double-blind, placebo-controlled study of fluvoxamine in adults with autistic disorder. *Arch Gen Psychiatry* 1996; 53: 1001–1008

McDowell D, Nunes EV, Seracini AM, et al. Desipramine treatment of cocaine-dependent patients with depression: a placebo-controlled trial. *Drug Alcohol Depend* 2005; 80: 209–221

McElroy SL, Altshuler LL, Suppes T, et al. Axis I psychiatric comorbidity and its relationship to historical illness variables in 288 patients with bipolar disorder. *Am J Psychiatry* 2001; 158: 420–426

McElroy SL, Bowden CL, Collins MA, et al. Relationship of open acute mania treatment to blinded maintenance outcome in bipolar I disorder. *J Affect Disord* 2008; 107: 127–133

McElroy SL, Martens BE, Creech RS, et al. Randomized, double-blind, placebo-controlled study of divalproex extended release loading monotherapy in ambulatory bipolar spectrum disorder patients with moderate-to-severe hypomania or mild mania. *J Clin Psychiatry* 2010a; 71: 557–565

McElroy SL, Martens BE, Mori N, et al. Adjunctive lisdexamfetamine in bipolar depression: a preliminary randomized, placebo-controlled trial. *Int Clin Psychopharmacol* 2015; 30: 6–13

McElroy SL, Weisler RH, Chang W, et al. A double-blind, placebo-controlled study of quetiapine and paroxetine as monotherapy in adults with bipolar depression (EMBOLDEN II). *J Clin Psychiatry* 2010b; 71: 163–174

McGirr A, Vöhringer PA, Ghaemi SN, et al. Safety and efficacy of adjunctive second-generation antidepressant therapy with a mood stabiliser or an atypical antipsychotic in acute bipolar depression: a systematic review and meta-analysis of randomised placebo-controlled trials. *Lancet Psychiatry* 2016; 3: 1138–1146

McGlashan TH, Zipursky RB, Perkins D, et al. Randomized, double-blind trial of olanzapine versus placebo in patients prodromally symptomatic for psychosis. *Am J Psychiatry* 2006; 163: 790–799

McGorry PD, Yung AR, Phillips LJ. Randomized controlled trial of interventions designed to reduce the risk of progression to first-episode psychosis in clinical sample with subthreshold symptoms. *Arch Gen Psychiatry* 2002; 59: 921–928

McGrath PJ, Nunes EV, Stewart JW, et al. Imipramine treatment of alcoholics with primary depression: a placebo-controlled clinical trial. *Arch Gen Psychiatry* 1996; 53: 232–240

McGrath PJ, Stewart JW, Fava M, et al. Tranylcypromine versus venlafaxine plus mirtazapine following three failed antidepressant medication trials for depression: a STAR*D report. *Am J Psychiatry* 2006a; 163: 1531–1541

McGrath PJ, Stewart JW, Quitkin FM, et al. Predictors of relapse in a prospective study of fluoxetine treatment for major depression. *Am J Psychiatry* 2006b; 163: 1542–1548

McGuire P, Robson P, Cubala WJ, et al. Cannabidiol (CBD) as an adjunctive therapy in schizophrenia: a multicenter randomized controlled trial. *Am J Psychiatry* 2018; 175: 225–231

McIntyre A, Gendron A, McIntyre A. Quetiapine adjunct to selective serotonin reuptake inhibitors or venlafaxine in patients with major depression, comorbid anxiety, and residual depressive symptoms: a randomized, placebo-controlled pilot study. *Depress Anxiety* 2007; 24: 487–494

McIntyre RS, Alsuwaidan M, Soczynska JK, et al. The effect of lisdexamfetamine dimesylate on body weight, metabolic parameters, and attention deficit hyperactivity disorder symptomatology in adults with bipolar I/II disorder. *Hum Psychopharmacol* 2013; 28: 421–427

McIntyre RS, Cucchiaro J, Pikalov A, et al. Lurasidone in the treatment of bipolar depression with mixed (subsyndromal hypomanic) features: post hoc analysis of a randomized placebo-controlled trial. *J Clin Psychiatry* 2015; 76: 398–405

McIntyre RS, Harrison J, Loft H, et al. The effects of vortioxetine on cognitive function in patients with major depressive disorder: a meta-analysis of three randomized controlled trials. *Int J Neuropsychopharmacol* 2016; 19: pyw055

McIntyre RS, Subramaniapillai M, Lee Y, et al. Efficacy of adjunctive infliximab vs placebo in the treatment of adults with bipolar I/II depression: a randomized clinical trial. *JAMA Psychiatry* 2019; 76: 783–790

McMahon FJ, Buervenich S, Charney D, et al. Variation in the gene encoding the serotonin 2A receptor is associated with outcome of antidepressant treatment. *Am J Hum Genet* 2006; 78: 804–814

McNeil MJ, Kamal AH, Kutner JS, et al. The burden of polypharmacy in patients near the end of life. *J Pain Symptom Manage* 2016; 51: 178–183

Mech AW, Farah A. Correlation of clinical response with homocysteine reduction during therapy with reduced B vitamins in patients with MDD who are positive for MTHFR C677T or A1298C polymorphism: a randomized, double-blind, placebo-controlled study. *J Clin Psychiatry* 2016; 77: 668–671

Mehyrpooya M, Yasrebifar F, Haghighi M, et al. Evaluating the effect of Coenzyme Q10 augmentation on treatment of bipolar depression: a double-blind controlled clinical trial. *J Clin Psychopharmacol* 2018; 38: 460–466

Meister R, Jansen A, Härter M, et al. Placebo and nocebo reactions in randomized trials of pharmacological treatments for persistent depressive disorder: a meta-regression analysis. *J Affect Disord* 2017; 215: 288–298

Mejer MH, Caspi A, Ambler A, et al. Persistent cannabis users show neuropsychological decline from childhood to midlife. *Proc Natl Acad Sci* 2012; 109: E2657–2664

Mellman TA, Bustamante V, David V, et al. Hypnotic medication in the aftermath of trauma. *J Clin Psychiatry* 2002; 63:1183–1184

Meltzer HY, Bobo WV, Roy A, et al. A randomized, double-blind comparison of clozapine and high-dose olanzapine in treatment-resistant patients with schizophrenia. *J Clin Psychiatry* 2008; 69: 274–285

Meltzer HY, Cucchiaro J, Silva R, et al. Lurasidone in the treatment of schizophrenia: a randomized, double-blind, placebo-and olanzapine-controlled study. *Am J Psychiatry* 2011; 168: 957–967

Meltzer HY, Matsubara S, Lee JC, et al. Classification of typical and atypical antipsychotic drugs on the basis of dopamine D1, D2 and serotonin 2 pKi values. *J Pharmacol Exper Ther* 1989; 251: 238–246

Mendels J, Krajewski TF, Huffer V, et al. Effective short-term treatment of generalized anxiety disorder with trifluoperazine. *J Clin Psychiatry* 1986; 47: 170–174

Menza MA, Dobkin RD, Marin H. An open-label trial of aripiprazole augmentation for treatment-resistant generalized anxiety disorder. *J Clin Psychopharmacol* 2007; 27: 207–210

Mercer D, Douglass AB, Links PS. Meta-analysis of mood stabilizers, antidepressants and antipsychotics in the treatment of borderline personality disorder: effectiveness for depression and anger symptoms. *J Pers Disord* 2009; 23: 156–174

Merikangas KR, Akiskal HS, Angst J, et al. Lifetime and 12-month prevalence of bipolar spectrum disorder in the National Comorbidity Survey replication. *Arch Gen Psychiatry* 2007; 64: 543–552

Meyer JM. A rational approach to employing high plasma levels of antipsychotics for violence associated with schizophrenia: case vignettes. *CNS Spectr* 2014; 19: 432–438

Meyer JM. Monitoring and improving antipsychotic adherence in outpatient forensic division programs. *CNS Spectr* 2019; 23:1–9

Meyer JM, Proctor G, Cummings MA, et al. Ciprofloxacin and clozapine: a potentially fatal but underappreciated interaction. *Case Rep Psychiatry* 2016; 2016: 5606098

Meyer TJ, Mill ML, Metzger RL, et al. Development and validation of the Penn State Worry Questionnaire. *Behav Res Ther* 1990; 28: 487–495

Michelson D, Bancroft J, Targum S, et al. Female sexual dysfunction associated with antidepressant administration: a randomized, placebo-controlled study of pharmacologic intervention. *Am J Psychiatry* 2000; 157: 239–243

Michelson D, Kociban K, Tamura R, et al. Mirtazapine, yohimbine or olanzapine augmentation therapy for serotonin reuptake-associated female sexual dysfunction: a randomized, placebo controlled trial. *J Psychiatr Pract* 2002; 36: 147–152

Miller S, McTeague LM, Gyurak A, et al. Cognition-childhood maltreatment interactions in the prediction of antidepressant outcomes in major depressive disorder patients:

results from the iSPOT-D trial. *Depress Anxiety* 2015; 32: 594–604

Miller WR, Leckman AL, Delany HD, et al. Long-term follow-up of behavioral self-control training. *J Stud Alcohol* 1992; 53:249–261

Millon T, Davis RO. *Disorders of Personality: DSM-IV and Beyond, 2nd edn.* Hoboken, New Jersey: John Wiley and Sons; 1996

Mini LJ, Wang-Weigand S, Zhang J. Self-reported efficacy and tolerability of ramelteon 8 mg in older adults experiencing severe sleep-onset difficulty. *Am J Geriatr Pharmacother* 2007; 5: 177–184

Minozzi S, Saulle R, Rösner S. Baclofen for alcohol use disorder. *Cochran Database Syst Rev* 2018; (11): CD012557

Minozzi S, Amato L, Vecchi S, et al. Oral naltrexone maintenance treatment for opioid dependence. *Cochrane Database Syst Rev* 2011; (4): CD001333

Mintz M, Hollenberg E. Revisiting lithium: utility for behavioral stabilization in adolescents and adults with autism spectrum disorder. *Psychopharmacol Bull* 2019; 49: 28–40

Miotto K, McCann M, Basch J, et al. Naltrexone and dysphoria: fact or myth? *Am J Addict* 2002; 11: 151–160

Mitchell AJ, Delaffon V, Vancampfort D, et al. Guideline concordant monitoring of metabolic risk in people treated with antipsychotic medication: systematic review and meta-analysis of screening practices. *Psychol Med* 2012; 42: 125–147

Mithoefer MC, Mithofer AT, Feduccia A, et al. 3,4-methylenedioxymethamphetamine (MDMA)-assisted psychotherapy for post-traumatic stress disorder in military veterans, firefighters, and police officers: a randomised, double-blind, dose-response, phase 2 clinical trial. *Lancet Psychiatry* 2018; 5: 486–497

Mitsikostas DD, Mantonakis L, Chalarakis L. Nocebo in clinical trials for depression: a meta-analysis. *Psychiatry Res* 2014;215: 82–86

Miura I, Zhang JP, Hagi K, et al. Variants in the DRD2 locus and antipsychotic-related prolactin levels: a meta-analysis. *Psychoneuroendocrinology* 2016; 72: 1–10

Miyaoka T, Furuya M, Yasuda H, et al. Yi-gan san for the treatment of borderline personality disorder: an open-label study. *Prog Neuropsychopharmacol Biol Psychiatry* 2008; 32: 150–154

Modaressi A, Chaibakhsh S, Koulaeinejad N, et al. A systematic review and meta-analysis: memantine augmentation in moderate to severe obsessive-compulsive disorder. *Psychiatry Res* 2019; 282: 112602

Mohamed S, Johnson GR, Chen P, et al. Effect of antidepressant switching vs augmentation on remission among patients with major depressive disorder unresponsive to antidepressant treatment: the VAST-D randomized clinical trial. *JAMA Psychiatry* 2017; 318: 132–145

Mohammadi MR, Kazemi MR, Zia E, et al. Amantadine versus methylphenidate in children and adolescents with attention deficit/hyperactivity disorder: a randomized, double-blind trial. *Hum Psychopharmacol* 2010; 25: 560–565

Mohammadzadeh S, Ahangari TK, Yousefi F, et al. The effect of memantine in adult patients with attention deficit hyperactivity disorder. *Hum Psychopharmacol* 2019; 34: e2687

Mohn C, Rund BR. Neurocognitive profile in major depressive disorders: relationship to symptom level and subjective memory complaints. *BMC Psychiatry* 2016; 16:108

Mojtabai R, Olfson M. National trends in psychotropic medication polypharmacy in office-based psychiatry. *Arch Gen Psychiatry* 2010; 67: 26–36

Molero Y, Larsson H, D'Onofrio BM, et al. Associations between gabapentinoids and suicidal behaviour, unintentional overdoses, injuries, road traffic incidents, and violent crime: population based cohort study in Sweden. *Br Med J* 2019; 365: l2147

Monnelly EP, Ciraulo DA, Knapp C, et al. Low-dose risperidone as adjunctive therapy for irritable aggression in posttraumatic stress disorder. *J Clin Psychopharmacol* 2003; 23: 193–196

Montes JM, Saiz-Ruiz J, Laher G, et al. Lamotrigine for the treatment of bipolar spectrum disorder: chart review. *J Affect Disord* 2005; 86: 69–73

Montgomery SA, Åsberg M. A new depression scale designed to be sensitive to change. *Br J Psychiatry* 1979; 134: 382–389

Montgomery SA, Altamura AC, Katila H, et al. Efficacy of extended release quetiapine fumarate monotherapy in elderly patients with major depressive disorder: secondary analyses in subgroups of patients according to baseline anxiety, sleep disturbance, and pain levels. *Int Clin Psychopharmacol* 2014; 29: 93–105

Montgomery SA, McIntyre A, Osterheider M, et al. A double-blind, placebo-controlled study of fluoxetine in patients with DSM-III-R obsessive-compulsive disorder. *Eur Neuropsychopharmacol* 1993; 3: 143–152

Montgomery SA, Tobias K, Zornberg GL, et al. Efficacy and safety of pregabalin in the treatment of generalized anxiety disorder: a 6-week, multicenter, randomized, double-blind, placebo-controlled comparison of pregabalin and venlafaxine. *J Clin Psychiatry* 2006; 67: 771–782

Morgan CJ, Monaghan L, Curran HV. Beyond the K-hole: a 3-year longitudinal investigation of the cognitive and subjective effects of ketamine in recreational users who have substantially reduced their use of the drug. *Addiction* 2004; 99: 1450–1461

Morrissette DA, Stahl SM. Treating the violent patient with psychosis or impulsivity utilizing antipsychotic polypharmacy and high-dose monotherapy. *CNS Spectr* 2014; 19: 439–448

Mosca D, Zhang M, Prieto R, et al. Efficacy of desvenlafaxine compared with placebo in major depressive disorder patients by age group and severity of depression at baseline. *J Clin Psychopharmacol* 2017; 37: 182–192

Moukhtarian TR, Cooper RE, Vassos E, et al. Effects of stimulants and atomoxetine on emotional lability in adults: a systematic review and meta-analysis. *Eur Psychiatry* 2017; 44: 198–207

Mrkobrada M, Hackam DDG. Selective serotonin reuptake inhibitors and surgery: to hold or not to hold, that is the question: comment on "Perioperative use of selective serotonin reuptake inhibitors and risks for adverse outcomes of surgery." *JAMA Intern Med* 2013; 173: 1082–1083

Muehlbacher M, Nickel MK, Nickel C, et al. Mirtazapine treatment of social phobia in women: a randomized, double-blind, placebo-controlled study. *J Clin Psychopharmacol* 2005; 25: 580–583

Mula M, Pini S, Cassano GB. The role of anticonvulsant drugs in anxiety disorders: a critical review of the evidence. *J Clin Psychopharmacol* 2007; 27: 263–272

Müller U, Rowe JB, Rittman T, et al. Effects of modafinil on non-verbal cognition, task enjoyment and creative thinking in healthy volunteers. *Neuropsychopharmacol* 2013; 64: 490–495

Murphy CC, Fullington HM, Alvarez CA, et al. Polypharmacy and patterns of prescription medication use among cancer survivors. *Cancer* 2018; 124: 2850–2857

Murrough JW, Perez AM, Pillemer S, et al. Rapid and longer-term antidepressant effects of repeated ketamine infusions in treatment-resistant major depression. *Biol Psychiatry* 2013; 74: 250–256

Mushiroda T, Takahashi Y, Onuma T, et al. Association of HLA-A*31:01 screening with the incidence of carbamazepine-induced cutaneous adverse reactions in a Japanese population. *JAMA Neurology* 2018; 75: 842–849

Musil R, Zill P, Seemüller F, et al. Genetics of emergent suicidality during antidepressive treatment: data from a naturalistic study on a large sample of inpatients with a major depressive episode. *Eur Neuropsychopharmacol* 2013; 23: 663–674

Myer BM, Boland JR, Faraone SV. Pharmacogenetics predictors of methylphenidate efficacy in childhood ADHD. *Mol Psychiatry* 2018; 23: 1929–1936

Myrick H, Anton RF, Li X, et al. Effect of naltrexone and ondansetron on alcohol cue-induced activation of the ventral striatum in alcohol-dependent people. *Arch Gen Psychiatry* 2008; 65: 466–475

Myrick H, Anton R, Voronin K, et al. A double-blind evaluation of gabapentin on alcohol effects and drinking in a clinical laboratory paradigm. *Alcohol Clin Exp Res* 2007; 31: 221–227

Myrick H, Malcolm R, Randall PK, et al. A double-blind trial of gabapentin versus lorazepam in the treatment of alcohol withdrawal. *Alcohol Clin Exp Res* 2009; 33: 1582–1588

Naderi S, Faghih H, Aqamolaei A, et al. Amantadine as adjuvant therapy in the treatment of moderate to severe obsessive-compulsive disorder: a double-blind randomized trial with placebo control. *Psychiatry Clin Neurosci* 2019; 83: 169–174

Nair NP. Therapeutic equivalence of risperidone given once daily and twice daily in patients with schizophrenia: the Risperidone Study Group. *J Clin Psychopharmacol* 1998; 18: 103–110

Nair NP, Amin M, Holm P, et al. Moclobemide and nortriptyline in elderly depressed patients: a randomized, multicentre trial against placebo. *J Affect Disord* 1995; 33: 1–9

Nakamura A, Mihara K, Nagai G, et al. Prediction of an optimal dose of lamotrigine for augmentation therapy in treatment-resistant depressive disorder from plasma lamotrigine concentration at week 2. *Ther Drug Monit* 2016; 38: 379–382

Nardi AE, Lopes FL, Valenca AM, et al. Double-blind comparison of 30 and 60 mg tranylcypromine daily in patients with panic disorder comorbid with social anxiety disorder. *Psychiatr Res* 2010; 175: 260–265

Nasrallah HA, Silva R, Phillips D, et al. Lurasidone for the treatment of acutely psychotic patients with schizophrenia: a 6-week, randomized, placebo-controlled study. *J Psychiatry Res* 2013; 47: 670–677

Nasreddine ZS, Phillips NA, Bédirian V, et al. The Montreal Cognitive Assessment (MoCA): a brief screening tool for mild cognitive impairment. *J Am Geriatr Soc* 2005; 53: 695–699

Naugle RI, Kawczak K. Limitations of the mini-mental state examination. *Cleve Clin J Med* 1989; 56: 277–281

Naylor JC, Kilts JD, Bradford JW, et al. A pilot randomized placebo-controlled trial of adjunctive aripiprazole for chronic PTSD in US military veterans resistant to antidepressant treatment. *Int Clin Psychopharmacol* 2015; 30: 167–174

Nelson JC, Byck R. Rapid response to lithium in phenelzine non-responders. *Br J Psychiatry* 1982; 141: 85–86

Nelson JC, Papakostas GI. Atypical antipsychotic augmentation in major depressive disorder: a meta-analysis of placebo-controlled randomized trials. *Am J Psychiatry* 2009; 166: 980–991

Nelson JC, Delucchi K, Schneider LS. Efficacy of second generation antidepressants in late-life depression: a meta-analysis of the evidence. *Am J Geriatr Psychiatry* 2008; 16: 558–567

Nelson JC, Delucchi KL, Schneider LS. Moderators of outcome in late-life depression: a patient-level meta-analysis. *Am J Psychiatry* 2013; 170: 651–659

Nelson CLM, Amsbaugh HM, Reilly JL, et al. Beneficial and adverse effects of antipsychotic medication on cognitive flexibility are related to COMT genotype in first episode psychosis. *Schizophr Res* 2018; 202: 212–216

Nelson JC, Baumann P, Delucchi K, et al. A systematic review and meta-analysis of lithium augmentation of tricyclic and second generation antidepressants in major depression. *J Affect Disord* 2014; 168: 269–275

Nelson JC, Mazure CM, Jatlow PI, et al. Combining norepinephrine and serotonin reuptake inhibition mechanisms for treatment of depression: a double-blind, randomized study. *Biol Psychiatry* 2004; 55: 296–300

Newport DJ, Carpenter LL, McDonald WM, et al. Ketamine and other NMDA receptor antagonists: early clinical trials and possible mechanisms in depression. *Am J Psychiatry* 2015; 172: 950–966

Neylan TC, Lenoci M, Samuelson KW, et al. No improvement of posttraumatic stress disorder symptoms with guanfacine treatment. *Am J Psychiatry* 2006; 163: 2186–2188

Ng CH, Chong S, Lambert T, et al. An inter-ethnic comparison study of clozapine dosage, clinical response and plasma levels. *Int Clin Psychopharmacol* 2005; 20: 163–168

Ng QX, Koh SSH, Chan HW, et al. Clinical use of curcumin in depression: a meta-analysis. *J Am Med Dir Assoc* 2017; 18:503–508

Ng QX, Soh AY, Venkatanarayanan N, et al. A systematic review of the effect of probiotic supplementation on schizophrenia symptoms. *Neuropsychobiology* 2019; 78: 106

Nickel MK, Muehlbacher M, Nickel C, et al. Aripiprazole in the treatment of patients with borderline personality disorder: a double-blind, placebo-controlled study. *Am J Psychiatry* 2006; 163: 833–838

Nickel MK, Nickel C, Kaplan P, et al. Treatment of aggression with topiramate in male borderline patients: a double-blind, placebo-controlled study. *Biol Psychiatry* 2005; 57: 495–499

Nickel MK, Nickel C, Miterlehner FO, et al. Topiramate treatment of aggression in female borderline personality disorder patients: a double-blind, placebo-controlled study. *J Clin Psychiatry* 2004; 65: 1515–1519

Nielsen J, Jensen SO, Friis RB, et al. Comparative effectiveness of risperidone long-acting injectable vs first-generation antipsychotic long-acting injectables in schizophrenia: results from a nationwide, retrospective inception cohort study. *Schizophr Bull* 2015; 41: 627–636

Nielsen S, Larance B, Degenhardt L, et al. Opioid agonist treatment for pharmaceutical opioid dependent people. *Cochrane Database Syst Rev* 2016; (5): CD01111

Nierenberg AA, Keck PE Jr. Management of monoamine oxidase inhibitor-associated insomnia with trazodone. *J Clin Psychopharmacol* 1989; 9: 42–45

Nierenberg AA, Fava M, Trivedi MH, et al. A comparison of lithium and T(3) augmentation following two failed medication treatments for depression: a STAR*D report. *Am J Psychiatry* 2006; 163: 1519–1530

Nierenberg AA, Friedman ES, Bowden CL, et al. Lithium treatment moderate-dose use study (LiTMUS) for bipolar disorder: a randomized comparative effectiveness trial of optimized personalized treatment with and without lithium. *Am J Psychiatry* 2013; 170: 102–110

Nierenberg AA, Østergaard SD, Iovieno N, et al. Predictors of placebo response in bipolar depression. *Int Clin Psychopharmacol* 2015; 30: 59–66

Niitsu T, Fabbri C, Bentini F, et al. Pharmacogenetics in major depression: a comprehensive meta-analysis. *Prog Neuropsychopharmacol Biol Psychiatry* 2013; 45: 183–194

Nikiforuk A, Popik P. Amisulpride promotes cognitive flexibility in rats: the role of 5-HT7 receptors. *Behav Brain Res* 2013; 248:136–140

Ninan PT, McElroy SL, Kane CP, et al. Placebo-controlled study of fluvoxamine in the treatment of patients with compulsive buying. *J Clin Psychopharmacol* 2000a; 20: 362–366

Ninan PT, Rothbaum PO, Marsteller FA, et al. A placebo-controlled trial of cognitive-behavioral therapy and clomipramine in trichotillomania. *J Clin Psychiatry* 2000b; 61: 47–50

Nordahl HM, Vogel PA, Morken G, et al. Paroxetine, cognitive therapy or their combination in the treatment of social anxiety disorder with and without avoidant personality disorder: a randomized clinical trial. *Psychother Psychosom* 2016; 85:346–356

Nordentoft M, Thorup A, Petersen L, et al. Transition rates from schizotypal disorder to psychotic disorder for first-contact patients included in the OPUS Trial: a randomized clinical trial of integrated treatment and standard treatment. *Schizophr Res* 2006; 83: 29–40

Noyes R Jr., Moroz G, Davidson JR, et al. Moclobemide in social phobia: a controlled dose-response trial. *J Clin Psychopharmacol* 1997; 17: 247–254

Nuijten M, Blanken P, van den Brink W, et al. Treatment of crack-cocaine dependence with topiramate: a randomized controlled feasibility trial in the Netherlands. *Drug Alcohol Depend* 2014; 138: 177–184

Nunez NA, Singh B, Romo-Nava F, et al. Efficacy and tolerability of adjunctive modafinil/ armodafinil in bipolar depression: a meta-analysis of randomized controlled trials. *Bipolar Disord* 2020; 22: 109–120

O'Connell CP, Goldstein-Piekarski AN, Nemeroff CB, et al. Antidepressant outcomes predicted by genetic variation in corticotropin-releasing hormone binding protein. *Am J Psychiatry* 2018; 175: 251–261

O'Connor CM, Kuchibhatla JW, Silva SG, et al. Safety and efficacy of sertraline for depression in patients with heart failure: results of the SADHART-CHF (Sertraline Against Depression and Heart Disease in Chronic Heart Failure) trial. *J Am Coll Cardiol* 2010; 56: 962–969

O'Donnell CP, Allott KA, Murphy BP, et al. Adjunctive taurine in first-episode psychosis: a phase 2, double-blind, randomized, placebo-controlled study. *J Clin Psychiatry* 2016; 77: e1610–e1617

Office of Management and Budget (OMB) Recommendations from the interagency committee for the review of the race and ethnic standards to the Office of Management and Budget concerning changes to the standards for the classification of federal data on race and ethnicity. *Federal Register* 1997; 62: 36874–36946

Ogasa M, Kimura T, Nakamura M, et al. Lurasidone in the treatment of schizophrenia: a 6-week, placebo-controlled study. *Psychopharmacol (Berl)* 2013; 225: 519–530

Ogawa Y, Takeshima N, Hayasaka Y, et al. Antidepressants plus benzodiazepines for adults with major depression. *Cochrane Database Syst Rev* 2019; 6: CD001026

Olbrich S, Tränkner A, Surova G, et al. CNS-and ANS-arousal predict response to antidepressant medication: findings from the randomized ISPOT-D study. *J Psychiatr Res* 2016; 73: 108–115

Olesen OV, Licht RW, Thomsen E, et al. Serum concentrations and side effects in psychiatric patients during risperidone therapy. *Ther Drug Monit* 1998; 20: 380–384

Oliveira P, Ribeiro J, Donato H, et al. Smoking and antidepressants pharmacokinetics: a systematic review. *Ann Gen Psychiatry* 2017; 16: 17

Oliveto AH, Feingold A, Schottenfeld R, et al. Desipramine in opioid-dependent cocaine abusers maintained on buprenorphine vs methadone. *Arch Gen Psychiatry* 1999; 56: 812–820

Oliveto A, Poling J, Mancino MJ, et al. Sertraline delays relapse in recently abstinent cocaine-dependent patients with depressive symptoms. *Addiction* 2012; 107: 131–141

Olsson EM, von Schéele B, Panossian AG. A randomised, double-blind, placebo-controlled, parallel-group study of the standardised extract SHR-5 of the roots of *Rhodiola rosea* in the treatment of subjects with stress-related fatigue. *Planta Med* 2009; 75: 105–112

Oneta C, Simanowski U, Martinez M, et al. First pass metabolism of ethanol is strikingly influenced by the speed of gastric emptying. *Gut* 1998; 43: 612–619

Orlova Y, Rizzoli P, Loder E. Association of coprescription of triptan antimigraine drugs and selective serotonin reuptake inhibitor or selective serotonin norepinephrine reuptake inhibitor antidepressants with serotonin syndrome. *JAMA Neurol* 2018;75: 566–572

Ortiz-Orendain J, Castiello-de Obeso S, Colunga-Lozano LE, et al. Antipsychotic combinations for schizophrenia. *Cochrane Database Syst Rev* 2017; (6): CD009005

Oslin DW, Berretini W, Kranzler HR, et al. A functional polymorphism of the mu-opioid receptor gene is associated with naltrexone response in alcohol-dependent patients. *Neuropsychopharmacol* 2003; 28: 1546–1552

Ostacher M, Ng-Mak D, Patel P, et al. Lurasidone compared to other atypical antipsychotic monotherapies for bipolar depression: a systematic review and network meta-analysis. *World J Biol Psychiatry* 2018; 19: 586–601

Ostinelli EG, Jajawi S, Spyridi S, et al. Aripiprazole (intramuscular) for psychosis-induced aggression or agitation (rapid tranquillisation). *Cochrane Database Syst Rev* 2018; (1): CD008074

Ota M, Wakabayashi C, Sato N, et al. Effect of L-theanine on glutamatergic function in patients with schizophrenia. *Acta Neuropsychiatrica* 2015; 27: 291–296

Otasowie J, Castells X, Ehimare UP, et al. Tricyclic antidepressants for attention deficit hyperactivity disorder (ADHD) in children and adolescents. *Cochrane Database Syst Rev* 2014; (9): CD006997

Otto MW, Tuby KS, Gould RA, et al. An effect-size analysis of the relative efficacy and tolerability of selective serotonin reuptake inhibitors for panic disorder. *Am J Psychiatry* 2001; 158: 1989–1992

Ozmenler NK, Karlidere T, Bozkurt A, et al. Mirtazapine augmentation in depressed patients with sexual dysfunction due to selective serotonin reuptake inhibitors. *Hum Psychopharmacol* 2008; 23: 321–326

Pae CU, Kim JJ, Lee CU, et al. Rapid versus conventional initiation of quetiapine in the treatment of schizophrenia: a randomized, parallel-group trial. *J Clin Psychiatry* 2007; 68: 399–405

Pae CU, Lim HK, Peindl K, et al. The atypical antipsychotics olanzapine and risperidone in the treatment of post-traumatic stress disorder: a meta-analysis of randomized, double-blind, placebo-controlled clinical trials. *Int Clin Psychopharmacol* 2008; 23: 1–8

Palac DM, Cornish RD, McDonald WJ, et al. Cognitive function in hypertensives treated with atenolol or propranolol. *J Gen Intern Med* 1990; 5: 310–318

Palhano-Fontes F, Barreto D, Onias H, et al. Rapid antidepressant effects of the psychedelic ayahuasca in treatment-resistant depression: a randomized placebo-controlled trial. *Psychol Med* 2019; 49: 655–663

Pallanti S, Quercioli L, Koran LM. Citalopram intravenous infusion in resistant obsessive-compulsive disorder: an open trial. *J Clin Psychiatry* 2002; 63: 796–801

Pallanti S, Quercioli L, Paiva R, et al. Citalopram for treatment-resistant obsessive-compulsive disorder. *Eur Psychiatry* 1999;14: 101–106

Palmer SC, Natale P, Ruospo M, et al. Antidepressants for treating depression in adults with end-stage kidney disease treated with dialysis. *Cochrane Database Syst Rev* 2016; (5): CD004541

Palpacuer C, Duprez R, Huneau A, et al. Pharmacologically controlled drinking in the treatment of alcohol dependence or alcohol use disorders: a systematic review with direct and network meta-analyses on nalmefene, naltrexone, acamprosate, baclofen and topiramate. *Addiction* 2018; 113: 220–237

Palpacuer C, Laviolle B, Boussageon R, et al. Risks and benefits of nalmefene in the treatment of adult alcohol dependence: a systematic literature review and meta-analysis of published and unpublished double-blind randomized controlled trials. *PLoS Med* 2015; 12: e1001924

Pande AC, Crockatt JG, Janney CA, et al. Gabapentin in bipolar disorder: a placebo-controlled trial of adjunctive therapy. Gabapentin Bipolar Disorder Study Group. *Bipolar Disord* 2000a; 2: 249–255

Pande AC, Davidson JR, Jefferson JW, et al. Treatment of social phobia with gabapentin: a placebo-controlled study. *J Clin Psychopharmacol* 1999; 19: 341–348

Pande AC, Feltner DE, Jefferson JW, et al. Efficacy of the novel anxiolytic pregabalin in social anxiety disorder: a placebo-controlled, multicenter study. *J Clin Psychopharmacol* 2004; 24: 141–149

Pande AC, Pollack MH, Crockatt J, et al. Placebo-controlled study of gabapentin treatment of panic disorder. *J Clin Psychopharmacol* 2000b; 20: 467–471

Pandina GJ, Canuso CM, Turkoz I, et al. Adjunctive risperidone in the treatment of generalized anxiety disorder: a double-blind, prospective, placebo-controlled, randomized trial. *Psychopharmacol Bull* 2007; 40: 41–57

Pani PP, Trogu E, Pacini M, et al. Anticonvulsants for alcohol dependence. *Cochrane Database Syst Rev* 2014; (2): CD008544

Papakostas GI, Cooper-Kazaz R, Appelhof BC, et al. Simultaneous initiation (coinitiation) of pharmacotherapy with triiodothyronine and a selective serotonin reuptake inhibitor for major depressive disorder: a quantitative synthesis of double-blind studies. *Int Clin Psychopharmacol* 2009; 24: 19–25

Papakostas GI, Fava M. Does the probability of receiving a placebo influence clinical trial outcome? A meta-regression of double-blind, randomized clinical trials in MDD. Eur Neuropsychopharmacol 2009; 19: 34–40

Papakostas GI, Perlis RH, Scalia MJ, et al. A meta-analysis of early sustained response rates between antidepressants and placebo for the treatment of major depressive disorder. *J Clin Psychopharmacol* 2006; 26: 56–60

Papakostas GI, Shelton RC, Zajecka JM, et al. L-methylfolate as adjunctive therapy for SSRI-resistant major depression: results of two randomized, double-blind, parallel-sequential trials. *Am J Psychiatry* 2012a; 169: 1267–1274

Papakostas GI, Shelton RC, Zajecka JM, et al. Effect of adjunctive L-methylfolate 15 mg among inadequate responders to SSRIs in depressed patients who were stratified by biomarker levels and genotype: results from a randomized clinical trial. *J Clin Psychiatry* 2014; 75: 855–863

Papakostas GI, Stahl SM, Kishen A, et al. Efficacy of bupropion and the selective serotonin reuptake inhibitors in the treatment of major depressive disorder with high levels of anxiety (anxious depression): a pooled analysis of 10 studies. *J Clin Psychiatry* 2008; 69: 1287–1292

Papakostas GI, Thase ME, Fava M, et al. Are antidepressant drugs that combine serotonergic and noradrenergic mechanisms of action more effective than the selective serotonin reuptake inhibitors in treating major depressive disorder? A meta-analysis of studies of newer agents. *Biol Psychiatry* 2007; 62: 1217–1227

Papakostas GI, Vitolo OV, Ishak WW, et al. A 12-week, randomized, double-blind, placebo-controlled, sequential parallel comparison trial of ziprasidone as monotherapy for major depressive disorder. *J Clin Psychiatry* 2012b; 73: 1541–1547

Papp LA. Safety and efficacy of levetiracetam for patients with panic disorder: results of an open-label, fixed-flexible dose study. *J Clin Psychiatry* 2006; 67: 1573–1576

Park JY, Kim KH. A randomized, double-blind, placebo-controlled trial of *Schisandra chinensis* for menopausal symptoms. *Climacteric* 2016; 19: 574–580

Park SH, Wackemah RC, Stimmel GL. Serotonin syndrome: is it a reason to avoid the use of tramadol with antidepressants? *J Pharm Pract* 2014; 27: 71–78

Park C, Pan Z, Brietzke E, et al. Predicting antidepressant response using early changes in cognition: a systematic review. *Behav Brain Res* 2018; 353: 154–160

Parker G, Brotchie H, Parker K. Is combination olanzapine and antidepressant medication associated with a more rapid response trajectory than antidepressant alone? *Am J Psychiatry* 2005; 162: 796–798

Parkes L, Tiego J, Aquino K, et al. Transdiagnostic variations in impulsivity and compulsivity in obsessive-compulsive disorder and gambling disorder correlate with effective connectivity in cortical-striatal-thalamic-cortical circuits. *Neuroimage* 2019; 202: 116070

Parsons B, Quitkin FM, McGrath PJ, et al. Phenelzine, imipramine and placebo in borderline patients meeting criteria for atypical depression. *Psychopharmacol Bull* 1989; 25: 524–534

Pasco JA, Jacka FN, Williams LJ, et al. Dietary selenium and major depression: a nested case-control study. *Complement Ther Med* 2012; 20: 119–123

Pascual JC, Soler J, Puigdemont D, et al. Ziprasidone in the treatment of borderline personality disorder: a double-blind, placebo-controlled, randomized study. *J Clin Psychiatry* 2008; 69: 603–608

Patel K, Allen S, Haque MN, et al. Bupropion: a systematic review and meta-analysis of effectiveness as an antidepressant. *Ther Adv Psychopharmacol* 2016; 6: 99–144

Patil ST, Zhang L, Millen BA, et al. Activation of mGlu2/3 receptors as a new approach to treat schizophrenia: a randomized phase 2 clinical trial. *Nat Med* 2007; 13: 1102–1107

Patkar A, Gilmer W, Pae C-U, et al. A 6 week randomized double-blind placebo-controlled trial of ziprasidone for the acute depressive mixed state. *PLoS One* 2012; 7: e34757

Patorno E, Huybrechts KF, Bateman BT, et al. Lithium use in pregnancy and the risk of cardiac malformations. *N Engl J Med* 2017; 376: 2245–2254

Pavlik VM, Doody RS, Rountree SD, et al. Vitamin E use is associated with improved survival in an Alzheimer's disease cohort. *Dement Geriatr Cogn Disord* 2009; 28: 536–540

Pavlova B, Perlis RH, Alda M, et al. Lifetime prevalence of anxiety disorders in people with bipolar disorder: a systematic review and meta-analysis. *Lancet Psychiatry* 2015; 2: 710–717

Pavlovic ZM. Lamotrigine for the treatment of impulsive aggression and affective symptoms in a patient with borderline personality disorder comorbid with body dysmorphic disorder. *J Psychiatry Clin Neurosci* 2008; 20: 121–122

Payne JL, MacKinnon DF, Mondimore FM, et al. Familial aggregation of postpartum mood symptoms in bipolar disorder pedigrees. *Bipolar Disord* 2008; 10: 38–44

Pazzaglia PJ, Post RM, Ketter TA, et al. Preliminary controlled trial of nimodipine in ultra-rapid cycling affective dysregulation. *Psychiatry Res* 1993; 49: 257–272

Peduzzi P, Concato J, Kemper E, et al. A simulation study of the number of events per variable in logistic regression analysis. *J Clin Epidemiol* 1996; 49: 1373–1379

Peet M. The treatment of anxiety with beta-blocking drugs. *Postgrad Med J* 1988; 64(Suppl 2): 45–49

Pelissolo A. Efficacy and tolerability of escitalopram in anxiety disorders: a review. *Encephale* 2008; 34: 400–408

Peng Q, Gizer IR, Libiger O, et al. Association and ancestry analysis of sequence variants in ADH and ALDH using alcohol-related phenotypes in a Native American community sample. *Am J Med Genet B Neuropsychiatr Genet* 2014; 165B: 673–683

Penn DL, Keefe RS, Davis SM, et al. The effects of antipsychotic medications on emotion perception in patients with chronic schizophrenia in the CATIE trial. *Schizophr Res* 2009; 115: 17–23

Pennybaker SJ, Niciu MJ, Luckenbaugh DA, et al. Symptomatology and predictors of antidepressant efficacy in extended responders to a single ketamine infusion. *J Affect Disord* 2017; 208: 560–566

Pérez-Mañá C, Castells X, Torrens M, et al. Efficacy of psychostimulant drugs for amphetamine abuse or dependence. *Cochrane Database Syst Rev* 2013; (9): CD009695

Peritogiannis V. Sensation/novelty-seeking in psychotic disorders: a review of the literature. *World J Psychiatry* 2015; 5: 79–87

Perlis RH, Fraquas R, Fava M, et al. Prevalence and clinical correlates of irritability in major depressive disorder: a preliminary report from the Sequenced Treatment Alternatives to Relieve Depression study. *J Clin Psychiatry* 2005; 66: 159–166

Perlis RH, Laje G, Smoller JW, et al. Genetic and clinical predictors of sexual dysfunction in citalopram-treated depressed patients. *Neuropsychopharmacol* 2009; 34: 1819–1828

Perlis RH, Ostacher M, Miklowitz DJ, et al. Benzodiazepine use and risk of recurrence in bipolar disorder: a STEP-BD report. *J Clin Psychiatry* 2010; 71: 194–200

Perlis RH, Sachs GS, Lafer B, et al. Effect of abrupt change from standard to low serum levels of lithium: a reanalysis of double-blind lithium maintenance data. *Am J Psychiatry* 2002; 159: 1155–1159

Perrella C, Carrus D, Costa E, et al. Quetiapine for the treatment of borderline personality disorder: an open-label study. *Prog Neuropsychopharmacol Biol Psychiatry* 2007; 31: 158–163

Perroud N, Aitchison KJ, Uher R, et al. Genetic predictors of increase in suicidal ideation during antidepressant treatment in the GENDEP project. *Neuropsychopharmacology* 2009; 34: 2517–2528

Perry PJ, Zeilman C, Arndt S. Tricyclic antidepressant concentrations in plasma: an estimate of their sensitivity and specificity as a predictor of response. *J Clin Psychopharmacol* 1994; 14: 230–240

Perry PJ, Alexander B, Prince RA, et al. The utility of a single-point dosing protocol for predicting steady-state lithium levels. *Br J Psychiatry* 1986; 148: 401–405

Perry PJ, Lund BC, Sanger T, et al. Olanzapine plasma concentrations and clinical response: acute phase results of the North American olanzapine trial. *J Clin Psychopharmacol* 2001; 21: 14–20

Perugi G, Toni C, Frare F, et al. Effectiveness of adjunctive gabapentin in resistant bipolar disorder: is it due to anxious-alcohol abuse comorbidity? *J Clin Psychopharmacol* 2002; 22: 584–591

Peselow ED, Dunner DL, Fieve RR, et al. Lithium prophylaxis of depression in unipolar, bipolar II, and cyclothymic patients. *Am J Psychiatry* 1982; 139: 747–752

Peters W, Freeman MP, Kim S, et al. Treatment of premenstrual breakthrough of depression with adjunctive oral contraceptive pills compared with placebo. *J Clin Psychopharmacol* 2017; 37: 609–614

Petersen T, Papakostas GI, Posternak MA, et al. Empirical testing of two models for staging antidepressant treatment resistance. *J Clin Psychopharmacol* 2005; 25: 335–341

Petrakis IL, Ralevski E, Desai N, et al. Noradrenergic vs serotonergic antidepressant with or without naltrexone for veterans with PTSD and comorbid alcohol dependence. *Neuropsychopharmacol* 2012; 37: 996–1004

Petrakis IL, Ralevski E, Nich C, et al. Naltrexone and disulfiram in patients with alcohol dependence and current depression. *J Clin Psychopharmacol* 2007; 7: 160–165

Pettinati HM, Kampman KM, Lynch KG, et al. A double blind, placebo-controlled trial that combines disulfiram and naltrexone for treating co-occurring cocaine and alcohol dependence. *Addict Behav* 2008; 33: 651–657

Pettinati HM, Oslin SW, Kampman KM, et al. A double-blind, placebo-controlled trial combining sertraline and naltrexone for treating co-occurring depression and alcohol dependence. *Am J Psychiatry* 2010; 167: 668–675

Petty F, Davis LL, Nugent AL, et al. Valproate for chronic, combat-induced posttraumatic stress disorder. *J Clin Psychopharmacol* 2002; 22: 100–101

Peuskens J. Risperidone in the treatment of patients with chronic schizophrenia: a multi-national, multi-centre, double-blind, parallel-group study versus haloperidol. Risperidone Study Group. *Br J Psychiatry* 1995; 166: 712–726

Peuskens J, Link CG. A comparison of quetiapine and chlorpromazine in the treatment of schizophrenia. *Acta Psychiatr Scand* 1997; 96: 265–273

Philipsen A, Richter H, Schmahl C, et al. Clonidine in acute aversive inner tension and self-injurious behavior in female patients with borderline personality disorder. *J Clin Psychiatry* 2004a; 65: 1414–1419

Philipsen A, Schmahl C, Lieb K. Naloxone in the treatment of acute dissociative states in female patients with borderline personality disorder. *Pharmacopsychiatry* 2004b; 37: 196–199

Phillips KA. Placebo-controlled study of pimozide augmentation of fluoxetine in body dysmorphic disorder. *Am J Psychiatry* 2005; 162: 377–379

Phillips KA, McElroy SL. Personality disorders and traits in patients with body dysmorphic disorder. *Compr Psychiatry* 2000; 41:229–236

Pierre JM, Wishing DA, Pierre WC, et al. High dose quetiapine in treatment refractory schizophrenia. *Schizophr Res* 2005;73: 373–375

Pilkinton P, Berry C, Norrholm S, et al. An open label pilot study of adjunctive asenapine for the treatment of posttraumatic stress disorder. *Psychopharmacol Bull* 2016; 46: 8–17

Pillinger T, McCutcheon RA, Vano L, et al. Comparative effects of 18 antipsychotics on metabolic function in patients with schizophrenia, predictors of metabolic dysregulation, and association with psychopathology: a systematic review and network meta-analysis. *Lancet Psychiatry* 2020; 7: 64–77

Pinquart M, Duberstein PR. Treatment of anxiety disorders in older adults: a meta-analytic comparison of behavioral and pharmacological interventions. *Am J Geriatr Psychiatry* 2007; 15: 639–651

Pitman RK, Sanders KM, Zusman RM, et al. Pilot study of secondary prevention of posttraumatic stress disorder with propranolol. *Biol Psychiatry* 2002; 51: 189–192

Pittler MH, Ernst E. Kava extract for treating anxiety. *Cochrane Database Syst Rev* 2003; (1): CD003383

Pizzagalli DA. Frontocingulate dysfunction in depression: toward biomarkers of treatment response. *Neuropsychopharmacology* 2011; 36: 183–206

Pohl RB, Feltner DE, Fieve RR, et al. Efficacy of pregabalin in the treatment of generalized anxiety disorder: double-blind, placebo controlled comparison of BID versus TID dosing. *J Clin Psychopharmacol* 2005; 25: 151–158

Poling J, Oliveto A, Petry N, et al. Six-month trial of bupropion with contingency management for cocaine dependence in a methadone-maintained population. *Arch Gen Psychiatry* 2006; 63: 219–228

Pollack MH, Allqulander C, Bandelow B, et al. WCA recommendations for the long-term treatment of panic disorder. *CNS Spectr* 2003; 8(8 Suppl 1): 17–30

Pollack MH, Lepola U, Koponen H, et al. A double-blind study of the efficacy of venlafaxine extended-release, paroxetine, and placebo in the treatment of panic disorder. *Depress Anxiety* 2007; 24: 1–14

Pollack MH, Rappaport MH, Fayyad R, et al. Early improvement predicts endpoint remission status in sertraline and placebo treatments of panic disorder. *J Psychiatr Res* 2002; 36: 229–236

Pollack MH, Simon NM, Zalta AK, et al. Olanzapine augmentation of fluoxetine for refractory generalized anxiety disorder: a placebo controlled study. *Biol Psychiatry* 2006; 59: 211–215

Pollack MH, Tiller J, Xie F, et al. Tiagabine in adult patients with generalized anxiety disorder: results from 3 randomized, double-blind, placebo-controlled, parallel-group studies. *J Clin Psychopharmacol* 2008; 28: 308–316

Pollok J, van Agteren JE, Carson-Chahhoud KV. Pharmacological interventions for the treatment of depression in chronic obstructive pulmonary disease. *Cochrane Database Syst Rev* 2018; (12): CD012346

Popiel A, Zawadski B, Praglowska E, et al. Prolonged exposure, paroxetine and the combination in the treatment of PTSD following a motor vehicle accident: a randomized clinical trial – The "TRAKT" study. *J Behav Ther Exp Psychiatry* 2015; 48: 17–26

Popova V, Daly J, Trivedi M, et al. Efficacy and safety of flexibly dosed esketamine nasal spray combined with a newly initiated oral antidepressant in treatment-resistant depression: a randomized double-blind active-controlled study. *Am J Psychiatry* 2019;176: 428–438

Porcelli S, Drago A, Fabbri C, et al. Pharmacogenetics of antidepressant response. *J Psychiatr Neurosci* 2011; 36: 87–113

Porcelli S, Fabbri C, Serretti A. Meta-analysis of serotonin transporter gene promoter polymorphism (5HTTLPR) association with antidepressant efficacy. *Eur Neuropsychopharmacol* 2012; 22: 239–258

Porsteinsson AP, Drye LT, Pollock BG, et al. Effect of citalopram on agitation in Alzheimer disease: the CitAD randomized clinical trial. *J Am Med Assoc* 2014; 311: 682–691

Portella MJ, de Diego-Adeliño J, Ballesteros J, et al. Can we really accelerate and enhance the selective serotonin reuptake inhibitor antidepressant effect? A randomized clinical trial and a meta-analysis of pindolol in non-resistant depression. *J Clin Psychiatry* 2011; 72: 962–969

Posner J, Kass E, Hulvershorn L. Using stimulants to treat ADHD-related emotional lability. *Curr Psychiatry Rep* 2014; 16: 478

Post RM, Ketter TA, Pazzaglia PJ, et al. Rational polypharmacy in the bipolar affective disorders. *Epilepsy Res Suppl* 1996;11: 153–180

Potkin SG, Bunny JY, Costa J, et al. Effect of clozapine and adjunctive high-dose glycine in treatment-resistant schizophrenia. *Am J Psychiatry* 1999; 156: 145–147

Potkin SG, Keck PE Jr., Segal S, et al. Ziprasidone in acute bipolar mania: a 21-day randomized, double-blind, placebo-controlled replication trial. *J Clin Psychopharmacol* 2005; 25: 201–310

Potuzak M, Ravichandran C, Lewandowski KE, et al. Categorical versus dimensional classifications of psychotic disorders. *Compr Psychiatry* 2012; 53: 1118–1129

Poulson MB, Damgaard B, Zerahn B, et al. Modafinil may alleviate poststroke fatigue: a randomized, placebo-controlled, double-blinded trial. *Stroke* 2015; 46: 3470–3477

Prakash J, Kotwal A, Prabhu H. Therapeutic and prophylactic utility of the memory-enhancing drug donepezil hydrochloride on cognition of patients undergoing electroconvulsive therapy: a randomized trial. *J ECT* 2006; 22: 163–168

Pratte MA, Nanavati KB, Young V, et al. An alternative treatment for anxiety: a systematic review of human trial results reported for the Ayurvedic herb ashwagandha (*Withania somnifera*). *J Altern Complement Med* 2014; 20: 901–908

Preisig M, Fenton BT, Stevens DE, et al. Familial relationship between mood disorders and alcoholism. *Compr Psychiatry* 2001; 42: 87–95

Premachandra BN, Kabir MA, Williams IK. Low T3 syndrome in psychiatric depression. *J Endocrinol Invest* 2006; 29: 568–572

Preskorn SH, Alderman J, Chung M, et al. Pharmacokinetics of desipramine coadministered with sertraline or fluoxetine. *J Clin Psychopharmacol* 1994; 14: 90–98

Primavera D, Bandecchi C, Lepori T, et al. Does duration of untreated psychosis predict very long term outcome of schizophrenic disorders? Results of a retrospective study. *Ann Gen Psychiatry* 2012; 11: 21

Pringsheim T, Marras C. Pimozide for tics in Tourette's syndrome. *Cochrane Database Syst Rev*. 2009; (2): CD006996

Pringsheim T, Holler-Managan Y, Okun MS, et al. Comprehensive systematic review summary: treatment of tics in people with Tourette syndrome and chronic tic disorders. *Neurology* 2019; 92: 907–915

Privitera M, Welty T, Gidal B, et al. How do clinicians adjust lamotrigine doses and use lamotrigine blood levels? A Q-PULSE survey. *Epilepsy Curr* 2014; 14: 218–223

Prosser JM, Yard S, Steele A, et al. A comparison of low-dose risperidone to paroxetine in the treatment of panic attacks: a randomized, single-blind study. *BMC Psychiatry* 2009; 9: 25

Prudic J, Haskett RF, McCall WV, et al. Pharmacological strategies in the prevention of relapse after electroconvulsive therapy. *J ECT* 2013; 29: 3–12.

Pundiak TM, Case BG, Peselow ED, et al. Discontinuation of maintenance selective serotonin reuptake inhibitor monotherapy after 5 years of stable response: a naturalistic study. *J Clin Psychiatry* 2008; 69: 1811–1817

Purdon SE. *The Screen for Cognitive Impairment in Psychiatry (SCIP): Administration Manual and Normative Data*. Edmonton, Alberta: PNL Inc; 2005

Qi W, Gevonden M, Shalev A. Efficacy and tolerability of high-dose escitalopram in posttraumatic stress disorder. *J Clin Psychopharmacol* 2017; 37: 89–93

Quante A, Zeugmann S. Tranylcypromine and bupropion combination therapy in treatment-resistant major depression: a report of 2 cases. *J Clin Psychopharmacol* 2012; 32: 572–574

Quitkin FM, Rabkin JG, Ross D, et al. Identification of true drug response to antidepressants: use of pattern analysis. *Arch Gen Psychiatry* 1984; 41: 782–786

Quitkin FM, Stewart JW, McGrath PJ, et al. Columbia atypical depression: a subgroup of depressives with better response to MAOI than to tricyclic antidepressants or placebo. *Br J Psychiatry* 1993; 21: 30–34

Rabinowitz J, Baruch Y, Barak Y. High-dose escitalopram for the treatment of obsessive-compulsive disorder. *Int Clin Psychopharmacol* 2008; 23: 49–53

Rabkin JG, McElhiney MC, Rabkin R, et al. Modafinil treatment for HIV+ patients: a pilot study. *J Clin Psychiatry* 2004; 65:1688–1695

Rabkin JG, McElhiney MC, Rabkin R, et al. Placebo-controlled trial of dehydroepiandrosterone (DHEA) for treatment of nonmajor depression in patients with HIV/AIDS. *Am J Psychiatry* 2006; 163: 59–66

Raby WN, Rubin EA, Garawi F, et al. A randomized, double-blind, placebo-controlled trial of venlafaxine for the treatment of depressed cocaine-dependent patients. *Am J Addict* 2014; 23: 68–75

Rae Olmsted KL, Batoszk M, Mulvaney S, et al. Effect of stellate ganglion block treatment in posttraumatic stress disorder symptoms: a randomized clinical trial. *JAMA Psychiatry* 2020; 77: 130–138

Rahman T, Ash DM, Lauriello J, et al. Misleading guidance from pharmacogenomic testing. *Am J Psychiatry* 2017; 174:922–924

Raison CL, Rutherford RE, Wollwine BJ, et al. A randomized controlled trial of the tumor necrosis factor antagonist infliximab for treatment-resistant depression: the role of baseline inflammatory biomarkers. *JAMA Psychiatry* 2013; 70: 31–41

Rajagopal R, Sundaresan L, Rajkumar AP, et al. Genetic association between the DRD4 promoter polymorphism and clozapine-induced sialorrhea. *Psychiatr Genet* 2014; 24: 273–276

Rajizadeh A, Mozaffari-Khosravi H, Yassini-Ardakani M, et al. Effect of magnesium supplementation on depression status in depressed patients with magnesium deficiency: a randomized, double-blind, placebo-controlled trial. *Nutrition* 2017;35: 56–60

Rapaport MH, Gharabawi GM, Canuso CM, et al. Effects of risperidone augmentation in patients with treatment-resistant depression: results of open-label treatment followed by double-blind continuation. *Neuropsychopharmacology* 2006; 31:2505–2513

Rapaport MH, Lydiard RB, Pitts CD, et al. Low doses of controlled-release paroxetine in the treatment of late-life depression: a randomized, placebo-controlled trial. *J Clin Psychiatry* 2009; 70: 46–57

Rapaport MH, Schneider LS, Dunner DL, et al. Efficacy of controlled-release paroxetine in the treatment of late-life depression. *J Clin Psychiatry* 2003; 64: 1065–1074

Raskin J, Wiltse CG, Siegal A, et al. Efficacy of duloxetine on cognition, depression, and pain in elderly patients with major depressive disorder: an 8-week, double-blind, placebo-controlled trial. *Am J Psychiatry* 2007; 164: 900–909

Raskind MA, Peskind ER, Chow B, et al. Trial of prazosin for post-traumatic stress disorder in military veterans. *N Engl J Med* 2018; 378: 507–517

Ratey JJ, Sorgi P, O'Driscoll GA, et al. Nadolol to treat aggression and psychiatric symptomatology in chronic psychiatric inpatients: a double-blind, placebo-controlled study. *J Clin Psychiatry* 1992; 53: 41–46

Rauch SAM, Kim HM, Powell C, et al. Efficacy of prolonged exposure therapy, sertraline hydrochloride, and their combination among veterans with posttraumatic stress disorder: a randomized clinical trial. *JAMA Psychiatry* 2019; 76: 117–126

Ravishankar V, Chowdappa SV, Benegal V, et al. The efficacy of atomoxetine in treating adult attention deficit hyperactivity disorder (ADHD): a meta-analysis of controlled trials. *Asian J Psychiatry* 2016; 24: 53–58

Ray WA, Chung CP, Murray KT, et al. Atypical antipsychotic drugs and the risk of sudden cardiac death. *N Engl J Med* 2009;360: 225–235

Reas DL, Grilo CM. Review and meta-analysis of pharmacotherapy for binge-eating disorder. *Obesity* 2008; 16: 2024–2038

Redden L, DelBello M, Wagner KD, et al. Long-term safety of divalproex sodium extended-release in children and adolescents with bipolar I disorder. *J Child Adolesc Psychopharmacol* 2009; 19: 83–89

Reed RC, Dutta S. Does it really matter when a blood sample for valproic acid concentration is taken following once-daily administration of divalproex-ER? *Ther Drug Monit* 2006; 28: 413–418

Reeves H, Batra S, May RS, et al. Efficacy of risperidone augmentation to antidepressants in the management of suicidality in major depressive disorder: a randomized, double-blind, placebo-controlled pilot study. *J Clin Psychiatry* 2008; 69: 1228–1236

Regier DA, Narrow WE, Clarke DE, et al. DSM-5 field trials in the United States and Canada, part II: test-retest reliability of selected categorical diagnoses. *Am J Psychiatry* 2013; 170: 59–70

Reich DB, Zanarini MC, Bieri KA. A preliminary study of lamotrigine in the treatment of affective instability in borderline personality disorder. *Int Clin Psychopharmacol* 2009; 24: 270–275

Reilly TM, Jopling WH, Beard AW. Successful treatment with pimozide of delusional parasitosis. *Br J Dermatol* 1978; 98: 457–459

Reilly-Harrington NA, Sylvia LG, Leon AC, et al. The medication recommendation tracking form: a novel tool for tracking changes in prescribed medication, clinical decision making, and use in comparative effectiveness research. *J Psychiatr Res* 2013;47: 1686–1693

Reilly-Harrington NA, Sylvia LG, Rabideau DJ, et al. Tracking medication changes to assess outcomes in comparative effectiveness research: a bipolar CHOICE study. *J Affect Disord* 2016; 205: 159–164

Reimherr FW, Williams ED, Strong RE, et al. A double-blind, placebo-controlled, crossover study of osmotic release oral system methylphenidate in adults with ADHD with assessment of oppositional and emotional dimensions of the disorder. *J Clin Psychiatry* 2007; 68: 93–101

Reinares M, Rosa AR, Franco C, et al. A systematic review on the role of anticonvulsants in the treatment of acute bipolar depression. *Int J Neuropsychopharmacol* 2013; 16: 485–496

Reis M, Lundmark J, Bengtsson F. Therapeutic drug monitoring of racemic citalopram: a 5-year experience in Sweden, 1992–1997. *Ther Drug Monit* 2003; 25: 183–191

Reis M, Chermá MD, Carlsson B, et al. Therapeutic drug monitoring of escitalopram in an outpatient setting. *Ther Drug Monit* 2007; 29: 758–766

Reis M, Lundmark J, Björk H, et al. Therapeutic drug monitoring of racemic venlafaxine and its main metabolites in an everyday clinical setting. *Ther Drug Monit* 2002; 24: 545–553

Reist C, Nakamura K, Sagart E, et al. Impulsive aggressive behavior: open-label treatment with citalopram. *J Clin Psychiatry* 2003; 64: 81–85

Remington G, Agid D, Fousslas G, et al. Clozapine and therapeutic drug monitoring: is there sufficient evidence for an upper threshold? *Psychopharmacol (Berl)* 2013; 225: 505–518

Reoux JP, Saxon AJ, Malte CA, et al. Divalproex sodium in alcohol withdrawal: a randomized double-blind placebo-controlled clinical trial. *Alcohol Clin Exp Res* 2001; 25: 1324–1329

Rettenbacher WA, Hofer A, Kemmler G, et al. Neutropenia induced by second generation antipsychotics: a prospective investigation. *Pharmacopsychiatry* 2010; 43: 41–44

Reynolds GP, Hill MJ, Kirk SL. The 5-HT2C receptor and antipsychotic-induced weight gain – mechanisms and genetics. *J Psychopharmacol* 2006; 20(4 Suppl): 15–18

Reynolds GP, Zhang Z, Zhang X. Polymorphism of the promoter region of the serotonin 5-HT(2C) receptor gene and clozapine-induced weight gain. *Am J Psychiatry* 2003; 160: 677–679

Reynolds CF 3rd, Butlers MA, Lopez O, et al. Maintenance treatment of depression in old age: a randomized, double-blind, placebo-controlled evaluation of the efficacy and safety of donepezil combined with antidepressant pharmacotherapy. *Arch Gen Psychiatry* 2011; 68: 51–60

Rickels K, Lipman R, Raab E. Previous medication, duration of illness and placebo response. *J Nerv Ment Dis* 1966; 142:548–554

Rickels K, DeMartinis N, Gárcia-España F, et al. Imipramine and buspirone in treatment of patients with generalized anxiety disorder who are discontinuing long-term benzodiazepine therapy. *Am J Psychiatry* 2000; 157: 1973–1979

Rickels K, Pollack MH, Feltner DE, et al. Pregabalin for treatment of generalized anxiety disorder: a 4-week, multicenter, double-blind, placebo-controlled trial of pregabalin and alprazolam. *Arch Gen Psychiatry* 2005; 62: 1022–1030

Rief W, Nestoriuc Y, Weiss S, et al. Meta-analysis of the placebo response in antidepressant trials. *J Affect Disord* 2009; 118:1–8

Rifkin A, Karajgi B, Dicker R, et al. Lithium treatment of conduct disorders in adolescents. *Am J Psychiatry* 1997; 154: 554–555

Rink L, Braun C, Bschor T, et al. Dose increase versus unchanged continuation of antidepressants after initial antidepressant treatment failure in patients with major depressive disorder: a systematic review and meta-analysis of randomized, double-blind trials. *J Clin Psychiatry* 2018; 79: 17r11693

Rinne T, van den Brink W, Wouters L, et al. SSRI treatment of borderline personality disorder: a randomized, placebo-controlled clinical trial for female patients with borderline personality disorder. *Am J Psychiatry* 2002; 159: 2048–2054

Risse S, Whitters A, Burke A, et al. Severe withdrawal symptoms after discontinuation of alprazolam in eight patients with combat-induced posttraumatic stress disorder. *J Clin Psychiatry* 1990; 51: 206–209

Ritsner MS, Bawakny H, Kreinin A. Pregnenolone treatment reduces severity of negative symptoms in recent-onset schizophrenia: an 8-week, double-blind, randomized add-on two-center trial. *Psychiatry Clin Neurosci* 2014; 68: 432–440

Ritsner MS, Gibel A, Shleifer T, et al. Pregnenolone and dehydroepiandrosterone as an adjunctive treatment in schizophrenia and schizoaffective disorder: an 8-week, double-blind, randomized, controlled, 2-center, parallel-group trial. *J Clin Psychiatry* 2010; 71: 1351–1362

Ritsner MS, Miodownik C, Ratner Y, et al. L-theanine relieves positive, activation, and anxiety symptoms in patients with schizophrenia and schizoaffective disorder: an 8-week, randomized, double-blind, placebo-controlled, 2-center study. *J Clin Psychiatry* 2011; 72: 34–42

Rivzi SJ, Sproule BA, Gallaugher L, et al. Correlates of benzodiazepine use in major depressive disorder: the effect of anhedonia. *J Affect Disord* 2015; 187: 101–105

Robert S, Hamner MB, Ulmer HG, et al. Open-label trial of escitalopram in the treatment of posttraumatic stress disorder. *J Clin Psychiatry* 2006; 67: 1522–1526

Roberts AC. The importance of serotonin for orbitofrontal function. *Biol Psychiatry* 2011; 69: 1185–1191

Robertson E, Grace S, Wallington T, et al. Antenatal risk factors for postpartum depression: a synthesis of recent literature. *Gen Hosp Psychiatry* 2004; 26: 289–295

Robinson M, Oakes TM, Raskin J, et al. Acute and long-term treatment of late-life major depressive disorder: duloxetine versus placebo. *Am J Geriatr Psychiatry* 2014; 22: 34–45

Robinson RG, Jorge RE, Moser DJ, et al. Escitalopram and problem-solving therapy for prevention of poststroke depression: a randomized controlled trial. *J Am Med Assoc* 2008; 299: 2391–2400

Rocca P, Marchiaro L, Cocuzza E, et al. Treatment of borderline personality disorder with risperidone. *J Clin Psychiatry* 2002;63: 241–244

Rock EM, Bolognini D, Limebeer CL, et al. Cannabidiol, a non-psychotropic component of cannabis, attenuates vomiting and nausea-like behaviour via indirect agonism of 5-HT(1A) somatodendritic autoreceptors in the dorsal raphe nucleus. *Br J Pharmacol* 2012; 165: 2620–2634

Rodriguez CI, Bender J Jr., Morrison S, et al. Does extended release methylphenidate help adults with hoarding disorder? A case series. *J Clin Psychopharmacol* 2013; 33: 444–447

Roh D, Chang JG, Kim CH, et al. Antipsychotic polypharmacy and high-dose prescription in schizophrenia: a 5-year comparison. *Aust N Z J Psychiatry* 2014; 48: 52–60

Rohde C, Polcwiartek C, Asztalos M, et al. Effectiveness of prescription-based CNS stimulants on hospitalization in patients with schizophrenia: a nation-wide register study. *Schizophr Bull* 2018; 44: 93–100

Rojas-Fernandez CH. Can 5-HT3 antagonists really contribute to serotonin toxicity? A call for clarity and pharmacological law and order. *Drugs Real World Outcomes* 2014; 1: 3–5

Rojtabai R, Olfson M. National trends in psychotropic medication polypharmacy in office-based psychiatry. *Arch Gen Psychiatry* 2010; 67: 26–36

Romanelli RJ, Wu FM, Gamba R, et al. Behavioral therapy and serotonin reuptake inhibitor pharmacotherapy in the treatment of obsessive-compulsive disorder: a systematic review and meta-analysis of head-to-head randomized controlled trials. *Depress Anxiety* 2014; 31: 641–652

Roose SP, Glassman AH, Attia E, et al. Comparative efficacy of selective serotonin reuptake inhibitors and tricyclics in the treatment of melancholia. *Am J Psychiatry* 1994; 151: 1735–1739

Roose SP, Sackeim HA, Krishnan RR, et al. Old-Old Depression Study Group: antidepressant pharmacotherapy in the treatment of depression in the very old. A randomized, placebo-controlled trial. *Am J Psychiatry* 2004; 161: 2050–2059

Rosenbaum JF, Fava M, Hoog SL, et al. Selective serotonin reuptake inhibitor discontinuation syndrome: a randomized clinical trial. *Biol Psychiatry* 1998; 44: 77–87

Rosenberg HC, Chiu TH. Time course for the development of benzodiazepine tolerance and physical dependence. *Neurosci Biobehav Rev* 1985; 9: 123–131

Rosenberg NK, Mellergård M, Rosenberg R, et al. Characteristics of panic disorder patients responding to placebo. *Acta Psychiatr Scand* 1991; 365: 33–38

Rosenblat JD, McIntyre RS. Efficacy and tolerability of minocycline for depression: a systematic review and meta-analysis of clinical trials. *J Affect Disord* 2018; 227: 219–225

Rosenblat JD, Carvalho AF, Li M, et al. Oral ketamine for depression: a systematic review. *J Clin Psychiatry* 2019; 80:18r12475

Rosenheck R, Dunn L, Peszke M, et al. Impact of clozapine on negative symptoms and on the deficit syndrome in refractory schizophrenia: Department of Veterans Affairs Cooperative Study Group on Clozapine in Refractory Schizophrenia. *Am J Psychiatry* 1999; 156: 88–93

Rosenthal M. Tiagabine for the treatment of generalized anxiety disorder: a randomized, open-label, clinical trial with paroxetine as a positive control. *J Clin Psychiatry* 2003; 64: 1245–1249

Ross DC, Fischhoff J, Davenport B. Treatment of ADHD when tolerance to methylphenidate develops. *Psychiatr Serv* 2002;53: 102

Roth LS. Posttraumatic stress disorder and benzodiazepines: a myth agreed upon. *Fed Pract* 2010; 27: 12–21

Roth T, Seiden D, Sainati S, et al. Effects of ramelteon on patient-reported sleep latency in older adults with chronic insomnia. *Sleep Med* 2006; 7: 312–318

Rothbaum BO, Killeen TK, Davidson JR, et al. Placebo-controlled trial of risperidone augmentation for selective serotonin reuptake inhibitor-resistant civilian posttraumatic stress disorder. *J Clin Psychiatry* 2008; 69: 520–525

Rothschild AJ, Duval SE. How long should patients with psychotic depression stay on the antipsychotic medication? *J Clin Psychiatry* 2003; 64: 390–396

Rozzini L, Chilovi BV, Conti M, et al. Efficacy of SSRIs on cognition of Alzheimer's disease patients treated with cholinesterase inhibitors. *Int Psychogeriatr* 2010; 22: 114–119

Rucker JH, Jelen LA, Flynn S, et al. Psychedelics in the treatment of unipolar mood disorders: a systematic review. *J Psychopharmacol* 2016; 30: 1220–1229

Ruedrich SL, Swales TP, Rossvanes C, et al. Atypical antipsychotic medication improves aggression, but not self-injurious behaviour, in adults with intellectual disabilities. *J Intellect Disabil Res* 2008; 52: 132–140

Ruhé HG, Huyser J, Swinkels JA, et al. Dose escalation for insufficient response to standard-dose selective serotonin reuptake inhibitors in major depressive disorder: systematic review. *Br J Psychiatry* 2006a; 189: 309–316

Ruhé HG, Huyser J, Swinkels JA, et al. Switching antidepressants after a first selective serotonin reuptake inhibitor in major depressive disorder: a systematic review. *J Clin Psychiatry* 2006b; 67: 1836–1855

Ruiz P, Varner RV, Small DR, et al. Ethnic differences in the neuroleptic treatment of schizophrenia. *Psychiatr Q* 1999; 70:163–172

Rush AJ, Carmody TJ, Haight BR, et al. Does pretreatment insomnia or anxiety predict acute response to bupropion SR? *Ann Clin Psychiatry* 2005; 17: 1–9

Rush AJ, Kraemer HC, Sackeim HA, et al. Report by the ACNP task force on response and remission in major depressive disorder. *Neuropsychopharmacology* 2006a; 31: 1841–1853

Rush AJ, Trivedi MH, Wisniewski SR, et al. Acute and longer-term outcomes in depressed outpatients requiring one or several treatment steps: a STAR*D report. *Am J Psychiatry* 2006b; 163: 1905–1917

Russo EB, Burnett A, Hall B, et al. Agonistic properties of cannabidiol at 5-HT1a receptors. *Neurochem Res* 2005; 30: 1037–1043

Rutherford BR, Pott E, Tandler JM, et al. Placebo response in antipsychotic clinical trials: a meta-analysis. *JAMA Psychiatry* 2014; 71: 1409–1421

Rutherford BR, Wall MM, Brown PJ, et al. Patient expectancy as a mediator of placebo effects in antidepressant clinical trials. *Am J Psychiatry* 2017; 174: 135–142

Rynn M, Khalid-Kahn S, Garcia-Espana JF, et al. Early response and 8-week treatment outcome in GAD. *Depress Anxiety* 2006; 23: 461–465

Ryszewska-Pokraśniewicz B, Mach A, Skalski M, et al. Effects of magnesium supplementation on unipolar depression: a placebo-controlled study and review of the importance of dosing and magnesium status in the therapeutic response. *Nutrients* 2018; 10(8): E1014

Saad K, Abdel-Rahman AA, Elserogy YM, et al. Vitamin D status in autism spectrum disorders and the efficacy of vitamin D supplementation in autistic children. *Nutr Neurosci* 2016; 19: 346–351

Saavedra-Velez C, Yusim A, Anbarasan D, et al. Modafinil as an adjunctive treatment of sedation, negative symptoms, and cognition in schizophrenia: a critical review. *J Clin Psychiatry* 2009; 70: 104–112

Sachs GS, Chengappa KN, Suppes T, et al. Quetiapine with lithium or divalproex for the treatment of bipolar mania: a randomized, double-blind, placebo-controlled study. *Bipolar Disord* 2004; 6: 213–223

Sachs GS, Greenberg WM, Starace A, et al. Cariprazine in the treatment of acute mania in bipolar I disorder: a double-blind, placebo-controlled, phase III trial. *J Affect Disord* 2015; 174: 296–302

Sachs GS, Grossman F, Ghaemi SN, et al. Combination of a mood stabilizer with risperidone or haloperidol for treatment of acute mania: a double-blind, placebo-controlled comparison of efficacy and safety. *Am J Psychiatry* 2002; 159: 1146–1154

Sachs GS, Ice KS, Chappell PB, et al. Efficacy and safety of adjunctive oral ziprasidone for acute treatment of depression in patients with bipolar I disorder: a randomized, double-blind, placebo-controlled trial. *J Clin Psychiatry* 2011; 72: 1413–1422

Sachs GS, Peters AT, Sylvia L, et al. Polypharmacy and bipolar disorder: what's personality got to do with it? *Int J Neuropsychopharmacol* 2014; 17: 1053–1061

Sachs GS, Vanderburg DG, Karayal ON, et al. Adjunctive oral ziprasidone in patients with acute mania treated with lithium or divalproex, part 1: results of a randomized, double-blind, placebo-controlled trial. *J Clin Psychiatry* 2012; 73: 1412–1419

Sack M, Spieler D, Wizelman L, et al. Intranasal oxytocin reduces provoked symptoms in female patients with posttraumatic stress disorder despite exerting sympathomimetic and positive chronotropic effects in a randomized controlled trial. *BMC Med* 2017; 15: 40

Sackeim HA, Haskett RF, Mulsant BH, et al. Continuation pharmacotherapy in the prevention of relapse following electroconvulsive therapy: a randomized controlled trial. *J Am Med Assoc* 2001; 285: 1299–1307

Sackett DL, Rosenberg WMC, Gray JA, et al. Evidence-based medicine: what it is and what it isn't. *Br Med J* 1996; 312:71–72

Sackner-Bernstein J, Niebler G, Earl CQ, et al. Cardiovascular profile of modafinil: effects on blood pressure and heart rate. *Chest* 2004; 126: 729S

Saharian A, Ehsaei Z, Mowla A. Aripiprazole as an adjuvant treatment for obsessive and compulsive symptoms in manic phase of bipolar disorder: a randomized, double-blind, placebo-controlled clinical trial. *Prog Neuropsychopharmacol Biol Psychiatry* 2018; 84: 267–271

Sahlholm K, Zeberg H, Nilsson J, et al. The fast-off hypothesis revisited: a functional kinetic study of antipsychotic antagonism of the dopamine D2 receptor. *Eur Neuropsychopharmacol* 2016; 26: 467–476

Sakuma K, Matsunaga S, Nomura I, et al. Folic acid/methylfolate for the treatment of psychopathology in schizophrenia: a systematic review and meta-analysis. *Psychopharmacol (Berl)* 2018; 235: 2303–2314

Salehi B, Imani R, Mohammadi MR, et al. Ginkgo biloba for attention-deficit/hyperactivity disorder in children and adolescents: a double blind, randomized controlled trial. *Prog Neuropsychopharmacol Biol Psychiatry* 2010; 34: 76–80

Salloum IM, Cornelius JR, Daley DC, et al. Efficacy of valproate maintenance in patients with bipolar disorder and alcoholism: a double-blind placebo-controlled study. *Arch Gen Psychiatry* 2005; 62: 37–45

Salzman C, Wolfson AN, Schatzberg A, et al. Effect of fluoxetine on anger in symptomatic volunteers with borderline personality disorder. *J Clin Psychopharmacol* 1994; 15: 23–29

Sämann PG, Höhn D, Chechko N, et al. Prediction of antidepressant treatment response from gray matter volume across diagnostic categories. *Eur Neuropsychopharmacol* 2013; 23: 1503–1515

Samara MT, Goldberg Y, Levine SZ, et al. Initial symptom severity of bipolar I disorder and the efficacy of olanzapine: a meta-analysis of individual participant data from five placebo-controlled studies. *Lancet Psychiatry* 2017; 4: 859–867

Samara MT, Leucht C, Leeflang MM, et al. Early improvement as a predictor of later response to antipsychotics in schizophrenia: a diagnostic test review. *Am J Psychiatry* 2015; 172: 617–629

Samples H, Williams AR, Olfson M, et al. Risk factors for discontinuation of buprenorphine treatment for opioid use disorders in a multi-state sample of Medicaid enrollees. *J Subst Abuse Treat* 2018; 95: 9–16

Sandin S, Lichtstein P, Kuja-Halkola R, et al. The familial risk of autism. *J Am Med Assoc* 2014; 311: 1770–1777

Sandmann J, Lörch B, Bandelow B, et al. Fluvoxamine or placebo in the treatment of panic disorder and relationship to blood concentrations of fluvoxamine. *Pharmacopsychiatry* 1998; 31: 117–121

Sanfilipo M, Wolkin A, Angrist B, et al. Amphetamine and negative symptoms of schizophrenia. *Psychopharmacol (Berl)* 1996; 123: 211–214

Sani G, Gualtieri I, Paolino M, et al. Drug treatment of trichotillomania (hair-pulling disorder), excoriation (skin-picking) disorder, and nail-biting (onychophagia). *Curr Neuropharmacol* 2019; 17: 775–786

Sansone RA, Wiederman MW, Sansone LA. The Self-Harm Inventory (SHI): development of a scale for identifying self destructive behaviors and borderline personality disorder. *J Clin Psychol* 1998; 54: 973–83

Santos B, González-Fraile E, Zabala A, et al. Cognitive improvement of acetylcholinesterase inhibitors in schizophrenia. *J Psychopharmacol* 2018; 32: 1155–1166

Sarpal DK, Argyelan M, Robinson DG, et al. Baseline striatal functional connectivity as a predictor of response to antipsychotic drug treatment. *Am J Psychiatry* 2016; 173: 69–77

Sarris J. Herbal medicines in the treatment of psychiatric disorders: 10-year updated review. *Phytother Res* 2018; 32: 1147–1162

Sarris J, Murphy J, Mischoulon D, et al. Adjunctive nutraceutical for depression: a systematic review and meta-analyses. *Am J Psychiatry* 2016; 173: 575–587

Sarris J, Price LH, Carpenter LL, et al. Is S-adenosyl methionine (SAMe) for depression only effective in males? A re-analysis of data from a randomized clinical trial. *Pharmacopsychiatry* 2015; 48: 141–144

Sartori HE. Lithium orotate in the treatment of alcoholism and related conditions. *Alcohol* 1986; 3: 97–100

Sasson Y, Iancu I, Fux M, et al. A double-blind crossover comparison of clomipramine and desipramine in the treatment of panic disorder. *Eur Neuropsychopharmacol* 1999; 9: 191–196

Saxena S, Sumner J. Venlafaxine extended-release treatment of hoarding disorder. *Int Clin Psychopharmacol* 2014; 29:266–273

Saxena S, Brody AL, Maidment KM, et al. Paroxetine treatment of compulsive hoarding. *J Psychiatr Res* 2007; 41: 481–487

Scarvalone PA, Cloitre M, Spielman LA, et al. Distress reduction during the structured clinical interview for DSM-III-R. *Psychiatr Res* 1996; 59: 245–249

Schaefer M, Sarkar S, Theophil I, et al. Acute and long-term memantine add-on treatment to risperidone improves cognitive dysfunction in patients with acute and chronic schizophrenia. *Pharmacopsychiatry* 2020; 53: 21–29

Schaffler K, Wolf OT, Burkart M. No benefit adding *Eleutherococcus senticosus* to stress management training in stress-related fatigue/weakness, impaired work or concentration, a randomized controlled study. *Pharmacopsychiatry* 2013; 46: 181–190

Schatzberg A, Roose S. A double-blind, placebo-controlled study of venlafaxine and fluoxetine in geriatric outpatients with major depression. *Am J Geriatr Psychiatry* 2006; 14: 361–370

Schatzberg AF, DeBattista C, Lazzeroni LC, et al. ABCB1 genetic effects on antidepressant outcomes: a report from the iSPOT-D trial. *Am J Psychiatry* 2015; 172: 751–759

Schatzberg AF, Haddad P, Kaplan EM, et al. Possible biological mechanisms of the serotonin reuptake inhibitor discontinuation syndrome. Discontinuation Consensus Panel. *J Clin Psychiatry* 1997; 58 (Suppl 7): 23–27

Schmahl C, Kleindienst N, Limberger M, et al. Evaluation of naltrexone for dissociative symptoms in borderline personality disorder. *Int Clin Psychopharmacol* 2012; 27: 61–68

Schmidt PJ, Daly RC, Bloch M. Dehydroepiandrosterone monotherapy in midlife-onset major and minor depression. *Arch Gen Psychiatry* 2005; 62: 154–162

Schmitt R, Gazelle FK, Lima MS, et al. The efficacy of antidepressants for generalized anxiety disorder: a systematic review and meta-analysis. *Braz J Psychiatry* 2005; 27: 18–24

Schneider LS, Dagerman K, Insel SP. Efficacy and adverse effects of atypical antipsychotics for dementia: meta-analysis of randomized, placebo-controlled trials. *Am J Geriatr Psychiatry* 2006; 14: 191–210

Schneider LS, Nelson JC, Clary CM, et al. An 8-week multicenter, parallel-group, double-blind, placebo controlled study of sertraline in elderly outpatients with major depression. *Am J Psychiatry* 2003; 160: 1277–1285

Schneier FR, Campeas R, Carcamo J, et al. Combined mirtazapine and SSRI treatment of PTSD: a placebo-controlled trial. *Depress Anxiety* 2015; 32: 570–579

Scholey A, Ossoukhova A, Owen L, et al. Effects of American ginseng (Panax quinquefolius) on neurocognitive function: an acute, randomised, double-blind, placebo-controlled, crossover study. *Psychopharmacol (Berl)* 2010; 212: 345–356

Schottenfeld RS, Chawarski MC, Pakes JR, et al. Methadone versus buprenorphine with contingency management or performance feedback for cocaine and opioid dependence. *Am J Psychiatry* 2005; 162: 340–349

Schulz SC, Zanarini MC, Bateman A, et al. Olanzapine for the treatment of borderline personality disorder: variable dose 12-week randomised double-blind placebo-controlled study. *Br J Psychiatry* 2008; 193: 485–492

Schutters SIJ, Van Megan HJGM, Van Veen JF, et al. Mirtazapine in generalized social anxiety disorder: a randomized, double-blind, placebo-controlled study. *Int Clin Psychopharmacol* 2010; 25: 302–304

Schweizer E, Rickels K, Hassman H, et al. Buspirone and imipramine for the treatment of major depression in the elderly. *J Clin Psychiatry* 1998; 59: 175–183

Schwenk ES, Viscusi ER, Buvanendram A, et al. Consensus guidelines on the use of intravenous ketamine infusions for acute pain management from the American Society of Regional Anesthesia and Pain Medicine, the American Academy of Pain Medicine, and the American Society of Anesthesiologists. *Reg Anesth Pain Med* 2018; 43: 456–466

Scoriels L, Jones PB, Sahakian PJ. Modafinil effects on cognition and emotion in schizophrenia and its neurochemical modulation in the brain. *Neuropsychopharmacol* 2013; 64: 168–184

Scuderi C, De Filippis D, Iuvone T, et al. Cannabidiol in medicine: a review of its therapeutic potential in CNS disorders. *Phytother Res* 2009; 23: 597–602

Seedat S, Stein MB. Double-blind, placebo-controlled assessment of combined clonazepam with paroxetine compared with paroxetine monotherapy for generalized social anxiety disorder. *J Clin Psychiatry* 2004; 65: 244–248

Seeman P. All roads to schizophrenia lead to dopamine supersensitivity and elevated dopamine D2(high) receptors. *CNS Neurosci Ther* 2011; 17: 118–132

Seitz DP, Adunuri N, Gill SS, et al. Antidepressants for agitation and psychosis in dementia. *Cochrane Database Syst Rev* 2011; (2): CD008191

Selle V, Schalkwijk S, Vásquez GH, et al. Treatments for acute bipolar depression: meta-analyses of placebo-controlled, monotherapy trials of anticonvulsants, lithium and antipsychotics. *Pharmacopsychiatry* 2014; 47: 43–52

Selles RR, McGuire JF, Small BJ, et al. A systematic review and meta-analysis of psychiatric treatments for excoriation (skin-picking) disorder. *Gen Hosp Psychiatry* 2016; 41: 29–37

Senderovich A, Jeyapragasan G. Is there a role for combined use of gabapentin and pregabalin in pain control? Too good to be true? *Curr Med Res Opin* 2018; 34: 677–682

Sephery AA, Potvin S, Elie R, et al. Selective serotonin reuptake inhibitor (SSRI) add-on therapy for the negative symptoms of schizophrenia: a meta-analysis. *J Clin Psychiatry* 2007; 68: 604–610

Serafini G, Adavastro G, Canepa G, et al. The efficacy of buprenorphine in major depression, treatment-resistant depression and suicidal behavior: a systematic review. *Int J Mol Sci* 2018; 19: E2410

Serban G, Siegel S. Response of borderline and schizotypal patients to small doses of thiothixene and haloperidol. *Am J Psychiatry* 1984; 141: 1455–1458

Servan A, Brunelin J, Poulet E. The effects of oxytocin on social cognition in borderline personality disorder. *Encephale* 2018;44: 46–51

Shahani L. Venlafaxine augmentation with lithium leading to serotonin syndrome. *J Neuropsychiatry Clin Neurosci* 2012; 24: E47

Shakibaei F, Radmanesh M, Salari E, et al. Ginkgo biloba in the treatment of attention-deficit/hyperactivity disorder in children and adolescents: a randomized, placebo-controlled, trial. *Compl Ther Clin Pract* 2015; 21: 61–67

Shalev AY, Ankri Y, Israeli-Shalev Y, et al. Prevention of posttraumatic stress disorder by early treatment: results from the Jerusalem Trauma Outreach and Prevention Study. *Arch Gen Psychiatry* 2012; 69: 166–176

Shams M, Hiemke C, Härtter S. Therapeutic drug monitoring of the antidepressant mirtazapine and its N-demethylated metabolite in human serum. *Ther Drug Monit* 2004; 26: 78–84

Shapiro HI, Davis KA. Hypercalcemia and "primary" hyperparathyroidism during lithium therapy. *Am J Psychiatry* 2015; 172:12–15

Shaw P, Stringaris A, Nigg J, et al. Emotion dysregulation in attention deficit hyperactivity disorder. *Am J Psychiatry* 2014;171: 276–293

Shear MK, Reynolds CF 3rd, Simon NM, et al. Optimizing treatment of complicated grief: a randomized clinical trial. *JAMA Psychiatry* 2016; 73: 685–694

Sheard MH, Marini JL, Bridges CI, et al. The effect of lithium on impulsive aggressive behavior in man. *Am J Psychiatry* 1976;133: 1409–1413

Sheehan DV, Sheehan KH, Raj BA. The speed of onset of alprazolam-XR compared to alprazolam-CT in panic disorder. *Psychopharmacol Bull* 2007; 40: 63–81

Sheehan DV, Burnham DB, Iyengar MK, et al. Efficacy and tolerability of controlled-release paroxetine in the treatment of panic disorder. *J Clin Psychiatry* 2005; 66: 34–40

Sheehan DV, Harnett-Sheehan K, Hidalgo RB, et al. Randomized, placebo-controlled trial of quetiapine XR and divalproex ER monotherapies in the treatment of the anxious bipolar patient. *J Affect Disord* 2013; 145: 83–94

Sheehan DV, McElroy SL, Harnett-Sheehan K, et al. Randomized, placebo-controlled trial of risperidone for acute treatment of bipolar anxiety. *J Affect Disord* 2009; 115: 376–385

Sheehan DV, Raj AB, Harnett-Sheehan K, et al. The relative efficacy of high-dose buspirone and alprazolam in the treatment of panic disorder: a double-blind placebo-controlled study. *Acta Psychiatr Scand* 1993; 88: 1–11

Sheehan DV, Raj AB, Sheehan KH, et al. The relative efficacy of buspirone, imipramine and placebo in panic disorder: a preliminary report. *Pharmacol Biochem Behav* 1988; 29: 815–817

Sheehan DV, Raj AB, Sheehan KH, et al. Is buspirone effective for panic disorder? *J Clin Psychopharmacol* 1990; 10: 3–11

Shelton RC, Tollefson GD, Tohen M, et al. A novel augmentation strategy for treating resistant major depression. *Am J Psychiatry* 2001; 158: 131–134

Shelton RC, Williamson DJ, Corya SA, et al. Olanzapine/fluoxetine combination for treatment-resistant depression: a controlled study of SSRI and nortriptyline resistance. *J Clin Psychiatry* 2005; 66: 1289–1297

Shergis JL, Zhang AL, Zhou W, et al. Panax ginseng in randomised controlled trials: a systematic review. *Phytother Res* 2013;27: 949–965

Shi Q, Pavey ES, Carter RE. Bonferroni-based correction factor for multiple, correlated endpoints. *Pharm Stat* 2012; 11:300–309

Shim J-C, Shin JG, Kelly DL, et al. Adjunctive treatment with a dopamine partial agonist, aripiprazole, for antipsychotic-induced hyperprolactinemia: a placebo-controlled trial. *Am J Psychiatry* 2007; 164: 1404–1410

Shin B-C, Lee MS, Yang EJ, et al. Maca (*L. myenii*) for improving sexual function: a systematic review. *BMC Complement Altern Med* 2010; 10: 44

Shiner B, Westgate CL, Gui J, et al. A retrospective comparative effectiveness study of medications for posttraumatic stress disorder in routine practice. *J Clin Psychiatry* 2018; 79: 18m12145

Shioda K, Nisijima K, Yoshino T, et al. Mirtazapine abolishes hyperthermia in an animal model of serotonin syndrome. *Neurosci Lett* 2010; 482: 216–219

Shiroma PR, Drews MS, Geske JR, et al. SLC6A4 polymorphisms and age of onset in late-life depression on treatment outcomes with citalopram: a Sequenced Treatment Alternatives to Relieve Depression (STAR*D) report. *Am J Geriatr Psychiatry* 2014; 22: 1140–1148

Shlipak MG, Matsushita K, Ärnlöv J, et al. Cystatin C versus creatinine in determining risk based on kidney function. *N Engl J Med* 2013; 369: 932–943

Shulman KI, Walker SE. Refining the MAOI diet: tyramine content of pizzas and soy products. *J Clin Psychiatry* 1999; 60: 191–193

Shulman KI, Walker SE, MacKenzie S, et al. Dietary restriction, tyramine, and the use of monoamine oxidase inhibitors. *J Clin Psychopharmacol* 1989; 9: 397–402

Shuman M, Chukwu A, Van Veldhuizen N, et al. Relationship between mirtazapine dose and incidence of adrenergic side effects: an exploratory analysis. *Mental Health Clin* 2019; 9: 41–47

Schumer MC, Bartley CA, Bloch MH. Systematic review of pharmacological and behavioral treatments for skin picking disorder. *J Clin Psychopharmacol* 2016; 36(2): 147–152

Siassi I. Lithium treatment of impulsive behavior in children. *J Clin Psychiatry* 1982; 43: 482–484

Sidor MM, McQueen GM. Antidepressants for the acute treatment of bipolar depression: a systematic review and meta-analysis, *J Clin Psychiatry* 2011; 72: 156–167

Sievewright H, Tyrer P, Johnson T. Change in personality status in neurotic disorders. *Lancet* 2002; 359: 2253–2254

Silberstein SD, Peres MF, Hopkins MM, et al. Olanzapine in the treatment of refractory migraine and chronic daily headache. *Headache* 2002; 42: 515–518

Silverman BL, Martin W, Memisoglu A, et al. A randomized, double-blind, placebo-controlled proof of concept study to evaluate samidorphan in the prevention of olanzapine-induced weight gain in healthy volunteers. *Schizophr Res* 2018; 195:245–251

Simeon D, Stein DJ, Gross S, et al. A double-blind trial of fluoxetine in pathologic skin picking. *J Clin Psychiatry* 1997; 58:341–347

Simeon JF, Ferguson HB, Knott V, et al. Clinical, cognitive, and neurophysiological effects of alprazolam in children and adolescents with overanxious and avoidant disorders. *J Am Acad Child Adolesc Psychiatry* 1992; 31: 29–33

Simhandl C, Denk E, Thau K. The comparative efficacy of carbamazepine low and high serum level and lithium carbonate in the prophylaxis of affective disorders. *J Affect Disord* 1993; 28: 221–231

Simon NM, Connor KM, Lang AJ, et al. Paroxetine CR augmentation for posttraumatic stress disorder refractory to prolonged exposure therapy. *J Clin Psychiatry* 2008; 69: 400–405

Simon NM, Hoge EA, Fischmann D, et al. An open-label trial of risperidone augmentation for refractory anxiety disorders. *J Clin Psychiatry* 2006a; 67: 381–385

Simon NM, Worthington JJ, Doyle AC, et al. An open-label study of levetiracetam for the treatment of social anxiety disorder. *J Clin Psychiatry* 2004; 65: 1219–1222

Simon NM, Zalta AK, Worthington JJ 3rd, et al. Preliminary support for gender differences in response to fluoxetine for generalized anxiety disorder. *Depress Anxiety* 2006b; 23: 373–376

Simpson EB, Yen S, Costello E, et al. Combined dialectical behavior therapy and fluoxetine in the treatment of borderline personality disorder. *J Clin Psychiatry* 2005; 65: 379–385

Sinclair DJ, Zhao S, Qi F, et al. Electroconvulsive therapy for treatment-resistant schizophrenia. *Cochrane Database Syst Rev* 2019; (3): CD011847

Singer S, Tkachenko E, Sharon P, et al. Psychiatric adverse events in patients taking isotretinoin as reported in a Food and Drug Administration database from 1997–2017. *JAMA Dermatol* 2019; 155: 1162–1166

Singh SP, Singh V. Meta-analysis of the efficacy of adjunctive NMDA receptor modulators in chronic schizophrenia. *CNS Drugs* 2011; 25: 859–885

Singh M, Keer D, Klimas J, et al. Topiramate for cocaine dependence: a systematic review and meta-analysis of randomized controlled trials. *Addiction* 2016; 111: 1337–1346

Singh NP, Despars JA, Stansbury DW, et al. Effects of buspirone on anxiety levels and exercise tolerance in patients with chronic airflow obstruction and mild anxiety. *Chest* 1993; 103: 800–804

Singh SP, Singh V, Kar N, et al. Efficacy of antidepressants in treating the negative symptoms of chronic schizophrenia: meta-analysis. *Br J Psychiatry* 2010; 197: 174–179

Siris SG, Adan F, Cohen M, et al. Postpsychotic depression and negative symptoms: an investigation of syndromal overlap. *Am J Psychiatry* 1988; 145: 1532–1537

Siskind D, McCartney L, Goldschlager R, et al. Clozapine v. first-and second-generation antipsychotics in treatment-refractory schizophrenia: systematic review and meta-analysis. *Br J Psychiatry* 2016; 209: 385–392

Siskind DJ, Lee M, Ravindran A, et al. Augmentation strategies for clozapine refractory schizophrenia: a systematic review and meta-analysis. *Aust N Z J Psychiatry* 2018; 52: 751–767

Skapinakis P, Caldwell DM, Hollingworth W, et al. Pharmacological and psychotherapeutic interventions for management of obsessive-compulsive disorder in adults: a systematic review and network meta-analysis. *Lancet Psychiatry* 2016; 3: 730–739

Skelley JW, Deas CM, Curren Z, Ennis J. Use of cannabidiol in anxiety and anxiety-related disorders. *J Am Pharm Assoc (2003)* 2020; 60: 253–261

Skinner MD, Lahmek P, Pham H, et al. Disulfiram efficacy in the treatment of alcohol dependence: a meta-analysis. *PLoS One* 2014; 9: e87366

Skoglund C, Chen Q, Franck J, et al. Attention-deficit/hyperactivity disorder and risk for substance use disorders in relatives. *Biol Psychiatry* 2015; 77: 880–886

Slee A, Nazareth I, Bondaronek P, et al. Pharmacological treatments for generalised anxiety disorder: a systematic review and network meta-analysis. *Lancet* 2019; 393: 768–777

Small JG, Hirsch SR, Arvinitis LA, et al. Quetiapine in patients with schizophrenia: a high-and low-dose double-blind comparison with placebo. Seroquel Study Group. *Arch Gen Psychiatry* 1997; 54: 549–557

Smith GC, Pell JP. Parachute use to prevent death and major trauma related to gravitational challenge: systematic review of randomised controlled trials. *Br Med J* 2003; 237: 1459–1461

Smith DF, Schou M. Kidney function and lithium concentrations in rats given an injection of lithium orotate or lithium carbonate. *J Pharm Pharmacol* 1979; 31: 161–163

Snyderman SH, Rynn MA, Rickels K. Open-label pilot study of ziprasidone for refractory generalized anxiety disorder. *J Clin Psychopharmacol* 2005; 25: 497–499

Soares-Weiser K, Rathbone J. Neuroleptic reduction and/or cessation and neuroleptics as specific treatments for tardive dyskinesia. *Cochrane Database Syst Rev.* 2006; (1): CD000459

Soares-Weiser K, Maayan N, Bergman H. Vitamin E for antipsychotic-induced tardive dyskinesia. *Cochrane Database Syst Rev* 2018; (1): CD000209

Sobanski T, Bagli M, Laux G, et al. Serotonin syndrome after lithium add-on medication to paroxetine. *Pharmacopsychiatry* 1997; 30: 106–107

Sobotka JL, Alexander B, Cook BL. A review of carbamazepine's hematologic reactions and monitoring recommendations. *DICP* 1990; 24: 1214–1219

Soler J, Pascual JC, Campins J, et al. Double-blind, placebo-controlled study of dialectical behavior therapy plus olanzapine for borderline personality disorder. *Am J Psychiatry* 2005; 162: 1221–1224

Solmi M, Fornaro M, Toyoshima K, et al. Systematic review and exploratory meta-analysis of the efficacy, safety, and biological effects of psychostimulants and atomoxetine in patients with schizophrenia or schizoaffective disorder. *CNS Spectrums* 2019; 24: 479–495

Solmi M, Pigato G, Kane JM, et al. Treatment of tardive dyskinesia with VMAT-2 inhibitors: a systematic review and meta-analysis of randomized controlled trials. *Drug Des Devel Ther* 2018; 12: 1215–1238

Solmi M, Veronese N, Thapa N, et al. Systematic review and meta-analysis of the efficacy and safety of minocycline in schizophrenia. *CNS Spectr* 2017; 22: 415–426

Soloff PH, Cornelius J, George A, et al. Efficacy of phenelzine and haloperidol in borderline personality disorder. *Arch Gen Psychiatry* 1993; 50: 377–385

Soloff PH, George A, Nathan RS, et al. Progress in pharmacotherapy of borderline disorders: a double-blind study of amitriptyline, haloperidol, and placebo. *Arch Gen Psychiatry* 1986; 43: 691–697

Soloff PH, George A, Nathan S, et al. Amitriptyline versus haloperidol in borderlines: final outcomes and predictors of response. *J Clin Psychopharmcol* 1989; 9: 238–246

Solomon DA, Leon AC, Coryell WH, et al. Longitudinal course of bipolar I disorder: duration of mood episodes. *Arch Gen Psychiatry* 2010; 67: 339–347

Solomon M, Ozonoff S, Carter C, et al. Formal thought disorder and the autism spectrum: relationship with symptoms, executive control, and anxiety. *J Autism Dev Disord* 2008; 38: 1474–1484

Sommer IE, de Witte L, Begemann M, et al. Nonsteroidal anti-inflammatory drugs in schizophrenia: ready for practice or a good start? A meta-analysis. *J Clin Psychiatry* 2012; 73: 414–419

Sonne S, Rubey R, Brady K, et al. Naltrexone treatment of self-injurious thoughts and behaviors. *J Nerv Ment Dis.* 1996;184:192–195

Sood S. Neutropenia with multiple antipsychotics including dose dependent neutropenia with lurasidone. *Clin Psychopharmacol Neurosci* 2017; 15: 413–415

Soomro GM, Altman D, Rajagopal S, et al. Selective serotonin re-uptake inhibitors (SSRIs) versus placebo for obsessive compulsive disorder (OCD). *Cochrane Database Syst Rev* 2008; (1): CD001765

Southwick SM, Pietrzak RH, Charney DS, et al. Resilience: the role of accurate appraisal, thresholds, and socioenvironmental factors. *Behav Brain Sci* 2015; 38: e122

Soutif-Veillon A, Ferland G, Rolland Y, et al. Increased dietary vitamin K intake is associated with less severe subjective memory complaint among older adults. *Maturitas* 2016; 93: 131–136

Soyka M. Othello syndrome: jealousy and jealous delusions as symptoms of psychiatric disorders. *Fortschr Neurol Psychiatr* 1995;63: 487–494

Soyka M. Neurobiology of aggression and violence. *Schizophr Bull* 2011; 37: 913–920

Sparshatt A, Taylor D, Patel MX, Kapur S. A systematic review of aripiprazole: dose, plasma concentration, receptor occupancy, and response: implications for therapeutic drug monitoring. *J Clin Psychiatry* 2010; 71: 1447–1456

Sparshatt A, Taylor D, Patel MX, Kapur S. Relationship between daily dose, plasma concentrations, dopamine receptor occupancy, and clinical response to quetiapine: a review. *J Clin Psychiatry* 2011; 72: 1108–1123

Sperling H, Eisenhardt A, Virchow S, et al. Sildenafil response is influenced by the G protein beta 3 subunit GNB3 C825T polymorphism: a pilot study. *J Urol* 2003; 169: 1048–1051

Spielberger CD, Gorsuch RL, Lushene PR, et al. *Manual for the State-Trait Anxiety Inventory.* Palo Alto, California: Consulting Psychologists Press; 1983

Spina E, De Domenico P, Ruello C, et al. Adjunctive fluoxetine in the treatment of negative symptoms in chronic schizophrenic patients. *Int Clin Psychopharmacol* 1994; 9: 281–285

Sprouse AA, van Breemen RB. Pharmacokinetic interactions between drugs and botanical dietary supplements. *Drug Metab Dispos* 2016; 44: 162–171

Sramek JJ, Pi EH. Ethnicity and antidepressant response. *Mt Sinai J Med* 1996; 63: 320–325

Sramek JJ, Murphy MF, Cutler NR. Sex differences in the psychopharmacological treatment of depression. *Dialogues Clin Neurosci* 2016; 18: 447–457

Stahl SM. Drugs for psychosis and mood: unique actions at D3, D2 and D1 dopamine receptor subtypes. *CNS Spectr* 2017; 22:375–384

Stahl SM. Comparing pharmacologic mechanism of action for the vesicular monoamine transporter 2 (VMAT2) inhibitors valbenazine and deutetrabenazine in treating tardive dyskinesia: does one have advantages over the other? *CNS Spectr* 2018; 23: 239–243

Stahl SM, Morrissette DA, Faedda G, et al. Guidelines for the recognition and management of mixed depression. *CNS Spectr* 2017; 22: 203–219

Stamm TJ, Becker D, Sondergeld LM, et al. Prediction of antidepressant response to venlafaxine by a combination of early response to assessment and therapeutic drug monitoring. *Pharmacopsychiatry* 2014a; 47: 174–179

Stamm TJ, Lewitzka U, Sauer C, et al. Supraphysiologic doses of levothyroxine as adjunctive therapy in bipolar depression: a randomized, double-blind, placebo-controlled study. *J Clin Psychiatry* 2014b; 75: 162–168

Stanley B, Sher L, Wilson S, et al. Non-suicidal self-injurious behavior, endogenous opioids and monoamine neurotransmitters. *J Affect Disord* 2010; 124: 134–140

Starzer MSK, Nordentoft M, Hjorthøj C. Rates and predictors of conversion to schizophrenia or bipolar disorder following substance-induced psychosis. *Am J Psychiatry* 2018; 175: 343–350

Steen NE, Aas M, Simonsen C, et al. Serum level of venlafaxine is associated with better memory in psychotic disorders. *Schizophr Res* 2015; 160: 386–392

Steen NE, Aas M, Simonsen C, et al. Serum levels of second-generation antipsychotics are associated with cognitive function in psychotic disorders. *World Biol Psychiatry* 2017; 18: 471–482

Stein DJ. Pharmacotherapy of adjustment disorder: a review. *World J Biol Psychiatry* 2018; 19(Suppl 1): S46–S52

Stein DJ, Spadaccini E, Hollander E. Meta-analysis of pharmacotherapy trials for obsessive-compulsive disorder. *Int Clin Psychopharmacol* 1995; 10: 11–18

Stein MB, Kline NA, Matloff JL. Adjunctive olanzapine for SSRI-resistant combat-related PTSD: a double-blind, placebo-controlled study. *Am J Psychiatry* 2002b; 159: 1777–1779

Stein DJ, Baldwin DS, Dolberg OT, et al. Which factors predict placebo response in anxiety disorders and major depression? An analysis of placebo-controlled studies of escitalopram. *J Clin Psychiatry* 2006; 67: 1741–1746

Stein DJ, Hollander E, Anthony DT, et al. Serotonergic medications for sexual obsessions, sexual addictions, and paraphilias. *J Clin Psychiatry* 1992; 53: 267–271

Stein DJ, Simeon D, Frenkel M, et al. An open trial of valproate in borderline personality disorder. *J Clin Psychiatry* 1995a; 56:506–510

Stein DJ, Versiani M, Hair T, et al. Efficacy of paroxetine for relapse prevention in social anxiety disorder: a 24-week study. *Arch Gen Psychiatry* 2002a; 59: 1111–1118

Stein MB, Chartier MJ, Hazen AL, et al. Paroxetine in the treatment of generalized social phobia: open-label treatment and double-blind placebo-controlled discontinuation. *J Clin Psychopharmacol* 1996; 16: 218–222

Stein MB, Liebowitz MR, Lydiard RB, et al. Paroxetine treatment of generalized social phobia (social anxiety disorder): a randomized controlled trial. *J Am Med Assoc* 1998; 280: 708–713

Stein MB, Ravindran LN, Simon NM, et al. Levetiracetam in generalized social anxiety disorder: a double-blind, randomized controlled trial. *J Clin Psychiatry* 2010; 71: 627–631

Stein MB, Sareen J, Hami S, et al. Pindolol potentiation of paroxetine for generalized social phobia: a double-blind, placebo-controlled, crossover study. *Am J Psychiatry* 2001; 158: 1725–1727

Sterne JA, Gavaghan D, Egger M. Publication and related bias in meta-analysis: power of statistical tests and prevalence in the literature. *J Clin Epidemiol* 2000; 53: 1119–1129

Stevinson C, Ernst E. Valerian for insomnia: a systematic review of randomized clinical trials. *Sleep Med* 2000; 1: 91–99

Stewart JW, Deliyannides DA, McGrath PJ. How treatable is refractory depression? *J Affect Disord* 2014; 167: 148–152

Stewart JW, Quitkin FM, McGrath PJ, et al. Use of pattern analysis to predict differential relapse of remitted patients with major depression during 1 year of treatment with fluoxetine or placebo. *Arch Gen Psychiatry* 1998; 55: 334–343

Stock CJ, Carpenter L, Ying J, et al. Gabapentin versus chlordiazepoxide for outpatient alcohol detoxification treatment. *Ann Pharmacother* 2013; 47: 961–969

Stoffers J, Völlm BA, Rücker G, et al. Pharmacological interventions for borderline personality disorder. *Cochrane Database Syst Rev* 2010; (6): CD005653

Stoll AL, Sachs GS, Cohen BM, et al. Choline in the treatment of rapid-cycling bipolar disorder: clinical and neurochemical findings in lithium-treated patients. *Biol Psychiatry* 1996; 40: 382–388

Stone JM, Roux S, Taylor D, et al. First-generation *versus* second-generation long-acting injectable antipsychotic drugs and time to relapse. *Ther Adv Psychopharmacol* 2018; 8: 333–336

Storch EA, Larson MJ, Shapira NA, et al. Clinical predictors of early fluoxetine treatment response in obsessive-compulsive disorder. *Depress Anxiety* 2006; 23: 429–433

Storebø OJ, Ramstad E, Krogh HB, et al. Methylphenidate for children and adolescents with attention deficit hyperactivity disorder (ADHD). *Cochrane Database Syst Rev* 2015; (11): CD009885

Stough C, Lloyd J, Clarke J, et al. The chronic effects of an extract of *Bacopa monniera* (Brahmi) on cognitive function in healthy human subjects. *Psychopharmacol (Berl)* 2001; 156: 481–484

Strain EC, Stitzer ML, Liebson IA, et al. Comparison of buprenorphine and methadone in the treatment of opioid dependence. *Am J Psychiatry* 1994; 151: 1025–1030

Streichenwein SM, Thornby JA. A long-term, double-blind, placebo-controlled, crossover trial of the efficacy of fluoxetine for trichotillomania. *Am J Psychiatry* 1995; 152: 1192–1196

Stübner S, Grohman R, Engel R, et al. Blood dyscrasias induced by psychotropic drugs. *Pharmacopsychiatry* 2004; 37 (Suppl 1): S70–S78

Sugarman MA, Kirsch I, Huppert JD. Obsessive-compulsive disorder has a reduced placebo (and antidepressant) response compared to other anxiety disorders: a meta-analysis. *J Affect Disord* 2017; 218: 217–226

Suliman S, Seedat S, Pingo J, et al. Escitalopram in the prevention of posttraumatic stress disorder: a pilot randomized controlled trial. *BMC Psychiatry* 2015; 15: 24

Sullivan PF, Daly MJ, O'Donovan M. Genetic architectures of psychiatric disorders: the emerging picture and its implications. *Nat Rev Genet* 2012; 13: 537–551

Sullivan JT, Sykora K, Schneiderman J, et al. Assessment of alcohol withdrawal: the revised Clinical Institute Withdrawal Assessment for Alcohol scale (CIWA-Ar). *Br J Addict* 1989; 84: 1353–1357

Sultana A, McMonagle T. Pimozide for schizophrenia or related psychoses. *Cochrane Database Syst Rev* 2000; (2): CD001949

Sun Y, Liang Y, Jiao Y, et al. Comparative efficacy and acceptability of antidepressant treatment in poststroke depression: a multiple-treatments meta-analysis. *BMJ Open* 2017; 7: e016499

Sundquist J, Sundquist K, Ji J. Autism and attention deficit/hyperactivity disorder among individuals with a family history of alcohol use disorders. *Elife* 2014; 3: e02917

Suppes T, Hirschfeld RM, Vieta E, et al. Quetiapine for the treatment of bipolar II depression: analysis of data from two randomized, double-blind, placebo-controlled studies. *World J Biol Psychiatry* 2008; 9: 198–211

Suppes T, McElroy SL, Sheehan DV, et al. A randomized, double-blind, placebo-controlled study of ziprasidone monotherapy in bipolar disorder with co-occurring lifetime panic or generalized anxiety disorder. *J Clin Psychiatry* 2014; 75: 77–84

Suppes T, Silva R, Cucchiaro J, et al. Lurasidone for the treatment of major depressive disorder with mixed features: a randomized, double-blind, placebo-controlled study. *Am J Psychiatry* 2016; 173: 400–407

Sutherland SM, Davidson JR. Pharmacotherapy for posttraumatic stress disorder. *Psychiatr Clin N Amer* 1994; 17: 409–423

Swann AC, Anderson JC, Dougherty DM, et al. Measurement of inter-episode impulsivity in bipolar disorder. *Psychiatry Res* 2001; 101: 195–197

Swann AC, Bowden CL, Calabrese JR, et al. Differential effect of number of previous episodes of affective disorder on response to lithium or divalproex in acute mania. *Am J Psychiatry* 1999; 156: 1264–1266

Swedo SE, Leonard HL, Rapoport JL, et al. A double-blind comparison of clomipramine and desipramine in the treatment of trichotillomania (hair pulling). *N Engl J Med* 1989; 321: 497–501

Sweet RA, Pollock BG, Mulsant BH, et al. Pharmacological profile of perphenazine's metabolites. *J Clin Psychopharmacol* 2000; 20: 181–187

Szegedi A, Durgam S, Mackle M, et al. Randomized, double-blind, placebo-controlled trial of asenapine maintenance therapy in adults with an acute manic or mixed episode associated with bipolar I disorder. *Am J Psychiatry* 2018; 175: 71–79

Szegedi A, Jansen WT, van Willigenburg AP, et al. Early improvement in the first 2 weeks as a predictor of treatment outcome in patients with major depressive disorder: a meta-analysis including 6562 patients. *J Clin Psychiatry* 2009; 70:344–353

Szegedi A, Wetzel H, Leal M, et al. Combination treatment with clomipramine and fluvoxamine: drug monitoring, safety and tolerability data. *J Clin Psychiatry* 1996; 57: 257–264

Szegedi A, Zhao J, van Willigenburg A, et al. Effects of asenapine on depressive symptoms in patients with bipolar I disorder experiencing acute manic or mixed episodes: a post hoc analysis of two 3-week clinical trials. *BMC Psychiatry* 2011; 11:101

Szeszko PR, Bilder RM, Dunlop JA, et al. Longitudinal assessment of methylphenidate effects on oral word production and symptoms in first-episode schizophrenia at acute and stabilized phases. *Biol Psychiatry* 1999; 45: 680–686

Szuba MP, Hornig-Rohan M, Amsterdam JD. Rapid conversion from one monoamine oxidase inhibitor to another. *J Clin Psychiatry* 1997; 58: 307–310

Tait DS, Marston HM, Shahid M, et al. Asenapine restores cognitive flexibility in rats with medial prefrontal cortex lesions. *Psychopharmacol (Berl)* 2009; 202: 295–306

Takano A, Ono S, Yamana H, et al. Factors associated with long-term prescription of benzodiazepine: a retrospective cohort study using a health insurance database in Japan. *BMJ Open* 2019; 9: e029641

Takeshima N, Ogawa Y, Hayasaka Y, et al. Continuation and discontinuation of benzodiazepine prescriptions: a cohort study based on a large claims database in Japan. *Psychiatr Res* 2016; 237: 201–207

Tang TZ, DeRubeis RJ, Hollon SD, et al. Personality change during depression treatment: a placebo-controlled trial. *Arch Gen Psychiatry* 2009; 66: 1322–1330

Bibliografia

Tanzer T, Shah S, Benson C, et al. Varenicline for cognitive impairment in people with schizophrenia: systematic review and meta-analysis. *Psychopharmacol Berl* 2020; 237: 11–19

Tardy M, Dold M, Engel RR, et al. Trifluoperazine versus low-potency first-generation antipsychotic drugs for schizophrenia. *Cochrane Database Syst Rev* 2014c; (7): CD009396

Tardy M, Huhn M, Engel RR, et al. Perphenazine versus low-potency first-generation antipsychotic drugs for schizophrenia. *Cochrane database Syst Rev* 2014a; 7: CD009369

Tardy M, Huhn M, Engel RR, et al. Fluphenazine versus low-potency first-generation antipsychotic drugs for schizophrenia. *Cochrane Database Syst Rev* 2014b; 3: CD009230

Targownik LE, Bolton JM, Metge CJ, et al. Selective serotonin reuptake inhibitors are associated with a modest increase in the risk of upper gastrointestinal bleeding. *Am J Gastroenterol* 2009; 104: 1475–1482

Tarleton EK, Littenberg B, MacLean CD, et al. Role of magnesium supplementation in the treatment of depression: a randomized clinical trial. *PLoS One* 2017; 12: e0180067

Taylor D. Selective serotonin reuptake inhibitors and tricyclic antidepressants in combination: interactions and therapeutic uses. *Br J Psychiatry* 1995; 167: 575–580

Taylor D, Paton C, Kapur S (Eds). *The Maudsley Prescribing Guidelines in Psychiatry, 11th Edn*. London: Wiley Blackwell; 2015

Taylor CB, Youngblood ME, Catellier D, et al. Effects of antidepressant medication on morbidity and mortality in depressed patients after myocardial infarction. *Arch Gen Psychiatry* 2005; 62: 792–798

Taylor CP, Traynelis SF, Siffert J, et al. Pharmacology of dextromethorphan: relevance to dextromethorphan/quinidine (Nuedexta®) clinical use. *Pharmacol Ther* 2016; 164: 170–182

Tedeschini E, Levkovitz Y, Iovieno N, et al. Efficacy of antidepressants for late-life depression: a meta-analysis and meta-regression of placebo-controlled randomized trials. *J Clin Psychiatry* 2011; 72: 1660–1668

Teicher MH, Glod CA, Aaronson ST, et al. Open assessment of the safety and efficacy of thioridazine in the treatment of patients with borderline personality disorder. *Psychopharmacol Bull* 1989; 25: 535–549

Terao T, Ishida A, Kimura T, et al. Preventive effects of lamotrigine in bipolar II versus bipolar I disorder. *J Clin Psychiatry* 2017;78: e1000–e1005

Thase ME, Chen D, Edwards J, et al. Effect of vilazodone on anxiety symptoms in patients with major depressive disorder. *Int Clin Psychopharmacol* 2014; 29: 351–356

Thase ME, Corya SA, Ountokun O, et al. A randomized, double-blind comparison of olanzapine/fluoxetine combination, olanzapine, and fluoxetine in treatment-resistant major depressive disorder. *J Clin Psychiatry* 2007; 68: 224–236

Thase ME, Jonas A, Khan A, et al. Aripiprazole monotherapy in nonpsychotic bipolar I depression: results of 2 randomized, placebo-controlled studies. *J Clin Psychopharmacol* 2008; 28: 13–20

Thase ME, Parikh SV, Rothschild AJ, et al. Impact of pharmacogenomics on clinical outcomes for patients taking medications with gene-drug interactions in a randomized controlled trial. *J Clin Psychiatry* 2019a; 80: 19m12910

Thase ME, Youakim JM, Skuban A, et al. Efficacy and safety of adjunctive brexpiprazole 2 mg in major depressive disorder: a phase 3, randomized, placebo-controlled study in patients with inadequate response to antidepressants. *J Clin Psychiatry* 2015a;76: 1224–1231

Thase ME, Youakim JM, Skuban A, et al. Adjunctive brexpiprazole 1 and 3 mg for patients with major depressive disorder following inadequate response to antidepressants: a phase 3, randomized, double-blind study. *J Clin Psychiatry* 2015b; 76:1232–1240

Thase ME, Zhang P, Weiss C, et al. Efficacy and safety of brexpiprazole as adjunctive treatment in major depressive disorder: overview of four short-term studies. *Expert Opin Pharmacother* 2019b; 20: 1907–1916

Thomas A, Baillie GL, Phillips AM, et al. Cannabidiol displays unexpectedly high potency as an antagonist of CB1 and CB2 receptor agonists in vitro. *Br J Pharmacol* 2007; 150: 613–623

Thomas SE, Randall PK, Book SW, et al. A complex relationship between co-occurring social anxiety and alcohol use disorders: what effect does treating social anxiety have on drinking? *Alcohol Clin Exp Res* 2008; 32: 77–84

Thone J. Worsened agitation and confusion in schizophrenia subsequent to high-dose aripiprazole. *J Neuropsychiatry Clin Neurosci* 2007; 19: 481–482

Thorlund K, Druyts E, Wu P, et al. Comparative efficacy and safety of selective serotonin reuptake inhibitors and serotonin-norepinephrine reuptake inhibitors in older adults: a network meta-analysis. *J Am Geriatr Soc* 2015; 63: 1002–1009

Thys-Jacobs S, Starkey P, Bernstein D, et al. Calcium carbonate and the premenstrual syndrome: effects on premenstrual and menstrual symptoms. Premenstrual Syndrome Study Group. *Am J Obstet Gynecol* 1998; 179: 444–452

Tiihonen J, Wahlbeck K, Kiviniemi V. The efficacy of lamotrigine in clozapine-resistant schizophrenia: a systematic review and meta-analysis. *Schizophr Res* 2009; 109: 10–14

Tiihonen J, Ryynänen OP, Kauhanen J, et al. Citalopram in the treatment of alcoholism: a double-blind placebo-controlled study. *Pharmacopsychiatry* 1996; 29: 27–29

Timmer CJ, Sitsen JM, Delbressine LP. Clinical pharmacokinetics of mirtazapine. *Clin Pharmacokinet* 2000; 38: 461–474

Tohen M, Calabrese JR, Sachs GS, et al. Randomized, placebo-controlled trial of olanzapine as maintenance therapy in patients with bipolar I disorder responding to acute treatment with olanzapine. *Am J Psychiatry* 2006; 163: 247–256

Tohen M, Chengappa KNR, Suppes T, et al. Efficacy of olanzapine in combination with valproate or lithium in the treatment of mania in patients partially nonresponsive to valproate or lithium monotherapy. *Arch Gen Psychiatry* 2002; 59: 62–69

Tohen M, Chengappa KNR, Suppes T, et al. Relapse prevention in bipolar I disorder: 18-month comparison of olanzapine plus mood stabiliser v. mood stabiliser alone. *Br J Psychiatry* 2004; 184: 337–345

Tohen M, Frank E, Bowden CL, et al. The International Society for Bipolar Disorders (ISBD) task force report on the nomenclature of course and outcome in bipolar disorders. *Bipolar Disord* 2009; 11: 453–473

Tohen M, Goldberg JF, Gonzalez-Pinto Arrillaga AM, et al. A 12-week, double-blind comparison of olanzapine vs haloperidol in the treatment of acute mania. *Arch Gen Psychiatry* 2003a; 60: 1218–1226

Tohen M, Katagiri H, Fujikoshi S, et al. Efficacy of olanzapine monotherapy in acute bipolar depression: a pooled analysis of controlled studies. *J Affect Disord* 2013; 149: 196–201

Tohen M, Vieta E, Calabrese J, et al. Efficacy of olanzapine and olanzapine-fluoxetine combination in the treatment of bipolar I depression. *Arch Gen Psychiatry* 2003b; 60: 1079–1088

Tollefson GD, Beasley CM Jr., Tran PV, et al. Olanzapine versus haloperidol in the treatment of schizophrenia and schizoaffective and schizophreniform disorders: results from an international collaborative trial. *Am J Psychiatry* 1997; 154:457–467

Tollefson GD, Bosomworth JC, Heiligenstein JH, et al. A double-blind, placebo-controlled clinical trial of fluoxetine in geriatric patients with major depression: the Fluoxetine Collaborative Study Group. *Int Geropsychiatr* 1995; 7: 89–104

Tollefson GD, Greist JH, Jefferson JW, et al. Is baseline agitation a relative contraindication for a selective serotonin reuptake inhibitor? A comparative trial of fluoxetine versus imipramine. *J Clin Psychopharmacol* 1994a; 14: 385–391

Tollefson GD, Rampey AH, Potvin JH, et al. A multicenter investigation of fixed-dose fluoxetine in the treatment of obsessive-compulsive disorder. *Arch Gen Psychiatry* 1994b; 51: 559–567

Tomita T, Yasui-Furukori N, Nakagami T, et al. Therapeutic reference range for plasma concentrations of paroxetine in patients with major depressive disorder. *Ther Drug Monit* 2014; 36: 480–485

Tondo L, Vázquez G, Baldessarini RJ. Mania associated with antidepressant treatment: comprehensive meta-analytic review. *Acta Psychiatr Scand* 2010; 121: 404–414

Tondo L, Burrai C, Scamonatti L, et al. Carbamazepine in panic disorder. *Am J Psychiatry* 1989; 146: 558–559

Toniolo RA, Fernandes FBF, Silva M, et al. Cognitive effects of creatine monohydrate adjunctive therapy in patients with bipolar depression: results from a randomized, double-blind, placebo-controlled trial. *J Affect Disord* 2017; 224: 69–75

Toth C. Substitution of gabapentin therapy with pregabalin therapy in neuropathic pain due to peripheral neuropathy. *Pain Med* 2010; 11: 456–465

Touma KTB, Zoucha AM, Scarff JR. Liothyroine for depression: a review and guidance for safety monitoring. *Innov Clin Neurosci* 2017; 14: 24–29

Trichard C, Paillère-Martinot M-L, Attar-Levy D, et al. Binding of antipsychotic drugs to cortical $5HT_{2A}$ receptors: a PET study of chlorpromazine, clozapine, and amisulpride in schizophrenic patients. *Am J Psychiatry* 1998; 155: 505–508

Tritt K, Nickel C, Lahman C, et al. Lamotrigine treatment of aggression in female borderline-patients: a randomized, double-blind, placebo-controlled study. *J Psychopharmacol* 2005; 19: 287–291

Trivedi MH, Rush AJ, Carmody TJ, et al. Do bupropion SR and sertraline differ in their effects on anxiety in depressed patients? *J Clin Psychiatry* 2001; 62: 776–781

Trivedi MH, Thase ME, Osuntokun O, et al. An integrated analysis of olanzapine/fluoxetine combination in clinical trials of treatment-resistant depression. *J Clin Psychiatry* 2009; 70: 387–396

Truman CJ, Goldberg JF, Ghaemi SN, et al. Self-reported history of manic/hypomanic switch associated with antidepressant use: data from the Systematic Treatment Enhancement Program for Bipolar Disorder (STEP-BD). *J Clin Psychiatry* 2007; 68: 1472–1479

Tucker P, Trautman RP, Wyatt DB, et al. Efficacy and safety of topiramate monotherapy in civilian posttraumatic stress disorder: a randomized, double-blind, placebo-controlled study. *J Clin Psychiatry* 2007; 68: 201–206

Tueth MJ, Cheong JA. Successful treatment with pimozide of Capgras syndrome in an elderly male. *J Geriatr Psychiatry Neurol* 1992; 5: 217–219

Turkmen S, Backstrom T, Wahlstrom G, et al. Tolerance to allopregnanolone with focus on the GABA-A receptor. *Br J Pharmacol* 2011; 162: 311–327

Turkoz I, Daly E, Sigh J, et al. Response rates of esketamine nasal spray plus an oral antidepressant among patients not meeting study criteria for early response. *Poster presented at the US Psych Congress*, 2019; San Diego, CA

Turner DC, Clark L, Dowson J, et al. Modafinil improves cognition and response inhibition in adult attention-deficit/hyperactivity disorder. *Biol Psychiatry* 2004a; 55: 1031–1040

Turner DC, Clark L, Pomarol-Clotet E, et al. Modafinil improves cognition and attentional set shifting in patients with chronic schizophrenia. *Neuropsychopharmacology* 2004b; 29: 1363–1373

Turner DC, Robbins TW, Clark L, et al. Cognitive enhancing effects of modafinil in healthy volunteers. *Psychopharmacology (Berl)* 2003; 165: 260–269

Turner H, Matthews AM, Linardatos E, et al. Selective publication of antidepressant trials and its influence on apparent efficacy. *N Engl J Med* 2008; 358: 252–260

Turner SM, Beidel DC, Dancu C, et al. An empirically derived inventory to measure social fears and anxiety: the Social Phobia and Anxiety Inventory. *Psychol Assess* 1989; 1: 35–40

Uguz F. Second-generation antipsychotics during the lactation period: a comparative systematic review on infant safety. *J Clin Psychopharmacol* 2016; 36: 244–252

Uhde T, Stein MB, Post RM. Lack of efficacy of carbamazepine in the treatment of panic disorder. *Am J Psychiatry* 1988; 145:1104–1109

Uher R, Perlis RH, Henigsberg N, et al. Depression symptom dimensions as predictors of antidepressant treatment outcome: replicable evidence for interest-activity symptoms. *Psychol Med* 2012; 42: 967–980

Uher R, Perroud N, Ng MYM, et al. Genome-wide pharmacogenetics of antidepressant response in the GENDEP project. *Am J Psychiatry* 2010; 167: 555–564

Uher R, Tansey KE, Dew T, et al. An inflammatory biomarker as a differential predictor of outcome of depression treatment with escitalopram or nortriptyline. *Am J Psychiatry* 2014; 171: 1278–1286

Ujike H, Nomura A, Morita Y, et al. Multiple genetic factors in olanzapine-induced weight gain in schizophrenia patients: a cohort study. *J Clin Psychiatry* 2008; 69: 1416–1422

Ulrich S, Wurthmann C, Brosz M, et al: The relationship between serum concentration and therapeutic effect of haloperidol in patients with acute schizophrenia. *Clin Pharmacokinet* 1998; 34: 227–263

Umbricht D, Alberati D, Martin-Facklam M, et al. Effect of bitopertin, a glycine reuptake inhibitor, on negative symptoms of schizophrenia: a randomized, double-blind, proof-of-concept study. *JAMA Psychiatry* 2014a; 71: 637–646

Umbricht A, DeFulio A, Winstanley EL, et al. Topiramate for cocaine dependence during methadone maintenance treatment: a randomized controlled trial. *Drug Alcohol Depend* 2014b; 140: 92–100

Ungvari GS, Hollokoi RI. Successful treatment of litigious paranoia with pimozide. *Can J Psychiatry* 1993; 38: 4–8

Unterecker S, Deckert J, Pfuhlman B. No influence of body weight on serum levels of antidepressants. *Ther Drug Monit* 2011;33: 730–744

Unterecker S, Riederer P, Proft F, et al. Effects of gender and age on serum concentrations of antidepressants under naturalistic conditions. *J Neural Transm (Vienna)* 2013; 120: 1237–1246

Usmani ZA, Carson-Chahhoud KV, Esterman AJ, et al. A randomized placebo-controlled trial of paroxetine for the management of anxiety in chronic obstructive pulmonary disease (PAC Study). *J Multidisc Health* 2018; 11: 287–293

Vahedi H, Merat S, Rashidioon A, et al. The effect of fluoxetine in patients with pain and constipation-predominant irritable bowel syndrome: a double-blind randomized-controlled study. *Alim Pharmacol Ther* 2005; 22: 381–385

Vaishnavi S, Alamy S, Zhang W, et al. Quetiapine as monotherapy for social anxiety disorder: a placebo-controlled study. *Prog Neuropharmacol Biol Psychiatry* 2007; 31: 1464–1469

Vaiva G, Ducrocq F, Jezquel K, et al. Immediate treatment with propranolol decreases posttraumatic stress disorder two months after trauma. *Biol Psychiatry* 2003; 54: 947–949

Vallée M, Vitiello S, Bellocchio L, et al. Pregnenolone can protect the brain from cannabis intoxication. *Science* 2014; 343:94–98

Valles-Colomer M, Falony G, Darzi Y, et al. The neuroactive potential of the human gut microbiota in quality of life and depression. *Nat Microbiol* 2019; 4: 623–632

Van Ameringen M, Lane RM, Walker JR, et al. Sertraline treatment of generalized social phobia: a 20-week, double-blind, placebo-controlled study. *Am J Psychiatry* 2001; 158: 275–281

Van Ameringen M, Mancini C, Pipe B, et al. An open trial of topiramate in the treatment of generalized social phobia. *J Clin Psychiatry* 2004; 64: 1674–1678

van Broekhoven KEM, Karreman A, Hartman EE, et al. Obsessive-compulsive personality disorder symptoms as a risk factor for postpartum depressive symptoms. *Arch Womens Ment Health* 2019; 22: 475–483

VanderZwaag C, McGee M, McEvoy JP, et al. Response of patients with treatment-refractory schizophrenia to clozapine within three serum level ranges. *Am J Psychiatry* 1996; 153: 1579–1584

Van den Eynde F, Senturk V, Naudts K, et al. Efficacy of quetiapine for impulsivity and affective symptoms in borderline personality disorder. *J Clin Psychopharmacol* 2008; 28: 147–155

Van der Loos ML, Mulder PG, Hartong EG, et al. Efficacy and safety of lamotrigine as add-on treatment to lithium in bipolar depression: a multi-center, double-blind, placebo-controlled trial. *J Clin Psychiatry* 2009; 70: 223–231

van Dinteren R, Arns M, Kenemans L, et al. Utility of event-related potentials in predicting antidepressant treatment response: an iSPOT-D report. *Eur Neuropsychopharmacol* 2015; 25: 1981–1990

Van Haelst IM, van Klei WA, Doodeman HJ, et al. Antidepressant treatment with monoamine oxidase inhibitors and the occurrence of intraoperative hemodynamic events: a retrospective observational cohort study. *J Clin Psychiatry* 2012; 73:1103–1109

van Kammen DP, Boronow JJ. Dextro-amphetamine diminishes negative symptoms in schizophrenia. *Int Clin Psychopharmacol* 1988; 3: 111–121

Van Os J. Is there a continuum of psychotic experiences in the general population? *Epidemiol Psichiatr Soc* 2003; 12: 242–252

van Vliet IM, den Boer JA, Westenberg HG. Psychopharmacological treatment of social phobia: a double-blind placebo controlled study with fluvoxamine. *Psychopharmacology (Berl)* 1994; 115: 128–134

van Vliet IM, den Boer JA, Westenberg HG, et al. Clinical effects of buspirone in social phobia: a double-blind, placebo-controlled study. *J Clin Psychiatry* 1997; 58: 164–168

van Zuiden M, Frijling JL, Nawijn L, et al. Intranasal oxytocin to prevent posttraumatic stress disorder symptoms: a randomized controlled trial in emergency department patients. *Biol Psychiatry* 2017; 81: 1030–1040

Varma A, Moore MB, Miller CWT, et al. Topiramate as monotherapy or adjunctive treatment for posttraumatic stress disorder: a meta-analysis. *J Trauma Stress* 2018; 31: 125–133

Vasudev K, Goswami U, Kohli K. Carbamazepine and valproate monotherapy: feasibility, relative safety and efficacy, and therapeutic drug monitoring in manic disorder. *Psychopharmacol (Berl)* 2000; 150: 15–23

Veale D, Miles S, Smallcombe N, Atypical antipsychotic augmentation in SSRI treatment-refractory obsessive-compulsive disorder: a systematic review and meta-analysis. *BMC Psychiatry* 2014; 14: 317

Veefkind AH, Haffmans PMJ, Hoencamp E. Venlafaxine serum levels and CYP2D6 genotype. *Ther Drug Monit* 2000; 22:202–208

Veerman SR, Schulte PF, Deijen JB, et al. Adjunctive memantine in clozapine-treated refractory schizophrenia: an open-label 1-year extension study. *Psychol Med* 2017; 47: 363–375

Veerman SR, Schulte PF, Smith JD, et al. Memantine augmentation in clozapine-refractory schizophrenia: a randomized, double-blind, placebo-controlled crossover study. *Psychol Med* 2016; 46: 1909–1921

Vellekkatt F, Menon V. Efficacy of vitamin D supplementation in major depression: a meta-analysis of randomized controlled trials. *J Postgrad Med* 2019; 65: 74–80

Verbeeck W, Bekkering GE, Van den Noortgate W, et al. Bupropion for attention deficit hyperactivity disorder (ADHD) in adults. *Cochrane Database Syst Rev* 2017; (10): CD009504

Verheul R, Lehert P, Geerlings PJ, et al. Predictors of acamprosate efficacy: results from a pooled analysis of seven European trials including 1485 alcohol-dependent patients. *Psychopharmacol (Berl)* 2005; 178: 167–173

Verhulst FC, Van der Ende J. The eight-year stability of problem behavior in an epidemiologic sample. *Ped Res* 1995; 38:612–617

Vernon JA, Grudnikoff E, Seidman AJ, et al. Antidepressants for cognitive impairment in schizophrenia: a systematic review and meta-analysis. *Schizophr Res* 2014; 159: 385–394

Veroniki AA, Cogo E, Rios P, et al. Comparative safety of anti-epileptic drugs during pregnancy: a systematic review and network meta-analysis of congenital malformations and prenatal outcomes. *BMC Med* 2017; 15: 95

Versiani M, Nardi AE, Mundim FD, et al. Pharmacotherapy of social phobia: a controlled study with moclobemide and phenelzine. *Br J Psychiatry* 1992; 161: 353–360

Victoroff J, Coburn K, Reeve A, et al. Pharmacological management of persistent hostility and aggression in persons with schizophrenia spectrum disorders: a systematic review. *J Neuropsychiatry Clin Neurosci* 2014; 26: 283–312

Vieta E, Calabrese JR, Goikolea JM, et al. Quetiapine monotherapy in the treatment of patients with bipolar I or II depression and a rapid cycling disease course: a randomized, double-blind, placebo-controlled study. *Bipolar Disord* 2007; 9: 413–425

Vieta E, Cruz N, García-Campayo J, et al. A double-blind, randomized, placebo-controlled prophylaxis study of oxcarbazepine as adjunct treatment to lithium in the long-term treatment of bipolar I and II disorder. *Int J Neuropsychopharmacol* 2008a; 11:445–452

Vieta E, Nuamah IF, Lim P, et al. A randomized, placebo-and active-controlled study of paliperidone extended release for the treatment of acute manic and mixed episodes of bipolar I disorder. *Bipolar Disord* 2010; 12: 230–243

Vieta E, T'Joen C, McQuade RD, et al. Efficacy of adjunctive aripiprazole to either valproate or lithium in bipolar mania patients partially nonresponsive to valproate/lithium monotherapy: a placebo-controlled study. *Am J Psychiatry* 2008b; 165:1316–1325

Vigen CL, Mack WJ, Keefe RS, et al. Cognitive effects of atypical antipsychotic medications in patients with Alzheimer's disease: outcomes from CATIE-AD. *Am J Psychiatry* 2011; 168: 831–839

Viguera AC, Nunacs R, Cohen LS, et al. Risk of recurrence of bipolar disorder in pregnant and nonpregnant women after discontinuing lithium maintenance. *Am J Psychiatry* 2000; 157: 179–184

Viguera AC, Tondo L, Koukopoulos AE, et al. Episodes of mood disorders in 2,252 pregnancies and postpartum periods. *Am J Psychiatry* 2011; 168: 1179–1185

Viktorin A, Rydén E, Thase ME, et al. The risk of treatment-emergent mania with methylphenidate in bipolar disorder. *Am J Psychiatry* 2017; 174: 341–348

Villarreal G, Hamer MB, Cañive JM, et al. Efficacy of quetiapine monotherapy in posttraumatic stress disorder: a randomized, placebo-controlled trial. *Am J Psychiatry* 2016; 173: 1205–1212

Villeneuve E, Lemelin S. Open-label study of atypical neuroleptic quetiapine for treatment of borderline personality disorder: impulsivity as main target. *J Clin Psychiatry* 2005; 66: 1298–1303

Vita D, De Peri L, Siracusano A, et al. Efficacy and tolerability of asenapine for acute mania in bipolar I disorder: meta-analyses of randomized-controlled trials. *Int Clin Psychopharmacol* 2013; 28: 219–227

Voican CS, Corruble E, Naveau S, et al. Antidepressant-induced liver injury: a review for clinicians. *Am J Psychiatry* 2014;171: 404–415

Volavka J, Citrome L. Pathways to aggression in schizophrenia affect results of treatment. *Schizophr Bull* 2011; 37: 921–929

Volavka J, Czobor P, Citrome L, et al. Effectiveness of antipsychotic drugs against hostility in patients with schizophrenia in the Clinical Antipsychotic Trials of Intervention Effectiveness (CATIE) study. *CNS Spectr* 2014; 19: 374–381

von Wolff A, Hölzel P, Westphal A, et al. Selective serotonin reuptake inhibitors and tricyclic antidepressants in the acute treatment of chronic depression and dysthymia: a systematic review and meta-analysis. *J Affect Disord* 2013; 144: 7–15

Wagner GJ, Rabkin R. Effects of dextroamphetamine on depression and fatigue in men with HIV: a double-blind, placebo-controlled trial. *J Clin Psychiatry* 2000; 61: 436–440

Wagner J, Wagner ML. Non-benzodiazepines for the treatment of insomnia. *Sleep Med Rev* 2000; 4: 551–581

Wagner KD, Kowatch R, Emslie GJ, et al. A double-blind, randomized, placebo-controlled trial of oxcarbazepine in the treatment of bipolar disorder in children and adolescents. *Am J Psychiatry* 2006; 163: 1179–1186

Waldschmitt C, Vogel F, Pfuhlmann B, et al. Duloxetine serum concentrations and clinical effects. Data from a therapeutic drug monitoring (TDM) survey. *Pharmacopsychiatry* 2009; 42: 189–193

Walker SE, Shulman KI, Tailor SA, et al. Tyramine content of previously restricted foods in monoamine oxidase inhibitor diets. *J Clin Psychopharmacol* 1996; 16: 383–388

Walshaw PD, Gyulai L, Bauer M, et al. Adjunctive thyroid hormone treatment in rapid cycling bipolar disorder: a double-blind placebo-controlled trial of levothyroxine ($L-T_4$) and triiodothyronine (T_3). *Bipolar Disord* 2018; 20: 594–603

Walther A, Breidenstein J, Miller R. Association of testosterone treatment with alleviation of depression symptoms in men: a systematic review and meta-analysis. *JAMA Psychiatry* 2019; 76: 31–40

Wang G-J, Volkow N, Wigal T, et al. Chronic treatment with methylphenidate increases dopamine transporter density in patients with attention deficit hyperactivity disorder. *J Nucl Med* 2009; 50(Suppl 2): 1283

Wang MT, Tsai CL, Lin CW, et al. Association between antipsychotic agent and risk of acute respiratory failure in patients with chronic obstructive pulmonary disease. *JAMA Psychiatry* 2017b; 74: 252–260

Wang PW, Hill SJ, Childers ME, et al. Open adjunctive ziprasidone associated with weight loss in obese and overweight bipolar disorder patients. *J Psychiatr Res* 2011; 45: 1128–1132

Wang SM, Han C, Lee SJ, et al. Modafinil for the treatment of attention-deficit/hyperactivity disorder: a meta-analysis. *J Psychiatr Res* 2017a; 84: 292–300

Warner MD, Dorn MR, Peabody CA. Survey on the usefulness of trazodone in patients with PTSD with insomnia or nightmares. *Pharmacopsychiatry* 2001; 34: 128–131

Watanabe T, Ueda M, Saeki Y, et al. High plasma concentrations of paroxetine impede clinical response in patients with panic disorder. *Ther Drug Monit* 2007; 29: 40–44

Watts BV, Schnurr PR, Mayo L, et al. Meta-analysis of the efficacy of treatments for posttraumatic stress disorder. *J Clin Psychiatry* 2013; 74: e541–e550

Waxmonsky JG, Waschbusch DA, Glatt SJ, et al. Prediction of placebo response in 2 clinical trials of lisdexamfetamine dimesylate for the treatment of ADHD. *J Clin Psychiatry* 2011; 72: 1366–1375

Weathers FW, Keane TM, Davidson JR. Clinician-administered PTSD scale: a review of the first ten years of research. *Depress Anxiety* 2001; 13: 132–156

Weimer K, Colloca L, Enck P, et al. Placebo effects in psychiatry: mediators and moderators. *Lancet Psychiatry* 2015; 2:246–257

Weinstock LM, Gaudino BA, Epstein-Lubow G, et al. Medication burden in bipolar disorder: a chart review of patients at psychiatric hospital admission. *Psychiatry Res* 2014; 216: 24–30

Weiser M, Heresco-Levy U, Davidson M, et al. A multicenter, add-on randomized controlled trial of low-dose d-serine for negative and cognitive symptoms of schizophrenia. *J Clin Psychiatry* 2012; 73: e728–e734

Weisler R, Ginsberg L, Dirks B, et al. Treatment with lisdexamfetamine dimesylate improves self-and informant-rated executive function behaviors and clinician-and informant-rated ADHD symptoms in adults: data from a randomized, double-blind, placebo-controlled study. *J Atten Disord* 2017; 21: 1198–1207

Weisler R, Joyce M, McGill L, et al. Extended release quetiapine fumarate monotherapy for major depressive disorder: results of a double-blind, randomized, placebo-controlled study. *CNS Spectr* 2009; 14: 299–313

Weisler RH, Keck P Jr., Swann AC, et al. Extended-release carbamazepine capsules as monotherapy for acute mania in bipolar disorder: a multicenter, randomized, double-blind, placebo-controlled trial. *J Clin Psychiatry* 2005; 66: 323–330

Weiss RD, O'Malley SS, Hosking JD, et al. Do patients with alcohol dependence respond to placebo? Results from the COMBINE Study. *J Stud Alcohol Drugs* 2008; 69: 878–884

Weissman H, Qureshi IA. Systematic review: pharmacological treatment of tic disorders: efficacy of antipsychotic and alpha-2 adrenergic agonist agents. *Neurosci Biobehav Rev* 2013; 37: 1162–1171

Weissman AM, Levy BT, Hartz AJ, et al. Pooled analysis of antidepressant levels in lactating mothers, breast milk, and nursing infants. *Am J Psychiatry* 2004; 161: 1066–1078

Welge J, Keck PE Jr. Moderators of placebo response to antipsychotic treatment in patients with schizophrenia: a meta-regression. *Psychopharmacol (Berl)* 2003; 166: 1–10

Welten CCM, Koeter MJW, Wohlfarth T, et al. Placebo response in antipsychotic trials of patients with acute mania. Results of an individual patient data meta-analysis. *Eur Neuropsychopharmacol* 2015; 25: 1018–1026

Wesson DR, Ling W. The Clinical Opiate Withdrawal Scale (COWS). *J Psychoactive Drugs* 2003; 35: 253–259

Wheeler SD. Donepezil treatment of topiramate-related cognitive dysfunction. *Headache* 2006; 46: 332–335

Whitaker LR, Degulet M, Morikawa H. Social deprivation enhances VTA synaptic plasticity and drug-induced contextual learning. *Neuron* 2013; 77: 335–345

White K, Simpson G. Combined MAOI-tricyclic antidepressant treatment: a reevaluation. *J Clin Psychopharmacol* 1981; 1:264–282

White K, Razani J, Simpson G. Combined MAOI-tricyclic antidepressant treatment: a controlled trial. *Psychopharmacol Bull* 1982; 18: 180–181

Wigal SB, Biederman J, Swanson JM, et al. Efficacy and safety of modafinil film-coated tablets in children and adolescents with or without prior stimulant treatment for attention-deficit/hyperactivity disorder: pooled analysis of 3 randomized, double-blind, placebo-controlled studies. *Prim Care Companion J Clin Psychiatry* 2006; 8: 352–360

Wijkstra J, Lijmer J, Burger H, et al. Pharmacological treatment for psychotic depression. *Cochrane Database Syst Rev* 2015; (7): CD004044

Wilens T, McBurnett K, Stein M, et al. ADHD treatment with once-daily OROS methylphenidate: final results from a long-term open-label study. *J Am Acad Child Adolesc Psychiatry* 2005b; 44: 1015–1023

Wilens TE, Faraone SV, Biederman J, et al. Does stimulant therapy of attention-deficit/hyperactivity disorder beget later substance abuse? A meta-analytic review of the literature. *Pediatrics* 2003a; 111: 179–185

Wilens TE, Haight BR, Horrigan JP, et al. Bupropion XL in adults with attention-deficit/hyperactivity disorder: a randomized, placebo-controlled study. *Biol Psychiatry* 2005a; 57: 793–801

Wilens TE, Prince JB, Spencer T, et al. An open trial of bupropion for the treatment of adults with attention-deficit/hyperactivity disorder and bipolar disorder. *Biol Psychiatry* 2003b; 54: 9–16

Wilens TE, Spencer TJ, Biederman J, et al. A controlled clinical trial of bupropion for attention deficit hyperactivity disorder in adults. *Am J Psychiatry* 2001; 158: 282–288

Williams AM. Coadministration of intramuscular olanzapine and benzodiazepines in agitated patients with mental illness. *Ment Health Clin* 2018; 8: 208–213

Williams J, Ziedonis DM. Naltrexone-bupropion combination therapy for protracted abstinence dysphoria. *Am J Addict* 2003;12: 270–272

Williams LM, Debattista C, Duchemin AM, et al. Childhood trauma predicts antidepressant response in adults with major depression: data from the Randomized International Study to Predict Optimized Treatment for Depression. *Mol Psychiatry* 2016;6: e799

Williams NR, Heifets BD, Blasey C, et al. Attenuation of antidepressant effects of ketamine by opioid receptor antagonism. *Am J Psychiatry* 2018; 175: 1205–1215

Wils RS, Gotfredsen DR, Hjorthøj C, et al. Antipsychotic medication and remission of psychotic symptoms 10 years after a first-episode psychosis. *Schizophr Res* 2017; 182: 42–48

Wilson W. The brief social phobia scale. *J Clin Psychiatry* 1993; (52 Suppl): 48–51

Wingård L, Taipale H, Reutfors J, et al. Initiation and long-term use of benzodiazepines and Z-drugs in bipolar disorder. *Bipol Disord* 2018; 20: 634–646

Winhusen T, Somoza E, Ciraulo DA, et al. A double-blind, placebo-controlled trial of tiagabine for the treatment of cocaine dependence. *Drug Alcohol Depend* 2007; 91: 141–148

Wink LK, Pedapati EV, Horn PS, et al. Multiple antipsychotic medication use in autism spectrum disorder. *J Child Adolsc Psychopharmacol* 2017; 27: 91–94

Winkler A, Auer C, Doering BK, et al. Drug treatment of primary insomnia: a meta-analysis of polysomnographic randomized controlled trials. *CNS Drugs* 2014; 28: 799–816

Winstanley EL, Bigelow GE, Silverman K, et al. A randomized controlled trial of fluoxetine in the treatment of cocaine dependence among methadone-maintained patients. *J Subst Abuse Treat* 2011; 40: 255–264

Winter H, Irle E. Hippocampal volume in adult burn patients with and without posttraumatic stress disorder. *Am J Psychiatry* 2004; 161: 2194–2200

Witcomb GL, Bouman WP, Claes L, et al. Levels of depression in transgender people and its predictors: results of a large matched control study with transgender people accessing clinical services. *J Affect Disord* 2018; 235: 308–315

Wittenborn JR, Weber ESP, Brown M. Niacin in the long-term treatment of schizophrenia. *Arch Gen Psychiatry* 1973; 28:308–315

Woelk H, Arnoldt KH, Keiser M, et al. Ginkgo biloba special extract EGb 761 in generalized anxiety disorder and adjustment disorder with anxious mood: a randomized, double-blind, placebo-controlled trial. *J Psychiatry Res* 2007; 41: 472–480

Wolf EJ, Lunney CA, Schnurr PP. The influence of the dissociative subtype of posttraumatic stress disorder on treatment efficacy in female veterans and active duty service members. *J Consult Clin Psychol* 2016; 84: 95–100

Wolkowitz OM, Reus VI, Keebler A, et al. Double-blind treatment of major depression with dehydroepiandrosterone. *Am J Psychiatry* 1999; 156: 646–649

Wollweber B, Keck ME, Schmidt U. Improvement of non-suicidal self-injury following treatment with antipsychotics possessing strong D1 antagonistic activity: evidence from a report of three cases. *Ther Adv Pharmacol* 2015; 5: 208–213

Woodman CL, Noyes R Jr. Panic disorder: treatment with valproate. *J Clin Psychiatry* 1994; 55: 134–136

Woodruff-Pak DS, Lander C, Geerts H. Nicotinic cholinergic modulation: galantamine as a prototype. *CNS Drug Rev* Winter 2002; 8: 405Y426

Woon FL, Sood S, Hedges DW. Hippocampal volume deficits associated with exposure to psychological trauma and posttraumatic stress disorder in adults: a meta-analysis. *Prog Neuropsychopharmacol Biol Psychiatry* 2010; 24: 1181–1188

Wu YL, Ding XX, Sun YH, et al. Association between MTHFR C677T polymorphism and depression: an updated meta-analysis of 26 studies. *Prog Neuropsychopharmacol Biol Psychiatry* 2013; 46: 78–85

Wunderink L, Nieboer RM, Wiersma D, et al. Recovery in remitted first-episode psychosis at 7 years of follow-up of an early dose reduction/discontinuation or maintenance treatment strategy: long-term follow-up of a 2-year randomized clinical trial. *JAMA Psychiatry* 2013; 70: 913–920

Xie C, Tang Y, Wang Y, et al. Efficacy and safety of antidepressants for the treatment of irritable bowel syndrome: a meta-analysis. *PLoS One* 2015; 10: e0127815

Yamatsu A, Yamashita Y, Manu I, et al. The improvement of sleep by oral intake of GABA and Apocynum venetum leaf extract. *J Nutr Sci Vitaminol (Tokyo)* 2015; 61: 182–187

Yang C, Hao Z, Tian J, et al. Does antipsychotic drug use increase the risk of long term mortality? A systematic review and meta-analysis of observational studies. *Oncotarget* 2018; 9: 15101–15110

Yang CS, Zhang LL, Zeng LN, et al. Topiramate for Tourette's syndrome in children: a meta-analysis. *Pediatr Neurol* 2013; 49:344–350

Yargic LI, Corapcioglu A, Kocabesoglu N, et al. A prospective randomized single-blind, multicenter trial comparing the efficacy and safety of paroxetine with and without quetiapine therapy in depression associated with anxiety. *Int J Clin Pract* 2004;8: 205–211

Yasui-Furukori N, Saito M, Nakagami T, et al. Clinical response to risperidone in relation to plasma drug concentrations in acutely exacerbated schizophrenic patients. *J Psychopharmacol* 2010; 24: 987–994

Yasui-Furukori N, Tsuchimine S, Nakagami T, et al. Association between plasma paroxetine concentration and changes in plasma brain-derived neurotrophic factor levels in patients with major depressive disorder. *Psychopharmacology* 2011; 26:194–200

Yatham LN, Beaulieu S, Schaffer A, et al. Optimal duration of risperidone or olanzapine adjunctive therapy to mood stabilizer following remission of a manic episode: a CANMAT randomized double-blind trial. *Mol Psychiatry* 2016; 21: 1050–1056

Yatham LN, Grossman F, Augustyns I, et al. Mood stabilisers plus risperidone or placebo in the treatment of acute mania: international, double-blind, randomised controlled trial. *Br J Psychiatry* 2003; 182: 141–147

Yatham LN, Mackala S, Basivireddy J, et al. Lurasidone versus treatment as usual for cognitive impairment in euthymic patients with bipolar I disorder: a randomised, open-label, pilot study. *Lancet Psychiatry* 2017; 4: 208–217

Yazici O, Kora K, Polat A, et al. Controlled lithium discontinuation in bipolar patients with good response to long-term lithium prophylaxis. *J Affect Disord* 2004; 80: 269–271

Yeh MS, Mari JJ, Costa MC, et al. A double-blind randomized controlled trial to study the efficacy of topiramate in a civilian sample of PTSD. *CNS Neurosci Ther* 2011; 17: 305–310

Yeh RW, Valsdottir LR, Yeh M, et al. Parachute use to prevent death and major trauma when jumping from aircraft: randomized controlled trial. *Br Med J* 2018; 363: k5094

Yehuda R, Bierer LM, Pratchett LC, et al. Cortisol augmentation of a psychological treatment for warfighters with posttraumatic stress disorder: randomized trial showing improved treatment retention and outcome. *Psychoneuroendocrinology* 2015; 51: 589–597

Yeung CK, Chan HH. Cutaneous adverse effects of lithium: epidemiology and management. *Am J Clin Dermatol* 2004; 5: 3–8

Yildiz A, Nikodem M, Vieta, et al. A network meta-analysis on comparative efficacy and all-cause discontinuation of antimanic treatments in acute bipolar mania. *Psychol Med* 2015; 45: 299–317

Yildiz A, Vieta E, Leucht S, et al. Efficacy of antimanic treatments: meta-analysis of randomized, controlled trials. *Neuropsychopharmacology* 2011a; 36: 375–389

Yildiz A, Vieta E, Tohen M, et al. Factors modifying drug and placebo responses in randomized trials for bipolar mania. *Neuropsychopharmacology* 2011b; 14: 863–875

Yokoi F, Gründner G, Biziere K, et al. Dopamine D_2 and D_3 receptor occupancy in normal humans treated with the antipsychotic drug aripiprazole (OPC 14597): a study using positron emission tomography and [^{11} C] raclopide. *Neuropsychopharmacology* 2002; 27: 248–259

Yolland CO, Hanratty Y, Neill E, et al. Meta-analysis of randomised controlled trials with *N*-acetylcysteine in the treatment of schizophrenia. *Aust N Z J Psychiatry* 2020; 54: 453–466

Yonkers KA, Pearlstein TB, Gotman N. A pilot study to compare fluoxetine, calcium, and placebo in the treatment of premenstrual syndrome. *J Clin Psychopharmacol* 2013; 33: 614–620

Yonkers KA, Gotman N, Smith MV, et al. Does antidepressant use attenuate the risk of a major depressive episode in pregnancy? *Epidemiology* 2011; 22: 848–854

Yonkers KA, Kornstein SG, Gueorquieva R, et al. Symptom-onset dosing of sertraline for the treatment of premenstrual dysphoric disorder: a randomized clinical trial. *JAMA Psychiatry* 2015; 72: 1037–1044

Yu H, Yan H, Wang L, et al. Five novel loci associated with antipsychotic treatment response in patients with schizophrenia: a genome-wide association study. *Lancet Psychiatry* 2018; 5: 327–338

Yudofsky S, Williams D, Gorman J. Propranolol in the treatment of rage and violent behavior in patients with chronic brain syndromes. *Am J Psychiatry* 1981; 138: 218–220

Yun LWH, Maravi M, Koayashi JS, et al. Antidepressant treatment improves adherence to antiretroviral therapy among depressed HIV-infected patients. *J Acquired Immune Defic Syndr* 2005; 38: 432–438

Bibliografia

Yung AR, Phillips LJ, Nelson B, et al. Randomized controlled trial of interventions for young people at ultra high risk for psychosis: a 6-month analysis. *J Clin Psychiatry* 2011; 72: 430–440

Yury CA, Fisher JE. Meta-analysis of the effectiveness of atypical antipsychotics for the treatment of behavioural problems in persons with dementia. *Psychother Psychosom* 2007; 76: 213–218

Zajecka JM. The effect of nefazodone on comorbid anxiety symptoms associated with depression: experience in family practice and psychiatric outpatient settings. *J Clin Psychiatry* 1996; 57(Suppl 2): 10–14

Zajecka J, Tracy KA, Mitchell S. Discontinuation symptoms after treatment with serotonin reuptake inhibitors: a literature review. *J Clin Psychiatry* 1997; 58: 291–297

Zanarini MC, Frankenburg FR. Olanzapine treatment of female borderline personality disorder patients: a double-blind, placebo-controlled pilot study. *J Clin Psychiatry* 2001; 62: 849–854

Zanarini MC, Frankenburg FR, Parchini A. A preliminary, randomized trial of fluoxetine, olanzapine, and the olanzapine-fluoxetine combination in women with borderline personality disorder. *J Clin Psychiatry* 2004; 65: 903–907

Zanarini MC, Schulz SC, Detke HC, et al. A dose comparison of olanzapine for the treatment of borderline personality disorder: a 12-week randomized, double-blind, placebo-controlled study. *J Clin Psychiatry* 2011; 72: 1353–1362

Zanarini MC, Schulz SC, Detke HC, et al. Open-label treatment with olanzapine for patients with borderline personality disorder. *J Clin Psychopharmacol* 2012; 32: 398–402

Zanarini MC, Vujanovic AA, Parachini EA, et al. Zanarini Rating Scale for Borderline Personality Disorder (ZAN-BPD): a continuous measure of DSM-IV borderline psychopathology. *J Pers Disord* 2003; 17: 233–242

Zanos P, Moaddel R, Morris PJ, et al. NMDAR inhibition-independent antidepressant actions of ketamine metabolites. *Nature* 2016; 533: 481–486

Zarate CA Jr., Tohen M. Double-blind comparison of the continued use of antipsychotic treatment versus its discontinuation in remitted manic patients. *Am J Psychiatry* 2004; 161: 169–171

Zareifopoulos N, Dylja I. Efficacy and tolerability of vilazodone for the acute treatment of generalized anxiety disorder: a meta-analysis. *Asia J Psychiatry* 2017; 26: 115–122

Zaremba D, Schulze Kalthoff I, Förster K, et al. The effects of processing speed on memory impairment in patients with major depressive disorder. *Prog Neuropsychopharmacol Biol Psychiatry* 2019; 92: 494–500

Zedler BK, Mann HL, Kim MM, et al. Buprenorphine compared with methadone to treat pregnant women with opioid use disorder: a systematic review and meta-analysis of safety in the mother, fetus and child. *Addiction* 2016; 111: 2115–2128

Zeier Z, Carpenter LL, Kalin NH, et al. Clinical implementation of pharmacogenetic decision support tools for antidepressant drug prescribing. *Am J Psychiatry* 2018; 175: 873–886

Zeng T, Long Y-S, Min F-L, et al. Association of HLA-B*1502 alleles with lamotrigine-induced Stevens-Johnson syndrome and toxic epidermal necrolysis in Han Chinese subjects: a meta-analysis. *Int J Dermatol* 2015; 54: 488–493

Zetin M, Garber D, De Antonio M, et al. Prediction of lithium dose: a mathematical alternative to the test-dose method. *J Clin Psychiatry* 1986; 47: 175–178

Zhang J-P, Lencz T, Malhotra AK. D_2 receptor genetic variation and clinical response to antipsychotic drug treatment: a meta-analysis. *Am J Psychiatry* 2010; 167: 763–772

Zhang W, Connor KM, Davidson JR. Levetiracetam in social phobia: a placebo controlled pilot study. *J Psychopharmacol* 2005; 19: 551–553

Zhang JP, Lencz T, Zhang RX, et al. Pharmacogenetic associations of antipsychotic drug-related weight gain: a systematic review and meta-analysis. *Schizophr Bull* 2016; 42: 1418–1437

Zhang XY, Tan YL, Zhou DF, et al. Association of clozapine-induced weight gain with polymorphism in the leptin promoter region in patients with chronic schizophrenia in a Chinese population. *J Clin Psychopharmacol* 2007a; 27: 246–251

Zhang ZJ, Kang WH, Li Q, et al. Beneficial effects of ondansetron as an adjunct to haloperidol for chronic, treatment-resistant schizophrenia: a double-blind, randomized, placebo-controlled study. *Schizophr Res* 2006; 88: 102–110

Zhang ZJ, Kang WH, Li Q, et al. The beneficial effects of the herbal medicine Free and Easy Wanderer Plus (FEWP) for mood disorders: double-blind, placebo-controlled studies. *J Psychiatry Res* 2007b; 41: 828–836

Zhang ZJ, Kang WT, Tan QR, et al. Adjunctive herbal medicine with carbamazepine for bipolar disorders: a double-blind, randomized, placebo-controlled study. *J Psychiatr Res* 2007c; 41: 360–369

Zheng W, Cai DB, Zhang Q-E, et al. Adjunctive ondansetron for schizophrenia: a systematic review and meta-analysis of randomized controlled trials. *J Psychiatry Res* 2019; 113: 27–33

Zheng W, Cao XL, Ungvari GS, et al. Electroconvulsive therapy added to non-clozapine antipsychotic medication for treatment resistant schizophrenia: meta-analysis of randomized controlled trials. *PLoS One* 2016a; 11: e0156510

Zheng W, Wang S, Ungvari GS, et al. Amantadine for antipsychotic-related weight gain: meta-analysis of randomized placebo-controlled trials. *J Clin Psychopharmacol* 2017a; 37: 341–346

Zheng W, Xiang Y-T, Xiang Y-Q, et al. Efficacy and safety of adjunctive topiramate for schizophrenia: a meta-analysis of randomized controlled trials. *Acta Psychiatr Scand* 2016b; 134: 385–398

Zheng W, Xiang YT, Yang XH, et al. Clozapine augmentation with antiepileptic drugs for treatment-resistant schizophrenia: a met-analysis of randomized controlled trials. *J Clin Psychiatry* 2017b; 78: e498–e505

Zhong G, Wang Y, Zhang Y, et al. Association between benzodiazepine use and dementia: a meta-analysis. *PLoS One* 2015;10: e0127836

Zhou X, Ravindran AV, Qin B, et al. Comparative efficacy, acceptability, and tolerability of augmentation agents in treatment-resistant depression: systematic review and network meta-analysis. *J Clin Psychiatry* 2015; 76: e487–e498

Zhu J, Cai H, Yuan Y, et al. Variance of the global signal as a pretreatment predictor of antidepressant treatment response in drug-naïve major depressive disorder. *Brain Imaging Behav* 2018; 12: 1768–1774

Zhu ZG, Sun MX, Zhang WL, et al. The efficacy and safety of coenzyme Q10 in Parkinson's disease: a meta-analysis of randomized controlled trials. *Neurol Sci* 2017; 38: 215–224

Zilcha-Mano S, Roose SP, Barber JP, et al. Therapeutic alliance in antidepressant treatment: cause or effect of symptomatic levels? *Psychother Psychosom* 2015; 84: 177–182

547

Zipursky RB, Menezes NM, Streiner DL, et al. Risk of symptom recurrence with medication discontinuation in first-episode psychosis: a systematic review. *Schizophr Res* 2014; 152: 408–414

Zisook S, Johnson GR, Tal I, et al. General predictors and moderators of depression remission: a VAST-D report. *Am J Psychiatry* 2019; 176: 348–357

Zisook S, Lesser IM, Lebowitz B, et al. Effects of antidepressant medication treatment on suicidal ideation and behavior in a randomized trial: an exploratory report from the combining medications to enhance depression outcomes study. *J Clin Psychiatry* 2011; 72: 1322–1332

Zisook S, Rush AJ, Haight BR, et al. Use of bupropion in combination with serotonin reuptake inhibitors. *Biol Psychiatry* 2006;59: 203–210

Zisook S, Shuchter SR, Pedrelli P, et al. Bupropion sustained release for bereavement: results of an open trial. *J Clin Psychiatry* 2001; 62: 227–230

Zohar J, Amital D, Miodownik C, et al. Double-blind placebo-controlled pilot study of sertraline in military veterans with posttraumatic stress disorder. *J Clin Psychopharmacol* 2002; 22: 190–195

Zohar J, Fostick L, Juven-Wetzler A, et al. Secondary prevention of chronic PTSD by early-and short-term administration of escitalopram: a prospective randomized, placebo-controlled, double-blind trial. *J Clin Psychiatry* 2018; 79: 16m10730

Zung WWK. A rating instrument for anxiety disorders. *Psychosomatics* 1971; 12: 371–379

Zweifel JE, O'Brien WH. A meta-analysis of the effect of hormone replacement therapy upon depressed mood. *Psychoneuroendocrinology* 1997; 22: 189–212

Índice Alfabético

A

Abertura a experiências, 40
Abordagem individualizada, 90
Abstinência
- aguda, 174
- - alcoólica, 418
- - - anticonvulsivantes, melhora, 419
- de opioide
- - metadona e, 431
- - prevenção de recorrência, 431
- e afeto negativo, 415
Acamprosato, 421
Acatisia, 202, 392
ACH (acetilcolina), 17
Ácidos graxos ômega-3, 233, 466
Acne, 192
Acumulação compulsiva, 343
Adaptógenos, 236
Adesão ao tratamento, 104
- farmacológico, 134
Adrenocromo, hipótese para explicar esquizofrenia, 226
ADRO (DORA) (antagonista duplo de receptores de orexina), 21
ADT (antidepressivo tricíclico), 217
Afetividade negativa, 42
Afeto, 380
- pseudobulbar, 248
Agitação, 301, 392
Agmatina, 232
Agonismo dopaminérgico parcial, 128
Agonista(s)
- $5HT_{1A}$, 119
- - papel na ansiedade, 399
- alfa e hiperexcitação do sistema nervoso autônomo, 412
- D_2/D_3 parciais, 362, 363
- de receptor, 23
- - nicotínico, 480
- opioides
- - abstinência de opioide e prevenção de recorrência, 431
- parcial(is), 23
- - antagonista de receptor, 23
- - adjuvantes, 119
Agressividade, 329
- impulsiva, 331
- - anticonvulsivantes para, 331, 332
- - betabloqueadores e, 333
- - lítio e, 330
Ajuste(s), 9

- clínicos necessários, 10
- de doses, 107
- finais, 90
Álcool, 418
Alcoolismo, 418
- tipo A *versus* tipo B, 419
Alelo, 152
Alfa-agonistas, 445, 484
Alogia, 380
Alopecia, 192
Alterações
- da função cognitiva, 106
- iniciais da capacidade hedônica, 106
Alternância cognitiva, 358
Alucinógenos para tratar transtornos por uso de álcool, 426
Amabilidade, 40
Amantadina, 128, 213, 484
- adjuvante, 340
- disfunção
- - hepática e, 267
- - renal e, 271
Âmbito restrito dos estudos incluídos, 67
Ambivalência, 380
Amissulprida, 457
Amitriptilina, 138
Ampliação do tratamento com clozapina, 375
Amplificação somatossensorial, 86
Análise(s)
- bayesiana, 60
- de GEE, 63
- de sobrevivência, 70
- de tempo até a ocorrência de um evento, 70
- de variância, 63, 64
- espúrias de subgrupos, 108
- moderadoras, 64
- *post hoc*, 64, 65
- univariadas e multivariadas, 63
Ancestralidade, 240
Anedonia, 380
Anergia, 380
Anfetamina(s), 21, 128, 182
- disfunção
- - hepática e, 267
- - renal e, 271
- para sintomas negativos da esquizofrenia, 386
Anorexígenos, 213
ANOVA
- bidirecional, 64

Psicofarmacologia Prática

- de medidas repetidas, 64
- unidirecional, 64
Ansiedade, 301, 391
- na população idosa, 252
- sinais e sintomas de, 392
- transtorno por uso de álcool e, 424
- tratamento supressivo *versus* preventivo, 394
- *versus* medo, 347
Ansiolíticos, 395
- lactação e, 257
- segurança farmacológica em crianças e adolescentes, 245
Antagonismo, 42
- do receptor 5HT$_{2A}$, 348
Antagonista(s)
- D$_2$ com um agonista parcial ou pleno, 128
- de receptor, 23
- - 5HT$_3$ de serotonina, 373
- - - como adjuvantes, 340
- opioide(s)
- - abstinência de opioide e prevenção de recorrência, 431
- - autolesão não suicida e comportamentos autolesivos, 342
- - para transtorno de escoriação da pele, 339
Antecipação, 415
Anti-hipertensivos, 22
Anti-histamínicos, 22, 410
Anti-inflamatórios, 374
Anticonvulsivante(s), 21, 22, 446
- antiglutamatérgicos, 373
- autolesão não suicida e comportamentos autolesivos, 342
- depois do período de desintoxicação, 423
- disfunção hepática e, 265
- e lactação, 257
- e lítio, disfunção renal e, 269
- na abstinência alcoólica aguda, 419
- na gravidez, 255
- orais, 321
- para agressividade impulsiva, 331, 332
- para transtorno de escoriação da pele, 339
- propriedades ansiolíticas dos
- - carbamazepina, 407
- - gabapentinoides, 409
- - lamotrigina, 408
- - levetiracetam, 409
- - tiagabina, 408
- - topiramato, 408
- - valproato de sódio, 408
- segurança farmacológica em crianças e adolescentes, 244
- usados como ansiolíticos, 181, 402
- usados para tratar TEPT, 447
Antidepressivos, 22, 484
- adjuvantes para esquizofrenia, 373
- disfunção
- - hepática e, 265
- - renal e, 269
- e transtorno por uso de álcool, 424, 425
- estratégias de aumento da dose, 287
- inadequados para tratar transtornos de adaptação, 277

- lactação e, 257
- mais eficazes e bem tolerados, 277
- monoaminérgicos, 277, 278
- - aprovados para tratar transtornos de ansiedade, 302
- - de "espectro mais amplo", 286
- - usados como ansiolíticos, 402
- na gravidez, 256
- níveis séricos clinicamente relevantes, 141
- noradrenérgicos e serotoninérgicos específicos, 374
- para crianças e adolescentes, 243
- para sintomas negativos da esquizofrenia, 385
- para transtorno bipolar, 309
- segurança farmacológica em crianças e adolescentes, 243
- serotoninérgicos, 330
- - para agressividade impulsiva, 331
- "tiro de canhão", 293
- usados como ansiolíticos
- - ADTs, 404
- - IMAOs, 405
- - mirtazapina, 406
- - nefazodona e trazodona, 405
Antipsicótico(s), 22, 217, 446
- agressividade impulsiva e, 334
- combinados, 370
- de segunda geração, 217, 287
- e lactação, 257
- e transtorno por uso de cocaína, 429
- eficazes para tratar esquizofrenia, 361
- em doses altas, 359
- injetáveis de ação prolongada, 367
- na gravidez, 256
- para tratar mania, 306
- sintomas negativos e, 381
- típicos "atípicos", 349
- transtorno por uso de álcool e, 424
- usados como ansiolíticos, 403
Apatia, 380
APGs, 350
- doses de, 352
- e ASGs para tratar agressividade associada às psicoses, 332
- *versus* ASGs, 350
Apneia do sono, 268
Apresentações de forma frustra, 29
(Ar)modafinila
- disfunção hepática e, 267
- disfunção renal e, 271
Área sob a curva (AUC), 72
Aripiprazol, 147, 323, 360, 362, 410
- agressividade impulsiva e, 334
- disfunção
- - hepática e, 266
- - renal e, 270
- para tratar TEPT, 448
- sintomas negativos da esquizofrenia e, 383
- transtorno
- - de personalidade *borderline*, 464
- - depressivo maior, 288
Armadilhas potenciais das metanálises, 67

Índice Alfabético

Asenapina, 147, 323, 363
- agressividade impulsiva e, 334
- disfunção
- - hepática e, 266
- - renal e, 270
- para tratar TEPT, 448
- sintomas negativos da esquizofrenia e, 383
- transtorno de personalidade *borderline*, 464
ASG (antipsicótico de segunda geração), 244
- autolesão não suicida e comportamentos autolesivos, 342
- depressão bipolar e, 322
- disfunção hepática e, 266
- em adultos idosos, 252
- injetáveis (IM) de ação curta, 361
- para crianças e adolescentes, 244
- segurança farmacológica em crianças e adolescentes, 244
- transtorno de personalidade *borderline* e, 464
Associação, 152, 380
Astenia, 236
Atenção, 471
Atipicidade dos antipsicóticos, 348
Atomoxetina, 139, 483
Aumento de peso e distúrbio metabólico, 210
Autismo, 380
Autoconfiança baixa, 78
Autolesão não suicida, 341, 460
- e comportamentos autolesivos, 342
Autorreceptor pré-sináptico de 5HT1$_A$, 119
Avaliação clínica, 6
- de efeitos terapêuticos, 11
- de queixas cognitivas, 474
Axioma, 185

B

Bacopa monnieri (*Brahmi*), 231
Benzodiazepínicos, 245, 396
- interrupção do tratamento crônico com, 399
- nocivos aos pacientes com TEPT, 445
- utilidade no tratamento da esquizofrenia, 376
- *versus* treinamento de habilidades de enfrentamento, 466
Betabloqueadores, 412
- e agressividade impulsiva, 333
- e TEPT, 443
Biomarcadores, 92
Biotina, 232
Bloqueador de canal
- de Ca^{++} regulado por voltagem, 23
- de Na$^+$ regulado por voltagem, 23
Bloqueio do gânglio cervicotorácico para tratar TEPT, 450
Boa psicofarmacologia, 3
Bradicardia, 195
Brexanolona, 257
Brexpiprazol, 323, 360, 363, 410
- agressividade impulsiva e, 334
- disfunção
- -hepática e, 266
- - renal e, 270
- sintomas negativos da esquizofrenia e, 383

- transtorno depressivo maior e, 288
Bromidrato de bupropiona, 279
Bruxismo, 195
Buprenorfina, 431
- abstinência de opioide e prevenção de recorrência, 431
Bupropiona, 100, 139, 213
- + atomoxetina, 116
- + ISRS ou IRSN ou ADT, 112
- + outro antidepressivo, 115
- + vortioxetina, 112
- disfunção renal e, 269
- para tratar jogo compulsivo, 433
Busca por novidades (*novelty seeking*), 41, 78
Buspirona, 245, 399
- transtornos de humor e afeto e, 290
Bypass gástrico, 263

C

Cálcio, 227
Canabidiol (CBD), 234, 390
- abstinência de opioide e prevenção de recorrência, 431
- na esquizofrenia, 377
- para tratar TEPT, 450
Cânhamo, 234
Cannabis, 234, 429
Características da responsividade a um placebo, 76
Carbamazepina, 133, 194, 215, 320, 419
- + qualquer outro fármaco, 113
- agressividade impulsiva e, 332
- disfunção
- - hepática e, 265
- - renal e, 269
- na gravidez, 255
- para crianças e adolescentes, 244
- para tratar TEPT, 447
- transtorno
- - de personalidade *borderline* e, 461
- - do pânico e, 407
Carbonato de lítio, 433
Cariprazina, 147, 323, 360, 363, 410
- agressividade impulsiva e, 334
- depressão bipolar e, 312
- disfunção
- - hepática e, 266
- - renal e, 270
- sintomas negativos da esquizofrenia e, 383
- transtorno depressivo maior, 288
Casos observados, 61, 63
Catatonia, 300
Caudas estatísticas, 57
Causa e efeito, 3
Causalidade reversa, 198
Centella asiatica (*Gotu kola*), 231
Cetamina, 21, 296, 299
- para tratar TEPT, 449
Ciclagem rápida, 318, 319
Cinética
- de ordem zero, 136

551

Psicofarmacologia Prática

- de primeira ordem (linear), 136
- de saturação, 136

Circuito(s)
- corticoestriatotalamocortical, 337
- corticolímbico nas psicoses, 129
- de recompensa, 414
- dopaminérgico anômalo, 351
- límbico/paralímbico, 327
- mesocorticais e mesolímbicos, 347

Citalopram, 137
- agressividade impulsiva e, 331
- disfunção renal e, 269
- transtornos por uso de álcool, 425

Citicolina, 232, 390
- e transtorno por uso de cocaína ou metanfetamina, 429

Citrus aurantium, 231

Classificações farmacológicas, 22

Clearance intrínseco, 268

Cleptomania, 343

Clomipramina, 138

Clonazepam, 396

Clonidina, 431

Clorpromazina, 353

Clozapina, 147, 334, 360, 363
- + bupropiona, 115
- + ciprofloxacino ou eritromicina, 114
- + fluoxetina ou fluvoxamina, 113
- agressividade impulsiva e, 334
- disfunção
- - hepática e, 266
- - renal e, 270
- sintomas negativos da esquizofrenia e, 383
- transtorno
- - de personalidade *borderline*, 464
- - depressivo maior, 288
- tratamento com, 375

Cobre, 227

Coeficiente de variação, 135

Coenzima Q (ubiquinona), 232

Coerência, 4

Cognição, 470
- como alvo primário do tratamento da esquizofrenia, 377
- fria, 38, 106, 326, 346
- quente, 38, 106, 326, 346
- social, 42, 471

Colina, 232

Colinearidade, 95

Combinação(ões)
- de antidepressivos, 112
- de antipsicóticos, 127
- - com estabilizadores de humor, 128
- de olanzapina/fluoxetina (COF), 294
- de psicoestimulantes com antipsicóticos, 117
- improváveis, 116
- racionais de antipsicóticos, 127

Comorbidade(s), 34, 36
- homotípica, 31

Comportamento
- de autolesão ou automutilação, 27, 341

- de comprar compulsivamente, 341
- impulsivo, 41

Compulsões, 327

Conceitos não categóricos em psicopatologia, 31

Condições em forma frustra, 6

Confiabilidade, 28

Confusão por indicação, 198

Conscienciosidade, 40

Consistência, 4

Construto de emoção expressa, 105

Consumo com moderação, 419

Contexto psicossocial, 102

Controle dos impulsos, 40

Conversões de doses de antipsicóticos de primeira e segunda gerações, 179

Correção de níveis séricos baixos de vitamina D, 226

Correlações de Pearson e Spearman, 135

Correlativos psicológicos, 78

Correlatos fatores neurobiológicos, 79

Córtex
- cingulado anterior, 327
- pré-frontal
- - dorsolateral, 327, 328
- - ventrolateral, 328
- - ventromedial, 328

COVID-19, 439

Creatina, 233
- para tratar TEPT, 450

Crianças e adolescentes, 243

Crises convulsivas, 204

Critérios de Bradford Hill para avaliar causa e efeito, 4

Crocus sativus (açafrão), 231

Cromo, 227

Cronicidade, 97

Curcuma longa (cúrcuma), 231

Curso do tratamento, 7

Curva(s)
- de característica de operação do receptor (ROC), 72
- de dose-resposta, 136
- - linear, 136
- de resposta curvilínea, 136
- logarítmica, 136
- sigmoide, 136

D

D de Cohen, 57, 59

D-serina para tratar TEPT, 449

D_1, 18

D_2, 18

D_3, 18

D_4, 18

D_5, 18

Dasotralina, 484

Davunetida, 370

Deficiências de vitaminas
- hidrossolúveis, 224
- lipossolúveis, 222

Del, 163

Índice Alfabético

Delineamento(s)
- complexos, 70
- cruzado, 53
- de estudo, 48
- - prospectivo *versus* retrospectivo, 49
- paralelo, 53
Delirium, 33, 350, 392
- *tremens*, 418
Demência, 33, 197, 262, 392
- disfunção cognitiva grave e, 485
- precoce, 377
Dependência(s), 414
- comportamentais, tratamento farmacológico de, 433
- de gratificação (*reward dependence*), 41
Depressão, 392
- antidepressivos e transtorno de personalidade *borderline*, 462
- 5HT$_{2A}$ e, 290
- bipolar, 309, 312
- - tratamentos combinados para, 312
- com sintomas atípicos, 301
- com transtornos de atenção, 303
- crônica/persistente, 300
- depois de infarto agudo do miocárdio (IAM), 260
- indicação para tratamento farmacológico da, 276
- inflamatória *versus* não inflamatória, 303
- maior continuação ou descontinuação de tratamentos farmacológicos, 189
- na gravidez, fatores de risco para, 253
- na população geriátrica, 249
- pós-AVE, 260
- pré-menstrual, 258
- pró-colinérgicos muscarínicos para, 292
- psicodélicos e, 304
- psicótica, 300
Desatenção, 27, 38
Desconforto gastrintestinal, 199
Descontinuação
- do uso de fármacos, 170
- randomizada de tratamento farmacológico, 184
Desejo insaciável e intolerância a sofrimento, 432
Desequilíbrio
- de ligação, 152
- químico, 13
Desidroepiandrosterona (DHEA), 230, 389, 480
Desinibição, 42
Desipramina, 138
- transtornos por uso de álcool e, 425
Desorganização cognitiva, 33
Desprescrição, 121, 122, 185
- fatores contrários à, 121
Desvantagem, 63
Desvenlafaxina, 138, 160
- disfunção renal e, 269
Dextroanfetamina, 340
Dextrometorfano
- + bupropiona, 114
- + quinidina, 114, 246

Diabetes insípido nefrogênico, 201
Diagnósticos, 28
- de espectro, 29
- psiquiátricos baseados em neurociências, 37
- "sem outras especificações", 30
Dietary Supplement Health and Education Act (DESHEA), 220
Diferença(s)
- da média padronizada (DMP), 58
- de eficácia entre os antipsicóticos, 358
- sexuais, 241
Dificuldade(s)
- de concentração, 27
- de relacionamento interpessoal e problemas psicossociais, 104
Dimensões dos transtornos afetivos, 276
Discinesia tardia, 207
Discrasias sanguíneas, 194
Disforia, 421
Disfunção
- cognitiva
- - associada à esquizofrenia, 478
- - associada ao transtorno bipolar, 477
- - associada aos transtornos de humor, 475
- - grave demência e, 485
- executiva, 38
- hepática, 199, 263
- - anticonvulsivantes, 265
- - antidepressivos e, 265
- - ASGs e, 266
- - fármacos pró-cognitivos e, 267
- - hipnótico-sedativos e, 266
- - psicoestimulantes e, 267
- mesocortical, 381
- renal
- - anticonvulsivantes e lítio e, 269
- - antidepressivos e, 269
- - ASGs e, 270
- - fármacos pró-cognitivos e, 271
- - hipnótico-sedativos e, 271
- - psicoestimulantes e, 271
- sexual, 205
Disposição otimista, 78
Dissociação, 450
Dissulfiram, 422
Distanciamento, 42
Distresse, 436
Divalproato, 133
Diversidade humana, 239
Doença(s)
- cardíaca, 260
- celíaca, 262
- de Parkinson, 268
- do trato digestivo, 262
- pulmonar obstrutiva crônica (DPOC), 261
- renal, 267
- - crônica, 196
- vascular cerebral, 260

553

Psicofarmacologia Prática

Domínios cognitivos, 471
Donepezila
- disfunção hepática e, 267
- disfunção renal e, 271
Dosagem
- da fase lútea, 258
- de níveis séricos de um fármaco, 132
Dose(s)
- excessiva/duplicação terapêutica, 111
- habituais, homeopáticas e supraterapêuticas, 10
- habituais e máximas de antidepressivos estudados
- - antidepressivos tricíclicos, 282
- - bupropiona, 284
- - IMAOs, 281
- - IRSNs, 281
- - ISRSs, 280
- - serotoninérgicos, 283
- otimizadas, 11
- subterapêutica, 111
- supraterapêuticas, 11, 284, 285
Doxepina
- + antidepressivos ou antipsicóticos, 112
- disfunção hepática e, 266
Drinque, definição, 418
Droperidol, 352
Duloxetina, 138, 406
- agressividade impulsiva e, 331
- disfunção renal e, 269
Duração
- da doença sem tratamento (DUI), 98
- do ensaio clínico e efeito placebo, 81

E

Efavirenz, 267
Efeito(s)
- adversos, 77
- - associados à interrupção repentina de um fármaco, 174
- - graves ou persistentes, 170
- aleatórios, 66
- antipsicótico, 356
- cardiovasculares, 195
- colaterais extrapiramidais, 201
- da descontinuação do fármaco, 86
- de carreamento, 53
- de *carryover*, 53
- de dose, 4
- de estudos pequenos, 67
- de interação, 64
- do observador, 76
- farmacocinéticos, 113
- - de tratamentos combinados, 142
- farmacológicos adversos, 191
- fixos, 66
- Hawthorne, 76
- inicial, previsão de resposta duradoura, 106
- não farmacodinâmicos, 492
- nocebo, 74, 77, 85, 88, 191, 492
- nootrópicos, 476

- observado clinicamente significativo, 57
- placebo, 74, 75, 492
- - como minimizar, 86
- - persistentes ou transitórios, 82
- principal, 64
- Stroop, 165
Efetividade, 69, 90
Eficácia, 69
- relativa dos antidepressivos, 278
- terapêutica, 90
Eletroconvulsoterapia, 304
Enriquecimento de amostras, 108
Ensaio(s)
- clínicos, 48
- - baseados em evidências, 46
- falho, 70
- negativo, 70
Enzima(s)
- aldeído-desidrogenase, 241
- envolvidas no metabolismo hepático, 154
Equações de estimativa generalizada (GEE), 62, 63
Equilíbrio de Hardy-Weinberg, 152
Equivalentes de doses de antidepressivos, 178
Erro(s)
- do tipo I ("falso-positivo"), 54
- do tipo II ("falso-negativos"), 55
Escala(s)
- de avaliação de ansiedade, 393
- de gravidade dos sintomas, 11
- de Jadad, 54
Escassez de estudos puramente observacionais, 7
Escetamina
- disfunção
- - hepática e, 265
- - renal e, 269
- intranasal para transtorno depressivo maior, 300
Escitalopram, 137, 406
- disfunção renal e, 269
- para transtorno de escoriação da pele, 339
Especificidade, 4, 71, 72
Esquemas terapêuticos complexos, 110
Esquizofrenia, 29
- continuação ou descontinuação de tratamentos
    farmacológicos, 190
- e 5HT$_3$, 373
- resistente ao tratamento, ETC adjuvante para, 376
Estabilidade longitudinal dos diagnósticos
    psiquiátricos, 31
Estabilizadores de humor, 32, 307, 316, 463
- adjuvantes do tratamento antipsicótico de transtornos
    psicóticos primários, 371
Estados de deficiência, 380
Estatinas, 374
Estatística(s)
- frequentista, 60
- relevantes, 135
Esteroides, 230
Estratégias de ampliação do tratamento com
    antipsicóticos, 367

Índice Alfabético

Estratificação, 52
- populacional, 152
Estresse, 436
- da pandemia de COVID-19, 441
Estrogênio, 230, 389
Estudo(s)
- abertos de grupo único, 53
- clínicos randomizados, 47
- com doses fixas *versus* flexíveis, 66
- controlados com placebo e controle ativo, 70
- de associação genômica ampla (GWAS), 153
- de genes candidatos, 151
- de seguimento dos primeiros episódios, 32
- GENDEP (*Genome based Therapeutic Drugs for Depression Project*), 159
- geradores de hipóteses, 92
- observacionais *versus* naturalísticos, 49
Eszopiclona, 266
Etnia, 240
Evitação de danos (*harm avoidance*), 41
Evolução longitudinal, 26
Excitação, 392
Exclusão de indivíduos, 61
Experimento, 4
Explicações alternativas, 4
Exposição massiva-intoxicação, 415
Extrato
- de bagas de *Schisandra chinensis*, 237
- de raízes, 237
- de tireoide em pó, 230
Extroversão, 40

F

Factoide, 346
Faixa terapêutica, 135
Falácia ecológica, 82
Falha de adesão ao tratamento, 114
Falta de eficácia, 492
Familiaridade, 150
Fármaco(s)
- adjuvantes para tratar transtornos de depressão maior em adultos idosos, 251
- antiglutamatérgicos, 388
- antimaníaco, 305, 310
- antipsicóticos, níveis dos, 145
- inadequados para adultos idosos, 248
- novos para tratar transtornos por uso de álcool, 426
- para suprimir desejo insaciável, 420
- pró-cognitivos
- - disfunção hepática e, 267
- - disfunção renal e, 271
- pró-dopaminérgicos para sintomas negativos da esquizofrenia, 385
- psicotrópicos e lactação, 257
- quando descontinuar, 185
- quando interromper o uso, 171
- sem indicação/descontinuação do fármaco necessário, 111
- usados para tratar TDAH, 246

- Z, 246, 395
Farmacoarqueologia prática, 491
Farmacocinética, 155
- linear e não linear, 135
Farmacogenética, 149, 152, 155
- de eficácia, 156
- de segurança, 153
Farmacogenômica, 149
Farmacoterapia(s)
- clínica, 273
- combinadas, 110
- quando está indicada, 6
Fases de desenvolvimento de fármacos, 22
Fatores de confusão, 52, 94
Fenciclidina, 354
Fenelzina, 139
Fenitoína, 332
Fenômenos dissociativos, 450
Fentermina, 213
Ferro, 227
Fitocanabinoides, 234
Fitoterápicos, 231
Fluência verbal, 471
Flufenazina, 353
Fluoxetina, 137, 406
- agressividade impulsiva e, 331
- disfunção renal e, 269
- transtorno(s)
- - de escoriação da pele e, 339
- - de personalidade *borderline* e, 460
- - por uso de álcool e, 425
Fluvoxamina, 113, 137
- + clomipramina, 115, 116
- agressividade impulsiva e, 331
- disfunção renal e, 269
- para tratar jogo compulsivo, 433
- transtorno(s)
- - de escoriação da pele e, 339
- - de personalidade *borderline* e, 460
- - por uso de álcool e, 425
Força da associação aparente, 4
Formas externalizantes e internalizantes de psicopatologias, 31
Fração(ões)
- excretada inalterada, 268
- ligada e livre dos fármacos, 268
Free and Easy Wanderer Plus® (FEWP) (*Xiao yao yan*), 231
Frequência de dose, 78
Fumantes, tratamento farmacológico em, 252
Função
- cognitiva autorreferida, 474
- da polifarmácia, 119
- executiva, 470
- - componentes da, 471

G

G de Hedges, 58, 59
GABA (ácido gama-aminobutírico), 20, 21

555

Psicofarmacologia Prática

Gabapentina, 181, 216, 420, 422
- adjuvante, 338
- como ansiolítico, 14
- disfunção
- - hepática e, 265
- - renal e, 269
- na gravidez, 255
- para crianças e adolescentes, 245
- para tratar TEPT, 447
- transtorno
- - de ansiedade social e, 409
- - de personalidade *borderline* e, 461
- - do pânico e, 409
Gabapentinoides, 248, 407
Galantamina
- disfunção hepática e, 267
- disfunção renal e, 271
Galphimia glauca (galfímia), 231
Gaslighting, 346
Gene(s)
- *CYP1A2*, 166
- *CYP2B6*, 166
- *CYP2C19*, 166
- *CYP2C9*, 166
- *CYP2D6*, 166
- *CYP3A4*, 166
- farmacocinéticos, 166
- *UGT1A4*, 166
- *UGT2B15*, 167
Genética das comorbidades, 34
Genótipo, 152
Gepirona, 400
Geradores de hipótese, 7
Gestão de contingências, 416
Ginkgo biloba (ginkgo), 231, 484
Giroscópios psiquiátricos, 12
Glaucoma, 263
Glutamato, 20
Glutamina, 229
Grau de variabilidade, 150
Gravidade inicial, 96
Gravidez, 106
- psicoestimulantes na, 256
- topiramato na, 256

H

H$_1$, 20
H$_2$, 20
H$_3$, 20
Haloperidol, 352
Haplótipo, 152
Hereditariedade, 150
- forte, 150
Heterogeneidade, 66, 67
- pleomórfica, 34
Heterozigótico, 152
Hidrocortisona para tratar TEPT, 449
5HTP (5-hidroxitriptofano), 229

Hidroxizina, 245
Higiene farmacológica, 121
Hiperatividade, 392
- autonômica, 43
Hipercalcemia, 199
Hiperidrose, 199
Hiperparatireoidismo, 199
Hiperprolactinemia, 200
Hipertensão de rebote, 174
Hipnótico-sedativos, 245
- disfunção
- - hepática e, 266
- - renal e, 271
- na gravidez, 256
Hipotensão ortostática, 195
Hipótese
- das catecolaminas, 13
- de "associação/dissociação rápida", 349
- de Ketter, 316
- dos marcadores somáticos, 328
História(s)
- de tentativas de suicídio, 100
- de trauma, 28
- familiar, 26
HIV/AIDS, 264
Homozigótico, 152
Hormônio
- do crescimento humano, 230
- tireóideo
- - suprametabólico, ciclagem rápida, 319
- - transtornos de humor e afeto e, 291
Hypericum perforatum (erva-de-são-joão), 231

I

Idade, 97
- de início, 26
- precoce de início da doença, 97
Ideação suicida crônica, 460
Identificação e persecução de alvos terapêuticos específicos, 488
Iloperidona, 147, 323, 360, 364
- agressividade impulsiva e, 334
- disfunção
- - hepática e, 266
- - renal e, 270
- sintomas negativos da esquizofrenia e, 383
Ilusões bizarras, 28
Imagem por tensor de difusão, 94
IMAO (inibidor de monoaminoxidase), 139, 217, 282, 294, 405, 463
- + (ar)modafinila, 120
- + ADTs, 118
- + anestésicos gerais, 120
- + bupropiona, 120
- + buspirona, 120
- + carbamazepina, 120
- + lítio, 120
- + ondansetrona ou granisetrona, 120
- + pindolol, 120

Índice Alfabético

- + psicoestimulantes, 120
- disfunção
- - hepática e, 265
- - renal e, 269
- transtorno
- - de ansiedade social e, 405
- - do pânico e, 405
Imipramina, 138
- transtornos por uso de álcool e, 425
Impacto cognitivo do lítio, 320
Implicações para o desenho dos estudos, 86
Impossibilidade de usar fármacos/falta de ar, 112
Impulsividade, 40, 329
Impulsos, 327
Índice(s)
- de efeito placebo, 80, 83
- mais altos de neutropenia étnica benigna (NEB), 241
- terapêutico, 135
Indutor(es)
- de sono, 236
- - para pacientes idosos, 246
- do CYP450, 105
- enzimático, 23
Ineficácia, 169
Inferências
- de ensaios clínicos, 67
- errôneas, 60
Ingestão alcoólica massiva, 418, 419
Inibidor(es)
- de ACH, 23
- de monoaminoxidase, 174
- de protease, 267
- de recaptação, 23
- - de DA, 23
- - liberador de DA/NE, 23
- enzimático, 23
- - irreversível, 23
- não nucleosídios de transcriptase reversa, 267
Injunção paradoxal, 78
Ins, 163
Instabilidade, 38
- afetiva, 32, 308
Intenção de tratar (ITT), 61
Interações
- farmacocinéticas, 112
- - adversas, 105
- - com outros fármacos, 104
- farmacodinâmicas, 113
- farmacológicas, 112, 113
Interpretação e uso de literatura científica, 46
Interrupção
- de fármacos antes de ECT, 175
- do tratamento crônico com benzodiazepínicos, 399
- repentina de fármacos, vantagens potenciais da, 176
Intervalo(s)
- de credibilidade, 60
- de confiança, 51, 52
Intolerância
- a distresse, 459

- ao sofrimento, 43
- - psíquico após experiências traumáticas, 44
- farmacológica, 492
Intoxicação alcoólica, 418
Iodo, 227
Irritabilidade e raiva nos transtornos afetivos e psicóticos, 329
IRSN (inibidor de recaptação de serotonina e norepinefrina), 21, 217, 281, 404, 406
- + ADT, 115
- + antidepressivo tricíclico, 116
- + IRSN, 116
- + ISRS, 116
- disfunção hepática e, 265
- transtorno
- - de ansiedade generalizada e, 404
- - de ansiedade social e, 404
- - do pânico, 404
Isocarboxazida, 139
Isoenzimas da MAO, 295
ISRS (inibidor seletivo de recaptação de serotonina), 21, 217, 280, 342, 406
- + ADT, 112
- + clomipraminaa, 112
- + ISRS, 116
- autolesão não suicida e comportamentos autolesivos, 342
- disfunção hepática e, 265
- transtorno
- - de ansiedade generalizada e, 403
- - de ansiedade social e, 403
- - de escoriação da pele e, 339
- - do pânico e, 403

J

Janela terapêutica, 135
Jogo compulsivo, tratamento, 433

L

L-arginina com *L*-lisina, 229
L-metilfolato, 235
L-teanina, 229
Labilidade
- afetiva, 38
- emocional, 308
- - psicoestimulantes e, 483
Lactação
- lítio e, 257
- psicoestimulantes e, 257
- psicofarmacologia e, 255
Lamotrigina, 133, 216, 291, 316, 318, 371, 408, 478
- + valproato, 113
- adjuvante, 338
- agressividade impulsiva e, 332
- ciclagem rápida e, 319
- depressão bipolar e, 14, 312, 317
- disfunção
- - hepática e, 265
- - renal e, 269

Psicofarmacologia Prática

- na gravidez, 255
- para crianças e adolescentes, 245
- transtorno(s)
- - de escoriação da pele e, 339
- - de estresse pós-traumático e, 447
- - de humor e afeto e, 291
- - de personalidade *borderline* e, 461
Lavandula spp. (lavanda), 232
Lei de Wilder, 96
Lemborexante, 266
Lepidium meneyii (maca ou ginseng peruano), 232
Leucopenia, 194
Levetiracetam, 409
- transtorno
- - de ansiedade social e, 409
- - de estresse pós-traumático e, 447
- - do pânico e, 409
Levomilnaciprano, 138
- disfunção renal e, 269
Ligação
- ao receptor D₁, 356
- às proteínas de diversos psicotrópicos, 264
Liraglutida, 214
Lisdexanfetamina, 117, 427
Listas de verificação (*checklists*), 11
Lítio, 21, 133, 216, 244, 290, 319
- + valproato de sódio, 115
- - ciclagem rápida, 319
- disfunção renal e, 269
- e agressividade impulsiva, 330
- e lactação, 257
- em doses baixas, 320
- na gravidez, 256
- para crianças e adolescentes, 244
- segurança farmacológica em crianças e adolescentes, 244
- transtornos de humor e afeto e, 290
Locus, 152
- de controle externo, 78
Logística de descontinuação de fármacos, 169
Loxapina, 352
Lumateperona, 323, 360, 364
- depressão bipolar e, 312
- disfunção
- - hepática e, 266
- - renal e, 270
- sintomas negativos da esquizofrenia e, 383
Lúpus eritematoso farmacogênico, 198
Lurasidona, 323, 360, 364, 366, 411, 478
- depressão bipolar e, 312
- disfunção renal e, 270
- sintomas negativos da esquizofrenia e, 383
- transtorno depressivo maior e, 288
- - com sintomas mistos e, 14

M

Macrominerais, 226
Magnésio, 227
Manganês, 227

Mania, 392
Manifestações tóxicas inequívocas, 134
Marcadores inflamatórios, níveis altos de, 102
Matricaria chamomilla (camomila), 231
Mecanismos de ação, 12
Mediadores, 91
- da resposta terapêutica, 104
Medicina baseada em evidências, 6, 7, 16
Medidas
- de resultado, 63
- - do tratamento
- - - para pacientes com transtorno de estresse
pós-traumático, 438
- - - de uso abusivo de substâncias, 416
- formais, 472
Medo *versus* ansiedade, 347
Meias-vidas, 185
Melatonina, 20, 230
Melhora significativa, 11
Memantina, 426, 466, 484
- adjuvante, 339
- disfunção hepática e, 267
- disfunção renal e, 271
Memória, 470
- em longo prazo, 472
- operacional, 328, 471
Metabolismo dos opiáceos, 430
Metabolizadores
- pobres, 155
- ultrarrápidos, 155
Metadona, 431
Metanálises, 65
- de redes, 66
Metas terapêuticas, 24
Metformina, 214
3,4-metilenodioximetanfetamina (MDMA), 450
Metilfenidato, 139
- disfunção hepática e, 267
- disfunção renal e, 271
Método(s), 56
- Bonferroni, 56
- de imputação múltipla, 61
- Holm-Bonferroni, 56
- Sinclair, 422
Microbioma, 236
Microminerais, 226
Mifepristona, 230
Minociclina, 388
Miocardite, 195
Mioinositol, 233
Mirtazapina, 139, 283, 339, 406
- + outro antidepressivo, 115
- agressividade impulsiva e, 331
- disfunção
- - hepática e, 265
- - renal e, 269
- transtorno(s)
- - de ansiedade generalizada e, 406

558

Índice Alfabético

- - de ansiedade social e, 406
- - de humor e afeto e, 291
- - por uso de álcool e, 425
Moclobemida, 139
Modafinila, 139, 479, 482
- transtorno de hiperatividade e déficit de atenção e, 14
Modelagem estrutural marginal, 66
Modelo(s)
- de efeitos mistos, 66
- de personalidade de cinco fatores, 40
- de regressão, 64
- de risco proporcional de Cox, 70
- dopaminérgico complexo, 117
- misto de medidas repetidas (MMMR), 62, 63
Moderador(es), 91
- e mediadores do resultado terapêutico, 90
- relevante, 91
- terapêuticos, 92, 96
Modulação adrenérgica e transtorno de estresse pós-traumático, 443
Modulador(es)
- alostérico positivo, 23
- dos receptores de NMDA para sintomas negativos da esquizofrenia, 387
Monitoramento
- de órgãos-alvo, 145
- laboratorial
- - de órgãos-alvo, 146
- - dos níveis séricos
- - - de estimulantes e fármacos com ação semelhante, 139
- - - de lítio e anticonvulsivantes estabilizadores de humor, 133
- - - de outros antidepressivos monoaminérgicos, 139
- - - dos antidepressivos tricíclicos, 138
- - - dos IRSNs, 138
- - - dos ISRSs, 137
- terapêutico de fármacos (MTF), 131
Monoidrato de creatina, 478

N

N-acetilcisteína (NAC), 233, 480
- jogo compulsivo e, 433
- transtorno
- - de escoriação da pele e, 339
- - de estresse pós-traumático e, 449
Nalmefeno, 422
- para tratar jogo compulsivo, 433
Naltrexona, 420
- abstinência de opioide e prevenção de recorrência e, 431
- para tratar jogo compulsivo, 433
- pode causar disforia, 421
Não
- conformistas sexuais, 242
- inferioridade, 56
NE (norepinefrina), 19
Nefazodona, 139, 283, 405
Neuroticismo, 40, 78
Neurotoxicidade *versus* neuroproteção, 350

Neurotransmissores, 229
- alvo, 17-20
- GABA, 229
- glutamato, 229
Nevirapina, 267
Nimodipino, ciclagem rápida, 319
Nível
- alfa (α), 55
- beta (β), 55
- de ansiedade na linha de base, 100
Nomenclatura, 15
- baseada em neurociências, 15, 23
Nomograma(s)
- de Cooper, 140
- e esquemas de impregnação oral para prever níveis farmacológicos ideais, 140
Nortriptilina, 138
Número
- de episódios, 98
- necessário para tratar (NNT), 58, 69
- variável de repetições em *tandem* (NVRT), 152
Nutracêuticos, 221
- barreira hematencefálica, 228
- de um carbono, 234

O

Objetivos terapêuticos, 16
Obsessões, 327, 392
Ocitocina, 389, 467
- para tratar transtorno de estresse pós-traumático, 449
Odds ratio, 51
Olanzapina, 147, 324, 360, 364
- + fluvoxamina, 113
- agressividade impulsiva e, 334
- disfunção
- - hepática e, 266
- - renal e, 270
- para tratar
- - jogo compulsivo, 433
- - TEPT, 448
- sintomas negativos da esquizofrenia e, 384
- transtorno
- - de ansiedade generalizada e, 411
- - de ansiedade social e, 411
- - de personalidade *borderline* e, 465
- - depressivo maior e, 288
Óleo de canabidiol para tratar ansiedade, 412
Ondansetrona, 389, 423
Opioides na gravidez, 256
Orexinas, 20
Orlistate, 214
Orotato de lítio, 228
Oscilações de humor, 27
- associadas ao transtorno de personalidade *borderline*, 33
Oxcarbazepina, 420
- agressividade impulsiva e, 332
- disfunção
- - hepática e, 265

559

Psicofarmacologia Prática

- - renal e, 269
- para crianças e adolescentes, 245
- transtorno
- - de estresse pós-traumático e, 447
- - de personalidade *borderline* e, 462

P

Paliperidona, 324, 360, 365
- agressividade impulsiva e, 334
- disfunção
- - hepática e, 266
- - renal e, 270
- sintomas negativos da esquizofrenia e, 384
- transtorno
- - de personalidade *borderline* e, 465
- - depressivo maior e, 288
Panax
- *ginseng* (ginseng asiático), 237
- *quinquefolius*, 237
Pandemia de COVID-19, 439
Pânico, 392
Paranoia, 392
Parcimônia, 123
- farmacológica, 122, 126, 210
Parkinsonismo, 202
Paroxetina, 137, 406
- disfunção renal e, 270
- para tratar jogo compulsivo, 433
- transtornos por uso de álcool e, 425
Passiflora incarnata (flor de maracujá), 232
Pensamentos acelerados, 392
Perda(s)
- ao acaso, 61
- completamente ao acaso, 61
- de apetite, 29
- de dados, 61
Perfenazina, 353
Períodos de suspensão (*washout*), 86
Persistência (*persistence*), 41
Personalidade, componentes estruturais da, 42
Pimavanserina, 365
- disfunção
- - hepática e, 266
- - renal e, 270
- transtorno depressivo maior e, 288
Pimozida, 352
- e parasitose delirante, 354
Pindolol + ISRS, 115
Piper methysticum (kava ou kava-kava), 232
Placebo(s), 74
- abertos (*open-label*), 84
- ativo *versus* inativo, 84
Plasma, 134
Plausibilidade, 4
Poder estatístico, 54, 55
Polifarmácia
- de Ícaro, 129
- extensiva, 110

- parcimoniosa, 123
- racional, 119
Polifarmacoterapia complexa, 114
Polimorfismo
- de metilenotetra-hidrofolato redutase (MTHFR), 167
- de nucleotídio único (SNP), 151, 152, 165
- - *ADRA2A*, 166
- - *COMT*, 165
- - *HLA-A*3101*, 166
- - *HLA-B*1502*, 165
- - *HTR2A*, 165
- - *SLC6A4*, 165
Pomaglumetade, 356
Populações especiais, 239
Porre seco, 415
Posologia agressiva, 129
Potássio, 227
Pramipexol, 128, 294, 478
Prebiótico, 236
Preditor, 91
Preferências do paciente quanto ao tratamento, 102
Pregabalina, 181, 216, 420
- + gabapentina, 116
- disfunção hepática e, 265
- para crianças e adolescentes, 245
- transtorno
- - de ansiedade generalizada e, 14, 409
- - de ansiedade social e, 409
- - de estresse pós-traumático e, 447
Pregnenolona, 230, 480
- com *L*-teanina, 388
Preocupação, 415
Prevalência familiar, 101
Prévia, 60
Pró-colinérgicos, 479
- muscarínicos para depressão, 292
Probabilidade(s)
- *a posteriori*, 60, 66
- prévia, 60
Probióticos, 236
- com finalidade psicotrópica, 238
- em transtornos psiquiátricos, 237
Problemas
- associados à interrupção repentina de um
    fármaco em uso, 173
- farmacológicos associados aos esquemas
    terapêuticos complexos, 111
Procedimento de Hommel, 56
Processamento atencional, 38
Processos sociais, 39
Progesterona, 230
Prolongamento do intervalo QTc, 195, 260
Proporção de variância explicada, 64
Protriptilina, 282
Prova de conceitos, 7
Pseudoespecificidade, 65
Psicodélicos e depressão, 304
Psicoestimulante(s), 182, 467

Índice Alfabético

- + antipsicótico, 116
- como antidepressivos adjuvantes, 292
- de liberação longa *versus* curta, 427
- disfunção
- - hepática, 267
- - renal e, 271
- e função executiva, 482
- e labilidade emocional, 483
- e lactação, 257
- e transtornos por uso de cocaína, 426
- em sistemas de liberação prolongada, 482
- na gravidez, 256
- para crianças e adolescentes, 246
- para tratar transtorno bipolar, 315
Psicofarmacologia
- baseada em evidências, 6
- do sistema reprodutivo, 253
- e lactação, 255
- em transexuais, transgêneros e não conformistas sexuais, 242
- geriátrica, 243
- newtoniana, 10
- sob medida, 91
Psicose, 33, 42, 345
- persistente atribuída a outra doença clínica, 375
- *versus* obsessões, 43
Psicoticismo, 42
Psicotrópicos, 220

Q

Quatro "As", 380
Quercetina, 233
Questionário Tridimensional de Personalidade, 41
Questões de segurança, 221
Quetiapina, 147, 324, 360, 365
- depressão bipolar e, 312
- disfunção
- - hepática e, 266
- - renal e, 270
- sintomas negativos da esquizofrenia e, 384
- transtorno
- - de ansiedade generalizada e, 15, 411
- - de ansiedade social e, 411
- - de estresse pós-traumático e, 448
- - de personalidade *borderline* e, 465
- - depressivo maior e, 15, 288
Quiralidade, 185

R

Raça e etnia, 100, 240
Raiva, 459
Raloxifeno, 230, 480
Ramelteona, 266
Randomização, 52
Reação(ões)
- adversa aos fármacos, 112
- de hipersensibilidade, 170
- de luta ou fuga, 346

- distônicas agudas, 203
- metabólicas do álcool, 241
Rebote colinérgico, 174
Receptor(es)
- $GABA_A$, 396
- ionotrópicos e metabotrópicos de glutamato, 297
Recorrência, 185
- do transtorno bipolar no puerpério, 257
Recuperação, 69
Rede de saliência, 328
Redução
- de risco absoluto, 158
- média do escore de sintomas em comparação com o nível inicial, 69
Regra
- de 2 semanas ou 20%, 8
- de memorização FINISH, 175
Regressão
- à média, 75
- linear ou múltipla, 64
Regulação corticoglutamatérgica, 354
Relações verdadeiras ou falsas, 95
Remissão, 69
Reposição, 222
Reprodutibilidade, 4
Resiliência, 101, 436
Resistência verdadeira ao tratamento, 292
Resposta, 69
- a um fármaco hereditária, 150
- pregressa ao tratamento, 101
Ressecamento da boca, 199
Restrições dietéticas com uso de IMAO, 295
Resultado(s)
- estatisticamente significativo, 54
- falso-positivos nos testes de triagem toxicológica, 417
- observados, 4
- primários, 67, 68
- secundários, 67, 68, 145
Revisão de pares, 46
Rhodiola rosea, 237
Rigidez cognitiva e antipsicóticos, 358
Riluzol adjuvante, 340
Risco de convulsões, 174
Risperidona, 117, 148, 324, 365, 457
- agressividade impulsiva e, 334
- disfunção
- - hepática e, 266
- - renal e, 270
- sintomas negativos da esquizofrenia e, 384
- transtorno
- - de ansiedade generalizada e, 411
- - de estresse pós-traumático e, 448
- - depressivo maior e, 288
- - do pânico e, 411
Rivastigmina
- disfunção hepática e, 267
- disfunção renal e, 271
Ruminações, 392

561

Psicofarmacologia Prática

S

S-adenosilmetionina, 234
Sangramento, 193
Saúde mental, 494
Sedação e sonolência, 204
Segurança
- dos fármacos em adultos idosos, 248
- dos psicotrópicos na gravidez, 255
- farmacológica em crianças e adolescentes
- - ansiolíticos, 245
- - anticonvulsivantes, 244
- - antidepressivos, 243
- - ASGs, 244
- - fármacos usados para tratar TDAH, 246
- - lítio, 244
Selegilina, 139
Selênio, 227
Sensibilidade, 71, 72
- à rejeição, 94
- do ensaio, 56
Serotonina (5HT), 19
- $5HT_{1A}$, 19
- $5HT_{1B}$, 19
- $5HT_{2A}$, 19
- - e depressão, 290
- $5HT_3$, 19
- $5HT_7$, 19
Sertralina, 137, 406, 440
- agressividade impulsiva e, 331
- disfunção renal e, 270
- para tratar jogo compulsivo, 433
- transtorno(s)
- - de escoriação da pele e, 339
- - por uso de álcool e, 425
Sexo, 99
Sialorreia, 205
Significância estatística, 54
Sinal global, 93
Síndrome(s)
- causadas por descontinuação de antidepressivos, 173
- de abstinência
- - alcoólica, 418
- - prolongada de benzodiazepínico, 432
- de deficiência, 380
- de descontinuação, 174, 198
- de secreção inadequada de hormônio antidiurético, 207
- de Stein-Leventhal, 259
- do colo irritável, 263
- do ovário policístico, 259
- neuroléptica maligna, 201
- pós-abstinência aguda, 431
- serotoninérgica, 117, 118, 204
Sintomas
- egodistônicos, 8
- negativos, 381
- - da esquizofrenia, 383
- - versus depressão, 33
- noradrenérgicos coexistentes, 302

- obsessivo-compulsivos, 336
Sistema(s)
- cognitivos, 39
- colinérgico, 17
- de GABA/glutamato, 20
- de melatonina e orexinas, 20
- de neurotransmissores, 12
- de valência
- - negativa, 39
- - positiva, 39
- dopaminérgico, 18
- histaminérgico, 20
- límbico, 327
- - componentes principais do, 347
- noradrenérgico, 19
- serotoninérgico, 19
Sobreposição de sintomas, 25
Sódio, 227, 244
Solrianfetol
- disfunção hepática e, 267
- disfunção renal e, 271
Sonolência, sedação e, 204
Soro, 134
SPM (síndrome pré-menstrual), 258
Subcomponentes de sintomas dentro de um transtorno categórico, 36
Subgrupos
- clínicos e demográficos, 240
- raciais, étnicos e ancestrais, 240
Substância(s)
- adaptogênicas, 236, 237
- pró-depressiva, 258
Substituição
- cruzada (cross-tapering), 169, 172
- - e conversão de doses de benzodiazepínicos, 181
- - simultânea de dois fármacos, 172
- - versus troca simples, 173
- de um fármaco
- - por outro, 178
- - serotoninérgico por outro da mesma classe, 176
Suicidalidade, 45
Suicídio, 206
Superioridade, 56
Suplementos dietéticos, 220
Supostos modulares dos receptores de NMDA, 479
Supressão rápida do receptor D_2, 348
Supressores de apetite, 213
Suvorexanto
- ± benzodiazepínico ou agonista benzodiazepínico, 115
- disfunção hepática e, 266

T

Tamanho de efeito (TE), 69
- intragrupo, 54
Tamoxifeno + qualquer inibidor de CYP2D6, 114
Taquifilaxia, 134
Taurina, 229
Taxa
- de abandono, 61

562

Índice Alfabético

- de descoberta falsa, 56
- de erro da família dos testes (FWER), 56
- de excreção, 268
TDPM (transtorno disfórico pré-menstrual), 258
Temporalidade, 4
Teorema de Bayes, 60
Teoria da mente, 42
Teste(s)
- de Kruskal-Wallis, 64
- de triagem toxicológica, 417
- farmacogenéticos, 163
- não paramétricos, 50, 51
- paramétricos, 50, 51
- Q de Cochran, 66
Testosterona, 230, 389
Tiagabina, 408
- transtorno de estresse pós-traumático e, 447
Tioridazina, 353
Tiotixeno, 352, 457
Tiques, 210
Tolerabilidade/índice de interrupção relativa dos antidepressivos, 279
Tolerância
- a distresse, 459
- aos psicoestimulantes, 483
Topiramato, 213, 216, 408, 373, 422
- adjuvante, 339
- agressividade impulsiva e, 332
- disfunção
- - hepática e, 265
- - renal e, 269
- na gravidez, 256
- para crianças e adolescentes, 245
- para tratar jogo compulsivo, 433
- transtorno
- - de escoriação da pele e, 339
- - de estresse pós-traumático e, 447
- - de personalidade *borderline* e, 462
- - por consumo de álcool e, 15
Toxicidade/superdosagem, 170
Traço(s)
- complexos, 151
- de personalidade, 78
- hereditário, 153
Tranilcipromina, 139
Transexuais, 242
Transferrina deficiente de carboidrato (TDC), 416
Transgêneros, 242
Transtorno(s)
- associados ao uso de álcool, 253
- bipolar, 305
- - continuação ou descontinuação de tratamentos farmacológicos, 189
- - em pacientes com comorbidades, tratamento farmacológico do, 322
- ciclotímico, 309
- de ansiedade, 324
- - antidepressivos monoaminérgicos para tratar, 302

- - continuação ou descontinuação de tratamentos farmacológicos, 190
- de compras compulsivas, 341
- de déficit de atenção e hiperatividade do adulto, 480
- de escoriação da pele, 339, 340
- - anticonvulsivantes para, 339
- de estresse
- - agudo, 440
- - pós-traumático, 435
- - - como construto categórico, 437
- - - complexo, 437
- - - tratamentos farmacológicos combinados para, 444
- de humor, 275
- - bipolares, 32
- - e afeto
- - - tratamento adjuvante com
- - - - buspirona, 290
- - - - hormônio tireóideo, 291
- - - - lamotrigina, 291
- - - - lítio, 290
- - - - mirtazapina, 291
- - na gravidez e no puerpério, 253
- - no puerpério, 255
- de identidade dissociativa, 451
- de personalidade, 453, 455
- - *borderline*, 460
- - do grupo A, paranoide, esquizoide e esquizotípico, 455
- - do grupo B, *borderline*, histriônica e antissocial, 458
- - do grupo C, evitativo, dependente e obsessivo-compulsivo, 468
- de sintomas somáticos e predisposição à somatização, 259
- depressivo maior, 29
- - com sintomas mistos, 325
- diferentes simultâneos, 34
- disfórico pré-menstrual (TDPM), 258
- do controle de impulsos, 329, 341
- explosivo intermitente, 335
- mental, 29
- obsessivo-compulsivo, 322
- por uso de álcool
- - ansiedade e, 424
- - antidepressivo e, 424
- por uso
- - de opioides, 430
- - de psicoestimulantes, 427
- psiquiátricos, prevalência nos diversos, 81
- relacionados com o uso de substâncias, 37
Tratamento(s)
- farmacológicos novos, 219
- prolongado da esquizofrenia com antipsicóticos, 378
Tratos
- dopaminérgicos cerebrais principais, 348
- tuberoinfundibular (regulação da prolactina) e nigroestriatal, 348
Trauma psíquico, 435, 436
- na infância, 100
Trazodona, 405

563

Psicofarmacologia Prática

Tremor, 210
Tricíclicos, 282
- disfunção hepática e, 265
- disfunção renal e, 270
Tricotilomania, 340
Trifluoperazina, 352
Triptofano, 233
Trombocitopenia, 194

U

Última observação realizada (LOCF), 61, 63
Uso
- abusivo de
- - alucinógenos, 432
- - substâncias, 37
- - - não controladas, 432
- de fármacos na gravidez e na lactação, 254
- indevido de substâncias psicoativas, 106
- *on-label* e *off-label* de fármacos, 14
- prolongado de benzodiazepínicos, 397

V

Valeriana officinalis (valeriana), 232
Validade, 28
Valor(es)
- laboratoriais e sintomas psiquiátricos, 131
- preditivo
- - negativo (VPN), 71, 72
- - positivo (VPP), 71, 72
Valorização, 71
Valproato de sódio, 194, 216, 321, 322, 408, 420
- + sertralina ou paroxetina, 113
- agressividade impulsiva e, 332
- disfunção
- - hepática e, 265
- - renal e, 269
- na gravidez, 255
- para crianças e adolescentes, 244
- síndrome do ovário policístico e, 259
- transtorno
- - de ansiedade social e, 408
- - de estresse pós-traumático e, 447
- - de personalidade *borderline* e, 461
- - do pânico e, 408
Vantagem, 63
Variável(is)
- dependentes, 48, 56
- independentes, 48, 56
- moderadora, 65
Velocidade de processamento, 471
Venlafaxina, 113, 138, 406
- disfunção renal e, 270

Viés
- de indicação, 198
- de publicação, 67
- protopático, 198
Vigília e sistemas reguladores, 39
Vilazodona, 139, 283, 400
- disfunção renal e, 270
Vitamina(s)
- A, 222, 223
- B_1 (tiamina), 224, 225
- B_2 (riboflavina), 224, 225
- B_3 (niacina), 224, 225
- B_5 (ácido pantotênico), 225
- B_6 (piridoxina), 224, 225
- B_9 (folato, 224, 225
- B_{12} (cobalamina), 224, 225
- C (ácido ascórbico), 224, 225
- D, 222, 223
- E, 222, 223
- hidrossolúveis, 225
- K, 222, 223
- lipossolúveis, 223
Volume de distribuição, 268
Vortioxetina, 139, 249, 283, 400
- disfunção hepática e, 265
- efeito ansiolítico, 402

W

Withania somnifera, 237, 478

X

Xenobiótico, 166
Xerostomia, 199

Y

Yi-Gan, 466

Z

Zaleplona, 266
Zinco, 227
Ziprasidona, 148, 324, 360, 366, 367
- disfunção
- - hepática e, 266
- - renal e, 270
- sintomas negativos da esquizofrenia e, 384
- transtorno
- - de ansiedade generalizada e, 411
- - de estresse pós-traumático e, 449
- - de personalidade *borderline* e, 465
- - depressivo maior e, 288
Zolpidem, 266
Zonisamida, 213